COMENTÁRIOS AO
PACOTE ANTICRIME

O GEN | Grupo Editorial Nacional – maior plataforma editorial brasileira no segmento científico, técnico e profissional – publica conteúdos nas áreas de concursos, ciências jurídicas, humanas, exatas, da saúde e sociais aplicadas, além de prover serviços direcionados à educação continuada.

As editoras que integram o GEN, das mais respeitadas no mercado editorial, construíram catálogos inigualáveis, com obras decisivas para a formação acadêmica e o aperfeiçoamento de várias gerações de profissionais e estudantes, tendo se tornado sinônimo de qualidade e seriedade.

A missão do GEN e dos núcleos de conteúdo que o compõem é prover a melhor informação científica e distribuí-la de maneira flexível e conveniente, a preços justos, gerando benefícios e servindo a autores, docentes, livreiros, funcionários, colaboradores e acionistas.

Nosso comportamento ético incondicional e nossa responsabilidade social e ambiental são reforçados pela natureza educacional de nossa atividade e dão sustentabilidade ao crescimento contínuo e à rentabilidade do grupo.

MARCOS PAULO **DUTRA SANTOS**

COMENTÁRIOS AO PACOTE ANTICRIME

2ª edição
revista, atualizada e ampliada

■ O autor deste livro e a editora empenharam seus melhores esforços para assegurar que as informações e os procedimentos apresentados no texto estejam em acordo com os padrões aceitos à época da publicação, e todos os dados foram atualizados pelo autor até a data de fechamento do livro. Entretanto, tendo em conta a evolução das ciências, as atualizações legislativas, as mudanças regulamentares governamentais e o constante fluxo de novas informações sobre os temas que constam do livro, recomendamos enfaticamente que os leitores consultem sempre outras fontes fidedignas, de modo a se certificarem de que as informações contidas no texto estão corretas e de que não houve alterações nas recomendações ou na legislação regulamentadora.

■ Fechamento desta edição: *11.02.2022*

■ O autor e a editora se empenharam para citar adequadamente e dar o devido crédito a todos os detentores de direitos autorais de qualquer material utilizado neste livro, dispondo-se a possíveis acertos posteriores caso, inadvertida e involuntariamente, a identificação de algum deles tenha sido omitida.

■ **Atendimento ao cliente: (11) 5080-0751 | faleconosco@grupogen.com.br**

■ Direitos exclusivos para a língua portuguesa
Copyright © 2022 by
Editora Forense Ltda.
Uma editora integrante do GEN | Grupo Editorial Nacional
Rua Conselheiro Nébias, 1.384
São Paulo – SP – 01203-904
www.grupogen.com.br

■ Reservados todos os direitos. É proibida a duplicação ou reprodução deste volume, no todo ou em parte, em quaisquer formas ou por quaisquer meios (eletrônico, mecânico, gravação, fotocópia, distribuição pela Internet ou outros), sem permissão, por escrito, da Editora Forense Ltda.

■ Capa: OFÁ Design; adaptação por Rejane Megale

■ **CIP – BRASIL. CATALOGAÇÃO NA FONTE.
SINDICATO NACIONAL DOS EDITORES DE LIVROS, RJ.**

S236c
2. ed.

Santos, Marcos Paulo Dutra
Comentários ao pacote anticrime / Marcos Paulo Dutra Santos. – 2. ed. – Rio de Janeiro: Método, 2022.
704 p.; 23 cm.

Inclui bibliografia
ISBN 978-65-5964-452-0

1. Brasil. [Lei n. 13.964, de 24 de dezembro de 2019]. 2. Direito penal – Brasil. 3. Serviço público – Brasil – Concursos. I. Título.

22-75957   CDU: 324.2(81)

Meri Gleice Rodrigues de Souza – Bibliotecária – CRB-7/6439

*A Deus, a quem há muito entreguei a minha vida,
para que a conduza segundo os seus desígnios;*

Aos meus pais, Mariza e Franklin, por todo o suporte e, sobretudo, pelos valores transmitidos;

*À Márcia, minha amada parceira e cúmplice,
por todo o apoio e compreensão, afinal, por conta do livro,
foram muitas as ausências neste primeiro semestre;*

*Aos meus alunos, antigos e atuais,
razão maior que me leva a escrever;*

*À querida colega, e grandiosíssima amiga Kátia Sharp,
in memoriam, cujos conhecimento e amizade – melhor,
irmandade espiritual – foram um dos maiores entre tantos
presentes proporcionados pela Defensoria Pública do Estado do
Rio de Janeiro. Até breve, afinal, aqui estamos apenas de passagem!*

AGRADECIMENTOS

A Deus, por toda a luz transmitida ao longo da consecução da obra, dando-me força e foco para perseverar.

Aos meus pais, Mariza e Franklin, que desde muito cedo identificaram em mim o gosto pelo conhecimento, pela cultura, pelas viagens e tiveram a sensibilidade de incentivar e cultivá-lo. E ao meu pai, pelo privilégio de haver crescido ao lado de um Juiz com "j" maiúsculo, que abraçou a magistratura não pela "pompa e circunstância", mas pela atividade em si. Vê-lo varar as madrugadas, inclusive finais de semana, prolatando sentenças em sua máquina de escrever, em nosso apartamento na Rua Tonelero, em Copacabana, acumulando não raro mais de um órgão jurisdicional em uma época na qual não havia contrapartida financeira alguma – mantendo-as todas em dia, diga-se de passagem –; ir ao Fórum de ônibus ou de carona com algum colega – meu pai não dirige – e apanhar o elevador "comum", e não o privativo dos magistrados, não se furtando de atender, pessoalmente, todos os advogados, são lições vivas de como deve se portar um servidor público, pois, ao fim e ao cabo, de defensores, juízes, promotores, delegados, procuradores espera-se **o bem servir ao público**. Esse espírito público por ele transmitido faz-se presente em cada frase não apenas desta obra, mas em qualquer outra já proferida ou que proferirei ao longo da minha vida. O amor e o respeito ao Direito, no seu sentido maior, foram lições absorvidas muito antes do ingresso na Faculdade, que carregarei para a eternidade.

À Márcia, pelo privilégio de ter ao meu lado uma mulher de inteligência fulgurante e de espírito crítico afiado, não raro beirando a acidez, absolutamente translúcida, que diz o que pensa, sem rapapés nem papas na língua, parceira incondicional, com quem aprendo sempre. Obrigado por me tornar, diuturnamente, um homem melhor. Escrevo, sem exageros, que toda obra minha leva a sua coautoria, considerados o incentivo para prosseguir escrevendo e os constantes diálogos – conclusões inaugurais sobre certos temas foram revisitadas a partir de observações certeiras por ti lançadas. Amo-te!

Aos meus alunos, antigos e atuais, pois muitas das reflexões veiculadas no livro são frutos das lições ministradas em aula e das dúvidas e questionamentos por vocês levantados.

Ao amigo Marcos Peixoto, outro Juiz com "j" maiúsculo, por toda a interlocução e riquíssima troca de ideias desde antes da Lei nº 13.964/19. É uma alegria poder conviver com um magistrado tão culto, de elevadíssimo espírito público e invulgar senso crítico. Ao contrário do escrito no generoso prefácio, muitos dos nossos diálogos e das suas ponderações fazem-se, sim, presentes na obra, enriquecendo-a sobremaneira. Muito obrigado pelo interesse e disponibilidade em ler, em primeiríssima mão, os originais do livro e pelas valiosas contribuições.

Ao amigo Bernardo Gonçalves Fernandes, um dos maiores constitucionalistas do País, pelo intenso intercâmbio de pensamento. Incontáveis foram as vezes nas quais, em chamadas telefônicas ou por mensagens, trocamos impressões sobre a Lei nº 13.964/19. Obrigado pela leitura dos originais, pelas contribuições importantíssimas, cravejadas da mais rica hermenêutica, e pela generosíssima apresentação. Tê-lo como amigo e interlocutor é um presente.

Ao amigo Alamo Costa, brilhante radiologista em Fortaleza, estudioso incansável da medicina, cujas referências bibliográficas sobre genética foram valiosa fonte de consulta, não raro sanando as minhas inquietações em plena madrugada, afinal, a nossa irmandade permitiu-me o "atrevimento".

Marcos Paulo Dutra Santos

APRESENTAÇÃO

I – INTROITO: MARCOS PAULO: *O FILÓSOFO DO DIREITO PROCESSUAL PENAL*

Conheci Marcos Paulo Dutra em 2005, lecionando no antigo e saudoso *Praetorium*. À época, ele era um jovem defensor público e um jovem professor. O tempo passou, são mais de 15 anos de amizade e respeito mútuo.

Com sua genialidade jovem, Marcos Paulo se destacava entre os professores de nossa geração pela eloquência, linguagem escorreita e fino trato do vernáculo. Um pesquisador que seguramente carregou consigo as características do grande cientista, quais sejam: ser sempre inquieto, contestador e transcendente de contextos.

Marcos Paulo tem uma obsessão pela reflexão e pela crítica em suas aulas e em seus escritos. Se, como diriam os gregos, "Filosofar é pensar contra", posso afirmar que Marcos Paulo é um filosofo do Direito Processual Penal.

E, na esteira do debate dogmático para usar a expressão de Dworkin, ele *leva a sério a dogmática* de tal modo que ela se enriquece (se agiganta) nos seus escritos.

Aliás, uma advertência desde logo pode ser feita: o leitor quer saber o que é uma dogmática bem feita, rigorosa e jamais subserviente? Leia os escritos do professor Marcos Paulo. Neles, estarão sempre presentes o diálogo com o direito comparado, o diálogo crítico com a doutrina nacional e internacional e o diálogo e enfrentamento com a jurisprudência pátria (sobretudo do STF e do STJ).

Não há uma tese, uma decisão judicial sequer ou mesmo norma jurídica positivada que não seja esmiuçada a partir de uma série de pretensões de validade criticáveis, levantadas com igual respeito e consideração mediante uma razão pública.

O livro, que ora apresento, é uma demonstração disso. São mais de 600 páginas sobre a Lei nº 13.964/2019. Isso mesmo, mais de 600 páginas!

Ressalto que nenhuma obra publicada sobre o recente pacote anticrime (nomenclatura esta, inclusive, digna de críticas pelo próprio autor, que o chama apenas de Lei nº 13.964/2019) é tão ampla e extensa. E aqui digo não só pela perspectiva quantitativa, mas também, e sobretudo, pela vertente qualitativa dos debates abordados no livro.

Aliás, o que se observa nesta obra é que, para além da textualidade e dos comentários rasos inundados de paráfrases, que remetem com outras palavras ao que já está no corpo da lei, ou para além da subserviência à jurisprudência (citada apenas sua confirmação), a obra transcende um comentário ao novo diploma legal de 2019.

Observamos, por meio da personalidade do autor e da forma crítica com que se posiciona, que o leitor, a partir das reflexões que vão sendo trazidas a lume, é literalmente guiado (conduzido) a se posicionar.

Para Marcos Paulo, o constrangimento epistemológico para com seus interlocutores (doutrina e jurisprudência) gera um ganho epistemológico para seu leitor.

Aqui registramos que, nos dizeres da hermenêutica filosófica de Hans Georg Gadamer, o processo de compreensão se dá não por métodos, mas por uma *fusão de horizontes* entre o intérprete e o objeto (texto da obra), em que, para além de um *círculo hermenêutico*, temos uma *espiral hermenêutica*. Na obra que ora apresento, o leitor sairá certamente com patamares mais altos de compreensão do Direito Processual Penal à luz da Lei nº 13.964/2019[1].

No próximo item, convido o leitor a perpassar por alguns dos pontos nodais da obra do filósofo do direito penal pátrio.

II – CONJECTURAS SOBRE A OBRA: UM *TOUR DE FRANCE* COMO CONVITE À LEITURA!

De início, o leitor já é presenteado com quase 100 laudas sobre o Juiz das Garantias (ou *juiz da investigação e do recebimento da peça acusatória*). Digo ao leitor que está tendo o cuidado de ler esta apresentação: só o Capítulo 3 desta obra já é um livro!

Marcos Paulo não poupa esforços para esmiuçar as principais querelas e angústias atinentes ao tema. Nesses termos, temos uma análise no direito comparado (lembrando que direito comparado só tem sentido se for comparado com o Brasil, pois, do contrário, é mero estrangeirismo), um diálogo com a doutrina e as decisões judiciais exaradas pelo STF, mormente as dos Ministros Dias Toffoli e, posteriormente, Luiz Fux.

Além da definição, da nomenclatura adequada, da projeção no direito comparado[2], temos ainda o fundamento e a extensão da competência do juiz das garantias, contraposta à do juiz da instrução e do julgamento.

---

[1] GADAMER, Hans Georg. *Verdade e método*. 11. ed. Rio de Janeiro: Vozes, 2011.

[2] Países como Itália, Alemanha, França, Portugal, Espanha, Chile, Peru, Colômbia, Argentina, Uruguai e México. Aqui, uma conclusão é categórica para Marcos Paulo: "A adoção do juiz das garantias em tantos e diferentes Países é a resposta a uma constatação científica, extraída, mais precisamente, da psicologia: **na medida em que o magistrado, embora passivamente, intervém no inquérito, acompanhando o seu desenrolar, deferindo medidas cautelares que servirão de suporte para a vindoura denúncia, dialogando com os agentes de repressão estatal – delegados e promotores de justiça –, tudo isso sem o contraponto defensivo, em vista da inquisitoriedade do inquérito, é natural que o seu convencimento comece a ser construído sob a ótica do Estado-acusação.** Tal se dá não por má-fé, mas a partir de uma armadilha mental, afinal, suas impressões e convicções são construídas de acordo com a realidade colocada à sua frente. Não por acaso tem-se o bom e velho dito popular segundo o qual *a primeira impressão é a que fica*. Sendo esse mesmo juiz o responsável pelo julgamento do mérito, quando vier a versão defensiva o juiz a examinará carregado de preconceitos, subvertendo, psiquicamente, *a presunção de não culpabilidade* versada no art. 5º, LVII, da CRFB/88, enquanto regra de tratamento: ao invés de ouvi-la com desassombro, sem peias nem desconfianças, tratando o réu, senão como inocente, ao menos como não culpado, recebê-la-á com soslaio, com olhos de censura. E, se assim o é, imparcialidade inexiste" (SANTOS, Marcos Paulo Dutra. *Comentários ao pacote anticrime*. São Paulo: Método, 2020. p. 14).

Sobre o Fundamento para o Juiz das Garantias (*juiz da investigação e do recebimento da peça acusatória*), Marcos Paulo usa de argumentos não só jurídicos, mas também advindos da psicologia e de pesquisas de campo. Nesses termos, afirma o processualista penal que a construção em prol do juiz das garantias pauta-se na ciência, notadamente na psicologia, escudada em experiências já realizadas, nada ostentando de preconceituoso, especulativo ou ideológico[3].

Aqui ressalta-se também a passagem de advertência contra qualquer tipo de interpretação desviada (para não dizer equivocada) do Juiz de Garantias. Conforme a pena de Marcos Paulo:

> Dizer que o modelo estatuído pela Lei nº 13.964/19 seria manifestação de um *garantismo hiperbólico monocular*, porque voltado, unicamente, à potencialização das garantias do imputado, em vez de um *garantismo binocular ou integral*, dedicado a robustecer, indistintamente, os direitos do cidadão como um todo, ignora a própria obra de Luigi Ferrajoli, que possui no **respeito à vítima** uma das suas balizas no âmbito processual penal. (...) Garantismo é garantismo. Ponto. Sem categorizações[4].

---

[3] "Leon Festinger, psicólogo, professor da New School for Social Research, de Nova Iorque, em seu trabalho intitulado *A Theory of Cognitive Dissonance*, publicado em 1957, apontou a necessidade do indivíduo de buscar uma coerência entre suas diferentes cognições – conhecimento, opiniões ou crenças. Quando sobrevém o descompasso entre os seus atos e a compreensão do que seria o certo, tem-se a dissonância cognitiva, desaguando na predisposição de ratificar o entendimento arraigado (tendência de confirmação), negando, recusando ou minimizando as opiniões em sentido contrário. Em defesa do ego, expressão cunhada na Psicologia, o ser humano é capaz de refutar pensamentos lógicos, evidentes, distorcer sentidos, ignorar a ciência e criar falsas memórias, não de forma necessariamente premeditada, mas involuntária. A validação científica da *ratio essendi* (razão de ser) do juiz das garantias não perpassa apenas pela Psicologia, mas pelas pesquisas de campo realizadas por Bernd Schünemann. (...) O juiz das garantias elimina essas dificuldades, assegurando que a pretensão condenatória seja apreciada por um magistrado estranho à investigação, livre de qualquer pré-juízo, neutralizando o que parte da doutrina processual penal nomina 'Síndrome de Dom Casmurro', metáfora inadequada, mas integrante do catálogo excêntrico de nomenclaturas que, lamentavelmente, têm caído no gosto de algumas bancas examinadoras de concurso. Em vez de exigir da defesa a *desconstrução* das impressões extraídas do inquérito, as partes autora e ré, **em paridade de armas**, *constroem* a convicção judicial" (SANTOS, Marcos Paulo Dutra. *Comentários ao pacote anticrime*. São Paulo: Método, 2020. p. 14-16).

[4] "Como o juiz criminal debruça-se sobre situações delitivas que, potencialmente, o alcançariam, a identificação e a solidariedade com a vítima são naturais. À sua disposição colocam-se o Estado, com todo o seu aparato repressivo: autoridade policial e seus agentes, peritos, Ministério Público. Há toda uma fase preliminar investigatória inteiramente voltada para a elucidação do fato delitivo que a atingiu, na qual a intervenção da defesa do investigado, embora possível, é facultativa. Diante de tal formato persecutório, é inconcebível imaginar a vítima desassistida. Se tal ocorrer, dá-se por deficiências não procedimentais, mas do Poder Executivo no tangente à promoção da segurança pública: infraestrutura sucateada, carência de pessoal, remuneração incompatível com a relevância da atividade investigatória, despreparo técnico. A efetivação do juiz das garantias em nada vulnera a vítima, buscando, apenas, um julgamento imparcial, despido de pré-conceitos, obtidos inquisitorialmente, sem contraditório nem ampla defesa, de observância indeclinável apenas no processo. Afirmar que separar o juiz da investigação do julgamento dificultaria a elucidação do acontecido, nada obstante permanecerem disponíveis as provas cautelares, antecipadas e irrepetíveis carreadas no inquérito, significa tomar as conclusões inquisitivas como *verdadeiras*, sendo o processo mero instrumento de chancela, pensar inaceitável em *qualquer* Estado Democrático *de Direito*, daí a maciça adoção do juiz das garantias mundo afora" (SANTOS, Marcos Paulo Dutra. *Comentários ao pacote anticrime*. São Paulo: Método, 2020. p. 19).

Outro ponto importante levantado é o de que se todo magistrado, ser humano que é, projeta nas suas decisões sua experiência de vida – educação recebida, vivências culturais, preferências ideológicas, visões de mundo, traumas, valores, conquistas –, é impossível objetivar as provas, logo, destacar o juiz da investigação do julgamento é um ponto central para a garantia de um grau maior de imparcialidade. Nesses termos:

> No âmbito processual penal a imparcialidade judicial é ainda mais desafiadora, porque **o magistrado não se debruça sobre cenários estranhos às suas experiências e ao seu cotidiano**. O olhar **exclusivamente externo** é muito difícil, quando não impossível. Ao julgar um roubo perpetrado por um dependente toxicológico, imagina poder ter sido ele a vítima, haja vista o número de pessoas portadoras dessa patologia, em situação de rua. Ao apreciar uma imputação de tráfico, lembra-se do casal cujo filho foi cooptado pelas drogas. Ao examinar uma acusação de estupro do pai contra o(a) filho(a), o asco inaugural é, praticamente, inevitável, ainda mais se também for pai. Ao analisar uma demanda sobre corrupção, dificilmente olvidará as notícias veiculadas diuturnamente nas mídias. Tais contaminações são naturalmente inescapáveis, daí se implementar o juiz das garantias a fim de arrefecê-las[5].

É interessante a defesa do concebido pelo art. 3º-C, *caput* e § 1º, do CPP, no sentido de amarrar a competência do juiz das garantias até o recebimento da denúncia ou queixa (art. 399 do CPP). Para Marcos Paulo, essa norma preserva a imparcialidade do magistrado responsável pelo julgamento, embora a contrapartida negativa seja o decréscimo da celeridade.

Contudo, afirma Marcos Paulo de forma expressa que, no processo penal, a antinomia entre o princípio do juiz natural (art. 5º, LIII, da CRFB/88), cuja razão de ser primordial é a equidistância judicial e consequente **imparcialidade** do julgamento, e a duração razoável do processo (art. 5º, LXXVIII, da CRFB/88), resolve-se em prol daquele. Para o autor carioca, a relevância e a indisponibilidade dos direitos em confronto – *jus puniendi* de um lado, liberdade e estado de inocência do outro – exigem, sim, um processo célere, mas, antes de tudo, imparcial.

Na sequência da obra, temos o debate sobre a constitucionalidade e a aplicação intertemporal do juiz das garantias, confrontada com a natureza da competência e os critérios definidores, inclusive nos feitos da competência originária dos tribunais – comentários aos arts. 3º-D e 3º-E do CPP.

Nesse ponto, Marcos Paulo enfrenta os argumentos articulados na ADI nº 6.298 e o respectivo contraponto, relacionando-os à liminar concedida pelo Ministro Dias Toffoli, bem como a liminar deferida pelo Ministro Luiz Fux, na ADI nº 6.305, prevalente sobre a primeira.

São analisados o pronunciamento cautelar do Ministro Dias Toffoli, que não adotou uma postura de absoluta negação à figura do juiz de garantias, e o do Ministro Luiz Fux, de negação.

Aqui registro a postura transcendente de Marcos Paulo que, na sua análise, defende para o art. 3º-E uma interpretação conforme à Constituição.

---

5   SANTOS, Marcos Paulo Dutra. *Comentários ao pacote anticrime*. São Paulo: Método, 2020. p. 18.

Nesse termos, o art. 3º-E merece *interpretação conforme a Constituição*, para dar ao particípio passado *designado* o sentido de *fixado*, bem como para decotar o advérbio "periodicamente", assentando que a implantação do juiz das garantias não pressupõe rodízio, lendo-se o texto legal da seguinte forma: "o juiz das garantias será fixado (ou determinado) conforme as normas de organização judiciária da União, dos Estados e do Distrito Federal, observando critérios objetivos a serem divulgados pelo respectivo tribunal"[6].

Já sobre a aplicação intertemporal, Marcos Paulo, em confronto com certa doutrina pátria, defende que a aplicação intertemporal do juiz das garantias há de ser pensada tendo como vetor não o novo *impedimento* introduzido no ordenamento processual penal (art. 3º-D do CPP), mas a **introdução** de **nova** competência funcional. Partindo dessa premissa, a Lei nº 13.964/2019 não impacta nas ações penais em curso[7].

Marcos Paulo enfrentou também, de forma crítica e contundente, a questão das ações penais de competência originária dos Tribunais excluídas da sistemática atinente ao juiz das garantias pela decisão do Ministro Toffoli, bem como a exclusão da sistemática do Juízo das Garantias na mesma liminar concedida pelo Ministro Dias Toffoli ao Juizado da Violência Doméstica e Familiar contra a Mulher, ao Tribunal do Júri e à Justiça Eleitoral.

Mais à frente temos comentários importantíssimos sobre a competência do Juiz das Garantias (comentários aos arts. 3º-B e 3º-F do CPP)[8].

---

[6] SANTOS, Marcos Paulo Dutra. *Comentários ao pacote anticrime*. São Paulo: Método, 2020. p. 35.

[7] "O advento do magistrado das garantias **não** importa supressão de órgão jurisdicional, logo, os juízos então processantes do inquérito continuam a existir, logo, competentes também para o vindouro processo, até o exame do mérito. Embora a competência funcional tenha natureza absoluta, **inexistiu tampouco alteração, mas subtração**. Os juízos nos quais o inquérito tramita continuam a existir, reitere-se. Inexistiu supressão. Em verdade, **brotou-se** nova competência funcional, hipótese que não se enquadra nas exceções contidas no art. 43 do Código de Processo Civil de 2015. Conforme já ressaltado, o *impedimento* contemplado no art. 3º-D, cabeça, não deve ser entendido como tal, e sim como retirada de parcela da competência do juiz, antes integral, ora sem abranger a instrução e a apreciação do mérito – os atos até o recebimento da denúncia ou queixa, nos termos do art. 399 do CPP, persistem da sua alçada, haja vista o art. 3º-C, cabeça e § 1º. Por tudo isso, **quando da entrada em vigor da Lei nº 13.964/19, os juízos já preventos assim permanecem para a persecução penal como um todo, até o julgamento do mérito**, afinal, considerada a legislação então em vigor, a competência foi conquistada para a persecução penal globalmente considerada, do inquérito à apreciação do mérito – *tempus regit actum*. De mais a mais, **a competência já estaria definida igualmente pela prevenção, de natureza relativa, na esteira do enunciado de Súmula nº 706 do STF**, e não absoluta, justificando, ainda mais, a **perpetuação**, nos moldes do art. 43 do CPC/2015. Por tudo isso, **a novel sistemática, ao entrar em vigor, não recai sobre as ações penais em curso**" (SANTOS, Marcos Paulo Dutra. *Comentários ao pacote anticrime*. São Paulo: Método, 2020. p. 42-43).

[8] "Art. 3º-B. O juiz das garantias é responsável pelo controle da legalidade da investigação criminal e pela salvaguarda dos direitos individuais cuja franquia tenha sido reservada à autorização prévia do Poder Judiciário, competindo-lhe especialmente: I – receber a comunicação imediata da prisão, nos termos do inciso LXII do *caput* do art. 5º da Constituição Federal; II – receber o auto da prisão em flagrante para o controle da legalidade da prisão, observado o disposto no art. 310 deste Código; III – zelar pela observância dos direitos do preso, podendo determinar que este seja conduzido à sua presença, a qualquer tempo; IV – ser informado sobre a instauração de qualquer investigação criminal; V – decidir sobre o requerimento de prisão provisória ou outra medida cautelar, observado o disposto no § 1º deste artigo; VI – prorrogar a prisão provisória ou outra medida cautelar, bem como substituí-las ou revogá--las, assegurado, no primeiro caso, o exercício do contraditório em audiência pública e oral, na forma do disposto neste Código ou em legislação especial pertinente; VII – decidir sobre o requerimento de produção antecipada de provas consideradas urgentes e não repetíveis, assegurados o contraditório e a

Aqui, cito apenas a título de exemplo, para o direcionamento doutrinário e jurisprudencial, a competência do art. 3º-B, XI: "decidir sobre os requerimentos de: a) interceptação telefônica, do fluxo de comunicações em sistemas de informática e telemática ou de outras formas de comunicação; b) afastamento dos sigilos fiscal, bancário, de dados e telefônico; c) busca e apreensão domiciliar; d) acesso a informações sigilosas; e) outros meios de obtenção da prova que restrinjam direitos fundamentais do investigado".

E cito, porque Marcos Paulo apresenta reflexões extremamente provocativas em relação a posicionamentos de há muito consolidados no STF, por exemplo, sobre as Comissões Parlamentares de Inquérito.

Outra questão interessante é a análise do inciso XVII do art. 3º-B, que preleciona que: decidir sobre a homologação do acordo de não persecução penal ou os de colaboração premiada, quando formalizados durante a investigação.

Afirma Marcos Paulo que o texto do inciso foi infeliz, porque, na realidade, a competência do juiz das garantias irradia-se até a fase do art. 399 do CPP. Se, por hipótese, sobrevier até essa fase processual a possibilidade de acordo de não persecução penal ou de colaboração premiada, a competência para chancelá-lo persiste sendo sua.

Na sequência, Marcos Paulo trabalhou o tema do juiz das garantias e o valor probatório do inquérito com os comentários ao art. 3º-C, §§ 3º e 4º, do CPP⁹. Outro tema também enfrentado foi o da relação do art. 3º-A *versus* o art. 212, parágrafo único, e o art. 385 do CPP.

Para Marcos Paulo, reconhecer a revogação tácita da primeira parte do art. 385 do CPP é imprescindível à concretização do sistema genuinamente acusatório. Para tanto,

---

ampla defesa em audiência pública e oral; VIII – prorrogar o prazo de duração do inquérito, estando o investigado preso, em vista das razões apresentadas pela autoridade policial e observado o disposto no § 2º deste artigo; IX – determinar o trancamento do inquérito policial quando não houver fundamento razoável para sua instauração ou prosseguimento; X – requisitar documentos, laudos e informações ao delegado de polícia sobre o andamento da investigação; XI – decidir sobre os requerimentos de: a) interceptação telefônica, do fluxo de comunicações em sistemas de informática e telemática ou de outras formas de comunicação; b) afastamento dos sigilos fiscal, bancário, de dados e telefônico; c) busca e apreensão domiciliar; d) acesso a informações sigilosas; e) outros meios de obtenção da prova que restrinjam direitos fundamentais do investigado; XII – julgar o *habeas corpus* impetrado antes do oferecimento da denúncia; XIII – determinar a instauração de incidente de insanidade mental; XIV – decidir sobre o recebimento da denúncia ou queixa, nos termos do art. 399 deste Código; XV – assegurar prontamente, quando se fizer necessário, o direito outorgado ao investigado e ao seu defensor de acesso a todos os elementos informativos e provas produzidos no âmbito da investigação criminal, salvo no que concerne, estritamente, às diligências em andamento; XVI – deferir pedido de admissão de assistente técnico para acompanhar a produção da perícia; XVII – decidir sobre a homologação de acordo de não persecução penal ou os de colaboração premiada, quando formalizados durante a investigação; XVIII – outras matérias inerentes às atribuições definidas no *caput* deste artigo. § 1º (VETADO). § 2º Se o investigado estiver preso, o juiz das garantias poderá, mediante representação da autoridade policial e ouvido o Ministério Público, prorrogar, uma única vez, a duração do inquérito por até 15 (quinze) dias, após o que, se ainda assim a investigação não for concluída, a prisão será imediatamente relaxada."

9   Preconiza o § 3º do art. 3º-C que "os autos que compõem as matérias de competência do juiz das garantias **ficarão acautelados na secretaria desse juízo**, à disposição do Ministério Público e da defesa, e **não serão apensados aos autos do processo enviados ao juiz da instrução e julgamento**, ressalvados **os documentos relativos às provas irrepetíveis, medidas de obtenção de provas ou de antecipação de provas**, que deverão ser remetidos para **apensamento em apartado**".

STJ e STF hão de dar uma guinada de 180° na sua jurisprudência, com reminiscências inquisitórias ainda bastante perceptíveis, como a aplicação, até então, inconteste do citado preceito legal.

Por último, temos, sobre o Juiz das Garantias, a sua análise no que diz respeito ao Tribunal do Júri[10], Juizado da Violência Doméstica e Familiar Contra a Mulher, Justiça Eleitoral e Justiça Militar da União e auditorias militares estaduais e Juiz das garantias e Juizado Especial Criminal. Aqui, conduzimos o leitor para as digressões de Marcos Paulo, sobretudo no que diz respeito ao Juizado da Violência Doméstica e Familiar Contra a Mulher[11].

Na obra, Marcos Paulo enfrentou também as questões atinentes ao art. 13 da Lei nº 13.964/2019 (das varas criminais colegiadas, nos moldes do art. 1º-A da Lei nº 12.694/2012).

---

[10] Na liminar relativa à ADI nº 6.298/DF, da relatoria originária do Min. Luiz Fux, igualmente abrangente das ADIs nº 6.299 e 6.300, o Presidente do STF, Min. Dias Toffoli, conferiu interpretação conforme a Constituição para, lastreado na argumentação acima, excluir o Tribunal do Júri da sistemática do juízo das garantias.

[11] Conforme Marcos Paulo: "Ao excluir o Juizado da Violência Doméstica e Familiar contra a Mulher da sistemática inerente ao Juízo das Garantias, na liminar concedida na ADI nº 6298/DF, extensiva às ADIs nº 6299 e 6300, ponderou o Ministro Dias Toffoli que '... *a violência doméstica é um fenômeno dinâmico, caracterizado por uma linha temporal que inicia com a comunicação da agressão. Depois dessa comunicação, sucede-se, no decorrer do tempo, ou a minoração ou o agravamento do quadro.* **Uma cisão rígida entre as fases de investigação e de instrução/julgamento impediria que o juiz conhecesse toda a dinâmica do contexto de agressão.** *Portanto,* **pela sua natureza, os casos de violência doméstica e familiar exigem disciplina processual penal específica, que traduza um procedimento mais dinâmico, apto a promover o pronto e efetivo amparo e proteção da vítima de violência doméstica...** (...) Ante a vedação à proteção insuficiente, em sede de direitos fundamentais; aos compromissos internacionais assumidos pelo Brasil no tangente à repressão à violência doméstica e familiar contra a mulher; e ao princípio da especialidade, considerado o art. 4º da Lei nº 11.340/06, segundo o qual *na interpretação desta Lei,* **serão considerados os fins sociais a que ela se destina e, especialmente, as condições peculiares das mulheres em situação de violência doméstica e familiar**' (grifo nosso), razões constitucionais, convencionais e legais endossariam, sim, a exclusão do JVDFM da sistemática do juiz das garantias – o bônus seria inferior ao ônus. (...) Apesar da relevância dos argumentos, não nos convence. Sobressai, de antemão, o **princípio do devido processo legal** (art. 5º, LIV, da CRFB/88). Se o art. 3º-C, cabeça, do CPP preconiza que a *competência do juiz das garantias abrande* **todas as** *infrações penais,* **exceto** *as de menor potencial ofensivo,* compreendido está o JVDFM, ainda mais por ser órgão integrante da Justiça Comum (art. 14 da Lei nº 11.340/06), sujeito às normas do CPP (art. 13 da Lei nº 11.340/06). Não se diga ter havido omissão involuntária do legislador, pois, quando a Lei nº 13.964/19 quis aludir à violência doméstica e familiar, fê-lo expressamente, como no art. 28-A, § 2º, IV, ao excluí-la das hipóteses de acordo de não persecução penal. Extirpar o JDVFM da sistemática do juiz das garantias importa legislar, contemplando exceção não prevista em lei, em detrimento do art. 2º da CRFB/88. (...) Em derradeiro, mas não menos importante, **inexiste ponderação legítima que coloque a imparcialidade do julgamento abaixo de qualquer outro princípio processual penal.** Se **parcial** a apreciação do mérito, todas as demais garantias constitucionais e convencionais processuais, tornam-se mera **caricatura.** Como a Lei nº 11.340/06 trouxe um sistema de administração da Justiça inteiramente focado na vítima, a preocupação com a imparcialidade do julgamento é maior. O contato com a vítima e seus dramas familiares ou domésticos, a percepção da sua vulnerabilidade, tendem a trazer, inconscientemente, o juiz para o seu lado, até por um misto de compaixão e solidariedade. O risco de serem construídos preconceitos e prejulgamentos justifica destacar magistrado diverso apenas para o julgamento, tornando mandatória a inserção do juiz das garantias. O JVDFM naturalmente prioriza a ofendida, logo, o juiz das garantias surge como importante, e necessário, ponto de equilíbrio" (SANTOS, Marcos Paulo Dutra. *Comentários ao pacote anticrime.* São Paulo: Método, 2020. p. 101-102).

Nessa parte, interessante debate foi feito em torno da (in)constitucionalidade do art. 1º da Lei nº 12.694/2012. Outra questão não menos interessante foi a análise da investigação em face de agentes de segurança pública.

Questão também de suma importância debatida na obra foi a do arquivamento e desarquivamento da investigação penal. O tema é amplamente explorado no livro e em várias nuances.

Apenas a título de exemplo, sobre a novidade do art. 28 do CPP, alterado pela Lei nº 13.964/2019, Marcos Paulo é firme em nos afirmar que, "ao circunscrever o arquivamento inteiramente no âmbito do Ministério Público, retira-se do pronunciamento o caráter judicial, tornando-o, integralmente, um ato **administrativo**, sem resquício algum de jurisdição, ainda que voluntária.

Nesse contexto, **inexiste identidade mínima de razões entre a decisão de arquivamento do *Parquet* e o pronunciamento jurisdicional de não recebimento ou de rejeição da denúncia ou queixa, a permitir a analogia**. Além de integrarem **Poderes da República distintos**, Ministério Público e juiz ocupam, ainda, papéis completamente díspares, ao bem do sistema acusatório, na persecução penal: ao primeiro, a promoção, privativa, da ação penal pública (art. 129, I, da CRFB/88), ao segundo, a equidistância. Por tudo isso, **os** pronunciamentos de arquivamento não mais farão coisa julgada, seja formal, seja material, porque emanam de órgão NÃO jurisdicional, incumbido de múnus igualmente NÃO jurisdicional, diferentemente, *v.g.*, dos *juízos* e *Tribunais* arbitrais. A jurisprudência do STF e do STJ cai por terra. E mais: justamente por não ter jurisdição, descabe ao Ministério Público, no arquivamento, assentar a atipicidade da conduta, a extinção da punibilidade ou excludentes da ilicitude ou da culpabilidade. Tais elementos até podem ser invocados, mas como fundamentos reveladores da falta de justa causa ou do interesse de agir, sem considerações assertivas, inerentes ao juízo apenas"[12].

Na sequência, Marcos Paulo não poderia deixar de falar do acordo **de não persecução penal (ANPP)**, tema que também foi muito bem explorado e de forma extensa na obra (com uma sensação de *dejá-vu* que o leitor observará o porquê em suas análises)[13].

---

[12] SANTOS, Marcos Paulo Dutra. *Comentários ao pacote anticrime*. São Paulo: Método, 2020. p. 188-189. Diz o art. 28 do CPP, *caput*, que, "ordenado o arquivamento do inquérito policial ou de quaisquer elementos informativos da mesma natureza, **o órgão do Ministério Público comunicará à vítima, ao investigado e à autoridade policial e encaminhará os autos para a instância de revisão ministerial para fins de homologação, na forma da lei**" (grifo nosso). Nos termos do § 1º, "**se a vítima, ou seu representante legal, não concordar com o arquivamento do inquérito policial**, poderá, no prazo de 30 (trinta) dias do recebimento da comunicação, **submeter a matéria à revisão da instância competente do órgão ministerial**, conforme dispuser a respectiva lei orgânica", arrematando o § 2º que "nas ações penais relativas a crimes praticados em detrimento da União, Estados e Municípios, **a revisão do arquivamento do inquérito policial poderá ser provocada pela chefia do órgão a quem couber a sua representação judicial**".

[13] "Ao inseri-lo no CPP, a Lei nº 13.964/19 remedia a origem espúria do instituto, introduzido no ordenamento normativo pátrio por meio da Resolução nº 181, n/f da Resolução nº 183, do CNMP. Por impactar diretamente no exercício da ação penal, com reflexos diretos no estado de inocência e na liberdade do imputado, preservando-os, o acordo de não persecução penal (ANPP) possui unívoca natureza processual material, sujeitando-se à competência legislativa privativa da União (art. 22, I, da CRFB/88). Por conseguinte, jamais poderia vir por meio de resolução, extrapolando os limites do Poder Regulamentar, que, em hipótese alguma, sob pena de ofensa ao art. 2º da CRFB/88, pode inovar direitos. A inconstitucionalidade da dita Resolução era inafastável, mas, diante do novel art. 28-A do CPP, tais questionamentos perdem

Aqui é interessante que, já de início, ocorre o destaque do processualista penal, para a erronia na nomenclatura, pois o acordo versado no art. 28-A do CPP é, na realidade, de **não deflagração da ação penal**. A persecução, em si, encontra-se em curso desde a formalização da investigação pela autoridade policial ou pelo Ministério Público. Afirma Marcos Paulo que, apenas por deferência à lei, utilizara o nome cunhado por ela.

Sem dúvida, um dos temas com maior folego na obra é o do acordo de não persecução penal. Seria outro livro, assim como já mencionado para o tema do Juiz das Garantias.

Posteriormente ao tema do ANPP, Marcos Paulo começa mais uma empreitada no enfrentamento da Lei nº 13.964/19, qual seja, a das **medidas cautelares** constritivas da liberdade. Aqui sua advertência inicial é extremamente relevante:

> A Lei nº 13.964/19 foi idealizada com o claro propósito de potencializar o encarceramento, entendida a prisão, seja como pena, seja como medida cautelar, um dos instrumentos mais valiosos na repressão à criminalidade. Sem embargo, no Parlamento esse desiderato inaugural foi, em parte, diluído, reconhecendo-se, com acerto, que a segregação jamais foi solução à delinquência, atuando, não raro, como elemento fomentador. Esse antagonismo entre os Poderes Executivo e (parte do) Legislativo gerou gravíssima incoerência interna na Lei nº 13.964/19, que, ao alterar os dispositivos pertinentes às medidas cautelares pessoais, notabiliza-se por incontáveis idas e vindas, envolta em um movimento pendular, revelador de profunda crise de identidade, digna de um divã. Resta-nos, então, racionalizá-la, tendo como inafastável diretriz a Constituição da República[14].

Aqui, Marcos Paulo nos lembra que o Pleno do STF, em 2019, por apertada maioria (6x5), reviu a sua orientação anterior, debruçando-se sobre a então redação do *caput* do art. 283 do CPP para reafirmar, em sede de controle concentrado de constitucionalidade, que **toda e qualquer prisão provisória, como a preventiva, é medida estritamente cautelar, despida de carga exclusivamente satisfativa. Prisão-pena somente se concebe após o trânsito em julgado da condenação.**

Essa percepção do Pleno do STF foi positivada pela Lei nº 13.964/2019, de modo ainda mais incisivo e cristalino, no novo *caput* do art. 283 do CPP, ao preceituar que "ninguém poderá ser preso senão em flagrante delito ou por ordem escrita e fundamentada da autoridade judiciária competente, **em decorrência de prisão cautelar ou em virtude de condenação criminal transitada em julgado**". Explicitou, conforme o autor, de uma

---

a razão de ser, mesmo porque, em relação às avenças de não persecução porventura celebradas com espeque na citada Resolução, não serão atingidas pela eventual declaração de inconstitucionalidade, em respeito aos arts. 617 e 626, p.ú. do CPP – não se revolve, em desfavor do imputado, pronunciamentos transitados em julgado para a acusação. Longe de ser um divisor de águas no processo penal brasileiro, o ANPP junta-se à transação penal e à suspensão condicional do processo como vertentes da Justiça Penal Consensual ou Negocial. Tal qual suas *irmãs mais velhas*, o ANPP possui viés despenalizador, pautado no consenso. Opta-se pela negociação, sem a preocupação de elucidar o acontecido. Destarte, grande parte da jurisprudência e da doutrina construída, desde 1995, acerca da transação penal e da suspensão condicional do processo, aplica-se, por analogia, ao ANPP, impregnando, ao longo do estudo, uma indefectível, e justificadíssima, sensação de *déjà-vu* (...)" (SANTOS, Marcos Paulo Dutra. *Comentários ao pacote anticrime*. São Paulo: Método, 2020. p. 150-151).

14 SANTOS, Marcos Paulo Dutra. *Comentários ao pacote anticrime*. São Paulo: Método, 2020. p. 208.

vez por todas, que, a par da prisão-pena, definitiva, porque decorrente de condenação transitada em julgado, **todos os demais títulos prisionais são CAUTELARES, naturalmente provisórios e instrumentais, sem encerrar antecipação de tutela (pena)**[15].

É interessante, como o leitor poderá observar na obra, a defesa fundamentada da inconstitucionalidade da Lei nº 13.964/2019 quanto ao regramento dispensado à alínea "e" do inciso I do art. 492 do CPP, trazendo, a reboque, os §§ 3º a 6º[16].

Mais adiante, a obra comenta o importante tema da não atuação oficiosa do juiz no Código de Processo Penal e na legislação extravagante – Lei Maria da Penha e Código de Trânsito Brasileiro.

Outro tema não menos interessante é o do procedimento cautelar – legitimidade e contraditório prévio – e também o dos requisitos das medidas cautelares constritivas da liberdade.

Também merece remissão ao leitor o tema da audiência de custódia e (eventual) conversão do flagrante em preventiva. Além disso, temos ainda a questão atinente à revisão obrigatória dos pronunciamentos de prisão preventiva.

Na sequência, Marcos Paulo cuida do assunto: ***prova***. Nesses temos, por exemplo, a questão atinente ao agente disfarçado, da infiltração policial virtual, da captação ambiental.

Aqui, muito pertinente a crítica de Marcos Paulo ao veto do § 4º do art. 8º-A da Lei nº 9.296/1996. Nesses termos:

> (...) lamentáveis foram as razões do veto ao § 4º do art. 8º-A da Lei nº 9.296/96. Dizia o texto que *a captação ambiental feita por um dos interlocutores sem o prévio conhecimento da autoridade policial ou do Ministério Público poderá ser utilizada,* ***em matéria de defesa****, quando demonstrada a integridade da gravação* (grifo nosso). O móvel do veto, a seu turno, foi o seguinte: *A propositura legislativa, ao limitar o uso da prova obtida mediante a captação ambiental apenas pela defesa, contraria o interesse público uma vez que* ***uma prova não deve ser considerada lícita ou ilícita unicamente em***

---

[15] Em reforço, a Lei nº 13.964/2019 acrescentou o § 2º ao art. 313 do CPP a fim de rememorar que "não será admitida a decretação da prisão preventiva com a finalidade de **antecipação de cumprimento de pena** ou como **decorrência imediata de investigação criminal ou da apresentação ou recebimento de denúncia**" (grifo nosso). O dispositivo, em si, é redundante, ante os atuais termos do art. 283, *caput*, do CPP, mas, em tempos de obscurantismo e de ódio ao conhecimento e à ciência – vide discussões como o *terraplanismo* –, o óbvio, inclusive o ululante, precisa, mesmo, ser repetido (SANTOS, Marcos Paulo Dutra. *Comentários ao pacote anticrime*. São Paulo: Método, 2020. p. 213).

[16] "*Mutatis mutandis*, o cenário atual, envolvendo o art. 492, I, e, e §§ 3º a 6º do CPP, é bastante similar, pois, **por meio do risco real de prisão, tolhe-se o exercício do direito de defesa**, considerado não o acesso ao duplo grau de jurisdição, mas o *Day in Court*, com o gravame, convém rememorar, que, no plenário do Júri, tem-se a **plenitude** da defesa (art. 5º, XXXVIII, a, da CRFB/88). As percepções acima estão contidas no **Enunciado nº 26 da Defensoria Pública de Minas Gerais**: O artigo 492, e, do CPP é inconstitucional e inconvencional, visto que a prisão baseada em quantitativo de pena viola: (i) o direito de defesa ao intimidar o comparecimento do réu ao julgamento, (ii) estimular, por via transversal, a aplicação de pena que implique em prisão, (iii) violar a presunção de inocência, na forma da jurisprudência do STF. (...) A soberania dos veredictos surge, assim, não como uma garantia indistinta das partes, mas do réu, precipuamente, porque imprescindível à efetividade da plenitude de defesa. Partindo dessa premissa, invocá-la para legitimar a execução provisória da pena, no Júri, ainda em primeiro grau é um contrassenso, pois **um direito fundamental do acusado militaria contra si**" (SANTOS, Marcos Paulo Dutra. *Comentários ao pacote anticrime*. São Paulo: Método, 2020. p. 222 e 224).

razão da parte que beneficiará, sob pena de ofensa ao princípio da lealdade, da boa-fé objetiva e da cooperação entre os sujeitos processuais, além de se representar um retrocesso legislativo no combate ao crime[17].

Ressalta Marcos Paulo que, além do descompasso com a jurisprudência do STF (tese da excludente de ilicitude: estado de necessidade e legítima defesa das vítimas[18]), a referência à *cooperação entre os sujeitos processuais* causa imensa perplexidade, tamanha a desconexão com os postulados constitucionais e convencionais norteadores do processo penal pátrio: o direito ao silêncio (art. 5º, LXIII, da CRFB/88) e a garantia à não autoincriminação (art. 8º, 2, g, da CADH e art. 14, 3, g, do PIDCP) liberam o imputado de qualquer ônus colaborativo.

Na sequência, o professor carioca nos apresenta comentários sobre a colaboração (delação) premiada na Lei nº 13.964/2019.

Sobre o tema e suas inúmeras conclusões, destaco a sua posição sobre a retratação, ou seja, sobre o momento adequado para se ter a retratação. Marcos Paulo entende que, após a prolação da sentença, descabe a retratação.

Nesse sentido, a prestação jurisdicional foi entregue, valorando-se a delação, que possui valor probatório. Afirma o professor carioca que o processo é um caminhar evolutivo, e não involutivo. Antes desse marco, o colaborador pode retratar-se, como consectário lógico e indeclinável da autodefesa, que é uma das expressões da ampla defesa – art. 5º, LV, da Constituição da República –, seja antes ou após a homologação do acordo, independentemente da anuência ou não do Ministério Público.

Segundo a sua doutrina, e aqui devemos ficar atentos, não há por quê condicionar o exercício dessa faculdade à homologação do acordo, como propõe Nucci. O próprio art. 4º, § 10, da Lei nº 12.850/2013 refere-se à retratação da proposta, e não do acordo, permitindo o seu implemento antes da homologação. Além disso, se viável a retratação após a chancela judicial, quanto mais antes.

---

[17] SANTOS, Marcos Paulo Dutra. *Comentários ao pacote anticrime*. São Paulo: Método, 2020. p. 447.

[18] "Ignoram, ainda, a jurisprudência do Supremo Tribunal Federal construída em torno do art. 5º, LVI, da CRFB/88. Provas obtidas por meios ilícitos são inadmissíveis, daí a Lei nº 11.690/08, ao reformular o art. 157 do CPP, haver preconizado, no *caput*, sem ressalvas, o desentranhamento. Conforme escrito acima, a Corte Constitucional aceita as provas produzidas pelo réu, porque assim agiu para evitar mal injusto e grave, consubstanciado na condenação, vislumbrando, assim, cenário similar ao estado de necessidade, **excludente da ilicitude**. Igualmente admite provas produzidas pela vítima do crime ou por terceiro em prol desta justamente por identificar quadra equivalente à outra **excludente da ilicitude**, legítima defesa, segundo apresentado acima. Em suma: essas provas são aproveitadas porque, em última análise, mostram-se **lícitas**, não guardando a menor relação com a parte, conforme apontado nas razões do veto. Assentada a ilicitude, a recusa e/ou o desentranhamento são os únicos caminhos **constitucionalmente** possíveis, sem espaço para ponderações, até para não subverter o princípio da proporcionalidade, que não se presta a tal fim, porquanto idealizado para preservar garantias individuais, ao invés de fragilizá-las. Outra não é a *ratio* por detrás da vedação ao excesso (necessidade), da exigência de pertinência (e eficiência) entre o método eleito e os fins colimados (adequação) e da análise do custo/benefício (proporcionalidade *stricto sensu*). À medida em que o Estado dispõe, atualmente, de *n* meios de formação de provas, muitos extremamente invasivos, que transitam no limiar entre o constitucional e o inconstitucional, nada, rigorosamente nada justifica valer-se **também** de métodos ilícitos. E, justamente por ter à sua frente tantas opções lícitas, **vedar as ilícitas, por determinação constitucional, jamais conduzirá a absurdos a justificar o emprego da razoabilidade**, aos que a enxergam dissociada da proporcionalidade" (SANTOS, Marcos Paulo Dutra. *Comentários ao pacote anticrime*. São Paulo: Método, 2020. p. 314-316).

De outra monta, impedir o delator de retratar-se após a homologação judicial, conforme sustentam Rogério Sanches Cunha, Ronaldo Batista Pinto e Renato Brasileiro de Lima, ou sujeitá-la à anuência do Ministério Público, segundo advogam Cleber Masson e Vinícius Marçal, é flagrantemente **inconstitucional** pelas seguintes razões apontadas por Marcos Paulo:

> a) a delação, espécie do gênero confissão, é genuína manifestação de autodefesa, sendo-lhe ínsita a retratação, conforme revela o art. 200 do CPP, logo, qualquer tentativa de tolhê-la, amarrando o imputado às declarações primeiramente prestadas, traduz manifesto cerceamento do direito de defesa, em descompasso com o art. 5º, LV, da Constituição, além de compeli-lo à autoincriminação, em desacordo com o art. 8º, 2, g, da Convenção Americana de Direitos Humanos (CADH) – Pacto de São José da Costa Rica –, inserida no ordenamento pátrio pelo Decreto nº 678/92, e com o art. 14, 3, g do Pacto Internacional de Direitos Civis e Políticos (PIDCP), incluído na ordem normativa pelo Decreto nº 592/92; b) condicionar a retratação, após a homologação do acordo, ao beneplácito ministerial, não contorna os inconvenientes acima, porquanto é inadmissível que a parte autora – Ministério Público – tenha ingerência nos direitos do réu, ainda mais personalíssimos, como são a autodefesa e a não autoincriminação, em descompasso com a própria isonomia – art. 5º, *caput*, da Constituição –, que tem na paridade de armas um dos seus maiores reflexos no processo; c) erige-se restrição ao exercício da autodefesa, relativa à retratação, não prevista em lei, porquanto o art. 4º, § 10, da Lei nº 12.850/13 anuncia-a sem peias, como também o faz o art. 200 do CPP, em desacordo com a Constituição, ante o devido processo legal – art. 5º, LIV – e a separação dos poderes – art. 2º –, considerado o caráter legiferante dessa orientação doutrinária[19].

Outro ponto interessante para o leitor refere-se, por exemplo, à ordem entre a participação delatores e delatados. Conforme Marcos Paulo, considerada, estritamente, a relação processual penal, **os colaboradores são acusados**, persistindo no polo passivo, sem migrar para o ativo. Tal transição esbarra no art. 270 do CPP, ao prescrever que corréus, no mesmo processo, não podem intervir como assistentes do Ministério Público. Dessa forma, o contraditório e a ampla defesa exigem que seus pronunciamentos sucedam aos da acusação, mas **sem ordem de preferência em relação aos demais imputados**. Como são todos denunciados, indistintamente, a sequência das manifestações torna-se neutra, pouco importando que sejam anteriores ou posteriores às dos demais réus. Basta que sejam ulteriores às dos acusadores – Ministério Público e assistente de acusação, se houver –, a teor do art. 403, *caput*, do CPP. Contudo, sob o ângulo dialético, afirma Marcos Paulo, as alegações do delator **aderem à tese** acusatória, indicando as provas produzidas a partir delas que ratificam os fatos narrados na denúncia, afinal, quanto mais eficiente houver sido a cooperação, maiores são os benefícios. Conquistá-los em quantidade e em qualidade é o escopo do colaborador, por meio da sua defesa. Se o pronunciamento dos delatados antecedem ao do delator, este, nas suas alegações, explorará as suas fraquezas e inconsistências, apontando em qual medida a cooperação prestada evidencia o acerto da *tese* acusatória, **resgatando-a depois de veiculada a *antítese* defensiva**, em insofismável

---

[19] SANTOS, Marcos Paulo Dutra. *Comentários ao pacote anticrime*. São Paulo: Método, 2020. p. 330.

inversão do contraditório, violando, a reboque, a ampla defesa – não se revolve à *tese* depois de ofertada a *antítese*, restando ao juiz anunciar a *síntese*.

Essas são as premissas inspiradoras, segundo Marcos Paulo, do novel § 10-A do art. 4º da Lei nº 12.850/2013, ao anunciar que, "em **todas** as fases do processo, deve-se garantir ao réu delatado a oportunidade de manifestar-se **após** o decurso do prazo concedido ao réu que o delatou" (grifo nosso), estampando que **todos** os pronunciamentos dos delatados são posteriores aos do colaborador, não se restringindo às alegações finais, alcançando, *v.g.*, as respostas à acusação, os arrazoados recursais etc.[20].

Outro ponto importante para o qual chamo a atenção do leitor é o do *whistleblower* ou "informante do bem". No caso, diferentemente do colaborador, que concorreu para o(s) delito(s) em apuração e espera uma contrapartida à cooperação prestada, o *whistleblower*, na expressão anglo-saxã, nada mais é do que o terceiro, completamente alheio à infração penal e aos seus autores e/ou partícipes, mas que dela tomou ciência, decidindo compartilhar o seu conhecimento com o Estado, na expectativa de coibir ilícitos, não apenas penais, mas administrativos, e estimular as boas práticas.

Conforme Marcos Paulo, a Lei nº 12.846, de 1º de agosto de 2013, conhecida como Lei Anticorrupção, mui timidamente introduziu o *whistleblower* ao prever, **mas sem regulamentar**, no inciso VIII do art. 7º, "a existência de mecanismos e procedimentos internos de integridade, auditoria e **incentivo à denúncia de irregularidades** e a aplicação efetiva de códigos de ética e de conduta no âmbito da pessoa jurídica" (grifo nosso). Porém, apenas com a Lei nº 13.964/2019 sistematizou-se um pouco mais o *whistleblowing*, mas de forma bastante incipiente ainda, sem grandes atrativos aos informantes[21].

Na sequência, temos a análise do processamento do recurso especial e do recurso extraordinário em matéria penal e prazos.

Posteriormente, temos a reflexão sobre ação penal no crime de estelionato e seus reflexos. É sabido que a Lei nº 13.964/2019, ao incluir o § 5º ao art. 171 do Código Penal, alterou a natureza da ação penal no crime de estelionato, de pública incondicionada para condicionada à representação, exceto se a vítima for a Administração Pública, direta ou indireta (inciso I), ou vulnerável, seja por razões etárias – criança ou adolescente (inciso II) ou, ainda, maior de 70 (setenta) anos (inciso IV, 1ª parte) – ou mentais – deficiência mental (inciso III) ou incapaz (inciso IV, 2ª parte), hipóteses nas quais é pública incondicionada.

Marcos Paulo explora o tema de forma rigorosa. Segundo o mestre carioca, tais exceções (demarcadas no novo diploma normativo) merecem, enquanto tais, interpretação **restritiva**, mesmo porque prejudiciais ao imputado, afinal, dispensam a representação do ofendido para o exercício da ação penal pública, tornando-a incondicionada. E tal consideração é explorada na obra de forma esmiuçada.

Outro ponto destacado na obra é o da eficácia intertemporal[22].

---

[20] SANTOS, Marcos Paulo Dutra. *Comentários ao pacote anticrime*. São Paulo: Método, 2020. p. 347.

[21] Conforme Marcos Paulo: "motivo pelo qual recebemos o instituto ceticamente, sem entusiasmo maior" (SANTOS, Marcos Paulo Dutra. *Comentários ao pacote anticrime*. São Paulo: Método, 2020. p. 354).

[22] "Normas sobre a natureza da ação penal são de cunho **processual material**, porque, ao dificultarem ou facilitarem o exercício da pretensão punitiva estatal, impactam, frontalmente, no estado de inocência e na liberdade do imputado. Transcendem o universo adjetivo, fazendo-se sentir substancialmente, logo, **submetem-se não ao art. 2º do CPP, mas ao art. 5º, XL, da CRFB/88**. À medida em que o legislador passa a exigir a representação do ofendido, cria um óbice a mais ao oferecimento da denúncia, e, simul-

É interessante deixar assente que, na obra, Marcos Paulo nos aponta os **três** caminhos hermenêuticos possíveis em relação à novel exigência de representação para o delito de estelionato, consideradas as ações penais em andamento.

Outro ponto importante no tema do crime de estelionato é a defesa da analogia *in bonam partem* do art. 171, § 5º, do Código Penal com o delito de furto simples[23].

Marcos Paulo também comenta sobre a alteração da Lei nº 13.964/2019 no que diz respeito às causas impeditivas da prescrição.

Além disso, refere-se na obra aos efeitos patrimoniais da sentença penal condenatória e constrições cautelares patrimoniais.

No que tange a esse assunto, entre várias colocações que devem ser lidas com atenção, advoga Marcos Paulo que o novo art. 91-A do Código Penal é dotado de **inconstitucionalidade**. Nessa esteira, corrobora com o Enunciado nº 1 da Defensoria Pública do Estado de Minas Gerais: "É inconstitucional o art. 91-A, cabeça, e § 2º do CP, por violar o princípio constitucional da presunção de inocência e da vedação ao confisco (art. 5º, LIV e LVII da CRFB/88), assim como por promover indevida inversão do ônus da prova, disciplinado no art. 156 do CPP".

Marcos Paulo também trabalha o tema extremamente relevante da execução penal.

Na obra, chama atenção o relatório apresentado pelo Departamento Penitenciário Nacional (DEPEN), a partir da análise de dados oriundos do INFOPEN, um sistema do Ministério da Justiça e Segurança Pública, criado em 2004, que fornece informações/ estatísticas do sistema prisional brasileiro.

Marcos Paulo explicita que o relatório "revelou que, **em junho de 2017**, havia um *déficit* de vagas de 303.112, perfazendo uma taxa de ocupação de 171,62%, sendo certo que, de 2006 a 2017, o crescimento da população privada da liberdade tem sido constan-

---

taneamente, **embute causa extintiva da punibilidade até então indisponível – a decadência do direito de representação** (art. 107, IV, do CP), robustecendo a proteção ao indiciado. Univocamente se está diante de *novatio legis in mellius*, enquanto tal **retroativa**, da mesma maneira que, se não mais exigisse a representação, tornando o delito de ação penal pública incondicionada, consubstanciaria *lex gravior*, logo **irretroativa**. E, em se trabalhando com o art. 5º, XL, da CRFB/88, opor à retroação o ato jurídico perfeito é **inconstitucional**, afinal, após anunciar o respeito a este, ao direito adquirido e à coisa julgada no próprio art. 5º, inciso XXXVI, o Poder Constituinte traz, como exceção, a lei penal, quando benéfica ao réu, no dito inciso XL, incluindo a processual material, como são as regras alusivas à natureza da ação penal. Os exemplos colhidos da jurisprudência do STJ e STF são inúmeros" (SANTOS, Marcos Paulo Dutra. *Comentários ao pacote anticrime*. São Paulo: Método, 2020. p. 369).

23 "Ademais, **diversamente do estelionato, o furto é, por excelência, um injusto estigmatizante, consideradas a raça, o segmento social, a procedência regional e, por conta dos refugiados, também nacional. Ao continuar a tê-lo como de ação penal pública incondicionada, exigindo a representação apenas do estelionato, a Lei nº 13.964/19, ao invés de reduzir, catalisa a seletividade persecutória penal, atentando contra o art. 1º, 1 da CADH, no qual o Brasil se comprometeu a repudiar qualquer discriminação de cunho racial, socioeconômico ou de origem nacional. Não estender a exigência de representação ao furto, na modalidade simples, legitima essa marginalização. Pior: institucionaliza.** Essa é a distinção que justifica, caso o STF e o STJ se mantenham fiéis, em princípio, à especialidade, para aplicar, por analogia, o § 5º do art. 171 do Código Penal ao delito de furto simples. O enunciado nº 5 da Defensoria Pública de Minas Gerais veicula orientação parecida, ao dizer que *'a condição de procedibilidade inserida no artigo 171, § 5º do CP, deve ser aplicada, em decorrência da regra da proporcionalidade, aos artigos 155, caput, 168, caput, e 180, caput e § 3º, todos do CP'* (grifo nosso)" (SANTOS, Marcos Paulo Dutra. *Comentários ao pacote anticrime*. São Paulo: Método, 2020. p. 377).

te, acumulando percentuais positivos anualmente – embora variáveis, em nenhum ano foi negativo. De 2000 até 2017 a taxa de aprisionamento teve um salto de mais de 150% em todo o País. Os presos entre 18, quando se chega à imputabilidade penal, e 29 anos de idade correspondem a 54% da população carcerária. Os presos de cor/etnia preta e parda totalizam 63,6%. Considerado o grau de escolaridade, 51,3% possuem o ensino fundamental incompleto, 13,1% só o fundamental completo e 14,9% o médio incompleto. Apenas 0,5% ostenta ensino superior completo. Entre os homens, os crimes mais recorrentes são roubo (31,88%), tráfico (29,26%) e furto (14,15%); entre as mulheres, tráfico, disparado, com 64,68%, seguido, a distância, pelo roubo (15,72%). Pouco mais de 10% dos custodiados frequentam atividades educacionais, em virtude da falta de infraestrutura das unidades prisionais"[24].

Aqui, a crítica de Marcos Paulo, em relação à Lei nº 13.964, objeto de sua obra, é ácida. Conforme o professor, em meio a tamanho caos no sistema prisional, a Lei nº 13.964/2019, ainda assim, aposta no encarceramento em massa como ferramenta "anticrime", ignorando a história recente brasileira, que já se valeu, **sem êxito**, dessa estratégia. Exemplo emblemático disso é a Lei nº 8.072/1990, que, ao listar os crimes hediondos, além do tráfico de entorpecentes, do terrorismo e da tortura, concretizando o art. 5º, XLIII, da CRFB/88, fixou, originalmente, no art. 2º, § 1º, o regime integral fechado, permitindo-o[25].

Outro tema abordado, de extrema relevância, foi o da progressão de regime e livramento condicional, inclusive quanto aos crimes de natureza hedionda. Além dele, Marcos Paulo também cuidou da análise da Lei nº 13.964/2019 no que diz respeito aos crimes hediondos/Estatuto do Desarmamento. Ele analisa as alterações e os acréscimos feitos pela nova Lei no rol dos crimes hediondos. Nesse ponto, apenas como exemplo para o leitor, temos ácida crítica do autor:

> Sendo assim, o furto qualificado pelo emprego de explosivo ou de artefato análogo que causa perigo comum **não destila reprovabilidade suficiente para catapultá-lo**

---

[24] SANTOS, Marcos Paulo Dutra. *Comentários ao pacote anticrime*. São Paulo: Método, 2020. p. 400.

[25] "O perfil do preso brasileiro revela, por si só, que a solução à criminalidade passa pela inclusão social, traduzida em investimentos maciços em saúde e educação, reduzindo a vulnerabilidade dos jovens e a consequente cooptação para o mundo do crime. O encarceramento, ante a realidade prisional brasileira, enfatiza, apenas, o caráter retributivo da pena, sem preocupações com a *re*inserção social – como muitos sempre ficaram à margem da sociedade, sequer se pode falar em *re*ssocialização... Em verdade, o aprisionamento incrementa a estagnação, afinal, são poucas as unidades prisionais aparelhadas com postos de estudo e de trabalho, fomentando uma mão de obra cada vez mais barata, à disposição do crime organizado, que, *supostamente*, foi o principal alvo da Lei nº 13.964/19. Na realidade, promove-se a dessocialização. E a política de construção de novas unidades prisionais estimula, veladamente, respostas cautelares e penais privativas de liberdade, ao invés de buscar alternativas ao cárcere. (...) Qualquer política séria de segurança pública, a par de maciços incrementos na saúde e na educação, passa por investimentos na polícia, potencializando a qualificação e os ganhos dos profissionais envolvidos, além da infraestrutura, afinal, a ela foi confiado tal múnus (art. 144 da CRFB/88). Atacar a reprimenda significa focar na ponta do problema, e não na origem. E, aumentando o encarceramento, potencializa-se a **coisificação** do preso, afinal, a liberdade é bem inerente à dignidade humana, a ponto de se ter, universalmente, uma ação impugnativa exclusivamente voltada à sua tutela, o *habeas corpus*, prevista, no Brasil, no art. 5º, LXVIII, da CRFB/88. O encarceramento conduz, ou, ao menos, deveria conduzir à reflexão sobre os nossos (mal)feitos, mas, igualmente, fragiliza o espírito, a criatividade, o crescimento. A depender do grau de censura verificado no agir ensejador da prisão, é inevitável. Mas, não raro, é possível conciliar a punição à dimensão humana" (SANTOS, Marcos Paulo Dutra. *Comentários ao pacote anticrime*. São Paulo: Método, 2020. p. 401-402).

ao *status* de crime hediondo. A pena cominada **é idêntica à do roubo simples**, 4 a 10 anos de reclusão e multa, **nada obstante a ausência de violência ou grave ameaça à pessoa**, dado suficiente para colocar em xeque a constitucionalidade até dessa escala penal. Mas, superada essa observação, é certo que **o roubo simples não é hediondo, apesar, repita-se, de envolver violência ou grave ameaça à pessoa. Tampouco o são os crimes de perigo comum, versados nos arts. 250 a 259 do Código Penal, inclusos o incêndio e a explosão (arts. 250 e 251).** Inexiste, assim, proporcionalidade para que um FURTO, mesmo qualificado pelo uso de explosivo, seja hediondo, a justificar percentuais maiores para a progressão de regime, além da fração de dois terços para o livramento condicional – isso se não for prontamente descartado, em abstrato, se reincidente em outro delito de natureza hedionda[26].

Outros temas relevantes trabalhados e que merecem a atenção do leitor são as questões residuais sobre a progressão de regime e o livramento condicional e o tema da saída temporária. Ambos os temas foram criticados no que diz respeito à Lei nº 13.964/2019.

Ponto forte da obra, que ora apresento, também é o da (in)constitucionalidade da identificação do perfil genético na LEP e na Lei nº 12.037/2009, presentes as garantias à não autoincriminação, à intimidade e à inviolabilidade corporal.

Nesse tópico do livro, o tema é explorado sobre a égide do direto comparado. Marcos Paulo nos remete ao debate norte-americano, alemão, português, espanhol e italiano sobre o direito de não produção de provas contra si mesmo. E, posteriormente, apresenta o debate interno, tomando sua posição sobre[27]. Realmente, essa parte da obra e da defesa

---

[26] "Conforme alertamos, o art. 5º, XLIII, da CRFB/88 não autorizou o legislador a transformar em hediondo qualquer crime. Quadras extravagantes não desafiam vulgarização, máxime quando restritivas de direitos. Segundo leciona Antonio García-Pablos de Molina, '...o princípio da proporcionalidade **rechaça** o estabelecimento de cominações **legais** (proporcionalidade em abstrato) e a **imposição** de penas (proporcionalidade em concreto) que **careçam de relação valorativa com o fato cometido**... tendo, em consequência, um **duplo destinatário**: o poder **legislativo** (que tem de fixar reprimendas proporcionais, em abstrato, à gravidade do crime) e o juiz (consideradas as penas aplicadas ao autor do fato)'" (SANTOS, Marcos Paulo Dutra. Comentários ao pacote anticrime. São Paulo: Método, 2020. p. 418).

[27] "Trazendo a experiência do direito comparado, é forçoso convir que inexiste qualquer inconstitucionalidade, à luz dos postulados do silêncio e da não autoincriminação, na extração, à míngua da vontade do imputado ou do condenado, de material biológico para definição do seu perfil genético, objetivando a posterior exploração probatória. O art. 5º, LXIII, da CRFB/88 enfatiza o direito ao **silêncio**, enquanto a CADH e o PIDCP focam no direito de não ser obrigado a **depor** contra si mesmo nem a **declarar-se culpado**, permitindo circunscrever a garantia às manifestações verbais, tal qual decidiu a Suprema Corte norte-americana. E, ainda que se pense em alargar tal garantia aos comportamentos ativos – fazer –, no caso da coleta de material biológico exige-se do imputado uma postura passiva – tolerar que se faça –, logo, eventual, coerção também encontra respaldo na jurisprudência constitucional de países de origem romano-continental como o nosso – Alemanha, Espanha, Portugal e Itália. Por tais razões, Eugênio Pacelli não enxerga qualquer incompatibilidade entre a extração, coercitiva, de material biológico para definição do perfil genético e a garantia *nemo tenetur se detegere*, conferindo-lhe dimensão restritiva idêntica à verificada nos EUA. Segundo o autor, intervenções corporais, desde que **previstas em lei** e **não vexatórias**, como o etilômetro e o exame grafotécnico, podem ser implementadas mesmo contra a vontade do imputado, porque não demandam dele comportamento ativo algum. Eventual recusa não pode ser vencida fisicamente, porém serve de elemento de convicção à disposição do juiz, enquanto argumento de reforço de hipotética condenação (*obiter dictum*), e não, apenas, *ratio decidendi*, porquanto não libera a acusação do ônus de provar a sua pretensão, invocando, por analogia, o art. 232 do Código Civil – *a recusa à perícia médica ordenada pelo juiz poderá suprir a prova que se pretendia obter com o exame*. A experiência verifi-

da posição de Marcos Paulo com base em uma leitura constitucionalmente adequada do processo penal é instigante.

A posição do autor perpassa um rigoroso estudo sobre o princípio (regra, máxima ou postulado) da proporcionalidade, sobre a não autoincriminação, sobre o princípio da igualdade, bem como sobre o devido processo legal e a também dignidade da pessoa humana, para a defesa forte da inconstitucionalidade do art. 9º-A da LEP. Merece destaque e leitura atenta do leitor que visitará a obra de Marcos Paulo[28].

---

cada no direito comparado, com a devida vênia, mostra-se **constitucionalmente**, **convencionalmente** e **legalmente** inaplicável à realidade normativa brasileira, conforme **remansosa** jurisprudência do STF e do STJ, aliada à grande parte da doutrina pátria, aliás. O art. 1º, III, da CRFB/88 alçou a dignidade humana ao *status* de um dos **fundamentos** da República, salientando a cabeça do art. 5º que todos são iguais perante a lei. Por óbvio inexistem direitos absolutos. A própria vida foi relativizada, admitindo-se a pena capital em tempos de guerra (art. 5º, XLII, a da CRFB/88). A liberdade idem, ao admitir a reprimenda privativa de liberdade (art. 5º, XLVI, a da Carta de 1988) e as prisões cautelares (art. 5º, LXI, da CRFB/88). Mas, quando em xeque a *dignidade humana*, trata-se de baliza fundamental intransponível, insuscetível de qualquer sorte de modulação. Inexistem níveis de dignidade. E, enquanto fundamento, ou seja, pilar do Estado Democrático de Direito, não há como reduzi-lo, sob pena de colapsar o último. Da mesma maneira que uma marretada na viga mestre de um edifício o coloca abaixo, mitigar a dignidade humana desmoronaria o Estado Democrático de Direito, pois significaria reportar-se a uma pessoa como se um **ente inanimado** fosse, desconsiderando, por completo, o seu desiderato, a sua ciência e consciência, os seus sentimentos, os atributos que a afastam da condição de **coisa**, tornando-a um **indivíduo**. O direito ao **silêncio**, estatuído no art. 5º, LXIII, da CRFB/88, é uma das inúmeras garantias que têm, na dignidade humana, o seu fundamento e inspiração. Se o imputado, já formalizado ou em potencial, tivesse o dever de falar, ainda que isso o incriminasse, simplesmente a sua **vontade** seria reduzida a zero, desconsiderando-se o próprio **instinto** de autopreservação, verificado em **qualquer** ser vivo, humano ou não. Não por acaso *nemo tenetur se detegere* significa o direito de não ser obrigado a se **descobrir**, ou seja, a se **desproteger**. Justamente por isso é expressão, também, de **autodefesa**, vertente da **ampla defesa**, versada no art. 5º, LV, da CRFB/88, que em hipótese alguma pode lhe ser usurpada, ainda mais coercitivamente, contra a sua vontade. A referência ao silêncio, enquanto garantia fundamental, não deve, nem pode, ser tomada literalmente, circunscrevendo-a às manifestações verbais. Há de se ater ao núcleo dessa garantia, à sua *ratio essendi*, consubstanciada no direito a **não** autoincriminação, mesmo porque são as normas **limitadoras** de direitos que desafiam interpretação restritiva, e não as concessivas, ainda mais ao veicularem direitos fundamentais. Se ninguém será privado da liberdade ou de seus bens sem o devido processo legal (art. 5º, LIV, da CRFB/88), será inconstitucional qualquer coerção não estampada, expressamente, em lei, daí os preceitos restritivos, e não os concessivos de direitos, estarem submetidos a uma intelecção afunilada. Idêntica leitura há de ser extraída dos preceitos convencionais versados no art. 8º, 2, g da CADH e no art. 14, 3, g do PIDCP, tampouco os limitando aos pronunciamentos verbais – não ser compelido a *depor* contra si nem a *confessar* **transcende** a prova oral, aglutinando qualquer procedimento probatório atentatório à sua dignidade humana, forçando-o a exibir um pensamento ou a permitir uma violação corporal contra a sua vontade, afinal, quando de somenos importância se tornam o estado mental e/ou a disponibilidade sobre a própria intimidade, nada mais resta de humano na pessoa, coisificando-a por inteiro" (SANTOS, Marcos Paulo Dutra. *Comentários ao pacote anticrime*. São Paulo: Método, 2020. p. 448-449).

[28] Apenas a título de exemplo, dentre as várias passagens importantes: "No caso do art. 9º-A, cabeça, da LEP, todavia, a intervenção corporal mostra-se **vulgarizada**, incidindo, **abstrata e automaticamente**, em desfavor de todo e qualquer sentenciado por crime **hediondo**, pouco importando o substrato fático ensejador da condenação e/ou as condições pessoais do agente. A banalização do rol dos crimes hediondos, iniciada antes da Lei nº 13.964/19, mas por ela potencializada, **não permite projetar o princípio da proporcionalidade aos crimes hediondos integralmente, imaginando que todos ostentariam dinâmicas drásticas, reveladoras do risco de reiteração, a justificar a coleta de material biológico do sentenciado**. Ampliado sobremaneira o elenco, a heterogeneidade avulta: quais dados concretos permitem concluir que o sentenciado, **primário e de bons antecedentes**, por roubo com emprego de arma de fogo, de uso proibido ou restrito; por furto qualificado pelo uso de explosivos ou por porte ilegal de arma de uso

Temos, ainda, rica análise sobre o regime disciplinar diferenciado e a constitucionalidade de alguns de seus dispositivos (mormente os debates sobre o art. 52, I, "e", e o art. 52, § 4º). Me chamou atenção (e chamará do leitor atento) as reflexões corajosas sobre o tema e os dados apresentados[29].

---

proibido voltará a delinquir, por exemplo, a ponto de justificar a intervenção em seu corpo para definição do perfil genético? (...) Por outro lado, a construção de um banco de dados genéticos dos condenados por crimes violentos e hediondos como ferramenta para a elucidação de crimes futuros ou, ainda, ignorados, é **institucionalizar a aposta na reincidência ao invés da recuperação social do condenado**, quadra inaceitável à luz da Constituição. Segundo já exposto, anunciada a individualização da pena e proscritas as sanções de exclusivo viés punitivo (capital, perpétua e banimento), o art. 5º, XLVI e XLVII, a, b e d emitem uma mensagem translúcida: a reprimenda há de buscar a ressocialização, e não apenas o castigo. O art. 9º-A, cabeça, da LEP distancia-se do comando constitucional, mostrando-se, também por isso, **inconstitucional**. Finalmente, **a coleta de material biológico dos sentenciados por delitos violentos e hediondos acirra a seletividade do sistema penal brasileiro, em desacordo com o art. 5º, cabeça, da CRFB/88, além do art. 1º, 1, da CADH**, na qual o Brasil se comprometeu a repudiar qualquer prática discriminatória de cunho socioeconômico, racial ou de procedência nacional ou regional, justamente os vetores que notabilizam essa seletividade. Pretos, pobres e prostitutas serão as fontes que alimentarão, geneticamente, esse banco de dados" (SANTOS, Marcos Paulo Dutra. *Comentários ao pacote anticrime*. São Paulo: Método, 2020. p. 465 e 471).

[29] "Resta, enfim, refletir se o regime disciplinar diferenciado, tal qual se apresenta hoje, por força da Lei nº 13.964/19, é, ou não, constitucional. A ideia de um regime disciplinar diferenciado, por si só, é de **induvidosa** constitucionalidade. A Regra de Mandela nº 36 é assertiva nesse sentido, ao anunciar que *a ordem e a disciplina devem ser mantidas* **com firmeza**. Mas, adverte, **sem impor mais restrições do que as necessárias** para a manutenção da segurança e da boa organização da vida comunitária. Pois é justamente nesse último aspecto, isto é, na **forma** de cumprimento do RDD, em que pairam sérias dúvidas acerca da sua constitucionalidade Patrícia Constantino, Simone Gonçalves de Assis e Liana Wernersbach Pinto, do Departamento de Estudos de Violência e Saúde Jorge Careli, vinculado à Escola Nacional de Saúde Pública, da Fundação Oswaldo Cruz, em artigo intitulado **O impacto da prisão na saúde mental dos presos do estado do Rio de Janeiro, Brasil**, noticiam que o encarceramento em si, **desconsiderado o regime disciplinar diferenciado**, contribui para transtornos mentais em percentual bem superior à média: '...São encontradas estimativas entre **10 e 15% para a *doença mental grave*** entre os presos em comparação com o constatado na população geral, que é de 2% ... **Mais da metade de todos os detentos dos Estados Unidos**....', país cuja política penitenciária claramente inspirou o legislador ao remodelar o RDD, '...*teve problemas de saúde mental*: **56% dos presos estaduais, 45% dos presos federais, e 64% dos reclusos em cadeias locais**...' (grifo nosso). Citando pesquisa realizada em Chicago, informam que, se comparados à população local, '...*os presos...apresentavam taxas de transtornos mentais três a quatro vezes superiores, com prevalências ainda mais altas entre as mulheres presas (excetuando-se a esquizofrenia)*, indicando um diferencial de gênero. Os transtornos mentais mais encontrados foram **sintomas depressivos, abuso de substâncias psicoativas e transtorno de estresse pós-traumático**. Aproximadamente 81% das mulheres presas em Chicago apresentaram ao menos um transtorno psiquiátrico ao longo da vida...' (grifo nosso). Na França, **40% dos presos**, de ambos os sexos, apresentaram transtornos mentais. (...) Declaram, ainda, que '...estudo realizado na Inglaterra e na Escócia aponta que **apenas 1 entre 10 presos não apresenta transtorno mental**, com dados impactantes para as doenças investigadas: *psicoses* – 10% dos homens e 14% das mulheres; *neuroses* – 59% dos homens e 76% das mulheres; *alcoolismo* – 58% dos homens e 36% das mulheres; *tentativa de suicídio* – 2% na última semana, e em 1/4 das mulheres no último ano. Em Honduras, encontraram uma taxa global de transtornos mentais de **43,7%**... No Brasil, dados do Estado de São Paulo em 2006 indicam prevalência significativa de transtornos mentais na população prisional, especialmente entre as mulheres. **O estudo aponta que 61,7% dos presos tiveram ao menos uma ocorrência de transtorno mental ao longo da vida e cerca de 25% daqueles que estavam em regime fechado preenchiam critérios diagnósticos para pelo menos um transtorno mental no ano anterior ao estudo**. Cerca de 11,2% dos detentos homens e 25,5% das mulheres apresentavam transtornos mentais graves (...)" (SANTOS, Marcos Paulo Dutra. *Comentários ao pacote anticrime*. São Paulo: Método, 2020. p. 527-528).

Marcos Paulo cobra, inclusive e de forma muito interessante, uma *interpretação conforme a Constituição* a ser feita sobre o inciso II do § 1º do art. 52 da LEP, a fim de preservar a instrumentalidade do RDD.

Temos também a instigante análise da execução da pena nos presídios federais de segurança máxima.

Marcos Paulo defende que é necessário submeter o atual § 1º do art. 10 da Lei nº 11.671/08 à interpretação conforme a Constituição, a fim de **objetivar o devido processo legal (art. 5º, LIV, da CRFB/88)** pertinente à colocação dos presos em presídio de segurança máxima e, sobretudo, à renovação, à luz da **proporcionalidade, sob o enfoque da necessidade**, a fim de coibir prorrogações sem fundamentação adequada, em afronta ao **art. 93, IX, da CRFB/88**, que acabam por inviabilizar a fruição do direito versado no **art. 5º, LXIII, da CRFB/88** (assistência à família), expressão da dignidade humana (**art. 1º, III, da CRFB/88**).

Assim, entende Marcos Paulo que, em apreço à proporcionalidade, sob o ângulo da necessidade (proibição do excesso), ao direito do preso à assistência familiar (art. 5º, LXIII, da CRFB/88), ao princípio da persuasão racional (art. 93, IX, da CRFB/88) e ao devido processo penal (art. 5º, LIV, da CRFB/88), o novel § 1º do art. 10 da Lei nº 11.671/08 merece ser submetido à interpretação conforme a Constituição, sem redução parcial do texto, para **estabelecer, como prazo máximo de estada em presídio federal de segurança máxima, três anos, passível de uma renovação por igual período (até mais três anos), sem a ocorrência de fatos novos, bastando indicar, por meio de** *provas concretas* (e não periódicos, notícias anônimas, ouvir dizer e afins), que a *ratio decidendi* inaugural persiste, sem prejuízo de nova inserção, renovável, uma vez, por igual período, se identificado **novo** incidente disciplinar e/ou penal de gravidade exacerbada, devidamente **documentado** em procedimento administrativo disciplinar, inquérito policial ou ministerial ou ação penal, lembrando que **a eleição do prazo máximo de três anos há de ser proporcional à reprovabilidade do fato motivador do ingresso na unidade prisional de segurança máxima**.

Por último, temos reflexões sobre as inovações pertinentes à execução da pena na Lei nº 12.850/13.

A importante questão do tempo máximo de cumprimento das penas privativas de liberdade é trazida à baila. Como todos sabemos, o tempo de cumprimento das penas privativas de liberdade, que, antes da Lei nº 13.964/19, não poderia exceder 30 (trinta) anos, foi estendido para **40 (quarenta)**, inclusive nos casos de soma ou unificação de reprimendas, *ex vi* do novel art. 75, *caput* e § 1º, do Código Penal[30]. A questão aventada é: seria constitucional tal alteração?

---

[30] "Aumenta-se, com isso, a pressão sobre o sistema carcerário nacional, apesar do estado de coisas inconstitucional declarado pelo Supremo Tribunal Federal. A opção do legislador abraça uma política criminal que tem no encarceramento uma das suas apostas, nada obstante *n* estudos, experiências extraídas da história e do Direito Comparado demonstrarem que a privação libertária não contribui para a (res)socialização dos sentenciados, nem inibe práticas delitivas. Por outro lado, discordâncias técnicas e políticas não tornam as escolhas legislativas inconstitucionais, lembrando que a individualização da pena começa, justamente, no Poder Legislativo, irradiando-se ao Poder Judiciário no tocante à *aplicação* e à *execução* da pena, mas, sempre, a partir das diretrizes fixadas pelo primeiro. Questioná-las amiúde põe em xeque o art. 2º da CRFB/88" (SANTOS, Marcos Paulo Dutra. *Comentários ao pacote anticrime*. São Paulo: Método, 2020. p. 554).

Marcos Paulo corajosamente afirma que, nada obstante a eloquência e a univocidade do pronunciamento do Supremo Tribunal Federal, premido pelo **estado de coisas inconstitucional** do sistema carcerário, a Lei nº 13.964/19 prorroga o teto de aprisionamento por mais 10 (dez) anos, como se o anterior, de 30 (trinta) anos, fosse reconhecidamente insuficiente.

Para ele, reprimenda privativa de liberdade dessa duração há muito abandonou o viés ressocializador, contentando-se com o retributivo. E três décadas de ergástulo, definitivamente, não é uma punição irrisória.

Assim, diante de um *cenário* **fático** *caótico do sistema carcerário*, qualificado pelo Supremo como *inconstitucional*, havendo sido exarado um *comando* em busca de *alternativas ao encarceramento*, a Lei nº 13.964/19 não poderia, jamais, ter, *neste momento*, alargado o período máximo de cumprimento das penas privativas de liberdade. Embora o *quantum* de 40 (quarenta) anos, isoladamente considerado, não seja inconstitucional, *no contexto atual é*, até que o sistema carcerário nacional deixe de ser um *estado de coisas inconstitucional*, atentatório a um rosário de garantias fundamentais.

Nesse ponto da obra, conforme verá o leitor, Marcos Paulo tem a sensibilidade de diferenciar o *quantum in abstrato* da pena máxima de 40 anos com a situação do nosso contexto social (de um **estado de coisas inconstitucional** no sistema carcerário, inclusive reconhecido pelo STF na ADPF nº 347)[31]. Traz o autor o importante aporte doutrinário da intitulada tese da *inconstitucionalidade circunstancial*[32].

Na sequência, Marcos Paulo apresenta o tema da execução da pena de multa e os debates da doutrina e jurisprudência sobre.

Nesse verdadeiro **tour de france** sobre a brilhante obra que ora apresento, Marcos Paulo ainda nos presenteou com reflexões sobre os impactos da Lei nº 13.964 na parte

---

[31] "**A perspectiva de privação libertária por 40 (quarenta) anos, consideradas as condições insalubres dos presídios brasileiros e a esperança de vida dos principais destinatários das políticas públicas criminais de encarceramento – preto, pobre e prostituta -, bem menor do que a média nacional, ainda mais diminuta em razão do aprisionamento, convertem-na, para além das reprimendas cruéis, já constitucionalmente proscritas, em, veladas, prisões perpétuas, porque, de lá, sairão para o funeral, em descompasso com o art. 5º, XLVII, 'b' e 'e' da CRFB/88.** Cogitar pena capital é, tecnicamente, impreciso, porque despida de efeitos consumativos. É óbvio que, a depender da idade do sentenciado, tal fenômeno é inescapável. Mas causa perplexidade mesmo quando o mesmo pode, perfeitamente, acontecer com um jovem condenado aos 18 (dezoito), 20 (vinte) anos de idade, afinal, ante o estado de coisas inconstitucional no qual se submeterá, é crível que não resista 40 (quarenta) anos. A mera perspectiva disso já é intolerável à luz da ordem constitucional pátria, fundada na dignidade humana (art. 1º, III, da CRFB/88)" (SANTOS, Marcos Paulo Dutra. *Comentários ao pacote anticrime*. São Paulo: Método, 2020. p. 558).

[32] "(...) **uma lei pode ser inconstitucional em razão de sua incompatibilidade com a realidade vivida em determinado momento**, o que faz com que ela não se amolde ou passe a não mais se amoldar às exigências constitucionais, ainda que momentaneamente. Isso significa que, **superada a situação, uma norma preexistente poderá retomar sua compatibilidade com a Constituição**, mas também que uma norma aprovada durante o estado de excepcionalidade poderá passar a ser compatível com ela. O fenômeno da inconstitucionalidade circunstancial enfatiza não só ideia de que a Constituição está em vigor, mas também a de que ela está atenta às circunstâncias em seu entorno. Uma vez unidas essas duas ideias, é possível afirmar que a Constituição não é só transformada de acordo com as necessidades de seu tempo, mas também pela situação excepcional vivida por seus destinatários. É em razão dessa relevante plasticidade temporal e circunstancial que podemos falar de uma genuína 'Constituição viva'" (SANTOS, Marcos Paulo Dutra. *Comentários ao pacote anticrime*. São Paulo: Método, 2020. p. 558).

especial e na legítima defesa. São trabalhados os delitos de roubo e concussão, bem como a questão atinente à legítima defesa.

Na extensa análise sobre o **crime de roubo**, apenas a título de exemplo, para o leitor, Marcos Paulo descortina seu inconformismo com o novo diploma legal (Lei nº 13.964/19), ora em comento.

Entende o autor, de forma contundente, que a Lei nº 13.964/19 expõe, visceralmente, a desproporcionalidade do § 2º-B do art. 157, ainda mais se comparado às escalas penais cominadas a outros injustos infinitamente mais reprováveis, para não escrever repugnantes.

Nesses termos, a escala penal cominada ao roubo com arma de usos restrito ou proibido, de 8 a 20 anos, **supera** a do homicídio simples, de 6 a 20 anos (art. 121, *caput*); a da lesão corporal gravíssima (art. 129, § 2º), de 2 a 8 anos, notabilizada, dentre outros resultados, pela enfermidade incurável, perda de membro e deformidade permanente, ou seja, o teto a ela cominado equivale ao mínimo reservado ao roubo com emprego de arma de uso restrito ou proibido, embora não lhe gere sequela física alguma, incluindo a qualificada pelo resultado morte, mesmo se circunstanciada pela relação doméstica ou familiar (art. 129, §§ 3º e 11), porque a escala penal, de 4 a 12 anos, elevada de 1/3, continuaria a ter mínimo e máximo em abstrato bem aquém (5 anos e 4 meses a 16 anos de reclusão)[33].

Conforme atenta Marcos Paulo, ultrapassa, ainda, amplamente, as escalas penais dos delitos de estupro, não apenas na forma simples, mas, também, qualificada pela idade da vítima ou por causar-lhe lesões graves ou gravíssimas (art. 213, *caput* e § 1º), 6 a 10 e 8 a 12 anos, respectivamente[34].

A conclusão do autor, lastrada em ampla fundamentação, é a de que o § 2º-B do art. 157 do Código Penal é inconstitucional, incidindo sobre o roubo com arma de fogo, mesmo de uso proibido ou restrito, o aumento de dois terços, contido no inciso I do § 2º-A.

Por último, temos observações sobre a lavagem de capitais, o estatuto do desarmamento, o fundo nacional de segurança pública e seus recursos. E, no desfecho do livro, o leitor observará as considerações sobre o processo decisório versado no art. 315, § 2º, do CPP[35].

---

[33] SANTOS, Marcos Paulo Dutra. *Comentários ao pacote anticrime*. São Paulo: Método, 2020. p. 589.

[34] Marcos Paulo afirma que: "Os exemplos elencados (...) envolvem injustos atentatórios a bens jurídicos de relevância superior ao patrimônio – vida, dignidade sexual, integridade física, não raro violados cumulativamente, consideradas as formas qualificadas pelo resultado –, cuja criminalização obedece a ações afirmativas de raiz constitucional – como a proteção à família, às crianças e aos adolescentes (art. 226, § 8º e art. 227, *caput*, da CRFB/88) – ou aos compromissos internacionais assumidos pelo Brasil, como a Convenção de Palermo contra o Crime Organizado, internalizada pelo Decreto nº 5.015, de 12 de março de 2004. E, ainda assim, o roubo com arma de fogo de uso restrito ou proibido ostenta escala penal notadamente superior. A qual título? Por qual motivo, se a arma de fogo em si, quanto utilizada, já exaspera a pena do roubo de DOIS TERÇOS, fração **única**?" (SANTOS, Marcos Paulo Dutra. *Comentários ao pacote anticrime*. São Paulo: Método, 2020. p. 589-590).

[35] "A Lei nº 13.964/19 reproduziu, no novel § 2º do art. 315, o preceito contido no § 1º do art. 489 do CPC/15. Embora indesejável a topografia, reservada à prisão preventiva, a norma insculpida tem cunho geral, versando sobre qualquer pronunciamento jurisdicional, a ponto de aludir, explicitamente, às decisões interlocutórias, sentenças e acórdãos" (SANTOS, Marcos Paulo Dutra. *Comentários ao pacote anticrime*. São Paulo: Método, 2020. p. 602).

III – EPITÁFIO[36]: MARCOS PAULO, A INTEGRIDADE DA LEI E UMA PEQUENA ODE A *ATENA*

Ronald Dworkin, na obra *Império do Direito* (considerada um verdadeiro marco para a Teoria Contemporânea do Direito do final do século XX e início do século XXI), lançou as bases da sua famosa Teoria da Integridade. Logo no início do livro ele nos alerta para a importância sobre o modo como os juízes decidem os casos.

Dworkin cita o magistrado *Learned Hand*, um dos mais ilustres Juízes da história dos Estados Unidos, e que dizia ter mais medo de um processo judicial que da morte ou dos impostos. Nesses termos, o ex-professor de Oxford afirma que os processos criminais são os mais temidos de todos e também os mais fascinantes para o público. E explicita também que a diferença entre a dignidade e a ruína pode depender de um simples argumento que talvez não fosse tão poderoso aos olhos de outro juiz, ou mesmo do mesmo juiz no dia seguinte[37].

É claro que a busca pela virtude política da Integridade na monumental teorização de Dworkin não se dá apenas no que tange à Integridade do adjudicador (do magistrado), mas também no que diz respeito à Integridade na legislação[38].

A obra que apresentei, do professor Marcos Paulo Dutra, se preocupa com esse duplo aspecto, colocando-se de forma crítica em relação à postura do magistrado (e seus julgados) e do legislador (e sua produção) sob a ótica da nova Lei nº 13.964/19.

Aprendemos com o giro hermenêutico de H. G. Gadamer e com o giro pragmático-linguístico de Jürgen Habermas que o Direito não é capaz de regular a sua própria aplicação, ou seja, que nenhuma norma se autoaplica e, ao contrário, sempre remeterá a mediação do intérprete e a cuidadosa análise da situação concreta em que se pretende sua aplicação.

Nesses termos, a tentativa do Direito (por meio de reformas, como a da Lei nº 13.964/19) de colonizar a vida, de regular por meio de normas gerais e abstratas toda a complexidade social (de um país desigual), não raro, com normas feitas com o "fígado" (para usar uma expressão de Marcos Paulo para a Lei nº 13.964/19), em vez de nos eman-

---

[36] "Devia ter amado mais, Ter chorado mais, Ter visto o sol nascer, Devia ter arriscado mais, E até errado mais, Ter feito o que eu queria fazer... (...) Queria ter aceitado, As pessoas como elas são, Cada um sabe a alegria, E a dor que traz no coração (...) Devia ter complicado menos, Trabalhado menos, Ter visto o sol se pôr, Devia ter me importado menos, Com problemas pequenos, Ter morrido de amor... Queria ter aceitado, A vida como ela é, A cada um cabe alegrias, E a tristeza que vier... O acaso vai me proteger Enquanto eu andar distraído, O acaso vai me proteger, Enquanto eu andar... Devia ter complicado menos Trabalhado menos, Ter visto o sol se pôr..." (Sergio Brito, 2001). Para o alívio *de terminar* um grande livro e até mesmo: um prefácio!

[37] DWORKIN, Ronald. *O império do direito*. 1999. p. 3.

[38] DWORKIN, Ronald. *O império do direito*. Ver, sobretudo, os Capítulos 6 (Integridade) e 7 da obra (Integridade no Direito). "Analisando a **integridade** do ponto de vista jurisdicional, (...) os juízes deveriam interpretar o direito como sendo criado por um único ator, a comunidade personificada. Este autor construiria o direito com base em uma noção própria e coerente de justiça e equidade. Dessa forma, não bastaria analisar o direito como um processo histórico, ou apenas contemporâneo. É necessário interpretá-lo de maneira que a história jurídica seja coerente com o presente e com o futuro" (CHUEIRI, Vera Karam; SAMPAIO, Joanna Maria de Araújo. Como levar o Supremo Tribunal Federal a sério: sobre a suspensão de tutela antecipada. Revista Direito GV, [S.l.], n. 91, v. 5, n. 1, p. 45-66, jan. 2009. Disponível em: <http://bibliotecadigital.fgv.br/ojs/index.php/revdireitogv/article/view/24372>. Acesso em: 26 ago. 2020).

cipar (e resolver nossas principais mazelas sociais), ao contrário, pode nos fragilizar ainda mais. Aqui fica a pergunta: qual a Integridade dessa Lei? Dessa forma, rememoramos, por opção, esta passagem que o leitor encontrará na obra, e bem define os nossos dilemas e escolhas (inclusive políticas):

> O perfil do preso brasileiro revela, por si só, que a solução à criminalidade passa pela inclusão social, traduzida em investimentos maciços em saúde e educação, reduzindo a vulnerabilidade dos jovens e a consequente cooptação para o mundo do crime. O encarceramento, ante a realidade prisional brasileira, enfatiza, apenas, o caráter retributivo da pena, sem preocupações com a *reinserção* social – como muitos sempre ficaram à margem da sociedade, sequer se pode falar em *ressocialização*... Em verdade, o aprisionamento incrementa a estagnação, afinal, são poucas as unidades prisionais aparelhadas com postos de estudo e de trabalho, fomentando uma mão de obra cada vez mais barata, à disposição do crime organizado, que, *supostamente*, foi o principal alvo da Lei nº 13.964/19. Na realidade, promove-se a dessocialização. E a política de construção de novas unidades prisionais estimula, veladamente, respostas cautelares e penais privativas de liberdade, ao invés de buscar alternativas ao cárcere. (...) Qualquer política séria de segurança pública, a par de maciços incrementos na saúde e na educação, passa por investimentos na polícia, potencializando a qualificação e os ganhos dos profissionais envolvidos, além da infraestrutura, afinal, a ela foi confiado tal múnus (art. 144 da CRFB/88). Atacar a reprimenda significa focar na ponta do problema, e não na origem. E, aumentando o encarceramento, potencializa-se a **coisificação** do preso, afinal, a liberdade é bem inerente à dignidade humana, a ponto de se ter, universalmente, uma ação impugnativa exclusivamente voltada à sua tutela, o *habeas corpus*, prevista, no Brasil, no art. 5º, LXVIII, da CRFB/88. O encarceramento conduz, ou, ao menos, deveria conduzir à reflexão sobre os nossos (mal)feitos, mas, igualmente, fragiliza o espírito, a criatividade, o crescimento. A depender do grau de censura verificado no agir ensejador da prisão, é inevitável. Mas, não raro, é possível conciliar a punição à dimensão humana[39].

Já caminhando para o desfecho, tal qual a metáfora dworkiana do romance em cadeia[40], mais um capítulo é escrito com o novo livro de Marcos Paulo, que ora apresento. Capítulo este que conduzirá o leitor a um desafio não só processual penal, mas também constitucional e hermenêutico.

Aliás, por falar em metáforas de Dworkin e o uso delas na sua teoria da integridade, temos, também, a sempre lembrada metáfora do Juiz Hercules. Quando Dworkin cunha a metáfora de Hércules (um superjuiz com conhecimento e paciência sobre-humanos), na realidade, o que ele deseja é traçar as linhas das posturas de alguém comprometido com uma teoria hermenêutica condizente com o giro linguístico, capaz de pôr em dúvida suas pré-compreensões, bem como realizar o movimento da fusão de horizontes, atualizando

---

[39] SANTOS, Marcos Paulo Dutra. *Comentários ao pacote anticrime*. São Paulo: Método, 2020. p. 401-402.
[40] Metáfora na qual cada juiz é apenas o autor de um capítulo em uma longa obra coletiva sobre um determinado direito. E ele **não pode tratar essa obra coletiva como um livro de contos desconexos**. Seu capítulo deve ter coerência com o passado e também permitir a abertura apara o diálogo com os outros capítulos posteriores que virão. Ver: FERNANDES, Bernardo Gonçalves. *Curso de direito constitucional*. 12. ed. Salvador: JusPodivm, 2020.

o texto ao contexto do intérprete, mas sem perder de vista que o texto, como obra que é, é fruto de uma construção de sentido coletivo que ultrapassa a vontade e os desejos de seu criador.

Dessa forma, se fôssemos representar os quase 20 anos de magistério do professor Marcos Paulo no processo penal, poderíamos também, metaforicamente (como Dworkin) na mitologia grega, lembrar de *Atena* (*Deusa Atena*). Esta ficou conhecida como a deusa da sabedoria e das estratégias em batalhas e era considerada equilibrada, sábia e diplomática.

Na odisseia dos mitos gregos[41], Atena nasce da cabeça de Zeus (o senhor dos deuses/ Deus dos Deuses). Conta a lenda que, quando sua amante Métis (Deusa da astúcia) estava grávida, Zeus a engoliu depois de saber por um oráculo de Gaia que o filho poderia nascer mais forte que ele (e usurpar seu trono). Com o passar do tempo, Zeus sofre forte dor de cabeça e, para curá-la, pede a seu filho Hefesto (filho de Hera casado com a bela Afrodite) que lhe corte a cabeça com um machado. Obediente, Hefesto deu-lhe um golpe e Atena surgiu já crescida (guerreira, sábia e equilibrada)[42].

Assim é o processo penal desenvolvido na **lavra** de Marcos Paulo Dutra: guerreiro (leia-se combativo e intransigente no enfrentamento dos temas e no garantismo constitucional! Ele não abre mão do garantismo! Afinal, *garantismo é garantismo e ponto!*), sábio (estudioso incansável, pesquisador inveterado!) e equilibrado (diria ponderado, porém com forte teor argumentativo. Explico: Marcos Paulo não usa de *argumentos de autoridade*, mas sim da *força do argumento, da incessante busca pelo melhor argumento!*).

Bernardo Gonçalves Fernandes
Pós-Doutor em Direito pela Universidade de Coimbra. Mestre e Doutor em Direito pela UFMG. Professor Associado III da Faculdade de Direito da UFMG (Graduação, Mestrado e Doutorado). Professor Adjunto IV da PUC-MINAS. Membro do Conselho Científico do Instituto de Hermenêutica Jurídica – IHJ. Diretor do Instituto Mineiro de Direito Constitucional – IMDC.

---

[41] Ver, sobretudo: BUXTON, Richard. *O mundo completo da Mitologia Grega*. Rio de Janeiro: Vozes, 2019; BRANDÃO, Junito de Souza. *Mitologia Grega*. Rio de Janeiro: Vozes, 2009.

[42] O significado do nome Atena, não de forma unanime (por óbvio), pode ser o resultado da junção das palavras gregas *ather*, que significa "aguçado" e *aine*, que significa "louvor". O nome da deusa, portanto, teria o significado de "louvor aguçado". Uma das qualidades da deusa da sabedoria é a sua busca por justiça. Aqui lembramos do "voto de Minerva (nome romano)": quando Atena votou pela inocência de Orestes – que havia matado a mãe e o amante para vingar a morte de seu pai –, foi um voto do desempate, sendo visto como uma decisão sabia. Hodiernamente, as decisões que precisam de um desempate em tribunais são denominadas de voto de Minerva, nome inspirado na sábia deusa.

NOTA À 2ª EDIÇÃO

Primeiramente, só temos a agradecer a você, leitor(a), pelo sucesso da 1ª edição, esgotada em um ano, nada obstante o ambicioso número de exemplares impressos e o lançamento relativamente tardio, com fechamento em agosto e lançamento em outubro de 2020, após vários outros livros sobre a Lei nº 13.964, de 24 de dezembro de 2019. A confiança depositada em nosso trabalho por ti e, evidentemente, pela editora Método, foi impagável, bem como a resenha extremamente positiva. Tudo isso só aumentou a nossa responsabilidade quando do preparo da 2ª edição, com o compromisso inafastável de ser melhor do que a 1ª. Você dirá, mas saiba que nos empenhamos demais para isso.

A preocupação com a atualização jurisprudencial de **todos** os assuntos enfrentados ao longo dos capítulos e subitens da obra, notadamente à luz da jurisprudência do Supremo Tribunal Federal e do Superior Tribunal de Justiça, acompanhada da imprescindível análise crítica, seja para aquiescer ou discordar, foi constante, com referências aos pronunciamentos dos colegiados e, também, aos monocráticos, sobretudo nos temas ainda sem manifestações dos órgãos fracionários ou de cúpula, com julgados de até 17 de dezembro de 2021 contemplados. Frescor e espírito crítico maiores, com a imprescindível verticalização, impossível.

No Capítulo 3, destinado ao Juiz das Garantias, quando da análise da derrubada do veto presidencial ao § 1º do art. 3º-B do CPP, aprofundamos a (in)compatibilidade entre a audiência de custódia e a videoconferência, inclusive à luz dos fundamentos invocados na Ação Direta de Inconstitucionalidade nº 6841, motivadores da concessão de liminar pelo Min. Nunes Marques, em 28 de junho de 2021, suspendendo a eficácia do referido preceito, igualmente analisado em face das Resoluções nº 329 e 357 do Conselho Nacional de Justiça (item 3.3). O *Habeas Corpus* nº 195.807, apreciado pelo Min. Alexandre de Moraes contra o pronunciamento liminar do Min. Luiz Fux, suspendendo a eficácia das disposições sobre o Juiz das Garantias na Lei nº 13.964/19, presente a Ação Direta de Inconstitucionalidade nº 6.305, extensiva às de nº 6.298, 6.299 e 6.300, igualmente foi alvo de necessário enfrentamento (item 3.2.).

No Capítulo 6, debruçado sobre o arquivamento e desarquivamento da investigação penal, apesar das quase 25 páginas dedicadas ao tema na 1ª edição, sentimos a necessidade de expandir. Assim, embora tenhamos enfrentado a natureza jurídica do novel arquivamento, entendendo-o como ato administrativo complexo, nesta 2ª edição reafirmamos o nosso posicionamento, refutando a percepção segundo a qual seria composto. Por outro lado, revisitamos a compreensão sobre a exigência de "lei" na definição da instância ministerial revisora do arquivamento, contida na parte final do *caput* do novel art. 28 do CPP, se *stricto* ou *lato sensu*, de sorte a admitir, ou não, a disciplina pelo Conselho Nacional do Ministério Público.

O Capítulo 7, relativo ao acordo de não persecução penal (ANPP), apesar das mais de 55 páginas da 1ª edição e dos 8 itens a ele dedicados, ganhou mais um – 7.9 –, voltado à sua (in)admissibilidade na Justiça Especial – Eleitoral e Militar –, mantida a imprescindível correlação com a transação penal e, em menor grau, com a suspensão condicional do processo. A eficácia intertemporal do ANPP, malgrado as 9 páginas da 1ª edição, incrementou em densidade, com novos enfrentamentos doutrinários, considerando, ainda, os pronunciamentos do Supremo Tribunal Federal e do Superior Tribunal de Justiça (item 7.1) – aliás, a atenção com a atualização jurisprudencial, bastante marcante ao longo do livro, foi redobrada no tocante ao ANPP, como, *v.g.* no estudo da (in)viabilidade de a defesa técnica impugná-lo, desde que objetivando a extinção do procedimento que o embasa (item 7.2.2) e da natureza jurídica do instituto (7.2.3). Recebemos com preocupação e indispensáveis críticas os primeiros pronunciamentos da 1ª Turma do Supremo Tribunal Federal, no sentido de situá-lo como faculdade privativa do Ministério Público, exercida fundamentalmente, em vez de dever-poder, como têm se colocado a 2ª Turma e o Superior Tribunal de Justiça, descartado, como vaticinado na 1ª edição, o caráter de direito público subjetivo do imputado.

Nessa toada, trouxemos, também os enunciados da Defensoria Pública do Estado do Rio de Janeiro sobre o instituto. A esmagadora maioria, para a nossa satisfação, acolhendo as proposições lançadas na 1ª edição. Verticalizamos a argumentação pela admissibilidade objetiva do ANPP aos crimes culposos, dialogando intensamente com o Código de Trânsito Brasileiro, buscando, inclusive, fixar balizas que racionalizem a aplicação do instituto a essa classe de injustos. Abrimos divergência, compreendendo objetivamente viável o ANPP ao roubo simples, quando presente causa de diminuição de pena, desde que perpetrado mediante a emissão de palavras de ordem.

Aprofundamos o estudo sobre o papel da confissão no ANPP, explicitando, com maior vigor, se comparada à 1ª edição, a nossa posição de encará-la, a par da (in)constitucionalidade, como contrapartida à proposta veiculada pelo Ministério Público, em vez de requisito propriamente dito, sem a impreterível necessidade de ser externada em sede policial, à míngua de aceno do *Parquet* pelo pacto. O item 7.8, reservado ao acordo de não persecução cível, foi readequado às novidades trazidas pela Lei nº 14.230, de 25 de outubro de 2021, que modificou, substancialmente, a Lei de Improbidade Administrativa, de nº 8.429, de 2 de junho de 1992. Debruçamos, inclusive, sobre os impactos que tais inovações podem gerar no ANPP, notadamente na (in)viabilidade de veiculá-lo incidentalmente ao processo (item 7.1).

O Capítulo 8 igualmente teve a sua densidade significativamente ampliada, apesar das mais de 40 páginas da 1ª edição, presentes, sobretudo, as últimas manifestações do Supremo Tribunal Federal e do Superior Tribunal de Justiça sobre temas palpitantes como audiência de custódia e conversão, ou não, do flagrante em prisão preventiva (item 8.5), prazo nonagesimal de revisão da prisão preventiva (item 8.6), alcance e (in)exigibilidade do contraditório prévio à apreciação das pretensões cautelares pessoais (item 8.3) e execução provisória da pena privativa de liberdade no Júri (item 8.1), debruçando-se, inclusive, sobre os pronunciamentos monocráticos na Medida Cautelar na Suspensão de Liminar nº 1.504/RS, julgada em 14/12/21, publicada no *DJ* do dia seguinte, e nos HCs a ela correlatos, de nºs 210.535 e 210.561/RS, apreciados em 17 de dezembro de 2021, com acórdão publicado no *DJ* de 20 imediato, alusivos à tragédia ocorrida na boate "Kiss". No tocante à não atuação oficiosa do juiz (item 8.2), foi aprofundada a discussão acerca da (in)viabilidade de se decretar a prisão preventiva *ex officio* por força da pronúncia ou da sentença penal condenatória recorrível, quando o réu responde ao processo em liberdade, bem como de mantê-la, quando o *Parquet* expressamente se manifesta pela soltura.

No Capítulo 9 nos ativemos à delimitação da eficácia intertemporal das inovações sobre a cadeia de custódia trazidas pela Lei nº 13.964/19, esboçada pelo Superior Tribunal de Justiça à luz do art. 2º do CPP, buscando fixar o alcance dessa proposta, rememorando que a preservação da cadeia de custódia da prova é uma exigência constitucional, decorrente do devido processo legal, do contraditório e da ampla defesa (item 9.1). Quando do estudo da captação ambiental, examinamos os impactos decorrentes da derrubada aos vetos presidenciais aos §§ 2º e 4º do art. 8º-A da Lei nº 9.296/96 (item 9.5).

O Capítulo 11, alusivo à ação penal no crime de estelionato e seus reflexos, foi readequado à luz da Lei nº 14.155, de 27 de maio de 2021 (item 11.1) e enriquecido pelo intenso debate jurisprudencial travado no Supremo Tribunal Federal e no Superior Tribunal de Justiça sobre a eficácia intertemporal do novel § 5º do art. 171 do Código Penal (11.2).

No Capítulo 14, reestruturamos a exposição dos novos percentuais para fins de progressão de regime, trazidos pela Lei nº 13.964/19, dividindo-os em categorias para facilitar a assimilação, com as necessárias observações e críticas, muitas delas, encartadas na 1ª edição, absorvidas pelo Supremo Tribunal Federal e Superior Tribunal de Justiça – item 14.1, no qual fizemos o mesmo em relação ao livramento condicional, consideradas as diferentes frações e vedações. No item 14.2 examinamos os impactos da derrubada ao veto presidencial ao inciso VIII do § 2º do art. 121 do Código Penal, assunto retomado, mais detidamente, no Capítulo 15, especialmente dedicado aos reflexos da Lei "Anticrime" na parte especial do Código Penal. O item 14.5., voltado à coleta de material biológico para a definição do perfil genético, foi readequado à derrubada dos vetos presidenciais ao *caput* e aos §§ 5º a 7º do art. 9º-A da Lei nº 7.210/84 (Lei de Execuções Penais – LEP). O item 14.10, relativo à execução da pena de multa, igualmente foi acrescido da nova orientação do Superior Tribunal de Justiça, admitindo a incidência do art. 202 da LEP, independentemente do adimplemento da multa, quando comprovadamente hipossuficiente o condenado, na linha das críticas veiculadas na 1ª edição.

Por tudo isso, reafirmamos o nosso respeito e comprometimento com você, leitor(a), entregando-lhe uma 2ª edição ampliada e atualizada, ainda mais densa e crítica, sem perda da didática, com o propósito de auxiliá-lo(a) na sua caminhada, seja ela a acadêmica, a profissional ou o concurso público. Boa leitura!

Rio de Janeiro, 22 de dezembro de 2021.

Marcos Paulo Dutra Santos

NOTA À 1ª EDIÇÃO

Quando se está diante de uma reforma legislativa tão profunda e estrutural, como a promovida pela Lei nº 13.964, de 24 de dezembro de 2019, escrever sobre é tarefa de imensa responsabilidade, porque, ante a aparente falta de paradigmas, reflexões não muito detidas podem produzir reflexos desastrosos. Outro desafio é resistir à tentação do pioneirismo, de ser o primeiro a comentar, não raro conduzindo a conclusões repletas de paráfrases e obviedades, estimulando, ainda que involuntariamente, leituras superficiais das inovações. Diferentemente do jornalismo, que persegue o furo de reportagem, o *bom* Direito, bem como a hermenêutica *responsável* exigem método e maturação.

Pois foi isso que procuramos trazer à obra. Iniciada a escrita ainda em dezembro de 2019, findou-se em 12 de junho de 2020, com inclusões derradeiras realizadas em julho imediato.

Adotamos, ao longo do livro, duas linhas de ação: fortíssimo diálogo com a doutrina e com a jurisprudência, sobretudo do STF e do STJ, para demonstrar ao leitor que muitas inovações são apenas positivações de entendimentos há muito consolidados, relativos aos próprios temas sobre os quais a Lei nº 13.964/19 se debruçou ou sobre institutos ontologicamente muito próximos aos nela versados. Exemplos nesse sentido seriam a cadeia de custódia, cuja quebra já foi objeto de análise pelo STJ, bem como o acordo de não "persecução penal", em verdade de não deflagração da ação penal, que guarda imensa identidade com a transação penal, conforme demonstrado ao longo do livro. Ainda dentro dessa perspectiva, apontamos a tensão entre algumas das inovações legislativas e certas orientações há muito consolidadas tanto no STF como no STJ, como as vedações aprioristicas à liberdade provisória, reunidas no novel § 2º do art. 310 do CPP, e a figura do agente policial disfarçado. Ineditismo, no Direito, é possível, mas, em regra, improvável, logo, é um equívoco imaginar que determinada reforma legislativa apague tudo já pensado e refletido. O olhar retrospectivo é imprescindível à boa compreensão do presente.

A leitura constitucional e convencional da Lei nº 13.964/19, inescapável em qualquer hermenêutica séria, foi o outro pilar observado ao longo do livro. Conclusões estribadas em "achismos" são inaceitáveis, em nada diferençando do terrível decisionismo que tem assolado tão fortemente a magistratura nacional. Por conseguinte, nas inúmeras propostas de inconstitucionalidade e de interpretações conforme a Constituição dialogamos não apenas com a Lei Maior, mas com Convenções Internacionais, com o Direito Comparado e outros ramos do conhecimento humano, como a Psicologia, a Psiquiatria e a Genética, haja vista, *v.g.*, o capítulo dedicado à execução penal, seara na qual a reforma mostra-se generosa em inconstitucionalidades e inconvencionalidades.

Valorizamos o pluralismo de ideias, afinal, a academia é, por excelência, um ambiente democrático, logo, procuramos trazer todas as visões e possibilidades interpretativas, mas sem nunca deixar de nos posicionar. Objetivamos, sobretudo, convidar o leitor à reflexão, trazendo elementos que o façam chegar às suas próprias conclusões, mas sem deixar, jamais, de apontar em qual medida determinada interpretação se afina com o perfil de certa instituição.

Por tudo isso, a obra destina-se desde o graduando, passando pelo concursando, até chegar ao operador do Direito – advogados, defensores públicos, membros do Ministério Público, magistrados, autoridades policiais e procuradores – que nela encontrarão importante fonte de estudo e de consulta, haja vista os incontáveis diálogos com a doutrina e a jurisprudência, com referência a incontáveis precedentes judiciais, sobretudo do STF e do STJ, como, também, de reflexão.

Rio de Janeiro, inverno de 2020.

Marcos Paulo Dutra Santos

PREFÁCIO

Como já tive o ensejo de sustentar em artigo de minha lavra[43], nem tudo o que "neo" é novo, como nem tudo o que é "novo" é bom – e de realmente "novo" a quase totalidade do assim chamado "Pacote Anticrime" nada traz, não passando de mais um capítulo da surrada aposta que membros dos Poderes Executivo e Legislativo brasileiro fazem, há décadas, no endurecimento do sistema penal como falsa panaceia para (não todos, mas quase todos) os males que afligem a sociedade brasileira em torno do tema segurança pública, não percebendo(?) que nas últimas décadas o remédio aplicado ao mal tem cada vez piorado mais e mais o paciente, prática recorrente que a seu turno nos lembra do dito de Paracelso que, já no século XVI, sustentava ser a dosagem a diferença entre o remédio e o veneno.

Quanto mais corrupto o Estado, maior o número de leis – já o disse Tácito. O Brasil, definitivamente, não precisa da criação de "novas" leis que, via de regra, são de péssima inspiração e redação em matéria penal e processual penal, frutos da irresponsabilidade e inconsequência populistas/imediatistas de seus autores, que a seu turno comumente desconhecem minimamente estudos mais abalizados e atuais sobre a temática (até porque estão mais atentos aos gritos da turba, na maioria seus eleitores), e nada mais fazem que, pelo contrário do quanto propõem, ampliar gradativamente a insegurança pública e a situação de hiperencarceramento, fatores intimamente correlacionados e que somente a grave cegueira (quando não hipocrisia) de alguns consegue fazer com que, em tese, não o percebam.

O estado de coisas inconstitucional do sistema prisional brasileiro, conforme reconhecido pelo Supremo Tribunal Federal ao deferir em parte[44] o pedido de medidas cautelares formulado na ADPF 347/DF[45] em 2015 (com pouquíssimos efeitos práticos até aqui – ou muito pelo contrário, como veremos logo adiante), com suas gravíssimas violações a direitos fundamentais (*v.g.* o relatório preliminar da Comissão Interamericana de Direitos Humanos divulgado em novembro de 2018[46] apontou a unidade Jorge Santana,

---

[43] Mutação constitucional in malam partem? ou nem tudo o que é "neo" é novo, nem tudo o que é "novo" é bom. Disponível em: www.marcospeixoto.com. Acesso em: 11/05/2020.

[44] Ementa do aresto disponível em: http://stf.jus.br/portal/jurisprudencia/visualizarEmenta.asp?s1=000249434&base=baseAcordaos. Acesso em: 11/05/2020.

[45] Andamento atualizado disponível em: http://portal.stf.jus.br/processos/detalhe.asp?incidente=4783560. Acesso em: 11/05/2020.

[46] Disponível em: http://www.oas.org/es/cidh/prensa/comunicados/2018/238OPport.pdf. Acesso em: 11/05/2020.

pertencente ao Complexo Penitenciário de Gericinó, no Rio de Janeiro, como "uma das piores situações carcerárias dos países da América"), tem sua origem, em grande parte, no hiperencarceramento que elevou o país recentemente (perceba-se: após a decisão do Supremo Tribunal Federal na ADPF 347...) à terceira posição mundial em números absolutos de custodiados (segundo dados de 2019 do Monitor da Violência[47], são cerca de 704 mil presos em penitenciárias – o que equivale a 335 encarcerados a cada 100 mil habitantes –, número que passa de 750 mil se forem contabilizados aqueles em regime aberto e os detidos em carceragens policiais[48]), sendo que ambos, i.e., o estado de coisas inconstitucional e o hiperencarceramento, nada mais fazem que potencializar a insegurança pública face aos notórios efeitos criminógenos do cárcere e ao aumento da violência intra e extramuros, pelo que, na prática, aquela aposta implica na retroalimentação do caos face à baixíssima (talvez melhor diríamos: inexistente) capacidade de ressocialização de todo esse sistema.

Pois o assim chamado "Pacote Anticrime" seguiu despreocupada e despudoramente nessa mesma linha. Fruto originariamente da visão rasa e punitivista do direito e processo penal de um certo ex-juiz e ex-ministro, sofreu o projeto original algumas alterações no Congresso Nacional, poucas o melhorando sob a ótica aqui sustentada, muitas o piorando ainda mais.

O "Pacote", assim, agora transformado em Lei, demandava urgente e aprofundada análise, ponto a ponto, artigo a artigo, por algum doutrinador de escol, de viés independente, progressista, atento às garantias fundamentais contidas na Constituição Federal de 1988, e Marcos Paulo Dutra Santos é, sem dúvida alguma, um dos melhores nomes na doutrina jurídica pátria contemporânea para esse propósito.

Amigo e colega de trabalho, ele como defensor público, eu como juiz atualmente titular da 37ª Vara Criminal da Capital no Tribunal de Justiça do Estado do Rio de Janeiro, já havíamos anteriormente trabalhado em conjunto na 2ª Vara Criminal de Nova Iguaçu/RJ pelos idos de 2008, quando logo depois perdemos contato seja porque de lá me removi em 2013, seja porque Marcos Paulo assumiu, em Brasília, a função de assessor junto ao gabinete do Min. Marco Aurélio no Supremo Tribunal Federal, voltando a nos encontrar no ano de 2017, quando reassumiu suas funções junto à Defensoria Pública do Estado do Rio de Janeiro justamente, para minha felicidade, perante a 37ª Vara Criminal.

Digo felicidade não só em virtude de reencontrar o amigo: Marcos Paulo é daqueles defensores públicos atentos e combativos, que deixam qualquer magistrado cioso por fazer Justiça mais tranquilo por saber que erros acidentais dificilmente por ele passarão despercebidos e, assim, eventuais decisões ou sentenças injustas (e, por mais que tentemos evitá-las, por vezes infelizmente ocorrem: errar é humano) provavelmente serão reparadas seja em segundo grau, seja perante o Superior Tribunal de Justiça ou o Supremo Tribunal Federal – tribunais aos quais combativamente não se omite em recorrer por meio de *Habeas Corpus*, mesmo estando em atuação junto ao primeiro grau de jurisdição.

---

[47] Parceria do site G1 com o Núcleo de Estudos da Violência da USP e com o Fórum Brasileiro de Segurança Pública.
[48] Dados disponíveis em: http://especiais.g1.globo.com/monitor-da-violencia/2019/raio-x-do-sistema--prisional. Acesso em :11/05/2020.

Enquanto doutrinador, sempre profundamente meticuloso, haja vista seus livros anteriores *O Novo Processo Penal Cautelar* e *Colaboração (delação) Premiada*, Marcos Paulo tomou a si a árdua tarefa de analisar em pormenores o lamentável "Pacote", o que fez da maneira usualmente brilhante, sendo este livro quase que um tratado ao perpassar, com atento olhar crítico e nitidamente influenciado pela melhor criminologia, não só pelo processo penal (sua especialidade), como pelo direito penal e pela execução penal – esta última uma das áreas mais duramente castigadas pela famigerada Lei nº 13.964/19, que em raríssimos momentos se salva (a mais das vezes na área processual penal, em específico no intuito de conferir vigência plena a um processo verdadeiramente acusatório, fruto do ingente esforço de alguns congressistas, o que ora se encontra em suspenso por decisão monocrática oriunda do Supremo Tribunal Federal).

Honrou-me o autor, primeiramente, com a oportunidade de ler o original, quando de pronto constatei que pouco tinha a contribuir – quando via alguma chance, "me entristecia" ao ver que logo adiante Marcos Paulo já atentara para a questão e discorrera a respeito. Pouquíssimos, assim, foram os palpites pertinentes e úteis.

Agora, honra-me com o convite para prefaciar esta oportuna obra de tamanha importância e que, sem exagero, não obstante tratar de um diploma legal específico (isto quando várias obras similares caminharam, ao longo do tempo, inexoravelmente para o ostracismo), tende a se tornar um livro clássico no direito processual penal pátrio, de leitura obrigatória para todo o profissional que, atuando na esfera criminal, o faça com a devida e inafastável preocupação quanto à prevalência dos direitos fundamentais de todos os cidadãos enquanto de pé estiver a Constituição da República Federativa do Brasil de 1988.

Rio de Janeiro, 11 de maio de 2020.

Marcos Augusto Ramos Peixoto

SUMÁRIO

1 INTRODUÇÃO 1

2 DO INÍCIO DE VIGÊNCIA DA LEI Nº 13.964/19 E EFICÁCIA INTERTEMPORAL – ART. 20 8

3 DO JUIZ DAS GARANTIAS 10

    3.1. Definição, nomenclatura, projeção no direito comparado, fundamento e extensão da competência do juiz das garantias, contraposta à do juiz de julgamento – comentários ao art. 3º-C, *caput* e §§ 1º e 2º, do CPP ... 10

    3.2. Constitucionalidade e aplicação intertemporal do juiz das garantias, confrontada com a natureza da competência e os critérios definidores, inclusive nos feitos da competência originária dos tribunais – comentários aos arts. 3º-D e 3º-E do CPP 28

    3.3. Competências do juiz das garantias – comentários aos arts. 3º-B e 3º-F do CPP 52

    3.4. O juiz das garantias e o valor probatório do inquérito – comentários ao art. 3º-C, §§ 3º e 4º, do CPP 89

    3.5. Art. 3º-A *x* arts. 212, parágrafo único, e 385 do CPP 97

    3.6. Juiz das garantias e tribunal do júri 102

    3.7. Juiz das garantias e juizado da violência doméstica e familiar contra a mulher 107

    3.8. Juiz das garantias e Justiça Eleitoral 108

    3.9. Juiz das garantias e Justiça Militar da União e auditorias militares estaduais 110

    3.10. Juiz das garantias e Juizado Especial Criminal 110

    3.11. Juiz das garantias e pronunciamento do juízo *ad quem* incidental à investigação 111

4	**DAS VARAS COLEGIADAS, NOS MOLDES DO ART. 1º-A DA LEI Nº 12.694/12 – COMENTÁRIOS AO ART. 13 DA LEI Nº 13.964/19** 112
	4.1. Conceito de organização criminosa para fins de incidência da Lei nº 12.694/12 112
	4.2. Da (in)constitucionalidade do art. 1º da Lei nº 12.694/12 114
	4.3. Da constitucionalidade do art. 1º-A da Lei nº 12.694/12 117
	4.4. Competência e funcionamento da vara colegiada 120
5	**INVESTIGAÇÃO EM FACE DE AGENTES DE SEGURANÇA PÚBLICA** 129
6	**ARQUIVAMENTO E DESARQUIVAMENTO DA INVESTIGAÇÃO PENAL** 133
	6.1. Natureza jurídica e qualidade do pronunciamento judicial – Súmula 524 do STF 133
	6.2. Novo procedimento do arquivamento, (in)subsistência do arquivamento implícito, (im)possibilidade de outro membro do Ministério Público recusar-se a denunciar, quando da reforma da decisão de arquivamento, fundamentos da liminar concedida na ADI nº 6.305 e críticas à sua concessão 142
	6.3. Arquivamento e crimes de ação penal de iniciativa privada 153
	6.4. Modalidades especiais de arquivamento 153
	6.5. A administração pública enquanto ator da relação processual penal .. 156
	6.6. Desarquivamento 156
	6.7. (In)subsistência do aditamento provocado 157
7	**ACORDO DE NÃO "PERSECUÇÃO" PENAL** 158
	7.1. Transação penal e ANPP – identidade de razões e natureza do acordo, eficácia intertemporal e aplicabilidade incidental ao processo, independentemente da fase 159
	7.2. Acordo de não persecução penal e transação penal – outros diálogos .. 172
	7.2.1. Relação com os princípios da ação penal pública 172
	7.2.2. Aceitação e interesse impugnativo da defesa técnica 176
	7.2.3. Controle jurisdicional sobre a iniciativa e o conteúdo do acordo e a via impugnativa adequada – considerações sobre o art. 581, XXV, do CPP 179
	7.2.4. Acordo de não persecução penal e crimes de ação penal de iniciativa privada 191
	7.2.5. Acordo de não persecução penal e detração 194
	7.3. Acordo de não persecução penal e requisitos 194
	7.4. Acordo de não persecução penal e conteúdo 217

	7.5.	Acordo de não persecução penal e instrumentalização 220
	7.6.	Acordo de não persecução penal e execução/descumprimento 224
	7.7.	Acordo de não persecução penal e imputações da competência originária dos tribunais 228
	7.8.	Acordo de não persecução cível 228
	7.9.	(In)admissibilidade do acordo de não persecução penal no âmbito das Justiças Eleitoral e Militar 232
8	**MEDIDAS CAUTELARES CONSTRITIVAS DA LIBERDADE** **234**
	8.1.	Da natureza jurídica das constrições libertárias provisórias e seus desdobramentos – (in)constitucionalidade das vedações em abstrato à liberdade provisória e da execução provisória da pena 234
	8.2.	Da não atuação oficiosa do juiz no Código de Processo Penal e na legislação extravagante – Lei Maria da Penha e Código de Trânsito Brasileiro 251
	8.3.	Do procedimento cautelar – legitimidade e contraditório prévio 260
	8.4.	Dos requisitos das medidas cautelares constritivas da liberdade 266
	8.5.	Da audiência de custódia e (eventual) conversão do flagrante em preventiva 268
	8.6.	Da revisão obrigatória dos pronunciamentos de prisão preventiva 277
9	**PROVAS** **280**
	9.1.	Cadeia de custódia 280
	9.2.	Do impedimento do juiz em razão do contato com prova ilícita 292
	9.3.	Do agente disfarçado 298
	9.4.	Da infiltração policial virtual 304
	9.5.	Da captação ambiental 331
	9.6.	Da colaboração (delação) premiada 357
	9.7.	Do *whistleblower* ou "informante do bem" 389
10	**PROCESSAMENTO DO RECURSO ESPECIAL E DO RECURSO EXTRAORDINÁRIO EM MATÉRIA PENAL E PRAZOS** **393**
11	**AÇÃO PENAL NO CRIME DE ESTELIONATO E SEUS REFLEXOS** **397**
	11.1.	Alcance 397
	11.2.	Eficácia intertemporal 404
	11.3.	Da analogia *in bonam partem* do art. 171, § 5º, do Código Penal com o delito de furto simples 414
12	**CAUSAS IMPEDITIVAS DA PRESCRIÇÃO** **417**
13	**EFEITOS PATRIMONIAIS DA SENTENÇA PENAL CONDENATÓRIA E CONSTRIÇÕES CAUTELARES PATRIMONIAIS** **425**

14 EXECUÇÃO PENAL **438**

14.1. Progressão de regime e livramento condicional, inclusive quanto aos crimes de natureza hedionda 440

14.2. Pacote "Anticrime" e Crimes Hediondos/Estatuto do Desarmamento .. 454

14.3. Questões residuais sobre a progressão de regime e o livramento condicional 465

14.4. Da saída temporária 473

14.5. (In)constitucionalidade da identificação do perfil genético na LEP e na Lei nº 12.037/09 presentes as garantias a não autoincriminação, à intimidade e à inviolabilidade corporal 485

    14.5.1. Art. 9º-A da LEP: outras impropriedades inconstitucionais e considerações 504

    14.5.2. Impactos da Lei nº 13.964/19 sobre a Lei nº 12.037/19: outras impropriedades inconstitucionais e considerações 525

14.6. Do regime disciplinar diferenciado 531

14.7. Da execução da pena nos presídios federais de segurança máxima 570

14.8. Das inovações pertinentes à execução da pena na Lei nº 12.850/13 590

14.9. Do tempo máximo de cumprimento das penas privativas de liberdade ... 593

14.10. Da execução da pena de multa 602

15 IMPACTOS DA LEI Nº 13.964/19 NA PARTE ESPECIAL DO CÓDIGO PENAL E NA LEGÍTIMA DEFESA **618**

15.1. Do crime de roubo e do homicídio 618

15.2. Da concussão 635

15.3. Da legítima defesa 635

16 LAVAGEM DE CAPITAIS – OBSERVAÇÕES FINAIS **636**

17 ESTATUTO DO DESARMAMENTO – CONSIDERAÇÕES COMPLEMENTARES **637**

18 FUNDO NACIONAL DE SEGURANÇA PÚBLICA E SEUS RECURSOS **642**

19 PROCESSO DECISÓRIO **644**

REFERÊNCIAS BIBLIOGRÁFICAS **648**

1
INTRODUÇÃO

O Projeto de Lei nº 10.372/18, oriundo da Câmara dos Deputados, que, no Senado Federal, recebeu a numeração 6.341/19, desaguou na Lei nº 13.964, de 24 de dezembro de 2019, prontamente adjetivada pacote "anticrime", nomenclatura, aliás, infeliz, porque contempla, subliminarmente, a antítese, ou seja, a existência de propostas legislativas pró-crime, quadra inimaginável. Chega a pecar, inclusive, pela empáfia, sugerindo que as críticas porventura formuladas ao pacote "anticrime" seriam, em verdade, favoráveis à criminalidade. Por tais razões, evitaremos a expressão, referindo-se à lei em si ou à reforma de 2019.

Como se não bastasse, a ementa da Lei nº 13.964/19 é, simultaneamente, redundante e arrogante, ao dizer que *aperfeiçoa a legislação penal e processual penal*. Toda reforma legislativa objetiva aprimorar o ordenamento. Mas, ao explicitar isso, busca dar-lhe um selo de excelência, valoração essa que, todavia, não lhe cabe, mas sim aos destinatários da norma. E, ao fim e ao cabo da obra, demonstraremos, democraticamente, contemplando todas as interpretações possíveis, mas sem perda, jamais, do espírito crítico, que a Lei nº 13.964/19 passou ao largo da virtuosidade decantada na ementa.

Depuraram-se inúmeras reminiscências inquisitoriais, mas não todas, dando azo a um sistema processual penal verdadeiramente, ou, ao menos, preponderantemente, **acusatório**, na linha do estabelecido, desde sempre, pela Constituição da República Federativa do Brasil de 1988 (CRFB/88), afinal, na medida em que o art. 129, I preceitua ser a ação penal pública **privativa** do Ministério Público, **descabe** ao Poder Judiciário imiscuir-se na **formação** e no **exercício** da acusação como um todo, devendo guardar a necessária, e imprescindível, equidistância, sem a qual a tão pretendida, e cara, **imparcialidade** é **ilusória**. A fim de espancar qualquer dúvida, a Carta de 1988 igualmente se ocupou da segurança pública no art. 144, deixando-a a cargo da Polícia como um todo. Confiou o policiamento ostensivo às polícias rodoviária e ferroviária federais, haja vista os §§ 2º e 3º, e à polícia militar, considerado o § 5º. Atribuiu a investigação às Polícias Federal e Civil, na esteira dos §§ 1º, IV, e 4º. E, recentemente, outorgou a segurança dos estabelecimentos penais às polícias penais federais, estaduais e distritais, conforme a natureza de cada um, presente a Emenda Constitucional nº 104, de 4 de dezembro de 2019, ao incluir o inciso VI e o § 5º-A ao art. 144. O silêncio em relação ao Poder Judiciário foi eloquente no sentido de despi-lo de qualquer proatividade, reforçando a inércia, ínsita a qualquer órgão pretensamente **imparcial** – na medida em que implementa atos próprios a uma das partes, transitando em um dos polos da persecução, desqualifica-se como equidistante, comprometendo a imparcialidade, daí a primazia da **inércia da jurisdição**.

Apesar desses cristalinos preceitos constitucionais, de eficácia **plena**, sempre houve muita resistência à concretização do sistema acusatório no Brasil, não só por parte de segmentos doutrinários, mas, sobretudo, do Poder Judiciário. Diante da ordem constitucional pátria, reforçada pelas Convenções Internacionais de Direitos Humanos, categóricas ao exigir um juízo imparcial – art. 14, 1, do Pacto Internacional sobre os Direitos Civis e Políticos da ONU (PIDCP), inserido no ordenamento pelo Decreto nº 592/92, e art. 8º, 1, do Pacto de São José da Costa Rica – Convenção Americana sobre Direitos Humanos (CADH) –, introduzido pelo Decreto nº 678/92 –, bastaria submeter os inúmeros resquícios inquisitórios, como os atinentes à atuação *ex officio* do juiz, à filtragem constitucional, declarações de inconstitucionalidade ou interpretações conforme a Constituição, com ou sem redução de texto.

Sem embargo, nada disso foi feito. Mesmo dispositivos flagrantemente incompatíveis com a Carta de 1988, como a prerrogativa do juiz de requisitar a instauração de inquérito policial (art. 5º, II, do CPP), custaram a ser descartados pelos Tribunais – acerca desse último, por exemplo, só existe, até hoje, **um** pronunciamento colegiado do **STF**[1], de órgão **fracionário**, e, mesmo assim, sobre hipótese ligeiramente distinta, mas, ontologicamente, idêntica à presente – inadmissibilidade de requisição judicial de indiciamento, após o recebimento da denúncia –, prestigiado pelo **STJ**, mas, **menos em deferência ao sistema acusatório**, e mais porque inútil, afinal, se o imputado já foi **denunciado**, a formalização do indiciamento, em si, torna-se **desimportante**[2] – implementando o mais, a denúncia, o menos, a indiciação, perde a razão de ser, pois, na folha de antecedentes criminais, já constará o referido processo. Requisitá-la propiciaria, não raro, novo ofício aos institutos de identificação, nos moldes do art. 23 do CPP, e a indevida duplicidade de anotações. Vê-se, portanto, que, nos precedentes do STJ, *ratio decidendi* passa ao largo do sistema acusatório... A respeito da requisição judicial de instauração de inquérito em si, nada há de específico, seja no STF, seja no STJ, malgrado o (quase) absoluto consenso doutrinário pela não recepção constitucional do preceito.

---

[1] HC 115015, Relator Min. TEORI ZAVASCKI, Segunda Turma, julgado em 27/08/2013, *DJe* 12/09/2013, merecendo destacar o seguinte trecho da ementa, autoexplicativo: *...1. Sendo o ato de indiciamento de atribuição exclusiva da autoridade policial, não existe fundamento jurídico que autorize o magistrado, após receber a denúncia, requisitar ao Delegado de Polícia o indiciamento de determinada pessoa. A rigor,* ***requisição dessa natureza é incompatível com o sistema acusatório, que impõe a separação orgânica das funções concernentes à persecução penal, de modo a impedir que o juiz adote qualquer postura inerente à função investigatória****. Doutrina. Lei 12.830/13. 2. Ordem concedida* (grifo nosso).

[2] RHC 89.410/SP, Rel. Ministro Felix Fischer, Quinta Turma, julgado em 13/03/2018, *DJe* 21/03/2018; HC 406.465/SP, Rel. Ministra Maria Thereza de Assis Moura, Sexta Turma, julgado em 03/10/2017, *DJe* 09/10/2017; RHC 54.635/SP, Rel. Ministro Nefi Cordeiro, Sexta Turma, julgado em 09/08/2016, *DJe* 23/08/2016 – nesse último, registre-se o presente extrato, elucidativo: "*... Indevida a determinação de indiciamento formal do paciente após o recebimento da denúncia, pois medida* ***sem necessidade ou sentido processual****...*" (grifo nosso).

Olvida-se o elementar em hermenêutica constitucional: salvo casos excepcionais, relativos aos preceitos constitucionais de eficácia limitada e contida, nos quais a Constituição se interpreta conforme a lei, a regra é o inverso – interpretar a lei em conformidade com a Constituição. Mas, no âmbito processual penal, sempre se teve como parâmetro primeiro o Código de Processo Penal (CPP), negligenciando-se o sistema acusatório. As razões para tanto são inúmeras, desde políticas – a (natural) contrariedade de parte significativa da magistratura nacional à perda de poder, porque o implemento do sistema acusatório importa enxugar os poderes do juiz, a começar pelo fim da atuação oficiosa – à crença, pueril, na existência de uma *verdade real*, expressão que, por si só, já é um pleonasmo, afinal, qual verdade seria *irreal*? E, também, utópica, afinal, sem os dons da onipresença e da onisciência, estranhos à natureza humana, a dita *verdade*, igualmente adjetivada *substancial* ou *material* – de elegância semântica maior, a propósito –, é inalcançável. Tal convicção, alienada e alienante, tem sido a força motriz dos famigerados juízes "justiceiros", que se julgam *senhores da verdade*, imbuídos da missão de promover a *justiça*, apesar de sequer existir, no mundo, um consenso quanto à sua definição. Tal visão, ingenuamente maniqueísta, tem se notabilizado pela soberba, a ponto de alguns nomearem a posição contrária, garantista, de *bandidolatria*[3] – como se alguém, em sã consciência, idolatrasse a criminalidade, da qual todos somos vítimas.

O processo é, na realidade, o palco de um embate dialético, entre a *tese* veiculada pela acusação e a *antítese* apresentada pela defesa, competindo ao juiz a *síntese*, acolhendo, total ou parcialmente, a versão mais *provável* – a *certeza* é, conforme exposto, inatingível, calcando-se a sentença em um juízo de *probabilidade*. Por tudo isso, é mandatória ao juiz a equidistância.

Nessa esteira, inovações trazidas pela Lei nº 13.964/19, como a **nova disciplina dispensada ao arquivamento, o fim da atuação oficiosa do juiz em sede de medidas cautelares pessoais, mesmo incidentalmente ao processo, a regulamentação da cadeia de custódia da prova** e a **inserção do juiz de garantias** reforçam, significativamente, o sistema acusatório, sobretudo a última, não por acaso a mais polêmica, despertando, de antemão, bastante resistência, inclusive quanto à constitucionalidade. Buscaremos, assim, esmiuçar as controvérsias, seus desdobramentos, sempre de maneira holística, afinal, o Direito é um só, sem perda do tom crítico.

No tocante ao juiz de garantias, a reação tem sido mais enérgica, por impactar na estrutura da persecução penal brasileira, rompendo uma tradição quase octogenária, segundo a qual o juiz interventor no inquérito torna-se prevento para o processo – artigos 75 e 83 do CPP, não por acaso regras originárias de 1941. Como o Direito sempre se notabilizou por uma aura conservadora, verificada do trajar ao falar, prenhe de liturgias, a resistência ao novo é notável, potencializada por um indisfarçável comodismo, intelectual e material.

Ilustrando: até o advento da Lei nº 11.690/08, vigorava o sistema presidencialista no tangente à produção da prova oral – as perguntas começavam pelo juiz e as indagações das partes às vítimas, testemunhas e informantes eram feitas por intermédio do magistrado, revestindo-o de proatividade incompatível com o sistema acusatório. Tal distorção foi corrigida pelo citado diploma legal, que, ao reescrever o art. 212 do CPP, inseriu o sistema

---

[3] Por todos, PESSI, Diego; SOUZA, Leonardo Giardin de. *Bandidolatria e Democídio*: Ensaios sobre o Garantismo Penal e a Criminalidade no Brasil. 3. ed. Porto Alegre: SV Editora, 2018.

da inquirição direta pelas partes, competindo ao juiz intervir com perguntas apenas a título complementar. Pois, apesar da clareza do texto e do notável avanço à luz do sistema acusatório, parte abalizada da doutrina chegou a advogar a subsistência do sistema anterior, sob o argumento de, em sendo o juiz o destinatário da prova, não causaria espécie ser o condutor da inquirição, propondo a aplicação, por analogia, do art. 473 do CPP, que conservou esse modelo para o Plenário do Júri, conjugado ao art. 188 do CPP, que manteve, para o interrogatório do réu, o formato presidencialista[4].

Tal proposta hermenêutica, evidentemente *contra legem*, foi descartada, inclusive por **desvirtuar o princípio da especialidade**: se o sistema presidencialista foi conservado para o interrogatório e, parcialmente, no Plenário do Júri – início da inquirição pelo juiz, mas autorizadas as partes a indagarem, diretamente, as vítimas, testemunhas e informantes –, são **exceções** à regra geral do art. 212, cabeça e parágrafo único, do CPP, desafiando, assim, interpretação restritiva, sob pena de tornar **geral o especial**. Muitos juízes e Tribunais, todavia, apegados ao citado entendimento doutrinário, e à tradição, resistiram muito a *aplicar a lei*, convencendo-se a fazê-lo apenas após alguns pronunciamentos do STJ, notadamente da 5ª Turma, anulatórios da instrução e, por conseguinte, da sentença, exigindo o refazimento, nos moldes do art. 212 do CPP[5].

De todo modo, verificada a adoção maciça pela magistratura nacional do atual modelo de inquirição – que não chega a ser a *cross-examination* própria à *common law*, segundo se propaga inadvertidamente, porque nesta o juiz **não** intervém com perguntas –, o STJ, embora persista glosando a inversão, reputando *error in procedendo* a postura do juiz que inaugura a inquirição, em vez de complementá-la, passou a entender ser tal nulidade relativa, a exigir a demonstração do prejuízo[6]. Parte-se da premissa que, se as questões de mérito foram aclaradas ao longo da inquirição, conduzida pelo juiz com o necessário distanciamento, a ponto de não ter havido qualquer impugnação das partes ao longo da audiência, inexistiria prejuízo, e, por conseguinte, nulidade a ser declarada,

---

[4] Nesse sentido, GOMES, Luiz Flávio; CUNHA, Rogério Sanches; PINTO, Ronaldo Batista. *Comentários às Reformas do Código de Processo Penal e da Lei de Trânsito*. São Paulo: RT, 2008, p. 302; NUCCI, Guilherme de Souza. *Código de Processo Penal Comentado*. 8. ed. São Paulo: RT, 2008, p. 479/480.

[5] HC 145.182/DF, Rel. Ministro Jorge Mussi, Quinta Turma, julgado em 04/02/2010, DJe 10/05/2010. Transcreve-se o seguinte trecho da ementa, autoexplicativo: *...1. A nova redação dada ao art. 212 do CPP, em vigor a partir de agosto de 2008, determina que as vítimas, testemunhas e o interrogado sejam perquiridos direta e primeiramente pela acusação e na sequência pela defesa, possibilitando ao magistrado complementar a inquirição quando entender necessários esclarecimentos. 2. **A abolição do sistema presidencial, com a adoção do método acusatório, permite que a produção da prova oral seja realizada de maneira mais eficaz, diante da possibilidade do efetivo exame direto e cruzado do contexto das declarações colhidas, bem delineando as atividades de acusar, defender e julgar, razão pela qual é evidente o prejuízo quando o ato não é procedido da respectiva forma, como na hipótese vertente**. 3. Ordem concedida para, confirmando a medida liminar, anular a audiência de instrução e julgamento reclamada e os demais atos subsequentes, determinando-se que outra seja realizada, nos moldes do contido no art. 212 do CPP* (grifo nosso).

[6] AgRg no HC 465.846/SP, Rel. Ministro Nefi Cordeiro, Sexta Turma, julgado em 14/05/2019, DJe 23/05/2019: *... Não é possível anular o processo, por ofensa ao art. 212 do Código de Processo Penal, quando não verificado prejuízo concreto advindo da forma como foi realizada a inquirição das testemunhas, sendo certo que, segundo entendimento consolidado neste Superior Tribunal, o simples advento de sentença condenatória não tem o condão, por si só, de cristalizar o prejuízo indispensável para o reconhecimento da nulidade....* Veja também: HC 472.118/SC, Rel. Ministro Felix Fischer, Quinta Turma, julgado em 23/10/2018, DJe 06/11/2018.

mesmo porque a instrução desenvolveu-se com o aval das partes, a ensejar a incidência do princípio do interesse em matéria de nulidades (art. 565 do CPP).

Ocorre que o prejuízo, na realidade, decorre do próprio título condenatório, coroando uma instrução desenvolvida em desacordo com a lei, e, por conseguinte, do devido processo legal (art. 5º, LIV, da CRFB/88) e do sistema acusatório (art. 129, I, da CRFB/88), que exigem do juiz discrição ao longo do atuar processual, própria à equidistância. Tal argumentação, contudo, não tem sensibilizado o STF, que tem observado entendimento idêntico ao do STJ, inclusive com manifestação do Pleno, reiterada pelos órgãos fracionários[7] – até há acórdãos recentes da 1ª Turma do STF nulificando tais instruções, mas em quórum apertado – 3x2 – ou empate, prevalecendo o entendimento mais favorável ao réu (art. 664, p.ú., do CPP), não representativos da compreensão da Corte Constitucional globalmente considerada. E, mesmo assim, desde que a parte prontamente se insurja contra a inquirição inaugurada pelo juiz, consignando em ata a irresignação, sob pena de preclusão[8].

Se a mera alteração no formato de condução da inquirição das testemunhas, informantes e vítimas despertou a resistência descrita acima, o que dizer do juiz das garantias, ainda mais diante dos ajustes a serem feitos na organização judiciária, e dos custos que virão a reboque?! Mas inexiste **evolução sem investimento**. Escreve-se *evolução*, porque a convicção judicial não é uma tábula rasa, preenchida apenas quando da prolação da sentença. Constrói-se ao longo do evolver persecutório, logo, é impossível exigir do juiz atuante no inquérito um olhar desinteressado, despido de preconceitos, quando intervier no processo, não raro viabilizado por meio de medidas cautelares deferidas pelo próprio. A propensão à acusação é, mesmo inconscientemente, inescapável, consideradas as peças de informação aos quais teve acesso e a constante interface travada com os órgãos de repressão estatal, Polícia e Ministério Público. Na medida em que o julgamento é atribuído a outro juiz, a imparcialidade é garantida. A ignorância, enquanto falta de conhecimento, é **libertadora**, afinal, o convencimento será construído do zero, sem valores previamente concebidos.

Tamanho senso crítico, contudo, esbarra em muitos integrantes da magistratura nacional, que não enxergam essa dúplice intervenção persecutória, no inquérito e no processo, comprometedora da imparcialidade. As propostas de descarte da inovação, buscando a sua inconstitucionalidade, ou de esvaziamento, sob o pretexto de implementá-la sem maiores impactos financeiros, serão enfrentadas ao longo da obra.

---

[7] RHC 111251 AgR, Relator Min. Celso de Mello, Tribunal Pleno, julgado em 28/05/2014, *DJe* 30/10/2014: *...Inquirição das testemunhas iniciada por perguntas formuladas pelo magistrado e, somente após, pelas partes – Alegação de ofensa ao art. 212 do CPP, na redação dada pela Lei nº 11.690/08 – Nulidade meramente formal – Precedentes do Supremo Tribunal Federal – Não demonstração de qualquer prejuízo – "Pas de nullité sans grief" – Inexistência de constrangimento ilegal....* Veja também: RHC 122467, Relator Min. Ricardo Lewandowski, Segunda Turma, julgado em 03/06/2014, *DJe* 04/08/2014; HC 172697-AgR, Relator Min. Luiz Fux, Primeira Turma, julgado em 11/10/2019, *DJe* 28/10/2019.

[8] HC 187035, Rel. Min. Marco Aurélio, Primeira Turma, julgado em 06/04/2021, *DJe* 14/06/2021, por maioria, vencidos os Ministros Luís Roberto Barroso e Alexandre de Moraes; RHC 119414, Rel. Min. Marco Aurélio, Primeira Turma, julgado em 08/02/2021, *DJe* 22/02/2021, merecendo destacar, porque autoexplicativo, o seguinte trecho da ementa: "*...TESTEMUNHAS – AUDIÇÃO – FORMA – INOBSERVÂNCIA – NULIDADE – NATUREZA. A nulidade decorrente da inobservância do disposto no artigo 212 do Código de Processo Penal é **relativa, devendo ser articulada de imediato, sob pena de preclusão**"* (grifo nosso).

Houve, também, a expansão da justiça penal negocial, ou consensual, com a introdução do acordo de não persecução penal, aproximando o ordenamento processual penal brasileiro ainda mais do *plea bargaining* anglo-americano. Aliás, tal tentativa foi anteriormente ultimada pelo Conselho Nacional do Ministério Público (CNMP), considerada a Resolução nº 183, de 24 de janeiro de 2018, que alterou o art. 18 da Resolução nº 181, de 7 de agosto de 2017, voltada à disciplina do procedimento investigatório ministerial, mas não chegou a se disseminar, embora alguns pactos tenham sido celebrados Brasil afora, ante a manifesta inconstitucionalidade, decorrente do extravasamento dos limites do poder regulamentar, versando sobre matéria processual penal, da competência legislativa privativa da União (art. 22, I, da CRFB/88). Claríssima, assim, a ofensa ao art. 2º da CRFB/88, havendo o CNMP extrapolado as atribuições previstas no art. 130-A, § 2º, da Lei das Leis, afinal, o tema não é, nem de longe, *interna corporis*, repercutindo no estado de inocência e na liberdade individuais, a exigir disciplina **legal**, ora trazida pela Lei nº 13.964/19.

A (in)constitucionalidade do acordo de não persecução penal, seus impactos e necessárias correlações com a transação penal e a suspensão condicional do processo, notadamente com a primeira, e, até, com a colaboração premiada, igualmente atingida pela Lei nº 13.964/19, serão detidamente analisadas ao longo do presente trabalho, lembrando que, no tocante ao réu colaborador, as "inovações" vieram para positivar diretrizes já fixadas pelo STJ e pelo STF, em especial pelo último, sem proporcionar substanciais guinadas normativas.

Como um dos artífices da reforma penal e processual penal, inclusive da execução, foi o então Ministro da Justiça e Segurança Pública, Sergio Moro, ex-juiz federal, os efeitos patrimoniais da sentença penal condenatória e as medidas cautelares reais mereceram atenção especial, que serão detidamente estudados. Todavia, o tratamento dispensado pela Lei nº 13.964/19 é de constitucionalidade duvidosíssima. Tais discussões, de toda sorte, têm na Justiça Federal o seu grande palco. Malgrado se façam sentir, também, no âmbito estadual, a relevância é menor, em virtude do perfil das infrações penais e dos réus a ele afetos – a maioria é hipossuficiente, sob o pálio da Defensoria Pública, sem bens a perder ou a bloquear.

Conforme antecipado, a cadeia de custódia da prova mereceu atenção destacada do legislador, já não sem tempo, cujas minúcias serão aqui também desenvolvidas. As proposições são bastante inovadoras à luz da ordem normativa então em vigor, mas, em linhas gerais, buscam positivar postulados doutrinários e orientações já firmadas pelo Superior Tribunal de Justiça concernentes ao tema.

Ainda no universo probatório, sobrevieram novidades importantes, como a infiltração policial virtual e a figura anglo-americana do *whistleblower*, ou informante do bem. Houve, ainda, a (temerária) expansão da captação ambiental como meio de formação de provas, abrindo campo para (sérias) discussões acerca da sua constitucionalidade, notadamente em virtude da (preocupante) banalização. O agente disfarçado ou encoberto é outra inovação já envolta em polêmica, porque vai na contramão dos precedentes firmados pelo STF e STJ. A coleta de material biológico para definição do perfil genético, com fins abertamente probatórios, é outra tônica da reforma, tornando um assunto naturalmente controverso ainda mais sensível.

O tema prisão e liberdade foi revisitado significativamente, desde as profundas mudanças promovidas pela Lei nº 12.403, de 4 de maio de 2011, não apenas com inovações, *v.g.*, a cessação da atuação *ex officio* do juiz incidental ao processo, representativa de inegável avanço em relação à reforma anterior, que vedava o atuar oficioso apenas no inquérito, mas, também, consolidações importantes, *v.g.*, a audiência de custódia (ou de apresentação), embora já prevista no PIDCP e na CADH, avalizada pelo Pleno do STF[9] e regulamentada pela Resolução nº 213, de 15 de dezembro de 2015, do CNJ. Apesar disso, a Lei nº 13.964/19 apresentou, nesse tópico, sérias antinomias, reveladoras de indefectível "crise de identidade", inclusive com a Lei de Abuso de Autoridade, de nº 13.869, de 5 de setembro de 2019. *Incongruência* é a palavra que bem sintetiza a Lei nº 13.964/19, consideradas as modificações implementadas nas medidas cautelares constritivas da liberdade. Por outro lado, contradições entre o CPP e certos dispositivos extravagantes não só persistem, como foram potencializadas, como a envolvendo o art. 20 da Lei nº 11.340/06 (Maria da Penha), que persiste autorizando o juiz a decretar, de ofício, a prisão preventiva, tanto no processo, como no inquérito. Renova-se, ainda, a controvérsia sobre a viabilidade constitucional da execução provisória da pena privativa de liberdade proveniente das condenações oriundas do Conselho de Sentença.

Embora aparentemente ínfimas, as mudanças operadas no processamento do recurso extraordinário e especial em matéria penal chocam, frontalmente, com a jurisprudência, assentada, do STF e do STJ, polemizando assunto pacificado.

Se incongruência define as modificações promovidas sobre as medidas cautelares constritivas da liberdade, *irracionalidade* e *seletividade socioeconômica* define várias das alterações realizadas em matéria penal e de execução penal. A sanha foi tamanha que várias inovações pecam pela falta de *proporcionalidade* e, até, de *isonomia*. Ao invés de aperfeiçoar a legislação, a torna vulnerável a *n* arguições de inconstitucionalidades, potencializando, ao fim e ao cabo, a insegurança jurídica.

A obra não se pauta em juízos estritamente subjetivos, sob pena de se perder em "achismos". No Direito são poucas as inovações genuínas. Existem reinvenções e adaptações, logo, buscamos, no passado e no direito comparado, as respostas para algumas questões trazidas pela Lei nº 13.964/19. Muitas *ditas* novidades nada mais são do que desdobramentos de institutos há muito consolidados, casos do acordo de não persecução penal em relação à transação, da captação ambiental em relação à telefônica e da infiltração virtual policial se confrontada com a física (pessoal).

E muitos postulados ora positivados já eram objeto de estudo doutrinário e/ou discussão jurisprudencial.

Pois assim será a nossa abordagem. Para além da textualidade, identificaremos as controvérsias, com as possíveis linhas de entendimento, sem, nunca, deixarmos de nos posicionar. O escopo é que, ao final da obra, você, leitor(a), chegue às suas conclusões sobre a Lei nº 13.964/19, especialmente se, de fato, houve o tão propalado aperfeiçoamento.

---

[9] ADI 5240, Relator Min. Luiz Fux, Tribunal Pleno, julgado em 20/08/2015, *DJe-018* divulg. 29/01/2016, public. 01/02/2016; ADPF 347 MC, Relator Min. Marco Aurélio, Tribunal Pleno, julgado em 09/09/2015, *DJe-031* divulg. 18/02/2016, public. 19/02/2016: ...*Audiência de custódia – Observância obrigatória. Estão **obrigados** juízes e tribunais, observados **os artigos 9.3 do Pacto dos Direitos Civis e Políticos e 7.5 da Convenção Interamericana de Direitos Humanos**, a realizarem, em até noventa dias, audiências de custódia, viabilizando o comparecimento do preso perante a autoridade judiciária no prazo máximo de 24 horas, contado do momento da prisão...* (grifo nosso).

2
DO INÍCIO DE VIGÊNCIA DA LEI Nº 13.964/19 E EFICÁCIA INTERTEMPORAL – ART. 20

A Lei nº 13.964/19, no art. 20, apresentou o prazo de *vacatio legis* de 30 dias, contados da publicação oficial, ocorrida em edição extra do *Diário Oficial da União* (DOU), de 24 de dezembro de 2019.

A Lei Complementar nº 95, de 26 de fevereiro de 1998, dispõe, nos termos do § 1º do art. 8º, incluído pela Lei Complementar nº 107, de 26 de abril de 2001, que *a contagem do prazo para entrada em vigor das leis que estabeleçam período de vacância far-se-á com a **inclusão** da data da publicação e do **último** dia do prazo, entrando em vigor no dia **subsequente** à sua consumação integral* (grifo nosso). Assim, o termo *a quo* é o próprio dia 24 de dezembro, encerrando em 22 de janeiro. Como a vigência começa no dia seguinte, em **23 de janeiro de 2020**.

Convém **não** confundir o início de vigência da Lei nº 13.964/19 com a eficácia **intertemporal**, mensurável *preceito a preceito*:

a) os de natureza estritamente **processual** – *v.g.*, a novel disciplina do arquivamento, reformado o art. 28 do CPP –, terão incidência **imediata**, conservados os atos anteriormente realizados (*tempus regit actum*), *ex vi* do art. 2º do CPP;

b) os estritamente **penais**, *v.g.*, as causas de aumento de pena no roubo (art. 157, §§ 2º, VII e 2º-B, do novel CP), submetem-se à **cláusula constitucional de (ir) retroatividade do art. 5º, XL, da CRFB/88**, retroagindo, se benéficos ao réu, ou só alcançando infrações penais cometidas posteriormente à vigência, se maléficas;

c) os de natureza **híbrida**, **mista** ou **processual material**, regem-se, também, pelo art. 5º, XL, da CRFB/88, porque, embora versem sobre institutos processuais, impactam, diretamente, na liberdade e no estado de inocência, potencializando a proteção ou reduzindo-a, retroagindo no primeiro caso, mas não no segundo, projetando-se sobre as infrações penais ulteriores à vigência. O crime de estelionato, por exemplo, tornou-se, em regra, de ação penal pública condicionada à representação, ressalvadas as hipóteses listadas no novel § 5º do art. 171 do Código Penal, logo, tal norma fatalmente retroagirá, por criar causa extintiva da punibilidade, até então indisponível (decadência do direito de representação, a teor do art. 107, IV, do Código Penal), dificultando o exercício da pretensão punitiva estatal, robustecendo o *status libertatis* – a par das condições gerais ao exercício da ação penal pública, carece-se, ainda, da representação, condição especial de procedibilidade (art. 24, cabeça, do CPP), inclusive para a instauração do inquérito – art. 5º, § 4º do CPP –, hipótese na qual atua como verdadeira condição especial de *persequibilidade*.[1]

Convém, aliás, não confundir os preceitos híbridos, mistos ou processuais materiais com as normas **heterotópicas**, classificação focada, exclusivamente, no descompasso **topográfico**, ou seja, preceito localizado em diploma legal de natureza diversa da sua. Ilustrando: norma de cunho material situada em diploma processual ou vice-versa, como o art. 368 do CPP, ao apresentar causa suspensiva da prescrição[2], de natureza claramente **penal**, em pleno Código de **Processo Penal**, ou o art. 234-B do Código Penal, ao preceituar o trâmite sob segredo de justiça dos processos relativos aos crimes contra a dignidade sexual, inserindo regra **processual** no Código **Penal**[3]. Nesse caso, **independentemente da inadequada topografia, crucial é identificar a natureza do preceito – se processual, penal ou híbrido – para, então, definir a aplicação intertemporal**. Tal advertência, a propósito, assinala a **inutilidade científica** dessa designação, mais uma entre tantas inusitadas, propagadas em alguns setores acadêmicos, notadamente no âmbito dos concursos públicos, como sinônimo de suposta erudição jurídica, quando, em verdade, nada têm de pertinência científica nem de relevância prática, servindo, apenas, para eclipsar o que, de fato, importa, sem contribuir para o aperfeiçoamento da Justiça Penal.

Cumpre-nos, então, delimitar, pontualmente, a eficácia intertemporal de cada preceito, à medida em que os temas forem surgindo.

---

[1] Nesse sentido, HC 180421 AgR, rel. Min. Edson Fachin, Segunda Turma, julgado em 22/06/2021, *DJe* 06/12/2021, merecendo destacar, porque autoexplicativo, o seguinte trecho da ementa: *... 3. O § 5º do art. 171 do Código Penal, acrescido pela Lei 13.964/19, ao alterar a natureza da ação penal do crime de estelionato de pública incondicionada para pública condicionada à representação como regra, é norma de conteúdo processual-penal ou híbrido, porque, ao mesmo tempo em que cria condição de procedibilidade para ação penal, modifica o exercício do direito de punir do Estado ao introduzir hipótese de extinção de punibilidade, a saber, a decadência (art. 107, IV, do CP). 4. Essa inovação legislativa, ao obstar a aplicação da sanção penal, é norma penal de caráter mais favorável ao réu e, nos termos do art. 5º, XL, da Constituição Federal, deve ser aplicada de forma retroativa a atingir tanto investigações criminais quanto ações penais em curso até o trânsito em julgado. Precedentes do STF. 5. A incidência do art. 5º, inciso XL, da Constituição Federal, como norma constitucional de eficácia plena e aplicabilidade imediata, não está condicionada à atuação do legislador ordinário...* (grifo nosso). Não se desconhece a existência de precedentes da 1ª Turma do STF em sentido contrário, não admitindo a retroação, considerados os processos com denúncia já ofertada (v.g. HC 187341/SP, Rel. Min. Alexandre de Moraes, Primeira Turma, julgado em 13/10/2020, DJe-263, divulg. 03/11/2020, public. 04/11/2020), compartilhados pelo STJ (v.g. HC 610.201/SP, Rel. Min. Ribeiro Dantas, Terceira Seção, julgado em 24/03/2021, *DJe* de 08/04/2021). No Capítulo 11, reservado à ação penal no crime de estelionato, a eficácia intertemporal do § 5º do art. 171 do Código Penal será especificamente examinada (item 11.2).

[2] Entre a ordem do juiz competente determinando a citação por carta rogatória, até o seu cumprimento, no estrangeiro, suspende-se a prescrição, efeito *ex lege*, não carente de explicitação na decisão. O *dies ad quem* (termo final) da suspensão corresponde ao da *efetivação*, no exterior, do mandado de citação, porquanto a juntada aos autos da carta é *ciência* do cumprimento. Invoca-se, por analogia, a Súmula 710 do STF – como os prazos processuais começam a correr do dia seguinte ao da intimação (art. 798, §§ 1º e 5º, *a*, do CPP), no caso das cartas precatórias o termo inicial será o dia seguinte ao do cumprimento, e não da juntada aos autos, inteligência que, *mutatis mutandis*, estende-se ao art. 368 do CP.

[3] Exemplo extraído da obra de Walfredo Cunha Campos. *Curso Completo de Processo Penal*. Salvador: JusPodivm, 2018, p. 70.

3

DO JUIZ DAS GARANTIAS

3.1. DEFINIÇÃO, NOMENCLATURA, PROJEÇÃO NO DIREITO COMPARADO, FUNDAMENTO E EXTENSÃO DA COMPETÊNCIA DO JUIZ DAS GARANTIAS, CONTRAPOSTA À DO JUIZ DE JULGAMENTO – COMENTÁRIOS AO ART. 3º-C, *CAPUT* E §§ 1º E 2º, DO CPP

Primeiramente, a reunião de cinco temas no mesmo tópico deve-se porque interligados. Sem tal leitura, não se teria a visão do todo.

Dispõe o *caput* do novel art. 3º-B do CPP que *o juiz das garantias é responsável pelo controle da* **legalidade** *da investigação criminal e pela* **salvaguarda** *dos direitos individuais cuja franquia tenha sido reservada à autorização prévia do Poder Judiciário*. Sem embargo, o zelo pelo devido processo legal, consideradas a observância do rito previsto em lei (aspecto formal) e das garantias constitucionais processuais, de maneira a conceber um processo legal efetivamente *devido*, ou seja, *justo* (aspecto substancial ou material) é um *munus* a ser permanentemente exercido pelo juiz, irradiando-se ao processo. Por tais razões, em vez de *juiz das garantias*, é mais preciso referir-se ao *juiz da investigação e do recebimento da peça acusatória*, em contraposição ao *juiz do julgamento*, lembrando que **ambos** são responsáveis pela **legalidade** da persecução, globalmente considerada, e pela **salvaguarda** dos direitos individuais. Todos os órgãos jurisdicionais são garantes dos direitos fundamentais. Mas tal afirmação em nada esvazia a figura do *juiz das garantias* e o modelo de processo construído a partir dela. Ao contrário, só reforça, porquanto **o múnus de garante exige permanente imparcialidade**. Na medida em que o magistrado participa do inquérito, deferindo, por exemplo, várias cautelares, e, ainda, exerce o juízo de admissibilidade da acusação, admitindo-a, o seu olhar perdeu, involuntariamente, a equidistância de outrora, afinal, as suas convicções são construídas evolutivamente, tal qual o processo, considerado em sentido lato, que, por definição, é uma marcha para frente. Inexoravelmente o seu juízo de valor já está em desenvolvimento. A imparcialidade não mais lhe é natural, carecendo ser **exercitada**. Entregar, assim, o *judicium causae* a outro juiz, sem preconcepções, assegura a continuidade da plena imparcialidade e, por conseguinte, a uniformidade da atuação como guardião dos direitos fundamentais do réu.

A dissociação do juiz da investigação do de julgamento não é estranha ao Direito Comparado, ao contrário.

Na Itália, conforme estudo realizado[1], *o Ministério Público atrela-se ao Poder Judiciário, tanto que está disciplinado, na Constituição italiana, no título reservado à magistratura – art. 107, comma 4 (tal qual os juízes, também gozam de independência funcional – art. 108, comma 2). Os procedimentos investigatórios, que constituem uma etapa pré-processual, são presididos pelo Ministério Público (art. 347 do CPP), titular do poder de polícia judiciária. Na prática, entretanto, delega a consecução da maioria das atividades investigatórias à polícia (art. 370 do CPP). Cabe frisar que, por integrar o Poder Judiciário, o Ministério Público, na condução das investigações, deve se preocupar em buscar a verdade dos fatos, o que perpassa pela coleta de peças de informação não apenas favoráveis à pretensão acusatória, mas também benéficas ao indiciado (art. 358 do CPP)*[2].

Importante mudança trazida pelo Código de Processo Penal italiano de 1988 foi a supressão da antiga figura do juiz instrutor. A Itália continua a ter juízes competentes para atuar exclusivamente na fase das investigações preliminares, porém sem exercer atividades investigatórias, a cargo do Ministério Público e da polícia. Em verdade, o papel desses magistrados é zelar pelos direitos fundamentais do investigado, apreciando os pedidos cautelares articulados pelo Parquet, v.g., produção antecipada de provas, prisões cautelares, além de fiscalizar o exercício da ação penal pública. A preocupação com a depuração do sistema acusatório é notável, tanto que o juiz que tiver examinado uma medida cautelar repressiva pleiteada pelo Ministério Público está impedido de presidir a audiência preliminar, ato no qual é emitido o juízo positivo ou negativo de admissibilidade da denúncia. Aprecia, contudo, as promoções de arquivamento[3].

O Ministério Público, em contrapartida, não mais possui poderes coercitivos. Procedeu-se, no feliz dizer de Antoinette Perrodet, à desjurisdicionalização do Parquet. Caso um promotor pretenda uma medida cautelar coercitiva, deverá pleiteá-la ao juízo instrutor.[4]

Concluídas as investigações, ou o Ministério Público oferece a denúncia, ou pede o arquivamento. A promoção de arquivamento submete-se ao controle dos juízes instrutores, podendo ter, como fundamento, a insuficiência probatória (art. 408 do CPP), a extinção da punibilidade, a atipicidade da conduta ou a ausência de uma condição especial de procedibilidade (art. 411 do CPP), ou a autoria ignorada (art. 415 do CPP). Deflagrada a ação penal, observar-se-á o procedimento ordinário – cujo primeiro ato é a audiência preliminar (art. 416 do CPP), momento em que o juiz instrutor receberá (art. 429 do CPP) ou não (art. 425 do CPP) a denúncia –, ou um dos ritos especiais delineados na legislação.

O Código de Processo Penal alemão igualmente contempla a figura do juiz das garantias, lá intitulado, aliás, *juiz da investigação*, a quem compete examinar a **legalidade**

---

[1] SANTOS, Marcos Paulo Dutra. *Colaboração (Delação) Premiada*. 3. ed. Salvador: Ed. JusPodivm, p. 65/66.
[2] PERRODET, Antoinette. Il processo penale in Italia. *Procedure Penali D'Europa*. Mireille Delmas-Marty e Mario Chiavario (Org.). 2. ed. Padova: CEDAM, 2001, p. 299-300; Lei nº 267/1997 e Decreto-Lei nº 51/1998.
[3] PERRODET, Antoinette. Ob. cit., p. 292-293; Lei nº 267/1997 e Decreto-Lei nº 51/1998.
[4] PERRODET, Antoinette. Ob. cit., p. 292-293; Lei nº 267/1997 e Decreto-Lei nº 51/1998.

das medidas cautelares pessoais, reais e probatórias pretendidas pela acusação, **não** lhe competindo emitir qualquer juízo de valor acerca da **necessidade/adequação** destas, mas, apenas, analisar a **viabilidade jurídica** – entendido o exercício da acusação como privativo do Ministério Público, a discricionariedade judicial, na fase investigatória, restringe-se ao **juízo de admissibilidade**[5]. Quando do recebimento, ou não, da denúncia, nos moldes dos §§ 199 a 211[6], na fase intitulada *procedimento intermediário*[7], passa a intervir novo órgão jurisdicional, incumbido também do julgamento. Como o *judicium accusationis* e o *judicium causae* serão exercidos pelo mesmo juiz, **há críticas no sentido de tal reunião comprometer a imparcialidade quando do exame do mérito, ao final do processo**[8].

Na França igualmente se separa o juiz da investigação do de julgamento. O Código de Processo Penal francês[9] ainda conserva a figura vetusta do juiz instrutor, **investido de poderes investigatórios** (art. 151), cuja competência irradia-se até o arquivamento ou a admissibilidade da denúncia. Ao término da investigação, os autos são encaminhados ao Ministério Público, na forma do art. 175, para fins de pronunciamento. É o juiz instrutor quem decide pelo arquivamento, nos moldes do art. 177, ou pelo prosseguimento da persecução, encaminhado os autos da investigação ao juízo responsável pelo julgamento, cuja competência varia conforme a gravidade do injusto – se baixa (contravenções), *tribunal de police* (art. 178); se média (delitos), *tribunal correctionnel* (art. 179). Cópia da decisão, acompanhada dos elementos que a embasaram, é enviada ao Ministério Público (art. 180). Idêntico procedimento alcança os injustos de ofensividade maior (crimes), cujo julgamento compete à *court d'assises* (art. 181)[10]. Evidentemente que o modelo processual penal francês torna a cisão entre o juiz da investigação e o incumbido do exame do mérito ainda mais mandatória, por investir o primeiro de sensíveis poderes instrutórios. Sem embargo, justamente por haver intervindo na fase investigatória, repleto de pré-juízos, reconhece a ausência de imparcialidade para prosseguir na persecução e examinar o mérito.

Em Portugal, também há a figura do juiz instrutor, que, apesar do adjetivo, aproxima-se do juiz das garantias estabelecido no Brasil, pela Lei nº 13.964/19. A direção da investigação foi confiada ao Ministério Público, assistido pela polícia (art. 263º do CPP português), adotando o juiz da instrução, diferentemente da França, uma postura passiva, circunscrita ao exame das medidas cautelares reais, probatórias ou pessoais pretendidas pela acusação (arts. 268º e 269º). Ao final da investigação, a depender da existência, ou não, de justa causa, o próprio Ministério Público implementa o arquivamento (art. 277º) ou oferece a denúncia (art. 283º). A competência do juiz instrutor, sem embargo, ainda não se esgota, pois, à exceção dos processos especiais (art. 286º, 3), o ofendido, nas hipóteses

---

[5] ROXIN, Claus. *Derecho Procesal Penal*. Tradução da 25ª edição alemã de Gabriela E. Córdoba e Daniel R. Pastor, revisada por Julio B. JULGADO EM Maier. Buenos Aires: Editores Del Porto, 2000, p. 73/75.

[6] Disponível em: https://www.legislationline.org/download/id/8433/file/Germany_CPC_1950_am112019_de.pdf. Acesso em: 19 dez. 2019.

[7] ROXIN, Claus. Ob. cit., p. 347/352.

[8] JUY-BIRMANN, Rodolphe. Il Processo Penale in Germania. *Procedure Penali D'Europa*. Mireille Delmas-Marty e Mario Chiavario (Org.). 2. ed. Padova: CEDAM, 2001, p. 189/190.

[9] Disponível em: https://www.legislationline.org/download/id/8361/file/France_CPC_am092019_fr.pdf. Acesso em: 29 dez. 2019.

[10] DERVIEUX, Valérie. Il Processo Penale in Francia. *Procedure Penali D'Europa*. Mireille Delmas-Marty e Mario Chiavario (Org.). 2. ed. Padova: CEDAM, 2001, p. 124/125.

de arquivamento, ou o imputado, se denunciado, pode instá-lo a examinar o acerto, ou não, do arquivamento ou a admissibilidade da acusação formalizada (art. 287º)[11].

Adverte Manuel Lopes Maia Gonçalves que tal instrução "...*não é um novo inquérito, mas tão-só um momento processual de comprovação; não visa um juízo sobre o mérito, mas apenas um juízo sobre acusação, em ordem a verificar da admissibilidade da submissão do arguido a julgamento com base na acusação que lhe é formulada. Trata-se de uma fase dotada de uma audiência rápida e informal, mas oral e contraditória, destinada a comprovar judicialmente a decisão do MP de acusar ou de não acusar, e que, portanto, termina por um despacho de pronúncia ou de não pronúncia. '...É óbvio, por outro lado, que, tratando-se já aqui de uma fase **judicial**, a sua estrutura eminentemente acusatória deverá apresentar-se integrada pelo princípio da investigação; não terá por isso o juiz de instrução de limitar-se, em vista da pronúncia, ao material probatório que lhe seja apresentado pela acusação e pela defesa, mas deve antes – se para tanto achar razão – instruir autonomamente o facto em apreciação, com a colaboração dor órgãos de polícia judiciária...*' (Prof. Figueiredo Dias, loc. cit., pág. 38)".[12]

Sobrevindo o juízo positivo de admissibilidade da acusação (decisão instrutória de pronúncia), os autos serão remetidos ao tribunal competente para o julgamento (art. 310º, 1), reconhecendo-se a contaminação do juiz instrutor para persistir no processo e julgar o mérito.

Na Espanha igualmente se tem tal separação, haja vista o art. 622 da *Ley de Enjuiciamiento Criminal*.[13]

Recentes reformas processuais penais na América do Sul introduziram o juiz das garantias, diverso do responsável pelo julgamento, como se vê nos Códigos de Processo Penal do Chile (arts. 9º, 10, 23, 69, 70, entre outros)[14], do Peru, lá intitulado juiz da investigação preparatória, com especial destaque para os arts. 323º, 354º e 355º[15], e da Colômbia, considerado o art. 39[16]. Idêntico fenômeno se verifica nos Códigos de Processo Penal argentino (arts. 346 a 354)[17] e uruguaio (art. 25.5)[18], enquanto, no México, o juiz das garantias foi constitucionalizado, considerado o art. 16 da Constituição Política mexicana, segundo bem lembrou Rogério Fernando Taffarello[19] – *Los Poderes Judiciales contarán con* **jueces de control** *que resolverán, en forma inmediata, y por cualquier medio, las solicitudes de medidas cautelares, providencias precautorias y técnicas de investigación de la autoridad,*

---

[11] Disponível em: https://e-learning.mj.pt/dgaj/dados/0C/0CTEMA27.pdf. Acesso em: 30 dez. 2019.
[12] *Código de Processo Penal Anotado e Comentado*. 12. ed. Coimbra: Almedina, 2001, p. 572.
[13] Disponível em: <https://www.boe.es/buscar/pdf/1882/BOE-A-1882-6036-consolidado.pdf>. Acesso em: 31 dez. 2019.
[14] Disponível em: <https://www.leychile.cl/Navegar?idNorma=176595>. Acesso em: 30 dez. 2019.
[15] Disponível em: http://spij.minjus.gob.pe/content/publicaciones_oficiales/img/CODIGOPROCESALPENAL.pdf. Acesso em: 30 dez. 2019.
[16] Disponível em: https://leyes.co/codigo_de_procedimiento_penal/39.htm. Acesso em: 30 dez. 2019.
[17] Disponível em: http://servicios.infoleg.gob.ar/infolegInternet/anexos/0-4999/383/texact.htm#13. Acesso em: 31 dez. 2019.
[18] Disponível em: https://www.impo.com.uy/bases/codigo-proceso-penal-2017/19293-2014. Acesso em: 31 dez. 2019.
[19] Juiz das garantias: um notável e (atrasado) avanço democrático para o Brasil. Disponível em: https://politica.estadao.com.br/blogs/fausto-macedo/juiz-das-garantias-um-notavel-e-atrasado-avanco--democratico-para-o-brasil/. Acesso em: 31 dez. 2019.

que **requieran control judicial**, *garantizando los derechos de los indiciados y de las víctimas u ofendidos. Deberá existir un registro fehaciente de todas las comunicaciones entre jueces y Ministerio Público y demás autoridades competentes*[20] – os vocábulos utilizados no texto constitucional mexicano são autoexplicativos, sem a necessidade de tradução.

A adoção do juiz das garantias em tantos e diferentes Países é a resposta a uma constatação científica, extraída, mais precisamente, da psicologia: **na medida em que o magistrado, embora passivamente, intervém no inquérito, acompanhando o seu desenrolar, deferindo medidas cautelares que servirão de suporte para a vindoura denúncia, dialogando com os agentes de repressão estatal – delegados e promotores de justiça –, tudo isso sem o contraponto defensivo, em vista da inquisitoriedade do inquérito, é natural que o seu convencimento comece a ser construído sob a ótica do Estado-acusação.** Tal se dá não por má-fé, mas a partir de uma armadilha mental, afinal, suas impressões e convicções são construídas de acordo com a realidade colocada à sua frente. Não por acaso tem-se o bom e velho dito popular segundo o qual *a primeira impressão é a que fica*. Sendo esse mesmo juiz o responsável pelo julgamento do mérito, quando vier a versão defensiva o juiz a examinará carregado de preconceitos, subvertendo, psiquicamente, *a presunção de não culpabilidade* versada no art. 5º, LVII, da CRFB/88, enquanto regra de tratamento: ao invés de ouvi-la com desassombro, sem peias nem desconfianças, tratando o réu, senão como inocente, ao menos como não culpado, recebê-la-á com soslaio, com olhos de censura. E, se assim o é, imparcialidade inexiste. Exemplo corriqueiro disso, para não escrever diuturno, nos corredores forenses, é a antipatia nutrida por muitos magistrados à realização do reconhecimento pessoal, nos moldes do art. 226 do CPP, em crimes patrimoniais, quando escudada a denúncia em flagrantes – a circunstância da captura selaria a culpa, independentemente do processo, instaurado apenas para chancelar o decreto condenatório contido, tacitamente, na lavratura do auto de prisão em flagrante (APF). Variantes perfeitamente factíveis, e tendentes à potencialização nos flagrantes impróprio e presumido (art. 302, III e IV, do CPP, respectivamente), como a identificação equivocada realizada pela vítima, lamentavelmente comum quando afrodescendente o agente, porque restrita a ínfimos elementos descritivos físicos, resumidos à cor da pele, sem referências fisionômicas, ao peso, nem à estatura, são, em regra, desprezadas ou minimizadas.

Leon Festinger, psicólogo, professor da New School for Social Research, de Nova Iorque, em seu trabalho intitulado *A Theory of Cognitive Dissonance*, publicado em 1957[21], apontou a necessidade do indivíduo de buscar uma coerência entre suas diferentes cognições – conhecimento, opiniões ou crenças. Quando sobrevém o descompasso entre os seus atos e a compreensão do que seria o certo, tem-se a dissonância cognitiva, desaguando na predisposição de ratificar o entendimento arraigado (tendência de confirmação), negando, recusando ou minimizando as opiniões em sentido contrário. Em defesa do ego, expressão cunhada na Psicologia, o ser humano é capaz de refutar pensamentos lógicos, evidentes, distorcer sentidos, ignorar a ciência e criar falsas memórias, não de forma necessariamente premeditada, mas involuntária.

---

20   Disponível em: http://www.ordenjuridico.gob.mx/Constitucion/cn16.pdf. Acesso em: 31 dez. 2019.
21   *Teoria da Dissonância Cognitiva*. Trad. Eduardo Almeida. Rio de Janeiro: Zahar, 1975.

Bernd Schüneman aponta que "...*desse quadro emergem **o efeito perseverança e o princípio da busca seletiva de informações**. O efeito perseverança ou inércia ou mecanismo de autoafirmação da hipótese preestabelecida faz com que as informações, previamente consideradas corretas à ratificação da hipótese preconcebida, sejam sistematicamente superestimadas, enquanto que as informações dissonantes sejam sistematicamente subavaliadas. Já o princípio da busca seletiva de informações favorece a ratificação da hipótese originária que tenha sido, na autocompreensão individual, aceita pelo menos uma vez. Isso ocorre pelo **condicionamento da busca à obtenção de informações que confirmem a preconcepção**, o que pode se dar tanto pela coleta de informações em consonância com a hipótese, quanto pela de informações dissonantes facilmente refutáveis, ou seja, informações dissonantes que atuem com efeitos ratificadores*"[22]. Corroborando tais conclusões, Franco Cordero há muito já denunciava o denominado *"primado da hipótese sobre os fatos"*, inerente aos sistemas inquisitoriais, nos quais se sobrelevam os indícios e demais peças de informação que dão sustentação à tese acusatória, tomando-os como confirmatórios desta, tornando, doravante, caricaturais o contraditório e a defesa, porque tudo que venha a ser alinhavado em sentido contrário será ignorado ou recebido com soslaio, formando-se um *"quadro mental paranoico"*[23].

A dissonância não necessariamente é negativa, proporcionando, não raro, evolução pessoal. Mas, para tanto, exige autocrítica: reconhecer, racionalmente, o obrar em equívoco, passando a adotar postura em sentido contrário. O sujeito, *v.g.*, larga o fumo, porque convencido dos malefícios à saúde, cientificamente comprovados, ao invés de eliminar a dissonância contra-argumentando que sequer traga ou fuma pouco.

Mas, segundo bem lembra Alexandre Morais da Rosa, "...*a força do novo argumento/informação, quando dissonante à cognição pré-existente, faz com que haja maior pressão para se reduzir a dissonância introduzida, impondo ao sujeito que manipule (consciente ou inconscientemente) as razões para manutenção da crença, comportamento, opinião ou atitude. Em geral, **o sujeito convence-se de que está certo, obliterando (invalida, distingue, excepciona, nega, evita etc.) o que não convém. O efeito do compromisso se manifesta, justamente porque a premissa é mantida, mesmo com incremento de informação contrária. O que contradiz as premissas entrincheiradas causa desconforto e inquietude, forjando-se mecanismos de defesa capazes de manter a aparente coerência com o novo acrescentado. O novo elemento, contudo, deve ser relevante, com capacidade de derrotar a conclusão antecipada***"[24].

O juiz das garantias elimina essas dificuldades, assegurando que a pretensão condenatória seja apreciada por um magistrado estranho à investigação, livre de qualquer pré-juízo, neutralizando o que parte da doutrina processual penal nomina "Síndrome de Dom Casmurro", metáfora inadequada, mas integrante do catálogo excêntrico de nomenclaturas que, lamentavelmente, têm caído no gosto de algumas bancas examinadoras

---

[22] O juiz como um terceiro manipulado no processo penal? Uma confirmação empírica dos efeitos perseverança e correspondência comportamental. *Revista Liberdades*, São Paulo, n. 11, set./dez. 2012, p. 30/50.
[23] *Guida alla procedura penale*. Torino: UTET, 1986. p. 51.
[24] Dissonância cognitiva no interrogatório malicioso: não era pergunta, era cilada. *Revista eletrônica Consultor Jurídico (Conjur)*, 17 de fev. 2017. Acesso em: 30 dez. 2019.

de concurso[25]. Em vez de exigir da defesa a *desconstrução* das impressões extraídas do inquérito, as partes autora e ré, **em paridade de armas**, *constroem* a convicção judicial.

A validação científica da *ratio essendi* (razão de ser) do juiz das garantias não perpassa apenas pela Psicologia, mas pelas pesquisas de campo realizadas por Bernd Schünemann. Quando do estudo, nesse tópico, do juiz de investigação no Direito Comparado, examinamos a disfunção existente na Alemanha, na qual o órgão jurisdicional responsável pelo julgamento igualmente examina a admissibilidade da denúncia, contaminando-se com o apurado no inquérito, em detrimento da imparcialidade. Pois Schünemann realizou um experimento no qual, resumidamente, o mesmo caso – libertação, indução ou auxílio à fuga de preso, cujo acervo probatório era bastante controverso, repleto de elementos para condenar ou absolver – foi submetido à apreciação de diferentes juízes criminais e membros do Ministério Público, aleatoriamente escolhidos por todo o território alemão, 58 no total, com acesso idêntico a todo o material informativo coligido. Primeira variante: um grupo não podia realizar perguntas às testemunhas, tendo acesso ao teor da audiência de instrução e de julgamento, enquanto o outro, sim. A partir dessa divisão, adveio a segunda variante: enquanto a um grupo foram também franqueados os autos do inquérito, ao outro não. Como no Brasil, no decorrer da produção da prova oral, incluindo o interrogatório, formulam perguntas o Ministério Público e, também, o juiz – arts. 212 e 188 do CPP, respectivamente –, e em foco está a figura do **magistrado**, em meio aos **8** que tiveram contato com o inquérito, **todos** condenaram o denunciado, enquanto, dos **11** a quem não foi permitido tal acesso, mas apenas à instrução, com a possibilidade de inquirição dos envolvidos, **8** absolveram[26].

Abel Fernandes Gomes, em contundente artigo[27], critica a figura do juiz das garantias, ponderando que "**...com todo respeito aos argumentos que procuram sustentar a afirmação – até certo ponto preconceituosa – de que todo juiz que decide medidas provisórias estará contaminado para sempre por esse contexto decisório, tais assertivas não se revestem de nenhuma base científica.** *Do que se parte, para tais afirmações, por vezes, é de um juízo daquilo que se imagina difícil, possível, ou provável acontecer... Mas de onde se retirou empiricamente a conclusão de que isso se passa na psique dos juízes?*

---

[25] A obra clássica de Machado de Assis, *Dom Casmurro*, tem como enredo o estado paranoico de Bentinho, que, interpretando certos eventos, entende haver Capitu, sua esposa e grande amor, o traído com Escobar, seu melhor amigo. A crença na infidelidade construída mentalmente por Bentinho enraizou-se de tal forma que, mesmo diante da ausência de provas cabais confirmatórias da suspeita, não foi capaz de revê-la. Com todas as vênias, mas o clássico machadiano narra uma paranoia, construída pelo próprio Bentinho, sem qualquer provocação externa, a partir de ilações desenvolvidas pelo próprio de certos acontecimentos, como a tristeza de Capitu quando do falecimento de Escobar e a dita semelhança física entre Ezequiel, filho do casal, e o último. Os pré-conceitos construídos pelo juiz ao longo da investigação, em contrapartida, decorrem do contato imediato mantido com as peças de informações produzidas ao longo do inquérito, com os resultados alcançados pelas medidas cautelares probatórias por ele próprio deferidas e dos diálogos travados com os órgãos de repressão estatal. Nascem, portanto, de estímulos externos e de dados concretos que lhe foram apresentados, mas **unilateralmente**, sem o devido contraditório, mas prontamente assimilados pela mente, afinal, o convencimento forma-se gradualmente. Inexiste identidade de razões a permitir tal analogia. A metáfora, aqui, descabe.

[26] Ob. cit., p. 30/50.

[27] Juiz das garantias: inconsistência científica; mera ideologia – como se só juiz já não fosse garantia. *Revista CEJ*, Brasília, Ano XIV, n. 51, p. 98-105, out./dez. 2010.

Sobretudo quando se deve levar em conta que, em nosso sistema jurídico o juiz não toma parte de investigação alguma; não é ele um membro do Ministério Público chamado de magistrado; não é o executor da coleta do material cujo meio de prova a Constituição o obriga a examinar apenas no cabimento formal. E, por fim, se eventualmente acaba por verificar a entrada de tais elementos no processo, como ocorre quando escuta previamente um trecho de interceptação telefônica para aquilatar a necessidade da prorrogação da medida, não o faz à luz do que se exauriu em termos de provas que ainda virão para o processo e que podem mudar a conclusão final, assim como tal trecho de interceptação que venha a prosseguir como elemento de convicção no processo, não deixará de ser considerado pelo juiz do julgamento de mérito, e aqui a questão não é de contaminação com coisa alguma, mas sim de constatação da existência e valoração de elementos que entraram ou estão nos autos..." (grifo nosso).

O Min. Luiz Fux, na liminar suspensiva da eficácia das normas atinentes ao juiz das garantias, deferida na ADI nº 6.305, extensível às de nº 6.298, 6.299 e 6.300, invocou idêntica percepção como *obiter dictum*. Reconheceu ser "*...cediço em abalizados estudos comportamentais que, mercê de os seres humanos desenvolverem vieses em seus processos decisórios, **isso por si só não autoriza a aplicação automática dessa premissa ao sistema de justiça criminal brasileiro, criando-se uma presunção generalizada de que qualquer juiz criminal do país tem tendências que favoreçam a acusação**, nem permite inferir, a partir dessa ideia geral, que a estratégia institucional mais eficiente para minimizar eventuais vieses cognitivos de juízes criminais seja repartir as funções entre o juiz das garantias e o juiz da instrução* (grifo nosso).

A eloquência das críticas ao juiz das garantias não disfarça a fragilidade técnica, a começar pela carência de um discurso epistemológico, afinal, ao invés de dialogar com outros ramos da ciência, notadamente a psicologia, enfrentando a argumentação atinente à dissonância cognitiva, opta por ignorá-la solenemente, ou minimizá-la, pautando-se em um discurso escapista.

Inexiste *preconceito* em relação ao magistrado que interveio no inquérito, suscitando dúvidas acerca da imparcialidade para apreciar o mérito. Primeiro, porque **não se personaliza o discurso**, referindo-se, na realidade, ao **padrão mental** do juiz que, ao tomar conhecimento e valorar o material informativo coletado no inquérito, depara-se com uma realidade apresentada pelo Estado-acusação, sem o contraponto inerente ao contraditório, presente no processo, mas bastante mitigado, quando não ausente, na investigação. Evidentemente que grande parte dos juízes não ingressará no processo *puro*, mas com ideias arraigadas, preconcebidas, competindo à defesa desfazê-las – por mais que, dogmaticamente, o ônus da prova seja da acusação, discutindo-se, tecnicamente, se integral ou com algumas inversões, descabe à defesa deitar em berço esplêndido e nada produzir em termos probatórios, porque, psiquicamente, o juiz já possui, voluntariamente ou não, pré-juízos formados, desfavoráveis ao réu. Isso é um estado cognitivo, que não os torna mais ou menos punitivistas ou garantistas. É, simplesmente, inerente à psique. E, por se estar diante de um *padrão*, obviamente comporta variantes e exceções, porque em foco está um ser humano, e não uma equação matemática, embora ela própria seja definida e resolvida por probabilística.

Outrossim, a construção em prol do juiz das garantias pauta-se na ciência, notadamente na psicologia, escudada em experiência já realizada, nada ostentando de preconceituoso, especulativo ou ideológico.

As tutelas cautelares, por outro lado, submetem-se, sim, a uma cognição sumária e precária, *rebus sic stantibus*. Mas um dos seus requisitos é o *fumus comissi delicti*. Mensurar a plausibilidade da pretensão punitiva percorre questões de mérito concernentes à existência e à autoria delitivas. Embora superficialmente, considerações meritórias são tecidas e um juízo de valor, embrionário, começa a se formar. Aproveitando o exemplo da interceptação telefônica, embora a renovação não demande fatos novos, o juiz há de indicar o que se apurou de relevante a justificar o novo ciclo. O prolongamento da interceptação sinaliza que algo importante, ou suspeito, foi capturado. E, se assim vai se decidindo, continuamente, é uma cognição em andamento. Ante o cenário, não se pode dizer que, uma vez formalizada a denúncia, o olhar desse juiz para o acusado será desinteressado. Podendo ser destacado outro magistrado para o julgamento, por que não?

Finalmente, a imparcialidade não é uma construção formal nem laboratorial, conquistada a partir da separação do múnus de acusar do de julgar, por ter o art. 129, I da CRFB/88 entregado a ação penal pública, privativamente, ao Ministério Público. Tal cisão é a pedra fundamental à obtenção de um julgamento imparcial. Mas não é o prédio. Todo magistrado, ser humano que é, projeta, nas suas decisões, a experiência de vida – educação recebida, vivências culturais, preferências ideológicas, visões de mundo, traumas, valores, conquistas. Objetivar a valoração probatória é impossível justamente por conta disso, daí o mesmo caderno informativo desafiar diferentes análises, a depender do sentenciante. Eis a importância do duplo grau de jurisdição e a apreciação do recurso por um colegiado, reunindo juízes com distintos *backgrounds*. Havendo meios de suavizar tais inescapáveis disparidades, hão de ser empregados. E destacar o juiz da investigação do julgamento é um deles.

Nem mesmo a exigência constitucional de motivação racional dos pronunciamentos jurisdicionais, contemplada no art. 93, IX, da CRFB/88 e reafirmada no art. 155, cabeça, do CPP, é suficiente para tanto, afinal, não se pode fechar os olhos para as técnicas de decisão estribadas no realismo jurídico: diante de uma instrução criminal bastante controvertida, a despertar dúvidas quanto à autoria delitiva, que naturalmente conduziriam à absolvição, não raro o juiz, carregando o convencimento construído desde o inquérito, potencializaria ou minimizaria determinada prova, de modo a conceber uma fundamentação capaz de conferir aceitabilidade mínima à condenação. A conclusão chega antes da motivação, segundo glosava H.L.A. Hart[28]. Também por isso o juiz das garantias é bem-vindo.

No âmbito processual penal a imparcialidade judicial é ainda mais desafiadora, porque **o magistrado não se debruça sobre cenários estranhos às suas experiências e ao seu cotidiano**. O olhar **exclusivamente externo** é muito difícil, quando não impossível. Ao julgar um roubo perpetrado por um dependente toxicológico, imagina poder ter sido ele a vítima, haja vista o número de pessoas portadoras dessa patologia, em situação de rua. Ao apreciar uma imputação de tráfico, lembra-se do casal cujo filho foi cooptado pelas drogas. Ao examinar uma acusação de estupro do pai contra o(a) filho(a), o asco inaugural é, praticamente, inevitável, ainda mais se também for pai. Ao analisar uma demanda sobre corrupção, dificilmente olvidará as notícias veiculadas diuturnamente nas mídias. Tais contaminações são naturalmente inescapáveis, daí se implementar o juiz das garantias a fim de arrefecê-las.

---

28   *O Conceito de Direito*. São Paulo: Editora WMF Martins Fontes, 2009, p. 182.

Dizer que o modelo estatuído pela Lei nº 13.964/19 seria manifestação de um *garantismo hiperbólico monocular*, porque voltado, unicamente, à potencialização das garantias do imputado, em vez de um *garantismo binocular ou integral*, dedicado a robustecer, indistintamente, os direitos do cidadão como um todo[29], ignora a própria obra de Luigi Ferrajoli, que possui no **respeito à vítima** uma das suas balizas no âmbito processual penal. Leciona o autor que "...*se a publicidade da acusação importa sua obrigatoriedade pelos órgãos públicos competentes,* **não implica de modo algum a sua titularidade exclusiva***, sendo perfeitamente compatíveis com o modelo teórico acusatório* **formas autônomas, livres e subsidiárias de ação popular: aptas a complementar a ação do Ministério Público em defesa dos direitos e dos interesses, individuais ou coletivos, ofendidos pelo crime; a solicitar, e, se necessário, remediar a inércia culpável dos órgãos públicos; a permitir a participação e o controle popular sobre o exercício da ação penal e indiretamente sobre toda a função jurisdicional***...a ação penal deve, em suma, ser um dever para os órgãos do Ministério Público e um* **direito** *para os cidadãos*..."[30]. Garantismo é garantismo. Ponto. Sem categorizações.

Como o juiz criminal debruça-se sobre situações delitivas que, potencialmente, o alcançariam, a identificação e a solidariedade com a vítima são naturais. À sua disposição colocam-se o Estado, com todo o seu aparato repressivo: autoridade policial e seus agentes, peritos, Ministério Público. Há toda uma fase preliminar investigatória inteiramente voltada para a elucidação do fato delitivo que a atingiu, na qual a intervenção da defesa do investigado, embora possível, é facultativa. Diante de tal formato persecutório, é inconcebível imaginar a vítima desassistida. Se tal ocorrer, dá-se por deficiências não procedimentais, mas do Poder Executivo no tangente à promoção da segurança pública: infraestrutura sucateada, carência de pessoal, remuneração incompatível com a relevância da atividade investigatória, despreparo técnico. A efetivação do juiz das garantias em nada vulnera a vítima, buscando, apenas, um julgamento imparcial, despido de pré-conceitos, obtidos inquisitorialmente, sem contraditório nem ampla defesa, de observância indeclinável apenas no processo. Afirmar que separar o juiz da investigação do julgamento dificultaria a elucidação do acontecido, nada obstante permanecerem disponíveis as provas cautelares, antecipadas e irrepetíveis carreadas no inquérito, significa tomar as conclusões inquisitivas como *verdadeiras*, sendo o processo mero instrumento de chancela, pensar inaceitável em *qualquer* Estado Democrático *de Direito*, daí a maciça adoção do juiz das garantias mundo afora.

Acerca desse tema, todavia, Abel Fernandes Gomes faz uma observação bastante instigante. O fundamento por detrás da separação do juiz de investigação do da causa – risco de contaminação da imparcialidade, caso o julgador tivesse acesso ao material informativo coligido ao longo do inquérito – cairia por terra, porquanto "...*o juiz das garantias irá decidir questões no curso da fase das investigações e* **antes** *do recebimento da denúncia, mas* **quando esta for oferecida e a ação penal for instaurada, passará ao juiz**

---

[29] Nomenclatura cunhada por Douglas Fischer (O que é garantismo penal (integral)? In: CALABRICH, Bruno; FISCHER, Douglas; PELELLA, Eduardo (coord.). *Garantismo penal integral*: questões penais e processuais, criminalidade moderna e aplicação do modelo garantista no Brasil. Salvador: JusPodivm, 2010, p. 48). O próprio autor reconhece ser equivocado imaginar que Ferrajoli idealizou um sistema processual penal dirigido, exclusivamente, para o réu.

[30] FERRAJOLI, Luigi. *Direito e Razão* – Teoria do Garantismo Penal. Trad. Ana Paula Zomer, Fauzi Hassan Choukr, Juarez Tavares e Luiz Flávio Gomes, com a colaboração de Alice Bianchini, Evandro Fernandes de Pontes, José Antonio Siqueira Pontes e Lauren Paoletti Stefanini. São Paulo: RT, 2002, p. 456/457.

responsável pelo julgamento decidir sobre as mesmas questões que o juiz das garantias terá sob sua competência, no curso da primeira fase da persecução penal...". Prossegue: "*...Note-se que o juiz competente para o processo e julgamento da ação penal poderá rever as decisões tomadas pelo juiz das garantias (§ 2º do art. 15), para o que terá que refazer as mesmas avaliações de pressupostos de existência da infração, indícios de autoria e necessidade das medidas, sem que seja para decidir o mérito. Neste ponto, o PLS n. 156/09 tangencia a criação de um novo recurso: a revisão daquilo que decidiu o juiz das garantias pelo juiz que atua posteriormente à denúncia...*"[31] (grifo nosso).

Tais considerações foram escritas à luz do Projeto de Lei nº 156/09, pertinente ao novo CPP, mas permanecem bastante atuais, porquanto tal modelo foi **substancialmente** positivado pela Lei nº 13.964/09.

Com efeito, o art. 3º-C, *caput*, do CPP preconiza que *a competência do juiz das garantias abrange todas as infrações penais,* **exceto** *as de menor potencial ofensivo, e* **cessa** *com o* **recebimento** *da denúncia ou queixa* **na forma do art. 399 deste Código**. Acrescenta o § 1º que, **recebida** *a denúncia ou queixa, as questões pendentes serão* **decididas pelo juiz da instrução e julgamento**.

Textualmente, a inovação legislativa é **coerente** com as suas premissas, ou seja, evitar que o juiz incumbido do *judicium causae* tenha a sua visão contaminada pelo apurado no inquérito, porque **intervirá tão somente na audiência de instrução, interrogatório e julgamento**. A competência do juiz das garantias **ainda se estende pelo processo**, porquanto responsável pelo **juízo de admissibilidade da peça acusatória**, rejeitando-a (art. 395 do CPP) ou recebendo-a (art. 396, cabeça, do CPP), pela **citação** do denunciado (art. 396 do CPP) para apresentação da resposta à acusação (art. 396-A do CPP) e/ou oposição de exceções (art. 396-A, § 1º do CPP) e pelo **enfrentamento da dita resposta e, a depender, da exceção, caso demande mera constatação, sem dilação probatória**, hipótese na qual o exame é transferido para o juiz do julgamento, sendo uma das *questões pendentes* aludidas no § 1º do art. 3º-C – *v.g.*, a aferição da duplicidade, se alegada a litispendência ou a ofensa à coisa julgada, exigirá averiguações, entregando-se ao juiz do julgamento a decisão, até para não postergar, desnecessariamente, o início da instrução, em detrimento da duração razoável do processo (art. 5º, LXXVIII, da CRFB/88). De todo modo, a **ratificação do** *judicium accusationis* (art. 399 do CPP), a **absolvição sumária** (art. 397 do CPP) ou a **extinção do processo sem julgamento do mérito**, acolhendo a preliminar ou a exceção veiculada pela defesa[32], ficará a cargo do juiz das garantias. Nesse cenário, a imparcialidade do juiz de

---

[31] Ob. cit., p. 101.
[32] Se o juiz pode *absolver sumariamente* o réu, nos moldes do art. 397 do CPP, é natural que possa o menos, ou seja, extinguir o processo *sem* julgamento do mérito, presente a **teoria dos poderes implícitos**. Não se marcha para trás, porque tal possibilidade está contemplada no próprio ordenamento, haja vista a arguição de **preliminares** na resposta à acusação (art. 396, cabeça, do CPP) e a oposição de **exceções** (art. 396, § 1º, do CPP), não raro **peremptórias**, cujo acolhimento importa término do feito sem apreciação meritória. Invoca-se, por analogia, o art. 354, cabeça, c/c art. 485, ambos do Código de Processo Civil de 2015 (CPC/2015), categóricos ao admitir, mesmo após a manifestação do réu, a extinção do processo sem julgamento do mérito, reconsiderando o despacho liminar positivo anteriormente exarado. Outra não é a percepção do STJ, **pacificada** – AgRg no REsp 1610964/RJ, Rel. Ministro Joel Ilan Paciornik, Quinta Turma, julgado em 23/04/2019, DJe 30/04/2019 – "...*a rejeição da denúncia em juízo de reconsideração ou retratação é admissível na análise da resposta à acusação (art. 396-A do CPP), se a defesa houver apresentado tese neste sentido...*" –; REsp 1318180/DF, Rel. Ministro

julgamento fica intocada, porque, repita-se, ingressa no processo apenas para a instrução, adotando-se modelo similar ao português, afinal, qualquer impugnação prévia à acusação formalizada pelo Ministério Público é enfrentada pelo juiz das garantias, evitando que o magistrado incumbido do julgamento teça considerações meritórias prematuras.

Ainda textualmente, a inovação legislativa reacende a controvérsia sobre o momento processual no qual se dá o recebimento da denúncia ou da queixa, inclusive enquanto marco interruptivo da prescrição (art. 117, I, do CP): se na fase do art. 396, cabeça, do CPP ou na do art. 399. O art. 3º-C, *caput*, atrela, expressamente, o recebimento da peça acusatória ao art. 399. E o § 1º, ao preconizar que, **recebida** *a denúncia ou queixa*, as questões pendentes serão decidas pelo **juiz da instrução e julgamento**, reafirma tal percepção, **deixando claro que o art. 399 do CPP é o momento processual no qual a peça acusatória é recebida, interrompendo-se o curso prescricional**. Por conseguinte, à semelhança do verificado, por exemplo, no art. 55, cabeça, da Lei nº 11.343/06, o art. 396, cabeça, do CPP merecerá uma releitura, interpretando como **notificação** a referência à citação – embora sejam ambos atos de comunicação, a última pressupõe o **recebimento** da inicial acusatória, devendo-se respeitar a organicidade do direito processual penal, sem embaralhar os conceitos, máxime quando o próprio CPP os distingue, cuidando da citação nos arts. 351 a 369, e das intimações, gênero, compreensivas das notificações, nos arts. 370 a 372 (apesar de a lei tratá-las como sinônimas, academicamente se convencionou atrelar a intimação à ciência de ato pretérito, já perpetrado – *v.g.*, comunicação de uma decisão –, enquanto a notificação objetiva cientificar ato futuro, como a data da audiência).

Autores como Paulo Rangel[33] e André Nicolitt[34] sempre se colocaram assim. O "recebimento" aludido no art. 396, cabeça, seria sinônimo de *não recusa liminar da denúncia ou queixa*, entendendo-a como efetivamente admitida apenas na fase do art. 399, depois de oportunizado o contraditório e apresentada a *resposta à acusação* pelo acusado – embora de somenos importância, porque não passa de uma nomenclatura, surgirão vozes propondo renomear tal peça para *defesa preliminar ou prévia*, tal qual se dá na Lei nº 11.343/06, art. 55. O art. 394, § 4º do CPP também endossa tal percepção. Se **todos** os procedimentos de **primeiro grau**, mesmo os **não** regulados pelo CPP, serão regidos pelos arts. 395 a 397 do CPP, caso o recebimento da denúncia ou queixa ocorresse na fase do art. 396, simplesmente **todas as defesas preliminares à admissão da peça acusatória, que notabilizam *n* procedimentos** – *v.g.*, entorpecentes (art. 55 da Lei nº 11.343/06), juizado especial criminal (art. 81 da Lei nº 9.099/95), crimes afiançáveis de responsabilidade dos funcionários públicos (art. 514 do CPP), as ações penais de competência originária dos Tribunais, que, afinal, atuam como órgãos de **primeiro grau**[35], embora de instância mais graduada (art. 4º da Lei

---

Sebastião Reis Júnior, Sexta Turma, julgado em 16/05/2013, DJe 29/05/2013 – *"...O fato de a denúncia já ter sido recebida não impede o Juízo de primeiro grau de, logo após o oferecimento da resposta do acusado, prevista nos arts. 396 e 396-A do Código de Processo Penal, reconsiderar a anterior decisão e rejeitar a peça acusatória, ao constatar a presença de uma das hipóteses elencadas nos incisos do art. 395 do Código de Processo Penal, suscitada pela defesa..."*.

[33] *Direito Processual Penal*. 27. ed. São Paulo: Atlas, 2019, p. 579/580.
[34] *Manual de Processo Penal*. 7. ed. Belo Horizonte: Editora D'Plácido, 2018, p. 541/543.
[35] Tanto estariam abrangidos pelo art. 394, § 4º, do CPP que o STJ admite a absolvição sumária nas ações penais de competência originária dos Tribunais, haja vista a referência ao art. 397 contida no citado dispositivo, conclusão sem impacto maior, porquanto o procedimento previsto na Lei nº 8.038/90

nº 8.038/90, cujo procedimento pertinente às ações penais de competência originária do STF e do STJ compreende as causas genuinamente formalizadas nos Tribunais de Justiça (TJs) e dos Tribunais Regionais Federais (TRFs), a teor do art. 1º da Lei nº 8.658/93 – **desapareceriam, em afronta à vedação ao retrocesso em matéria de direitos fundamentais, no caso, a ampla defesa (art. 5º, LV, da CRFB/88).**

Em sentido contrário, ao qual nos filiamos, advogou-se que a menção à *citação* no art. 396, cabeça, do CPP pressupõe o recebimento da denúncia ou queixa, havendo, no art. 399, a *ratificação* do juízo de admissibilidade, por não ser caso de absolvição sumária, nem de extinção do feito sem julgamento do mérito. Interpretando sistematicamente o ordenamento processual penal pátrio, nos procedimentos notabilizados por defesas preliminares ao recebimento da inicial acusatória, não há referência à citação, e sim à *notificação* do denunciado, conforme se extrai do art. 4º, cabeça, da Lei nº 8.038/90 e do art. 55, *caput*, da Lei nº 11.343/06, por exemplo. Por outro lado, o art. 396, *caput*, aludiu ao recebimento da denúncia ou queixa, seguido da citação do réu, nos ritos *ordinário* e *sumário*, **sem referência ao sumaríssimo**, malgrado seja uma das vertentes do procedimento comum (art. 394, § 1º do CPP). Tal silêncio, longe de ser involuntário, mostra-se **eloquente**, justamente por ser o rito do juizado especial criminal um daqueles nos quais a defesa do denunciado precede ao juízo de admissibilidade (art. 81 da Lei nº 9.099/95). Tal topografia há de ser, então, respeitada, em deferência ao **princípio da especialidade**, contemplado no § 5º do art. 394 – e assim o é no procedimento sumaríssimo, nada obstante compor o rito comum, com razão ainda maior nos demais, especiais.

Tal percepção encontra-se pacificada no STJ[36] e no STF[37], entendendo-se o art. 396 do CPP como a fase de recebimento da denúncia ou da queixa, **inclusive enquanto causa interruptiva da prescrição**, encerrando o art. 399 mera **ratificação**.

---

sempre a contemplou no art. 6º, cabeça: *"...apresentada a resposta pelo denunciado, o relator pedirá dia para que o Tribunal delibere sobre o recebimento, a rejeição da denúncia ou da queixa, ou a improcedência da acusação, se a decisão não depender de outras provas..."* (grifo nosso). De todo modo, a título de ilustração, segue o seguinte precedente do STJ: APn 923/DF, Rel. Ministra Nancy Andrighi, Corte Especial, julgado em 23/09/2019, DJe 26/09/2019 – *"...Ao rito especial da Lei 8.038/90 aplicam-se, subsidiariamente, as regras do procedimento ordinário (art. 394, § 5º, CPP), razão pela qual eventual rejeição da denúncia é balizada pelo art. 395 do CPP, ao passo que a improcedência da acusação (absolvição sumária) é pautada pelo disposto no art. 397 do CP..."*. O STF, por outro lado, alinha-se à nossa observação, reputando tal discussão de relevância menor, ante o citado art. 6º. Nesse sentido, AP 945 QO, Relator Min. Dias Toffoli, Segunda Turma, julgado em 21/03/2017, DJe-170 divulg. 02/08/2017, public. 03/08/2017, havendo sido reproduzida, no corpo do acórdão, a observação feita pelo Min. Ricardo Lewandowski na AP nº 630-AgR/MG, Pleno, DJe de 21/3/2012, do qual foi o relator, segundo a qual *"...tanto a absolvição sumária do art. 397 do CPP, quanto o art. 4º da Lei 8.038/90, em termos teleológicos, ostentam finalidades assemelhadas, ou seja, possibilitar ao acusado que se livre da persecução penal, entendo que é preciso garantir ao ora agravado o exercício dessa faculdade, seja numa sistemática ou noutra..."* (grifo nosso).

[36] HC 138.089/SC, Rel. Ministro Felix Fischer, Quinta Turma, julgado em 02/03/2010, DJe 22/03/2010 – *"...A par da divergência doutrinária instaurada, na linha do entendimento majoritário (Andrey Borges de Mendonça; Leandro Galluzzi dos Santos; Walter Nunes da Silva Junior; Luiz Flávio Gomes; Rogério Sanches Cunha e Ronaldo Batista Pinto), é de se entender que o recebimento da denúncia se opera na fase do art. 396 do Código de Processo Penal..."* (grifo nosso).

[37] HC 122.904 AgR, Relator Min. Edson Fachin, Primeira Turma, julgado em 26/04/2016, DJe 17/05/2016 – *"...O artigo 396 do CPP, que assegura ao acusado a apresentação de resposta à acusação após a admissão da imputação, não se aplica ao rito disciplinado na Lei nº 11.343/06, hipótese em que a defesa escrita precede ao recebimento da denúncia..."* (grifo nosso), com voto vencido do Min. Marco Aurélio,

O atual quadro procedimental trazido pelo art. 3º-C, *caput* e § 1º do CPP exigirá a **revisitação** do tema pela doutrina e jurisprudência, em respeito, inclusive, ao princípio da anterioridade, por serem tais dispositivos **posteriores** aos citados artigos 394, 396 e 399 – *lex posteriori derogat anterior*. Nada obstante, **reputamos viável a manutenção da compreensão reinante**.

O art. 3º-C, cabeça, alude ao recebimento da denúncia ou queixa *na forma do art. 399*, ou seja, **nos moldes nos quais** se entende **o art. 399**, sem elidir, assim, a mandatória contraposição ao art. 396, motivo pelo qual **persiste hígida toda a fundamentação que associa a admissibilidade da peça acusatória ao art. 396, predominante na doutrina e jurisprudência pátrias**. Conclui-se, simplesmente, que **o juiz das garantias alonga a competência até a ratificação, ou não, do recebimento da denúncia (art. 399 do CPP), fiel à *ratio legis* no sentido de preservar o juiz do julgamento de qualquer aferição meritória anterior, que revolva a investigação**. A coerência interna da Lei nº 13.964/19, nesse particular, foi notável, não repetindo o equívoco de ordenamentos como o alemão, no qual o *judicium accusationis* e o *judicium causae* foram confiados ao mesmo juiz.

A previsão contida no art. 3º-C, § 3º, segundo a qual *os autos que compõem as matérias de competência do juiz das garantias ficarão* **acautelados** *na secretaria* **desse juízo,** **à disposição do Ministério Público e da defesa***, e não serão apensados aos autos do processo enviados ao juiz da instrução e julgamento, ressalvados os documentos relativos às provas irrepetíveis, medidas de obtenção de provas ou de antecipação de provas, que deverão ser remetidos para apensamento em apartado*, evidencia que a competência do juiz da investigação estende-se até a ratificação, ou não, do recebimento da denúncia, pois, do contrário, ficariam dificultadas a citação e a confecção da resposta à acusação – mantida a competência do juízo das garantias, no mesmo pronunciamento de admissão da peça acusatória ordena a citação do denunciado para constituir advogado ou indicar a Defensoria Pública, objetivando a apresentação da resposta à acusação. Apontada a Defensoria, os autos são remetidos ao órgão lá oficiante, facilitando a consulta ao caderno investigativo e a elaboração da resposta à acusação.

Trata-se de um sistema tão bem fechado organicamente e fiel às suas premissas e objetivos – preservar a imparcialidade do julgamento – que, *primo ictu oculi*, inexiste campo hermenêutico para propor o encurtamento da intervenção do juiz das garantias à fase do art. 396 do CPP, ingressando, doravante, o de instrução e julgamento, proposta que, em alguns pontos, quiçá fosse mais interessante à luz dos princípios do juiz natural, presente a própria imparcialidade judicial (art. 5º, LIII, da CRFB/88), da ampla defesa (art. 5º, LV, da CRFB/88), considerada a **efetividade**, e da duração razoável do processo (art. 5º, LVII, da CRFB/88).

Com efeito, a partir das mesmas razões invocadas para dissociar o juiz da investigação do julgamento, a resposta à acusação perde em efetividade, porquanto a absolvição sumária, ou, ao menos, a extinção do processo sem julgamento do mérito, será buscada perante o mesmo juiz da investigação, emissor, também, do juízo de admissibilidade positivo da acusação. Por outro lado, se o recebimento da denúncia ou queixa for confirmado sem fundamentação ou valendo-se o juiz de motivação genérica, aplicável a n

---

que, filiando-se à primeira corrente, entende ser a peça acusatória recebida na fase do art. 399 do CPP, sendo a "admissão" referida no art. 396 ausência de recusa liminar da denúncia ou queixa.

casos, indistintamente, **nada obstante terem sido veiculadas na resposta preliminares e/ou questões de mérito**, potencialmente conducentes à prolação de sentença terminativa ou absolutória sumária, tal ratificação será absolutamente nula, sob pena de esvaziar, completamente, a resposta à acusação, importando o reenvio dos autos, ora a cargo do juiz de instrução e de julgamento, ora ao das garantias, em decorrência do princípio da causalidade – a nulidade de um ato alcança todos os demais dele decorrentes (art. 573, § 1º, do CPP). Assim tem se colocado o Superior Tribunal de Justiça, exigindo, quando da confirmação do recebimento da denúncia pelo juiz, motivação pertinente às matérias alinhavadas na resposta à acusação, ainda que concisa[38].

O novel formato procedimental incrementa o risco de confecção de pronunciamentos lacônicos, já largamente utilizados, pautados no argumento, um tanto quanto cômodo, segundo o qual os temas trazidos na resposta à acusação se confundiriam com o mérito, praxe decisória essa que tem sido avaliada em precedentes da 5ª Turma do STJ[39], embora, em linhas gerais, também nulifique pronunciamentos de ratificação do recebimento,

---

[38] STJ, AgRg no HC 552.951/SP, Rel. Ministra Laurita Vaz, Sexta Turma, julgado em 1º/12/2020, DJe 16/12/2020 – "...1. Embora não se exija fundamentação exaustiva na decisão que rejeita as hipóteses do art. 397 do Código de Processo Penal (ratificando, assim, o recebimento da denúncia), é necessária a explicitação suficiente dos fundamentos que levaram o julgador a afastar as teses deduzidas na resposta à acusação. 2. **Não tendo o Juízo processante feito qualquer referência às teses apresentadas pela Defesa na resposta à acusação (quais sejam, ilicitude da prova decorrente da busca e apreensão, inépcia da denúncia e ausência de justa causa), fazendo ainda menção ao afastamento de qualificadoras, sequer existentes no caso, deve ser anulada a decisão, para que outra seja proferida, com a análise, ainda que sucinta, das teses defensivas...**" (grifo nosso); RHC 46.127/MG, Rel. Ministra Maria Thereza de Assis Moura, Sexta Turma, julgado em 12/02/2015, DJe 25/02/2015 – "1. Na fase do art. 397 do Código de Processo Penal, nada impede que o juiz faça consignar fundamentação de forma **não exauriente**, sob pena de decidir o mérito da causa. Contudo, **deve ao menos aludir o julgador aquilo que fora trazido na defesa preliminar.** Incumbe-lhe enfrentar questões processuais relevantes e urgentes ao confirmar o aceite da exordial acusatória. 2. Hipótese em que o magistrado a quo, após a defesa preliminar, limitou-se a afirmar que as matérias alegadas seriam "defesa de mérito" e a designar audiência. **Não fez qualquer menção acerca das teses elencadas no cerne da peça processual, que seriam relevantes, inclusive pela alegação de absoluta falta de prova da materialidade do crime ambiental, decorrente do laudo pericial inconclusivo.** 3. Recurso provido a fim de anular o processo, a partir da segunda decisão de recebimento da denúncia, devendo outra ser proferida, apreciando-se os termos da resposta preliminar" (grifo nosso). O STF possui precedentes análogos ao presente, como nos procedimentos relativos aos crimes, afiançáveis, de responsabilidade dos funcionários públicos contra a Administração Pública, considerada a defesa preliminar ao recebimento da denúncia versada no art. 514 do CPP, reputando-o **nulo** quando não enfrenta, minimamente, as questões veiculada pela defesa no seu pronunciamento – HC 84919, Rel. Min. Cezar Peluso, Segunda Turma, julgado em 02/02/2010, DJe 26/03/2010, cuja ementa é autoexplicativa: Ação penal. Funcionário público. Defesa preliminar. Oferecimento. Denúncia. Recebimento. Decisão não motivada. Nulidade. Ocorrência. Habeas corpus concedido para anular o processo desde o recebimento da denúncia. Oferecida defesa preliminar, é nula a decisão que, ao receber a denúncia, desconsidera as alegações apresentadas.

[39] RHC 84.485/SP, Rel. Ministro Ribeiro Dantas, Quinta Turma, julgado em 08/08/2017, DJe 18/08/2017 – "...5. Hipótese em que o Juízo de primeiro grau, após a apresentação de resposta à acusação, utilizou fundamentação sucinta, porém suficiente, para afastar às preliminares arguidas pela defesa, **destacando, ademais, que, por se tratar de cognição sumária, as teses defensivas as quais se misturam "com o próprio mérito da ação penal" seriam analisadas em outro momento processual**, na medida em que "dependem, para sua percuciente análise, da instrução probatória em juízo sob o crivo do contraditório..." (grifo nosso). Anote-se que a hipótese examinada pela Quinta Turma foi bastante próxima do *case* apreciado pela Sexta Turma, havendo nítida divergência entre os órgãos fracionários componentes do STJ.

quando despidos de qualquer análise concreta[40], mesmo concisa[41]. Mas, doravante, acrescida de nova escusa: não os enfrentar a fim de não se imiscuir na competência do juiz julgador. Há, ainda, uma questão política institucional: há algum tempo, infelizmente, a eficiência judiciária tem sido mensurada não pela qualidade dos pronunciamentos, mas pela quantidade, com impactos na redução do acervo. Diante dessa ótica, absolvições sumárias ou decisões terminativas em nada repercutirão, diferenciadamente, na redução do número de processos em curso no juízo, pois, optando por confirmar os recebimentos da peça acusatória, os autos serão, de todo modo, enviados ao novo órgão jurisdicional, responsável pela apreciação do mérito, dando-se baixa na distribuição e diminuindo o volume de feitos **da mesma forma**. E mais: a probabilidade de manejo recursal contra pronunciamentos absolutórios sumários ou terminativos será maior do que contra os confirmatórios do juízo de admissibilidade, mesmo porque as teses alinhavadas na resposta à acusação podem ser renovadas ao juiz da instrução e do julgamento. Interposto o recurso, o referido processo continuará a constar no acervo do juízo, não colaborando para a diminuição do número de feitos em curso no respectivo órgão jurisdicional. É ingênuo imaginar que tais vetores serão encarados com indiferença por alguns juízes das garantias.

Tais riscos existem, sim. Porém, não decorrem, diretamente, do novel formato procedimental, mas da falibilidade **humana**. Decisões de ratificação do recebimento da denúncia ou queixa, sem enfrentar os argumentos veiculados pela defesa na resposta à acusação, ocorreriam **independentemente** do rito adotado. Já existem **à luz do procedimento em vigor**, anterior ao estabelecido pela Lei nº 13.964/19, encerrando *error in procedendo*, assim reconhecido, univocamente, tanto pela 6ª quanto pela 5ª Turmas do STJ, mas contando com tolerância maior da última. Recursos contra tais pronunciamentos, e possível declaração de nulidade, irradiando-se às decisões ulteriores, deles consequentes, retrocedendo a marcha processual, já são uma possibilidade **ora existente**, bem como juízes mais preocupados com estatística e diminuição do número de processos em curso no órgão ocupado, do que propriamente com a qualidade das suas manifestações. Tais distorções, todavia, **não são morfológicas**. Hão de ser creditadas à falibilidade humana, às suas vicissitudes, sem razões para se colocar em xeque, ou alterar, a opção do legislador de vincular o juiz das garantias ao recebimento da denúncia ou queixa, nos moldes do art. 399 do CPP.

Ante o art. 3º-C e § 1º do CPP, a confirmação do juízo de admissibilidade da pretensão acusatória **não** vem acompanhada da designação da audiência de instrução, interrogatório e de julgamento, que passa a ser da incumbência do novo juiz, ao qual serão remetidos os

---

[40] RHC n. 56.980/SC, Ministro Reynaldo Soares da Fonseca, Quinta Turma, julgado em 2/6/2016, DJe 8/6/2016 – *"...**A decisão que analisou a defesa preliminar traz fundamentação que serve a qualquer resposta à acusação, independentemente dos temas nela trazidos, o que revela a impropriedade da motivação declinada pelo Magistrado de origem**. De fato, embora não seja necessária extensa fundamentação, não se admite concisão tamanha que sugira a própria ausência de exame da resposta à acusação, o que viola o dever de fundamentação das decisões judiciais..."* (grifo nosso).

[41] AgRg no HC 656.762/MG, Rel. Ministro Reynaldo Soares da Fonseca, Quinta Turma, julgado em 13/04/2021, DJe 19/04/2021 – *"...Não gera nulidade fundamentação concisa sobre as teses apresentadas na resposta à acusação, já que na fase processual prevista nos artigos 396, 396-A e 397 do Código de Processo Penal, **o provimento judicial é liminar, razão pela qual a fundamentação para rejeição das testes defensivas, poderá ser concisa**, limitando-se a demonstrar, por via oblíqua, impossibilidade de rejeição imediata da acusação..."* (grifo nosso).

autos. O preceituado no *caput* do art. 399 do CPP passa a ser cumprido em duas etapas, escalonadamente.

Aduz-se, como crítica, o **retardamento** do início da produção da prova oral.

Tal demora, todavia, seria infinitamente maior caso se atrelasse a cessação da competência do juiz das garantias ao recebimento da denúncia ou queixa, nos moldes do art. 396 do CPP. Seriam remetidos ao juiz de julgamento apenas os autos do **processo**, ou seja, **a denúncia ou queixa e o seu recebimento**, além das provas cautelares, irrepetíveis e antecipadas, mesmo porque o restante é investigação – como é cediço, o **processo** tem como pedra inaugural o **oferecimento** da inicial acusatória, momento em que se materializa a relação linear autor-juiz, iniciando-se a angularização da relação autor-juiz-réu após o recebimento da denúncia ou queixa e a ordem de citação, tornando-se pronta e acabada com a efetivação, válida, da última.

Descaberia ao juiz das garantias citar o acusado, afinal, a vindoura resposta à acusação seria apresentada a órgão jurisdicional diverso, esse sim o competente para determiná-la, assim que recebesse os autos do processo, mesmo porque não raro diferentes também seriam os órgãos do Ministério Público e da Defensoria Pública. Mas, nos moldes do § 3º do art. 3º-C, permaneceriam acautelados na secretaria do juízo da investigação os autos que compõem as matérias de competência deste. Em suma: os autos da investigação, embora disponíveis à defesa quando da confecção da resposta à acusação, ficariam em **outro** juízo, trazendo enormes dificuldades à elaboração da resposta à acusação, quando sob a responsabilidade da Defensoria Pública, porque o órgão dela incumbido seria distinto do oficiante no juízo da investigação. O imbróglio e consequente retardo seriam maiores.

Em suma: o formato concebido pelo art. 3º-C, cabeça e § 1º do CPP, no sentido de amarrar a competência do juiz das garantias até o recebimento da denúncia ou queixa (art. 399 do CPP), preserva a imparcialidade do magistrado responsável pelo julgamento. A contrapartida negativa é o decréscimo da celeridade. Mas, no processo penal, a antinomia entre o princípio do juiz natural (art. 5º, LIII, da CRFB/88), cuja razão de ser primordial é a equidistância judicial e consequente **imparcialidade** do julgamento, e a duração razoável do processo (art. 5º, LXXVIII, da CRFB/88), resolve-se em prol daquele – não por acaso enquanto o primeiro advém do Poder Constituinte **Originário**, o segundo decorre do Derivado, introduzido pela Emenda Constitucional nº 45/2004. A relevância e a indisponibilidade dos direitos em confronto – *jus puniendi* de um lado, liberdade e estado de inocência do outro – exigem, sim, um processo célere, mas, antes de tudo, imparcial.

Abel Fernandes Gomes igualmente pondera que a tão almejada imparcialidade do juiz da instrução e do julgamento fica melindrada na medida em que, nos termos do § 2º do art. 3º-C, *as decisões proferidas pelo juiz das garantias não vinculam o juiz da instrução e julgamento, que, após o recebimento da denúncia ou queixa*, **deverá reexaminar** *a necessidade das medidas cautelares em curso, no prazo máximo de 10 (dez) dias*. O risco de exposição do juiz da instrução e do julgamento a pré-juízos, todavia, foi superdimensionado, rememorando a famosa peça teatral shakespeariana *much ado about nothing* – muito barulho por nada.

O juiz da instrução e julgamento revê a pertinência das tutelas cautelares **em vigor**, especialmente as de natureza pessoal e real.

A própria referência à **necessidade** das medidas, contida no § 2º do art. 3º-C, sinaliza que a revisão foca, no caso das cautelares constritivas da liberdade, no *periculum in libertatis* e/ou na **homogeneidade (proporcionalidade)**, nos moldes do art. 282, I e II e §§ 4º e 6º do CPP. Afere-se se a liberdade do imputado traduz, efetivamente, um risco à efetividade do processo ou, a par da controvérsia doutrinária acerca da constitucionalidade desses fundamentos, à ordem pública ou econômica, ou se há correspondência entre a limitação ou privação libertária provisoriamente imposta e a resposta penal provável reservada à espécie, a fim de evitar uma tutela cautelar mais gravosa do que a própria reprimenda. Não se revolve, por exemplo, a justa causa atinente ao roubo creditado ao denunciado, mas se a prisão preventiva, considerada a imputação em concreto e a provável pena a ser aplicada, no caso de condenação, é, de fato, necessária. Em se tratando das medidas cautelares reais, o juiz da instrução e do julgamento averigua a existência de eventual exagero, como o bloqueio de bens em valor superior ao proveito da infração penal em apuração.

Tais considerações, portanto, passam ao largo do mérito, em nada contaminando a cognição do juiz da instrução e julgamento. Evidentemente que tal revisão compreende a **legalidade**, afinal, antes de apreciar a necessidade e a adequação das medidas cautelares, cumpre verificar se são **juridicamente admissíveis**, aferição que tampouco adentra no mérito, exceto em casos excepcionais, de **erro crasso na capitulação e/ou de excesso de acusação**, identificáveis a partir da simples leitura da peça acusatória, sem revolver, assim, a investigação – *v.g.*, subtração de coisa alheia móvel tipificada como roubo quando, ante a narrativa da denúncia, houve mero arrebatamento, logo, furto.

No tocante às medidas cautelares probatórias, apesar de algumas se estenderem até o processo, como a interceptação telefônica, haja vista o art. 3º da Lei nº 9.296/96, tal não é o padrão, porquanto objetivam carrear justa causa a viabilizar o oferecimento da denúncia. Comumente se exaurem no inquérito, prejudicando a revisão contemplada no § 2º do art. 3º-C. E, como é sabido, a validação de qualquer modelo procedimental perpassa pelo ordinário, e não pelo excepcional, até porque toda regra pauta-se no padrão, e não na exceção, sendo descabido potencializar o fato de determinadas medidas cautelares probatórias poderem se irradiar até o processo.

Eventual alegação de ilicitude da medida cautelar probatória, por ausência dos requisitos legais, por exemplo, **tende a ser apreciada pelo juiz da instrução e do julgamento apenas na sentença, por impactar no mérito**. Apesar da topografia no art. 564, III, b do CPP, as impugnações à prova não são questões preliminares, veiculando nulidades, mas **meritórias**, repercutindo na procedência do pedido condenatório, total ou parcialmente. Ao se arguir, por exemplo, a ausência de laudo comprobatório do arrombamento, busca-se não a nulidade da instrução, mas a desclassificação da imputação, de furto qualificado para simples. Quando se invoca a não realização da perícia em processos por delito de dano, persegue-se não a nulidade do feito, mas a absolvição por falta de provas da materialidade delitiva.

Assim já se posicionou, acertadamente, a 3ª Seção do STJ, em relação à falta do laudo de entorpecentes em imputações de tráfico, no EREsp 1544057/RJ, rel. Min. Reynaldo Soares da Fonseca, julgado em 26/10/2016, *DJe* 09/11/2016, ao preceituar que: "*1. Nos casos em que ocorre a apreensão do entorpecente, o laudo toxicológico definitivo é imprescindível à demonstração da materialidade delitiva do delito e, nesse sentido, tem a natureza jurídica de prova, não podendo ser confundido com mera nulidade, que corresponde a sanção cominada pelo ordenamento jurídico ao ato praticado em desrespeito a formalidades legais. Precedente: HC 350.996/RJ, Rel. Min. Nefi Cordeiro, 3ª Seção, julgado em 24/08/2016, publicado no DJe de 29/08/2016. 2. Isso, no entanto,* **não** *elide a possibilidade de que, em situação excepcional, a comprovação da materialidade do crime de drogas possa ser efetuada pelo próprio laudo de constatação provisório, quando ele permita grau de certeza idêntico ao do laudo definitivo, pois elaborado por perito oficial, em procedimento e com conclusões equivalentes*. Isso porque, a depender do grau de complexidade e de novidade da droga apreendida, sua identificação precisa como entorpecente pode exigir, ou não, a realização de exame mais complexo que somente é efetuado no laudo definitivo (grifo nosso).

De mais a mais, qualquer revisão do *fumus comissi delicti* teria como base não o inquérito, mas as peças componentes do processo, além das provas cautelares, antecipadas e irrepetíveis (periciais), afinal, **as demais ficam acauteladas na secretária do juízo das garantias, nos termos do § 3º do art. 3º-C**.

Por tudo isso, o sistema processual penal idealizado pela Lei nº 13.964/2019 não ostenta contradições internas, alinhando-se, com firmeza, ao escopo inaugural de assegurar a imparcialidade do julgamento, neutralizando ou, ao menos, reduzindo, sensivelmente, os riscos de dissonância cognitiva do juiz responsável pela apreciação do pedido condenatório.

Finalmente, mas não menos importante, apesar de o tom assertivo do § 2º do art. 3º-C, preconizando ser **dever** do juiz da instrução e julgamento rever as medidas cautelares em vigor, no prazo **máximo** de 10 dias, permitir sustentar que, escoado o dito interregno, as constrições libertárias devem ser **relaxadas** e os bens bloqueados, **levantados**, tal conclusão não se coaduna com a remansosa jurisprudência pátria, avalizada pela maioria da doutrina, segundo a qual os marcos temporais em torno das cautelares são mera referência, comportando dilações a depender da complexidade da demanda, desde que não teratológicas. A análise, tradicionalmente, é casuística. O que se extrai de concreto, e factível, do preceito em tela é o caráter mandatório da revisão pelo juiz julgador, independentemente de provocação das partes, sem que, com isso, rompa a imparcialidade, considerada a argumentação acima articulada, nem o sistema acusatório, mesmo porque o exercício regular e normal da jurisdição perpassa pelo controle da legalidade e da necessidade das medidas cautelares **em curso**, sem destilar qualquer (inadequada) proatividade judiciária, afinal, a lei prevê a **revisão**, e não o **implemento**.

Como o juiz da instrução e do julgamento não controlou a legalidade da investigação, nem realizou o *judicium accusationis*, comporta-se, ao rever as cautelares em vigor, como um **observador** de tudo que já foi feito, conservando a imparcialidade necessária ao (bom) julgamento do mérito, sem dar margem a quadros de dissonância cognitiva.

3.2. CONSTITUCIONALIDADE E APLICAÇÃO INTERTEMPORAL DO JUIZ DAS GARANTIAS, CONFRONTADA COM A NATUREZA DA COMPETÊNCIA E OS CRITÉRIOS DEFINIDORES, INCLUSIVE NOS FEITOS DA COMPETÊNCIA ORIGINÁRIA DOS TRIBUNAIS – COMENTÁRIOS AOS ARTS. 3º-D E 3º-E DO CPP

Segundo alertado no capítulo introdutório, a aura conservadora inerente ao universo jurídico e à maioria dos operadores de Direito naturalmente cria resistência ao novo, não raro encarado com desconfiança, até por temor ou comodismo. Quanto maior e mais estrutural a mudança, maior e mais intensa é a oposição, logo, não causa espécie a formalização da ação direta de inconstitucionalidade (ADI) nº 6.298 pela Associação dos

Juízes Federais do Brasil (Ajufe) e pela Associação dos Magistrados Brasileiros (AMB), da relatoria do Min. Luiz Fux, questionando a constitucionalidade do juiz das garantias – arts. 3º-A a 3º-F do CPP –, bem como do prazo de trinta dias de *vacatio legis*. Pede-se, em cautelar, *por meio de decisão monocrática, para* **suspender a eficácia** *dos artigos 3º-A, 3º-B, 3º-C, 3º-D, 3º-E e 3º-F, introduzidos pelo art. 3º da Lei nº 13.964/19, assim como o art. 20*, *(a) até o julgamento do mérito desta ação, ou (b) alternativamente, até que ela venha a ser objeto de disciplina própria pelos Estados e pela União ou (c) ainda até outro momento que entender suficiente e adequado*, e, ao final, que *se julgue procedente o pedido de inconstitucionalidade dos artigos 3º-A, 3º-B, 3º-C, 3º-D, 3º-E e 3º-F, introduzidos pelo art. 3º da Lei nº 13.964/19, assim como o art. 20, (a) quer para proclamar a nulidade com redução do texto, porque impossível admitir a validade do "Juiz das Garantias", (b) quer para, alternativamente, sem redução do texto, lhes conferir interpretação conforme a Constituição Federal, vale dizer, no sentido de que constituem normas de eficácia limitada que dependem da edição de outras leis ordinárias, de iniciativa dos tribunais, de sorte a permitir a efetiva criação do "Juiz das Garantias"*. Igualmente foram ajuizadas a ADI nº 6.299, pelos partidos políticos PODEMOS e CIDADANIA, na qual os autores impugnam, além dos preceitos anteriormente mencionados, o § 5º do art. 157 do CPP, também inserido pela Lei nº 13.964/19, que será objeto de análise em capítulo especificamente destinado ao tema, e a ADI nº 6.300, pelo Diretório Nacional do Partido Social Liberal (PSL), reforçando as objeções à constitucionalidade dos arts. 3º-A a 3º-F do CPP. Por fim (ou, quiçá, por ora), a ADI nº 6.305, ajuizada pela Associação Nacional dos Membros do Ministério Público – CONAMP, impugnando não só os artigos 3º-A; 3ºB, incisos IV, VIII, IX, X e XI; 3º-D, parágrafo único; mas também os artigos 28, *caput*; 28-A, incisos III e IV, e §§ 5º, 7º e 8º; e 310, § 4º, do Código de Processo Penal, todos introduzidos pela Lei nº 13.964/19.

Objetivando a didática, elencaremos, pontualmente, os argumentos articulados na ADI nº 6.298, porquanto se confundem com os articulados nas demais, e o respectivo contraponto, relacionando-os à liminar concedida pelo Min. Dias Toffoli, bem como à deferida pelo Min. Luiz Fux, na ADI nº 6.305, **prevalente** sobre a primeira. Sem embargo, como o pronunciamento cautelar do Min. Dias Toffoli foi mais rico em questões suscitadas, por não ter adotado uma postura de absoluta negação à figura do juiz de garantias, diferentemente do verificado na liminar da lavra do Min. Luiz Fux, não nos furtaremos de enfrentá-las.

O art. 3º-B, cabeça, do CPP anuncia que *o juiz das garantias é responsável pelo controle da legalidade da* **investigação criminal**, logo, a Lei nº 13.964/19 versaria sobre matéria procedimental, na qual a competência da União limita-se à edição de normas gerais – art. 24, XI e § 1º da CRFB/88. Os juízes das garantias seriam novos órgãos jurisdicionais, cuja criação compete, privativamente, aos Tribunais, nos moldes do art. 96, I, d – *propor a criação de novas varas judiciárias* –, e II, d – propor *a alteração da organização e da divisão judiciárias* – da Carta de 1988.

O inciso II do art. 96, por outro lado, reporta-se ao art. 169, deixando claro que *a criação de cargos, empregos e funções* estão sujeitas à *prévia dotação orçamentária suficiente para atender às projeções de despesa de pessoal e aos acréscimos dela decorrentes* e à *autorização específica na lei de diretrizes orçamentárias*, submetendo-se, ainda, ao exame do Conselho Nacional de Justiça (CNJ), nos moldes da Resolução nº 184. No âmbito da Justiça Federal, esbarraria, também, nos limites orçamentários estatuídos no art. 107, inciso II, do Ato das Disposições Constitucionais Transitórias (ADCT), incluído pela Emenda Constitucional nº 95, de 15 de dezembro de 2016, abarcando a *criação de cargo, emprego ou função que implique aumento de despesa* e a *realização de concurso público, exceto para as reposições de vacâncias previstas no inciso IV* (cargos efetivos ou vitalícios), *ex vi* do art. 109, II e V da ADCT.

Por impactar na própria estrutura da magistratura, a iniciativa teria, inclusive, de partir do STF, por meio de lei complementar, alegando-se ofensa, também, ao art. 93 da Carta de 1988.

A Lei nº 13.964/19 padeceria, então, de vícios de conteúdo, de iniciativa e orçamentários, considerado o impacto financeiro decorrente da geração de novos Juízos e serventias. Impor a criação do juiz das garantias atacaria a autonomia política dos Estados na organização das suas próprias Justiças, ínsita ao pacto federativo – art. 125, *caput* e § 1º da CRFB/88.

Essa primeira linha argumentativa foi a espinha dorsal não apenas da ADI, **mas da liminar concedida pelo Min. Luiz Fux**, afastando a cautelar anteriormente concedida pelo Min. Dias Toffoli.

Com efeito, ao suspender cautelarmente a eficácia dos artigos 3º-A ao 3ºF do CPP, o Min. Luiz Fux trouxe tais fundamentos como a *ratio decidendi* da sua decisão. Disse que *o juiz das garantias, embora formalmente concebido pela lei como norma processual geral,* ***altera materialmente a divisão e a organização de serviços judiciários em nível tal que enseja completa reorganização da justiça criminal do país****, de sorte que* ***inafastável considerar que os artigos 3º-A a 3º-F consistem preponderantemente em normas de organização judiciária, sobre as quais o Poder Judiciário tem iniciativa legislativa própria*** *(Art. 96 da Constituição)* – grifo nosso. Lembrou que *o juízo das garantias e sua implementação* ***causam impacto financeiro relevante ao Poder Judiciário****, especialmente com as necessárias reestruturações e redistribuições de recursos humanos e materiais, bem como com o incremento dos sistemas processuais e das soluções de tecnologia da informação correlatas* (grifo nosso), advertindo que ***a ausência de prévia dotação orçamentária para a instituição de gastos por parte da União e dos Estados viola diretamente o artigo 169 da Constituição e prejudica a autonomia financeira do Poder Judiciário****,* assegurada pelo artigo 99 da Constituição (grifo nosso). Invocou o artigo 113 do Ato das Disposições Constitucionais Transitórias, acrescentado pela Emenda Constitucional nº 95/2016, segundo o qual a *"proposição legislativa que crie ou altere despesa obrigatória ou renúncia de receita* ***deverá ser acompanhada da estimativa do seu impacto orçamentário e financeiro"*** (grifo nosso).

Sem embargo, trata-se de fundamentação bastante frágil.

A investigação, de fato, é um procedimento de natureza **administrativa**, inserida no art. 24, XI, da Carta de 1988, até porque conduzida por autoridade **não judiciária**, policial ou ministerial (Resolução nº 181 do CNMP, na forma da Resolução nº 183), conforme remansosa e antiga jurisprudência do Pleno do STF – ADI 1285 MC, Relator: Min. Moreira Alves, Tribunal Pleno, DJ 23-03-2001; ADI 4618, Relator: Min. Cármen Lúcia, Tribunal Pleno, *DJe* 19/2/2019. Mas o fato de a competência ser concorrente, **não significa que a União não possa disciplinar o tema razoavelmente**, sem prejuízo da intervenção suplementar do Estado ou do Distrito Federal, a fim de adequar o regramento geral às particularidades locais, razão de ser dos §§ 2º e 3º do art. 24. Se assim não fosse, seriam suscetíveis de questionamento o próprio Código de Processo Penal, por ter disciplinado de maneira bastante pormenorizada o inquérito policial, e a Lei nº 12.830/13, ao esmiuçar, sobre no art. 2º, as funções de polícia judiciária. E, apesar de concorrente a competência, a **primazia** do regramento federal sobre o estadual e o distrital é unívoca, porquanto estes não podem contrariar aquele, a ponto de o § 4º do art. 24 da CRFB/88 estatuir que *a superveniência de lei federal sobre normas gerais* **suspende** *a eficácia da lei estadual,* **no que lhe for contrária**.

Não por outra razão, o Pleno do STF reputou inconstitucional a Lei Complementar nº 106/03 do Estado do Rio de Janeiro (Lei Orgânica do Ministério Público) ao preceituar o trâmite do inquérito, em se tratando de indiciados soltos, diretamente entre os órgãos policiais e ministeriais, sem endereçamento prévio ao Juízo, porque em afronta ao disposto no art. 10, § 1º do CPP, que prevê o encaminhamento dos autos da investigação pelo delegado ao juiz competente, após o término do prazo – ADI 2886, Relator: Min. Eros Grau, Relator(a) p/ Acórdão: Min. Joaquim Barbosa, *DJe* 4/8/2014. Por outro lado, nada impede que a legislação local, estadual ou distrital, incremente o inquérito, contemplando medidas de investigação, de cunho administrativo, **além** das admitidas em lei federal, mas jamais suprimindo-as ou contrariando-as – ADI 4337, Relator: Min. Cármen Lúcia, Tribunal Pleno, *DJe* 7/9/19; ADI 4337, Relator: Min. Cármen Lúcia, Tribunal Pleno, *DJe* 7/9/19. **E é justamente essa percepção que se extrai da jurisprudência do STF em sede de competência concorrente, ainda mais tendo o inquérito como substrato fático: o regramento federal é o parâmetro, ao qual se adequam o estadual e o distrital**. A tese veiculada na ADI propõe inadequada subversão.

De todo modo, o juiz das garantias não impacta exclusivamente no inquérito, mas no **processo como um todo**, objetivando resguardar a imparcialidade do **julgamento**. Longe de caracterizar norma procedimental, é de cunho **processual**, da competência legislativa privativa da União – art. 22, I da CRFB/88. O próprio art. 3º-B, cabeça, se lido até o final revela isso, porquanto *o juiz das garantias é responsável pelo controle da legalidade da investigação criminal e pela* ***salvaguarda dos direitos individuais cuja franquia tenha sido reservada à autorização prévia do Poder Judiciário*** (grifo nosso). E, na realidade, **a competência do juiz das garantias irradia-se pelo processo**, cessando apenas após a ratificação, ou não, do recebimento da denúncia ou queixa, segundo prevê o art. 3º-C, cabeça: A ***competência*** *do juiz das garantias abrange todas as infrações penais, exceto as de menor potencial ofensivo, e* ***cessa com o recebimento da denúncia ou queixa na forma do art. 399 deste Código*** (grifo nosso).

Introduzir novas regras de competência e de impedimento é manifestação regular e soberana do Poder Legislativo Federal, em total conformidade com o art. 22, I da CRFB/88. A forma por meio da qual a inovação será instrumentalizada, sim, é da competência dos Tribunais. E, sobre isso, **a Lei nº 13.964/19 absteve-se**, anunciando, no art. 3º-D, que *o juiz das garantias será designado* **conforme as normas de organização judiciária da União, dos Estados e do Distrito Federal**, *observando critérios objetivos a serem periodicamente divulgados pelo respectivo tribunal* (grifo nosso). Longe de melindrar, a Lei nº 13.964/19 respeitou o pacto federativo e a harmonia e a independência entre os Poderes da República, presentes os arts. 96, incisos I, *d*, e II, *d*, e 125, cabeça, e § 1º da Carta de 1988. E, ao dispor sobre **processo penal**, concretizando o modelo acusatório anunciado no art. 129, I da CRFB/88, **não** versa sobre questões institucionais da magistratura nacional, em nada ofendendo o art. 93 da CRFB/88. Como **tampouco ordena** a criação de novos órgãos jurisdicionais, não se submete ao art. 169 da Constituição, nem aos rigores da Resolução nº 184 do CNJ – o implemento instantâneo do juiz das garantias pode se dar por regras de tabelamento e acumulações, por exemplo, solução adotada por alguns Tribunais, em determinadas circunscrições judiciárias, quando efetivaram as audiências de custódia. Seguindo essa ordem de ideias, preservados igualmente estão, no âmbito da Justiça Federal, os arts. 107 e 109 do ADCT.

A quadra, nesse particular, é **idêntica** à verificada na Lei nº 11.340/06, incorrendo a ADI, ao buscar um paralelo com a Lei Maria da Penha, em manifesta **autofagia argumentativa**. A iniciativa do referido diploma legal **tampouco** partiu do Poder Judiciário, mas do Executivo, criando regra de **competência** voltada para o processo e julgamento das infrações penais cometidas contra pessoas do gênero feminino, no âmbito doméstico ou familiar. À semelhança da Lei nº 13.964/19 **não se impôs aos Tribunais a implementação dos Juizados**, preconizando o art. 14, cabeça, que *os Juizados de Violência Doméstica e Familiar contra a Mulher, órgãos da Justiça Ordinária com competência cível e criminal,* ***poderão*** *ser criados pela União, no Distrito Federal e nos Territórios, e pelos Estados, para o processo, o julgamento e a execução das causas decorrentes da prática de violência doméstica e familiar contra a mulher.* O art. 33 ainda preceituou, transitoriamente, que ***enquanto não estruturados os Juizados de Violência Doméstica e Familiar contra a Mulher****, as varas criminais acumularão as competências cível e criminal para conhecer e julgar as causas decorrentes da prática de violência doméstica e familiar contra a mulher, observadas as previsões do Título IV desta Lei, subsidiada pela legislação processual pertinente.*

Em relação ao último dispositivo formalizou-se a Ação Direta de Constitucionalidade (ADC) nº 19/DF, da relatoria do Ministro Marco Aurélio, buscando enfrentar, justamente, a hipotética ofensa à autonomia política dos Estados na estruturação das suas Justiças (art. 125, cabeça, e § 1º da CRFB/88) e invasão da competência própria dos Tribunais, presente o art. 96, I, a da Carta de 1988, no tocante à elaboração dos regimentos internos e disposição sobre a competência e o funcionamento dos respectivos órgãos jurisdicionais e administrativos. A **constitucionalidade** do preceito foi reafirmada à unanimidade pelo Pleno do STF, em 9 de fevereiro de 2012, merecendo destacar o seguinte trecho do voto condutor:

(...)

A Lei Maria da Penha **não implicou a obrigação***, mas a* **faculdade** *de criação dos Juizados de Violência Doméstica e Familiar contra a Mulher. A cabeça do respectivo artigo 14 prevê que os citados juizados "poderão ser criados pela União, no Distrito Federal e nos Territórios, e pelos Estados, para o processo, o julgamento e a execução das causas decorrentes da prática de violência doméstica e familiar contra a mulher." De igual maneira, o artigo 29 dispõe que os juizados eventualmente instituídos "poderão contar com uma equipe de atendimento multidisciplinar, a ser integrada por profissionais especializados nas áreas psicossocial, jurídica e de saúde".*

Não se trata de fato inédito no ordenamento jurídico pátrio a elaboração de **sugestão***, mediante* **lei federal***, para* **criação** *de órgãos jurisdicionais especializados em âmbito estadual. Já o fez o legislador, no artigo 145 do Estatuto da Criança e do Adolescente, ao versar que "os estados e o Distrito Federal poderão criar varas especializadas e exclusivas da infância e da juventude [...]" e, no artigo 70 do Estatuto do Idoso, ao encerrar a possibilidade de criação "de varas especializadas e exclusivas do idoso".*

Nos termos do artigo 22, inciso I, da Constituição da República, incumbe privativamente à União a disciplina do direito processual, ***sendo o tema "competência" notadamente afeto à matéria****. A atribuição dos Estados atinente à respectiva organização judiciária não* *afasta a prerrogativa da União de estabelecer regras sobre processo e, em consequência, editar normas que acabam por influenciar a atuação dos órgãos jurisdicionais locais.*

(...)

Por meio do artigo 33 da Lei Maria da Penha, **não se criam varas judiciais, não se definem limites de comarcas e não se estabelece o número de magistrados a serem alocados aos Juizados de Violência Doméstica e Familiar,** *temas evidentemente concernentes às peculiaridades e às circunstâncias locais. No preceito, apenas se faculta a criação desses juizados e se atribui ao juízo da vara criminal a competência cumulativa das ações cíveis e criminais envolvendo violência doméstica contra a mulher, ante a necessidade de conferir tratamento uniforme, especializado e célere, em todo território nacional, às causas sobre a matéria.*

(...)

Dessarte, essa primeira linha argumentativa não coloca em xeque o juiz das garantias, percepção essa compartilhada pelo Min. Dias Toffoli, no pronunciamento liminar concernente à ADI nº 6298, e, por extensão, às de nº 6299 e 6300: *"... Os arts. 3º-A, 3º-B, 3º-C, 3º-D (caput), 3º-E e 3º-F do CPP, introduzidos pelo art. 3º da Lei nº 13.964/19, tratam de questões atinentes ao processo penal, matéria da competência legislativa privativa da União (art. 22, inciso I) ... editados no exercício legítimo da aludida competência constitucional pelo Congresso Nacional..."* (grifo nosso).

Nada obstante, sujeita-se à **interpretação conforme a Constituição o parágrafo único do art. 3º-D e a segunda parte do art. 3º-E.**

Preceitua o parágrafo único do art. 3º-D que *nas comarcas em que funcionar apenas um juiz, os tribunais* **criarão** *um sistema de rodízio de magistrados, a fim de atender às disposições deste Capítulo.* Ora, **a instrumentalização do juiz das garantias nos Juízos únicos compete a cada Tribunal, nos moldes do art. 96, I, a e do art. 125, cabeça, e § 1º da Carta de 1988.** A depender da unidade federativa, notadamente a extensão territorial, o sistema de tabelamento cruzado já se mostrará suficiente, sem a necessidade de qualquer rodízio, **vedada a acumulação dos órgãos pelo mesmo juiz, ainda que eventual e por tempo determinado (***v.g.***, férias)**, sob pena de tornar o juízo das garantias uma caricatura, burlando por completo o art. 3º-C, cabeça, e § 1º do CPP. **Descabe ao legislador impor aos Tribunais um modelo. Indiscutivelmente a alternância entre os DIFERENTES JUÍZOS ÚNICOS pode ser um deles, SE DITADA POR CRITÉRIOS ESTRITAMENTE OBJETIVOS E IMPESSOAIS, SEM DESIGNAÇÕES CASUÍSTICAS,** de fundo político ou ideológico, mas jamais ser apresentado como opção única. Por tudo isso, **o art.3º-D deve ser submetido à interpretação conforme a Constituição, sem redução parcial de texto, a fim de substituir a assertividade do texto por um tom facultativo, logo, em vez de *"os tribunais criarão", "poderão criar"* um rodízio de magistrados, sem prejuízo, portanto, de outras alternativas, a critério de cada Tribunal, conforme as especificidades locais**. A declaração de inconstitucionalidade integral do preceito soa exagerada.

A liminar concedida pelo Min. Dias Toffoli alinha-se à nossa percepção, ao observar que *"...A norma em referência determina a forma pela qual, nas comarcas em que funcionar apenas um juiz, deverá ser implementado o juízo das garantias. Ao fazer isso,* **cria uma obrigação aos tribunais no que tange a sua forma de organização, violando, assim, o poder de auto-organização desses órgãos (art. 96 da Constituição Federal) e usurpando sua iniciativa para dispor sobre organização judiciária (art. 125, § 1º, da Constituição**

Federal) ..." (grifo nosso). Por conseguinte, o **parágrafo único do art. 3º-D teve a sua eficácia suspensa indefinidamente**. Mas a interpretação conforme à Constituição nos moldes propostos acima surge como alternativa à declaração de inconstitucionalidade integral do preceito.

O art. 3º-E, a seu turno, diz que *o juiz das garantias será **designado** conforme as normas de organização judiciária da União, dos Estados e do Distrito Federal, observando critérios objetivos a serem periodicamente divulgados pelo respectivo tribunal.* A Lei nº 13.964/19 andou bem ao confiar a indicação do juiz das garantias aos Tribunais, segundo as normas respectivas de organização judiciária, em deferência aos arts. 96, I, a e 125, *caput*, e § 1º da CRFB/88. Exigir a adoção de critérios **objetivos**, inclusive nos casos de rodízio (alternância), converge com o postulado do juiz natural, definível, inescapavelmente, com lastro em parâmetros gerais, impessoais e abstratos. Não por acaso a promoção, a remoção e a permuta regem-se pelo merecimento ou antiguidade, a teor do art. 93, II e VIII-A da CRFB/88 – nada obstante o esforço de objetivar o merecimento na alínea c do citado inciso II, *desempenho, produtividade* e *presteza* persistem com alta carga de subjetividade. A liminar deferida pelo Min. Dias Toffoli foi no mesmo sentido, reconhecendo estar o art. 3º-E *em consonância com a **autonomia dos tribunais**, respeitadas as **peculiaridades de cada estado da federação*** (grifo nosso).

Sem embargo, agiu mal o legislador ao anunciar a divulgação **periódica** desses critérios, pois transmite a impressão de alternância, reforçada pela utilização do verbo **designar**, como se os Tribunais não pudessem, por exemplo, confiar a competência do Juízo das garantias a determinado órgão, abrindo-o para titularidade. **Designações periódicas, por tempo determinado, fragilizam a inamovibilidade – art. 95, II da CRFB/88 – e, por conseguinte, a independência funcional**. E inarredavelmente **inconstitucionais**, se o preenchimento das vagas vier desacompanhado de critérios objetivos.

Idêntico sentimento é compartilhado por Afrânio Silva Jardim e Pierre Souto Maior Coutinho de Amorim: *"...É muito importante que o juiz de garantias tenha, ele próprio, as mais relevantes garantias inerentes ao exercício da jurisdição, que são a inamovibilidade e independência funcional. O novo art. 3º-E do CPP menciona que o juiz será "designado", embora com critérios objetivos. Como se trata de órgão do Poder Judiciário, criado por lei, somente é admissível seu provimento sendo observados os critérios de remoção e promoção por antiguidade e merecimento, conforme comando constitucional (art. 93, inc. II, da CF) ..."*[42] (grifo nosso).

As ponderações acima já foram aplicadas pelo Pleno do STF, na ADI 4414, Relator(a): Min. LUIZ FUX, julgado em 31/05/2012, PROCESSO ELETRÔNICO *DJe*-114 Divulg. 14-06-2013 Public. 17-06-2013, merecendo destaque o seguinte trecho da ementa, autoexplicativo, em linguagem clara e didática: *"...19. Os juízes integrantes de Vara especializada criada por Lei estadual devem ser designados com observância dos parâmetros constitucionais de antiguidade e merecimento previstos no art. 93, II e VIII-A, da Constituição da República, sendo inconstitucional, em vista da necessidade de preservação da independência do julgador, previsão normativa segundo a qual a indicação e nomeação dos magistrados que ocuparão a referida Vara será feita pelo Presidente do Tribunal de Justiça, com a*

---

[42] Primeiras Impressões sobre a Lei nº 13.964/19 – Aspectos processuais. *Empório do Direito*. Disponível em: https://emporiododireito.com.br/leitura/primeiras-impressoes-sobre-a-lei-n-13-964-19-aspectos--processuais. Acesso em: 19 jan. 2020.

aprovação do Tribunal. Doutrina (FERRAJOLI, Luigi. *Direito e Razão: teoria do garantismo penal*. 2ª ed. São Paulo: RT, 2006. p. 534; GARAPON, Antoine. *O juiz e a democracia*. Trad. Maria Luiza de Carvalho. Rio de Janeiro: Revan, 1999. p. 60; CARNELUTTI, Francesco. *Sistema di Diritto Processuale Civile*. V. I. Padova: CEDAM, 1936. p. 647-651; Idem. *Lezioni di Diritto Processuale Civile*. V. Terzo. Padova: CEDAM, 1986. p. 114; GUIMARÃES, Mário. *O Juiz e a Função Jurisdicional*. Rio de Janeiro: Forense, 1958. p. 117). 20. **O mandato de dois anos para a ocupação da titularidade da Vara especializada em crimes organizados, a par de afrontar a garantia da inamovibilidade**, *viola a regra da identidade física do juiz, componente fundamental do princípio da oralidade, prevista no art. 399, § 2º, do CPP ("O juiz que presidiu a instrução deverá proferir a sentença"), impedindo, por via oblíqua, a aplicação dessa norma cogente prevista em Lei nacional, em desfavor do Réu, usurpando a competência privativa da União (art. 22, I, CRFB)*. Doutrina (CHIOVENDA, Giuseppe. *A oralidade e a prova*. In: *Processo Oral*. 1ª série. Rio de Janeiro: Forense, 1940. p. 137). 21. **O princípio do Juiz natural obsta "qualquer escolha do juiz ou colegiado a que as causas são confiadas", de modo a se afastar o "perigo de prejudiciais condicionamentos dos processos através da designação hierárquica dos magistrados competentes para apreciá-los"** (FERRAJOLI, Luigi. *Direito e Razão: teoria do garantismo penal*. 2ª ed. São Paulo: RT, 2006. p. 545), *devendo-se condicionar a nomeação do juiz substituto, nos casos de afastamento do titular, por designação do Presidente do Tribunal de Justiça, à observância de critérios impessoais, objetivos e aprioristicos*. Doutrina (LLOBREGAT, José Garberí. *Constitución y Derecho Procesal – Los fundamentos constitucionales del Derecho Procesal*. Navarra: Civitas/Thomson Reuters, 2009. p. 65-66) ..." – grifo nosso.

Assim, embora a liminar concedida pelo Min. Dias Toffoli não tenha descido a esse pormenor, **o art. 3º-E merece interpretação conforme a Constituição, para dar ao particípio passado *designado* o sentido de *fixado*, bem como para decotar o advérbio "periodicamente", assentando que a implantação do juiz das garantias não pressupõe rodízio**, lendo-se o texto legal da seguinte forma: *o juiz das garantias será fixado (ou determinado) conforme as normas de organização judiciária da União, dos Estados e do Distrito Federal, observando critérios objetivos a serem divulgados pelo respectivo tribunal*.

A segunda linha argumentativa veiculada na ADI gravita em torno do juiz natural (art. 5º, LIII, da CRFB/88), alegando ofensa à unidade e à indivisibilidade da jurisdição, ao contemplar, em primeira instância, a intervenção de dois órgãos jurisdicionais distintos, sendo o juiz julgador um *revisor* das decisões do juízo das garantias, nos moldes do art. 3º-C, § 2º, escalonando a primeira instância em dois graus.

Como as autoras da ADI embaralharam instância e grau, tratando-os como sinônimos, convém rememorar que a primeira guarda relação com a organização judiciária, enquanto o segundo dialoga com a cognição. Ilustrando: nas ações penais de competência originária, o Tribunal de Justiça atua como órgão de primeiro grau, responsável pela cognição *inaugural*, embora, na estrutura do Poder Judiciário, seja um órgão de segunda instância. No universo dos Juizados Especiais Criminais, as Turmas Recursais são integradas por juízes de primeira instância, mas surgem como colegiados de segundo grau. Na ADI, aduz-se, então, que embora o processo esteja na primeira instância, um juiz, o julgador, teria competência para reexaminar o decidido pelo anterior, das garantias, criando, na mesma instância, outro grau de jurisdição, revisor do primeiro.

Tais fundamentos, contudo, tampouco merecem guarida.

No concernente aos juízes das garantias, a Lei nº 13.964/19 dispõe sobre **competência**, que, como é cediço, **não fraciona a jurisdição**, e sim fixa **os limites dentro dos quais será validamente exercida**, daí a primeira (competência) ser pressuposto processual de **validade**, enquanto a segunda (jurisdição) é de **existência**. A unidade e a indivisibilidade da jurisdição permanecem, então, **hígidas**, afinal conferiu-se ao juiz das garantias e ao da instrução e julgamento diferentes **competências**.

Conforme bem colocado pelo Min. Dias Toffoli na liminar relativa às ADIs, em reforço à alegação ora expendida, "... *Não se criou uma nova atividade dentro da estrutura do Poder Judiciário. A supervisão judicial da legalidade dos atos praticados nas investigações criminais e a proteção dos direitos fundamentais dos investigados são atividades já realizadas pelos juízes criminais do país... A questão, portanto, não é de reestruturação, e sim de reorganização da estrutura já existente. Não há órgão novo. Não há competência nova. O que há é divisão funcional de competência já existente...*" (grifo nosso).

A intervenção, em primeira instância, de mais de um órgão jurisdicional é fenômeno corriqueiro no processo penal brasileiro. A desclassificação da imputação para outra, da competência de outro juízo, importa remessa dos autos para este último, nos moldes do art. 383, § 2º do CPP, extensível as hipóteses de *mutatio libelli* (art. 384, § 3º do CPP), opção trazida pela Lei nº 11.719, de 20 de junho de 2008, em substituição à perpetuação da jurisdição, que, à luz da argumentação expendida na ADI, seria a única alternativa possível. No mesmo sentido, destaca-se o art. 419 do CPP, relativo às desclassificações operadas ao final da primeira fase do júri para imputações não dolosas contra a vida.

O próprio CNJ, ao regulamentar as audiências de custódia por meio da Resolução nº 213, de 15 de dezembro de 2015, avalizou a intervenção de mais de um órgão jurisdicional em primeira instância, de maneira que o juiz presidente da audiência de custódia não necessariamente coincide com o competente para o processo em si. Dispõe o art. 1º, § 1º da Resolução que a competência para dirigir a audiência de custódia será fixada pelas leis de organização judiciária locais, de antemão admitindo a separação de competências. E o § 4º do art. 8º põe uma pá de cal no assunto ao preconizar que, concluída a audiência de custódia, o auto de prisão em flagrante, com antecedentes e cópia da respectiva ata, seguirá para **livre distribuição**, abrindo campo para a atuação de outro órgão jurisdicional, ainda em primeira instância.

Em virtude da autonomia política decorrente do pacto federativo, os próprios Estados, na organização das correspondentes Justiças, podem assim dispor, nos termos do art. 125, cabeça e § 1º da CRFB/88. Em Santa Catarina, por exemplo, admite-se que, nas imputações dolosas contra a vida, cometidas no âmbito familiar ou doméstico, em razão da identidade de gênero feminino da ofendida, a primeira fase transcorra no Juizado da Violência Doméstica, com remessa à Vara privativa ou com competência cumulativa de Júri, após a pronúncia, modelo esse cuja constitucionalidade foi avalizada pelo STF[43], igualmente permitindo a intervenção de mais de um órgão jurisdicional em primeira instância.

---

[43] HC 102.150, Relator Ministro Teori Zavascki, Segunda Turma, julgado em 27/05/2014, *DJe*-112 divulg. 10/06/2014, public. 11/06/2014. Chancelar a constitucionalidade desse modelo mostra-se, todavia, equivocado, por **suprimir** parte do núcleo mínimo da competência do Tribunal do Júri fixado pela própria Constituição – art. 5º, XXXVIII, *d* –, afinal, autoriza que, em um juízo diverso do júri, causas concernentes a crimes dolosos contra a vida transitem em julgado, fazendo coisa julgada material – bastaria que, no Juizado da Violência Doméstica no qual se desenvolveu a primeira fase, sobreviesse a absolvição

Finalmente, mas não menos importante, na medida em que a competência do juízo das garantias emana de **preceito geral, impessoal e abstrato**, a garantia do juiz natural (art. 5º, LIII, da CRFB/88) encontra-se preservada, mesmo porque a sua razão de ser maior é assegurar a imparcialidade do julgamento, justamente o escopo da Lei nº 13.964/19.

A terceira linha argumentativa articulada na ADI ataca o *caput* do art. 3º-D do CPP – *o juiz que, na fase de investigação, praticar qualquer ato incluído nas competências dos arts. 4º e 5º deste Código **ficará impedido** de funcionar no processo* (grifo nosso) –, por admitir a *retroatividade* de lei processual penal, em desacordo com o art. 2º do CPP, que estabelece a eficácia intertemporal *ex nunc*, respeitando-se a validade dos atos anteriormente perpetrados (*tempus regit actum*).

Igualmente impertinente é tal fundamentação, **permitindo-nos, inclusive, analisar a eficácia intertemporal do juízo das garantias e os critérios definidores da competência**.

Primeiramente, o legislador, do alto da sua soberania, pode, perfeitamente, excepcionar as suas próprias regras, como a contida no art. 2º do CPP, cujo comando, aliás, comporta ressalvas positivadas no ordenamento. Com efeito, apesar de a lei processual penal nova ter, em princípio, incidência imediata, *o prazo já iniciado, inclusive o estabelecido para a interposição de recurso, será regulado pela lei **anterior**, se esta não prescrever prazo menor...* – art. 3º da Lei de Introdução ao Código de Processo Penal (LICPP). Por outro lado, *já tendo sido interposto o recurso...as condições de admissibilidade, a forma e o julgamento serão regulados pela lei **anterior*** (art. 11 da LICPP).

Invocados esses dispositivos, entendeu-se, *v.g.*, que, nada obstante a extinção do protesto por novo júri pela Lei nº 11.689, de 9 de junho de 2008, encerrar preceito de cunho processual, de incidência imediata[44], seriam ainda cabíveis os que estivessem, quando do início da vigência da lei, dentro do prazo de interposição, além, evidentemente, dos já interpostos, admitidos ou não, por haver sido a sessão plenária realizada ainda sob a égide da legislação anterior[45].

---

sumária, na forma do art. 415 do CPP, em vez da pronúncia. O júri, enquanto garantia fundamental, pode ter a sua competência expandida em nível infraconstitucional, mas jamais reduzida. Como, no caso concreto examinado pelo Supremo Tribunal Federal, desaguou-se na pronúncia, submetendo a pretensão, no final das contas, à apreciação do Conselho de Sentença, o risco de efetiva restrição da competência constitucional do Tribunal do Júri não ficou translúcido. Mas, uma vez identificado e patenteado, declará-lo inconstitucional é mandatório e inescapável, com todas as vênias.

[44] STF, ARE 1171107 AgR, Relator Min. Ricardo Lewandowski, Segunda Turma, julgado em 17/05/2019, *DJe-108* 22/05/2019, public. 23/05/2019; STJ, AgRg no AREsp 680.125/SP, Rel. Ministra Maria Thereza de Assis Moura, Sexta Turma, julgado em 28/04/2015, *DJe* 06/05/2015. Particularmente, encaramos a extinção do protesto por novo júri como inovação processual **material**, daninha ao réu, logo, irretroativa, nos termos do art. 5º, XL, da CRFB/88, compreendendo apenas os delitos cometidos após o início da vigência da Lei nº 11.689/08. Embora o foco do presente trabalho não seja campo para aprofundar o tema, historicamente o protesto por novo júri sempre teve a própria natureza recursal debatida, porque despido de carga persuasiva. O sentenciado a uma pena igual ou superior a 20 anos tinha o direito público subjetivo a um novo julgamento, logo, a supressão dessa faculdade impactou, diretamente, no *status libertatis*, não podendo ser vista como um preceito estritamente processual. Assim entendem vários outros autores, como Paulo Rangel (ob. cit., p. 1060-1061) e Fernando da Costa Tourinho Filho (*Manual de Processo Penal*. 11. ed. São Paulo: Saraiva, 2009, p. 837-839).

[45] STJ, REsp 1046429/SP, Rel. Ministra Laurita Vaz, Quinta Turma, julgado em 09/10/2012, *DJe* 17/10/2012: "...3. O fato de a lei nova ter suprimido o recurso de protesto por novo júri não afasta o direito à recorribilidade subsistente pela lei anterior, **quando o julgamento ocorreu antes da entrada em vigor da Lei n.º**

De todo modo, a Lei nº 13.964/19, no *caput* do art. 3º-D no CPP, **não** anunciou, em momento algum do texto, a retroação da norma.

A redação do dispositivo, na realidade, é infeliz, a começar pela referência aos arts. 4º e 5º do CPP, porquanto, **em sendo o poder de polícia judiciária atribuição da autoridade policial**, por mandamento constitucional – art. 144, §§ 1º, IV e 4º –, os atos listados nesses dispositivos **sequer são da competência do juiz**. A inteligência da norma foi, mais uma vez, destacar o *munus* de instruir e julgar do de controlar a legalidade da investigação, evitando que a superexposição à última contamine a imparcialidade do vindouro julgamento. Em outras palavras: garantir que o mérito seja apreciado por juiz diverso daquele que interveio na investigação.

A **cisão horizontal da competência**, contemplada pela Lei nº 13.964/19, começa a partir do **recebimento da denúncia ou queixa**, na forma do art. 399 do CPP, momento no qual cessa a competência do juiz das garantias, iniciando a do julgador. O impedimento de *funcionar no processo*, previsto no art. 3º-D, cabeça, não pode, portanto, ser interpretado literalmente, mas conjugadamente ao art. 3º-C, *caput*, afinal, **o juiz que interveio no inquérito não é prontamente alijado da persecução, nela persistindo até o** *judicium accusationis* **(art. 399 do CPP)**. Ultrapassada essa etapa, sim, **cessa** a sua competência para **prosseguir** no feito, ou seja, **diferentemente do que a literalidade do art. 3º-D sugere, chega a oficiar, sim, no processo**.

Em se tratando, todavia, de inovação estritamente processual, há de se atentar para a cláusula *tempus regit actum*: se, até o advento da Lei nº 13.964/19, a intervenção do juiz na etapa investigatória não o inabilitava para a condução do processo e o exame do mérito, **o novel impedimento não alcança as ações penais em curso**, sob pena, aí sim, de retroagir a lei processual penal, em desatenção ao art. 2º do CPP, alargando o espectro do impedimento que, enquanto tal, merece interpretação restritiva. O juiz processante da ação penal conserva a sua competência para apreciar o mérito, mesmo após o início da vigência da Lei nº 13.964/19.

Gize-se que até haveria campo hermenêutico, sob o pálio do ordenamento anterior à Lei nº 13.964/19, para sustentar o impedimento do juiz que interveio no inquérito, vedando-lhe a direção do processo e o julgamento da pretensão acusatória. Em sendo a investigação uma instância *administrativa* e o processo, *judicial*, poder-se-ia invocar o art. 252, III, do CPP, segundo o qual não poderia exercer a jurisdição no processo o magistrado que tivesse *funcionado como juiz* **de outra instância**, *pronunciando-se, de fato ou de direito, sobre a questão*, contrapondo a instância administrativa (investigatória) à judicial. Como tal exegese não se distanciaria da *ratio* desse impedimento, coibir prejulgamentos, alegar-se-ia a interpretação ontológica da norma, refutada a extensiva, compatibilizando-se com o caráter *numerus clausus* (taxativo) do rol, de dicção restritiva. Todavia, o STJ e o STF sempre se mantiveram fiéis à taxatividade do art. 252 do CPP, interpretando-o restritivamente. O vocábulo *instância* sempre foi associado, exclusivamente, à organização judiciária, inclusive para avaliar a atuação do mesmo magistrado, em juízo único, em processos absolutamente afins, dizendo, por exemplo, que a apreciação prévia do mérito

---

11.689/2008 que, em seu art. 4.º, revogou expressamente o Capítulo IV do Título II do Livro III, do Código de Processo Penal, extinguindo o protesto por novo júri. Incidência do princípio tempus regit actum..." (grifo nosso). Na doutrina, entre outros, André Nicolitt (ob. cit., p. 45-46) e Gustavo Henrique Righi Ivahy Badaró (As Reformas no Processo Penal – As novas Leis de 2008 e os Projetos de Reforma. In: MOURA, Maria Thereza Rocha de Assis (coord.). São Paulo: RT, 2008, p. 31-33.

em ação civil pública ou de improbidade administrativa, ou mesmo no processo administrativo disciplinar, não o tornaria impedido de julgar o pedido condenatório veiculado na ação penal, apesar de idêntico o substrato fático[46].

Sendo este o cenário jurisprudencial, igualmente por razões de segurança jurídica, relacionadas ao princípio da confiança, **o impedimento contido no art. 3º-D, cabeça, do CPP não recai, reitere-se, sobre as ações penais em andamento, conduzidas por juízes que intervieram no inquérito**, afinal, a competência foi conquistada sob a égide da ordem processual então em vigor, segundo a qual as atividades de controle da legalidade da investigação, de emissão do *judicium accusationis* e de prolação do *judicium causae* seriam compatíveis, logo, cumulativas. A liminar deferida pelo Min. Dias Toffoli foi nesse sentido – "...*no tocante às ações penais que já tiverem sido instauradas no momento em que os tribunais efetivamente implementarem o juiz das garantias (ou quando esgotado o prazo máximo de 180 dias fixado por esta decisão), o início da eficácia da lei, ora protraído, não acarretará qualquer modificação do juízo competente*..." (grifo nosso). Ainda que o juiz processante, quando da entrada em vigor da Lei nº 13.964/19, não tenha emitido o *judicium accusationis*, nos moldes do art. 399, cabeça, do CPP, caso o faça, positivamente, persiste competente também para o *judicium causae*.

Vamos além: se a competência do juiz das garantias **cessa** após o recebimento da denúncia, na fase do art. 399, *caput*, do CPP (art. 3º-C, *caput* e § 1º do CPP), o impedimento contemplado no art. 3º-D, *caput*, do CPP é **mera consequência disso**: o juiz que interveio na investigação não instrui e julga porque **não mais é competente**. Há não propriamente nova causa de impedimento, mas de **incompetência absoluta superveniente**.

Aury Lopes Jr. e Alexandre Morais da Rosa afirmam que a aplicação imediata da lei nova tem como base o *momento da constituição do ato processual* – se ainda não implementado, sê-lo-á segundo o modelo ora em vigor, em vez do antigo. A partir daí, se **a sentença ainda não foi prolatada, e o juiz processante interveio na investigação, não poderá ser ele o sentenciante, porque já em vigor a novel legislação**. Na dicção dos ilustrados processualistas, "...*Assim, a nova lei nº 13.964/19 somente vale para o futuro e, no futuro, quando da Audiência de Instrução e Julgamento, há reconhecido o direito*

---

[46] **STF**, RE 1.092.393 AgR, Relator Min. Rosa Weber, Primeira Turma, julgado em 20/02/2018, *DJe*-039 divulg. 28/02/2018, public. 01/03/2018 – "...*Exceção de suspeição e impedimento. Art. 252 do CP. Rol taxativo.* **Atuação do mesmo juiz em ações civil e penal. Possibilidade. Consonância da decisão recorrida com a jurisprudência cristalizada do Supremo Tribunal Federal**..." (grifo nosso); HC 120017, Relator Min. Dias Toffoli, Primeira Turma, julgado em 27/05/2014, *DJe*-153 divulg. 07/08/2014, public. 08/08/2014 – "...***Impedimento de desembargadores integrantes de órgão especial que tenham julgado procedimento administrativo disciplinar contra juíza federal e emitido pronunciamento pela imposição de disponibilidade à magistrada. Inexistência***. Ordem denegada... O disposto no inciso III do art. 252 do Código de Processo Penal merece interpretação restritiva, circunscrevendo-se o impedimento do juiz às causas em que tenha atuado em graus de jurisdição distintos, não comportando a norma ampliação da hipótese taxativamente estabelecida..." (grifo nosso); HC 97544, Relator Min. Eros Grau, Relator p/ Acórdão: Min. Gilmar Mendes, Segunda Turma, julgado em 21/09/2010, *DJe*-234 divulg. 02/12/2010, public. 03/12/2010, *RTJ* vol. 00220-01, p. 451, *RT* v. 100, n. 906, 2011, p. 444-451 – "... 2. **Magistrado que julgou o feito criminal e o de natureza cível decorrentes do mesmo fato. 3. Impedimento. Art. 252 do CP. Rol taxativo. 4. Impossibilidade de criação pela via da interpretação de causas de impedimento**. Precedentes do STF..." (grifo nosso); **STJ**, AgRg no REsp 1409854/RS, Rel. Ministro Jorge Mussi, Quinta Turma, julgado em 27/06/2017, *DJe* 01/08/2017; REsp 1171973/ES, Rel. Ministro Nefi Cordeiro, Sexta Turma, julgado em 17/03/2015, *DJe* 25/03/2015.

de não ser julgado pelo mesmo magistrado que atuou na nova fase das garantias. O acusado adquiriu o direito subjetivo de ser julgado por um Juiz não contaminado/poluído pelos atos praticados durante a Investigação Preliminar, sob pena de se dar ultratividade à regime de julgamento incompatível com a cisão funcional..."[47] (grifo nosso).

Mas justamente por encarar o fenômeno estritamente sob o ângulo da competência, não podemos avaliar tal percepção.

A Lei nº 13.964/19 **não** interferiu nos critérios constitucionais e legais definidores da competência jurisdicional, seja a de juízo – em razão da matéria, por prerrogativa da função, regional ou especializada –, seja a de foro – territorial. A partir deles define-se a competência **não** do juízo das garantias, mas **o da instrução e julgamento**, mesmo porque a competência do primeiro é **funcional**, definida pelas normas locais de organização judiciária, observadas as diretrizes que vierem a ser fixadas pelo CNJ, conforme sinaliza o art. 3º-E do CPP.

Assim, se um roubo for perpetrado em um Juízo único, lá se consumando, **a competência, devidamente fixada por parâmetros constitucionais e legais vinculados à matéria e ao território, será para a instrução e julgamento**, ou seja, para o mérito da causa, **atuando o tabelar, determinado pela lei local de organização judiciária, conforme prega o art. 3º-E do CPP, como juiz das garantias**. Se invertidos os polos, o juiz das garantias seria o competente por lei, enquanto o da instrução e julgamento corresponderia ao apontado pela lei de organização judiciária local, embaralhando o preceituado no art. 3º-E do CPP. Perplexidades inomináveis sobreviriam a reboque. **Se único o juízo, recebida a denúncia ou queixa, nos moldes do art. 399 do CPP, os autos seriam remetidos para o juízo de outra comarca, em detrimento da oralidade, afinal, as testemunhas estariam na sede do juízo anterior, exigindo a expedição de cartas precatórias.** Em Fortaleza/CE, há Vara única para crimes de trânsito. Em Belo Horizonte existem Varas de Tóxicos. No Rio de Janeiro, foi implementada Vara específica para delitos relacionados à organização criminosa. Obviamente a competência desses juízos é para a instrução e julgamento, e não para a fase prévia, sob pena de delitos submetidos à Vara Especializada serem, ao fim e ao cabo, apreciados por Juízo diverso, de competência geral. Por isso que o art. 3º-E submeteu a competência do juiz das garantias, e **não** a do julgador, às leis locais de organização judiciária, de natureza iniludivelmente **funcional**.

Por outro lado, nas comarcas maiores, nas quais **haja mais de um juízo de competência idêntica, a distribuição a um previne-o para ser o das garantias, remetendo-se os autos ao tabelar, após o recebimento da denúncia, nos moldes do art. 399 do CPP**, porque, de todo modo, a demanda será apreciada por um órgão jurisdicional competente em razão dos critérios previamente fixados na Constituição e na lei.

Ilustrando: ocorrido um roubo em Copacabana, Rio de Janeiro, há *n* Varas Criminais competentes em razão da matéria e territorialmente. Distribuído o inquérito ao juízo da 36ª Vara Criminal, torna-se prevento para controlar a legalidade da investigação, cessando a competência se confirmado o recebimento da denúncia, momento no qual os autos são encaminhados ao tabelar, o juízo da 37ª Vara Criminal, **igualmente competente em**

---

[47] Juiz das Garantias e Direito Intertemporal: onde a decisão do STF resvala. Conjur, 17 jan. 2020. Disponível em: https://www.conjur.com.br/2020-jan-17/limite-penal-juiz-garantias-direito-intertemporal-onde-stf-resvala. Acesso: 20 jan. 2020.

razão da matéria e do território. Se, em determinada Comarca, houver, *v.g.*, mais de uma Vara de Entorpecentes, a que for distribuída a investigação, torna-se o juiz das garantias, confiando-se à outra a instrução e o julgamento do mérito, **também se respeitando os critérios delimitadores da competência em razão da matéria e do território.**

Descarta-se, todavia, tal solução se, na mesma circunscrição judiciária, houver múltiplos juízos criminais, mas, cada um, com competência específica, pois uma demanda da competência em razão da matéria de determinado juízo invariavelmente teria o mérito julgado por outro, afinal, o primeiro tornar-se-ia prevento para a investigação, devendo, depois de confirmar o juízo de admissibilidade da pretensão acusatória, remeter os autos para o tabelar.

Para tais casos, **a partir da competência do juiz julgador, definida pelas regras de competência de juízo e de foro,** o CNJ confeccionará as balizas **gerais** nas quais se basearão os Tribunais para estabelecer, respeitadas as especificidades locais, a competência, **funcional**, do juiz das garantias.

A aplicação intertemporal do juiz das garantias há de ser pensada tendo como vetor não o novo *impedimento* introduzido no ordenamento processual penal (art. 3º-D do CPP), mas a **introdução** de **nova** competência funcional.

Partindo dessa premissa, **a Lei nº 13.964/19 não impacta nas ações penais em curso.**

Previne-se a competência jurisdicional **ainda no inquérito**, considerados os arts. 75, *caput* e p.ú. e 83 do CPP. A **precedência** na **distribuição** de qualquer medida, mesmo preparatória à ação penal, se múltiplos os juízos potencialmente competentes, todos da mesma circunscrição judiciária (art. 75, cabeça e parágrafo único do CPP), **ou** a **anterioridade** no cometimento de **ato decisório**, inclusive na fase inquisitorial, se os juízos em tese competentes estiverem espalhados por diferentes circunscrições (art. 83 do CPP), **define** a competência para a persecução como um todo.

Diante do silêncio do CPP, que não dispôs sobre a modificação da competência em decorrência da alteração legislativa, o STF, com arrimo no art. 3º do CPP, sempre se socorreu ao Código de Processo Civil (CPC). O de 1973 dispunha, no art. 87, o seguinte: *Determina-se a competência no momento em que a ação é proposta. São* ***irrelevantes*** *as modificações do estado de fato ou* ***de direito*** *ocorridas posteriormente, salvo quando* ***suprimirem*** *o órgão judiciário ou* ***alterarem*** *a competência* ***em razão da matéria ou da hierarquia*** (grifo nosso).

A regra, portanto, sempre foi a *perpetuactio jurisdictionis*, salvo em casos de extinção de órgão ou modificação da competência em razão da matéria ou por hierarquia (graduação), própria às hipóteses de prerrogativa de foro. Em se tratando, portanto, de **criação de competência funcional** tem-se, como norte, a **perpetuação**. Nesse sentido, o Pleno do STF: RHC 83181, rel. Min. Marco Aurélio, rel. p/ acórdão: Min. Joaquim Barbosa, Tribunal Pleno, julgado em 06/08/2003, DJ 22-10-2004 PP-00030 EMENT VOL-02169-02 PP-00336 LEXSTF v. 27, n. 313, 2005, p. 406-415 – "*...1.* ***A criação de novas varas****, em virtude de modificação da Lei de Organização Judicial local,* ***não implica incompetência superveniente do juízo em que se iniciou a ação penal****. 2. O art. 87 do Código de Processo Civil, aplicável subsidiariamente ao processo penal, leva à perpetuação do foro, em respeito ao princípio do juiz natural. 3. Ordem denegada...*" (grifo nosso).

A orientação foi reafirmada pela 1ª Turma do STF, em processos por crimes dolosos contra a vida, quando criada Vara no local onde o delito foi perpetrado e consumado, refutando o *distinguishing* buscado pela defesa: HC 117832, rel. Min. Marco Aurélio, rel. p/ acórdão: Min. Rosa Weber, Primeira Turma, julgado em 28/04/15, PROCESSO ELETRÔNICO *DJe-128* DIVULG. 30-06-2015 PUBLIC. 1º-07-2015. Como a ementa expressa, fidedignamente, o inteiro teor do julgado, convém transcrevê-la, mesmo porque autoexplicativa: "HABEAS CORPUS. *PROCESSUAL PENAL. CRIME DE HOMICÍDIO PRATICADO CONTRA SERVIDORES FEDERAIS.* **TRIBUNAL DO JÚRI.** *COMPETÊNCIA. JUSTIÇA FEDERAL. CRIAÇÃO SUPERVENIENTE DE VARA FEDERAL NO LOCAL DO CRIME. PERPETUATIO JURISDICTIONIS. ARTIGO 3º DO CÓDIGO DE PROCESSO PENAL. ARTIGO 87 DO CÓDIGO DE PROCESSO CIVIL* **1. A superveniente criação de Vara Federal com jurisdição no Município do local dos crimes não resulta em incompetência do Juízo Federal que realizou a instrução criminal.** *2. No âmbito da Justiça Federal – competência fixada, no caso, em função do crime de homicídio praticado contra quatro servidores federais no exercício das suas funções –, a 9ª Vara Federal da Subseção Judiciária de Belo Horizonte e a Vara Federal criada posteriormente à instauração das ações penais em Unaí, local dos crimes, são Varas de competência geral.* **3. Aplicável o princípio da perpetuatio jurisdictionis (art. 87 do Código de Processo Civil c/c art. 3º do Código de Processo Penal), não demonstradas as situações de excepcionalidade no preceito que o consagra – supressão de órgão do Judiciário ou alteração de competência em razão da matéria ou da hierarquia. Precedente desta Suprema Corte.** *4. Ordem de habeas corpus denegada, com a cassação da liminar anteriormente concedida...*" (grifo nosso).

Registre-se a existência de precedentes do STF avalizando a redistribuição de feitos já em curso para o juízo recém-criado, mas **em respeito à expressa deliberação do Tribunal local nesse sentido, consoante a autonomia versada nos arts. 96, I, d, e 125, cabeça e § 1º da CRFB/88** – RHC 117487 AgR, Relator(a): Min. CÁRMEN LÚCIA, Segunda Turma, julgado em 25/02/2014, PROCESSO ELETRÔNICO *DJe-045* DIVULG. 06-03-2014 PUBLIC. 07-03-2014.

O STJ sempre se alinhou ao STF, adotando o art. 87 do então CPC/73 como parâmetro. Assim, respeitados os atos até então praticados, **chancelou** a remessa dos autos da Justiça Estadual para a Federal em razão de a imputação ter passado a ser da competência da última, operando-se uma das exceções listadas no dito dispositivo (modificação **em razão da matéria**) – CC 92.357/SC, Rel. Ministro JORGE MUSSI, TERCEIRA SEÇÃO, julgado em 26/08/2009, *DJe* 20/10/2009; CC 62.601/RS, Rel. Ministro OG FERNANDES, TERCEIRA SEÇÃO, julgado em 08/10/2008, *DJe* 17/10/2008 – ou quando **o ato normativo criador do órgão jurisdicional determina a redistribuição dos feitos** – HC 101.400/MS, Rel. Ministra MARIA THEREZA DE ASSIS MOURA, SEXTA TURMA, julgado em 01/09/2011, *DJe* 19/09/2011. Mas a simples criação de novos órgãos jurisdicionais, sem ordem de redistribuição, **não enseja o declínio da competência do juízo ora processante**, privilegiando-se a *perpetuactio jurisdictionis* – HC 29.501/SP, Rel. Ministro GILSON DIPP, QUINTA TURMA, julgado em 06/05/2004, DJ 28/06/2004, p. 361 (...*II. Diante da implantação de Varas Federais na comarca de Santo André/SP – local da infração –, abre-se a questão acerca da possibilidade de prorrogação da competência. III. Na omissão do Código de Processo Penal, esta Turma, decidiu pela aplicação subsidiária da regra da perpetuatio jurisdictionis do art. 87 do Código de Processo Civil...*").

A perpetuação da competência continua sendo a tônica no Código de Processo Civil de 2015, presente o art. 43: *Determina-se a competência no momento do registro ou da distribuição da petição inicial, sendo irrelevantes as modificações do estado de fato ou de direito ocorridas posteriormente, salvo quando* **suprimirem órgão judiciário ou alterarem a competência absoluta**. As poucas mudanças verificadas em relação ao regramento anterior – estipulação da competência não mais no momento da formalização da ação, mas a partir do registro ou da distribuição da petição inicial, e a ampliação das exceções à perpetuação, compreendendo os casos de modificação não apenas da competência em razão da matéria ou por hierarquia, mas de qualquer outra regra de natureza **absoluta** – não alcançam o juiz das garantias.

O advento do magistrado das garantias **não** importa supressão de órgão jurisdicional, logo, os juízos então processantes do inquérito continuam a existir, logo, competentes também para o vindouro processo, até o exame do mérito.

Embora a competência funcional tenha natureza absoluta, **inexistiu tampouco alteração, mas subtração.** Os juízos nos quais o inquérito tramita continuam a existir, reitere-se. Inexistiu supressão. Em verdade, **brotou-se** nova competência funcional, hipótese que não se enquadra nas exceções contidas no art. 43 do Código de Processo Civil de 2015. Conforme já ressaltado, **o** *impedimento* **contemplado no art. 3º-D, cabeça, não deve ser entendido como tal, e sim como retirada de parcela da competência do juiz, antes integral, ora sem abranger a instrução e a apreciação do mérito – os atos até o recebimento da denúncia ou queixa, nos termos do art. 399 do CPP, persistem da sua alçada, haja vista o art. 3º-C, cabeça e § 1º.**

Por tudo isso, **quando da entrada em vigor da Lei nº 13.964/19, os juízos já preventos assim permanecem para a persecução penal como um todo, até o julgamento do mérito, afinal, considerada a legislação então em vigor, a competência foi conquistada para a persecução penal globalmente considerada, do inquérito à apreciação do mérito** – *tempus regit actum.*

De mais a mais, **a competência já estaria definida igualmente pela prevenção, de natureza relativa, na esteira do enunciado de Súmula nº 706 do STF, e não** absoluta, justificando, ainda mais, a **perpetuação**, nos moldes do art. 43 do CPC/2015. Por tudo isso, **a novel sistemática, ao entrar em vigor, não recai sobre as ações penais em curso.**

No tocante às investigações penais em andamento, o Min. Dias Toffoli, alinhando-se à visão dos professores Aury Lopes Jr. e Alexandre Morais da Rosa, entendeu, no corpo da liminar, ser viável a pronta incidência do art. 3º-D, cabeça, do CPP, **independentemente de já existir juízo prevento:**" ...*quanto às investigações que já estiverem em andamento no momento da efetiva implementação do juiz das garantias (ou quando esgotado o prazo máximo de 180 dias),* **o juiz da investigação continuará a conduzir a investigação do caso específico**. *Portanto, não será necessário, a partir do início de eficácia da lei, designar novo juiz para oficiar como juiz de garantias na respectiva investigação. Neste caso,* **uma vez recebida a denúncia ou queixa e instaurada a ação penal, o processo será enviado ao juiz da instrução e do julgamento**. *Nessa hipótese, do mesmo modo, evita-se a necessidade de redistribuição de inúmeras investigações já em curso no país...*" (grifo nosso).

Ousamos, todavia, discordar, porque, em havendo juízo prevento nas investigações penais em andamento, antes da entrada em vigor da Lei nº 13.964/19, **o juiz natural encontra-se previamente fixado e, segundo os critérios constitucionais e legais então em vigor, para o julgamento da causa como um todo, e não até a fase do art. 399 do CPP**. Consigne-se que a competência do órgão jurisdicional é definida ainda no inquérito, quando da distribuição (art. 75 do CPP) ou do cometimento de ato decisório (art.

83 do CPP), quer os múltiplos juízos potencialmente competentes estejam na mesma circunscrição judiciária ou em diferentes, respectivamente. Assim, **toda a argumentação desenvolvida em prol da *perpetuatio jurisdictionis*, consideradas as ações penais em curso, valem para as investigações em andamento, com juízos preventos, mesmo porque assim já são para a própria AÇÃO PENAL, considerado o art. 3º-C, cabeça e § 1º do CPP, não havendo motivos para distinção, tendo, assim, a competência perpetuada até o julgamento do mérito, em vez da fase do art. 399 do CPP.**

Diferentemente do aventado pelo Min. Dias Toffoli em seu pronunciamento liminar, obviamente precário, ainda em processo de maturação (reflexão), a solução proposta **não** evitará uma enxurrada de declínios da competência e vários inconvenientes que adviriam, desnecessariamente, a reboque, afinal, elidido o juiz competente à luz da legislação em vigor, perde-se em especificidade – a depender da circunscrição judiciária, uma causa afeta à Vara Especializada de Organização Criminosa não mais teria o mérito lá apreciado, pois o juiz persistiria no processo somente até o recebimento da denúncia –, e em oralidade – em se tratando de Juízo único, mudar-se-ia de Comarca após a admissão da peça acusatória, ensejando a expedição de cartas precatórias em profusão, pois, provavelmente, as vítimas e testemunhas residiriam na circunscrição de origem –, por exemplo. Reconhecemos que essa transição, em relação às investigações penais em curso com juízo prevento, será bem menos traumática nas comarcas abastecidas por *n* Varas Criminais, porquanto a remessa dos autos dar-se-á dentro da mesma circunscrição, respeitados os critérios em razão da matéria e territoriais – o furto perpetrado no centro da cidade de Recife persistirá sendo apreciado por uma das Varas Criminais da Capital pernambucana, *v.g.*, sem prejuízo da oralidade e da pertinência temática. Mas a competência, e, mais precisamente, o juiz natural, hão de ser pensados uniformemente, sob pena de ofensa à isonomia. E, repita--se, como a competência é definida no inquérito (art. 75 ou art. 83 do CPP), uma vez fixada antes da Lei nº 13.964/19, o juiz natural então apontado por lei assim o é para a investigação, admissibilidade da acusação e julgamento do mérito, **aplicando-se a nova sistemática aos inquéritos sem juízo definido**.

A virtuosidade inerente ao sistema de Justiça Penal pautado no juiz das garantias exige que nasça sem embaralhamentos e mudanças repentinas do juiz natural, logo, incide sobre as investigações criminais **sem** juízo ainda prevento. A **segurança jurídica**, valor primordial ao Direito, merece, e demanda, essa deferência, expressando-se, em matéria de competência, na *perpetuatio jurisdictionis*.

Nada obstante, vale um registro: no tocante às ações penais e as investigações em curso, obviamente com juízo definido, **a audiência de instrução, interrogatório e julgamento (AIIJ) e a técnica de prolação de sentença já se curvam ao novo regramento estabelecido nos §§ 3º e 4º do art. 3º-C do CPP, no tocante à imprestabilidade do inquérito como fundamento decisório, excetuadas as provas cautelares, antecipadas e irrepetíveis, em deferência ao art. 2º do CPP, ou seja, os depoimentos colhidos na investigação não integram o contraditório judicial, nem a sentença, ainda que *obiter dicta* (argumentos de reforço)** – o valor probatório do inquérito à luz da Lei nº 13.964/19 e seus reflexos na AIIJ e no julgamento do mérito serão analisados mais à frente, no item 3.4.

Invocou-se, na mencionada ADI, ainda, a inconstitucionalidade da Lei nº 13.964/19 em razão do silêncio eloquente quanto à inserção do juiz das garantias nos Tribunais, no âmbito das ações penais da sua competência originária, dando azo a dois sistemas de Justiça Penal distintos, quer fosse a imputação da competência ordinária ou *ratione personae*, em desacordo com a isonomia.

O "incômodo" revelado pelas autoras da ADI endossa, subliminarmente, o acerto do juiz das garantias, do contrário, excluí-los, pretensamente, das persecuções da competência primeva dos Tribunais seria digno de loas, e não de grita.

E, na realidade, **não** foram excluídos. O tópico intitulado "Juiz das Garantias" começa com o art. 3º-A anunciando que *o processo penal terá estrutura acusatória, vedadas a iniciativa do juiz na fase de investigação e a substituição da atuação probatória do órgão de acusação*, para, a partir do art. 3º-B, iniciar o desenho do juiz das garantias, alicerce do sistema acusatório. Trata-se, portanto, de regramento aplicável **a todo e qualquer procedimento**, incluindo os da competência originária dos Tribunais, mesmo porque o art. 2º, cabeça, da Lei nº 8.038/90, pertinente aos processos de competência primária do STF e do STJ, ao qual se reporta o art. 1º da Lei 8.658/93, atinente às ações penais de competência primeva dos Tribunais – TJs e TRFs –, prevê a aplicação subsidiária do CPP. Outrossim, tais diplomas legais são **anteriores** à Lei nº 13.964/19, devendo a esta se adequar, em virtude do **princípio da anterioridade** – *lex posteriori derogat anteriori*.

Não menos importante é o art. 96, I, a da CRFB/88, pois, ao preceituar a competência dos Tribunais para *eleger seus órgãos diretivos e elaborar seus regimentos internos, **com observância das normas de processo e das garantias processuais das partes**, dispondo sobre a competência e o funcionamento dos respectivos órgãos jurisdicionais e administrativos* (grifo nosso), deixa clara **a submissão ao Código de Processo Penal e, portanto, ao juiz das garantias**.

Por outro lado, na medida em que o juiz natural é um **colegiado**, a preocupação com a contaminação da imparcialidade do julgamento, ante a superexposição à fase investigatória, fica **centralizada** na pessoa do **relator**, competente para, monocraticamente, apreciar e decidir os diferentes pleitos cautelares anteriores à ação penal. Atentando-se à inteligência dos arts. 3º-C, cabeça e § 1º, e 3º-D, cabeça, do CPP, **a competência do relator cessa quando, na forma do art. 6º da Lei nº 8.038/90, tiver o colegiado que deliberar sobre o recebimento da denúncia ou queixa. Concluindo-se pela admissibilidade, o relator originário é afastado do processo, redistribuindo-se a relatoria a um dos demais componentes do colegiado.**

O art. 3º-D, *caput*, do CPP apenas reputa impedido o juiz que tenha praticado *qualquer ato incluído nas competências dos arts. 4º e 5º*, ou seja, **atos incidentais à investigação**, da lavra do **relator**, e não dos demais integrantes do Colegiado, inexistindo base legal para sustentar o impedimento destes, em razão de haverem se pronunciado sobre o *judicium accusationis*, na forma do art. 6º da Lei 8.038/90. Os componentes do colegiado, de certo modo, colocam-se como observadores e críticos, emitindo suas valorações, fáticas e jurídicas, a partir das considerações do relator. Seu relatório serve de norte aos demais colegas, logo, o relator ostenta um nível de envolvimento (e, por conseguinte, de contaminação) infinitamente superior aos pares, mesmo que peçam vista. Sustentar o impedimento do órgão colegiado como um todo soa demasiado, por impactar no próprio juiz natural, haja vista, *v.g.* as ações penais de competência originária do **Pleno** de determinado Tribunal de Justiça, reunindo a totalidade de desembargadores que o integram. Se impedidos, simplesmente haveria de se criar um colegiado, composto, exclusivamente, por juízes convocados, para dar sequência ao processo e julgamento, dando-lhe feição idêntica à de uma Turma Recursal. Descabe.

O Min. Dias Toffoli, na liminar deferida, optou por rumo diverso. Entendeu ter havido **silêncio eloquente na Lei nº 13.964/19 quanto aos Tribunais, consideradas as ações penais de sua competência originária, excluindo-os da sistemática do juiz das garantias**. Se o objetivo é *"...amenizar os riscos de contaminação subjetiva do julgador e reforçar a imparcialidade do juiz..."*, *"... nos tribunais, as ações penais são julgadas por órgão colegiado, forma de julgamento que já garante um incremento de imparcialidade..."* (grifo nosso). Tal conclusão tampouco melindraria a isonomia, se trabalhada sob o ângulo material, pois essa particularidade da colegialidade justificaria tratamento diferenciado.

Em reforço, pode-se citar o art. 13 da Lei nº 13.964/19, que, ao reformar a Lei nº 12.694/12, para introduzir, no art. 1º-A, as Varas Criminais Colegiadas, competentes para processar e julgar os crimes pertinentes às organizações criminosas armadas ou que tenham armas à disposição, à constituição de milícia privada, além dos conexos (incisos I a III), revestiu-as, no § 1º, de competência para *"...**todos os atos jurisdicionais no decorrer da investigação, da ação penal e da execução da pena**, inclusive a transferência do preso para estabelecimento prisional de segurança máxima ou para regime disciplinar diferenciado..."*, excluindo, assim, o juiz das garantias, considerado o **princípio da especialidade**. Teria o legislador reconhecido que, quando **plúrima a prestação jurisdicional**, o risco de comprometimento da imparcialidade é menor, em virtude da intervenção de mais de um julgador.

Conforme já colocado *retro*, o relator, nos processos sob a sua gestão e condução, desfruta de natural proeminência sobre os seus pares. Sua palavra possui peso diferenciado, em virtude da intimidade com o processo, e a inclinação natural dos demais integrantes do Colegiado é acompanhá-la. Divergências são muito mais jurídicas do que propriamente fáticas. E assim o é não apenas pela lealdade e confiança que permeiam a relação entre os juízes integrantes de órgão colegiado, mas por **autodefesa** do próprio Poder Judiciário frente ao número invencível de processos a espera de julgamento. Se cada linha do relatório apresentado fosse posta em dúvida ou debatida pelos demais pares, a engrenagem judiciária emperraria de vez. Nossos Tribunais são Cortes de massa, e não "boutiques". Partindo dessa perspectiva realista, substituir o relator após o recebimento da denúncia, na forma do art. 6º da Lei nº 8.038/90, é mandatório à preservação da imparcialidade do julgamento, pois, do contrário, os prejulgamentos inevitavelmente já formados tendem a se projetar no seu voto derradeiro, notadamente no **acertamento fático**, servindo de inevitável parâmetro para os pronunciamentos dos demais juízes – se o **norte** do julgamento está viciado (contaminado) pelas impressões amealhadas durante a investigação, é improvável obter um resultado virtuoso, despido de preconceitos.

Resta-nos aguardar o julgamento definitivo do mérito das ADINs para certificar se as ações penais de competência originária dos Tribunais serão, mesmo, excluídas da sistemática atinente ao juiz das garantias. Se tal se confirmar, **em apreço à estrutura acusatória do processo penal brasileiro (art. 3º-A do CPP), a imprestabilidade probatória do inquérito, ressalvadas as provas cautelares, antecipadas e irrepetíveis, é universal, independentemente do procedimento, logo, os §§ 3º e 4º do art. 3º-C do CPP abrangem os feitos de competência originária dos Tribunais – superada a fase de recebimento da peça acusatória (art. 6º da Lei nº 8.038/90), os elementos de informação de índole inquisitória hão de ser desentranhados dos autos, não servindo de base empírica para o julgamento do mérito** (o tema será mais bem aprofundado no item reservado ao valor probatório do inquérito).

A advertência acima estende-se ao Juizado da Violência Doméstica e Familiar contra a Mulher, ao Tribunal do Júri e à Justiça Eleitoral, também excluídos da sistemática do Juízo das Garantias na liminar concedida pelo Ministro Dias Toffoli – tais exclusões serão analisadas em tópicos próprios.

Finalmente, **o eventual impacto financeiro gerado pela implantação de determinado preceito legal – no caso, os juízos das garantias – não o torna inconstitucional**, por óbvio.

Redistribuição do orçamento, com investimentos potencializadores da funcionalidade do aparato jurisdicional, é um ótimo começo.

A expansão do procedimento eletrônico, estendendo-o ao inquérito, facilitaria a efetivação do juiz das garantias por meio de tabelamento e acumulações, evitando a criação imediata de novos órgãos e serventias. Expertise técnica e ferramentas tecnológicas para tanto existem, sem óbices legais, afinal, há muito o art. 9º do CPP, regra de 1941, carece de releitura, de sorte que a referência ao inquérito enquanto procedimento escrito há de ser reinterpretada para **documentado**, compreendendo-se **o registro audiovisual dos depoimentos, armazenados digitalmente, com lançamento em procedimentos eletrônicos**. Essa é a realidade, por exemplo, nos procedimentos investigatórios do Ministério Público, considerados os arts. 3º, § 1º – *o procedimento investigatório criminal deverá tramitar, comunicar seus atos e transmitir suas peças,* **preferencialmente, por meio eletrônico** (grifo nosso) – e 8º, cabeça – *a colheita de informações e depoimentos deverá ser feita preferencialmente de forma oral,* **mediante a gravação audiovisual**, *com o fim de obter maior fidelidade das informações prestadas* (grifo nosso) –, da Resolução nº 181, na forma da Resolução nº 183, do CNMP. O STJ, por outro lado, ao ser confrontado ao art. 388 do CPP, outra norma vetusta, de 1941, segundo a qual *"a sentença poderá ser* **datilografada** *e neste caso o juiz a rubricará em todas as folhas"*, entendeu que a prolação em audiência, oralmente, com o registro audiovisual, dispensa a redução a termo[48].

As regras constitucionais e legais de competência em razão da matéria, por prerrogativa de função e territoriais determinam o juízo para a instrução e o julgamento, enquanto o das garantias, a intervir ainda na fase inquisitorial, é definido pelas leis locais de organização judiciária (art. 3º-E do CPP), de acordo com as diretrizes genericamente estabelecidas pelo CNJ, logo, não raro estará territorialmente baseado em circunscrição diversa da qual tramita a investigação. **A disseminação do procedimento eletrônico, todavia, não torna a presença física do juiz tão mandatória assim durante a fase inquisitiva, EXCETO quanto à realização da audiência de custódia**, tema a ser aprofundado quando examinado o feixe de competências do juiz das garantias. Apesar de a ampliação da capilaridade da magistratura nacional ser inescapável, a escala, e consequente impacto financeiro para tanto, são menores do que o alardeado.

---

[48] HC 462.253/SC, Rel. Ministro Nefi Cordeiro, Terceira Seção, julgado em 28/11/2018, DJe 04/02/2019 – *"...1. A previsão legal do único registro audiovisual da prova, no art. 405, § 2º do Código de Processo Penal, deve também ser compreendida como autorização para esse registro de toda a audiência – debates orais e sentença. 2. É medida de segurança (no mais completo registro de voz e imagem da prova oral) e de celeridade no assentamento dos atos da audiência. 3.* **Exigir que se faça a degravação ou separada sentença escrita é negar valor ao registro da voz e imagem do próprio juiz, é sobrelevar sua assinatura em folha impressa sobre o que ele diz e registra**. *Não há sentido lógico ou de segurança, e é desserviço à celeridade. 4. A ausência de degravação completa da sentença não prejudica ao contraditório ou à segurança do registro nos autos, do mesmo modo que igualmente ocorre com a prova oral..."* (grifo nosso).

Em algumas das circunscrições judiciárias mais importantes do País, como São Paulo, bastarão certos ajustes, por já vigorar modelo similar ao juiz das garantias. Ulisses Augusto Pascolati Junior, por exemplo, lembra que *"...esta figura não é nova na cidade de São Paulo. Na capital, desde 1984/85 (provimento 167/84 do CSM e Provimento 11/85 do OE), os operadores do direito convivem harmonicamente com o "Juiz das Garantias". É certo que a atividade jurisdicional não é exercida com este nomen juris, contudo, há mais de 30 anos, é exercida pelos juízes do Departamento de Inquéritos Policiais e Polícia Judiciária, famoso DIPO. Na cidade de São Paulo, o processo penal é de natureza trifásica: a) a investigação fica a cargo da Polícia Judiciária, por meio do Inquérito Policial, ou do Ministério Público, por meio dos PIC's — Procedimento Interno de Controle (anote-se que agora obrigatoriamente estes deverão ser distribuídos — artigo 3º-B, IV); b) as medidas constritivas de direito, ou seja, aquelas que flexibilizam garantidas constitucionais (liberdade, privacidade, intimidade, honra, etc) são decididas por juiz que atua no DIPO e este juiz controla o trâmite e regularidade das investigações; c) a instrução e julgamento, por sua vez, é realizada por outro juiz, o qual, ressalte-se, não manteve contato com a investigação. Em São Paulo, portanto, embora não com as integrais competências trazidas pela nova legislação,* **o juiz do DIPO atua no sentido de não permitir a contaminação ou qualquer influência do juiz de julgamento ("de instrução") pelas provas colhidas na fase inquisitiva/investigatória...*"[49]* (grifo nosso).

Sem embargo, o Projeto de Lei nº 8.045/10, concernente ao novo CPP, ostenta prazo de *vacatio* de **6 (seis) meses**, considerado o art. 756. A Resolução nº 213 do CNJ, no art. 15, estipulou aos Tribunais de Justiça e aos Tribunais Regionais Federais o prazo de **90 dias** para a implantação das audiências de custódia, contados a partir da entrada em vigor, 1º de fevereiro de 2016 (art. 17), apesar de a Resolução, em si, ser de 15 de dezembro de 2015, totalizado, aproximadamente, **quatro meses e meio**. A Lei nº 11.340/06, ao introduzir nova competência, voltada para as infrações penais relacionadas à violência doméstica ou familiar contra as pessoas de identidade de gênero feminino, fixou o interregno de **45 dias** de *vacatio* (art. 46). No caso do CPC/15, foi de **1 ano** (art. 1045). A Nova Lei de Abuso de Autoridade, de nº 13.869/19, trouxe, no art. 45, o prazo de 120 dias de *vacatio*. A breve análise comparativa desnuda a óbvia **insuficiência** do prazo de 30 dias de *vacatio*, estabelecido no art. 20 da Lei nº 13.964/09, pois, embora não se trate de um **novo** processo penal, **a concretização da estrutura acusatória**, prevista desde sempre na Constituição (art. 129, I), demanda ajustes na organização judiciária dos Tribunais, em menor ou maior grau, investimentos e maturação, inclusive intelectual, **inalcançáveis** em exíguos 30 dias. A indiscutível excelência do novel modelo de justiça penal exige à sua implantação tempo maior, evitando o implemento torto, desvirtuado. Soluções de afogadilho não primam pela virtuosidade.

Tudo recomenda a concessão de liminar suspendendo a eficácia do art. 20 da Lei nº 13.964/09, mas **restrita à efetivação do juiz das garantias**, pois as demais inovações **não são estruturais**. A partir de um juízo de proporcionalidade, andará bem o STF caso adeque o prazo da *vacatio* para **6** meses, tomando como referencial o art. 756 do Projeto de Lei nº 8.045/10, atinente ao novo CPP, presente a homogeneidade temática, ou mesmo o lapso de **1** ano, adotado pelo CPC/15, no art. 1045.

---

[49] Juízo das Garantias não é novidade, ao menos em São Paulo. *Conjur*. Disponível em: https://www.conjur.com.br/2019-dez-30/pascolati-junior-juizo-garantias-nao-novidade-sp. Acesso em: 5 jan. 2020.

Dessarte, agiu, com acerto, o Ministro Dias Toffoli, ao deferir a liminar nas ADIs em comento para suspender "*...a eficácia dos arts. 3º-B, 3º-C, 3º-D, caput, 3º-E e 3º-F do CPP, inseridos pela Lei nº 13.964/19, até a efetiva implementação do juiz das garantias pelos tribunais, o que deverá ocorrer no prazo máximo de 180 (cento e oitenta) dias, contados a partir da publicação desta decisão*" (grifo nosso), **mantido o art. 3º-A**.

Finalmente, mas não menos importante, nenhuma argumentação pela inconstitucionalidade do juiz das garantias sequer tangencia o art. 3º-A do CPP, que **não** versa sobre o tema, limitando-se a reforçar, em nível infraconstitucional, o sistema acusatório consagrado no art. 129, I, da CRFB/88, constatação suficiente à sua (indiscutível) constitucionalidade. Com efeito, ao anunciar que *o processo penal terá estrutura acusatória*, **vedadas** a iniciativa *do juiz na fase de investigação e a substituição da atuação probatória do órgão de acusação* **nada traz sobre o Juízo das garantias**. Em verdade, **glosa a iniciativa investigatória e probatória** *ex officio* **do juiz, bloqueando-a**. Assim, por completa ausência de nexo causal ou adequação argumentativa, a eventual cautelar concedida para suspender a eficácia do art. 20 da Lei nº 13.964/09 **não** deve compreender o art. 3º-A, cuja constitucionalidade, repita-se, não foi minimamente posta em xeque, advertência compartilhada pelo Ministro Dias Toffoli, que, na liminar, manteve hígido o citado preceito.

Sem embargo, o Min. Luiz Fux, impulsionado pela patente animosidade nutrida pela figura do juiz das garantias, obtemperou que "*a complexidade da matéria em análise reclama a reunião de melhores subsídios que indiquem, acima de qualquer dúvida razoável, os reais impactos do juízo das garantias para os diversos interesses tutelados pela Constituição Federal, incluídos o devido processo legal, a duração razoável do processo e a eficiência da justiça criminal*". A partir daí, suspendeu, *sine die*, a eficácia dos preceitos concernentes ao juiz das garantias.

Ocorre que a liminar concedida pelo Min. Luiz Fux, na linha do advertido acima, **não trouxe um único fundamento pertinente ao art. 3º-A**, que, seguramente, apenas teve a sua eficácia suspensa em razão da topografia, ou seja, por estar, erroneamente, na seção reservada ao juiz de garantias. Existe nítido descompasso entre a fundamentação e o dispositivo, digno de embargos declaratórios.

Em verdade, mais do que uma contradição, tem-se manifesto erro material. Como toda a motivação articulada no pronunciamento cautelar liminar foi contrária ao juízo das garantias, a inclusão do art. 3º-A foi mero equívoco material, sanável *ex officio*, nos moldes do art. 494, I, do Código de Processo Civil/15. O próprio relator, Min. Luiz Fux, pode reparar o lapso.

Se não o fizer, e é certo que não o fez, uma gama infindável de indiciados e de réus criminais continua e continuará sujeita à atuação investigatória e probatória do juiz *ex officio*, malgrado a **vigência** de lei dispondo em sentido contrário, cujo comando encontra-se suspenso **sem a menor fundamentação**, potencializando as chances de incriminação e, por conseguinte, de condenação. Configurado, está, **o risco concreto ao direito ambulatorial**, decorrência de um **pronunciamento desmotivado**. O *habeas corpus* surge, então, como via impugnativa natural, pautada no art. 648, IV, do CPP – motivação *cessada* é sinônimo de **inexistente**, lembrando que, diferentemente do art. 647 do CPP, que condiciona a impetração à **iminência** de o paciente ter a liberdade cerceada, o art. 5º, LXVIII, da CRFB/88 é bem menos restritivo, disponibilizando o *habeas corpus* sempre que houver **ameaça à liberdade**, exigindo que seja **real**, mas **não** imediata – se assim não fosse, inexistiria *habeas* extintivo do inquérito, considerada a ausência de risco próximo ao *status libertatis*.

A viabilidade de *habeas corpus* coletivo, em prol de pessoas **determináveis**, sem a exigência de individualizá-las, já foi reconhecida pelo STF em mais de uma oportunidade, seja em prol dos vulgos flanelinhas[50], seja em favor das presas provisórias gestantes ou mães de crianças[51].

Por outro lado, é certo que, contra pronunciamentos do Plenário ou de Turma do Supremo Tribunal Federal, inadmissível é o *habeas corpus*, sob pena de incorrer no paradoxo de se ter o mesmo ente, simultaneamente, como autoridade coatora e julgadora – Súmula nº 606 do STF. Discute-se, todavia, se a inteligência do enunciado abrangeria o *habeas* no qual o coator fosse Ministro do STF. Considerando-o como sendo, também, a *voz* do Supremo, a resposta é positiva. Porém, atentando-se ao **princípio do colegiado**, norteador do STF e de qualquer outro Tribunal, seria demasiado equiparar o pronunciamento **monocrático** ao da Corte como um todo, abrindo-se campo, então, para o *habeas corpus*. Aduz-se, em favor dessa última conclusão, com igual peso argumentativo, o art. 102, I, *i*, da CRFB/88: se o STF é competente para conhecer do HC impetrado contra autoridade cujos atos estejam sujeitos diretamente à sua jurisdição, caso dos Ministros do STF, então a viabilidade da impetração decorre do próprio texto constitucional.

No julgamento do HC nº 105.959/DF, em 17 de fevereiro de 2016, acórdão publicado no *DJe* de 15 de junho imediato, votaram pela admissibilidade do HC os Ministros Marco Aurélio (Relator), Dias Toffoli, Gilmar Mendes, Celso de Mello e Ricardo Lewandowski. Em sentido contrário, posicionaram-se os Ministros Edson Fachin, Luís Roberto Barroso, Luiz Fux, Rosa Weber, Cármen Lúcia e Teori Zavascki, placar revelador de uma Corte Constitucional absolutamente dividida.

Ante o falecimento trágico, e precoce, do Min. Teori Zavascki, a discussão reabre no STF. E o seu sucessor, Min. Alexandre de Moraes, já destacou no Plenário, mais precisamente quando do julgamento do HC nº 162.285AgR/DF, da sua relatoria, em 11 de setembro de 2019, que **compreende caber habeas corpus contra ato de Ministro do STF em hipóteses excepcionais, mas com a análise do mérito pelo Tribunal Pleno**, segundo noticiado no Informativo nº 951.

---

[50] RE 855810 AgR, Relator Min. Dias Toffoli, Segunda Turma, julgado em 28/08/2018, *DJe*-221 divulg. 16/10/2018 public. 17/10/2018 – "...*Imputação aos pacientes da prática do delito de exercício ilegal de profissão. 'Flanelinhas'. Constrangimento ilegal evidenciado pelas instâncias de origem. Habeas corpus coletivo. Admissibilidade. Máxima efetividade e interpretação extensiva dos remédios constitucionais. Acesso à justiça por grupos mais vulneráveis.* Tratamento mais isonômico na entrega da prestação jurisdicional. Regimental ao qual se nega provimento. *1. A Segunda Turma do STF, no julgamento do HC nº 143.641/SP, (julgado em 20/2/18), admitiu o primeiro habeas corpus coletivo e determinou a conversão, em todo o território nacional, da prisão preventiva de gestantes ou mães de crianças de até 12 (doze) anos ou de pessoas com deficiência em prisão domiciliar, sem prejuízo da aplicação das medidas alternativas previstas no art. 319 do Código de Processo Penal. 2. A Constituição da República prevê que a lei não excluirá da apreciação do Poder Judiciário lesão ou ameaça a direito (CF, art. 5º, inciso XXXV), sobretudo dos mais vulneráveis, cujo tratamento coletivo desempenhará a relevantíssima função de promoção efetiva de acesso à justiça, sem a necessidade do ajuizamento de inúmeras ações individuais, nem sempre acessíveis a uma gama de cidadãos mais necessitados. 3. O cabimento de habeas corpus coletivo, inquestionavelmente, desborda em tratamento mais isonômico na entrega da prestação jurisdicional. 4. Agravo regimental a que se nega provimento"* (grifo nosso)

[51] HC 143641, Relator Min. Ricardo Lewandowski, Segunda Turma, julgado em 20/02/2018, *DJe*-215 divulg. 08/10/2018 public. 09/10/2018.

Dessa forma, soa claro que o equívoco cometido pelo Min. Luiz Fux, ao suspender, desavisadamente, a eficácia do art. 3º-A do CPP desafia *habeas corpus*, cognoscível pelo Pleno do STF, mesmo porque incidental à ADI.

Não se ignora a impetração do HC nº 195.807 pelo Instituto de Garantias Penais (IGP), em 18 de dezembro de 2020, cuja ordem foi negada monocraticamente pelo relator, Min. Alexandre de Moraes, em 4 de fevereiro de 2021, com trânsito em julgado em 13 imediato.

Ocorre que, diferentemente do ora proposto – insurgência somente contra a suspensão cautelar do art. 3º-A do CPP, porque, de fato, despido de toda e qualquer motivação –, a impetração foi **demasiadamente abrangente**, atacando a demora do Min. Luiz Fux em sujeitar ao crivo do Plenário a liminar deferida nas ADIs nºs 6.298, 6.299, 6.300 e 6.305. Formalizou-se o HC "*em favor de todas as pessoas que estão submetidas à persecução penal ou à investigação criminal e todos os presos em flagrante, cuja audiência de custódia não foi realizada em 24h, que* **têm sido impedidas de exercer os direitos consagrados pela Lei nº 13.964/19** *por força da Decisão Monocrática coatora proferida pelo eminente Ministro LUIZ FUX nos autos das Ações Diretas de Inconstitucionalidade nº 6.298, 6.299, 6.300 e 6.305*" (grifo nosso), pugnando-se pela concessão da ordem "*a fim de que seja* **suspensa** *a decisão monocrática proferida pelo Min. Luiz Fux, em 22 de janeiro de 2020, nas ADIs nºs 6.298, 6.299, 6.300 e 6.305 até o julgamento de mérito dessas ações diretas de inconstitucionalidade, haja vista o flagrante constrangimento ilegal imposto aos pacientes*" (grifo nosso).

Concorde-se, ou não, a liminar concedida pelo Min. Luiz Fux encontra-se fundamentada, **exceto no tocante ao art. 3º-A do CPP**, residindo *aí*, e tão somente *aí*, a ilegalidade ensejadora do *habeas corpus*. Tal dado, por óbvio, não passou despercebido pelo Min. Alexandre de Moraes em sua decisão, assentando que "*...O eminente Ministro Luiz Fux, de maneira fundamentada, analisou e reconheceu a presença dos requisitos concessivos da medida pleiteada...Não houve, portanto, qualquer ilegalidade na concessão da referida medida cautelar em sede de jurisdição constitucional...*" – não por acaso a decisão foi de improcedência do pedido (denegação da ordem), em vez de não conhecimento.

Dessarte, a impetração de *habeas corpus*, objetivando **a nulidade da decisão liminar relativa ao art. 3º-A do CPP,** por **absoluta ausência de motivação**, persiste viável, mesmo porque, conforme descrito anteriormente, o próprio Min. Alexandre de Moraes, **prevento** para apreciar nova impetração, pontuou em sessão plenária, quando do julgamento do HC nº 162.285 AgR/DF, da sua relatoria, em 11 de setembro de 2019, que **compreende caber *habeas corpus* contra ato de Ministro do STF em hipóteses excepcionais, mas com a análise do mérito pelo Tribunal Pleno**, segundo noticiado no Informativo nº 951. A **teratologia** materializada na suspensão cautelar de um dispositivo (art. 3º-A do CPP) que **reproduz** a Constituição (art. 129, I), reafirmando ter o processo penal brasileiro estrutura acusatória, não podendo o juiz substituir à acusação na atividade probatória, restrição escudada na imparcialidade judicial, assegurada expressamente no art. 8º, 1, da CADH e no art. 14, 1, do PIDCP e, portanto, não atentatória a preceito constitucional algum, encerra **distinção** suficiente, e **admitida pelo próprio Min. Alexandre de Moraes**, à objeção "*...à utilização de* habeas corpus *como substitutivo do necessário referendo pelo Plenário da CORTE nas cautelares monocráticas concedidas ou, ainda, de eventual agravo regimental interposto em sede de ação direta de inconstitucionalidade...*" bem como contra pronunciamento monocrático de Ministro da Corte Constitucional.

3.3. COMPETÊNCIAS DO JUIZ DAS GARANTIAS – COMENTÁRIOS AOS ARTS. 3º-B E 3º-F DO CPP

O art. 3º-C, cabeça e § 1º do CPP circunscreveu a competência do juiz das garantias do controle da legalidade da investigação até o recebimento da denúncia ou queixa, nos moldes do art. 399 do CPP. Todos os atos carentes de pronunciamento jurisdicional incidentais a esse interregno sujeitam-se à sua competência, notadamente, por óbvio, os submetidos à **reserva de jurisdição**, como as tutelas **cautelares**, independentemente da natureza – pessoal (*v.g.* prisões temporária e preventiva e as constrições libertárias diversas, versadas nos arts. 319 e 320 do CPP), reais (*v.g.* sequestro e arresto) e probatórias (*v.g.*, produção antecipada de provas, interceptações telefônica e ambiental etc.). Partindo dessa premissa, o rol estampado no art. 3º-B do CPP é **exemplificativo** (*numerus apertus*), conforme, aliás, revela a parte final do *caput – o juiz das garantias é responsável pelo controle da legalidade da investigação criminal e pela salvaguarda dos direitos individuais cuja franquia tenha sido reservada à autorização prévia do Poder Judiciário, competindo-lhe especialmente* (grifo nosso) e o inciso XVIII, ao se referir à competência para decidir *outras matérias inerentes às atribuições definidas no caput* (grifo nosso).

O zelo à legalidade da investigação criminal e aos direitos individuais, **mormente quando eventual relativização estiver submetida à cláusula constitucional de reserva de jurisdição**, demanda do juiz das garantias imparcialidade e distanciamento **idênticos** aos exigidos do magistrado da instrução e do julgamento, mostrando-se indeclinável a fundamentação, circunstanciada, de todas as suas **decisões**, a teor do art. 93, IX, da CRFB/88.

Passemos à análise das competências especialmente destacadas no art. 3º-B do CPP, apresentadas, eventualmente, em grupos, quando entrelaçadas.

I. receber a comunicação imediata da prisão, nos termos do inciso LXII do caput do art. 5º da Constituição Federal; II. receber o auto de prisão em flagrante para o controle da legalidade da prisão, observado o disposto no art. 310 deste Código; III. zelar pela observância dos direitos do preso, podendo determinar que este seja conduzido à sua presença, a qualquer tempo, incluindo, nos termos do art. 3º-F, cabeça, do CPP, *assegurar o cumprimento das regras para o tratamento dos presos, impedindo o acordo ou ajuste de qualquer autoridade com órgãos da imprensa para explorar a imagem da pessoa submetida à prisão, sob pena de responsabilidade civil, administrativa e penal.*

O art. 306, cabeça e § 1º do CPP passar a ter o juiz das garantias como o destinatário das comunicações e do auto de prisão em flagrante (APF), incluídos os órgãos do Ministério Público e da Defensoria Pública a ele atrelados.

No tocante à comunicação do auto de prisão em flagrante, a lei foi **incompleta**, porquanto se objetiva controlar não só a **legalidade** da captura, mas, também, a **necessidade** da manutenção da segregação, afinal, o art. 310, *caput*, do CPP, com a redação dada pela Lei nº 13.964/19, **confiou ao juiz das garantias a realização da audiência de custódia –** inclusive, nas circunscrições judiciárias com **centrais de custódia instaladas, como no Rio de Janeiro, adaptá-las em juízos das garantias é uma das alternativas**. Lembre-se, todavia, de que, **quando da realização das audiências de custódia em si, cumpre observar** a cognição mais restritiva que lhe é ínsita, sem indagações de cunho mérito que *possam constituir eventual imputação* (art. 8º, § 1º da Resolução nº 215/15), ainda em formação[52].

Além do relaxamento da prisão em flagrante, pode-se ter a conversão em prisão preventiva ou a concessão da liberdade provisória, acompanhada, ou não, da fiança e/ou de qualquer outra cautelar diversa (art. 310, I a III do CPP e art. 8º, § 1º da Resolução nº 213/2015 do CNJ), incluindo as medidas protetivas de urgência, se a violência for de natureza familiar ou doméstica, não apenas contra pessoas de identidade de gênero feminino, mas também vulneráveis por critérios etários (criança, adolescente ou idoso) e/ou físicos ou mentais (enfermos e deficientes), independentemente do gênero, haja vista o preceituado no art. 313, III, do CPP[53]. Nesse sentido, Enunciado nº 38 do Fórum Nacional de Juízas e Juízes de Violência Doméstica e Familiar contra a Mulher (FONAVID), primeira parte – *Quando da audiência de custódia, em sendo deferida a liberdade provisória ao agressor,* **o(a) juiz(a) deverá avaliar a hipótese de deferimento das medidas protetivas de urgência previstas na Lei nº 11.340/06.** *A vítima deve ser notificada dos atos processuais relativos ao agressor, especialmente dos pertinentes ao ingresso e à saída da prisão, por qualquer meio de comunicação, sem prejuízo da intimação do seu advogado ou do defensor público, nos termos do art. 21 da Lei nº 11.340/06* (grifo nosso).

Ainda em relação à audiência de custódia, da competência do juiz das garantias (art. 3º-B, II do CPP), o então veto presidencial ao § 1º do art. 3º-B abriu, em tese, a possibilidade de ser realizada por videoconferência. O **Enunciado nº 32 do CNPG foi nesse sentido:** *Em razão do veto presidencial ao § 1º do art. 3º-B (que proibia a realização do ato por videoconferência),* **nos casos em que se faça inviável a realização presencial do ato (devidamente fundamentada) faculta-se o uso de meios tecnológicos** (grifo nosso).

Com efeito, segundo o dispositivo, *o preso em flagrante ou por força de mandado de prisão provisória será* **encaminhado à presença do juiz de garantias no prazo de 24 (vinte e quatro) horas**, momento em que se realizará audiência com a presença do Ministério Público e da Defensoria Pública ou de advogado constituído, **vedado o emprego de videoconferência** (grifo nosso). As razões do veto foram: *"A propositura legislativa, ao suprimir* **a possibilidade da realização da audiência por videoconferência***, gera*

---

[52] Conforme salientamos (*Colaboração (Delação) Premiada*, ob. cit., p. 103), *"...a restrição imposta pela citada Resolução merece ser interpretada cum grano salis, a fim de não tolher a autodefesa e, por conseguinte, a ampla defesa, asseguradas no inciso LV do art. 5º da Constituição, bem como no art. 8º, 2, d, do Pacto de São José da Costa Rica e no art. 14, 3, d, do Pacto de Direitos Civis e Políticos da ONU, ambos firmados pelo Brasil e inseridos no ordenamento pátrio pelos Decretos 678/92 e 592/92. Os motivos e a dinâmica do suposto fato delituoso ensejador da captura são vetores determinantes à concessão, ou não, da liberdade provisória, bem como à eleição, se necessária, de medidas cautelares diversas da prisão (artigos 319 e 320 do CPP). Conforta-nos verificar que não estamos sozinhos nessa preocupação, externada na 2ª edição da obra. Eduardo Januário Newton, brilhante defensor público do Estado do Rio de Janeiro e profundo estudioso das audiências de custódia, nas quais atua com assiduidade, lembra que "...uma das funções da audiência de custódia é aferir a necessidade da medida cautelar. Ora, para a aferição de indícios de autoria e comprovação da materialidade – fumus comissi delicti – há a necessidade de exame sobre o material produzido em sede policial...", concluindo que "...se assim não for, o magistrado, quando da realização da audiência de custódia, se furtará de sua função de aferir a necessidade de cautelar e passará a ser mero examinador das formalidades legais..."*.

[53] SANTOS, Marcos Paulo Dutra. *O Novo Processo Penal Cautelar à luz da Lei nº 12.403/11*. Salvador: JusPodivm, 2011, p. 121.

*insegurança jurídica ao ser incongruente com outros dispositivos do mesmo código, a exemplo do art. 185 e 222 do Código de Processo Penal, os quais permitem a adoção do sistema de videoconferência em atos processuais de procedimentos e ações penais, além de dificultar a celeridade dos atos processuais e do regular funcionamento da justiça, em ofensa à garantia da razoável duração do processo, nos termos da jurisprudência do Superior Tribunal de Justiça (RHC 77580/RN, Quinta Turma, Rel. Min. Reynaldo Soares da Fonseca, DJe de 10/02/17). Ademais, o dispositivo pode acarretar em aumento de despesa, notadamente nos casos de juiz em vara única, com apenas um magistrado, seja pela **necessidade de pagamento de diárias e passagens a outros magistrados para a realização de uma única audiência**, seja pela **necessidade premente de realização de concurso para a contratação de novos magistrados**, violando as regras do art. 113 do ADCT, bem como dos arts. 16 e 17 LRF e ainda do art. 114 da Lei de Diretrizes Orçamentárias para 2019 (Lei nº 13.707, de 2018)"* – grifo nosso.

A fragilidade e imprecisão técnicas por detrás das razões do veto, expostas na 1ª edição desta obra, foram identificadas pelo Parlamento ao derrubá-lo.

Com efeito, o art. 9º, 3 do PIDCP, internalizado pelo Decreto nº 592/92, preconiza que *qualquer pessoa presa ou encarcerada em virtude de infração penal deverá ser **conduzida**, sem demora, à **presença do juiz***, regra essa reiterada no art. 7º, 5 da CADH, introduzida no ordenamento pelo Decreto nº 678/92. E os direitos previstos em Tratados ou Convenções Internacionais de Direitos Humanos convivem com as demais garantias fundamentais encartadas no art. 5º da CRFB/88, conforme anuncia o § 2º, vindo logo abaixo do regramento constitucional, na dicção do STF, presente o § 3º. Ora, **condução à PRESENÇA do juiz naturalmente exclui a videoconferência**, mesmo porque, se o objetivo da audiência de custódia é verificar eventuais abusos e torturas dirigidas contra o preso, a constatação *in loco* é peremptória, até para evitar intimidações sobre o apresentado – a câmera e o áudio dão ao juiz uma visão parcial, e não plena, do ambiente, sem controle sobre os bastidores, por exemplo, dando margem a seletividades comprometedoras da fiabilidade do ato.

O precedente do STJ citado nas razões do veto também se mostra fora do contexto. Com efeito, no RHC 77.580/RN, Rel. Ministro REYNALDO SOARES DA FONSECA, julgado em 02/02/2017, *DJe* 10/02/2017, a QUINTA TURMA, **órgão fracionário**, assentou que *não há direito subjetivo dos recorrentes em acompanharem por sistema de videoconferência **audiência de inquirição de testemunhas** realizada presencialmente perante o Juízo natural da causa, por ausência de previsão legal* (grifo nosso). Sem adentrar no mérito do julgado em si, a ***ratio decidendi* é completamente diversa, versando sobre o espectro da ampla defesa (art. 5º, LV, da CRFB/88), que perpassa pela autodefesa, que, por sua vez, tem, no direito de presença –** *day in court* **–, um dos seus corolários, previsto, aliás, em dispositivos do PIDCP (art. 14, 1) e da CADH (art. 8º, 1). Ora, a audiência de custódia sequer possui finalidade instrutória**, objetivando apurar abusos quando da prisão e, em se tratando de flagrante, reunir elementos que permitam ao juiz decidir pelo prolongamento, ou não, da custódia, relaxando-a, convertendo-a em preventiva ou concedendo a liberdade provisória, acompanhada, ou não, de medidas cautelares diversas. Indagações de fundo meritório ao apresentado devem ser evitadas, exceto se indissociáveis da análise da legalidade e/ou da necessidade da prisão (inteligência do § 1º do art. 8º da Resolução nº 213 do CNJ).

Aliás, a própria Resolução nº 213 do CNJ é **silente** quanto ao emprego da videoconferência na audiência de custódia, enfatizando a necessidade de apresentação e contato **pessoais** do preso com o juiz, a ponto de o art. 2º, *caput*, aludir ao **deslocamento da pessoa presa em flagrante delito ao *local* da audiência**, complementado o parágrafo único a possibilidade de os tribunais celebrarem **convênios** a fim de permitir a realização da audiência de custódia **fora** da unidade judiciária correspondente.

As alegadas dificuldades operacionais e o impacto financeiro, no tocante aos juízos únicos, igualmente foram mal colocados e superdimensionados. Isso porque, por meio das regras legais e constitucionais de competência, define-se o juízo para a instrução e julgamento do mérito, logo, sabe-se, de antemão, por critérios como tabelamento ou quaisquer outros estipulados pela lei local de organização judiciária, em conformidade com as diretrizes estipuladas pelo CNJ, quem será o juízo das garantias, encaminhando o preso à sua presença, sem gerar custos de transporte, diárias e afins do magistrado para outra comarca, a fim de presidir ato único.

A audiência de custódia não se limita ao flagrante, porque inexiste tal distinção no art. 9º, 3, do PIDCP, nem no art. 7º, 5, da CADH, tanto que aludem à pessoa *presa* ou *encarcerada*, mostrando-se exigível também no tocante ao cumprimento de prisões **por mandado**, conforme bem atentou o CNJ no art. 13 da Resolução nº 213, ora **positivada** pela Lei nº 13.964/19, considerada a nova redação dada ao art. 287 do CPP: "se a infração for inafiançável, a falta de exibição do **mandado** não obstará a prisão, e o preso, em tal caso, será imediatamente **apresentado** ao juiz que tiver expedido o mandado, **para a realização de audiência de custódia**" (grifo nosso).

Em momento algum preconiza o legislador que a audiência de custódia apenas será realizada, no tocante às prisões por mandado, se este não for exibido e inafiançável o crime. Inexiste tal condicionamento no texto. E o próprio STF, em pronunciamentos liminares monocráticos, assim já se manifestou: em 10 de dezembro de 2020, o Min. Edson Fachin, na Reclamação nº 29.303, manejada pela Defensoria Pública do Estado do Rio de Janeiro, subscrita pelo brilhante defensor público e prof. Eduardo Januário Newton, assentou a premência na realização das audiências de custódia em até 24 horas "...em todas as modalidades prisionais, inclusive prisões temporárias, preventivas e definitivas...". E, antes disso, a medida cautelar na Reclamação nº 33014 MC, da relatoria do Min. Luís Roberto Barroso, apreciada em 15/02/2019, na qual destacou ser "irrelevante a que título se deu a prisão" para se implementar a audiência de apresentação. E, na letra do art. 287 do CPP, o preso há de ser **apresentado**, pressupondo condução à **presença** da autoridade judiciária competente.

No tocante ao flagrante, o art. 310, *caput*, do CPP, igualmente prevê a promoção da audiência de custódia "com a **presença** do acusado", reforçando, com o perdão da redundância, a natureza **presencial** do ato, ao invés de virtual.

Não se ignora a virtualização da audiência de custódia, admitida pelo CNJ, mas **apenas enquanto perdurar a pandemia decorrente da Covid-19, se, em razão desta, não for possível a sua realização presencial em 24 horas**. Nesse sentido, foi editada a Resolução nº 357, de 26 de novembro de 2020, alterando o art. 19 da Resolução nº 319, de 30 de julho anterior, cuja eficácia restringe-se ao "estado de calamidade pública, reconhecido pelo Decreto Federal nº 06/20, em razão da pandemia mundial por Covid-19". O STF, por meio dos seus órgãos fracionários, tem admitido, nesse contexto, com lastro no princípio da proporcionalidade *stricto sensu* (ponderação de interesses), a efetivação da audiência de custódia por videoconferência, a fim de reduzir o contato interpessoal e, por conseguinte, a propagação do vírus, presentes o elevado número de pessoas envolvidas no ato – policiais, servidores, magistrados, defensores, membros do Ministério Público – e a primazia da saúde pública[54].

A Associação dos Magistrados Brasileiros (AMB) formalizou a Ação Direta de Inconstitucionalidade de nº 6.841 objetivando, em liminar, a suspensão cautelar do ora § 1º do art. 3º-B do CPP, alegando que a vedação à videoconferência nas audiências de custódia colocaria em xeque a saúde pública em tempos de pandemia. E, no mérito, sustenta a **inconstitucionalidade formal** do preceito, porque a derrubada do veto presidencial pelo Congresso Nacional deu-se após a preclusão do prazo para tanto, na forma dos arts. 66 e 67 da CF/88. Padeceria, ainda, de **inconstitucionalidade material**, porquanto o texto cuidou de matéria de competência normativa dos Tribunais, conforme art. 96, I, *a*, CF/88.

O relator da ADI, Min. Nunes Marques, concedeu a liminar em 28 de junho de 2021 e suspendeu a eficácia do preceito impugnado "...**enquanto perdurar a pandemia de Covid-19**...", na linha do que já vinha decidindo o STF, *ad referendum* do Plenário. O julgamento, todavia, persiste em aberto, ante o pedido de destaque do Min. Gilmar Mendes em 1º de julho imediato, retirando-o do julgamento virtual.

Considerados os termos da liminar, a videoconferência para fins de audiência de custódia mostra-se viável **enquanto perdurar a pandemia**, reafirmando ser, **em regra**, ato de natureza **presencial**.

A alegada inconstitucionalidade formal descabe, porque o prazo de trinta dias para apreciação do veto presidencial, previsto no art. 66, § 4º, da CRFB/88, **não é fatal**, pois, se esgotado sem deliberação, a consequência é, simplesmente, **colocá-lo para análise**, na ordem estampada pelo § 6º, de observância facultativa, na dicção do próprio Pleno do STF[55].

A dita inconstitucionalidade material tampouco pode prosperar, afinal, o formato **presencial** das audiências de custódia, considerada a finalidade, emana do art. 9º, 3, do PIDCP e do art. 7º, 5, da CADH, logo, o § 1º do art. 3º-B do CPP simplesmente reproduziu preceitos convencionais sobre direitos humanos, aos quais, obviamente, vinculam-se os Tribunais, cujo poder regulamentar não pode dispor em sentido contrário. Tanto isso é verdade que o art. 96, I, *a*, da CRFB/88 preconiza que os regimentos internos serão elaborados "com observância das **normas de processo** e das **garantias processuais das partes**".

Outrossim, em inúmeros julgados, o STF já disse, inclusive por meio do órgão de cúpula, que a videoconferência é matéria **processual penal**, competindo **privativamente** à **União** prevê-la, fixando-lhe os limites (art. 22, I, da CRFB/88), não competindo aos Tribunais dispor diversamente. Com base nisso, o Pleno do STF declarou inconstitucio-

---

[54] HC 198.399 AgR, Rel. Min. Gilmar Mendes, Segunda Turma, julgado em 13/04/2021, *DJe* 23/04/2021; HC 186.421, Rel. Min. Celso de Mello, Relator p/ Acórdão Min. Edson Fachin, Segunda Turma, julgado em 20/10/2020, *DJe* 17/11/2020; Rcl 44.456 AgR, Rel. Min. Rosa Weber, Primeira Turma, julgado em 08/04/2021, *DJe* 13/04/2021.

[55] MS 31.816 MC-AgR, Rel. Min. Luiz Fux, Rel. p/ Acórdão Min. Teori Zavascki, Tribunal Pleno, julgado em 27/02/2013, *DJe* 13/05/2013.

nal a Lei paulista de nº 11.819/05, que admitia o interrogatório por videoconferência[56], orientação essa reiterada pelo STF em precedentes da 1ª e 2ª Turmas[57].

Descabe ao Tribunal, portanto, fixar a videoconferência além das hipóteses previstas em lei federal *stricto sensu*, sob pena de extrapolar o seu poder regulamentar, vulnerando, por conseguinte, a independência e a separação entre os Poderes da República (art. 2º da CRFB/88). Não se trata de matéria *interna corporis* dos Tribunais. A Lei nº 13.964/19, ao exigir a realização presencial das audiências de custódia, simplesmente **reitera** a regra geral, afinal, a videoconferência é **excepcional** (art. 185, § 2º, do CPP), sujeita à competência privativa da União, na forma do art. 22, I, da CRFB/88. E, expandi-la à audiência de custódia, encontra óbice intransponível nos citados Pactos de São José da Costa Rica e no de Direitos Civis e Políticos das Nações Unidas.

Por outro lado, defender a disseminação da audiência de custódia por videoconferência, sob o pretexto de, em muitas unidades federativas, inexistir infraestrutura para implementá-la presencialmente, atenta contra a **vedação à proteção deficiente em sede de garantias fundamentais**. Causa espécie, assim, que, na ADI nº 6.841, tenha sido invocada a proporcionalidade como argumento pela inconstitucionalidade da vedação à videoconferência, no tangente às audiências de custódia. As limitações inerentes a toda e qualquer câmera não permitem ao juiz nem ao membro do Ministério Público aferir a ocorrência de abusos, quando da captura do imputado. **Garantias fundamentais exigem efetivação, e não arremedos, do contrário nada há senão um imenso faz de conta.**

A quadra excepcional da pandemia de Covid-19 e a ponderação de interesses em torno da saúde pública têm sido os argumentos utilizados para se tolerar audiências de custódia por videoconferência. Sem embargo, a retomada das atividades forenses, inclusas as audiências e sessões de julgamento presenciais, graças à vacinação, sem descuidar das cautelas, como higienização das mãos e uso de máscaras, **desidratam** a dita ponderação, sendo possível conciliar a saúde pública com o direito do preso de ser levado à presença do juiz **competente** para ter a legalidade da sua captura, e, no caso do flagrante, também a necessidade examinada. Integridade física e liberdade, não de uma só pessoa, mas de *n*, a maioria pé descalça, de extrema vulnerabilidade, são direitos fundamentais de envergadura maior, tal qual a saúde, logo, inexiste mais ponderação a justificar, mesmo excepcionalmente, audiências de custódia por videoconferência.

A Resolução nº 357 do CNJ, ante todo o articulado, perdeu a sua razão de ser, mostrando-se inconstitucional, bem como a liminar concedida na ADI nº 6.841, ainda sob o referendo do Pleno do STF.

---

[56] HC 90.900/SP, Rel. Min. Ellen Gracie, Rel. Min. Menezes Direito, Tribunal Pleno, julgado em 30/10/2008, *DJe* 23/10/2009: "Habeas corpus. *Processual penal e constitucional. Interrogatório do réu. Videoconferência. Lei nº 11.819/05 do Estado de São Paulo. Inconstitucionalidade formal. Competência exclusiva da União para legislar sobre matéria processual. Art. 22, I, da Constituição Federal. 1. A Lei nº 11.819/05 do Estado de São Paulo viola, flagrantemente, a disciplina do art. 22, inciso I, da Constituição da República, que prevê a competência exclusiva da União para legislar sobre matéria processual. 2. Habeas corpus concedido*" (grifo nosso).

[57] HC 99.609, Rel. Min. Ricardo Lewandowski, Primeira Turma, julgado em 02/02/2010, *DJe* 05/03/2010; HC 88.914, Rel. Min. Cezar Peluso, Segunda Turma, julgado em 14/08/2007, *DJe* 05/10/2007.

Assentada a constitucionalidade do juiz das garantias, não apenas o competente para presidir a audiência de custódia, mas há de realizá-la na presença do preso, descartada a videoconferência.

O resguardo dos direitos do preso (art. 3º-B, III) perpassa, igualmente, pela preservação do **sigilo** da investigação, contemplado no art. 20, *caput*, do CPP, segundo o qual *a autoridade assegurará no inquérito o sigilo necessário à elucidação do fato ou exigido pelo interesse da sociedade* (grifo nosso). **Assegura-se o existente**, logo, o sigilo, antônimo de público, é ínsito à investigação, **seja para garantir-lhe a efetividade** – se os passos investigatórios fossem noticiados, os (pretensos) criminosos fugiriam, destruiriam evidências, intimidariam testemunhas –, **seja para preservar a intimidade e a imagem dos investigados e dos familiares**, evitando sujeitá-los à execração pública. Tal ilação deflui da dignidade da pessoa humana (art. 1º, III, da CRFB/88) e da presunção (ou estado) de inocência (ou de não culpabilidade), encartada no art. 5º, LVII, da CRFB/88, enquanto **regra de tratamento**, e não só de julgamento. O direito à informação, versado no inciso XXXIII do art. 5º da CRFB/88, não é absoluto, porquanto, *todos têm direito a receber dos órgãos públicos informações de seu interesse particular, ou de interesse coletivo ou geral, que serão prestadas no prazo da lei, sob pena de responsabilidade, ressalvadas aquelas cujo sigilo seja imprescindível à segurança da sociedade e do Estado* (grifo nosso), hipótese na qual se enquadra o sigilo do inquérito, segundo preceituou, em reforço, a Lei nº 12.527, de 18 de novembro de 2011 – com efeito, ao regulamentar o citado inciso XXXIII, ateve-se à tutela da **transparência** dos órgãos públicos, enfatizando, no art. 23, inciso VIII, serem *imprescindíveis à segurança da sociedade ou do Estado* e, portanto, passíveis de classificação, as informações cuja divulgação ou acesso irrestrito possam **comprometer** atividades de inteligência, bem como de **investigação** ou *fiscalização em andamento, relacionadas com a prevenção ou* **repressão** *de infrações*. O art. 5º, XXXIII, da CRFB/88 **excepciona** o preceituado no art. 220, § 1º da Carta de 1988, segundo o qual *nenhuma lei conterá dispositivo que possa constituir embaraço à plena liberdade de informação jornalística em qualquer veículo de comunicação social*, lembrando que o Poder Constituinte pode ressalvar as suas próprias regras.

O STF, ao editar o Enunciado de Súmula Vinculante nº 14, assentou a inoponibilidade do sigilo do inquérito à defesa do indiciado ou suspeito, a fim de não tolher o direito à assistência jurídica efetiva, ainda na fase investigatória, previsto no art. 5º, LXIII, da CRFB/88. Assentou a prerrogativa dos defensores de vista dos autos, e consequente ciência de todo o apurado (documentado), excetuadas as diligências em curso e vindouras, em respeito à natureza inquisitória da investigação – sem tal ressalva, tornar-se-ia um procedimento em contraditório, com ciência e participação dos envolvidos ao longo de todo o evolver procedimental. A inteligência do enunciado foi positivada pela Lei nº 13.245, de 12 de janeiro de 2016, na Lei nº 8.906, de 4 de julho de 1994 (Estatuto da OAB), presente o art. 7º, XIV e §§ 11 e 12, consubstanciando crime de abuso de autoridade cercear tal prerrogativa, nos moldes do art. 32 da Lei nº 13.869, de 5 de setembro de 2019, alvo de veto presidencial, derrubado pelo Parlamento.

Se inoponível o sigilo interno, *a contrario sensu* **subsiste o externo, antítese de público**. Não por outra razão, **o advogado, ao representar terceiro interessado, não possui a prerrogativa de vista dos autos do inquérito**, porque, se assim fosse, de procedimento sigiloso a investigação tornar-se-ia, por vias transversas, pública, sendo descabido invocar, em sentido contrário, a Súmula Vinculante nº 14, cuja inteligência foi dar efetividade ao inciso LXIII do art. 5º da CRFB/88 – direito dos indiciados à assistência de advogado[58].

Pois toda essa percepção foi reforçada pelo art. 3º-F, cabeça, do CPP, ao preconizar que a tutela dos direitos do preso compreende impedir *o acordo ou ajuste de qualquer autoridade com órgãos da imprensa para explorar a imagem da pessoa submetida à prisão, sob pena de responsabilidade civil, administrativa e penal*. A preocupação em **podar a mídia opressiva foi marcante e digna de aplausos**[59], evitando mobilizar a opinião pública em prol de uma persecução ainda no nascedouro, elegendo-se um "vilão", nada obstante a absoluta ausência de justa causa. E mais: **ante a identidade de razões, a presente tutela compreende também o indiciado solto**.

Apesar de o parágrafo único anunciar que *por meio de regulamento, as autoridades deverão disciplinar, em 180 (cento e oitenta) dias, o modo pelo qual as informações sobre a realização da prisão e a identidade do preso serão, de modo padronizado e respeitada a programação normativa aludida no caput deste artigo, transmitidas à imprensa*, assegurados a efetividade da persecução penal, o direito à informação e a dignidade da pessoa submetida à prisão, **o sigilo do inquérito há de ser respeitado, considerados os dispositivos constitucionais e legais acima articulados, aos quais se curva o poder regulamentar, em deferência ao art. 2º da CRFB/88 – separação, independência e harmonia entre os Poderes da República, sendo descabido regulamentar *contra legem* ou inovando direitos**. O campo de incidência do citado regulamento é o **processo**.

Outrossim, o futuro regulamento há de atentar para os direitos do colaborador elencados no art. 5º da Lei nº 12.850/13, dentre os quais o de *"... V – não ter sua identidade revelada pelos meios de comunicação, nem ser fotografado ou filmado, **sem sua prévia autorização por escrito*** (grifo nosso), embora a opinião pública tenha direito de saber da existência e do teor do processo criminal, ex vi do § 1º do art. 220 da Carta de 1988 – "*nenhuma lei conterá dispositivo que possa constituir embaraço à plena liberdade de informação jornalística em qualquer veículo de informação jornalística*" –, o próprio preceito constitucional ressalva o direito à intimidade, à imagem e à vida privada (art. 5º, X, da CRFB/88). Os veículos de imprensa e o público em geral não possuem direito de conhecer os pormenores da persecução, incluindo a identidade e a imagem do colaborador, informações que interessam estritamente às partes, conforme explicitado nos comentários ao inciso II. Nesse sentido, destacamos, ainda, o inciso LX do art. 5º da CRFB/88, ao prescrever que "***a lei só poderá restringir a publicidade dos atos processuais*** quando ***a defesa da intimidade ou o interesse social o exigirem***" (grifo nosso), evitando o que se convencionou chamar, muito apropriadamente, de publicidade opressiva..."[60].

---

[58] STJ, RMS 36.430/PR, Rel. Ministro Ribeiro Dantas, Quinta Turma, julgado em 05/04/2016, DJe 15/04/2016 – *"...2. O advogado de terceiro **não investigado**, que apenas suportou medida de busca e apreensão em sua residência, no âmbito de inquérito policial, **não possui direito líquido e certo à obtenção de cópia integral do procedimento apuratório, mas, somente, daquilo que diz respeito a seu cliente e se encontra documentado nos autos**. Precedentes desta Corte Superior: HC n. 194.820/PR, Rel. Ministra Laurita Vaz, Quinta Turma, julgado em 25/6/2013, DJe 1º/8/2013; RMS n. 29.872/GO, Rel. Ministro Felix Fischer, Quinta Turma, julgado em 6/4/2010, DJe 26/4/2010..."* (grifo nosso).

[59] SCHREIBER, Simone. A publicidade opressiva dos julgamentos criminais: Reflexões sobre a colisão da liberdade de expressão e o direito a um julgamento justo, sob a perspectiva da Constituição Federal de 1988. In: PRADO, Geraldo; MALAN, Diogo (orgs.). *Processo Penal e Democracia*. Estudos em Homenagem aos 20 anos da Constituição da República de 1988. Rio de Janeiro: Lumen Juris, 2009, p. 535-566.

[60] SANTOS, Marcos Paulo Dutra. *Colaboração (Delação) Premiada*, ob. cit., p. 216-217.

A Resolução nº 181, na forma da Resolução nº 183, do CNMP coloca-se na contramão de todo o arcabouço constitucional e legal acima delineado ao estabelecer a **publicidade** como característica geral da investigação ministerial, modulável, pontualmente, pelo membro do Ministério Público presidente do procedimento. Com efeito, preconiza o art. 15, cabeça, que *os atos e peças do procedimento* **investigatório** *criminal são* **públicos**, *nos termos desta Resolução, salvo disposição legal em contrário ou* **por razões de interesse público ou conveniência da investigação** (grifo nosso), complementando o art. 16, *caput*, que *o presidente do procedimento investigatório criminal* **poderá decretar o sigilo das investigações, no todo ou em parte, por decisão fundamentada**, *quando a elucidação do fato ou interesse público exigir, garantido o acesso aos autos ao investigado e ao seu defensor, desde que munido de procuração ou de meios que comprovem atuar na defesa do investigado, cabendo a ambos preservar o sigilo sob pena de responsabilização* (grifo nosso).

O procedimento investigatório ministerial não precisa reproduzir, na íntegra, o modelo legal reservado ao inquérito, porque, embora inexistam distinções ontológicas (essência) nem teleológicas (fim), possui disciplina legal **própria** (art. 8º, V, da Lei Complementar nº 75/93 e art. 26, I da Lei nº 8.625/93), cujo alcance, e consequente constitucionalidade, foram delineados pelo STF[61]. Mas, justamente porque bastante genérica a legislação, o poder regulamentar do CNMP, expressamente previsto no art. 130-A, I da CRFB/88, acrescido pela EC 45/2004, apresenta amplo campo de incidência, apto a fazer escolhas diferentes das do legislador, quando disciplinou o inquérito policial. Ilustrando: em se tratando de investigado solto, o procedimento ministerial finda-se em 90 dias, passíveis de prorrogações sucessivas por igual prazo (art. 13 da Resolução nº 181 do CNMP), enquanto o inquérito policial termina em 30, suscetível de dilações, sem prazo pré-determinado em lei (art. 10, cabeça e § 3º, do CPP).

Apesar de não idêntico, tem-se fenômeno **similar** à **deslegalização**, expressamente admitida pelo STF no julgamento da ADI 4568 (Relator Min. Cármen Lúcia, Tribunal Pleno, julgado em 03/11/2011, *DJe-065* divulg. 29/03/2012 public. 30/03/2012 *RTJ* v. 226-01, p. 389), quando assentada a viabilidade de o salário mínimo ser fixado por decreto presidencial, ante permissivo legal (Lei nº 12.382/11), nada obstante a exigência constitucional de lei formal (art. 7º, IV, da CRFB/88). Colhe-se da relatora o seguinte pronunciamento: "*...a evolução das relações sociais, no último quarto do século XX, revelou a chamada crise da lei. Tal fenômeno se caracteriza, dentre outros aspectos, pela* **manifesta incapacidade de o Poder Legislativo acompanhar tempestivamente a mudança e a complexidade que atingiram os mais variados domínios do Direito**. *Por conta disso, muitas vezes apela o legislador para a previsão de princípios e de regras contendo conceitos jurídicos indeterminados, de modo a deferir substancial parcela de poder decisório ao aplicador diante do caso concreto. Esse mesmo fenômeno tem conduzido, em variados campos do Direito Público, à atuação de entidades reguladoras independentes, cuja aptidão técnica lhes permite desenvolver o conteúdo de regras gerais e abstratas, editadas pelo Legislativo, com atenção às particularidades, especificidades, domínio regulado, com a possibilidade de resposta ágil, diante da evolução da matéria provocada pelos novos desafios...*" (grifo nosso). **Assentada, pelo STF, a possibilidade de o Ministério Público investigar em procedimento próprio, diverso do policial, com lastro no art. 8º, V da Lei Complementar nº 75/93 e no**

---

[61] RE 593727, Relator Min. Cezar Peluso, Relator(a) p/ Acórdão: Min. Gilmar Mendes, Tribunal Pleno, julgado em 14/05/2015, *DJe-175* divulg. 04/092015 public. 08/09/2015.

art. 26, I da Lei nº 8.625/95, o CNMP, no exercício do poder regulamentar que lhe foi confiado pela CRFB/88, art. 130-A, § 2º, I, está autorizado a disciplinar a investigação, sem precisar reproduzir, *ipsis litteris*, o formato do inquérito policial fixado pelo CPP.

Contudo, justamente por se tratar de um poder **regulamentar**, não pode dispor contrariamente à Constituição nem à lei. **Se a investigação criminal, gênero, é sigilosa, a ministerial, da qual é espécie, igualmente há de ser**, mostrando-se, nesse particular, **inconstitucional** a **publicidade**. E o art. 3º-F, cabeça, do CPP só reforça essa percepção, mesmo porque a investigação ministerial também se submete ao controle de legalidade pelo juiz das garantias.

A Lei nº 13.869/19 trilhou rumo idêntico, tipificando, como abuso de autoridade, no art. 38, a conduta de **antecipar** *o responsável pelas* **investigações**, *por meio de comunicação, inclusive rede social, atribuição de culpa, antes de concluídas as apurações e formalizada a acusação*. Reforça-se, então, o sigilo do procedimento investigatório, seja policial ou ministerial, inclusive para frear o vazamento seletivo de informações para a imprensa, criando o caldo propício para o desenvolvimento da denominada mídia opressiva.

IV. ser informado sobre a instauração de qualquer investigação criminal; IX. determinar o trancamento do inquérito policial quando não houver fundamento razoável para sua instauração ou prosseguimento; X. requisitar documentos, laudos e informações ao delegado de polícia sobre o andamento da investigação

O dever da autoridade policial ou do Ministério Público de informar ao juiz das garantias a instauração de *qualquer* investigação criminal **reafirma** o art. 10, § 1º do CPP, ou seja, o encaminhamento do caderno investigativo ao juiz competente, ao final do prazo do inquérito. A crítica ao citado dispositivo, segundo o qual, em se tratando de indiciado solto[62], a remessa deveria ser ao Ministério Público, por ser o destinatário natural do inquérito, enquanto titular privativo da ação penal pública (art. 129, I, da CRFB/88), e não ao juiz, em apreço ao sistema acusatório, **perde completamente a força**, pois o risco de contaminação da imparcialidade deixou de existir, afinal, o juízo julgador será outro.

Tramitação da investigação é matéria estritamente procedimental, da competência concorrente da União, dos Estados e do Distrito Federal, nos termos do art. 24, XI, da CRFB/88, competindo à primeira editar normas gerais, sem prejuízo da intervenção suplementar dos últimos, nos moldes dos §§ 2º e 3º, mas jamais em sentido contrário ao estabelecido pela lei federal, na esteira do § 4º – *a superveniência de lei federal sobre normas gerais* **suspende** *a eficácia da lei estadual,* ***no que lhe for contrário*** (grifo nosso).

Não por outra razão, o Pleno do STF reputou **inconstitucional** a Lei Complementar nº 106/03 do Estado do Rio de Janeiro (Lei Orgânica do Ministério Público) ao preceituar o trâmite do inquérito, no caso de indiciados soltos, **diretamente** entre os órgãos policiais e ministeriais, sem endereçamento prévio ao Juízo, **em afronta ao disposto no art. 10, § 1º, do CPP** – ADI 2886 (Relator Min. Eros Grau, Relator p/ Acórdão: Min. Joaquim Barbosa, *DJe* 04/08/2014). **O art. 3º-B, IV, do CPP reforça essa percepção ainda mais**.

O STJ, mesmo ciente do pronunciamento do Pleno do STF, insiste, todavia, em não observá-lo. No julgamento do RMS 46.165/SP (Rel. Ministro Gurgel de Faria, Quinta Turma, julgado em 19/11/2015, *DJe* 04/12/2015), o relator, no voto condutor, chegando a consignar,

---

[62] No tocante ao indiciado preso, o encaminhamento há de ser, inarredavelmente, ao juiz competente, por força do art. 5º, LXII, da CRFB/88.

em **total desconsideração à teoria do órgão**, que "*...apesar de o referido julgamento ter sido finalizado em abril de 2014, convém destacar que se iniciou em junho de 2005, sendo certo que, dos* **onze** *ministros integrantes da Corte (que votaram ao longo desses nove anos),* **quatro** *ficaram vencidos, e que, dos votos vencedores,* **três** *ministros não mais integram o Tribunal...*" (grifo nosso).

O *case* enfrentado pelo STJ é de inconstitucionalidade ainda mais acintosa do que o examinado pelo Pleno do STF, em virtude de o preceito normativo emanar de **poder regulamentar,** *contra legem*, em afronta ao próprio art. 2º da CRFB/88, embaralhando os Poderes da República. De mais a mais, o entendimento fixado pela Corte Constitucional é **seu**, e não propriedade intelectual dos signatários. Ao deixar de observar, ciente e conscientemente, postulado fixado pelo Supremo Tribunal Federal, porque diversa a composição, o STJ **personaliza o órgão jurisdicional**, colocando em xeque o princípio da confiança, base de qualquer sistema pautado em precedentes judiciais. Trata-se de um vazio argumentativo, sem veicular distinção (*distinguishing*) nem motivos adequados e capazes de ensejar eventual superação (*overruling*), traduzindo duro golpe à segurança jurídica. Tanto os precedentes são do órgão que, no Supremo Tribunal Federal, o plenário virtual pode ser acionado pelo relator não apenas para reconhecer a repercussão geral do tema, mas decidir, de pronto, o mérito do recurso, **desde que** para **reafirmar a jurisprudência da Corte, independentemente da data dos últimos pronunciamentos e da composição que os editou**.

Invocou o STJ, como justificativa para avaliar o percurso polícia-Ministério Público, sem passar pelo juiz, a "*...duração razoável do processo, assegurando célere tramitação, bem como aos postulados da economia processual e da eficiência. Essa constatação não afasta a necessidade de observância, no bojo de feitos investigativos, da chamada cláusula de reserva de jurisdição...*", recaindo, assim, em novo contrassenso, afinal, **compete ao juiz resguardar as garantias fundamentais listadas no art. 5º da CRFB/88, incluída a prevista no inciso LXXVIII, alusiva à duração razoável não apenas do processo** *stricto sensu*, **mas da persecução penal como um todo, compreendida a fase investigatória**, evitando a eternização de indiciamentos, irradiados pelo tempo, indefinidamente, sem resultados práticos alcançados. Sem a remessa ao juiz, o *trancamento do inquérito policial quando não houver fundamento razoável para sua instauração ou prosseguimento* (art. 3º-B, IX, do CPP), ínsito ao controle de constitucionalidade e de legalidade da investigação, confiado ao juízo das garantias, fica mais difícil, dependendo de provocação do indiciado, embora seja medida exequível de ofício, inclusive por *habeas corpus* – art. 654, § 2º, do CPP.

E a morosidade demasiada do inquérito é fundamento suficiente para tanto. Nessa linha, "*...preconizou a 2ª Turma do STF*[63], *à unanimidade, que a celebração de acordo de*

---

[63] Inq 4458, Relator Ministro Gilmar Mendes, julgado em 11 de setembro de 2018, *DJe* de 1º de outubro imediato – "*1. Na forma do art. 231, § 4º, "e", do Regimento Interno do STF (RISTF) e do art. 654, § 2º, do CPP, o Relator deve determinar o arquivamento do inquérito quando verificar a ausência de indícios mínimos de autoria e materialidade e/ou nos casos em que foram descumpridos os prazos para a instrução. Trata-se de dispositivo que possibilita, expressamente, o controle das investigações pelo Poder Judiciário que atua, nesta fase, na condição de garantidor dos direitos fundamentais dos investigados; 2. Os precedentes do STF assentam que as declarações de colabora- dores não são aptas a fundamentar juízo condenatório, mas suficientes dar início a investigações. Contudo, tais elementos não podem legitimar investigações indefinidas, sem que sejam cor- roborados por provas independentes. 3.* **A EC 45/2004 introduziu norma que assegura a razoável duração do processo judicial e administrativo (art. 5º. LXXVIII).** *Conforme*

colaboração premiada não justifica o prolongamento indefinido da investigação, se das declarações do delator não foram extraídas provas quaisquer que as referendassem. Ante o quadro, pode o juiz competente, mesmo sem promoção do Ministério Público, arquivá-la, na linha do articulado, na doutrina, pelo professor André Luiz Nicolitt[64]*, embora entendamos que o instrumental mais adequado para tanto seja a concessão oficiosa da ordem de habeas corpus, nos moldes do art. 654, § 2º, do CPP, igualmente mencionado no precedente, extinguindo ("trancando") o procedimento investigatório, por ofensa à dita duração razoável, evocando-se, a contrario sensu, o art. 651 do CPP – se 'a concessão do habeas corpus não obstará, nem porá termo ao processo, desde que este não esteja em conflito com os fundamentos daquela", se estiver, extingue-se o feito'".*

A própria 5ª Turma do STJ possui precedente nesse sentido, no qual a ordem de *habeas corpus* foi deferida fixando prazo derradeiro para o desfecho da investigação, sob pena de trancamento – HC 444.293/DF, Rel. Ministro RIBEIRO DANTAS, QUINTA TURMA, julgado em 03/12/2019, *DJe* 13/12/2019, merecendo transcrever o seguinte trecho da ementa, autoexplicativo: *"...2. Nos termos do entendimento consolidado desta Corte, o trancamento de inquérito por meio do habeas corpus é medida excepcional, que somente deve ser adotada quando houver inequívoca comprovação da atipicidade da conduta, da incidência de causa de extinção da punibilidade ou da ausência de indícios de autoria ou de prova sobre a materialidade do delito, o que não se infere não hipótese dos autos... 8. Conquanto a Constituição Federal consagre a garantia da duração razoável do processo, o excesso de prazo na conclusão do inquérito policial somente poderá ser reconhecido caso venha a ser demonstrado que as investigações se prolongam de forma desarrazoada, sem que a complexidade dos fatos sob apuração justifiquem tal morosidade. Por outro lado,* **ainda que não tenha sido decretada a sua custódia preventiva ou a qualquer outra medida cautelar, inegável reconhecer que o prosseguimento do inquérito por prazo indefinido traz inegável constrangimento ao investigado, máxime se ele houver sido formalmente**

---

a doutrina, esta norma deve ser projetada também para o momento da investigação. As Cortes Internacionais adotam três parâmetros: a) a complexidade do caso; b) a atividade processual do interessado; c) a conduta das autoridades judiciárias. No caso de inquéritos em tramitação perante o STF, os arts. 230-C e 231 do RISTF estabelecem os prazos de 60 dias para investigação e 15 dias para oferecimento da denúncia ou arquivamento, com possibilidade de prorrogação (art. 230-C, § 1º, RISTF). 4. No julgamento da Questão de Ordem na Ação Penal nº 937, o Plenário do STF fixou o entendimento que terminada a instrução processual, a ação penal deveria ser julgada pelo Tribunal, independentemente de se tratar de hipótese que determinaria a baixa dos autos. Aplicando este entendimento de modo análogo, a Primeira Turma assentou, no INQ nº 4.647, que o inquérito pronto para juízo de admissibilidade da denúncia deveria ser apreciado pela Corte. Este entendimento também se aplica aos casos de arquivamento pela ausência de indícios mínimos de materialidade e autoria delitiva. 5. **Caso em que inexistem indícios mínimos de materialidade e autoria delitiva, mesmo após 15 meses de tramitação do inquérito.** *Depoimentos genéricos e inespecíficos relatando o recebimento de recursos eleitorais em pleito no qual o investigado sequer disputou qualquer mandato eletivo.* **Apresentação apenas de elementos de corroboração produzidos pelos próprios investigados. Arquivamento do inquérito, na forma do art. 21, XV, "e", art. 231, § 4º, "e", ambos do RISTF, e art. 18 do CPP"** *(grifo nosso). O tema voltou à baila na 2ª Turma no Inq 4244/DF, Relator Ministro Gilmar Mendes, red. p/o acórdão Min. Ricardo Lewandowski, julgado em 20 de novembro de 2018 (Informativo nº 924), reiterando a possibilidade de o juiz, sem promoção do Ministério Público, arquivar o inquérito em deferência à duração razoável, mas, no caso em tela, convencionou-se a remessa dos autos ao* Parquet *para concluir as diligências pendentes, no prazo de sessenta dias, sob pena de arquivamento pelo Poder Judiciário.*

[64] Ob. cit., p. 284.

indiciado... 11. *Conforme o reconhecido em recente julgado desta Quinta Turma, "afigura-se prudente fixar prazo para conclusão do inquérito policial, com o objetivo de evitar o perecimento de toda a investigação já realizada, pois o prazo transcorrido até aqui indica a iminência de que seja ultrapassada a fronteira da razoabilidade, que poderia caracterizar, de forma superveniente, constrangimento ilegal. Assim, impõe-se a limitação do prazo para o encerramento das diligências em curso, que devem ser concluídas no prazo máximo de 30 (trinta) dias" (AgRg no HC 491.639/MA, Rel. Ministro FELIX FISCHER, QUINTA TURMA, julgado em 30/05/2019, DJe 04/06/2019). 12. Writ não conhecido. Ordem concedida, de ofício, tão somente para fixar o prazo* **improrrogável** *de 30 dias para o desfecho do inquérito policial, a contar a publicação do acórdão* (grifo nosso).

O art. 3º-B, IX do CPP reforça, inegavelmente, o controle sobre a legalidade da investigação, admitindo, excepcionalmente, extingui-la com lastro na atipicidade da conduta, causa extintiva da punibilidade, falta de justa causa ditada pela ilicitude do acervo indiciário, bem como por ofensa ao art. 5º, LXXVIII, da CRFB/88, considerada a garantia à duração razoável não só do processo, mas da persecução penal como um todo. E o poder geral de requisição conferido ao juiz das garantias no inciso X há de ser exercido com o propósito de mensurar a eficiência do inquérito, extinguindo-o caso, das informações prestadas pela autoridade policial, se extraia a improdutividade.

Finalmente, mas não menos importante, malgrado a referência a *qualquer* investigação criminal, **excluem-se os procedimentos investigatórios preliminares ao inquérito, vulgarmente conhecidos como VPIs**, justamente por inexistir investigação – nos termos do art. 5º, § 3º do CPP, qualquer pessoa pode comunicar à autoridade policial a ocorrência de uma infração penal, instaurando-se o inquérito **se verificada a procedência das informações**.

Na ADI nº 4414, voltada contra a Lei estadual de Alagoas nº 6806/2007, que criava a 17ª Vara Criminal de Maceió, de formação colegiada, especializada para processar e julgar delitos relacionados ao crime organizado, o Pleno do STF, em julgamento realizado nos dias 30 e 31 de maio de 2012, admitiu, nos moldes do art. 13 do referido diploma legal, que os inquéritos policiais em andamento fossem **redistribuídos para o citado órgão jurisdicional**, **decotando**, todavia, a referência aos *procedimentos prévios*, justamente porque não passaria de mera averiguação interna da notícia-crime veiculada, sem investigação **formalizada** ainda, reforçando, assim, a desnecessidade de qualquer comunicação ao juízo das garantias.

O Pleno do STF, aliás, foi ainda mais contundente na ADI nº 4414, enfatizando que "...*Os procedimentos investigativos pré-processuais não previstos no ordenamento positivo são* **ilegais**, *a exemplo das* **VPIs**, *sindicâncias e acautelamentos, sendo possível recorrer ao Judiciário para fazer cessar a ilicitude, mantida a incolumidade do sistema acusatório* (HAMILTON, Sergio Demoro. A Ilegalidade das VPIS, das Sindicâncias, dos Acautelamentos e Quejandos. In: Processo Penal Reflexões. Rio de Janeiro: Lumen Juris, 2002) – grifo nosso.

Tais sindicâncias (VPIs) são, de fato, bastante controvertidas. Não teriam base legal, afinal, à autoridade policial são dados dois caminhos apenas: instaurar o inquérito (art. 5º, I do CPP), ou, ante a debilidade da notícia-crime, indeferir a abertura, fundamentadamente, com recurso à Chefia Policial (art. 5º, § 2º do CPP). Verificar a procedência das informações, nos moldes do § 3º do art. 5º do CPP, existe para abalizar uma entre essas duas opções, sem uma *terceira* via, intermediária. Na realidade, contemplar um procedimento precedente ao inquérito seria driblar a indisponibilidade versada no art. 17 do CPP, permitindo à autoridade policial promover o arquivamento – se o inquérito é arquivável pelo Ministério Público, *a contrario sensu* a VPI, porque a ele anterior, seria suscetível de arquivamento pelo delegado.

Assim, sempre que a intenção fosse burlar o controle externo da investigação pelo Ministério Público (art. 129, VII, da CRFB/88), bastaria ao delegado formalizar uma VPI em vez do inquérito, por mais que houvesse elementos concretos para o último[65].

Apesar de muito bem construída a crítica, veiculando preocupação pertinente, sim, o volume de notícias-crimes distribuídas à autoridade policial é invencível. Filtragens são imprescindíveis, até para racionalizar o trabalho, potencializando a eficiência, princípio reitor da Administração Pública – art. 37, cabeça, da CRFB/88. As VPIs cumprem esse papel, sem romper com o devido processo legal. Tudo que se faz na investigação, inclusive preliminar, há de ser documentado (art. 9º do CPP). A notícia-crime há de ser registrada, passando-se, após, ao exame da pertinência. Ora, tal atuar é um procedimento investigatório **prévio**, a teor do art. 5º, § 3º do CPP. Por conseguinte, as *n* resoluções editadas pelas Polícias Civis e Federal, regulamentando-as, em nada ultrapassam os limites do Poder Regulamentar, preservando o art. 2º da CRFB/88. Eventuais abusos e desvios de finalidade podem, sim, ocorrer. Mas a presunção é de boa-fé. Jamais o contrário. E toda construção jurídica desenvolve-se a partir do padrão, e não da exceção. Por todas essas razões, as VPIs têm sido avalizadas pelo STJ[66], **não havendo motivos, todavia, para levá-las ao conhecimento do juiz das garantias, por inexistir investigação formalizada, mas mera checagem.** Embora não versem especificamente sobre VPIs, o STJ acumula precedentes não reconhecendo a tipicidade da denunciação caluniosa (art. 339 do CP), inclusive por ausência de ofensividade, se descoberta a farsa ainda na **sindicância administrativa**, sem a formalização do procedimento investigatório correspondente[67], tese que só reforça a **desnecessidade de informar ao juiz das garantias.**

---

[65] JARDIM, Afrânio Silva; AMORIM, Pierre Souto Maior Coutinho de. *Direito Processual Penal*: estudos e pareceres. 14. ed. Salvador: JusPodivm, 2016, p. 303-308.

[66] HC 199.086/SP, Rel. Ministro JORGE MUSSI, Rel. p/ Acórdão Ministro MARCO AURÉLIO BELLIZZE, QUINTA TURMA, julgado em 06/05/2014, DJe 21/05/2014 – *"...a instauração do Inquérito Policial n. 09/2009 não ocasionou nenhum constrangimento ilegal ao paciente na medida em que somente culminou na ordem de serviço para a realização de diligências investigatórias, as quais poderiam ter sido perfeitamente requeridas por via de VPI (Verificação de procedência de informação), como cotidianamente ocorre no meio policial..."* (grifo nosso); HC 103.566/RJ, Rel. Ministra Jane Silva (Desembargadora Convocada do TJ/MG), Sexta Turma, julgado em 11/11/2008, DJe 01/12/2008.

[67] APn 824/DF, Rel. Ministro Mauro Campbell Marques, Corte Especial, julgado em 02/05/2018, DJe 15/05/2018 – *"...5.5 – Embora o procedimento tenha sido autuado como representação disciplinar, **não foi instaurada efetiva investigação no âmbito do Conselho Nacional de Justiça, sendo prontamente arquivado por atipicidade da conduta disciplinar**. Essa circunstância reforça a improcedência da denúncia. No mesmo sentido: RHC 74.941/MT, Rel. Ministro Reynaldo Soares da Fonseca, Quinta Turma, julgado em 19/09/2017, DJe 27/09/2017..."* (grifo nosso); RHC 74.941/MT, Rel. Ministro Reynaldo Soares da Fonseca, Quinta Turma, julgado em 19/09/2017, DJe 27/09/2017 – *"...é possível verificar que, embora o recorrente e o corréu tenham representado criminalmente contra a vítima por duas vezes, não foi instaurada investigação, sendo prontamente arquivadas as representações por atipicidade. Nesse contexto, não se implementou o tipo penal de denunciação caluniosa, uma vez que o referido tipo dispõe ser crime "dar causa à instauração de investigação policial, de processo judicial, instauração de investigação administrativa, inquérito civil ou ação de improbidade administrativa contra alguém, imputando-lhe crime de que o sabe inocente". Dessa forma, não tendo a representação do recorrente dado causa à instauração de investigação nem de processo, revela-se atípica a conduta..."* (grifo nosso); RHC 56.571/SP, Rel. Ministro Ericson Maranho (Desembargador Convocado do TJ/SP), Sexta Turma, julgado em 03/12/2015, DJe 17/12/2015 – *"...Considerando que a OAB exerce função indispensável à administração da justiça e considerando que o tipo penal previsto no art. 339, caput, do Código Penal – CP não delimita a abertura de investigação administrativa tão somente aos órgãos da Administração direta ou indireta, é*

O fenômeno tampouco é estranho no âmbito da investigação ministerial, porquanto qualquer pessoa do povo pode procurar, diretamente, o Ministério Público, comunicando-lhe a ocorrência de um ilícito penal (art. 27 do CPP). A Resolução nº 181 do CNMP, no *caput* do art. 3º, com a redação dada pela Resolução nº 183, reitera o preceito, preconizando que o injusto pode ser noticiado *por qualquer meio, ainda que informal, ou mediante provocação*, seguida da distribuição das peças de informação, nos termos do § 2º, a fim de o promotor com atribuição analisar-lhe a pertinência.

De todo modo, a Lei nº 13.869/19 pôs uma pá de cal na controvérsia acerca da previsibilidade legal das VPIs. Ao tipificar, no art. 27, *caput*, como abuso de autoridade, a conduta de *requisitar instauração ou instaurar procedimento investigatório de infração penal ou administrativa, em desfavor de alguém, à falta de qualquer indício da prática de crime, de ilícito funcional ou de infração administrativa*, o parágrafo único, na linha dos precedentes do STJ referidos acima, excluiu da tipicidade *a* **sindicância** ou **investigação preliminar sumária**, *devidamente justificada*, **reconhecendo-lhes a existência**. Em reforço há, ainda, o art. 32: ao dizer que configura abuso de autoridade *negar ao interessado, seu defensor ou advogado acesso aos autos de* **investigação preliminar**, *ao termo circunstanciado, ao inquérito ou a* **qualquer outro procedimento investigatório de infração penal**, *civil ou administrativa, assim como impedir a obtenção de cópias, ressalvado o acesso a peças relativas a diligências em curso, ou que indiquem a realização de diligências futuras, cujo sigilo seja imprescindível*, confere previsibilidade legal às VPIs como procedimento investigatório penal prévio.

V. decidir sobre o requerimento de prisão provisória ou outra medida cautelar, observado o disposto no § 1º deste artigo

Independentemente do veto ao § 1º do art. 3º-B do CPP, derrubado pelo Parlamento, a competência do juiz das garantias, nos termos do inciso V, compreende o exame de **qualquer** requerimento de medidas cautelares pessoais, mas somente as privativas da liberdade ensejam a realização da audiência de custódia, tal qual abordado no inciso II – em sendo meramente limitadoras da liberdade (*v.g.* comparecimento periódico em Juízo, *ex vi* do art. 319, I, do CPP) inexistem motivos para o implemento da dita audiência.

VI. prorrogar a prisão provisória ou outra medida cautelar, bem como substituí-las ou revogá-las, assegurado, no primeiro caso, o exercício do contraditório em audiência pública e oral, na forma do disposto neste Código ou em legislação especial pertinente

Como o tema guarda íntima relação com as medidas cautelares constritivas da liberdade, reportamo-nos ao item 8.3., reservado à legitimidade para buscá-las e contraditório prévio.

VII. decidir sobre o requerimento de produção antecipada de provas consideradas urgentes e não repetíveis, assegurados o contraditório e a ampla defesa em audiência pública e oral

---

certo que a abertura de processo administrativo no âmbito da OAB pode configurar o delito de denunciação caluniosa, desde que preenchidos os demais elementos constitutivos do tipo penal. – Todavia, verifico dos autos que **a representação apresentada contra a vítima foi preliminarmente arquivada, conforme parecer do Relator, tendo a Câmara Recursal mantido a decisão de primeiro grau. Nesse contexto, verifica-se a falta de justa causa para a ação penal, ante a ausência de elemento objetivo exigido no tipo penal, qual seja, a efetiva instauração de processo administrativo investigatório que**, in casu, **não se verificou, sendo, portanto, atípica a conduta praticada pelo recorrente**..." (grifo nosso).

A atuação probatória do órgão de acusação desenvolve-se ao longo de todo o evolver persecutório, seja na etapa inquisitorial, seja na processual. Assim, em momento algum cabe ao juiz fazer as vezes da acusação na produção de provas, abandonando a equidistância ínsita ao sistema acusatório, em nome de uma dita *verdade real, material ou substancial*, **inalcançável**, por falecer ao juiz e aos demais atores processuais os dons, divinos, da onipresença e onisciência. Ao longo da persecução confrontam-se versões, a tese acusatória e a antítese defensiva, competindo ao juiz trazer a síntese. Para tanto, é mandatória a imparcialidade, ditada pela inércia, comportando-se como um observador, responsável pelo juízo final. À medida em que o art. 129, I da CRFB/88 confiou ao Ministério Público, privativamente, a ação penal pública, tal titularidade engloba a iniciativa probatória.

A menção à produção antecipada de prova, subordinando-a a *requerimento*, **sem** previsão de atuação *ex officio*, **derroga os arts. 156, I e 225 do CPP, no tocante à iniciativa judicial oficiosa, considerado o princípio da anterioridade** – *lex posteriori derogat anterior*. E o art. 3º-A, ao preconizar a *estrutura acusatória* do processo penal, bloqueando a *iniciativa do juiz na fase de investigação* e *a substituição da atuação probatória do órgão de acusação*, **revoga qualquer atuação probatória de ofício do juiz, esteja prevista no CPP ou na legislação extravagante**. É emblemático, por exemplo, que, ao inserir a captação ambiental de sinais eletromagnéticos, ópticos ou acústicos na Lei nº 9.296/96, cujo art. 3º, no tangente à interceptação telefônica, contempla a atuação *ex officio* do juiz, a Lei nº 13.964/19 **não a tenha reiterado** no art. 8º-A, condicionando o implemento pelo juiz à representação da autoridade policial ou ao pedido do Ministério Público. Os órgãos de repressão estatal saem da Lei nº 13.964/19 fortalecidos, desfrutando de um protagonismo que jamais deveria ter sido compartilhado com o juiz. A responsabilidade, por outro lado, recrudesce proporcionalmente à relevância, pois não mais poderão contar com o "ombro amigo" do juiz para suprir eventuais deficiências ou omissões na produção probatória, quadra que tanto desvirtuava o sistema acusatório pátrio.

Sem a menor pretensão à exaustão, tornaram-se insubsistentes, *v.g.*, os arts. 5º, II (requisição judicial de instauração do inquérito), 156, II, 209, cabeça, e § 1º, todos do CPP, o próprio art. 3º da Lei nº 9.296/1996, entre tantos outros. **Todas as normas autorizando o juiz a produzir provas ou ordenar medidas cautelares probatórias de ofício caíram por terra, estejam no CPP ou na legislação especial.**

A inovação legislativa compele o STJ e o STF a darem uma guinada de 180º na jurisprudência, até então simpática à atuação probatória oficiosa do juiz em busca da (utópica) verdade material[68]. Inegavelmente haverá resistência à tamanha depuração,

---

[68] STJ, HC 221.231/PR, Rel. Ministro Reynaldo Soares da Fonseca, Quinta Turma, julgado em 21/03/2017, DJe 29/03/2017 – *"...6. Em obediência ao princípio da busca da verdade real e pela adoção do sistema de persuasão racional do juiz, é possível que o magistrado, na fase processual, determine a produção de provas ex officio, desde que de forma complementar à atividade probatória das partes. No caso, o juiz, conhecedor de elementos probatórios constantes de outras ações penais conexas à presente, e que poderiam suprir dúvidas existentes nos autos sobre pontos relevantes para o julgamento da causa, determinou a sua juntada ao procedimento criminal, com a reabertura de prazo às partes para manifestação..."* (grifo nosso); RHC 59.475/SP, Rel. Ministra Maria Thereza de Assis Moura, Sexta Turma, julgado em 09/06/2015, DJe 18/06/2015 – *"...o juiz, após as alegações finais, por se tratar de infração penal que deixou vestígios (obtenção, mediante fraude, de financiamento em instituição financeira), converteu o julgamento em diligência e determinou, com fundamento no art. 156, II, do CPP, a realização de perícia grafotécnica em alguns documentos, com a finalidade de dirimir*

pautada na interpretação isolada dos dispositivos que autorizam a atuação oficiosa do juiz conjugada ao princípio da especialidade, ponderando que o art. 3º-A do CPP estabeleceu uma diretriz geral, sem prejuízo das exceções previstas em lei, desprezando a intepretação sistemática e a *mens legis* da reforma – o citado art. 3º-A não se referiu ao CPP, mas ao **processo penal brasileiro como um todo**. Não atuar de ofício importa decréscimo de poder, quadra que, naturalmente, incomoda, e muito, vários segmentos da magistratura nacional, especialmente entre os que se veem como *justiceiros ou guardiões da sociedade*, tudo que **não** se espera de um magistrado, em resguardo da imparcialidade.

VIII. *Prorrogar o prazo de duração do inquérito, estando o investigado preso, em vista das razões apresentadas pela autoridade policial e observado o disposto no § 2º deste artigo*, segundo o qual *se o investigado estiver preso, o juiz das garantias poderá, mediante representação da autoridade policial e ouvido o Ministério Público, prorrogar, uma única vez, a duração do inquérito por até 15 (quinze) dias, após o que, se ainda assim a investigação não for concluída, a prisão será imediatamente relaxada*

O § 2º do art. 3º-B admitiu a prorrogação do prazo de conclusão do inquérito, por mais **até** 15 dias – ou seja, 15 dias correspondem ao **teto**, nada impedindo a extensão por tempo inferior, mas uma **única vez**, sem "crédito" para nova dilação até atingir o máximo de 15 dias. O prazo inaugural, contudo, restou inalterado, persistindo os 10 dias contemplados no art. 10, cabeça, do CPP. Tomou-se como parâmetro temporal para a extensão o lapso de 15 dias, contemplado no art. 66, cabeça, da Lei nº 5.010/66, considerados os inquéritos envolvendo indiciados presos, gerando certa estranheza no âmbito estadual: apesar de o prazo inicial ser de 10 dias, nos termos do art. 10, cabeça, do CPP, a prorrogação poderá ser por, até, 15. Em se tratando de indiciado solto, persiste o prazo de 30 dias para a conclusão do inquérito (art. 10, cabeça, do CPP, parte final).

A inovação foi processual **material**, com impacto direto no *status libertatis*, ampliando o prazo no qual o indiciado pode permanecer preso, provisoriamente, ainda em sede de inquérito policial. Por consubstanciar ***novatio legis in pejus***, NÃO retroage, alcançando, apenas, os delitos **cometidos** após a entrada em vigor da Lei nº 13.964/19. O fenômeno, aliás, nada tem de inédito, haja vista, por exemplo, a Lei nº 11.343/06, cujo art. 51 alargou o prazo de duração do inquérito, em se tratando de indiciados presos, de 10 dias (ou 15, no âmbito federal) para 30, duplicáveis, ainda por cima, pelo juiz, acolhendo representação da autoridade policial, após a oitiva do Ministério Público. Tal inovação, à semelhança da presente, foi tida como **irretroativa**, porque prejudicial ao imputado, potencializando a segregação em detrimento da liberdade[69].

---

dúvida sobre ponto relevante para o deslinde da causa (autoria do fato), facultando às partes, ainda, o exercício dos direitos previstos no art. 159 do CPP (possibilidade de o acusado formular quesitos e indicar assistente técnico), ***o que não configura qualquer ilegalidade****.4. Recurso a que se nega provimento..."* (grifo nosso), salientando que, neste último precedente, o juiz, literalmente, sobrepôs-se ao *Parquet*, determinando a produção de prova que lhe competia (STF, HC 126501, Relator Min. Marco Aurélio, Relator p/ Acórdão: Min. Edson Fachin, Primeira Turma, julgado em 14/06/2016, DJe-211 divulg. 03/10/2016 public. 04/10/2016 – *"...Diante do disposto no art. 156 do CPP,* ***não se reveste de ilegalidade a atuação de ofício do Magistrado que, em pesquisa a banco de dados virtuais, verifica a presença de registros criminais em face do paciente...*"** (grifo nosso), havendo o magistrado perpetrado, por conta própria, atos genuinamente investigatórios.

[69] RANGEL, Paulo. Ob. cit., p. 118.

A prorrogação do prazo de duração do inquérito, encontrando-se o indiciado preso, não encerra qualquer novidade no ordenamento processual penal pátrio.

Começou com o art. 66, cabeça, da Lei nº 5.010/66, ao estabelecer, nos inquéritos relativos a crimes da competência da Justiça Federal, o lapso de 15 dias, prorrogáveis pelo juiz por igual período, acolhendo representação da autoridade policial. Embora a lei não preveja a oitiva prévia do Ministério Público para tanto, faz-se necessária conformá-la ao art. 129, I da CRFB/88, providenciando tal manifestação, porque, na qualidade de titular privativo da ação penal pública, compete-lhe dizer se há, ou não, justa causa para a denúncia – se positiva a resposta, descarta-se a prorrogação; se negativa, pode, perfeitamente, pronunciar-se pelo prosseguimento da investigação, mas pela desnecessidade da prisão, ensejando o seu afastamento pelo juiz.

A Lei nº 11.343/2006, no art. 51, igualmente admite a duplicação do prazo de conclusão do inquérito de indiciado preso, pelo juiz competente, deferindo a representação da autoridade policial. Diferentemente da Lei nº 5.010/66, exige-se a oitiva prévia do *Parquet*, alinhando-se a Lei nº 11.343/06 ao art. 129, I, da CRFB/88, tal qual fez o § 2º do art. 3º-B do CPP, **universalizando a prorrogabilidade do inquérito, até então prevista nas citadas leis especiais**.

Tradicionalmente, os prazos para a conclusão do inquérito e oferecimento da denúncia são encarados **sequencialmente**, porque previstos em dispositivos diversos – arts. 10 e 46 do CPP, respectivamente. Apesar da existência de *fumus comissi delicti* para a prisão preventiva, sinalizando substrato fático suficiente para a deflagração da ação penal, não necessariamente a *opinio delicti* encontra-se pronta, carecendo averiguar, por exemplo, possível qualificadora, causa de aumento de pena ou, até, outro(s) crime(s) conexo(s) ou continente(s). O interregno de 10 dias para a conclusão do inquérito, seguido dos 5 para a denúncia, encerrariam tempo razoável imprescindível à citada maturação, até para evitar aditamentos vindouros à denúncia ou queixa, que só retardam a entrega da sentença e a composição do conflito de interesses. Tal percepção persiste majoritária[70].

Em sentido contrário, não são poucas as vozes propondo que os prazos para a conclusão do inquérito e oferecimento da denúncia fluam simultaneamente, nos casos de indiciado preso preventivamente, afinal, **se há prova da materialidade delitiva e indícios suficientes de autoria, igualmente existe justa causa para a ação penal pública, de oferecimento obrigatório (art. 24 do CPP)**. Implementada a custódia preventiva, os autos seriam encaminhados ao Ministério Público para o oferecimento da denúncia, no prazo de 5 dias (art. 46, cabeça, do CPP), sem prejuízo de, concomitantemente, o delegado dispor de 10 dias (art. 10, cabeça, do CPP) para ultimar as diligências investigatórias pendentes[71]. Se, em razão destas, sobrevierem nova(s) qualificadora(s), majorante(s) e/ou injusto(s), já havendo sido ofertada a peça acusatória, adita-se, mesmo porque o aditamento existe para isso.

---

[70] STJ, RHC 113.732/SP, Rel. Ministro Leopoldo de Arruda Raposo (Desembargador Convocado do TJ/PE), Quinta Turma, julgado em 08/10/2019, *DJe* 18/10/2019; HC 89.654/MG, Rel. Ministro Napoleão Nunes Maia Filho, Quinta Turma, julgado em 17/02/2009, *DJe* 16/03/2009.

[71] RANGEL, Paulo. Ob. cit., p. 117; NICOLITT, André. Ob. cit., p. 283; CHOUKR, Fauzi Hassan. *Código de Processo Penal* – Comentários Consolidados e Crítica Jurisprudencial. Rio de Janeiro: Editora Lumen Juris, 2005, p. 56-59.

Inexiste cartesiana justaposição entre o *fumus comissi delicti* indispensável à prisão preventiva e a justa causa para o exercício da ação penal, logo, a dualidade de prazos, presente imputado preso, para a conclusão do inquérito e o oferecimento da denúncia não chega a agredir a razoabilidade. Contudo, as reflexões doutrinárias acima revelam ser a **prorrogação** contemplada no art. 3º-B, § 2º do CPP, bem como as demais existentes no ordenamento – art. 66 da Lei nº 5.010/66 e art. 51 da Lei nº 11.343/06 – **inconstitucionais** à luz de múltiplos vetores.

Distender a investigação decorre de lógica única, a insuficiência do prazo inaugural, mostrando-se corriqueira em se tratando de imputados soltos, haja vista os §§ 2º e 3º do art. 10 do CPP. Se já estiver, todavia, preso **preventivamente**, é **porque o fato principal encontra-se suficientemente indiciado**, presentes a prova da materialidade e os indícios de autoria delitiva. A ação penal pública não mais é uma possibilidade, mas uma certeza. Dúvidas quanto à extensão da capitulação serão debeladas ao longo do processo, inclusive por meio de aditamento, se necessário, mesmo porque o oferecimento da denúncia ou queixa deflagra o início da **formação** do *judicium accusationis* cujos limites apenas restam definidos pelo juiz das garantias na fase do art. 399 do CPP. Inexistem razões, então, para delongar o inquérito, presente o indiciado preso.

Partindo dessa constatação, ofende-se, de plano, a **duração razoável do processo, que, no âmbito penal, compreende a persecução como um todo (art. 5º, LXXVIII, da CRFB/88)**, segundo precedentes, já citados acima, do STF (2ª T., Inq 4458, rel. Min. Gilmar Mendes, julgado em 11 de setembro de 2018, *DJe* de 1º de outubro imediato) e do STJ (5ª T., HC 444.293/DF, Rel. Min. Ribeiro Dantas, QUINTA TURMA, julgado em 03/12/2019, *DJe* 13/12/2019).

Embaralha-se o devido processo legal (art. 5º, LIV, da CRFB/88), emprestando à prisão preventiva lógica própria à prisão temporária. Por que a última, desde a sua concepção, sempre foi prorrogável (art. 2º, cabeça, da Lei nº 7.960/89)? Porque circunscrita ao inquérito, implementada com o claro objetivo de potencializar a investigação, carreando justa causa à deflagração da ação penal. Ofertada a denúncia, deixa de subsistir, cedendo a vez à prisão preventiva, se ainda necessária a segregação. Por ser uma custódia implementada com lastro não na **fumaça** do bom direito, tal qual se verifica na preventiva, mas em mera **fagulha**, assim devendo ser entendido o inciso III do art. 1º da Lei nº 7.960/89, mostra-se, de todas as prisões provisórias, a mais **excepcional**, daí o rol curto e taxativo de injustos que a comportam, e o prazo originariamente bem mais enxuto, de até 5 dias, prorrogável uma única vez, por igual período (art. 2º, cabeça, da Lei nº 7.960/89), de maneira a não superar os 10 dias para a conclusão do inquérito, estando o indiciado preso preventivamente (art. 10 do CPP). Quando se recorre à prisão temporária é porque inexiste justa causa para a denúncia, logo, admitir a prorrogação do prazo é razoável[72], **lógica ausente na custódia preventiva, na qual a denúncia já se delineia no horizonte.**

---

[72] Mas não a duração por até 30 dias, extensíveis por igual período pelo juiz, quando de natureza hedionda a imputação, nos termos do art. 2º, § 4º, da Lei nº 8.072/1990, subvertendo todas as premissas que nortearam o delineamento da prisão temporária. Agride-se a razoabilidade sob o prisma da proporcionalidade, dispensando ao indiciado contra quem ainda inexiste justa causa tratamento mais severo do que o reservado ao preso preventivo no inquérito, em desfavor de quem já há uma pretensão condenatória plausível, considerado o **tempo de duração da custódia – se temporária, podendo chegar a inacreditáveis 60 dias, se preventiva, 10 (ou, computada a prorrogação máxima, 25).**

É ínsita à prisão preventiva incidental ao inquérito a **suficiência** do prazo para a conclusão do inquérito, presente imputado preso, por já se reunir lastro informativo para a denúncia. Do contrário, recorre-se à prisão temporária, ou, se juridicamente inadmissível ou demasiada, às medidas cautelares pessoais diversas, listadas nos arts. 319 e 320 do CPP, igualmente disponíveis no inquérito (art. 282, § 2º, do CPP) – em apreço ao princípio da proporcionalidade, encartado no art. 282, I e II, do CPP, segregações equivalentes ao regime fechado devem ser, sempre, a última opção, por encerrarem o que o ordenamento penal pátrio tem de mais gravoso em termos de reprimenda (privação libertária em regime fechado), sendo inaceitável uma tutela estritamente cautelar mais gravosa do que a pena provável destinada à espécie.

Delongar o prazo do inquérito para até 25 dias (10 dias inaugurais, na esteira do art. 10 do CPP, somados aos 15, no caso de prorrogação, nos termos do novel § 2º do art. 3º-B), estando o imputado preso, também **subverte o art. 5º, LVII, da CRFB/88, mesmo sob a ótica, mais restritiva, da presunção de não culpabilidade, enquanto regra de tratamento, merecedora de deferência ainda maior quando o imputado** *ainda é mero indiciado*. Lembre-se de que esses 25 dias ficam apenas 5 aquém do tempo reservado à conclusão da instrução no rito sumário (art. 531 do CPP) e superam mais da metade do previsto ao procedimento ordinário, quando mais graves as infrações penais (art. 400 do CPP).

As perplexidades acima só aumentam se confrontadas ao art. 66, cabeça, da Lei nº 5.010/66, prolongando o inquérito por até 30 dias (15 extensíveis por 15), e ao art. 51, *caput* e parágrafo único, da Lei nº 11.343/06, estendendo-o por até 60 (30 duplicáveis).

Dessarte, tais prorrogações são **inconstitucionais**. Representações da autoridade policial desse naipe devem ser liminarmente inadmitidas pelo juiz das garantias, determinando a remessa dos autos ao Ministério Público para oferecimento da denúncia, no prazo de 5 dias, nos moldes do art. 46 do CPP, sob pena de **relaxamento** da prisão por excesso de prazo.

Como essas prorrogações não têm sido colocadas em xeque pelos Tribunais Superiores[73], nem tampouco pela maioria da doutrina, as reflexões sinalizam, ao menos, **a excepcionalidade da distensão, a ser deferida pelo juiz das garantias apenas quando absolutamente necessária, verificando, inclusive, se, realmente, existe** *fumus comissi delicti* **e/ou proporcionalidade para o prosseguimento da prisão preventiva, revogando--a ou substituindo-a por constrições libertárias diversas**. A prorrogação não desafia banalização e o tempo de duração há de ser **modulado pontualmente**, sem olvidar o

---

A ofensa à razoabilidade, sob o ângulo da necessidade (vedação ao excesso), é igualmente patente, porque permite a segregação inquisitorial por **tempo equivalente ao término da instrução nos processos de rito ordinário, destinados, justamente, às infrações de gravidade maior (art. 394, § 1º, I e art. 400, ambos do CPP), ao dobro do reservado ao procedimento sumário (art. 531 do CPP) e a dois terços do previsto para o encerramento da 1ª fase do procedimento do júri (art. 412 do CPP)**. Tamanha disparidade importa enxergar o indiciado, contra quem sequer se reuniu justa causa, repita-se, sendo possível, até, o arquivamento do inquérito, como se culpado fosse, em desacordo com o **art. 5º, LVII, da CRFB/88, mesmo se interpretado, timidamente, como presunção de não culpabilidade, enquanto regra de tratamento**. Nesse sentido, SANTOS, Marcos Paulo Dutra. *O Novo Processo Penal Cautelar*, ob. cit., p. 72-74.

[73] STJ, HC 89.654/MG, Rel. Ministro Napoleão Nunes Maia Filho, Quinta Turma, julgado em 17/02/2009, *DJe* 16/03/2009.

lapso de 15 dias como **teto**, em vez de vetor único. E, por ser o **máximo**, elegê-lo impõe motivação concreta, sob pena de nulidade absoluta.

Vamos além: pelo formato atual, generaliza-se a possibilidade de se ter, em tese, quando **hediondo** o crime sob investigação, a prisão temporária por até 30 dias, renovável, uma única vez, por mais 30 (art. 2º, § 4º da Lei nº 8.072/90[74]), impondo-se, sequencialmente, a prisão preventiva, por 10 dias, prorrogável por, até, 15 (art. 10, cabeça, c/c art. 3º-B, § 2º do CPP), chegando a, inacreditáveis, 85 dias **sem denúncia**. Nos crimes da competência da Justiça Federal, de cunho hediondo, seriam 90 (art. 66, cabeça, da Lei nº 5.010/66). E, no caso do tráfico de entorpecentes, da mesma natureza, alcançam-se inimagináveis 120 dias, por conta do art. 51 da Lei nº 11.343/06. Textualmente, inexistiria ofensa ao devido processo legal, porque prisões temporária e preventiva são títulos distintos, cada qual admitindo uma prorrogação, conforme autorizam os dispositivos legais *retro*. Tais preceitos, formalmente analisados, não seriam violados.

Mas, à luz da Constituição e das Convenções Internacionais de Direitos Humanos subscritas pelo Brasil, **diplomas legais aos quais as normas acima devem obediência**, tal percepção é **inaceitável**, ante a garantia fundamental à duração razoável da **persecução penal** – art. 5º, LXXVIII, da CRFB/88; art. 9º, 3, do PIDCP; e art. 7º, 5, da CADH. Soma-se a isso o estado de coisas inconstitucional do sistema carcerário pátrio, reconhecido pelo Pleno do STF, em 9 de setembro de 2015, na Arguição de Descumprimento de Preceito Federal (ADPF) nº 347, da relatoria do Min. Marco Aurélio, potencializada pelos **40,14% de presos provisórios sem condenação, descartados** os réus presos em outro(s) processo(s), já sentenciado(s), computados na lista dos julgados, em execução definitiva ou provisória. Ou seja: **40,14% é o percentual de presos cautelares realmente não sentenciados**[75]. Imagine, então, a perspectiva, ora aberta, de, nos crimes de natureza hedionda, a prisão provisória estender-se **só** no **inquérito**, **sem denúncia**, primeiro sob o título temporário, e, depois, preventivo, por, até 85, 90 ou 120 dias, a depender do crime...

Embora a prorrogação não seja uma novidade na legislação, o espectro era, até então, bastante restrito, por ser a competência penal da Justiça Federal bem mais enxuta em relação à Estadual. A par disso, tinha-se só a Lei nº 11.343/06. O art. 3º-B, § 2º do CPP generaliza o prolongamento do inquérito nos casos de indiciado preso, disponibilizando-o para crimes da competência da Justiça Estadual, a abranger a imensa maioria das persecuções penais em curso no País. E, como se não bastasse, a Lei nº 13.964/19 ampliou, significativamente, o rol de crimes hediondos listados na Lei nº 8.072/90, incluindo, por

---

[74] O rol da prisão temporária é, reconhecidamente, taxativo. Mas tal exaustividade é oponível ao intérprete, e não ao legislador, que, do alto da sua soberania, pode, perfeitamente, ampliá-lo. Assim, ao contemplar o prazo de 30 dias de prisão temporária, prorrogáveis por igual período, nos moldes do art. 2º, § 4º da Lei nº 8.072/1990, entende-se, majoritariamente, ter a lei potencializado o seu espectro para além dos delitos versados no art. 1º, III, da Lei nº 7.960/1989, compreendendo, também, o tráfico, terrorismo, tortura e os hediondos. Por meio dessa orientação, disponibiliza-se, *v.g.*, a prisão temporária ao estupro de vulnerável (art. 217-A do CP), ausente na Lei nº 7.960/89, mas presente no art. 1º, VI, da Lei nº 8.072/1990, conforme jurisprudência remansosa do STJ: HC 526.241/SP, Rel. Ministro Ribeiro Dantas, Quinta Turma, julgado em 19/09/2019, *DJe* 24/09/2019; RHC 69.591/MG, Rel. Ministro Nefi Cordeiro, Sexta Turma, julgado em 19/05/2016, *DJe* 01/06/2016.

[75] Disponível em: <https://www.cnj.jus.br/wp-content/uploads/2019/08/bnmp.pdf>. Acesso em: 12 jan. 2020. Os números são de **6 de agosto de 2018**, **sem** os números do TJ/RS e com o cadastro, aproximado, de 76,5% dos presos do TJ/SP.

exemplo, roubos circunstanciados pela restrição da liberdade da vítima e pelo emprego de arma de fogo, seja de uso permitido, proibido ou restrito, aumentando sobremaneira o volume de inquéritos que se irradiarão, sem denúncia, nada obstante preso o indiciado, por 85, 90 ou 120 dias, conforme o injusto.

Racionalizar o manuseio desses títulos prisionais torna-se, então, mandatório, quando apurado crime de natureza hedionda. **Em apreço à garantia constitucional E convencional da duração razoável da persecução penal, é inadmissível cumular prorrogações no inquérito, mesmo que seja uma em sede de prisão temporária e outra em sede de preventiva. Cabe 1 prorrogação, entre custódias temporária e preventiva incidentais à investigação. Nada além.**

Renovado o prazo da prisão temporária, assim se faz a fim de angariar justa causa para a deflagração da ação penal. Findo o prazo da renovação, com lastro probatório mínimo para a denúncia, o juiz das garantias, instigado a decretar a prisão preventiva pela autoridade policial ou pelo Ministério Público, pode deferi-la, mas com remessa imediata dos autos ao último para oferecimento da peça acusatória, **prejudicados o prazo de conclusão do inquérito e eventual prorrogação**, afinal, a prisão preventiva, por si só, já sinaliza a justa causa. Descabe computar, *nesses casos*, os prazos para a conclusão do inquérito e oferecimento da denúncia sucessivamente, porque não se está diante de um indiciado recém-preso, mas que **já está segregado por força de prisão temporária imposta E prorrogada** – como cediço, a isonomia impõe tratar desigualmente situações desiguais na medida em que se desigualam. E o tempo já acumulado de prisão cautelar no inquérito justifica a distinção – independentemente das diligências investigatórias pendentes, flui o prazo do Ministério Público para oferecer a denúncia, reservada a faculdade de vindouro aditamento, se necessário. Por outro lado, se, ultimadas a prisão temporária e a prorrogação, não se lograr reunir justa causa, revoga-se a custódia, sem prejuízo do prosseguimento das investigações, descartada a prisão preventiva, ou mesmo outras cautelares diversas, em razão da ausência de *fumus comissi delicti*.

De mais a mais, a fim de não recrudescer sobremaneira o número de presos provisórios apenas em sede de inquérito, rememore-se ser **excepcional a prorrogação da investigação, concernente a indiciados segregados, sempre pelo menor tempo possível, encarando 15 dias como teto** (art. 3º-B, § 2º do CPP), motivo pelo qual, caso o eleja, há de ser **fundamentadamente**, listando as *n* questões de mérito ainda carentes de elucidação a justificar tamanha dilação, sob pena de nulidade absoluta da decisão e consequente relaxamento da prisão. Outrossim, **trabalhar com as medidas cautelares previstas nos arts. 319 e 320 do CPP torna-se ainda mais mandatório, mesmo porque estão disponíveis desde o inquérito (art. 282, § 2º do CPP), recorrendo-se às prisões temporária e preventiva apenas em último caso.** Ambas as advertências valem para os crimes da competência da Justiça Federal (art. 66 da Lei nº 5.010/66) e os previstos na Lei nº 11.343/06, afinal, se o juiz pode prolongar o inquérito por mais 15 ou 30 dias, respectivamente, nada o impede de estipular lapso menor, pois quem pode o mais, pode o menos (teoria dos poderes implícitos).

A prorrogabilidade do prazo do inquérito, nos moldes do art. 3º-B, § 2º do CPP, alcançaria os crimes contra a economia popular, considerando que alguns deles admitiriam, em tese, a prisão preventiva, como os listados no art. 3º da Lei nº 1.521/51, dolosos com pena máxima de 10 anos (art. 313, I, do CPP)?

Invocando-se o princípio da especialidade, a resposta é **negativa**, pois o art. 10, § 1º prevê o prazo de 10 dias para a conclusão do inquérito, independentemente de o indiciado estar solto ou preso, **sem contemplar qualquer prorrogação**, diferentemente de outros diplomas legais, como as Leis nº 5.010/66 (art. 66) e 11.343/06 (art. 51). Ademais, o art. 3º-B, § 2º do CPP seria aplicado, subsidiariamente, *in malam partem*, prolongando o prazo de duração da prisão preventiva no inquérito.

Em contrapartida, além de o CPP ser aplicável subsidiariamente à Lei nº 1.521/51, inexiste vedação expressa à eventual prorrogação – o fato de o diploma legal não a haver previsto não importa, por si só, proibição. O alegado silêncio eloquente é, no mínimo, discutível, porque as dilações do prazo do inquérito de indiciados presos advieram posteriormente, nas Leis nº 5.010, de 1966, e 11.343, de 2006. Sob tal perspectiva, os inquéritos de indiciados presos, nos crimes contra a economia popular, igualmente desafiariam prorrogação, nos moldes do art. 3º-B, § 2º.

A questão resolve-se à luz do devido processo legal – qualquer restrição à liberdade impõe previsão legal expressa, e não subliminar. Prorrogar o prazo do inquérito, mesmo se preso estiver o indiciado, é norma limitadora da liberdade, além de comprometer a duração razoável da persecução penal, a desafiar interpretação **restritiva**. Se a Lei nº 1.521/51, no art. 10, § 1º estipulou o lapso de 10 dias para o encerramento da investigação, independentemente de o indiciado estar preso ou solto, **sem contemplar a prorrogação**, descabe invocar, subsidiariamente, o art. 3º-B, § 2º do CPP para admiti-la, sob pena de aplicação *in malam partem*.

Em fecho, alguns esclarecimentos:

– Nada muda em relação aos prazos para a conclusão do inquérito, encontrando-se o indiciado **solto** – 30 dias, nos termos do art. 10, cabeça, do CPP, aplicável, subsidiariamente, aos crimes da competência da Justiça Federal, conforme autoriza o art. 65 da Lei nº 5.010/66 (o art. 66 ateve-se, exclusivamente, ao imputado preso, ao fixar o lapso de 15 dias para a conclusão do inquérito, prorrogável por igual período). No âmbito da Lei nº 11.343/06, estando solto o indiciado, o inquérito estende-se por 90 dias, passíveis de duplicação, nos termos do art. 51, *caput* e parágrafo único.

– A referência a indiciado preso engloba o preventivo domiciliar (arts. 317 a 318-B do CPP), bem como o internado provisório (art. 319, VII, do CPP), porque sujeito à privação libertária equivalente ao regime fechado, mudando-se, apenas, o local da custódia, residência ou hospital penitenciário. Inexiste *restrição*, mas *privação*. Diga-se o mesmo acerca do recolhimento domiciliar (art. 319, V, do CPP), por privar a liberdade do imputado em condições equivalentes ao regime aberto, bastando confrontar com o art. 36, § 1º do CP. Não por acaso, essas três cautelares ensejam remição com pena privativa de liberdade[76], nos termos do art. 42 do CP, segundo precedentes do STJ[77], orientação, aliás, **pacificada**

---

[76] SANTOS, Marcos Paulo Dutra. *O Novo Processo Penal Cautelar*, ob. cit., p. 281-282 e 284-290.

[77] HC 496.049/MG, Rel. Ministro Felix Fischer, Quinta Turma, julgado em 14/05/2019, DJe 20/05/2019) – *"...Embora inexista previsão legal, **o recolhimento domiciliar noturno, por comprometer o status libertatis da pessoa humana, deve ser reconhecido como pena efetivamente cumprida para fins de detração da pena**, em homenagem ao princípio da proporcionalidade e em apreço ao princípio do non bis in idem. Precedentes..."* (grifo nosso); AgRg no HC 491.160/CE, Rel. Ministro Sebastião Reis Júnior, Sexta Turma, julgado em 22/10/2019, DJe 05/11/2019 – *"...2. Concedido pelo Juiz sentenciante o benefício da prisão domiciliar ao réu condenado pela prática do delito de homicídio qualificado e constando, na Guia*

pela 3ª Seção (HC 455.097/PR, Rel. Ministra Laurita Vaz, Terceira Seção, julgado em 14/04/2021, *DJe* 07/06/2021).

– A contagem do prazo do inquérito, presente indiciado preso preventivamente, tem como termo *a quo* o dia da captura em flagrante, independentemente da data da conversão, ou do cumprimento da ordem prisional, conforme se extrai do próprio art. 10, cabeça, do CPP, somado ao art. 10 do CP, em virtude da natureza processual **material** da norma[78], com impacto direto no *status libertatis* – não se perquire o tempo de duração do inquérito em si, mas o lapso no qual o indiciado pode persistir preso preventivamente, sem denúncia. Nos casos de prisão preventiva ou recolhimento domiciliar, ou, ainda, internação, *mutatis mutandis*, o termo inaugural corresponde ao dia em que a medida foi efetivada.

– Embora a Lei nº 5.010/66, art. 66, diferentemente do art. 51 da Lei nº 11.343/06 e do art. 3º-B, § 2º do CPP, não preveja a oitiva prévia do Ministério Público, instá-lo a se manifestar é imprescindível, enquanto titular privativo da ação penal, nos moldes do art. 129, I da CRFB/88, competindo-lhe dizer se, de fato, o prazo deve ser estendido, afinal, pode vislumbrar a presença de justa causa para a denúncia. Por outro lado, como a Lei nº 5.010/66 veio organizar a Justiça Federal de 1ª instância, conforme revela a ementa, entende-se, majoritariamente, que o art. 66 compreende **os crimes da competência da Justiça Federal**, e não os de atribuição investigatória da Polícia Federal, mais abrangente do que a competência, conforme se extrai do art. 144, § 1º da Constituição[79]. Assim, nos inquéritos sob a responsabilidade da Polícia Federal, indiciados presos, pertinentes a crimes da competência da Justiça Estadual, o prazo inicial será de 10 dias, segundo a regra geral do art. 10 do CPP, prorrogáveis por até 15. Apesar de adotada torrencialmente, tal compreensão jamais nos convenceu, pois, a partir do art. 65, a Lei nº 5.010/66 passa a tratar da *polícia judiciária federal*, logo, a regra contida no art. 66 teria como destinatário o delegado federal e os procedimentos investigatórios da sua atribuição, independentemente de a competência ser da Justiça Federal ou Estadual. Partindo dessa premissa, reconhecemos, **minoritária**, o prazo de conclusão de qualquer investigação da Polícia Federal seria, nos moldes do art. 66 da Lei nº 5.010/66, de 15 dias, prorrogáveis por igual período.

XI – decidir sobre os requerimentos de: a) interceptação telefônica, do fluxo de comunicações em sistemas de informática e telemática ou de outras formas de comunicação; b) afastamento dos sigilos fiscal, bancário, de dados e telefônico; c) busca e apreensão domiciliar; d) acesso a informações sigilosas; e) outros meios de obtenção da prova que restrinjam direitos fundamentais do investigado.

As medidas listadas no inciso XI estão sob reserva de jurisdição, considerada a natureza **cautelar** probatória, logo, **jurisdicional**. O fato de a alínea *e* aludir a *outros* meios de obtenção de prova que *restrinjam* direitos fundamentais do investigado (ou do denunciado, haja vista que a competência do juiz das garantias irradia-se até a fase do art. 399

---

de Recolhimento Definitivo do sentenciado expedida pela Secretaria da Vara Judicial por ordem do Juiz do conhecimento, **a informação de que o apenado, na data de sua expedição, encontrava-se em cumprimento da constrição cautelar, esse período deve ser reconhecido como pena efetivamente cumprida para fins de detração...**" (grifo nosso).

[78] Apenas a título de ilustração, entre tantos autores, MOREIRA, Rômulo de Andrade. *Curso Temático de Direito Processual Penal*. 2. ed. Salvador: JusPodivm, 2009, p. 43.

[79] TOURINHO FILHO, Fernando da Costa. *Processo Penal*. 26. ed. São Paulo: Saraiva, 2004, p. 265; LOPES JR., Aury. *Direito Processual Penal*. 11. ed. São Paulo: Saraiva, 2014, p. 289; RANGEL, Paulo. Ob. cit., p. 118.

do CPP) é o reconhecimento, pela própria lei, do **impacto dessas tutelas nas garantias individuais, limitando-as**, daí subordiná-las à reserva de jurisdição.

Partindo dessa premissa, aguçam-se as críticas a **TRÊS** orientações fixadas pelo Supremo Tribunal Federal.

– Segundo a Corte Constitucional, as Comissões Parlamentares de Inquérito (CPIs) possuem poderes para determinar a quebra do sigilo de dados do investigado, mesmo quando representativos da intimidade e da vida privada, *v.g.*, bancários e fiscais, sob o argumento de **não** ser matéria reserva de jurisdição, invocando-se o art. 58, § 3º da CRFB/88[80], aplicável, por simetria, aliás, às CPIs organizadas pelas Assembleias Legislativas, em razão de o art. 27, § 1º, da CRFB/88[81] haver estendido aos deputados estaduais o mesmo tratamento dispensado aos federais.

Embora se trate de orientação há muito consolidada no STF, sempre despertou questionamentos em virtude de o art. 58, § 3º da CRFB/88 preconizar que as CPIs dispõem de *poderes de investigação próprios das autoridades judiciais*. Ora, medidas investigatórias possuem raiz **administrativa**, enquanto as cautelares têm matriz **jurisdicional**. E a *jurisdição*, por óbvio, é inerente aos órgãos integrantes do Poder Judiciário. Nada além. Por isso, *v.g.*, que os integrantes de uma CPI podem implementar a prisão em flagrante, de cunho administrativo, mas jamais a temporária ou preventiva, de raiz jurisdicional. **Em sendo a quebra de sigilo de dados, quando reveladores da intimidade e da vida privada alheias, da competência do juiz das garantias, por ser meio de obtenção de provas limitador de direitos, reafirma-se a sua natureza cautelar probatória, e a consequente submissão à reserva de jurisdição e ao devido processo legal (art. 5º, LIV, da CRFB/88), que tem, no juiz, o seu condutor e presidente.** Por conseguinte, as CPIs não têm poderes para implementá-las, porque o art. 58, § 3º da Lei das Leis as aproximou dos órgãos do Poder Judiciário no que tange às medidas investigatórias, mas não às cautelares. **Pretender diversamente equipararia as CPIs ao juiz das garantias, o investigador ao imparcial, ao equidistante incumbido de zelar pela legalidade das investigações**. Tamanho embaralhamento torna-se inaceitável em um processo de **estrutura acusatória** (art. 3º-A do CPP).

Permaneceriam disponíveis às CPIs, por requisição direta, sem carecer de prévia autorização jurisdicional, os dados do investigado **não** reveladores da intimidade, da imagem e da vida privada, como os cadastrais, não submetidos ao art. 5º, incisos X, XII e LIV da CRFB/88 – não por acaso, os próprios órgãos de repressão estatal, como a autoridade policial e o Ministério Público, podem acessá-los diretamente, sem depender de permissão jurisdicional anterior. Nesse sentido, *v.g.*, art. 17-B da Lei nº 9.613/98 e art. 15 da Lei nº 12.850/13.

– Os registros de viagens e telefônicos, concernentes, *v.g.* ao número do voo e companhia, nome do hotel, números de chamadas telefônicas discadas e recebidas, vinham sendo encaradas como não reveladoras da intimidade e da vida privada. A proteção constitucional à privacidade corresponderia ao acontecido durante a viagem ou no conversado ao telefone. A Lei nº 12.850/13, partindo dessa premissa, franqueou o acesso direto pelo delegado de polícia e pelo Ministério Público a tais registros, haja vista os arts. 16 e 17,

---

[80] MS 23.639, Relator Min. Celso de Mello, Tribunal Pleno, julgado em 16/11/2000, *DJ* 16/02/2001.
[81] ACO 1271, Relator Min. Joaquim Barbosa, Tribunal Pleno, julgado em 12/02/2014, *DJe* 30/10/2014.

além das CPIs, em virtude do art. 58, § 3º da CRFB/88. Em se tratando dos **registros telefônicos**, o STF vem admitindo o acesso pelos órgãos de repressão estatal, independentemente de autorização jurisdicional prévia, porque **não exporiam a intimidade e a vida privada alheias**[82].

Tal orientação sempre foi controversa. O acesso aos registros telefônicos e de viagens pode, excepcionalmente, consubstanciar invasão de privacidade. A depender da natureza do terminal de origem ou de destino das chamadas telefônicas – *v.g.* disque-sexo – ou da espécie de hospedagem – *v.g.* hedonista –, aspectos sensíveis da intimidade podem vir à tona. Na medida em que o inciso XI do art. 3º-B do CPP expressamente lista o sigilo telefônico na alínea *b*, em nada se confundindo com a interceptação telefônica, mencionada na alínea *a*, **identificando o acesso a tais registros como restritivo de direitos fundamentais, submetendo-o ao controle PRÉVIO do juiz das garantias, por condicionar o acesso a REQUERIMENTO**, restaura-se a discussão acerca de serem, ou não, os registros telefônicos matéria **reserva de jurisdição**, extensível aos registros de viagens, ante a **identidade de razões**. O art. 3º-B, XI, alínea *b* confrontada com a *a* e *e* do CPP assim dispôs, concorde-se ou não, opção essa que nada tem de inconstitucional, porque potencializa a tutela aos direitos fundamentais relativos à intimidade, sujeitando-os à reserva de jurisdição.

– O art. 5º, XII, da CRFB/88, ao se ocupar do sigilo das *comunicações*, refere-se à telefônica, à telegráfica e à correspondência, de maneira que a alusão aos dados compreenderia apenas a **transmissão**, na ótica de autores como Tércio Sampaio Ferraz[83]. Excluídos do inciso XII estariam os dados estanques (armazenados), porque tutelados no inciso X, quando reflexos da intimidade, da imagem e da vida privada, acessíveis em conformidade com o preconizado em lei (devido processo legal), sem as exigências específicas ventiladas no inciso XII, parte final – prévia determinação jurisdicional, na forma da lei, para fins penais. Em havendo lei prevendo o acesso a tais dados estanques, inclusive diretamente, sem a necessidade de autorização jurisdicional prévia, inexistiria inconstitucionalidade a ser declarada.

Partindo dessas premissas, o STF chegou a legitimar o acesso direto, pelo Ministério Público, de dados bancários e financeiros do imputado[84], consideradas a Lei Complementar nº 75/93, art. 8º, II, IV e, sobretudo, VIII; a Lei nº 8.625/93, art. 26, I, *b*, e II; e a Lei nº 7.492/86, art. 29, *caput* e parágrafo único, avalizadas pelo art. 129, VIII, 1ª parte, e, especialmente, VI, da CRFB/88, que conferiu ao *Parquet* um poder geral de requisição. Igualmente colocou os dados íntimos armazenados em computador no inciso X do art. 5º, em vez do inciso XII, condicionando o acesso ao preceituado em lei, e não indeclinavelmente por determinação jurisdicional, distinguindo-o da transmissão de dados[85]. Não

---

[82] HC 91867, Relator Min. Gilmar Mendes, Segunda Turma, julgado em 24/04/2012, *DJe*-185 Divulg. 19/09/2012 public. 20/09/2012.

[83] Sigilo de dados: o direito à privacidade e os limites à função fiscalizadora do Estado. *Cadernos de Direito Constitucional e Ciência Política*, São Paulo, RT, n. 1, p. 77-82, 1992; e *Revista da Faculdade de Direito da Universidade de São Paulo*, v. 88, p. 447, 1993.

[84] MS 21729, Relator Min. Marco Aurélio, Relator p/ Acórdão: Min. Néri da Silveira, Tribunal Pleno, julgado em 05/10/1995, DJ 19/10/2001, PP-00033 Ement. vol.-02048-01, PP-00067, *RTJ* vol.-00179-01 PP-00225.

[85] RE 418.416, Relator Min. Sepúlveda Pertence, Tribunal Pleno, julgado em 10/05/2006, DJ 19/12/2006 – "...4. A proteção a que se refere o art.5º, XII, da Constituição, é da comunicação 'de dados' e **não** dos 'dados

por acaso o entendimento segundo o qual o sigilo de dados estanques, mesmo quando fossem extensão da intimidade e da vida privada, não estaria submetido à reserva de jurisdição, admitindo quebra por CPI, desenvolveu-se nesse período[86].

Posteriormente, o STF reviu tal orientação, reputando inaceitável, à luz da inafastabilidade da jurisdição e do devido processo legal, que a parte autora possa vulnerar, diretamente, garantias fundamentais do imputado, à margem de um controle jurisdicional prévio, incidental ao devido processo legal, afinal, nenhuma lesão ou **ameaça** de lesão a direito pode ser subtraída do conhecimento do Poder Judiciário (art. 5º, XXXV, da CRFB/88) e ninguém será **despido** dos seus direitos **sem** perpassar pelo devido processo legal (art. 5º, LIV, da CRFB/88). A partir dessa percepção, condicionou-se o acesso a dados reveladores da intimidade e da vida privada do investigado pelo Ministério Público à prévia autorização jurisdicional[87], **salvo** se pertinentes a entes públicos, *v.g.* movimentações financeiras de uma Prefeitura, porque a privacidade cede em prol da publicidade, norteadora das ações da Administração Pública e dos seus agentes.[88] A ilegitimidade do Ministério Público para quebrar o sigilo de dados íntimos do imputado, como os financeiros e bancários, é compartilhada pelo STJ, consideradas tanto as

---

em si mesmos', **ainda quando armazenados em computador**. (cf. voto no MS 21.729, Pleno, 5.10.95, red. Néri da Silveira – RTJ 179/225, 270)..." (grifo nosso).

[86] MS 23452, Relator Min. Celso de Mello, Tribunal Pleno, julgado em 16/09/1999, DJ 12/05/2000.

[87] RE 215301, Relator Min. Carlos Velloso, Segunda Turma, julgado em 13/04/1999, DJ 28/05/1999, *RTJ* vol.-00169-02, PP-00700 – "... *I. – **A norma inscrita no inc. VIII, do art. 129, da C.F., não autoriza ao Ministério Público, sem a interferência da autoridade judiciária, quebrar o sigilo bancário de alguém**. Se se tem presente que o sigilo bancário é espécie de direito à privacidade, que a C.F. consagra, art. 5º, X, somente autorização expressa da Constituição legitimaria o Ministério Público a promover, diretamente e sem a intervenção da autoridade judiciária, a quebra do sigilo bancário de qualquer pessoa...*" (grifo nosso); RE 318136-AgR, Relator Min. Cezar Peluso, Segunda Turma, julgado em 12/09/2006, DJ 06/10/2006) – "...***Instituições Financeiras. Sigilo bancário. Quebra. Requisição. Ilegitimidade do Ministério Público. Necessidade de autorização judicial. Jurisprudência assentada...***" (grifo nosso); HC 125.218, Relator Min. Gilmar Mendes, Segunda Turma, julgado em 24/05/2016, DJe-116 divulg. 06/06/2016, public. 07/06/2016 – "...*2. O Superior Tribunal de Justiça concedeu ordem de habeas corpus para **considerar ilícita prova obtida pelo Ministério Público Federal junto à Receita Federal do Brasil, por se tratar de dados protegidos por sigilo fiscal, determinando o desentranhamento dos autos**. O desentranhamento de provas ilícitas, na forma do art. 157 do CPP, não se traduz em necessidade de retorno do processo à etapa inicial. Assim, não seria o caso de desconstituir todos os atos processuais praticados desde a incorporação da prova ilícita aos autos...*" (grifo nosso).

[88] RHC 133118, Relator Min. Dias Toffoli, Segunda Turma, julgado em 26/09/2017, DJe-045 divulg. 08/03/2018 public. 09/03/2018 –"...*diante da existência de indícios da prática de ilícitos penais com verbas públicas, o Ministério Público solicitou diretamente à instituição financeira cópias de extratos bancários e microfilmagens da conta corrente da municipalidade, além de fitas de caixa, para a apuração do real destino das verbas. 5. O poder do Ministério Público de requisitar informações bancárias de **conta-corrente de titularidade da prefeitura municipal** compreende, por extensão, **o acesso aos registros das operações bancárias realizadas por particulares, a partir das verbas públicas creditadas naquela conta**. 6. De nada adiantaria permitir ao Ministério Público requisitar diretamente os registros das operações feitas na conta bancária da municipalidade e negar-lhe o principal: o acesso ao real destino dos recursos públicos, a partir do exame de operações bancárias sucessivas (v.g., desconto de cheque emitido pela Municipalidade na boca do caixa, seguido de transferência a particular do valor sacado). 7. **Entendimento em sentido diverso implicaria o esvaziamento da própria finalidade do princípio da publicidade, que é permitir o controle da atuação do administrador público e do emprego de verbas públicas**...*" (grifo nosso).

turmas de competência penal[89] quanto cível[90]. **Na medida em que o *afastamento dos sigilos fiscal, bancário, de dados e telefônico* sujeita-se à prévia autorização pelo juiz das garantias, a inadmissibilidade de requisição de quebra do sigilo pelo Ministério Público recrudesce ainda mais.**

O STF igualmente entendeu o sigilo de dados armazenados, se reveladores da intimidade e da vida privada alheias, inserido não apenas no inciso X do art. 5º da CRFB/88, mas também no inciso XII, ao interpretar conforme a Constituição a Lei Complementar nº 105/01. Restringiu-lhe o âmbito, condicionando o acesso aos dados bancários e financeiros do contribuinte à prévia autorização da autoridade judiciária competente e para fins penais, reproduzindo os parâmetros versados no citado inciso XII do art. 5º da CRFB/88.[91] Revolvendo o tema, mas **reiterando estar o sigilo de dados bancários e financeiros tutelado nos incisos X e XII do art. 5º da CRFB/88**, o Pleno do STF, sensível à penúria da União e dos Estados, revisitou o tema, buscando uma saída hermenêutica que referendasse a constitucionalidade da Lei Complementar nº 105/01, viabilizando a fiscalização tributária e, por conseguinte, potencializasse a arrecadação. Assim, em um claríssimo exemplo de realismo jurídico, mas **sem ruptura com o art. 5º, X e XII da**

---

[89] HC 160.646/SP, Rel. Ministro Jorge Mussi, Quinta Turma, julgado em 01/09/2011, DJe 19/09/2011 – *"...1. Considerando o artigo 129, inciso VI, da Constituição Federal, e o artigo 8º, incisos II, IV e § 2º, da Lei Complementar 75/1993, há quem sustente ser possível ao Ministério Público requerer, diretamente, sem prévia autorização judicial, a quebra de sigilo bancário ou fiscal. 2. No entanto, numa interpretação consentânea com o Estado Democrático de Direito, esta concepção não se mostra a mais acertada, **uma vez que o Ministério Público é parte no processo penal, e embora seja entidade vocacionada à defesa da ordem jurídica, representando a sociedade como um todo, não atua de forma totalmente imparcial, ou seja, não possui a necessária isenção para decidir sobre a imprescindibilidade ou não da medida que excepciona os sigilos fiscal e bancário.** 3. A mesma Lei Complementar 75/1993 – apontada por alguns como a fonte da legitimação para a requisição direta pelo Ministério Público de informações contidas na esfera de privacidade dos cidadãos – dispõe, na alínea 'a' do inciso XVIII do artigo 6º, competir ao órgão ministerial representar pela quebra do sigilo de dados. 4. O sigilo fiscal se insere no direito à privacidade protegido constitucionalmente nos incisos X e XII do artigo 5º da Carta Federal, cuja quebra configura restrição a uma liberdade pública, razão pela qual, para que se mostre legítima, se exige a demonstração ao Poder Judiciário da existência de fundados e excepcionais motivos que justifiquem a sua adoção. 5. **É evidente a ilicitude da requisição feita diretamente pelo órgão ministerial à Secretaria de Receita Federal, por meio da qual foram encaminhadas cópias das declarações de rendimentos da paciente e dos demais investigados no feito...*" (grifo nosso).

[90] REsp 1638420/CE, Rel. Ministro Napoleão Nunes Maia Filho, Primeira Turma, julgado em 04/12/2018, DJe 14/12/2018 – *"...5. **A quebra de sigilo bancário, por iniciativa do Ministério Público, depende de autorização judicial, não se admitindo a requisição direta à instituição financeira.** Precedentes: AgRg no REsp. 1.348.076/PR, Relator Ministro Reynaldo Soares da Fonseca, DJe 10.12.2015; RMS 25.375/PA, Relator Ministro Felix Fischer, DJe 07.04.2008; HC 160.646/SP, Relator Ministro Jorge Mussi, DJe 19.09.2011; RHC 20.329/PR, Relator Ministro Jane Silva, DJ 22.10.2007; HC 316.870/ES, Relator Ministro Gurgel de Faria, DJe 24.09.2015. 6. Hipótese em que a requisição de quebra de sigilo bancário foi formulada pelo Parquet, diretamente à instituição bancária, sem autorização judicial, para a apuração de supostos atos de improbidade administrativa...*" (grifo nosso).

[91] RE 389.808, Relator Min. Marco Aurélio, Tribunal Pleno, julgado em 15/12/2010, DJe-086 divulg. 09/05/2011 – *"...**Conforme disposto no inciso XII do artigo 5º da Constituição Federal**, a regra é a privacidade quanto à correspondência, às comunicações telegráficas, **aos dados** e às comunicações, ficando a exceção – a quebra do sigilo – submetida ao crivo de órgão equidistante – o Judiciário – e, mesmo assim, para efeito de investigação criminal ou instrução processual penal... Conflita com a Carta da República norma legal atribuindo à Receita Federal – parte na relação jurídico--tributária – o afastamento do sigilo de dados relativos ao contribuinte...*" (grifo nosso).

CRFB/88, assentou que o sigilo dos dados bancários e financeiros hão de ser preservados, mas sob o ângulo externo, sem desafiar publicização, mas não interno – se a instituição financeira acessa os dados do correntista, a Receita igualmente poderia fazê-lo, desde que assegurado o sigilo do procedimento administrativo fiscal correspondente[92] – olvidando, ou, quiçá, minimizando uma distinção essencial, a inviabilizar qualquer analogia: enquanto o particular e o banco travam uma relação contratual, pautada na autonomia da vontade, na qual o primeiro **anui**, consciente e voluntariamente, a segunda a acessar a sua vida financeira, contribuinte e Fisco mantêm uma relação de força, desigual, sendo nítida a inferioridade (subordinação) do primeiro ao segundo.

Assentada a constitucionalidade desse acesso, os dados reveladores de possível prática criminosa traduzem provas lícitas, desafiando compartilhamento com o Ministério Público, a título de **prova emprestada**, em face da **mesma pessoa**, sem prejuízo do contraditório. Embora os órgãos fiscais não tenham atribuição penal, princípios como os da legalidade e da moralidade, além do natural interesse do Estado na apuração de ilícitos penais, **exigem** compartilhar as peças de informação amealhadas com o *Parquet*, em quadra equivalente ao encontro fortuito de provas ou serendipidade. Diante dessas premissas, o Pleno do STF, no julgamento do RE 1055941, da relatoria do Min. Dias Toffoli, em 4 de dezembro de 2019, sob a sistemática da repercussão geral, fixou as seguintes teses, veiculadas no Informativo nº 962: *1. É constitucional o **compartilhamento** dos relatórios de inteligência financeira da Unidade de Inteligência Financeira (UIF) e da íntegra do procedimento fiscalizatório da Receita Federal do Brasil (RFB), que define o lançamento do tributo, com os órgãos de persecução penal para fins criminais, **sem a obrigatoriedade de prévia autorização judicial**, devendo ser resguardado o sigilo das informações em procedimentos formalmente instaurados e sujeitos a posterior controle jurisdicional. 2. O compartilhamento pela UIF e pela RFB, referente ao item anterior, deve ser feito unicamente por meio de comunicações formais, com garantia de sigilo, certificação do destinatário e estabelecimento de instrumentos efetivos de apuração e correção de eventuais desvios.*

---

[92] RE 601314, Relator Min. Edson Fachin, Tribunal Pleno, julgado em 24/02/2016, *DJe*-198 divulg. 15/09/2016 public. 16/09/2016; ADI 2859, Relator Min. Dias Toffoli, Tribunal Pleno, julgado em 24/02/2016, *DJe*-225 divulg. 20/10/2016 public. 21/10/2016 – *"...4. Os artigos 5º e 6º da Lei Complementar nº 105/2001 e seus decretos regulamentares (Decretos nº 3.724, de 10 de janeiro de 2001, e nº 4.489, de 28 de novembro de 2009) consagram, de modo expresso, **a permanência do sigilo das informações bancárias obtidas com espeque em seus comandos, não havendo neles autorização para a exposição ou circulação daqueles dados. Trata-se de uma transferência de dados sigilosos de um determinado portador, que tem o dever de sigilo, para outro, que mantém a obrigação de sigilo, permanecendo resguardadas a intimidade e a vida privada do correntista**, exatamente como determina o art. 145, § 1º, da Constituição Federal. 5. A ordem constitucional instaurada em 1988 estabeleceu, dentre os objetivos da República Federativa do Brasil, a construção de uma sociedade livre, justa e solidária, a erradicação da pobreza e a marginalização e a redução das desigualdades sociais e regionais. Para tanto, a Carta foi generosa na previsão de direitos individuais, sociais, econômicos e culturais para o cidadão. Ocorre que, correlatos a esses direitos, existem também deveres, cujo atendimento é, também, condição sine qua non para a realização do projeto de sociedade esculpido na Carta Federal. Dentre esses deveres, consta o dever fundamental de pagar tributos, visto que são eles que, majoritariamente, financiam as ações estatais voltadas à concretização dos direitos do cidadão. Nesse quadro, é preciso que se adotem mecanismos efetivos de combate à sonegação fiscal, sendo o instrumento fiscalizatório instituído nos arts. 5º e 6º da Lei Complementar nº 105/ 2001 de extrema significância nessa tarefa..."* (grifo nosso).

Como os dados fiscais e bancários têm o sigilo afastado pelo juiz das garantias, o tema há de ser revisitado pelo STF, nem que seja para assentar o acesso de dados bancários e fiscais do contribuinte diretamente pela Receita e pela Unidade de Inteligência Financeira, na forma da Lei Complementar nº 105/01, exceção ao art. 3º-B, XI, *b*, do CPP, arrimada no princípio da especialidade, bem como o ulterior compartilhamento com o Ministério Público. A verdade é que o citado dispositivo legal se coaduna ao art. 5º, XII, da CRFB/88 – a quebra de sigilo de dados só se concebe pelo juiz, para fins penais – resgatando a orientação primeira do STF, daí a necessidade de revisitar, mais uma vez, o tema. De todo modo, conforme alertou o relator do RE 1055941, Min. Dias Toffoli, em seu voto, uma vez mantido o entendimento atual, e a tendência, sejamos francos, é essa, uma vez recebidos os dados pelo *Parquet*, instaurando-se o procedimento investigatório, o Juízo competente, ou seja, o das garantias, há de ser prontamente informado[93], a teor do art. 3º-B, IV, do CPP.

XII. julgar o habeas corpus impetrado antes do oferecimento da denúncia;

O inciso XII do art. 3º-B do CPP há de ser ajustado às **regras de competência próprias para o processo e julgamento do** *habeas corpus*, cabendo averiguar se a autoridade supostamente coatora está, ou não, sob a competência do juiz das garantias, devendo-se excluir as detentoras de prerrogativa de foro. Como o *habeas* veicula, na causa de pedir, hipotética ilegalidade ou arbitrariedade, em tendo o alegado coator prerrogativa de foro, o Tribunal competente *ratione personae* é quem conhecerá e julgará a impetração, em vez do Juízo das garantias.

Exemplificando: enquanto o *habeas* extintivo ("trancativo") do inquérito será apreciado pelo juiz das garantias, por ter o delegado como autoridade coatora, o impetrado contra investigação instaurada por membro do Ministério Público será apreciado pelo TJ ou TRF, quer seja promotor de justiça ou procurador da República, respectivamente[94].

XIII. determinar a instauração de incidente de insanidade mental;

Decorre do preceituado no art. 149, cabeça e § 1º do CPP, porquanto o incidente pode ser instaurado incidentalmente ao processo ou ainda na fase inquisitorial, lembrando que a competência do juiz das garantias irradia-se até a fase do art. 399 do CPP, não se restringindo à investigação.

XIV. decidir sobre o recebimento da denúncia ou queixa, nos termos do art. 399 deste Código – remetemo-nos ao item 3.1;

XVI. deferir pedido de admissão de assistente técnico para acompanhar a produção da perícia;

---

[93] Conforme se extrai do Informativo nº 960, advertiu o relator que "... *o Ministério Público Federal, ao receber a RFFP e instaurar procedimento investigativo criminal (PIC), deve comunicar ao juízo competente, tendo em vista o compartilhamento de informações protegidas por sigilo fiscal...*" (grifo nosso).

[94] STJ, REsp 878.881/SP, Rel. Ministra Laurita Vaz, Quinta Turma, julgado em 26/06/2007, DJ 06/08/2007, p. 676 – "...*Nos termos do* **art. 96, inciso III, da Constituição Federal, compete aos Tribunais de Justiça processar e julgar habeas corpus impetrado contra ato de membro do Ministério Público Estadual...*" (grifo nosso); REsp 697.005/SP, Rel. Ministro Hélio Quaglia Barbosa, Sexta Turma, julgado em 26/04/2005, DJ 09/05/2005, p. 490; STF, RE 141211, Relator Min. Néri da Silveira, Segunda Turma, julgado em 26/05/1992, DJ 28/08/1992; RE 141209, Relator Min. Sepúlveda Pertence, Primeira Turma, julgado em 04/02/1992, DJ 20/03/1992; RE 377356, Relator Min. Cezar Peluso, Segunda Turma, julgado em 07/10/2008, *DJe*-227 divulg. 27/11/2008 public. 28/11/2008, *LEXSTF* v. 31, n. 362, 2009, p. 475-480.

A leitura isolada do inciso XVI do art. 3º-B do CPP sugere a possibilidade de **indicação de assistente técnico pelos envolvidos ainda na fase inquisitorial, antes** da finalização do laudo pelos peritos oficiais, contrastando com o art. 159 do CPP, cujo § 5º, inciso I **limita a assistência técnica ao processo** e, mesmo assim, *após a conclusão dos exames e elaboração dos laudos pelos peritos oficiais*, na esteira do § 4º.

Pensando-se na potencialização do contraditório e da investigação penal defensiva, autores como o brilhante colega, Defensor Público do Estado do Rio de Janeiro, Franklyn Roger Alves Silva, em livro paradigmático sobre o tema, advogam, com lastro no **princípio da anterioridade (*lex posteriori derogat anteriori*), a prevalência do novel regramento trazido pelo art. 3º-B, XVI sobre os §§ 4º e 5º, I do art. 159, todos do CPP**[95].

Conforme observado na 1ª edição da obra, tal intelecção, apesar de muitíssimo bem construída, alinhada a um processo legal substancial (justo), olvida a *ratio essendi* dos §§ 4º e 5º, I, do art. 159 do CPP, oriundos da Reforma Processual Penal de 2008, incrementada pela Lei nº 11.690. E, malgrado as excelentes intenções garantistas, abre caminho para recrudescer ainda mais, na prática, a disparidade de armas entre os atores da persecução penal.

O contraditório, considerada a prova pericial, é **diferido**, realizando-se **após** a confecção do laudo, quando dele tomam ciência as partes, daí a importância de se preservar a cadeia de custódia da prova, ora regida pelos arts. 158-A a 158-F do CPP, introduzidos pela Lei nº 13.964/19. desenvolvendo-se após as partes tomarem ciência do laudo. **Raramente será prévio** e, quando o é, só quando ordenado pelo juízo, e, mesmo assim, resume-se na apresentação dos quesitos pelas partes, *ex vi* do art. 176 do CPP. **Nunca** em tempo real, ou seja, **as partes não podem interferir na elaboração do laudo pericial**.

Isso se explica **em virtude da equidistância que o perito possui das partes, seja ele oficial ou nomeado**. Não por outra razão sujeita-se aos mesmos impedimentos e suspeições oponíveis aos juízes, *ex vi* dos arts. 105[96] e 280[97] do CPP, sendo notável a preocupação legal com a sua imparcialidade, *ex vi* do art. 279, II, do CPP – estão impedidos de ser peritos aqueles que *tiverem prestado depoimento no processo ou opinado anteriormente sobre o objeto da perícia* (grifo nosso) exatamente para evitar prejulgamentos. Em suma: **os peritos têm, na persecução penal, *status* de juiz**, tanto que o art. 275 do CPP preceitua que *o perito, ainda quando não oficial, estará sujeito à disciplina judiciária* (grifo nosso).

Fixada esta premissa, **e tomando-se como parâmetro a persecução penal**, os peritos, do ponto de vista **funcional, não estão vinculados à polícia judiciária, à acusação, seja ela veiculada pelo Ministério Público ou pelo ofendido, nem à defesa, e sim ao juízo. Os peritos têm plena independência funcional por lei, não tendo que se preocupar, quando da confecção do laudo, em "agradar" delegados, promotores ou defensores. Se a conclusão, fundamentada, da perícia puser em xeque toda a persecução penal realizada até aquele instante, paciência; se referendá-la, ótimo.**

---

[95] *Investigação criminal direta pela defesa*. 2. ed. Salvador: JusPodivm, 2020. p. 518.

[96] Art. 105. **As partes poderão também arguir de suspeitos os peritos**, os intérpretes e os serventuários ou funcionários de justiça, decidindo o juiz de plano e sem recurso, à vista da matéria alegada e prova imediata. (grifo nosso)

[97] Art. 280. *É extensivo aos peritos*, no que lhes for aplicável, **o disposto sobre suspeição dos juízes**. (grifo nosso)

Dentro desta perspectiva, **contraria o CPP a organização administrativa da perícia oficial criminal, vinculada à Polícia, quando, na realidade, deveria ser autônoma, com dotação orçamentária e financeira própria** – aliás, se fosse para atrelar a perícia a algum órgão, este seria o próprio Poder Judiciário. Se é exigido dos peritos o mesmo nível de equidistância e de imparcialidade esperado dos magistrados, a infraestrutura de trabalho e os rendimentos hão de ser, no mínimo, próximos, compatíveis com a relevância da função à administração da justiça, o que, lamentavelmente, não tem sido observado.

Se a perícia é equidistante e imparcial, é vedado às partes, até em resguardo destes atributos, intervir na nomeação do perito, se não houver oficial, *ex vi* do art. 276 do CPP[98], e **na confecção do laudo**. A intromissão da acusação ou da defesa na elaboração da perícia torna **ilícita a prova**, porque, **além de comprometer a equidistância e a imparcialidade que lhe são inerentes, em detrimento do devido processo legal (art. 5º, LIV, da CRFB/88), ofende-se também a igualdade (paridade de armas) e o contraditório,** *ex vi* do art. 5º, *caput* e LV da CRFB/88, afinal, uma das partes participaria unilateralmente da elaboração do laudo, em prejuízo da outra, que dela somente tomaria ciência.

Não por outra razão a Lei nº 11.690/08, ao introduzir expressamente a figura da assistência técnica no processo penal pátrio, deixou claro no § 4º do art. 159 do CPP que *o assistente técnico atuará a partir de sua admissão pelo juiz e* **após a conclusão dos exames e elaboração do laudo pelos peritos oficiais**, *sendo as partes intimadas desta decisão* (grifo nosso), de maneira que o contraditório permanece **postergado**.[99]

Tomando-se como referência apenas o contraditório, a solução positivada no § 4º do art. 159 do CPP talvez não lhe dê máxima efetividade, enxergando-se com bons olhos o art. 3º-B, XVI, do CPP, **se interpretado isoladamente**.

Pensando-se, entretanto, na administração da justiça como um todo, é melhor assim.

Qualquer inovação normativa toma como referência o normal, e não a exceção. E o padrão, no processo penal, são os três "P"s como principais alvos persecutórios – *preto, pobre e prostituta* –, que, obviamente, não têm condições de arcar financeiramente com um advogado e, muito menos, com um assistente técnico. As Defensorias Públicas, com raríssimas exceções, ainda estão se estruturando. E nem mesmo as mais avançadas, como a do Rio de Janeiro, dispõem de um corpo técnico avantajado e multidisciplinar que possa acumular, também, as funções de assistente técnico. A

---

[98] Art. 276. *As partes **não** intervirão na nomeação do perito.* (grifo nosso)
[99] STJ, RMS 28.617/RS, Rel. Ministra Laurita Vaz, Quinta Turma, julgado em 27/03/2012, DJe 03/04/2012, merecendo destacar o seguinte trecho da ementa: "*...Avaliação psicológica das vítimas deferida.* **Pedido de novo exame na presença dos assistentes técnicos da defesa. Ausência de direito líquido e certo. Pleito indeferido fundamentadamente...** *O assistente técnico não poderia interferir na autuação dos peritos oficiais, cabendo-lhe apresentar quesitos e se manifestar sobre o resultado da perícia, o que foi assegurado pelo Juízo processante*" (grifo nosso); HC 100.321/MT, Rel. Ministra Jane Silva (Desembargadora Convocada do TJ/MG), Sexta Turma, julgado em 01/04/2008, DJe 22/04/2008, merecendo transcrever o trecho a seguir do acórdão: "*... Perícia.* **Assistente técnico para acompanhamento de perícia.** *Modalidade* **não prevista** *no processo penal. Cerceamento de defesa. Inocorrência... O processo penal* **não prevê a modalidade de assistência técnica para o acompanhamento de perícias em geral**, *já que estas* **são realizadas pelo Instituto de Criminalística, órgão idôneo oficial, ou, na sua ausência, por pessoas idôneas nomeadas pelo Magistrado...*" (grifo nosso).

assistência técnica, em termos defensivos, reserva-se aos acusados financeiramente abastados, que são uma minoria.

O Ministério Público, em contrapartida, já possui um corpo técnico multidisciplinar considerável, que lhe dá todo o suporte no exercício das suas atribuições, podendo perfeitamente intervir como assistente técnico. Dessarte, caso se permita a intervenção do assistente quando da elaboração do laudo, na esmagadora maioria das vezes estará vinculado à acusação, potencializando a natural desigualdade existente na relação Estado Acusação x imputado, em detrimento do justo processo.

As instituições e a sociedade são dinâmicas. Estão em constante mutação. E assim são o Direito e a hermenêutica. Oxalá as Defensorias Públicas Brasil afora se fortaleçam e se estruturem tal qual o Ministério Público, desfrutando, também, de um grupo de apoio técnico variado e abrangente, que possa perfeitamente acumular as funções de assistente técnico. Quando esse dia chegar, será legítimo sustentar o direito de as partes terem os seus respectivos assistentes acompanhando, diretamente, a confecção do laudo oficial, ainda no inquérito, ampliando o alcance do inciso XVI do art. 3º-B do CPP, porquanto se terá a certeza que, ao lado do perito oficial, haverá não só o assistente técnico ministerial, mas, também, o defensivo. Hoje, não, daí a Lei nº 13.964/19 ter mantido intocado o art. 159 do CPP, embora tenha revisitado, profundamente, a prova pericial para incluir a cadeia de custódia da prova. O silêncio do legislador foi eloquente.

A introdução da assistência técnica pela Lei nº 11.690/08 representou, por si só, um ganho enorme ao contraditório e à ampla defesa, se o réu dela puder se valer. O magistrado disporá de mais subsídios para, por exemplo, aferir o acerto ou desacerto do laudo, tornando mais factível o exercício da faculdade contida no art. 182 do CPP – *o juiz não ficará adstrito ao laudo,* **podendo aceitá-lo ou rejeitá-lo, no todo ou em parte** (grifo nosso).

A indicação de assistente técnico é uma **faculdade** das partes, *ex vi* do § 3º do art. 159 do CPP[100], **sujeita ao aval do juiz**, *ex vi* do § 4º do art. 159 do CPP – *o assistente técnico atuará* **a partir de sua admissão pelo juiz** *e após a conclusão dos exames e elaboração do laudo pelos peritos oficiais, sendo as partes intimadas desta decisão* (grifo nosso). Se o magistrado entender, **com lastro em dados concretos**, despicienda ou protelatória a indicação de assistente técnico, poderá indeferi-la, mesmo porque não é um vassalo das partes – *v.g.* a questão de mérito a ser apreciada pelo assistente técnico já foi fartamente demonstrada à luz do acervo probatório existente nos autos.[101] **Sem embargo, malgrado não ser um direito público subjetivo das partes, a indicação de assistente técnico não**

---

[100] Art. 159, § 3º, do CPP – *Serão facultadas ao Ministério Público, ao assistente de acusação, ao ofendido, ao querelante e ao acusado a formulação de quesitos e* **indicação de assistente técnico.** (grifo nosso)

[101] STJ, REsp 1473543/SC, Rel. Ministro Rogerio Schietti Cruz, Sexta Turma, julgado em 04/09/2014, *DJe* 15/09/2014, porquanto "*...Não há que se falar em ofensa ao art. 159, §§ 3º, 4º e 5º, inciso II, do CPP, pois* **foi devidamente motivada a negativa de indicação de assistente técnico para a realização de novo exame de corpo de delito**, *por ser manifestamente inoportuna tanto pela suficiência das provas já produzidas como pela intempestividade do pleito apresentado*" (grifo nosso); HC 229.567/SP, Rel. Ministra Maria Thereza de Assis Moura, Sexta Turma, julgado em 06/05/2014, *DJe* 14/05/2014, pois "*...***a magistrada indeferiu o pleito** *defensivo para realização de novo exame grafotécnico, bem como* **de indicação de assistente técnico e formulação de quesitos**, *nos termos da manifestação ministerial,* **no sentido de que já haviam sido realizadas duas perícias, determinando, contudo, que se providenciasse laudo de esclarecimentos, indagando-se aos peritos se havia possibilidade de mudança no padrão gráfico objeto de exame que pudesse alterar o resultado anterior...*" (grifo nosso).

deve ser tolhida pelo magistrado, porquanto incrementa, significativamente, o contraditório e a ampla defesa no tocante à prova pericial, sendo uma ferramenta cognitiva valiosa à disposição do próprio magistrado.

O § 5º do art. 159 do CPP estabelece que *durante o curso do processo judicial, é permitido às partes, quanto à perícia:... II – indicar assistentes técnicos que poderão apresentar pareceres em prazo a ser fixado pelo juiz ou ser inquiridos em audiência* (grifo nosso). Nota-se, portanto, que a indicação de assistente técnico é **admissível somente no curso do processo, e não no inquérito policial**, o que é bastante lógico, afinal, em sendo o assistente técnico expressão do contraditório e da ampla defesa, não faz sentido admiti-lo no inquérito, sob pena de comprometer a inquisitoriedade deste.[102]

E é melhor que assim seja. Se admissível fosse o assistente técnico incidentalmente ao inquérito policial, criar-se-ia um caldo propício à intervenção do assistente técnico do Ministério Público na confecção dos laudos periciais, por mais que o § 4º do art. 159 do CPP só o admita depois de prontos. Como o inquérito é presidido pelo delegado, sob o controle externo do *Parquet*, o juiz das garantias não teria condições de assegurar de perto a observância desta regra. E a defesa tampouco, porquanto, além de dificilmente ter condições de indicar um assistente técnico, a inquisitoriedade do inquérito permite-lhe acompanhar, nos termos da Súmula Vinculante nº 14, tudo que já foi apurado (documentado), e não às diligências ainda em execução, como as perícias.

A natureza jurídica da manifestação do assistente técnico é de **prova documental**, tanto que o art. 159, § 5º, II, do CPP emprega o vocábulo *parecer* em vez de laudo ou exame. Com efeito, perito só o oficial ou o nomeado, nos moldes do art. 159, *caput* e § 1º, do CPP.

Neste diapasão, o *Parquet* pode, perfeitamente, escudar a sua pretensão acusatória em parecer da lavra do seu corpo técnico, mas ciente de que tal peça informativa possui valor **documental**, e não pericial, afinal, ainda que tenha sido elaborado por um servidor público, trata-se de profissional vinculado diretamente a uma das partes[103]. **Por conseguinte, parecer desse naipe é inapto a escudar eventual sentença penal condenatória, dispensada a perícia oficial, sob pena de completa negação do sistema acusatório, a começar pela imparcialidade judicial, passando pelo contraditório, ampla defesa e devido processo legal.**

---

[102] STJ, HC 253.663/RS, Rel. Ministra Laurita Vaz, Quinta Turma, julgado em 07/10/2014, *DJe* 12/11/2014, eis que "...*Os pedidos protocolados durante a fase investigatória – nomeação de assistente técnico, oferecimento de quesitos e requisição de documentos para exame pericial cautelar – foram indeferidos de forma devidamente fundamentada, por serem as diligências protelatórias ou desnecessárias, consoante um juízo de conveniência, que é próprio do poder discricionário de investigação. Ademais, o inquérito policial e o procedimento investigatório efetuado pelo Ministério Público são meramente informativos, logo, não se submetem ao crivo do contraditório e não garantem ao indiciado o exercício da ampla defesa...*" (grifo nosso).

[103] STJ, RHC 43.290/BA, Rel. Ministro Walter de Almeida Guilherme (Desembargador Convocado do TJ/SP), Quinta Turma, julgado em 20/11/2014, *DJe* 04/12/2014, porquanto "... *O Ministério Público não está impedido de juntar laudo realizado por seu assistente – como meio de prova – para corroborar a tese acusatória de indícios de autoria,* não havendo nesse fato, por si só, qualquer ilicitude. Nos termos do art. 157 do Código de Processo Penal, são inadmissíveis as provas ilícitas, assim entendidas as obtidas em violação a normas constitucionais ou legais. *O laudo apresentado pelo Ministério Público não foi obtido com violação a qualquer norma constitucional ou legal, não se podendo confundir eventual parcialidade com ilicitude...*" (grifo nosso).

A 5ª Turma do Superior Tribunal de Justiça já teve a oportunidade de enfrentar o tema no HC 154.093/RJ, Rel. Ministro JORGE MUSSI, QUINTA TURMA, julgado em 09/11/2010, DJe 15/04/2011, vencidos os Ministros Gilson Dipp e Laurita Vaz, e, convergindo com o posicionamento acima apresentado, assim se manifestou: *HABEAS CORPUS. CRIMES CONTRA A ORDEM TRIBUTÁRIA, LAVAGEM DE DINHEIRO E QUADRILHA. LAUDO DE CRIPTOANÁLISE PRODUZIDO POR PROFISSIONAL LIGADO AO MINISTÉRIO PÚBLICO. VIOLAÇÃO AOS PRINCÍPIOS DO CONTRADITÓRIO E DA AMPLA DEFESA, BEM COMO DE DISPOSITIVOS DO CÓDIGO DE PROCESSO PENAL. PROVA ILÍCITA. CONCESSÃO DA ORDEM. 1.* **Entende-se por perito oficial aquele investido no cargo criado por lei, caracterizando-se como auxiliar da justiça e submetendo-se, inclusive, às mesmas causas de suspeição e impedimento do magistrado.** *2. Na hipótese vertente,* **conquanto o laudo pericial tenha sido elaborado por servidora pública, verifica-se que ela compunha o quadro de pessoal do Ministério Público Estadual, não atuando em órgão do Estado destinado exclusivamente à produção de perícias.** *3. Assim, o exame questionado foi realizado, a pedido da Promotoria de Justiça que atua no feito,* **dentro da própria estrutura do Parquet, por meio do Grupo de Apoio Técnico Especializado, do qual a perita fazia parte, a despeito de qualquer ordem, autorização ou controle judicial.** *4. O Ministério Público* **é parte no processo penal,** *e embora seja entidade vocacionada à defesa da ordem jurídica, representando a sociedade como um todo,* **não atua de forma imparcial no âmbito penal, de modo que é inconcebível admitir como prova técnica oficial um laudo que emanou exclusivamente de órgão que atua como parte acusadora no processo criminal,** *sem qualquer tipo de controle judicial ou de participação da defesa,* **sob pena de ofensa aos princípios constitucionais do devido processo legal, do contraditório e da ampla defesa.** *5. A corroborar este entendimento,* **o artigo 276 do Código de Processo Penal é claro ao assentar a impossibilidade de interferência das partes no que diz respeito à indicação do perito.** *6. O caso dos autos não comporta, ainda, a afirmação de que a perícia seria* **urgente,** *o que poderia legitimar a sua realização por técnica vinculada ao órgão de acusação, uma vez que se trata de perícia realizada no curso da ação penal, merecendo destaque o fato de que a agenda apreendida foi entregue à Delegacia de Polícia Fazendária sem que se requeresse ao magistrado responsável pelo feito a efetivação de qualquer exame técnico no documento. 7. Registre-se que a denúncia foi ofertada pelo órgão ministerial em 12.11.2007, recebida pelo Juízo em 13.03.2008, sendo que a agenda foi apreendida em poder do paciente em 28.11.2007, e a perícia reputada ilícita realizada em 19.04.2008. 8. Não há que se falar, portanto, em contraditório diferido, uma vez que, por óbvio, não se trata de perícia feita durante a fase policial –* **que sequer ocorreu no caso dos autos, já que a ação penal foi deflagrada a partir de procedimento investigatório conduzido pelo órgão ministerial** *–, tampouco de situação em que haveria urgência diante do risco de desaparecimento dos sinais do crime, ou pela impossibilidade ou dificuldade de conservação do material a ser examinado, pois, como visto, cuida-se de criptoanálise de uma agenda apreendida em poder de um dos acusados já no curso do processo criminal. 9. Restam prejudicadas as alegações segundo as quais haveria impedimento da técnica que elaborou o laudo em discussão, que também seria nulo porque realizado por apenas uma perita, uma vez que, conforme já ressaltado, não se tem, no caso vertente, perícia oficial. 10.* **Ordem concedida para reconhecer a ilicitude do laudo pericial de criptoanálise realizado de forma unilateral pelo Ministério Público, determinando-se o seu desentranhamento dos autos** (grifo nosso).

Admitido o assistente técnico, a fim de oportunizar a sua efetiva atuação no processo, prega o § 6º do art. 159 do CPP que *havendo requerimento das partes, o material probatório que serviu de base à perícia será disponibilizado no ambiente do órgão oficial, que manterá sempre sua guarda, e na presença de perito oficial, para exame pelos assistentes, **salvo se for impossível a sua conservação*** (grifo nosso) – *v.g.*, o material a ser examinado pelo assistente foi inteiramente consumido quando da confecção do laudo pericial, hipótese em que o próprio deferimento da assistência técnica perde a razão de ser.

Tratando-se de perícia complexa, que abranja mais de uma área de conhecimento especializado, poder-se-á designar a atuação de mais de um perito oficial, e a parte indicar mais de um assistente técnico, *ex vi* do § 7º do art. 159 do CPP. **A indicação de mais de um assistente técnico é, obviamente, facultativa, mas a designação de mais de um perito é peremptória, afinal, o objeto a ser examinado demanda conhecimento multidisciplinar.**

Diante do exposto, **a competência versada no inciso XVI do art. 3º-B do CPP há de ser exercida a partir do oferecimento da denúncia ou queixa, quando iniciado o processo, não discrepando do amalgama de atuação do juiz das garantias, extensível até a fase do art. 399 do CPP. E, sobretudo, depois de concluída a perícia, sem intervenção simultânea pelas razões acima apresentadas, por mais que o verbo** *acompanhar* **contemplado no inciso sugira a concomitância.** Alinha-se o inciso XVI do art. 3º-B do CPP ao art. 159, §§ 4º e 5º, II, sanando o conflito aparente de normas.

XVII. decidir sobre a homologação do acordo de não persecução penal ou os de colaboração premiada, quando formalizados durante a investigação.

O texto do inciso foi infeliz, porque, na realidade, a competência do juiz das garantias irradia-se até a fase do art. 399 do CPP. Se, por hipótese, sobrevier até essa fase processual a possibilidade de acordo de não persecução penal ou de colaboração premiada, a competência para chancelá-lo persiste sendo sua.

A *emendatio libelli*, em regra, há de ocorrer na sentença, considerada a topografia do art. 383 do CPP, evitando, assim, prejulgamentos. Contudo, quando presente **excesso de acusação** ou **erro grosseiro**, com impactos diretos na competência e/ou no processo, incluindo forma de condução, rito e tratamento a ser dispensado ao denunciado, incluindo a incidência, ou não, dos institutos despenalizadores, o juiz pode, **excepcionalmente**, desclassificar a imputação inaugural **liminarmente**[104] – o advento do juiz das garantias,

---

[104] STF, HC 113.598, Relator Min. Gilmar Mendes, Segunda Turma, julgado em 15/12/2015, *DJe*-122 divulg. 13/06/2016 public. 14/06/2016 – *"...5. Em regra, é a sentença o momento adequado de análise da tipificação descrita na denúncia, mediante a correção pelo juiz processante através da emendatio libelli (art. 383 do CPP). 6. Admite-se, excepcionalmente, a possibilidade de o magistrado, **em caso de alteração de competência**, proceder ao reenquadramento jurídico dos fatos descritos na denúncia e desclassificar para outro tipo penal, antes da fase processual decisória final (sentença). Precedentes..."* (grifo nosso); HC 89686, Relator Min. Sepúlveda Pertence, Primeira Turma, julgado em 12/06/2007, DJ 17/08/2007 – *"... II. Denúncia: errônea capitulação jurídica dos fatos narrados: erro de direito: possibilidade do juiz, verificado o equívoco, alterar o procedimento a seguir (cf. HC 84.653, 1ª T., 14.07.05, Pertence, DJ 14.10.05).* **1. Se se tem, na denúncia, simples erro de direito na tipificação da imputação de fato idoneamente formulada é possível ao juiz, sem antecipar formalmente a desclassificação, afastar de logo as consequências processuais ou procedimentais decorrentes do equívoco e prejudiciais ao acusado. 2. Na mesma hipótese de erro de direito na classificação do fato descrito na denúncia, é possível, de logo, proceder-se a desclassificação e receber a denúncia com a tipificação adequada à imputação de fato veiculada, se, por exemplo, da sua qualificação depender a fixação da competência ou a eleição do procedimento a seguir..."** (grifo nosso); STJ, AgRg no RHC 100.845/PA, Rel. Ministro Nefi Cordeiro, Sexta Turma, julgado em

aliás, não altera o cenário, mesmo porque neutraliza as corriqueiras críticas relacionadas ao prejulgamento, na medida em que o *judicium causae* não lhe caberá.

Implementada, então, a desclassificação para imputação que comporte o acordo de persecução penal, nada impede que seja providenciado e, na sequência, homologado pelo juiz das garantias, apesar de a denúncia já ter sido ofertada. Lembre-se que tal solução **não** alcança a transação penal, naturalmente atrelada às infrações de menor potencial ofensivo: sobrevindo a desclassificação, remetem-se os autos ao Juizado Especial Criminal, exceto se o juiz processante acumular tais competências – Juízo criminal único, *v.g.*

O **silêncio** do inciso XVII do art. 3º-B do CPP quanto à competência do juiz das garantias para chancelar a **suspensão condicional do processo** foi **proposital**, afinal, **antes de oportunizar o benefício apresentado pelo Ministério Público, quando do oferecimento da denúncia (art. 89,** *caput***, da Lei nº 9.099/95), cumpre ao juiz examinar a admissibilidade da demanda, citando o acusado para apresentar a resposta à acusação e, depois, decidir se recebe a peça acusatória (ou confirma a admissão), nos moldes do art. 399 do CPP, absolve sumariamente ou extingue o processo sem julgamento do mérito**[105]. Eleita a primeira opção, **cessa a competência do juiz das garantias**, encaminhando-se os autos ao juiz da instrução e do julgamento, a quem competirá designar a audiência especial para fins de suspensão condicional do processo. Mais uma vez, aplaude-se a coerência interna da Lei nº 13.694/09, harmonizando o art. 3º-B, XVII com o art. 3º-C, cabeça e § 1º, todos do CPP.

26/02/2019, DJe 13/03/2019 – "...4. Possível, desde logo, em hipóteses excepcionais, a antecipação do juízo desclassificatório pelo magistrado processante, **sempre que da qualificação jurídica do fato atribuído depender a fixação da competência ou a eleição do procedimento a seguir** (RHC 72.016/PR, Rel. Ministro Sebastião Reis Júnior, Sexta Turma, julgado em 16/2/2017, DJe 2/3/2017). 5. Na espécie, **a modificação do enquadramento da conduta prevista no art. 171 do Código Penal, para o tipo descrito no art. 155, § 4º, II e IV, do mesmo Código, obsta a suspensão condicional do processo, antes possível, trazendo reflexos imediatos ao deslinde do processo...**" (grifo nosso); HC 253.951/SP, Rel. Ministro Jorge Mussi, Quinta Turma, julgado em 07/11/2013, DJe 21/11/2013 – "...1. Ainda que se trate de mera retificação da capitulação jurídica dos fatos descritos na vestibular, tal procedimento não pode ser realizado no momento do recebimento da inicial, sendo cabível apenas quando da prolação da sentença, nos termos do artigo 383 do Código de Processo Penal. Doutrina. Precedentes do STJ e do STF. 2. Todavia, **quando se trata de beneficiar o réu, buscando-se a correta fixação da competência ou do procedimento a ser adotado, admite-se a excepcional atuação do magistrado**, que pode corrigir o enquadramento típico contido na inicial antes de proferida sentença condenatória no feito. Precedentes do STJ e do STF... Habeas corpus não conhecido. **Ordem concedida de ofício apenas para excluir dos fatos imputados aos pacientes o acréscimo de pena previsto no artigo 299, parágrafo único, do Código Penal, oportunizando ao acusado...a proposta de suspensão condicional do processo...**" (grifo nosso).

[105] STJ, EDcl no HC 419.787/AC, Rel. Ministro Ribeiro Dantas, Quinta Turma, julgado em 22/05/2018, DJe 30/05/2018 – "...o Juízo singular, sem que o paciente tivesse apresentado resposta à acusação, determinou audiência para propositura do *sursis* processual, o que se efetivou. 5. No procedimento comum sumário, **o exame da proposta de suspensão condicional do processo deve ser realizado em audiência específica designada exclusivamente para tal finalidade, depois de recebida a denúncia e afastadas as hipóteses de absolvição sumária, bem como antes da audiência de instrução e julgamento**. 6. Verifica-se nulidade apta a justificar a intervenção desta Corte, com a concessão da ordem, para que o Juízo singular examine a resposta à acusação, nos termos do art. 396-A do CPP e, se afastadas as hipóteses de absolvição sumária (art. 397 do CPP), designe audiência extraordinária para a realização da proposta de suspensão do processo..." (grifo nosso); STF, RHC 97926, Relator Min. Gilmar Mendes, Segunda Turma, julgado em 02/09/2014, DJe-189 divulg. 26/09/2014 public. 29/09/2014 – "...e) análise da suspensão condicional do processo **antes do recebimento** da denúncia. Pedido **inviável** nos termos do art. 89 da Lei 9.099/95..." (grifo nosso).

A colaboração premiada, por outro lado, tem lugar em qualquer etapa da persecução (art. 3º, I da Lei nº 12.850/13 e arts. 13 e 14 da Lei nº 9.807/99), incluindo também, portanto, o interregno entre a formalização da peça acusatória e a fase do art. 399 do CPP, ainda sob a competência do juiz das garantias.

XVIII. *outras matérias inerentes às atribuições definidas no caput deste artigo*

O rol das competências do juiz das garantias é exemplificativo (*numerus apertus*). E não haveria de ser diferente, por ser inimaginável que dezesseis incisos possam exauri-las. Apenas a título de ilustração: o art. 3º-B contemplou 1 procedimento incidental, de insanidade mental. Mas é óbvio que incidentes como o de restituição de coisas apreendidas (art. 120, §§ 1º e 2º do CPP) e o de falsidade documental (art. 145 do CPP) inserem-se na competência do juiz das garantias.

Diz-se o mesmo acerca das **questões prejudiciais do art. 92 do CPP**, porque, por serem devolutivas absolutas, submetendo-se, impreterivelmente, à jurisdição cível, importam suspensão **obrigatória** do processo, sem prejuízo da *inquirição das testemunhas e de* **outras** *provas de natureza* **urgente**, conforme revela a parte final do *caput* do art. 92, sinalizando que a dita prova oral é de **produção antecipada (cautelar), ante a urgência**, amoldando-se ao inciso VII do art. 3º-B do CPP. Como a suspensão do processo é inescapável, sequer se chega, por óbvio, à fase do art. 399 do CPP, sujeitando-se, assim, à competência do juiz das garantias.

No caso das questões prejudiciais do art. 93 do CPP, são devolutivas relativas, ou seja, a remessa ao juízo cível sujeita-se ao critério de oportunidade e conveniência do juiz criminal processante, que, a rigor, possui competência para dirimi-las. Como o *judicium causae* em si não compete ao juiz das garantias, tal avaliação lhe é estranha, incumbindo ao juiz da instrução e do julgamento decidir pelo envio, ou não, dos autos. Qualquer pedido baseado no art. 93 do CPP é cognoscível pelo juiz da instrução e do julgamento, e não pelo das garantias – o conhecimento fica sobrestado até o envio dos autos ao primeiro.

3.4. O JUIZ DAS GARANTIAS E O VALOR PROBATÓRIO DO INQUÉRITO – COMENTÁRIOS AO ART. 3º-C, §§ 3º E 4º, DO CPP

Preconiza o § 3º do art. 3º-C que *os autos que compõem as matérias de competência do juiz das garantias* **ficarão acautelados na secretaria desse juízo**, *à disposição do Ministério Público e da defesa, e* **não serão apensados aos autos do processo enviados ao juiz da instrução e julgamento**, *ressalvados* **os documentos relativos às provas irrepetíveis, medidas de obtenção de provas ou de antecipação de provas**, *que deverão ser remetidos para* **apensamento em apartado** (grifo nosso).

A investigação penal é inquisitória. Segundo parte da doutrina, como não há acusação formalizada, tampouco há de se falar em contraditório ou ampla defesa – sem tese, inexiste antítese. Por conseguinte, eventuais requerimentos formulados pelo ofendido ou pelo indiciado são apreciados pela autoridade policial a partir de um juízo de oportunidade e conveniência, considerada a investigação em curso e seus fins, sendo essa a inteligência do art. 14 do CPP.[106]

---

[106] RANGEL, Paulo. Ob. cit., p. 103.

Apesar das abalizadas vozes por detrás dessa percepção, soa exagerado pregar a inexistência do contraditório e da ampla defesa no inquérito. Em obra anterior, assim nos pronunciamos sobre o tema:

(...)

A inquisitoriedade da investigação, de todo modo, convive com o direito de defesa, porquanto o art. 5º, LXIII, da Constituição assegura aos indiciados o direito à assistência de advogado – a referência ao preso no texto constitucional é pontual, sem excluir o liberto, sob pena de escalonar a ampla defesa, tornando-a mais efetiva ao primeiro se comparada ao segundo. Tal alusão explica-se por que, em sendo garantia fundamental de eficácia vertical, oponível ao Estado, uma vez estando o imputado custodiado, à sua disposição, é dever seu providenciar a orientação jurídica, afinal, se solto estiver, basta procurar um advogado ou a Defensoria Pública. A fim de robustecer o direito de defesa no curso da investigação, a Lei nº 8.906/94 – Estatuto da Ordem dos Advogados do Brasil (OAB) –, o inciso XXI do art. 7º, incluído pela Lei nº 13.245, de 12 de junho de 2016, anuncia ser prerrogativa dos advogados "assistir a seus clientes investigados durante a apuração de infrações, sob pena de nulidade absoluta do respectivo interrogatório ou depoimento e, subsequentemente, de todos os elementos investigatórios e probatórios dele decorrentes ou derivados, direta ou indiretamente[107]*, podendo, inclusive, no curso da respectiva apuração: a) apresentar razões e quesitos".*

A Lei Complementar nº 80, de 12 de janeiro de 1994, com as modificações promovidas pela Lei Complementar nº 132, de 7 de outubro de 2009, pertinente às Defensorias Públicas, preconiza, por outro lado, enquanto funções institucionais suas, prestar orientação jurídica e exercer a defesa dos necessitados, em todos os graus; acompanhar inquérito policial, inclusive com a comunicação imediata da prisão em flagrante pela autoridade policial, quando o preso não constituir advogado; e atuar nos estabelecimentos policiais, penitenciários e de internação de adolescentes, visando a assegurar às pessoas, sob quaisquer circunstâncias, o exercício pleno de seus direitos e garantias fundamentais (art. 4º, I, XIV e XVII), dispondo os defensores, para tanto, das prerrogativas de não apenas examinar, em qualquer repartição pública, autos de flagrantes, inquéritos e processos, assegurada a obtenção de cópias e podendo tomar apontamentos (artigos 44, VIII, 89, VIII, e 128, VIII, da Lei Complementar nº 80/94, atinentes às Defensorias da União, do Distrito Federal e dos Estados, respectivamente), tal qual os advogados (art. 7º, XIV, da Lei nº 8.906/94), mas também de requisitar de autoridade pública ou de seus agentes exames, certidões, perícias, vistorias, diligências, processos[108]*,*

---

[107] Descabe potencializar a dita nulidade aventada no inciso XXI do art. 7º da Lei nº 8.906/94. Viciada a inquirição, anula-se esta, sem contaminar o vindouro processo, cuja pedra inaugural é a denúncia ou queixa-crime, materialização do direito de ação, que é abstrato. A esfera administrativa, na qual o inquérito está circunscrito, e a judicial são independentes do ponto de vista formal. A nulidade da inquirição apenas alcançará, conforme consta no texto legal, as provas obtidas única e exclusivamente a partir dela, porque derivadas, reiterando-se o preceituado no art. 157, § 1º, do CPP, com a redação dada pela Lei nº 11.690/08 (Teoria dos Frutos da Árvore Envenenada), desde que, repetimos, demonstrado o nexo de causalidade.

[108] Evidente que a prerrogativa de requisição não alcança o inquérito policial, nem tampouco a investigação ministerial, privativas do delegado e do Ministério Público, respectivamente, por mandamento constitucional – em relação ao primeiro, são expressos os §§ 1º, IV e 4º do art. 144, enquanto, no tocante ao segundo, surge como desdobramento das funções listadas nos incisos VII e VIII do art. 129 (controle externo da atividade policial e requisição de diligências inquisitórias). Outro óbice, de idêntica estatura, é o caráter inquisitorial desses procedimentos. Sem embargo, existe uma exceção:

documentos, informações, esclarecimentos e providências necessárias ao exercício de suas atribuições (artigos 44, X, 89, X e 128, X, da Lei Complementar nº 80/94).

Consequência natural, lógica e necessária dessas funções institucionais e prerrogativas é a investigação defensiva, avalizada pela Constituição, por dar concretude maior à assistência jurídica aos indiciados, versada no inciso LXIII do art. 5º ... O Provimento nº 188 do Conselho Federal da OAB, de 11 de dezembro de 2018, regulamentou a investigação defensiva, compreendendo, nos moldes do art. 1º, o complexo de atividades de natureza investigatória desenvolvido pelo advogado, com ou sem assistência de consultor técnico ou outros profissionais legalmente habilitados, em qualquer fase da persecução penal, procedimento ou grau de jurisdição, visando à obtenção de elementos de prova destinados à constituição de acervo probatório lícito, para a tutela de direitos de seu constituinte ... Em sendo a investigação defensiva desdobramento dos preceitos contidos na Lei nº 8.906/94 e na Lei Complementar nº 80/94, objetivando efetivar a garantia prevista no art. 5º, LXIII, da Carta de 1988, o citado provimento em nada extrapola os limites do Poder Regulamentar, mostrando-se em sintonia com os artigos 22, I e 2º da CRFB/88.

A **inquisitoriedade do inquérito policial, bem como da investigação ministerial, persiste**[109] na medida em que **a defesa técnica há de ser oportunizada, mas a intervenção não é imprescindível, como é à validade do processo**[110]. Nada obstante ... o art. 14 do CPP, regra originária de 1941, desafia filtragem constitucional, a fim de ajustar-se ao art. 5º, LXIII, da Carta de 1988 e aos preceitos citados acima, posteriores, em deferência ao princípio da anterioridade. Ao preceituar que as diligências requeridas pelo ofendido ou pelo indiciado se submetem a um juízo de oportunidade e de conveniência da autoridade condutora da investigação, mandatório é, no caso de negativa, fundamentar o pronunciamento, racionalmente, com o fito de não tolher o direito de defesa ao longo da investigação. Em relação aos delegados, o art. 2º, caput, da Lei nº 12.830/13 reconheceu a natureza jurídica das funções de polícia judiciária, trazendo a reboque a exigência de motivação dos pronunciamentos. No tangente ao Ministério Público, o dever de fundamentar deflui da Constituição, na medida em que o art. 129, VIII, 2ª parte, preconiza a premência de indicar os fundamentos jurídicos de suas manifestações processuais, compreendido o vocábulo processo enquanto gênero. A recusa persiste possível, por óbvio, mesmo porque, se viável no curso do processo (v.g., art. 400, § 1º do CPP, permitindo ao juiz indeferir as provas irrelevantes, impertinentes ou protelatórias, regra do rito

---

investigações concernentes a crimes de ação penal de iniciativa privada, se o ofendido, hipossuficiente econômico, estiver sob o pálio da Defensoria Pública. A fim de viabilizar o oferecimento da queixa-crime, é prerrogativa do defensor requisitar os autos.

[109] Nada obstante, a presença do advogado ou do defensor público no interrogatório do indiciado, inclusive formulando perguntas, não dá a tais declarações o status de prova, porque não obtida sob o crivo do juiz natural, pouco importando ser o procedimento investigatório policial ou ministerial. Continuam a ser meros indícios.

[110] Nesse aspecto, aliás, **a alteração promovida no texto do *caput* do art. 1º da Resolução nº 181 do Conselho Nacional do Ministério Público (CNMP) pela Resolução nº 183 em nada altera o caráter inquisitivo do procedimento investigatório ministerial. Ao assentar a natureza investigatória (dicção atual) em vez da inquisitorial (redação originária) nada muda quanto à dimensão da defesa técnica nesta fase persecutória: há de ser oportunizada ao investigado, mas não obrigatoriamente buscada**. O transcurso do procedimento sem defensor, mesmo o interrogatório, desde que previamente cientificado o imputado do direito à defesa técnica, não lhe compromete a validade. E, se assim o é, reafirma-se a inquisitoriedade. Invólucro não se sobrepõe ao conteúdo. Jamais.

ordinário, aplicável subsidiariamente aos demais procedimentos, ex vi *do art. 394, §§ 2º e 5º, do CPP), quanto mais no inquérito*[111]*. Mas, sempre, motivadamente...*"[112] Nesse particular, a iniciativa defensiva de pactuar hipotética colaboração não pode ser simplesmente ignorada pela autoridade policial e/ou pelo Ministério Público. Eventual recusa há de ser fundamentada. E, de qualquer sorte, não obsta a cooperação pelo imputado e a subsequente premiação unilateral pelo juiz competente, se dela advierem os resultados previstos em lei para tanto.

Por todo o exposto, as peças informativas colhidas no inquérito, notadamente os depoimentos e autos de reconhecimento de coisa ou pessoa, são **indícios**, e não provas, porque produzidas sem o crivo do contraditório, da ampla defesa e do juiz natural.

Os elementos informativos **irrepetíveis**, entretanto, são **provas**, porquanto envolvem **documentos irreproduzíveis**, cujo aproveitamento no processo não se submete, em princípio, a exigências maiores, a começar pela definição absolutamente genérica e fluida do art. 232 do CPP – *quaisquer escritos, instrumentos ou papéis, públicos ou particulares* – ou **perícias**, imunes à inquisitoriedade, porque confeccionadas por agentes públicos sujeitos à imparcialidade inerente à disciplina judiciária (art. 275 do CPP), cujo atuar, desde a nomeação pelo juiz, se ausente a oficial, é equidistante, sem a intervenção das partes (art. 276 do CPP), tanto que estão suscetíveis às mesmas causas de suspeição (art. 280 do CPP) e de impedimentos (art. 112 do CPP). Em contraposição, o falecimento do depoente, *v.g.*, e a consequente impossibilidade de renovação das declarações prestadas em sede policial, não as alças ao *status* de prova, justamente porque colhidas sem a chancela do juiz natural, contraditório e ampla defesa. As evidências obtidas a partir das *medidas de obtenção ou de antecipação de prova*, por outro lado, têm igualmente relevo **probatório** por nascerem no bojo de um procedimento **cautelar**, avalizadas pelo **juiz competente**. Embora o contraditório e a ampla defesa sejam, muitas vezes, de exercício postergado, diferentemente do verificado na produção antecipada da prova oral, na qual são exercidos em tempo real, uma vez preservada a cadeia de custódia da prova, inexistirá prejuízo ao seu exercício. Essa conjugação torna tais peças informativas **provas**, permitindo ao juiz explorá-las na sentença, inclusive como *ratio decidendi* (art. 155, cabeça, do CPP), daí **o art. 3º-C, § 3º, do CPP autorizar o seu envio ao juízo da instrução e do julgamento, ficando apensadas aos autos do processo.**

A leitura apressada desse último preceito transmite a impressão de que o juiz da instrução e do julgamento fica **alijado** de qualquer contato com demais peças componentes da investigação penal, na medida em que ficam acauteladas na secretaria do juízo das garantias, à disposição apenas das partes. **O *judicium causae* haveria de ser construído exclusivamente em cima do apurado na audiência de instrução, interrogatório e julgamento (AIIJ), nas provas cautelares, antecipadas e irrepetíveis amealhadas durante a investigação e nas demais produzidas ao longo da instrução, tendo como diretriz a denúncia ou queixa, a resposta à acusação e o pronunciamento do juiz das garantias, na fase do art. 399 do CPP. Nada além.**

À luz dessa perspectiva, a peça acusatória não poderia reportar-se a trechos do inquérito nem transcrever depoimentos. O próprio juiz das garantias, ao confeccionar

---

[111] O veto à alínea "b" do inciso XXI do art. 7º da Lei 8.906/94 – que permitiria aos advogados "requisitar diligências" – teve como *ratio* exatamente a inquisitoriedade, além de ser desmedido imaginar que a defesa pudesse ordenar diligências ao delegado ou ao Ministério Público.
[112] SANTOS, Marcos Paulo Dutra. *Colaboração (Delação) Premiada*. Ob. cit., p. 163-166.

o *judicium accusationis*, haveria de ser comedido. E, durante a instrução, as partes não poderiam levar para a audiência cópia do inquérito.

Evidentemente que tal percepção peca pelo exagero.

As peças de informação irrepetíveis (periciais ou documentais) e cautelares (antecipadas, inclusive), **enquanto provas**, submetem-se ao *judicium causae*, daí a remessa ao juízo da instrução e do julgamento. Os demais elementos informativos coligidos no inquérito – termos de depoimentos e de reconhecimentos, por exemplo – norteiam o *judicium accusationis*. A acusação não precisa, no bojo da denúncia ou da queixa, transcrevê-los, porque persistem disponíveis ao juiz das garantias. Por idêntica razão, tampouco há de assim proceder a defesa, na elaboração da resposta à acusação. Admitida a denúncia ou a queixa (ou reafirmado o recebimento do art. 396 do CPP), na forma do art. 399 do CPP, a possibilidade de absolvição sumária, nos moldes do art. 397 do CPP, ou de extinção do processo, sem julgamento do mérito, estará **superada**. Absolvição, agora, apenas na sentença, consideradas as provas produzidas ao longo da instrução.

O juiz sentenciante não pode ter acesso ao conteúdo do inquérito **na íntegra**, por conta do art. 3º-A do CPP, reflexo do art. 129, I da CRFB/88: se o processo penal é de estrutura acusatória, é inconcebível a condenação lastreada, mesmo *obiter dictum*, em elementos inquisitoriais. Por tal razão os autos do inquérito ficam acautelados na secretaria do juízo das garantias, a teor do art. 3º-C, § 3º do CPP. Petição de juntada dos autos do inquérito, transcrições literais, na denúncia ou na queixa, dos depoimentos colhidos em sede policial ou ministerial são subterfúgios merecedores de todo o repúdio, por representarem uma forma sequer velada, mas tosca, de burlar o preceituado o art. 3º-C, § 3º do CPP. Os pleitos de juntada merecem **indeferimento**, enquanto as denúncias ou queixas que reproduzam, integralmente, as declarações fornecidas em sede policial ou ministerial, **não devem ser recebidas, por inépcia (art. 395, I, do CPP)**, ou **admitidas com determinação de rasura das transcrições, caso não comprometa a inteligibilidade da peça**, por analogia ao que se faz com as decisões de pronúncia, nos casos de excesso de linguagem (nulidade do pronunciamento, desentranhando-o dos autos[113], ou rasura das imoderações verbais, se breves e pontuais, preservada a ininteligibilidade do *decisum*[114]), haja vista a identidade de razões – risco de o juiz, no exercício de mero *judicium accusationis*, sugestionar os jurados, efetivos responsáveis pelo *judicium causae*.

---

[113] STF, RHC 127.522, Relator Min. Marco Aurélio, Primeira Turma, julgado em 18/08/2015, *DJe* 27/10/2015 – "...Reconhecido o excesso de linguagem da pronúncia, causa de nulidade absoluta, cumpre anulá-la, determinando-se que outra seja prolatada, **não sendo suficiente o desentranhamento e o envelopamento da decisão, em atenção ao parágrafo único do artigo 472 do Código de Processo Penal e à vedação aos pronunciamentos ocultos**..." (grifo nosso); RHC 122909, Relator Min. Cármen Lúcia, Segunda Turma, julgado em 04/11/2014, *DJe* 12/12/2014.

[114] STJ, HC 324.689/SP, Rel. Ministro Ribeiro Dantas, Quinta Turma, julgado em 26/02/2019, *DJe* 06/03/2019 – "...7. Conforme entendimento desta Corte Superior, **se ocorrer excesso de linguagem em pequeno trecho da decisão de pronúncia, diante do princípio da celeridade processual, admite-se que se proceda à rasura do trecho maculado, sem a necessidade de se anular todo o decisum**..." (grifo nosso); HC 327.731/SC, Rel. Ministra Maria Thereza de Assis Moura, Sexta Turma, julgado em 02/02/2016, *DJe* 19/02/2016 – "...2. Já determinado pelo Tribunal de origem, no acórdão de recurso em sentido estrito, fosse riscada a **ínfima** parte da pronúncia que continha eventual exageros de redação, não há falar em nulidade, devendo-se prestigiar, em tal caso, a celeridade processual que, no caso concreto, em nada macula a paridade da armas..." (grifo nosso).

Na linha do ora sustentado, destaca-se o **Enunciado nº 15** aprovado pelas **Câmaras de Estudos Criminais e Processual Penal e de Execução Penal da Defensoria Pública do Estado de Minas Gerais**: *É vedada, por parte da acusação, a juntada aos autos encaminhados ao juiz da instrução e julgamento de cópias dos elementos de informação existentes nos autos acautelados na secretaria do juízo das garantias, ressalvados apenas os documentos relativos às provas irrepetíveis, medidas de obtenção de provas ou de antecipação de provas (art. 3º-C, § 3º, do CPP)*.

Isso não significa, porém, que as peças estritamente inquisitoriais exaurem a sua valia após a emissão do *judicium accusationis*. Evidentemente que não, pois guiarão as partes na AIIJ, inclusive no tocante à estratégia e à performance a serem adotadas. Essa é a inteligência por detrás do § 4º do art. 3º-C do CPP ao assegurar *às partes o amplo acesso aos autos acautelados na secretaria do juízo das garantias*. Eis o paradigma quebrado: **antes da Lei nº 13.964/19, a investigação penal servia de baliza ao juiz e às partes; atualmente, norteia a atuação apenas das últimas**. Nada impede, *v.g.*, que o membro do Ministério Público e o defensor do acusado compareçam à audiência munidos de cópia do inquérito. Mas **não** a fim de exibi-la ao juiz sentenciante, e sim **direcionar** as perguntas aos depoentes. Como todo sistema acusatório puro, o juiz, em prol da imparcialidade, há de comportar-se, durante a audiência, como um atento observador. Nada impede que, ao longo da inquirição, acusação ou defesa confronte as declarações ora apresentadas pelo depoente às fornecidas na delegacia. Porém, a valoração do juiz sentenciante recairá, exclusivamente, sobre o dito em sede **judicial** pela vítima, testemunha ou informante, **não lhe competindo acessar o consignado na delegacia para ulterior comparação, sob pena de inserir elementos estritamente inquisitoriais na sua valoração**.

Obviamente que, ao confrontar o declarante com o depoimento fornecido em sede policial ou ministerial, **descabe às partes lê-lo** *ipisis litteris*. Cumpre aludir à folha do inquérito no qual está documentado, apontando a **discrepância**. Desnecessário dizer que, quando diversos forem os órgãos do Ministério Público e da Defensoria Pública atuantes na persecução penal, um perante o juiz das garantias, outro junto ao juiz da instrução e do julgamento, o diálogo é imprescindível, no mínimo para que o primeiro envie ao segundo cópia integral da investigação, por meio físico ou digital. No caso da advocacia, ou de órgão ministerial ou defensivo único, inexistem dificuldades, pois os autos inquérito já estão naturalmente à disposição.

Indiscutivelmente sobrevirão vozes em sentido contrário, obtemperando que a não remessa integral dos autos do inquérito ao juiz da instrução e do julgamento não impediria às partes, *a contrario sensu*, ler, na audiência, peças inquisitoriais aos declarantes, até para circunstanciar melhor as indagações, afinal, do contrário, não faria sentido o § 4º do art. 3º-C garantir-lhes o acesso aos autos. Em reforço, ainda citariam a jurisprudência do STJ e do STF, tolerante com a prática de sujeitar os depoimentos colhidos na investigação à ratificação dos declarantes, lendo-os em sede judicial, dizendo inexistir prejuízo se houver anuência defensiva e oportunização de perguntas às partes, porque preservados o contraditório e a ampla defesa. Invocam, ainda, o princípio do interesse, segundo o qual a parte não pode invocar a nulidade de ato que consentiu (art. 565 do CPP), e a preclusão, lembrando que os vícios surgidos na audiência devem ser prontamente impugnados (art. 571, VIII, do CPP).

Ocorre que, mesmo à luz desses julgados, STJ e STF reconhecem o **desacerto** dessa prática, tanto que se referem à nulidade, pressupondo o cometimento de *error in procedendo*[115]. E o errado não pode ser enaltecido, nem difundido.

Ler ao depoente as declarações prestadas na investigação, para, em seguida, indagar-lhe se as confirma ou não, já é inadmissível hoje, não só por **induzi-la**, mas por **sobrepor** um procedimento **inquisitorial** e **escrito** a outro **acusatório** e **oral**. Não por acaso o art. 204 do CPP, regra originária de 1941, proíbe à testemunha trazê-lo por escrito. Ora, se o depoente não pode, por conta própria, reportar-se às declarações prestadas em sede policial, tampouco poderiam as partes reproduzi-las ao próprio em audiência para confirmação. Ademais, a tendência do declarante, nesses casos, é ratificar o que lhe foi lido, seja por comodismo, seja, até, por autodefesa, preservando-se de alegações de falso testemunho ou de denunciação caluniosa. Embora em menor número, colecionam-se, no STJ e no STF, precedentes, já de longa data, **inadmitindo** tal praxe[116].

---

[115] STJ, HC 420.653/SC, Rel. Ministro Reynaldo Soares da Fonseca, Quinta Turma, julgado em 07/12/2017, DJe 13/12/2017 – *"... Verifica-se que, no caso, foi oportunizada às partes a formulação de perguntas, anteriormente à leitura do depoimento prestado extrajudicialmente pelas vítimas, o que está em consonância com o entendimento firmado acerca do tema por esta Corte. Diante deste quadro, **não havendo a demonstração do alegado prejuízo na defesa do paciente, incide ao caso o princípio do pás de nullité sans grief, que encontra seu fundamento de validade no art. 563 do Código de Processo Penal, segundo o qual nenhum ato será declarado nulo, se da nulidade não resultar prejuízo para a acusação ou para a defesa. Precedentes...*" (grifo nosso); HC 271.549/MA, Rel. Ministro Rogerio Schietti Cruz, Sexta Turma, julgado em 08/11/2016, DJe 21/11/2016 – *"...3. Ainda que, por hipótese, se considere ter havido a simples leitura, pelo representante do Ministério Público, dos depoimentos prestados perante a autoridade policial, com posterior ratificação dos relatos pelas testemunhas de acusação, **a jurisprudência deste Superior Tribunal não identifica ilegalidade em tal procedimento, quando não demonstrado concreto e eventual prejuízo**. 4. Além de a impetrante não haver indicado, na medida do possível, **eventual prejuízo suportado pela defesa, também não aventou a suposta nulidade no primeiro momento processual oportuno, circunstâncias que, somadas, afastam qualquer possibilidade de anulação da fase instrutória...*" (grifo nosso). HC 15.385/MG, Rel. Ministro Felix Fischer, Quinta Turma, julgado em 22/05/2001, DJ 13/08/2001, p. 186 – *"...II – A eventual nulidade verificada na oitiva das testemunhas, mediante a simples leitura do depoimento prestado na fase de inquérito, indagando-se, em seguida, pela confirmação da versão inicial dos fatos, é relativa. **Se o defensor do réu, presente na audiência, nada reperguntou, nem levantou qualquer objeção, não há como reconhecer qualquer vício** (Precedentes)..."*; STF, RHC 123894, Relator Min. Gilmar Mendes, Segunda Turma, julgado em 03/03/2015, DJe-051 divulg. 16/03/2015 public. 17/03/2015 – *"...4. A ratificação em juízo dos depoimentos colhidos na fase inquisitorial não configura a ilegalidade pretendida, **na medida em que se franqueou à defesa a plena intervenção no ato, mediante realização de perguntas e reperguntas, com isso prestigiando-se a ampla defesa e o contraditório...*" (grifo nosso). HC 75652, Relator Min. Carlos Velloso, Segunda Turma, julgado em 04/11/1997, DJ 19/12/1997 – *"...II. – A simples leitura do depoimento prestado na fase do inquérito policial e a sua mera ratificação pela testemunha não é recomendável. No caso, entretanto, **o defensor do paciente não apresentou objeção, nem formulou qualquer pergunta à testemunha, conforme lhe facultava o art. 211 do CPP, além de nada ter arguido a esse respeito nas alegações finais**. Por se tratar de nulidade **relativa**, ficou sanada, por não ter sido suscitada em tempo oportuno...*" (grifo nosso).

[116] STJ, HC 183.696/ES, Rel. Ministra Maria Thereza de Assis Moura, Sexta Turma, julgado em 14/02/2012, DJe 27/02/2012 – *"...2. A produção da prova testemunhal é complexa, envolvendo não só o fornecimento do relato, oral, mas, também, o filtro de credibilidade das informações apresentadas. Assim, **não se mostra lícita a mera leitura pelo magistrado das declarações prestadas na fase inquisitória, para que a testemunha, em seguida, ratifique-a**. 3. Ordem concedida para **anular a ação penal a partir da audiência de testemunhas de acusação, a fim de que seja refeita a colheita da prova testemunhal, mediante a regular realização das oitivas, com a efetiva tomada de depoimento, sem a mera reiteração das*

O depoente já foi **sugestionado**, viciando as suas declarações. Eis o prejuízo, comprometedor do contraditório e da ampla defesa. Se o defensor foi acanhado, preguiçoso ou pusilânime, não se insurgindo contra a leitura do termo de depoimento para fins de ratificação, ou não, pelo declarante, **o réu não tem nada a ver com isso**. Em xeque estão a sua liberdade e o seu estado de inocência, e não os do defensor. A ulterior condenação só confirma o prejuízo. Não são o estado de inocência e a liberdade do defensor que estão em jogo, mas os seus. A passividade da defesa técnica em situações como essa não denota torpeza nem malícia, *ratio* do art. 565 do CPP, mas **despreparo técnico** ou **negligência**, não creditáveis ao acusado. Nula a instrução, nula é a sentença, afinal, seria prolatada a partir de provas produzidas inadequadamente, merecedoras de desentranhamento, seguido do refazimento. Mera aplicação do princípio da causalidade – art. 573, § 1º do CPP.

A reforma promovida pela Lei nº 13.964/19 reforça, ainda mais, a inadmissibilidade dessa forma de inquirição, porquanto submeter à ratificação do declarante depoimento prestado em sede policial significa levar **ao conhecimento do juiz da instrução e do julgamento peça estranha à sua cognição, burlando o preceituado no § 3º do art. 3º-C do CPP**. Em vez de referenciar a atuação das partes ao longo da AIIJ, os depoimentos colhidos no inquérito são trazidos à valoração judicial, transcendendo o *judicium accusationis* para integrar, também, o *judicium causae*. Ficam, é bom lembrar, **documentados** nos autos do processo, como se juntados tivessem sido os termos de declarações prestadas em sede policial, considerado o registro audiovisual da audiência[117].

---

declarações prestadas perante a autoridade policial..." (grifo nosso); STF, RHC 54161, Relator Min. Cunha Peixoto, Primeira Turma, julgado em 10/02/1976, DJ 26/04/1976 – "...*A simples ratificação de declarações prestados na face de inquérito, sem a efetiva inquirição de testemunhas pelo juiz, **ofende o princípio constitucional do contraditório e prejudica a apuração da verdade substancial**. recurso de habeas corpus provido...*" (grifo nosso).

[117] Como o art. 405, § 1º, do CPP alude ao registro audiovisual *sempre que possível*, a Segunda Turma do STF admite a não utilização, desde que concretamente justificada pelo juiz e a ata confeccionada transcreva fielmente todo o acontecido, incluindo as perguntas aos declarantes e as respectivas respostas. Nessa esteira, HC 158221-AgR, Relator Min. Gilmar mendes, Segunda Turma, julgado em 12/11/2018, DJe-256 divulg. 29/11/2018 public. 30/11/2018 – "*...2. Alegação de ofensa aos artigos 5º, inciso LV, e 93, inciso IX, do texto constitucional. **Decisões ordinárias fundamentadas, garantidos os princípios do contraditório e da ampla defesa**. 3. Não verificada inobservância às normas do artigo 403, §§ 1º e 3º (cerceamento de defesa, em razão de não ter sido aberto prazo para apresentação de memoriais), **e do artigo 405, § 1º, do CPP (inidoneidade da fundamentação para não utilização dos métodos de gravação audiovisual**...*" (grifo nosso). O STJ, por outro lado, restringe a ressalva contida no § 1º do art. 405 do CPP às hipóteses nas quais o juízo não está aparelhado para promover o registro audiovisual, reputando mandatório implementá-lo se disponível estiver, sob pena de nulidade absoluta, segundo a Quinta Turma. Nesse diapasão: HC 428.511/RJ, Rel. Ministro Ribeiro Dantas, Quinta Turma, julgado em 19/04/2018, DJe 25/04/2018 – "*...5. A expressão legal 'sempre que possível' apenas ressalta **a manutenção do registro de depoimento por meio do método tradicional, sem gravação audiovisual, na hipótese em que não exista, faticamente, sistema disponível para tanto**. 6. A partir da entrada em vigor da Lei nº 11.719/2008, a melhor exegese da disposição legal que regula a matéria não comporta outra interpretação, senão a de que **o juiz que disponha de meio ou recurso para gravação deverá, obrigatoriamente, utilizá-lo para o registro dos depoimentos de investigado, indiciado, ofendido, testemunha e, inclusive, de réu**. Excepcionalmente, ante impedimento fático, poderá o magistrado proceder à colheita dos depoimentos por meio da sistemática tradicional, desde que motivadamente justifique a impossibilidade, sem que isso inquina de ilegalidade o ato. 7. No caso em exame, **o Juízo de primeiro grau, conquanto tivesse à sua disposição sistema para gravação audiovisual de depoimentos, deixou de utilizá-lo para a colheita dos depoimentos no*

De todo modo, diante da orientação jurisprudencial dominante nos Tribunais Superiores, uma mensagem fica muito clara ao Ministério Público e aos defensores, mesmo sob a égide da Lei nº 13.964/19: as impropriedades verificadas na forma de inquirição das vítimas, testemunhas, informantes e acusados **devem** ser atacadas ainda na audiência pela parte prejudicada, consignando em ata a irresignação, ainda que refutada pelo juiz, seguida da impugnação adequada – *habeas corpus* ou *reclamação ou correição parcial* (a nomenclatura varia, a depender da lei de organização judiciária local), por inobservância do procedimento previsto em lei para a tomada da prova oral –, sem prejuízo de reiterar o inconformismo nas alegações finais, nas vindouras razões de apelação e, assim, sucessivamente. Essa é a distinção (*distinguishing*) em relação à jurisprudência do STF e do STJ.

Como os depoimentos colhidos em sede inquisitorial não estarão nos autos do processo, por força do art. 3º-C, § 3º, do CPP, logo, insuscetíveis de valoração pelo juiz sentenciante, **derrogado tacitamente** fica o *caput* do art. 155 do CPP, no tocante à admissibilidade dos elementos informativos inquisitoriais como argumentos de reforço (*obiter dicta*) de hipotética sentença penal condenatória, mantida a menção às provas cautelares, não repetíveis e antecipadas como hábeis a sustentar a condenação, com estatura de *ratio decidendi*.

3.5. ART. 3º-A X ARTS. 212, PARÁGRAFO ÚNICO, E 385 DO CPP

No item reservado às competências do juiz das garantias, mais precisamente a listada no inciso VII do art. 3º-B do CPP, escrevemos que a vedação à iniciativa do juiz na fase investigatória e à substituição da atuação probatória do órgão de acusação, contemplada no art. 3º-A, revogou, **tacitamente**, toda e qualquer disposição atinente à atuação probatória do juiz *ex officio*.

Como desdobramento lógico e inafastável dessa compreensão, a possibilidade de o juiz intervir na inquirição, mesmo a título complementar, nos termos do art. 212, p.ú. do CPP, torna-se discutível, embora não vejamos qualquer ofensa ao sistema acusatório,

---

âmbito da instrução processual penal, o que configura ilegalidade. 8. Habeas corpus não conhecido. Ordem concedida de ofício para anular as audiências de instrução realizadas, sem a utilização de meios ou recursos de gravação audiovisual, assim como os demais atos subsequentes ocorridos no âmbito da Ação Penal..." (grifo nosso). A 6ª Turma, apesar de comungar das mesmas premissas, reputa relativa a nulidade, precluindo na medida em que a utilização, pelo juiz, do método tradicional de transcrição dos depoimentos, em detrimento do registro audiovisual, não é impugnado pelas partes. Nessa linha, HC 520.233/RJ, Rel. Ministra Laurita Vaz, Sexta Turma, julgado em 15/10/2019, *DJe* 28/10/2019 – *"...1. É certo que apesar de o art. 405, § 1º, do Código de Processo Penal, não impor a obrigatoriedade do sistema técnico de gravação em audiência, sendo possível o registro audiovisual dos referidos atos, **o texto legal expressamente prioriza sua utilização, não sendo facultado ao Magistrado processante optar por outro método**. 2. Contudo, jurisprudência do Supremo Tribunal Federal e desta Corte Superior é uníssona no sentido de que, tanto nos casos de nulidade relativa quanto nos casos de nulidade absoluta, o reconhecimento de vício que enseje a anulação de ato processual exige a efetiva demonstração de prejuízo, devendo a parte prejudicada suscitá-lo na primeira oportunidade de se manifestar nos autos, sob pena de preclusão. 3. No caso, **além de não restar demonstrada a ocorrência de prejuízo concreto à Defesa, não houve nenhuma irresignação sobre a alegada nulidade antes da sentença penal condenatória, impondo-se, portanto, o reconhecimento da preclusão...*"* (grifo nosso). Lamentavelmente, olvida a Sexta Turma do STJ que o prejuízo repousa na menor fidedignidade do registro escrito, se comparado ao audiovisual, rompendo-se com a oralidade. A **transparência** concernente ao atuar das partes e do juiz igualmente fica **arranhada**, pois, racionalmente falando, inexistem razões para priorizar a transcrição escrita – lenta, trabalhosa, maçante e bem mais imprecisa – à audiovisual – célere e fiel aos fatos.

afinal, a convicção judicial não se constrói somente no momento da sentença, mas ao longo da instrução. Surgindo dúvidas acerca de determinado ponto concernente à causa de pedir, não aclaradas pelas perguntas das partes, é natural que o juiz busque elucidá-las. A iniciativa probatória foi das partes, tanto que as indagações começaram pelas próprias, limitando-se o juiz a complementá-las. Sem embargo, **descabe articular questionamentos sobre aspectos não integrantes da causa de pedir, buscando, com isso, alargar a imputação**. Se o Ministério Público ou o querelante não vislumbrou novos crimes, qualificadoras, causas de aumento de pena, **não compete ao juiz buscá-los, por meio de perguntas complementares**, sob pena de tomar, de ofício, a iniciativa probatória, imiscuindo-se no exercício da ação penal.

Assim, se, *v.g.*, a imputação é de furto, e todas as perguntas do Ministério Público partiram da premissa de ter sido o bem da vítima arrebatado, descabe ao juiz veicular indagações sobre possível trombada, pois se afastará da causa de pedir original, **buscando ele, magistrado, reunir provas reveladoras de crime mais grave – roubo**. A inadmissibilidade desse comportamento judicial é reforçada pelo novo formato dado ao art. 28 do CPP, pois, **circunscrito inteiramente o arquivamento ao âmbito do Ministério Público, revogado tacitamente está o § 1º do art. 384 do CPP: ou o *Parquet* adita, espontaneamente, a denúncia, ou o processo segue, à luz da causa de pedir originária, ficando a ela adstrito o juiz**.

Seguindo essa intelecção, igualmente descabe ao juiz **suprir as deficiências da acusação no exercício da atividade probatória**, tomando-lhe as rédeas, porquanto atuaria proativamente, em descompasso com o art. 3º-A do CPP. **A perda de uma chance probatória pela acusação não pode ser remediada pela atuação judicial suplementar**. Ilustrando: nada obstante a multiplicidade de demandas, todas as perguntas do Ministério Público são dirigidas a uma determinada imputação, olvidadas as demais. Descabe ao juiz articular perguntas complementares atinentes a estas, sob pena de desempenhar papel inerente à acusação, substituindo-a.

Apesar da indisponibilidade do direito de punir e da sua dimensão *macro* e metaindividual, afinal, em jogo está a paz social, a Constituição da República destacou o Ministério Público para resguardá-la e protegê-la (art. 129, I, da CRFB/88), logo, descabe ao juiz **também** fazê-lo, sob pena de **embaralhamento**. Se do último se exige incondicional imparcialidade, a **inércia a ela inerente (e indispensável)** o impede de exercer tal mister, mesmo **supletivamente**.

Relembrando, **o sistema acusatório aumenta o protagonismo do Ministério Público e, por conseguinte, os seus ônus e responsabilidades**, sendo descabido ver o juiz como um parceiro. Se deficiente a performance do *Parquet* na AIIJ, deixando de elaborar perguntar sobre questões de mérito descritas na denúncia, não pode o juiz integrar a inquirição, preenchendo as lacunas.

Nessa esteira, merece destaque o **Enunciado nº 10 das Câmaras de Estudos Criminais e Processual Penal e de Execução Penal da Defensoria Pública do Estado de Minas Gerais**: *O artigo 212, parágrafo único, do CPP deve ser interpretado no sentido de admitir que o juiz complemente perguntas das partes para esclarecer ponto já informado pela testemunha. Qualquer ampliação do espectro probatório é substituição da atividade probatória da acusação, postura vedada pelo art. 3º-A do CPP.*

A postura minimalista do juiz na AIIJ, reduzindo o espectro do art. 212, p.ú. do CPP, não se voltaria contra o próprio réu, deixando em aberto questões de mérito que, se devidamente elucidadas, o beneficiariam?

Embora louvável a preocupação, mostra-se, apenas, aparente. **Se questão de mérito, descrita na denúncia ou queixa, não foi objeto de indagações pela acusação, restou, fatalmente, indemonstrada, resolvendo-se a dúvida em favor do acusado, que, assim, não conheceria prejuízo algum.** Se chegou a ser objeto de questionamento pela acusação, o juiz pode dar **sequência** às perguntas, caso entenda insuficientes as veiculadas pelas partes. Em vez de buscar a prova, estará, genuinamente, complementando-a, por se tratar de ponto previamente explorado pela acusação e pela defesa, durante as suas indagações. Finalmente, se a defesa técnica adotar postura exclusivamente passiva, contemplativa, o juiz, em vez de assumi-la, opção incompatível com a sua imparcialidade, declara o réu materialmente indefeso, notificando-o para constituir **nova**. A percepção acima, relativa à postura judicial quando do exercício da faculdade prevista no art. 212, p.ú., do CPP, mais restritiva, não incrementa risco algum à ampla defesa, nem exime o juiz de perseguir zelando pela sua efetividade.

Por outro lado, se **descabe ao juiz sobrepor-se à acusação, fazendo as vezes dela, no tocante à produção probatória**, é incompatível com o processo penal de *estrutura acusatória*, nos moldes do art. 3º-A do CPP, condenar o réu, nada obstante a manifestação absolutória do Ministério Público. Se o titular privativo da ação penal pública, por mandamento **constitucional** (art. 129, I, da CRFB/88), reconhece a debilidade da sua pretensão, não compete ao juiz, de quem se exige imparcialidade, dizer o contrário e condenar o acusado. Assim procedendo, abandona a equidistância, avocando, para si, a acusação. Idêntico raciocínio alcança o pronunciamento desclassificatório ministerial ou de procedência parcial: opinando o *Parquet* pela desclassificação para delito de gravidade menor ou pela improcedência de alguns dos pedidos, tampouco pode o juiz julgar procedente, na íntegra, a pretensão, sob pena de, igualmente, bancar a acusação primitiva. **A primeira parte do art. 385 do CPP**, de constitucionalidade historicamente duvidosa à luz do sistema acusatório (art. 129, I, da CRFB/88)[118], foi, ainda, **revogada tacitamente pelo art. 3º-A do CPP**, mesmo porque, se mantida, o processo penal brasileiro não será de estrutura acusatória.

A resistência à proposta hermenêutica acima será descomunal. Invocar-se-ão o **princípio da indisponibilidade da ação penal pública (art. 42 do CPP), do qual seria a primeira parte do art. 385 do CPP consequência**; o **princípio do livre convencimento motivado do juiz (art. 93, IX, da CRFB/88 e art. 155, cabeça, primeira parte, do CPP), cuja convicção não se subordina à do titular da ação penal**; além da **busca pela verdade material ou substancial**. Dir-se-á que despir o juiz de poderes instrutórios oficiosos em nada desvirtua o caráter indisponível da ação penal pública, decorrente do seu substrato material, o *jus puniendi*, igualmente indisponível, nem tampouco retira a sua independência funcional para, fundamentalmente, examinar o pedido condenatório e, se assim entender, julgá-lo procedente, malgrado o parecer ministerial pela improcedência.

---

[118] Em prol da **não** recepção do art. 385 do CPP, primeira parte, pelo art. 129, I, da CRFB, entre tantos autores, LOPES JR., Aury Lopes. *Direito Processual Penal*. Ob. cit., p. 1.143-1.146; RANGEL, Paulo. Ob. cit., p. 67-69.

Para início de conversa, a impossibilidade intransigente de o Ministério Público desistir da ação penal pública, de índole infraconstitucional (art. 42 do CPP), convive de forma tensa com o sistema acusatório, afinal, se o titular privativo da ação é o *Parquet* (art. 129, I, da CRFB/88), revestido de independência funcional (art. 127, § 1º, da CRFB/88), causa espécie que não possa dispor, **racionalmente**, da pretensão acusatória, o que jamais se dará arbitrariamente, na medida em que todos os seus pronunciamentos processuais hão de ser motivados (art. 129, VIII, 2ª parte, da CRFB/88). É inaceitável que **três** preceitos constitucionais autoaplicáveis tenham o seu amálgama tolhido por **um**, infraconstitucional. Conforme bem alerta o prof. Geraldo Prado, de longa data, *"em um modelo acusatório, que historicamente se funda no protagonismo das partes, há de se conceder espaço para uma atuação mais flexível do Ministério Público..."*.[119]

Superada essa *preliminar*, o Ministério Público, ao opinar pela absolvição, não estaria abdicando da pretensão, ao contrário, exerceu-a ao longo da instrução, concluindo, nas alegações finais, pela improcedência. O mérito foi examinado, tanto que a vindoura sentença faz coisa julgada material – se mera desistência fosse, faria coisa julgada formal. Se o titular da pretensão reconhece a sua fragilidade, não compete ao juiz dizer o contrário, sob pena de atuar de ofício. Ínsita ao pronunciamento ministerial derradeiro, *"in re ipsa"*, se permitida a metáfora, é a **dúvida razoável** (*reasonable doubt*), resolvendo-se pela absolvição – art. 386, II, V, VI, 2ª parte, ou VII do CPP.

O princípio do livre convencimento motivado do juiz tampouco é colocado em xeque, porque **não mais existe conflito de interesses a justificar a intervenção da jurisdição e o seu papel substitutivo à vontade das partes**. Se a **impertinência** de determinada questão de mérito resulta incontroversa, descabe ao juiz, justamente de quem se exige imparcialidade, reabrir a controvérsia. Homologa-se, então, o pronunciamento ministerial. Descarta-se qualquer contraponto com a confissão, porque, embora torne, em princípio, incontroverso o pedido, a resistência à pretensão condenatória persiste, provindo da própria Constituição, haja vista os postulados do devido processo legal e da presunção (ou estado) de inocência (ou de não culpabilidade) – art. 5º, LIV e LVII, da CRFB/88 –, a exigir manifestação jurisdicional.

Finalmente, e sobre o tema já tecemos considerações na introdução e no tópico dedicado às competências do juiz das garantias, quando estudado o inciso VII do art. 3º-B do CPP, o princípio da verdade material ou substancial é utópico e irreal, porque, no processo, são confrontadas versões, tese (acusação) e antítese (defesa), prevalecendo a mais provável. Se tese e antítese convergem, inexiste síntese a entregar.

Reconhecer a revogação tácita da primeira parte do art. 385 do CPP é imprescindível à concretização do sistema genuinamente acusatório. Para tanto, STJ e STF hão de dar uma guinada de 180º na sua jurisprudência, com reminiscências inquisitórias ainda bastante perceptíveis, como a aplicação, até então, inconteste do citado preceito legal[120].

---

[119] PRADO, Geraldo. *Sistema Acusatório* – A conformidade constitucional das leis processuais penais. 2. ed. Rio de Janeiro: Lumen Juris, 2001, p. 147.
[120] STJ, HC 137.322/DF, Rel. Ministro Celso Limongi (Desembargador Convocado do TJ/SP), Sexta Turma, julgado em 05/05/2011, *DJe* 23/05/2011; HC 84.001/RJ, Rel. Ministra Jane Silva (Desembargadora Convocada do TJ/MG), Quinta Turma, julgado em 11/12/2007, DJ 07/02/2008, p. 1; STF, ARE 1073080-AgR, Relator Min. Roberto Barroso, Primeira Turma, julgado em 01/12/2017, *DJe*-289 divulg.

Melhor sorte não assiste à segunda parte do art. 385 do CPP, também **tacitamente revogada** pelo art. 3º-A do CPP. Se a agravante genérica não foi descrita na denúncia ou queixa, **não integra o espectro probatório a ser desenvolvido pelas partes**. Caso o juiz a perquirisse, assentando-a na sentença, agiria de ofício, em descompasso com o princípio da **correlação** ou **congruência**, que, no processo penal, dá-se entre a causa de pedir e a sentença.

Apesar disso, cumpre diferençar.

Algumas agravantes são ínsitas à pessoa do acusado, não desafiando menção expressa na denúncia ou queixa. Desnecessário, *v.g.*, abrir um parágrafo na peça acusatória para imputar-lhe a reincidência. Nesses casos, suscitá-la nas alegações finais é suficiente. **Descabe ao juiz, entretanto, providenciar a Folha de Antecedentes Criminais do réu, caso a acusação não peça, pois estará produzindo provas de ofício em desfavor do denunciado, em detrimento do art. 3º-A do CPP – inexiste interesse defensivo na produção dessa documentação, pois, ante o art. 5º, LVII, da CRFB/88, presumem-se a primariedade e os bons antecedentes**. Buscada, entretanto, tal prova pela acusação, nada impede que, nas alegações finais, postule a majoração da pena, na segunda fase, em virtude da reincidência. Se não o fizer, não compete ao juiz agravá-la, pois terá agido de ofício, sem prévio debate entre as partes, realidade que já se faz presente no Tribunal do Júri, desde a reforma promovida pela Lei nº 11.689/08, considerado o art. 492, I, b do CPP – como também na 2ª fase do Júri, sobrevindo veredicto condenatório, compete ao juiz, e não ao Conselho de Sentença, a consideração de agravantes genéricas, em apreço à isonomia, presente a identidade de razões, e ao princípio da anterioridade, a 2ª parte do art. 385 do CPP foi tacitamente revogada pelo citado art. 492, I, b.

Em se tratando de agravantes genéricas objetivas, atreladas ao episódio delituoso, as críticas acima potencializam-se, porque a ausência de descrição prévia na denúncia ou queixa inviabiliza o contraditório e a ampla defesa, abrindo campo para responsabilização penal objetiva. Se a ofendida estava grávida quando do roubo, *v.g.*, é mandatória a narrativa dessa circunstância na peça acusatória, reveladora de covardia do agente, maximizando a reprovabilidade da conduta (art. 61, II, h do CP). Credita-se ao denunciado a ciência dessa especial condição da vítima, ao elegê-la alvo, permitindo ao réu, no curso do processo, produzir provas em sentido contrário – *v.g.* demonstrar que a gestação era inaugural, imperceptível, afastando, assim, a majorante. Se o juiz, na sentença, a reconhece independentemente do mencionado debate, age **de ofício**, **substituindo a acusação** e **surpreendendo o réu**, adotando uma postura inquisitória incompatível com um processo penal de **estrutura acusatória**.

A resistência à revogação tácita da 2ª parte do art. 385 do CPP será igualmente grande, demandando outra revisão de 180º na jurisprudência majoritariamente praticada, fiel à literalidade do referido preceito legal, alegando que o reconhecimento de agravantes genéricas é matéria adstrita à aplicação da pena, da competência do juiz, não se imiscuindo, assim, na atividade das partes[121].

14/12/2017 public. 15/12/2017; ARE 700012-ED, Relator Min. Cármen Lúcia, Segunda Turma, julgado em 25/09/2012, DJe-199 divulg. 09/10/2012 public. 10/10/2012.

[121] STJ, AgRg no HC 511.211/SP, Rel. Ministro Rogerio Schietti Cruz, Sexta Turma, julgado em 24/09/2019, DJe 01/10/2019, **com a ressalva do entendimento do relator, alinhado ao posicionamento ora defendido** – "...Em relação ao art. 61, II, 'h', do Código Penal, resguardada a minha ressalva pessoal,

Alinhadas ao ora exposto estão as **Câmaras de Estudos Criminais e Processual Penal e de Execução Penal da Defensoria Pública do Estado de Minas Gerais**, haja vista o enunciado nº 11: *Não pode o juiz condenar, integral ou parcialmente, sem pedido do Ministério Público, tendo o art. 3º-A do CPP revogado, tacitamente, o art. 385 do CPP.*

3.6. JUIZ DAS GARANTIAS E TRIBUNAL DO JÚRI

Presente a *ratio essendi* primordial do juiz das garantias – preservar o julgador de quadros mentais de dissonância cognitiva, ou seja, de prejulgamentos –, haverá resistência à sua implantação no Tribunal do Júri, não só por ter sido o *judicium causae* confiado ao Conselho de Sentença, constituído instantes antes do julgamento em plenário, sem exposição, portanto, às etapas persecutórias anteriores, seja em virtude da sua composição colegiada, na qual cada jurado forma, por si só, a sua convicção, em decorrência da incomunicabilidade (art. 466, §§ 1º e 2º do CPP), sem a qual não se preservaria o sigilo das votações (art. 5º, XXXVIII, b da CRFB/88). Como ao juiz presidente do Tribunal do Júri incumbe o *judicium accusationis*, materializado na pronúncia, não haveria inconvenientes à imparcialidade do julgamento a sua intervenção também na fase investigatória.

Na liminar relativa às ADI nº 6298/DF, da relatoria originária do Min. Luiz Fux, igualmente abrangente das ADIs nº 6299 e 6300, o Presidente do STF, Min. Dias Toffoli, conferiu interpretação conforme a Constituição para, lastreado na argumentação acima, excluir o Tribunal do Júri da sistemática do juízo das garantias.

O tema, todavia, merece ser analisado sob **duas** perspectivas.

Sob o ângulo da **imparcialidade** do julgamento, concordamos que o risco de comprometimento se encontra bem mais **diluído** pelas razões expostas acima. Todavia, trata-se de uma construção **reducionista**, que menospreza a exata dimensão da competência do juiz titular ou em exercício no Tribunal do Júri. A cognição desenvolvida ao longo da primeira fase é tão **exauriente** quanto a do rito ordinário, a ponto de ambos comportarem o mesmo teto de testemunhas – oito (art. 401, cabeça, x art. 406, §§ 2º e 3º do CPP). Por isso que, ao cabo da primeira fase do Júri, o juiz pode pronunciar o réu (art. 413), impronunciá-lo (art. 414), desclassificar a imputação (art. 419) ou absolvê-lo por fundamentos idênticos aos verificados no art. 386, inclusive impropriamente (art. 415, cabeça, e parágrafo único), com formação de coisa julgada material. Nessa esteira, é impreciso afirmar que a competência do juiz, na primeira fase, resume-se ao *judicium accusationis* – a absolvição sumária versada no art. 415 do CPP é genuíno *judicium causae*[122].

Para que a primeira fase do Júri se encerre com absoluta imparcialidade, mostra-se mister, então, que o juiz da instrução e do julgamento seja distinto daquele responsável pela legalidade da investigação e pelo recebimento da denúncia (ou ratificação), nos moldes do art. 399 do CPP, **sob pena de a instrução atinente à primeira fase ser conduzida por um**

---

sigo o entendimento majoritário da Turma sobre a matéria: *'não ofende o princípio da correlação a condenação por agravantes ou atenuantes não descritas na denúncia. Inteligência dos arts. 385 e 387, I, do Código de Processo Penal'* (AgRg no AREsp 1.373.120/MG, Rel. Ministro Nefi Cordeiro, 6ª T., DJe 14/5/2019)..." (grifo nosso); AgRg no HC 504.043/SP, Rel. Ministro Ribeiro Dantas, Quinta Turma, julgado em 15/08/2019, DJe 20/08/2019.

[122] Nessa toada, PORTO, Hermínio Alberto Marques. *Júri, Procedimentos – Aspectos do julgamento, questionários.* 11. ed. São Paulo: Saraiva, 2005, p. 31-33.

magistrado com **juízos de valor pré-formados**, naturalmente tendente a pronunciar o denunciado, reduzindo, drasticamente, as chances de impronúncia, desclassificação ou de absolvição.

Outrossim, deslinde corriqueiro no Plenário do Júri é a desclassificação da imputação dolosa contra a vida para outra diversa, hipótese na qual o *judicium causae* é transferido para o juiz-presidente, inclusive quanto aos delitos conexos, sem *animus necandi* (art. 492, §§ 1º e 2º do CPP). Descartada a sistemática do juízo das garantias no Júri, simplesmente o mesmo juiz, que interveio desde a investigação até a direção da sessão plenária, seria o julgador, quadra incompatível com a **estrutura acusatória** do processo penal brasileiro. Em ambos os cenários, nada extravagantes, o risco de dissonância cognitiva persistiria.

Pode-se obtemperar a inevitabilidade do fenômeno, afinal, de toda sorte, o juiz responsável pela pronúncia igualmente julgaria o mérito, no caso da desclassificação do crime doloso contra a vida pelos jurados. Ocorre que tal juiz, ao menos, **não foi o mesmo exposto à investigação penal, de viés inquisitório**, conservando um olhar infinitamente mais neutro e desinteressado se comparado ao colega que **também interveio na fase inquisitorial**, razão suficiente ao implemento do juiz das garantias no Júri.

Finalmente, mas não menos importante: os arts. 3º-B a 3º-F não ofendem preceito constitucional algum relacionado ao Tribunal do Júri. Por encerrarem regras gerais, são aplicáveis a qualquer procedimento de primeiro grau, sendo descabido ressalvar onde a lei não o fez. Note-se, aliás, que o art. 3º-C, cabeça, preceitua que a competência do juiz das garantias *abrange todas as infrações penais, exceto as de menor potencial ofensivo*, logo, *a contrario sensu*, compreende os delitos dolosos contra a vida e os inerentes à violência doméstica ou familiar contra a mulher. Entre os órgãos integrantes da Justiça Comum, excluiu-se, apenas, o Juizado Especial Criminal do sistema atinente ao juiz das garantias, mantendo-se o Júri e o Juizado da Violência Doméstica e Familiar contra a Mulher. Exegese em sentido contrário mostra-se *contra legem*, ao arrepio do art. 2º da CRFB/88 – o Poder Judiciário excepcionaria onde a lei não o fez.

Ainda que superadas as ponderações acima, a temática precisa ser analisada também à luz do **sistema acusatório** como um todo.

Assentar a inaplicabilidade do juiz das garantias ao Tribunal do Júri **não elide o preceituado no art. 3º-A**, devendo o procedimento adequar-se à **estrutura acusatória** do processo penal brasileiro. Nesse particular, a liminar concedida pelo Min. Dias Toffoli foi contraditória, porque manteve o citado art. 3º-A, cujo espectro aglutina o rito do Júri, mas excluiu, expressamente, os arts. 3º-B a 3º-F, autorizando, em tese, que **os autos do inquérito continuem integrados aos do processo**, permitindo que, nas sessões de julgamento plenárias, as sustentações condenatórias do Ministério Público prossigam pautadas, mesmo primordial ou, até, exclusivamente, nas peças inquisitoriais. Como o art. 478 do CPP listou as restrições ao contraditório no Plenário do Júri, **sem** incluir o inquérito, explorá-lo seria **lícito**, afinal, normas proibitivas interpretam-se restritivamente. Ampliar tais vedações, além de ofender o devido processo legal e o contraditório (art. 5º, LIV e LV, da CRFB/88), reduziria a margem cognitiva do Conselho de Sentença, em prejuízo da sua soberania (art. 5º, XXXVIII, c da CRFB/88). Essa tem sido a percepção jurisprudencial até então dominante[123].

A controvérsia a respeito do aproveitamento do inquérito no Plenário do Júri é antiga, não sendo poucas as vozes em sentido contrário[124].

Com efeito, a persistência de elementos informativos inquisitoriais nos autos do processo dá azo à edição de veredictos condenatórios neles arrimados, em desacordo com o preconizado no art. 155, cabeça, do CPP, sem possibilidade de qualquer controle jurisdicional ulterior, em virtude do sistema da íntima convicção. Como os jurados não motivam seus veredictos, ignora-se até onde peças exclusivamente inquisitivas integraram a *ratio decidendi* condenatória, por ser ela própria desconhecida.

O art. 473, § 3º do CPP até sinaliza **a impropriedade de se ler, no plenário, termos de depoimentos confeccionados no inquérito**, ao preconizar que as partes e os jurados poderão requerer a leitura de peças referentes, *exclusivamente, às provas* colhidas por carta precatória e às *provas* cautelares, antecipadas ou não repetíveis (grifo nosso). A menção explícita às últimas, exceções ao desvalor probatório do inquérito, listadas no art. 155, cabeça, do CPP, e o silêncio quanto aos indícios, conduzem, *a contrario sensu*, à **inadmissibilidade de se explorar, na sessão plenária, as demais peças componentes do caderno investigativo**. Nada obstante a robustez argumentativa, a exclusão do inquérito das limitações aos debates orais contidas no art. 478, e a falta de previsão legal do desentranhamento do inquérito dos autos do processo após a pronúncia não permitiram, ao menos ainda, grande penetração jurisprudencial.

A Lei nº 13.964/19, todavia, incrementa o debate, potencializando a necessidade de serem desentranhados dos autos do processo os autos do inquérito, à exceção das provas cautelares (e antecipadas) e irrepetíveis.

Segundo consignado acima, o pronunciamento liminar do Min. Dias Toffoli manteve o art. 3º-A. **Se o processo penal brasileiro é de estrutura acusatória, inclusive o Júri, é inconcebível que o veredicto condenatório possa ter, como** *ratio decidendi*, **o inquérito policial, de cunho inquisitório**. Descabe a assunção do risco, motivo pelo qual, a par da exclusão do juiz das garantias, a inteligência dos §§ 3º e 4º do art. 3º-C alcança o procedimento do júri, a justificar o desentranhamento dos autos do inquérito, a par das provas cautelares, antecipadas e irrepetíveis, ao cabo da fase do art. 399 do CPP, proporcionando a formação do *judicium accusationis*, ao final da primeira fase, ou, mesmo, do *judicium causae*, no caso de absolvição sumária, por exemplo, com espeque, primordialmente, nas provas colhidas sob o crivo do juiz natural, observados o contraditório e a ampla defesa.

---

[123] STJ, REsp 1598779/DF, Rel. Ministro Sebastião Reis Júnior, Sexta Turma, julgado em 16/08/2016, *DJe* 01/09/2016 – "...6. *Não se vislumbra, na hipótese, nulidade do feito, em razão da leitura de trechos do inquérito em Plenário pelo Ministério Público* e da apresentação de mídia, visto que a apresentação das referidas peças não foi feita como argumento de autoridade, em prejuízo do réu, como advertido pelas instâncias ordinárias. Simplesmente possibilitou-se o esclarecimento dos fatos. 7. Segundo entendimento desta Corte Superior, a leitura de documentos e de peças processuais em Plenário não implica, obrigatoriamente, a nulidade de julgamento, tendo em vista que *os jurados possuem amplo acesso aos autos*..." (grifo nosso).

[124] NICOLITT, André. *Manual de Processo Penal*, ob. cit., p. 212; LOPES JR., Aury. *Direito Processual Penal*, ob. cit., p. 330-332.

Sem isso, o júri, enquanto procedimento bifásico, sequer se justifica – se as peças estritamente inquisitoriais, **não confirmadas minimamente em juízo**, bastassem para indiciar a autoria, nos termos do art. 413, *caput* e § 1º do CPP, equiparar-se-ia o recebimento inaugural da denúncia à pronúncia, ignorando a sua função garantidora. A primeira fase existe a fim de submeter a imputação a uma filtragem técnica e racional, de modo a levar ao Conselho de Sentença, cujos integrantes são leigos em Direito, apenas pretensões factíveis, afastadas as impertinentes e decotados os excessos. A pronúncia, como fruto de um procedimento acusatório, não pode ter no inquérito a sua *ratio decidendi*, motivo pelo qual a ela se aplica o art. 155, cabeça, do CPP. Tal percepção **começou** a penetrar nos Tribunais Superiores[125], como apontado na 1ª edição da obra, embora a maioria dos precedentes, arrimados na interpretação literal do art. 413, cabeça, e § 1º do CPP, preconize a suficiência do inquérito enquanto *ratio decidendi* concernente à autoria, elidindo o art. 155, cabeça, em razão de a lei aludir a *indícios*, associando-os aos elementos informativos inquisitoriais[126], e não ao juízo de *possibilidade*, relacionado à autoria, construído **processualmente**, ao longo da primeira fase. Desagua-se no famigerado *in dubio pro societate*, em descompasso com o art. 5º, LVII, da CRFB/88, enquanto regra de julgamento **e** de tratamento.

Pois, no Superior Tribunal de Justiça, finalmente, operou-se a virada de chave para concluir que **os elementos apurados no inquérito, não endossados em Juízo, não servem, por si só, como *ratio decidendi* da pronúncia**: HC 560.552/RS, Rel. Ministro Ribeiro Dantas, Quinta Turma, julgado em 23/02/2021, *DJe* 26/02/2021 – *"...Impossibilidade de se admitir a pronúncia de acusado com base em indícios derivados do inquérito policial. Precedentes..."*; AgRg no AREsp 1848729/MA, Rel. Ministro Olindo Menezes (Desembargador Convocado do TRF 1ª Região), Sexta Turma, julgado em 09/11/2021, *DJe* 16/11/2021 – *"...É ilegal a sentença de pronúncia com base exclusiva em provas produzidas no inquérito, sob pena de igualar em densidade a sentença que encera o* jus accusationis *à decisão de recebimento de denúncia..."*. E, no STF, a 2ª Turma tem reiterado esse posicionamento:

---

[125] STJ, HC 341.072/RS, Rel. Ministra Maria Thereza de Assis Moura, Sexta Turma, julgado em 19/04/2016, *DJe* 29/04/2016 – *"...não havendo qualquer confirmação em juízo, sob o crivo do contraditório, dos elementos colhidos no inquérito, **não há como admitir arrimar-se a pronúncia apenas e tão-somente naquela prova apurada na fase inquisitorial**. Precedente da Sexta Turma..."* (grifo nosso); REsp 1591768/RS, Rel. Ministro Rogerio Schietti Cruz, Sexta Turma, julgado em 01/03/2018, *DJe* 18/06/2018 – *"...**não se pode admitir, em um Estado Democrático de Direito, a pronúncia sem qualquer lastro probatório colhido sob o contraditório judicial, fundada exclusivamente em elementos informativos obtidos na fase inquisitorial**, mormente quando essa prova está isolada nos autos, como na hipótese, em que há apenas os depoimentos da vítima e de sua mãe, colhidos no inquérito e não confirmados em juízo..."* (grifo nosso); STF, ARE 1067392/CE, Relator Ministro Gilmar Mendes, Segunda Turma, por maioria, vencidos os Ministros Edson Fachin e Cármen Lúcia, julgamento em 26/03/2019 (ARE-1067392), veiculado no Informativo nº 935.

[126] STJ, HC 402.042/RS, Rel. Ministro Felix Fischer, Quinta Turma, julgado em 19/10/2017, *DJe* 30/10/2017 – *"...II – Esta Corte de Justiça firmou o entendimento de que **é possível admitir a pronúncia do acusado com base em indícios derivados do inquérito policial**, sem que isso represente afronta ao art. 155 do CP..."* (grifo nosso); AgRg no AREsp 422.032/MG, Rel. Ministro Jorge Mussi, Quinta Turma, julgado em 15/08/2017, *DJe* 23/08/2017 – *"...esta Corte Superior de Justiça já firmou entendimento no sentido de que **a decisão de pronúncia pode ser baseada em elementos colhidos na fase policial**, na medida em que tal manifestação judicial não encerra qualquer proposição condenatória, apenas considerando admissível a acusação, remetendo o caso à apreciação do Tribunal do Júri, único competente para julgar os crimes dolosos contra a vida..."* (grifo nosso).

HC 180144, Relator(a): Celso de Mello, Segunda Turma, julgado em 10/10/2020, Processo Eletrônico, *DJe* 22/10/2020 – *"...O sistema jurídico-constitucional brasileiro não admite nem tolera a possibilidade de prolação de decisão de pronúncia com apoio exclusivo em elementos de informação produzidos, única e unilateralmente, na fase de inquérito policial ou de procedimento de investigação criminal instaurado pelo Ministério Público, sob pena de frontal violação aos postulados fundamentais que asseguram a qualquer acusado o direito ao contraditório e à plenitude de defesa..."*.

Partindo dessa premissa, embora o STJ não proíba a exploração argumentativa do inquérito pela acusação no Plenário do Júri, caso se constate, pela análise do processo, que nada do apurado na fase investigatória foi confirmado em Juízo, **no mínimo anula-se o plenário, determinando-se novo julgamento, por ser o veredicto manifestamente contrário à prova dos autos** – REsp 1916733/MG, Rel. Ministro Ribeiro Dantas, Quinta Turma, julgado em 23/11/2021, *DJe* 29/11/2021: *"...5. Se o Tribunal não identificar nenhuma prova judicializada sobre determinado elemento essencial do crime, mas somente indícios oriundos do inquérito policial, há duas situações possíveis: ou o aresto é omisso, por deixar de analisar uma prova relevante, ou tal prova realmente não existe, o que viola o art. 155 do CPP. 6. No presente caso, conforme o levantamento do TJ/MG, as qualificadoras do art. 121, § 2º, I e IV, do CP se fundamentam apenas em um testemunho indireto (hearsay testimony), colhido no inquérito policial. Contrariedade ao art. 155 do CPP configurada..."* (grifo nosso).

Tal solução, todavia, não é a melhor, porque, na realidade, restando apenas o inquérito, cujos elementos não foram validados em Juízo, houve **error in judicando** na pronúncia, prolatada ao invés da impronúncia. Assim, o caminho é **despronunciar o acusado, anulando-se, por conseguinte, com fulcro no princípio da causalidade (art. 573, § 1º, do CPP), o veredicto condenatório já lançado**.

Assim já se colocaram a 5ª e a 6ª Turmas do STJ em casos similares ao presente, também de absoluta ausência probatória, mas porque coligida apenas provas auriculares ("ouvir dizer"), que, sem identificação da fonte, ficam no anonimato, em desacordo com o art. 5º, IV, da CRFB/88, despidas de concretude – HC 688.594/CE, Rel. Ministro Reynaldo Soares da Fonseca, Quinta Turma, julgado em 28/09/2021, *DJe* 04/10/2021; REsp 1649663/MG, Rel. Ministro Rogerio Schietti Cruz, Sexta Turma, julgado em 14/9/2021, *DJe* 21/9/2021 – *"...A solução mais acertada para o presente caso é **não apenas desconstituir o julgamento pelo Conselho de Sentença, como também anular o processo desde a decisão de pronúncia**, pois não há como submeter o recorrente ao Tribunal do Júri com base em depoimento de ouvir dizer, sem indicação da fonte e despronunciar o acusado"* (grifo nosso). Eventual apelo, em casos como o vertente, teria como fundamento o art. 593, III, *a*, do CPP – nulidade posterior à pronúncia –, porque, inválida esta, inidôneo é o próprio Plenário do Júri.

As inovações trazidas pela Lei nº 13.964/19 só reforçam essa jurisprudência, permitindo evoluir até a necessidade de desentranhamento dos autos do inquérito do processo, à exceção das provas cautelares, antecipadas e irrepetíveis, haja vista o art. 3º-C, §§ 3º e 4º do CPP, cuja inteligência independe da implantação, ou não, do juiz das garantias, por ter como foco a depuração do sistema acusatório, **evitando que pronunciamentos jurisdicionais tragam, no substrato decisório, elementos inquisitoriais**.

A alegada falta de previsão legal do desentranhamento dos autos do inquérito policial dos autos do processo, à exceção das provas cautelares, antecipadas e irrepetíveis, encontra-se **preenchida** pelo art. 3º-C, §§ 3º e 4º do CPP, cuja inteligência independe da implantação, ou não, do juiz das garantias, por ter como foco a depuração do sistema acusatório, **evitando que pronunciamentos jurisdicionais tragam, no substrato decisório, elementos inquisitoriais.**

Independentemente da inclusão, ou não, do Tribunal do Júri na sistemática do juízo das garantias, os §§ 3º e 4º do art. 3º-C do CPP a ele se aplicam, sob pena de, ao arrepio do art. 129, I, da CRFB/88 e do art. 3º-A, o procedimento do Júri permanecer híbrido, com consideráveis notas inquisitórias.

3.7. JUIZ DAS GARANTIAS E JUIZADO DA VIOLÊNCIA DOMÉSTICA E FAMILIAR CONTRA A MULHER

Ao excluir o Juizado da Violência Doméstica e Familiar contra a Mulher da sistemática inerente ao Juízo das Garantias, na liminar concedida na ADI nº 6298/DF, extensiva às ADIs nº 6299 e 6300, ponderou o Ministro Dias Toffoli que *"...a violência doméstica é um fenômeno dinâmico, caracterizado por uma linha temporal que inicia com a comunicação da agressão. Depois dessa comunicação, sucede-se, no decorrer do tempo, ou a minoração ou o agravamento do quadro.* **Uma cisão rígida entre as fases de investigação e de instrução/ julgamento impediria que o juiz conhecesse toda a dinâmica do contexto de agressão. Portanto, pela sua natureza, os casos de violência doméstica e familiar exigem disciplina processual penal específica, que traduza um procedimento mais dinâmico, apto a promover o pronto e efetivo amparo e proteção da vítima de violência doméstica..."* (grifo nosso).

A preocupação revelada na decisão mostra-se ausente nas comarcas nas quais houvesse mais de um Juizado da Violência Doméstica e Familiar contra a Mulher, considerado o sistema de tabelamento cruzado – um seria o juiz das garantias do outro. Nos demais casos, todavia, o Juizado da Violência Doméstica e Familiar contra a Mulher (JVDFM) ficaria encarregado do *judicium causae*, afinal, por lei, a competência para examinar o mérito é sua, enquanto ao tabelar competiria toda a fase pré-processual até o recebimento da denúncia ou queixa, na forma do art. 399 do CPP. O estágio mais sensível da persecução penal, pertinente à imposição, ou não, das medidas protetivas de urgência, ficaria confiado a um Juízo diverso do JVDFM ou de diferente competência territorial, em casos de comarca com Vara única, dificultando a interlocução com os demais órgãos de repressão estatal – polícia e Ministério Público.

Ante a vedação à proteção insuficiente, em sede de direitos fundamentais; aos compromissos internacionais assumidos pelo Brasil no tangente à repressão à violência doméstica e familiar contra a mulher; e ao princípio da especialidade, considerado o art. 4º da Lei nº 11.340/06, segundo o qual *na interpretação desta Lei,* **serão considerados os fins sociais a que ela se destina e, especialmente, as condições peculiares das mulheres em situação de violência doméstica e familiar** (grifo nosso), razões constitucionais, convencionais e legais endossariam, sim, a exclusão do JVDFM da sistemática do juiz das garantias – o bônus seria inferior ao ônus.

Apesar da relevância dos argumentos, não nos convence.

Sobressai, de antemão, o **princípio do devido processo legal** (art. 5º, LIV, da CRFB/88). Se o art. 3º-C, cabeça, do CPP preconiza que a *competência do juiz das garantias abrande* ***todas*** *as infrações penais,* ***exceto*** *as de menor potencial ofensivo*, compreendido está o JVDFM, ainda mais por ser órgão integrante da Justiça Comum (art. 14 da Lei nº 11.340/06), sujeito às normas do CPP (art. 13 da Lei nº 11.340/06). Não se diga ter havido omissão involuntária do legislador, pois, quando a Lei nº 13.964/19 quis aludir à violência doméstica e familiar, fê-lo expressamente, como no art. 28-A, § 2º, IV, ao excluí-la das hipóteses de acordo de não persecução penal. Extirpar o JDVFM da sistemática do juiz das garantias importa legislar, contemplando exceção não prevista em lei, em detrimento do art. 2º da CRFB/88.

O mesmo juízo, independentemente de ter, ou não, competência genuína própria do JVDFM, teria, à sua disposição, toda a rede de proteção delineada na Lei nº 11.340/06 para aplicá-la em prol da vítima, sem contar que os órgãos intervenientes do Ministério Público e da Polícia persistiriam sendo os de atribuição própria à violência doméstica e familiar contra a mulher. Como a jurisdição é una e indivisível, norteada pelos mesmos deveres e revestida dos mesmos poderes, descabe dizer que os pleitos de medidas protetivas seriam mais bem analisados pelo juiz naturalmente competente para as causas dessa natureza do que pelo tabelar, afinal, **o compromisso com a excelência, eficiência e imparcialidade é permanente, e a nenhum magistrado é dado escolher o que julgar.** O eventual distanciamento físico, por outro lado, é encurtado pelo processo eletrônico e por *n* meios de comunicação dessa espécie ora disponíveis, a permitir interlocução em tempo real.

Diferentemente do alegado pelo Ministro Dias Toffoli, **tampouco haveria descontinuidade na tutela dispensada à vítima mulher**, pois **o mesmo juiz incumbido das medidas protetivas persistiria competente até a fase do art. 399 do CPP**, apenas declinando da competência após o *judicium accusationis* positivo.

Em derradeiro, mas não menos importante, **inexiste ponderação legítima que coloque a imparcialidade do julgamento abaixo de qualquer outro princípio processual penal**. Se **parcial** a apreciação do mérito, todas as demais garantias constitucionais e convencionais processuais, tornam-se mera **caricatura**. Como a Lei nº 11.340/06 trouxe um sistema de administração da Justiça inteiramente focado na vítima, a preocupação com a imparcialidade do julgamento é maior. O contato com a vítima e seus dramas familiares ou domésticos, a percepção da sua vulnerabilidade, tendem a trazer, inconscientemente, o juiz para o seu lado, até por um misto de compaixão e solidariedade. O risco de serem construídos preconceitos e prejulgamentos justifica destacar magistrado diverso apenas para o julgamento, tornando mandatória a inserção do juiz das garantias. O JVDFM naturalmente prioriza a ofendida, logo, o juiz das garantias surge como importante, e necessário, ponto de equilíbrio.

Ainda que a presente ótica não prevaleça, **os §§ 3º e 4º do art. 3º-C do CPP aplicam-se ao JVDFM, sob pena de, ao arrepio do art. 129, I, da CRFB/88 e do art. 3º-A, o procedimento próprio à violência doméstica e familiar contra a mulher permanecer híbrido, recheado de notas inquisitórias.**

3.8. JUIZ DAS GARANTIAS E JUSTIÇA ELEITORAL

O Ministro Dias Toffoli igualmente entendeu pela inaplicabilidade do juiz das garantias à Justiça Eleitoral, consignando, na liminar deferida nas ADIs 6298, 6299 e 6300, que a última "*...não dispõe de quadro próprio de magistrados, sendo composta por membros oriundos de outros ramos da Justiça, situação que poderá dificultar a aplicação do juiz de garantias. Com efeito, é possível que um magistrado que atue como juiz das garantias em uma investigação de competência estadual fique impedido, em seguida, de atuar no processo criminal, caso se entenda que há crime eleitoral no fato investigado*, causando embaraços ao regular andamento do processo, em prejuízo dos princípios da celeridade e *da preclusão, que regem o processo eleitoral..."* (grifo nosso). Arrematou, dizendo que *"a aplicação do juiz das garantias ao Processo Eleitoral é tema que merece maior reflexão e, conforme o caso, regulamentação específica, fator que recomenda, em juízo liminar, a exclusão dos processos criminais de competência da Justiça Eleitoral do âmbito de incidência do juiz de garantias"* (grifo nosso).

Apesar de válidas e pragmáticas, as ponderações do Ministro Dias Toffoli não bastam ao descarte do juiz das garantias da Justiça Eleitoral, porque **dificuldades relacionadas à administração judiciária não determinam a constitucionalidade de determinado preceito legal, nem tampouco fixam o seu alcance**. À administração, inclusive judiciária, compete **executar** o previsto em lei, preparando-se, se necessário for, para tanto. Sem isso, preceitos legais teriam aplicabilidade casuística e seletiva, em desconformidade com a **isonomia** e com as exigências de um Estado **Democrático** de Direito.

Considerada a natureza **especial** da Justiça Eleitoral, poder-se-ia invocar o **princípio da especialidade** como forma de blindá-la do juiz das garantias. Mas tal argumentação igualmente seria frágil à luz do devido processo legal (art. 5º, LIV, da CRFB/88). O art. 3º-C, cabeça, do CPP disse ser o juiz das garantias aplicável a **todas** as *infrações penais*. Se ressalvou, somente, as de menor potencial ofensivo, inerentes ao Juizado Especial Criminal, abarca, *a contrario sensu*, os crimes eleitorais. Excepcioná-las significa diferençar onde a lei tampouco o fez, legislando.

Como se não bastasse, o art. 364 do Código Eleitoral (Lei nº 4.737, de 15 de julho de 1965) preconiza que *no processo e julgamento dos crimes eleitorais e dos comuns que lhes forem conexos, assim como nos recursos e na execução, que lhes digam respeito, aplicar--se-á, como lei* **subsidiária** *ou* **supletiva**, *o Código de Processo Penal*. Diante da ausência de vedação expressa ao juiz das garantias no processo-crime eleitoral, a sua inserção decorreria da incidência **supletiva** do CPP.

Malgrado o Ministro Dias Toffoli tenha, na liminar, sugerido uma ponderação entre princípios, rememorando a celeridade e a preclusão, **a imparcialidade do juiz tem natural e inescapável preponderância**, sem a qual todas as demais garantias constitucionais processuais perdem a sua função, transfigurando-se em um corpo sem alma. E o processo penal nada mais seria do que um instrumento legitimador de uma farsa.

O impacto no funcionamento e na operacionalidade da Justiça Eleitoral, caso inserido o juiz das garantias, foi, ainda, superdimensionado, pois a esmagadora maioria dos crimes eleitorais comporta transação penal, o recém-acordo de não persecução penal e/ou suspensão condicional do processo[127]. Os dois primeiros seriam, inclusive, homologados pelo próprio juiz das garantias, porque anteriores à fase do art. 399 do CPP. O último, embora já da competência do juiz da instrução e do julgamento[128], não traria transtornos maiores, bastando designar audiência especial para tal fim.

---

[127] STJ, CC 37.595/SC, Rel. Ministro Gilson Dipp, Terceira Seção, julgado em 09/04/2003, DJ 23/06/2003, p. 238 – *"...I. A criação dos Juizados Especiais Criminais não afasta a competência da Justiça Eleitoral para processar e julgar os crimes elencados no Código Eleitoral e nas demais leis, in casu, Lei nº 9.504/97, por se tratar de competência em razão da natureza da infração. II.* **Aplica-se, todavia, no que cabível, os institutos preconizados na Lei nº 9.099/95...***"* (grifo nosso).

[128] Vejam o capítulo reservado às competências do juiz das garantias, notadamente os comentários concernentes ao inciso XVII do art. 3º-B do CP.

A implantação de um sistema de tabelamento cruzado entre os juízes das diferentes Juntas Eleitorais, um funcionado como magistrado de garantias do outro, é uma das alternativas, sem custos ou complexidade maior. Se atrelados a diferentes circunscrições judiciárias, o processo e as comunicações eletrônicas supririam as eventuais ausências físicas.

Reitere-se o alerta: mesmo que o nosso ponto de vista não prepondere, **os §§ 3º e 4º do art. 3º-C do CPP englobam a Justiça Eleitoral, sob pena de, em desconformidade com o art. 129, I, da CRFB/88 e art. 3º-A do CPP o processo-crime eleitoral persistir misto, com visível carga inquisitória.**

3.9. JUIZ DAS GARANTIAS E JUSTIÇA MILITAR DA UNIÃO E AUDITORIAS MILITARES ESTADUAIS

Embora a liminar concedida pelo Ministro Dias Toffoli não tenha se referido à Justiça Castrense, os argumentos invocados para excluir o juiz das garantias da Justiça Eleitoral e dos feitos de competência originária dos Tribunais alcançam-na.

À semelhança do último, a colegialidade ínsita à Justiça Militar reforça a imparcialidade do julgamento, pois dilui o *judicium causae* entre os componentes do colegiado, haja vista a natureza plúrima da prestação jurisdicional[129]. Nos processos da competência monocrática do juiz auditor (*v.g.*, art. 125, § 5º, 1ª parte, da CRFB/88), a cisão horizontal da competência poderia retardar a marcha processual e a resolução definitiva do mérito, considerada a estrutura mais enxuta da Justiça Militar, sem capilaridade avantajada, incorrendo em embaraços similares aos que seriam fatalmente enfrentados no âmbito da Justiça Eleitoral. Avultaria, ainda, o princípio da especialidade.

Sem embargo, e assim o fazemos para evitar repetições argumentativas, as ponderações favoráveis à implantação do juiz das garantias nos processos de competência originária dos Tribunais e na Justiça Eleitoral replicam-se aqui, haja vista a identidade de razões – *v.g.* nos julgamentos colegiais, no âmbito da Justiça Castrense, é irrefutável a proeminência do juiz auditor militar sobre os seus pares, tal qual é do relator nas Câmaras ou Turmas. Mas, de todo modo, se vencidas essas considerações, repete-se: **os §§ 3º e 4º do art. 3º-C do CPP alcançam a Justiça Militar, sob pena de, em desconformidade com o art. 129, I, da CRFB/88 e art. 3º-A do CPP, o process castrense persistir híbrido, com visível carga inquisitória. Mais do que subsidiário, o CPP seria aplicável supletivamente (art. 3º, a, do CPPM), mesmo porque só reforçaria a jurisdicionalização do processo, não trazendo substrato fático inquisitorial à vindoura sentença, potencializando a imparcialidade do julgamento.**

3.10. JUIZ DAS GARANTIAS E JUIZADO ESPECIAL CRIMINAL

As infrações de menor potencial ofensivo, justamente em razão da diminuta lesividade, não exigem intensa atuação cautelar do juiz ao longo da investigação, mesmo porque restrita, em regra, ao termo circunstanciado. E a maioria das persecuções é encerrada

---

[129] No capítulo reservado à constitucionalidade do juiz das garantias, examinamos o tema quando analisamos a sua aplicabilidade aos feitos de competência originária dos Tribunais.

consensualmente, via composição civil ou transação penal (arts. 74 e 76 da Lei nº 9.099/95, respectivamente). Por conseguinte, não se expõe a um quadro de dissonância cognitiva apto a justificar a cisão horizontal da competência e o ingresso de novo magistrado para a instrução e julgamento. Andou bem, assim, o legislador ao excluir do Juizado Especial Criminal, no art. 3º-C, cabeça, do CPP, o juiz das garantias.

3.11. JUIZ DAS GARANTIAS E PRONUNCIAMENTO DO JUÍZO *AD QUEM* INCIDENTAL À INVESTIGAÇÃO

Presente a regra do art. 3º-D, cabeça, do CPP, as impugnações conhecidas e enfrentadas pelas instâncias superiores, atinentes a atos incidentais à investigação penal, tornariam os Desembargadores e Ministros participantes do julgamento impedidos de apreciar as apelações e demais recursos interpostos contra a vindoura sentença de mérito, sob o pretexto de haverem tido contato com a investigação?

Impõe-se a resposta negativa.

O impedimento aludido no art. 3º-D, *caput*, do CPP compreende os atos de intervenção **direta** na investigação, de competência **originária** do juiz das garantias, a ponto de reportar-se, até imprecisamente, aos arts. 4º e 5º do CPP. A intervenção do Tribunal, nesses casos, dá-se, contudo, como órgão **revisor**. E, como é cediço, as causas de impedimento merecem interpretação **restritiva**.

O contato do Tribunal, enquanto órgão revisor, com a investigação penal dá-se, em geral, por meio de HCs objetivando extingui-la ("trancá-la"). O risco de desenvolver prejulgamentos, contaminando a imparcialidade, é ainda menor, afinal, a cognição é estreita, sem dilações probatórias nem reexames fáticos.

A exposição **indireta** à investigação não reclama a incidência do art. 3º-D, *caput*, do CPP, sob pena de **fragilizar a garantia do juiz natural e a própria inamovibilidade judicial**, afinal, quando do julgamento da apelação interposta contra a sentença, a Câmara Criminal preventa haveria de ser **reconfigurada**, convocando desembargadores no lugar do impedidos, segundo as regras regimentais de substituição, para apreciar recurso único, replicando-se o fenômeno nas instâncias seguintes às quais a irresignação igualmente foi veiculada e apreciada – STJ, STF. Não nos parece que o juiz, no exercício de competência estritamente revisora, ostente grau de envolvimento mental idêntico ao colega responsável, original e diretamente, pelo controle da legalidade da investigação, a justificar tamanho imbróglio processual.

4

DAS VARAS COLEGIADAS, NOS MOLDES DO ART. 1º-A DA LEI Nº 12.694/12 – COMENTÁRIOS AO ART. 13 DA LEI Nº 13.964/19

Como o estudo sobre as Varas Colegiadas também envolve competência, à semelhança do juiz das garantias, por uniformidade temática entendemos por bem examiná-lo na sequência, evitando rupturas de raciocínio.

4.1. CONCEITO DE ORGANIZAÇÃO CRIMINOSA PARA FINS DE INCIDÊNCIA DA LEI Nº 12.694/12

A Lei nº 12.694, de 24 de julho de 2012, se interpretada textualmente, contempla 2 (duas) espécies de julgamento colegiado: **uma**, voltada para *crimes praticados por organizações criminosas* (art. 1º, *caput*) e **outra**, introduzida pela Lei nº 13.964/19, dirigida aos delitos atrelados a *organizações criminosas armadas ou que tenham armas à disposição*, aos de **constituição de milícia privada** (art. 288-A do CP) e a todas as **infrações penais** (crimes ou contravenções) conexas a esses (art. 1º-A, incisos I a III). Ilustrando: se o crime de organização criminosa não envolver armas, será julgado, bem como os conexos, na forma do art. 1º da Lei nº 12.694/12, mas, se armada a organização, o processo e julgamento dar-se-ão segundo o art. 1º-A.

Questão **prévia** diz respeito ao âmbito de incidência da Lei nº 12.694/12, presentes os artigos 1º e 1º-A, **I (incluídas as infrações penais conexas, na forma do inciso III)**, porquanto o art. 2º trouxe conceito próprio de organização criminosa, *para os efeitos desta lei*, **distinto** do verificado no art. 1º, § 1º da Lei nº 12.850/13.

Com efeito, para fins de incidência da Lei nº 12.694/12, diz o art. 2º que *"considera-se organização criminosa a associação, de **3 (três) ou mais pessoas**, estruturalmente ordenada e caracterizada pela divisão de tarefas, ainda que informalmente, com objetivo de obter, direta ou indiretamente, vantagem de qualquer natureza, mediante a prática de **crimes** cuja **pena máxima seja igual ou superior a 4 (quatro) anos** ou que sejam de* *caráter transnacional"* (grifo nosso). Já o art. 1º, § 1º da Lei nº 12.850/13, para fins, inclusive, de tipificação penal, presente o crime descrito no art. 2º, anuncia que *"considera-se organização criminosa **a associação de 4 (quatro) ou mais pessoas** estruturalmente ordenada e caracterizada pela divisão de tarefas, ainda que informalmente, com objetivo de obter, direta ou indiretamente, vantagem de qualquer natureza, mediante a prática de **infrações penais** cujas **penas máximas sejam superiores a 4 (quatro) anos**, ou que sejam de caráter transnacional"* (grifo nosso). Em negrito e sublinhando, destacamos as diferenças entre os conceitos: para fins de aplicação do procedimento previsto na Lei nº 12.694/12, bastam **3 (três)** ou mais pessoas, voltadas para crimes com pena máxima **igual** ou superior a 4 (quatro) anos, enquanto, para fins de tipificação do **delito** de organização criminosa, o grupo há de ser de **4 (quatro)**, no mínimo, direcionados para injustos cujo teto **ultrapasse** 4 (quatro) anos, não bastando igualar – a referência à *infração penal*, gênero, inclui as contravenções penais, mas tal constatação é irrelevante, porque nenhuma ostenta teto penal superior a 4 (quatro) anos.

Textualmente, haveria, então, **2 (duas)** definições de crime organizado: uma, para determinar o juiz natural e o formato do julgamento (art. 2º da Lei nº 12.694/12), e outra para capitular o delito previsto no art. 2º da Lei nº 12.850/13 (art. 1º, § 1º), ambas subsistentes, em deferência ao princípio da especialidade, conforme admite parte da doutrina[1].

Causa espécie, contudo, a dualidade de conceitos sobre o mesmo objeto – organização criminosa. E, pior: ao arrepio da lógica acionar-se-ia a Lei nº 12.694/12 e o seu formato de julgamento absolutamente extravagante para processar e julgar crimes relacionados a *organizações criminosas* que, à luz da norma penal incriminadora respectiva, seriam **atípicas**, afinal, a definição contida na Lei nº 12.850/13 é mais **restritiva**. Incongruência jurídica maior, impossível.

Invocando-se o princípio da anterioridade – *lex posteriori derogat anteriori* –, conclui-se que **o conceito de organização criminosa dado pelo art. 1º, § 1º da Lei nº 12.850/13 serve não só para tipificá-la, mas para determinar a incidência, ou não, da Lei nº 12.694/12**, revogando, tacitamente, o art. 2º desse último diploma legal[2].

O descompasso entre a definição de organização criminosa encontrada no art. 1º, § 1º da Lei nº 12.850/13 e a fornecida pela Convenção das Nações Unidas contra o Crime Organizado Transnacional (Convenção de Palermo), internalizada pelo Decreto nº 5015, de 12 de março de 2004, é indiferente. Com efeito, segundo a Convenção de Palermo, art. 2º, "a" e "b", *"grupo criminoso organizado"* seria o *"estruturado de **três ou mais pessoas**, existente há algum tempo e atuando concertadamente com o propósito de cometer uma ou mais infrações graves ou enunciadas na presente Convenção, com a intenção de obter, direta ou indiretamente, um benefício econômico ou outro benefício material*, entendendo-se como infrações graves as puníveis *com uma pena de privação de liberdade, **cujo máximo não seja inferior a quatro anos ou com pena superior**"* (grifo nosso). A Lei nº 12.694/12, no

---

[1] MOREIRA, Rômulo de Andrade. A nova lei de organização criminosa – Lei nº 12.850/2013. Disponível em: https://revistas.unifacs.br/index.php/redu/article/view/2799/2039. Acesso em: 20 jan. 2020.

[2] Nesse sentido, entre outros, BITENCOURT, Cezar Roberto. *Tratado de Direito Penal – parte especial*. 10. ed. São Paulo: Saraiva, 2016, p. 459-462. v. 4; GOMES, Luiz Flávio. *Organização Criminosa*: Um ou dois conceitos? Disponível em: <https://lfg.jusbrasil.com.br/noticias/100689747/artigo-prof-luiz-flavio-gomes-organizacao-criminosa-um-ou-dois-conceitos>. Acesso em: 20 jan. 2020; OLIVEIRA, Eugênio Pacelli de. *Curso de Processo Penal*. 19. ed. São Paulo: Atlas, 2015, p. 830.

art. 2º, foi fiel à Convenção, enquanto a Lei nº 12.850/13 dela se distanciou, apresentando conceito mais restritivo. Ainda assim, tal não é impeditivo à unificação do significado de organização criminosa, elegendo-se como parâmetro o delineado por esse último diploma legal. Como a Convenção de Palermo não versa sobre direitos humanos, ao ser introduzida no ordenamento pátrio, via decreto, possui *status* de lei ordinária, definindo-se a primazia, nos casos de antinomia, pelo princípio da anterioridade[3]. Assim, a Lei nº 12.850, de **2013**, sobrepõe-se à Convenção, inserida na ordem normativa em **2004**.

A Lei nº 13.964/19 fortalece esse entendimento na medida em que, no art. 1º-A, I da Lei nº 12.694/12, alude aos *crimes de pertinência a organizações criminosas* **armadas ou que** **tenham armas à disposição**, em claríssima referência à causa de aumento de pena prevista no § 2º do art. 2º da Lei nº 12.850/13, demonstrando pautar-se no conceito de organização criminosa nela encartado.

A controvérsia ora apresentada é **neutra** em relação ao art. 1º-A, II, da Lei nº 12.694/12, cuja incidência atrela-se à constituição de milícia privada (art. 288-A do CP).

4.2. DA (IN)CONSTITUCIONALIDADE DO ART. 1º DA LEI Nº 12.694/12

Dispõe o art. 5º, XXXVII, da CRFB/88 que *não haverá juízo ou tribunal de exceção*, ou seja, não é possível constituir um juízo ou um tribunal para processar e julgar apenas um caso concreto, presente(s) pessoa(s) determinada(s), dissolvendo-o em seguida. Inegavelmente não haveria como garantir a **imparcialidade do julgamento**, *ratio* do citado preceito constitucional.

Os princípios do juiz natural e da vedação a juízos de exceção, embora busquem preservar a imparcialidade da atuação judicial, são inconfundíveis: o primeiro envolve órgãos jurisdicionais abstrata e previamente constituídos por lei, submetidos a uma repartição de competência, que aponta qual será o natural à apreciação de cada demanda; o segundo reporta-se a juízos ou tribunais simplesmente inexistentes, que seriam criados exclusivamente para apreciar **uma** demanda e julgar especificamente **um ou mais réus**, traduzindo, grosso modo, um "julgamento de encomenda", e, exatamente por isso, inadmissível.

O Pleno do Supremo Tribunal Federal debruçou-se sobre o tema na Ação Direta de Inconstitucionalidade (ADI) nº 4414/AL, julgada nos dias 30 e 31 de maio de 2012, relatada pelo Min. Luiz Fux, conforme noticiado no informativo nº 668.

A vertente ADI foi ajuizada contra a Lei alagoana nº 6.806/07 que, em apertada síntese, criou a 17ª Vara Criminal da Capital – Maceió – sob o formato de um colegiado, integrado por 05 (cinco) juízes de direito, competente para processar e julgar crimes relacionados às organizações criminosas, modelo este **acertadamente** avaliado pelo STF, porquanto os Estados têm autonomia quando da estruturação do aparato judiciário, *ex vi* do art. 125, § 1º, da CRFB/88, consectário lógico do pacto federativo; e não há qualquer

---

[3] STF, ARE 766618, Pleno, Rel. Ministro Roberto Barroso, julgado em 25/05/2017. Por oportuno, mesmo porque autoexplicativo, convém registrar o seguinte trecho da ementa: *"...1. Salvo quando versem sobre direitos humanos,* **os tratados e convenções internacionais ingressam no direito brasileiro com status equivalente ao de lei ordinária***. Em princípio, portanto,* **as antinomias entre normas domésticas e convencionais resolvem-se pelos tradicionais critérios da cronologia e da especialidade..."* (grifo nosso).

óbice constitucional ao implemento de colegiados em primeira instância, ao contrário, bastando pensar, *v.g.*, no Conselho de Sentença do Júri e na Justiça Militar.

Ocorre que o art. 7º dispunha que *"podem ser delegados a qualquer outro juízo os atos de instrução ou execução sempre que isso não importe prejuízo ao sigilo, à celeridade ou à eficácia das diligências"* (grifo nosso), ao passo que o art. 12 preceituava que *"qualquer juiz poderá solicitar, nos casos em que esteja sendo* **ameaçado** *no desempenho de suas atividades jurisdicionais,* **o apoio da 17ª Vara Criminal da Capital***, cujos membros* **assinarão, em conjunto com aquele,** *os* **atos processuais que possuam relação com a ameaça"** (grifo nosso).

Ora, delegar atos instrutórios ou executórios a **qualquer** juízo, **mesmo sendo competente territorialmente e funcionalmente para implementá-los**, malgrado não ofender a vedação aos julgamentos de exceção, porquanto a delegação seria para órgãos jurisdicionais pré-existentes, viola frontalmente a garantia do **juiz natural**. E outro não foi o entendimento unânime do Pleno do STF: *"...13. O princípio do Juiz natural (art. 5º, XXXVII e LIII, CRFB) é incompatível com disposição que permita a delegação de atos de instrução ou execução a outro juízo,* **sem justificativa calcada na competência territorial ou funcional dos órgãos envolvidos***, ante a proibição dos poderes de comissão (possibilidade de criação de órgão jurisdicional ex post facto) e de avocação (possibilidade de modificação da competência por critérios discricionários), sendo certo que a cisão funcional de competência não se insere na esfera legislativa dos Estados-membros (art. 22, I, CRFB) (FERRAJOLI, Luigi. Direito e Razão: teoria do garantismo penal. 2ª ed. São Paulo: RT, 2006. p. 544; SCHWAB, Karl Heinz. Divisão de funções e o juiz natural. Revista de Processo, vol 12 n 48 p 124 a 131 out/dez 1987)..."* – grifo nosso.

A perplexidade gerada pelo art. 12 foi ainda maior, porquanto permitia que um órgão jurisdicional, **originariamente monocrático por lei**, se convolasse em um **colegiado**, por iniciativa do juiz titular ou em exercício, sempre que sofresse ameaças em determinado processo, de maneira que as decisões incidentais a este feito passariam a ser tomadas pelo próprio, **em conjunto** com o colegiado da 17ª Vara Criminal. Em suma: **por ato discricionário do juiz natural, despido de quaisquer balizas objetivas, o órgão jurisdicional, prévia e abstratamente fixado por lei como monocrático, se converteria em um colegiado para tomar decisões exclusivamente referentes ao processo de onde provieram as ameaças, retomando, em seguida, o formato originário, singular.** Ora, além de se desfigurar, também aqui, o juiz natural, porquanto se migraria, com lastro em avaliação exclusivamente subjetiva do juiz titular ou em exercício, da composição monocrática originariamente concebida em lei para um colegiado, **este seria formado para tomar decisões pontuais, concernentes a um feito específico, dando azo não apenas a um julgamento de exceção, mas a provimentos de exceção, ao arrepio, também, do art. 5º, XXXVII, da CRFB/88.**

Felizmente outra não foi a conclusão **unânime** do Pleno do STF, *in verbis*: "*...14. A* ***criação, no curso do processo, de órgão julgador composto pelo magistrado que se julga ameaçado no exercício de suas funções e pelos demais integrantes da Vara especializada em crime organizado é inconstitucional, por afronta aos incisos LIII e XXXVII do artigo 5º da Carta Magna****, que vedam, conforme mencionado alhures, o poder de comissão, é dizer,* ***a criação de órgão jurisdicional ex post facto****, havendo, ainda, vício formal, por se tratar de matéria processual, de competência da União (art. 22, I, CRFB)...*" – grifo nosso.

Conforme muito bem colocado pelo relator no voto condutor: "...*Pelos mesmos motivos não se pode aceitar que o juiz responsável pelo feito, sob a frágil alegação de estar sofrendo ameaças, instaure um verdadeiro Tribunal de Exceção, convocando outros magistrados para julgarem consigo*. Operar-se-ia clara mudança na análise do acervo probatório, *transformando um órgão singular em um colegiado por simples ato discricionário do juiz*. Isso sem contar *a posição de desvantagem do acusado, agora submetido ao crivo daqueles que vieram para acolher o julgador que se sentia amedrontado para apreciar a causa, em virtude de ameaças que supostamente partiam do réu. Haveria uma animosidade tamanha contra o acusado que comprometeria a imparcialidade dos julgadores...*" (grifo nosso).

Lamentavelmente, **menos de 02 (dois) meses depois do julgado** foi promulgada, em 24 de julho de 2012, a **Lei nº 12.694**, ora em comento, que, ao reger o processo e julgamento dos crimes relacionados às organizações criminosas, **simplesmente reeditou o mesmo modelo da Lei alagoana nº 6.806/07**, preceituando, no *caput* do art. 1º, que *"em processos ou procedimentos que tenham por* **objeto crimes praticados por organizações criminosas, o juiz poderá decidir pela formação de colegiado para a prática de qualquer ato processual**, especialmente: I – decretação de prisão ou de medidas assecuratórias; II – concessão de liberdade provisória ou revogação de prisão; III – sentença; IV – progressão ou regressão de regime de cumprimento de pena; V – concessão de liberdade condicional; VI – transferência de preso para estabelecimento prisional de segurança máxima; e VII – inclusão do preso no regime disciplinar diferenciado"* – grifo nosso. Nos termos do § 1º, **e tal qual a lei alagoana**, *"o juiz* **poderá** *instaurar o colegiado, indicando os motivos e as circunstâncias que acarretam* **risco à sua integridade física** *em decisão fundamentada, da qual será dado conhecimento ao órgão correcional"* – grifo nosso –, esclarecendo o § 3º que *"a competência do colegiado* **limita-se ao ato para o qual foi convocado"** – grifo nosso.

Apesar de o § 2º do art. 1º assinalar que *"o colegiado será formado pelo juiz do processo e por 02 (dois) outros juízes* **escolhidos por sorteio eletrônico** *dentre aqueles de competência criminal em exercício no primeiro grau de jurisdição"* (grifo nosso), particularidade que, para alguns autores, seria suficiente para tornar constitucional este modelo de julgamento[4], isso não é suficiente para contornar, ou mesmo camuflar, a **ofensa às garantias do juiz natural e da proibição aos juízos de exceção**, porquanto igualmente aqui **o órgão, por mera discricionariedade do juiz titular ou em exercício, transmudar-se-ia de um formato singular prévia e abstratamente estipulado por lei para um colegiado, constituído não apenas para UM processo ESPECÍFICO, mas para tomar UMA OU MAIS DECISÕES PONTUAIS, retornando, ato contínuo, à forma monocrática originária, dando azo não só a um juízo de exceção, mas permitindo a prolação de** *decisões de exceção*.

O festival de horror prossegue no § 6º do art. 1º ao anunciar que *"as decisões do colegiado, devidamente fundamentadas e firmadas, sem exceção, por todos os seus integrantes, serão publicadas* **sem qualquer referência a voto divergente de qualquer membro"** (grifo nosso), distorcendo completamente a **publicidade e a transparência que devem nortear o processo penal, especialmente os provimentos jurisdicionais** (art. 5º, LX e art. 93, IX da CRFB/88), além de **cercear o contraditório e a ampla defesa** (art. 5º, LV, da

---

[4] OLIVEIRA, Eugênio Pacelli de. Ob. cit., p. 831; LIMA, Renato Brasileiro de. *Legislação Criminal Especial Comentada*. 3. ed. Salvador: JusPodivm, 2015, p. 638-639; RANGEL, Paulo. *Direito Processual Penal*. 27. ed. São Paulo: Atlas, 2019, p. 488.

CRFB/88), impedindo o defensor de explorar as razões do voto divergente como reforço argumentativo à sua pretensão veiculada em recurso (*v.g.* apelação) ou ação constitucional impugnativa autônoma (*v.g.* habeas corpus)[5].

O presente modelo em nada reforça a garantia do juiz natural, a equidistância e a independência judiciais. Ao contrário. Curiosamente, o acionamento dá-se só para decisões **sensíveis**, com impacto frontal no *status libertatis* do acusado, além da própria sentença (art. 1º, *caput*). E, se o móvel para engatilhar o colegiado é o **risco concreto à integridade física do juiz** (art. 1º, § 1º), é porque o vindouro dispositivo será **contrário ao réu**, afinal, se benéfico, o magistrado nada teria a temer, tomando, sozinho, a decisão. Em suma: **o provimento jurisdicional está pronto**, mas o juiz natural não tem, sem meias palavras nem rodeios, "coragem" para bancá-lo sozinho, convocando outros dois colegas para **diluir** a responsabilidade, buscando dar uma **aparência** de legitimidade maior à decisão, afinal, será assinada por **3 (três)** juízes. Ora, se, em qualquer julgamento genuinamente colegiado, o voto do relator possui estatura diferenciada, em razão da maior intimidade com o processo, o que dizer nos moldes contemplados no art. 1º da Lei nº 12.694/12, no qual os outros dois juízes caem, literalmente, de paraquedas no processo? Acompanhá--lo será, sempre, o caminho natural, inclusive em razão da aura já criada no processo, inteiramente refratária ao réu, porquanto lá só estão esses 2 (dois) magistrados porque o colega estaria sob ameaça, segundo alega o próprio! Diante de tal ambiente, tudo que NÃO HÁ é imparcialidade, há muito perdida[6].

Afortunadamente o Pleno do STF já reconheceu a inconstitucionalidade deste modelo de julgamento à unanimidade, logo, a não ser que a Corte Constitucional dê uma guinada de 180º (cento e oitenta graus) no trato da matéria, o art. 1º da Lei 12.694/12 está fadado à **inconstitucionalidade** por ofensa não só ao inciso LIII, mas também XXXVII do art. 5º da CRFB/88[7].

A Lei nº 13.964/19 endossa as críticas veiculadas neste trabalho, atenta à jurisprudência do STF. Isso porque, se entendesse virtuoso e constitucional o modelo idealizado no art. 1º da Lei nº 12.694/12, bastaria ter ampliado o seu espectro para compreender, também, o processo e o julgamento do crime previsto no art. 288-A do CP – a referência primeva às organizações criminosas já englobaria as armadas. Em vez disso, todavia, **criou modelo próprio, no qual o juízo é GENUINAMENTE colegiado para TODO o processo**, ou seja, decotou do modelo estampado no art. 1º da Lei nº 12.694/12 todos os vícios de inconstitucionalidade apontados acima.

4.3. DA CONSTITUCIONALIDADE DO ART. 1º-A DA LEI Nº 12.694/12

O legislador andou bem ao preconizar, no *caput* do art. 1º-A da Lei nº 12.694/12, que "*os Tribunais de Justiça e os Tribunais Regionais Federais* **poderão** *instalar, nas comarcas sedes de Circunscrição ou Seção Judiciária,* **mediante resolução**, *Varas Criminais Cole-*

---

[5] RANGEL, Paulo. *Direito Processual Penal*. 27. ed. São Paulo: Atlas, 2019, p. 489-490.
[6] Aury Lopes Jr. compartilha da mesma preocupação, mas não chega a reputar inconstitucional esse modelo, reservado *"para situações realmente graves"* (*Direito Processual Penal*. 11. ed. São Paulo: Saraiva, 2014, p. 482-483).
[7] Na mesma linha, NICOLITT, André. *Manual de Processo Penal*. 7. ed. Belo Horizonte: D'Plácido, 2018, p. 458-460.

giadas". O tom **facultativo** preserva o pacto federativo e a consequente autonomia dos Estados na organização das suas Justiças – art. 125, *caput* e § 1º da CRFB/88. E respeita a autonomia administrativa do Poder Judiciário, presente o art. 96, I, "a" e "d", da CRFB/88. Observou-se modelo idêntico ao da Lei nº 11.340/06, art. 14, cuja constitucionalidade já foi avalizada pelo Supremo Tribunal Federal[8]. Sem embargo, a criação de novos órgãos jurisdicionais há de ser feita por **lei** *stricto sensu*, conforme exige o art. 96, II, "b" e "d", da CRFB/88, ao aludir, expressamente, ao encaminhamento de proposta ao Poder **Legislativo**. O dispositivo merece ser submetido à interpretação conforme a Constituição, com redução parcial do texto, **a fim de decotar a referência à resolução** como instrumento normativo idôneo à criação de novos órgãos jurisdicionais.

A estrutura colegiada não é exclusividade, por outro lado, dos órgãos jurisdicionais de instância superior. Identifica-se também na primeira instância – a Justiça castrense e o Tribunal do Júri, presente o Conselho de Sentença, são exemplos disso.

Diferentemente do modelo apresentado no art. 1º da Lei nº 12.694/12, **o órgão jurisdicional é de composição prévia e permanentemente colegiada**, sem alterar de formato ao bel prazer do juiz titular ou em exercício, a depender da decisão a ser tomada. Critérios legais, impessoais e abstratos fixam, antecipada e definitivamente, a competência colegiada, conforme exige a garantia do juiz natural – art. 5º, LIII, da CRFB/88. Cometidos delitos relacionados à organização criminosa armada ou que tenha arma à disposição ou de constituição de milícia privada, bem como os conexos, sabe-se, de antemão, que **todo** o processo e julgamento, em primeira instância, ficará a cargo de um Juízo colegiado – nos moldes do § 1º do art. 1º-A, *"as Varas Criminais Colegiadas terão competência para* **todos** *os atos jurisdicionais* **no decorrer da investigação, da ação penal e da execução da pena***, inclusive a transferência do preso para estabelecimento prisional de segurança máxima ou para regime disciplinar diferenciado"* (grifo nosso).

Em tese há, também, um acréscimo qualitativo ao julgamento, porque a multiplicidade de juízes dá margem ao debate, verticalizando o exame das questões de mérito. O risco de parcialidade é, igualmente, menor, afinal, são três olhares, e não apenas um, debruçados sobre a causa de pedir e o pedido.

O *modelo* concebido, **em abstrato**, no art. 1º-A da Lei nº 12.694/12 é, portanto, **constitucional**, mas a **forma por meio da qual venha a ser implantada a Vara Colegiada pode conduzir à inconstitucionalidade**.

O art. 1º-A não especificou o número de juízes integrantes da Vara Colegiada, deixando a quantificação a cargo de cada Tribunal. Mas, sob pena de se ter uma *dupla* em vez de um *colegiado*, pressupõe-se o mínimo de 3 (três), tomando-se, como referência, o próprio § 2º do art. 1º da Lei nº 12.694/12. Mostra-se mandatório que os juízes sejam escolhidos por critérios **objetivos**, abrindo-se para **titularidade TODOS os assentos do colegiado**, à semelhança do verificado nas composições de Câmaras ou Turmas. Do contrário, o Tribunal moldará a Vara Colegiada à sua feição, esvaziando a inamovibilidade (art. 95, II, da CRFB/88) e, a reboque, a independência funcional, afinal, os juízes designados lá estarão porque afinados e alinhados à política e à ideologia encampadas pela direção do citado Tribunal. Caso um magistrado seja para lá designado e comece a tomar decisões contrárias às orientações fixadas, seguramente no mês seguinte lá não mais estará.

---

[8] STF, ADC 19, Rel. Ministro Marco Aurélio, Pleno, julgado em 09/02/2012.

O quadro não se torna mais alvissareiro caso haja **um** titular, conquanto escolhido por merecimento. Isso porque, embora o art. 93, II, "b" e "c" da CRFB/88 tenha buscado objetivá-lo, *desempenho, produtividade, presteza* são vetores bastante subjetivos. Fatalmente, o **titular** será, também, um magistrado alinhado ao pensamento da presidência do Tribunal. Por conseguinte, serão designados outros juízes de idêntico perfil, provavelmente em regime de acumulação com as Varas dos quais são os titulares, que, obviamente, continuarão a ser as suas prioridades. O titular é quem ditará, então, o ritmo e a feição da Vara Colegiada. Os demais pares lá estarão apenas para compor. Ter-se-á **um juízo monocrático travestido de colegiado**.

Na hipótese de o juiz titular começar a tomar decisões censuráveis pelo Tribunal, porque na contramão da ideologia ora reinante – *v.g.* externar posições demasiadamente garantistas, contrapostas à visão mais punitivista da presidência ou vice-versa –, as designações seguintes elegerão magistrados de perfil antagônico ao do titular, justamente para miná-lo, até não mais aguentar e remover-se para outro órgão ou permutar. Ante tal formato, **todos** os pontos positivos do julgamento colegiado anunciados acima caem por terra.

Por tudo isso, ante o art. 95, II, c/c art. 93, II e VIII-A da CRFB/88 é **imprescindível**, sob pena de **inconstitucionalidade**, que os cargos judiciais atrelados à Vara Colegiada sejam preenchidos por critérios objetivos, disponibilizando **todos** para titularidade, à semelhança do verificado, repita-se nas Câmaras ou Turmas do Tribunal, resguardando, assim, os postulados constitucionais do juiz natural, da inamovibilidade e da independência funcional. Importante lembrar que a autonomia administrativa dos Tribunais não é **ilimitada**, haja vista o art. 96, I, a da CRFB/88, ao exigir a *"observância das normas de processo e das garantias processuais das partes"* quando da elaboração dos seus regimentos internos e das disposições sobre a competência e o funcionamento dos respectivos órgãos.

As preocupações aqui reveladas são compartilhadas, à unanimidade, pelo Pleno do STF, haja vista a já citada ADI 4414, da relatoria do ministro Luiz Fux, cujo mérito foi julgado em 31/05/2012, merecendo rememorar o seguinte trecho da ementa, pela contundência, clareza e didática: *"...19. Os juízes integrantes de Vara especializada criada por Lei estadual devem ser designados com observância dos parâmetros constitucionais de antiguidade e merecimento previstos no art. 93, II e VIII-A, da Constituição da República,* **sendo inconstitucional, em vista da necessidade de preservação da independência do julgador, previsão normativa segundo a qual a indicação e nomeação dos magistrados que ocuparão a referida Vara será feita pelo Presidente do Tribunal de Justiça, com a aprovação do Tribunal***. Doutrina (FERRAJOLI, Luigi. Direito e Razão: teoria do garantismo penal. 2ª ed. São Paulo: RT, 2006. p. 534; GARAPON, Antoine. O juiz e a democracia. Trad. Maria Luiza de Carvalho. Rio de Janeiro: Revan, 1999. p. 60; CARNELUTTI, Francesco. Sistema di Diritto Processuale Civile. V. I. Padova: CEDAM, 1936. p. 647-651; Idem. Lezioni di Diritto Processuale Civile. V. Terzo. Padova: CEDAM, 1986. p. 114; GUIMARÃES, Mário. O Juiz e a Função Jurisdicional. Rio de Janeiro: Forense, 1958. p. 117). 20.* **O mandato de dois anos para a ocupação da titularidade da Vara especializada em crimes organizados, a par de afrontar a garantia da inamovibilidade***, viola a regra da identidade física do juiz, componente fundamental do princípio da oralidade, prevista no art. 399, § 2º, do CPP ("O juiz que presidiu a instrução deverá proferir a sentença"), impedindo, por via oblíqua, a aplicação dessa norma cogente prevista em Lei nacional, em desfavor do Réu, usurpando a competência privativa da União (art. 22, I, CRFB). Doutrina (CHIOVENDA, Giuseppe.*

A oralidade e a prova. In: Processo Oral. 1ª série. Rio de Janeiro: Forense, 1940. p. 137).

21. O princípio do Juiz natural obsta "qualquer escolha do juiz ou colegiado a que as causas são confiadas", de modo a se afastar o "perigo de prejudiciais condicionamentos dos processos através da designação hierárquica dos magistrados competentes para apreciá-los" *(FERRAJOLI, Luigi. Direito e Razão: teoria do garantismo penal. 2ª ed. São Paulo: RT, 2006. p. 545), devendo-se condicionar a nomeação do juiz substituto, nos casos de afastamento do titular, por designação do Presidente do Tribunal de Justiça, à observância de critérios impessoais, objetivos e apriorísticos. Doutrina (LLOBREGAT, José Garberí. Constitución y Derecho Procesal – Los fundamentos constitucionales del Derecho Procesal. Navarra: Civitas/Thomson Reuters, 2009. p. 65-66) ..." – grifo nosso.*

Mesmo nos casos de indicação de juiz substituto, por conta das férias, licença ou afastamento por qualquer motivo de um dos titulares, é imprescindível a adoção de critérios objetivos, havendo sido conferida interpretação conforme a Constituição ao art. 3º da Lei alagoana nº 6.806/97 na referida ADI 4414 *"com o fito de impor a observância, pelo Presidente do Tribunal, na designação de juiz substituto, de* **critérios objetivos, apriorísticos e impessoais***, nos termos do quanto decidido pela Corte nos autos do MS nº 27.958/DF"* (grifo nosso).

4.4. COMPETÊNCIA E FUNCIONAMENTO DA VARA COLEGIADA

A competência da Vara Colegiada **não** compreende toda e qualquer organização criminosa, mas a **armada**, haja vista o art. 1º-A, inciso I, 1ª parte, da Lei nº 12.694/13, além dos delitos a ela conexos, *v.g.*, os injustos aos quais se dedique. **As organizações criminosas circunstanciadas pelo emprego de arma de fogo (art. 2º, § 2º da Lei nº 12.850/13) foram, inevitavelmente, alcançadas por tal competência.**

A existência de meios de provas reveladores de que os supostos integrantes da organização criminosa teriam armas de fogo à sua disposição, *v.g.*, fotografias compartilhadas nas redes sociais nas quais aparecem exibindo-as, **não** servem para circunstanciar o delito de organização criminosa, porque não demonstram que, **durante a atuação em concreto da organização criminosa, ensejadora da persecução penal, foram utilizadas armas de fogo** (art. 2º, § 2º da Lei nº 12.850/13)[9], mas sinalizam que **estaria à disposição**, dado suficiente à fixação da competência da Vara Colegiada, conforme art. 1º-A, I, última parte, da Lei nº 12.694/12.

Esse último dispositivo alude, sem diferençar, às organizações criminosas que tenham disponíveis *armas*, sem pontuar, unicamente, as de fogo, diferentemente do § 2º do art. 2º da Lei nº 12.850/13. Por conseguinte, a partir de uma leitura exclusivamente literal, **embora não majore a organização criminosa, o uso de armas brancas atrairia a competência da Vara Colegiada**. Fixada essa premissa, caberia, ainda, especificar se aglutinadas apenas as *próprias*, produzidas especificamente para ataque ou defesa pessoais

---

[9] LIMA, Renato Brasileiro de. Ob. cit., p. 497; MASSON, Cleber; MARÇAL, Vinícius. *Crime Organizado*. São Paulo: Método, 2015, p. 39; SILVA, Eduardo Araújo da. *Organizações Criminosas – Aspectos penais e processuais da Lei nº 12.850/13*. 2. ed. São Paulo: Atlas, 2015, p. 30; CUNHA, Rogério Sanches; PINTO, Ronaldo Batista. *Crime Organizado – Comentários à nova Lei sobre o Crime Organizado (Lei nº 12.850/13)*. 3. ed. Salvador: JusPodivm, 2014, p. 21; BITENCOURT, Cezar Roberto; BUSATO, Paulo César. *Comentários à Lei de Organização Criminosa*. São Paulo: Saraiva, 2014, p. 63.

(espadas, por exemplo), ou, também, as impróprias, desenhadas para finalidades diversas, *v.g.*, domésticas (martelos, facas de cozinha etc.).

Descabe distinguir onde a lei não o fez. E, em sendo o preceito de cunho estritamente processual, como são os atinentes à competência jurisdicional, hipotética interpretação extensiva tampouco gera embaraços, haja vista o art. 3º do CPP. Contudo, o olhar sistemático é imprescindível. Na medida em que o *caput* do art. 1º-A ocupou-se das organizações criminosas **armadas**, circunstanciadas pelo emprego de armas de **fogo**, e das **milícias** privadas, **a referência a *armas* na parte final do inciso I compreende, exclusivamente, as de fogo**. A interpretação sistemática do dispositivo não permite conclusão diversa. Ademais, embora viáveis constitucionalmente, julgamentos colegiados em primeira instância, ao invés de regra, são a exceção. E, enquanto tal, sujeitam-se à interpretação restritiva. **As *armas* mencionadas no art. 1º-A, I, *in fine* são, portanto, somente as de fogo**.

Consideradas a topografia do art. 1º-A, inserto na Lei nº 12.694/12, voltada para o processo e julgamento dos delitos relacionados às organizações criminosas como um todo, e a autonomia política dos Estados na organização judiciária – art. 125, cabeça, e § 1º, somado ao art. 96, I, *d*, ambos da CRFB/88 – nada impede que, **em sendo criadas as Varas Colegiadas**, a competência seja **alargada** para toda e qualquer organização criminosa, incluindo as não armadas. Implantá-las, todavia, com competência aquém da estipulado no art. 1º-A da Lei nº 12.694/12 descabe, porquanto *contra legem*. Se, todavia, replicado, fielmente, o modelo delineado no art. 1º-A da Lei nº 12.694/12, voltado às organizações criminosas **armadas** ou **com armas à disposição**, as demandas atinentes às organizações criminais **não** armadas serão da competência da Vara Criminal monocrática.

O delito de constituição de milícia privada (art. 288-A do CP) e os a ele conexos também são da competência da Vara Criminal Colegiada (art. 1º-A, II da Lei nº 12.694/12).

Presentes tais crimes, a competência da Vara Colegiada atrai, conforme examinado, os conexos, logo, **não se lhe aplica o art. 78, II, do CPP, em apreço ao princípio da especialidade** – concorrendo outros órgãos integrantes da Justiça Comum, competentes para os demais delitos, conexos ou continentes, **descartam-se os critérios, sucessivos, da gravidade ou quantidade de infrações, ou prevenção**, resolvendo-se pela prevalência da competência da Vara Colegiada sobre a das demais Varas Criminais, Juizado da Violência Doméstica e Familiar contra Mulher ou Juizado Especial Criminal – embora a competência do último tenha matriz constitucional (art. 98, I, da CRFB/88), inafastável por critérios infraconstitucionais, a justificar a cisão horizontal da competência[10] (o delito próprio à Vara Colegiada seria lá apreciado, enquanto a infração de menor ofensividade seria encaminhada ao Juizado Especial Criminal), os Tribunais Superiores têm entendido diferentemente, avaliando, inclusive, o art. 60, cabeça, da Lei nº 9.099/95, com a redação dada pela Lei nº 11.313/06, em virtude de o delineamento da competência, em si, do Juizado Especial Criminal, a começar pela definição de infração de menor potencial ofensivo, ter sido confiada pelo Poder Constituinte ao legislador infraconstitucional, bem como porque inexistiria ofensa à garantia do juiz natural (art. 5º, LIII, da CRFB/88),

---

10 NICOLITT, André. *Manual de Processo Penal*, ob. cit., p. 436-440; MOREIRA, Rômulo de Andrade. *Juizados Especiais Criminais*. 2. ed. Salvador: JusPodivm, 2009, p. 27-40. A Procuradoria-Geral da República formalizou a ADI nº 5264, questionando a constitucionalidade do citado art. 60 da Lei nº 9.099/1995, com a redação dada pela Lei nº 11.313/2006, aderindo à tese pela inafastabilidade da competência do Juizado Especial Criminal, em virtude da raiz constitucional – art. 98, I, da CRFB/88.

afinal, o fato de uma competência ser constitucional não impede que seja elidida em prol de outra, desde que por preceitos gerais, impessoais e abstratos[11]. Mesmo no caso de o concurso versar, exclusivamente, sobre crimes de menor ofensividade, se, por força do acréscimo daí decorrente sobre a pena máxima, o teto de 2 anos vier a ser ultrapassado, elide-se a competência constitucional do Juizado Especial Criminal em prol da Vara Criminal[12]. Excepciona-se o Tribunal do Júri: se a conexão envolver organização criminosa e homicídio doloso, *v.g.*, **ambos serão processados e julgados neste, por força do art. 78, I do CPP**, mesmo porque a Vara Colegiada que venha a ser criada é órgão integrante da Justiça Comum.

Questão interessante surgirá quando houver concurso entre o delito de lavagem de capitais e constituição de milícia privada ou organização criminosa armada, **se** presente Vara Colegiada para as últimas.

Nos termos do art. 2°, II, da Lei n° 9.613/98, cabe *"ao juiz competente para os crimes previstos nesta Lei a decisão sobre a unidade de processo e julgamento"*. Ora, se o implemento, ou não, do art. 80 do CPP foi confiado ao juiz competente para a lavagem, é porque **a sua competência é a prevalente** em relação aos demais órgãos potencialmente competentes, integrantes da Justiça Comum, ressalvada a primazia da competência da Justiça Federal sobre a Estadual, nos termos da Súmula n° 122 do STJ, bem como do Tribunal do Júri (art. 78, I do CPP). Assim, se, *v.g.*, presente a regra do art. 70, cabeça, do CPP (teoria do resultado), a lavagem consumou-se em comarca diversa da do crime antecedente, a persecução penal concernente a ambos será formalizada no primeiro, pertinente à lavagem, mesmo se o delito anterior tiver pena máxima superior. Descarta-se o art. 78, II do CPP, em apreço ao princípio da especialidade[13].

---

[11] STJ, HC 41.803/RJ, Relator Ministro Laurita Vaz, Quinta Turma, julgado em 18/10/2005. Vale transcrever a seguinte passagem da ementa, autoexplicativa: *"*Habeas corpus. *Penal e processual penal.* **Furto e falsa identidade.** *Concurso material...1. Verifica-se que o somatório das penas máximas cominadas em abstrato ultrapassa o limite de 2 (dois) anos, imposto pelo art. 2°, parágrafo único, da Lei n.° 10.259/01, o que afasta a competência do Juizado Especial Criminal para a apreciação do feito. Precedentes do STJ"* (grifo nosso).

[12] STJ, HC 530.268/SP, Relator Ministro Nefi Cordeiro, Sexta Turma, julgado em 03/12/2019. Reportamo-nos, em virtude da clareza, ao seguinte trecho da ementa: *"*Habeas corpus. *Revisão criminal.* **Calúnia. Difamação.** *Concurso material. Penas máximas que somadas superam dois anos. Incompetência do juizado especial. Nulidade absoluta. Writ concedido. 1.* **O Superior Tribunal de Justiça tem entendimento pacificado no sentido de que, para fins de fixação de competência do Juizado Especial, será considerada a soma das penas máximas cominadas aos delitos, em concurso material, com as causas de aumento que lhes sejam imputadas, igualmente em patamar máximo, resultado que, ultrapassado o montante de dois anos, fica afastada a competência do Juizado Especial Criminal.** *2. Habeas corpus concedido para anular a sentença proferida na Ação Penal 1000494-91.2016.8.26.0160, devendo os autos principais serem encaminhados para a vara criminal"* (grifo nosso).

[13] STJ, CC 146.107/RJ, Relator Ministra Felix Fischer, Terceira Seção, julgado em 10/08/2016. Destaca-se o extrato subsequente da ementa, bastante elucidativo: *"...Processual penal. Conflito negativo de competência. Crimes precedentes e crime de lavagem de dinheiro (Lei 9.613/1998). Conexão. Regra especial sobre reunião contida no artigo 2°, II, Lei 9.613/1998. I –* **Nos termos do artigo 2°, II, da Lei 9.613/98, compete ao juízo processante do crime de lavagem de dinheiro decidir acerca da reunião com o processo que apura o crime antecedente. II – Tal regra especial deverá prevalecer sobre o Código de Processo Penal**, *de modo que, afastada, de forma fundamentada, a reunião pelo Juízo competente para julgamento do crime de lavagem de dinheiro, devem os autos dos delitos antecedentes retornarem ao respectivo juízo de origem..."* (grifo nosso).

Diante, todavia, do injusto de organização criminosa armada ou de constituição de milícia privada, anuncia o art. 1º-A, III, da Lei nº 12.694/12 que as infrações a ele conexas ou continentes **serão** da competência da Vara Colegiada, se houver, conferindo-lhe clara prevalência sobre as demais, à semelhança da reconhecida ao Juízo competente para o delito de lavagem de capitais, por força do art. 2º, II, da Lei nº 9.613/98, cuja redação adveio da Lei nº 12.683/12. Ante o embate entre duas regras especiais, aplica-se o princípio da **anterioridade**, de sorte que essa última norma passa a comportar, quando competentes, em tese, órgãos vinculados à Justiça Comum, mais uma **distinção**, trazida pela Lei nº 13.964, de **2019**: eventual **conexão entre o delito de lavagem de um lado e o de organização criminosa armada ou constituição de milícia privada do outro, resolve-se em prol da competência da Vara Colegiada**, afinal, quando o art. 1º-A, III, da Lei nº 12.694/12 reporta-se às infrações penais conexas, não ressalva a primeira, abarcada, assim, pela norma.

O § 2º do art. 1º-A preceitua que *"ao receber, segundo as regras normais de distribuição, processos ou procedimentos que tenham por objeto os crimes mencionados no caput deste artigo, o juiz deverá declinar da competência e remeter os autos, em qualquer fase em que se encontrem, à Vara Criminal Colegiada de sua Circunscrição ou Seção Judiciária"*, concluindo o § 3º que *"feita a remessa mencionada no § 2º deste artigo, a Vara Criminal Colegiada **terá** competência para todos os atos processuais posteriores, incluindo os da fase de execução"* (grifo nosso).

Tais regras, perfeitamente dispensáveis, dizem o óbvio: se há Vara Colegiada na circunscrição ou seção judiciária e, ainda assim, a persecução penal é endereçada erroneamente, o Juízo que a receber é absolutamente incompetente *ab initio*, devendo declinar da competência para a primeira, sob pena de nulidade absoluta dos atos decisórios que vier a praticar (art. 567 do CPP) e de todos os demais subsequentes, por força do princípio da causalidade (art. 573, § 1º do CPP)[14], a contaminar, inclusive, as provas que vierem a ser produzidas por ordem sua, *v.g.* interceptação telefônica, considerada a teoria dos frutos da árvore envenenada ou provas ilícitas por derivação (art. 157, § 1º do CPP) – a competência da Vara Colegiada é de natureza absoluta, de matriz **funcional** e cariz ***ratione materiae***[15].

O § 3º do art. 1º-A da Lei nº 12.694/12 peca, ainda, pela péssima redação, ao se referir à competência da Vara Colegiada empregando o verbo "ter" no futuro, como se apenas nascesse quando lhes fossem enviados os autos – se já existe à época da pretensa constituição de milícia privada ou da suposta organização criminosa armada, **é ela**, ***ab initio*, a competente**. Apenas se admitiria o aproveitamento dos atos decisórios pelo então juiz processante se fosse, até então, o **aparentemente competente**, considerados os fatos concretamente apurados, revelada a dita organização criminosa armada ou a milícia privada *a posteriori*, inclusive em deferência ao adágio *tempus regit actum*: até a

---

[14] STF, HC 84152, Relator Ministro Marco Aurélio, julgado em 18/05/2004; HC 151.605/PR, Relator Ministro Gilmar Mendes, Segunda Turma, julgado em 20/03/2018; Rcl 24473, Relator Ministro Dias Toffoli, Segunda Turma, julgado em 26/06/2018; STJ, HC 245.695/RJ, Relator Ministro Jorge Mussi, Quinta Turma, julgado em 18/03/2014.

[15] STJ, HC 101.400/MS, Relator Ministro Maria Thereza de Assis Moura, Sexta Turma, julgado em 01/09/2011; AgRg no REsp 1434434/SP, Relator Ministro Marco Aurélio Bellizze, Quinta Turma, julgado em 27/05/2014.

superveniência dessas informações, o juiz oficiante era o competente – teoria do juízo (ou competência) aparente[16].

O texto dos §§ 2º e 3º do art. 1º-A *sugere*, quiçá, a redistribuição dos procedimentos investigatórios e ações penais em curso, relativas às organizações criminosas armadas e às milícias privadas à Vara Colegiada, uma vez instalada.

Diante do silêncio do CPP, que não dispôs sobre a modificação da competência em decorrência da alteração legislativa, o STF, com arrimo no art. 3º do CPP, sempre se socorreu ao Código de Processo Civil (CPC). O de 1973 dispunha, no art. 87, o seguinte: "Determina-se a competência no momento em que a ação é proposta. São **irrelevantes as modificações do estado de fato ou de direito** ocorridas posteriormente, salvo quando **suprimirem** o órgão judiciário ou **alterarem** a competência **em razão da matéria ou da hierarquia**" (grifo nosso)

A regra, portanto, sempre foi a *perpetuactio jurisdictionis*, salvo em casos de extinção de órgão ou modificação da competência em razão da matéria ou por hierarquia (graduação), própria às hipóteses de prerrogativa de foro. Em se tratando, portanto, de **criação de competência funcional** tinha-se, como norte, a **perpetuação**[17]. A orientação foi reafirmada pelo STF em processos por crimes dolosos contra a vida, quando criada Vara no local onde o delito foi perpetrado e consumado, refutando qualquer *distinguishing*[18].

Registre-se a existência de precedentes do STF avaliando a redistribuição de feitos já em curso para o juízo recém-criado, mas somente **se houver expressa deliberação do**

---

[16] STF, Inq 4506, 1ª Turma, rel. orig. min. Marco Aurélio, rel. p/acórdão min. Roberto Barroso, julgado em 17.04.2018; HC 121719, 2ª Turma, Relator Ministro Gilmar Mendes, julgado em 24/11/2015; HC 120027, 1ª Turma, rel. orig. min. Marco Aurélio, rel. p/acórdão min. Edson Fachin, julgado em 24/11/2015; STJ, RHC 108.730/RS, 5ª Turma, Relator Ministro Reynaldo Soares da Fonseca, julgado em 19/11/2019; AgRg no RHC 110.478/BA, 6ª Turma, Relator Ministro Rogerio Schietti Cruz, julgado em 14/05/2019.

[17] STF, RHC 83181, Pleno, rel. orig. min. Marco Aurélio, rel. p/acórdão min. Joaquim Barbosa, julgado em 06/08/2003. Consigne-se o seguinte trecho da ementa, pela didática: "...*1. A criação de novas varas, em virtude de modificação da Lei de Organização Judicial local, não implica incompetência superveniente do juízo em que se iniciou a ação penal. 2. O art. 87 do Código de Processo Civil, aplicável subsidiariamente ao processo penal, leva à perpetuação do foro, em respeito ao princípio do juiz natural. 3. Ordem denegada...*" (grifo nosso).

[18] STF, HC 117832, 1ª Turma, rel. orig. min. Marco Aurélio, rel. p/acórdão, min. Rosa Weber, julgado em 28/04/2015. Transcreve-se, por oportuno, a ementa: *"HABEAS CORPUS. PROCESSUAL PENAL. CRIME DE HOMICÍDIO PRATICADO CONTRA SERVIDORES FEDERAIS. **TRIBUNAL DO JÚRI**. COMPETÊNCIA. JUSTIÇA FEDERAL. CRIAÇÃO SUPERVENIENTE DE VARA FEDERAL NO LOCAL DO CRIME. PERPETUATIO JURISDICTIONIS. ARTIGO 3º DO CÓDIGO DE PROCESSO PENAL. ARTIGO 87 DO CÓDIGO DE PROCESSO CIVIL **1. A superveniente criação de Vara Federal com jurisdição no Município do local dos crimes não resulta em incompetência do Juízo Federal que realizou a instrução criminal. 2. No âmbito da Justiça Federal** – competência fixada, no caso, em função do crime de homicídio praticado contra quatro servidores federais no exercício das suas funções –, a 9ª Vara Federal da Subseção Judiciária de Belo Horizonte e a Vara Federal criada posteriormente à instauração das ações penais em Unaí, local dos crimes, são Varas de competência geral. 3. **Aplicável o princípio da perpetuatio jurisdictionis (art. 87 do Código de Processo Civil c/c art. 3º do Código de Processo Penal), não demonstradas as situações de excepcionalidade no preceito que o consagra – supressão de órgão do Judiciário ou alteração de competência em razão da matéria ou da hierarquia. Precedente desta Suprema Corte**. 4. Ordem de habeas corpus denegada, com a cassação da liminar anteriormente concedida..."* (grifo nosso).

Tribunal local nesse sentido, consoante a autonomia versada nos arts. 96, I, d, e 125, cabeça e § 1º da CRFB/88[19].

O STJ alinhou-se ao STF, adotando o art. 87 do então CPC/1973 como parâmetro. Assim, respeitados os atos até então praticados, possui precedentes nos quais, *v.g.*, **chancelou** a remessa dos autos da Justiça Estadual para a Federal em razão de a imputação ter passado a ser da competência da última, operando-se uma das exceções listadas no dito dispositivo (modificação **em razão da matéria**)[20] ou quando **o ato normativo criador do órgão jurisdicional determina a redistribuição dos feitos**[21]. Mas a simples criação de novos órgãos jurisdicionais, sem ordem de redistribuição, **não ensejaria o declínio da competência do juízo ora processante**, privilegiando-se a *perpetuactio jurisdictionis*[22].

A perpetuação da competência continua sendo a tônica no Código de Processo Civil de 2015, presente o art. 43: *"Determina-se a competência no momento do registro ou da distribuição da petição inicial, sendo irrelevantes as modificações do estado de fato ou de direito ocorridas posteriormente, salvo quando **suprimirem órgão judiciário ou alterarem a competência absoluta**".*

Conquanto poucas, as mudanças verificadas em relação ao regramento anterior foram substanciais: estipulação da competência não mais no momento da formalização da ação, mas a partir do registro ou da distribuição da petição inicial, **e a ampliação das exceções à perpetuação, compreendendo os casos de modificação não apenas da competência em razão da matéria ou por hierarquia, mas de qualquer outra regra de natureza absoluta**, abrangendo as Varas Colegiadas que vierem a ser criadas.

Por conseguinte, se o STF e o STJ mantiverem a orientação de se abeberarem no Código de Processo Civil quando tiverem que decidir casos envolvendo a criação de novos órgãos jurisdicionais e a persistência ou não da competência dos Juízos então processantes, **é forçoso convir que solução será a redistribuição das persecuções em andamento – inquéritos e processos – para as Varas Colegiadas recém-criadas, salvo se já prolatada a sentença**, por analogia ao art. 82 do CPP, parte final – se, quando do *judicium causae*, o órgão jurisdicional processante era o competente, a sentença é perfeitamente válida (*tempus regit actum*), havendo o Juízo *a quo* exaurido a sua competência, restando evoluir para a fase recursal, afinal, o processo é, por definição, uma marcha para frente – ou se o Tribunal local, quando do ato de instalação dos novos Colegiados, **expressamente dispuser pela perpetuação da competência dos órgãos jurisdicionais então processantes, consideradas as ações penais em andamento, como também os inquéritos**, em deferência à autonomia administrativa não apenas dos Tribunais, versada no art. 96, I, alíneas "a" e "d" da Lei Maior, mas dos Estados, no tocante à organização e ao aparelhamento do Judiciário correspondente (art. 125, § 1º da CRFB/88).

---

19 STF, RHC 117487 AgR, 2ª Turma, Relatora Ministra Cármen Lúcia, julgado em 25/02/2014.
20 STJ, CC 92.357/SC, 3ª Seção, Relator Ministro Jorge Mussi, julgado em 26/08/2009; CC 62.601/RS, 3ª Seção, Relator Ministro Og Fernandes, julgado em 08/10/2008.
21 STJ, HC 101.400/MS, 6ª Turma, Relator Ministro Maria Thereza de Assis Moura, julgado em 1º/09/2011.
22 STJ, HC 29.501/SP, 5ª Turma, Relator Ministro Gilson Dipp, julgado em 06/05/2004. Registre-se o seguinte trecho da ementa: *"...II. Diante da implantação de Varas Federais na comarca de Santo André/ SP – local da infração –, abre-se a questão acerca da possibilidade de prorrogação da competência. III. **Na omissão do Código de Processo Penal, esta Turma, decidiu pela aplicação subsidiária da regra da perpetuatio jurisdictionis do art. 87 do Código de Processo Civil...*"* (grifo nosso).

Nos termos do § 1º do art. 1º-A da Lei nº 12.694/12, *"as Varas Criminais Colegiadas terão competência para **todos** os atos **jurisdicionais** no decorrer da **investigação**, da ação penal e da **execução da pena**, inclusive a **transferência do preso para estabelecimento prisional de segurança máxima ou para regime disciplinar diferenciado"* (grifo nosso).

A referência expressa não apenas à execução da pena, mas a incidentes que lhe são próprios, reforçada no § 3º – *"feita a remessa mencionada no § 2º deste artigo, a Vara Criminal Colegiada terá competência para todos os atos processuais posteriores, **incluindo os da fase de execução"*** – patenteia a intenção de conferir ao Colegiado competência para apreciar não apenas a pretensão punitiva estatal, mas, também, a executória. Inexiste qualquer inconstitucionalidade nesse formato, afinal, o Poder Legislativo, do alto da sua soberania, pode excepcionar as próprias regras. E a própria Lei nº 7.210/84 – Lei de Execuções Penais (LEP) – não é assertiva a respeito, ao contrário, pois, no art. 65, deixa a cargo da lei local de organização judiciária a definição da competência do Juízo das Execuções, *e, na sua ausência, **ao da sentença***, permitindo, expressamente, que o mesmo juízo acumule ambas as competências, condenatória e executória.

No julgamento da já tantas vezes citada ADI nº 4414 o Pleno do STF consignou, *in litteris*: *"...A Lei estadual pode definir que **um mesmo juízo disponha de competência para atuar na fase de conhecimento e na fase executória do processo penal**, máxime em razão do disposto no art. 65 da Lei Federal nº 7.210/84 (Lei de Execução Penal), verbis: "A execução penal competirá ao Juiz indicado na lei local de organização judiciária e, na sua ausência, ao da sentença..."* (grifo nosso).

Sem embargo, ante o pacto federativo, os Estados possuem autonomia no tocante à organização das próprias Justiças (art. 125, cabeça, e § 1º da CRFB/88), logo, malgrado os §§ 1º e 3º do art. 1º-A sinalizem pela submissão das pretensões condenatória e executória à competência da Vara Criminal Colegiada, nada impede que a organização judiciária local opte por confiar a execução da pena à Vara de Execuções Penais (VEP), segundo previsto no art. 65 da LEP. As peculiaridades locais precisam ser respeitadas, afinal, vive-se em uma **federação**.

A propósito, dar aos Estados maleabilidade na definição da sua respectiva organização judiciária tem sido uma bandeira cara ao Supremo Tribunal Federal, a fim de dar concretude ao pacto federativo, invocando-se, ainda, o art. 96, I, a da CRFB/88. E a seara processual penal tem sido generosa em exemplos nesse sentido, alguns até ousados, *arranhando* o art. 22, I da CRFB/88.

Ilustrando: apesar de a Lei nº 11.101/05 anunciar, no art. 183, que os crimes falimentares são da competência do *juiz **criminal** da jurisdição onde tenha sido decretada a falência, concedida a recuperação judicial ou homologado o plano de recuperação extrajudicial* (grifo nosso), não conferindo competência penal ao juiz falencial, admitiu-se que lei local o faça, como a paulista[23].

---

[23] STF, HC 93730, 2ª Turma, Relator Ministro Celso de Mello, julgado em 28/05/2013. Pela clareza, transcrevemos o seguinte trecho: *"...Delitos falimentares e crimes a eles conexos – sentença penal condenatória proferida pelo juízo da falência – suposta violação ao postulado constitucional do juiz natural – inocorrência – autoridade judiciária investida de jurisdição penal por força de norma estadual dotada de abstração, generalidade e impessoalidade – competência dos estados-membros para organizarem sua justiça (CF, art. 125, 'caput')..."* – grifo nosso.

Outro exemplo: nada obstante o art. 148 da Lei nº 8.069/90 – Estatuto da Criança e do Adolescente (ECA) – esmiuçar a competência do Juizado da Infância e da Juventude, restringindo-a, em matéria penal, à apuração de atos infracionais, nos moldes dos incisos I e II, avalizou-se a constitucionalidade de leis locais de organização judiciária, como a do Rio Grande do Sul, que a alargou para os **delitos** cometidos contra a dignidade sexual de crianças e adolescentes, dando-lhe cariz não só infracional, mas criminal[24].

Esse tema sequer é inédito no ordenamento. Os arts. 13 e 14 da Lei nº 11.340/06, por exemplo, vinculam competência do Juizado da Violência Doméstica e Familiar contra a Mulher *ao processo, ao julgamento e à execução das causas cíveis e criminais*, mas, na maioria dos Estados, a competência para a execução penal dos títulos condenatórios persistiu na VEP, observando-se a lei **local** de organização judiciária (art. 65 da LEP). E, no tocante à competência cível, fica circunscrita às medidas protetivas de urgência dessa natureza, devendo a ação principal correlata ser formalizada no Juízo Cível competente, resguardada, por óbvio, a possibilidade de o Tribunal local dispor de modo diverso – Enunciado nº 03 do FONAVID (Fórum Nacional de Juízas e Juízes de Violência Doméstica e Familiar contra a Mulher): *"A **competência cível dos Juizados de Violência Doméstica e Familiar contra a Mulher é restrita às medidas protetivas de urgência previstas na Lei Maria da Penha**, devendo **as ações cíveis e as de Direito de Família ser processadas e julgadas pelas varas cíveis e de família, respectivamente**"* (grifo nosso). Merece, na mesma toada, citar o Enunciado nº 35: *"O juízo de violência doméstica e familiar contra a mulher **não é competente para a execução de alimentos fixados em medidas protetivas de urgência**"* (grifo nosso).

Sujeitar o processo de tomada de decisões ao crivo do colegiado potencializa a densidade dos pronunciamentos. Porém, perde-se em agilidade e rapidez. As causas, por outro lado, tendem a ser de complexidade maior, veiculando múltiplos crimes, em litisconsórcio passivo. Controlar a legalidade da investigação e presidir o processo de conhecimento, apreciando o mérito ao final, já são atividades mais do que suficientes. Cumular também a execução penal extrapola a capacidade humana, considerados juízes e servidores – e material, a começar pela própria serventia, que, **no mínimo**, haveria de ser **bipartida**, uma destinada ao processamento das persecuções penais – **inquéritos** e **ações penais** – e outra à condução das **execuções penais**, mesmo porque diversos são os órgãos de apoio, quando não **tripartida**, a depender do volume de investigações em curso. Pensando na **administração da justiça**, não se pode olvidar, jamais, o princípio da **eficiência** (art. 37, cabeça, da CRFB/88), o que torna não recomendável, mas **mandatória** a cisão da competência, mantendo com a VEP a execução.

---

[24] STF, HC 128542, 1ª Turma, rel. orig. min. Marco Aurélio, rel. p/acórdão min. Alexandre de Moraes, julgado em 16/05/2017. Convém registrar a passagem subsequente: *"...1. É facultado ao Tribunal de Justiça, mediante Resolução editada com fundamento em Lei de Organização Judiciária, **estipular ao Juízo da Infância e Juventude a competência adicional para processar e julgar delitos contra a dignidade sexual**, quando vitimadas crianças e adolescentes..."* – grifo nosso; STF, HC 113018, 2ª Turma, Relator Ministro Ricardo Lewandowski, julgado em 29/10/2013. Merece reprodução o seguinte trecho: *"... Não há violação aos princípios constitucionais da legalidade, do juiz natural e do devido processo legal, visto que a leitura interpretativa do art. 96, I, a, da Constituição Federal **admite que haja alteração da competência dos órgãos do Poder Judiciário por deliberação dos Tribunais**. Precedentes..."* (grifo nosso).

O § 1º do art. 1º-A confiou ao Colegiado a competência para **todos** os atos **jurisdicionais**, ou seja, os revestidos de **carga decisória**, admitindo, *a contrario sensu*, que os atos de **mero impulso processual** sejam tomados monocraticamente. A estrutura colegiada do órgão jurisdicional motivou o legislador a não destacar órgão diverso para exercer a competência inerente ao do juízo de garantias, concentrando-a na Vara Colegiada. Distribuída a demanda ao Colegiado, um dos juízes torna-se o *relator*, competente para, singularmente, conduzir o feito, perpetrando atos estritamente **judiciais**, como os relacionados nos incisos I, IV, X, XV do art. 3º-B do CPP – nesse particular, é indiferente o dispositivo estar com a eficácia suspensa cautelarmente pelo Min. Luiz Fux, na ADI nº 6305, extensível às de nº 6.298, 6.299 e 6.300, pois tal alusão se faz a título meramente exemplificativo. Pronunciamentos **cautelares**, **decisórios com impacto nos direitos fundamentais do imputado ou da vítima ou na própria persecução** demandam, em contrapartida, a manifestação do Colegiado. Quando **premente a urgência**, consubstanciada no risco real de **irreversibilidade** do cenário fático apresentado, caso nada se faça de plano, o relator, **monocraticamente**, pode, fundamentada e excepcionalmente, decidir, *ad referendum* do colegiado. Se indemonstrado o *periculum in mora*, a decisão há de ser **nulificada** por **incompetência absoluta, considerado o princípio do colegiado**. As audiências de instrução e de julgamento hão de desenvolver-se na presença dos **três** juízes componentes da Vara, e não **apenas** do relator, em deferência ao princípio da identidade física – art. 399, § 2º do CPP –, sem o qual a oralidade perde a razão de ser.

Embora constitucional, a Vara Criminal Colegiada traz muito mais ônus do que bônus. Ao invés de diluir as demandas concernentes às organizações criminosas armadas ou milícias privadas em *n* Varas Criminais singulares, envolvendo uma gama diversa de magistrados e servidores, concentram-se todas em uma **única**, redirecionando **todos** os holofotes aos **mesmos** juízes e serventuários, tornando-os alvos potenciais, porque **únicos**, a intimidações, subornos e afins. E, em verdade, **todas as questões materiais e processuais a serem enfrentadas igualmente se verificam nos demais feitos criminais**, sendo de todo desnecessária a especialização. Atraíram-se para a Vara Colegiada organizações criminais notabilizadas pela força bruta – se **armadas** ou se for **milícia privada** –, cuja elucidação não demanda conhecimento interdisciplinar, diferentemente do verificado em organizações voltadas para delitos contra o sistema financeiro nacional, ordem econômica, lavagem de capitais, cujas persecuções veiculam uma série de questões de mérito de equacionamento até extrajurídico – contabilidade, economia, ciência da computação e afins. E, justamente para essas infrações, a Lei nº 13.964/19 não vislumbrou a necessidade de criação de Varas Especializadas, embora o Tribunal local possa fazê-lo. Pelo exposto, não nos parece que tais órgãos jurisdicionais contribuirão para o melhor funcionamento da Justiça Penal. E, ao fim e ao cabo, uma inovação "anticrime" pode convolar-se em "pró-crime".

5
INVESTIGAÇÃO EM FACE DE AGENTES DE SEGURANÇA PÚBLICA

O art. 14-A, cabeça, do CPP trouxe regra desnecessária. Preconiza que, *nos casos em que* **servidores vinculados às instituições dispostas no art. 144 da Constituição Federal** *figurarem como* **investigados** *em inquéritos policiais, inquéritos policiais militares e demais procedimentos extrajudiciais, cujo objeto for a investigação de fatos relacionados ao uso da força* **letal** *praticados no exercício profissional, de forma consumada ou tentada, incluindo as situações dispostas no art. 23 do Decreto-Lei nº 2.848, de 7 de dezembro de 1940 (Código Penal), o indiciado* **poderá** *constituir defensor* (grifo nosso). Ora, **o direito à assistência de um advogado ou defensor é garantia fundamental de qualquer indiciado**, nos moldes do art. 5º, LXIII, da CRFB/88. A referência ao imputado preso foi **pontual**, oponível ao Estado, afinal, como o indiciado está à sua disposição, cumpre-lhe providenciar a defesa técnica, daí, *v.g.*, enviar uma cópia do APF à Defensoria Pública, caso não indique patrono (art. 306, § 1º do CPP). Em hipótese alguma exclui o solto, que, justamente em razão disso, pode, a qualquer instante, constituir a sua defesa. Trata-se de direito **universal**, constitucionalmente assegurado, logo, o art. 14-A, cabeça, editou norma bastante **redundante**. De mais a mais, a autoridade policial está autorizada a reconhecer atos de legítima defesa própria ou de terceiro perpetrados pelos agentes de segurança pública, lavrando-se auto específico, nos moldes do art. 292 do CPP, o vulgarmente conhecido auto de resistência, renomeado, pela Resolução Conjunta nº 02, de 13 de outubro de 2015, do Conselho Superior de Polícia, vinculado à Polícia Federal, e do Conselho Nacional dos Chefes de Polícia Civil, auto de **lesão corporal ou de homicídio decorrente de oposição à intervenção policial**.

Assim, ao confeccionar uma regra **especialmente** voltada para os agentes de segurança pública, envolvidos em ações **letais**, inclusos os *servidores militares vinculados às instituições dispostas no art. 142 da Constituição Federal, desde que os fatos investigados digam respeito a missões para a Garantia da Lei e da Ordem* (art. 14-A, § 6º do CPP), **reafirmando** o direito à defesa técnica ao longo da investigação, já garantido pela Constituição, a Lei nº 13.964/19, ao invés de inibir, estimula a violência policial, preconizando que, nada obstante a letalidade da ação executada, o Estado estará ao seu lado, garantindo-lhes o direito à defesa. O simbolismo por detrás da pontual (e gratuita) reedição de garantia já prevista na Carta de 1988, a qualquer indiciado, é um convite à truculência policial, olvidando que a excelência do seu atuar vincula-se ao número e à celeridade de casos elucidados, com o **menor** número possível de "baixas", sejam de policiais, sejam de (pretensos) criminosos.

Em 2018, números disponibilizados pelo Fórum Brasileiro de Segurança Pública (FBSP) sinalizam uma queda de 10,2% na taxa de homicídios em relação a 2017 – a ser recebida com cautela, porque, neste ano, o número de assassinatos no Brasil bateu recorde histórico –, enquanto a violência policial aumentou em 19,6%[1]. Os agentes públicos precisam zelar pelo Estado enquanto última reserva ética da sociedade. Deles se espera o exemplo. Se a forma de lidar com a violência é retrucando com mais violência, essa é a mensagem que fica. Se são esses os parâmetros estatais, os jurisdicionados simplesmente os replicarão, incrementando o volume de confrontos, com perdas significativas para ambos os lados.

Essa advertência, consignada na 1ª edição do livro, infelizmente se confirmou. O anuário brasileiro de segurança pública, atualizado pelo FBSP em 15 de julho de 2021, registrou aumento de 12,8% no volume de mortes de policiais, civis ou militares, decorrentes de crimes violentos letais intencionais – 194 em 2020 ante 174 em 2019[2]. Os óbitos, em virtude de intervenções policiais, em contrapartida, atingiram o maior número desde que o indicador passou a ser monitorado pelo FBSP: 6.416 vítimas fatais de intervenções de policiais civis e militares da ativa, em serviço ou fora. São, em média, 17,6 mortes por dia. Desde 2013, primeiro ano da série monitorado pelo FBSP, o crescimento é de 190%[3].

Não se vive em um mundo de ilusão para imaginar que os embates são evitáveis. Muitos são inescapáveis, socorrendo-se os policiais, a depender das circunstâncias, da legítima defesa. Assim o é não por serem policiais, ou por favor ou deferência, mas porque **de direito**, consectário natural da legalidade penal estrita e do devido processo legal, assim como estar assistido por um defensor durante a investigação também o é, independentemente de ser, ou não, policial. Em qualquer Estado genuinamente *Democrático de Direito* rebate-se a violência com inteligência. Só assim se rompe o ciclo vicioso para inaugurar o virtuoso.

Equivocadamente, diz o § 1º do art. 14-A que *o investigado deverá ser **citado** da instauração do procedimento investigatório, podendo constituir defensor no prazo de até 48 (quarenta e oito) horas a contar do recebimento da **citação*** (grifo nosso). Tentou-se aproximar a investigação do processo, embora incomparáveis: enquanto a primeira possui natureza administrativa, o segundo é jurisdicional, nascendo a partir do oferecimento da denúncia ou queixa, materialização do direito de ação, que é abstrato. Apenas no último existe pretensão condenatória formalizada, sobrevindo a **citação** para cientificar o acusado desta. No inquérito, seja policial ou ministerial, tem-se **notificação ou intimação**. E, justamente por se estar em etapa pré-processual, administrativa, não necessariamente há de ser pessoal, por mandado, a teor do art. 370, cabeça, c/c art. 351, ambos do CPP.

---

[1] Disponível em: http://www.forumseguranca.org.br/wp-content/uploads/2019/06/Atlas-da-Violencia-2019_05jun_vers%C3%A3o-coletiva.pdf. Acesso em: 19 fev. 2020.

[2] Disponível em: https://forumseguranca.org.br/wp-content/uploads/2021/07/3-vitimizacao-policial-no-brasil-em-tempos-de-covid-19.pdf. Acesso em: 18 dez. 2021.

[3] Disponível em: https://forumseguranca.org.br/wp-content/uploads/2021/07/4-as-mortes-decorrentes-de-intervencao-policial-no-brasil-em-2020.pdf. Acesso em: 18 dez. 2021.

Outros meios de comunicação podem ser empregados, desde que cumpram a finalidade de informar o agente de segurança pública do inquérito instaurado em seu desfavor e do direito a um defensor. Nesse sentido, com acerto, o **Enunciado nº 05 do CNPG**: *Não obstante a terminologia utilizada no § 1º*, ***admite-se qualquer forma efetiva de comunicação do investigado acerca da instauração de procedimento investigatório criminal*** *(pessoal, e-mail, carta, whatsapp, SMS ou qualquer outro meio de comunicação), aplicando-se, analogicamente, o teor do § 4º do artigo 19 da Resolução CNMP nº 181.*

Outrossim, em sendo o inquérito inquisitório, o indiciado constitui advogado ou defensor **se quiser**, **antes** ou **depois** das 48h anunciadas no § 1º do art. 14-A. Esse interregno só possui uma valia: uma vez expirado, **em se tratando de indiciado solto**, o delegado ou o promotor de justiça responsável pela investigação oficia a Defensoria Pública, com cópia da portaria e das peças informativas pertinentes. No caso de investigado **preso**, a comunicação à Defensoria Pública dá-se em até 24h, *ex vi* do art. 306, § 1º do CPP, norma prevalente porque, além do princípio da especialidade, dá máxima efetividade ao preconizado no art. 5º, LXIII, da CRFB/88.

Muitas associações de agentes de segurança pública, variáveis conforme a carreira, possuem convênio com escritórios de advocacia, aptos a representar judicial e/ou extrajudicialmente seus integrantes, **caso** queiram, afinal, a autodefesa perpassa, também, pela livre escolha do patrono. Nesse sentido foi concebido, com muitas falhas técnicas, o § 2º do art. 14-A ao prescrever que *a autoridade responsável pela investigação deverá intimar a **instituição** a que estava vinculado o investigado à época da ocorrência dos fatos, para que essa, no prazo de 48 (quarenta e oito) horas,* ***indique defensor para a representação do investigado*** (grifo nosso).

Nenhuma instituição pública, por meio da sua chefia, está autorizada a indicar determinada banca de advocacia para os seus integrantes, sem prévio processo licitatório, ao arrepio da impessoalidade e moralidade administrativas (art. 37, cabeça, da CRFB/88). A referência à *instituição* há de ser interpretada como *associação de classe* – uma vez notificada, acionar a assessoria jurídica em prol do associado. Porém, conforme já mencionado acima, paralelamente à dita notificação, outra há de ser expedida, à Defensoria Pública, a quem compete intervir, nos moldes do art. 134 da CRFB/88, a não ser ou até que o indiciado indique outro patrono, seja o oportunizado pela associação, seja o da sua confiança.

Assim deve ser interpretado o § 2º do art. 14-A do CPP, sem a necessidade de declará-lo inconstitucional, conforme propõe o **Enunciado nº 16 da Defensoria Pública de Minas Gerais**: *É inconstitucional a contratação de defesa técnica por parte de ente público (art. 14-A, § 2º, CPP) para investigado ou acusado que não constitua defesa no prazo, devendo ser aberto prazo para a Defensoria Pública, nos locais em que existir defensor com atribuição para atuação.*

Uma vez constituída ou nomeada a defesa técnica, terá acesso a todo o material informativo documentado nos autos da investigação, à exceção das diligências revestidas de sigilo específico (*v.g.* interceptação telefônica ou ambiental), ou aquelas ainda em execução ou em vias de o ser, afinal, o inquérito não é um procedimento em contraditório, notabilizado pelo binômio ciência/participação ao longo de todo o evolver, e sim inquisitorial. Inteligência da Súmula Vinculante nº 14, reverberada no **Enunciado nº 06 do CNPG**: *O conhecimento da investigação em curso preconizado no art. 14-A não veda que o presidente da investigação delimite o acesso do investigado ou seu defensor aos elementos de prova relacionados a diligências em andamento e ainda não documentados nos autos,* *quando houver risco de comprometimento da eficiência, da eficácia ou da finalidade das diligências (art. 9º, § 4º, Res. 181/CNMP).*

Finalmente, a inovação promovida no art. 14-A do CPP foi **reproduzida** no art. 16-A do Código de Processo Penal Militar pela Lei nº 13.964/19, no tocante aos servidores da polícia militar e do corpo de bombeiros militares, logo, os comentários ora tecidos a alcançam na íntegra.

6
ARQUIVAMENTO E DESARQUIVAMENTO DA INVESTIGAÇÃO PENAL

6.1. NATUREZA JURÍDICA E QUALIDADE DO PRONUNCIAMENTO JUDICIAL – SÚMULA 524 DO STF

O arquivamento, nos moldes anteriores à Lei nº 13.964/19, encerrava um procedimento de **jurisdição voluntária**, porquanto o juiz, em momento algum, substituía a vontade dos *envolvidos* – opta-se por essa nomenclatura, em vez de *partes*, por se estar em fase pré-processual. O órgão do Ministério Público promovia o arquivamento. Discordando, o juiz **não** propriamente o indeferia, mas **remetia** ao Procurador-Geral, nos moldes do então art. 28 do CPP – ou, no âmbito da Justiça Federal Comum, à Câmara de Coordenação e Revisão do Ministério Público Federal (MPF), nos termos do art. 62, IV, da Lei Complementar nº 75/93 – para que emitisse a palavra final. **Insistindo no arquivamento**, o juiz, mesmo a contragosto, restringia-se a homologá-lo. Em momento algum, portanto, a sua vontade substituía a dos interessados, ao contrário, **limitava-se a integrar o desiderato ministerial, conferindo-lhe eficácia jurídica**, em quadra própria de jurisdição voluntária.

A natureza do pronunciamento de arquivamento, assim, era **administrativa**, mostrando-se **judicial**, por emanar do Poder Judiciário, mas jamais **jurisdicional**, por não encerrar exercício típico de jurisdição[1]. Caracterizava verdadeiro ato administrativo **complexo**, por serem dois os órgãos concorrendo para a sua consecução: o Ministério Público, promovendo-o, e o Juízo competente, chancelando-o.

O art. 12, XI, da Lei nº 8.625/93 endossa tal percepção. Com efeito, ao conferir ao Colégio dos Procuradores de Justiça atribuição para *rever, mediante requerimento de legítimo interessado, nos termos da Lei Orgânica*, ***decisão de arquivamento de inquérito policial ou peças de informações determinada pelo Procurador-Geral de Justiça***, *nos casos de sua atribuição originária* (grifo nosso), admitia-se a um órgão **despido de jurisdição** reexaminar pronunciamento do Poder Judiciário – *in casu*, Tribunal de Justiça

---

[1] JARDIM, Afrânio Silva; AMORIM, Pierre Souto Maior Coutinho de. *Direito Processual Penal – Estudos e pareceres*, ob. cit., p. 272/273.

–, quadra compatível com a separação e a independência entre os Poderes da República, versadas no art. 2º da CRFB/88, em razão de se estar diante de uma manifestação **judicial**, de conteúdo estritamente **administrativo**. Caso encerrasse exercício jurisdicional típico, o dispositivo seria **inconstitucional**, afinal, cumpre aos próprios órgãos do Poder Judiciário, e mais nenhum, rever as suas decisões, quando **jurisdicionais**.

Partindo dessa premissa, **se inexistem processo e jurisdição**, o pronunciamento de arquivamento encontra-se **despido** da **qualidade de coisa julgada, seja formal ou material**[2]. A exigência de provas novas, se arquivado o inquérito, para o oferecimento da denúncia, a teor da Súmula nº 524 do STF, decorreria da segurança jurídica e da unidade e indivisibilidade do órgão ministerial (art. 127, § 1º da CRFB/88), a fim de evitar que, por mera divergência de opiniões jurídicas, o membro do Ministério Público, discordando do antecessor, formalizasse a denúncia, nada obstante o cenário informativo ensejador do arquivamento permaneça inalterado.

Seguindo essa dicção, sobrevindo provas novas, **não** no sentido formal – novos depoimentos, documentos, perícias –, mas **material**, ou seja, que veiculem informações inéditas, até então desconhecidas, capazes de fulminar a *ratio decidendi* do arquivamento[3], **pouco importando qual seja**, a denúncia pode ser deflagrada, exceto, evidentemente, se a infração penal estiver prescrita.

Assim, perfeitamente possível será o oferecimento da denúncia ou da queixa nos casos, *v.g.*, de arquivamento com lastro no decesso do indiciado, se sobrevier prova da falsidade da certidão de óbito; com arrimo na atipicidade da conduta, porque insignificante o dano, se demonstrado, posteriormente, que o prejuízo experimentado pela vítima era bem maior do que se supunha; com suporte na legítima defesa, se sobrevier prova de que, na realidade, os policiais integravam grupo de extermínio, etc. Contudo, conforme salientado, a mera discordância do arquivamento não permitirá o ajuizamento da ação penal. Ilustrando: o promotor toma ciência do arquivamento, mas discorda da fundamentação, entendendo que há justa causa para a ação penal. À mingua de provas materialmente novas, inviável será o oferecimento da denúncia, haja vista a Súmula 524 do STF – daí associá-la à segurança jurídica e à unidade e indivisibilidade do órgão do Ministério Público[4].

Não obstante os sólidos argumentos que alicerçam essa posição doutrinária, ressalvas importantes precisam ser feitas.

A coisa julgada é encarada pela doutrina como **qualidade** do provimento jurisdicional[5], posição majoritária, na esteira das lições de Enrico Tullio Liebman[6], ou do seu

---

[2] JARDIM, Afrânio Silva; AMORIM, Pierre Souto Maior Coutinho de. *Direito Processual Penal* – Estudos e pareceres, ob. cit., p. 272/273; NICOLITT, André. *Manual de Processo Penal*, ob. cit., p. 286-287; RANGEL, Paulo. *Direito Processual Penal*, ob. cit., p. 233; CHOUKR, Fauzi Hassan. *Código de Processo Penal*, ob. cit., p. 108.

[3] STF, RHC 57191, Relator Min. Décio Miranda, Segunda Turma, julgado em 28/08/1979, DJ 05/10/1979; HC 81998, Relator Min. Sepúlveda Pertence, Primeira Turma, julgado em 04/06/2002, DJ 28/06/2002; Inq 2054, Relator Min. Ellen Gracie, Tribunal Pleno, julgado em 29/03/2006, DJ 06/10/2006.

[4] Inq 2054, Relator Min. Ellen Gracie, Tribunal Pleno, julgado em 29/03/2006, DJ 06/10/2006.

[5] CINTRA, Antonio Carlos de Araújo; GRINOVER, Ada Pellegrini; DINAMARCO, Cândido Rangel. *Teoria Geral do Processo*. 10. ed. São Paulo, Malheiros Editores, 1994, p. 305.

[6] *Eficácia e Autoridade da Sentença*. 3. ed. Trad. Alfredo Buzaid e Benvindo Aires. Rio de Janeiro: Forense, 1984, p. 54.

conteúdo, ou seja, da norma fixada como adequada à resolução da demanda judicialmente formalizada[7], de maneira a conferir **estabilidade** ao acertamento do conflito de interesses pelo juiz. A consequência prática da coisa julgada, por conseguinte, é **impedir o exercício do direito de ação** – se apenas no mesmo processo, faz-se coisa julgada formal; caso bloqueie a renovação da demanda por completo, opera-se a coisa julgada material.

É forçoso reconhecer, então, que **o arquivamento faz coisa julgada no mínimo formal, afinal, enquanto não sobrevierem provas materialmente novas, a ação penal NÃO poderá ser exercida**, *ex vi* da Súmula 524 do STF.

Por outro lado, a coisa julgada, independentemente da natureza jurídica que lhe confira, atrela-se ao **provimento judicial**, encerre ou não ato típico de jurisdição, esteja ou não inserto em um processo formalmente constituído. **Amarrar a coisa julgada à prévia existência de um processo e ao exercício típico da jurisdição é de formalismo excessivo, há muito superado, seja no processo civil, seja no processo penal.**

Se assim fosse, a arbitragem no processo civil, por exemplo, estaria inviabilizada, não se podendo olvidar que o art. 31 da Lei 9.307/96 preceitua que *"a sentença arbitral produz, entre as partes e seus sucessores,* **os mesmos efeitos da sentença proferida pelos órgãos do Poder Judiciário e, sendo condenatória, constitui título executivo***"*, sem prejuízo da possibilidade de nulificá-la no Poder Judiciário, se estiver em um dos incisos do art. 32, conforme prega o art. 33. Diz-se o mesmo da **justiça penal negocial**, tão bem traduzida nos Juizados Especiais Criminais, haja vista que a composição civil dos danos, prevista no art. 74 da Lei 9.099/95, importa **extinção da punibilidade** nos crimes de ação penal pública condicionada e nos de ação penal de iniciativa privada, em virtude da renúncia ao direito de representação ou de queixa, respectivamente, **malgrado a inexistência de processo e de atos tipicamente jurisdicionais, porquanto a vontade do juiz somente integra o desiderato dos pactuantes, conferindo-lhe eficácia**. Ainda neste sentido temos a transação penal, que igualmente é ajustada pelo suposto autor do fato e pelo Ministério Público numa etapa pré-processual (art. 76 da Lei 9.099/95), também em procedimento de jurisdição graciosa, extinguindo-se a punibilidade após o cumprimento do pacto, nos moldes do enunciado de Súmula Vinculante nº 35 – o inadimplemento do acordo restabelece ao Ministério Público o direito de ação. Detalhe importantíssimo: nesses dois exemplos tem-se a formação de **coisa julgada material**, porquanto, uma vez declarada extinta a punibilidade, não mais possível é a ação penal condenatória, sob pena de caracterizar revisão criminal *pro societate*, em descompasso com o art. 626, p.ú., do CPP. Na mesma toada, inclui-se o acordo de "não persecução penal", igualmente introduzido pela Lei nº 13.964/19 ao acrescentar o art. 28-A do CPP, considerado, sobretudo, o § 10 – *descumpridas quaisquer das condições estipuladas no acordo de não persecução penal, o Ministério Público deverá comunicar ao juízo, para fins de sua rescisão e* **posterior oferecimento de denúncia** (grifo nosso).

Finalmente, em não se admitindo a formação de coisa julgada no arquivamento, consagraríamos o seguinte paradoxo: **seria preferível ao indiciado ser denunciado, e, ato contínuo, ver a denúncia rejeitada, hipótese em que estaria acobertado, no mínimo,**

---

[7] CÂMARA, Alexandre Freitas. *Lições de Direito Processual Civil*. 5. ed. Rio de Janeiro: Lumen Juris, 2001, p. 397, vol. I; BARBOSA MOREIRA, José Carlos. Eficácia da Sentença e Autoridade da Coisa Julgada. *Temas de Direito Processual* – Terceira Série. São Paulo: Saraiva, 1984. p. 110/112.

pela coisa julgada formal, a ver o inquérito liminarmente arquivado, hipótese em que estaria completamente desamparado da coisa julgada.

Tamanha perplexidade jamais foi aceita pelo Supremo Tribunal Federal, nem tampouco pelo Superior Tribunal de Justiça, que sempre reconheceram a formação de coisa julgada no arquivamento, por analogia aos provimentos de rejeição da denúncia ou da queixa – a analogia justifica-se, porque, tanto o arquivamento quanto a rejeição, são provimentos que fulminam liminarmente a pretensão punitiva estatal, em sede de cognição sumária.

Antes da reforma promovida pela Lei 11.719/08, o STF aplicava, por analogia ao arquivamento, o então art. 43 do CPP, que listava as seguintes hipóteses de rejeição da inicial acusatória: a) o fato narrado na denúncia ou na queixa não constituir infração penal (inciso I); b) extinção da punibilidade (inciso II); c) carência das condições para o regular exercício do direito de ação (inciso III). Neste último caso, dispunha o parágrafo único que, uma vez suprida a condição faltante, a demanda poderia ser renovada. Nesse diapasão, a rejeição lastreada nos incisos I e II fazia coisa julgada material, ao passo que, no inciso III, havia a formação de coisa julgada formal.

Transpondo o finado art. 43 do CPP para o arquivamento, concluíram o STF e o STJ que, quando arrimado na atipicidade da conduta e em causa extintiva da punibilidade, o arquivamento fazia coisa julgada material, sem a menor possibilidade de renovação da demanda, em respeito à vedação à revisão criminal *pro societate*, encartada no art. 626, p.ú. do CPP, independentemente do advento de provas materialmente novas – sem incidência, portanto, da Súmula 524 do STF[8]. Por outro lado, se escudado na carência das condições para o regular exercício da ação penal, *v.g.*, falta de justa causa, o arquivamento faria coisa julgada formal, ofertando-se a denúncia ou a queixa se sobreviessem provas materialmente novas – nesta última hipótese é que se aplicava a Súmula 524 do STF.

A única exceção correspondia ao arquivamento fundamentado na morte do indiciado, se falsa a certidão de óbito. Como tal provimento é meramente declaratório, se a premissa – o decesso do agente – inexiste, a própria declaração de extinção da punibilidade há de ser reputada inexistente, permitindo o oferecimento da ação penal, desde que não se tenha operado a prescrição. E por se trabalhar no plano da existência, e não no da validade, não haveria ofensa ao art. 626, parágrafo único, do CPP – não se estaria *desconstituindo* o provimento extintivo da punibilidade, mas tão-somente reconhecendo que nunca existiu, construção interessante, mas que escamoteia clarríssima revisão criminal *pro societate*, em desacordo com o art. 626, parágrafo único, do CPP, conforme aponta, vencido, o Ministro Marco Aurélio[9].

Após o advento da Lei 11.719/08, o então art. 43 do CPP foi ab-rogado, trazendo, em seu lugar, os arts. 395 e 397 do CPP: o primeiro lista as hipóteses de rejeição processual da

---

[8] STF, HC 87395, Relator Min. Ricardo Lewandowski, Tribunal Pleno, julgado em 23/03/2017, *DJe* 13/03/2018 (Informativo nº 858); STJ, Inq. 1.196/DF, Rel. Ministro Francisco Falcão, Corte Especial, julgado em 15/05/2019, *DJe* 05/06/2019; RHC 46.666/MS, Rel. Ministro Sebastião Reis Júnior, Sexta Turma, julgado em 05/02/2015, *DJe* 28/04/2015; HC 173.397/RS, Rel. Ministra Maria Thereza de Assis Moura, Sexta Turma, julgado em 17/03/2011, *DJe* 11/04/2011.

[9] STF, HC 104.998, Rel. Min. Dias Toffoli, Primeira Turma, julgado em 14/12/2010, *DJe* 09/05/2011, vencido Min. Marco Aurélio; HC 84.525, Rel. Min. Carlos Velloso, Segunda Turma, julgado em 16/11/2004, DJ 03/12/2004, *LEXSTF* v. 27, n. 315, 2005, p. 405-409.

denúncia ou da queixa – inépcia da inicial acusatória (inciso I), carência das condições para o regular exercício do direito de ação ou dos pressupostos processuais (inciso II), falta de justa causa (inciso III) –, extinguindo-se o processo SEM julgamento do mérito, formando-se coisa julgada **formal**; o segundo elenca os casos de absolvição sumária – excludentes da ilicitude (inciso I), da culpabilidade, exceto inimputabilidade mental (inciso II), da tipicidade (inciso III) e da punibilidade (inciso IV), findando o processo COM julgamento do mérito, daí advindo a coisa julgada **material**.

Como ambos também fulminam liminarmente a pretensão punitiva estatal, em sede de cognição sumária – tanto que nada impede ao juiz rejeitar de plano a denúncia ou a queixa materialmente, quando verificar uma das hipóteses do art. 397 do CPP – tanto o STF quanto o STJ vislumbraram, corretamente, esses dois dispositivos como sucessores do então art. 43 do CPP, passando a aplicá-los, por analogia, ao arquivamento. Por conseguinte, todas as proposições acima foram **mantidas** pelo STF[10] e pelo STJ[11].

Houve, entretanto, um impasse.

Sob a égide do finado art. 43 do CPP, *fato não constitutivo de infração penal* sempre foi interpretado pelo STF como sinônimo de **atipicidade** da conduta, pois, quando a lei alude às excludentes da ilicitude ou da culpabilidade, vale-se da expressão *causas que excluem o crime ou que isentam o réu de pena*, haja vista o art. 386 do CPP, quer na sua redação originária (inciso III x inciso V), quer na atual – inciso III x inciso VI. Jamais o STF abraçou o sofisma segundo a qual *fato não constitutivo de infração penal* compreenderia também as excludentes da ilicitude e da culpabilidade, por ser crime conduta típica, ilícita e, para a maioria da doutrina, culpável. Excludentes da ilicitude e da culpabilidade eram fundamentos da sentença absolutória, exigindo cognição exauriente, ao invés de sumária – tanto que o p.ú. do art. 310 do CPP dispunha, **originariamente**, que o juiz poderia conceder liberdade provisória ao imputado, caso enxergasse excludente da ilicitude legitimando o seu agir, mas vinculada ao comparecimento a todos os atos do processo, ou seja, haveria de se ter o processo, sem possibilidade de rejeição liminar da denúncia ou queixa, **quadra inalterada pela Lei nº 13.964/19, haja vista o ora § 1º do mesmo art. 310 do CPP**.

Por conseguinte, quando o arquivamento estivesse arrimado em excludente da ilicitude ou da culpabilidade – exemplo mais corriqueiro seria o arquivamento com fundamento na legítima defesa dos policiais, em situações de confronto com alegados criminosos – não havia como alocá-lo nos incisos I e II do então art. 43 do CPP, porque bastante pontuais, referindo-se, especificamente, à atipicidade e à extinção da punibilidade –, restando, apenas, o inciso III – carência das condições para o regular exercício da ação penal –, por ser mais genérico. O arquivamento faria, então, coisa julgada apenas formal, podendo ser renovada a demanda se sobreviessem provas materialmente novas – *v.g.* sobrevindo a revelação de que os policiais integrariam grupo de extermínio, afastava-se a legítima defesa até então reconhecida, retomando-se a persecução penal[12].

---

[10] HC 87395, Relator Min. Ricardo Lewandowski, Tribunal Pleno, julgado em 23/03/2017, *DJe*-048 divulg 12/03/2018 public 13/03/2018 (Informativo nº 858).

[11] Inq. 1.196/DF, Rel. Ministro Francisco Falcão, Corte Especial, julgado em 15/05/2019, *DJe* 05/06/2019.

[12] STF, HC 95211, Relator Min. Cármen Lúcia, Primeira Turma, julgado em 10/03/2009, *DJe*-160 divulg 19/08/2011 public 22/08/2011; HC 125101, Relator Min. Teori Zavascki, Relator(a) p/ Acórdão: Min. Dias Toffoli, Segunda Turma, julgado em 25/08/2015, *DJe*-180 divulg 10/09/2015 public 11/09/2015.

O STJ, em contrapartida, não vislumbrava diferenças ontológicas entre o arquivamento pautado na atipicidade da conduta e o arrimado, *v.g.*, em excludente da ilicitude, porque ambos os fundamentos eram materiais, conclusivos pela ausência de infração penal. Fato não constitutivo de injusto penal englobaria, indistintamente, as excludentes da tipicidade, da ilicitude e da culpabilidade. E, uma vez invocado para escudar o pronunciamento de arquivamento, forma-se coisa julgada material[13].

Ocorre que, atualmente, as excludentes da ilicitude e da culpabilidade, à exceção da inimputabilidade mental, desafiam cognição sumária, *ex vi* do art. 397, I e II, do CPP, logo, aplicá-los, por analogia, aos pronunciamentos de arquivamento desaguaria na formação de coisa julgada material, robustecendo a percepção do STJ, que, assim, já se colocou[14].

Contudo, o Pleno do Supremo Tribunal Federal rechaçou essa exegese para afastar a formação de coisa julgada material nos casos de arquivamento arrimados em excludentes da ilicitude e da culpabilidade. Embora, em tese, desafiem cognição sumária, são questões de mérito cuja elucidação exige, primordialmente, prova oral, afinal, malgrado possível (*v.g.* filmagem, devidamente autenticada, de todo o acontecido), é improvável imaginar uma legítima defesa ou coação moral irresistível, *v.g.*, sendo provadas apenas documentalmente ou pericialmente, recorrendo-se, em regra, à prova oral, a demandar, portanto, cognição exauriente. Inexistiria, assim, identidade suficiente de razões a ensejar a analogia – *ubi eadem ratio ibi eadem jus*[15].

Avalizamos a orientação do Supremo Tribunal Federal, mesmo porque todo pensamento jurídico se constrói a partir do ordinário, e não do extravagante. E, de fato, excludentes da ilicitude e da culpabilidade, embora contidas no rol das absolvições sumárias, dificilmente as ensejarão, como, efetivamente, não as têm comportado, porque perpassam, na esmagadora maioria das vezes, pela prova oral, submetendo-se à cognição vertical, absolutamente estranha ao arquivamento. Inexiste campo, aqui, para analogia.

O novel formato dado ao arquivamento, contudo, **vai inteiramente ao encontro da primeira posição, doutrinária, e não da segunda, eminentemente jurisprudencial**.

Diz o art. 28 do CPP, *caput*, que *ordenado o arquivamento do inquérito policial ou de quaisquer elementos informativos da mesma natureza,* ***o órgão do Ministério Público comunicará à vítima, ao investigado e à autoridade policial e encaminhará os autos para a instância de revisão ministerial para fins de homologação, na forma da lei*** (grifo nosso). Nos termos do § 1º, *se a vítima, ou seu representante legal, não concordar com o arquivamento do inquérito policial*, poderá, no prazo de 30 (trinta) dias do recebimento da comunicação, *submeter a matéria à revisão da instância competente do órgão ministerial*, conforme dispuser a respectiva lei orgânica, arrematando o § 2º que *nas ações penais relativas a crimes praticados em detrimento da União, Estados e Municípios,* ***a revisão do***

---

[13] STJ, RHC 17.389/SE, Rel. Ministra Laurita Vaz, Quinta Turma, julgado em 20/11/2007, *DJe* 07/04/2008; HC 173.397/RS, Rel. Ministra Maria Thereza de Assis Moura, Sexta Turma, julgado em 17/03/2011, *DJe* 11/04/2011.

[14] STJ, RHC 46.666/MS, Rel. Ministro Sebastião Reis Júnior, Sexta Turma, julgado em 05/02/2015, *DJe* 28/04/2015; REsp 791.471/RJ, Rel. Ministro Nefi Cordeiro, Sexta Turma, julgado em 25/11/2014, *DJe* 16/12/2014.

[15] STF, HC 87395, Relator Min. Ricardo Lewandowski, Tribunal Pleno, julgado em 23/03/2017, *DJe*-048 divulg 12/03/2018 public 13/03/2018 (Informativo nº 858).

arquivamento do inquérito policial poderá ser provocada pela chefia do órgão a quem couber a sua representação judicial (grifo nosso).

Com efeito, ao circunscrever o arquivamento inteiramente no âmbito do Ministério Público, retira-se do pronunciamento o caráter judicial, tornando-o, integralmente, um ato **administrativo**, sem resquício algum de jurisdição, ainda que voluntária. Nesse contexto, **inexiste identidade mínima de razões entre a decisão de arquivamento do *Parquet* e o pronunciamento jurisdicional de não recebimento ou de rejeição da denúncia ou queixa, a permitir a analogia**. Além de integrarem **Poderes da República distintos**, Ministério Público e juiz ocupam, ainda, papéis completamente díspares, ao bem do sistema acusatório, na persecução penal: ao primeiro, a promoção, privativa, da ação penal pública (art. 129, I, da CRFB/88), ao segundo, a equidistância. Por tudo isso, **os pronunciamentos de arquivamento não mais farão coisa julgada, seja formal, seja material, porque emanam de órgão NÃO jurisdicional, incumbido de múnus igualmente NÃO jurisdicional**, diferentemente, *v.g.*, dos *juízos* e *Tribunais* arbitrais. A jurisprudência do STF e do STJ cai por terra. E mais: **justamente por não ter jurisdição, descabe ao Ministério Público, no arquivamento, assentar a atipicidade da conduta, a extinção da punibilidade ou excludentes da ilicitude ou da culpabilidade. Tais elementos até podem ser invocados, mas como fundamentos reveladores da falta de justa causa ou do interesse de agir, sem considerações assertivas, inerentes ao juízo apenas.**

A Súmula nº 524 do STF, todavia, mantém-se, porque pautada na segurança jurídica e na unidade e indivisibilidade do órgão **ministerial** (art. 127, § 1º da CRFB/88). A inteligência do enunciado, já examinada, persiste intacta.

O Conselho Nacional dos Procuradores-Gerais (CNPG), por meio do Grupo Nacional de Coordenadores de Centro de Apoio Criminal (GNCCRIM), instaurou uma Comissão Especial incumbida de aprovar enunciados interpretativos da Lei nº 13.964/19, e, a respeito do novel art. 28 do CPP, o de nº 9 **converge** com a nossa orientação: *Considerando que o arquivamento do inquérito policial ou de quaisquer elementos informativos da mesma natureza não se subordina à apreciação judicial, a decisão **não está mais sujeita aos efeitos da coisa julgada formal ou material**.*

Maria Lúcia Karam, em artigo sobre o arquivamento escrito **bem antes** da Lei nº 13.964/19, igualmente não reconhece conteúdo jurisdicional no pronunciamento judicial do arquivamento, encarando-o, apenas, **administrativamente**. Sem embargo, partindo da mesma perplexidade por nós apontada – ser preferível ao indiciado a denúncia, seguida da recusa pelo juiz competente, ao pronto arquivamento, porque, neste, não ficaria sob o manto da coisa julgada, nem mesmo a formal – trilha caminho diverso do nosso para justificar, racionalmente, a formação de coisa julgada, inclusive material. Obtempera que, quando pautado na falta de justa causa, é ínsita ao arquivamento a precariedade, o caráter *rebus sic stantibus*, afinal, a qualquer instante podem surgir novas evidências aptas a proporcionar uma guinada de 180º na persecução, desaguando na formalização da denúncia. Contudo, quando escudado na inexistência de crime ou na extinção da punibilidade, o arquivamento reveste-se de definitividade, consubstanciando *ato administrativo irretratável e irrevogável*, à semelhança de tantos outros atos da Administração Pública[16].

---

[16] *Arquivamento e Desarquivamento do Inquérito Policial* – Tributo a Afrânio Silva Jardim: escritos e estudos. BASTOS, Marcelo Lessa; AMORIM, Pierre Souto Maior de. Rio de Janeiro: Lumen Juris, 2011, p. 452/457.

Seguindo essa linha de raciocínio, tanto faria o arquivamento ser formalizado perante o Poder Judiciário, ou no âmbito do Ministério Público, porquanto a sua natureza administrativa persistiria intocada: **em ambos os casos, a depender do fundamento invocado, faria coisa julgada formal ou material**. E a previsão de **revisão obrigatória** da promoção de arquivamento por instância ministerial **superior**, sem prejuízo de recurso da vítima ou de seu representante legal, encorpam tal percepção, resultando na formação da **coisa julgada administrativa**.

Assim, se o *Parquet* assenta a atipicidade da conduta alvo da investigação, ou reconhece a extinção da punibilidade, não se pode imaginar que, a partir de um passe de mágica, o agir tornar-se-á típico ou o *jus puniendi*, como a fênix, ressurgirá das cinzas. A notícia-crime ensejadora da investigação estaria equacionada exaustivamente, sem abrir campo para provas materialmente novas, descartando, assim, a Súmula 524 do STF. E, como o Ministério Público **manifestou-se**, expressamente, sobre o fato supostamente delituoso, tampouco haveria inércia injustificada apta a permitir a deflagração da ação penal privada subsidiária da pública, a teor do art. 5º, LIX, da CRFB/88, *a contrario sensu*.

Embora a tese seja belíssima, pavimentando o caminho argumentativo para que o STF e o STJ mantenham a sua jurisprudência, se assim entenderem, **não nos convence, mesmo sob o ângulo administrativo**.

No universo persecutório penal, a verdade é uma categoria artificial, porque inatingível. Onipresença e onisciência são estranhas aos atores persecutórios, debruçados sobre a **percepção de um fato noticiado e documentado no caderno investigativo**, mas que **não necessariamente condiz com a realidade**. Conclui-se, ao cabo da investigação, que os policiais agiram em legítima defesa. Ou que a subtração seria materialmente atípica, porque a *res furtiva*, uma pochete surrada, foi avaliada em R$ 20,00. Ou que o indiciado havia falecido, extinguindo-se a punibilidade. As conclusões são, sim, definitivas, mas **à luz do cenário apresentado na investigação**. Em nenhuma dessas hipóteses se concebe a denúncia, ou, mesmo, o desarquivamento, por mera discordância. Qualquer pretensão nesse sentido naturalmente esbarra, conforme já analisado, na Súmula nº 524 do STF, em deferência à segurança jurídica e à unidade e indivisibilidade do órgão ministerial (art. 127, § 1º da CRFB/88).

Mas, por outro lado, não se pode descartar a possibilidade de os policiais integrarem, sim, milícia, havendo executado a vítima. Ou de o prejuízo suportado pelo ofendido ter sido maior do que o documentado, porque, dentro da pochete, estava o seu aparelho celular. Ou de a certidão de óbito ser falsa. Em se confirmando **qualquer** dessas hipóteses, sobrevêm provas materialmente novas, que **não** podem ser desprezadas, a teor da Súmula nº 524 do STF. O membro do Ministério Público, na qualidade de agente público, e político, **deixaria de exercer o poder de autotutela inerente a qualquer agente da Administração Pública**, sem rever ato concreto seu, embora ruídas as premissas fáticas que o embasaram, porque falsas ou viciadas, em desacordo com a **primeira parte** da Súmula nº 473 do STF, justamente a mais incontestes do enunciado (a segunda abre brecha para indesejável insegurança jurídica, a depender do caso) – *a administração pode anular seus próprios atos, quando eivados de vícios que os tornam ilegais, porque deles não se originam direitos; ou revogá-los, por motivo de conveniência ou oportunidade, respeitados os direitos adquiridos, e ressalvada, em todos os casos, a apreciação judicial* (grifo nosso).

Evidentemente que o raciocínio acima não alcança o **processo penal**, ante **a expressa vedação à revisão criminal** *pro societate* **contida no art. 626, parágrafo único, do CPP**

– ressalvada a solução *achada* pelo STF no caso de sentença extintiva da punibilidade pelo decesso do agente, se falsa a certidão respectiva. Mas, *a contrario sensu*, em não sendo judicial o pronunciamento, **a revisão é admissível**. Em última análise, o Ministério Público deixaria de promover a ação penal pública, ao arrepio do art. 129, I, da CRFB/88, **sem amparo em qualquer dispositivo legal**, olvidando a obrigatoriedade ou, mesmo, a legalidade da ação penal pública – malgrado presentes as condições para o seu regular exercício, a denúncia não seria ofertada (art. 24 do CPP), sem qualquer escusa **legal** para tanto. A quadra equivaleria à inércia, viabilizando a deflagração da ação penal privada subsidiária da pública, **garantia fundamental** (art. 5º, LIX, da CRFB/88).

A visão sistêmica do processo penal pátrio, ora desenvolvida, não permite assentar a subsistência da formação de coisa julgada, seja formal ou material, da decisão de arquivamento, quando inteiramente deslocada para o Ministério Público, conservada a Súmula nº 524 do STF.

Lastreado na homologação da promoção de arquivamento pelo Ministério Público, poderia o então indiciado formalizar ação declaratória ao juiz competente com o objetivo de obter pronunciamento jurisdicional de extinção da pretensão punitiva estatal ou de inexistência de infração penal, em razão da atipicidade da conduta ou da excludente da ilicitude ou da culpabilidade, a fim de ter, em seu prol, a formação de coisa julgada material?

A indagação inquieta, afinal, o arquivamento chancelado pelo Ministério Público é *rebus sic stantibus*. Ante a Súmula nº 524 do STF, a superveniência de provas materialmente novas pode ensejar o desarquivamento ou, até, o oferecimento da denúncia. A ameaça ao estado de inocência e à liberdade do indiciado não está completamente debelada. A tutela jurisdicional teria viés preventivo, inibindo qualquer atuar persecutório estatal futuro. Presente a dicotomia juiz das garantias x juiz da instrução e do julgamento, a competência para conhecer da ação seria do primeiro, afinal, a causa de pedir percorre, inteiramente, a investigação, com a qual não pode o segundo ter contato – se, por exemplo, o pedido declaratório fosse julgado improcedente, e, ato contínuo, surgissem provas materialmente novas viabilizando a denúncia, o juiz da vindoura instrução e julgamento permaneceria incólume de dissonâncias cognitivas.

Ainda assim, uma ação desse naipe não nos soa viável.

O art. 5º, LVII, da CRFB/88 fixou o **estado de inocência**. Não há motivo para buscar, junto ao Poder Judiciário, a declaração de um *status* já conferido pela Constituição. Não por acaso, as causas extintivas da pretensão punitiva estatal são cognoscíveis de ofício pelo juiz (art. 61 do CPP), tornando-se desimportante o enfrentamento das demais. O juiz apenas pretere a declaração de extinção da punibilidade se, no momento da decisão, dispuser, também, de outra *ratio*, absolutória – *v.g.*, em sede de absolvição sumária (art. 397 do CPP), podendo reconhecer a atipicidade da conduta, em vez de extinguir a pretensão punitiva, deve o magistrado optar pela primeira[17]. Mas, se tiver em mão somente uma causa extintiva

---

[17] STF, AP 465, Relator Min. Cármen Lúcia, Tribunal Pleno, julgado em 24/04/2014, *DJe*-213 divulg 29/10/2014 public 30/10/2014. O julgado foi noticiado no Informativo do STF nº 743, merecendo destacar o seguinte trecho: *"...destacou que **eventual sentença absolutória seria mais favorável do que o registro da prescrição**. O Ministro Roberto Barroso considerou que, nas hipóteses em que finda a instrução, seria facultado ao juiz reconhecer a prescrição ou absolver — embora não seja direito subjetivo da parte —, exceto na eventualidade de vir a ser proferida decisão condenatória, situação na qual necessário assentar a prescrição. Ressalvou que, se a extinção da punibilidade pelo reconhecimento da*

da punibilidade, o réu não possui o direito público subjetivo de exigir do Poder Judiciário o exame das demais questões de mérito, afinal, o seu estado de inocência resta inalterado[18].

De mais a mais, o desiderato legislativo há de ser respeitado, sob pena de ofensa ao art. 2º da CRFB/88. A Lei nº 13.964/19 objetivou **desjudicializar** o arquivamento, justamente para que o Poder Judiciário não mais interfira em um múnus privativo do Ministério Público. Pretensão declaratória nos moldes acima tornaria letra morta a inovação, mostrando-se flagrantemente *contra legem*. Descabe.

6.2. NOVO PROCEDIMENTO DO ARQUIVAMENTO, (IN)SUBSISTÊNCIA DO ARQUIVAMENTO IMPLÍCITO, (IM)POSSIBILIDADE DE OUTRO MEMBRO DO MINISTÉRIO PÚBLICO RECUSAR-SE A DENUNCIAR, QUANDO DA REFORMA DA DECISÃO DE ARQUIVAMENTO, FUNDAMENTOS DA LIMINAR CONCEDIDA NA ADI Nº 6.305 E CRÍTICAS À SUA CONCESSÃO

A Lei nº 13.964/19 burocratizou, exageradamente, o procedimento do arquivamento, especialmente por submeter o pronunciamento do órgão ministerial *a quo* à revisão obrigatória por instância superior do Ministério Público, criando uma espécie de **reexame necessário**, enquanto **condição de eficácia do arquivamento**, sem o qual há de ser tido como **inexistente**, sem incidência da Súmula nº 524 do STF. O *caput* do art. 28 do CPP é imperativo nesse sentido, ao anunciar que, *ordenado o arquivamento do inquérito policial ou de quaisquer elementos informativos da mesma natureza, o órgão do Ministério Público comunicará à vítima, ao investigado e à autoridade policial e **encaminhará** os autos para a instância de **revisão ministerial** para fins de homologação, na forma da lei* (grifo nosso). Idêntica intelecção se vê no **Enunciado nº 10 do CNPG**: *Salvo no caso de competência originária do Procurador-Geral (foro por prerrogativa de função), a decisão de arquivamento deverá ser **obrigatoriamente** submetida à instância de revisão ministerial, para fins de homologação, ainda que não exista recurso da vítima ou de seu representante legal* (grifo nosso).

Em apreço ao princípio da obrigatoriedade da ação penal pública (art. 24 do CPP), o prof. Hélio Tornaghi[19], pioneiramente, e, depois, mais sistematicamente, o prof. Afrânio Silva Jardim[20], lideram a doutrina[21] segundo a qual, deflagrada a ação penal, sem incluir

---

prescrição fosse atestada em fases iniciais do processo, o magistrado teria a prerrogativa de extingui-lo. No ponto, **o Ministro Luiz Fux explicitou que seria mais condizente com a dignidade da pessoa humana conferir ao julgador a possibilidade de proferir sentença absolutória ao invés de declarar a prescrição...**" (grifo nosso).

[18] **STJ**, AgRg no Ag 1139986/PR, Rel. Ministro Ribeiro Dantas, Quinta Turma, julgado em 06/10/2016, DJe 26/10/2016 – "...1. *É firme o entendimento desta Corte Superior no sentido de que: "Uma vez declarada extinta a punibilidade (...), não há interesse jurídico da parte em recorrer (...). O interesse, na ação penal condenatória, diz com o dispositivo da sentença e não com a sua motivação" (REsp 191.985/MG, Rel. Ministro Felix Fischer, Quinta Turma, DJ 25/10/1999)...*" (grifo nosso); AgRg no AREsp 607.100/SP, Rel. Ministro Ericson Maranho (Desembargador Convocado do TJ/SP), Sexta Turma, julgado em 03/11/2015, DJe 19/11/2015.

[19] *Instituições de Processo Penal*. São Paulo: Saraiva, p. 340/345. vol. 2.

[20] *Direito Processual Penal – Estudos e Pareceres*, ob. cit., p. 276/279.

[21] NICOLITT, André. *Manual de Processo Penal*, ob. cit., p. 290/292; RANGEL, Paulo. *Direito Processual Penal*, ob. cit., p. 228/232.

todas as infrações penais e/ou indiciados, concluiria o Ministério Público, subliminarmente, pela ausência de justa causa em relação aos faltantes, do contrário, os teria denunciado. E o juiz, ao receber a peça acusatória sem ressalvas, referendaria, também veladamente, essa percepção, operando-se, nesse instante, o arquivamento implícito. Evita-se, com isso, eternizar indiciamentos, sem invocar, em sentido contrário, a exigência constitucional de fundamentação dos pronunciamentos judiciais e ministeriais – arts. 93, IX, e 129, VIII, 2ª parte, da CRFB/88 –, que, por ser garantia fundamental do imputado contra arbitrariedades estatais, há de ser trabalhada em seu prol, jamais contra.

Evidentemente que o cenário desenhado acima não é virtuoso. Tecnicamente, se a denúncia não compreenderá todos os injustos e/ou investigados, deve o *Parquet* promover o arquivamento em relação a estes, ou aclarar, por termo (cota) nos autos do inquérito ou petição separada, que não os denunciar não importa arquivamento, devendo prosseguir a investigação. Se não o fizer, o juiz, ao examinar a peça acusatória, instaria o membro do Ministério Público a se manifestar, ou acionaria o art. 28 do CPP.

Presente a nova redação dada ao art. 28 do CPP, **lapsos como o ora retratado não mais dão azo a conjecturar o arquivamento implícito**, porque, ainda que o silêncio do órgão ministerial subscritor da denúncia no tocante aos faltantes (infrações e/ou indiciados) seja encarado como eloquente, traduzirá, quando muito, **formalização de arquivamento tácito**, que, todavia, **apenas se torna pronto e acabado quando submetido à revisão pela instância superior do Ministério Público** com atribuição para tanto. O **arquivamento implícito**, historicamente refutado, com veemência, pelo STF[22] e pelo STJ[23], presos à exigência constitucional de motivação dos provimentos judiciais e ministeriais (arts. 93, IX, e 129, VIII, 2ª parte, da Carta de 1988), **não mais tem vez**.

A remessa compulsória da promoção de arquivamento firmada pelo promotor natural à instância revisora ministerial para aval revela inexplicável desconfiança em relação ao primeiro, afinal, todos os pronunciamentos dos membros do Ministério Público hão de ser fundamentados, nos termos do art. 129, VIII, 2ª parte, da Carta de 1988, devendo-se presumir a boa-fé. **Reeditou-se o modelo reservado para o arquivamento do inquérito civil público (ICP)**, haja vista o art. 9º da Lei nº 7.347, de 24 de julho de 1985 (Ação Civil Pública), que o remete a reexame obrigatório pelo Conselho Superior do Ministério Público.

Olvidou a Lei nº 13.964/19, contudo, que o volume de inquéritos penais sujeitos a arquivamento é infinitamente superior ao de ICPs, logo, absorvê-los, desde o procedimento até o armazenamento físico, impõe profunda reestruturação administrativa dos

---

[22] HC 127011-AgR, Relator Min. Cármen Lúcia, Segunda Turma, julgado em 12/05/2015, *DJe*-094 divulg 20/05/2015 public 21/05/2015; RHC 113273, Relator Min. Luiz Fux, Primeira Turma, julgado em 25/06/2013, *DJe*-158 divulg 13/08/2013 public 14/08/2013 – *"...1. O arquivamento implícito não foi concebido pelo ordenamento jurídico brasileiro, e modo que nada obsta que o Parquet proceda ao aditamento da exordial acusatória, no momento em que se verificar a presença de indícios suficientes de autoria de outro corréu. (Precedentes: AI nº 803138 AgR/RJ, Relator Ministro Gilmar Mendes, Segunda Turma, DJe 15.10.2012; HC nº 104356/RJ, Relator Ministro Ricardo Lewandowski, Primeira Turma, DJe 02.12.2010; RHC nº 95141/RJ, Relator Ministro Ricardo Lewandowski, Primeira Turma, DJe 23.10.2009)..."* (grifo nosso).

[23] REsp 1637447/RJ, Rel. Ministro Jorge Mussi, Quinta Turma, julgado em 23/08/2018, *DJe* 31/08/2018; AgRg no AREsp 1462447/RS, Rel. Ministro Sebastião Reis Júnior, Sexta Turma, julgado em 13/08/2019, *DJe* 29/08/2019.

Ministérios Públicos (criação de mais serventias, abertura de concursos para os quadros de apoio, etc.), em detrimento da autonomia administrativa do próprio *Parquet* (art. 127, § 2º da CRFB/88) e dos Estados na organização das suas Justiças, incluindo o Ministério Público (art. 125, cabeça, da CRFB/88), com impactos orçamentários consideráveis, razões invocadas pelo Min. Luiz Fux para suspender, cautelarmente, a eficácia do art. 28 do CPP, postulada na ADI nº 6.305, ajuizada pela Associação Nacional dos Membros do Ministério Público – CONAMP. Com efeito, pontuou o Min. Luiz Fux a violação às *"cláusulas que exigem prévia dotação orçamentária para a realização de despesas (Artigo 169, Constituição), além da autonomia financeira dos Ministérios Públicos (Artigo 127, Constituição), a alteração promovida no rito de arquivamento do inquérito policial, máxime quando desconsidera os impactos sistêmicos e financeiros ao funcionamento dos órgãos do Parquet"*. Por conseguinte, decidiu suspender *sine die* a eficácia do preceito, assim se colocando: *"A previsão de o dispositivo ora impugnado entrar em vigor em 23.01.2020, sem que os Ministérios Públicos tivessem tido tempo hábil para se adaptar estruturalmente à nova competência estabelecida, revela a irrazoabilidade da regra, inquinando-a com o vício da inconstitucionalidade. A vacatio legis da Lei nº 13.964/2019 transcorreu integralmente durante o período de recesso parlamentar federal e estadual, o que impediu qualquer tipo de mobilização dos Ministérios Públicos para a propositura de eventuais projetos de lei que venham a possibilitar a implementação adequada dessa nova sistemática"*.

Desconsiderou-se o alinhamento da inovação legislativa ao art. 129, I, da CRFB/88 (sistema acusatório), atendendo a um reclamo histórico da doutrina e do próprio *Parquet* pelo bloqueio à ingerência judicial sobre o arquivamento, afinal, em xeque está, tão somente, o exercício da ação penal pública, privativa do Ministério Público. Longe de ser matéria afeta organicamente ao *Parquet*, o arquivamento da investigação é matéria de cunho sabidamente processual penal, da competência legislativa privativa da União (art. 22, I, da CRFB/88), inexistindo qualquer mácula à autonomia administrativa do Ministério Público ou ao pacto federativo e à autogestão dos Estados daí decorrente.

Justamente em respeito à autonomia administrativa do Ministério Público e dos Estados, a Lei nº 13.964/19 absteve-se de definir o órgão com atribuição revisora e de detalhar o procedimento impugnativo do arquivamento a ser instaurado pela vítima ou seu representante legal, deixando a cargo de cada *Parquet* fazê-lo, em atenção às suas especificidades. No tocante ao órgão com atribuição revisional, diz o *caput* do novel art. 28 do CPP que, *ordenado o arquivamento do inquérito policial ou de quaisquer elementos informativos da mesma natureza, o órgão do Ministério Público comunicará à vítima, ao investigado e à autoridade policial e encaminhará os autos para a* **instância de revisão ministerial** *para fins de homologação, na forma da lei*. E, quanto à forma por meio da qual o lesado ou o responsável legal atacará o arquivamento, preconiza o § 1º que, *se a vítima, ou seu representante legal, não concordar com o arquivamento do inquérito policial, poderá, no prazo de 30 (trinta) dias do recebimento da comunicação, submeter a matéria à revisão da instância competente do órgão ministerial,* **conforme dispuser a respectiva lei orgânica** (grifo nosso). Inexistirá, pois, uniformidade procedimental acerca do tema, variando de *Parquet* para *Parquet*, fenômeno inerente a toda e qualquer federação.

De todo modo, até que venha legislação específica, dispondo diversamente, **no âmbito dos Ministérios Públicos estaduais, até por ter o art. 9º da Lei nº 7.347/85 servido de inspiração ao art. 28 do CPP, invoca-se, por analogia, aquele dispositivo legal para revestir o Conselho Superior dessa atribuição revisora.** O Colégio dos Procuradores de Justiça seria demasiado, por ter atribuição revisional bastante específica, adstrita aos arquivamentos promovidos pelo Procurador-Geral de Justiça (PGJ), nos casos de atribuição persecutória originária sua, mediante provocação do legítimo interessado (art. 12, XI da Lei nº 8.625/93).

No âmbito do Ministério Público Federal (MPF) esse papel revisor há de ser exercido pela Câmara de Coordenação e Revisão, nos termos do art. 62, IV, da Lei Complementar nº 75/93, até que sobrevenha disposição normativa diversa. Em verdade, tal atribuição já vinha sendo desempenhada pela Câmara, nos casos de dissenso do juiz federal quanto ao arquivamento promovido pelo Procurador da República – aplicar o art. 28 do CPP perpassa pelo envio dos autos à Câmara de Coordenação e Revisão, a quem incumbe a palavra final, não submetida ao aval do Procurador-Geral da República (PGR). Com efeito, ao listar as atribuições do PGR, enquanto chefe institucional do MPF, o art. 49 confiou-lhe, no inciso VIII, a revisão das decisões tomadas pela Câmara em sede de conflito de atribuições entre órgãos do MPF (art. 62, VII), calando-se quanto às promoções de arquivamento. Tamanho silêncio eloquente revela que, nesse último caso, a decisão é integral da Câmara de Coordenação e Revisão do MPF[24].

Registre-se que, nos termos do **Enunciado nº 11 do CNPG, o órgão revisor seria o Procurador-Geral de Justiça (PGJ)**, posição essa encampada, majoritariamente, pelo Ministério Público, em nível nacional, a saber: *ao receber os autos com a decisão de arquivamento, o órgão de revisão ministerial (****Procurador-Geral de Justiça*** *ou órgão delegado) poderá homologá-la, ou, em caso de discordância, designar outro membro para continuar as investigações ou oferecer denúncia* (grifo nosso). Por detrás dessa orientação ora dominante identifica-se a força da tradição, presente o texto original do art. 28 do CPP, porque **o atual nada sinaliza nesse sentido**. E o art. 29 da Lei nº 8625/93, ao elencar as atribuições do PGJ, **tampouco**, limitando-se a fazer menção ao arquivamento nos casos de atribuição **originária** do PGJ. Tem-se também como móvel a percepção segundo a qual os Conselhos Superiores dos Ministérios Públicos Estaduais não foram projetados para absorver tamanho volume de demandas – investigações penais são incomparavelmente mais numerosas do que os inquéritos civis públicos. Ilusória, entretanto, essa preocupação, porque tampouco preparado está o PGJ para comportar esse aumento exponencial, afinal, até então este era acionado somente no caso de discordância judicial quanto ao arquivamento – à luz do novo modelo, todo e qualquer arquivamento passa a exigir a sua intervenção.

De todo modo, a atribuição do Conselho Superior ou da Câmara de Coordenação e Revisão do MPF, ou de qualquer outro órgão que venha a ser por lei indicado, passou a ser estritamente revisora, ou seja, averiguar o acerto, ou não, do arquivamento.

Diferentemente da redação originária, o art. 28 do CPP **não** confere ao órgão revisor atribuição para oferecer a denúncia. Assentado o equívoco do arquivamento, **designar-se-á** outro promotor para deflagrar a ação penal. **Não há mais como vislumbrar nessa indicação uma espécie de *delegação*, como se o membro do Ministério Público apontado fosse uma *longa manus*.** Não se delega o que não tem. Doravante, **trata-se, insofismavelmente, de designação**. O promotor indicado firmará a peça acusatória como se sua fosse, logo, **se**

---

[24] FONTELES, Cláudio Lemos. Decisão da Câmara Institucional – Considerações. *Ministério Público Federal*: visão do biênio 2003/2005. Brasília: Escola Superior do Ministério Público da União/Fundação Procurador Pedro Jorge de Melo e Silva, 2006, p. 303/305.

divergir, por também entender ser o caso de arquivamento, pode, e deve, recusar-se a fazê-lo, em prol da independência funcional (art. 127, § 1º, da CRFB/88), compelindo o órgão revisor a escolher outro colega. A controvérsia acerca do tema **acabou**[25].

Sem embargo, cumpre guardar cautela. No âmbito do Ministério Público Federal, a admissibilidade da recusa deveria ser o caminho natural, porquanto a atribuição da Câmara de Coordenação e Revisão é, nos moldes do art. 62, IV, da LC nº 75/93, para **manifestar-se** sobre o arquivamento de inquérito policial, sem lhe dar atribuição para, discordando, oferecer a denúncia. Sob esse prisma, o Procurador da República, por ela indicado, atua mediante **designação**, firmando a eventual peça acusatória como se sua fosse. Divergindo, por também vislumbrar ser caso de arquivamento, a negativa deveria ser encarada como perfeitamente viável.

Todavia, a 2ª Câmara de Coordenação e Revisão do MPF, no processo nº 5000485-75.2015.4.04.7004, originário da 1ª VARA CRIMINAL FEDERAL DE UMUARAMA, por meio do voto de nº 7026/2016, relator JULIANO BAIOCCHI VILLA-VERDE DE CARVALHO, entendeu pela inadmissibilidade de recusa, visualizando o membro do MPF indicado pela Câmara como *longa manus*, não havendo motivos para invocar a independência funcional. No bojo do voto, disse ser essa a percepção do próprio Conselho Institucional do MPF – processo nº 0005450-72.2012.4.05.8100 (autuado no âmbito do MPF sob o nº 1.15.000.000314/2012-76), 1ª Reunião Ordinária, de 05/02/2014, por maioria. A relatora do precedente, Subprocuradora-Geral da República Deborah Macedo Duprat de Britto Pereira, consignou, em sua manifestação, que "... *A tese da 2ª CCR é de que, nesse caso, o Procurador indicado age por delegação – longa manus – do Procurador-Geral, e não tem como invocar o princípio da independência funcional, sob pena de a decisão do Procurador-Geral, ao final, não vir a ser cumprida. Essa é uma posição que a 2ª CCR adota com muita tranquilidade, e antes disso já havia um consenso de que esta é a melhor tese a ser adotada*. Registro que as razões do recurso são muito interessantes, mas concordo com a ponderação da 2ª CCR: se é o caso de propor a ação penal e se decide que tem que ser proposta, alguém tem que fazer isso. O máximo a que poderíamos chegar seria: o art. 28 é constitucional?...[26]" (grifo nosso).

Ainda assim, reiteramos: a substancial alteração do art. 28 do CPP, **não** reproduzindo o texto primitivo no tocante a ter o órgão revisional atribuição para oferecer a denúncia, impede vislumbrar, doravante, delegação. O promotor indicado para deflagrar a ação penal age por meio de designação, firmando como sua a *opinio delicti*, logo, não pode ser obrigado a veicular um entendimento do qual dissente. A possibilidade de recusa, com espeque na independência funcional (art. 127, § 1º da CRFB/88), tornou-se **indiscutível**.

---

[25] Pela **impossibilidade** de recusa, OLIVEIRA, Eugênio Pacelli de. *Curso de Processo Penal*, ob. cit., p. 72; MIRABETE, Julio Fabbrini. *Processo Penal*. 4. ed. São Paulo: Atlas, 1995, p. 99; TÁVORA, Nestor; ALENCAR, Rosmar Rodrigues. *Curso de Direito Processual Penal*. 3. ed. Salvador: JusPodivm, 2009, p. 100. Em sentido contrário, pela **admissibilidade** da recusa em apreço à independência funcional, RANGEL, Paulo. *Direito Processual Penal*, ob. cit., p. 225/227; NICOLITT, André. *Manual de Processo Penal*, ob. cit., p. 289; MOREIRA, Rômulo de Andrade. O art. 28 do CPP e a independência funcional dos membros do Ministério Público. Disponível em: https://www.migalhas.com.br/depeso/83819/o-art-28-do-cpp-e--a-independencia-funcional-dos-membros-do-ministerio-publico. Acesso em: 17 fev. 2020.

[26] Disponível em: http://www.mpf.mp.br/atuacao-tematica/ccr2/publicacoes/boletins/documentos/boletins-2016/comunicado-11/voto_7026.pdf/. Acesso em: 17 fev. 2020.

O novel arquivamento persiste tendo natureza de ato administrativo complexo. Embora se desenvolva inteiramente no âmbito do Ministério Público, sem a intervenção do Poder Judiciário, motivando o entendimento segundo o qual passaria a ser ato administrativo **composto**, continuam a concorrer **dois órgãos distintos** à sua consecução, lembrando que **o Ministério Público, globalmente considerado, não é órgão, mas instituição**. E **a instância revisora não está minimamente vinculada às razões invocadas pelo promotor natural no arquivamento**, podendo **rejeitá-lo em prol da denúncia ou do prosseguimento da investigação**.

Na 1ª edição, sustentamos que a referência à **lei** no *caput* do art. 28 do CPP, quando alude à instância revisora responsável pela chancela da promoção de arquivamento, bem como à **lei orgânica** no § 1º, ao tratar da impugnação do arquivamento pela vítima ou responsável legal, inviabiliza a intervenção normativa do Conselho Nacional do Ministério Público (CNMP), ante a exigência expressa de **lei em sentido estrito**, sem contar a ofensa à autonomia administrativa de cada *Parquet* e dos respectivos Estados, inerente ao pacto federativo (art. 125, *caput*, da CRFB/88) – seria descabido, *v.g.*, o CNMP impor a cada Ministério Público o órgão incumbido de chancelar a promoção de arquivamento. No caso da Resolução nº 181, de 7 de agosto de 2017, o CNMP ateve-se a disciplinar o procedimento investigatório, sem se imiscuir nas atribuições dos órgãos componentes de cada *Parquet*. E, apesar da polêmica em torno da constitucionalidade da investigação ministerial, assim o fez sob o aval do Pleno do STF (RE 593727, Relator(a): Min. CEZAR PELUSO, Relator(a) p/ Acórdão: Min. GILMAR MENDES, Tribunal Pleno, julgado em 14/05/2015, ACÓRDÃO ELETRÔNICO REPERCUSSÃO GERAL – MÉRITO DJe 08/09/2015) e a partir do previsto no art. 8º, V e VII, da Lei Complementar nº 75/93, e no art. 26, I da Lei nº 8.625/93, que não condicionaram à lei o detalhamento dessa investigação. Enfim: seriam cenários completamente distintos.

Com efeito, **a forma por meio da qual serão realizadas as comunicações aludidas no § 1º do novel art. 28 do CPP, sujeita, por determinação expressa, à lei orgânica de cada Ministério Público, não desafia regulamentação pelo CNMP**. Todavia, **no tocante à definição da instância revisora, a referência à "lei" ao final do *caput* do art. 28 pode, e deve, ser compreendida como "ato normativo", considerada a deslegalização ventilada no item 3.3. e avaliada pelo STF, a permitir a disciplina pelo CNMP**, mesmo porque é uma questão estritamente administrativa, *interna corporis*, situada dentro das atribuições listadas no § 2º do art. 130-A da CRFB/88. Inexistem motivos para provocar o já assoberbado Parlamento. E a uniformização da instância revisora, em nível nacional, em nada ofende o pacto federativo, trazendo desejável linearidade, e segurança jurídica, à matéria.

Ao promover o arquivamento, o promotor dará ciência à vítima, ao investigado e à autoridade policial. Por se tratar de procedimento estritamente **administrativo**, nada tendo de judicial, descabe reproduzir o rigor formal contido no art. 370, cabeça, do CPP, que consagra, como regra, a intimação pessoal, ao se reportar ao capítulo do Código reservado à citação (art. 351). Outros meios de comunicação podem ser adotados, como o **eletrônico**. Em se tratando das investigações ministeriais, assim já prevê a Resolução nº 181, n/f da Resolução nº 201, de 4 de novembro de 2019, considerado o art. 19, §§ 3º e 4º. Nesse mesmo sentido, convergindo conosco, o **Enunciado nº 14 do CNPG**: *Ordenado o arquivamento do inquérito policial ou de qualquer elemento de informação, o órgão de execução do Ministério Público comunicará à vítima, ao investigado e à autoridade policial, da forma mais célere possível,* **preferencialmente por meio eletrônico***, inclusive por aplicativos de troca de mensagens ou* recurso tecnológico similar, na forma de regulamentação própria. Não sendo localizados, a comunicação à vítima e/ou ao investigado poderá ser por edital no Diário Oficial do Ministério Público, na forma de regulamentação própria (grifo nosso). Rememore-se, em reforço, o art. 201 do CPP: embora o § 2º apenas liste a comunicação de atos incidentais ao processo, em regra implementada pessoalmente (art. 370, *caput*, do CPP, que se reporta ao art. 351), o § 3º permite, em relação à vítima, por opção sua, a ciência por meio **eletrônico**. Se assim o é no curso do processo, com razão ainda maior, e independentemente da anuência prévia do ofendido, em sede estritamente administrativa, preparatória à ação penal.

A comunicação à Administração Pública, enquanto vítima (art. 28, § 2º do CPP), dar-se-á por meio da procuradoria respectiva, hipótese na qual há de ser respeitada a **prerrogativa** da intimação pessoal, nos moldes do art. 183 do Código de Processo Civil (CPC), aplicável subsidiariamente – embora o § 1º a admita eletronicamente, tal só ocorrerá se precedida de cadastramento formalizado, do contrário, só por remessa dos autos ou carga. No caso de o lesado ser pessoa física, basta intimar o próprio ou, se incapaz (ou pessoa jurídica de Direito Privado), o responsável legal. No caso de morte ou declaração judicial de ausência do ofendido, será dada ciência ao cônjuge, ascendente, descendente ou irmão, por analogia aos arts. 24, § 1º e 31 do CPP, ciente que, em apreço ao art. 226, § 3º da CRFB/88, a referência ao consorte **compreende** o **companheiro, independentemente da orientação sexual da união**, porque em jogo estão as **famílias** globalmente consideradas. Longe de consubstanciar interpretação extensiva *in malam partem*, sob a percepção de ampliação da malha repressiva estatal, aumentando-se o número de legitimados para movimentar a pretensão punitiva do Estado – via representação ou queixa-crime (arts. 24, § 1º e 31 do CPP), ou impugnação das promoções de arquivamento (art. 28 do CPP) –, promove-se interpretação **ontológica** e **evolutiva** desses dispositivos, **alinhando-os ao art. 226 da CRFB/88** e à dimensão dada ao conceito de família (ou entidade familiar) pelo Pleno do STF[27] (interpretação evolutiva), para **compreender** todos os casamentos e uniões estáveis, hetero ou homoafetivas (interpretação ontológica). Nessa esteira, a Corte Especial do STJ[28].

A comunicação circunscreve-se à vítima, pessoa física, ou seu representante legal, nos moldes do art. 28, *caput* e § 1º, do CPP, **não se estendendo ao patrono porventura constituído, advogado ou defensor público**, sob pena de dispensar ao ofendido tratamento idêntico ao destinado ao assistente de acusação, que se habilita apenas depois de deflagrada a ação penal (art. 268 do CPP). O próprio art. 370, § 1º do CPP, quando cuida da intimação do advogado, remete-o ao **querelante** ou ao **assistente**. Sem isso, o já burocratizado arquivamento ficaria ainda mais engessado, em desacordo com a duração razoável da persecução penal (art. 5º, LXXVIII, da CRFB/88).

A ciência ao ofendido existe para lhe dar a oportunidade de, querendo, impugnar o arquivamento promovido pelo Ministério Público. Se a vítima é protagonista da relação

---

[27] RE 646721, Relator Min. Marco Aurélio, Relator(a) p/ Acórdão: Min. Roberto Barroso, Tribunal Pleno, julgado em 10/05/2017, DJe-204 divulg 08/09/2017 public 11/09/2017; ADI 5971, Relator Min. Alexandre de Moraes, Tribunal Pleno, julgado em 13/09/2019, DJe-210 divulg 25/09/2019 public 26/09/2019.

[28] APn 912-RJ, Relator Ministro Laurita Vaz, Corte Especial, **por unanimidade**, julgado em em 07/08/2019, DJe 22/08/2019, disponibilizado no Informativo nº 654 do STJ – *A companheira*, **em união estável homoafetiva reconhecida**, *goza do mesmo* **status** *de cônjuge para o processo penal, possuindo* **legitimidade para ajuizar a ação penal privada** (grifo nosso).

penal material, não há como rebaixá-la à condição de mera figurante da relação adjetiva. A inovação legislativa, nas pegadas de outras, como a promovida pela Lei nº 11.690/08, presente o art. 201, § 1º do CPP, é de nítida inspiração garantista, que tem no respeito ao ofendido, e consequente potencialização das suas faculdades processuais, um dos seus mais emblemáticos alicerces[29].

A remessa dos autos da investigação à instância revisora apenas ocorrerá depois de expirado o prazo de 30 dias para a vítima se manifestar, devendo a impugnação ser apresentada ao órgão ministerial de execução, signatário do arquivamento. Nesse diapasão, os **Enunciados nº 13** – *após efetivadas as comunicações formais e tendo transcorrido o prazo de 30 dias sem que exista pedido voluntário de revisão do arquivamento pela vítima (ou seu representante),* **o órgão de execução** *encaminhará os autos ao órgão revisor do Ministério Público para fins de homologação* (grifo nosso) – e **15** – *se a vítima (ou seu representante legal) não concordar com o arquivamento do inquérito policial ou de outra peça de informação, poderá, no prazo de 30 dias do recebimento da comunicação, submeter a matéria ao órgão revisor do Ministério Público,* **com a apresentação das respectivas razões na origem** (grifo nosso) – do **CNPG**.

A contagem do prazo de 30 dias, conforme prega o § 1º do art. 28 do CPP, começa a partir do **recebimento da comunicação**, ou seja, o *dies a quo* **inclui** o dia da intimação, não começando a fluir do seguinte. Em apreço ao princípio da especialidade, não se aplica o art. 798, § 1º do CPP. Sem embargo, ante o silêncio legal, se o *dies ad quem* cair em final de semana ou feriado, prorroga até o dia útil imediato, incidindo, subsidiariamente, o § 3º do art. 798 do CPP.

Escoado o interregno, o direito da vítima à impugnação **preclui**, competindo ao Ministério Público, na qualidade de titular privativo da ação penal pública (art. 129, I, da CRFB/88), decidir, por meio da instância revisora, pela homologação, ou não, do arquivamento. Por ter o *Parquet* agido, sem ficar injustificadamente inerte, descabe a formalização de ação penal privada subsidiária da pública[30].

A depender da natureza da infração penal, não haverá a intimação da vítima pela singela razão de a própria inexistir – *v.g.* crimes de perigo. Mas, se houver, a notificação é mandatória.

Quais seriam as consequências, caso o arquivamento viesse a ser homologado, sem a expedição de comunicação ao lesado?

Por ter sido instrumentalizado inteiramente pelo *Parquet*, a Súmula nº 524 do STF persiste lhe sendo oponível. Não pode o Ministério Público invocar uma nulidade por

---

[29] FERRAJOLI, Luigi. *Direito e Razão* – Teoria do Garantismo Penal, ob. cit., p. 456/457.

[30] STJ, AgRg no RMS 51.404/SP, Rel. Ministro Jorge Mussi, Quinta Turma, julgado em 14/05/2019, *DJe* 20/05/2019 – *"...***Esta Corte entende ser incabível a impetração de mandado de segurança por parte da vítima contra decisão que determina o arquivamento de inquérito policial***, seja por considerá--la desprovida de conteúdo jurisdicional, seja devido ao fato de que* ***o titular da ação penal pública incondicionada é o Ministério Público, não sendo cabível o eventual oferecimento de ação penal privada subsidiária sem a prova de sua inércia****. Precedentes..."* (grifo nosso); STF, Inq 2242-AgR, Relator Min. Eros Grau, Tribunal Pleno, julgado em 07/06/2006, DJ 25/08/2006, republicação: *DJ* 20/10/2006, *LEXSTF* v. 29, n. 337, 2007, p. 498-504; HC 74276, Relator Min. Celso de Mello, Primeira Turma, julgado em 03/09/1996, *DJe*-037 divulg 23/02/2011 public 24/02/2011 – *"...****O Supremo Tribunal Federal tem enfatizado que, arquivado o inquérito policial, por decisão judicial, a pedido do Ministério Público, não cabe a ação penal subsidiária****. Precedentes. Doutrina..."* (grifo nosso).

ele criada para fragilizar a garantia do indiciado de não ser denunciado, exceto se sobrevierem provas materialmente novas. Ilação diversa esbarra no princípio do interesse (art. 565 do CPP). Outrossim, o arquivamento encerra as conclusões do órgão ministerial responsável pela investigação, avalizadas pela instância revisora, **vinculando-os**, portanto, independentemente do vício concernente a não intimação da vítima. A teoria do órgão somada à unidade e à indivisibilidade do Ministério Público (art. 127, § 1º da CRFB/88) não permitem outra conclusão. Portanto, o *Parquet* permanece amarrado ao pronunciamento do arquivamento, curvando-se à Súmula 524 do STF, em resguardo do indiciado.

Contudo, é **inoponível** à vítima, afinal, não se pode reconhecer a preclusão de um direito que sequer chegou a ser oportunizado ao seu titular. Enquanto não prescrita a pretensão punitiva estatal, o ofendido poderá se insurgir contra a chancela do arquivamento, competindo à instância revisora apreciar a irresignação. Como o art. 28 do CPP foi omisso a respeito, é indiferente o inconformismo ser encaminhado diretamente ao órgão ministerial revisional ou ao de origem – nesse último caso, este remeteria o pedido àquele.

A impugnação demandaria a intervenção de advogado ou poderia ser exercida diretamente pela vítima?

Embora a intervenção se dê em sede estritamente administrativa, animando a percepção pela dispensabilidade de advogado, até para potencializar o acesso à Justiça (art. 5º, XXXV, da CRFB/88), à semelhança do verificado na Lei Maria da Penha – na qual a ofendida possui legitimidade para buscar, diretamente, as medidas protetivas de urgência (art. 19 da Lei nº 11.340/06), em pedido reduzido a termo pela autoridade policial (art. 12, § 1º)[31] –, os impactos da impugnação, se acolhida, reverberam-se no *status libertatis* e no estado de inocência do imputado, afinal, no mínimo, a persecução penal será retomada, requisitando-se novas diligências – isso se não desaguar no oferecimento da denúncia. **Não há como encará-la como um incidente indiferente à administração da justiça**, tornando imprescindível a intervenção do advogado, nos moldes do art. 133 da CRFB/88, ou da Defensoria Pública, caso assim queira a vítima e for hipossuficiente economicamente. Até por se estar diante de uma promoção de **arquivamento** da investigação, carente de homologação, **inexiste emergência a justificar a concessão, ao ofendido, de capacidade postulatória** – em sendo a imprescindibilidade da advocacia regra, de assento constitucional, as exceções hão de ser interpretadas restritivamente. E, **no processo penal, só acodem o imputado, presentes a revisão criminal (art. 623 do**

---

[31] Embora majoritário o entendimento segundo o qual a vítima pode provocar, diretamente, a jurisdição, em busca das medidas protetivas de urgência, Marcellus Polastri Lima colocou-se contrariamente quanto às de cunho cautelar penal, por falecer à ofendida legitimidade ativa *ad causam*, exceto se concernentes a delitos de ação penal de iniciativa privada, nos quais ela própria é a *dominus litis*, bem como as de natureza estritamente civil, por ser ela a autora da ação principal a ser formalizada na esfera cível, ou administrativa, por envolver atos meramente judiciais, inerentes à jurisdição voluntária. Em se tratando de protetivas de feição cautelar penal, atinentes a crimes de ação penal pública, o requerimento da lesada haveria de ser encaminhado ao juiz, tornando-se cognoscível se o Ministério Público, titular privativo da ação (art. 129, I, da CRFB/88), opinasse favoravelmente, encampando a pretensão (Primeiras Observações sobre Medidas Cautelares previstas na Lei "Maria da Penha". In: FREITAS, André Guilherme Tavares de. *Estudos sobre as Novas Leis de Violência Doméstica contra a Mulher e de Tóxicos (Lei nº 11.340/06 e 11.343/06)*. Rio de Janeiro, Editora Lumen Juris, 2007, p. 150-153).

CPP)³² e o *habeas corpus* (art. 654, cabeça, do CPP), sequer se estendendo ao recurso ordinário constitucional, justamente por conta do art. 134 da CRFB/88, na dicção da 2ª Turma do STF³³, enquanto, ao ver da 1ª³⁴ e do STJ, à unanimidade³⁵, quem pode o mais, pode o menos – se o particular está autorizado a deflagrar a ação de *habeas corpus*, com razão ainda maior dar-lhe sequência, interpondo os recursos adequados (teoria dos poderes implícitos).

A impugnação manejada pelo ofendido enseja um embate argumentativo fático-jurídico, logo, para ser minimamente sério, é imprescindível que a insurreição tenha mínimo verniz técnico, daí a imprescindibilidade do advogado ou defensor público. **Nada impede, contudo, que a vítima, em um viés até colaborativo, restrinja-se a trazer novas peças de informação ao Ministério Público, até para subsidiar melhor a instância revisora no momento de homologar, ou não, o arquivamento. Para tanto, dispensa-se advogado, a teor do art. 27 do CPP, por analogia.**

Outrossim, se as novas informações veiculadas pelo ofendido ou por terceiro elidirem a *ratio* do arquivamento, o órgão signatário declara prejudicada a remessa à instância revisora, retomando a investigação ou oferecendo a denúncia. A rigor, sequer haveria retratação, por se estar diante de um cenário informativo diverso daquele ensejador do arquivamento. Se a superveniência de provas materialmente novas permite ao *Parquet* denunciar, nada obstante o arquivamento já formalizado, quanto mais revisitar a sua promoção – inteligência da Súmula nº 524 do STF. Tal orientação em nada contraria a jurisprudência da Corte Constitucional pela **irretratabilidade do arquivamento**, a inadmitir a retratação pautada na mera divergência de opiniões entre os integrantes de mesmo órgão ministerial, comprometedora da unidade e indivisibilidade deste (art. 127,

---

32   STJ, HC 339.194/RS, Rel. Ministro Ribeiro Dantas, Quinta Turma, julgado em 10/04/2018, *DJe* 17/04/2018 – "...2. Consolidado está o entendimento nesta Corte Superior no sentido de que *a capacidade postulatória para ajuizar pleito de revisão criminal pode ser exercida pelo próprio réu nos termos do art. 623 do Código de Processo Penal. Precedentes...*" (grifo nosso); STF, RHC 80763, Relator Min. Sydney Sanches, Primeira Turma, julgado em 27/03/2001, DJ 22/06/2001.

33   STF, HC 169407-ED-ED-AgR, Relator Min. Ricardo Lewandowski, Segunda Turma, julgado em 06/09/2019, *DJe*-200 divulg 13/09/2019 public 16/09/2019 – "...*Esta Suprema Corte entende que a defesa do recorrente deve possuir capacidade postulatória para interpor recurso ordinário em habeas corpus, ainda que tenha sido o impetrante originário, por tratar-se de ato privativo de advogado...*" (grifo nosso);

34   STF, HC 122666, Relator Min. Dias Toffoli, Primeira Turma, julgado em 18/11/2014, *DJe*-021 divulg 30/01/2015 public 02/02/2015 – "... 2. *O leigo que impetra habeas corpus tem legitimidade para interpor recurso ordinário constitucional*, prescindindo-se, nessa hipótese, da capacidade postulatória do recorrente. Precedentes..." (grifo nosso).

35   AgRg no HC 527.861/SP, Rel. Ministro Jorge Mussi, Quinta Turma, julgado em 21/11/2019, *DJe* 19/12/2019 – "...1. "Embora o agravo tenha sido interposto em benefício próprio, o fato de o agravante não possuir capacidade postulatória não impede o conhecimento do recurso. **Segundo a jurisprudência contemporânea da Corte, não é necessário se exigir daquele que impetra a ordem de habeas corpus habilitação legal ou representação para dele recorrer**" (HC nº 102.836-AgR/PE, Relator para o acórdão o Ministro Dias Toffoli, DJe de 27/2/12, HC 141316 AgR, Relator Min. DIAS TOFFOLI, Segunda Turma, julgado em 05/05/2017, DJe-104, divulgado em 18/5/2017, publicado em 19/5/2017, AgRg no HC 487.596/SP, Rel. Ministro Reynaldo Soares da Fonseca, Quinta Turma, julgado em 06/08/2019, DJe 22/08/2019)..." (grifo nosso); AgRg no HC 440.376/SP, Rel. Ministro Antonio Saldanha Palheiro, Sexta Turma, julgado em 05/09/2019, DJe 10/09/2019.

§ 1º, da CRFB/88), e, por conseguinte, da segurança jurídica[36] – refuta-se a independência funcional, também presente no § 1º do art. 127, como argumento favorável à retratação.

O art. 28 do CPP igualmente exige que o órgão subscritor do arquivamento comunique à autoridade policial, possibilitando-lhe, quiçá, compartilhar informações recém-obtidas que iluminem a chancela, ou não, da promoção de arquivamento. O preceito possui importante valor simbólico, passando a mensagem de integração entre a Polícia e o Ministério Público, vinculados em uma relação interinstitucional, paritária, com escopo único: promoção da segurança pública e da paz social. Se a Polícia se limitasse a gravitar em torno do *Parquet*, tal comunicação seria despicienda. De todo modo, como a titularidade da ação penal pública é privativa do Ministério Público (art. 129, I, da CRFB/88), não tendo o delegado ingerência alguma sobre o seu exercício, olvidá-la é mera irregularidade.

Dar ciência ao indiciado do arquivamento, por sua vez, ratifica a existência, sim, do contraditório e da ampla defesa no inquérito, não como elementos essenciais, como são para o processo, mas facultativos, em virtude da inquisitoriedade da investigação. O art. 5º, LXIII, da CRFB/88, ao assegurar aos investigados a assistência de um defensor, bem demonstra isso. O art. 28 do CPP reforça, ainda mais, a denominada investigação defensiva, sobre a qual já escrevemos nessa obra, no item 3.4, para o qual nos reportamos a fim de evitar repetições desnecessárias. Se fosse um procedimento estritamente inquisitorial, cientificar o indiciado não faria o menor sentido. Registre-se que, se o investigado estiver sob o pálio da Defensoria Pública, a própria há de ser pessoalmente comunicada, mediante remessa dos autos para ciência, conforme preconizam os arts. 44, I e 128, I, da Lei Complementar nº 80/94, ambos com a redação dada pela LC nº 132/2009, ao anunciar, como prerrogativa dos defensores públicos federais e estaduais, *receber, inclusive quando necessário*, **mediante entrega dos autos com vista**, *intimação pessoal em qualquer processo e grau de jurisdição* **ou instância administrativa**, *contando-se-lhes em dobro todos os prazos* (grifo nosso). E a razão da comunicação é evidente: oportunizar ao indiciado, por meio do defensor ou advogado, habilitar-se no procedimento de arquivamento, até em homenagem à paridade de armas com o ofendido, trazendo argumentos que endossem a homologação pela instância revisional.

Se não for notificado, mas, ainda assim, sobrevier a confirmação do arquivamento pelo órgão revisor, inexiste nulidade a ser declarada, por ausência de prejuízo (art. 563 do CPP). Caso seja recusado o arquivamento, pode-se, por meio de *habeas corpus*, buscar a nulidade do pronunciamento, sem prejuízo de outras vias impugnativas, como o próprio "trancamento", via HC, da investigação ora retomada ou da ação penal recém-deflagrada.

Chancelado o arquivamento, o juízo competente, de qualquer forma, terá que ser acionado para, por exemplo, decidir o destino dos bens apreendidos. Descabe ao Ministério Público decidir tais questões, porquanto ninguém pode ser despido dos seus bens sem perpassar pelo devido processo legal (art. 5º, LIV, da CRFB/88). Diz o **Enunciado nº**

---

[36] Inq 2028, Relator Min. Ellen Gracie, Relator p/ Acórdão: Min. Joaquim Barbosa, Tribunal Pleno, julgado em 28/04/2004, DJ 16/12/2005 – *"...Na organização do Ministério Público, vicissitudes e desavenças internas, manifestadas por divergências entre os sucessivos ocupantes de sua chefia, não podem afetar a unicidade da instituição. A promoção primeira de arquivamento pelo Parquet deve ser acolhida, por força do entendimento jurisprudencial pacificado pelo Supremo Tribunal Federal, e não há possibilidade de retratação, seja tácita ou expressa, com o oferecimento da denúncia,* **em especial por ausência de provas novas**..." (grifo nosso).

17 do CNPG que *os bens apreendidos vinculados a inquéritos policiais arquivados devem ter a destinação prevista em lei, isto é, sua restituição ao investigado, à vítima ou a terceiros de boa-fé; ou a destinação a órgãos de persecução criminal e de segurança pública; ou a alienação antecipada em leilão; ou a entrega em museu público*, mas a decisão a respeito será, invariavelmente, do juiz competente – nos termos da Lei nº 13.964/19, o de garantias.

Finalmente, embora subentendido, convém explicitar que o arquivamento do vulgarmente conhecido auto de resistência, previsto no art. 292 do CPP, renomeado, pela Resolução Conjunta nº 02, de 13 de outubro de 2015, do Conselho Superior de Polícia – vinculado à Polícia Federal – e do Conselho Nacional dos Chefes de Polícia Civil, auto de lesão corporal ou de homicídio decorrente de oposição à intervenção policial também se submete ao novel art. 28-A do CPP e a todas as considerações aqui tecidas, devendo sobre ele serem comunicados o policial, o delegado e a alegada vítima.

6.3. ARQUIVAMENTO E CRIMES DE AÇÃO PENAL DE INICIATIVA PRIVADA

O procedimento desenhado no novel art. 28 do CPP igualmente alcança os delitos de ação penal de iniciativa privada, atuando o Ministério Público, nessas hipóteses, como fiscal da lei – *custus legis*. Todavia, justamente por não dispor de legitimidade *ad causam*, cumpre aguardar o implemento de causa extintiva da punibilidade, antes de promover o arquivamento, a fim de não se imiscuir na formação da *opinio delicti*, a cargo do ofendido, como a decadência do direito de queixa, renúncia ou perdão. Não se declara, contudo, a extinção da punibilidade, por falecer ao *Parquet* jurisdição para tanto.

6.4. MODALIDADES ESPECIAIS DE ARQUIVAMENTO

Nas infrações penais de atribuição originária do Procurador-Geral, o próprio promove o arquivamento, submetendo-o à chancela do Tribunal respectivamente competente por prerrogativa de foro. Como inexequível é a incidência do art. 28 do CPP, **no seu formato original**, a homologação mostra-se inescapável, sem a possibilidade de objeção, conforme bem coloca a Corte Especial do STJ[37]. O Pleno do STF perfilha entendimento idêntico[38], mas ressalva a possibilidade de recusar o fundamento invocado pelo Procurador--Geral, se substancial, ante a iminente formação de coisa julgada material – o STF não

---

[37] Sd 748/DF, Rel. Ministro Og Fernandes, Corte Especial, julgado em 16/10/2019, *DJe* 12/11/2019 – "... *descabe ao Poder Judiciário entender contrariamente à promoção ministerial de arquivamento de investigações, por ausência de provas para a continuidade das diligências ou para interpor denúncia, quando efetivada no âmbito da própria Procuradoria-Geral da República. É que, nesse âmbito, sequer se pode aludir à aplicação do art. 28 do CP.* De outra parte, a se admitir o contrário, estar-se-ia, na prática, obrigando o Ministério Público a investigar ou denunciar, violando a cláusula constitucional de independência funcional do Chefe do Ministério Público da União. A jurisprudência desta Corte Especial, na matéria, revela o entendimento acima exposto, como se deduz do seguinte aresto, cuja ementa transcrevo abaixo: Processual penal. Inquérito. Pedido de arquivamento manifestado pelo Subprocurador-Geral da República, no exercício de função delegada pelo Procurador-Geral da República. Impossibilidade de objeção ao pleito formulado pelo parquet. Arquivamento determinado..." (grifo nosso).

[38] Pet 4173 AgR, Relator Min. Menezes Direito, Tribunal Pleno, julgado em 12/06/2008, *DJe*-162 divulg 28/08/2008 public 29/08/2008 – "...2. *A jurisprudência desta Corte é firme no sentido de que* **o pedido de arquivamento formulado pelo Ministério Público Federal, quando fundado na ausência de elementos consistentes à demonstração da ocorrência de conduta criminosa, é irrecusável...*" (grifo nosso).

está obrigado, *v.g.*, a reconhecer a atipicidade substancial da conduta, com espeque no princípio da insignificância[39]. Evidentemente que a negativa da Corte Constitucional não compele o Ministério Público a denunciar, logo, em termos práticos, o arquivamento se opera ainda assim, mas despido da qualidade de coisa julgada material.

A irrecusabilidade da promoção de arquivamento pelo Tribunal, quando proveniente do Procurador-Geral, motivou a 1ª Turma do STF a entender, inclusive, pela **desnecessidade de submetê-lo à chancela judicial**, operando-se por si só – MS nº 34.730/DF, rel. Min. Luiz Fux, j. em 10/12/19, noticiado nos Informativos de nº 951 e 963 do STF.

Diante do novel art. 28 do CPP, com razão ainda maior o arquivamento, nos injustos de atribuição originária do Procurador-Geral, aperfeiçoa-se com a mera promoção deste, prescindindo de qualquer aval judicial, resguardado o direito do legítimo interessado, no âmbito dos Ministérios Públicos Estaduais, de recorrer ao Colégio dos Procuradores de Justiça, nos moldes do art. 12, XI, da Lei nº 8625/93 – *O Colégio de Procuradores de Justiça é composto por todos os Procuradores de Justiça, competindo-lhe... XI. rever, mediante requerimento de legítimo interessado, nos termos da Lei Orgânica, decisão de arquivamento de inquérito policial ou peças de informações determinada pelo Procurador-Geral de Justiça, nos casos de sua atribuição originária...* (grifo nosso).

O arquivamento nos crimes contra a economia popular e a saúde pública (art. 7º da Lei nº 1.521/51) foi, também, bastante impactado pela Lei nº 13.964/19.

Como é cediço, o art. 28 do CPP, sob o formato original, é mecanismo de controle externo, mais precisamente judicial, sobre o princípio da obrigatoriedade da ação penal pública e, por conseguinte, sobre a atuação do Ministério Público, titular privativo desta (art. 129, I, da CRFB/88). A premissa do dispositivo, por si só, já é incompatível com o

---

[39] Pet 3297, Relator Min. Cezar Peluso, Tribunal Pleno, julgado em 19/12/2005, DJ 17/02/2006, *LEXSTF* v. 28, n. 327, 2006, p. 515-521 – *"...Arquivamento. Requerimento do Procurador-Geral da República. Pedido fundado na alegação de atipicidade dos fatos. Formação de coisa julgada material. Não atendimento compulsório. Necessidade de apreciação e decisão pelo órgão jurisdicional competente. Inquérito arquivado. Precedentes.* **O pedido de arquivamento de inquérito policial, quando não se baseie em falta de elementos suficientes para oferecimento de denúncia, mas na alegação de atipicidade do fato, ou de extinção da punibilidade, não é de atendimento compulsório, senão que deve ser objeto de decisão do órgão judicial competente, dada a possibilidade de formação de coisa julgada material...*"* (grifo nosso); Inq 1604-QO, Relator Min. Sepúlveda Pertence, Tribunal Pleno, julgado em 13/11/2002, DJ 13/12/2002 – *"... 2. Se o pedido do Ministério Público se funda na extinção da punibilidade, há de o juiz proferir decisão a respeito, para declará-la ou para denegá-la, caso em que o julgado vinculará a acusação: há, então, julgamento definitivo. 3. Do mesmo modo,* **se o pedido de arquivamento – conforme a arguta distinção de Bento de Faria, acolhida por Frederico Marques –, traduz, na verdade, recusa de promover a ação penal, por entender que o fato, embora apurado, não constitui crime, há de o Juiz decidir a respeito e, se acolhe o fundamento do pedido, a decisão tem a mesma eficácia de coisa julgada da rejeição da denúncia por motivo idêntico (C.Pr.Pen., art. 43, I), impedindo denúncia posterior com base na imputação que se reputou não criminosa.** *4. Diversamente ocorre se o arquivamento é requerido por falta de base empírica, no estado do inquérito, para o oferecimento da denúncia, de cuja suficiência é o Ministério Público o árbitro exclusivo. 5. Nessa hipótese, se o arquivamento é requerido por outro órgão do Ministério Público, o juiz, conforme o art. 28 C.Pr.Pen., pode submeter o caso ao chefe da instituição, o Procurador-Geral, que, no entanto, se insistir nele, fará o arquivamento irrecusável. 6. Por isso,* **se é o Procurador-Geral mesmo que requer o arquivamento – como é atribuição sua nas hipóteses de competência originária do Supremo Tribunal – a esse não restará alternativa que não o seu deferimento, por decisão de efeitos rebus sic stantibus, que apenas impede, sem provas novas, o oferecimento da denúncia (C.Pr.Pen., art. 18; Súmula 524)**..."* (grifo nosso).

sistema acusatório, por permitir que o juiz, de quem se espera equidistância, se imiscua no exercício da pretensão punitiva, comprometendo, indelevelmente, a imparcialidade – *v.g.*, recusado o arquivamento com lastro na atipicidade da conduta, o juiz, prevento para a vindoura ação penal (art. 75 ou 83 do CPP), já teceu comentários meritórios, revestidos de natural definitividade, **sem** processo formalizado. Nada obstante, esse mecanismo tem sido avalizado pela jurisprudência, reputando-se preservado o sistema acusatório, na medida em que a palavra final sobre a deflagração, ou não, da ação penal, persiste com o *Parquet*[40].

A Lei nº 13.964/19, em bom tempo, atendendo aos anseios doutrinários, e do próprio Ministério Público, incomodado com a inaceitável interferência judicial no exercício da **sua** pretensão punitiva, **transferiu todo o procedimento do arquivamento para o âmbito ministerial**, motivo pelo qual é, de fato, inexplicável o CONAMP, com todas as vênias, ter se insurgido contra a constitucionalidade do novel art. 28 do CPP, culminando com a liminar deferida pelo Min. Luiz Fux suspendendo, cautelarmente, a eficácia do preceito.

Diante do cenário normativo trazido pelo novel art. 28 do CPP, **o art. 7º da Lei nº 1.521/51**, ao preconizar que a decisão de arquivamento do inquérito, nos crimes contra a economia popular e a saúde pública, submete-se ao reexame necessário pelo Tribunal, **perde a razão de ser**, sem a possibilidade de se arguir o princípio da especialidade, afinal, **a premissa já está prejudicada** – implementado o arquivamento dentro do próprio Ministério Público, inexiste provimento judicial, não havendo de se falar, por conseguinte, em remessa obrigatória ao Tribunal.

Aliás, a doutrina já propunha a filtragem constitucional do citado preceito, estabelecendo que, remetido o pronunciamento de arquivamento ao Tribunal para reanálise, caso concorde, ratificaria; do contrário, envia ao Procurador-Geral, a quem compete a palavra final[41]. *Permissa venia*, mas se o escopo é a preservação do sistema acusatório, o arquivamento, nesse caso, deve ser submetido, diretamente, ao Procurador-Geral, sem escala alguma no Tribunal. Se o Tribunal posiciona-se contrariamente ao arquivamento, remetendo os autos, ato contínuo, ao Procurador-Geral, ainda que seja dele o juízo final, já estará documentado o entendimento da Corte, intimidando, inevitavelmente, o juiz *a quo*, caso a solução final dada pela Procuradoria-Geral seja pela denúncia – imagine, *v.g.*, que a *ratio* do arquivamento, rechaçada pelo Tribunal, se paute no princípio da insignificância: mal começou o processo e quiçá a principal questão de mérito já estaria "decidida" por pronunciamento da Corte, órgão jurisdicional de competência revisora! Apesar da independência funcional, é, no mínimo, ingênuo imaginar que o magistrado de 1º grau encarará com indiferença tal pronunciamento.

De todo modo, todas essas distorções e inconvenientes foram corrigidos pelo novel art. 28 do CPP, restando-nos aguardar a confirmação da sua constitucionalidade pelo Pleno do STF.

---

[40] HC 58.502/PR, Rel. Ministra Laurita Vaz, Quinta Turma, julgado em 12/08/2008, *DJe* 08/09/2008 – "...*Ao devolver os autos ao **Parquet** para reavaliação da opinio delicti **não está o Juiz impedido de atuar no processo-crime que venha a ser instaurado, porque age como fiscal do princípio da obrigatoriedade da ação penal, sem malferir sua imparcialidade de julgador**. Inteligência do art. 28 do Código de Processo Penal*..." (grifo nosso).

[41] RANGEL, Paulo. *Direito Processual Penal*, ob. cit., p. 182/185; BATISTA, Weber Martins. *Direito Penal e Processual Penal*. 2. ed. Rio de Janeiro: Forense, p. 82.

6.5. A ADMINISTRAÇÃO PÚBLICA ENQUANTO ATOR DA RELAÇÃO PROCESSUAL PENAL

No âmbito processual penal sempre esteve bastante presente a percepção segundo a qual a representatividade do Ministério Público aglutinaria a Administração Pública como um todo, reconhecendo-se, a partir daí, a falta de interesse em habilitar-se como assistente de acusação[42], malgrado fosse a vítima do crime em processamento, ressalvado o previsto no art. 26, parágrafo único, da Lei nº 7.492/86 – em se tratando de delitos contra o sistema financeiro nacional, admite-se a habilitação, como assistentes do Ministério Público, da Comissão de Valores Mobiliários (CVM) e do Banco Central do Brasil (BACEN).

Sem embargo, tal justaposição é utópica, tanto que, não raro, o *Parquet* e a Administração Pública são *ex adverso*. Ao estabelecer, no § 2º, que, *nas ações penais relativas a crimes praticados em detrimento da União, Estados e Municípios, a revisão do arquivamento do inquérito policial poderá ser provocada pela chefia do órgão a quem couber a sua representação judicial*, o novel art. 28 do CPP positiva, de vez, essa dissociação, **abrindo campo para o ente público, na qualidade de ofendido, habilitar-se como assistente de acusação**, afinal, não necessariamente o *Parquet* está, de fato, zelando pelos seus interesses adequadamente. O próprio STJ possui precedente, antigo, nesse diapasão[43].

Vamos além: sob esse ângulo, se injustificadamente inerte o Ministério Público, a Administração Pública, enquanto lesada, pode, por meio da sua Procuradoria respectiva, formalizar, inclusive, ação penal subsidiária, nos moldes do art. 5º, LIX, da CRFB/88 – embora o inciso se valha do adjetivo *privada*, assim o fez em contraposição ao *Parquet*, aludindo à formalização da ação penal por ente diverso, sendo indiferente se particular ou público. O fenômeno sequer é de todo estranho, pois a letargia inescusável do Ministério Público estadual já permite a intervenção subsidiária do Ministério Público Federal, malgrado o pacto federativo, em deferência à supremacia do interesse público. Nesse sentido, destaca-se, em nível constitucional, o art. 109, V-A e § 5º da Carta de 1988, e, em sede infraconstitucional, o art. 2º, § 2º do Decreto-Lei nº 201/67, quadra não por acaso intitulada de ação penal pública subsidiária da pública. A identidade de razões avulta, viabilizando a legitimidade ativa *ad causam* subsidiária da própria Administração.

6.6. DESARQUIVAMENTO

O procedimento do desarquivamento não foi atingido pela Lei nº 13.964/19, porque já se desenvolvia no âmbito do próprio *Parquet*, sem a intervenção judicial. Muitas leis orgânicas ministeriais, a propósito, conferem ao PGJ atribuição privativa para promover o desarquivamento, como a do Estado do Rio de Janeiro, haja vista a Lei Complementar/RJ nº 106, de 3 de janeiro de 2003, art. 39, XV, incorrendo em excessiva centralização, glosada por parte da doutrina, embora não veja argumentos aptos a superar, *de lege lata*,

---

[42] STF, RE 93293, Relator Min. Cunha Peixoto, Tribunal Pleno, julgado em 17/12/1980, DJ 20/02/1981.

[43] RHC 4.041/RJ, Rel. Ministro Jesus Costa Lima, Quinta Turma, julgado em 16/11/1994, DJ 24/04/1995, p. 10.408 – "...II – O fato de ser o Ministério Público titular da ação penal pública incondicionada e de que está obrigado a recorrer, **não impede que o Procurador-Geral do Estado seja considerado legitimado para fazê-lo, em se tratando de peculato onde ofendido e o próprio Estado**. III – *Interesse público a ser protegido com repercussão perante a administração e o bem comum da sociedade, que não se confunde com interesse público geral do Ministério Público*..." (grifo nosso).

o dispositivo legal, propondo, *de lege ferenda*, conferir ao próprio órgão subscritor da promoção de arquivamento atribuição para desarquivar[44].

Nada obstante, **se o órgão do Ministério Público, signatário do arquivamento, tem atribuição para, ante provas materialmente novas, oferecer a denúncia, nos moldes da Súmula nº 524 do STF, quanto mais para promover o desarquivamento, afinal, quem pode o mais, pode o menos** (teoria dos poderes implícitos). A exigência de provas substancialmente novas, encartada na Súmula nº 524 do STF, basta à proteção do indiciado contra eventuais arbitrariedades estatais (excessos acusatórios)[45].

6.7. (IN)SUBSISTÊNCIA DO ADITAMENTO PROVOCADO

Se, ante o novel art. 28 do CPP, não pode mais o juiz imiscuir-se no arquivamento, tampouco provocar o aditamento. Por conseguinte, **a Lei nº 13.964/19 ab-rogou, tacitamente, o § 1º do art. 384 do CPP, considerado o princípio da anterioridade – *lex posteriori derogat anteriori*.** Aliás, as mesmas críticas dirigidas ao então art. 28 irradiavam-se ao § 1º do art. 384, presente o sistema acusatório, ofendendo-o, quiçá, com força ainda maior, porquanto, ao remeter os autos ao Procurador-Geral diante da recusa do órgão do Ministério Público em aditar, o juiz não só sinalizava a condenação, como o desejo de proferi-la em moldes mais gravosos do que os da denúncia. Pré-julgamento mais escancarado, impossível.

Sob a égide da atual redação dada ao art. 28 do CPP, o silêncio do *Parquet* ao final da instrução, sem acenar o aditamento, é **eloquente** e **definitivo**. Por mais que o juiz, no seu íntimo, discorde, nada tem a fazer, nem a externar, dando sequência ao processo e sentenciando em conformidade com a causa de pedir original. Concretiza-se, genuinamente, o sistema acusatório, conservando o magistrado a imparcialidade que dele se espera e exige.

O art. 3º-A do CPP reforça essa percepção, pois descabe ao juiz substituir a acusação: se não pode fazê-lo para fins de investigação e produção probatória, muito menos arvorar-se no exercício da ação penal pública.

Lembre-se que a promoção de arquivamento do inquérito é submetida ao reexame por órgão ministerial superior por força de lei (art. 28, cabeça, do CPP) e por iniciativa do *Parquet*, e **não** do juiz, daí a insubsistência do § 1º do art. 384 do CPP.

---

44   RANGEL, Paulo. *Direito Processual Penal*, ob. cit., p. 233.
45   Nesse sentido, LIMA, Marcellus Polastri. *Manual de Processo Penal*. Rio de Janeiro: Lumen Juris, 2007, p. 122.

7
ACORDO DE NÃO "PERSECUÇÃO" PENAL

Destaca-se, prontamente, a erronia na nomenclatura, pois o acordo versado no art. 28-A do CPP é, na realidade, de **não deflagração da ação penal**. A persecução, em si, encontra-se em curso desde a formalização da investigação pela autoridade policial ou pelo Ministério Público. Sem embargo, por deferência à lei, utilizaremos o *nomen iuris* por ela cunhado – acordo de não persecução penal, doravante aludido pela sigla ANPP.

Ao inseri-lo no CPP, a Lei nº 13.964/19 remedia a origem espúria do instituto, introduzido no ordenamento normativo pátrio por meio da Resolução nº 181, n/f da Resolução nº 183, do CNMP. Por impactar diretamente no exercício da ação penal, com reflexos diretos no estado de inocência e na liberdade do imputado, preservando-os, o acordo de não persecução penal (ANPP) possui unívoca natureza processual material, sujeitando-se à competência legislativa privativa da União (art. 22, I, da CRFB/88). Por conseguinte, jamais poderia vir por meio de resolução, extrapolando os limites do Poder Regulamentar, que, em hipótese alguma, sob pena de ofensa ao art. 2º da CRFB/88, pode inovar direitos[1]. A inconstitucionalidade da dita Resolução era inafastável, mas, diante do novel art. 28-A do CPP, tais questionamentos perdem a razão de ser, mesmo porque, em relação às avenças de não persecução porventura celebradas com espeque na citada Resolução, não serão atingidas pela eventual declaração de inconstitucionalidade, em respeito aos arts. 617 e 626, parágrafo único, do CPP – não se revolve, em desfavor do imputado, pronunciamentos transitados em julgado para a acusação.

Longe de ser um divisor de águas no processo penal brasileiro, o ANPP junta-se à transação penal e à suspensão condicional do processo como vertentes da Justiça Penal Consensual ou Negocial. Tal qual suas *irmãs mais velhas*, o ANPP possui viés despenalizador, pautado no consenso. Opta-se pela negociação, sem a preocupação de elucidar o acontecido. Destarte, grande parte da jurisprudência e da doutrina cons-

---

[1] No mesmo sentido, Afrânio Silva Jardim e Pierre Souto Maior Coutinho de Amorim (Primeiras Impressões sobre a Lei nº 13.964/19 – aspectos processuais. *Empório do Direito*. Disponível em: https://emporiododireito.com.br/leitura/primeiras-impressoes-sobre-a-lei-n-13-964-19-aspectos-processuais. Acesso em: 26 fev. 2020.

truída, desde 1995, acerca da transação penal e da suspensão condicional do processo, aplica-se, por analogia, ao ANPP, impregnando, ao longo do estudo, uma indefectível, e justificadíssima, sensação de *déjà-vu*, conforme ora passamos a expor.

A imensa similitude entre o ANPP e a transação penal foi bem destacada por Afrânio Silva Jardim e Pierre Souto Maior Coutinho de Amorim: "... *a redação do art. 28-A, com seus incisos e parágrafos, deixou o acordo penal anterior à denúncia com praticamente todos os elementos que já existem no art. 76 da lei 9.099/95. De fato, trata-se mais do que semelhança, tendo existido verdadeira transposição de expressões e frases inteiras da Lei 9.099/95 para o CPP* (grifo nosso)[2].

Partindo dessa ótica, os autores enxergam no acordo de não persecução penal uma tentativa de exportação da transação penal para além dos Juizados Especiais Criminais, universo para o qual foi criada, a teor do art. 98, I da CRFB/88. Concluem que o citado preceito constitucional "*...não deixa espaço para tergiversação: somente nos Juizados Especiais Criminais é permitida a transação penal. O acordo penal anterior à denúncia, embora com outro nome, trata, na verdade, da ampliação da transação penal para além da competência dos Juizados Especiais Criminais, algo não permitido constitucionalmente...*" (grifo nosso)[3].

Embora o ANPP seja, de fato, muito parecido com a transação penal, a começar por perseguir idêntico escopo – evitar a deflagração da ação penal por meio de um acordo entre a acusação e o indiciado – há diferenças, logo, não se pode falar em justaposição. A transação penal não tem no ANPP avatar seu. Mas, ainda que fosse, o art. 98, I da CRFB/88 desenhou o Juizado Especial Criminal como órgão jurisdicional para processar e julgar as infrações de menor potencial ofensivo, tendo, à sua disposição, mecanismos de justiça negocial. Mas, em momento algum, colocou a transação penal como instrumento despenalizador exclusivo seu. Isso não está na Constituição. E o legislador, do alto da sua soberania, pode, a partir de um juízo racional e proporcional, vir a estendê-la a outras searas, como, aliás, fez no Código de Trânsito Brasileiro, haja vista o art. 291, § 1º, disponibilizando-a para as lesões corporais culposas de trânsito circunstanciadas do art. 303, § 1º, nada obstante a pena máxima em abstrato exceder 2 anos – não por acaso foram intituladas infrações **equiparadas** às de menor ofensividade.

Por tudo isso, não há como avaliar a tese pela inconstitucionalidade do acordo de não persecução penal.

7.1. TRANSAÇÃO PENAL E ANPP – IDENTIDADE DE RAZÕES E NATUREZA DO ACORDO, EFICÁCIA INTERTEMPORAL E APLICABILIDADE INCIDENTAL AO PROCESSO, INDEPENDENTEMENTE DA FASE

A transação penal, contemplada no art. 76 da Lei nº 9.099/95, consiste em um negócio processual no qual o Ministério Público, nada obstante a existência de justa causa

---

[2] Primeiras Impressões sobre a Lei nº 13.964/19 – aspectos processuais. *Empório do Direito*. Disponível em: https://emporiododireito.com.br/leitura/primeiras-impressoes-sobre-a-lei-n-13-964-19-aspectos--processuais. Acesso em: 26 fev. 2020.

[3] Primeiras Impressões sobre a Lei nº 13.964/19 – aspectos processuais. *Empório do Direito*. Disponível em: https://emporiododireito.com.br/leitura/primeiras-impressoes-sobre-a-lei-n-13-964-19-aspectos--processuais. Acesso em: 26 fev. 2020.

para a denúncia, deixa de ofertá-la em troca do cumprimento de determinada regra de conduta ou prestação pecuniária pelo suposto autor do fato. Apesar do *caput* do art. 76 da Lei nº 9.099/95 aludir a *pena*, inexiste condenação, tanto que o descumprimento não enseja execução, mas restabelecimento ao *Parquet* do direito de ação. Nessa intelecção, o Pleno do STF, haja vista o enunciado de Súmula Vinculante nº 35 – *a homologação da transação penal prevista no artigo 76 da Lei 9.099/1995 não faz coisa julgada material e,* **descumpridas suas cláusulas, retoma-se a situação anterior, possibilitando-se ao Ministério Público a continuidade da persecução penal mediante oferecimento de denúncia ou requisição de inquérito policial** (grifo nosso). A sentença que chancela a transação penal é, portanto, **meramente homologatória**.

O ANPP igualmente objetiva o não oferecimento da denúncia, embora haja justa causa para tanto, desde que o indiciado se comprometa a observar determinada regra de conduta e/ou pagar certa prestação pecuniária (art. 28-A, III e IV, do CPP). A chancela judicial da avença é meramente homologatória, tanto que o inadimplemento restitui ao *Parquet* o direito de ação (art. 28-A, § 10) e, se cumprida, importa extinção da pretensão punitiva estatal (art. 28-A, § 13), sem caracterizar maus antecedentes, reincidência, nem admissão de culpa. Não por acaso *a celebração e o cumprimento do acordo de não persecução penal não constarão de certidão de antecedentes criminais, exceto para os fins previstos no inciso III do § 2º* (art. 28-A, § 12), ou seja, tal anotação não poderá constar nas certidões criminais expedidas pelos cartórios distribuidores, persistindo apenas na Folha de Antecedentes Criminais (FAC), à disposição do juiz, a fim de verificar se o imputado valeu-se do benefício nos últimos 5 anos, hipótese em que descabe novo ANPP (art. 28-A, § 2º), à semelhança da transação penal, considerados os §§ 4º – *acolhendo a proposta do Ministério Público aceita pelo autor da infração, o Juiz aplicará a pena restritiva de direitos ou multa, que* **não importará em reincidência, sendo registrada apenas para impedir novamente o mesmo benefício no prazo de cinco anos** – e 6º – *a imposição da sanção de que trata o § 4º deste artigo* **não constará de certidão de antecedentes criminais**, *salvo para os fins previstos no mesmo dispositivo, e* **não terá efeitos civis, cabendo aos interessados propor ação cabível no juízo cível** – do art. 76 da Lei nº 9.099/95: tal registro persiste disponível apenas ao juiz, com o escopo de controlar a carência de 5 anos para nova transação penal.

Diante da tamanha identidade de razões, os postulados doutrinários e jurisprudenciais, construídos desde 1995, em relação à transação penal, aplicam-se, por analogia, ao ANPP, a começar pela eficácia intertemporal.

Partindo dessa premissa, cumpre rememorar que o art. 90 da Lei nº 9099/95 tolhia a sua retroação, ao preconizar que as suas disposições não se aplicariam aos processos **cuja instrução já tivesse sido iniciada**. Ocorre que institutos como a composição civil, importando causa extintiva da punibilidade nos crimes de ação penal pública condicionada e de iniciativa privada, por importar renúncia ao direito de representação ou de queixa, respectivamente (art. 74, p.ú), transação penal (art. 76) e suspensão condicional do processo (art. 89) têm unívoca natureza híbrida, processual material, afinal, evitando o julgamento, conservam-se o estado de inocência e a liberdade do imputado, traduzindo *novatio legis in mellius*. Por conseguinte, hão de **retroagir**, alcançando os processos em curso, independentemente da fase, incluída a recursal, haja vista o art. 5º, XL, da CRFB/88. A sequência topográfica, aliás, é bastante sugestiva: após listar, no inciso XXXVI, o respeito ao direito adquirido, ao ato jurídico perfeito e à coisa julgada, o art. 5º, no inciso XL, trouxe a exceção, assentando a inoponibilidade desses institutos à lei penal mais benéfica, cuja retroatividade é inafastável. Não por acaso, a primeira competência confiada ao juízo das execuções, no art. 66, I, da Lei nº 7.210/84 – Lei de Execução Penal (LEP) –, foi a aplicação aos casos já julgados das leis penais que, de qualquer modo, favoreçam o sentenciado.

Em razão disso, foi formalizada a ADI nº 1719, da relatoria inaugural do Min. Moreira Alves, com pretensão cautelar de suspensão da eficácia do art. 90 da Lei nº 9.099/95, deferida pelo Pleno do STF, **à unanimidade**, com efeito *ex tunc*, sem modulação alguma, assentando, assim, a **retroatividade** da Lei nº 9.099/95, presentes as normas de conteúdo penal mais benéfico ao imputado, dentre as quais a **transação penal**, citada expressamente no cordo do acórdão – ADI 1719 MC, Relator(a): Min. MOREIRA ALVES, Tribunal Pleno, julgado em 03/12/1997, *DJ* 27-02-1998 PP-00001 EMENT VOL-01900-01 PP-00001. Aliás, extrai-se, do inteiro teor, a glosa do relator à segmentos da magistratura nacional que *"...insistem em dar preferência à determinação infraconstitucional em detrimento da Lei Fundamental..."*. Eis a ementa do julgado, autoexplicativa: *Ação direta de inconstitucionalidade.* ***Arguição de inconstitucionalidade do artigo 90 da Lei 9.099, de 26.09.95, em face do princípio constitucional da retroatividade da lei penal mais benigna (art. 5º, XL, da Carta Magna). Pedido de liminar.*** *– Ocorrência dos requisitos da relevância da fundamentação jurídica do pedido e da conveniência da suspensão parcial da norma impugnada. Pedido de liminar que se* ***defere****, em parte, para, dando ao artigo 90 da Lei 9.099, de 26 de setembro de 1995, interpretação conforme à Constituição suspender "ex tunc", sua eficácia com relação ao sentido de ser ele aplicável às normas de conteúdo penal mais favorável contidas nessa Lei* (grifo nosso).

Quando do julgamento do mérito da ADI, relatoria a cargo do Min. Joaquim Barbosa, a quem foi redistribuída em razão da aposentadoria do Min. Moreira Alves, o Plenário **confirmou**, na íntegra, a liminar anteriormente concedida, reiterando a retroação dos institutos despenalizadores, **transação penal, inclusive**, à unanimidade e **sem** modulações – ADI 1719, Relator(a): Min. JOAQUIM BARBOSA, Tribunal Pleno, julgado em 18/06/2007, *DJe*-072 DIVULG 02-08-2007 PUBLIC 03-08-2007 DJ 03-08-2007 PP-00029 EMENT VOL-02283-02 PP-00225 RB v. 19, n. 526, 2007, p. 33-35. Merece destaque, pela clareza, o seguinte trecho da ementa: *"...O art. 90 da lei 9.099/1995 determina que as disposições da lei dos Juizados Especiais não são aplicáveis aos processos penais nos quais a fase de instrução já tenha sido iniciada. Em se tratando de normas de natureza processual, a exceção estabelecida por lei à regra geral contida no art. 2º do CPP não padece de vício de inconstitucionalidade. Contudo,* ***as normas de direito penal que tenham conteúdo mais benéfico aos réus devem retroagir para beneficiá-los, à luz do que determina o art. 5º, XL da Constituição federal. Interpretação conforme ao art. 90 da Lei 9.099/1995 para excluir de sua abrangência as normas de direito penal mais favoráveis ao réus contidas nessa lei****..."* (grifo nosso).

Registre-se que, mesmo antes da citada ADI, o Pleno do STF assim já havia se colocado, em questão de ordem suscitada pelo Min. Celso de Mello no Inquérito nº 1055, merecendo transcrever, pela contundência e didática, parte da ementa: *"...Esse novíssimo estatuto normativo...positiva as premissas ideológicas que dão suporte as medidas despenalizadoras previstas na Lei n. 9.099/95, atribui, de modo consequente, especial primazia aos institutos (a) da composição civil (art. 74, parágrafo único), (b) da transação penal (art. 76), (c) da representação nos delitos de lesões culposas ou dolosas de natureza leve (arts. 88 e 91) e (d) da suspensão condicional do processo (art. 89).* ***As prescrições que consagram*** *as medidas despenalizadoras em causa qualificam-se como normas penais benéficas, necessariamente impulsionadas, quanto a sua aplicabilidade, pelo princípio constitucional que impõe à lex mitior uma insuprimível carga de retroatividade virtual e, também, de incidência imediata...*" (grifo nosso) – Inq 1055 QO, Relator(a): Min. CELSO DE MELLO, Tribunal Pleno, julgado em 24/04/1996, DJ 24-05-1996 PP-17412 EMENT VOL-01829-01 PP-00028.

Se o ANPP persegue fins **idênticos** aos da transação penal – não deflagração da denúncia –, com as **mesmas** consequências – extinção da pretensão **punitiva** estatal após o cumprimento, sem configurar reincidência nem maus antecedentes, tão somente impedindo novo benefício nos próximos 5 anos, enquanto, se inadimplido, restaura-se ao Ministério Público o direito de ação –, preenchida está a **identidade de razões para aplicar a inteligência desses precedentes, por analogia, aos acordos de não persecução penal**, afinal, *ubi eadem ratio ibi eadem jus*. Por conseguinte, os ANPPs alcançam as ações penais em curso, independentemente da fase na qual estiverem.

Não se ignora a orientação no sentido de bloquear a retroação aos processos com denúncia já recebida. A partir de uma interpretação histórica do processo legislativo pertinente à Lei nº 13.964/19, diz-se que o Projeto de Lei nº 882/2019 contemplava o acordo de não persecução penal, sem peça acusatória admitida, e o de não prosseguimento da ação, celebrável após o recebimento da denúncia e antes de iniciada a instrução. Porém, com o advento do Projeto de Lei nº 10.372, em substituição ao anterior, essa última modalidade negocial foi descartada, remanescendo a primeira. Assim, a intenção do legislador teria sido admitir a avença apenas **antes** de formalizada a denúncia, desiderato esse que haveria de ser respeitado, sob pena de ofensa ao art. 2º da CRFB/88. E tampouco caberia qualquer sorte de analogia com a suspensão condicional do processo, por serem institutos distintos.

Nesse sentido, o **Enunciado nº 20 do CNPG** traz: *Cabe acordo de não persecução penal para fatos ocorridos antes da vigência da Lei nº 13.964/2019, **desde que não recebida a denúncia*** (grifo nosso). A Procuradoria-Geral de Justiça e a Corregedoria-Geral do Ministério Público do Estado do Rio de Janeiro, na Resolução conjunta nº 20, de 23 de janeiro de 2020, assim também se posicionaram, porquanto, na dicção do parágrafo único do art. 1º, *o acordo de não persecução penal poderá ser celebrado **até o recebimento da denúncia**, inclusive para fatos ocorridos antes da vigência da Lei nº 13.964...* (grifo nosso), revelando-se precluso nos feitos nos quais já haja denúncia admitida, orientação essa abraçada, majoritariamente, pelos Ministérios Públicos Estaduais, mas **não pelo Ministério Público Federal**, conforme se verá adiante.

O esforço hermenêutico por detrás da conclusão demonstra, por si só, a sua fragilidade, pois busca desviar o seu foco daquilo que realmente importa: a natureza híbrida do instituto e o art. 5º, XL, da CRFB/88.

Primeiramente, o parâmetro comparativo do ANPP não é com a suspensão condicional do processo, mas com a transação penal, porque ambos importam não oferecimento da ação penal. E a identidade ontológica e teleológica entre os dois institutos é tamanha que, no caso de **justaposição**, o art. 28-A, § 2º, I do CPP ordena que se observe a transação penal. Os *n* pontos de contato decantados acima determinam que a retroação da última às ações penais em curso, acertada pelo Pleno do STF, alcance o ANPP, pois **inexiste** distinção – *distinguishing* – possível[4]. A própria Lei nº 13.964/19 exige que assim seja feito, porquanto **não será considerado fundamentado o pronunciamento jurisdicional que deixe de seguir precedente sem demonstrar a existência de distinção no caso em julgamento** – art. 315, § 2º, VI do CPP.

O art. 926, cabeça, do CPC/15, por outro lado, preconiza, para além do processo civil, que *os tribunais devem uniformizar sua jurisprudência e* ***mantê-la estável, íntegra e coerente*** (grifo nosso). Debruçando-se sobre essa regra, leciona Lenio Luiz Streck que: "*... sobre o artigo 926 recai uma carga epistêmica de infinito valor. Por várias razões. Primeiro, porque* ***um modo de evitar a jurisprudência lotérica é exigir coerência e integridade***; *segundo,* ***a garantia da previsibilidade e da não surpresa***; *terceira,* ***o dever de accountability*** *em relação à Constituição, justamente ao artigo 93, IX... E um quinto elemento:* ***o Supremo Tribunal Federal deve também manter a coerência e integridade nas suas próprias decisões***. *Em todas. Nesse sentido,* ***cresce igualmente o papel do STJ, locus da unificação do Direito infraconstitucional***. *Conceitualmente: haverá coerência* ***se os mesmos preceitos e princípios que foram aplicados nas decisões o forem para os casos idênticos***; *mais do que isso, estará assegurada a integridade do Direito a partir da força normativa da Constituição. A coerência assegura a igualdade, isto é, que os diversos casos terão a igual consideração por parte do Poder Judiciário.* ***Isso somente pode ser alcançado por meio de um holismo interpretativo, constituído a partir de uma circularidade hermenêutica***. *Coerência significa igualdade de apreciação do caso e igualdade de tratamento. Coerência também quer dizer 'jogo limpo'. Já a* ***integridade*** *é duplamente composta, conforme Dworkin:* ***um princípio legislativo, que pede aos legisladores que tentem tornar o conjunto de leis moralmente coerente***, *e um princípio jurisdicional, que demanda que a lei, tanto quanto possível, seja vista como coerente nesse sentido.* ***A integridade exige que os juízes construam seus argumentos de forma integrada ao conjunto do Direito, constituindo uma garantia contra arbitrariedades interpretativas***"[5] (grifo nosso).

Íntegro o legislador foi, porque, ao verificar as múltiplas interseções entre a transação penal e o ANPP, deu a este um formato muitíssimo parecido com aquela. Ante tamanha identidade de razões, **a coerência demanda que os Tribunais repliquem à eficácia intertemporal do ANPP o mesmo entendimento fixado pelo Pleno do STF, quanto à transação penal, na ADI 1719**. Inexistem fundamentos que permitam superar os postulados nela fixados – *overruling*.

A argumentação histórica é, inclusive, **inadequada**, sem a menor pertinência causal com a *ratio decidendi* da ADI 1719. Não se discute a viabilidade de um acordo de não prosseguimento da ação penal, mas a **retroatividade** do de não persecução penal, porque, uma vez reconhecida, univocamente, a natureza híbrida do instituto, tradutora de *novatio legis in mellius*, **o art. 5º, XL, da CRFB/88 determina a retroação**. É este o preceito constitucional em xeque. Determinar que o ANPP seja oportunizado aos processos em curso, mesmo com denúncia já recebida, significa **assegurar o direito de todo e qualquer imputado, supostamente autor de infração penal sem violência, nem grave ameaça à**

---

[4] No mesmo sentido, *v.g.*, RANGEL, Paulo. *Direito processual penal*. 29. ed. Barueri: Atlas, 2021. p. 206 e 207, fixando como marco preclusivo à retroação o trânsito em julgado.

[5] Jurisdição, fundamentação e dever de coerência e integridade no novo CPC. Disponível em: https://www.conjur.com.br/2016-abr-23/observatorio-constitucional-jurisdicao-fundamentacao-dever--coerencia-integridade-cpc. Acesso em: 21 fev. 2020.

pessoa, cujo piso seja inferior a 4 anos, a não ser efetivamente julgado, preservando, assim, o estado de inocência e a liberdade, tal qual decidiu o STF acerca da transação penal, circunscrita às infrações de menor potencial ofensivo.

Embora preclusa a finalidade processual primeira do ANPP – evitar o processo –, à semelhança do verificado em relação à transação penal, o escopo material persiste hígido – conservação do estado de inocência e da liberdade. Não se está, com isso, contrariando o desiderato legislativo, mas se curvando à eficácia intertemporal **deste**. É inacreditável que uma controvérsia espancada pelo STF no final do século passado, com orientação reafirmada na primeira década deste, seja ressuscitada, demonstrando que ainda temos muito a evoluir em integridade e coerência. O ANPP traduz um novo instituto despenalizador? Sim. Na essência e nos fins bastante próximo à transação penal? Sim. Então que as premissas fixadas em torno desta sejam replicadas àquele.

Pretender diversamente não significa opor apenas a coisa julgada à lei penal mais benéfica, ao arrepio do art. 5º, XL, da CRFB/88 e, a reboque, do art. 2º, parágrafo único, do CP e do art. 66, I da LEP. É pior. Opõe-se o *minus*, um reles **ato jurídico perfeito** – recebimento da denúncia – à incidência da lei penal mais benéfica.

Como em jogo estão a inocência e a liberdade individuais, afinal, o ANPP, à semelhança da transação penal, deságua na extinção da pretensão punitiva estatal, a isonomia igualmente fica, sim, melindrada, porquanto situações jurídico-penais iguais passam a receber tratamento processual **material** diferenciado. Também sob esse prisma se justifica a retroação.

Nessa esteira, o Enunciado Institucional sobre ANPP da Defensoria Pública do Estado do Rio de Janeiro nº 2, agasalhando o nosso entendimento: *Tendo em vista o preceituado no artigo 5º, inciso XL da CRFB/1988, bem como no artigo 2º, parágrafo único do Código Penal, e sendo o acordo de não persecução penal norma de natureza híbrida com conteúdo penal material benéfico, por ter como consequência de seu cumprimento integral a extinção da punibilidade, é cabível nos processos em andamento, mesmo após o recebimento da denúncia.*

Também nesse sentido se colocam as 2ª, 4ª e 5ª Câmaras de Coordenação e Revisão do Ministério Público Federal (MPF), **restritas a retroatividade à coisa julgada**, a ponto de terem formulado a Orientação Conjunta nº 03/2018, **revisada e ampliada a partir da edição da Lei nº 13.964/19**, para definir, no item 8, a possibilidade do "*oferecimento de acordos de não persecução penal no curso da ação penal, podendo ser dispensada, nessa hipótese, a instauração de PA, caso a negociação seja realizada nos próprios autos do processo. Nessa hipótese, deverá ser requerido ao juízo o sobrestamento da ação penal*" (grifo nosso)[6].

No **Superior Tribunal de Justiça**, a **6ª Turma** igualmente assim se posicionou, admitindo a incidência do ANPP aos processos sem trânsito em julgado[7]. Já a 5ª Turma

---

[6] Destaca-se, por exemplo, o voto nº 2493/20, incidental ao Processo nº 5036792-89.2019.4.04.7100, oriundo da 22ª Vara Federal em Porto Alegre, proveniente da 2ª Câmara de Coordenação e Revisão do MPF, rel. Procuradora Luiza Cristina Fonseca Frischeisen.

[7] PExt no AgRg no HC 575.395/RN, Rel. Ministro Nefi Cordeiro, Sexta Turma, julgado em 15/12/2020, *DJe* 18/12/2020 – "*...O cumprimento integral do acordo de não persecução penal gera a extinção da punibilidade, previsto no art. 28-A do CPP, com a redação dada pela Lei 13.964/19, de modo que, **como norma de natureza jurídica mista e mais benéfica ao réu, deve retroagir em seu benefício em processos não transitados em julgado**...*" (grifo nosso).

entende pela retroação até o recebimento da peça acusatória[8], compreensão a qual aderiu, posteriormente, a 6ª Turma[9].

No Supremo Tribunal Federal **a 1ª Turma igualmente possui precedentes pela inaplicabilidade do ANPP a processos já com denúncia recebida** quando da entrada em vigor da Lei nº 13.964/19[10].

Ocorre que, em todos esses precedentes, não se questiona o caráter híbrido do ANPP, por evitar a deflagração da ação penal e, por conseguinte, o julgamento e eventual condenação, convertendo-se, ao final, em **causa de extinção da pretensão punitiva estatal**. Ora, em sendo *novatio legis in mellius*, a retroação aos processos em curso é mandatória por imposição constitucional (art. 5º, XL, da CRFB/88), não lhe sendo oponível o ato jurídico perfeito. A conclusão a que chegaram o STJ e a 1ª Turma do STF mostra-se **incompatível** com a premissa, bastando, repita-se, observar o mesmo entendimento construído em torno da transação penal e da suspensão condicional do processo, sem alardes nem controvérsias maiores, registre-se.

Na 2ª Turma do STF o tema permanece em aberto, mas, em tema análogo – (ir)retroatividade do § 5º do art. 171 do CP –, colocou-se, à unanimidade, pela retroação da exigência de representação no crime de estelionato, consideradas as ações penais em curso **sem** trânsito em julgado[11]. No tocante à eficácia intertemporal do ANPP em si, o Min. Gilmar Mendes, relator do HC nº 185.913, afetou-o ao Plenário, com julgamento agendado, em princípio, para 18 de maio de 2022, com **parecer da Procuradoria-Geral da República, da lavra do Vice-Procurador Humberto Jacques de Medeiros, pela retroação do ANPP aos processos em andamento SEM trânsito em julgado**. A minuta de voto do Min. Gilmar Mendes, lançada em 19 de setembro de 2021, até a retirada do Plenário virtual no dia 20 imediato, ante o pedido de destaque do Min. Alexandre de Moraes, foi em **sentido idêntico**.

Tal preocupação, aliás, **transcende** as questões intertemporais. A premissa é simples: não pode o imputado ser prejudicado por um equívoco do Ministério Público na capitulação delitiva. Se, no decorrer do processo, ou mesmo na sentença, conclui-se pela imputação mais branda, a contemplar a suspensão condicional do processo ou a transação penal, **tais benefícios hão de ser oportunizados ao réu, porque, malgrado precluso o escopo processual de ambas, afinal, chegou-se à fase da sentença, o material resta preservado – evitar a condenação, conservados o estado de inocência e a liberdade**.

Outra não é a *ratio* por detrás do § 1º do art. 383 do CPP, positivando a Súmula nº 337 do STJ, no tocante à suspensão condicional do processo, e do § 2º do mesmo artigo – desclassificada a imputação para outra, de menor potencial ofensivo, da competência do Juizado Especial Criminal, para lá deve ser declinada a competência, exceto se o juízo

---

[8] AgRg no REsp 1.936.305/SP, Rel. Ministro Joel Ilan Paciornik, Quinta Turma, julgado em 16/11/2021, *DJe* 19/11/2021.

[9] HC 615.113/SP, Rel. Ministro Olindo Menezes (Desembargador Convocado do TRF 1ª Região), Sexta Turma, julgado em 16/11/2021, *DJe* 19/11/2021..

[10] HC 206.113 AgR, Rel. Min. Luís Roberto Barroso, Primeira Turma, julgado em 23/11/2021, *DJe-237*, divulg. 30/11/2021, public. 01/12/2021; HC 206876 AgR, Rel. Min. Alexandre de Moraes, Primeira Turma, julgado em 11/11/2021, *DJe* 18/11/2021.

[11] HC 180.421 AgR, rel. Min. Edson Fachin, Segunda Turma, julgado em 22/06/2021, *DJe* 06/12/2021.

processante acumular tal competência, oportunizando, de toda sorte, os institutos despenalizantes, dentre os quais a transação penal[12].

No plenário do Júri, idêntica regra foi veiculada no § 1º do art. 492 do CPP – *se houver desclassificação da infração para outra, de competência do juiz singular, ao presidente do Tribunal do Júri caberá proferir sentença em seguida,* **aplicando-se, quando o delito resultante da nova tipificação for considerado pela lei como infração penal de menor potencial ofensivo, o disposto nos arts. 69 e seguintes da Lei nº 9.099, de 26 de setembro de 1995** (grifo nosso), mas sem declinar da competência, se a novel infração, fruto da desclassificação, for de menor potencial ofensivo.

E, mesmo em sede recursal, tal oportunização é possível, pois o art. 617 do CPP autoriza os Tribunais a aplicarem o citado art. 383[13]. Ora, se isso vale para a transação penal, com razão idêntica para o ANPP.

---

[12] STJ, HC 203.278/SP, Rel. Ministra Maria Thereza de Assis Moura, Sexta Turma, julgado em 07/05/2013, DJe 14/05/2013 – *"...2. Segundo a orientação firmada pelo Superior Tribunal de Justiça,* **desclassificado o crime para outro que se amolde aos requisitos previstos no art. 76 e 89 da Lei n.º 9.099/1995***, é cabível a formulação de proposta de transação penal e suspensão condicional do processo (Precedentes). Na espécie, tem-se por* **inadequada a motivação do Ministério Público Estadual deixar de oferecer a transação penal, em razão apenas do fenômeno da desclassificação...***" (grifo nosso); HC 163.228/SP, Rel. Ministro Jorge Mussi, Quinta Turma, julgado em 19/05/2011, DJe 30/05/2011 – "...***1. Pacificou-se na jurisprudência desta Corte Superior o entendimento de que é cabível a aplicação dos institutos despenalizadores previstos na Lei n. 9.099/95 quando o magistrado singular, ao proferir a sentença de mérito, desclassifica a conduta atribuída ao acusado na exordial acusatória para outro crime cuja pena abstratamente prevista permite a oferta de tais opções***. 2. No caso, os pacientes foram denunciados pela suposta prática da conduta prevista no artigo 12 da Lei 6.368/76, crime cuja pena abstratamente prevista não permite a aplicação de nenhum dos institutos despenalizadores. Todavia,* **ao analisar as provas produzidas nos autos, o magistrado singular formou sua convicção no sentido de desclassificar as condutas que lhes foram atribuídas na exordial acusatória para o delito do art. 28, caput, da Lei 11.343/06 (o qual reprime o usuário de drogas), cujo preceito secundário não prevê pena privativa de liberdade, deixando de observar a aplicação dos mencionados dispositivos da Lei n. 9.099/95***, proferindo o édito condenatório com a aplicação de pena de prestação de serviços à comunidade... Ordem concedida para* **anular** *a sentença condenatória em relação a ..., devendo o magistrado de 1º grau* **remeter os autos ao representante do parquet para, caso entenda cabível, propor a transação penal ou a suspensão condicional do processo***, bem como realizar melhor exame em relação à possível prescrição envolvendo tal paciente"* (grifo nosso).

[13] STJ, AgRg no REsp 1825750/MG, Rel. Ministra Laurita Vaz, Sexta Turma, julgado em 10/12/2019, DJe 17/12/2019 – *"...1. Havendo desclassificação do delito ou procedência parcial da pretensão punitiva – como verificado na espécie, já que foi desclassificada a conduta do delito de tráfico para a prevista no art. 28 da Lei n.º 11.343/2006 –,* **é cabível a aplicação dos institutos despenalizadores da Lei n.º 9.099/1995**. *É o que ficou sedimentado na Súmula n.º 337 desta Corte. 2.* **Não pode subsistir a condenação no caso, por não ter sido conferida ao Ministério Público a oportunidade de propor, ou não, transação penal ou suspensão condicional do processo***, nem ao Agravante de, eventualmente, aceitá-las..."* (grifo nosso); HC 162.807/SP, Rel. Ministra LAURITA VAZ, QUINTA TURMA, julgado em 08/05/2012, DJe 21/05/2012 – *"Habeas corpus. Lei de Drogas.* **Desclassificação do delito de tráfico para o de uso de entorpecentes***, quando do* **julgamento do recurso de apelação** *interposto pelo paciente.* **conduta que admite tanto a transação penal quanto a suspensão condicional do processo***. Institutos cuja oportunidade para propositura pelo parquet e eventual aceitação pelo acusado* **deve** *ser conferida inclusive na hipótese de desclassificação do delito.* **Constrangimento ilegal configurado***. Crime cujo prazo prescricional é de 2 anos (art. 30 da Lei nº 11.343/06). Ordem de habeas corpus concedida, para extinguir a punibilidade do paciente..."* (grifo nosso); HC 69.444/MS, Rel. Ministro Gilson Dipp, Quinta Turma, julgado em 10/05/2007, DJ 25/06/2007, p. 267 – *"...Hipótese em que a paciente foi condenada, perante juízo comum, pela suposta prática do delito de tortura,* **tendo sido desclassificada a imputa-**

A própria Lei nº 13.964/19 **não** rechaçou essa possibilidade, pois, ao listar as competências do juiz das garantias, diz, no art. 3º-B, XVII, do CPP, ser a de ***decidir sobre a homologação de acordo de não persecução penal*** *ou os de colaboração premiada,* ***quando formalizados durante a investigação***, admitindo, *a contrario sensu*, que também sejam incidentais ao processo.

Diante de todo o articulado, o ANPP, à semelhança da transação penal, incide sobre as instruções criminais em curso, independentemente de a denúncia ter sido, ou não, recebida, seja por força da retroatividade da Lei nº 13.964/19, seja em razão da desclassificação da imputação, pelo juízo processante ou em sede recursal, para outra que comporte o benefício.

Nesse último caso, convém dar um exemplo importante, porque recorrente: ao final do processo, por tráfico de entorpecentes, o juiz conclui pela incidência da causa de diminuição de pena versada no art. 33, § 4º da Lei nº 11.343/06, que, nos termos do § 1º do art. 28-A do CPP, há de ser considerada na aferição da admissibilidade do ANPP. Presente a reprimenda mínima de 5 anos, reduzida do máximo de dois terços, tem-se como piso em abstrato 1 ano e 8 meses, abrindo-se campo para o acordo. Cumpre à defesa, nas alegações finais, entre as questões de mérito a serem invocadas, pugnar pela citada minorante, e consequentemente, pela oportunização do ANPP. Reputando-o viável, o juiz prolata um pronunciamento escalonado: admite a causa de diminuição de pena, e, sem sentenciar efetivamente o acusado, proferindo, assim, uma decisão interlocutória mista (não terminativa), determina a abertura de vista ao Ministério Público para se pronunciar sobre o acordo.

Caso discorde do provimento jurisdicional em si, por ter admitido a incidência do § 4º do art. 33 da Lei nº 11.343/06, **apela**, na forma do art. 593, II, do CPP, por se estar diante de uma manifestação jurisdicional com força de definitiva, inatacável por meio de recurso em sentido estrito. Se estiver de acordo com a decisão, mas entender não mais cabível o ANPP, deixa de formular a proposta, abrindo campo para a aplicação do § 14 do art. 28-A do CPP, sem prejuízo de o juiz, caso vislumbre o acordo como direito público subjetivo do imputado, deferi-lo, a pedido da defesa – à míngua do recurso adequado, a incidência do redutor penal versado no § 4º do art. 33 da Lei nº 11.343/06 resta precluso para as partes, sem possibilidade de revisão, sob pena de *reformatio in pejus ex officio*. O

ção para lesão corporal leve em sede de apelação criminal*. Denunciada a ré por delito cuja pena máxima, em abstrato, ultrapassa dois anos, incumbe ao Juízo comum conduzir o processamento do feito.* **Desclassificada a imputação atribuída à ré e sendo o delito remanescente lesão corporal leve, infração de menor potencial ofensivo, cometido já na vigência da Lei n.º 10.259/01 e cuja pena privativa de liberdade máxima é de um ano, deve-se averiguar a aplicabilidade dos institutos despenalizadores da Lei n.º 9.099/95.** *Tratando-se de infração de menor potencial ofensivo, iniciado o processo criminal na jurisdição ordinária, nela deve permanecer, em atenção ao disposto nos artigos 92 da Lei 9.099/95 e 25 da Lei 10.259/01 e ao princípio segundo o qual o tempo rege o ato. Precedentes do STJ e do STF. Exceção ao princípio no tocante aos institutos despenalizadores introduzidos no ordenamento jurídico nacional pelos artigos 74, parágrafo único, 76, 88 e 89 da Lei criadora dos Juizados Especiais Cíveis e Criminais Estaduais, pois dotados, estes últimos, de natureza jurídica de direito material, ou mista. Deve ser* **reformado o acórdão proferido pelo Tribunal** *a quo tão-somente na parte* **em que condenou o paciente pelo crime de lesão corporal, a fim de que lhe sejam aplicados, se for o caso, os institutos despenalizadores da Lei n.º 9.099/95, inclusive a transação penal.** *Ordem parcialmente concedida, nos termos do voto do Relator...* (grifo nosso); HC 33.001/RS, Rel. Ministro Felix Fischer, Quinta Turma, julgado em 14/09/2004, DJ 25/10/2004, p. 368.

controle jurisdicional sobre a iniciativa do ANPP e as vias impugnativas serão verticalizados no item 7.2.3.

O tema está **indefinido no STJ**, porque tem sido obstado o ANPP, malgrado a desclassificação da imputação para outra de menor gravidade, em razão de, **quando da entrada em vigor da Lei nº 13.964/19, já haver sido recebida a denúncia**[14], pontuando a 5ª Turma, ainda, **a ausência de confissão documentada nos autos**. Inexistem precedentes relativos a ações penais recebidas já na vigência da Lei nº 13.964/19.

As ponderações acima, veiculadas na 1ª edição desta obra, foram reproduzidas pela Defensoria Pública do Estado do Rio de Janeiro, considerado o Enunciado nº 13 sobre ANPP: *"Tendo em vista a similitude do acordo de não persecução penal com os institutos da transação penal e suspensão condicional do processo, bem como o pacífico entendimento jurisprudencial nos Tribunais Superiores, em caso de desclassificação da conduta ou procedência parcial da pretensão punitiva, que enseje posterior enquadramento ao acordo de não persecução penal, deve a defesa técnica perseguir a oportunização do acordo, se em concreto for mais benéfico ao réu"*.

Igualmente foram concretizadas pela **2ª Turma do STF**, ao **admitir ANPP incidentalmente ao processo, ante a desclassificação da imputação para outra que o comporta – *in casu*, em decorrência, justamente, do reconhecimento, na sentença, da causa de diminuição de pena prevista no § 4º do art. 33 da Lei nº 11.343/06**[15]. A sinalização do denunciado pelo acordo basta ao entabulamento do pacto, **independentemente de confissão já documentada nos autos**, por ser ela a contrapartida que se espera do réu para celebrar a avença. Inexigível do imputado é a prévia confissão, se a acusação não acena o ANPP, sob pena de compeli-lo à autoincriminação, contrária ao silêncio (art. 5º, LXIII, da CRFB/88), expressão do *nemo tenetur se detegere* (art. 8º, 2, *g*, da CADH e art. 14, 3, *g*, do PIDCP). A natural disparidade de armas no processo penal apenas se intensificaria.

Assim se manifestou o Min. Gilmar Mendes na minuta de voto lançada no julgamento do HC nº 185.913, remetido ao Plenário: *"...assentado que o ANPP pode (e deve, se cumpridos os requisitos) ser proposto em casos de processos em andamento quando da entrada em vigência da Lei nº 13.964/19, importante destacar que **a ausência de confissão na fase investigatória ou processual até o momento não é óbice legítimo à propositura do ANPP**. Como visto, o acordo pressupõe exatamente que o imputado se conforme com

---

[14] AgRg no HC 642.591/SP, Rel. Ministro Ribeiro Dantas, Quinta Turma, julgado em 18/05/2021, DJe 21/05/2021 – *"...Conforme precedentes deste Tribunal Superior e da 1ª Turma do STF, o acordo de não persecução penal (ANPP) terá aplicação aos fatos anteriores a Lei nº 13.964/19, **desde que não recebida a denúncia**. Hipótese em que, **além de o réu não ter confessado a prática delitiva** – um dos requisitos necessários para a concessão do benefício – o processo já estava sentenciado, quando da entrada em vigor da Lei denominada Pacote Anticrime..."* (grifo nosso); AgRg no REsp 1840572/PR, Rel. Ministra Laurita Vaz, Sexta Turma, julgado em 20/04/2021, DJe 30/04/2021 – *"...É possível a aplicação retroativa do acordo de não persecução penal, previsto no art. 28-A do Código de Processo Penal, introduzido pela Lei nº 13.924/19, **desde que não recebida a denúncia**. Precedentes do STJ e do STF..."* (grifo nosso).

[15] HC 194677, Rel. Min. Gilmar Mendes, Segunda Turma, julgado em 11/05/2021, DJe-161, divulg. 12/08/2021, public. 13/08/2021 – *"...4. No caso concreto, em alegações finais, o MP posicionou-se favoravelmente à aplicação do redutor de tráfico privilegiado. Assim, **alterou-se o quadro fático, tornando-se potencialmente cabível o instituto negocial**. 5. Ordem parcialmente concedida para determinar sejam os autos remetidos à Câmara de Revisão do Ministério Público Federal, a fim de que aprecie o ato do procurador da República que negou à paciente a oferta de acordo de não persecução penal..."* (grifo nosso).

as sanções em troca de benefícios, como eventual sancionamento menos gravoso e a não caracterização de maus antecedentes. Ou seja, impedir o ANPP por tal motivo é macular a sua própria lógica e finalidade, além de violar a paridade de armas no processo penal..." (grifo nosso), na linha do parecer da Procuradoria-Geral da República, da lavra do Vice-Procurador Humberto Jacques de Medeiros. O Enunciado nº 5 da Defensoria Pública do Estado do Rio de Janeiro também abraçou a nossa compreensão: *A ausência de confissão, apesar da duvidosa constitucionalidade de sua exigência, em sede policial, não impede a celebração do acordo de não persecução penal.*

Registre-se que o acordo de não persecução cível, reinserido no art. 17-B da Lei nº 8.429, de 2 de junho de 1992, pela Lei nº 14.230, de 25 de outubro de 2021, após ter sido vetado pela Presidência da República no então art. 17-A, tem lugar, nos termos do § 4º, não só previamente, mas, também, incidentalmente à ação de improbidade administrativa, e mesmo quando da execução da sentença condenatória. Considerada a comunicabilidade entre as esferas penal e administrativa – a depender da condenação, um dos efeitos é a perda do cargo (art. 92, I, do CP), *v.g.* – nada impede transpor esse regramento ao ANPP, por consubstanciar analogia *in bonam partem*, descartada qualquer possibilidade de silêncio eloquente do legislador no tocante ao ANPP incidental ao processo, porque a Lei nº 14.230/21 ocupou-se, exclusivamente, da Lei de Improbidade Administrativa, revelando, na realidade, o desiderato do Poder Legislativo de potencializar soluções consensuais, ao invés de as tolher, justificando, com vigor ainda maior, o ANPP no curso do processo-crime.

Em rigor, a retroação alcança, inclusive, as condenações transitadas em julgado, afinal, descabe **escalonar** os efeitos do art. 5º, XL, da CRFB/88. A 5ª Turma do STJ chegou a editar precedentes nesse sentido em relação à transação penal[16], bem como a 6ª Turma[17]. Todavia, preocupado com os impactos que tal compreensão geraria na administração da própria Justiça – os Tribunais enfrentariam uma enxurrada de revisões criminais e de *habeas corpus* –, em clarissimo exemplo de jurisprudência defensiva (aquela construída para proteger o próprio Judiciário), o STJ recuou, sob a ponderação segundo a qual, por ser um instituto **processual** material, o caráter adjetivo da transação (e da suspensão

---

[16] HC 35.545/SP, Rel. Ministro Gilson Dipp, Quinta Turma, julgado em 16/06/2005, DJ 08/08/2005, p. 30 – "...***A transação penal, por ser instituto de direito material, deve ter sua aplicação retroativa determinada sempre que visualizada a possibilidade do réu ser beneficiado, ainda que transitada em julgada a condenação.*** Precedente do STJ. Devem ser cassados o acórdão e a sentença, além da própria denúncia, para possibilitar ao paciente a realização de proposta de transação penal, surgindo, nesse novo contexto, a possibilidade de ocorrência de prescrição no caso concreto. Anuladas a denúncia e a sentença condenatória, não se prestam como marco interruptivo da prescrição. Precedentes desta Corte e do STF. Transcorridos mais de 06 anos entre a data dos fatos até a presente data, há que se reconhecer a prescrição da pretensão punitiva pela prática de delito cuja pena máxima cominada é de 02 anos, nos termos do art. 109, inciso V, do Código Penal. Ordem concedida com a declaração, de ofício, da extinção da punibilidade do paciente pela prescrição..." (grifo nosso).

[17] REsp 66.689/AL, Rel. Ministro Luiz Vicente Cernicchiaro, Sexta Turma, julgado em 15/10/1996, DJ 08/09/1997, p. 42609 – "...*Lei n. 9.099/95 não é mero procedimento processual penal. Constitui sistema jurídico resultante do comando do art. 98 da Constituição da República. Reúne também normas penais mais favoráveis do que o Código Penal. Cumpre aplicá-las, por imperativo constitucional.* ***Mantém-se o julgado. Urge, todavia, abrir oportunidade para eventual aplicação da referida lei. Caso não obtenha o consentimento, aplicar-se-á a sentença condenatória...***" (grifo nosso).

condicional do processo) imporia, como limite à retroatividade, o trânsito em julgado[18], referencial perfeitamente aplicável ao acordo de não persecução penal, diante das similitudes ontológica e teleológica. Os pronunciamentos da 6ª Turma do STJ, favoráveis à incidência do ANPP nas ações penais em andamento[19], antes da adesão à orientação da 5ª Turma, bem como da 2ª Turma do STF em caso análogo – eficácia intertemporal do § 5º do art. 171 do CP[20] – e do Min. Gilmar Mendes e da Procuradoria-Geral da República no HC nº 185.913, foram nesse sentido.

O Supremo Tribunal Federal, inclusive por meio do Pleno, foi além, estabelecendo, exageradamente, como marco preclusivo, a sentença penal condenatória, independentemente do trânsito em julgado, desde que prolatada antes da *novatio legis in mellius*. A entrega da prestação jurisdicional, embora ainda recorrível, inviabilizaria a incidência dos institutos despenalizadores, como a transação penal e a suspensão condicional do processo, e, ante a identidade de razões, o acordo de não persecução penal, porque importaria um "retroceder processual", ignorando ser o processo uma marcha evolutiva. Vários são os julgados do STF a respeito, **sobretudo em relação à suspensão condicional do processo**, cuja inteligência é extensível à espécie, por serem, todas, inovações processuais materiais, de cunho despenalizador, representativas da justiça penal negocial[21].

Na minuta de voto concernente ao HC nº 185.913, observa o Min. Gilmar Mendes, debruçando-se sobre o citado HC nº 74.305, da relatoria do Min. Moreira Alves, julgado pelo Pleno em 09/12/1996, com acórdão publicado no *DJ* 05/05/2000:

---

[18] HC 59.267/RS, Rel. Ministro Felix Fischer, Quinta Turma, julgado em 03/04/2007, DJ 10/09/2007, p. 253 – "... Não obstante o entendimento de que a Lei 10.259/01, tal como a Lei 9.099/95, tem aplicação retroativa, alcançando os fatos ocorridos antes de sua vigência em virtude do princípio da retroatividade da lei mais benéfica, previsto no art. 5º, XL da atual Carta Magna, certo é que **a mesma não pode ser aplicada em processos já findos, cuja sentença condenatória tenha transitado em julgado**..." (grifo nosso); RHC 8.711/SP, Rel. Ministro Hamilton Carvalhido, Sexta Turma, julgado em 16/09/1999, DJ 01/10/2001, p. 246; REsp 195.727/PR, Rel. Ministro Vicente Leal, Sexta Turma, julgado em 24/06/1999, DJ 23/08/1999, p. 164.

[19] PExt no AgRg no HC 575.395/RN, Rel. Ministro Nefi Cordeiro, Sexta Turma, julgado em 15/12/2020, DJe 18/12/2020 – "...O cumprimento integral do acordo de não persecução penal gera a extinção da punibilidade, previsto no art. 28-A do CPP, com a redação dada pela Lei nº 13.964/19, de modo que, **como norma de natureza jurídica mista e mais benéfica ao réu, deve retroagir em seu benefício em processos não transitados em julgado**..." (grifo nosso).

[20] HC nº 180.421 AgR, rel. Min. Edson Fachin, Segunda Turma, julgado em 22/06/2021, DJe 06/12/2021.

[21] HC 74.305, Relator Min. Moreira Alves, Tribunal Pleno, julgado em 09/12/1996, DJ 05/05/2000 – "... Os limites da aplicação retroativa da 'lex mitior', vão além da mera impossibilidade material de sua aplicação ao passado, pois ocorrem, também, ou quando a lei posterior, malgrado retroativa, não tem mais como incidir, à falta de correspondência entre a anterior situação do fato e a hipótese normativa a que subordinada a sua aplicação, ou quando a situação de fato no momento em que essa lei entra em vigor não mais condiz com a natureza jurídica do instituto mais benéfico e, portanto, com a finalidade para a qual foi instituído. – **Se já foi prolatada sentença condenatória, ainda que não transitada em julgado, antes da entrada em vigor da Lei 9.099/95, não pode ser essa transação processual aplicada retroativamente, porque a situação em que, nesse momento, se encontra o processo penal já não mais condiz com a finalidade para a qual o benefício foi instituído, benefício esse que, se aplicado retroativamente, nesse momento, teria, até, sua natureza jurídica modificada para a de verdadeira transação penal**..." (grifo nosso). No mesmo sentido, HC 75.394, Relator Min. Sydney Sanches, Primeira Turma, julgado em 05/08/1997, DJ 12/09/1997; HC 75.298, Relator Min. Octavio Gallotti, Primeira Turma, julgado em 02/09/1997, DJ 10/10/1997; HC 75.159, Relator Min. Maurício Corrêa, Segunda Turma, julgado em 23/09/1997, DJ 20/04/2001.

"(...)
verifica-se que tal interpretação partiu da premissa de que a finalidade da suspensão condicional do processo é distinta de uma transação penal, em sentido amplo (sendo esta a que mais se aproxima do ANPP). Nos termos do voto do relator, Min. Moreira Alves:

'Ora, **não há dúvida de que o artigo 89 da Lei 9.099/95** criou uma transação de natureza eminentemente processual, embora com eventual consequência penal (extinção da punibilidade), em que não se atinge imediatamente o 'ius puniendi' do Estado que permanece incólume até que, com o cumprimento das condições dessa suspensão, ocorra a extinção da punibilidade; enquanto isso não ocorre, há apenas a paralisação do processo. **Não se confunde, portanto, com a transação a que se refere o artigo 76 da mesma Lei que é eminente e diretamente penal, porquanto em virtude dela há a aplicação de pena restritiva de direitos ou de multa em lugar de pena privativa de liberdade**'
(...)
tal precedente partiu de premissas distintas, que não são automaticamente transplantáveis para o atual debate sobre o acordo de não persecução penal
(...)" – grifo nosso.

Com efeito, conforme consignado desde a 1ª edição, condicionar a eficácia intertemporal à sentença de 1º grau foi orientação fixada pelo STF notadamente quanto à suspensão condicional do processo, logo, *a contrario sensu*, no tocante à transação penal, persistiria até o trânsito em julgado, compreendendo o ANPP.

Porém, a distinção feita pelo Min. Moreira Alves, e destacada pelo Min. Gilmar Mendes, é tecnicamente falha. Embora o art. 76, *caput*, da Lei nº 9.099/95 aluda, nominalmente, à "pena restritiva de direitos ou multa", a transação penal não é reprimenda, mesmo porque não importa admissão de culpa (*nulla poena sine culpa*), não consubstanciando reincidência, maus antecedentes, nem título executivo judicial em favor da alegada vítima (art. 76, §§ 4º e 6º da Lei nº 9.099/95). Tal proposição é também incompatível com o devido processo legal (art. 5º, LIV, da CRFB/88) – *nulla poena sine judicio*. O próprio STF, no enunciado de Súmula Vinculante nº 35, reconhece o caráter despenalizador da transação, afinal, se pena fosse, descumprida, ensejaria execução, e não restabelecimento do direito de ação ao Ministério Público. E, em sendo despenalizadora, não há diferença substancial em relação à suspensão condicional do processo, a ponto de justificar a fixação de diferentes marcos à sua eficácia intertemporal.

Dizer ser ilógico anular a sentença, porque, quando prolatada, era válida, presente o adágio *tempus regit actum*[22], descabe, pois o escopo é a sua **desconstituição**, considerada a *novatio legis in mellius*, caso ofertado, aceito e cumprido o ANPP – se **recusado ou frustrado, a condenação persiste hígida, não se voltando atrás**. Pretender diversamente importaria legislar, tornando letra morta o parágrafo único do art. 2º do CP e o inciso I do art. 66 da LEP, além do próprio preceito constitucional versado no art. 5º, XL, da CRFB/88.

---

[22] CABRAL, Rodrigo Leite Ferreira. *Manual do acordo de não persecução penal*. Salvador: JusPodivm, 2020, p. 213.

Por outro lado, dizer que, prolatada a sentença penal condenatória, seria desinteressante o ANPP à acusação, porque inócua a confissão[23], **indevidamente a embaralha com a colaboração premiada, afinal, apenas esta é meio de formação de provas, cumprindo o ANPP viés estritamente despenalizador.** Como bem colocou o Min. Gilmar Mendes em sua minuta de voto, no HC nº 185.913, "*...o ANPP é um mecanismo de barganha em sentido amplo, mais próximo da transação penal, e, portanto, sem finalidades probatórias. O objetivo do ANPP não é, nem pode ser (sob pena de um inadmissível retorno inquisitório) obter a confissão do imputado. Trata-se de instrumento de consenso, que busca a conformidade da defesa para se submeter imediatamente às sanções acordadas...*" (grifo nosso).

A transação penal, à semelhança da suspensão condicional do processo e do novel ANPP, é, sim, despenalizadora, cumprindo ao STF apenas superar (*overrulling*) o entendimento anterior para, fixada a retroação do ANPP, estabelecer como marco temporal preclusivo, quando muito, o trânsito em julgado, em deferência ao caráter processual material (híbrido) do instituto.

7.2. ACORDO DE NÃO PERSECUÇÃO PENAL E TRANSAÇÃO PENAL – OUTROS DIÁLOGOS

Como ambos os institutos objetivam o mesmo – preservar o estado de inocência e a liberdade do imputado, por meio de um acordo no qual o Ministério Público deixa de ofertar a ação penal, desde que sejam cumpridas, pelo primeiro, determinadas regras de conduta –, os pontos em comum são infindáveis, logo, muitos postulados e discussões doutrinárias e jurisprudenciais concernentes à transação penal replicam-se ao acordo de não persecução penal (ANPP). Passamos, então, a listá-las.

7.2.1. Relação com os princípios da ação penal pública

Preconiza o art. 76, *caput*, da Lei nº 9099/95 que, **em não sendo caso de arquivamento**, o Ministério Público proporá a transação penal. O art. 28-A, *caput*, do CPP igualmente admite o ANPP **se não for hipótese de arquivamento**, logo, *conditio sine qua non* para o implemento de ambos é a existência de justa causa para a deflagração da ação penal. Não a ajuizando em prol das avenças acima, **excepciona-se o princípio da obrigatoriedade**, porquanto, embora presentes as condições para o regular exercício da ação penal pública, a denúncia não é ofertada, em descompasso com o art. 24, *caput*, do CPP. Sob o ângulo do **princípio da legalidade**, segundo o qual a ação penal pública é exercida na forma da lei, inexistiria exceção, pois, apesar de ser, em regra, mandatória, assim o é por determinação legal (art. 24, cabeça, do CPP), nada impedindo que deixe de ser ofertada nas hipóteses previstas **em lei**. Destarte, quando o *Parquet* não formaliza a denúncia em favor da transação penal ou do ANPP, **persiste agindo em conformidade com a lei**, afinal, esses institutos não são veiculados a partir de um juízo pessoal, exclusivamente subjetivo, do membro do Ministério Público, mas **desde que preenchidos requisitos previamente fixados em lei**, submetendo-se à discricionariedade **regrada**.

---

[23] CABRAL, Rodrigo Leite Ferreira, ob. cit., p. 213.

Conforme examinado no item 7.1, em se admitindo o ANPP incidentalmente ao processo, à semelhança da transação penal, excepciona-se, igualmente o princípio da indisponibilidade (art. 42 do CPP), porquanto o *Parquet* **desiste** de ver a sua pretensão acusatória julgada em prol de um acordo consensual. Embora tal percepção, construída em torno da suspensão condicional do processo[24], seja dominante, não nos convence.

Com efeito, "... *o princípio da indisponibilidade da ação penal pública nada mais é do que o desdobramento lógico do princípio da obrigatoriedade: da mesma maneira que o Ministério Público há de ajuizar a ação quando presentes as condições para tanto (art. 24, caput, do CPP), é óbvio que, uma vez deduzida a pretensão em juízo, o Parquet não poderá desistir do processo (art. 42 do CPP), até porque o direito material pugnado pelo Ministério Público – o jus puniendi – é público, logo, indisponível. Ocorre que, ao formular a proposta de suspensão condicional do processo ao denunciado, o promotor não desiste do processo. A uma, porque não se pode confundir suspensão com desistência – a desistência implica a imediata extinção do processo, ao passo que, no sursis adjetivo, se o réu não cumprir as condições fixadas judicialmente, ou for novamente processado criminalmente, o evolver processual retoma o seu curso normal, ex vi do art. 89, §§ 3º e 4º, da Lei nº 9.099/95. É forçoso convir, portanto, que inexiste desistência. A duas, porque, cumprida regularmente a suspensão condicional do processo, o juiz declara extinta a punibilidade, ex vi do art. 89, § 5º, da Lei nº 9.099/95, encerrando o processo com julgamento do mérito. Diz-se com julgamento do mérito, pois este corresponde à pretensão, que, não por acaso, é o objeto do processo – nesse sentido, dentre outros, Cândido Rangel Dinamarco*[25]. *Nessa esteira, quando o juiz declara extinta a punibilidade, o mérito foi, sim, examinado, pois, nesse momento, o magistrado declara ao autor que o direito material por ele perseguido não mais existe. Ora, se o processo findou-se com uma sentença de mérito, então não houve vulneração alguma ao princípio da indisponibilidade da ação penal pública. Em verdade, apenas seria possível tecer tal assertiva se associássemos o mérito às questões de fundo do processo. Todavia, tal posição é imprecisa, pois confunde mérito com as questões de mérito, isto é, com os fatos que apoiam a pretensão do autor, e que são enfrentados pelo juiz na motivação da sentença – nesse sentido, Cândido Rangel Dinamarco*[26] *e Alexandre Freitas Câmara*[27] *(ob. cit., p. 197). Destarte, a suspensão condicional do processo não compromete o princípio da indisponibilidade da ação penal pública – idêntico posicionamento é comungado pelos professores Geraldo Prado e Luis Gustavo Grandinetti Castanho de Carvalho*[28]*, e André Luiz Nicolitt*[29]*...*"[30]

Mutatis mutandis, idêntico raciocínio se aplica ao ANPP, pois o descumprimento restabelece ao Ministério Público o direito de ação, permitindo a retomada do processo

---

[24] LIMA, Marcellus Polastri. *Novas Leis Criminais Especiais* – Lei dos Juizados Especiais Criminais e Crimes de Trânsito no Código de Trânsito Brasileiro. Rio de Janeiro: Lumen Juris, 2001, p. 10, v. I; RANGEL, Paulo. Direito Processual Penal. 7. ed. Rio de Janeiro: Lumen Juris, 2003, p. 207, 219 e 224-225; JARDIM, Afrânio Silva. Direito Processual Penal. 6. ed. Rio de Janeiro: Forense, 1997, p. 24-27 e 133-134.
[25] *Instituições de Direito Processual Civil*. 2. ed. São Paulo: Malheiros Editores, p. 180-184.
[26] Ob. cit., p. 185-186.
[27] Ob. cit., p. 197.
[28] *Lei dos Juizados Especiais Criminais*. 3. ed. Rio de Janeiro: Lumen Juris, 2003, p. 261, 263 e 267.
[29] *Juizados Especiais Criminais* – Temas Controvertidos. Rio de Janeiro: Lumen Juris, 2002, p. 35-38 e 40.
[30] SANTOS, Marcos Paulo Dutra. *Transação Penal*. Rio de Janeiro: Lumen Juris, 2006, p. 100-101.

(art. 28-A, § 10), enquanto o adimplemento importa extinção da pretensão punitiva (art. 28-A, § 13), encerrando o feito **com** julgamento do mérito, porque declarado extinto o direito de punir do Estado, com formação de coisa julgada material.

O princípio da indivisibilidade da ação penal pública, tal qual verificado na transação penal, também é excepcionado. Indiscutivelmente, a denúncia só compreenderá os indiciados contra os quais haja justa causa, dando-se sequência às investigações, ou promovendo-se o arquivamento, quanto aos demais – sob este ângulo de vista, fala-se, inclusive, na divisibilidade da ação penal pública[31]. Mas, em relação aos imputados contra os quais estejam presentes as condições para a deflagração da ação penal, a denúncia os aglutinará indistintamente, mostrando-se, sob este prisma, **indivisível**[32]. Contudo, **tal indivisibilidade cede à transação penal e, por conseguinte, ao ANPP, pois apenas serão demandados os que não houverem negociado, malgrado a existência de justa causa em desfavor de todos.**

Estendem-se ao ANPP os seguintes comentários acerca da transação penal e o princípio da indivisibilidade: "*...Concordamos com Paulo Rangel, quando leciona que a transação penal igualmente mitigou o princípio da indivisibilidade da ação penal pública*[33] *(ob. cit.,). Basta pensar, v.g., na hipótese em que existem vários autuados, dispondo o Ministério Público de justa causa suficiente para denunciá-los. Se apenas alguns satisfazem os requisitos necessários à transação, o princípio da indivisibilidade da ação penal pública restará vulnerado, pois nem todos os autuados serão denunciados – alguns transacionarão –, malgrado a existência das condições para o regular exercício da ação penal em relação a todos. Contudo,* **se sobrevier a absolvição dos autuados denunciados, e a ratio decidendi da sentença absolutória for comum aos demais autuados que transacionaram,** *concordamos com os profs.* **Luis Gustavo Grandinetti Castanho de Carvalho e Geraldo Prado**[34], *que entendem possível a extensão dos efeitos da absolvição a estes últimos, desconstituindo os acordos celebrados com o Ministério Público, por força da aplicação analógica do art. 580 do Código de Processo Penal – os autores consignam que há, inclusive, Enunciado do Tribunal de Justiça do Estado do Rio de Janeiro nesse sentido. Com efeito, a subsistência destes acordos seria inteiramente iníqua...*"[35] (grifo nosso).

Dessarte, se os imputados que não celebraram o ANPP vierem a ser absolvidos, e a *ratio* for absolutamente comum aos que negociaram, em apreço à **isonomia** (art. 5º, cabeça, da CRFB/88) aplica-se, por analogia, o art. 580 do CPP, **devendo** o próprio juiz, na sentença absolutória, estender os efeitos do pronunciamento para anular o ANPP. Embora o cumprimento deste extinga a pretensão punitiva estatal, **a utilidade dessa**

---

[31] STJ, HC 496.536/MG, Rel. Ministro Ribeiro Dantas, Quinta Turma, julgado em 05/09/2019, *DJe* 12/09/2019 – "*...2. Conforme reiterado entendimento deste Tribunal Superior,* **nas ações penais públicas incondicionadas vigora o princípio da divisibilidade**, *ou seja, o Ministério Público não está obrigado a oferecer uma única denúncia contra todos os envolvidos na prática criminosa. Sendo assim, nada impede que o órgão acusador, segundo melhor juízo de conveniência, adite posteriormente a denúncia ou mesmo ajuíze outra ação penal, pelos mesmos fatos, para a inclusão de novo acusado...*" (grifo nosso).

[32] STJ, AgRg no AREsp 1495795/RO, Rel. Ministro Leopoldo de Arruda Raposo (Desembargador Convocado do TJ/PE), Quinta Turma, julgado em 12/11/2019, *DJe* 28/11/2019.

[33] *Direito Processual Penal*, ob. cit., p. 218-219.

[34] Ob. cit., p. 147-149 e nota 247.

[35] SANTOS, Marcos Paulo Dutra. *Transação Penal*, ob. cit., p. 121-122.

extensão é patente, afastando, por exemplo, a carência de 5 anos a ser observada para fins de novo ANPP (art. 28-A, § 2º, III). Em deferência à isonomia, o art. 580 do CPP desafia aplicação analógica para anunciar o efeito extensivo não apenas dos provimentos decorrentes de recursos, mas de todo e qualquer pronunciamento jurisdicional, afinal, assegurar que imputados, em idêntica situação jurídico-penal, recebam o mesmo tratamento é **dever** da magistratura nacional, não importa o grau de jurisdição, o que explica o tom peremptório do próprio art. 580 – *no caso de concurso de agentes (Código Penal, art. 25), a decisão do recurso interposto por um dos réus, se fundado em motivos que não sejam de caráter exclusivamente pessoal, **aproveitará** aos outros* (grifo nosso). Seguindo essa intelecção, o art. 580 do CPP vem sendo aplicado, por analogia, às decisões proferidas em sede de ações constitucionais impugnativas – revisão criminal[36] e *habeas corpus*[37], v.g. – e mesmo aos veredictos do Conselho de Sentença, inclusive como forma de reafirmação da soberania destes (art. 5º, XXXVIII, c da CRFB/88), conforme entendimento da 5ª e da 6ª Turmas do STJ[38].

---

[36] STF, HC 108232, Relator Min. Ayres Britto, Segunda Turma, julgado em 18/10/2011, DJe-035 divulg 16/02/2012 public 17/02/2012 – *"...1. É firme a orientação jurisprudencial desta Casa de Justiça quanto à interpretação extensiva e à aplicação analógica da norma contida no art. 580 do CP. Artigo que, em tema de concurso de agentes, preceitua: "a decisão do recurso interposto por um dos réus, se fundado em motivos que não sejam de caráter exclusivamente pessoal, aproveitará aos outros". Isso para admitir a aplicação do efeito extensivo mesmo às hipóteses de decisão favorável proferida em sede não recursal (como, por exemplo, em revisão criminal ou em habeas corpus) ou, se resultante de recurso, mesmo à decisão proferida por instância diversa ou de superior hierarquia, ainda que o paciente, ele próprio, haja recorrido..."* (grifo nosso).

[37] **STF**, HC 107108, Relator Min. Celso de Mello, Segunda Turma, julgado em 30/10/2012, DJe-227 divulg 19/11/2012 public 20/11/2012 – *"...Habeas corpus – Pretendida extensão de benefício deferido a litisconsorte penal passivo – **Aplicabilidade do art. 580 do CPP – razão de ser dessa norma legal: necessidade de tornar efetiva a garantia de equidade** – Doutrina..."* (grifo nosso).

[38] REsp 1306731/RJ, Rel. Ministro Marco Aurélio Bellizze, Quinta Turma, julgado em 22/10/2013, DJe 04/11/2013 – *"...4. Assim, denunciados em coautoria delitiva, e não sendo as hipóteses de participação de menor importância ou cooperação dolosamente distinta, ambos os réus teriam que receber rigorosamente a mesma condenação, objetiva e subjetivamente, seja por crime doloso, seja por crime culposo, não sendo possível cindir o delito no tocante à homogeneidade do elemento subjetivo, requisito do concurso de pessoas, sob pena de violação à teoria monista, razão pela qual mostra-se evidente o constrangimento ilegal perpetrado. 5. **Diante da formação da coisa julgada em relação ao corréu e considerando a necessidade de aplicação da mesma solução jurídica para o recorrente, em obediência à teoria monista, o princípio da soberania dos veredictos deve, no caso concreto, ser aplicado justamente para preservar a decisão do Tribunal do Júri já transitada em julgado, não havendo, portanto, a necessidade de submissão do recorrente a novo julgamento.** 6. Recurso especial não conhecido. Habeas corpus concedido de ofício para, cassando o acórdão recorrido, determinar a extensão ao recorrente do que ficou decidido para o corréu ..., reconhecendo-se a caracterização do crime de homicídio culposo na ação penal de que aqui se cuida, cabendo ao Juízo sentenciante fixar a nova pena, de acordo com os critérios legais..."* (grifo nosso); RHC 67.383/SP, Rel. Ministra Maria Thereza de Assis Moura, Rel. p/ Acórdão Ministro Sebastião Reis Júnior, Sexta Turma, julgado em 05/05/2016, DJe 16/05/2016 – *"...1. Os corréus foram denunciados por tentativa de homicídio doloso por acidente causado em razão da prática de racha. O feito foi desmembrado e o corréu que deu causa direta ao acidente, ao se chocar com o carro da vítima, foi beneficiado com a desclassificação para crime de lesões corporais graves, em decisão do Tribunal do Júri. 2. **Possibilidade de extensão da decisão, nos termos do art. 580 do Código de Processo Penal, em favor de corréu ainda não julgado pelo Tribunal do Júri.** 3. É possível a extensão de decisão benéfica em processo penal a corréu mesmo se proferida em sede não recursal, considerando-se que tal dispositivo tem como objetivo dar efetividade, no plano jurídico, à garantia de equidade*

Por ser mandatória a extensão, diversos meios mostram-se aptos a buscá-la – *habeas corpus*, v.g. –, inclusive embargos de declaração, pautados na omissão. A voluntariedade inerente ao pacto, entretanto, **inviabiliza** qualquer pretensão à repetição do indébito – embora o imputado esteja em nítida inferioridade em relação ao *Parquet*, o que nos permite questionar a espontaneidade e a sinceridade da aceitação, o fato é que negociou porque quis. A recusa jamais deixou de ser uma alternativa.

7.2.2. Aceitação e interesse impugnativo da defesa técnica

Preconiza o art. 76, § 3º da Lei nº 9099/95 que a transação penal há de ser aceita pelo autuado **e** seu defensor. Contudo, na divergência, prevalece a vontade do primeiro, afinal, é ele o pactuante e o maior interessado na conservação do estado de inocência e da liberdade, direitos personalíssimos **seus**[39]. Idêntica solução irradia-se ao ANPP, uma vez que o § 3º do art. 28-A exige que seja firmado pelo imputado **e** por seu defensor, preponderando, no dissenso, o desiderato daquele[40].

Isso não significa, contudo, que a defesa técnica não possa insurgir-se, eventualmente, contra o acordo, seja ele transação penal, ANPP ou suspensão condicional do processo. Evidentemente que poderá fazê-lo, caso a impugnação objetive **extinguir a persecução ensejadora da avença, tornando insubsistente, a reboque, o negócio jurídico processual**[41]. Longe de encerrar patrocínio infiel ou deslealdade processual, é unívoco o interesse impugnativo, porque, exterminado o procedimento, caem por terra o pacto e todas as obrigações e ônus a ele inerentes, liberando o imputado de cumpri-las e da carência de 5 anos para nova avença. Ilustrando: apura-se, em tese, um furto qualificado pelo concurso de pessoas cuja *res* foi avaliada em R$ 100,00 (cem reais). O Ministério Público não entende a conduta penalmente insignificante e propõe o ANPP. Nada impede que o autuado, por cautela, aceite o acordo, mesmo porque é a sua vontade a prevalente, mas que o defensor, via *habeas corpus*, persiga o reconheci-

---

(precedentes do STF).4. Denúncia e sentença de pronúncia que reconhecem que o recorrente e o corréu agiram em concurso e com unidade de desígnios. Situação que autoriza a extensão ao recorrente de decisão benéfica proferida em favor do corréu. 5. Ausência de ofensa à competência do Tribunal de Júri, considerando-se que a decisão que beneficiou o corréu, desclassificando o crime a ele imputado, de delito de homicídio tentado para lesão corporal grave, foi proferida pelo Tribunal popular..." (grifo nosso).

[39] SANTOS, Marcos Paulo Dutra. *Transação Penal*, ob. cit., p. 152-153; LIMA, Marcellus Polastri. *Novas Leis Criminais Especiais*, ob. cit., p. 70; BITENCOURT, Cezar Roberto. *Juizados Especiais Criminais e Alternativas à Pena de Prisão*. 3. ed. Porto Alegre: Livraria do Advogado, 1997, p. 106; GRINOVER, Ada Pellegrini; GOMES FILHO, Antonio Magalhães; FERNANDES, Antonio Scarance; GOMES, Luiz Flávio. *Juizados Especiais Criminais*. 4. ed. São Paulo, RT, 2002, p. 153.

[40] Aliás, o escopo da lei, ao exigir a presença da defesa técnica, em ambos os casos, foi *"...assegurar que a manifestação de vontade do autuado seja a mais consciente possível. A aceitação ou a recusa ... pelo pretenso autor da infração penal deve ocorrer apenas depois de ter sido informado pelo defensor acerca das consequências jurídicas do acordo, e da probabilidade de uma condenação criminal, caso opte pelo processo... Ciente dos prós e dos contras, a aquiescência ou a negativa do autuado será fruto de uma manifestação de vontade devidamente sopesada e refletida, porquanto lançada após o parecer técnico do defensor. **Nada mais é do que a aplicação do knowing and intelligent factor previsto no plea bargaining norte-americano**. Nesse aspecto é que o princípio da ampla defesa estará resguardado..."* (grifo nosso) – (SANTOS, Marcos Paulo Dutra. *Transação Penal*, ob. cit., p. 152).

[41] SANTOS, Marcos Paulo Dutra. *Transação Penal*, ob. cit., p. 152-153.

mento da atipicidade material da conduta. Se concedida a ordem, fulminados serão a persecução e, por conseguinte, o pacto. Manifestação, pura e simples, do direito à ampla defesa (art. 5º, LV, da CRFB/88) e da inafastabilidade da jurisdição (art. 5º, XXXV, da CRFB/88), postulados constitucionais aos quais a interpretação de toda e qualquer norma infraconstitucional, como as presentes, há de se adequar. Evidentemente que a causa de pedir da irresignação consiste em vícios inerentes e contemporâneos à avença – *v.g.*, atipicidade da conduta, causa extintiva da punibilidade inobservada (*v.g.*, não se atentou à prescrição, porque o caso demandaria o cômputo temporal pela metade, nos moldes do art. 115 do CP) ou nulidades absolutas (*v.g.* incompetência absoluta do juízo) –, veiculando questões de mérito carentes de mera **constatação**, precedida de discussão primordialmente jurídica.

O que não se concebe é a impugnação arrimada, exclusivamente, no inconformismo da defesa técnica com o acordo, porque demonstrará, em Juízo, a inocência do imputado. Nesse caso, sim, faleceria interesse de agir, não apenas sob a ótica da necessidade, como da adequação. À luz da primeira (utilidade), porque **exporia o autuado ao risco de uma condenação que entendeu por bem não assumir**. Sob o olhar da adequação, porque, em via processual diversa da ação penal condenatória, seria **desenvolvida** verdadeira atividade **probatória originária** sobre questões de mérito próprias à última, como existência e autoria delitivas, não raro incompatíveis com o nível cognitivo da própria via eleita, incorrendo em indesejável embaralhamento. **A irresignação precisa estar escudada em provas pré-constituídas**, sob pena de não conhecimento.

Outro não tem sido o entendimento do STF e do STJ, com a ressalva acima, quer em se tratando de suspensão condicional do processo[42] ou de transação penal[43]. A *ratio essendi* dessa jurisprudência estende-se ao ANPP, em vista da identidade de razões.

---

[42] STF, RHC 82365, Relator Min. Cezar Peluso, Segunda Turma, julgado em 27/05/2008, *DJe*-117 divulg 26/06/2008 public 27/06/2008, *RT* v. 97, n. 876, 2008, p. 508-510 – *"...A aceitação de proposta de suspensão condicional do processo **não** subtrai ao réu o interesse jurídico para ajuizar pedido de habeas corpus para trancamento da ação penal por falta de justa causa..."* (grifo nosso); STJ, RHC 102.202/PA, Rel. Ministro Antonio Saldanha Palheiro, Sexta Turma, julgado em 09/04/2019, *DJe* 24/04/2019 – *"...2. O Superior Tribunal de Justiça firmou entendimento segundo o qual **eventual aceitação de proposta de suspensão condicional do processo não prejudica a análise de habeas corpus em que se pleiteia o trancamento de ação penal** (precedentes)..."* (grifo nosso).

[43] STF, HC 176785/DF, Relator Ministro Gilmar Mendes, Segunda Turma, julgado em 17/12/2019, noticiado no Informativo nº 964 – *"...**A realização de acordo de transação penal não enseja a perda de objeto de habeas corpus anteriormente impetrado. Com base nesse entendimento, a Segunda Turma concedeu a ordem de habeas corpus para determinar que o tribunal de justiça analise o mérito da impetração lá formulada**. No caso, de acordo com a inicial acusatória, o paciente foi denunciado pela prática de lesão corporal culposa, com pedido de reparação de danos, por ter agido de forma negligente e descumprido as regras técnicas de sua profissão. Após o recebimento da denúncia, o Ministério Público ofereceu transação penal, medida aceita pelo paciente. A defesa, no entanto, já havia impetrado habeas corpus no tribunal, apontando a inépcia da denúncia e a ausência de justa causa para a ação penal. Todavia, em razão da celebração do referido acordo, o habeas corpus foi julgado prejudicado. No presente writ, a defesa alega que o habeas corpus impetrado na origem deveria ter sido conhecido, pois remanesce o interesse na apreciação das teses de inépcia da denúncia e de ausência de justa causa, mesmo tendo sido celebrado o acordo de transação penal. **A Turma afirmou que, em razão dos riscos e problemas inerentes ao sistema negocial, o controle realizado pelo julgador deve também abranger certa verificação sobre a legitimidade da persecução penal, visto que o Estado não pode autorizar a imposição de uma pena em situações ilegítimas, como, por exemplo, em quadros de manifesta***

No caso da transação penal, o inconformismo se instrumentaliza por meio da apelação prevista no art. 76, § 5º da Lei nº 9099/95, ou *habeas corpus* "trancativo" do procedimento investigatório que a ensejou, **se** houver cominação de pena privativa de liberdade – diante da Súmula Vinculante nº 35, o risco ao direito ambulatorial do imputado não estaria afastado, pois eventual descumprimento restabeleceria o direito de ação ao Ministério Público. Em se tratando do ANPP, o *habeas*, nos moldes ora delineados, seria também a via adequada, pois a Lei nº 13.964/19 apenas previu o recurso em sentido estrito contra a decisão que **recusar** homologação à proposta de acordo (art. 581, XXV, do CPP). *A contrario sensu*, como a homologação do ANPP é uma decisão com força de definitiva, porquanto, cumprido o pacto pelo imputado, extingue-se a pretensão punitiva estatal, com a formação de coisa julgada material, e em termos **recursais** caberia o apelo residual previsto no art. 593, II, do CPP.

As colocações acima já estão sendo concretizadas na jurisprudência do Superior Tribunal de Justiça, em pronunciamentos monocráticos. A 5ª Turma, em decisão proferida pelo Min. Ribeiro Dantas no HC nº 698.186/GO, em 25/11/21, publicada no *DJe* do dia 29 imediato, "trancou" ação penal concernente ao delito previsto no art. 171, § 3º, do CP, presente a insignificância, nada obstante o imputado haver aceitado o ANPP. Rememorando o precedente do STF mencionado *retro*, observou, com acerto, o Min. Ribeiro Dantas que "*...2. A celebração de acordo de transação penal* **não acarreta a perda de objeto de** habeas corpus *em que se alega atipicidade da conduta e ausência de justa causa. 3. Embora o sistema penal negocial possa acarretar aprimoramentos positivos em certas hipóteses,* **a barganha no processo penal inevitavelmente gera riscos relevantes**

---

atipicidade da conduta ou extinção da punibilidade do imputado. Assim, não se pode permitir que o aceite à transação penal inviabilize o questionamento judicial à persecução penal..." (grifo nosso); **STJ**, RHC 55.924/SP, Rel. Ministro Sebastião Reis Júnior, Sexta Turma, julgado em 14/04/2015, *DJe* 24/06/2015 – *"...2. No caso, após a aceitação da proposta de transação penal pelo recorrente, sobreveio o julgamento dos recursos administrativos anulando os autos de infrações que apuraram a prática de infrações ambientais, ante a conclusão de ausência de danos ambientais. 3. Assim como a sentença homologatória de transação penal não é capaz de obstar o prosseguimento da ação penal em caso de descumprimento das condições impostas, por não fazer coisa julgada material, desaparecendo os fundamentos fáticos que ensejaram a lavratura do termo circunstanciado, por não existir infração penal ambiental, devem ser afastados os efeitos da proposta de transação penal aceita pelo imputado e homologada por sentença..."* (grifo nosso). Não se ignora a existência de precedente da 6ª Turma do STJ, **aparentemente abrindo divergência** – HC 495.148/DF, Rel. Ministro Antonio Saldanha Palheiro, Sexta Turma, julgado em 24/09/2019, *DJe* 03/10/2019 – *"...2. A transação penal, prevista no art. 76 da Lei n. 9.099/1995, prevê a possibilidade de o autor da infração penal celebrar acordo com o Ministério Público (ou querelante), mediante a imposição de pena restritiva de direitos ou multa, obstando o oferecimento de denúncia (ou queixa). Trata-se de instituto cuja aplicação, por natureza e como regra, ocorre na fase pré-processual, pois visa impedir a instauração da persecutio criminis in iudicio. E é por esse motivo que não se revela viável, após a celebração do acordo, pretender discutir em ação autônoma a existência de justa causa para ação penal. Trata-se de decorrência lógica,* **pois não há ação penal instaurada que se possa trancar**. *3. Situação diversa ocorre com a suspensão condicional do processo, em relação a qual se admite a impetração, porquanto, neste caso, já foi deflagrada a ação penal, cuja denúncia foi recebida, revelando-se possível perquirir a existência ou não de justa causa..."* (grifo nosso). Contudo, além da fragilidade da *ratio* do acórdão – a pretensão ao "trancamento" da persecução penal não se volta apenas contra o processo já formalizado, mas também contra o inquérito –, o precedente da 2ª Turma do STF, referido nesta nota, veio em resposta a este julgado da SextaTurma do STJ, glosando-o imediatamente. Quiçá, o referido colegiado tenha assim decidido por entender que a irresignação seria eminentemente fática, extrapolando a via cognitiva afunilada do *habeas corpus*.

aos direitos fundamentais do imputado e deve ser estruturada de modo limitado, para evitar a imposição de penas pelo Estado de forma ilegítima. 4. Ainda que consentidos pelo imputado, os acordos penais precisam ser submetidos à homologação judicial, pois o julgador deve realizar controle sobre a legitimidade da persecução penal, de modo que casos de manifesta atipicidade da conduta narrada, extinção da punibilidade do imputado ou evidente inviabilidade da denúncia por ausência de justa causa acarretem a não homologação da proposta. 5. Portanto, não há perda de objeto do habeas corpus *em que se alega a atipicidade da conduta e a falta de justa causa para a persecução penal, ao passo que, se concedido, inviabiliza-se a manutenção do acordo de transação penal, ainda que consentido pelo imputado..."* (grifo nosso).

Igualmente foram abraçadas pela Defensoria Pública do Estado do Rio de Janeiro, haja vista o enunciado sobre ANPP nº 10: *"No caso de o investigado, após informado sobre discordância da defesa técnica em relação à proposta de acordo de não persecução penal, optar mesmo assim pela sua aceitação, a vontade esclarecida deste deve prevalecer, considerando se tratar de acordo em que as condições impostas e consequências processuais e penais recaem sobre o mesmo, o que não impede o(a) Defensor(a) Público(a) de consignar sua discordância e tomar medidas que entender cabíveis para impugnar a celebração".*

7.2.3. Controle jurisdicional sobre a iniciativa e o conteúdo do acordo e a via impugnativa adequada – considerações sobre o art. 581, XXV, do CPP

Os limites impostos ao controle jurisdicional do ANPP variam, tal qual da transação penal, conforme a maneira através da qual é encarado: faculdade do *Parquet*, direito público subjetivo do imputado, dever-poder do Ministério Público ou condição especial de procedibilidade.

Debruçando-se sobre a transação penal, o professor Julio Fabbrini Mirabete a enxergava como uma **faculdade** do Ministério Público, orientada pelo princípio da discricionariedade limitada[44]. Como o art. 76, *caput*, da Lei nº 9.099/95 afirma que o Ministério Público **pode** oferecer a transação, a apresentação da proposta, ou o ajuizamento da denúncia, dar-se-ia segundo a conveniência e a necessidade de maior ou menor repressão ao crime em destaque, atendendo a parâmetros de política criminal. Arremata seu raciocínio consignando ser inconcebível que a proposta de transação penal seja, simultaneamente, uma faculdade ou discricionariedade do titular do direito de ação, e um direito subjetivo do autor da infração penal, de modo que o magistrado possa deferi-la, mesmo no caso de recusa ministerial. Tampouco seria a apresentação da proposta um poder-dever do Ministério Público. O que é facultativo e discricionário não pode ser, simultaneamente, um dever.

Por conseguinte, o controle jurisdicional sobre a transação penal seria exclusivamente de **legalidade**, objetivando assegurar haver sido a recusa pautada em elementos concretos, sem adentrar no mérito (justiça) em si.

Essa primeira ótica – faculdade do Ministério Público – não é estranha ao ANPP, porquanto o art. 28-A, cabeça, do CPP também preconiza que o *Parquet* **pode** propô-lo. Embora seja uma visão absolutamente **superada** no universo da transação penal – na

---

[44] *Juizados Especiais Criminais*. 5. ed. São Paulo: Atlas, 2002, p. 131-132.

realidade, jamais teve penetração acadêmica ou jurisprudencial significativa –, o CNPG optou por agasalhá-la no **Enunciado nº 19** – *O acordo de não persecução penal é **faculdade** do Ministério Público, que avaliará, inclusive em última análise (§ 14), se o instrumento é necessário e suficiente para a reprovação e prevenção do crime no caso concreto.* Tomando como norte a transação penal, em virtude das similitudes com o ANPP, e apostando na coerência e na integridade judiciais, essa posição nasce sem chances de êxito.

Contudo, os primeiros pronunciamentos da **1ª Turma do Supremo Tribunal Federal** têm, surpreendentemente, agasalhado essa tese, **encarando o ANPP como faculdade do Ministério Público, a ser exercida fundamentadamente**. O Min. Alexandre de Moraes, no HC nº 191124 AgR, julgado em 08/04/2021, com acórdão publicado no *DJe-069* do dia 13 imediato, em passagem autoexplicativa da ementa, reiterada no corpo do acórdão, consignou que *"...As condições descritas em lei são requisitos necessários para o oferecimento do Acordo de Não Persecução Penal (ANPP), importante instrumento de política criminal dentro da nova realidade do sistema acusatório brasileiro. Entretanto, **não obriga o Ministério Público, nem tampouco garante ao acusado verdadeiro direito subjetivo em realizá-lo**. Simplesmente, permite ao Parquet a **opção**, devidamente fundamentada, entre denunciar ou realizar o acordo, **a partir da estratégia de política criminal adotada pela Instituição**..."*. Tal compreensão foi reafirmada pela Primeira Turma no HC 206876 AgR, também da relatoria do Min. Alexandre de Moraes, julgado em 11/11/2021, com acórdão publicado no *DJe-227* do dia 18 subsequente.

Ora, se o art. 76 da Lei nº 9099/95 lista uma série de requisitos para a transação penal, e o art. 28-A do CPP fez o mesmo para o ANPP, a propositura não há como ser uma simples faculdade do *Parquet*. Isso porque, satisfeitas as exigências legais, o imputado fará jus ao pacto, **devendo** o Ministério Público veiculá-lo. Liberdade e estado de inocência são bens personalíssimos e indisponíveis, não se sujeitando ao mero talante do *Parquet*, conforme bem observa Maurício Ribeiro Lopes em relação à transação penal[45], advertência extensível ao ANPP.

Partindo dessa percepção, uma vez atendidos os requisitos legais, parte da doutrina propõe serem a transação penal e o ANPP **direitos públicos subjetivos** do imputado, viabilizando o seu deferimento pelo juiz, **a pedido da defesa**, caso o Ministério Público não o faça – malgrado tenha se vulgarizado falar em concessão *ex officio*, a expressão é, tecnicamente, mal colocada, pois atuar de ofício significa sem provocação prévia de *qualquer das partes*, e, evidentemente, descabe ao Juízo impor qualquer acordo goela abaixo do investigado. Encarar o ANPP como direito do imputado permite ao juiz implementá-lo, mesmo sem proposta do *Parquet*, mas, sempre, a requerimento da defesa.

Weber Martins Batista, em obra conjunta com o prof. Luiz Fux, ao cuidar da transação penal, obtempera que, se o juiz pode o mais, condenar, pode o menos, transacionar[46]. Idêntico ponto de vista é compartilhado por Damásio E. de Jesus[47] e Fernando da Costa Tourinho Filho[48].

---

[45] *Comentários à Lei dos Juizados Especiais Cíveis e Criminais*. 3. ed. São Paulo: RT, 2000, p. 606.
[46] *Juizados Especiais Cíveis e Criminais e Suspensão Condicional do Processo Penal*. Rio de Janeiro: Forense, 1998, p. 321-322.
[47] *Lei dos Juizados Especiais Anotada*. 7. ed. São Paulo: Saraiva, 2002, p. 76-77.
[48] *Comentários à Lei dos Juizados Especiais Criminais*. São Paulo: Saraiva, 2000, p. 96-99.

Trata-se, todavia, de orientação tormentosa à luz do sistema acusatório, porquanto o juiz se imiscuiria diretamente no exercício da ação penal pública, seja concedendo a transação penal, seja deferindo o ANPP. Se o principal efeito de ambos é evitar o oferecimento da denúncia, de iniciativa privativa do *Parquet*, na forma do art. 129, I, da Constituição, causa espécie qualquer intromissão judicial. Ademais, não pode o juiz dispor do que não tem.

Em verdade, preenchidos os requisitos para a transação penal ou o ANPP, o Ministério Público não tem o que tergiversar. A proposta há de ser veiculada, surgindo como **dever** seu.

Excessiva discricionariedade, "*a partir da estratégia de política criminal adotada pela Instituição*", segundo consignou o Min. Alexandre de Moraes, rompe com a igualdade e, a reboque, com o devido processo legal (art. 5º, *caput* e LIV, da CRFB/88), permitindo que imputados em idêntica situação jurídico-penal sejam tratados desigualmente. Imagine, *v.g.*, que a "estratégia de política criminal" de determinado Ministério Público seja zero tolerância com o tráfico de entorpecentes. Assim, mesmo quando presente a causa de diminuição de pena do § 4º do art. 33 da Lei nº 11.343/06, a orientação seja a de recusar propostas de ANPP, considerados os danos à saúde pública, especialmente aos mais jovens, além de o tráfico fomentar outros crimes, como homicídios, lavagem de dinheiro, corrupção policial e comércio ilegal de armas. Ora, **o suposto autor do fato, naquele Estado X, não faria jus ao ANPP, enquanto outro, cuja pretensa conduta também foi tipificada como tráfico "privilegiado", mas residente no Estado Y, teria o benefício, instaurando-se uma seletividade persecutória incompatível com a isonomia e o devido processo legal.**

Por outro lado, por meio de fundamentação até, quiçá, eloquente, bem escrita, mas despida de elementos concretos e pontuais voltados, estritamente, ao caso em comento, **seriam, veladamente, erigidos óbices ao ANPP não previstos em lei, em desacordo com a legalidade e, por conseguinte, o art. 2º da CRFB/88, permitindo ao Ministério Público legislar**. No exemplo acima, por razões de "estratégia de política criminal", o tráfico privilegiado não desafiaria ANPP, nada obstante ser um delito sem violência nem grave ameaça à pessoa, cuja pena mínima, considerado o redutor do § 4º do art. 33 da Lei nº 11.343/06, aquieta-se em 1 ano e 8 meses, aquém, portanto, de 4 anos. Como, então, negar, aprioristicamente, o ANPP por "estratégia de política criminal"? Simplesmente estaria o *Parquet* legislando...

O ANPP, portanto, à semelhança da transação penal e da suspensão condicional do processo, é, sim, um **dever** do Ministério Público.

Como impactam na deflagração da ação penal pública, **atribuição privativa sua**, a iniciativa, indelevelmente, é **sua**, concluindo, assim, tratar-se de um **dever-poder**[49] – preferimos essa expressão a *poder-dever*, utilizada com frequência maior, porque o poder dado a um agente público decorre do dever que lhe foi confiado. Este é premissa daquele, daí a ordem mais apropriada ser **dever**-poder[50]. Dever porque, uma vez preenchidos os

---

[49] Nesse sentido, entre outros, Pedro Henrique Demercian e Jorge Assaf Maluly (*Teoria e Prática dos Juizados Especiais Criminais*. Rio de Janeiro: Aide, 1997, p. 68); Ada Pellegrini Grinover, Luiz Flávio Gomes, Antonio Scarance Fernandes e Antonio Magalhães Gomes Filho (*Juizados Especiais Criminais*, ob. cit., p. 143) e Marcellus Polastri Lima (*Novas Leis Criminais Especiais*, ob. cit., p. 65-67).

[50] Nesse sentido, o professor Celso Antônio Bandeira de Mello (*Curso de Direito Administrativo*. 16. ed. São Paulo: Malheiros, 2003, p. 62-63).

requisitos legais, o oferecimento da transação ao autuado é premente. Poder porque é dele a iniciativa da transação penal.

A divergência entre o juiz e o Ministério Público acerca do oferecimento ou não da proposta resolvia-se via aplicação do art. 28 do CPP, no seu formato original: encaminhamento dos autos ao Procurador-Geral, a quem incumbia a palavra final.

O STF editou, nesse sentido, a Súmula nº 696, pertinente à suspensão condicional do processo, mas extensível à transação penal[51]. Essa orientação do STF, igualmente observada pelo STJ, foi **positivada** no tocante ao ANPP, considerado o § 14 do art. 28-A: *No caso de recusa, por parte do Ministério Público, em propor o acordo de não persecução penal,* **o investigado poderá requerer a remessa dos autos a órgão superior, na forma do art. 28 deste Código** (grifo nosso). Diante da identidade ontológica e teleológica entre os institutos despenalizadores, **o preceito será fatalmente estendido, por analogia, à transação penal e à suspensão condicional do processo, robustecendo, ainda mais, a Súmula nº 696 do STF.** A tendência, por coerência e integridade, seria que o STF e o STJ igualmente encarassem o ANPP como um **dever-poder**.

Pois tal vaticínio, lançado na 1ª edição, confirmou-se em parte, considerados os precedentes sobre o tema da **2ª Turma do STF**, bem como do **STJ, tomando o ANPP como dever-poder do Ministério Público em vez de direito público subjetivo do suposto autor do fato.**

Embora não utilize a expressão "dever-poder" ou "poder-dever", a 2ª Turma do STF, no HC nº 201610 AgR, da relatoria do Min. Ricardo Lewandowski, julgado em 21/06/2021, com acórdão publicado no *DJe-123* do dia 25 imediato, compreendeu que os requisitos listados no art. 28-A do CPP para o ANPP são imprescindíveis ao seu implemento, mas, **consideradas as peculiaridades do caso concreto**, pode o Ministério Público recusar a proposta, tal qual se dá com a transação penal e a suspensão condicional do processo, **evidenciando que a regra é formulá-la**, ao invés de sujeitá-la à "estratégia de política criminal da Instituição". Conforme bem observou o Min. Ricardo Lewandowski, "...*As condições descritas no art. 28-A do Código de Processo Penal – CPP, incluído pela Lei nº 13.964/19, são requisitos necessários para o oferecimento do Acordo de Não Persecução Penal – ANPP, porém insuficientes para concretizá-lo, pois, mesmo que presentes, poderá o Ministério Público entender que,* **na hipótese específica***, o ANPP não se mostra necessário e suficiente para a reprovação e prevenção do crime, tal como, aliás, é previsto na parte final do dispositivo.* **Não se trata, portanto, de um direito subjetivo do acusado**..." (grifo nosso).

Tanto é o ANPP um "dever-poder" do Ministério Público, a ser, em regra, exercido, que a mesma 2ª Turma do STF, no HC nº 194677, da relatoria do Min. Gilmar Mendes, julgado em 11/05/2021, com acórdão publicado no *DJe-161*, de 13 de agosto seguinte, entendeu que, **ante o reconhecimento, na sentença, da causa de diminuição de pena do § 4º do art. 33 da Lei nº 11.343/06, não havia motivos para o membro do Ministério Público haver recusado o ANPP**, concedendo-se a ordem para aplicar o § 14 do art. 28-A do CPP: por ser o ANPP um **dever**, que a omissão aparentemente injustificada seja revista, mas, por ser igualmente um **poder**, que o reexame se dê no âmbito do próprio Ministério Público – *in casu*, porquanto Federal, pela Câmara de Coordenação e Revisão

---

[51] STJ, HC 224.792/DF, Rel. Ministra Laurita Vaz, Quinta Turma, julgado em 15/08/2013, *DJe* 26/08/2013; HC 59.776/SP, Rel. Ministro Og Fernandes, Sexta Turma, julgado em 17/03/2009, *DJe* 03/08/2009.

do MPF. Segundo bem consignou o Min. Gilmar Mendes, "...*Consoante jurisprudência do Supremo Tribunal Federal, não cabe ao Poder Judiciário impor ao Ministério Público obrigação de ofertar acordo em âmbito penal. 3. Se o investigado assim o requerer, o Juízo deverá remeter o caso ao órgão superior do Ministério Público, quando houver recusa por parte do representante no primeiro grau em propor o acordo de não persecução penal, salvo manifesta inadmissibilidade. Interpretação do art. 28-A, § 14, CPP, a partir do sistema acusatório e da lógica negocial no processo penal. 4. No caso concreto, em alegações finais, o MP posicionou-se favoravelmente à aplicação do redutor de tráfico privilegiado. Assim, alterou-se o quadro fático, tornando-se potencialmente cabível o instituto negocial. 5. Ordem parcialmente concedida para determinar sejam os autos remetidos à Câmara de Revisão do Ministério Público Federal, a fim de que aprecie o ato do procurador da República que negou à paciente a oferta de acordo de não persecução penal...*" (grifo nosso).

A 5ª Turma do STJ tem precedente comungando de percepção idêntica, compreendendo que, em regra, se presentes os requisitos objetivos ao ANPP, a regra é a sua veiculação, exceto se subjetivamente insuficiente, consideradas as peculiaridades do caso concreto. Esclareceu, acertadamente, que a alegada ausência dos vetores objetivos sujeita-se, diretamente, ao controle jurisdicional, porque, em xeque, um **dever** do Ministério Público, mas, quanto aos subjetivos, somente ao próprio compete revê-los, via art. 28-A, § 14, do CPP, por ser a proposta iniciativa sua (**poder**). Nesse último caso, a remessa dos autos à instância revisora não pode ser embaraçada pelo juiz competente, mesmo que esteja de acordo com as razões subjetivamente invocadas pelo membro do *Parquet* para negar a benesse.

Nesse sentido, HC 668.520/SP, Rel. Min. Reynaldo Soares da Fonseca, julgado em 10/08/2021, com acórdão publicado no *DJe* do dia 16 imediato – "...*2. Embora seja incontestável a natureza negocial do acordo de não persecução penal, o que* **afasta a tese de a propositura do acordo consistir direito subjetivo do investigado**, *a ele foi assegurada a possibilidade de, em caso de recusa, requerer a remessa dos autos ao órgão superior do Ministério Público, nos termos do at. 28-A, § 14, do Código de Processo Penal, no prazo assinalado para a resposta à acusação (art. 396 do CPP). 3. Neste caso, o Ministério Público deixou de propor o acordo de não persecução criminal. Tempestivamente, a defesa apresentou pedido de remessa dos autos à instância revisora, mas teve seu pleito negado pelo magistrado de primeiro grau, com base nos mesmos fundamentos apresentados pelo órgão acusador. 4.* **O controle do Poder Judiciário quanto à remessa dos autos ao órgão superior do Ministério Público deve se limitar a questões relacionadas aos requisitos objetivos, não sendo legítimo o exame do mérito a fim de impedir a remessa dos autos ao órgão superior do Ministério Público**...*" (grifo nosso).

Apesar dos precedentes da 1ª Turma do STF vislumbrando o ANPP como mera faculdade do Ministério Público, a orientação dominante, consideradas a 2ª Turma do STF e a 5ª Turma do STJ, é vê-lo, tal qual a transação penal e a suspensão condicional do processo, como dever-poder do *Parquet*.

Diante da suspensão cautelar da eficácia do novel art. 28 do CPP, por determinação monocrática do Min. Luiz Fux, o dissenso em torno do ANPP resolve-se de modo idêntico ao concernente à transação penal e à suspensão condicional do processo: remessa dos autos, **pelo juiz**, ao **Procurador-Geral**, ou, no caso do Ministério Público Federal, à **Câmara de Coordenação e Revisão** (art. 62, IV, da Lei Complementar nº 75/93). Caso a liminar venha a ser reconsiderada, ou mesmo cassada pelo Plenário, alguns questionamentos surgirão.

Diz o § 14 do art. 28-A que o indiciado, ante a negativa do acordo, pode postular a remessa dos autos ao órgão superior do Ministério Público com atribuição para rever as promoções de arquivamento, órgão esse que **não** necessariamente será o Procurador--Geral, porque carece de definição em lei – *de lege lata*, seriam a Câmara de Coordenação e Revisão, no âmbito do Ministério Público Federal (art. 62, IV, da Lei Complementar nº 75/93), e, no espectro do *Parquet* Estadual, o Conselho Superior (art. 9º, § 1º, da Lei nº 7.347/85, por analogia) ou, como se propõe majoritariamente, o próprio Procurador--Geral de Justiça. Por outro lado, se o procedimento de arquivamento não é minimamente judicializado, haverá dúvidas quanto a quem endereçar o pedido de revisão da recusa do ANPP: se ao próprio órgão do Ministério Público subscritor da negativa ou se ao juiz competente. Nos termos da Resolução Conjunta nº 20, de 23 de janeiro de 2020, do MP/RJ, *v.g.*, o art. 6º, cabeça, sinaliza o encaminhamento do pleito revisional ao promotor responsável pela promoção denegatória do ANPP, fixada a atribuição do PGJ para o reexame. Tal desenho, todavia, é incongruente em parte.

Como o art. 28 do CPP persiste em vigor na sua dicção originária, a reapreciação há de ser, mesmo, confiada ao PGJ, sob pena de ser editada norma regulamentar *contra legem*, ou à Câmara de Coordenação e Revisão, em se tratando do Ministério Público Federal. Contudo, o requerimento revisional, à semelhança da promoção de arquivamento, há de ser endereçado ao juiz competente.

Sob a égide do novel art. 28 do CPP, por outro lado, a revisão não mais competirá ao PGJ, exceto se alterações legislativas assim dispuserem. Direcionar a impugnação à recusa ao promotor signatário, por sua vez, faz sentido, na medida em que o arquivamento não mais se sujeita ao controle judicial. Mas não enxergamos irregularidade, caso seja dirigida ao juiz competente, ainda mais se for o de garantias, porque não será o responsável pelo julgamento do mérito. Mesmo no panorama procedimental atual, no qual o mesmo juiz é competente para toda a persecução, da investigação ao julgamento, não se vê maiores malefícios à imparcialidade, porquanto o magistrado se limitará a remeter a controvérsia sobre a viabilidade do ANPP à instância ministerial revisora.

Mas, particularmente, conferir a palavra final inafastavelmente ao Ministério Público, ainda que à instância revisora, não é a melhor solução.

O ANPP, à semelhança da transação penal e da suspensão condicional do processo, não é um incidente estritamente *interna corporis*, com repercussão limitada ao exercício, ou não, da ação penal (ou prosseguimento, no caso da suspensão). Em jogo estão a liberdade do imputado e a manutenção do seu estado de inocência, **direitos fundamentais, indisponíveis, personalíssimos**, sob a cláusula do devido processo legal (art. 5º, LIV, da CRFB/88) e, por conseguinte, da inafastabilidade da jurisdição (art. 5º, XXXV, da CRFB/88). São bens da vida tão caros à Carta de 1988 que, à tutela da liberdade, reservou ação impugnativa específica, o *habeas corpus* (art. 5º, LXVIII), e, quanto ao estado de inocência, condicionou o seu desfazimento ao trânsito em julgado de sentença penal condenatória (art. 5º, LVII). É inimaginável, portanto, que a última palavra a respeito da viabilidade **jurídica** do ANPP, bem como da transação penal e da suspensão condicional do processo, seja do Ministério Público. Bens dos mais relevantes do **imputado** ficariam a mercê da **parte autora**, instaurando-se um modelo escancaradamente **inquisitorial**, porque do *Parquet* exige-se isenção e impessoalidade, mas **jamais** imparcialidade.

Com efeito, ao ocupar um dos polos da relação processual penal, o Ministério Público é **parte**, detentora de uma *opinio delicti*, logo, agride a semântica adjetivá-lo imparcial, atributo de quem **não** é parte. Podemos, e devemos, cobrar isenção e impessoalidade do *Parquet*, por ser responsável pela defesa da ordem jurídica, devendo fundamentar, racionalmente, todos os pronunciamentos processuais – arts. 127, cabeça, e 129, VIII, 2ª parte, da CRFB/88. Mas retornaríamos ao medievo, aos Tribunais Eclesiásticos da Inquisição, se imaginássemos que o mesmo órgão, incumbido de acusar, pudesse também ser imparcial. Ou emitiríamos, sob uma visão simpática e benevolente, um atestado de ingenuidade, repleto de romantismo, ou, sob uma ótica mais pragmática e ácida, chancelaríamos a estupidez mesmo, por não termos aprendido com os erros do passado. Não se trata de glosar os promotores de justiça, indispensáveis a qualquer Estado Democrático de Direito e a qualquer modelo acusatório de Justiça Penal, mas de protegê-los da insana e utópica, porquanto inatingível, cobrança por imparcialidade, haja vista as considerações tecidas sobre dissonância cognitiva, no capítulo reservado ao Juízo das Garantias, bem como a natureza humana que lhes é inerente, impeditiva da onipresença – se já ocupam um dos extremos da relação adjetiva, não podem estar, simultaneamente, equidistantes. Esse papel é do juiz. E tão somente dele.

Por tudo isso, é mandatório submeter a admissibilidade jurídica do ANPP, bem como da transação penal e da suspensão condicional do processo, ao controle jurisdicional. Mas como fazê-lo sem promover a interferência do juiz no exercício da ação penal pública, privativa do Ministério Público?

Cezar Roberto Bitencourt sustenta, no tocante à transação penal, que, caso o Ministério Público não negocie, embora presentes os requisitos legais, caracterizar-se-ia um constrangimento ilegal sanável através de *habeas corpus* contra ato do promotor, objetivando o reconhecimento do direito do autuado ao direito[52]. Tais proposições alcançam, em princípio, o ANPP.

Já Humberto Dalla Bernardina de Pinho, debruçando-se sobre a transação penal, propõe solução intermediária, extensível, em tese, ao ANPP: se o promotor não oferece a proposta, obtemperando a falta de um dos requisitos objetivos para tanto, quando, em verdade, todos estão presentes, a hipótese é de impetração de *habeas corpus*; em contrapartida, se a transação penal não tiver sido proposta em razão da inadequação dos requisitos subjetivos, que se submetem à análise absolutamente discricionária do promotor, aciona-se o art. 28 do Código de Processo Penal[53].

Tais proposições, contudo, não satisfazem.

A tão propagada analogia com o art. 28 do CPP, norteadora da Súmula nº 696 do STF e inspiradora do § 14 do art. 28-A, mostra-se ontologicamente inadequada[54]. Aciona-se o art. 28, considerada a redação primitiva ou a atual, quando o Ministério Público **não** deflagra a ação penal, buscando-se, com isso, fiscalizar o princípio da obrigatoriedade.

---

[52] *Juizados Especiais Criminais e Alternativas à Pena de Prisão*, ob. cit., p. 110-111.
[53] *A Introdução do Instituto da Transação Penal no Direito Brasileiro e as Questões daí decorrentes*. Rio de Janeiro: Lumen Juris, 1998, p. 69-70.
[54] Advertimos, contudo, que alguns profs. como Humberto Dalla, quando sugerem a aplicação analógica do art. 28 do Código de Processo Penal, assim procedem porque entendem que a transação seria uma ação penal condenatória imprópria, afinal, não se deixa de formular uma imputação, desde que haja justa causa para tanto. Nesse diapasão, como o Ministério Público, ao negar a transação, estaria deixando de exercer o direito de ação, cabível seria a analogia com o art. 28 do Código de Processo Penal, solução absolutamente coerente com as premissas que sustenta. Idêntico posicionamento, pautado nas mesmas premissas, é perfilhado, *v.g.*, pelo prof. Geraldo Prado (*Lei dos Juizados Criminais – Comentários e Anotações*, ob. cit., p. 111-112, nota 170).

Ora, a negativa ministerial à transação penal, e ao ANPP, sinaliza que **denunciará**, logo, o mesmo mecanismo de controle ficaria disponibilizado para situações absolutamente **antagônicas**.

Sob um olhar retrospectivo, dirigido à transação penal e à suspensão condicional do processo, mesmo que sejam encaradas, à semelhança da ação penal pública, como um *dever-poder* do Ministério Público, a *ratio essendi* do art. 28 do CPP sempre esteve voltada à tutela da obrigatoriedade e da indisponibilidade da ação penal pública, logo, a recusa à transação ou à suspensão não as melindra minimamente. Como, então, movimentar o art. 28 do CPP? Inexiste identidade **mínima** de razões, premissa de qualquer analogia.

Lamentavelmente, tal contradição foi positivada quanto ao ANPP.

Com efeito, a Lei nº 13.964/19 prevê, no caso de recusa do ANPP pelo Ministério Público, a revisão, nos moldes do art. 28, a pedido do investigado. Em suma: a palavra final é do *Parquet* – art. 28-A, § 14. Todavia, se o juiz **rejeita** a homologação do ANPP, seja em razão do **conteúdo** (art. 28-A, § 5º), seja em virtude da **(in)admissibilidade jurídica** (art. 28-A, § 7º), **a deliberação final, em deferência à inafastabilidade da jurisdição e ao devido processo legal (art. 5º, XXXV e LIV, da CRFB/88) é, acertadamente, do Poder Judiciário, pois, contra tal decisão, cabe recurso em sentido estrito (RESE), nos moldes do art. 581, XXV, do CPP, sem efeito suspensivo**, por não se enquadrar, ontologicamente, em qualquer das hipóteses do art. 584 do CPP. Resta claro, assim, que, nos termos da própria Lei nº 13.964/19, **o controle de legalidade do ANPP foi confiado ao Poder Judiciário, competindo-lhe a palavra final**, afinal, a causa de pedir do RESE será a viabilidade jurídica do acordo: se o Tribunal competente entender positivamente, chancela-o; negativamente, descarta-o de vez.

Seguindo essa ordem de ideias, invocam-se a inafastabilidade da jurisdição e o devido processo legal – art. 5º, XXXV e LIV, da CRFB/88 – para **interpretar o § 14 do art. 28-A do CPP conforme a Constituição, sem redução parcial de texto**, a fim de assentar que o controle de legalidade do ANPP **não se esgota no Ministério Público**: a decisão tomada pelo órgão de revisão do *Parquet* desafia controle jurisdicional, via *habeas corpus*.

Essa solução, aliás, vai ao encontro da jurisprudência do STJ concernente à transação penal e à suspensão condicional do processo, forte no sentido de submeter à revisão jurisdicional as decisões dos Procuradores Gerais e da Câmaras de Coordenação e de Revisão do MPF confirmatórias das recusas dos institutos despenalizadores, reformando-as, quando despidas de fundamentação concreta, para determinar o **imediato** oferecimento da transação penal ou da suspensão condicional do processo[55], salvo se destacados outros motivos concretos que a impeçam[56].

---

[55] AgRg no REsp 1250942/RS, Rel. Ministro Marco Aurélio Bellizze, Quinta Turma, julgado em 14/05/2013, DJe 21/05/2013 – "...*Afastado o único motivo que embasou a negativa do oferecimento da suspensão condicional do processo*, **impõe-se a sua concessão diretamente por esta Corte, mediante as condições a serem estabelecidas pelo Juízo de primeiro grau**..." (grifo nosso).

[56] HC 30.693/SP, Rel. Ministro Gilson Dipp, Quinta Turma, julgado em 06/04/2004, DJ 17/05/2004, p. 251 – no caso concreto, o PGJ/SP havia ratificado a recusa da transação penal, sob o pretexto de o conceito de infração de menor potencial ofensivo trazido para os Juizados Especiais Criminais Federais pela Lei nº 10.259/01, ampliando para crimes apenados até 2 anos, além das contravenções, não ter projeção na esfera estadual, orientação absolutamente contrária ao entendimento do STF e do STJ. Por tais razões, a ordem foi concedida determinado ao PGJ a indicação de outro promotor para oferta da transação penal, salvo se, por qualquer outro motivo concreto, não se mostrar viável.

De todo modo, dirigindo o olhar para o juízo de primeiro grau, se ao magistrado foi permitido – repita-se, acertadamente – rejeitar a homologação do ANPP, quando ausentes os requisitos legais, submetendo ao Tribunal o reexame voluntário da decisão, se interposto o RESE, é inaceitável que seja um mero espectador da recusa ministerial, apesar de instado pela defesa a manifestar-se. Embora a solução acima proposta permita um certo controle jurisdicional, tal se desenvolveria, originariamente, em instância superior, por ser o habeas corpus a via impugnativa adequada, tendo como coator membro do Ministério Público, malgrado **se tratar de incidente inerente ao primeiro grau, não havendo razão para, necessariamente, suprimir instância**.

Partindo dessa premissa, replicamos ao ANPP compreensão idêntica à desenvolvida em relação à transação penal: se ambos são um **dever-poder** do Ministério Público, **a ação penal pública apenas será proposta se inviável for o acordo**, ou se recusada pelo autor do fato. O prof. Tourinho Filho, aliás, ao analisar a transação penal, apesar de tê-la como um direito público subjetivo, frisa que, na hipótese do art. 76 da Lei nº 9.099/95, não há, propriamente, uma ação penal, mas **previsão de condições legais para que ela não seja proposta.**[57]

É forçoso convir, portanto, que **a ação penal pública, em se tratando de infrações de menor potencial ofensivo ou sem violência ou grave ameaça à pessoa, cuja reprimenda mínima fique aquém de 4 anos, passa a ter 1 condição especial de procedibilidade, negativa, a par das condições genéricas para o seu regular exercício: a inviabilidade da transação penal ou do acordo de não persecução penal**, respectivamente. Ofertada a denúncia, caso o juiz entenda viável, juridicamente, o negócio jurídico processual (transação ou ANPP), **não a recebe, por carência de uma das condições para o regular exercício da ação** (art. 395, II, do CPP).

Assim agindo, o juiz não macula o sistema acusatório.

Primeiro, porque se limita a examinar a admissibilidade jurídica da denúncia, sem interferir proativamente no seu exercício. A rigor, sua análise é estritamente processual, vinculada à viabilidade do instituto despenalizador, sem carga material. Outrossim, à semelhança da decisão de rejeição da homologação do ANPP, contra o seu pronunciamento caberá RESE, mas com espeque no art. 581, I, do CPP[58], assegurando uma linearidade de tratamento, inclusive em nível recursal, calcado na inafastabilidade da jurisdição e no devido processo legal, reservada ao Poder Judiciário, como há de ser, a palavra final. E sem risco de pré-julgamento, prontamente descartado se tal exame for feito pelo juiz das garantias. Porém, mesmo se realizado pelo juiz com competência integral, a imparcialidade não fica comprometida, porque a cognição a ser desenvolvida estará inteiramente voltada para a análise da legalidade de um instrumental despenalizador, sem tecer considerações sobre a pretensa relação de direito material subjacente à denúncia. Finalmente, inadmitida,

---

Eis um trecho, autoexplicativo, do inteiro teor do aresto: *"...o entendimento uníssono desta Corte é no sentido de que o art. 61 da Lei n.º 9.099/95 restou derrogado pela a Lei n.º 10.259/01 – que instituiu os juizados especiais cíveis e criminais no âmbito da Justiça Federal, alterando para 2 anos o limite de pena máxima previsto para a incidência do instituto da transação penal.* **Tem-se, assim, pelo cabimento da transação penal, no presente caso***..."* (grifo nosso).

[57] *Comentários à Lei dos Juizados Especiais Criminais*, ob. cit., p. 96.
[58] Presentes a transação penal e as infrações de menor potencial ofensivo, a apelação seria o recurso adequado, por força do art. 82, cabeça, da Lei nº 9.099/1995.

em definitivo, a peça acusatória, o Ministério Público, se inocorrente a prescrição ou outra causa extintiva da punibilidade, veicula a proposta de acordo, e, se aceita e homologada, mas, depois, inadimplido pelo suposto autor do fato, a denúncia pode ser renovada tal qual, não se vislumbrando cerceamento do direito de ação[59].

Luis Gustavo Grandinetti Castanho de Carvalho, lastreado no ponto de vista do prof. Marcelo Rocha Monteiro, propõe solução semelhante à nossa, mas associando a viabilidade da transação penal, e, em virtude da identidade de razões, do próprio ANPP, à falta de justa causa para o oferecimento da denúncia. Nesse passo, se o *Parquet* denunciasse o autuado, embora possível a transação ou o ANPP, o juiz rejeitaria a inicial com lastro no art. 395, III, do CPP – falta de justa causa.[60] Ocorre que tais avenças apenas são veiculadas **se não for caso de arquivamento**, ou seja, se houver lastro indiciário mínimo para a denúncia. Ora, se a justa causa é **pressuposto** da transação penal ou do ANPP, **descarta-se a justaposição**.

André Luiz Nicolitt, por enxergar na transação uma espécie de ação penal condenatória imprópria, igualmente advoga o não recebimento da denúncia pelo juiz, mas com lastro na falta do interesse de agir, sob o prisma da adequação – a viabilidade da transação faria dela a via própria ao exercício da pretensão punitiva, em vez da denúncia[61]. Considerada a semelhança ontológica e teleológica, esse discurso pode ser importado para o ANPP. Embora a proposição seja bastante coerente, a Súmula Vinculante nº 35 e o art. 28-A, § 10 do CPP, ao preconizarem que o descumprimento da transação ou do ANPP restaura ao Ministério Público o direito de ação, espanca qualquer possibilidade de encará-los, ANPP inclusive, como ações penais **condenatórias** – se éditos condenatórios fossem, o descumprimento ensejaria execução.

Em síntese: o controle jurisdicional sobre a **viabilidade jurídica** do ANPP emana do § 7º do art. 28-A do CPP, pois, se o juiz *poderá recusar homologação à proposta que não atender aos **requisitos legais** ou quando não for realizada a adequação a que se refere o § 5º deste artigo* (grifo nosso), ao próprio é facultado concluir tanto pela inadmissibilidade do instituto, quanto pela admissibilidade. Ante a recusa do Ministério Público na formulação da proposta, descabe ao Juízo, em apreço ao sistema acusatório, implementá-la a pedido da defesa, sob pena de adotar uma postura proativa relacionada ao exercício da ação penal pública. Contudo, **ante o oferecimento da denúncia, cumpre rejeitá-la nos moldes do art. 395, II, do CPP, porquanto presente condição negativa de procedibilidade – cabível o acordo, descabe a denúncia**. Paralelamente, em relação à recusa infundada do acordo, o indiciado é legitimado para impugná-lo perante a instância revisora do Ministério Público, cujo pronunciamento **não exaure** o tratamento da matéria, cognoscível, via ação constitucional impugnativa de *habeas corpus*, ao Tribunal competente.

No tocante ao conteúdo do ANPP, o controle jurisdicional é incontestado, segundo explicita o § 5º do art. 28-A: *se o juiz considerar **inadequadas, insuficientes** ou **abusivas** as **condições** dispostas no acordo de não persecução penal, **devolverá** os autos ao Ministério*

---

[59] SANTOS, Marcos Paulo Dutra. *Transação Penal*, ob. cit., p.145-150. O vertente entendimento já havia sido por nós esposado no mês de julho de 2002, quando apresentamos, no Curso de Mestrado em Direito Processual da UERJ, a monografia intitulada *Reflexões sobre a Transação Penal: Novas Propostas*, atinente à cadeira Tutela Processual da Liberdade, ministrada pelo professor Afrânio Silva Jardim.
[60] Ob. cit., p. 112-114 e 119.
[61] Ob. cit., p. 20-21.

*Público para que seja **reformulada** a proposta de acordo, com concordância do investigado e seu defensor* (grifo nosso).

Contudo, a Lei nº 13.964/19 foi bastante infeliz ao dar, como solução final, a pura e simples rejeição pelo juiz, caso o Ministério Público não realize, a contento, os reajustes necessários, haja vista o § 7º do art. 28-A: *o juiz poderá **recusar** homologação à proposta que não atender aos requisitos legais ou **quando não for realizada a adequação a que se refere o § 5º deste artigo*** (grifo nosso). Descaberia acionar o art. 28 do CPP, porque reservado, apenas, aos casos de recusa da proposta pelo Ministério Público, *ex vi* do art. 28-A, § 14 – *no caso de recusa, **por parte do Ministério Público**, em propor o acordo de não persecução penal, o investigado poderá requerer a remessa dos autos a órgão superior, na forma do art. 28 deste Códig*o (grifo nosso) –, restando recorrer em sentido estrito ao Tribunal, nos moldes do art. 581, XXV, do CPP, contemplando, todavia, não mais do que 2 alternativas: endossar a rejeição da homologação ou chancelá-la nos moldes apresentados pelo *Parquet*.

Em suma: **reconhecendo acertada a irresignação do imputado quanto aos termos do acordo, reputados *inadequados* e/ou *abusivos*, a resposta jurisdicional dada ao imputado, todavia, é a rejeição integral da proposta, expondo-o ao processo e julgamento criminais, e consequente risco de condenação, que ele próprio optou por não assumir ao negociar com o Ministério Público**. Eis o paradoxo: a decisão de **procedência** da **impugnação** do conteúdo do ANPP, ao invés de militar em favor do investigado, trabalhará contra, pois, **ante a iminente rejeição da homologação e consequente oferecimento da denúncia**, o indiciado não raro se verá compelido a aceitar, a contragosto, a avença, nos moldes estipulados pelo Ministério Público. O acolhimento da sua irresignação traduz enorme vitória de Pirro, trazendo-lhe um fardo ao invés de um prêmio. E o pior é que a Lei nº 13.964/19 quis mesmo positivar essa excrescência, afinal, o § 5º do art. 28-A preconiza que *se o juiz considerar inadequadas, insuficientes ou abusivas as condições dispostas no acordo de não persecução penal, devolverá os autos ao Ministério Público para que seja reformulada a proposta de acordo, **com concordância do investigado e seu defensor*** (grifo nosso), ou seja, se os últimos preferirem, o ANPP pode ser chancelado tal qual apresentado ao juiz.

Não por acaso, o **Enunciado nº 24 do CNPG** foi nesse sentido: *A homologação do acordo de não persecução penal, a ser realizada pelo juiz competente, é ato judicial de natureza declaratória, cujo conteúdo analisará apenas a voluntariedade e a legalidade da medida, **não cabendo ao magistrado proceder a um juízo quanto ao mérito/conteúdo do acordo**, sob pena de afronta ao princípio da imparcialidade, atributo que lhe é indispensável no sistema acusatório* (grifo nosso).

Esse modelo negocial, tal qual contemplado, é **inconstitucional**. O devido processo legal (art. 5º, LIV, da CRFB/88), garantia primordial do imputado, traria solução **contrária** aos interesses do imputado, afinal, **quer o acordo, mas não nas condições apresentadas**.

Acolhida a pretensão, reputando-a acertada, cumpre homologar o pacto, decotando ou ajustando as condições tidas como abusivas ou inadequadas. Apenas assim há um processo legal justo. Sem isso, de nada adiantou provocar a jurisdição, tornando tábula rasa a própria inafastabilidade desta (art. 5º, XXXV, da CRFB/88).

A isonomia (art. 5º, cabeça, da CRFB/88) igualmente fica comprometida por esse modelo, pois a vontade do imputado, ao fim e ao cabo, não terá força alguma. A par da natural, e incontornável, disparidade de armas – a perspectiva de ser denunciado coloca o indiciado em nítida inferioridade em relação ao Ministério Público, que sempre o rememorará disso ao apresentar as condições do acordo –, de nada adiantará o indiciado insurgir-se contra determinados termos da proposta, pois, mesmo estando o juiz de acordo, ou a eles se submete ou será denunciado, porquanto rejeitada a homologação do pacto. A sua vontade se reduz a pó, coisificando o indiciado, em detrimento da sua dignidade humana (art. 1º, III, da CRFB/88).

Por tudo isso, o § 7º do art. 28-A há de ser interpretado, conforme os postulados constitucionais listados *retro*, sem redução parcial do texto, para assentar que a recusa da homologação à proposta pelo juiz será **integral** quando *não atender aos requisitos legais*, e **parcial** quando *não for realizada a adequação a que se refere o § 5º deste artigo*, hipótese na qual **o pacto será chancelado, com os decotes e ajustes necessários**.

Tal solução não é em absoluto estranha, porque já vem sendo aplicada à transação penal.

O art. 76, § 1º, da Lei nº 9.099/95 admite claramente esse controle, porquanto autoriza o magistrado a reduzir o valor da multa aplicada até a metade, em virtude da situação socioeconômica do autuado. Se o juiz pode realizar tal controle no tocante à multa, é certo que igualmente poderá fiscalizar a razoabilidade das demais regras de conduta arbitradas na transação penal, evitando a imposição de medidas excessivamente rigorosas – *v.g.*, por ser um *minus* em relação à reprimenda, mesmo porque objetiva evitá-la, descabe a transação penal ser fixada em parâmetros mais gravosos do que o mínimo legal cominado à infração, porquanto um instituto **despenalizador** mostrar-se-á mais oneroso do que a **reprimenda**.

Em última análise, resguardam-se os princípios da dignidade da pessoa humana (art. 1º, III, da CRFB/88) e da individualização da **resposta penal** (art. 5º, XLVI, da Carta de 1988) – embora a transação e o ANPP não tragam reprimendas em sentido estrito, não deixam de ser uma contrapartida ao pretenso ilícito penal cometido.

Nesse sentido, merecem destaque os Enunciados do FONAJE (Fórum Nacional dos Juizados Especiais Criminais) de nº 62 – *é cabível a* **substituição** *de uma* **modalidade** *de pena restritiva de direitos por outra, aplicada em sede de transação penal,* **pelo juízo de conhecimento,** *a* **requerimento do interessado,** *ouvido o Ministério Público (XV Encontro – Florianópolis/SC)* –, 92 – *é possível a* **adequação** *da proposta de transação penal ou das condições da suspensão do processo no juízo deprecado ou no juízo da execução,* **observadas as circunstâncias pessoais do beneficiário** *(XXII Encontro – Manaus/AM)* - e 116 – *na transação penal* **deverão** *ser* **observados** *os princípios da* **justiça restaurativa,** *da* **proporcionalidade,** *da* **dignidade,** *visando à efetividade e adequação (XXVIII Encontro – Salvador/BA)* –, todos **extensíveis, ontologicamente,** ao ANPP.

Diante do dissenso quanto ao conteúdo do acordo, não poderia o Ministério Público retirá-lo, por ser o titular da proposta, aplicando-se o art. 28-A, § 14 do CPP?

Muitos membros do *Parquet* assim se colocarão, como já se colocam, na esteira do Enunciado nº 24 do CNPG apresentado acima. Mas a resposta negativa impõe-se. Se o acordo foi veiculado, é porque **o próprio Ministério Público reconheceu a sua viabilidade**, logo, retirá-lo por desavenças com o juiz acerca do seu conteúdo é **arbitrário** e **antidemocrático**, porque, para além do exercício, ou não, da pretensão punitiva estatal em jogo estão a liberdade e o estado de inocência do imputado. O ANPP, bem como a transação penal e a suspensão condicional do processo, guiam-se pelo devido processo legal, submetidos a requisitos legais, não sendo joguetes à disposição do promotor de justiça. É preciso entender, de uma vez por todas, que **a CRFB/88 não agasalha o sistema de barganha processual penal anglo-saxão tal qual concebido nesses países, esbarrando em postulados como os da inafastabilidade da jurisdição, devido processo legal, legalidade penal estrita e tipicidade**. E, ainda sob a égide da Carta de 1988, o art. 129, VIII, 2ª parte preconiza que as manifestações processuais ministeriais hão de ser **racionalmente motivadas**. Se o acordo foi chancelado pelo juiz de forma diversa da pretendida pelo Ministério Público, que instrumentalize a sua irresignação por meio de recurso.

Esse, por sinal, é o próprio RESE nos moldes do art. 581, XXV, da CRFB/88, porque homologar o ANPP de modo diverso da proposta encaminhada não deixa de encerrar uma rejeição parcial. Assim não entendendo, ressai a apelação residual como recurso adequado (art. 593, II, do CPP), por se estar diante de um pronunciamento com força de definitivo – o cumprimento da avença extinguirá a punibilidade – inatacável por meio de RESE. O ineditismo do tema, somado à razoabilidade de ambas as interpretações, exige a incidência do princípio da fungibilidade recursal (art. 579 do CPP), até porque o prazo de interposição é o mesmo – inexistiriam, assim, intempestividade e erro grosseiro[62].

7.2.4. Acordo de não persecução penal e crimes de ação penal de iniciativa privada

Embora o rol de crimes de ação penal de iniciativa privada esteja cada vez mais escasso, o tema não se mostra despido de utilidade, haja vista, *v.g.*, o delito de dano qualificado por motivo egoístico ou com prejuízo considerável à vítima (art. 163, parágrafo único, IV, c/c art. 167 do Código Penal): não se trata de infração penal de menor ofensividade, porque o teto é de 3 anos de detenção, logo, embora a ação penal seja de iniciativa privada, comporta, em sede, ANPP.

À semelhança da transação penal e da suspensão condicional do processo, o ANPP está atrelado a crimes de ação penal pública, incondicionada ou condicionada. A cabeça do art. 28-A é categórica ao preconizar que *o **Ministério Público** poderá propor acordo de não persecução penal* (grifo nosso), reproduzindo tratamento idêntico ao dispensado à transação penal, presente o *caput* do art. 76 da Lei nº 9.099/95 – *havendo **representação** ou **tratando-se de crime de ação penal pública incondicionada**, não sendo caso de arquivamento, o Ministério Público poderá propor a aplicação imediata de pena restritiva de direitos ou multas, a ser especificada na proposta* (grifo nosso) – e à suspensão condicional do processo, considerado o *caput* do art. 89 da Lei nº 9.099/95 – *o **Ministério Público**, ao oferecer a denúncia, poderá propor a suspensão do processo* (grifo nosso).

Como a ação penal pública norteia-se pelos princípios da obrigatoriedade e da indisponibilidade (arts. 24 e 42 do CPP), sem tais previsões legais o *Parquet*, ante a presença das condições para o regular exercício do direito de ação, jamais poderia deixar de denunciar ou de dar sequência ao processo. Em sendo o delito de ação penal de inicia-

---

[62] No caso da transação penal, como se atacaria a homologação, o recurso adequado seria o de apelação, nos moldes do art. 82, cabeça, da Lei nº 9.099/1995.

tiva privada, contudo, tais institutos não têm valia, pois, se o ofendido não quiser ver o pretenso infrator processado, julgado e, quiçá, condenado criminalmente, simplesmente deixa de formalizar a queixa-crime ou dela desiste, porque orientada pelos princípios da oportunidade/conveniência e disponibilidade.

Ademais, admitindo-se que seja a vítima a legitimada, vez que é a titular do direito de ação, teríamos um acusador particular, ao invés do Estado, estabelecendo a regra de conduta ou a injunção a ser observada pelo autuado, conforme muito bem observado pelo prof. Geraldo Prado em relação à transação penal[63], mas com intensidade ainda maior se presente o ANPP.

Por tudo isso, colocam-se pela inadmissibilidade da transação penal nos delitos de ação penal de iniciativa privada, compreensiva do ANPP, autores como Julio Fabbrini Mirabete,[64] Marcellus Polastri Lima,[65] Pedro Henrique Demercian e Jorge Assaf Maluly[66] e Geraldo Prado[67]. Paulo Rangel igualmente, já considerado o ANPP[68]. O Supremo Tribunal Federal igualmente possui precedentes nesse sentido, acerca da transação penal e da suspensão condicional do processo, extensíveis ao ANPP[69]. Comungávamos dessa orientação, embora, *de lege ferenda*, favoráveis à extensão dos institutos despenalizadores aos delitos de ação penal de iniciativa privada[70].

Entendemos, todavia, que tal extensão seja factível *de lege lata*.

Invocando-se a teoria dos poderes implícitos, **se a vítima pode, simplesmente, não ofertar a queixa-crime, com razão ainda maior pode deixar de fazê-lo mediante o cumprimento de determinada regra de conduta e/ou pagamento de prestação pecuniária pelo suposto auto do fato.** Quem pode o mais, pode o menos, considerada a transação penal ou o ANPP. E, obviamente, ao homologar o acordo, o juiz faria as necessárias adequações/decotes, evitando retroceder à justiça penal privada.

O princípio da proporcionalidade igualmente avaliza essa conclusão. A reprovabilidade das condutas vinculadas à ação penal de iniciativa privada é menor do que as demais, a ponto de o legislador ter confiado ao particular o exercício da pretensão punitiva estatal. Causa espécie, então, que justamente os pretensos autores desses injustos não façam jus ao ANPP, bem como à transação e à suspensão condicional do processo, malgrado apresentarem escalas penais equivalentes e grau de censura inferior. Em última análise, não é demasiado dizer que a própria isonomia, em dimensão *macro*, ficaria comprometida.

---

[63] *Elementos para uma Análise Crítica da Transação Penal*. Rio de Janeiro: Lumen Juris, 2003, p. 170.
[64] Ob. cit., p. 137-138.
[65] *Novas Leis Criminais Especiais*, ob. cit., p. 63.
[66] Ob. cit., p. 90.
[67] *Elementos para uma Análise Crítica da Transação Penal*, ob. cit., p. 170.
[68] *Direito processual penal*. 29. ed. Barueri: Atlas, 2021, p. 206.
[69] HC 115432-AgR, Relator Min. Rosa Weber, Primeira Turma, julgado em 28/05/2013, *DJe*-123 divulg. 26/06/2013 public 27/06/2013 – "...2. Não há falar em nulidade pela inobservância do art. 89 da Lei 9.099/95. **Em ação penal privada, não há suspensão condicional do processo**, uma vez previstos meios de encerramento da persecução criminal pela renúncia, decadência, reconciliação, perempção, perdão e retratação..." (grifo nosso); HC 83412, Relator Min. Sepúlveda Pertence, Primeira Turma, julgado em 03/08/2004, DJ 01/10/2004.
[70] SANTOS, Marcos Paulo Dutra. *Transação Penal*, ob. cit., p. 163-167.

Dessarte, alinhamo-nos à doutrina de autores como Luis Gustavo Grandinetti Castanho de Carvalho[71], Ada Pellegrini Grinover, Antonio Magalhães Gomes Filho, Antonio Scarance Fernandes e Luiz Flávio Gomes,[72] Fernando da Costa Tourinho Filho[73] favoráveis à incidência dos institutos despenalizadores aos crimes de ação penal de iniciativa privada, **mediante proposta do próprio ofendido**, incluindo o ANPP.

Com efeito, se o ANPP, na esteira da transação penal, objetiva evitar a deflagração da ação penal, cujo titular privativo é o ofendido, a iniciativa da proposta há de ser sua. Não se ignora o Enunciado nº 112 do FONAJE, segundo o qual a formulação da proposta seria do Ministério Público – na qualidade de *custos legis*, teria condições de apresentar o acordo em termos mais equilibrados do que o ofendido, livre da compreensível, e inevitável, carga emocional ínsita ao último, a obnubilar a razão. Ocorre que **descabe dispor do que não tem**. E eventuais excessos na proposta serão apontados pelo *Parquet* em seu parecer, enquanto fiscal da lei, e corrigidos pelo juiz na homologação. Nesse diapasão, e em uníssono, o Superior Tribunal de Justiça[74] – mesmo o STF possui precedentes nesse sentido, anteriores aos que pregam a inadmissibilidade desses institutos nas ações penais de iniciativa privada[75].

Sobrevindo a recusa do acordo pelo ofendido, entende o STJ, inclusive por meio do seu órgão de cúpula, preso à Súmula nº 696 do STF – referente à suspensão condicional do processo, mas extensível à transação penal –, que nada há a fazer[76]. E, no tocante ao ANPP, a quadra seria a mesma, diante do § 14 do art. 28-A.

Tamanha passividade do STJ é, com todas as vênias, inaceitável. Se a formulação do acordo transcende o mero exercício da ação penal, impactando na liberdade e no estado de inocência alheios, a recusa há de ser motivada, independentemente de quem parta. Não o sendo, porque viável o pacto, tem-se condição negativa de procedibilidade, a ensejar o não recebimento da queixa, com lastro no art. 395, II, do CPP.

---

[71] Ob. cit., p. 139-140.
[72] *Juizados Especiais Criminais*, ob. cit., p. 141.
[73] *Comentários à Lei dos Juizados Especiais Criminais*, ob. cit., p. 76.
[74] REsp 1374213/MG, Rel. Ministro Campos Marques (Desembargador Convocado do TJ/PR), Quinta Turma, julgado em 13/08/2013, DJe 19/08/2013 – "...**Havendo manifestação contrária do querelante, em ação penal privada, de que não tem interesse na aplicação de qualquer instituto penal despenalizador, não são aplicáveis os institutos da transação penal e do sursis processual**..." (grifo nosso); AgRg no REsp 1356229/PR, Rel. Ministra Alderita Ramos de Oliveira (Desembargadora Convocada do TJ/PE), Sexta Turma, julgado em 19/03/2013, DJe 26/03/2013 – "...*1. Embora admitida a possibilidade de transação penal em ação penal privada, este não é um direito subjetivo do querelado, **competindo ao querelante a sua propositura**...*" (grifo nosso).
[75] HC 81720, Relator Min. Sepúlveda Pertence, Primeira Turma, julgado em 26/03/2002, DJ 19/04/2002 – "...*Suspensão condicional do processo instaurado mediante ação penal privada: acertada, no caso, a admissibilidade, em tese, da suspensão, **a legitimação para propô-la ou nela assentir é do querelante, não, do Ministério Público**...*" (grifo nosso).
[76] APn 634/RJ, Rel. Ministro Felix Fischer, Corte Especial, julgado em 21/03/2012, DJe 03/04/2012 – "... II – **A jurisprudência dos Tribunais Superiores admite a aplicação da transação penal às ações penais privadas**. Nesse caso, **a legitimidade para formular a proposta é do ofendido**, e **o silêncio do querelante não constitui óbice ao prosseguimento da ação penal**. III – Isso porque, a transação penal, quando aplicada nas ações penais privadas, assenta-se nos princípios da **disponibilidade** e da **oportunidade**, o que significa que o seu implemento requer o mútuo consentimento das partes..." (grifo nosso).

7.2.5. Acordo de não persecução penal e detração

Serviços comunitários e prestação pecuniária surgem como **condições** do ANPP, não podendo ser encaradas como reprimendas, sob pena de inconstitucionalidade à luz do devido processo legal, do contraditório, da ampla defesa e do estado (ou presunção) de inocência (ou de não culpa) – art. 5º, LIV, LV e LVII, da CRFB/88 –, porquanto *nulla poena sine judictio* e *nulla poena sine culpa*. A natureza meramente homologatória, em vez de condenatória, do ANPP é patente, haja vista os já comentados §§ 8º, 12 e 13 do art. 28-A do CPP. Por conseguinte, **à semelhança da transação penal e da suspensão condicional do processo, o ANPP não comporta detração**, seja para abater o tempo de cumprimento da regra de conduta da pena eventualmente imposta – caso tenha havido o descumprimento do pacto e subsequente condenação –, seja para computar o período sob tutelas cautelares pessoais do prazo fixado para a execução dos serviços comunitários. Nessa esteira, precedentes do STJ[77].

Concordamos inteiramente com a primeira parte da proposição. Não se pode tomar uma **condição**, inerente a um **acordo**, e o período no qual o imputado a observou, para abater do total de **reprimenda** fixada em uma sentença penal **condenatória**. As grandezas são completamente distintas. Contudo, discordamos da segunda conclusão.

Considerado o art. 42 do Código Penal, o tempo no qual o imputado esteve sob tutela **cautelar** constritiva ou privativa da liberdade é computado do *quantum* de **pena**. Se o interregno de uma medida cautelar impacta no montante da reprimenda (*plus*), por que não poderia ser descontado do lapso temporal fixado para o cumprimento do ANPP (*minus*)? Não se enxerga empeço jurídico, mas com uma ressalva: **a compensação exige perfeita correspondência entre as naturezas da tutela cautelar e da condição.** Ilustrando: se até o ANPP o imputado esteve sob a cautelar de comparecimento mensal em juízo por 6 meses (art. 319, I do CPP) e uma das condições fixadas no ANPP é a dita frequência, se o lapso temporal do pacto for de 1 ano, as apresentações à secretaria do Juízo se resumem a 6 meses. Sem embargo, estipulada, cumulativamente, a prestação de serviços comunitários, há de ser observada na íntegra, ao longo de todo o ano, por inexistir identidade entre elas. A observação ora articulada alcança a suspensão condicional do processo.

7.3. ACORDO DE NÃO PERSECUÇÃO PENAL E REQUISITOS

Reserva-se às infrações penais, **sem** violência ou grave ameaça contra a pessoa, cuja pena **mínima** fique **abaixo** de 4 (quatro) anos (art. 28-A, cabeça, do CPP). **Compreende os crimes culposos**, porquanto a violência ou grave ameaça impeditiva do ANPP é a delibe-

---

[77] RHC 74.089/RJ, Rel. Ministra Maria Thereza de Assis Moura, Sexta Turma, julgado em 18/08/2016, *DJe* 29/08/2016 – *"...1. Hipótese em que a recorrente foi presa em flagrante e obteve a liberdade provisória, mediante a aplicação de medidas cautelares alternativas. Posteriormente, veio a ser denunciada e aceitou as condições da suspensão condicional do processo. Pretende, agora, a detração/compensação das condições aceitas com as medidas cautelares já cumpridas anteriormente. 2. Não cabe à Defesa, após aceita a proposta de suspensão condicional do processo, alegar a desproporcionalidade das condições impostas ou requerer a detração/compensação com as medidas cautelares que substituíram a prisão. Não há previsão legal nesse sentido e a proposta do benefício coube ao Ministério Público, titular da ação penal pública. Ademais, **sequer há pena aplicada, a justificar a incidência do art. 42 do Código Penal**..."* (grifo nosso).

rada, intencional, e não a involuntária, decorrente de um obrar imprudente, negligente ou imperito. Aliás, a referência à grave ameaça só endossa o alegado, **por ser injusto que só comporta a modalidade dolosa**, sem dar margem aos culposos. Ademais, enquanto requisito **proibitivo** do ANPP, a interpretação há de ser **restritiva**. Nesse sentido, o **Enunciado nº 23 do CNPG**: *É cabível o acordo de não persecução penal nos crimes culposos com resultado violento, uma vez que nos delitos desta natureza a conduta consiste na violação de um dever de cuidado objetivo por negligência, imperícia ou imprudência, cujo resultado é involuntário, não desejado e nem aceito pela agente, apesar de previsível* (grifo nosso).

Existem crimes culposos nos quais, embora involuntária a violência, o dever de cuidado foi intensamente inobservado. A **demasiada imprudência, imperícia ou negligência verificada no obrar do agente**, sinalizando a falta de senso de coletividade, de respeito ao outro, somada **ao resultado da conduta, muito além da normalidade típica**, desde que **sem a concorrência da vítima**, justificam, **em concreto**, a não formulação de proposta de ANPP, porque **subjetivamente** insuficiente. A fim de evitar discrepâncias de tratamento, incompatíveis com a isonomia, os três vetores acima destacados precisam estar presentes, **cumulativamente**.

Homicídio culposo de trânsito em decorrência de o agente estar sob o efeito de álcool ou drogas, ou participando de competição automotiva não autorizada bem sintetiza o aval do próprio legislador aos parâmetros aqui apresentados de insuficiência do ANPP. A excessiva imprudência ou negligência do condutor e o resultado trágico naturalmente não recomendariam o benefício. Mas, nesse caso, o próprio legislador antecipou-se e, ao fixar o piso aquém de 4 anos para o ANPP, descartou-o, objetivamente, para essas duas modalidades de homicídio culposo, com penas mínimas de 5 anos – art. 302, § 3º, e art. 308, § 2º, da Lei nº 9.503/97 (Código de Trânsito Brasileiro – CTB).

Isso significa, *a contrario sensu*, que, nos demais casos de homicídio culposo, o ANPP é, **objetivamente**, a regra.

Se a hipótese desafiar perdão judicial, nos termos do art. 121, § 5º do CP, extensível, na dicção do STJ, aos homicídios culposos de trânsito, quando trouxerem danos terríveis e irreparáveis ao condutor, físicos (*v.g.* invalidez) e/ou emocionais (*v.g.* morte do consorte e/ou dos filhos, comprovado o ambiente familiar saudável e feliz, não se justificando o perdão se a convivência fosse por mera conveniência e/ou necessidade econômica, com laços efetivos rompidos há anos)[78], **descabe o próprio ANPP**, considerada a natureza **declaratória** da extinção da pretensão punitiva estatal do perdão judicial (Súmula nº 18 do STJ). O caso será de arquivamento pelo Ministério Público.

Quando, todavia, **se estiver em uma zona nebulosa para fins de concessão, ou não, do perdão judicial** – *v.g.* homicídio culposo de trânsito de um dos melhores amigos do condutor, que estava no carona, em virtude de excesso de velocidade, não por mera "aventura", mas porque atrasados para um compromisso (casamento, por exemplo) – **o ANPP surge como alternativa natural**.

Os **homicídios culposos de trânsito circunstanciados desafiam, objetivamente, o ANPP**, porquanto, exasperada a pena mínima de 2 anos de 1/3 (um terço), tem-se o piso

---

[78] REsp 1.871.697/MA, Rel. Min. Rogerio Schietti Cruz, Sexta Turma, julgado em 25/08/2020, *DJe* 04/09/2020; AgRg no REsp 1.854.277/SP, Rel. Min. Reynaldo Soares da Fonseca, Quinta turma, julgado em 25/08/2020, *DJe* 31/08/2020.

de 2 anos e 8 meses, autorizando o benefício (art. 302, § 1º do CTB). Negá-lo somente em razão da presença de majorante é **arbitrário**, criando-se óbice não previsto em lei, em descompasso com os postulados da legalidade penal estrita e do devido processo legal. O Ministério Público não atenderia à exigência constitucional de fundamentação das suas manifestações processuais (art. 129, VIII, 2ª parte, da CRFB/88), nem tampouco o juiz, caso validasse a recusa (art. 93, IX, da CRFB/88).

Carteira nacional de habilitação (CNH) **vencida** sinaliza, **materialmente**, a aptidão do agente para conduzir veículo automotor, logo, não se insere na causa de aumento de pena prevista no inciso I do § 1º do art. 302, sob pena de interpretação extensiva *in malam partem*. A renovação é exigência apenas administrativa, sem relevo penal, conforme muito bem colocou o STJ[79]. Nesse cenário, *v.g.*, **caberia o ANPP, mesmo porque sequer circunstanciado seria o homicídio culposo de trânsito**.

De todo modo, **a efetiva ausência de CNH, por si só, não elide o ANPP**, sob pena de erigir óbice normativo **objetivo** não insculpido em lei. Configura apenas a imperícia ínsita à tipificação dos crimes culposos. Segundo escrito acima, imprescindível é indicar outros elementos concretos que, reunidos, indicam uma inobservância do dever de cuidado muito acima da média, como o excesso de velocidade 50km/h além do máximo permitido para a via (adotando-se, como parâmetro, o art. 291, § 1º, III, do CTB) ou a presença de mais uma causa de aumento de pena. Anote-se que nas periferias dos grandes centros urbanos, bem como no interior – e não necessariamente só nos rincões do País –, há muitos condutores de veículos automotivos habilitados de fato, mas não de direito, por razões de hipossuficiência econômica, afinal, muitos não têm condições de arcar com os custos inerentes à obtenção da CNH. Por tais motivos, a ausência de CNH não é motivo para, por si só, elidir o ANPP.

Idêntica intelecção estende-se ao homicídio culposo de trânsito circunstanciado quando praticado em faixa de pedestres ou na calçada bem como no exercício profissional de transporte de passageiros (art. 302, § 1º, II e IV, do CTB), **exasperantes que, por si só, não elidem o ANPP**, sendo mister a reunião de outros vetores concretos que sobrelevem o desvalor do obrar culposo. Parte significativa dos motoristas de ônibus é compelida pelos próprios empregadores a completar o trajeto da linha dentro de determinado interregno. Muitos passageiros, atrasados para os seus compromissos, pedem aos taxistas e/ou condutores de aplicativos para acelerar. Se, nesses cenários, conduzindo em uma via expressa, acima do máximo permitido, mas sem extravagância maior, ou seja, sem exceder 50km/h além do teto, atropela-se, fatalmente, um pedestre que tentava atravessar a via, nada obstante a existência de passarela próxima, **inexistem razões para não lhes oportunizar o ANPP**. Entretanto, se a mesmo quadro se projeta em zona escolar, sobrevindo o atropelamento fatal de uma criança, **subjetivamente o ANPP não mais se mostra suficiente**.

Circunstancia-se o homicídio culposo pela omissão de socorro à vítima, **quando possível fazê-lo sem risco pessoal** (art. 302, § 1º, III, do CTB), logo, demonstrando,

---

[79] HC 226.128/TO, Rel. Ministro Rogerio Schietti Cruz, Sexta Turma, julgado em 07/04/2016, *DJe* 20/04/2016 – *"...No Direito Penal, não se admite a analogia in malam partem, de modo que **não se pode inserir no rol das circunstâncias que agravam a pena (art. 302, § 1º) também o fato de o agente cometer homicídio culposo na direção de veículo automotor com carteira de habilitação vencida...**"* (grifo nosso).

v.g., o risco concreto de linchamento, tampouco majorado será o delito, **admitindo-se, objetiva e subjetivamente, o ANPP**. A alegada morte instantânea do ofendido não elide a exasperante, segundo o STF e o STJ, pois compete à perícia, e não ao condutor, aferi-la[80]. Entretanto, a depender do caso concreto, a constatação do decesso não requer conhecimento técnico algum, mostrando-se descabido elevar a pena em razão de um dever legal de implemento impossível – não se socorre quem já faleceu... De todo modo, **é outra circunstância na qual inexiste embaraço subjetivo ao implemento do ANPP**.

Todavia, **não sendo possível certificar a morte instantânea do ofendido, a omissão de socorro do condutor recrudesce sobremaneira o desvalor da conduta, a descartar, subjetivamente, o ANPP**, percepção essa **extensível ao homicídio culposo majorado pela omissão de socorro previsto no art. 121, § 4º, 1ª parte, do Código Penal**.

Migrando para o homicídio culposo contemplado no Código Penal, a 1ª parte do § 4º do art. 121 majora-o ainda em virtude da "inobservância de regra técnica de profissão, arte ou ofício", hipótese na qual, ante a exasperação de 1/3, a pena mínima é de 1 ano e 4 meses, **tampouco elidindo o ANPP, objetivamente** considerados os requisitos. Do contrário, **legislar-se-ia *in malam partem*,** proibindo, **em abstrato**, o ANPP a *n* profissionais, como os médicos, por conta de homicídios culposos cometidos em razão da função. Descartar subjetivamente o ANPP exige grau **elevado** de imprudência, negligência ou imperícia. Falta de infraestrutura profissional, drama vivido por inúmeros profissionais de saúde Brasil afora, a omissão de informações pelo paciente quando da anamnese, a sua própria capacidade orgânica, a inobservância pela vítima das exigências prévias à intervenção médica, são circunstâncias que, se não afastam o obrar culposo, **mantêm hígido o ANPP, objetiva e subjetivamente**.

Se, objetivamente, a regra é o ANPP nos homicídios culposos, com razão ainda maior nas lesões corporais culposas, consideradas as consequências significativamente menos drásticas. Negá-lo, só subjetivamente, quando exorbitantes o **nível de imprudência, imperícia ou negligência e a intensidade da lesão, irreversível do ponto de vista científico e/ou financeiro** – deficiência física ou mental (*v.g.* paraplegia, amputação de membro), deformidade corporal, com a necessidade de realização de cirurgias plásticas reparadoras, risco concreto de vida.

Anote-se que a maioria das lesões culposas, de trânsito ou não, é da competência do Juizado Especial Criminal, de menor potencial ofensivo e de ação penal pública condicionada à representação, logo, se admitem o mais em termos de despenalização, composição civil e transação penal, não há como lhes negar o menos, qual seja, o ANPP.

Em se tratando das lesões corporais culposas de trânsito, **a presença, isoladamente considerada, de qualquer dos incisos do § 1º do art. 291 do CTB elide o *plus* em termos**

---

[80] STF, HC 84.380, Relator(a): Gilmar Mendes, Segunda Turma, julgado em 05/04/2005, *DJ* 03/06/2005 PP-00047 – *"...4. Alegação de que, diante da morte imediata da vítima, não seria cabível a incidência da causa de aumento da pena, em razão de o agente não ter prestado socorro. Alegação improcedente. 5. Ao paciente não cabe proceder à avaliação quanto à eventual ausência de utilidade de socorro. 6. Habeas Corpus indeferido"* – grifo nosso; STJ, HC 269.038/RS, Rel. Ministro Felix Fischer, Quinta Turma, julgado em 02/12/2014, DJe 19/12/2014 – *"...o comportamento imposto pela norma não pode ser afastado ao argumento de que houve a morte instantânea da vítima, situação que, aliás, **não pode, via de regra, ser atestada pelo agente da conduta delitiva no momento da ação**. (Precedentes)..."* – grifo nosso.

despenalizadores – exigência de representação, composição civil enquanto renúncia ou retratação tácita do direito de representação, transação penal –, **mas não o *minus*: da mesma maneira que permanece viável a suspensão condicional do processo, igualmente hígido é o ANPP**. Ante preceito proibitivo, a interpretação há de ser restritiva.

As penas mínimas cominadas à lesão corporal culposa de trânsito qualificada pela condução sob a influência de álcool ou drogas (art. 303, § 2º, do CTB), bem como à participação em competição automotiva não autorizada qualificada pela lesão corporal grave (art. 308, § 1º, do CTB), 2 e 3 anos, respectivamente, **não elidem, objetivamente, o ANPP**. Mas trazem elementos concretos, exigidos à própria configuração típica, aptos a afastá-lo **subjetivamente, não só pelo desvalor da ação, mas do resultado, ambos acima do trivial, na medida que se exige a ocorrência de lesão corporal grave ou gravíssima**. Descabe, de todo modo, fórmulas abstratas, aprioristicas, sob pena, mais uma vez, de legislar *in malam partem*, insculpindo-se óbice não previsto em lei.

Se, *v.g.*, o condutor, sob a influência de álcool, mas ingerido em quantidade aquém da contemplada no art. 306, § 1º, I, do CTB, ou até ligeiramente superior, colide o automóvel em um muro e a carona, sua melhor amiga, grávida, em razão disso tem aceleração de parto, mas, ao fim, passam bem ela e o recém-nascido, **não há motivos para, subjetivamente, negar o ANPP, objetivamente devido, repita-se**. Contudo, se estava completamente embriagado e, em razão da colisão, sua amiga tem a perna amputada, é forçoso reconhecer, subjetivamente, a insuficiência do ANPP. Por serem quadras incomparavelmente distintas, não lhes pode dispensar idêntico tratamento, descartando, para ambas, o ANPP, embora presentes os requisitos **objetivos** legais.

Ainda em relação ao requisito objetivo alusivo à ausência de violência ou grave ameaça, a tendência é descartar o ANPP ao roubo simples, quando presente causa de diminuição de pena, como, *v.g.*, a tentativa. Embora o piso de 4 anos, em razão do redutor, fique aquém desse patamar, a violência ou grave ameaça, enquanto elementar típica, obstaculizaria o ANPP. Existe praticamente um consenso acerca do tema, tanto que a questão sequer tem sido objeto de reflexão acadêmica ou jurisprudencial.

Contudo, abrimos a divergência.

Toda norma limitadora de benesses penais ou híbridas (processuais materiais) desafia interpretação restritiva. Por conseguinte, a ausência de violência ou grave ameaça precisa ser aquilatada em concreto, e não aprioristicamente.

A subtração de coisa alheia móvel mediante a emissão de palavras de ordem – *v.g.* "perdeu, perdeu" –, inibe a vítima, reduzindo o seu ânimo de resistir. Logo, tem-se, indiscutivelmente, o roubo, em vez do furto. Porém, objetivamente analisada a conduta, inexistiram violência física e ameaça, ou seja, promessa de mal injusto e grave. Dessarte, presentes a modalidade simples do roubo e qualquer causa de diminuição de pena, o piso aquietar-se-á abaixo de 4 anos, sem destilar a conduta violência nem grave ameaça. Não há razões, portanto, para inadmitir, objetivamente, o ANPP.

A 6ª Câmara Criminal do Tribunal de Justiça do Estado do Rio de Janeiro tem aplicado essa orientação para viabilizar a substituição da pena privativa de liberdade por restritiva de direitos, interpretando, restritivamente, como há de ser, registre-se, o inciso I do art. 44 do Código Penal, no tocante ao roubo simples, mediante a emissão de palavras de ordem, se, obviamente, a reprimenda queda-se em 4 anos[81].

Essa linha interpretativa, em sintonia com os postulados da legalidade penal estrita e do devido processo legal, afina-se, ainda, com a SúmulaVinculante nº 56, buscando extrair intelecções que arrefeçam, ao invés de potencializar, a pressão sobre o sistema carcerário pátrio.

Evidentemente que, no caso de roubo simples com causa de diminuição de pena, o rigor quanto à presença dos requisitos subjetivos há de ser maior. Mas, se igualmente presentes, o ANPP mostra-se não só juridicamente, mas socialmente recomendável. Essa espécie de delito é perpetrada, majoritariamente, por integrantes de segmentos periféricos, muitos, inclusive, vivendo à margem da sociedade, por razões raciais e socioeconômicas – pretos, pardos, pobres. A condenação que lhes será imposta, por roubo simples tentado, por exemplo, presentes a primariedade e os bons antecedentes, não há, juridicamente, como ser elevada, perpassando não apenas pelo regime inicial aberto, mas pelo *sursis* da pena. Em suma: não ficaram presos. Porém, sairão do processo ainda mais estigmatizados do que quando entraram, carregando doravante o *status* de "condenado criminal". As chances de reinserção social, ou de qualquer inserção mesmo, pois vários jamais estiveram integrados à sociedade, reduzirão consideravelmente, aproximando-os muito mais da reincidência do que da inclusão social. O ANPP, assim, é um instrumento por meio da qual seriam responsabilizados pelo que pretensamente fizeram, mas com viés de efetiva (res)socialização, com a possibilidade, *v.g.*, de prestar serviços comunitários, sem o fardo manto de um édito condenatório.

Finalmente, o tráfico de entorpecentes, como não envolve violência nem grave ameaça à pessoa, comporta o ANPP, desde que presente a causa de diminuição de pena contemplada no art. 33, § 4º, da Lei nº 11.343/06, permitindo o piso em abstrato de 1 ano e 8 meses, decorrente da redução de 2/3 de 5 anos. Outros delitos previstos na Lei nº 11.343/06 igualmente desafiam o benefício, como os descritos nos arts. 34, 35 e 37. Assim vêm compreendendo, em expressiva maioria, a doutrina e a jurisprudência, inclusive a do STF[82].

Paulo Rangel, todavia, discrepa, entendendo inadmissível o ANPP para os injustos versados nos arts. 33, *caput* e § 1º, 34 e 35 da Lei nº 11.343/06, advogando que violência e a grave ameaça impeditivas do ANPP não seriam apenas a física e a moral, mas "aquela inerente ao mal causado pela conduta em si, isto é, não é apenas a violência física direta no indivíduo, mas o resultado lesivo à sua saúde física ou mental e de toda a coletividade", pontuando serem os delitos acima contra a saúde pública, logo, "violentos na sua essência, trazendo graves males à sociedade e ao indivíduo"[83].

Tais considerações são inteiramente de política legislativa, reveladoras da discordância quanto à opção do legislador, quadra que, isoladamente considerada, não enseja inconstitucionalidade alguma nem a necessidade de interpretação conforme, sob pena

---

[81] TJ/RJ, Sexta Câmara Criminal, Apelação nº 0153477-74.2019.8.19.0001, Des(a). José Muiños Piñeiro Filho -– Julgamento: 09/02/2021; Sexta Câmara Criminal, Apelação 0001909-06.2018.8.19.0014, Des(a). Luiz Noronha Dantas – Julgamento: 09/06/2020.
[82] HC 194.677, Rel. Gilmar Mendes, Segunda Turma, julgado em 11/05/2021, *DJe* 13/08/2021.
[83] *Direito Processual Penal*. 29. ed. Barueri: Atlas, 2021, p. 198.

de se legislar, em afronta ao art. 2º da CRFB/88, imiscuindo-se, à míngua de parâmetros constitucionais claros e objetivos, o mérito do ato legislativo.

O devido processo legal (art. 5º, LIV, da CRFB/88) exige que os requisitos **objetivos** negativos à incidência de uma benesse despenalizadora sejam interpretados **restritivamente**. Se o tipo penal em abstrato não apresenta elementares conducentes à violência ou à grave ameaça, **a admissibilidade do ANPP é inconteste**. Associar a violência ou a grave ameaça aos malefícios sociais do injusto importa embaralhar as elementares do tipo às suas consequências, a conduta aos seus desdobramentos. Todo delito encerra uma violência, seja ela física, psicológica, patrimonial, sexual, moral, institucional, conforme se vê, por exemplo, no art. 7º da Lei nº 11.340/06 e no art. 4º da Lei nº 13.431/17. Dando-se contornos superlativos à violência e à grave ameaça, esvazia-se o ANPP, chancelando interpretação escancaradamente extensiva *in malam partem*.

Como a sua incidência está condicionada ao **piso**, consideram-se as qualificadoras, porque trazem escalas penais próprias, mínima e máxima em abstrato. Computam-se, ainda, as causas de aumento e de diminuição de pena, independentemente de estarem localizadas na parte geral ou especial do Código Penal, ou na legislação extravagante, **reduzindo-a da maior fração e majorando da menor**, por se buscar o **mínimo legal**. Tal metodologia, torrencialmente aplicada para outros institutos cuja aplicabilidade vincula-se ao piso (*v.g.*, suspensão condicional do processo, haja vista o art. 89, cabeça, da Lei nº 9099/95), foi positivada no § 1º do art. 28-A: *para aferição da pena mínima cominada ao delito a que se refere o caput deste artigo*, **serão consideradas as causas de aumento e diminuição aplicáveis ao caso concreto** (grifo nosso). Descartam-se, por outro lado, as atenuantes e agravantes genéricas, insuscetíveis de projeção em abstrato – repercutem, apenas, quando da fixação da pena em concreto[84].

Não se ignora a posição doutrinária segundo a qual, por ser, em última análise, causa extintiva da punibilidade, a viabilidade da transação penal deve ser sopesada à luz de cada injusto, isoladamente, aplicando-se, por analogia, o art. 119 do Código Penal[85]. O art. 60, cabeça e parágrafo único, da Lei nº 9099/95, com a redação dada pela Lei nº 11.313/06, reforçou esse posicionamento, pois, mesmo prescrevendo a prevalência da competência da Vara Criminal ou do Tribunal do Júri sobre a do Juizado Especial Criminal, em casos de conexão e/ou continência, diz que, em relação às infrações de menor ofensividade, *observar-se-ão os institutos da transação penal e da composição dos danos civis* (grifo nosso), demonstrando que devem ser considerados individualmente[86]. Essa percepção irradia-se, na íntegra, ao ANPP, porquanto aplicável **independentemente** da existência de outras ações penais em andamento – ainda que certas demandas prosseguissem, por apresentarem pena mínima igual ou acima de 4 anos, nada impediria a avença em relação às demais.

Contudo, STF e STJ **sempre** levaram em conta o acréscimo oriundo do concurso de infrações para definir a incidência, ou não, de um instituto, quando condicionada a

---

[84] No mesmo sentido, MOREIRA, Rômulo Andrade. *Acordo de Não Persecução Penal*. Disponível em: https://emporiododireito.com.br/leitura/o-acordo-de-nao-persecucao-penal. Acesso em: 24 fev. 2020.

[85] TOURINHO FILHO, Fernando da Costa. *Comentários à Lei dos Juizados Especiais Criminais*, ob. cit., p. 27-30; GRINOVER, Ada Pellegrini; GOMES FILHO, Antonio Magalhães; FERNANDES, Antonio Scarance; GOMES, Luiz Flávio. *Juizados Especiais Criminais*, ob. cit., p. 74.

[86] LIMA, Marcellus Polastri. *Manual de Processo Penal*, ob. cit., p. 689.

sua aplicabilidade à quantidade de pena mínima ou máxima em abstrato. Nesse sentido, podem ser listadas as Súmulas nº 723 do STF e 243 do STJ, concernentes à suspensão condicional do processo, mas cuja inteligência foi estendida à transação penal[87]. A reforma promovida pela Lei nº 11.313/16 no art. 60 da Lei nº 9.099/95 **não** infirmou essa orientação, pois, ao preconizar que *observar-se-ão* a composição civil e a transação penal, cumpre diferençar: a primeira terá sempre lugar, por ser um **direito primário da vítima, sem condicionantes**, cujo exercício importa **renúncia** à queixa ou à representação, beneficiando, por conseguinte, o suposto autor do fato, se o delito for de ação penal pública de iniciativa privada ou condicionada à representação (art. 74, p.ú. da Lei nº 9.099/95), enquanto a última será oportunizada *se* presentes os requisitos legais, *v.g.*, não haver dela se valido nos últimos 5 anos (art. 76, § 2º, II, da Lei nº 9.099/95). Dentre esses, incide o cômputo do acréscimo decorrente do concurso, descartando-a se o teto superar 2 anos, observação que não esvazia o preceituado no art. 60 da Lei nº 9099/96, porquanto alusivo às hipóteses de conexão e/ou de continência, que **não necessariamente importam cúmulo de infrações**, haja vista, *v.g.*, a conexão intersubjetiva por reciprocidade (art. 76, I, do CPP, última figura). Assim, se, *v.g.* um amigo agride, levemente, o outro, e este, excedendo-se, atenta, dolosamente, contra a vida daquele, ambos serão processados e julgados no Tribunal do Júri, a teor do art. 60 da Lei nº 9099/95, mas ao autor da lesão corporal leve serão disponibilizadas a composição civil e a transação penal[88].

Mutatis mutandis, a tendência é o STF e o STJ replicarem esse entendimento ao ANPP, inclusive por coerência e integridade. Nessa toada, o **Enunciado nº 29 do CNPG:** *Para aferição da pena mínima cominada ao delito a que se refere o artigo 28-A, serão consideradas as causas de aumento e diminuição aplicáveis ao caso concreto,* **na linha do que já dispõe os enunciados sumulados nº 243 e nº 723, respectivamente, do Superior Tribunal de Justiça e Supremo Tribunal Federal** (grifo nosso).

---

[87] STJ, HC 427.204/SP, Rel. Ministro Ribeiro Dantas, Quinta Turma, julgado em 04/09/2018, *DJe* 14/09/2018 – *"...5. Em relação a ausência de proposta de transação penal, esta Corte Superior de Justiça já se manifestou, para efeito de aplicação do instituto, no sentido de que,* **em havendo concurso de crimes (material, formal ou continuidade delitiva), considera-se a soma das penas ou sua exasperação, não podendo superar o patamar de dois anos**...*"* (grifo nosso); REsp 1482733/SC, Rel. Ministro Rogerio Schietti Cruz, Sexta Turma, julgado em 17/05/2016, *DJe* 09/06/2016 – *"...1.* **Aplica-se a Súmula n. 83 do STJ quando a orientação deste Superior Tribunal se firmou no mesmo sentido do acórdão recorrido, de que, em caso de crime continuado, deve ser considerada, para fins de proposta de transação penal, a exasperação da pena máxima cominada aos delitos, cujo resultado, se for superior a 2 anos, afasta a possibilidade de aplicação da transação penal**...*"* (grifo nosso); STF, HC 85427, Relator Min. Ellen Gracie, Segunda Turma, julgado em 29/03/2005, DJ 15/04/2005, *LEXSTF* v. 27, n. 322, 2005, p. 464-469 – *"...1. Condenado o paciente, em* **concurso formal***, pela prática dos crimes de homicídio culposo e lesões corporais culposas no trânsito,* **inviável a aplicação da transação penal ao caso***. Precedente..."* (grifo nosso); HC 81470, Relator Min. Celso de Mello, Segunda Turma, julgado em 30/04/2002, *DJe*-207 divulg 17/10/2013 public 18/10/2013 – *"...***Pretendido reconhecimento do direito à concessão da transação penal** *(Lei nº 9.099/95, art. 76) – **Inaplicabilidade desse instituto quando se tratar de ilícitos penais cuja punição 'in abstracto' superar, em virtude da aplicação do princípio do cúmulo material, o limite estabelecido para a configuração de infração penal de menor potencial ofensivo**...*"* (grifo nosso).

[88] SANTOS, Marcos Paulo Dutra. *Transação Penal*, ob. cit., p. 167.

E tal prognóstico, lançado na 1ª edição desta obra, já se confirma na 2ª Turma do STF[89].

Com efeito, cumpre avaliar a viabilidade jurídica do instituto à luz da pena mínima em abstrato cominada à imputação **globalmente considerada**, pois, do contrário, **extrair-se-ia um piso não correspondente ao real**, caso a pretensão punitiva que se pretende afastar, em prol do acordo, fosse acolhida.

Uma distinção, todavia, é mandatória entre a transação penal (e a própria competência do Juizado Especial Criminal) e o ANPP. Embora entendamos manifestamente inconstitucional computar o acréscimo decorrente do concurso, **mesmo sendo todos os crimes de menor potencial ofensivo**, para afastar **também** a competência do Juizado Especial Criminal, de assento constitucional (art. 98, I, da CRFB/88), em prol da Vara Criminal, como se o primeiro tivesse sido criado apenas para chancelar transações penais, assim tem se colocado o STJ. Porém, como as *infrações* de menor potencial ofensivo, gênero, abarca 2 espécies, contravenções penais (**independentemente** da pena máxima em abstrato) e *crimes* com teto de até 2 anos, o acréscimo decorrente do concurso **não pode levar as primeiras em consideração**, pois o importante é aquilatar o *quantum* penal máximo dos *crimes*. Embora haja precedente do STJ, isolado, computando a contravenção no acréscimo decorrente do concurso[90], tal **erro técnico** não desafia potencialização – o equívoco, aliás, foi manifesto, pois, no dito conflito de competência, discutiu-se, unicamente, a absorção da então contravenção de importunação ofensiva ao pudor (revogada pela Lei 13.718/18) pelo delito de resistência, evocando aresto do STJ, favorável ao cômputo do acréscimo decorrente do concurso, cujo substrato fático reunia **somente crimes**, sem contravenções[91]. E, pior: não se atentou, sequer, para a escala penal da contravenção, apenas **multa**, a motivar, ainda mais, a competência do Juizado Especial Criminal, pois a privação libertária máxima não extrapolaria 2 anos.

No caso do ANPP, todavia, entendendo-se pelo cômputo do acréscimo decorrente do cúmulo de infrações, **tal compreende também as contravenções penais**, pois o art. 28-A, cabeça, alude, genericamente, às infrações penais com pena mínima inferior a 4 anos. Exemplificando: imagine um concurso material envolvendo **1** receptação qualificada (art. 180, § 1º do Código Penal), **2** tentativas de furto simples (art. 155, cabeça, n/f do art. 14, II, ambos do CP) e **1** jogo do bicho (art. 58 da LCP). Por força do cúmulo material, somamos as reprimendas mínimas: 3 anos atinentes à receptação, 4 meses para cada furto simples tentado (como se busca o piso, reduz-se o mínimo, 1 ano, da maior fração, dois terços) e 4 meses correspondentes ao jogo do bicho. Se descartada a contravenção, teríamos o piso total de 3 anos e 8 meses, comportando, ainda, o ANPP, mas, como o art.

---

[89] HC 201.610 AgR, Rel. Min. Ricardo Lewandowski, Segunda Turma, julgado em 21/06/2021, *DJe* 25/06/2021 – "...IV – *Conforme exposto no acórdão atacado, o paciente não tem direito ao benefício,* **haja vista que as penas mínimas dos crimes que lhe são imputados, somadas (concurso material – art. 69 do CP), totalizam exatamente 4 anos de reclusão**, quantum *este superior ao limite previsto no art. 28-A do CPP, que estabelece a 'pena mínima inferior a 4 (quatro) anos'...*" (grifo nosso).

[90] CC 101.274/PR, Rel. Ministro Napoleão Nunes Maia Filho, Terceira Seção, julgado em 16/02/2009, *DJe* 20/03/2009.

[91] CC 79.022/RS, Rel. Ministra Maria Thereza de Assis Moura, Terceira Seção, julgado em 23/04/2008, *DJe* 08/05/2008.

28-A, cabeça, refere-se à **infração**, computá-la é mandatório, chegando, então, ao mínimo de 4 anos, inviabilizando o acordo.

Um alerta há de ser feito: o referencial para fins de ANPP é a quantidade de pena **privativa de liberdade** mínima. Se cominada reprimenda alternativa, não privativa de liberdade, **ela será o piso**, logo, eventual cômputo em razão do concurso será **neutro**. Ilustrando: os delitos contra as relações de consumo possuem escala penal detentiva de 2 a 5 anos **ou** multa, *ex vi* do art. 7º da Lei nº 8.137/90. Multa é, portanto, o mínimo legal, ficando, por óbvio, aquém de qualquer *quantum* privativo da liberdade. Por conseguinte, viável é, *v.g.*, a suspensão condicional do processo, destinada a todo crime com sanção mínima de até 1 ano (art. 89, cabeça, da Lei nº 9099/95), quedando-se a multa abaixo desse patamar[92].

Por conseguinte, se, *v.g.*, houver concurso material entre os delitos de furto qualificado e contra as relações de consumo, caberá o ANPP, porquanto a pena mínima cominada ao primeiro, 2 anos, será somada ao piso do segundo, multa, continuando a totalizar 2 anos.

Malgrado não importe inconstitucionalidade alguma, por veicular mera discordância, o piso eleito pelo legislador foi, no mínimo, estranho. Reservado o ANPP somente às infrações penais sem violência nem grave ameaça à pessoa, deveria ter sido disponibilizado para injustos com pena mínima de **até** 4 anos, patamar que ainda comportaria o regime inicial aberto (art. 33, § 2º, c do CP) e a substituição da reprimenda privativa de liberdade por restritiva de direitos (art. 44, I e II, do CP), guardando, assim, **linearidade**. Estipulado o piso abaixo de 4 anos, mira-se nos injustos com pena mínima de até 3 anos em geral (excepcionalmente, fracionadas em razão da incidência das causas de aumento e de diminuição), *quantum* equivalente, *coincidentemente*, ao maior dos pisos reservados aos crimes funcionais próprios (arts. 312 a 326 do CP), atinente ao excesso de exação e à facilitação do contrabando ou descaminho (arts. 316 e 318, § 1º do CP). Aplaudimos, sempre, alternativas ao encarceramento, mas a escolha do legislador destila velada seletividade – anote-se que a Lei nº 13.964/19, no tocante ao delito de concussão, limitou-se a aumentar o teto privativo de liberdade, de 8 para 12 anos, conservado o piso de 2.

O § 2º do art. 28-A da Lei nº 13.964/19 lista, ainda, outros 4 requisitos, **cumulativos** entre si e aos demais já apreciados.

Admitindo a justaposição entre a transação penal e o ANPP, **cabível aquela, porque mais benéfica, descarta-se este** (art. 28-A, § 2º, I). Em deferência ao devido processo legal, há de se oportunizar, sempre, o instituto *mais despenalizador*, por ser o que mais potencializa a liberdade e o estado de inocência. Isso **não** significa descabimento do ANPP, mas **preferência** pela transação penal, fenômeno, aliás, verificado no Código Penal entre as reprimendas restritivas de direitos e a suspensão condicional da pena: se admissíveis

---

[92] STF, HC 83926, Relator Min. Cezar Peluso, Segunda Turma, julgado em 07/08/2007, DJ 14/09/2007, *RT* v. 97, n. 867, 2008, p. 525-528, *REVJMG* v. 58, n. 181, 2007, p. 553-556 – *"...Crime contra relações de consumo. Pena. Previsão alternativa de multa. Suspensão condicional do processo. Admissibilidade. Recusa de proposta pelo Ministério Público. Constrangimento ilegal caracterizado. HC concedido para que o MP examine os demais requisitos da medida. Interpretação do art. 89 da Lei nº 9.099/95. **Quando para o crime seja prevista, alternativamente, pena de multa, que é menos gravosa do que qualquer pena privativa de liberdade ou restritiva de direito, tem-se por satisfeito um dos requisitos legais para a suspensão condicional do processo**..."* (grifo nosso); STJ, RHC 54.429/SP, Rel. Ministra Maria Thereza de Assis Moura, Sexta Turma, julgado em 24/03/2015, DJe 29/04/2015; AgRg no REsp 1250942/RS, Rel. Ministro Marco Aurélio Bellizze, Quinta Turma, julgado em 14/05/2013, DJe 21/05/2013.

ambas, prefere-se a substituição da privação libertária por medidas limitadoras de direitos ao *sursis* (art. 77, III, do CP). Este, embora **juridicamente viável**, é preterido por aquela.

Em uma ordem **decrescente**, surgem a composição civil dos danos (equaciona o conflito de interesses integralmente na esfera civil, sem reflexos penais, haja vista a renúncia à representação e à queixa – art. 74 da Lei nº 9099/95), a transação penal, o acordo de não persecução penal e a suspensão condicional do processo, **embora**, no confronto entre os 2 últimos, muitos preferirão a suspensão, a fim de evitar o embaraço da confissão. Esse alerta final, aliás, feito na edição anterior do livro, foi acolhido pela Defensoria Pública do Estado do Rio de Janeiro no Enunciado nº 11: *"Nas hipóteses em que cabíveis tanto a suspensão condicional do processo quanto o acordo de não persecução penal, deve a defesa técnica avaliar, no caso concreto, o instituto mais benéfico e vantajoso para o assistido"*.

Diz o inciso II do § 2º do art. 28-A que o ANPP se mostra descabido *se o investigado for* **reincidente** *ou se houver elementos probatórios que indiquem* **conduta criminal habitual, reiterada ou profissional**, *exceto se* **insignificantes as infrações penais pretéritas** (grifo nosso). Óbice **objetivo** ao oferecimento do ANPP é a reincidência, ou seja, condenação anterior por **crime** (art. 63 do CP), caso não decorrido o quinquídio legal depurador versado no art. 64, I, do CP – decurso de 5 anos, contados do cumprimento ou extinção da pena, **considerado, nesse interregno, o período em livramento condicional ou sursis da pena**, se não ocorrer revogação (se o livramento perdurar 5 anos ou mais, o apenado, ao final, vê extinta a reprimenda, com a primariedade resgatada). *A contrario sensu*, condenação pretérita por **contravenção penal** não impede o ANPP. Tampouco se pertinente à posse ou porte de entorpecente para uso pessoal (art. 28 da Lei nº 11.343/06), por ser um *minus* em relação às contravenções, uma vez que, diferentemente destas, não comporta, em hipótese alguma, pena privativa de liberdade[93].

A segunda parte do inciso II do § 2º do art. 28-A peca pela excessiva coloquialidade, imprecisão técnica e vagueza, dando azo a um manancial de potenciais controvérsias que só incrementam a insegurança jurídica, em detrimento da isonomia, pois dispensará, a depender do entendimento dos atores da persecução, tratamentos diversos para situações jurídico-penais idênticas. O mais indicado, por tudo isso, é declará-lo **inconstitucional** em face das cláusulas constitucionais do devido processo legal e da legalidade penal estrita. Ademais, ainda representa um retorno ao Direito Penal do autor, olvidando sê-lo **do fato**.

---

[93] **STJ**, AgRg nos EDcl no REsp 1774124/SP, Rel. Ministro Reynaldo Soares da Fonseca, Quinta Turma, julgado em 12/03/2019, *DJe* 25/03/2019 – *"...as condenações anteriores por contravenções penais não são aptas a gerar reincidência, tendo em vista o que dispõe o art. 63 do Código Penal, que apenas se refere a crimes anteriores. E, se as contravenções penais, puníveis com pena de prisão simples, não geram reincidência, mostra-se desproporcional o delito do art. 28 da Lei n. 11.343/2006 configurar reincidência, tendo em vista que nem é punível com pena privativa de liberdade...* (grifo nosso); AgRg no REsp 1778346/SP, Rel. Ministro Sebastião Reis Júnior, Sexta Turma, julgado em 23/04/2019, *DJe* 03/05/2019 – *"...se contravenções penais, puníveis com prisão simples, não têm o condão de gerar reincidência (art. 63 do Código Penal), também o crime de posse de drogas para consumo próprio, sob pena de ofensa ao princípio da proporcionalidade, não deve gerar tal efeito, haja vista ser punível com medidas muito mais brandas, como advertência sobre os efeitos das drogas, prestação de serviços à comunidade e medida educativa de comparecimento a programa ou curso educativo. Precedentes de ambas as Turmas da Terceira Seção desta Corte Superior (HC n. 469.705/MS, Ministra Laurita Vaz, Sexta Turma, DJe 1º/2/2019)..."* (grifo nosso).

Felizmente, nosso pensamento foi acolhido no Enunciado nº 6 da Defensoria Pública do Estado do Rio de Janeiro: "*A expressão 'conduta criminal habitual, reiterada ou profissional', constante do artigo 28-A, parágrafo 2º, inciso II, do Código de Processo Penal, viola os princípios da legalidade e da taxatividade, não podendo tais termos serem utilizados, por si sós, como fundamento para a negativa de oferecimento de proposta de acordo de não persecução penal*".

Porém, como não acreditamos que tal ocorrerá – à semelhança do verificado, *v.g.*, no § 4º do art. 33 da Lei nº 11.343/06, ao condicionar a redução da pena no tráfico à demonstração de que o agente *não se dedica às atividades criminosas*, outro critério vago e abrangente, mas que o STF tem utilizado a partir da qualidade e da quantidade de substância entorpecente arrecadada, mesmo quando ausente condenação também por associação para o tráfico (art. 35 da Lei nº 11.343/06), desde que não tenham servido de justificativa para exasperar a pena básica, a fim de evitar *bis in idem*[94] –, buscaremos objetivar ao máximo esses requisitos.

Aferir *conduta criminal reiterada* perpassa pela análise da FAC do suposto autor do fato, **consideradas, em princípio, somente condenações criminais transitadas em julgado**, pois, se sopesadas persecuções em andamento, atentar-se-ia contra o art. 5º, LVII, da CRFB/88, mesmo se interpretado, restritivamente, como presunção de não culpabilidade em vez de estado de inocência, enquanto regra de tratamento. A 3ª Seção do STJ, coerente com o seu enunciado de Súmula nº 444, segundo o qual inquéritos e ações penais em curso não consubstanciam maus antecedentes, assentou que tais procedimentos tampouco são idôneos à prova da dedicação a atividades criminosas para fins de incidência da causa de diminuição de pena no tráfico (art. 33, § 4º, da Lei nº 11.343/06)[95]. No mesmo sentido tem se colocado o STF[96]. **Se persecuções penais em tramitação são inócuas à identificação da dedicação criminosa, tampouco servem à fixação da reiteração delitiva**, quando em xeque a concessão de benefícios penais (reconhecimento do tráfico "privilegiado" e ANPP).

---

[94] STF, ARE 666334/AM-RG, Relator Min. Gilmar Mendes, julgado em 03/04/2014, *DJe* 06/05/2014. O STJ tinha idêntica orientação – Rcl 32.479/PB, Rel. Ministro Ribeiro Dantas, Terceira Seção, julgado em 08/03/2017, *DJe* 15/03/2017. Contudo, a 3ª Seção passou a compreender que, embora a natureza, a quantidade e a diversidade do material entorpecente apreendido devam ser sopesadas quando da fixação da pena básica, a teor do art. 42 da Lei nº 11.343/06, não figuram como balizas à concessão tampouco à modulação do redutor versado no § 4º do art. 33, por absoluta falta de previsão legal. A qualidade e o volume de drogas arrecadadas podem ser invocados apenas *obiter dictum* (argumento de reforço), não ensejando, por si só, o indeferimento do benefício nem o escalonamento do grau de diminuição – REsp 1887511/SP, Rel. Min. João Otávio de Noronha, Terceira Seção, julgado em 09/06/2021, *DJe* 01/07/2021: "... 8. A utilização supletiva desses elementos para afastamento do tráfico privilegiado **somente pode ocorrer quando esse vetor seja conjugado com outras circunstâncias do caso concreto** que, unidas, caracterizem a dedicação do agente à atividade criminosa ou à integração a organização criminosa. 9. Na modulação da causa de diminuição de pena prevista no § 4º do art. 33 da Lei nº 11.343/06, podem ser utilizadas circunstâncias judiciais não preponderantes, previstas no art. 59 do Código Penal, **desde que não utilizadas de maneira expressa na fixação da pena-base**" (grifo nosso).

[95] AgRg nos EAREsp 1852098/AM, Rel. Min. Joel Ilan Paciornik, Terceira Seção, julgado em 27/10/2021, *DJe* 03/11/2021.

[96] HC 199309, Rel. Min. Marco Aurélio, Primeira Turma, julgado em 24/05/2021, *DJe*-116, divulg. 16/06/2021, public. 17/06/2021; HC 151431, Rel. Min. Gilmar Mendes, Segunda Turma, julgado em 20/03/2018, *DJe* 08/05/2018.

Sem embargo, reiterando o entendimento esposado na 1ª edição da obra, invocar inquéritos e ações em andamento para agravar a reprimenda, negando benesse exclusivamente penal – art. 33, § 4º, da Lei nº 11.343/06 – mostra-se, sim, inadmissível à luz do art. 5º, LVII, da CRFB/88, pois se emprestaria relevo penal a meras "hipóteses de trabalho", que podem desaguar em arquivamentos, absolvições, extinções da pretensão punitiva estatal ou, mesmo, pronunciamentos terminativos (sem julgamento do mérito). A condenação é apenas **uma** entre *n* possibilidades. No caso do ANPP, todavia, depara-se com um acordo, instituto de cunho **processual** material, e não exclusivamente material, a ser veiculado se *"necessário e suficiente para reprovação e prevenção do crime"*. Nessa esteira, ações penais formalizadas em desfavor do imputado precisam ser sopesadas quando da análise da (in)suficiência do ANPP, lembrando que impedem, *v.g.*, a suspensão condicional do processo (art. 89, cabeça, da Lei nº 9.099/95), requisito cuja constitucionalidade tem sido avaliada pelo STF[97], prestigiado pelo STJ[98].

Isso não significa, contudo, que qualquer ação penal em curso traduza óbice ao ANPP. Empreender tal interpretação importaria legislar *in malam partem*, erigindo requisito negativo não previsto em lei. Existem balizas objetivas para identificar a dita reiteração.

De imediato, **ignoram-se inquéritos policiais e ministeriais em curso, porque, se não se logrou reunir justa causa à deflagração da ação penal, tampouco podem ser invocados como indicativo de reiteração delitiva (ou habitualidade). Seria um salto demasiadamente largo e intuitivo.**

As ações penais devem ser contemporâneas por crimes do **mesmo** gênero – inexiste *reiteração esparsa*, daí a necessidade de **proximidade temporal** entre os processos criminais. Reiteração pressupõe insistir em **determinado** modelo comportamental, logo, mostra-se ausente se os processos noticiados na Folha Penal forem por crimes diversos – *v.g.*, presente a imputação de furto qualificado, possui anotações por delitos relacionados à violência doméstica ou familiar. Finalmente, a reiteração pressupõe **múltiplos processos – no mínimo dois, além do presente**, totalizando **três**, à semelhança do lecionado para a configuração da causa de aumento de pena nos crimes contra a honra, quando perpetrados na presença de *várias pessoas* (art. 141, III, do Código Penal)[99].

A *profissionalidade* da conduta, por outro lado, extrai-se das circunstâncias fáticas, notadamente da **sofisticação** da dinâmica delitiva. Considerado o crime de receptação qualificada (art. 180, § 1º, do Código Penal), por exemplo, é incomparável o comportamento daquele que faz biscates como mecânico, vindo a ser capturado em flagrante, em frente à sua casa, quando consertava um automóvel roubado, com o do proprietário de

---

[97] HC 86007, Relator Min. Sepúlveda Pertence, Primeira Turma, julgado em 29/06/2005, *DJ* 1º/09/2006, LEXSTF, v. 28, n. 334, 2006, p. 421-427 – *"...2. Nos termos do art. 89 da Lei nº 9.099/95 – **cuja constitucionalidade foi reconhecida pelo plenário, em 16/12/1999, no RHC 79.460, Nelson Jobim, DJ 18/05/2001 – não cabe a suspensão condicional do processo quando o acusado esteja sendo processado** ou já tiver sido condenado **por outro crime**..."* (grifo nosso); HC 84090, Relator Min. Carlos Velloso, Segunda Turma, julgado em 11/05/2004, *DJ* 28/05/2004.

[98] RHC 58.082/PA, Rel. Ministro Leopoldo de Arruda Raposo (Desembargador Convocado do TJ/PE), Quinta Turma, julgado em 20/08/2015, *DJe* 1º/09/2015.

[99] BITENCOURT, Cezar Roberto. *Tratado de Direito Penal* – Parte especial (crimes contra a pessoa). 16. ed. São Paulo: Saraiva, 2016, p. 405, v. II.

uma grande oficina, voltada ao reparo de automóveis de origem ilícita. O ANPP mostrar-se-á adequado ao primeiro, mas não ao segundo. De qualquer forma, tal avaliação é também questionável à luz do art. 5º, LVII, da CRFB/88, subvertendo-o enquanto regra de tratamento, afinal, inferir da imputação o agir profissional significa tomar o imputado, antecipadamente, como criminoso.

A *habitualidade* da conduta confunde-se com a *reiteração* ou com a *profissionalidade*, mesmo porque **inexiste vedação legal específica dos institutos despenalizadores para os injustos habituais**, sendo inaceitável construir proibições à margem da lei, presentes o devido processo legal, a legalidade penal estrita, e a separação entre os Poderes da República. O exercício ilegal da profissão, *v.g.*, encerra uma conduta habitual, mas caracteriza mera contravenção penal, prevista no art. 47 do Decreto-Lei nº 3688/41 – Lei das Contravenções Penais (LCP) –, desafiando transação penal, benefício melhor do que o ANPP. O crime previsto no art. 229 do CP (casa de prostituição) igualmente é habitual e, ante a escala penal de 2 a 5 anos de reclusão, comportará o ANPP, mesmo porque admite, em tese, o regime inicial aberto e reprimenda alternativa à prisão, alinhando-se, assim, ao princípio da proporcionalidade.

Condenações criminais pretéritas, não mais reveladoras de reincidência, não têm o condão de caracterizar reiteração nem habitualidade se muito antigas, presente, ainda, o direito ao esquecimento, consectário lógico da vedação às penas perpétuas, e, como consequência, à eternização dos efeitos de uma condenação criminal (art. 5º, XLVII, *b*, da CRFB/88). O STJ, sobretudo a 6ª Turma[100], possui vasta jurisprudência a respeito, descartando-se os maus antecedentes se a condenação anterior transitou em julgado há 10 anos ou mais da novel infração penal – a 5ª Turma não é tão assertiva a respeito, mas tem acenado favoravelmente à tese[101].

Aliás, a argumentação acima desenvolvida tem sido invocada para justificar a depuração não apenas da reincidência, após o quinquídio legal versado no art. 64, I, do Código Penal, mas dos maus antecedentes como um todo, acrescida do fundamento, inspirado no princípio da proporcionalidade, segundo o qual apagado o mais – reincidência –,

---

[100] AgRg no REsp 1.896.652/RJ, Rel. Ministro Sebastião Reis Júnior, Sexta Turma, julgado em 11/05/2021, DJe 17/05/2021 – "... AGRAVO REGIMENTAL EM RECURSO ESPECIAL. LEGISLAÇÃO EXTRAVAGANTE. ROUBO SIMPLES. VIOLAÇÃO DO ART. 59 DO CP. EXASPERAÇÃO DA PENA-BASE PARCIALMENTE AFASTADA PELA CORTE A QUO. DECOTE DE PARTE DOS MAUS ANTECEDENTES (ITENS 1, 2, 4, 5, 6 E 7 DA FAC). DECURSO DE MAIS DE 10 ANOS **ENTRE O TRÂNSITO EM JULGADO** DAS REFERIDAS CONDUTAS UTILIZADAS, PELO JUÍZO SINGULAR, COMO SUPORTE PARA NEGATIVAÇÃO DA CIRCUNSTÂNCIA JUDICIAL. LONGO DECURSO DE TEMPO. EXCEPCIONALIDADE. MANUTENÇÃO DA PARCIAL DESCONSIDERAÇÃO DA VETORIAL, NOS TERMOS DO RECORRIDO ACÓRDÃO, QUE SE IMPÕE. RAZOABILIDADE. JURISPRUDÊNCIA DA SEXTA TURMA..." – grifo nosso, lembrando que, compulsado o inteiro teor do acórdão, não constava nos autos a data da extinção da pretensão executória das respectivas condenações, o que não impediu a aplicação do direito ao esquecimento; AgRg no REsp 1.720.446/PR, Rel. Ministro Rogerio Schietti Cruz, Sexta Turma, julgado em 23/04/2019, DJe 30/04/2019 – "...2. A existência de condenação definitiva **dez anos antes da data do fato não pode impedir que se considere que o réu possui bons antecedentes**..." (grifo nosso).

[101] RHC 89.948/RS, Rel. Ministro Ribeiro Dantas, Quinta Turma, julgado em 18/06/2019, DJe 25/06/2019 – "...4. 'A perenização do estigma de criminoso para fins de aplicação da reprimenda não se coaduna com o princípio *tempus omnia solvet* e a teoria do direito ao esquecimento, cuja essência pode ser invocada, com temperamentos, **em benefício daqueles sobre quem recai o peso de uma condenação penal há muito transitada em julgado**' (AgRg no REsp 1.720.446/PR, Rel. Ministro Rogerio Schietti Cruz, Sexta Turma, DJe 30/04/2019)..." (grifo nosso).

desconsiderados estão o menos – maus antecedentes. O STJ[102] e a 1ª Turma do STF, por maioria, vencido o Min. Marco Aurélio[103], discordam dessa percepção, defendida pela 2ª Turma do STF[104]. O Pleno do STF pacificou a questão, no sentido da 1ª Turma e do STJ: reincidência e maus antecedentes são inconfundíveis, logo, a depuração daquela, nos termos do art. 64, I, do CP, não alcança estes[105].

Independentemente da orientação fixada pelo Pleno do STF, **não nos parece razoável, nem de boa semântica, identificar *reiteração* ou *habitualidade* em condutas intervaladas por mais de 5 anos – e muito menos de 10. Faleceria constância.** Convém registrar que, uma vez depurada a reincidência, inexistem óbices à suspensão condicional do processo e à transação penal, segundo assentou o STF[106], não havendo motivos para tampouco obstaculizar o ANPP, consoante o ora exposto.

A parte final do inciso II, de toda sorte, excepciona da vedação as infrações penais pretéritas *insignificantes*.

Mais uma vez a atecnia legislativa assusta. Se **insignificante** é a conduta, sequer poderia consubstanciar infração penal, mostrando-se materialmente atípica. Porém, relevada a (descomunal) impropriedade terminológica, **mostram-se neutras, para fins de ANPP, condenações anteriores por infrações de menor potencial ofensivo**, assim devendo ser interpretado o adjetivo *insignificante*. Idêntica percepção foi compartilhada pelo **CNPG**,

---

[102] AgRg no HC 503.912/SP, Rel. Ministro Rogerio Schietti Cruz, Sexta Turma, julgado em 03/09/2019, DJe 09/09/2019 – *"...1. A jurisprudência desta Corte Superior é firme em assinalar que condenações transitadas em julgado há mais de cinco anos podem ser consideradas como maus antecedentes para efeito de fixação da pena-base. 2. Quando os registros da folha de antecedentes do réu são muito antigos, admite-se o afastamento de sua análise desfavorável, em aplicação à teoria do direito ao esquecimento..."* (grifo nosso).

[103] RE 1242441-AgR, Relator Min. Alexandre de Moraes, Primeira Turma, julgado em 06/12/2019, DJe-284 divulg 18/12/2019 public 19/12/2019 – *"...1. A legislação penal é muito clara em diferenciar os maus antecedentes da reincidência. O art. 64, do CP, ao afastar os efeitos da reincidência, o faz para fins da circunstância agravante do art. 61, I; não para a fixação da pena-base do art. 59, que trata dos antecedentes. 2. Não se pretende induzir ao raciocínio de que a pessoa que já sofreu condenação penal terá registros criminais valorados pelo resto da vida, mas que, havendo reiteração delitiva, a depender do caso concreto, o juiz poderá avaliar essa sentença condenatória anterior..."* (grifo nosso).

[104] HC 155535-AgR, Relator Min. Celso de Mello, Segunda Turma, julgado em 06/12/2019, DJe-028 divulg 11/02/2020 public 12/02/2020 – *"...**Não se revela legítimo**, considerada a jurisprudência firmada por esta Suprema Corte, considerar como maus antecedentes condenações criminais cujas penas, cotejadas com infrações posteriores, extinguiram-se há mais de cinco (05) anos, pois, com o decurso desse quinquênio (CP, art. 64, I), não há como reconhecer nem como admitir que continuem a subsistir, residualmente, contra o réu, os efeitos negativos resultantes de sentenças condenatórias anteriores, a significar, portanto, que se mostrará ilegal qualquer valoração desfavorável ao acusado, que repercuta, de modo gravoso, na operação de dosimetria penal..."* (grifo nosso)

[105] RE 593.818, Rel. Min. Roberto Barroso, Tribunal Pleno, julgado em 18/08/2020, Processo eletrônico, Repercussão geral – Mérito, DJe-277, divulg. 20/11/2020, public. 23/11/2020, fixada a seguinte tese: "Não se aplica ao reconhecimento dos maus antecedentes o prazo quinquenal de prescrição da reincidência, previsto no art. 64, I, do Código Penal".

[106] HC 86646, Relator Min. Cezar Peluso, Primeira Turma, julgado em 11/04/2006, DJ 09/06/2006, *LEXSTF* v. 28, n. 332, 2006, p. 406-414, *RT* v. 95, n. 853, 2006, p. 504-507, *RMDPPP* v. 2, n. 12, 2006, p. 83-88 – *"...O limite temporal de cinco anos, previsto no art. 64, I, do Código Penal, **aplica-se, por analogia, aos requisitos da transação penal e da suspensão condicional do processo**..."* (grifo nosso); HC 88157, Relator Min. Carlos Britto, Primeira Turma, julgado em 28/11/2006, DJ 30/03/2007, *RB* v. 19, n. 522, 2007, p. 29-31, *RT* v. 96, n. 862, 2007, p. 510-513, *LEXSTF* v. 29, n. 341, 2007, p. 397-404.

no **Enunciado nº 21**: *Não caberá o acordo de não persecução penal se o investigado for reincidente ou se houver elementos probatórios que indiquem conduta criminal habitual, reiterada ou profissional, exceto se insignificantes as infrações penais pretéritas,* **entendidas estas como delitos de menor potencial ofensivo** (grifo nosso). Partindo dessa premissa, condenações anteriores por contravenção penal ou porte (ou posse) de substância entorpecente para uso próprio, *minus* em relação à primeira, não são empecilho ao ANPP por **duplo** fundamento, ambos extraídos do inciso II do § 2º do art. 28-A: além de não configurarem reincidência, seriam *insignificantes*.

Diz o inciso III do § 2º do art. 28-A do CPP que o ANPP está descartado também no caso de *ter sido o agente beneficiado nos* **5 (cinco) anos anteriores** *ao cometimento da infração,* **em acordo de não persecução penal, transação penal ou suspensão condicional do processo** (grifo nosso). O requisito espelha, e reforça doravante, o entendimento do STJ no sentido de a exigência temporal de 5 anos entre uma transação penal e outra (art. 76, § 2º, II, da Lei nº 9099/95) ser extensível à suspensão condicional do processo, ou seja, uma vez cumprida, o imputado apenas faria jus à nova suspensão após 5 anos[107].

Se a Lei nº 9099/95 fixou o interregno de 5 anos entre uma transação penal e outra (art. 76, § 2º, II), sem repeti-lo para a suspensão condicional do processo (art. 89), foi porque não quis. E assim foi porque a suspensão submete o acusado a um período de prova considerável, mínimo de 2 anos, podendo chegar a 4, daí não haver reeditado o intervalo de 5 anos. Ao ignorar tamanho silêncio eloquente, o STJ legisla *in malam partem,* **estendendo** à suspensão um requisito, restritivo, da transação penal, em total afronta ao devido processo legal, à legalidade penal estrita e à independência e separação entre os Poderes da República. Alguns julgados chegam a invocar o princípio da proporcionalidade – se o intervalo de 5 anos incide sobre as infrações de menor ofensividade, como não alcançar as de médio –, olvidando ter sido o citado postulado concebido para tutelar, ao invés de fragilizar, as liberdades individuais.

Por tudo isso, a regra contida no art. 28-A, § 2º, III, do CPP, bem como a do art. 76, § 2º, II, da Lei nº 9099/95 **não** desafia extensão à suspensão condicional do processo, ou seja, diferentemente do ANPP e da transação penal, para fins de suspensão não é mandatório exigir o intervalo de 5 anos entre uma e outra, sob pena de interpretação extensiva ou analogia *in malam partem*. Sabemos, todavia, que o STJ se valerá do novel art. 28-A, § 2º, III para reforçar, ainda mais, a possibilidade de extensão.

De toda sorte, o *dies a quo* desse interregno é a data do cumprimento do acordo anterior, e **não** a da formalização da extinção da punibilidade, mesmo porque pronun-

---

[107] STJ, HC 370.047/PR, Rel. Ministro Felix Fischer, Quinta Turma, julgado em 17/11/2016, DJe 01/12/2016 – "*...esta mesma Corte Superior de Justiça já decidiu que o prazo de 5 (cinco) anos para a concessão de nova transação penal, previsto no art. 76, § 2º, inciso II, da Lei n. 9.099/95, aplica-se aos demais institutos despenalizadores por analogia, estendendo-se, pois, à suspensão condicional do processo, o que ocorreu no caso concreto. (Precedentes)...*" (grifo nosso); HC 209.541/SP, Rel. Ministra Maria Thereza de Assis Moura, Sexta Turma, julgado em 23/04/2013, DJe 30/04/2013 – "*...2. O art. 76, § 2º, II, da Lei 9.099/95 esclarece sobre a impossibilidade de nova transação penal, quando houver ocorrido a concessão do benefício em momento anterior, sem que tenha transcorrido o período de 5 (cinco) anos.* **Em analogia à referida disposição, entende-se que o mesmo prazo deverá ser utilizado para nova concessão de sursis processual.** *Cuida-se de extensão da disciplina afeta ao tratamento de medida mais branda, transação, a medida destinada a fatos mais graves, suspensão condicional do processo...*" (grifo nosso).

ciamento desse naipe é **meramente declaratório**, de eficácia *ex tunc* – descabe ser o imputado prejudicado por eventual demora do Poder Judiciário em reconhecer extinta a pretensão punitiva. A partir daí começam a contar o período de carência de 5 anos sem o **cometimento** de nova infração penal – se sobrevier, *v.g.* novo injusto 4 anos e 6 meses depois de adimplido o acordo anterior, descaberá novo ANPP, ainda que, quando da instauração da investigação a ele correlata, já tiverem se passado os 5 anos.

Frise-se, em relação à 1ª edição: o ANPP fica inviabilizado se, nos 5 anos anteriores ao cometimento do injusto que o ensejaria, beneficiou-se o imputado de outro ANPP, transação penal ou suspensão condicional do processo, logo, *a contrario sensu*, **o anterior ANPP não inviabiliza, independentemente do intervalo temporal, a transação penal ou a suspensão condicional do processo**, mesmo porque os respectivos preceitos, previstos, respectivamente, nos arts. 76 e 89 da Lei nº 9.099/95, não trazem essa restrição. Se vier, será por odiosa analogia *in malam partem* do citado art. 28-A, § 2º, III, do CPP.

O inciso IV do § 2º do art. 28-A do CPP também impede o ANPP *nos crimes praticados no âmbito de violência doméstica ou familiar, ou praticados contra a mulher por razões da condição de sexo feminino, em favor do agressor*. Na letra do dispositivo, o ANPP descabe para todo e qualquer caso de violência doméstica ou familiar, mesmo quando a vítima for do gênero masculino. Descabe, todavia, interpretá-lo textualmente, lembrando que normas proibitivas merecem leitura restritiva.

Apesar de o art. 226, § 8º da CRFB/88 preconizar que *o Estado assegurará a assistência à família na pessoa de* **cada um dos que a integram**, *criando mecanismos para coibir a violência no âmbito de suas relações* (grifo nosso), o foco, justamente por ser o principal alvo dessa violência, sempre foi a mulher, conforme reconheceu o Brasil ao firmar as Convenções sobre a Eliminação de todas as formas de Discriminação contra as Mulheres e a Interamericana para Prevenir, Punir e Erradicar a Violência contra a Mulher. Nessa toada, foi editada a Lei nº 11.340/06, preceituando, no art. 41, a inaplicabilidade da Lei nº 9099/95 no âmbito da violência doméstica e familiar contra a **mulher**. O Pleno do STF afirmou-lhe a constitucionalidade, excluindo a transação penal e a suspensão condicional do processo do seu âmbito[108], e o STJ, no mesmo sentido, editou a Súmula nº 536.

A contrario sensu, os casos de violência doméstica ou familiar contra vítimas com identidade de gênero masculina, justamente porque não tão sensíveis, continuaram a receber o mesmo tratamento dispensado aos demais injustos com escala penal afim, submetendo-se, inclusive, à competência do Juizado Especial Criminal, a depender da infração. Ora, se tais injustos admitem o que há de mais despenalizante, transação penal, é **desproporcional** excluir o ANPP. Registre-se que o inciso I do § 2º do art. 28-A afasta o ANPP quando cabível a transação penal, justamente por ser mais benéfica ao imputado. E o inciso II assenta a viabilidade do acordo, se *insignificantes* as infrações pretéritas, ou seja, de **menor potencial ofensivo**. Se a própria Lei nº 13.964/19 parte dessa premissa, **inexiste lógica manter, para** *n* **delitos reveladores de violência doméstica ou familiar contra vítimas com identidade de gênero masculina, a** *transação penal,* **mas impedir o** *ANPP*. Obviamente que, no caso do crime de lesão corporal doméstica ou familiar contra pessoas do gênero masculino, inviabilizado está o acordo, porquanto, embora leves as lesões, a violência foi deliberada e o injusto, em si, não é de menor potencial ofensivo,

---

[108] ADC 19, Relator Min. Marco Aurélio, Tribunal Pleno, julgado em 09/02/2012, *DJe* 29/04/2014.

não comportando transação penal, e sim suspensão condicional do processo. Ante tal cenário, inadmitir o ANPP é coerente e racional.

Dessarte, a melhor exegese a ser dada ao dispositivo é no sentido de **elidir** o ANPP **nos crimes praticados no âmbito de violência doméstica ou familiar, ou quaisquer outros delitos cujo móvel seja a identidade de gênero feminino da ofendida, aferível sob o ângulo biopsicológico**[109].

Diz o **Enunciado nº 22 do CNPG** que *veda-se o acordo de não persecução penal aos crimes praticados no âmbito de violência doméstica ou familiar, ou praticados contra a mulher por razões da condição de sexo feminino,* **bem como aos crimes hediondos e equiparados**, pois, em relação a estes, **o acordo não é suficiente para a reprovação e prevenção do crime** (grifo nosso). Haveria incompatibilidade ontológica.

Ocorre que os delitos hediondos possuem, em sua esmagadora maioria, penas mínimas em abstrato iguais ou superiores a 4 anos, esvaziando o debate acerca da incidência do ANPP.

Sem embargo, o delito de organização criminosa, *quando direcionado à prática de crime hediondo ou equiparado*, é **hediondo**, *ex vi* do art. 1º, parágrafo único, V, da Lei nº 8072/90, com a redação dada pela Lei nº 13.964/19. Como tal circunstância não interfere no piso de 3 anos de reclusão, e nem todo injusto de natureza hedionda envolve violência ou grave ameaça à pessoa, seria concebível, em tese, o ANPP. Entretanto, **as circunstâncias e os fins da organização criminosa, concretamente examinados, denotam a pronta insuficiência e inadequação do acordo.**

O furto qualificado pelo emprego de explosivo ou de artefato análogo que cause perigo comum (art. 155, § 4º-A, do Código Penal) foi alçado ao *status* de delito hediondo pela Lei nº 13.964/19. Na forma consumada, o ANPP não possui vez, porque o piso é de 4 anos de reclusão. Porém, se **tentado**, *v.g.*, caberia. E, nesse caso, inexistem motivos para rejeitá-lo.

Primeiramente, não há proibição legal expressa. Criá-la importaria legislar *in malam partem*, em desacordo com os postulados constitucionais da legalidade penal estrita, do devido processo legal e da separação entre os Poderes da República – artigos 5º, XXXIX e LIV, e 2º da Carta de 1988, respectivamente.

Ofender-se-ia, ainda, o art. 93, IX, da CRFB/88, porquanto a recusa não estaria pautada em fundamentos concretos, mas abstratos, reputando, aprioristicamente, insuficiente o acordo. Iríamos na contramão do novel art. 315 do CPP, notadamente o § 2º, estabelecido pela própria Lei nº 13.964/19, peremptório ao glosar motivações genéricas e universais, aplicáveis a *n* hipóteses distintas, à mingua de contextualização.

Finalmente, o questionamento há de ser inverso: como inserir no rol dos crimes hediondos um injusto **sem** violência nem grave ameaça à pessoa, cuja pena admite, em princípio, o regime inicial **aberto** e **substituição** da reprimenda privativa de liberdade por restritiva de direitos? A perplexidade reside não na admissibilidade do ANPP, mas na hediondez, manifestamente **inconstitucional** à luz da proporcionalidade e da individualização da pena (art. 5º, XLVI, da CRFB/88), que, como é cediço, começa pelo legislador – o tema é aprofundado no capítulo reservado à execução penal, ao qual nos remetemos a fim de evitar repetições desnecessárias.

---

[109] STF, ADI 4275, Relator Min. Marco Aurélio, Relator(a) p/ Acórdão: Min. Edson Fachin, Tribunal Pleno, julgado em 01/03/2018, *DJe*-045 divulg 06/03/2019 public 07/03/2019.

Dessarte, o furto qualificado pelo emprego de explosivo ou de artefato similar, gerador de perigo comum, se **tentado** ou **conjugado a qualquer outra causa de diminuição de pena**, comporta o acordo de não persecução penal. Obviamente que, a depender das circunstâncias do caso concreto – dinâmica delitiva, consequências, natureza e quantidade do explosivo utilizado – o ANPP poderá ser recusado. Mas não *a priori*, em abstrato.

Finalmente, embora o ANPP não dê azo à condenação alguma, tanto que o inadimplemento injustificado restabelece o direito de ação ao Ministério Público (art. 28-A, § 10) e, durante o cumprimento, não pode constar nas certidões criminais emitidas pelos cartórios distribuidores (art. 28-A, § 12), importando, ao final, extinção da pretensão punitiva estatal (art. 28-A, § 13), exige-se, para o seu implemento, a *confissão formal e circunstanciada* do indiciado.

Como não se trata de condenação – diferentemente do resultado de outros mecanismos negociais, que **podem** desaguar em um édito condenatório, como se dá na Itália, haja vista o *juízo abreviado*, o *procedimento por decreto penal* e o *patteggiamento*, cada qual com suas peculiaridades[110] – o ANPP é um mero pacto **despenalizador**, logo, **falece ao requisito da confissão proporcionalidade, sob o ângulo da necessidade e da adequação**.

Adequação, porquanto inexiste relação causal entre o ANPP e a confissão. Por que esta seria pressuposto daquele **se**, descumprido o pacto pelo suposto autor do fato, restabelecer-se-á ao Ministério Público a titularidade do direito de ação, deflagrando-se a denúncia para, aí sim, elucidar o ocorrido? O estado (ou presunção) de inocência (ou não culpabilidade) resta inabalado, tanto que, durante o cumprimento do acordo, as certidões de feitos criminais dos cartórios distribuidores não podem lhe fazer menção. É certo que *nulla poena sine culpa*. Mas, se o ANPP não impõe reprimendas, descabe condicioná-lo à confissão. À semelhança da transação penal e da suspensão condicional do processo, basta, tomando como referencial o *plea bargaining* norte-americano, o *nolo contendere plea*, ou seja, a não resistência à pretensão punitiva estatal, dispensável o *plea of guilty* – declaração expressa de culpa[111].

Necessidade, porque é claríssimo o excesso dessa exigência, submetendo o imputado a um constrangimento gratuito. **Se a suspensão condicional do processo, que pressupõe denúncia formalizada e recebida, não requer a confissão do réu para ser implementada, por que o ANPP, que se desenvolve ainda em uma etapa investigatória, preliminar ao processo, exigiria?**

O art. 5º, LVII, da CRFB/88 também fica comprometido enquanto regra de tratamento, mesmo se interpretado, restritivamente, como não culpabilidade. Se o estado de culpa do imputado apenas advém após o trânsito em julgado da condenação, como exigi-lo ainda na investigação, como *conditio sine qua non* à efetivação do ANPP? Violam-se, a reboque, o devido processo legal, o contraditório e a ampla defesa (art. 5º, LV, da CRFB/88).

Conforme bem colocaram Carolina Soares Castelliano Lucena de Castro e Fábio Prudente Netto, *"...Possível concluir que a atribuição de responsabilidade penal através de um método em que ao mesmo tempo que prescinde da instauração de um contraditório, também impõe a formalização de uma confissão, **é a marca de um Direito autoritário que***

---

[110] SANTOS, Marcos Paulo Dutra. Colaboração unilateral premiada como consectário lógico das balizas constitucionais do devido processo legal brasileiro. *Revista Brasileira de Direito Processual Penal*, v. 3, n. 1, jan./abr. 2017. p. 145-147.

[111] SANTOS, Marcos Paulo Dutra. *Transação Penal*, ob. cit., p. 36-39.

não se contenta apenas com a punição, mas também com a assunção pública e expressa da culpa, ainda que não haja sequer formulação de hipótese acusatória a ser confirmada ou rebatida. Assim, numa perspectiva epistêmica processual, por mais que haja vozes empenhadas em apresentar o acordo de não persecução penal como um instituto moderno e inovador, que preza pela celeridade e autonomia das partes dentro um conflito penal, é possível identificar traços de um arcaico sistema jurídico que insiste em voltar à ativa com roupagem nova, mas como o mesmo primitivo compromisso de atribuição de responsabilidade independentemente da produção válida de conhecimento..." (grifo nosso)[112].

Em verdade, **compele-se o imputado a confessar, ou seja, a fazer prova contra si**, em descompasso com a garantia constitucional ao silêncio (art. 5º, LXIII, da CRFB/88), manifestação do direito a não autoincriminação (*nemo tenetur se detegere*), estampado no art. 8º, 2, g da CADH e no art. 14, 3, g do PIDCP.

Em resposta, objeta-se a voluntariedade do ato, ou seja, o imputado confessa se quiser, assegurada a assistência de advogado ou defensor ao longo de todas as tratativas, de modo que a sua manifestação de vontade seja a mais livre e consciente possível, à semelhança do verificado na colaboração premiada.

Existe, todavia, uma diferença crucial.

A cooperação insere-se em uma lógica condenatória. Objetiva-se minorar a condenação. Parte-se da premissa de culpa do colaborador, daí exigir não apenas a confissão em si, mas informações que possam incrementar a efetividade da vindoura condenação, potencializando os seus limites objetivos e subjetivos, bem como os efeitos penais e extrapenais, permitindo aglutinar mais crimes e/ou réus, além de alcançar os bens que sejam produto ou proveito do crime. O imputado, vislumbrando inevitável a condenação, opta, livre e conscientemente, por cooperar, a fim de atenuá-la. Na colaboração, tem-se, claramente, meio de formação de provas (art. 3º-A, *caput*, do CPP).

No ANPP, assim como na transação penal (e, mesmo, na suspensão condicional do processo), a lógica é diametralmente distinta. É despenalizadora. O escopo não é a condenação, mas, justamente, afastá-la em prol de uma alternativa consensual, **sem** imposição de pena. Sendo assim, condicioná-lo à confissão nada mais é do que obrigá-lo, gratuitamente, a fazer prova contra si, submetendo-o a um inútil constrangimento, atentatório à sua dignidade humana (art. 1º, III, da CRFB/88). Coisifica-se o imputado. E, em muitos casos, notadamente em se tratando de capturados em flagrante, a confissão será utilizada para evitar a conversão em prisão preventiva, ou seja, **o Estado se valerá de uma situação de força por ele imposta para obter confissões em troca não propriamente do ANPP, mas da liberdade**. Ainda que lícito seja o flagrante, explorá-lo nos moldes ora delineados será inconstitucional e inconvencional.

Por tudo isso, o art. 28-A, cabeça, do CPP merece interpretação conforme a Constituição, com redução parcial do texto, a fim de retirar a exigência de *confissão formal e circunstanciada* para o seu implemento.

De todo modo, partindo da presunção de constitucionalidade das normas – bastante fragilizada aqui, repita-se –, duas indagações persistem.

---

[112] Comentários sobre a exigência da confissão no acordo de não persecução penal. Disponível em https://www.conjur.com.br/2020-fev-15/opiniao-exigencia-confissao-acordo-nao-persecucao-penal. Acesso em: 25 fev. 2020.

A confissão qualificada, na qual o imputado admite os fatos que lhe são creditados, mas invoca alguma excludente (tipicidade, ilicitude ou culpabilidade), viabilizaria o ANPP?

Como, ao fim e ao cabo, não importa reconhecimento da responsabilidade penal pelo imputado, muitos acenarão contrariamente, escudados, inclusive, em precedentes da 1ª Turma do STF, que não a aceitam enquanto atenuante genérica[113].

Todavia, da mesma forma que o art. 65, III, d do Código Penal, ao listar a confissão como circunstância atenuante genérica, não distingue entre a integral e a qualificada, o art. 28-A, cabeça, do CPP tampouco faz tal diferenciação, sendo descabido diferençar onde a lei não o fez, ainda mais *in malam partem*. Ademais, a divisibilidade da confissão, versada no art. 200 do CPP, permite destacar a excludente alegada da admissão dos fatos, tornando inequívocas duas das mais importantes questões de mérito – a existência e a autoria delitivas. Assim decidiu a 3ª Seção do STJ[114], sendo reiterados os precedentes nesse sentido, inclusive no caso de a confissão ter sido **parcial**, porque idênticas as razões[115]. Embora o precedente verse sobre a idoneidade da confissão qualificada como atenuante, a *ratio* alcança o ANPP, ante a identidade de razões, respeitadas a coerência e a integridade, expressamente positivadas no art. 315, § 2º, VI do CPP. Por conseguinte, a confissão qualificada atende à exigência versada no art. 28-A, *caput*, viabilizando o ANPP[116].

Cumpre advertir que a preponderância desse entendimento não é líquida e certa nem mesmo no STJ, porquanto a veiculação da proposta de ANPP pressupõe que o investigado haja *confessado formal e **circunstancialmente** a prática de infração penal* (art. 28-A, cabeça, do CPP). Condicionar o implemento do acordo à confissão **circunstanciada**, ou

---

[113] AP 892-ED, Relator Min. Luiz Fux, Primeira Turma, julgado em 06/09/2019, DJe 23/09/2019 – "...*a natureza qualificada da confissão a partir da negativa do aspecto criminoso da conduta afasta a possibilidade de aplicação da circunstância atenuante prevista no art. 65, III, d, do Código Penal...*" (grifo nosso).

[114] EREsp 1416247/GO, Rel. Ministro Ribeiro Dantas, Terceira Seção, julgado em 22/06/2016, DJe 28/06/2016 – "...*1. A jurisprudência é **firme** nesta Corte Superior no sentido de que, **se a confissão foi utilizada para corroborar o acervo probatório e fundamentar a condenação**, deve incidir a **atenuante** prevista no art. 65, III, "d", do Código Penal, **sendo irrelevante o fato de haver sido qualificada**. 2. Entendimento adotado no aresto embargado em conformidade com a jurisprudência assentada neste Tribunal...*" (grifo nosso).

[115] **STJ**, HC 545.222/SP, Rel. Ministro Ribeiro Dantas, Quinta Turma, julgado em 11/02/2020, DJe 14/02/2020 – "...*conforme o entendimento consolidado na Súmula 545/STJ, a atenuante da confissão espontânea deve ser reconhecida, ainda que tenha sido parcial ou qualificada*, seja ela judicial ou extrajudicial, e mesmo que o réu venha dela se retratar, quando a manifestação for utilizada para fundamentar a sua condenação... percebe-se que o paciente confessou a prática dos disparos de arma de fogo, embora tenha afirmado ter agido em legítima defesa e sob domínio de violenta emoção, o que caracteriza confissão qualificada e enseja, por certo, a redução da pena intermediária, conforme a dicção do art. 65, III, 'd', do CP..." (grifo nosso); AgRg no HC 526.401/SP, Rel. Ministro Rogerio Schietti Cruz, Sexta Turma, julgado em 15/10/2019, DJe 21/10/2019 – "...1. Este Superior Tribunal possui o entendimento de que, se a confissão do acusado foi utilizada para corroborar o acervo probatório e fundamentar a condenação, deve incidir a atenuante prevista no art.65, III, "d", do Código Penal, **é irrelevante o fato de a confissão haver sido espontânea ou não, total ou parcial (qualificada), ou mesmo que haja ocorrido posterior retratação. Inteligência da Súmula nº 545 do STJ. 2. No caso, a confissão do réu contribuiu para a comprovação da autoria em relação ao delito**, razão pela qual deve incidir a atenuante..." (grifo nosso).

[116] Em sentido idêntico, Carolina Soares Castelliano Lucena de Castro e Fábio Prudente Netto (*Comentários sobre a exigência da confissão no acordo de não persecução penal*, ob. cit.) e Rômulo Andrade Moreira (*O acordo de não persecução penal*, ob. cit.).

seja, **pormenorizada**, permite concluir pela insuficiência da confissão qualificada para tal fim, mas não para atenuar a pena, vez que inexiste no art. 65, III, d do Código Penal exigência similar, bastando que seja espontânea. Embora não concordemos com tal posição, é forçoso reconhecer, democraticamente, que, caso o STJ enxergue, aqui, uma distinção (*distinguishing*), inexistirá contradição.

Tal prognóstico, registrado na 1ª edição deste livro, já começa a se confirmar no STJ, em pronunciamentos monocráticos – REsp nº 1968114/SP, 5ª T., rel. Min. Jesuíno Rissato (Desembargador Convocado do TJDFT), j. em 15/12/2021, com publicação no *DJe* de 17 imediato.

A derradeira *quaestio* é: descumprido o acordo de não persecução penal e ofertada a denúncia, a dita confissão poderá ser explorada em desfavor do imputado?

Como todo ato processual possui uma razão de ser, consectário lógico da instrumentalidade, na medida em que o art. 28-A, cabeça, do CPP condiciona o ANPP à formalização da confissão, circunstanciadamente, na presença do investigado e do defensor, submetendo-a à homologação judicial, é óbvio o intuito de explorá-la, em desfavor do indiciado, caso o pacto não seja cumprido. Além de colhida sob o crivo das garantias constitucionais do juiz natural (presente a ulterior chancela judicial), contraditório e ampla defesa (em virtude de o indiciado estar sob o acompanhamento de advogado ou defensor), a confissão encerra uma manifestação de vontade livre e, sob o ponto de vista jurídico, consciente, porquanto precedida dos esclarecimentos prestados pela defesa técnica, logo, tampouco ofenderia o postulado *nemo tenetur se detegere*. Consubstancia genuíno meio de prova, integrando o rol elencado no § 3º do art. 3º-C para ser remetido ao Juízo responsável pelo julgamento do mérito, sem ficar restrito ao universo do juiz das garantias.

O **Enunciado nº 27 do CNPG** foi nesse sentido: *Havendo descumprimento dos termos do acordo,* **a denúncia a ser oferecida poderá utilizar como suporte probatório a confissão formal e circunstanciada do investigado** (*prestada voluntariamente na celebração do acordo*) – grifo nosso. Apesar de o ponto de vista ora desenvolvido espelhar a opinião de muitos acerca do valor probatório dessa confissão, como Paulo Rangel[117], não nos parece primar pela melhor técnica.

A par dos argumentos pela inconstitucionalidade e inconvencionalidade dessa confissão, articulados *retro*, o princípio da persuasão racional, assentado no art. 93, IX, da CRFB/88 e reforçado no art. 155, *caput*, do CPP, impede que lhe seja dado valor absoluto. O art. 197 do CPP, especificamente voltado à confissão, reitera tal percepção. E, para além disso, malgrado a presença da defesa técnica, as declarações do indiciado persistem sendo mero **indício**. Não se trata de uma peça de informação **precedida** de autorização jurisdicional – como são as medidas **cautelares** probatórias, *v.g.* interceptações telefônica e ambiental –, produzida **sob** o crivo do juiz natural – como se dá na **produção antecipada de provas**, na qual os depoimentos são colhidos na **presença** do juiz competente – ou por quem goza de imparcialidade idêntica à judicial – como se verifica na prova pericial, *ex vi* dos arts. 275, 276 e 280 do CPP. Depois de obtida a confissão, perante órgão **não** jurisdicional, confecciona-se o acordo de não persecução penal, levando-o à chancela judicial. **O objeto da homologação sequer é a confissão em si, mas o ANPP**. Urge, portanto, dar à dita confissão a sua exata dimensão: **mero indício, produzido extrajudicialmente**.

---

[117] *Direito processual penal*. 29. ed. Barueri: Atlas, 2021, p. 207.

E, se indício é, **quando do exaurimento da competência do juiz das garantias, há de ficar acautelado na secretaria correspondente, sem envio ao Juízo da instrução e do julgamento, a teor do § 3º do art. 3º-C do CPP**. Apesar de o dispositivo estar com a sua eficácia suspensa cautelarmente, por pronunciamento monocrático tomado pelo Min. Luiz Fux, **extrai-se, da leitura holística da Lei nº 13.964/19, não haver sido concebido para irradiar-se no processo e servir de elemento de convicção quando da formação do *judicium causae*. Sua importância fica adstrita à edição do *judicium accusationis*[118]**.

A relativização da confissão foi absorvida pela própria Lei nº 13.964/19, consideradas as mudanças promovidas na Lei nº 12.850/13 sobre colaboração premiada, que nada mais é do que uma confissão, complexa, porque, além da admissão de culpa, fornece outros dados a fim de elucidar infrações penais diversas, conexas ou continentes, identificar outros autores ou partícipes, ou mesmo objetos e produtos criminosos etc. Nessa toada, as declarações do colaborador, que já não serviam para escudar, por si só, a sentença penal condenatória (então art. 4º, § 16), tampouco subsidiam, isoladamente, *medidas cautelares ou reais*, nem o *recebimento da denúncia ou da queixa-crime*, além, óbvio, da condenação (novel art. 4º, § 16, incisos I a III).

Conforme bem assinalam Carolina Soares Castelliano Lucena de Castro e Fábio Prudente Netto[119], *"...caberá à defesa impugnar qualquer tentativa de leitura da confissão em sede de audiência ou em qualquer outro momento processual, podendo tal ato ser caracterizado como indevido constrangimento à pessoa acusada, já que somente a confirmação dos fatos na presença de um juiz togado, com um processo criminal em curso e uma hipótese acusatória formulada, pode ser admitida como confissão para todos os fins legais..."* (grifo nosso).

Conforme consignado no item 7.1, e reiterado neste, a confissão do imputado não é propriamente um requisito ao ANPP, mas sim a contrapartida dele exigida pelo Ministério Público à não deflagração da ação penal. Por isso que a veiculação da proposta independe de confissão já documentada nos autos – por que o pretenso autor do fato se exporia à autoincriminação sem a perspectiva de, em retorno, ter o ANPP? Cumpre ao *Parquet*, primeiro, acenar a possibilidade de acordo para, em um segundo momento, ter a confissão.

O silêncio invocado pelo imputado em sede policial é irrelevante, mesmo porque o exercício regular de uma garantia fundamental (art. 5º, LXIII, da CRFB/88) não pode ser invocado contra si. E tampouco compete à autoridade policial adverti-lo do possível ANPP, afinal, não lhe cabe propô-lo, pois não lhe é dado dispor do que não tem – titularidade da ação penal pública –, segundo bem observa Paulo Rangel[120].

Nesse sentido, rememore-se o Enunciado nº 5 sobre ANPP da Defensoria Pública do Estado do Rio de Janeiro: "*A ausência de confissão, apesar da duvidosa constitucionalidade de sua exigência, em sede policial, não impede a celebração do acordo de não persecução penal*".

Se a confissão é **contrapartida** ao ANPP, mostra-se **despida de fiabilidade**, podendo ter sido exarada simplesmente porque o imputado optou por não assumir o risco

---

[118] Idêntica percepção é compartilhada por Carolina Soares Castelliano Lucena de Castro e Fábio Prudente Netto (*Comentários sobre a exigência da confissão no acordo de não persecução penal*, ob. cit.) e Rômulo Andrade Moreira (*O acordo de não persecução penal*, ob. cit.).
[119] Ob. cit.
[120] *Direito processual penal*. 29. ed. Barueri: Atlas, 2021, p. 207/208.

de uma condenação, o que, obviamente, não significa admissão irrestrita dos fatos a ele creditados. Imagine, *v.g.*, que tivesse sido capturado em flagrante por receptação, porque estaria conduzindo, sozinho, o carro de um parente, tomado emprestado para passar um dia na praia, ignorando, por completo, a origem ilícita do veículo. Como a jurisprudência do STJ é remansosa pela inversão do ônus da prova, competindo ao acusado provar a ignorância quanto à procedência espúria do bem[121], e o real proprietário, se arrolado for, pode invocar o silêncio, a fim de não se autoincriminar, opta-se pelo ANPP simplesmente por ser a alternativa mais segura em termos de preservação da liberdade e do estado de inocência. Como dar à confissão obtida nesses termos valor probatório, ainda que *obiter dictum*? O mesmo raciocínio alcança o imputado que confessa para, tão somente, celebrar o ANPP e livrar-se da persecução penal, em razão de ter recebido uma oferta de trabalho no estrangeiro ou estar em processo seletivo de emprego ou prestando concurso público.

Relembre-se que, diferentemente da colaboração premiada, o ANPP não é meio de formação de provas. Como bem colocou o Min. Gilmar Mendes em sua minuta de voto no HC nº 185.913, *"...o ANPP é um mecanismo de barganha em sentido amplo, mais próximo da transação penal, e, portanto, sem finalidades probatórias. O objetivo do ANPP não é, nem pode ser (sob pena de um inadmissível retorno inquisitório) obter a confissão do imputado. Trata-se de instrumento de consenso, que busca a conformidade da defesa para se submeter imediatamente às sanções acordadas..."* (grifo nosso).

Justamente porque despida de valor probatório, a confissão documenta-se com a mera declaração do imputado de que admite a existência e a autoria dos fatos tais quais narrados no inquérito (ou na denúncia), assim o fazendo para fins de ANPP, conforme bem colocam os Enunciados de nºs 3 e 4 da Defensoria Pública do Estado do Rio de Janeiro: *"Constará expressamente do acordo de não persecução penal cláusula indicando que a confissão, apesar da duvidosa constitucionalidade de sua exigência, dá-se exclusivamente para os efeitos de celebração do acordo de não persecução penal"* e *"Para efeitos do acordo de não persecução penal, a confissão, apesar da duvidosa constitucionalidade de sua exigência, buscará se resumir à confirmação do relatado no inquérito ou no auto de prisão em flagrante quanto à autoria e à materialidade, buscando a preservação do direito e garantia fundamental à não autoincriminação, previsto nas normas de superior hierarquia, quais sejam, o artigo 5º, inciso LXIII da CRFB/1988 e o artigo 8º, parágrafo 2º, alínea g da Convenção Americana de Direitos Humanos (Pacto de São José da Costa Rica)"*.

Ao cabo das reflexões sobre os requisitos do acordo de não persecução penal, é impossível não o submeter ao controle jurisdicional. Pretender o contrário reduz a pó a inafastabilidade da jurisdição (art. 5º, XXXV, da CRFB/88).

7.4. ACORDO DE NÃO PERSECUÇÃO PENAL E CONTEÚDO

Mesmo em se entendendo o ANPP como um dever-poder do Ministério Público, justamente por ser um **dever**, a regra, presentes os requisitos legais, é oportunizá-lo. Recusá-lo é **excepcional**, exigindo fundamentação **circunstanciada**, pautada em elementos

---

[121] HC 698.166/SP, Rel. Ministro Jesuíno Rissato (Desembargador Convocado do TJDFT), Quinta Turma, julgado em 16/11/2021, *DJe* 19/11/2021; AgRg no AREsp 1874263/TO, Rel. Ministro Olindo Menezes (Desembargador Convocado do TRF 1ª Região), Sexta Turma, julgado em 19/10/2021, *DJe* 22/10/2021.

concretos, perfeitamente suscetível de controle jurisdicional, nos moldes examinados no item 7.2.3. A análise quanto à *necessidade e suficiência para a reprovação e prevenção do crime* (art. 28-A, cabeça, do CPP) perpassa não apenas pela pertinência do acordo, mas pela **eleição** das condições, afinal, são **cumulativas** ou **alternativas**.

Por conseguinte, se é possível estipular apenas 1 regra de conduta, a opção por **mais de 1** há de estar devidamente motivada, lembrando que a persuasão racional também recai sobre as manifestações processuais do Ministério Público **por mandamento constitucional** (art. 129, VIII, 2ª parte, da CRFB/88), sendo-lhes aplicável, por analogia, o novel art. 315 do CPP. Assim, nos termos do § 2º, I do citado artigo, **não podem se limitar à indicação, à reprodução ou à paráfrase de ato normativo, sem explicar sua relação com a causa ou a questão decidida**. Evidentemente que o juiz, ao homologar o acordo, possui plena competência para reexaminar as condições fixadas pelo *Parquet* (art. 28-A, § 5º do CPP).

Dentre as condições do acordo, as **legais** – cumulativas ou alternativas, repita-se – são:

a) *reparação do dano ou restituição da coisa à vítima, exceto na impossibilidade de fazê-lo* (inciso I), inviabilidade essa jurídica – *v.g.* crime de perigo, sem lesão efetiva causada – ou econômica – simplesmente não ter disponibilidade financeira nem patrimonial para ressarcir o lesado.

b) *renúncia voluntária a bens e direitos indicados pelo Ministério Público como instrumentos, produto ou proveito do crime* (inciso II), lembrando que, por ser uma cláusula abdicatória, a interpretação há de ser **restritiva**, sendo descabida a ampliação para, *v.g.* bens de valor equivalente ao produto ou proveito da infração penal, porque, objetivamente analisados, são **lícitos**, bem como quando, aparentemente, incompatíveis com as rendas do imputado, sob pena de, **em sede pré-processual e negocial, antecipar os efeitos de uma hipotética condenação** (artigos 91, §§ 1º e 2º e 91-A do Código Penal), **sem existir, sequer, denúncia formalizada**, em manifesta afronta ao devido processo legal, ao contraditório, à ampla defesa e à presunção de inocência (art. 5º, LIV, LV e LVII da CRFB/88), traduzindo, não raro, acintosa expropriação. Condições nesse sentido hão de ser prontamente rejeitadas pelo Juízo.

c) *prestação de serviços à comunidade ou a entidades públicas*, **por período correspondente à pena mínima cominada ao delito, diminuída de um a dois terços**, em local a ser indicado pelo juízo da execução, **na forma do art. 46 do Código Penal** (inciso III) – por ser o ANPP um *minus* em relação à reprimenda, afinal, não importa condenação, os serviços comunitários hão de ser prestados por tempo inferior ao piso, elegendo o legislador a fração reducional de um a dois terços. Por conseguinte, **a escolha de qualquer fração acima do mínimo legal, um terço, exige fundamentação concreta do *Parquet*, sujeitando-se à revisão jurisdicional quando da homologação**. A remissão, **sem reservas**, ao art. 46 do Código Penal traz **3** importantes consequências:

I) Se o tempo de regra de conduta a cumprir, após a minoração de um a dois terços, for igual ou inferior a seis meses, descabem os serviços comunitários enquanto condição do ANPP, *ex vi* do *caput* do art. 46 do CP – *a prestação de serviços à comunidade ou a entidades públicas é aplicável às condenações* **superiores a seis meses** *de privação da liberdade* (grifo nosso). Embora se esteja diante de uma condição, e não de uma pena, a sua fixação obedece, por lei (art. 28-A, III, do CPP), aos ditames fixados no art. 46 do CP, sendo raso invocar, em sentido contrário, a autonomia da vontade dos pactuantes, afinal, todo negócio jurídico é ajustado de acordo com os parâmetros previamente estatuídos em lei. Tal nuance igualmente desafia controle jurisdicional, quando da chancela do pacto.

II) Embora não seja reprimenda, a regra de conduta não deixa de consubstanciar uma resposta penal ao fato creditado pelo *Parquet* ao imputado, submetendo-se, assim, à exigência constitucional de individualização (art. 5º, XLVI, da CRFB/88), a ser observada pelo Ministério Público, quando da elaboração da proposta de acordo, e pelo juiz, ao homologá-lo. Destarte, serão atribuídas, nos moldes do art. 46, § 3º do Código Penal, *conforme as aptidões do condenado, devendo ser cumpridas à razão de uma hora de tarefa por dia de condenação, fixadas de modo* **a não prejudicar a jornada normal de trabalho** (grifo nosso) – obviamente que, no ANPP, por inexistir condenação, a proporção será de uma hora de tarefa por dia do total pactuado para a prestação de serviços comunitários.

III) Se o tempo de prestação de serviços comunitários exceder 1 ano, o investigado, dentro da sua disponibilidade, pode elevar a sua carga horária a fim de cumpri-la em menos tempo, mas nunca aquém da metade, *ex vi* do § 4º do art. 46 do Código Penal – *se a pena substituída for* **superior a um ano**, *é* **facultado** *ao condenado cumprir a pena substitutiva* **em menor tempo** *(art. 55),* **nunca inferior à metade** *da pena privativa de liberdade fixada* (grifo nosso).

d) *prestação pecuniária, a ser estipulada nos termos do art. 45 do Código Penal, à entidade pública ou de interesse social, a ser indicada pelo juízo da execução, que tenha, preferencialmente, como função, proteger bens jurídicos iguais ou semelhantes aos aparentemente lesados pelo delito* (inciso IV) – a fim de evitar embaralhamento com o inciso I, relativo ao ressarcimento do dano à vítima, o inciso IV direcionou a prestação pecuniária à entidade pública ou de interesse social, logo, a referência ao art. 45 do CP, voltado ao lesado, perde, em parte, o sentido. Por outro lado, a inteligência do inciso III é replicada aqui, por analogia *in bonam partem* – **se os gravames oriundos do ANPP são um *minus* em relação às penas, em vez de a prestação pecuniária ter a escala de 1 a 360 salários mínimos, a janela há de ser de um terço do salário mínimo a 240 salários mínimos, porque esses seriam o piso e o teto, uma vez projetados os redutores de um a dois terços fixados para a prestação de serviços comunitários**[122]. Garante-se, assim, a linearidade, **evitando equiparar uma regra de conduta à reprimenda.** Por outro lado, e essa é a razão de ser da remissão ao art. 45, § 1º do CP, se o ANPP envolver crimes de repercussão difusa, geradores de dano, mas sem vítima definida, o montante fixado e efetivamente pago, são abatidos da verba indenizatória que venha a ser arbitrada civilmente, ou mesmo na sentença penal condenatória (art. 387, IV, e art. 63, parágrafo único, CPP), caso o pacto seja descumprido, ensejando a denúncia e ulterior condenação do imputado. Diz-se o mesmo a respeito da prestação pecuniária à vítima (inciso I), considerado o efetivamente pago. É o que se extrai da segunda parte do § 1º do art. 45 do Código Penal – *o valor pago* **será deduzido do montante de eventual condenação em ação de reparação civil, se coincidentes os beneficiários** (grifo nosso).

A par das condições **legais**, existem as **ministeriais (ou determináveis)**, ou seja, nos moldes do inciso V do art. 28-A do CPP, o *Parquet* pode indicar regras de conduta diversas das fixadas em lei, *desde que proporcionais e compatíveis com a infração penal imputada,*

---

[122] O piso toma por base um salário mínimo, reduzido do máximo de dois terços, enquanto o teto parte de 360 salários mínimos, minorados do mínimo legal, um terço.

*a serem cumpridas por **prazo determinado**. **Se as legais não podem perdurar além da pena mínima cominada ao injusto ensejador do ANPP, reduzida de um a dois terços, tampouco essas** – a rigor, devem se estender por tempo inferior a um terço do piso, por traduzirem claríssimo *minus* em relação às condições legais. Nesse diapasão, **Enunciado nº 18 da Defensoria Pública de Minas Gerais**: *O prazo determinado para a condição do inciso V do artigo 28-A do CPP não pode ser superior àquele previsto no art. 28-A, III, do CPP, ou seja, àquele correspondente à pena mínima cominada ao delito, diminuída de um a dois terços, já que uma condição genérica não pode perdurar por tempo superior à obrigação de natureza penal.*

7.5. ACORDO DE NÃO PERSECUÇÃO PENAL E INSTRUMENTALIZAÇÃO

A propositura do ANPP parte do Ministério Público (art. 28-A, *caput*, do CPP), sendo formalizado por escrito e firmado pelo próprio, pelo investigado e seu defensor (art. 28-A, § 3º).

Como o juiz designa audiência especial para fins de homologação do pacto (art. 28-A, § 4º), pressupõe que o ANPP já esteja pronto, logo, as tratativas aconteceriam extrajudicialmente, na sede do *Parquet*. Tal intelecção, contudo, só potencializa a inferioridade do imputado frente ao Ministério Público. As opções à disposição do investigado bem enfatizam isso: ou negocia o ANPP ou será denunciado. Pior ainda se estiver preso em flagrante. Se, além disso, a negociação ocorrer nas dependências do *Parquet*, maior ainda será o efeito inibitório – ou, para sermos pragmáticos, **intimidatório**. Talvez o cenário ora desenhado esteja superdimensionado se projetado para imputados oriundos de classes socioeconômicas abastadas, representados por um *entourage* de excelentes advogados. Mas esses investigados não refletem o real destinatário da Justiça Penal, o *Pedro Pedreiro*, da canção de Chico Buarque. Este sim, ao carregar os *Ps* de *preto, pobre e prostituta*, expressa as camadas socias sobre as quais recaem os tentáculos do aparato repressivo estatal – não por acaso em vários Juízos criminais de 80 a 90% dos feitos em curso estão sob o pálio da Defensoria Pública. Se assim o é, e sem perder de vista o substrato fático integrante de qualquer preceito normativo, dando-lhe vida e significado, sem o qual não passariam de fórmulas abstratas, despidas de conteúdo – daí o Direito, na visão tridimensional de Miguel Reale, ser *fato, valor* e *norma*, dando os dois primeiros sentido à última –, **cumpre alargar o espectro do § 4º do art. 28-A, em homenagem à paridade de armas, para eleger a sala de audiência judicial como o local adequado, neutro, à aceitação do acordo**, à semelhança do que já comumente ocorre, sem controvérsias, na transação penal e na suspensão condicional do processo.

A norma processual penal, rememore-se, admite interpretação extensiva (art. 3º do CPP). E, nos termos do próprio § 4º do art. 28-A, **se o juiz verificará a *voluntariedade* do acordo, *por meio da oitiva do investigado, na presença do defensor*, é óbvio que terá inevitável contato com a confissão, sendo irrelevante que seja prestada na sua presença, em vez de simplesmente ratificada.** Por conseguinte, nada impede que o Ministério Publico ofereça o acordo, designando o juiz audiência especial a fim de ouvir o imputado, registrar a confissão, se for o caso, e homologar o pacto, se presentes os requisitos para tanto. Aliás, **inexiste modelo melhor para aferir a legalidade e, sobretudo, a voluntariedade da confissão** (art. 28-A, § 4º do CPP). Repita-se: se assim é feito na transação penal e na suspensão condicional do processo, não há motivos para ser diferente no ANPP. O diferencial, sem dúvidas, é a confissão exigida neste último. Mas, conforme já alinhavado, e reiterado, o juiz a ela terá acesso do mesmo jeito, pois, no mínimo, o investigado terá que ratificá-la na sua presença.

Quando o investigado estiver sob o patrocínio da Defensoria Pública, e a maioria está, existe um complicador. Ambos, Ministério Público e Defensoria, têm como princípio institucional, por mandamento **constitucional**, a **independência funcional** – respectivamente, art. 129, § 1º x art. 134, § 4º. Ante a ausência de escalonamento – inexiste uma independência *menos importante* do que a outra –, surge o seguinte, e justificado, impasse: por que é o defensor público que tem que se dirigir às dependências ministeriais e não o inverso? Por que o promotor não se adequa à disponibilidade de horário do defensor, se as duas Instituições são essenciais à Justiça, travando, entre si, relação estritamente funcional, sem subordinação de uma à outra? Esse impasse, ao primeiro olhar banal, representativo de uma fogueira de vaidades, bem sintetiza a mensagem veiculada nessas apertadas linhas: a importância, para além do simbólico, do *locus* no qual haverá as tratativas, pois o *estar em "casa"* conforta, anima e fortalece o pactuante a impor as suas vontades, ao mesmo tempo que intimida o *"visitante"*. Se assim o é em outras atividades, como no esporte, como ser diferente aqui, se idêntico o substrato: **humano**. Só na audiência, designada pelo juiz competente, ter-se-á a necessária, e imprescindível, imparcialidade.

Considerada a Lei nº 13.964/19 globalmente, tal sequer contaminaria a imparcialidade judicial, pois o juiz das garantias é quem preside essa audiência, não se confundindo com o competente para o exame do mérito. **A suspensão cautelar da eficácia das normas referentes ao Juízo de garantias, aliás, tem despertado questionamentos sobre a subsistência do ANPP, justamente em apreço à imparcialidade, pois o mesmo juiz competente para homologá-lo julgaria o mérito da ação penal, no caso de descumprimento.** Sem embargo, não se pode alargar os limites objetivos e subjetivos da liminar concedida em sede de ADI, porquanto, enquanto medida excepcional, a sua interpretação há de ser restritiva, ainda mais quando eventual extensão for *in malam partem* – e, apesar dos pesares, o ANPP é um direito do imputado que, no final das contas, evita a ação penal, conservando a sua liberdade e o estado de inocência. Por outro lado, a suspensão cautelar das normas atinentes ao juiz das garantias **neutralizou** o impedimento versado no art. 3º-D, cabeça, do CPP – *o juiz que, na fase de investigação, praticar qualquer ato incluído nas competências dos arts. 4º e 5º deste Código ficará* **impedido** *de funcionar no processo* (grifo nosso). E a hipótese mais próxima, art. 252, III, do CPP, não se aplicaria à hipótese. Com efeito, diz o preceito que está impedido de exercer a jurisdição o magistrado que tenha *funcionado como juiz de* **outra instância**, *pronunciando-se, de fato ou de direito, sobre a questão* (grifo nosso). Como o rol é **exaustivo**, e o juiz teria atuado no **mesmo** grau de jurisdição, inexiste, *de lege lata*, impedimento. Por tudo isso, **persiste o ANPP e o juiz que o chancela não se torna impedido para apreciar o mérito da vindoura demanda, se a denúncia vier a ser ajuizada, em virtude do inadimplemento do pacto.**

Outro debate relacionado à instrumentalização do ANPP diz respeito ao momento persecutório da confissão, ou seja, quando deverá acontecer. Mas se o art. 28-A do CPP não fixou marcos procedimentais rígidos, descabe ao intérprete fazê-lo, sob pena de, mais uma vez, obrar *in malam partem*. Contrapartida ao acordo é a confissão. Simples assim. Mas se foi obtida em sede policial, quando da lavratura do auto de prisão em flagrante (APF) ou no curso do inquérito, ou incidentalmente à investigação ministerial, ou nas tratativas entre *Parquet* e defesa, tanto faz, conforme estudado no item 7.3. Indeclinável, mesmo, é que, **depois** de apresentado o ANPP pelo Ministério Público, o investigado confesse os fatos que lhe são creditados **antes** da homologação judicial, nada impedindo que o faça na própria audiência designada para tal fim.

No item 7.2.3, quando examinado o controle jurisdicional sobre o conteúdo do ANPP, delimitamos o alcance da regra contida no § 5º do art. 28-A do CPP – *se o juiz considerar* **inadequadas, insuficientes** *ou* **abusivas** *as condições dispostas no acordo de não persecução penal,* **devolverá** *os autos ao Ministério Público para que seja reformulada a proposta de acordo, com concordância do investigado e seu defensor* (grifo nosso) – para o qual nos reportamos a fim de evitar repetições desnecessárias.

O ANPP pode ser pactuado na audiência de custódia?

Além de facilitar a implementação, inexistiria mácula ao contraditório e à ampla defesa, porque presentes estariam o Ministério Público e a defesa técnica, em um território neutro, sem risco algum de comprometimento da imparcialidade, porque o juiz presidente da audiência de custódia, à exceção das circunscrições judiciárias com Juízo criminal único, não seria o competente para o processo e julgamento, caso o ANPP viesse a ser descumprido, dando azo à denúncia. Muitos Tribunais se estruturarão dessa forma. Convém lembrar que a Resolução nº 181 do CNMP já dispunha, no art. 18, § 7º, com a redação dada pela Resolução nº 183, que *o acordo de não persecução poderá ser celebrado* **na mesma oportunidade da audiência de custódia** (grifo nosso).

Ainda assim, a solução é **inconstitucional**.

Embora inquestionável a autonomia administrativa dos Tribunais e dos Estados na organização do aparato judiciário local, presentes o art. 96, I, d e II, d, além do art. 125, cabeça e parágrafo único, ambos da Constituição, **é igualmente certo que matéria processual penal, como o espectro da audiência de custódia e a competência a ela correlata, é da competência legislativa privativa da União (art. 22, I, da CRFB/88)**.

Pois a própria Lei nº 13.964/19 positivou, em definitivo, as audiências de custódia no art. 310 do CPP, porém com finalidade única: examinar a legalidade da captura em flagrante, para fins de relaxamento, bem como a necessidade, objetivando a conversão, ou não, em prisão preventiva, ou a concessão de liberdade provisória, sem prejuízo da imposição de medidas cautelares pessoais diversas. Nada dispôs o art. 310 sobre o ANPP, concluindo-se, *a contrario sensu*, pela **inadequação da audiência de custódia para tanto**.

Em contraposição, dir-se-á que o silêncio verificado no art. 310 do CPP não foi minimamente eloquente, porque a referência à audiência de custódia teve como parâmetro as medidas cautelares pessoais, o que não significa que não possam ter o seu amalgama estendido para a celebração e homologação do ANPP. Ausente vedação legal nesse sentido, os Tribunais poderiam, perfeitamente, estruturar as audiências de custódia também para esse escopo.

Ocorre que a origem normativa das audiências de custódia é convencional. O art. 9º, 3 do PIDCP, internalizado pelo Decreto nº 592/92, preconiza que *qualquer pessoa presa ou encarcerada em virtude de infração penal deverá ser* **conduzida**, *sem demora, à* **presença do juiz**, regra essa reiterada no art. 7º, 5 da CADH, introduzida no ordenamento pelo Decreto nº 678/92, **justamente para examinar a legalidade e a necessidade da prisão**. As audiências de custódia são para isso. Ampliar o seu alcance a fim de torná-las plataformas para a celebração de acordos de não persecução penal desnatura o formato fixado em nível convencional, ao qual, por óbvio, os Tribunais devem obediência. Não por outra razão o art. 8º, § 1º da Resolução nº 213 do CNJ preconiza que, *após a oitiva da pessoa presa em flagrante delito, o juiz deferirá ao Ministério Público e à defesa técnica, nesta ordem, reperguntas compatíveis com a natureza do ato*, **devendo indeferir as perguntas relativas ao mérito dos fatos que possam constituir eventual imputação** (grifo nosso).

Adotando-se esse raciocínio, capturados em flagrante **não** permanecerão presos. **Vislumbrada a possibilidade de ANPP, falecerá proporcionalidade à custódia**: como manter segregado o investigado, em condição equivalente ao regime fechado, se a resposta penal adequada à hipótese é despenalizadora? Manifesta seria a afronta ao princípio da homogeneidade das medidas cautelares pessoais, que torna a prisão preventiva, sempre, a última via – art. 282, I e II e §§ 4º e 6º do CPP. E, conforme já assentado, torrencialmente, pelo STF[123], prestigiado pelo STJ[124], **descabe utilizar a prisão provisória como instrumento para obtenção de acordos**, jurisprudência construída em torno da colaboração premiada, mas extensível ao ANPP, afinal, malgrado as (consideráveis) diferenças, são, ambas, reflexos da justiça penal negocial.

De mais a mais, o órgão do Ministério Público oficiante na audiência de custódia **não possui atribuição para a denúncia**, logo, **como pode dispor do que não tem**, propondo o acordo de **não deflagração da ação penal**? Basta verificar que, inadimplido o pacto, o direito de ação será exercido pelo promotor natural, em conformidade com as regras de atribuição, e não pelo subscritor do ANPP.

E mais: caso o promotor da audiência de custódia não veicule a proposta, poderá o órgão do Ministério Público efetivamente responsável pela denúncia fazê-lo ou haveria preclusão? A eventual atribuição confiada ao órgão do *Parquet* vinculado à audiência de custódia para propor o ANPP não é, nem pode ser exclusiva. Se a iniciativa da ação penal compete a órgão ministerial diverso, podendo, *v.g.*, promover o arquivamento, é intuitivo que possa apresentar a proposta de ANPP. Para além da teoria dos poderes implícitos (quem pode o mais, pode o menos), sobreleva a independência funcional (art. 127, § 1º da CRFB/88). Se o oferecimento da denúncia perpassa pela constatação de não ser caso de arquivamento, nem de ANPP, é óbvio que veicular o último é uma das opções.

Tal constatação só reafirma o desacerto em atrelar o ANPP à audiência de custódia, dando-lhe formatação contrária à lei, ao Pacto Internacional de Direitos Civis e Políticos (PIDCP), à Convenção Americana de Direitos Humanos (CADH) e ao postulado do

---

[123] HC 138207, Relator Ministro Edson Fachin, Segunda Turma, julgado em 25/04/2017, DJe 28/06/2017, merecendo, pela clareza e exatidão, reproduzir a ementa, autoexplicativa: *"Habeas corpus. Processo penal. Prisão preventiva. Acordo de colaboração premiada. Descumprimento. Causa de imposição de prisão processual. Descabimento. Ordem concedida. 1. A prisão processual desafia a presença de algum dos requisitos previstos no art. 312 do CP. 2. **Inexiste relação necessária entre a celebração e/ou descumprimento de acordo de colaboração premiada e o juízo de adequação de medidas cautelares gravosas**. 3. A teor do art. 316, CPP, **a imposição de nova prisão preventiva desafia a indicação de base empírica idônea e superveniente à realidade ponderada no momento da anterior revogação da medida prisional**. 4. Ordem parcialmente concedida, com confirmação da liminar deferida"* (grifo nosso).

[124] HC 396.658/SP, Rel. Ministro Antonio Saldanha Palheiro, Sexta Turma, julgado em 27/06/2017, DJe 1º/08/2017, destacando-se o seguinte trecho da ementa: *"...3. No caso, o decreto de prisão preventiva carece de fundamentação concreta, pois **o descumprimento de acordo de delação premiada ou a frustração na sua realização, isoladamente, não autoriza a imposição da segregação cautelar** (Precedente do Supremo Tribunal Federal)..."* (grifo nosso).

promotor natural, admitindo que um órgão do Ministério Público sem atribuição para a denúncia dela disponha, preterindo-a em prol do ANPP.

Tais ponderações foram reiteradas no Enunciado nº 9 da Defensoria Pública do Estado do Rio de Janeiro: *"Não serão realizados acordos de não persecução penal em audiência de custódia, tendo em vista a ausência de conclusão do inquérito policial, a falta de prova pericial definitiva e o cerceamento da liberdade do custodiado, fatores que restringem sua manifestação livre, voluntária e consciente, além da ausência de atribuição do(a) Defensor(a) Público(a) em atuação na audiência de custódia"*.

Homologado o acordo, o juiz intimará a vítima (art. 28-A, § 9º do CPP). A inobservância dessa formalidade encerra mera irregularidade, porquanto o ofendido nada tem a fazer. O Ministério Público **agiu**, sem abrir espaço para eventual ação penal privada subsidiária da pública, cuja premissa é a inércia, injustificada, do *Parquet* – art. 5º, LIX, da CRFB/88. De mais a mais, eventual legitimidade recursal subsidiária ou supletiva da vítima restringe-se às hipóteses **taxativas** do art. 271 do CPP – apelação contra **sentenças** (art. 598 do CPP) incluindo a impronúncia (art. 416 do CPP), e recurso em sentido estrito contra **sentenças extintivas da punibilidade** (art. 584, § 1º do CPP)[125] –, nas quais **não** se enquadra o pronunciamento homologatório do ANPP. Outrossim, trata-se de *legitimatio* ínsita à assistência de acusação, que, contudo, apenas se habilita a partir do oferecimento da denúncia, *ex vi* do art. 268 do CPP, mostrando-se **ausente** na investigação. Dispensa-se intelecção idêntica à desenvolvida para a transação penal e a suspensão condicional do processo[126].

7.6. ACORDO DE NÃO PERSECUÇÃO PENAL E EXECUÇÃO/DESCUMPRIMENTO

Preceitua o § 6º do art. 28-A do CPP que, *homologado judicialmente o acordo de não persecução penal, o juiz* **devolverá** *os autos ao Ministério Público para que inicie sua* **execução** *perante o* **juízo de execução penal** (grifo nosso). O dispositivo não prima pela boa técnica legislativa, merecendo alguns reparos.

Descabe *devolver* os autos ao Ministério Público. Em verdade, homologado o ANPP, será encaminhado à **secretaria** do Juízo das Execuções Penais. Mostra-se contraproducente reencaminhar os autos ao *Parquet*, para que os remeta ao Juízo das Execuções, se o envio pode ser implementado diretamente ao último pelo juiz responsável pela homologação do

---

[125] A impronúncia, versada no art. 414 do CPP, é uma sentença terminativa, porquanto encerra o processo, com formação de coisa julgada formal – sobrevindo provas materialmente novas, a demanda pode ser renovada, se a pretensão punitiva estatal não estiver prescrita. Desafiava recurso em sentido estrito (RESE) até a reforma promovida pela Lei nº 11.689/08, daí o art. 584, § 1º, do CPP, regra originária de 1941, fazer-lhe menção. Passou a admitir apelação, nos termos do art. 416 do CP. Por se tratar, todavia, de sentença, o ofendido, ou os demais legitimados listados no art. 268 do CPP, podem, contra ela, se o Ministério Público não recorrer, interpor apelação, na forma do art. 598 do CP. Em suma: a legitimidade recursal persiste, alterado, apenas, o recurso – de RESE para apelação.

[126] STJ, AgRg no AREsp 955.268/RJ, Rel. Ministro Rogerio Schietti Cruz, Sexta Turma, julgado em 12/03/2019, DJe 25/03/2019 – *"...2. Por ausência de previsão legal expressa,* **o assistente da acusação carece de legitimidade para recorrer de sentença que homologa suspensão condicional do processo proposta pela acusação**..." (grifo nosso); AgRg no Ag 1279447/RJ, Rel. Ministro Jorge Mussi, Quinta Turma, julgado em 03/02/2011, DJe 21/02/2011.

acordo. A duração razoável da persecução penal (art. 5º, LXXVIII, da CRFB/88) requer a supressão de etapas, e não a criação, desnecessária, de novas.

Por outro lado, o Juízo das Execuções exerce jurisdição estritamente **voluntária**, limitando-se a fiscalizar o cumprimento do acordo de não persecução penal. Movimentam-se, mesmo, os seus órgãos auxiliares, notadamente a Central de Penas e Medidas Alternativas (CPMA), responsáveis pelo tombamento (registro) do pacto, notificação do investigado para iniciar o cumprimento e ulterior monitoramento. Por óbvio, o Juízo das Execuções não é competente para tomar qualquer decisão concernente à execução da avença, afinal, **reprimenda não é**. Partindo dessa premissa, **esse modelo em nada contraria a garantia do juiz natural**, que resta preservada.

Não por acaso o § 10 do art. 28-A dispõe que *descumpridas quaisquer das condições estipuladas no acordo de não persecução penal, o Ministério Público deverá comunicar ao juízo, para fins de sua rescisão e posterior oferecimento de denúncia* (grifo nosso). Ora, se a execução do pacto transcorre perante o Juízo das Execuções, ele, antes de qualquer um, tomará ciência do descumprimento, logo, a comunicação referida no dispositivo será dirigida ao juiz das garantias ou, ante a suspensão cautelar da eficácia das normas a ele correlatas, ao Juízo competente para o processo e julgamento. **A este compete a revogação, e não ao juiz das execuções, daí a inexistência de ofensa ao postulado do juiz natural**. E mais: como o preceito alude à rescisão do pacto e *posterior oferecimento da denúncia*, o pleito revocatório já é atribuição do órgão ministerial responsável pela ação penal.

A declaração de extinção da pretensão punitiva, em virtude do cumprimento do acordo, tampouco compete ao juiz das execuções, e sim ao de garantias ou o do processo e julgamento, nos moldes acima. Diz o § 13 do art. 28-A que *cumprido integralmente o acordo de não persecução penal, o juízo* **competente** *decretará a extinção de punibilidade* (grifo nosso). A alusão ao juízo *competente* dissocia, completamente, o da execução do responsável por formalizar a extinção da punibilidade, evidenciando, mais uma vez, que o primeiro se restringe à prática de atos de jurisdição voluntária, justamente por não se estar executando reprimendas propriamente ditas.

Ilustrando: chancelado o acordo de não persecução penal pelo juiz competente para a hipotética ação penal, ora evitada, os autos são encaminhados ao juiz das execuções. Tombados os autos na serventia, notifica-se o investigado para iniciar o cumprimento do pacto. Uma vez adimplido, os autos retornam ao juiz de origem, que chancelou o ANPP, seja o de garantias ou o da instrução e julgamento. Recebidos os autos, dá-se vista ao órgão do Ministério Público lá oficiante, o mesmo responsável pela denúncia, a fim de opinar (ou não) pela extinção da punibilidade pelo cumprimento do pactuado, ouvindo-se, em seguida, a defesa técnica. Ato contínuo, o juiz a formaliza.

Sobrevindo, no juízo das execuções, a notícia de descumprimento do pacto, notifica-se o investigado para se justificar, remetendo os autos, na sequência, ao juiz de garantias ou ao responsável pelo processamento da vindoura demanda. Lá chegando, determina-se a remessa ao *Parquet* lá oficiante para que opine sobre a revogação ou subsistência do pacto, ouvindo-se, após, a defesa técnica. Se rescindido pelo juiz, intima-se a vítima, na forma do art. 28-A, § 9º do CPP, volvendo-se os autos ao órgão do Ministério Público a ele atrelado para o oferecimento da denúncia.

Lendo-se holisticamente a Lei nº 13.964/19, conclui-se, com relativa facilidade, que o juiz das execuções, de fato, não é o competente para revogar o ANPP, nem tampouco para declarar extinta a punibilidade pelo cumprimento. Isso porque, nos termos do art. 3º-B, inciso XVII, do CPP, compete ao juiz das garantias homologar o acordo de não persecução penal. Como o ANPP **não** importa condenação, o alegado descumprimento e eventual revogação hão de ser também por ele sopesados, porque **incidentais à investigação**. E, conforme preconiza a cabeça do art. 3º-B, *o juiz das garantias é **responsável pelo controle da legalidade da investigação criminal** e pela **salvaguarda dos direitos individuais** cuja franquia tenha sido reservada à autorização prévia do Poder Judiciário*, esclarecendo o inciso XVIII ser ele o competente para *outras matérias **inerentes às atribuições definidas no caput deste artigo*** (grifo nosso), dentre as quais decidir pela (in)subsistência do ANPP. Por mais que os dispositivos sobre o juiz das garantias estejam com a eficácia suspensa cautelarmente, claríssima é a cisão da competência atinente ao ANPP: a fiscalização a cargo do juízo das execuções, mais precisamente da CPMA; a revogação ou extinção da punibilidade pelo cumprimento do acordo a cargo do juiz das garantias ou do responsável pelo processo e julgamento da vindoura demanda, conforme verificado, aliás, na transação penal.

Assim se colocou, acertadamente, o **Enunciado nº 28 do CNPG**: *Caberá ao juízo competente para a homologação rescindir o acordo de não persecução penal, a requerimento do Ministério Público, por eventual descumprimento das condições pactuadas, **e decretar a extinção da punibilidade em razão do cumprimento** integral do acordo de não persecução penal* (grifo nosso).

Resoluções que, porventura, estabeleçam a competência do juiz das execuções para revogar o ANPP ou declarar extinta a punibilidade pelo cumprimento serão *contra legem*, logo, inconstitucionais à luz do art. 2º da CRFB/88. Até se compreende que, por praticidade, seja interessante confiar tal competência ao juiz da execução, fixando-se, a reboque, a atribuição do órgão do Ministério Público lá oficiante para acompanhar o cumprimento e opinar pela revogação ou extinção da punibilidade, se adimplido. Porém, inexiste base legal para tanto.

Nesse particular, não andou bem, *v.g.* o Ministério Público do Estado do Rio de Janeiro ao editar a Resolução conjunta nº 20, de 23 de janeiro de 2020, pois, no art. 10, assentou a atribuição do órgão do *Parquet* junto à Vara de Execuções Penais (VEP) para opinar pela extinção da punibilidade pelo cumprimento do ANPP, bem como, no caso de inadimplemento injustificado, requerer a revogação, haja vista o art. 8º. Apenas depois de ultimada a rescisão, os autos são encaminhados ao órgão ministerial com atribuição para a denúncia. Note-se que, por via reflexa, a Resolução ainda fixou a competência do Juiz das Execuções para conhecer ambos os incidentes – revogação do ANPP e extinção da punibilidade pelo cumprimento –, imiscuindo-se na organização judiciária.

Qualquer descumprimento de acordo enseja a sua revogação *se* injustificado. Imprescindível é oportunizar, portanto, o contraditório e a ampla defesa (art. 5º, LV, da CRFB/88), notificando o investigado para, no prazo fixado pelo juiz, escusar-se. Assim o é em institutos afins, como a transação penal e a suspensão condicional do processo, não havendo de ser diferente no caso do ANPP[127]. Como revogá-lo, *v.g.*, se os serviços comu-

---

[127] STJ, RHC 84.930/RS, Rel. Ministro Felix Fischer, Quinta Turma, julgado em 03/04/2018, DJe 06/04/2018 – *"...II – Em outra vertente, muito embora seja possível a revogação da suspensão condicional do processo após o fim do período de prova, **é necessário oportunizar à Defesa a manifestação acerca do pedido***

nitários foram interrompidos em virtude de estar o investigado hospitalizado, por força de acidente sofrido? E, como defesa técnica alguma é "curadora" de imputado, cumpre notificar, primeiro, o último, para, depois, ouvir a primeira.

Nesse particular, o **Enunciado nº 26 do CNPG**, ao prescrever que *deverá constar expressamente no termo de acordo de não persecução penal as consequências para o descumprimento das condições acordadas, bem como o compromisso do investigado em comprovar o cumprimento das condições, independentemente de notificação ou aviso prévio, devendo apresentar, imediatamente e de forma documentada, eventual justificativa para o não cumprimento de qualquer condição, sob pena de imediata rescisão e oferecimento da denúncia em caso de inércia* (grifo nosso), destoa dos postulados doutrinários e da jurisprudência dominante, em flagrante ofensa ao devido processo legal, ao contraditório e a ampla defesa (art. 5º, LIV e LV da CRFB/88).

A Resolução conjunta nº 20 do Ministério Público do Estado do Rio de Janeiro, nesse particular, andou infinitamente melhor, pois o art. 8º, cabeça, prevê, com acerto, a notificação **judicial** do imputado para apresentar justificativa concernente ao descumprimento injustificado. Na mesma toada, o **Enunciado nº 19 da Defensoria Pública de Minas Gerais**: *Ante a notícia de descumprimento de condição estipulada no acordo de não persecução penal (artigo 28-A, § 10, do CPP), em homenagem aos princípios do contraditório e da ampla defesa constitucionalmente determinados, a análise da rescisão pressupõe a oitiva do investigado e da defesa técnica* (grifo nosso).

À semelhança da transação penal, inexiste, no acordo de não persecução penal, causas revocatórias estranhas à regra de conduta pactuada, isto é, a rescisão está exclusivamente entrelaçada ao (in)adimplemento do pacto. Se cumprido, a extinção da pretensão punitiva estatal é inescapável. Desviando o olhar para a suspensão condicional do processo, a quadra é distinta, porque, além da inobservância das condições, a superveniência de ação penal por **crime**, independentemente de ter sido cometido antes ou após a suspensão em curso, também é causa revocatória. E de incidência obrigatória, *ex vi* do art. 89, § 3º da Lei nº 9099/95 – formalizada, durante a suspensão condicional do processo, denúncia por **contravenção penal**, a revogação é facultativa, conforme preconiza o § 4º. Como a instauração de novo processo, por **crime**, enseja, inevitavelmente, a revogação da suspensão, **nesta** hipótese, e tão somente **nesta**, mostra-se dispensável notificar o acusado e seu defensor[128], nada impedindo ao último ficar monitorando a

---

formulado pelo Ministério Público. Precedentes. III – In casu, *não houve intimação prévia do recorrente a fim de justificar o descumprimento das condições, antes da revogação do sursis processual, configurando o constrangimento ilegal apontado pela Defesa. Recurso ordinário parcialmente provido para anular a decisão do Juízo de 1º grau que revogou a suspensão condicional do processo, determinando-se a prévia intimação do recorrente e de sua Defesa para que possam se manifestar acerca dos motivos que ensejaram o descumprimento das condições impostas...*" (grifo nosso); HC 174.870/SP, Rel. Ministro Og Fernandes, Sexta Turma, julgado em 28/09/2010, DJe 18/10/2010 – *"...A jurisprudência do Superior Tribunal de Justiça é pacífica no sentido de que contraria o devido processo legal a decisão que revoga a suspensão condicional do processo sem prévia manifestação do acusado...*" (grifo nosso).

[128] STJ, HC 358.370/SC, Rel. Ministro Antonio Saldanha Palheiro, Sexta Turma, julgado em 12/09/2017, DJe 25/09/2017 – *"...1. Nos termos do art. 89, § 3º, da Lei n. 9.099/95, a suspensão será revogada obrigatoriamente se, no curso do período de prova, o beneficiário vier a ser processado por outro crime ou não efetuar, sem motivo justificado, a reparação do dano. 2. **A lei de regência não faz imprescindível, na hipótese de revogação obrigatória do benefício despenalizador, a necessidade de intimação**

evolução do referido processo, pois, se extinto sem condenação, a suspensão condicional anteriormente desconstituída será restabelecida. Tal jurisprudência, contudo, é **inaplicável** ao ANPP, pois processos criminais em curso **não** obstam, por si só, o pacto, **nem** são causa de revogação obrigatória.

Tal qual se dá quando se depreca o cumprimento da suspensão condicional do processo ou da transação penal para outro Juízo, ínsita à fiscalização é a notificação do imputado para apresentar justificativa, se noticiado o descumprimento. Partindo da premissa segundo a qual o juiz das execuções não possui competência para revogar o ANPP, limitando-se à fiscalização, sobrevindo a notícia de descumprimento, notificar o imputado para escusar-se compõe os atos de jurisdição voluntária confiados ao juiz das execuções. Apresentada a justificativa, ou não, os autos são dirigidos ao juiz das garantias ou ao responsável pela iminente demanda.

7.7. ACORDO DE NÃO PERSECUÇÃO PENAL E IMPUTAÇÕES DA COMPETÊNCIA ORIGINÁRIA DOS TRIBUNAIS

A Lei nº 13.964/19 **incluiu o acordo de não persecução penal no universo das ações penais de competência originária dos Tribunais Superiores**, haja vista a inserção do § 3º no art. 1º da Lei nº 8.038/90 assentando que, *não sendo o caso de arquivamento, e tendo o investigado confessado formal e circunstanciadamente a prática de infração penal sem violência ou grave ameaça e com pena mínima inferior a 4 (quatro) anos, o Ministério Público poderá propor acordo de não persecução penal, desde que necessário e suficiente para a reprovação e prevenção do crime, nos termos do art. 28-A do Decreto-Lei nº 3.689, de 3 de outubro de 1941 (Código de Processo Penal).*

Estende-se o pacto para as ações penais de competência originária dos demais Tribunais – de Justiça e os Regionais Federais –, porquanto o art. 1º da Lei 8.658/93, a elas atinente, reporta-se à Lei nº 8.038/90[129].

7.8. ACORDO DE NÃO PERSECUÇÃO CÍVEL

Considerada a nítida identidade ontológica entre a ação penal e a ação de improbidade administrativa, a Lei nº 13.964/19 estendeu à última o acordo de **não** persecução cível.

---

do beneficiário ou até mesmo de justificação, de modo que que não há que se falar em nulidade ou violação ao Princípio do Contraditório ou da Ampla Defesa. Precedentes..." (grifo nosso); RHC 39.396/RJ, Rel. Ministro Jorge Mussi, Quinta Turma, julgado em 27/08/2013, DJe 17/09/2013 – *"...o paciente teve o benefício revogado por ter praticado outro delito durante o período de prova, circunstância que constitui causa de revogação obrigatória do benefício. 4.* ***Para que a revogação obrigatória da suspensão condicional do processo se mostre legítima, não é necessário que o magistrado possibilite ao beneficiário manifestar-se sobre o descumprimento das condições que lhe foram impostas, bastando que o acusado venha a ser processado por outro crime...***" (grifo nosso). Embora a não reparação do dano também seja causa revocatória obrigatória da suspensão condicional do processo (art. 89, § 3º, da Lei nº 9099/95), cumpre notificar o acusado para esclarecer o inadimplemento noticiado, afinal, inúmeras são as variantes: o pagamento já pode ter sido efetuado, dele não se atentando a vítima, ou estar, simplesmente, atrasado, por imprevistos alheios à vontade do réu e plenamente escusáveis.

[129] No mesmo sentido, entre outros: RANGEL, Paulo. *Direito processual penal*. 29. ed. Barueri: Atlas, 2021, p. 207.

Como a iniciativa e a celebração do acordo de não ajuizamento da ação de improbidade administrativa foram entregues ao Ministério Público, apesar de a legitimidade ativa *ad causam* não lhe ser privativa, compreendendo, ainda, a pessoa jurídica de Direito Público, vítima dos atos de improbidade (então art. 17, cabeça, da Lei nº 8.429/92), a Presidência da República, sob a orientação do Ministro da Justiça, entendeu por bem vetar o art. 17-A por razões de segurança jurídica. Eis as razões do veto, mantido pelo Congresso Nacional: *A propositura legislativa, ao determinar que caberá ao Ministério Público a celebração de acordo de não persecução cível nas ações de improbidade administrativa, contraria o interesse público e gera insegurança jurídica ao ser incongruente com o art. 17 da própria Lei de Improbidade Administrativa, que se mantém inalterado, o qual dispõe que a ação judicial pela prática de ato de improbidade administrativa pode ser proposta pelo Ministério Público e/ou pessoa jurídica interessada leia-se, aqui, pessoa jurídica de direito público vítima do ato de improbidade. Assim, excluir o ente público lesado da possibilidade de celebração do acordo de não persecução cível representa retrocesso da matéria, haja vista se tratar de real interessado na finalização da demanda, além de não se apresentar harmônico com o sistema jurídico vigente.*

Na 1ª edição da obra criticamos o citado veto, e voltamos a fazê-lo, dado que, enquanto instrumento de controle preventivo de constitucionalidade, há de ser manejado segundo os critérios de hermenêutica constitucional. Eventuais imperfeições, perfeitamente sanáveis pela doutrina e pela jurisprudência, não o justificam, sob pena de comprometer a própria relação independente e harmônica que os Poderes da República devem guardar entre si (art. 2º da CRFB/88), ínsita a qualquer Estado **Democrático** de Direito. Controvérsias potenciais sobre o alcance de determinado dispositivo são inevitáveis. Potencializá-las como escusa para implementar vetos vulgariza o excepcional, além de lançar um voto de desconfiança sobre a doutrina e os Tribunais do País. No caso em tela, a propósito, a referência ao *Parquet* como legitimado à propositura do acordo poderia, perfeitamente, ser interpretada como exemplificativa, até por ter vindo desacompanhado de adjetivos como privativo ou exclusivo. Em sendo um pacto de não deflagração da ação de improbidade administrativa, é intuitivo serem todos os legitimados ativos *ad causam* aptos a acioná-lo.

Ante o advento da Lei nº 14.230, de 25 de outubro de 2021, reformulando substancialmente a Lei nº 8.429/92, a objeção veiculada no veto desfez-se, pois, ao reescrever o art. 17, confiou a legitimidade à propositura da ação de improbidade administrativa estritamente ao Ministério Público, retirando-a da pessoa jurídica lesada, opção legislativa, aliás, bastante discutível à luz do acesso à Justiça (art. 5º, XXXV, da CRFB/88), imaginando, ingenuamente, que a representatividade do Ministério Público englobaria a Administração Pública como um todo. O retrocesso foi evidente.

De todo modo, eliminado o óbice apresentado no veto presidencial, a Lei nº 14.230/21 reinseriu o acordo de não persecução cível no art. 17-B, desde que, nos termos do *caput*, dele advenham o integral ressarcimento dos danos (inciso I) ou a reversão à pessoa jurídica lesada da vantagem indevida obtida, ainda que oriunda de agentes privados (inciso II). Como os fins são muito parecidos, os objetivos a serem alcançados são **alternativos**, e não cumulativos, pois quando o legislador quis exigir cumulatividade, fê-lo expressamente, como no § 1º, ao listar as formalidades prévias à celebração do pacto, que pode ser preparatório ou incidental à ação de improbidade administrativa, ou mesmo quando da execução da sentença condenatória, consoante o § 4º.

A vedação contida no originário § 1º do art. 17 da Lei nº 8.429/92, à transação, acordo ou conciliação já havia sido extirpada pela Lei nº 13.964/19 para admitir acordos de não persecução cível. E não foi restaurada pela Lei nº 14.230/21, que, ao invés, disse, no § 10-A do novel art. 17, que *"havendo a possibilidade de solução consensual, poderão as partes requerer ao juiz a interrupção do prazo para a contestação, por prazo não superior a 90 (noventa) dias".*

A consensualidade como instrumento para a composição de conflitos não é absolutamente estranha ao Direito Administrativo. A Lei nº 13.140/15 (Lei de Mediação) preconiza, no art. 32, a criação de câmaras de prevenção e resolução administrativa de conflitos pela União, Estados, Distrito Federal e Municípios, no âmbito dos respectivos órgãos da Advocacia Pública, com atribuição para avaliar a admissibilidade dos pedidos de resolução de conflitos, por meio de **composição**, no caso de controvérsia entre particular e pessoa jurídica de direito público, bem como para celebrar, quando couber, **termo de ajustamento de conduta**. Já o art. 35 autoriza que as controvérsias jurídicas que envolvam a administração pública federal direta, suas autarquias e fundações possam ser objeto de **transação por adesão**. Por outro lado, nos termos do art. 36, *no caso de conflitos que envolvam controvérsia jurídica entre órgãos ou entidades de direito público que integram a administração pública federal, a Advocacia-Geral da União deverá realizar* **composição extrajudicial do conflito** (grifo nosso). Arremata o art. 37 ser facultativo *aos Estados, ao Distrito Federal e aos Municípios, suas autarquias e fundações públicas, bem como às empresas públicas e sociedades de economia mista federais, submeter seus litígios com órgãos ou entidades da administração pública federal à Advocacia-Geral da União,* **para fins de composição extrajudicial do conflito** (grifo nosso). Soma-se a esses dispositivos o espírito destacadamente colaborativo e consensual do Código de Processo Civil/2015, patenteado em *n* dispositivos – artigos 3º, §§ 2º e 3º, 174 (absolutamente alinhado à Lei de Mediação), 190, 191 e 357, § 2º. Os termos de ajustamento de conduta são outro valioso exemplo de justiça negocial, assim como os acordos de leniência, notadamente o previsto no art. 16 da Lei nº 12.846/13 (Anticorrupção). E, no tocante, especificamente, às ações de improbidade administrativa, o art. 36, § 4º da Lei de Mediação previu a utilização de instrumentos consensuais no seu bojo ao preconizar que, *nas hipóteses em que a matéria objeto do litígio esteja sendo discutida em* **ação de improbidade administrativa** *ou sobre ela haja decisão do Tribunal de Contas da União, a* **conciliação** *de que trata o* **caput** *dependerá da anuência expressa do juiz da causa ou do Ministro Relator* (grifo nosso). **Diante de todo esse arcabouço normativo, a vetusta vedação à transação, composição e conciliação, contida no então § 1º do art. 17 da Lei nº 8.429/92, não mais subsistiria sob a ótica de muitos administrativistas de escol, tacitamente revogada desde os artigos 16 da Lei Anticorrupção e 36, § 4º da Lei de Mediação**[130]**. A Lei nº 13.964/19 apenas coroou essa orientação orientação e a Lei nº 14.230/21 a pavimentou de vez.**

Sobre o tema, aliás, já tivemos a oportunidade de assentar, quando do estudo da colaboração premiada, ainda sob a égide do então § 1º do art. 17 da Lei nº 8.429/92, que *"...Transportar os mecanismos de colaboração premiada, e os prêmios que lhe são correlatos, para o âmbito administrativo, traduz analogia in bonam partem, logo, não haveria afronta*

---

[130] Por todos, OLIVEIRA, Rafael Carvalho Rezende. A Consensualidade no Direito Público Sancionador e os Acordos nas Ações de Improbidade Administrativa. *Revista Forense*, vol. 427, Rio de Janeiro, jan.-jul. 2018.

ao devido processo legal (art. 5º, LIV, da Constituição), existente para resguardar o particular da arbitrariedade do Estado, mas não para bloquear benesses – garantias trabalham a favor do titular, e não contra. A cooperação, desde que resulte na reparação integral do dano causado ao patrimônio público, não ofenderia o preceituado no art. 17, § 1º, da Lei nº 8.429/92. Se o Estado compôs com o agente penalmente, seara mais extremada do Direito, a ser acionada quando insuficientes os demais ramos (Princípio da Intervenção Penal Mínima), quanto mais administrativamente, considerada a razoabilidade, na espécie proporcionalidade...Dentro desse espírito de mútua lealdade e cooperação, não há óbice à projeção do instituto da colaboração premiada para a esfera administrativa, notadamente para as ações de improbidade, com a possibilidade de redução do montante das penas listadas no art. 12 da Lei nº 8.429/92, mas **desde que assegurada a recomposição patrimonial integral, descartando-se o perdão judicial, cuja extravagância exige previsão legal expressa, ante a natureza indisponível dos bens em jogo**.[131] O novel § 1º do art. 17 da Lei nº 8.429/92 reforça essa percepção.

Apesar de a legitimidade ativa *ad causam* para a ação de improbidade administrativa ter ficado excessivamente concentrada no Ministério Público, cumpre interpretar sistematicamente o novel § 10-A do art. 17 da Lei nº 8.429/92 para concluir que **a "solução consensual" nele contemplada não se resume ao acordo de não persecução cível**, embora seja o *Parquet* a parte autora, e não a pessoa jurídica de direito público lesada. Engloba qualquer das alternativas acima listadas, cuja instrumentalização, por óbvio, há de ser também acompanhada pelo Ministério Público. *Solução consensual* é gênero, que tem, no acordo de não persecução cível, apenas uma das suas espécies. Caso o legislador quisesse se referir apenas ao último, tê-lo-ia feito expressamente. Mas não o fez.

Caso se encare a ação de improbidade administrativa como privativa do Ministério Público, tal qual é a ação penal pública, qualquer acordo diverso do de não persecução cível exigiria o aval do *Parquet*. Contudo, definitivamente, não é a melhor solução.

A titularidade privativa da ação penal pública emana da CRFB/88 (art. 129, I, da CRFB/88), agindo o Ministério Público em nome próprio, no exercício do direito de punir, que lhe é inerente, logo, investido de legitimação **ordinária**. Na ação de improbidade administrativa a legitimidade do *Parquet* é infraconstitucional e **extraordinária**, ingressando em Juízo em defesa dos interesses do ente público ofendido. Assim, se o próprio, por meio da sua Procuradoria respectiva, chega a um acordo com o suposto autor do fato em bons termos, que atende, perfeitamente, aos interesses da Administração, soa desarrazoado que a homologação esteja condicionada, impreterivelmente, ao beneplácito ministerial. Em última análise, **o Poder Executivo ficaria subordinado ao Ministério Público, em desconformidade com o art. 2º da CRFB/88, passível de citação na medida em que a conformação do *Parquet* não se adequa, à perfeição, a nenhum dos Poderes da República**.

---

[131] SANTOS, Marcos Paulo Dutra. *Colaboração Premiada*, ob. cit., p. 220-221. No mesmo sentido, DINO, Nicolao. A Colaboração Premiada na Improbidade Administrativa: Possibilidade e Repercussão Probatória. *A Prova no enfrentamento à macrocriminalidade*. Salvador: Juspodivm, 2015; ARAS, Vladimir. *Acordos de Colaboração Premiada e Acordos de Leniência*. Disponível em: https://blogdovladimir.wordpress.com/2015/05/12/acordos-de-colaboracao-premiada-e-acordos-de leniencia/. Acesso em: 04 ago. 2020; MASSON, Cleber; MARÇAL, Vinicius. *Crime Organizado*. São Paulo: Método, 2015.

7.9. (IN)ADMISSIBILIDADE DO ACORDO DE NÃO PERSECUÇÃO PENAL NO ÂMBITO DAS JUSTIÇAS ELEITORAL E MILITAR

Da mesma forma que a transação penal e a suspensão condicional do processo são admissíveis no âmbito da Justiça Eleitoral, por ausência de vedação legal expressa[132] – o art. 90-A da Lei nº 9.099/95 apenas as bloqueou no universo da Justiça Militar –, não há distinção em relação ao ANPP, também aplicável aos crimes eleitorais, até porque o art. 364 do Código Eleitoral (Lei nº 4.737, de 15 de julho de 1965) prevê a incidência supletiva ou subsidiária do CPP, inexistindo disposição em sentido contrário.

Quanto à Justiça Castrense, consideradas a Justiça Militar da União (art. 124 da CRFB/88) bem como as Auditorias Militares Estaduais (art. 125, §§ 3º a 5º da CRFB/88), o tema é mais tormentoso.

A Lei nº 9.099/95, à semelhança do novel art. 28-A do CPP, na sua redação primeva, não proibia a incidência da transação penal e da suspensão condicional do processo no âmbito da Justiça Castrense. Como a legislação processual comum é aplicável subsidiariamente, nos moldes do art. 3º, *a*, do CPPM (Decreto-lei nº 1.002, de 21 de outubro de 1969), sem disposição em sentido contrário, o STF admitia a incidência dos institutos despenalizadores aos crimes militares. Por conseguinte, quando adveio a Lei nº 9.839, de 27 de setembro de 1999, que passou a vedá-los ao incluir o art. 90-A à Lei nº 9.099/95, reputou tal *novatio in pejus*, logo, irretroativa, sem alcançar os injustos militares cometidos anteriormente à sua vigência, que continuariam a desafiar a transação penal e a suspensão condicional do processo[133] – também aqui reconheceu o STF, com razão, o caráter processual material dos institutos despenalizadores, extensivo ao ANPP, submetendo a eficácia intertemporal ao art. 5º, XL, da CRFB/88 e ao art. 2º, parágrafo único, do CP.

Ora, o quadro atual, relativo ao ANPP, é rigorosamente idêntico: encontra-se previsto em regra geral – art. 28-A do CPP –, aplicável subsidiariamente ao CPPM, que não possui dispositivo em sentido contrário. Como não podem ser erigidas vedações além das expressamente previstas em lei, em atenção ao postulado constitucional do devido processo legal (art. 5º, LIV, da CRFB/88), cabe o ANPP no âmbito da Justiça Militar.

O Enunciado nº 14 da Defensoria Pública do Estado do Rio de Janeiro, com o qual concordamos, é nesse sentido: "*Por ausência de vedação legal, é cabível o acordo de não persecução penal aos crimes militares, devendo o(a) Defensor(a) Público(a) analisar a situação em concreto de cada assistido*".

Em sentido contrário, invoca-se o risco de fragilização da hierarquia e da disciplina, pedras fundantes das Instituições Militares, caso o ANPP fosse estendido aos injustos

---

[132] Inq 2.170, Rel. Min. Carlos Britto, Tribunal Pleno, julgado em 30/06/2005, *DJ* 02/12/2005.
[133] HC 81.302, Rel. Min. Sepúlveda Pertence, Primeira Turma, julgado em 02/10/2001, *DJ* 14/12/2001 – "... Suspensão condicional do processo: art. 89, Lei nº 9.099, aplicável ao processo penal militar, ao tempo do fato imputado ao paciente, segundo a jurisprudência do Supremo Tribunal: superveniência da Lei nº 9.869/99, que dispôs em contrário, mas não se aplica ao caso, dada a irretroatividade da lei penal menos favorável..."; HC 79.988, Rel. Min. Maurício Corrêa, Segunda Turma, julgado em 28/03/2000, *DJ* 28/04/2000.

militares[134], *ratio*, aliás, invocada pelo STF para justificar a constitucionalidade do preceito versado no art. 90-A da Lei nº 9.099/95[135].

Ocorre que, diferentemente da transação penal e da suspensão condicional do processo, **inexiste preceito proibitivo da incidência do ANPP aos crimes militares**, logo, construir tal óbice esbarra não apenas no devido processo legal, mas na separação entre os Poderes da República (art. 2º da CRFB/88), importando analogia *in malam partem* do art. 90-A da Lei nº 9.099/95.

Porém, caso se entenda em sentido contrário, uma solução intermediária é mandatória, inclusive no tocante à extensão do próprio art. 90-A da Lei nº 9.099/95.

Quando o Pleno do STF assentou a sua constitucionalidade (HC nº 99.743), em sede de controle difuso, a hipótese envolvia crime militar próprio, cometido por militar, de quem se exige hierarquia e disciplina. Naquela oportunidade, por provocação de alguns Ministros, como Celso de Mello, discutiu-se a constitucionalidade do preceito versado no art. 90-A da Lei nº 9.099/95 em relação aos crimes militares impróprios, perpetrados por civis contra as Instituições Militares. Como destes não se cobra, por óbvio, hierarquia nem disciplina, a *ratio decidendi* pela constitucionalidade da vedação lhes é inaplicável, abrindo-se **distinção** para, sem redução parcial do texto, restringir a proibição contida no art. 90-A aos crimes militares próprios. Por razões estritamente processuais tal não foi feito, afinal, a causa de pedir concernia a crime militar próprio.

Infelizmente, o tema não foi retomado pelo STF, que, por meio dos órgãos fracionários, tem replicado tal vedação aos crimes militares impróprios, ante a declaração de constitucionalidade do art. 90-A da Lei nº 9.099/95, **malgrado haver sido em sede de controle difuso, sem compreender todo o amálgama da norma**[136].

Dessarte, em se entendendo pela inaplicabilidade do ANPP à Justiça Castrense, que sejam excluídos dessa proibição os crimes militares impróprios, disponibilizando aos supostos autores não apenas o ANPP, mas a transação penal e a suspensão condicional do processo, afinal, a *ratio decidendi*, calcada no binômio hierarquia/disciplina, não lhes é oponível.

---

[134] RANGEL, Paulo. *Direito Processual Penal*. 29. ed. Barueri: Atlas, 2021.

[135] HC 99.743, Rel. Min. Marco Aurélio, Rel. p/ Acórdão, Min. Luiz Fux, Tribunal Pleno, julgado em 06/10/2011, DJe 21/08/2012.

[136] HC 151.333 AgR, Rel. Min. Luiz Fux, Primeira Turma, julgado em 29/06/2020, DJe 05/08/2020 – "...As disposições da Lei nº 9.099/1995 são inaplicáveis no âmbito da Justiça Militar, porquanto constitucional o artigo 90-A deste diploma legal, **ainda que o agente ostente a condição de civil**. Precedentes: ARE 879.330-AgR, Segunda Turma, Rel. Min. Dias Toffoli, DJe de 10/2/2016; e HC 113.128, Primeira Turma, Rel. Min. Roberto Barroso, DJe de 20/2/2014..." (grifo nosso).

8

MEDIDAS CAUTELARES CONSTRITIVAS DA LIBERDADE

A Lei nº 13.964/19 foi idealizada com o claro propósito de potencializar o encarceramento, entendida a prisão, seja como pena, seja como medida cautelar, um dos instrumentos mais valiosos na repressão à criminalidade. Sem embargo, no Parlamento esse desiderato inaugural foi, em parte, diluído, reconhecendo-se, com acerto, que a segregação jamais foi solução à delinquência, atuando, não raro, como elemento fomentador. Esse antagonismo entre os Poderes Executivo e (parte do) Legislativo gerou gravíssima incoerência interna na Lei nº 13.964/19, que, ao alterar os dispositivos pertinentes às medidas cautelares pessoais, notabiliza-se por incontáveis idas e vindas, envolta em um movimento pendular, revelador de profunda crise de identidade, digna de um divã. Resta-nos, então, racionalizá-la, tendo como inafastável diretriz a Constituição da República.

8.1. DA NATUREZA JURÍDICA DAS CONSTRIÇÕES LIBERTÁRIAS PROVISÓRIAS E SEUS DESDOBRAMENTOS – (IN)CONSTITUCIONALIDADE DAS VEDAÇÕES EM ABSTRATO À LIBERDADE PROVISÓRIA E DA EXECUÇÃO PROVISÓRIA DA PENA

As medidas provisórias limitadoras ou privativas da liberdade possuem **unívoca** natureza cautelar, conforme enfatiza a nova redação dada ao *caput* do art. 283 do CPP, **ainda mais categórica nesse sentido do que a anterior**.

Com efeito, antes das mudanças promovidas pela Lei nº 13.964/19, dispunha a cabeça do art. 283 o seguinte: *Ninguém poderá ser preso senão em* **flagrante delito** *ou por ordem escrita e fundamentada da autoridade judiciária competente, em decorrência de* **sentença condenatória transitada em julgado** *ou, no curso da investigação ou do processo, em virtude de* **prisão temporária ou prisão preventiva** (grifo nosso). Havia um corte nítido entre a prisão-pena, oriunda de condenação transitada em julgado, e a cautelar, listando, pontualmente, cada uma delas – flagrante, temporária e preventiva –, mas **sem** chegar a utilizar o adjetivo *cautelar*. Tal silêncio, aliás, motivou a tentativa, frustrada, de releitura da prisão preventiva, a fim de lhe conferir uma dupla face: *antes* do esgotamento das instâncias ordinárias, tutela cautelar; *após*, tutela de evidência, de cunho estritamente satisfativo, de maneira a admitir a execução provisória da pena privativa de liberdade.

A ausência de efeito suspensivo dos recursos especial e extraordinário permitiria a execução provisória das condenações mantidas ou proferidas pelos Tribunais inferiores, mesmo quando impositivas de reprimendas não privativas de liberdade, conforme chegou a entender a 1ª Turma do STF[1], em desacordo com a 2ª Turma[2] e a 3ª Seção do STJ[3], fortes no art. 147 da Lei nº 7.210/84 – Lei de Execuções Penais (LEP), a condicionar a execução ao trânsito em julgado, a ponto de o STJ haver editado o enunciado de Súmula nº 643, condicionando a execução da pena restritiva de direitos ao trânsito em julgado, exigência essa também verificada no tocante à execução do *sursis* da pena, da multa e da medida de segurança, haja vista, respectivamente, os arts. 160, 164 e 171 da LEP –, pontuando que a manifestação do Plenário do STF havia se limitado à exequibilidade antecipada das reprimendas **privativas** libertárias. A via afunilada inerente a esses recursos, não mais comportando reexame probatório, conferiria estabilidade ao acertamento fático realizado nas instâncias ordinárias, permitindo, nesse momento, inverter a presunção fixada no art. 5º, LVII, da CRFB/88, de inocência para culpa. Chegou-se a invocar o fenômeno do trânsito em julgado em capítulos para dizer que as premissas fáticas da condenação já estariam preclusas. Obtemperou-se que tal orientação reduziria a seletividade socioeconômica da Justiça Penal, permitindo alcançar os acusados mais abastados, únicos em condições de contratar grandes bancas de advocacia e, por conta disso, de recorrer ao STJ e ao STF. Finalmente, invocou-se o direito comparado para assentar que a solução então aventada igualmente era adotada em diversos outros países.

Tal percepção, compartilhada pelo STF até o início do século[4], sucedida pela **inadmissibilidade** da execução provisória em decorrência da ausência de efeito suspensivo

---

[1] HC 175673 AgR, Relator Min. Roberto Barroso, Primeira Turma, julgado em 11/11/2019, *DJe*-262 divulg 29/11/2019 public 02/12/2019 – *"...A execução provisória de decisão penal condenatória proferida em segundo grau de jurisdição, ainda que sujeita a recurso especial ou extraordinário, não viola o princípio constitucional da presunção de inocência ou não culpabilidade. Precedentes do Plenário do Supremo Tribunal Federal. 2. Esta Corte **não restringiu o alcance da decisão apenas aos condenados a penas privativas de liberdade não substituídas**..."* (grifo nosso).

[2] RE 1200219-AgR, Relator Min. Gilmar Mendes, Segunda Turma, julgado em 04/10/2019, *DJe*-262 divulg 29/11/2019 public 02/12/2019 – *"...4. Entendimento do Plenário do Supremo Tribunal Federal no HC 126.292/SP, mantido nas Medidas Cautelares nas Ações Declaratórias de Constitucionalidade 43/DF e 44/DF, bem como no ARE 964.246/SP, com repercussão geral reconhecida pelo Plenário Virtual, **não se aplica, automaticamente, às penas alternativas**. Isso porque, o referido julgado não apreciou questão referente à possibilidade, ou não, do início da execução provisória nas penas restritivas de direito, após confirmação em segunda instância..."* (grifo nosso).

[3] AgRg nos EREsp 1699768/SP, Rel. Ministro Nefi Cordeiro, Terceira Seção, julgado em 13/03/2019, *DJe* 20/03/2019 – *"...a Terceira Seção, no julgamento do EResp 1.619.087/SC, na sessão de 14/06/2017, adotou a orientação em relação **à impossibilidade de execução provisória da pena restritiva de direitos, sendo indispensável, em tais casos, o trânsito em julgado da sentença penal condenatória, nos termos do art. 147 da Lei de Execução Penal**. 3. Tal entendimento foi reafirmado pela Terceira Seção desta Corte com o julgamento no AgRg no HC 435.092/SP..."* (grifo nosso).

[4] HC 90645, Relator Min. Marco Aurélio, Relator p/ Acórdão: Min. Menezes Direito, Primeira Turma, julgado em 11/09/2007, *DJ* 14/11/2007, *RTJ* vol.-00205-01, *RMP* n. 36, 2010, p. 233-236 – *"...A jurisprudência desta Corte é no sentido de que **a pendência do recurso especial ou extraordinário não impede a**

dos recursos especial e extraordinário[5], a partir de divergência aberta pela 2ª Turma[6], foi retomada em 2016[7]. Porém, voltou a ser descartada no segundo semestre de 2019, em sede de controle concentrado de constitucionalidade, por motivos óbvios.

Mesmo se interpretada, timidamente, como mera presunção de não culpabilidade, a cláusula inserta no art. 5º, LVII, da CRFB/88 impede a execução provisória de qualquer reprimenda, privativa de liberdade ou não, afinal, *nulla poena sine culpa* – antecipar a pena importa, invariavelmente, antecipar a própria culpa.

Por outro lado, inexistem *n* conceitos de trânsito em julgado, relacionando-se à **imutabilidade** da sentença[8], na dicção de Enrico Tullio Liebman[9], (ou da norma nela contida para solucionar o conflito de interesses submetido à cognição judicial[10]) em razão de **não mais caber recurso algum**. Trata-se não apenas de uma regra, mas de um conceito jurídico exclusivamente técnico, em torno do qual descabe qualquer sorte de ponderação. O Poder Constituinte optou por ser extremamente específico, diferentemente do verificado em outras Constituições, e mesmo em Convenções Internacionais de Direitos Humanos firmadas pelo Brasil. O art. 8º, 2 da CADH, *v.g.*, preconiza, na primeira parte, que *toda pessoa acusada de um delito tem direito a que se presuma sua inocência, enquanto não for* **legalmente comprovada sua culpa** (grifo nosso). Em sentido idêntico, o art. 14, 2 do PIDCP – *Toda pessoa acusada de um delito terá direito a que se presuma sua inocência enquanto não for* **legalmente comprovada sua culpa** (grifo nosso). *Comprovação legal de culpa* é uma expressão infinitamente mais genérica e vaga do que *trânsito em julgado*, admitindo ponderações que, à luz do último, são inconcebíveis. Executar títulos condenatórios penais, no Brasil, apenas se mostra constitucionalmente viável quando não mais couber recurso algum. Qualquer interpretação diversa significaria mudar o **texto** do art. 5º, LVII, da CRFB/88, pedra inaugural de qualquer atividade hermenêutica – embora a interpretação literal seja a mais pobre de todas, bastando, para tanto, a alfabetização, não se pode ler "a" onde a Constituição escreveu "z".

---

execução imediata da pena, considerando que eles não têm efeito suspensivo, são excepcionais, sem que isso implique em ofensa ao princípio da presunção da inocência..." (grifo nosso).

5   HC 91676, Relator Min. Ricardo Lewandowski, Tribunal Pleno, julgado em 12/02/2009, *DJe*-075 divulg 23/04/2009 public 24/04/2009 – Republicação: *DJe*-121 divulg 30/06/2009 public 01/07/2009, *LEXSTF* v. 31, n. 367, 2009, p. 311-354; HC 84078, Relator Min. Eros Grau, Tribunal Pleno, julgado em 05/02/2009, *DJe*-035 divulg 25/02/2010 public 26/02/2010.

6   RHC 89550, Relator Min. Eros Grau, Segunda Turma, julgado em 27/03/2007, DJ 27/04/2007, *LEXSTF* v. 29, n. 342, 2007, p. 450-464; HC 89754, Relator Min. Celso de Mello, Segunda Turma, julgado em 13/02/2007, DJ 27/04/2007.

7   HC 126292, Relator Min. Teori Zavascki, Tribunal Pleno, julgado em 17/02/2016, *DJe*-100 divulg 16/05/2016 public 17/05/2016 – "... ***A execução provisória de acórdão penal condenatório proferido em grau de apelação, ainda que sujeito a recurso especial ou extraordinário, não compromete o princípio constitucional da presunção de inocência*** afirmado pelo artigo 5º, inciso LVII da Constituição Federal..." (grifo nosso).

8   CINTRA, Antonio Carlos de Araújo; GRINOVER, Ada Pellegrini; DINAMARCO, Cândido Rangel. *Teoria Geral do Processo*. 10. ed. São Paulo: Malheiros Editores, 1994, p. 305.

9   *Eficácia e Autoridade da Sentença*. 3. ed. Trad. Alfredo Buzaid e Benvindo Aires. Rio de Janeiro: Forense, 1984, p. 54.

10 BARBOSA MOREIRA, José Carlos. Eficácia da Sentença e Autoridade da Coisa Julgada. *Temas de Direito Processual* – Terceira Série. São Paulo, Saraiva, 1984, p. 110/112; CÂMARA, Alexandre Freitas. Ob. cit., p. 397.

O trânsito em julgado em capítulos foi igualmente mal colocado, por ser fenômeno adstrito aos processos com múltiplas demandas: à medida em que os recursos concernentes a uma se esgotam, alcança-se o trânsito em julgado, permitindo executar o dispositivo condenatório correlato, por sinal, **definitivamente**, e não provisoriamente. De mais a mais, transita em julgado o dispositivo, e não a fundamentação.

A dita "estabilidade" do título condenatório, em virtude de os recursos especial e extraordinário, e subsequentes, inadmitirem reanálise probatória, é igualmente falaciosa, haja vista, *v.g.*, teses como atipicidade da conduta, provas ilícitas e nulidades, que, por veicularem, em tese, ofensas à lei processual penal e à Constituição – *v.g.* art. 5º, XXXIX (tipicidade e legal penal estrita), LVI (inadmissibilidade, no processo, das provas obtidas por meios ilícitos), LIII (juiz natural), LIV (devido processo legal) e LV (contraditório e ampla defesa) – desafiam recursos especial e extraordinário, com o condão de comprometer, por completo, a condenação. Outrossim, ante a estrutura escalonada da sentença penal condenatória – após o relatório, passa-se à fundamentação atinente ao pedido condenatório, para, em seguida, se julgada procedente a pretensão, com a edição de dispositivo condenatório intermediário, retomar a motivação, a fim de complementá-lo, com a fixação da pena –, o capítulo atrelado à aplicação da reprimenda desafia, sem dificuldades, recursos especial e extraordinário, por versar sobre distintos preceitos legais federais, norteados pelo art. 5º, XLVI, da CRFB/88 (individualização da pena).

Não raro se executaria, provisoriamente, um título condenatório excessivamente severo, mantido ou prolatado em total desconformidade com os cânones estabelecidos pelo STJ e pelo STF, quadra lamentavelmente comum, reveladora da profunda crise interna vivida pela magistratura nacional, motivada, em grande parte, pelo **voluntarismo judicial** – sentenças e acórdãos prenhes de (paupérrimos) subterfúgios argumentativos para distorcer a lei ou não aplicar a jurisprudência fixada pelo STJ e pelo STF, por simples discordância, em detrimento da legalidade e do sistema de precedentes judiciais que, concorde-se ou não, foi instituído no País, com o aval da Corte Constitucional[11]. Não por acaso, somente no STJ, aproximadamente **35%** dos habeas corpus impetrados pela Defensoria Pública, **globalmente considerados**, tiveram a ordem concedida, de 2015 a 2017[12]. Como admitir, então, que o sentenciado, até então respondendo ao processo em liberdade, seja preso e comece a cumprir uma pena de 5 anos, em regime inicial fechado, por tráfico, para, depois de segregado por quase 2 anos, ver o título condenatório ser revertido para 1 ano e 8 meses, em virtude do reconhecimento da causa de diminuição prevista no § 4º do art. 33 da Lei nº 11.343/06, regime inicial aberto, substituída a sanção

---

[11] Tamanha disfunção do Poder Judiciário não é de hoje, já havendo sido denunciada pela FGV Direito Rio – Centro Justiça e Sociedade – CJUS, no projeto intitulado "Panaceia universal ou remédio constitucional? Habeas corpus nos Tribunais Superiores", em 17 de março de 2014, sob a coordenação do prof. Thiago Bottino. Disponível em: https://www.conjur.com.br/dl/radiografia-habeas-corpus.pdf.

[12] Números fornecidos pelo próprio STJ, conforme matéria da *Revista Época*, de 29/10/2019. Disponível em: https://epoca.globo.com/brasil/defensoria-publica-responsavel-por-quase-metade-dos-recursos apresentados-em-instancias-superiores-24048594. Reportagem da *Folha de São Paulo*, de 06/11/2019, pautada em levantamento realizado de 2009 a 2019, assinala, a seu turno, que 48% dos recursos firmados pela Defensoria Pública são providos, total ou parcialmente, pelo Superior Tribunal de Justiça. Disponível em: https://www1.folha.uol.com.br/poder/2019/11/defensoria-publica-supera-advogados-particulares-em-casos-revistos-por-stj-e-stf.shtml.

privativa libertária por restritiva de direitos, com declaração de extinção da punibilidade pelo cumprimento integral da pena, em regime, repita-se, fechado?!

Mesmo sob o ângulo econômico, cenários como o ora retratado dariam azo a uma enxurrada de ações indenizatórias em face do Estado por erro do Poder Judiciário (art. 5º, LXXV, da CRFB/88), responsabilidade civil essa há muito não mais restrita à hipótese clássica de condenação criminal, revertida em absolvição em sede de revisão criminal – condena-se o Estado, *v.g.*, por excesso de pena decorrente da má aplicação da reincidência, agravante genérica[13]. Os já combalidos cofres da União e dos Estados, a depender do órgão prolator da sentença, ficariam ainda mais fragilizados.

Dizer que o STJ e o STF seriam "boutiques judiciárias de luxo", acessíveis somente por réus privilegiados, com condições de contratar renomados escritórios de advocacia, é de uma alienação aterradora, para não dizer má-fé. A seletividade socioeconômica da Justiça Penal revela-se na origem, recaindo, sistematicamente, sobre os 3 "P"s – preto, pobre e prostituta –, daí a maioria esmagadora dos feitos criminais ficar sob o pálio da Defensoria Pública que, por via de consequência, ocupa natural protagonismo nas instâncias superiores, firmando a maioria dos recursos especiais e extraordinários em trâmite no STJ e no STF[14]. Longe de reduzir a seletividade socioeconômica da Justiça Penal, admitir a execução provisória da pena privativa de liberdade, em virtude da falta de efeito suspensivo dos recursos especial e extraordinário, a potencializaria ainda mais.

Sopesando todas as considerações acima, o Pleno do STF, por apertada maioria – é bom lembrar-, reviu a sua orientação anterior, debruçando-se sobre a então redação do *caput* do art. 283 do CPP para reafirmar, em sede de controle concentrado de constitucionalidade, que **toda e qualquer prisão provisória, como a preventiva, é medida estritamente cautelar, despida de carga exclusivamente satisfativa. Prisão-pena somente se concebe após o trânsito em julgado da condenação**[15].

Essa percepção do Pleno do STF foi positivada pela Lei nº 13.964/19, de modo ainda mais incisivo e cristalino, na nova cabeça do art. 283 do CPP, ao preceituar que *ninguém poderá ser preso senão em flagrante delito ou por ordem escrita e fundamentada da autoridade judiciária competente,* **em decorrência de prisão cautelar ou em virtude de condenação criminal transitada em julgado.** Explicitou, de uma vez por todas, que, a

---

[13] STJ, REsp 1243516/SP, Rel. Ministro Reynaldo Soares da Fonseca, Quinta Turma, julgado em 22/09/2016, DJe 30/09/2016 – "...7. É devida indenização uma vez demonstrado erro judiciário ex vi art. 5º, inciso LXXV, da Constituição Federal e art. 630 do CP. In casu, restaram devidamente comprovados os prejuízos sofridos pelo recorrente, razão pela qual não há óbice a uma justa indenização.(REsp 253.674/SP, Rel. Ministro Felix Fischer, Quinta Turma, julgado em 04/03/2004, DJ 14/06/2004, p. 264). 8. Com efeito, **inegável que houve, no caso em comento, erro judiciário, por ilegalidade no reconhecimento da reincidência, tendo sido os prejuízos sofridos pelo recorrente por ele listados, devendo ser analisados e sopesados pelo Juízo Cível para a fixação do quantum indenizatório** (CP. art. 630, § 1º)..." (grifo nosso).

[14] Em matéria disponibilizada pela *Revista Época*, em 29/10/2019, pautada em números fornecidos pelo STJ, a Defensoria Pública foi a responsável por 45% dos *habeas corpus* e 40% dos recursos em tramitação na referida Corte. Disponível em: https://epoca.globo.com/brasil/defensoria-publica--responsavel-por-quase-metade-dos-recursos-apresentados-em-instancias-superiores-24048594.

[15] Ações Declaratórias de Constitucionalidade nº 43, 44 e 54, alusivas ao art. 283, cabeça, do CPP, Relator Ministro Marco Aurélio, Tribunal Pleno, julgadas em 23 e 24/10/2019, conforme revelado no Informativo nº 958 do STF.

par da prisão-pena, definitiva, porque decorrente de condenação transitada em julgado, **todos os demais títulos prisionais são CAUTELARES, naturalmente provisórios e instrumentais, sem encerrar antecipação de tutela (pena)**.

Em reforço, a Lei nº 13.964/19 acrescentou o § 2º ao art. 313 do CPP a fim de rememorar que *não será admitida a decretação da prisão preventiva com a finalidade de antecipação de cumprimento de pena ou como decorrência imediata de investigação criminal ou da apresentação ou recebimento de denúncia* (grifo nosso). O dispositivo, em si, é redundante, ante os atuais termos do art. 283, cabeça, do CPP, mas, em tempos de obscurantismo e de ódio ao conhecimento e à ciência – vide discussões como o *terraplanismo* – o óbvio, inclusive o ululante, precisa, mesmo, ser repetido.

A aparente coerência interna da Lei nº 13.964/19 derrapa em alguns momentos. Correções de rumo são imprescindíveis.

A primeira delas verifica-se no § 2º, acrescido ao art. 310 do CPP. Ao preconizar que *se o juiz verificar que o agente é* **reincidente** *ou que* **integra organização criminosa armada ou milícia**, *ou que* **porta arma de fogo de uso restrito**, *deverá denegar a liberdade provisória, com ou sem medidas cautelares*, simplesmente **ressuscitou** as vedações em abstrato à liberdade provisória, há muito extirpadas do ordenamento pátrio pelo Supremo Tribunal Federal.

Com efeito, proibições em abstrato à liberdade provisória importam **conversões automáticas da prisão em flagrante em preventiva, independentemente de elementos concretos demonstrativos da sua real necessidade, presumindo, de modo absoluto, o** *fumus comissi delicti*, *o periculum in libertatis* **e a** *proporcionalidade*. Significa tratá-las como tutelas de evidência, antecipatórias da pena, em total descompasso com o art. 5º, LVII, da CRFB/88, mesmo se interpretado, restritivamente, como presunção de não culpabilidade, afinal, *nulla poena sine culpa* – antecipando-se a pena, antecipa-se, invariavelmente, a culpa, porquanto indissociáveis.

Ademais, tutelas cautelares são **jurisdicionais**, submetendo-se à cláusula constitucional de **reserva de jurisdição**. Avaliar a necessidade e a adequação das constrições libertárias cautelares é múnus privativo do juiz, no qual descabe ao legislador imiscuir-se, sob pena de violar a separação e a independência entre os Poderes da República – art. 2º da CRFB/88.

O art. 310, § 2º simplesmente desdiz o preceituado no *caput* do art. 283 e no § 2º do art. 313, incorrendo em acintosa contradição interna. Mesmo que se invoque, acriticamente, o princípio da especialidade, encarando aquele como exceção aos últimos, os descompassos não acabam.

Primeiro, porque o preceito proibitivo da liberdade provisória alcança o *reincidente*, subentendendo-se o *genérico*, porque, quando alude ao específico, o legislador é explícito. Assim, nos moldes do art. 63 do Código Penal, qualquer condenação anterior por *crime*, ensejadora da reincidência, impediria a liberdade provisória, pouco importando se *culposo*, de *pequena ou média ofensividade* ou *de temática completamente diversa do atual, motivador do flagrante*. Apenas seriam neutras as condenações pretéritas por contravenção penal, **compreendendo** as pertinentes ao porte, para uso pessoal, de substâncias entorpecente, por consubstanciar um *minus* em relação às contravenções, afinal, diferentemente destas, **não desafiam pena privativa de liberdade em hipótese alguma**, haja vista o art. 28 da Lei nº 11.343/06. Se o *plus* não conduz à reincidência, tampouco o *minus*, na esteira da jurisprudência, pacífica, do Superior Tribunal de Justiça, escudada no princípio da proporcionalidade[16].

Desimportante igualmente seria analisar a gravidade em concreto do injusto em razão do qual o imputado foi capturado em flagrante. À exceção das infrações de menor potencial ofensivo, submetidas ao art. 69 da Lei nº 9.099/95, e do uso de entorpecentes, presentes os §§ 2º a 4º do art. 48 da Lei nº 11.343/06, os demais crimes, em tese, ficariam sujeitos ao § 2º do art. 310 do CPP, bastando que o suposto autor do fato fosse reincidente. **Resgata-se a vedação apriorística à liberdade provisória, banalizando-a como jamais visto em toda a história legislativa brasileira. Desconsidera-se, por completo, o Direito Penal do fato, volvendo-se ao Direito Penal do autor.**

Em segundo lugar, a vedação igualmente compreende o pretenso integrante de organização criminosa armada ou milícia, condutas capituladas, respectivamente, no art. 2º, § 2º da Lei nº 12.850/13 e no art. 288-A do Código Penal, **injustos que, a rigor, sequer são hediondos** – nos moldes do art. 1º, parágrafo único, V, da Lei nº 8.072/90, a hediondez restringe-se à **organização criminosa, quando direcionada à prática de crime hediondo ou equiparado**, além do homicídio, e **não da milícia em si, quando praticado em atividade típica de grupo de extermínio**. E mais: esses delitos têm pena mínima em abstrato de até quatro anos, desafiando, em tese, regime inicial aberto. Por conseguinte, a **obrigatória** conversão do flagrante em preventiva, equivalente ao regime fechado, igualmente destoa do princípio da proporcionalidade (homogeneidade das tutelas cautelares), versado no art. 282, I e II, do CPP (binômio necessidade/adequação), **inalterado pela Lei nº 13.964/19** – o piso do delito de organização criminosa é de 3 anos, majorado de **até** metade, se armada, logo, a fração de metade é o **teto**, permitindo exasperá-la a menor, **sem fração mínima definida em abstrato**, podendo o acréscimo equivaler, *v.g.*, a **1 dia**, porque desprezadas são as frações de dia, nos moldes dos arts. 10 e 11 do Código Penal (a rigor, **1** dia é o quantitativo mínimo de aumento, não sendo possível associá-lo a qualquer outra fração, como, *v.g.*, um oitavo, por absoluta ausência de delimitação temporal pelo legislador, curvando-se, assim, ao princípio da legalidade).

Finalmente, mas não menos importante, chega-se, quiçá, ao maior **paradoxo**. A Lei nº 13.964/19 **manteve** a escala penal cominada ao **porte de arma de uso restrito**, 3 a 6 anos de reclusão e multa, diferentemente da de uso proibido, elevada para inacreditáveis 4 a 12 anos de reclusão (art. 16, § 2º da Lei nº 10.826/03) – maior do que a reservada ao roubo

---

[16] AgRg nos EDcl no REsp 1774124/SP, Rel. Ministro Reynaldo Soares da Fonseca, Quinta Turma, julgado em 12/03/2019, *DJe* 25/03/2019 – *"...as condenações anteriores por contravenções penais não são aptas a gerar reincidência, tendo em vista o que dispõe o art. 63 do Código Penal, que apenas se refere a crimes anteriores. E, se as contravenções penais, puníveis com pena de prisão simples, não geram reincidência, mostra-se desproporcional o delito do art. 28 da Lei n. 11.343/2006 configurar reincidência, tendo em vista que nem é punível com pena privativa de liberdade...*(grifo nosso); AgRg no REsp 1778346/SP, Rel. Ministro Sebastião Reis Júnior, Sexta Turma, julgado em 23/04/2019, *DJe* 03/05/2019 – *"...se contravenções penais, puníveis com prisão simples, não têm o condão de gerar reincidência (art. 63 do Código Penal), também o crime de posse de drogas para consumo próprio, sob pena de ofensa ao princípio da proporcionalidade, não deve gerar tal efeito, haja vista ser punível com medidas muito mais brandas, como advertência sobre os efeitos das drogas, prestação de serviços à comunidade e medida educativa de comparecimento a programa ou curso educativo. Precedentes de ambas as Turmas da Terceira Seção desta Corte Superior (HC n. 469.705/MS, Ministra Laurita Vaz, Sexta Turma, DJe 1º/2/2019)..."* (grifo nosso).

simples, de 4 a 10 anos de reclusão. Igualmente o **retirou do rol de crimes hediondos**, diversamente do verificado quando de uso proibido for a arma (art. 1º, parágrafo único, II, da Lei nº 8.072/90). Todavia, recaiu a vedação liminar à liberdade provisória **justamente ao porte de arma de uso restrito, sem referência alguma ao de uso proibido, apesar de hediondo e infinitamente mais grave, em vista da reprimenda cominada.**

Em suma: a liberdade provisória foi mantida para os delitos hediondos e afins, e vedada aos despidos desse emblema, considerado o rol do § 2º do art. 310 do CPP. Toda norma possui uma *ratio essendi*. Não são preceitos amorfos, ou, ao menos, **não deveriam ser**, porque a atividade legislativa deve se pautar em parâmetros racionais, presente o princípio da proporcionalidade. Eventuais divergências ideológicas, relacionadas à política criminal a ser adotada, são esperadas, necessárias e bem-vindas, inerentes a qualquer Estado Democrático de Direito. Mas, no caso específico do art. 310, § 2º do CPP, seja sob um olhar garantista ou punitivista, e para além da presunção de inocência, cuja violação é patente, conforme comentado acima, **inexiste lógica ou norte**. As escolhas do legislador foram aleatórias, sem a menor coerência científica, reveladoras de constrangedora inanição intelectiva. E, pior: **afrontando, abertamente, a jurisprudência do Supremo Tribunal Federal.**

A liberdade provisória já foi **proibida** para o porte de arma de uso restrito ou proibido, considerado o art. 21 da Lei nº 10.826/03, havendo o Pleno do STF, forte no art. 5º, LVII, da CRFB/88, declarado tal vedação **inconstitucional**[17]. Restaurá-la manda às favas a autoridade da Corte Constitucional, e, por conseguinte, a harmonia e o respeito que devem nortear a relação entre os Poderes da República. Perde, em última análise, a segurança jurídica, mais precisamente a confiabilidade nas Instituições. Nessas pegadas, diz o **Enunciado nº 23 da Defensoria Pública de Minas Gerais** que *é inconstitucional a prisão preventiva no artigo 310, § 2º do CPP, visto que é proibida, pela jurisprudência do STF, a prisão ex lege, por violar a presunção de inocência (Adin 3.112 e RE 1.038.935 com Rep. Geral).*

Diz-se o mesmo quanto às organizações criminosas armadas e às milícias. O art. 7º da então Lei nº 9.034/95, que dispunha sobre o crime organizado, preconizava que *não será concedida liberdade provisória, com ou sem fiança, aos agentes que tenham tido intensa e efetiva participação na organização criminosa*. Pois o Supremo igualmente possui precedentes assentando a inconstitucionalidade deste preceito[18], a ponto de **não ter**

---

[17] ADI 3112, Relator Min. Ricardo Lewandowski, Tribunal Pleno, julgado em 02/05/2007, DJ 26/10/2007– *"... IV – A proibição de estabelecimento de fiança para os delitos de "porte ilegal de arma de fogo de uso permitido" e de "disparo de arma de fogo",* **mostra-se desarrazoada, porquanto são crimes de mera conduta, que não se equiparam aos crimes que acarretam lesão ou ameaça de lesão à vida ou à propriedade.** *V – Insuscetibilidade de liberdade provisória quanto aos delitos elencados nos arts. 16, 17 e 18.* **Inconstitucionalidade reconhecida, visto que o texto magno não autoriza a prisão ex lege, em face dos princípios da presunção de inocência e da obrigatoriedade de fundamentação dos mandados de prisão pela autoridade judiciária competente...**" (grifo nosso).

[18] HC 94404, Relator Min. Celso de Mello, Segunda Turma, julgado em 18/11/2008, DJe-110 divulg 17/06/2010 public 18/06/2010 – *"...Lei do Crime Organizado (art. 7º) – Vedação legal apriorística de liberdade provisória – Convenção de Palermo (art. 11) – Inadmissibilidade de sua invocação – Regra legal de questionável constitucionalidade – Possível conflito com os princípios da presunção de inocência, do 'due process of law', da dignidade da pessoa humana e da proporcionalidade. – Cláusulas inscritas nos textos de tratados internacionais que imponham a compulsória adoção, por autoridades judiciárias nacionais, de medidas de privação cautelar da liberdade individual, ou que vedem, em caráter imperativo, a*

sido reproduzido na **Lei nº 12.850/13**, em sinal de deferência à Corte, respeito esse que passou ao largo na Lei nº 13.964/19.

A reincidência, **por si só**, jamais avalizou prisão preventiva[19]. O então art. 594 do CPP, por exemplo, dispunha que *o réu não poderá apelar sem recolher-se à prisão, ou prestar fiança, salvo se for primário e de bons antecedentes, assim reconhecido na sentença condenatória, ou condenado por crime de que se livre solto*, logo, a contrario sensu, a prisão preventiva por força da condenação era mandatória em desfavor do reincidente. Pois esse dispositivo foi declarado não recepcionado pelo STF, **mesmo depois de ter sido revogado pela Lei nº 11.719/08**, por ofensa ao estado de inocência – além do cerceamento à ampla defesa, que possui no acesso ao duplo grau de jurisdição, quando disponível, seu desdobramento natural[20], percepção, aliás, conducente à declaração de não recepção constitucional também do art. 595 do CPP, ao cominar a pena de deserção recursal ao réu que fugisse após ter apelado da sentença condenatória[21]. E o dito diploma legal, alinhado à jurisprudência da Corte Constitucional, ainda incluiu o parágrafo único ao art. 387 do CPP, posteriormente desmembrado, ora correspondendo ao § 1º, para assentar que *o juiz decidirá, **fundamentadamente**, sobre a manutenção ou, se for o caso, a imposição de prisão preventiva ou de **outra** medida cautelar, sem prejuízo do conhecimento de apelação que vier a ser interposta* (grifo nosso), deixando clara a **inadequação da reincidência, isoladamente considerada, como baliza cautelar**. A inconstitucionalidade do art. 59 da Lei nº 11.343/06, cuja redação é **idêntica** à do citado art. 594 do CPP, já se mostra favas contadas, não havendo passado despercebida pelos órgãos fracionários do STF[22].

---

concessão de liberdade provisória, não podem prevalecer em nosso sistema de direito positivo, sob pena de ofensa à presunção de inocência, dentre outros princípios constitucionais que informam e compõem o estatuto jurídico daqueles que sofrem persecução penal instaurada pelo Estado. – A vedação apriorística de concessão de liberdade provisória é repelida pela jurisprudência do Supremo Tribunal Federal, que a considera incompatível com a presunção de inocência e com a garantia do 'due process', dentre outros princípios consagrados na Constituição da República, independentemente da gravidade objetiva do delito. Precedente: ADI 3.112/DF. – A interdição legal 'in abstracto', vedatória da concessão de liberdade provisória, incide na mesma censura que o Plenário do Supremo Tribunal Federal estendeu ao art. 21 do Estatuto do Desarmamento (ADI 3.112/DF), considerados os postulados da presunção de inocência, do 'due process of law', da dignidade da pessoa humana e da proporcionalidade, analisado este na perspectiva da proibição do excesso. – O legislador não pode substituir-se ao juiz na aferição da existência de situação de real necessidade capaz de viabilizar a utilização, em cada situação ocorrente, do instrumento de tutela cautelar penal. – Cabe, unicamente, ao Poder Judiciário, aferir a existência, ou não, em cada caso, da necessidade concreta de se decretar a prisão cautelar...".

[19] STJ, HC 500.114/SC, Rel. Ministro Reynaldo Soares da Fonseca, Quinta Turma, julgado em 23/04/2019, DJe 10/05/2019 – "...3. Caso em que o decreto que impôs a prisão preventiva ao paciente não descreveu a adequação típica da sua conduta, tampouco apresentou motivação concreta apta a justificar a segregação cautelar, **tendo se limitado a citar, de modo genérico, a reincidência do paciente** e a necessidade de garantia da ordem pública..." (grifo nosso).

[20] RHC 83810, Relator Min. Joaquim Barbosa, Tribunal Pleno, julgado em 05/03/2009, DJe-200 divulg 22/10/2009 public 23/10/2009.

[21] HC 85961, Relator Min. Marco Aurélio, Tribunal Pleno, julgado em 05/03/2009, DJe-071 divulg 16/04/2009 public 17/04/2009, RB v. 21, n. 547, 2009, p. 21-24, RT v. 98, n. 885, 2009, p. 471-478, LEXSTF v. 31, n. 364, 2009, p. 306-317.

[22] HC 104394, Relator Min. Ayres Britto, Segunda Turma, julgado em 25/10/2011, DJe-084 divulg 30/04/2012 public 02/05/2012; HC 106243, Relator Min. Gilmar Mendes, Segunda Turma, julgado em 05/04/2011, DJe-075 divulg 19/04/2011 public 25/04/2011 – "...2. **Tráfico de drogas. Necessidade de o réu recolher-se à prisão para apelar (Lei 11.343/2006, art. 59). Ofensa aos princípios cons-**

Diante da firme, consistente e retilínea orientação do Supremo acerca da inconstitucionalidade dessas vedações à liberdade provisória, a contida no art. 3º da Lei nº 9.613/98 (lavagem de capitais), igualmente glosada pelo STF, reafirmando a natureza cautelar das prisões provisórias[23], **não foi reeditada, quando da reforma promovida pela Lei nº 12.683/12, ab-rogando-se o dispositivo**. A contida no art. 44, cabeça, da Lei nº 11.343/06, dirigida aos delitos previstos nos artigos 33, *caput* e § 1º, 34 a 37, igualmente foi reputada **inconstitucional**[24].

Mesmo sob a égide da Lei nº 6.815/80 (Estatuto do Estrangeiro), o STF já vinha entendendo como cautelar a custódia relativa à extradição. Conforme tivemos a oportunidade de observar à época, *"...O mesmo Supremo Tribunal Federal, revolvendo a sua jurisprudência, passou a entender que a prisão determinada no curso do processo de extradição (art. 84 da Lei nº 6.815 de 19 de agosto de 1980)*[25], *até então encarada como condição especial de prosseguibilidade, teria natureza cautelar, devendo ser decretada ou mantida somente se realmente necessária à efetividade do processo, a fim de não fazer as vezes de antecipação de tutela, ao arrepio do art. 5º, LVII da CRFB/88, ainda que encarado como presunção de não culpabilidade...."* (grifo no original)[26]. Sobrevindo a Lei nº 13.445, de 24 de maio de 2017 (Lei de Migração), em substituição ao Estatuto do Estrangeiro, positivou-se de vez, a orientação do STF, pois, no art. 84, a segregação incidental ao processo de extradição é sistematicamente adjetivada de cautelar, não deixando o art. 86, *caput*, dúvidas quanto à sua natureza jurídica, ao preconizar que *o Supremo Tribunal Federal, ouvido o Ministério Público, poderá* **autorizar prisão albergue ou domiciliar** *ou determinar que o* **extraditando responda ao processo de extradição em liberdade, com retenção do documento de viagem ou outras medidas cautelares necessárias**, *até o julgamento da extradição ou a entrega do extraditando, se pertinente, considerando a situação administrativa migratória, os antecedentes do extraditando e as circunstâncias do caso*. Descartada está, igualmente, a prisão provisória automática e indeclinável.

Buscar-se-á, em sentido contrário, mais uma vez, o art. 5º, LXVI, da CRFB/88, a fim de dizer que, se *ninguém será levado à prisão ou nela mantido, quando a lei* **admitir** *a liberdade provisória, com ou sem fiança* (grifo nosso), então, *a contrario sensu*, a lei poderia **inadmitir** a liberdade provisória em determinados casos, como os versados no § 2º do art. 310 do CPP. Negá-la é, de fato, viável constitucionalmente, mas **não** em abstrato, e sim **em concreto**. Assim d culpabilidade), o rol padece tanto eve ser entendido o preceito constitucional, até para conciliá-lo com o inciso LVII do mesmo artigo, propositalmente,

---

    tituicionais da presunção de inocência, ampla defesa, contraditório e duplo grau de jurisdição. Constrangimento ilegal caracterizado..." (grifo nosso).

[23] HC 83868, Relator Min. Marco Aurélio, Relator(a) p/ Acórdão: Min. Ellen Gracie, Tribunal Pleno, julgado em 05/03/2009, *DJe*-071 divulg 16/04/2009 public 17/04/2009, *LEXSTF* v. 31, n. 364, 2009, p. 266-306, *RMP* n. 44, 2012, p. 187-220.

[24] HC 104339, Relator Min. Gilmar Mendes, Tribunal Pleno, julgado em 10/05/2012, *DJe*-239 divulg 05/12/2012 public 06/12/2012 – *"...3. Liberdade provisória. Vedação expressa (Lei n. 11.343/2006, art. 44). 4.* **Constrição cautelar mantida somente com base na proibição legal. 5. Necessidade de análise dos requisitos do art. 312 do CP. Fundamentação inidônea.** *6. Ordem concedida, parcialmente, nos termos da liminar anteriormente deferida..."* (grifo nosso).

[25] Pleno do STF, HC 88455/RJ, Relator Ministro Carlos Britto, julgado em 14/06/2006, DJ 25/08/2006; Ext 1216/EUA, Relator Ministro Dias Toffoli, julgado em 02/03/2011, DJ 16/05/2011.

[26] *O Novo Processo Penal Cautelar*, ob. cit., p. 256.

aliás, **anterior**. E, de todo modo, a par da insuperável alegação de ofensa ao estado (ou presunção) de inocência (ou de não culpabilidade), o rol padece tanto de irracionalidade que impossibilita qualquer debate mais sério acerca da sua constitucionalidade.

Outra depuração há de ser feita na Lei nº 13.964/19, dessa vez no tocante à prisão decorrente de sentença penal condenatória recorrível.

Em se tratando de condenações oriundas do Tribunal do Júri, alterou-se a alínea e do inciso I do art. 492 do CPP para assentar que o juiz-presidente, na sentença, *mandará o acusado recolher-se ou recomendá-lo-á à prisão em que se encontra, se presentes os requisitos da prisão preventiva, ou, no caso de* **condenação a uma pena igual ou superior a 15 (quinze) anos de reclusão, determinará a execução provisória das penas, com expedição do mandado de prisão***, se for o caso, sem prejuízo do conhecimento de recursos que vierem a ser interpostos* (grifo nosso). A ressalva contida no dispositivo – *se for o caso* – é aclarada no § 3º, segundo o qual o juiz *poderá, excepcionalmente, deixar de autorizar a execução provisória das penas de que trata a alínea e do inciso I do caput deste artigo,* **se houver questão substancial cuja resolução pelo tribunal ao qual competir o julgamento possa plausivelmente levar à revisão da condenação** (grifo nosso). Por outro lado, a potencial antinomia com o art. 597 do CPP, peremptório ao anunciar o efeito suspensivo das apelações contra sentenças condenatórias, o que inviabilizaria a execução provisória da reprimenda, é contornada no § 4º, ao assentar que *a apelação interposta contra decisão condenatória do Tribunal do Júri a uma pena igual ou superior a 15 (quinze) anos de reclusão* **não** *terá efeito suspensivo* (grifo nosso).

Como o Pleno do STF retomou a orientação, descartada em 2016, segundo a qual as prisões provisórias têm natureza cautelar, a Lei nº 13.964/19 procurou arrefecer o automatismo, a inevitabilidade desta execução provisória da pena, com o escopo de neutralizar as críticas relacionadas à sua (in)constitucionalidade. Não por outra razão o § 3º do art. 492 do CPP dá ao juiz-presidente a faculdade de não decretar a prisão, se houver "questão substancial" cuja revisão possa, "plausivelmente", levar à revisão da condenação. O inciso II do § 5º melhor elucida o significado da dita "questão substancial", sendo aquela com potencial de conduzir à *absolvição, anulação da sentença, novo julgamento ou redução da pena para patamar inferior a 15 (quinze) anos de reclusão*. Isso porque, se o juiz-presidente assim não entender, nada impede que o Tribunal, competente para conhecer da apelação, o faça, concedendo-lhe efeito suspensivo.

Esse sistema construído pela Lei nº 13.964/19 aposta na ingenuidade, ou má intenção, do intérprete, esfacelando-se se analisado sob um olhar frio, racional e pragmático.

Sob pena de integral descrédito do Poder Judiciário, nenhum juiz prolata uma sentença condenatória *imaginando* que será reformada ou anulada. Considerados os rigores previstos no art. 315, § 2º do CPP, também inseridos pela Lei nº 13.964/19, o esperado é que tenha invocado os preceitos normativos e os conceitos jurídicos adequados à hipótese submetida à cognição judicial (incisos I e II), com motivação individualizada (inciso III), com enfrentamento dos argumentos em sentido contrário ao da decisão tomada (inciso IV), sempre à luz da jurisprudência dominante sobre as n questões preliminares e de mérito equacionadas, exceto se for o caso de distinção ou superação do entendimento (inciso V e VI). Preenchidas essas balizas, e assim **há de ser** por força do dito § 2º, magistrado algum apostará na revisão do seu julgado. Em suma: a execução provisória da pena, com expedição de mandado de prisão, pelo juiz-presidente do Tribunal do Júri, quando as condenações desaguarem em pena igual ou superior a 15 anos de reclusão, será a **regra absoluta**. O § 3º ficará no plano abstrato, sem se materializar.

Melhor sorte não socorre o § 5º. Mas, diante da péssima topografia – ao invés de disciplinar, primeiro, o pedido de concessão de efeito suspensivo, para, depois, delinear o atuar do Tribunal, a Lei nº 13.964/19 fez o inverso, como se a decisão precedesse a provocação (?!) – cumpre começar pelo § 6º.

Diz o preceito que *o pedido de concessão de efeito suspensivo poderá ser feito incidentemente na apelação ou por meio de petição em separado dirigida diretamente ao relator, instruída com cópias da sentença condenatória, das razões da apelação e de prova da tempestividade, das contrarrazões e das demais peças necessárias à compreensão da controvérsia*. O dispositivo, tecnicamente falando, é frágil. As seguintes imprecisões merecem ser depuradas:

a) A apelação é processada nos próprios autos, e não em apartado (art. 603 do CPP), logo, no caso de o efeito suspensivo ser buscado incidentalmente ao apelo, instruí-lo com cópias das peças enumeradas no § 6º do art. 492 do CPP é **indevido**. A citada instrução **só** alcança os pedidos destacados do recurso.

b) Como o sentenciado, até então solto, sairá do Plenário do Júri preso, a **urgência** é ínsita ao pedido de concessão de efeito suspensivo, a ser deduzido antes do término do processamento da apelação no juízo de origem. Consideradas as peças listadas no § 6º, tidas pelo legislador como obrigatórias, **mandatórias, mesmo, são, apenas, as cópias da sentença e da certidão de tempestividade da petição de interposição**, a fim de assegurar a **inocorrência** do trânsito em julgado – do contrário, a execução da pena já seria definitiva. Na petição de interposição, que deve indicar os fundamentos do apelo (art. 593, III, do CPP), o espectro cognitivo do recurso já fica previamente fixado. E, para fins de tempestividade, interessa, apenas, a interposição, cujo prazo é próprio, diferentemente das razões, impróprio, visto que, independentemente de serem ofertadas, ou não, o apelo será encaminhado ao Tribunal (art. 600, cabeça, do CPP). Por tudo isso, **falece proporcionalidade, sob o ângulo da adequação, a exigência de instrução do pedido com as razões de apelação, EXCETO se, por lapso do defensor, a interposição tenha sido genérica, hipótese em que, por ser o apelo contra os pronunciamentos do Conselho de Sentença vinculado aos temas ordenados no inciso III do art. 593 do CPP, há de ser impreterivelmente completada pelas razões, aliás, tempestivas, por imprescindível, por complementar a interposição, cujo prazo é preclusivo** – inteligência da Súmula nº 713 do STF.

c) Como o pedido virá acompanhado da petição de interposição, **delimitadora do mérito do apelo**, e, por conseguinte, **do efeito devolutivo**, descabe, repita-se, exigir a cópia das razões na instrução do pleito de concessão de efeito suspensivo, que, naturalmente, se **reportará** às questões de mérito a serem veiculadas nas razões de apelação, objetivando sinalizar a sua **substancialidade** e consequente **probabilidade** de **reforma** ou **anulação** da sentença guerreada. **O caráter emergencial da tutela perseguida não se compraz com tal formalidade**, inútil, a atravancar um procedimento, essencial e necessariamente, célere.

d) Pior ainda é exigir à instrução do pedido a cópia das contrarrazões. E por uma razão muito simples: **apresentadas as razões e as contrarrazões, o processo está pronto para ser enviado ao Tribunal**. Assim, **de nada adiantaria aduzir o pedido de efeito suspensivo destacadamente do apelo** – fazê-lo incidentalmente à apelação daria no mesmo. Igualmente em apreço à proporcionalidade, sob o ângulo da adequação, o conhecimento, pelo Tribunal, das contrarrazões é prescindível ao deferimento, ou não, de efeito suspensivo ao apelo.

e) De mais a mais, os §§ 5º e 6º do art. 492 do CPP, ao introduzirem, em nível **infraconstitucional**, o pedido de concessão de efeito suspensivo, não se sobrepõem ao *habeas corpus*, garantia fundamental, de assento **constitucional** – art. 5º, LXVIII, da CRFB/88. A probabilidade de reforma ou de anulação da condenação já tornaria, por si só, ilegal ou arbitrária a privação libertária, **viabilizando** a impetração do *habeas* ao Tribunal, **paralelamente** à apelação, como via **alternativa**, mas também **pertinente**, ao referido pedido. E a causa de pedir fatalmente seria uma das listadas no art. 648 do CPP – falta de justa causa ou motivação inexistente ou deficiente (incisos I e IV), incompetência do juízo (inciso III) ou qualquer outra nulidade (inciso VI). Enfim, a prevalecer o entendimento, draconiano, pela imprescindibilidade dos documentos elencados no § 6º do art. 492 do CPP para a instrução e conhecimento do pedido de concessão de efeito suspensivo, buscar-se-á o mesmo via habeas corpus, **esvaziando, por completo, os ditos §§ 5º e 6º**.

Dissecado o § 6º, chega-se, finalmente, ao § 5º. De antemão, **o pedido de efeito suspensivo submete-se ao colegiado**, precedido do parecer do Procurador oficiante na Câmara, porque o preceito expressamente diz que, excepcionalmente, *poderá o tribunal atribuir efeito suspensivo à apelação*. A norma é distinta da verificada, por exemplo, no desaforamento, no qual preceitua o § 2º do art. 427 do CPP que, *sendo relevantes os motivos alegados, o relator poderá determinar, fundamentadamente, a suspensão do julgamento pelo júri*. **A competência para a outorga, ou não, de efeito suspensivo ao apelo submete-se à colegialidade**.

Poderia o relator, em liminar, deferir a suspensão? Obviamente que haverá vozes que responderão negativamente, por ausência de previsão legal e em vista da própria excepcionalidade da suspensão em si – o que dizer, então, liminarmente... Obtemperar-se-á, ainda, a supressão de competência, por ser matéria afeta à Câmara, nos moldes do § 5º. Sem embargo, invocando o art. 654, § 2º do CPP, o relator poderá fazê-lo, mas, é forçoso convir, trata-se de quadra bastante remota – se o juiz pode, de ofício, conceder *habeas corpus* a título definitivo, quanto mais mediante provocação e precariamente, afinal, em apreço à teoria dos poderes implícitos, quem pode o mais, pode o menos[27]. Também por esses motivos, o incidente contemplado nos §§ 5º e 6º do art. 492 tende a ser **preterido** pela impetração de *habeas corpus*, com pedido expresso de liminar, fenômeno inerente ao devido processo legal do *habeas*, avalizado pela doutrina e pela jurisprudência do STJ[28]

---

[27] SANTOS, Marcos Paulo Dutra. Ações constitucionais impugnativas no processo penal. In: ALVES, Leonardo Barreto Moreira; ARAÚJO, Fábio Roque (coords.). *O projeto do Novo Código de Processo Penal*. Salvador: JusPodivm, 2012. p. 556-557.

[28] AgRg no HC 537.072/SP, Rel. Ministro Reynaldo Soares da Fonseca, Quinta Turma, julgado em 17/10/2019, DJe 25/10/2019 – "...6. 'Uma vez verificado que as matérias trazidas a debate por meio do habeas corpus constituem objeto de jurisprudência consolidada neste Superior Tribunal, **não há nenhum óbice a que o Relator conceda a ordem liminarmente, sobretudo ante a evidência de manifesto e grave constrangimento ilegal a que estava sendo submetido o paciente**', pois 'a concessão liminar da ordem de habeas corpus apenas consagra a exigência de racionalização do processo decisório e de efetivação do próprio princípio constitucional da razoável duração do processo, previsto no art. 5º, LXXVIII, da Constituição Federal, o qual foi introduzido no ordenamento jurídico brasileiro pela EC n.45/2004 com

e do STF[29], com espeque, justamente, na intepretação ontológica (compreensiva) do art. 654, § 2º, acima esmiuçada, conjugada à Lei nº 12.016/09 – se o mandado de segurança comporta liminar (art. 7º, §§ 1º a 5º), com razão ainda maior o *habeas corpus*, porque ambas são **mandamentais**, versando a última sobre a liberdade, **bem jurídico indisponível, de envergadura maior**.[30]

Se o pedido de suspensão dos efeitos da decisão atacada for incidental ao apelo, o relator deve, primeiro, examiná-lo, liberando o processo para ser pautado pelo presidente da Câmara e julgado. Após, os autos retornam ao relator para exame da apelação em si. Descabe julgar, simultaneamente, ambos, mesmo porque o escopo do pleito suspensivo é garantir que o réu possa aguardar em liberdade o julgamento do apelo. Com razão ainda maior adota-se esse procedimento **se** o efeito suspensivo do apelo for buscado em petição isolada. No caso do *habeas corpus*, o mérito da impetração será igualmente apreciado pelo Colegiado **antes** da apelação.

Ante tal formato, não é preciso recorrer à futurologia para antever a inocuidade desse pedido. O acolhimento perpassa, nos termos do § 5º do art. 492 do CPP, pelo atendimento de dois requisitos, **cumulativos**: não ter o apelo propósito **protelatório** e levantar questão **substancial**, com potencial para importar absolvição, anulação da sentença, novo julgamento ou redução da pena para patamar aquém de 15 anos de reclusão. Ora, nos moldes delineados pelo legislador, o pedido de suspensão atua como manifesta antecipação do mérito recursal. É impraticável examiná-lo sem percorrer este último. Indeferi-lo, sob a justificativa de ser o recurso protelatório, *v.g.*, significa selar, de antemão, o desprovimento. Acolhê-lo, porque robusta a tese veiculada na apelação, configura, no mínimo, forte inclinação pelo provimento. Por tudo isso, e para evitar alegações de pré-julgamento, o caminho mais fácil à disposição dos Tribunais será o indeferimento, sob o fundamento de que a análise da eventual concessão de efeito suspensivo embaralha-se com o mérito recursal. Conforme já observado, ora reiterado, os §§ 5º e 6º do art. 492 do CPP teriam ínfima aplicabilidade prática.

No mais, registre-se, mais uma vez, a debilidade técnica dos idealizadores da norma, afinal, nos apelos interpostos contra os pronunciamentos do Conselho de Sentença, **não se persegue a absolvição do réu**. Em se entendendo indevida a condenação, porque contrária à evidência dos autos ou ao Direito, pede-se a desconstituição do veredicto, realizando-se novo julgamento, nos moldes do art. 593, § 3º do CPP. Referir-se à *absolvição*, tal qual consta no inciso II do § 5º do art. 492 do CPP, é erro crasso, revelador do profundo desconhecimento do tema.

---

status de princípio fundamental' (AgRg no HC 268.099/SP, Rel. Ministro Sebastião Reis Júnior, Sexta Turma, julgado em 2/5/2013, DJe 13/5/2013)..." (grifo nosso).

[29] HC 93739, Relator Min. Ricardo Lewandowski, Primeira Turma, julgado em 05/08/2008, *DJe*-177 divulg 18/09/2008 public 19/09/2008.

[30] Nesse sentido, GRINOVER, Ada Pellegrini; GOMES FILHO, Antonio Magalhães; FERNANDES, Antonio Scarance. *Recursos no Processo Penal*. 2. ed. São Paulo: RT, 1997, p. 370/371. O *leading case* sobre o tema, rememoram os autores, deu-se sob a égide da anterior Lei nº 1.533/1951, no *habeas corpus* formalizado no STF, em prol do ex-governador do Estado de Goiás, Mauro Borges, em 1964, havendo sido concedida a liminar por analogia *in bonam partem* com o mandado de segurança. Na mesma esteira, estribado nas lições de Helio Tornaghi, TOURINHO FILHO, Fernando da Costa. *Processo Penal*. 25. ed. São Paulo, 2003, p. 580/582, vol. IV.

Por tudo isso, é forçoso reconhecer a inconstitucionalidade da alínea e do inciso I do art. 492, bem como dos §§ 3º a 6º do CPP, reproduzindo-se, aqui, toda a glosa desenvolvida em relação à execução provisória da pena.

Existe, ainda, outro dado dos mais relevantes. A perspectiva de vir a ser preso, se a condenação quedar-se em patamar igual ou superior a 15 anos, **inibe** o exercício do direito de presença – *Day in Court* –, contemplado no art. 14, 1 do PIDCP – *toda pessoa terá o direito de ser **ouvida** publicamente e com devidas garantias por um tribunal competente, independente e imparcial* (grifo nosso) – e no art. 8º, 1 da CADH – *toda pessoa terá o direito de ser **ouvida**, com as devidas garantias e dentro de um prazo razoável, por um juiz ou Tribunal competente, independente e imparcial* –, manifestação da **autodefesa**, que, juntamente com a defesa técnica, integra o **direito de defesa**, que, no Plenário do Júri, é mais do que amplo. É **pleno**, por mandamento constitucional – art. 5º, XXXVIII, a, da CRFB/88. E a plenitude sobrepõe-se à amplitude justamente por não ter peias. Pois o art. 492, I, "e" e §§ 3º a 6º do CPP as criou.

A quadra é bastante similar aos então artigos 594 e 595 do CPP, comentados *retro*. Argumentava-se, em prol da constitucionalidade desses preceitos, o fato de o acesso ao duplo grau de jurisdição, garantia igualmente prevista nas citadas Convenções – art. 14, 5, do PIDCP (*toda pessoa declarada culpada por um delito terá direito de **recorrer** da sentença condenatória e da pena a uma instância superior, em conformidade com a lei*) e art. 8º, 2, h da CADH (*direito de **recorrer** da sentença a juiz ou tribunal superior*) – permanecer disponível, enquanto extensão do próprio direito de defesa, **desde que** o sentenciado persistisse preso ou se recolhesse ao cárcere. Obviamente que esse pressuposto extrínseco de admissibilidade recursal **inibia** o recurso. E, justamente por isso, as normas correspondentes aos arts. 594[31], e 595[32] do CPP foram declaradas não recepcionadas pela Constituição pelo Supremo Tribunal Federal, que, igualmente, já colocou em xeque a constitucionalidade do art. 59 da Lei nº 11.343/06, de texto idêntico ao do art. 594[33].

Mutatis mutandis, o cenário atual, envolvendo o art. 492, I, e, e §§ 3º a 6º do CPP, é bastante similar, pois, **por meio do risco real de prisão, tolhe-se o exercício do direito de defesa**, considerado não o acesso ao duplo grau de jurisdição, mas o *Day in Court*, com o gravame, convém rememorar, que, no plenário do Júri, tem-se a **plenitude** da defesa (art. 5º, XXXVIII, a, da CRFB/88).

As percepções acima estão contidas no **Enunciado nº 26 da Defensoria Pública de Minas Gerais**: O artigo 492, e, do CPP é inconstitucional e inconvencional, visto que a prisão baseada em quantitativo de pena viola: (i) o direito de defesa ao intimidar o comparecimento do réu ao julgamento, (ii) estimular, por via transversa, a aplicação de

---

[31] RHC 83810, Relator Min. Joaquim Barbosa, Tribunal Pleno, julgado em 05/03/2009, *DJe*-200 divulg 22/10/2009 public 23/10/2009.

[32] HC 85961, Relator Min. Marco Aurélio, Tribunal Pleno, julgado em 05/03/2009, *DJe*-071 divulg 16/04/2009 public 17/04/2009, *RB* v. 21, n. 547, 2009, p. 21-24, *RT* v. 98, n. 885, 2009, p. 471-478, *LEXSTF* v. 31, n. 364, 2009, p. 306-317.

[33] HC 104394, Relator Min. Ayres Britto, Segunda Turma, julgado em 25/10/2011, *DJe*-084 divulg 30/04/2012 public 02/05/2012; HC 106243, Relator Min. Gilmar Mendes, Segunda Turma, julgado em 05/04/2011, *DJe*-075 divulg. 19/04/2011 public 25/04/2011 – *"...2. **Tráfico de drogas. Necessidade de o réu recolher-se à prisão para apelar (Lei 11.343/2006, art. 59). Ofensa aos princípios constitucionais da presunção de inocência, ampla defesa, contraditório e duplo grau de jurisdição. Constrangimento ilegal caracterizado...*" (grifo nosso).

pena que implique em prisão, (iii) violar a presunção de inocência, na forma da jurisprudência do STF.

Não se desconhece, em sentido contrário, os precedentes da 1ª Turma do STF, favoráveis à pronta execução das condenações provenientes do Tribunal do Júri[34], sem adesão, contudo, do STJ, **mesmo antes** de o Pleno do STF voltar a **inadmitir** a execução provisória da pena privativa de liberdade[35]. A soberania dos veredictos (art. 5º, XXXVIII, c da CRFB/88) conferiria suficiente estabilidade aos éditos condenatórios para, ainda em primeiro grau, inverter o estado (ou presunção) de inocência para o de culpado, sem ofensa ao art. 5º, LVII, da CRFB/88, afinal, o eventual provimento do apelo sujeitar-se-ia à constatação de haver sido a condenação **manifestamente** contrária à evidência dos autos (art. 593, III, d do CPP). Tamanha reversão mostra-se improvável, porque, em atenção à dita soberania, a existência de material informativo/probatório **controverso** já bastaria à manutenção da condenação.

Além de toda a argumentação, já articulada, pela inconstitucionalidade da execução provisória da pena, invocar a soberania dos veredictos para abalizá-la constitucionalmente mostra-se de todo equivocado, distorcendo, por completo, o significado e o alcance dessa garantia fundamental.

O art. 5º, XXXVIII, da CRFB/88 anuncia, em primeiríssimo plano, a plenitude de defesa na alínea "a", para, no inciso LV, apresentar a ampla defesa, por conseguinte, não podem ser tratadas como garantias justapostas. Inclusive sob o aspecto semântico, defesa *plena* é um *plus* em relação à defesa *ampla*. Com efeito, a última é oponível aos órgãos jurisdicionais em geral, norteados pelo princípio do livre convencimento **motivado** (art. 93, IX, da CRFB/88), logo, qualquer defesa, para ser cognoscível pelo juiz, precisa ser construída com lastro nos princípios, lei, doutrina e jurisprudência. O direito de defesa, embora amplo, não chega a ser *pleno*, pois conhece um *teto*, ditado pela razão, elemento imprescindível a todo e qualquer pronunciamento jurisdicional.

No Júri, todavia, tem-se o *pleno* exercício do direito de defesa, ou seja, mesmo teses *supralegais*, *sem respaldo técnico*, podem ser articuladas, porquanto, do contrário, inexistiria a *plenitude* do direito de defesa, em afronta ao art. 5º, XXXVIII, a da CRFB/88[36], à exceção da vulgarmente conhecida "legítima defesa da honra" em casos de feminicídio,

---

[34] HC 144712, Relator Min. Marco Aurélio, Relator p/ Acórdão: Min. Roberto Barroso, Primeira Turma, julgado em 27/11/2018, DJe-039 divulg 25/02/2019 public 26/02/2019 – *"...a Primeira Turma do STF já decidiu que **não** viola o princípio da presunção de inocência ou da não culpabilidade a execução da condenação pelo Tribunal do Júri, independentemente do julgamento da apelação ou de qualquer outro recurso..."* (grifo nosso).

[35] AgInt no RHC 112.461/GO, Rel. Ministro Leopoldo de Arruda Raposo (Desembargador Convocado do TJ/PE), Quinta Turma, julgado em 01/10/2019, DJe 08/10/2019 – *"...Esta Corte de Justiça já se pronunciou no sentido de que 'De qualquer modo, tanto a doutrina quanto a jurisprudência, salvo pontuais divergências, sempre entenderam que **a decisão do Tribunal do Júri não é imediatamente exequível**. A soberania dos veredictos não é absoluta e convive em harmonia com o sistema recursal desenhado pela lei adjetiva penal. O fato de a Corte revisora, no julgamento de apelação contra decisão do Tribunal do Júri, não estar legitimado a efetuar o juízo rescisório, não provoca a execução imediata da sentença condenatória, pois permanece incólume a sua competência para efetuar o juízo rescindente e determinar, se for o caso, um novo julgamento, com reexame de fatos e provas.* (HC n. 478.945/ES, Quinta Turma, Relator Ministro Reynaldo Soares da Fonseca, DJe de 1º/03/2019)'..." (grifo nosso); HC 521.628/PA, Rel. Ministro Sebastião Reis Júnior, Sexta Turma, julgado em 08/10/2019, DJe 14/10/2019.

[36] PORTO, Hermínio Alberto Marques. Ob. cit., p. 33.

inadmitida pelo Pleno do STF[37], orientação recebida por nós com reservas[38], mas sobre a qual não nos ateremos, por ser tema estranho à Lei "Anticrime".

Quando, no Plenário, pede-se a absolvição, *v.g.*, da mulher pelo homicídio do esposo, após tê-lo flagrado com a amante no próprio leito conjugal, ou do pai, pelo assassinato do estuprador da filha, mediante vários disparos de arma de fogo pelas costas, ou, ainda, porque passado longo tempo depois do acontecido, encontrando-se o réu inteiramente integrado à sociedade, de sorte que a pena seria estritamente retributiva, **nada de juridicamente relevante é alegado**. Nos dois primeiros exemplos haveria, sob um olhar exclusivamente técnico e racional, quando muito, um homicídio privilegiado, provavelmente qualificado pelo recurso que impossibilitou a defesa da vítima. No terceiro caso apresentado, nem isso, afinal, o decurso temporal é indiferente para a tipicidade, ilicitude e culpabilidade da conduta, impactando, apenas, na punibilidade, presente, *v.g.*, a prescrição. Ainda assim, tais teses não só são articuláveis, como, muitas vezes, exitosas. A isso se somam vários recursos retóricos, cujo emprego pela defesa é admissível, mas despidos de conteúdo jurídico, como leituras bíblicas demonstrativas do valor do perdão, buscando, assim, uma absolvição por misericórdia.

Tudo isso somente é possível porque, no Júri, o Conselho de Sentença pauta-se pelo sistema da íntima convicção, **expressão da soberania dos jurados, sem a qual a plenitude de defesa jamais se concretizaria**. Por mais que sejam heresias jurídicas, se desenvolvidas a partir de elementos probatórios constantes no processo, não se pode dizer que, acolhê-las, atentaria contra a evidência dos autos. **É a soberania que confere estabilidade a esses veredictos, impedindo o Tribunal de revertê-los em prol de novo julgamento por falta de amparo técnico-legal. A alínea "c" do inciso XXXVIII do art. 5º da CRFB/88 concretiza a "a". A plenitude de defesa só existe por conta da soberania dos veredictos**.

À atuação do Ministério Público, por sua vez, a soberania dos veredictos é **neutra**, porque cumpre-lhe indicar *os fundamentos jurídicos de suas manifestações processuais* (art. 129, VIII, 2ª parte, da CRFB/88), ou seja, ao se pronunciar pela condenação do réu, no plenário do Júri, o *Parquet* **há de fazê-lo motivadamente, por imperativo constitucional**. Eventual veredicto condenatório, embora desconhecida a *ratio decidendi*, porque sem fundamentação, tende a passar ao largo da teratologia jurídica, apresentando suficiente roupagem técnica, sem o risco de cassação pelo Tribunal em prol de novo julgamento.

A soberania dos veredictos surge, assim, não como uma garantia indistinta das partes, mas do réu, precipuamente, porque imprescindível à efetividade da plenitude de defesa. Partindo dessa premissa, invocá-la para legitimar a execução provisória da pena, no Júri, ainda em primeiro grau é um contrassenso, pois **um direito fundamental do acusado militaria contra si**.

Inconstitucional é a Lei nº 13.964/19 quanto ao regramento dispensado à alínea "e" do inciso I do art. 492 do CPP, trazendo, a reboque, os §§ 3º a 6º.

---

[37] ADPF 779 MC-Ref, Relator(a): Dias Toffoli, Tribunal Pleno, julgado em 15/03/2021, *DJe* 20/05/2021.

[38] Acerca do tema, SANTOS, Marcos Paulo Dutra. *A ADPF nº 779 e o embaralhamento entre plenitude e ampla defesa*. Disponível em: https://www.conjur.com.br/2021-mar-08/marcos-santos-embaralhamento-entre-plenitude-ampla-defesa. Acesso em: 19 dez. 2021.

O Superior Tribunal de Justiça tampouco vem dando exequibilidade ao novel art. 492, I, *e*, e §§ 3º a 6º do CPP, reputando-o inconstitucional à luz do art. 5º, LVII, da CRFB/88[39].

O tema, todavia, persiste em aberto no Supremo Tribunal Federal, conforme se extrai da Medida Cautelar na Suspensão de Liminar nº 1504/RS, julgada em 14/12/21, publicada no *DJ* do dia seguinte, na qual o Min. Presidente Luiz Fux, relator, determinou a imediata prisão preventiva dos sentenciados, no Júri, pela tragédia ocorrida na boate "Kiss", às reprimendas iguais ou superiores a 15 (quinze) anos, com espeque no art. 492, I, *e*, e §§ 3º a 6º do CPP, retomando os fundamentos e a jurisprudência da 1ª Turma, comentadas *retro*, favoráveis à constitucionalidade da execução provisória da pena oriunda das condenações do Tribunal do Júri[40], orientação essa reiterada pelo Min. Dias Toffoli, ao negar, monocraticamente, seguimento aos HCs de nºs 210.535 e 210.561/RS em 17 de dezembro de 2021, com acórdão publicado no *DJ* de 20 imediato.

8.2. DA NÃO ATUAÇÃO OFICIOSA DO JUIZ NO CÓDIGO DE PROCESSO PENAL E NA LEGISLAÇÃO EXTRAVAGANTE – LEI MARIA DA PENHA E CÓDIGO DE TRÂNSITO BRASILEIRO

O processo penal cautelar brasileiro, especialmente no tocante às medidas de cunho pessoal, constritivas da liberdade, tem passado por gradual depuração à luz do sistema acusatório. À medida em que a titularidade da ação penal pública foi confiada, privativamente, ao Ministério Público (art. 129, I, da CRFB/88), atuações oficiosas do juiz *pro societate* traduzem inconstitucional ingerência no exercício da pretensão punitiva estatal, incompatível com a equidistância que dele se exige, sem a qual inexiste imparcialidade, premissa de qualquer processo substancialmente devido – art. 5º, LIV, da CRFB/88.

Apesar de tal percepção dominar parte expressiva da doutrina nacional há bastante tempo, jamais sensibilizou os Tribunais do País, inclusos o Superior Tribunal de Justiça[41] e o Supremo Tribunal Federal[42]. Por versar sobre medidas cautelares, implementadas com lastro em cognição **sumária**, encerrando valorações **precárias**, *rebus sic stantibus*,

---

[39] AgRg no TP 2.998/RS, Rel. Ministro Olindo Menezes (Desembargador Convocado do TRF 1ª Região), Sexta Turma, julgado em 21/09/2021, DJe 27/09/2021 – *"...vem decidindo esta Corte que é ilegal a prisão preventiva, ou a execução provisória da pena, como decorrência automática da condenação proferida pelo Tribunal do Júri (HC 538.491/PE, Rel. Ministro Sebastião Reis Júnior, Sexta Turma, julgado em 04/08/2020, DJe 12/08/2020). **A letra da Constituição, que não faz acepção de situações jurídicas (art. 5º, LVII), deve estender-se às decisões do Júri...*"* (grifo nosso).

[40] Houve absoluta ruptura do devido processo legal na **eleição da via eleita**, bem como no **procedimento adotado pelo Presidente do STF**, a começar pela supressão de instância, mas, por ser tema estranho à Lei "Anticrime", deixamos, aqui, de aprofundar. Mas, em meio a tantos excelentes artigos sobre a dita decisão, reportamo-nos a NEWTON, Eduardo Januário; MUNIZ, Gina Ribeiro Gonçalves; ROCHA, Jorge Bheron. *Suspensão da Liminar em HC no caso da Boate Kiss é Terraplanismo Penal*. Disponível em: https://www.conjur.com.br/2021-dez-17/opiniao-suspensao-liminar-hc-boate-kiss. Acesso em: 19 dez. 2021.

[41] RHC 66.680/MG, Rel. Ministra Maria Thereza de Assis Moura, Sexta Turma, julgado em 23/02/2016, DJe 02/03/2016.

[42] HC 126.501/MT, Rel. orig. Min. Marco Aurélio, Rel. p/acórdão Min. Edson Fachin, Primeira Turma, julgado em 14/06/2016, DJe 04/10/2016 – *"...3. Diante do disposto no art. 156 do CPP, **não se reveste de ilegalidade a atuação de ofício do Magistrado que, em pesquisa a banco de dados virtuais, verifica a presença de registros criminais em face do paciente...*"* (grifo nosso).

entendia-se pela inocorrência de pré-julgamentos. A par disso, não se pode desprezar o aspecto político: a concretização do sistema acusatório importa, inevitavelmente, decotar os poderes oficiosos da magistratura. E toda proposta que envolve *perda de poder* sofrerá natural resistência dos por ela atingidos.

Não causa espécie, assim, que a depuração das (inúmeras) reminiscências inquisitórias tenha sido bancada, inteiramente, pelo Poder Legislativo, na linha do defendido há décadas pela doutrina pátria. Destaca-se, nesse contexto, a Lei n° 12.403, de 4 de maio de 2011.

O texto original do art. 311 do CPP autorizava o juiz a decretar, de ofício, a prisão preventiva incidentalmente ao inquérito e ao processo. Sensível às exigências de um processo genuinamente acusatório, mas sem concretizá-lo integralmente, a Lei n° 12.403/11 alterou o art. 311 para circunscrever a atuação oficiosa ao processo, descartando-a do inquérito.

Guiou-se pelo entendimento doutrinário intermediário, segundo o qual **seria admissível a performance judicial *ex officio* no curso do processo, por ser o juiz o condutor e presidente, diretamente interessado na preservação da sua efetividade, extensiva, por óbvio, à sentença. Na investigação, contudo, a proatividade seria demasiada e inadequada, por se estar em um universo inquisitório, no qual o protagonismo, por mandamento constitucional, é todo dos órgãos de repressão estatal – Polícia e Ministério Público –, considerados, respectivamente, os artigos 144 e 129, I da CRFB/88.** Como a Lei n° 12.403/11 trouxe um regramento geral sobre as medidas cautelares pessoais, presente o art. 282, tal norma foi repetida no § 2°, a englobar as tutelas cautelares diversas da prisão, contempladas nos arts. 319 e 320 do CPP.

A Lei n° 13.964/19 **evoluiu**, significativamente, em relação à Lei n° 12.403/11, pois, a fim de materializar de vez o sistema acusatório, revisitou os citados § 2° do art. 282 e art. 311 do CPP para **decotar** o atuar *ex officio* do juiz **também** do **processo**. Doravante, apenas mediante provocação, em atenção ao princípio da inércia da jurisdição – *ne procedat judex ex officio* –, pressuposto inalienável para qualquer apreciação jurisdicional efetivamente imparcial. Se o próprio titular da ação penal não vislumbrou necessária a constrição libertária cautelar, descabe ao juiz, de quem se exige imparcialidade, entender diferentemente, mesmo já existindo processo em curso. A postura judicial, diante da pretensão acusatória formalizada, há de ser **desinteressada**, sem envolvimento, afinal, a causa **não** é sua, e sim do Ministério Público ou do querelante. A procedência, ou não, do pedido, ao final do processo, há de ser decorrência de uma atividade intelectiva fria e racional, despida de carga emocional ou ideológica. Como o magistrado é, antes de tudo, um ser humano, com suas experiências, valores, ideologia e visão de mundo acumuladas ao longo da vida, e não uma tábula rasa, tamanha imparcialidade beira o inexequível. E, justamente por isso, o processo há de ser revestido de mecanismos que a potencializem, tolhendo, em contrapartida, os inexoráveis *preconceitos* ínsitos à natureza humana – varia, apenas, a intensidade. Não permitir a atuação oficiosa é, inegavelmente, um deles, dos mais importantes, aliás.

Assim, nos termos do novel § 2° do art. 282 do CPP, *as medidas cautelares serão decretadas pelo juiz* **a requerimento das partes** *ou, quando no curso da investigação criminal,* **por representação da autoridade policial ou mediante requerimento do Ministério Público** (grifo nosso). Em idêntico sentido coloca-se o novo art. 311: *Em* **qualquer fase** *da investigação policial ou do* **processo penal**, *caberá a prisão preventiva decretada pelo juiz,* *a requerimento do Ministério Público, do querelante ou do assistente, ou por representação da autoridade policial* (grifo nosso).

A Lei nº 13.964/19, nesse particular, mostra-se coerente, haja vista a regra contida no art. 3º-A do CPP, de idêntico jaez, porém voltada para as cautelares probatórias, igualmente impedindo o atuar *ex officio* do juiz – *o processo penal terá estrutura acusatória*, **vedadas a iniciativa do juiz na fase de investigação** e a **substituição da atuação probatória do órgão de acusação** (grifo nosso).

A interpretação sistemática desses dispositivos **aclara** o sentido de outros, igualmente alterados pela Lei nº 13.964/19, que, se lidos açodadamente, passariam a (falsa) impressão de subsistência da atuação oficiosa do juiz, em determinadas hipóteses.

O primeiro desses preceitos é o inserto no § 5º do art. 282 do CPP, ao preconizar que *o juiz poderá, **de ofício** ou a pedido das partes, **revogar** a medida cautelar ou **substituí-la** quando verificar a falta de motivo para que subsista, bem como voltar a decretá-la, se sobrevierem razões que a justifiquem* (grifo nosso). Como o dispositivo alude, *aparentemente* sem diferençar, à revogação, substituição ou retomada da tutela cautelar pessoal, de ofício ou a pedido das partes, poder-se-ia sustentar que, embora o juiz não pudesse, na origem, implementar, oficiosamente, medidas constritivas libertárias, nada impediria, depois de afastá-la, retomá-la de ofício, sobrevindo motivos para tanto.

Tamanha textualidade, todavia, deságua em conclusão irracional e incoerente. Diz o § 4º do art. 282 do CPP, igualmente reformado pela Lei nº 13.964/19, que, *no caso de* **descumprimento** *de qualquer das obrigações impostas, o juiz,* **mediante requerimento do Ministério Público, de seu assistente ou do querelante***, poderá substituir a medida, impor outra em cumulação, ou, em último caso, decretar a prisão preventiva, nos termos do parágrafo único do art. 312 deste Código* (grifo nosso). Ora, **se mesmo ante a inobservância injustificada da tutela cautelar pessoal imposta**, a imposição de outras, mais gravosas, em substituição ou reforço, incluindo, em última análise, a prisão preventiva, **depende de prévia provocação**, o que dizer dos demais casos... Assim há de ser interpretado o § 5º do art. 282 do CPP, atrelando-o aos §§ 2º e 4º e ao art. 311.

A referência à atuação *ex officio* contida no dispositivo restringe-se à **revogação** da tutela cautelar ou à sua **substituição** por outra, menos drástica, hipóteses nas quais o juiz não só pode, como **deve**, agir oficiosamente, afinal, na qualidade de guardião das liberdades individuais, a sua atuação independe de prévia provocação das partes. Não se diga que tal intelecção gera *disparidade de armas*, melindrando a isonomia, porque **assim prega a própria Constituição**. A liberdade é a **regra**, tanto que o art. 5º, LX, anuncia que *ninguém será preso senão em flagrante delito ou por ordem escrita e fundamentada de autoridade judiciária* **competente***, salvo nos casos de transgressão militar ou crime propriamente militar, definidos em lei* (grifo nosso), vinculando a constitucionalidade de qualquer constrição libertária à **competência** jurisdicional. Contudo, ao cuidar do relaxamento da prisão, a Carta de 1988 **dispensa** a competência como pressuposto para o seu implemento, bastando satisfazer a **reserva de jurisdição**, ou seja, partir de órgão **jurisdicional**. Ao preconizar, no inciso LXV do art. 5º, em tom peremptório, que *a prisão ilegal* **será** *imediatamente relaxada pela autoridade judiciária*, o silêncio quanto à competência foi **eloquente**. Nesse sentido, a propósito, já se manifestou o Pleno do STF, na ADI 4414, Relator(a): Min. LUIZ FUX, julgado em 31/05/2012, PROCESSO ELETRÔNICO *DJe*-114 DIVULG 14-06-2013 PUBLIC 17-06-2013, merecendo destaque, porque autoexplicativo e didático, o seguinte trecho da ementa:"...*16.* **O juízo incompetente pode**, *salvante os casos de erro grosseiro e manifesta má-fé, em hipóteses* *de urgência e desde que haja dúvida razoável a respeito do órgão que deve processar a causa, determinar o relaxamento de prisão ilegal, remetendo o caso, em seguida, ao juiz natural, configurando hipótese de translatio iudicii inferida do art. 5º, LXV, da Carta Magna*, o qual **não exige a competência da autoridade judiciária responsável pelo relaxamento, sendo certo que a complexidade dos critérios de divisão da competência jurisdicional não podem obstaculizar o acesso à justiça (art. 5º, XXXV, CRFB)**..." (grifo nosso). Finalmente, o inciso LXVIII do art. 5º, também **imperativamente**, afirma que *conceder-se-á habeas corpus sempre que alguém sofrer ou se achar ameaçado de sofrer violência ou coação em sua liberdade de locomoção, por ilegalidade ou abuso de poder* (grifo nosso), presumindo o deferimento mesmo oficioso, explicitado no art. 654, § 2º do CPP.

Não por acaso **toda a primeira parte do § 5º do art. 282 do CPP, no qual surge a previsão de atuação *ex officio*, volta-se para a revogação da medida cautelar ou a sua substituição por outra mais branda**, não extensível, portanto, à parte final, concernente à decretação.

Todas as considerações acima, incluindo a última, de cunho topográfico, irradiam-se ao *caput* do art. 316 do CPP, alterado pela Lei nº 13.964/19, a ponto de a **Defensoria Pública de Minas Gerais ter editado o Enunciado nº 22**: *Para fins dos artigos 282, § 5º e 316 do CPP, a nova decretação de medida cautelar, incluindo a prisão preventiva, demanda provocação dos legitimados, na forma dos artigos 282, § 2º e 311, CPP.*

O citado dispositivo sempre realçou o caráter *rebus sic stantibus* da prisão preventiva, variando a necessidade desta conforme o estágio no qual estivesse a persecução penal, daí o texto anterior à Lei nº 13.964/19 dizer que *o juiz poderá* **revogar** *a prisão preventiva se,* **no correr do processo,** *verificar a falta de motivo para que subsista, bem como de* **novo decretá-la,** *se* **sobrevierem** *razões que a justifiquem* (grifo nosso). Incomodava na redação, dada pela Lei nº 5.349, de 3 de novembro de 1967, o tom **facultativo** conferido ao pronunciamento **revocatório** – **poderá** –, ao invés de **mandatório** – *revogará* ou *deverá revogar* –, afinal, se insubsistentes os fundamentos ensejadores da prisão preventiva, revogá-la é **dever**, e não mera faculdade. A inação desafia, inclusive, habeas corpus, segundo explicita o inciso IV do art. 648 do CPP – *A coação considerar-se-á* ***ilegal:*** *...IV – quando houver* ***cessado*** *o motivo que autorizou a coação"* (grifo nosso).

Essa imprecisão foi corrigida pela Lei nº 13.964/19, ao preconizar, assertivamente, que *o juiz poderá,* **de ofício** *ou a pedido das partes,* **revogar** *a prisão preventiva se, no correr da investigação ou do processo,* **verificar a falta de motivo para que ela subsista**, *bem como novamente decretá-la, se sobrevierem razões que a justifiquem* (grifo nosso). Mais uma vez, a menção ao atuar judicial *ex officio* vem anunciada na primeira parte do preceito, ao lado da referência à revogação da prisão preventiva, **não se estendendo à segunda parte, atinente à nova implementação da custódia**, considerado o disposto no art. 311, em reforço ao asseverado no art. 282, §§ 2º e 4º do CPP. A interpretação sistemática e integrada desses artigos elide qualquer possibilidade de decretação oficiosa da prisão preventiva, que a leitura textual, isolada e apressada do novel *caput* do art. 316 do CPP possa sugerir.

Registre-se: estando cautelarmente preso o acusado, o juiz, na sentença, pode, de ofício, conservá-lo custodiado, quando decidir sobre o direito de aguardar, ou não, em liberdade o processo e julgamento da apelação (art. 387, § 1º do CPP). **Estará, com isso, simplesmente, prolongando o *status quo* prisional**. O próprio art. 316, parágrafo único, do CPP, pertinente à revisão nonagesimal, impõe ao Juízo emissor da ordem de prisão o dever de reexaminar os seus fundamentos, **mantendo-a se assim entender**, independentemente de provocação.

A *contrario sensu*, descabe, na sentença, implementar, de ofício, a prisão preventiva, pois impor ou restaurar cautelas constritivas da liberdade exige provocação prévia, considerados os novos artigos 282, §§ 2º e 4º, e 311 do CPP, aos quais deve o § 1º do art. 387 do CPP coadunar-se em apreço ao princípio da anterioridade – *lex posteriori derogat anteriori*. Apesar do tom peremptório da regra encartada no dito § 1º do art. 387, sugerindo oficiosidade ao preconizar que o juiz "decidirá" sobre a manutenção ou imposição da prisão preventiva ou das cautelares pessoais diversas, não se olvide que o preceito, renumerado pela Lei nº 12.736/12, remete à Lei nº 12.403/11, época na qual o juiz estava autorizado a implementar, de ofício, medidas constritivas da liberdade, se incidentais ao processo. Como a Lei nº 13.964/19 extirpou a atuação judicial oficiosa também no curso do feito, cumpre interpretar o citado § 1º do art. 387 à luz da atual realidade normativa pátria. Tampouco se invoque, em sentido contrário, os já citados § 5º do art. 282 e *caput* do art. 316 do CPP, porque, por serem oriundos da Lei nº 13.964/19, precisam ser compreendidos sistematicamente, conjugados aos novos §§ 2º e 4º do art. 282 e art. 311 do CPP, sob pena de torná-los letra morta, incorrendo em verdadeira esquizofrenia interpretativa.

Já há pronunciamentos monocráticos do STJ no sentido das lições aqui trazidas na 1ª edição da obra – RCD no HC nº 699.150/RJ, 5ª Turma, rel. Min. Reynaldo Soares da Fonseca, j. 30/11/21, publicado no *DJe* de 1º/12/21: *"...O mesmo raciocínio aplica-se* **na decretação da preventiva na sentença condenatória recorrível, ou seja, o sistema acusatório brasileiro não mais permite a decretação de ofício de prisão cautelar, o que ocorreu na espécie...**" (grifo nosso).

Todas essas considerações estendem-se à prisão decorrente da pronúncia, considerada a redação dada ao § 3º do art. 413 do CPP bastante similar à do § 1º do art. 387 do CPP, igualmente anterior à Lei nº 13.964/19, reportando-se à Lei nº 11.689/08.

E se o Ministério Público, nas alegações finais, independentemente do seu conteúdo, opina favoravelmente pela soltura do réu, entendendo inexistirem óbices ao apelo em liberdade?

Quando o juiz, na sentença penal condenatória, nega ao preso o direito de aguardar em liberdade o processo e julgamento do recurso, tem-se, no silêncio do Ministério Público externado nas alegações finais, máxime quando opina pela condenação nos termos da denúncia, a aquiescência na conservação do *status quo* prisional. Assim, e na linha do próprio p.ú. do art. 316 do CPP, não se tem um atuar manifestamente oficioso do juiz, comprometedor do sistema acusatório e da nova sistemática positivada pela Lei nº 13.964/19.

Contudo, na medida em que o próprio membro do *Parquet* reputa desnecessária ou ilegal a prisão preventiva, opinando pela soltura do réu, caso o juiz entenda diversamente, mais do que manter, **bancará** a prisão, contrariando o titular privativo da ação penal pública (art. 129, I, da CRFB/88), em flagrante atuação *ex officio*, em desconformidade com os arts. 282, §§ 2º e 4º, e 311 do CPP.

Mas e a independência funcional do juiz? E a teoria dos poderes implícitos: se o juiz pode o mais, condenar o acusado, mesmo havendo o *Parquet* opinado pela absolvição (art. 385 do CPP), não poderia o menos, conservar a custódia cautelar mesmo a contragosto da acusação? Ora, se tais indagações fossem levadas a ferro e fogo, continuar-se-ia a admitir a atuação oficiosa do juiz no curso do processo, pois tais objeções a justificariam, seja por força da sentença penal condenatória ou não, afinal, a independência funcional é ínsita à magistratura e o art. 385 do CPP persiste em vigor, com a sua constitucionalidade reafirmada pelo STF[43], nada obstante as (merecidas) críticas doutrinárias.

O juiz não pode conservar a prisão preventiva, em virtude da condenação, porque o titular da ação penal pública não mais a vislumbra pertinente. Mantê-la importaria atuar de ofício, em descompasso com o sistema acusatório (art. 129, I, da CRFB/88) e com as regras **específicas** sobre o tema – art. 282, §§ 2º e 4º, e art. 311, ambos do CPP, quadra essa extensiva à **pronúncia**, ao final da 1ª fase do Júri, quando o Ministério Público opina pela impronúncia ou absolvição sumária, ou mesmo desclassificação para imputação de reprovabilidade menor, nesse último caso com manifestação favorável à soltura do réu[44].

Finalmente, mas não menos importante, indaga-se: as demais atuações cautelares *ex officio* do juiz, previstas na legislação extravagante, persistem?

Invocando-se, literalmente, o princípio da especialidade, em prol de um legalismo exacerbado e acrítico, a resposta seria **positiva, supondo eloquente o silêncio do legislador.** Contudo, definitivamente não é a melhor inteleção.

O ordenamento processual penal brasileiro é um mosaico. Apesar de o Código de Processo Penal ser o eixo central, *n* temas importantíssimos vêm disciplinados em leis próprias. O legislador haveria de ter invejáveis memória e visão holística da ordem normativa pátria para, ao promover reformas adjetivas penais de cunho geral, lembrar-se de todos os dispositivos especiais correlatos aos que serão modificados. Longe de configurar silêncio proposital, não os alcançar traduz singelo esquecimento, cumprindo à doutrina e à jurisprudência a tarefa de sanar essas antinomias e suprir essas lacunas em prol da construção de um sistema normativo minimamente harmônico, coerente e linear, ao invés de transformá-lo em uma colcha de retalhos estanques e incomunicáveis entre si.

O fenômeno não é novo, haja vista a mudança na topografia do interrogatório, promovida pelas Leis nº 11.719 e 11.689, ambas de 2008, transferindo-o de primeiro para último ato instrutório nos procedimentos comum ordinário e sumário (arts. 400, *caput*, e 531 do CPP) – no sumariíssimo assim já era, *ex vi* do art. 81 da Lei nº 9.099/95 –, bem como no júri, consideradas a primeira e a segunda fases (arts. 411, *caput*, e 474, *caput*, do CPP). A inovação potencializou a autodefesa e, por conseguinte, a ampla defesa (art. 5º, LV, da CRFB/88), porquanto, ao ser interrogado, o réu teria um panorama completo do acervo probatório coligido ao longo do processo, ajustando as declarações que viesse a prestar a tal cenário, mesmo porque precedidas das orientações da defesa técnica, com quem se entrevista, antes, pessoal e reservadamente (art. 185, § 5º do CPP). Sem falsos pudores ou moralismos baratos, a depender do desenrolar da instrução, a propensão inaugural à confissão pode converter-se no silêncio, presente a produção de provas insatisfatórias à acusação, ou a, aparentemente, firme negativa de autoria de autoria convola-se em confissão, diante de uma instrução criminal absolutamente desfavorável ao réu, já pensando, *v.g.*, em utilizá-la para compensar com a reincidência patenteada nos autos.

---

[43] RE 1307645/SP, rel. Min. Ricardo Lewandowski, 2ª Turma, j. 18/02/21, decisão monocrática publicada no *DJ* de 22 imediato.

[44] Nesse sentido, STRECK, Lenio Luiz; MUNIZ, Gina Ribeiro Gonçalves; ROCHA, Jorge Bheron. *Preventiva após pedido de absolvição ou impronúncia é ranço inquisitório*. Disponível em: https://www.conjur.com.br/2021-fev-16/opiniao-preventiva-pedido-absolvicao-ranco-inquisitorio. Acesso em: 20 dez. 2021.

Circunscrever esse inegável avanço, em termos de ampla defesa, aos ritos comum e do júri, embora seja o primeiro aplicável subsidiariamente a todos os demais, inclusive aos previstos em lei especial (art. 394, §§ 2º e 5º do CPP), **violaria a vedação ao retrocesso, em sede de garantias fundamentais**, como é a ampla defesa (art. 5º, LV, da CRFB/88), e **desvirtuaria o princípio da especialidade, ignorando-lhe a *ratio essendi*.**

Com efeito, o princípio da especialidade decorre da **insuficiência** do regramento geral. A partir do momento em que a hipótese fática contemplada na norma padrão apresenta uma variante cujas peculiaridades não encontram nela equacionamento adequado, cria-se um preceito, **especificamente** voltado para a última, que, doravante, passa a prevalecer sobre o geral. Essa é a razão de ser do princípio da especialidade.

Se, entretanto, dispositivos especiais limitam-se a **reproduzir** o paradigma, **inexiste ruptura, mas reiteração**. Assim, alterado este, é natural que tais modificações compreendam todas as **reedições**, em prol de uma **linearidade sistêmica**. Pois assim, felizmente, decidiu o Pleno do STF acerca da topografia do interrogatório, realocando para o último ato instrutório mesmo em procedimentos que o posicionavam como primeiro, justamente por serem **ritos anteriores às Leis nº 11.719 e 11.689/08, que, longes de qualquer proposta diferenciada do padrão então em vigor, limitaram-se a repeti-lo. E, à época, o interrogatório inaugurava a instrução. Modificado o paradigma para melhor, presente a ampla defesa, garantia fundamental, tal evolução estende-se a todos os demais procedimentos**. Assim fez o Pleno do STF, primeiramente em relação à Lei nº 8.038/**90**, revisitando o art. 7º (ações penais de competência originária dos Tribunais Superiores)[45], e, depois, à Lei nº 11.343/**06**, considerado o art. 57 (entorpecentes), espraiando esse entendimento aos demais ritos[46]. Mas, sempre, com muita resistência do STJ – malgrado tenha se curvado à orientação do STF[47], prendeu-se, durante muito tempo, ao princípio da especialidade, invocando-o acriticamente[48].

A Lei nº 13.964/19 reedita o fenômeno, dessa vez no âmbito das cautelares constritivas da liberdade. Em verdade, a discussão foi iniciada pela Lei nº 12.403/11, pois, ao limitar a atuação *ex officio* do juiz ao processo, eliminando-a na investigação, em virtude da redação dada aos arts. 282, § 2º e 311 do CPP, estabeleceu um (aparente) conflito com regras como a do art. 20 da Lei nº 11.340/06, segundo a qual a prisão preventiva, seja incidental ou preparatória à ação penal, comporta pronunciamento *ex officio* do juiz, e a do art. 294, *caput*, da Lei nº 9.503/97, a prever o mesmo no tocante às cautelares de suspensão da carteira nacional de habilitação (CNH) ou proibição de obtê-la, antinomias essas há

---

[45] AP nº 528 AgR, Relator Ministro Ricardo Lewandowski, julgado em 24/03/2011, *DJe* de 08/06/2011.

[46] HC nº 127.900/AM, Relator Ministro Dias Toffoli, julgado em 03/03/2016, *DJe* de 03/08/2016 – *"...a norma inscrita no art. 400 do Código de Processo Penal comum aplica-se, a partir da publicação da ata do presente julgamento, aos **processos penais militares, aos processos penais eleitorais e a todos os procedimentos penais regidos por legislação especial**, incidindo somente naquelas ações penais cuja instrução não se tenha encerrado..."* (grifo nosso).

[47] RHC 39.287/PB, Rel. Ministro Reynaldo Soares da Fonseca, Quinta Turma, julgado em 13/12/2016, *DJe* 01/02/2017; HC 390.707/SC, Rel. Ministro Nefi Cordeiro, Sexta Turma, julgado em 14/11/2017, *DJe* 24/11/2017.

[48] HC 275.070/SP, Rel. Ministra Laurita Vaz, Quinta Turma, julgado em 18/02/2014, *DJe* 05/03/2014; HC 218.200/PR, Rel. Ministro Sebastião Reis Júnior, Sexta Turma, julgado em 21/06/2012, *DJe* 29/08/2012.

muito identificadas por nós⁴⁹. A Lei n° 13.964/19 apenas as potencializou, ao eliminar a postura oficiosa do juiz também durante o processo.

A supressão dos poderes oficiosos do juiz reforça o sistema acusatório (art. 129, I, da CRFB/88) e, por consequência, a imparcialidade judicial, traduzindo outro avanço em sede de garantias fundamentais, a ser estimulado, ao invés de tolhido, em apreço à vedação ao retrocesso. Os dispositivos acima, de 2006 e 1997, respectivamente, limitaram-se a replicar o paradigma então vigente, versado no art. 311 do CPP – oficiosidade da prisão preventiva, independentemente da etapa persecutória. Modificado este, primeiro para suprimir o atuar judicial *ex officio* na investigação (Lei n° 12.403/11), e, depois, para extirpá-lo de vez, inclusive no processo (Lei n° 13.964/19), é inexorável estender essas mudanças no padrão aos dispositivos que o repetiram. Assim, também nos universos da violência doméstica ou familiar contra a mulher e dos crimes de trânsito, incluindo o art. 278-A, § 2°, cuja redação remonta à Lei n° 13.804, de 10 de janeiro de 2019, **anterior à Lei n° 13.964/19, não mais subsiste a atuação *ex officio* do juiz**, seja no processo ou na investigação.

A resistência à inovação e à sua amplitude será enorme, similar à verificada na mudança topográfica do interrogatório.

No caso específico da Lei n° 11.340/06, invocar-se-ão o princípio da proibição à proteção deficiente, somado aos compromissos convencionais assumidos pelo Brasil, além do art. 4° da Lei Maria da Penha – *na interpretação desta Lei,* **serão considerados os fins sociais a que ela se destina e, especialmente, as condições peculiares das mulheres em situação de violência doméstica e familiar** (grifo nosso) – para, em reforço ao princípio da especialidade, conservar, intocado, o art. 20. Embora imediatamente anterior à Lei n° 13.964/19, mas em resposta à Lei n° 12.403/11, que já proibia a atuação *ex officio* do juiz no inquérito, temos o Enunciado n° 51 do Fórum Nacional de Juízas e Juízes de Violência Doméstica e Familiar contra a Mulher (FONAVID): *"O art. 20 da LMP não foi revogado tacitamente pelas modificações do CPP, ante o princípio da especialidade"* (aprovado no XI FONAVID – São Paulo).

Eliminar, de todo, a atuação *ex officio* do juiz, igualmente no âmbito da violência doméstica ou familiar contra a mulher, em nada fragiliza a proteção estatal às vítimas de identidade de gênero feminino, porque inexiste, no País, capilaridade superior à policial, logo, verificada, na investigação, a necessidade da prisão preventiva, basta ao delegado representar ao juiz competente, nos moldes do art. 311 do CPP. E, incidentalmente ao processo, ainda que o Ministério Público não o faça, a ofendida, enquanto assistente de acusação e destinatária direta da tutela, poderá fazê-lo, forte no mesmo dispositivo legal.

Já no universo dos crimes de trânsito, aduz-se, em prol da manutenção do *status quo* normativo, o art. 278-A do Código de Trânsito Brasileiro (CTB), pois a Lei n° 13.804, de 10 de janeiro de **2019**, ao preconizar, no *caput*, que *o condutor que se utilize de veículo para a prática do crime de receptação, descaminho, contrabando, previstos nos arts. 180, 334 e 334-A do Decreto-Lei n° 2.848, de 7 de dezembro de 1940 (Código Penal), condenado por um desses crimes em decisão judicial transitada em julgado, terá cassado seu documento de habilitação ou será proibido de obter a habilitação para dirigir veículo automotor pelo prazo de 5 (cinco) anos,* anunciando, no § 2°, que, *no caso do condutor preso em flagrante*

---

⁴⁹ SANTOS, Marcos Paulo Dutra. *O Novo Processo Penal Cautelar*, ob. cit., p. 32/35.

na prática dos crimes de que trata o caput deste artigo, **poderá o juiz, em qualquer fase da investigação ou da ação penal**, *se houver necessidade para a garantia da ordem pública, como medida cautelar,* **de ofício**, *ou a requerimento do Ministério Público ou ainda mediante representação da autoridade policial,* **decretar**, *em decisão motivada, a suspensão da permissão ou da habilitação para dirigir veículo automotor, ou a proibição de sua obtenção* (grifo nosso), **desautoriza a incidência da Lei nº 12.403/11, porque lhe é posterior, reafirmando a permissão à atuação oficiosa do juiz na investigação e no processo, incluindo a prevista no art. 294, cabeça, originária de 1997** – *em qualquer fase da investigação ou da ação penal, havendo necessidade para a garantia da ordem pública,* **poderá o juiz**, *como medida cautelar,* **de ofício**, *ou a requerimento do Ministério Público ou ainda mediante representação da autoridade policial,* **decretar**, *em decisão motivada, a suspensão da permissão ou da habilitação para dirigir veículo automotor, ou a proibição de sua obtenção* (grifo nosso). Diante dessa linha argumentativa, abeberar-se no princípio da especialidade faria todo o sentido.

Sem embargo, a Lei nº 13.**964**/19 é **posterior** à Lei nº 13.**804**/19. A última reproduziu, no § 2º do art. 278-A do CTB, o padrão contido no art. 294, cabeça, que, por sua vez, é reedição do existente em 1997, quando inexistiam limites à atuação oficiosa do juiz, fosse na investigação ou no processo, haja vista o então art. 311 do CPP. Rompido este paradigma pela Lei nº 13.964/19, suprimindo de vez qualquer atuar *ex officio* do juiz no âmbito das medidas cautelares pessoais – e a suspensão da CNH ou a proibição de obtê-la impactam no direito ambulatorial, senão para impedir a circulação, mas para dificultá-la – irradia-se a quebra paradigmática aos dispositivos que nele se basearam. Nesse sentido, **Enunciado nº 20 da Defensoria Pública de Minas Gerais**: *Por força das alterações dos artigos 282, § 2º, 310 e 311 do CPP, está revogada a possibilidade de decretação de medidas cautelares, em especial a prisão preventiva, de ofício.*

Apesar da suspensão cautelar da eficácia do art. 3º-A do CPP pelo Ministro Luiz Fux, na Ação Declaratória de Inconstitucionalidade (ADI) nº 6.305, extensível às de nº 6.298, 6.299 e 6.300 – reveladora, aliás, de **patente erro material**, motivado pela topografia, porque, embora situado sob a epígrafe do juiz das garantias, **não versa sobre o tema** –, o dispositivo escancara a preocupação do legislador em dar um basta à atuação *ex officio* do juiz para além das medidas cautelares pessoais. Isso porque, após repetir o contido no art. 129, I da CRFB/88 – *o processo penal terá estrutura acusatória* –, diz estarem **vedadas a iniciativa do juiz na fase de investigação** e a **substituição da atuação probatória do órgão de acusação**. Nessa esteira, pelas mesmas razões apresentadas acima, o atuar cautelar probatório oficioso do juiz, contemplado no CPP e na legislação extravagante, torna-se **insubsistente**. Exemplo emblemático disso extrai-se na Lei nº 9296/96: embora o art. 3º, original de 1996, autorize o juiz a implementar, *ex officio*, a interceptação telefônica, seja preparatória ou incidental à ação penal, a Lei nº 13.964/19, ao introduzir, no art. 8º-A, a captação ambiental, **rompe** com essa sistemática, condicionando-a à representação da autoridade policial ou requerimento do Ministério Público, **sem** reeditar a possibilidade de atuação oficiosa. O silêncio a respeito é eloquente pela inadmissibilidade da oficiosidade, partindo da premissa de que o citado art. 3º tampouco teria resistido ao novel art. 3º-A do CPP, afinal, do contrário, a Lei nº 9.296/96 passaria a abrigar o seguinte contrassenso: a interceptação telefônica persistiria oficiosa, enquanto a ambiental, não. Irracionalidades como esta carecem de decote, e não de endosso.

Finalmente, a Lei nº 13.964/19 calou-se em relação às medidas cautelares reais. Embora haja promovido mudanças no capítulo do CPP a elas dedicado, vide arts. 122, 124-A, 133 e 133-A, **conservou incólume o art. 127**, original de 1941, segundo o qual *o juiz, de ofício, a requerimento do Ministério Público ou do ofendido, ou mediante representação da autoridade policial,* **poderá ordenar o sequestro**, em **qualquer fase do processo** *ou ainda* **antes** *de oferecida a denúncia ou queixa* (grifo nosso). Justamente por ter alterado parcialmente o capítulo do Código reservado às medidas assecuratórias, o silêncio quanto ao art. 127 seria eloquente, e não mero esquecimento, a justificar a invocação do princípio da especialidade. Por essa intelecção, outros dispositivos persistiriam intocados, como o art. 4º, cabeça, da Lei nº 9613/98 (lavagem de capitais), com redação dada pela Lei nº 12.683/12 – *o juiz,* **de ofício***, a requerimento do Ministério Público ou mediante representação do delegado de polícia, ouvido o Ministério Público em 24 (vinte e quatro) horas, havendo indícios suficientes de infração penal, poderá decretar medidas assecuratórias de bens, direitos ou valores do investigado ou acusado, ou existentes em nome de interpostas pessoas, que sejam instrumento, produto ou proveito dos crimes previstos nesta Lei ou das infrações penais antecedentes* (grifo nosso).

A prevalecer tal compreensão, o processo penal cautelar notabilizar-se-ia pela heterogeneidade: depurado à luz do sistema acusatório, quando versasse sobre provas e constrições libertárias; inquisitivo, em se tratando de restrições patrimoniais, em razão da oficiosidade judicial. Inexistindo lógica por detrás dessa (aparente) distinção, e sendo as reminiscências inquisitórias (*ex officio*) **anteriores** à Lei nº 13.964/19, encontram-se pela própria abarcadas, garantindo uma uniformidade de tratamento. Inaceitável, doravante, é o atuar de ofício do juiz, incluindo as tutelas cautelares reais.

8.3. DO PROCEDIMENTO CAUTELAR – LEGITIMIDADE E CONTRADITÓRIO PRÉVIO

Confrontando a redação anterior dos §§ 2º e 4º do art. 282 e do art. 311 do CPP à atual, o rol de legitimados para buscar as tutelas cautelares constritivas da liberdade, incluindo a prisão preventiva, persiste **inalterado**. A autoridade policial, por meio de representação, **no curso do inquérito**, poderá buscá-las, bem como o Ministério Público, **independentemente da fase persecutória, investigatória ou processual**. Reeditou-se a alusão ao assistente de acusação, apto a requerê-las **incidentalmente ao processo**, porque inadmissível a habilitação no inquérito, *ex vi* do art. 268 do CPP – *em todos os termos da* ***ação pública****, poderá intervir, como assistente do Ministério Público, o ofendido ou seu representante legal, ou, na falta, qualquer das pessoas mencionadas no art. 31* (grifo nosso). E a faculdade em tela, porque extremada – restrição ou privação da liberdade individual –, **não foi conferida indiscriminadamente à** ***vítima***, quadra na qual se poderia reconhecer legitimidade para provocar a jurisdição cautelar pessoal ainda na investigação. A Lei nº 13.964/19, repetindo a Lei nº 12.403/11, foi cirúrgica, atrelando-a, especificamente, ao ***assistente do Ministério Público***, haja vista o art. 282, § 4º e o art. 311 do CPP. O § 2º do art. 282 do CPP, por outro lado, a par da menção à autoridade policial e ao *Parquet*, refere-se às ***partes***, pressupondo ação penal já ofertada (assistente de acusação e querelante), afinal, no inquérito, existem **envolvidos**.

A expressa menção ao *querelante* merece **distinção**: presente a ação penal de iniciativa privada subsidiária da pública, nada muda, porque o ofendido, enquanto tal, continuará intervindo incidentalmente ao processo – por força do art. 5º, LIX, da CRFB/88 c/c art. 29 do CPP, a inércia injustificada do Ministério Público abre campo à deflagração da queixa-crime subsidiária pela vítima, que, assim, atuará **após** o ajuizamento da ação penal. Em se tratando de **crime de ação penal de iniciativa privada**, todavia, **é forçoso reconhecer a legitimidade do ofendido, já no inquérito, para buscar as tutelas cautelares pessoais que entender necessárias e adequadas**, competindo ao juiz deferi-las ou não, porque, do contrário, o desiderato do *dominus litis* apenas seria cognoscível judicialmente se chancelado pela autoridade policial, despida de legitimidade *ad causam*, ou pelo Ministério Público, que atua, somente, como *custos legis*. O ofendido poderia o mais, deflagrar, privativamente, a ação penal, mas não poderia o menos[50].

Paulo Rangel contra-argumenta pela **indisponibilidade das medidas cautelares pessoais à vítima, nos crimes de ação penal de iniciativa privada, ao longo da investigação**, admitindo-as apenas incidentalmente ao processo – não faria sentido implementá-las de modo preparatório à ação penal **se** o ofendido, a partir de um juízo de mera oportunidade e conveniência, pode optar por **não** a promover, daí as referências às *partes* no § 2º do art. 282 e ao *querelante*, em vez de vítima, no § 4º do mesmo artigo e no art. 311[51].

Ocorre que a necessidade e a adequação das tutelas cautelares são aquilatadas contemporaneamente, à luz da persecução penal **no estado em que estiver**. A urgência identificada pelo ofendido é o que importa ao exame do pedido cautelar, **independentemente** da natureza da ação penal, mesmo porque pretensões cautelares são decididas com base no **hoje**, daí serem *rebus sic stantibus*, sem campo para conjecturas futuras. Se a queixa-crime não for ofertada, revoga-se a medida cautelar. Não conhecer da provocação, sob o pretexto de ser incerta a formalização da ação principal, simplesmente esvaziaria toda e qualquer ação cautelar preparatória processual civil, afinal, a ação principal é um **direito** público subjetivo do autor, enquanto tal, de exercício facultativo, ao invés de peremptório. Igualmente exterminaria as atreladas aos crimes de ação penal pública **condicionada** à representação, haja vista a possibilidade de retratação durante a investigação, presente o art. 25 do CPP – as medidas protetivas de urgência, no âmbito do Juizado da Violência Doméstica e Familiar contra a Mulher, tornar-se-iam inexequíveis, em sede de inquérito, para delitos como injúria, calúnia, difamação e ameaça, corriqueiros nesse universo, por ser o último de ação penal pública condicionada, enquanto os três primeiros são de iniciativa privada, ou pública condicionada, como a injúria racial (art. 145, p.ú. do CP). Mesmo a prisão temporária, enquanto medida cautelar preparatória à ação penal, seria posta em xeque, porquanto, embora concernente a delitos de ação penal pública incondicionada, o estágio persecutório embrionário não permite antever nem assegurar o ajuizamento desta.

Por tudo isso, é indubitável a legitimidade *ad causam* do ofendido para buscar tutelas cautelares, nos delitos de ação penal de iniciativa privada, inclusive na fase pré-processual.

O contraditório prévio, por sua vez, foi mantido pela Lei nº 13.964/19, que se ocupou de pormenorizá-lo. O então § 3º do art. 282 do CPP era, de fato, bastante lacônico, limitando-se a anunciar que *ressalvados os casos de urgência ou de perigo de ineficácia da medida, o juiz, ao receber o pedido de medida cautelar, determinará a intimação da parte contrária, acompanhada de cópia do requerimento e das peças necessárias, permanecendo*

---

50 SANTOS, Marcos Paulo Dutra. *O Novo Processo Penal Cautelar*, ob. cit., p. 39/40.
51 *Direito Processual Penal*, ob. cit., p. 920/921.

os autos em juízo. Não estipulava, por exemplo, o prazo para a manifestação da parte contrária. A atual redação, **embora com falhas**, prima pelo maior detalhamento: *Ressalvados os casos de urgência ou de perigo de ineficácia da medida, o juiz, ao receber o pedido de medida cautelar, determinará a intimação da parte contrária, para se manifestar no prazo de 5 (cinco) dias, acompanhada de cópia do requerimento e das peças necessárias, permanecendo os autos em juízo, e os casos de urgência ou de perigo deverão ser justificados e fundamentados em decisão que contenha elementos do caso concreto que justifiquem essa medida excepcional* (grifo nosso). Determinadas controvérsias que poderiam ter sido espancadas pela Lei nº 13.964/19 permanecem.

Uma delas, quiçá a principal, diz respeito ao espectro do contraditório prévio contemplado no § 3º do art. 282 do CPP: se circunscrito ao processo, ou também extensível ao inquérito. Conforme tivemos a oportunidade de consignar[52], *"...pode-se sustentar que o contraditório prévio seria exigível mesmo se a persecução penal ainda estivesse na fase investigatória, porque a postulação da medida cautelar aflitiva estaria inserta, ela própria, num processo cautelar, sendo irrelevante se anterior à deflagração da ação penal condenatória. Far-se-ia, inclusive, um paralelo com a produção antecipada de provas, pois, ainda que determinada durante o inquérito policial, conforme autoriza o art. 156, I, do CPP, com a redação dada pela Lei nº 11690/08, c/c art. 225, igualmente do CPP, a colheita antecipada da prova (v.g., a oitiva da vítima) pelo juiz não dispensa a presença do titular da vindoura ação penal, Ministério Público ou querelante (se o injusto for de ação penal de iniciativa privada), bem como do indiciado e da defesa técnica."*[53]

Apesar da argumentação extremamente sedutora, a referência à intimação da **parte contrária** pressupõe processo já formalizado, vinculando a exigência de prévio contraditório às ações penais já deflagradas, **sem compreender a investigação**. Como o processo inicia-se a partir do oferecimento da denúncia ou queixa, instaurando a relação adjetiva linear autor-juiz, **a regra contida no art. 282, § 3º do CPP projeta-se desde o ajuizamento da peça acusatória**, e não do recebimento – momento no qual a relação processual começa a angular-se, aperfeiçoando-se com a citação válida –, fazendo-se mister ouvir o denunciado, por meio do seu defensor ou advogado, se, *v.g.*, concomitantemente à denúncia, o Ministério Público postula determinada cautelar pessoal.

Antes, todavia, não, porquanto, na linha do escrito em 2011, quando dos comentários à Lei nº 12.403, ora **reiterado**, *"...exigir a oitiva preliminar do indiciado importaria tornar o contraditório e a ampla defesa elementos **essenciais** ao inquérito policial, desnaturando-lhe a **inquisitoriedade** (art. 14 do CPP). Resta patente que o dispositivo **não compreende o inquérito**, tanto que preceitua que os autos permanecerão **em juízo**. Os olhos do legislador estiveram voltados para as medidas cautelares incidentais ao **processo**... inexiste um pro-

---

[52] *Processo Penal Cautelar*, ob. cit., p. 14/15.

[53] Embora Guilherme de Souza Nucci (*Prisão e Liberdade* – As reformas processuais penais introduzidas pela Lei nº 12403, de 04 de maio de 2011. São Paulo: RT, 2011, p. 31) não tenha empregado argumentação similar, reconhece a necessidade de oitiva prévia do imputado mesmo em sede de inquérito policial, lecionando que *"buscou-se privilegiar, sempre que possível, o contraditório e a ampla defesa, prevendo-se a possibilidade de ouvir o interessado (**indiciado ou acusado**), antes da decretação da medida cautelar requerida, como regra, pelo órgão acusatório"* (grifo nosso). No mesmo sentido, André Luiz Nicolitt (*Manual de Processo Penal*, ob. cit., p. 800), Aury Lopes Júnior (*Direito Processual Penal*, ob. cit., p. 811), Afrânio Silva Jardim e Pierre Souto Maior Coutinho de Amorim (*Direito Processual Penal – Estudos e Pareceres*, ob. cit., p. 368/369).

cesso penal cautelar autônomo e próprio, diversamente do que se verifica no processo civil. As medidas cautelares aflitivas continuam a ser postuladas e ordenadas difusamente, não se mostrando inseridas num processo cautelar delineado. Simplesmente previu o art. 282, § 2º do CPP um contraditório prévio à **decretação** da tutela, exigência esta inaplicável ao inquérito em razão da sua inquisitoriedade. Mesmo a produção antecipada de provas incidental à investigação criminal também é determinada inaudita altera parte, não exigindo os arts. 156, I e 225 do CPP a oitiva prévia do indiciado... Exige-se, apenas, que o indiciado e a sua defesa técnica participem da **colheita** da **prova**..." (grifo no original)[54].

A Lei nº 13.964/19 reforça a inadmissibilidade do contraditório prévio incidental à investigação, restringindo-o ao processo, no inciso VI do art. 3º-B do CPP. Ao elencar as competências do juiz das garantias, anuncia a de *prorrogar a prisão provisória ou outra medida cautelar, bem como substituí-las ou revogá-las,* **assegurado, no primeiro caso, o exercício do contraditório em audiência pública e oral***, na forma do disposto neste Código ou em legislação especial pertinente*. Sob um primeiro olhar, o dispositivo sugeriria a incidência do contraditório ainda no inquérito, afinal, a investigação é o grande campo de atuação do juiz das garantias. E se, para a prorrogação, mandatório é oportunizá-lo em *audiência pública e oral*, pressupondo a oitiva não só da defesa técnica, mas do próprio imputado, quanto mais para implementar a prisão preventiva. Ocorre que a dita prorrogação dialoga com o parágrafo único do art. 316 do CPP, igualmente incluído pela Lei nº 13.964/19, segundo a qual *decretada a prisão preventiva,* **deverá o órgão emissor da decisão revisar a necessidade de sua manutenção a cada 90 (noventa) dias***, mediante decisão fundamentada, de ofício, sob pena de tornar a prisão ilegal* (grifo nosso) – em se concluindo pela necessidade, ainda, da custódia, prorroga-a. Como o inquérito, pertinente a indiciado preso, pode ser distendido **uma** vez, por **até** 15 dias (art. 3º-B, § 2º do CPP), **fatalmente a dita revisão acontecerá já incidentalmente ao processo**, reafirmando, assim, **a inadmissibilidade do contraditório prévio à investigação**.

Identifica-se, todavia, um foco de possível controvérsia, que nada tem a ver com o § 3º do art. 282 do CPP em si. Em sendo o juiz das garantias *responsável pelo controle da legalidade da* **investigação criminal***, competente para prorrogar a* **prisão provisória** *ou outra medida cautelar, bem como substituí-las ou revogá-las, assegurado, no primeiro caso, o* ***exercício do contraditório em audiência pública e oral****, na forma do disposto neste Código ou em* **legislação especial pertinente** (art. 3º-B, § 2º do CPP), pode-se sustentar que **a referência à prisão provisória, gênero, compreende a temporária**, mesmo porque **alude não apenas ao preceituado no CPP, como na legislação penal extravagante, incluindo, assim, as Leis nº 7960/89, presente o art. 2º, e a de nº 8072/90, considerado o art. 2º, § 4º**. Por conseguinte, a prorrogação da prisão temporária passaria a comportar o contraditório previsto no art. 3º-B, VI do CPP, enquanto peculiaridade do devido processo legal pertinente a esse título prisional, sem desnaturar a inquisitoriedade do inquérito em si.

Ocorre que a prisão temporária nasce e se exaure no inquérito, de cunho inquisitório. **Sua razão de ser e os fins por ela perseguidos naturalmente a excluem, por total incompatibilidade, da epígrafe legal acima.**

---

[54] *Processo Penal Cautelar*, ob. cit., p. 14-15. No mesmo sentido, RANGEL, Paulo. *Direito Processual Penal*, ob. cit., p. 922.

Fixado o alcance do contraditório prévio, o novel art. 282, § 3º do CPP continua **sugerindo** o processamento em apartado dos pleitos cautelares pessoais, já que os autos permanecem em juízo, encaminhando-se à parte contrária cópias do requerimento e das peças necessárias. Longe de agilizar o procedimento, tal previsão só o retarda, afinal, exige nova autuação, a ser, depois, anexada aos autos principais. Não impressiona, portanto, que, na praxe forense, sejam inobservadas tais formalidades, mesmo porque sem potencial para gerar prejuízos, não passando de mera irregularidade. Assim já é, e assim, provavelmente, continuará a ser.

Pedagogicamente, a Lei nº 13.964/19 explicitou ser o contraditório prévio a **regra**, o pronunciamento *inaudita altera parte* a **exceção**, concebível apenas em casos de urgência ou de perigo de irreversibilidade, como a **iminente fuga do imputado do País ou ameaças de morte às vítimas e testemunhas** – ouvir o réu nessas circunstâncias pode precipitar a evasão ou a concretização das promessas de mal injusto e grave. Se, entretanto, nos autos nada houver nesse sentido, o contraditório **há** de ser oportunizado, sob pena de nulidade **absoluta** da decisão implementadora das medidas cautelares.

O caráter **emergencial** da prisão preventiva seria **incompatível** com a exigência do contraditório prévio, demandando manifestação **liminar** do juiz competente, segundo o **Enunciado nº 31 do CNPG**: *Os dispositivos do § 3º do art. 282 não se aplicam à prisão preventiva, mas apenas às cautelares do art. 319 do CPP* (grifo nosso). O debate, aliás, não é novo. Acompanha o citado § 3º do art. 282 desde a sua introdução no ordenamento pela Lei nº 12.403/11.

A primeira dificuldade da proposta hermenêutica acima é diferençar onde a lei não o fez, em desfavor do réu, tornando tormentosa a compatibilidade com o justo processo – art. 5º, LIV, da CRFB/88 –, afinal, excepcionar-se-ia o contraditório **sem** previsão legal. Outrossim, quanto mais gravosa for a medida cautelar pessoal almejada, maior há de ser a deferência para com as garantias constitucionais processuais. Finalmente, o requerimento da prisão preventiva não traz presunção alguma de urgência vinculativa do juiz, absoluta nem relativa. A ele compete tal valoração, presente o livre convencimento motivado (art. 93, IX, da CRFB/88). Compete ao signatário do pedido demonstrar, com lastro em elementos concretos, o porquê do risco de se ouvir o acusado, por meio do seu defensor ou advogado, segundo, aliás, exige o § 3º do art. 282 do CPP. O Enunciado nº 31 peca pela ingenuidade de tomar como virtuosa toda e qualquer provocação pela prisão preventiva, como se inescapável fosse o deferimento, olvidando as incontáveis vezes nas quais é buscada exageradamente, sem fundamentos sérios. Outra não é a percepção do Superior Tribunal de Justiça[55] e do Supremo Tribunal Federal[56], que, mesmo em se

---

[55] RHC 75.716/MG, Rel. Ministra Maria Thereza de Assis Moura, Rel. p/ Acórdão Ministro Rogerio Schietti Cruz, Sexta Turma, julgado em 13/12/2016, *DJe* 11/05/2017 – "...3. ***Injustificável a decisão do magistrado que, em audiência, não permite à defesa se pronunciar oralmente sobre o pedido de prisão preventiva formulado pelo agente do Ministério Público***, pois não é plausível obstruir o pronunciamento da defesa do acusado, frente à postulação da parte acusadora, ante a ausência de prejuízo ou risco, para o processo ou para terceiros, na adoção do procedimento previsto em lei. 4. Ao menos por prudência, deveria o juiz ouvir a defesa, para dar-lhe a chance de contrapor-se ao requerimento, o que não foi feito, mesmo não havendo, neste caso específico, uma urgência tal a inviabilizar a adoção dessa providência, que traduz uma regra básica do direito, o contraditório, a bilateralidade da audiência..." (grifo nosso).

[56] HC 152720, Relator Min. Gilmar Mendes, Segunda Turma, julgado em 10/04/2018, *DJe*-096 divulg 16/05/2018 public 17/05/2018, merecendo transcrever o seguinte trecho do voto condutor, pela

tratando da prisão preventiva, exigem a oitiva primeira da defesa, ressalvada a existência de **comprovada** urgência, sob pena de **nulidade absoluta** do pronunciamento que a implementou *inaudita altera parte*. Longe de inovar, o § 3º do art. 282 do CPP limitou-se a **positivar** a orientação do STJ e do STF, motivo pelo qual o Enunciado nº 31 do CNPG **não merece potencialização**.

Mesmo quando noticiado o descumprimento de cautelares diversas, a apreciação liminar do pleito de prisão preventiva não enseja, necessariamente, sacrificar o contraditório, até para dar ao denunciado a chance de justificar-se. Assim já decidiu o Superior Tribunal de Justiça[57], até pela topografia do art. 282 do CPP – a inobservância das cautelares impostas está prevista no § 4º, **herdando** a exigência de prévia oitiva da defesa contida no § 3º, inclusive por **não** ressalvar, não competindo ao intérprete fazê-lo. Nesse sentido, **Enunciado nº 21 da Defensoria Pública de Minas Gerais**: *A substituição da medida cautelar por outra mais gravosa em razão do descumprimento da medida inicialmente decretada (artigo 282, § 4º do CPP) pressupõe o contraditório e a ampla defesa*.

Por óbvio, descabem generalizações. Da mesma forma que o descumprimento das cautelares em vigor, por si só, não dá azo ao implemento liminar de outras mais drásticas, **a depender das circunstâncias e da intensidade da dita inobservância extrair-se-á a necessária urgência para impô-las** *inaudita altera parte*. Imagine, *v.g.*, a violação à

---

clareza e didática: *"...A transferência para o Paraná não faz sentido processual. Conforme narra o Juízo da 13ª Vara Federal de Curitiba, o paciente já foi julgado e condenado na ação penal em trâmite naquele foro. Muito embora também responda a inquéritos em trâmite no Paraná, ainda não há acusação formalizada. O interesse da instrução processual recomendaria a permanência do paciente no Rio de Janeiro, onde responde a ações penais em fase de instrução. Assim, a transferência não atende aos interesses do processo. A transferência teve amparo fático em apurações realizadas unilateralmente pela acusação. Os fatos foram tomados como verdadeiros, tais quais narrados nas diligências empreendidas pelo Ministério Público do Estado do Rio de Janeiro. A despeito de inexistir urgência, a defesa do paciente não foi previamente ouvida. A impetração apresenta versão dos fatos, a qual sequer foi ouvida até o presente momento.*
O CPP prevê que "ressalvados os casos de urgência ou de perigo de ineficácia da medida", o juiz deve estabelecer contraditório prévio em relação a requerimentos de medida cautelar pessoal (art. 282, § 3º, do CPP). O STF vem marcando, ainda que em decisões unipessoais, a importância do contraditório prévio sobre medidas cautelares criminais. Como ressaltou o Min. Dias Toffoli, a "possibilidade de decretação da prisão preventiva, por si só, sem a demonstração da urgência ou do perigo de ineficácia da medida, não autoriza a supressão do contraditório prévio, sob pena de se tornar letra morta a determinação do art. 282, § 3º, do Código de Processo Penal" – HC 133.894, Min. Dias Toffoli, decisão de 26.4.2016. No mesmo sentido: HC-ED 129.251, Min. Dias Toffoli, decisão de 4.11.2015. Além de tudo, não se tem notícia de que o paciente esteja sofrendo procedimento disciplinar em razão de seu comportamento carcerário. Por tudo, não houve respeito ao devido processo legal ou ao contraditório, previstos na Constituição Federal (art. 5º, LIV e LV) e desenvolvidos na legislação (art. 282, § 3º, do CPP)..." (grifo nosso).

[57] RHC 100.669/CE, Rel. Ministro Antonio Saldanha Palheiro, Sexta Turma, julgado em 02/04/2019, DJe 24/04/2019 – *"...Processo Penal. Recurso ordinário em habeas corpus. Art. 121, § 2º, III, do CP.* **Medidas cautelares. Descumprimentos reiterados. Rompimento da tornozeleira eletrônica e recolhimento noturno. Contraditório. Ausência de intimação da defesa. Constrangimento ilegal evidenciado. Ofensa ao art. 282, § 3º, do CP. Recurso provido...** *2. No caso, vê-se que a prisão foi decretada em razão dos reiterados descumprimentos das medidas cautelares diversas da prisão impostas ao recorrente, especialmente o rompimento da tornozeleira eletrônica e o fato de o recorrente em várias oportunidades descumprir medida de recolhimento noturno, ao se deslocar a bares. Mostra-se, dessa forma, e em tese, o risco de que, solto, o recorrente coloque em risco a ordem pública e a instrução criminal, assim como volte a praticar novos delitos..."* (grifo nosso).

cautelar de proibição de contato (art. 319, III, do CPP), na qual o réu não apenas procura a vítima, mas a agride severamente, causando-lhe lesões corporais gravíssimas. Evidentemente que a eventual imposição da prisão preventiva não precisa ser precedida da manifestação defensiva. Se, todavia, o acusado depara-se com o ofendido em uma festa, tudo recomenda a sua inquirição, porquanto o encontro pode ter sido acidental, afastando, assim, o pretenso descumprimento.

8.4. DOS REQUISITOS DAS MEDIDAS CAUTELARES CONSTRITIVAS DA LIBERDADE

Embora alusivo à prisão preventiva, **o art. 312, cabeça, do CPP traz vetores aplicáveis às demais medidas cautelares constritivas da liberdade**, por ser inconcebível implementá-las sem demonstrar a **plausibilidade da pretensão condenatória** – *fumus comissi delicti* – e o **risco que a liberdade do imputado representa ao processo** e, na dicção majoritária, **à ordem pública ou econômica** – *periculum in libertatis*. Nesse particular, a Lei nº 13.964/19 foi **redundante** ao acrescentar, ao final do *caput* do art. 312 do CPP, a referência ao *perigo gerado pelo estado de liberdade do imputado*.

Reforça-se, de todo modo, a percepção, há muito encampada pelo STF[58] e pelo STJ[59], no sentido de o *periculum in libertatis* exigir elementos concretos à sua aferição, não bastando a gravidade em abstrato da imputação, a reincidência ou os maus antecedentes genericamente considerados, sob pena de automatizar as cautelares pessoais para *n* injustos, levando-se em conta apenas a escala penal cominada, ou a *n* imputados, desde que reincidentes ou portadores de maus antecedentes, tornando tábula rasa o art. 5º, LVII, da CRFB/88, mesmo se entendido, timidamente, como presunção de não culpabilidade, além de restaurar o Direito Penal do autor. Tampouco hão de ser invocados o clamor social e a imagem do Poder Judiciário junto à opinião pública. Politizar-se-ia instrumental cautelar, exclusivamente técnico, em detrimento do devido processo legal (art. 5º, LIV, da CRFB/88).

Há de se aferir o *periculum in libertatis* com argumentos contextualizados ao caso concreto. Se o *modus operandi* da conduta e/ou os seus desdobramentos extrapolaram a normalidade típica, identifica-se a periculosidade do imputado e, por conseguinte, o risco de reiteração delitiva. A reincidência e os antecedentes igualmente merecem sopesamento, mas pontual, confrontados à imputação sob análise. Se identificada, *v.g.*, a reincidência em crimes de natureza idêntica ou similar ao presente, enxerga-se a probabilidade de reiteração, colocando em xeque a ordem pública. Chega-se à igual conclusão se verificadas condenações por fatos semelhantes ao atual, próximas temporalmente, embora sem mais configurar reincidência. Por outro lado, se o acusado responde por um roubo simples, com emissão de palavras de ordem, e a condenação anterior, apesar de reveladora de reincidência, foi por um crime de menor potencial ofensivo, não se pode extrair do

---

[58] Rcl 24506, Rel. Dias Toffoli, Segunda Turma, julgado em 26/06/2018, *DJe* 06/09/2018; HC 125957, Rel. Luiz Fux, Primeira Turma, julgado em 24/02/2015, *DJe* 13/03/2015.

[59] AgRg no HC 690.810/MG, Rel. Ministro Reynaldo Soares Da Fonseca, Quinta Turma, julgado em 21/09/2021, *DJe* 27/09/2021; HC 648.416/RJ, Rel. Ministro Rogerio Schietti Cruz, Sexta Turma, julgado em 13/04/2021, *DJe* 22/04/2021.

cenário, concretamente, o risco de cometimento de novos injustos, por absoluta ausência de pertinência temática entre os episódios[60].

A proporcionalidade, ou homogeneidade das medidas cautelares pessoais, como **terceiro** requisito, **cumulativo**, igualmente persiste inalterada, haja vista o art. 282, I e II, e §§ 4º e 6º do CPP. Descabe uma tutela cautelar ser mais gravosa do que a resposta penal provável reservada ao acusado, caso venha a ser condenado, daí a prisão preventiva ser a última *ratio*, porque equivalente à privação libertária em regime fechado, nada existindo de mais gravoso em termos de reprimenda no ordenamento pátrio. Como as cautelares diversas da prisão preventiva apresentam diferentes níveis de restrição à liberdade, chegando à **privação** – recolhimento domiciliar (art. 319, V, do CPP), cujas condições são idênticas ao regime aberto (art. 36, § 1º do CP), e internação provisória (art. 319, VII, do CPP), cumprida em moldes similares ao regime fechado, em hospital penitenciário psiquiátrico, a ponto de desafiarem detração com a pena privativa de liberdade[61] –, também obedecem ao binômio necessidade/adequação, gênese do princípio da proporcionalidade[62] – o comparecimento periódico em Juízo (art. 319, I, do CPP), *v.g.* é infinitamente mais brando do que recolhimento domiciliar (art. 319, V do CPP), a começar por **não** ser medida privativa de liberdade, impondo ao imputado leve **restrição** ao direito ambulatorial, logo, a opção pelo último perpassa por demonstrar a insuficiência das demais cautelares.

Dessarte, as cautelares pessoais permanecem norteadas pelo art. 312, *caput*, c/c art. 282, I e II e §§ 4º e 6º do CPP.

Para fins estritamente pedagógicos, a Lei nº 13.964/19 desmembrou o então parágrafo único do art. 312 para, no § 2º, positivar a orientação do STJ e do STF segundo a qual *a*

---

[60] STJ, AgRg no HC 688.069/SC, Rel. Ministro Rogerio Schietti Cruz, Sexta Turma, julgado em 14/12/2021, *DJe* 17/12/2021; HC 698.947/SP, Rel. Ministro Jesuíno Rissato (Desembargador Convocado do TJDFT), Quinta Turma, julgado em 23/11/2021, *DJe* 26/11/2021; STF, HC 203639 AgR, Rel. Edson Fachin, Segunda Turma, julgado em 15/09/2021, *DJe* 18/10/2021; RHC 122647 AgR, Rel. Roberto Barroso, Primeira Turma, julgado em 19/08/2014, *DJe* 15/09/2014.

[61] STJ, HC 496.049/MG, Rel. Ministro Felix Fischer, Quinta Turma, julgado em 14/05/2019, *DJe* 20/05/2019 – "...*o recolhimento domiciliar noturno, por comprometer o status libertatis da pessoa humana, deve ser reconhecido como pena efetivamente cumprida para fins de detração da pena*, em homenagem ao princípio da proporcionalidade e em apreço ao princípio do non bis in idem. Precedentes..." (grifo nosso).

[62] STJ, HC 499.729/PE, Rel. Ministro Antonio Saldanha Palheiro, Sexta Turma, julgado em 17/12/2019, *DJe* 19/12/2019 – "...*a Corte de origem, ao substituir a prisão preventiva por outras medidas cautelares, apontou haver fundadas dúvidas quanto à presença do fumus comissi delicti, ressaltando a inexistência de elementos probatórios que conduzissem à participação do paciente na associação criminosa investigada, além de indicar que os testemunhos dos demais réus foram pela inocência do agente. Ou seja, **não foi apontada pela instância ordinária justificativa concreta para a determinação de soltura do agente mediante a imposição de outras medidas cautelares diversas do cárcere**, em clara desatenção ao disposto no art. 282 do CPP, que condiciona a adequação da medida à gravidade do crime e às circunstâncias do fato*. Dessa forma, presente se faz o constrangimento ilegal a ser sanada por esta Corte Superior. Precedentes..." (grifo nosso); HC 399.099/SC, Rel. Ministro Nefi Cordeiro, Sexta Turma, julgado em 21/11/2017, *DJe* 01/12/2017 – "...*1. Para a aplicação das medidas cautelares diversas da prisão, exige-se fundamentação específica que demonstre a necessidade e adequação da medida em relação ao caso concreto*. Precedentes. 2. Entre outras cautelares, *foi estabelecido o recolhimento domiciliar noturno do agente, medida não adequada ao crime imputado de violência doméstica por autor embriagado, pois em nenhum momento indicada a embriaguez à noite ou riscos de dar-se a violência nesse momento*..." (grifo nosso).

decisão que decretar a prisão preventiva deve ser motivada e fundamentada em receio de perigo e existência concreta de fatos **novos** ou **contemporâneos** que justifiquem a aplicação da medida adotada (grifo nosso).

A **contemporaneidade** não é um requisito a mais da prisão preventiva e, por extensão, das demais cautelares pessoais, mas **critério de aferição destes, notadamente do *periculum in libertatis***. Inerente à jurisdição cautelar é a cláusula *rebus sic stantibus*, a ser exercida conforme o estado da persecução, logo, o olhar há de ser contemporâneo, e não retrospectivo. Descabe buscar uma prisão preventiva, *v.g.*, pertinente a um crime ocorrido há quatro anos se, desde então, o denunciado nada mais fez. Ou atinente a um delito supostamente cometido em razão de função pública há muito não mais exercida pelo réu, espancando qualquer risco de reiteração. Qualquer tutela pessoal teria condão satisfativo ao invés de cautelar. Infelizmente, o óbvio precisou ser explicitado, e reiterado, pelo STJ[63] e pelo STF[64] para aplacar pronunciamentos jurisdicionais bajuladores da mídia, vazios de conteúdo jurídico.

8.5. DA AUDIÊNCIA DE CUSTÓDIA E (EVENTUAL) CONVERSÃO DO FLAGRANTE EM PREVENTIVA

As questões atinentes à audiência de custódia em si foram enfrentadas no item 3.3, relativo às competências do juiz das garantias, quando dos comentários ao art. 3º-B, inciso II, do CPP, ao qual nos remetemos a fim de evitar repetições desnecessárias. Neste tópico, como o título já denuncia, o foco será a conversão, ou não, do flagrante em preventiva.

Nos termos do art. 306, § 1º do CPP, *em até 24 (vinte e quatro) horas* **após a realização da prisão**, *será encaminhado ao juiz competente o auto de prisão em flagrante e, caso o autuado não informe o nome de seu advogado, cópia integral para a Defensoria Pública* (grifo nosso).

André Nicolitt, revendo entendimento anterior, pondera que esse interregno apenas flui depois de lavrado o APF, afinal, antes, inexiste o que encaminhar[65], enquanto Paulo Rangel entende que tal lapso temporal é computado desde a captura, ou seja, em até 24h confecciona-se o APF, endereçando-o, imediatamente, ao juiz competente[66].

---

[63] STJ, HC 542.079/PB, Rel. Ministra Laurita Vaz, Sexta Turma, julgado em 17/12/2019, *DJe* 05/02/2020 – *"...À luz dos princípios da **contemporaneidade**, da cautelaridade e da proporcionalidade não está evidenciado, também, o risco concreto e atual à ordem pública. **Os crimes investigados são graves, mas interrompida a atividade ilícita, com o aparente desmantelamento da organização criminosa, fica esvaziada a necessidade da prisão cautelar**. Em outras palavras, em observância ao binômio proporcionalidade e adequação, é desnecessária a custódia extrema no momento..."* (grifo nosso); HC 546.054/RJ, Rel. Ministro Leopoldo de Arruda Raposo (Desembargador Convocado do TJ/PE), Quinta Turma, julgado em 05/12/2019, *DJe* 17/12/2019 – *"...Ressalte-se, ainda o fato de que **permaneceram em liberdade por 01 ano e 09 meses, entre a concessão da liberdade provisória (20/04/2017) e a decretação da prisão preventiva (13/02/2019), sem que tivessem dado causa a revogação da liberdade provisória, o que caracteriza ausência de contemporaneidade**..."* (grifo nosso).

[64] STF, RHC 165318 AgR-segundo, Relator Min. Ricardo Lewandowski, Segunda Turma, julgado em 06/08/2019, *DJe* 14/08/2019; Rcl 24506, Relator Min. Dias Toffoli, Segunda Turma, julgado em 26/06/2018, *DJe* 06/09/2018.

[65] *Manual de Processo Penal*, ob. cit., p. 818/819.

[66] *Direito Processual Penal*, ob. cit., p. 827.

A controvérsia é de relevo prático significativo: *v.g.* implementada a captura às 22h do dia 10 e encerrado o APF às 3h do dia 11, o delegado teria, à luz da primeira posição, até o dia 12 para encaminhar o APF ao juiz competente, mas, em face da segunda compreensão, seria no dia 11. Por detrás da discussão, abre-se brecha para buscar, eventualmente, o relaxamento da prisão por excesso de prazo – escreve-se *eventualmente*, pois o STJ tem tolerado dilações, desde que não teratológicas, encarando-as como meras *irregularidades*[67], olvidando que o art. 306, § 1º do CPP simplesmente concretiza 2 garantias constitucionais – art. 5º, LXII (comunicação imediata da prisão ao juiz competente) e LXIII (assistência de advogado ao indiciado preso, daí a ciência à Defensoria Pública, caso o detido não constitua patrono no APF) –, logo, ofendê-lo importa violação à própria Carta de 1988.

Razão assiste ao **segundo** entendimento. Primeiramente, porque o art. 306, § 1º do CPP refere-se à comunicação do APF ao juiz competente em até 24h após a realização da **prisão**, e **não** da sua elaboração. Tal prazo é dirigido, portanto, aos delegados, senão, poderiam manter o capturado detido indefinidamente, contando que as 24h só começariam a ser contadas depois de confeccionado o APF. Embora tenha respaldo constitucional (art. 5º, LXI, da CRFB/88), a natureza administrativa do flagrante exige imediata submissão ao crivo judicial, segundo explicita o inciso LXII. E, uma vez concluído o APF, o envio ao Juízo é súbito, inexistindo motivos para dilações. A Lei nº 13.869/19 reforça essa percepção ao tipificar, como abuso de autoridade, no art. 12, a conduta de *deixar, injustificadamente, de comunicar* **prisão em flagrante** *à autoridade judiciária no prazo legal* (grifo nosso), atrelando-o, portanto, à captura, em vez da lavratura do APF.

Diz o novel art. 310, cabeça, do CPP que, *após receber o auto de prisão em flagrante, no prazo máximo de até 24 (vinte e quatro) horas* **após a realização da prisão***, o juiz deverá promover audiência de custódia* (grifo nosso).

Na dicção **literal** e **isolada** da regra, **em até 24h precisaríamos ter, então, a lavratura do APF, a comunicação ao Juízo e a realização da audiência de custódia**, quadra praticamente inexequível. Tanto isso é verdade que a Resolução nº 213 do CNJ, no art. 1º, prevê a sua ocorrência em até 24h da **comunicação** do flagrante à autoridade judicial competente, de maneira que seriam 24h para a ciência do APF ao juiz (art. 306, § 1º do CPP) e, depois, mais 24h para a efetivação da audiência de custódia. A Lei nº 13.964/19 **positivou** o preceituado pelo CNJ, pois, no § 4º, contempla o relaxamento da prisão em flagrante se *transcorridas 24 (vinte e quatro) horas após o decurso do prazo estabelecido no caput deste artigo*, ou seja, uma vez cientificado da captura em flagrante, o juiz dispõe, sim, de mais 24h para realizar a audiência de custódia – **a cabeça do art. 310 precisa ser interpretada conjuntamente com o § 4º**.

A suspensão cautelar da eficácia desse último dispositivo pelo Min. Luiz Fux, na ADI nº 6.305, fez brotar o seguinte imbróglio jurídico, a ser explorado pelas defesas dos

---

[67] STJ, RHC 39.284/SP, Rel. Ministro Marco Aurélio Bellizze, Quinta Turma, julgado em 19/09/2013, *DJe* 26/09/2013, colhendo-se do voto condutor a seguinte passagem: *"...o Tribunal impetrado consignou apenas que* **eventual demora na comunicação do flagrante ao juiz não tem o condão de nulificar o processo, por constituir mera irregularidade**, *sobretudo quando se trata de pequeno atraso, tido por razoável, como consignado no acórdão impugnado (fl. 63),* **entendimento que deve prevalecer, porque está em consonância com os precedentes desta Corte**..." (grifo nosso); RHC 25.633/SP, Rel. Ministro Felix Fischer, Quinta Turma, julgado em 13/08/2009, *DJe* 14/09/2009.

capturados: naquilo em que dispôs sobre a audiência de custódia, a Lei nº 13.964/19 **afasta** a Resolução nº 213 do CNJ, reflexo do Poder Regulamentar, que não pode preceituar *contra legem* em deferência ao art. 2º da CRFB/88. Por conseguinte, ao estipular o prazo para a realização da audiência de custódia, o art. 310 do CPP elide, automaticamente, o art. 1º da dita Resolução. Sem embargo, a cabeça do art. 310, porque impossibilitada, pela liminar do Min. Luiz Fux, de ser conjugada ao § 4º, suspenso cautelarmente, quedou-se **isolada**, ou seja, **em até 24h há de se ter, da lavratura do APF, passando pela ciência ao juiz competente, até a realização da audiência de custódia**. A liminar desfigurou a norma. E, à luz do direito posto – art. 310, *caput* –, todos os atos acima devem ser efetivados dentro desse interregno, sob pena de propiciar pedidos de relaxamento da prisão por excesso de prazo, embora o próprio Pleno do STF admita dilações, se devidamente justificadas e não demasiadas[68].

Aliás, incompreensível foi, com todas as vênias, o deferimento da suspensão cautelar da eficácia do art. § 4º do art. 310 do CPP. Preconiza o dispositivo, de maneira até conservadora, que, não realizada a audiência de custódia em até 24h do recebimento do APF, sobrevém o relaxamento da prisão, **se ausente *motivação idônea* para a demora** e, mesmo assim, **sem prejuízo de imediata decretação de prisão preventiva, se necessária e adequada**. O próprio CNPG, no **Enunciado nº 30**, não identificou impropriedade alguma no preceito, reproduzindo-o na íntegra, a saber: *A comunicação da prisão deverá ocorrer em até 24 horas da sua realização. Transcorridas 24 horas desse prazo de comunicação, sem a realização da audiência de custódia, sem motivação idônea, a prisão deverá ser relaxada, o que não obstará a decretação da preventiva.*

Vislumbrou o Min. Luiz Fux que o dispositivo *"...fixa consequência jurídica desarrazoada para a não realização da audiência de custódia, consistente na ilegalidade da prisão. Esse ponto desconsidera dificuldades práticas locais de várias regiões do país, especialmente na região Norte, bem como dificuldades logísticas decorrentes de operações policiais de considerável porte, que muitas vezes incluem grande número de cidadãos residentes em diferentes estados do país. A categoria aberta 'motivação idônea', que excepciona a ilegalidade da prisão, é demasiadamente abstrata e não fornece baliza interpretativa segura aos magistrados para a aplicação do dispositivo".*

Ocorre que, quando do julgamento, em 20 de agosto de 2015, da ADI nº 5240, formalizada pela Associação Nacional dos Delegados de Polícia (ADEPOL) contra o Provimento Conjunto nº 03/2015, do Tribunal de Justiça do Estado de São Paulo, pertinente às audiências de custódia, o próprio Min. Luiz Fux, relator, em seu voto, que *"...se é direito subjetivo do preso ser apresentado ao Juiz sem demora, também é evidente que nessa ocasião o preso poderá pedir a sua liberdade, como lhe assiste o artigo 5º, inciso XXXIV, alínea a, da Constituição Federal (direito de petição). Esse pedido de liberdade nada mais é do que um pedido de habeas corpus, nos termos do artigo 5º, inciso LXVIII, da Constituição Federal (...) Em outras palavras, o direito convencional a uma audiência de custódia deflagra o procedimento legal de habeas corpus perante a Autoridade Judicial ... efetuada a prisão, no prazo de 24 horas devem ser realizadas as diligências necessárias (lavratura do auto de prisão em flagrante e condução do preso à presença da Autoridade Judicial), interrogado*

---

[68] ADI 5240, Relator Min. Luiz Fux, Tribunal Pleno, julgado em 20/08/2015, *DJe*-018 divulg 29/01/2016 public 01/02/2016.

o detido e proferida decisão, esta imediatamente após o interrogatório. Logicamente, **esse prazo de 24 horas para a conclusão do procedimento em tela poderá ser alargado, desde que haja motivação idônea**. Assim, por exemplo, em Municípios que não sejam sede de comarca ou cujo acesso seja excepcionalmente difícil, poderá não ser possível a apresentação do preso em 24 horas. Também no caso de o mesmo auto de prisão em flagrante envolver vários presos ou várias testemunhas, poderá não ser viável a sua finalização dentro de tal prazo. Outra situação que poderá gerar a impossibilidade de apresentação do preso em 24 horas se configurará quando ele precisar de atendimento médico urgente, com eventual internação..." (grifo nosso).

Ora, a Lei nº 13.964/19 apenas **positivou o decidido pelo Pleno do STF, a partir do voto condutor do Min. Luiz Fux**.

A dita vagueza dessa expressão *motivação idônea* não procede minimamente, tanto que o próprio Min. Luiz Fux, em seu voto na ADI nº 5240, forneceu *n* exemplos nos quais o alargamento do prazo de 24h estaria mais do que justificado, conforme muito bem colocaram os professores Alexandre Morais da Rosa e Aury Lopes Júnior[69]. E a própria jurisprudência do STF admite essa dilação, *se* escusável e não desmedida[70]. Ademais, compete à doutrina e à jurisprudência, enquanto fontes de Direito que são, aclarar ou delimitar o sentido e o alcance das normas, quando revestidas de termos, expressões ou palavras mais genéricas. Mesmo no Direito Penal, mais sensível ao tema, diante dos princípios da tipicidade e da legalidade penal estrita, essa integração hermenêutica é corriqueira, consideradas, por exemplo, as elementares típicas normativas. Por tudo isso, cumpre ao STF reparar esse equívoco.

Como o art. 310, *caput*, do CPP assinala que o juiz **deverá**, fundamentadamente, relaxar a captura, convertê-la em preventiva ou conceder a liberdade provisória, com ou sem fiança, **ou qualquer outra cautelar diversa**, conforme muito bem pormenoriza o art. 8º, § 1º, II, da Resolução nº 213/15 do CNJ, na linha dos postulados acadêmicos[71], parte da doutrina entende ser **oficiosa** a atuação judicial, **excepcionando** o versado no art. 282, § 2º e art. 311 do CPP[72], orientação essa então compartilhada pelo STJ[73]. A Lei

---

[69] A liminar de Luiz Fux na ADI 6.299 revogou decisão do Plenário na ADI 5.240? Disponível em: https://www.conjur.com.br/2020-jan-24/limite-penal-liminar-ministro-fux-revogou-decisao-plenario. Acesso em 14 fev. 2020.

[70] HC 135072-AgR, Relator Min. Edson Fachin, Segunda Turma, julgado em 05/12/2017, DJe 19/12/2017 – "...3. Em se tratando de audiência de custódia regularmente realizada, **o justificado elastecimento do prazo para sua efetivação** e para a utilização de algemas **não induz à ilegalidade do procedimento**..." (grifo nosso).

[71] LOPES JR., Aury. *O Novo Regime Jurídico da Prisão Processual, Liberdade Provisória e Medidas Cautelares Diversas*. 2. ed. Rio de Janeiro: Lumen Juris, 2011, p. 185; LIMA, Marcellus Polastri. *Da Prisão e da Liberdade Provisória (e demais medidas cautelares substitutivas da prisão) na Reforma de 2011 do Código de Processo Penal*. Rio de Janeiro: Lumen Juris, 2011, p. 185; SANTOS, Marcos Paulo Dutra. *O Novo Processo Penal Cautelar*, ob. cit., p. 160.

[72] LIMA, Marcellus Polastri. *Da Prisão e da Liberdade Provisória (e demais medidas cautelares substitutivas da prisão) na Reforma de 2011 do Código de Processo Penal*, ob. cit., p. 186; NUCCI, Guilherme de Souza. *Prisão e Liberdade – As reformas processuais penais introduzidas pela Lei nº 12.403, de 04 de maio de 2011*, ob. cit., p. 58/59.

[73] RHC 115.202/MG, Rel. Ministro Ribeiro Dantas, Quinta Turma, julgado em 19/11/2019, DJe 26/11/2019; RHC 103.735/MG, Rel. Ministro Antonio Saldanha Palheiro, Sexta Turma, julgado em 20/08/2019, DJe 03/09/2019 – "...1. 'Não configura nulidade a decretação, de ofício, da preventiva quando fruto da con-

nº 13.964/19 não traria, em princípio, perspectiva alguma de mudança desse cenário, mesmo porque a conversão do flagrante em preventiva é incidental à investigação e, nesta fase, o juiz não pode atuar de ofício desde o advento da Lei nº 12.403/11 – o Pacote "Anticrime" apenas estendeu a não oficiosidade judicial ao processo. Por outro lado, em sendo **dever** do juiz examinar a legalidade e a necessidade da custódia flagrancial, **a oficiosidade passa a ser inerente ao relaxamento, à concessão da liberdade provisória ou à conversão em preventiva**.

Permanecemos, todavia, contrários à conversão *ex officio* do flagrante em preventiva[74]. E motivos não faltam.

Não é da tradição normativa processual penal brasileira apresentar, veladamente, os poderes oficiosos do juiz. As previsões nesse sentido são expressas. E assim hão de ser, porquanto **a regra é a inércia**, logo, as exceções precisam estar explicitadas, ao invés de subentendidas.

O art. 310, cabeça, do CPP reúne 3 pronunciamentos diversos, sendo que 2 deles, incisos I e III, privilegiam a liberdade, demandando atuação oficiosa do juiz por **mandamento constitucional** – a prisão ilegal **será** imediatamente relaxada e ninguém **será** levado à prisão ou nela **mantido**, quando admissível a liberdade provisória (art. 5º, LXV e LXVI, da CRFB/88). O emprego do verbo *dever* no art. 310, cabeça, do CPP explica-se em razão disso.

No tocante à prisão preventiva, ainda que necessária e adequada a conversão, deve-se implementar a conversão **se** houver provocação ao juiz, sendo descabido interpretar, isoladamente, o art. 310, II, do CPP.

A Lei nº 12.403/11 eliminou a atuação judicial oficiosa no inquérito. E, simultaneamente, alterou a cabeça do art. **306 do CPP para exigir que, do flagrante, seja comunicado também o Ministério Público** – até então, a comunicação circunscrevia-se ao juiz e à Defensoria Pública, se não houvesse indicação de advogado no APF. Tal se deu por mero deleite acadêmico? Evidentemente que não. Presente a impossibilidade de o juiz atuar oficiosamente, encaminha-se cópia do APF ao *Parquet* a fim de postular, se assim entender, a conversão, assegurando, assim, a imprescindível provocação.

A Lei nº 13.964/19, firme no propósito de depurar o processo penal pátrio das reminiscências inquisitórias, extirpou as cautelares pessoais *ex officio* também incidentais à ação penal, presentes os arts. 282, §§ 2º e 4º, e 311 do CPP. E o art. 3º-A ainda bloqueou a iniciativa probatória do juiz em substituição à acusação, seja na fase investigatória ou processual, reforçando o sistema, acusatório, e por via reflexa, a inadmissibilidade da atuação *ex officio*, ainda mais para privar ou limitar a liberdade do imputado – embora a eficácia do preceito esteja cautelarmente suspensa, a sua inteligência fica. Por tudo isso, insistir na possibilidade de o juiz converter, de ofício, o flagrante em preventiva mostra-se inconstitucional, ante o princípio acusatório (art. 129, I, da CRFB/88), e *contra legem*.

---

versão da prisão em flagrante, **haja vista o expresso permissivo do inciso II do art. 310 do Código de Processo Penal**' (RHC n. 71.360/RS, Relator Ministro Nefi Cordeiro, Sexta Turma, julgado em 28/6/2016, DJe de 1º/8/2016)..." (grifo nosso).

[74] SANTOS, Marcos Paulo Dutra. *O Novo Processo Penal Cautelar*, ob. cit., p. 157/160; LOPES JR., Aury. *O Novo Regime Jurídico da Prisão Processual, Liberdade Provisória e Medidas Cautelares Diversas*, ob. cit., p. 56.

Sequer proporcionalidade para tanto existe, sob o ângulo da necessidade. Inexiste capilaridade (abrangência) territorial superior à policial – ainda que não haja órgão ativo ministerial, delegacia existirá. E os delegados têm legitimidade para representar pela prisão preventiva, logo, pela conversão, a teor do art. 311 do CPP, suprindo a falta, ocasional, do Ministério Público. Se assegurada está a provocação à jurisdição, por que admiti-la de ofício, ofendendo, gratuitamente, o sistema acusatório?

A própria Resolução nº 213 do CNJ incorporou essa percepção, pois, quando alude às medidas a serem tomadas pelo juiz, condiciona-as ao **requerimento** do Ministério Público e da defesa técnica, *ex vi* do art. 8º, § 1º – *após a oitiva da pessoa presa em flagrante delito, o juiz deferirá ao Ministério Público e à defesa técnica, nesta ordem, reperguntas compatíveis com a natureza do ato, devendo indeferir as perguntas relativas ao mérito dos fatos que possam constituir eventual imputação, permitindo-lhes, em seguida,* **requerer** (grifo nosso). Embora nenhuma resolução, fruto do poder regulamentar, sobrepuje a lei, engrossa o coro segundo o qual a utilização do verbo *dever* **não** significa atuação oficiosa quanto à conversão da prisão em flagrante em preventiva, mas apenas no tocante à restituição do direito ambulatorial, via relaxamento ou liberdade provisória.

Felizmente, essas considerações, trazidas na 1ª edição do livro, foram abraçadas pelo STF[75] e pela 3ª Seção do STJ[76], que, dando uma guinada de 180º na orientação até então sufragada, deixaram de admitir a conversão do flagrante em preventiva de ofício, nos termos do art. 310 do CPP. A 5ª Turma do STJ, todavia, ainda presa à mentalidade inquisitorial, tem convalidado conversões oficiosas de flagrante em preventiva se, posteriormente, a autoridade policial ou o Ministério Público busca a sua decretação[77], orientação que, com todas as vênias, **além de esvaziar o preceituado nos §§ 2º e 4º do art. 282 e art. 311 do CPP, permite sanar ato não apenas nulo, mas ilegal.**

A par dessa controvérsia, e partindo da premissa segundo a qual, na audiência de custódia, seja possível o relaxamento do flagrante, seguido da decretação da prisão preventiva, essa última carece, inexoravelmente, de provocação, por **transcender** a hipótese contemplada no art. 310 do CPP. Enquanto a **conversão** pressupõe uma **solução de**

---

[75] HC 193.366, Rel. Min. Marco Aurélio, Primeira Turma, julgado em 27/04/2021, *DJe-116*, divulg. 16/06/2021, public. 17/06/2021; HC 194.456 AgR, Rel. Min. Gilmar Mendes, Segunda Turma, julgado em 19/04/2021, Processo Eletrônico *DJe-077*, divulg. 23.04.2021, public. 26/04/2021; HC 190.167 AgR, Rel. Min. Edson Fachin, Segunda Turma, julgado em 21/12/2020, *DJe-034*, divulg. 23/02/2021, public. 24/02/2021 – "...*O art. 310 do Código de Processo Penal deve ser interpretado à luz do sistema acusatório e, em conjunto, com os demais dispositivos legais que regem a aplicação das medidas cautelares penais (arts. 282, §§ 2º e 4º, 311 e seguintes do CPP). Disso decorre* **a ilicitude da conversão, de ofício, da prisão em flagrante em prisão preventiva pela autoridade judicial**..." (grifo nosso); HC 188.888, Rel. Min. Celso de Mello, Segunda Turma, julgado em 06/10/2020, *DJe-292*, divulg. 14/12/2020, public. 15/12/2020.

[76] RHC 131.263/GO, Rel. Min. Sebastião Reis Júnior, Terceira Seção, julgado em 24/02/2021, *DJe* 15/04/2021 – "...*A interpretação do art. 310, II, do CPP deve ser realizada à luz dos arts. 282, §§ 2º e 4º, e 311, do mesmo estatuto processual penal, a significar que* **se tornou inviável, mesmo no contexto da audiência de custódia, a conversão, de ofício, da prisão em flagrante de qualquer pessoa em prisão preventiva**..." (grifo nosso).

[77] AgRg no RHC 142.650/AL, Rel. Min. João Otávio de Noronha, Quinta Turma, julgado em 22/06/2021, *DJe* 28/06/2021 – "...***A posterior manifestação do órgão ministerial ou da autoridade policial pela prisão cautelar supre o vício de não observância da formalidade do prévio requerimento***..." (grifo nosso); RHC 140.559/RS, Rel. Ministro Reynaldo Soares da Fonseca, Quinta Turma, julgado em 09/02/2021, *DJe* 11/02/2021.

continuidade, conservando-se o *status quo*, o relaxamento importa **ruptura**, advindo, na sequência, uma prisão preventiva **genuinamente** decretada, que, enquanto tal, só pode ser implementada se houver provocação, subsumindo-se no art. 311 do CPP. Jamais de ofício. E, por óbvio, ouvindo-se a defesa técnica, independentemente de a persecução estar na etapa inquisitorial, por já estar presente ao ato. Nesse sentido, **Enunciado nº 24 da Defensoria Pública de Minas Gerais:** *A decretação imediata da prisão preventiva prevista no art. 310, § 4º do CPP depende de manifestação expressa e fundamentada do Ministério Público, não podendo se decretada de ofício pelo Juízo.*

O **Superior Tribunal de Justiça** já havia sinalizado nesse sentido, admitindo relaxamentos de capturas em flagrante, sucedidos de decretos de prisão preventiva, **a partir de pedido formulado pelo órgão do *Parquet*** presente na audiência de custódia[78].

De todo modo, a audiência de custódia não é palco para decretos de prisão preventiva. Se a sua finalidade é **retrospectiva**, debruçando-se sobre custódia **efetuada**, com o objetivo de mensurar a sua legalidade e necessidade, concluindo-se negativamente, a solução é única: restauração da liberdade, quando muito acompanhada de cautelares diversas da prisão. Os fins e a topografia da audiência de custódia – art. 9º, 3, do PIDCP e art. 7º, 5, da CADH – revelam ser direito público subjetivo do capturado, que, por óbvio, não pode ser invocado contra si. O próprio Pleno do STF, na mencionada ADI nº 5240, rel. Min. Luiz Fux, chegou a **traçar um paralelo entre a audiência de custódia e a ação de habeas corpus, sendo aquela meio de concretização desta**, merecendo destaque, porque autoexplicativo, o seguinte trecho da ementa, absolutamente fiel ao teor do acórdão: *"...2. O direito convencional de apresentação do preso ao Juiz, consectariamente, deflagra o procedimento legal de habeas corpus, no qual o Juiz apreciará a legalidade da prisão, à vista do preso que lhe é apresentado, procedimento esse instituído pelo Código de Processo Penal, nos seus artigos 647 e seguintes..."* (grifo nosso). Se assim o é, diante da raiz constitucional do *habeas corpus* (art. 5º, LXVIII, da CRFB/88), garantia fundamental a trabalhar em prol do imputado, jamais contra, a previsão de decreto de prisão preventiva em plena audiência de custódia, após o relaxamento da captura, contemplada no § 4º do art. 310 do CPP, é **inconstitucional** e **inconvencional**[79].

---

[78] AgInt no HC 481.622/GO, Rel. Ministro Ribeiro Dantas, Quinta Turma, julgado em 12/02/2019, *DJe* 19/02/2019 – *"...o decreto prisional reconheceu o fumus comissi delicti, **tendo apenas afastado a ocorrência de hipótese do art. 302 do CPP, o que ensejou o relaxamento do flagrante**. Ademais, não se cogita ilegalidade no ato, pois o Magistrado de 1º grau não agiu de ofício, já que o Ministério Público estadual, durante a audiência de custódia, representou pela decretação da custódia preventiva do paciente..."* (grifo nosso); AgRg no HC 465.361/SP, Rel. Ministra Laurita Vaz, Sexta Turma, julgado em 09/10/2018, *DJe* 29/10/2018 – *"...o decreto prisional reconheceu a presença de fumus comissi delicti, **tendo apenas sido reconhecida a ausência de comprovação do estado flagrancial, o que ensejou o relaxamento do flagrante**. Porém, **descabe falar em arbitrariedade, pois o Magistrado de 1º grau decretou a prisão preventiva, durante a audiência de custódia, em virtude de representação do Ministério Público*** (grifo nosso).

[79] Nesse sentido, *v.g.*, TJRJ, HC 0065834-18.2018.8.19.0000, Rel. Desembargador Fernando Antonio de Almeida, Sexta Câmara Criminal, julgado em 26/03/2019 – *"...**Ao relaxar a prisão em flagrante, não é cabível a discussão sobre eventual cabimento ou não de medida cautelar**. Cabe tão somente a restituição do status de liberdade ao indivíduo que teve suas garantias constitucionais violadas e judicialmente reconhecidas. Hiperatividade judicial, que afronta o princípio da inércia, invadindo competência do juiz natural – constrangimento ilegal verificado – procedência do pedido..."* (grifo nosso).

A Resolução nº 213 do CNJ tampouco contempla essa hipótese, conduzindo à conclusão de que o juiz presidente da audiência de custódia sequer teria competência funcional para tanto. Porém, essa última linha argumentativa caducou. Na medida em que a Lei nº 13.964/19 conferiu ao juiz presidente da audiência de custódia competência para relaxar a prisão, implementando, ato contínuo, a preventiva, nos moldes do novel § 4º do art. 310 do CPP, não há como contrapor a Resolução nº 213 do CNJ, afinal, o poder regulamentar curva-se à lei. De todo modo, as demais críticas, articuladas acima, permanecem hígidas.

Em sentido contrário, na linha dos precedentes do STJ anunciados *retro*, prestigiando o § 4º do art. 310 do CPP, o **Enunciado nº 33 do CNPG**: *Não obstante o relaxamento da prisão em flagrante por transcurso do prazo prevista no § 4º do art. 310, pode a autoridade judicial, no mesmo ato, decretar a prisão preventiva se preenchidos os requisitos legais, sanando-se qualquer irregularidade.* Tal dicção aposta no seguinte corte: presente algum vício de ilegalidade inerente à captura, como a realização extemporânea da custódia, o juiz implementa o relaxamento, sem prejuízo de impor, consecutivamente, nova custódia, porque diverso o título.

Adotando esse raciocínio até as últimas consequências, o STJ tem relevado, até, a não realização das audiências de custódia Brasil afora, sob o argumento de que a ulterior decretação da prisão preventiva – por juiz competente, preenchidos os pressupostos de admissibilidade e os requisitos legais – superaria a vicissitude consistente na inobservância da audiência de custódia[80], quadra essa que se mantém[81]. E, com razão ainda maior, tem tolerado a sua extemporânea realização[82].

---

[80] RHC 116.018/AC, Rel. Ministro Rogerio Schietti Cruz, Sexta Turma, julgado em 03/10/2019, DJe 14/10/2019 – *"...1. A jurisprudência do Superior Tribunal de Justiça firmou entendimento no sentido de que **eventual delonga na conversão da prisão em flagrante em preventiva, pelo Juízo de primeiro grau, consiste em mera irregularidade procedimental**, que não enseja o relaxamento da segregação, notadamente diante da superveniência de decisão na qual está devidamente apontada a presença dos requisitos para a custódia cautelar previstos no art. 312 do Código de Processo Penal..."* (grifo nosso); RHC 103.384/BA, Rel. Ministro Antonio Saldanha Palheiro, Sexta Turma, julgado em 11/04/2019, DJe 29/04/2019 – *"...3. A Sexta Turma desta Corte firmou orientação de que '**a não realização de audiência de custódia não é suficiente, por si só, para ensejar a nulidade da prisão preventiva**, quando evidenciada a observância das garantias processuais e constitucionais' (AgRg no HC n. 353.887/SP, relator Ministro SEBASTIÃO REIS JÚNIOR, SEXTA TURMA, julgado em 19/5/2016, DJe 7/6/2016). De mais a mais, **a conversão da custódia em preventiva constitui novo título a justificar a privação da liberdade, ficando, com isso, superada eventual nulidade da prisão em flagrante**..."* (grifo nosso); HC 523.828/MG, Rel. Ministro Joel Ilan Paciornik, Quinta Turma, julgado em 17/09/2019, DJe 24/09/2019 – *"...**Ausência de realização de audiência de custódia. Nulidade. Alegação superada. Flagrante convertido em prisão preventiva**... 2. A jurisprudência do Superior Tribunal de Justiça é **remansosa** no sentido de que **a homologação da prisão em flagrante e sua conversão em preventiva tornam superado o argumento de irregularidades na prisão em flagrante, diante da produção de novo título a justificar a segregação**..."* (grifo nosso).

[81] HC 708.905/MG, Rel. Ministro Jesuíno Rissato (Desembargador Convocado do TJDFT), Quinta Turma, julgado em 14/12/2021, DJe 16/12/2021 – *"...**a questão da nulidade decorrente da não realização da audiência de custódia encontra-se superada pela conversão da prisão em flagrante em preventiva**. Nesse passo: "(...) eventuais irregularidades do flagrante ficam superadas pelo decreto de prisão preventiva." Precedente" (AgRg no RHC nº 155.189/GO, Quinta Turma, Rel. Min. Reynaldo Soares da Fonseca, DJe de 3/11/2021)...*" (grifo nosso).

[82] AgRg no HC 685.523/SP, Rel. Ministro João Otávio de Noronha, Quinta Turma, julgado em 13/12/2021, DJe 15/12/2021 – *"...Realizada a audiência de custódia superveniente fica prejudicado o pedido de relaxamento da prisão por sua ausência..."* (grifo nosso).

Tal percepção, além de **inconvencional**, por **esvaziar** o art. 9º, 3, do PIDCP e art. 7º, 5, da CADH, **afronta a Corte Constitucional**, diante do decidido, pelo Pleno, na ADI nº 5240 e na ADPF nº 347, tornando letra morta tais julgados. E, diante do novel art. 310, cabeça e § 4º do CPP, mostra-se, ainda, **ilegal**. Mesmo antes da Lei nº 13.964/19 esse pensar do STJ já foi **censurado** pelo STF[83], mas, em precedentes mais recentes da 1ª Turma do STF, tem sido chancelada a orientação do STJ, compreendendo que, implementada a prisão preventiva, o vício decorrente da inocorrência da audiência de custódia estaria superado[84].

Ora, se o palco para a conversão do flagrante em preventiva é a **audiência de custódia**, por mandamento **convencional** e **legal**, implementá-la de modo diverso **contamina, na origem**, o título prisional preventivo daí decorrente, por nascer *contra legem*, à margem do devido processo legal (art. 5º, LIV, da CRFB/88). E, nas circunscrições onde haja órgão jurisdicional com competência própria para presidir a audiência de custódia, ainda haveria ofensa à garantia do **juiz natural** (art. 5º, LIII, da CRFB/88). **Longe de serem inerentes ao flagrante anteriormente realizado, tais vícios contaminam a preventiva resultante da conversão, não havendo de se falar em preclusão, em decorrência da substituição do título prisional.** A 6ª Turma do STJ até possui precedente nesse sentido[85], mas isolado,

---

[83] HC 133992, Relator Min. Edson Fachin, Primeira Turma, julgado em 11/10/2016, *DJe*-257 divulg 01/12/2016 public 02/12/2016 – *"...2. Nos termos do decidido liminarmente na ADPF 347/DF (Relator Min. Marco Aurélio, Tribunal Pleno, julgado em 09/09/2015), por força do Pacto dos Direitos Civis e Políticos, da Convenção Interamericana de Direitos Humanos e como decorrência da cláusula do devido processo legal, a realização de audiência de apresentação é de observância obrigatória. 3. Descabe, nessa ótica, a dispensa de referido ato sob a justificativa de que o convencimento do julgador quanto às providências do art. 310 do CPP encontra-se previamente consolidado. 4. A conversão da prisão em flagrante em preventiva não traduz, por si, a superação da flagrante irregularidade, na medida em que se trata de vício que alcança a formação e legitimação do ato constritivo. 5. Considerando que, a teor do art. 316 do Código de Processo Penal, as medidas cautelares podem ser revisitadas pelo Juiz competente enquanto não ultimado o ofício jurisdicional, incumbe a reavaliação da constrição, mediante a realização de audiência de apresentação..."* (grifo nosso).

[84] Rcl 44456 AgR, Rel. Min. Rosa Weber, Primeira Turma, julgado em 08/04/2021, *DJe* 13/04/2021 – *"...5. Considerando a decisão monocrática do Ministro Luiz Fux, Presidente deste Supremo Tribunal Federal, na ADI 6.299-MC/DF, suspendendo a eficácia do artigo 310, §4º, do Código de Processo Penal (CPP), na redação introduzida pela Lei nº 13.964/19, e tendo em vista a atual jurisprudência desta Corte, **a obrigatoriedade de realização da audiência de custódia dentro do prazo de 24h (vinte quatro horas) após a prisão em flagrante não conduz a conclusão de que a sua inobservância implica no imediato relaxamento da privação cautelar de liberdade, notadamente nos casos em que decretada a prisão preventiva.** 6. Agravo regimental conhecido e não provido..."* (grifo nosso).

[85] HC 485.355/CE, Rel. Ministro Rogerio Schietti Cruz, Sexta Turma, julgado em 19/03/2019, *DJe* 26/03/2019 – *"...2. No caso dos autos, **o investigado foi preso em 13/12/2018 e permaneceu custodiado unicamente em função do flagrante até o cumprimento da decisão que deferiu o pedido liminar. 3. Considerando que a prisão em flagrante se caracteriza pela precariedade, de modo a não se permitir a sua subsistência por tantos dias sem a homologação judicial e a convolação em prisão preventiva, identifico manifesta ilegalidade na omissão apontada**, a permitir a inauguração antecipada da competência constitucional deste Tribunal Superior. 4. Ordem concedida para, confirmada a liminar, relaxar a prisão em flagrante do autuado, sem prejuízo da possibilidade de decretação da prisão preventiva, se concretamente demonstrada sua necessidade cautelar, ou de imposição de medida alternativa, nos termos do art. 319 do CP. Determinada, ainda, comunicação ao CNJ..."* (grifo nosso).

não representativo, lamentavelmente, do seu real entendimento[86], apesar de inconvencional e, diante do novel § 4º do art. 310 do CPP, ilegal.

Sem embargo, as críticas aqui tecidas, desde a 1ª edição, foram abraçadas e reverberadas pela 2ª Turma do STF[87], abrindo divergência em relação à 1ª.

8.6. DA REVISÃO OBRIGATÓRIA DOS PRONUNCIAMENTOS DE PRISÃO PREVENTIVA

Diz o parágrafo único do art. 316 do CPP que, *decretada a prisão preventiva,* **deverá** *o órgão emissor da decisão revisar a* **necessidade** *de sua manutenção* **a cada 90 (noventa) dias***, mediante decisão* **fundamentada***, de ofício, sob pena de* **tornar a prisão ilegal** (grifo nosso).

A presente regra alcança tanto a prisão preventiva genuinamente decretada, como a oriunda de flagrante convertido, admitindo duas acepções, excludentes: **os títulos prisionais preventivos passam a ter o prazo de validade de 90 dias**, contados do pronunciamento jurisdicional, **findo o qual**, se não houver prorrogação expressa pelo juiz competente, motivada em elementos concretos e contextualizados, **caduca**, ensejando **relaxamento** da custódia, **à semelhança do verificado na prisão temporária, ou** concedeu-se ao imputado preso **o direito público subjetivo de exigir do juiz a revisão obrigatória da sua prisão a cada 90 dias**, sem prejuízo de fazê-lo anteriormente, de ofício ou mediante provocação, nos moldes do art. 282, § 5º do CPP.

O **Enunciado nº 35 do CNPG** colocou-se em prol do segundo entendimento, a saber: *O* **esgotamento** *do prazo previsto no parágrafo único do art. 316* **não gera direito ao preso de ser posto imediatamente em liberdade***, mas* **direito ao reexame dos pressupostos fáticos da prisão preventiva***. A eventual ilegalidade da prisão por transcurso do prazo não é automática, devendo ser avaliada judicialmente.*

Lendo, atentamente, o preceituado no parágrafo único do art. 316 do CPP, vê-se que o interregno de 90 dias se atrela à **revisão** dos fundamentos da prisão preventiva, e não à subsistência do título prisional, como se dá com a temporária. O que determinará a conservação ou o relaxamento da custódia é a subsistência, ou não, dos seus motivos

---

[86] HC 505.540/RS, Rel. Ministra Laurita Vaz, Sexta Turma, julgado em 24/09/2019, DJe 07/10/2019 – "...2. **A não realização da audiência de custódia, segundo entendimento dominante deste Superior Tribunal de Justiça, não tem o condão de ensejar a nulidade da prisão preventiva**, a qual constitui novo título a merecer o exame da legalidade e necessidade..." (grifo nosso).

[87] HC 186.490, Rel. Min. Celso de Mello, Segunda Turma, julgado em 10/10/2020, DJe 22/10/2020 – "...A ausência da realização da audiência de custódia (ou de apresentação), tendo em vista a sua essencialidade e considerando os fins a que se destina, **qualifica-se como causa geradora da ilegalidade da própria prisão em flagrante, com o consequente relaxamento da privação cautelar da liberdade individual da pessoa sob o poder do Estado**..." (grifo nosso); Rcl 45.842 AgR, Rel. Ricardo Lewandowski, Segunda Turma, julgado em 03/05/2021, DJe 14/05/2021 – "...II – A conversão do flagrante em prisão preventiva não traduz, por si, a superação da audiência de custódia, na medida em que se trata de vício que alcança a formação e legitimação do ato constritivo. Precedentes. III – Reclamação julgada procedente para declarar ilegal a conversão do flagrante em prisão preventiva, com determinação da imediata soltura do reclamante, sem prejuízo de imposição, pelo Magistrado de primeiro grau, de cautelares alternativas previstas no art. 319 do Código de Processo Penal. IV – Agravo regimental a que se nega provimento..." .

determinantes, residindo, aí, a (eventual) ilegalidade, ensejadora, inclusive, de *habeas corpus* (art. 648, IV, do CPP).

A inovação legislativa é, inegavelmente, *pro reo*, de natureza processual material, por impactar, diretamente, no *status libertatis* (art. 5º, XL, da CRFB/88), logo, **retroage**, motivando a pronta revisão da necessidade e da adequação das prisões preventivas decretadas ou convertidas a partir de capturas flagranciais **antes** da entrada em vigor da Lei nº 13.964/19, assim que alcançado o lapso temporal de 90 dias. Nesse sentido, com acerto, o **Enunciado nº 25 da Defensoria Pública de Minas Gerais**: *O prazo de 90 dias, previsto no art. 316, parágrafo único, do CPP, não será contado da entrada em vigor da lei, mas desde a decretação da prisão preventiva, de forma que aquelas prisões cautelares cujo prazo já foi atingido quando da vigência da lei deverão ser imediatamente revistas.*

Partindo dessa premissa, reitera-se que o interregno de 90 dias é o **teto** para fins de revisão da pertinência da prisão preventiva, **certificando a contemporaneidade da ratio decidendi, ou seja, se, de fato, ainda se faz presente**. Seus fundamentos podem, e devem, ser revisitados antes, pelo próprio juiz, de ofício, ou a requerimento das partes. **Descabe ao juiz deixar de examinar pedidos de revogação de prisão preventiva, sob o fundamento de não esgotamento dos 90 dias, considerada a inafastabilidade da jurisdição – art. 5º, XXXV, da CRFB/88.** O **Enunciado nº 36 do CNPG** coloca-se nesse sentido, ao preconizar que *havendo fato novo que justifique a revogação da prisão, cabe às partes levá-lo ao conhecimento do juiz, para que o avalie, em decorrência do sistema acusatório, que limita a atividade probatória do juízo*. Como o magistrado não possui "bola de cristal", decidindo à luz da realidade fática encartada nos autos do processo, é imprescindível que as partes lhe tragam fatos novos. Todavia, se, à luz do substrato fático **já documentado nos autos**, o juiz não mais vislumbra necessária a prisão preventiva, pode, e deve, revogá-la de ofício, a teor do art. 282, § 5º do CPP.

E se o magistrado, expirado o prazo de 90 dias, não revisitar os fundamentos da prisão preventiva? O que a defesa há de fazer?

Caso esse lapso temporal esteja adstrito à própria validade do título prisional (primeira ótica apresentada acima), *habeas corpus* pugnando o relaxamento, mas **não** por caducidade da fundamentação, afinal, a *ratio decidendi* pode persistir idônea, e **sim** por excesso de prazo (art. 648, II, do CPP). À luz da segunda percepção, encampada por nós e pelo CNPG – e que, pragmaticamente, até por autodefesa da própria magistratura nacional (jurisprudência defensiva), cremos que será a dominante – *habeas corpus* com pedido de relaxamento da custódia, **quando claramente superados os argumentos ensejadores da custódia** (art. 648, IV, do CPP), ou de concessão da ordem para que o Juízo *a quo* simplesmente reexamine os fundamentos do decreto prisional ainda vigente, pretensão mais tímida, sem grande potencial libertário sobre o réu.

Pois a projeção lançada na 1ª edição da obra se confirmou integralmente, havendo sido abraçada pelo Pleno do STF, quando do julgamento, em 15/10/20, com acórdão publicado em 04/02/21, do Referendo na Medida Cautelar de Suspensão de Liminar/SP nº 1.395, da relatoria da Presidência, Min. Luiz Fux, vencido o Min. Marco Aurélio, no qual restou fixada a seguinte tese, exatamente na linha das nossas ponderações: *A inobservância da reavaliação prevista no parágrafo único do artigo 316 do Código de Processo Penal (CPP), com a redação dada pela Lei nº 13.964/19,* **após o prazo legal de 90 (dias), não implica a revogação automática da prisão preventiva, devendo o juízo competente ser instado a reavaliar a legalidade e a atualidade de seus fundamentos** (grifo nosso).

Na mesma linha já vinha se colocando o STJ[88].

Se, na impetração, for veiculada a **inidoneidade** dos motivos ensejadores da prisão preventiva, **descabe ao Tribunal não conhecer do** *habeas corpus*, **sob a alegação de supressão de instância, ponderando que, expirado o prazo de 90 dias, a reavaliação da prisão preventiva seria originária do juiz processante, limitando-se a conceder a ordem para que o último se manifeste**. Se os fundamentos da prisão preventiva, em tese, caducaram, essa é a ilegalidade/arbitrariedade retratada na causa de pedir do *habeas corpus* a ser dirimida pelo Tribunal, sendo inegável a competência para enfrentá-la, porque gerada pelo Juízo *a quo*, sem caracterizar supressão de instância, afinal, já existe manifestação sua documentada nos autos.

Sem embargo, se o magistrado *a quo*, instado pelo Tribunal a fornecer explicações (art. 662 do CPP), mantiver a custódia, **modificando completamente** a *ratio decidendi*, o conhecimento do *habeas corpus* ficará **prejudicado**, porque superada a causa de pedir nele veiculada. Se, todavia, **ratificados os fundamentos**, o título prisional impugnado persiste idêntico, viabilizando o exame da impetração.

Finalmente, a revisão nonagesimal seria exigível também dos Tribunais, em grau recursal?

Considerando que, esgotada a jurisdição de 1º grau, o acusado preso passa a ficar à disposição da instância recursal competente, a resposta é positiva.

Porém, o parágrafo único do art. 316 do CPP impôs tal reavaliação ao órgão **emissor** da ordem de prisão preventiva, ou seja, ao juízo de 1º grau, excluindo, *a contrario sensu*, as instâncias recursais.

Estende-se aos Tribunais tal exigência somente nas ações penais de sua **competência originária**, por atuarem como órgãos jurisdicionais de 1º grau. A par disso, não, mesmo porque, enquanto instâncias recursais, mostram-se investidos de competência revisional, adstrita aos limites fixados no recurso interposto. Caso tivessem que revisitar a *ratio decidendi* prisional, poderiam, *v.g.*, mantê-la com lastro em **novos** fundamentos, **inovando** em sede recursal. O Tribunal, enquanto instância revisora, se desfiguraria. Nesse sentido, acertadamente, o Superior Tribunal de Justiça[89].

---

[88] AgRg no HC 580.323/RS, Rel. Min. Reynaldo Soares da Fonseca, Quinta Turma, julgado em 02/06/2020, DJe 15/06/2020; AgRg no HC 579.125/MA, Rel. Min. Nefi Cordeiro, Sexta Turma, julgado em 09/06/2020, DJe 16/06/2020.

[89] AgRg no RHC 155.263/SP, Rel. Ministro Reynaldo Soares da Fonseca, Quinta Turma, julgado em 26/10/2021, DJe 03/11/2021 – "...*Acerca da regra prevista no parágrafo único do art. 316 do CPP*, "Nos termos do parágrafo único do art. 316 do CPP, **a revisão, de ofício, da necessidade de manutenção da prisão cautelar, a cada 90 dias, cabe tão somente ao órgão emissor da decisão (ou seja, ao julgador que a decretou inicialmente)** (HC 584.354/SP, Rel. Ministro Ribeiro Dantas, Quinta Turma, julgado em 16/03/2021, Dje *19/03/2021*)..." (grifo nosso).

9

PROVAS

9.1. CADEIA DE CUSTÓDIA

Parte significativa das provas é produzida sem o crivo imediato do juiz natural, do contraditório e da ampla defesa. Diferentemente das provas orais, nas quais as declarações das vítimas, das testemunhas e dos informantes são prestadas diretamente ao juiz e às partes, permitindo-lhes controlar a higidez não apenas da prova, mas do procedimento que nela desaguou, várias outras, como as periciais, são confeccionadas fora do ambiente judicial, dando-se ciência à acusação e ao imputado, bem como ao Juízo, depois de prontas.

Quando se pensa, *v.g.*, na prova testemunhal, o próprio magistrado assegura que o depoente seja inquirido individualmente, mantendo-o separado dos demais, para que um não interfira nem sugestione as declarações do outro (art. 210 do CPP). Ainda antes de iniciada a tomada do depoimento certifica se a presença física do réu o intimidaria, para fins do art. 217 do CPP. E a parte interessada pode, a seu turno, contraditá-la, nos termos do art. 214 do CPP. Durante a inquirição, o juiz, por conta própria, ou instado pelas partes, assegurará que não recorrerá a escritos, ressalvada a breve consulta a apontamentos (art. 204 do CPP), bem como que não emitirá valorações pessoais, exceto se indissociáveis ao fato narrado na peça acusatória (art. 213 do CPP). Todas essas averiguações são implementadas pelo **juiz**, com a **intervenção** das partes, **antes e ao longo da produção da prova oral**.

Imaginando-se, todavia, o laudo de material entorpecente, em imputações de tráfico, ou de arma de fogo, no caso de porte ilegal, ou de arrombamento, em se tratando de furto, todo o procedimento que desembocará na prova, incluindo ela própria, desenvolver-se-á em ambiente extrajudicial. O juiz e as partes limitam-se a tomar ciência da prova, emperrando, sobremaneira, o contraditório em torno da validade do procedimento adotado, desde a apreensão dos bens periciados, passando pela forma de armazenamento (conservação) e pela ciência utilizada na elaboração do laudo. As dificuldades agigantavam-se ainda mais ante a ausência de protocolos legais a serem seguidos. As diretrizes normativas sempre foram escassas. O art. 6º, I, do CPP, *v.g.*, exige que a autoridade policial e/ou os seus agentes conservem inalterado o local do crime, até a chegada da perícia. O art. 245, § 6º do CPP, por sua vez, estipula que, descoberta pessoa ou coisa, há de ser colocada sob a custódia da autoridade e dos seus agentes, objetivando a produção da prova que sobre ela recaia. Focam ambos os preceitos na preservação da **autenticidade** dos elementos que subsidiarão a perícia.

Tal lacuna foi, felizmente, preenchida pela Lei nº 13.964/19, que disciplinou **a cadeia de custódia da prova** ao longo dos arts. 158-A a 158-F, introduzidos no Código de Processo Penal. Embora seja uma inovação **legislativa**, não se pode dizer o mesmo em nível **jurisprudencial**.

O Superior Tribunal de Justiça já assentou, em mais de uma oportunidade, a **imprestabilidade** da prova produzida como **um todo**, caso não seja mantida **íntegra**, afinal, o material extraviado ou destruído pode aclarar a interpretação do restante, conduzindo à conclusão diversa da obtida a partir de uma leitura isolada. O prejuízo é *ipso facto*, na medida em que inviabiliza o amplo contraditório. Imagine, *v.g.*, a interceptação telefônica, medida cautelar probatória (meio de formação de provas), cujo acervo seja parcialmente destruído, porque, armazenada digitalmente, foi corrompido por um vírus: por mais que, em meio às conversas preservadas, haja uma de teor bastante incriminador, outras, destruídas, poderiam elucidar o conteúdo daquele diálogo, desconstruindo a suspeita inaugural. Como o material perdido é irrepetível, o prejuízo ao contraditório mostra-se irreparável, nada mais restando senão desentranhar dos autos **toda a prova relativa à cadeia de custódia quebrada**, nos moldes do art. 157, cabeça, do CPP, porquanto ilícita, atentatória ao art. 5º, LV, da CRFB/88. A custódia da prova garante a solução de continuidade imprescindível à visão integral do acervo probatório, e não descontinuada ou fragmentada, conducente a conclusões infidedignas.

O *leading case* no Superior Tribunal de Justiça foi o HC nº 160.662/RJ, da relatoria da Min. Assusete Magalhães, julgado em 18/02/2014 pela 6ª Turma, com acórdão publicado no *DJe* do dia 17 de março subsequente, ocasião na qual, debruçando-se sobre a legalidade da interceptação telefônica e telemática, compreendeu, na linha de todo o articulado, que *"...parte das provas obtidas a partir da interceptação telemática foi* **extraviada**, *ainda na Polícia, e* **o conteúdo dos áudios telefônicos não foi disponibilizado da forma como captado, havendo descontinuidade nas conversas e na sua ordem, com omissão de alguns áudios**. *XI. A prova produzida durante a interceptação não pode servir apenas aos interesses do órgão acusador,* **sendo imprescindível a preservação da sua integralidade, sem a qual se mostra inviabilizado o exercício da ampla defesa, tendo em vista a impossibilidade da efetiva refutação da tese acusatória, dada a perda da unidade da prova**. *XII. Mostra-se lesiva ao direito à prova, corolário da ampla defesa e do contraditório – constitucionalmente garantidos –, a ausência da salvaguarda da integralidade do material colhido na investigação, repercutindo no próprio dever de garantia da paridade de armas das partes adversas. XIII. É certo que todo o material obtido por meio da interceptação telefônica deve ser dirigido à autoridade judiciária, a qual, juntamente com a acusação e a defesa, deve selecionar tudo o que interesse à prova, descartando-se, mediante o procedimento previsto no art. 9º, parágrafo único, da Lei 9.296/96, o que se mostrar impertinente ao objeto da interceptação, pelo que* **constitui constrangimento ilegal a seleção do material produzido nas interceptações autorizadas, realizada pela Polícia Judiciária, tal como ocorreu, subtraindo-se, do Juízo e das partes, o exame da pertinência das provas colhidas**. *Precedente do STF. XIV. Decorre da garantia da ampla defesa o direito do acusado à disponibilização da integralidade de mídia, contendo o inteiro teor dos áudios e diálogos interceptados* (grifo nosso).

O Superior Tribunal de Justiça tem reafirmado esta orientação, por meio da própria 6ª Turma[1], como, também, pela 5ª Turma[2].

O Supremo Tribunal Federal, por meio da 2ª Turma, igualmente já advertiu que "*... não cabe aos policiais executores da medida proceder a uma espécie de filtragem das escutas interceptadas. A impossibilidade desse filtro atua, inclusive, como verdadeira garantia ao cidadão, porquanto retira da esfera de arbítrio da polícia escolher o que é ou não conveniente ser interceptado e gravado. Valoração, e eventual exclusão, que cabe ao magistrado a quem a prova é dirigida...*"[3] (grifo nosso).

Nesse particular, deve ser recebido com cautela o pronunciamento da 5ª Turma do STJ segundo o qual "*...os institutos processuais são regidos pelo princípio* tempus regit actum, *nos termos do art. 2º do CPP, in verbis: 'A lei processual penal aplicar-se-á desde logo, sem prejuízo da validade dos atos realizados sob a vigência da lei anterior'. Nesse contexto, não é possível se falar em quebra da cadeia de custódia, por inobservância de dispositivos legais que não existiam à época...*" (RHC 141.981/RR, Rel. Min. Reynaldo Soares da Fonseca, Quinta Turma, julgado em 23/03/2021, DJe 29/03/2021).

Com efeito, as normas encartadas nos arts. 158-A a 158-F do CPP têm eficácia *ex nunc*, enquanto preceitos processuais que trouxeram as formalidades inerentes à conservação da cadeia de custódia da prova (art. 2º do CPP), sem projeção retroativa. De fato, conforme pontuou o STJ, *não é possível se falar em quebra da cadeia de custódia, por inobservância de dispositivos legais que não existiam à época*. Contudo, controlar a cronologia, a autenticidade e a integralidade da prova produzida pela acusação, apontando rupturas comprometedoras da sua fiabilidade, é não só faculdade, mas dever não apenas da defesa, mas do Ministério Público, enquanto defensor da ordem jurídica, e do juiz, na qualidade de guardião das liberdades individuais. Nesse particular, a Lei nº 13.964/19 adveio para positivar a jurisprudência que já vinha sendo praticada pelo STF e pelo próprio STJ, sem consubstanciar novidade jurídica alguma. A preservação da cadeia de custódia

---

[1] REsp 1795341/RS, Rel. Ministro Nefi Cordeiro, Sexta Turma, julgado em 07/05/2019, DJe 14/05/2019 – "*...Falta de acesso à integralidade das conversas. Evidenciado pelo tribunal de origem a **existência de áudios descontinuados, sem ordenação, sequencial lógica e com omissão de trechos da degravação. Filtragem estabelecida sem a presença do defensor. Nulidade reconhecida**. Prescrição configurada. Recursos providos. Decretada a extinção da punibilidade... 2. É dever o Estado a disponibilização da integralidade das conversas advindas nos autos de forma emprestada, **sendo inadmissível a seleção pelas autoridades de persecução de partes dos áudios interceptados**. 3. A apresentação de parcela do produto extraído dos áudios, cuja filtragem foi estabelecida sem a presença do defensor, acarreta ofensa ao princípio da paridade de armas e ao direito à prova, porquanto a pertinência do acervo probatório não pode ser realizado apenas pela acusação, na medida em que gera vantagem desarrazoada em detrimento da defesa...*" (grifo nosso).

[2] HC 462.087/SP, Rel. Ministro Ribeiro Dantas, Quinta Turma, julgado em 17/10/2019, DJe 29/10/2019 – "*...7. O instituto da quebra da cadeia de custódia, o diz respeito à **idoneidade do caminho que deve ser percorrido pela prova até sua análise pelo magistrado, sendo certo que qualquer interferência durante o trâmite processual pode resultar na sua imprestabilidade**. Tem como objetivo garantir a todos os acusados o devido processo legal e os recursos a ele inerentes, como a ampla defesa, o contraditório e principalmente o direito à prova lícita...*" (grifo nosso). No caso concreto, o STJ não vislumbrou a ruptura da cadeia, porque "*...na medida em que o fato de o objeto periciável estar acondicionado em delegacia de Polícia e não no instituto de criminalística não leva à imprestabilidade da prova...*".

[3] HC 91867, Relator Min. Gilmar Mendes, Segunda Turma, julgado em 24/04/2012, DJe-185, divulg. 19/09/2012, public. 20/09/2012.

da prova é consectário natural do devido processo legal substancial (justo), presentes o contraditório e a ampla defesa, encerrando exigência que, antes de legal, é constitucional (art. 5º, LIV e LV, da CRFB/88).

Rememore-se que, em apreço ao princípio da comunhão da prova, as peças de informação produzidas pelas partes não lhes pertencem, aderindo ao processo, logo, hão de ser exploradas pela acusação e pelo réu em igualdade de condições (paridade de armas). Por conseguinte, o material probatório produzido pelo Estado há de ser apresentado à defesa na íntegra, sem cortes nem "edições", ainda que involuntárias, do contrário se desencadeará um diálogo "pela metade", viciado na origem. Contraditório, convém lembrar, é **ciência** e **participação** ao longo de todo o evolver processual. Transladada essa percepção para o universo probatório, o contraditório materializa-se na **ciência** de todo o evolver pertinente à determinada prova para, então, analisá-la, explorá-la e, se for o caso, confrontá-la.

Identificada a quebra da cadeia de custódia da prova, cumpre à defesa, ou mesmo ao Ministério Público, enquanto defensor da ordem jurídica (art. 127, cabeça, da Constituição), requerer a sua exclusão dos autos, bem como das demais dela derivadas (art. 5º, LVI, da CRFB/88 c/c art. 157, cabeça e § 1º do CPP), sem prejuízo de o juiz fazê-lo de ofício, enquanto condutor e presidente do processo. Se mantida a prova, impetra-se *habeas corpus* ao Tribunal, objetivando a sua exclusão, porque manifestos o constrangimento ilegal e o risco de o acusado vir a ser condenado com lastro em acervo probatório ilícito.

As consequências decorrentes do desentranhamento impactam no próprio mérito (pedido), porque, à míngua de outras provas capazes de dar sustentação à acusação, a pretensão será julgada improcedente, por insuficiência probatória (art. 386, II, V, VI, 2ª parte, ou VII, do CPP). Atacar a prova produzida pela acusação enfatiza, na realidade, a fragilidade da pretensão, desaguando não na nulidade do processo, mas na improcedência do pedido, absolvendo-se o réu. Há de ser desconsiderada a topografia do art. 564, III, b do CPP, porque a ausência do exame de corpo de delito (ou de qualquer outra prova) atinente à determinada questão de mérito **elide-a**, conduzindo à absolvição (*v.g.* insuficiência probatória quanto ao tráfico de entorpecentes ante a ausência de laudo pericial da droga apreendida)[4] ou à procedência apenas parcial do pedido (*v.g.* desclassificação de furto qualificado pelo arrombamento, porque indemonstrado, para a modalidade simples).

Seguindo essa ordem de ideias, alternativa à defesa é postergar o debate em torno da quebra da cadeia de custódia para as alegações finais, pedindo, de uma só vez, o desentranhamento da prova, e, ante a debilidade do material probatório residual, a absolvição do

---

[4] STJ, EREsp 1544057/RJ, Rel. Ministro Reynaldo Soares da Fonseca, Terceira Seção, julgado em 26/10/2016, DJe 09/11/2016 – *"...1. Nos casos em que ocorre a apreensão do entorpecente, o laudo toxicológico definitivo é imprescindível à demonstração da materialidade delitiva do delito e, nesse sentido,* **tem a natureza jurídica de prova, não podendo ser confundido com mera nulidade**, *que corresponde a sanção cominada pelo ordenamento jurídico ao ato praticado em desrespeito a formalidades legais. Precedente: HC 350.996/RJ, Relator Ministro Nefi Cordeiro, 3ª Seção, julgado em 24/08/2016, publicado no DJe de 29/08/2016. 2. Isso, no entanto, não elide a possibilidade de que, em situação excepcional, a comprovação da materialidade do crime de drogas possa ser efetuada pelo próprio laudo de constatação provisório, quando ele permita grau de certeza idêntico ao do laudo definitivo, pois elaborado por perito oficial, em procedimento e com conclusões equivalentes. Isso porque, a depender do grau de complexidade e de novidade da droga apreendida, sua identificação precisa como entorpecente pode exigir, ou não, a realização de exame mais complexo que somente é efetuado no laudo definitivo..."* (grifo nosso).

réu. Caso venha a ser condenado, apela-se, com espeque no art. 593, I, do CPP, veiculando essa discussão ao Tribunal competente.

A positivação da cadeia de custódia pela Lei nº 13.964/19 não foi fruto do acaso, mas uma **necessidade** em virtude da potencialização dos meios de formação de provas invasivos da intimidade e da privacidade, a maioria sigilosa, só revelada ao imputado e à defesa depois de findo, proporcionando contraditório inevitavelmente diferido. A ampliação da interceptação ambiental, a inserção da infiltração virtual, a consolidação da coleta de material biológico para definição do perfil genético são, apenas, alguns exemplos disso.

Anota Geraldo Prado, com muita propriedade, que o alargamento dessas técnicas especiais de investigação, ou, como prefere denominar, *métodos ocultos de investigação*, *"...com seu potencial de eliminação das barreiras à privacidade, **provoca reativamente a configuração de defesas jurídicas** de proteção do âmbito essencial de configuração da vida privada, **que se constituem a partir de uma dimensão de dependência recíproca entre legalidade e reserva de jurisdição...**"*. A fim de evitar um "vale-tudo" probatório, a tornar tábula rasa a esfera privada, uma das expressões mais eloquentes da dignidade humana, o Conselho da Europa editou princípios reitores ao emprego, constitucional, desses mecanismos probatórios, consubstanciados, segundo esclarece Geraldo Prado, na *necessidade de uma **base legal clara** para o emprego das medidas de investigação de caráter secreto ou de intromissão*, observado o *princípio da **proporcionalidade***, e, obviamente, na ***existência de controles***, sem os quais os dois primeiros esvaziar-se-iam[5]. Delinear, normativamente, a cadeia de custódia da prova concretiza, justamente, o **primeiro** princípio (legalidade), dando à produção probatória balizas legais objetivas, relacionadas não apenas aos pressupostos de admissibilidade e seus requisitos, mas à sua **consecução**, desde a **origem**, viabilizando, por conseguinte, o **terceiro** princípio (controle).

Por mais frágil racionalmente que seja a ideia de uma *verdade absoluta*, insustentável em qualquer domínio do conhecimento humano, mesmo os mais rígidos, como a Física e a Matemática, quanto mais no contexto judicial[6], a espontaneidade e vivacidade inerentes à imagem e ao som capturados, somado à sinceridade das informações, fornecidas por desprevenidos, sem armaduras, fazem com que as provas amealhadas sejam encaradas como "espelho fiel da realidade". O contraditório subsequente seria meramente protocolar, porque visto, (in)conscientemente pela acusação (e por muitos juízes) como um instrumento à disposição da defesa para distorcer a verdade e, assim, garantir a impunidade do agente. As técnicas especiais de investigação, em vez de serem *"o ponto de partida para a colheita de meios de prova das infrações penais"* transformam-se em *"discurso eloquente acerca da existência da infração e demonstração de sua autoria, e o contraditório é remetido ao debate do significado das imagens e sons"*[7].

Como as provas produzidas pelos métodos ocultos de investigação conduzem a conclusões virtualmente definitivas, tornando, lamentavelmente, figurativo o debate a respeito, **torna-se imprescindível o controle sobre a idoneidade de todo o trabalho realizado sigilosamente**, a fim de assegurar a **fiabilidade do substrato fático no qual**

---

[5] *Prova Penal e Sistema de Controles Epistêmicos* – A Quebra da Cadeia de Custódia da Provas Obtidas por Métodos Ocultos. São Paulo: Marcial Pons, 2014, p. 62.
[6] TARUFFO, Michele. *A Prova*. Trad. João Gabriel Couto. São Paulo: Marcial Pons, 2014, p. 25.
[7] PRADO, Geraldo. *Prova Penal e Sistema de Controles Epistêmicos* – A Quebra da Cadeia de Custódia da Provas Obtidas por Métodos Ocultos, ob. cit., p. 69-73.

tais conclusões estão pautadas. Essa é a *ratio essendi* da cadeia de custódia e da sua normatização por intermédio da Lei nº 13.964/19.

Estabelecido o rito probatório, cumpre às agências de repressão estatal – Polícia, Ministério Público e Juízo – documentá-lo, mesmo porque tudo que se faz ao longo da investigação há de ser formalizado – art. 9º do CPP e art. 10 da Resolução nº 181 do Conselho Nacional do Ministério Público (CNMP), com a redação dada pela Resolução nº 183, a estabelecer que *as diligências serão* **documentadas** *em autos de modo sucinto e* ***circunstanciado*** (grifo nosso). Ademais, considerando que todos os pronunciamentos do Ministério Público e do Juízo são motivados racionalmente (art. 129, VIII, 2ª parte, e art. 93, IX, ambos da CRFB/88), bem como os da autoridade policial, porquanto jurídicos (art. 2º, cabeça, e § 6º da Lei nº 12.830/13), **têm que estar** documentados. Inexiste espaço para ilações ou presunções. Infere-se a quebra, ou não, da cadeia de custódia a partir do que se fez, do estampado nos autos, e **não do que se imagina realizado**. Inexistem escusas para **descontinuidades, ausências das decisões renovatórias dos procedimentos probatórios, desordens sequenciais** e afins. E o prejuízo é *ipso facto*: **falta de fiabilidade da prova**. Por outro lado, a cadeia de custódia fixa, de antemão, as regras a serem seguidas, conferindo segurança jurídica não apenas ao imputado e à defesa, mas também aos órgãos de investigação penal, pois sabem, de antemão, como agir. A cadeia de custódia da prova apenas se tornará um manancial de nulidades absolutas por incompetência, insuficiência técnica e/ou material, ou má-fé estatal, hipóteses alheias ao imputado que, por óbvio, não podem ser invocadas pelo Estado contra si – *non venire contra factum proprium*. Descabe relevar quaisquer desses vícios, em deferência ao **devido processo legal** (art. 5º, LIV, da CRFB/88) e ao princípio da **eficiência** (art. 37, cabeça, da CRFB/88), de observância obrigatória por todas as agências estatais, sobretudo, pela magnitude e indisponibilidade dos interesses em jogo, as de repressão penal. Na esteira de Juarez Tavares e Geraldo Prado, *"a investigação realizada sem a devida formalização nos autos do procedimento administrativo de apuração não possui validade, precisamente porque cerceia do investigado o direito de efetuar o controle sobre a legitimidade dos atos investigatórios"*[8].

Cadeia de custódia veio definida no *caput* do art. 158-A como *o conjunto de todos os procedimentos utilizados para manter e documentar a* **história cronológica** *do vestígio coletado em locais ou em vítimas de crimes, para rastrear sua posse e manuseio a partir de seu* **reconhecimento**, certificando-lhe a autenticidade, até o **descarte**, a ser ordenado pelo Juízo competente, após a ciência e anuência **expressas** do imputado e do seu defensor, respeitando-se o contraditório e a ampla defesa (art. 5º, LV, da CRFB/88).

O início da cadeia de custódia dá-se, na linha do disposto no art. 6º, I, do CPP, com a preservação do local de crime ou com procedimentos policiais ou periciais nos quais seja detectada a existência de vestígio, haja vista o art. 158-A, § 1º do CPP. O § 3º, aliás, define vestígio como *todo objeto ou material bruto, visível ou latente, constatado ou recolhido, que se relaciona à infração penal*. A abrangência do conceito, de natureza estritamente processual, sinaliza, de antemão, a necessidade de interpretação extensiva (art. 3º do CPP), até para evitar qualquer burla à cadeia de custódia, e consequente ruptura.

---

[8] *O Direito Penal e o Processo Penal no Estado de Direito: Análise de Casos*. Florianópolis: Empório do Direito, 2016, p. 89.

Segundo o § 2º do art. 158-A do CPP, o agente público que reconhecer um elemento como de potencial interesse para a produção da prova pericial fica responsável por sua preservação, **até entregá-lo ao perito responsável pelo exame**, passando a ficar sob a sua custódia.

O art. 158-B, *caput*, fixa as **etapas** da cadeia de custódia. Primeiramente, temos o *reconhecimento*, ou seja, identificar elemento potencialmente relevante sob a ótica pericial (inciso I). A fim de resguardar-lhe a autenticidade, o próximo passo é o *isolamento*, não apenas do bem descoberto, mas do ambiente como um todo, a fim de evitar contaminações ou alterações do estado das coisas, tal qual encontrado (inciso II), proibindo o § 2º do art. 158-C a entrada em locais isolados, bem como a remoção de quaisquer vestígios de locais de crime antes da liberação por parte do perito responsável, sendo tipificada como fraude processual a sua realização.

Em seguida, na esteira do art. 158-B, III, individualiza-se o elemento probatório (*fixação*), descrevendo-o detalhadamente, inclusive como e onde foi encontrado. Ilustrações (fotografias, filmagens ou croqui) são **facultativas**, mesmo porque objetivam reforçar a fidedignidade da descrição, daí o mencionado inciso referir-se a *poder*, em vez de *dever*. **Eventual ausência não configura *error in procedendo*.** Contudo, nos termos do citado inciso, a sua descrição no laudo pericial produzido é **indispensável**. Trata-se de formalidade **mandatória**, sob pena de **nulidade absoluta**, pois, do contrário, **não há como assegurar a plena identidade entre o objeto apreendido e o periciado**. Reitera-se: a integralidade da cadeia de custódia ou a cisão mensura-se pelo que se apresenta, e não pelo que deveria ou se supõe ser. **Existindo disparidade na individualização e identificação do material examinado, a respectiva perícia é imprestável**, por não se ter a certeza de que o bem analisado corresponde ao arrecadado.

A etapa subsequente é a *coleta* do vestígio, respeitando suas características e natureza, igualmente com o escopo de impedir qualquer contaminação ou adulteração (inciso IV). Depois, tem-se o *acondicionamento*, devendo cada vestígio de relevo probatório ser embalado **individualmente**, de acordo com suas características físicas, químicas e biológicas, para posterior análise, **com anotação da data, hora e nome de quem realizou a coleta e o acondicionamento** (inciso V), de maneira a assegurar a exata correlação – para cada classe de material coletado, um invólucro próprio. **Caso sejam embalados mais de um no mesmo recipiente, cumpre perquirir, inclusive aos peritos, a eventual alteração nas suas respectivas composições**, daí a exigência de consignar data, hora e nome do profissional responsável pela apreensão e armazenamento. A depender da resposta, os laudos serão aproveitáveis, não sendo possível assentar a nulidade absoluta.

A inquirição dos agentes públicos intervenientes na cadeia de custódia, a propósito, há de ser **excepcional**. Cumpre à parte interessada **listar fatos que a justifiquem, expondo o porquê de suspeitar da idoneidade da coleta e/ou do acondicionamento, sem recorrer a meras conjecturas**. Conforme preconiza o § 1º do art. 400, regra do procedimento ordinário aplicável a todos os demais, ante a ausência de disposição em sentido contrário (art. 394, §§ 2º e 5º do CPP), **o juiz pode indeferir as provas irrelevantes, impertinentes ou protelatórias**.

A próxima etapa consiste no *transporte* (art. 158-B, inciso VI, do CPP) do vestígio, de um local para o outro, utilizando as condições adequadas (embalagens, veículos, temperatura, entre outras), de modo a garantir a manutenção de suas características originais, bem como o controle de sua posse até a transferência desta, ou seja, o *recebimento* (inciso

VII), documentado com, no mínimo, informações referentes ao número de procedimento e unidade de polícia judiciária relacionada, local de origem, nome de quem transportou o vestígio, código de rastreamento, natureza do exame, tipo do vestígio, protocolo, assinatura e identificação de quem a recebeu. Durante o transporte, todos os recipientes devem estar selados com lacres, com numeração individualizada, de forma a garantir a inviolabilidade e a idoneidade dos vestígios (art. 158-D, § 1º, do CPP).

Ato contínuo, tem-se o *processamento* (inciso VIII), consistente no exame em si, manipulação do vestígio de acordo com a metodologia adequada às suas características biológicas, físicas e químicas, a fim de se obter o resultado desejado, que **deverá ser formalizado em laudo produzido por perito**. Neste momento, sim, a intervenção pericial é imprescindível, diferentemente das etapas anteriores, que não demandam expertise própria, bastando que os agentes de polícia judiciária sigam os passos definidos no art. 158-B do CPP, além dos respectivos protocolos. O perito existe para aplicar o seu conhecimento científico (extrajurídico) às questões de mérito que dele necessitem, não devendo se ocupar de tarefas estritamente mecânicas, daí prescrever o *caput* do art. 158-C que a coleta dos vestígios deverá ser realizada **preferencialmente** por perito oficial, logo, caso seja agente público diverso inexistirá nulidade por conta disso. Óbvio que, em havendo tal possibilidade, melhor ainda, afinal, o que abunda não prejudica – *quod abundat non nocet*. Porém, diante da lamentável escassez de peritos, é mandatório otimizar o aproveitamento, concentrando-os na confecção de exames efetivamente carentes de suas habilidades técnicas.

Ao longo do processamento, o recipiente – que deverá individualizar o vestígio, preservar suas características, impedir contaminação e vazamento, ter grau de resistência adequado e espaço para registro de informações sobre seu conteúdo (art. 158-D, § 2º do CPP) – só poderá ser aberto pelo perito que procederá à análise e, motivadamente, por pessoa autorizada (art. 158-D, § 3º do CPP). Embora a lei não esclareça de quem partiria a permissão, **subentende-se ser do próprio perito responsável pela confecção do exame**, porquanto, após cada lacre rompido, na ficha de acompanhamento de vestígio serão registrados o nome e a matrícula do responsável, a data, o local, a finalidade, bem como as informações sobre o novo lacre utilizado, acondicionando o anterior dentro do novo recipiente (art. 158-D, §§ 4º e 5º do CPP).

Na sequência do art. 158-B tem-se o *armazenamento* (inciso IX), mas, na realidade, não necessariamente é etapa ulterior ao *processamento*, ao contrário, porquanto projeta-se **antes** e **após** a confecção do laudo: antes, porque, recebido o material pelo perito, dificilmente o exame será prontamente realizado, logo, nesse interregno, cumpre armazená-lo; **depois**, porque o material residual (*v.g.* drogas), ou o próprio original (*v.g.* projétil para confronto balístico), voltará a ser armazenado aguardando descarte, eventual transporte, contraprova, a ser buscada pelos assistentes técnicos (que, como **não** são peritos, produzem prova **documental**) ou mesmo nova perícia. Se o material apreendido for inteiramente consumido durante o exame (*v.g.* material entorpecente), o armazenamento resta prejudicado. Por outro lado, a fim de evitar embaralhamentos, o armazenamento fica vinculado ao número do laudo correspondente. Finalmente, chega-se ao *descarte* (inciso X), referente à liberação do vestígio, **respeitando a legislação vigente e, quando pertinente, mediante autorização judicial**.

Não obstante a parte final do inciso X do art. 158-B do CPP admitir o descarte do material arrecadado e periciado independentemente de permissão jurisdicional, o inciso IX expressamente contempla a sua guarda para eventual contraprova, **presentes o contraditório e a ampla defesa**. Compatibilizando-se esses incisos, conclui-se pela possibilidade de a autoridade policial ordenar a destruição do material apreendido e examinado, quando não condicionada à prévia permissão do juiz competente, **mas NÃO na íntegra, conservando quantidade suficiente para eventual contraprova**, consignando, nos autos, tal deliberação. Excelente parâmetro, bem ilustrativo do ora comentado, extrai-se da Lei nº 11.343/06: se houver flagrante, a destruição da droga é determinada pelo juiz, mas **preservando amostra suficiente à confecção do laudo definitivo** (art. 50, § 3º, com a redação dada pela Lei nº 12.961/14), **ou, no caso em tela, para fins de futura contraprova**. Se não houver captura, mas tão somente a apreensão da droga, a incineração pode ser determinada pela própria autoridade policial, **desde que mantida quantidade bastante para o exame definitivo** ou contraprova (art. 50-A, com o texto dado pela Lei nº 13.840/19, que eliminou a referência aos §§ 3º a 5º do art. 50 com o propósito de dispensar autorização jurisdicional para a destruição da droga, submetendo-a à deliberação privativa do delegado).

A necessidade de conservar o material apreendido em quantidade suficiente para fins de contraprova ou nova perícia extrai-se do próprio art. 158-F, cujo *caput* prevê que, **após a realização da perícia**, o material deve ser **devolvido** à central de custódia, devendo nela **permanecer**. Mesmo em casos de superlotação, ou quando inadequadas as condições ao armazenamento de determinado material, **o diretor responsável não está autorizado a promover descarte algum**, devendo, nos termos do parágrafo único, requerer ao delegado ou ao juiz tão somente a mudança de local. Malgrado a lei não estipular, convém, inclusive, que o próprio diretor do órgão central de perícia oficial já indique, na solicitação, qual seria. **Não se trata de entulhar as centrais de custódia, mas apenas conservar o mínimo necessário para fins de contraprova ou nova perícia, se necessária**. O descarte dessas amostras opera-se por determinação do juiz competente, inclusive oficiosa, seja após o arquivamento do inquérito – mesmo à luz do novel art. 28 do CPP, com a redação dada pela Lei nº 13.964/19, descabe ao Ministério Público fazê-lo, sendo mister provocar a jurisdição – ou depois de transitada em julgado a sentença, seja ela terminativa, absolutória, extintiva da pretensão punitiva estatal ou condenatória. Mostra-se perfeitamente aplicável, por analogia, a regra contida no art. 72 da Lei nº 11.343/06, com a redação dada pela Lei nº 13.840/19 – *encerrado o processo criminal ou arquivado o inquérito policial, o juiz, de ofício, mediante representação da autoridade de polícia judiciária, ou a requerimento do Ministério Público, determinará a destruição das amostras guardadas para contraprova, certificando nos autos*. Descabe conservar tais amostras conjecturando eventual retomada persecutória, no caso de arquivamento do inquérito ou sentença meramente terminativa, ou revisão criminal, se condenado o réu, pois, nesses casos, as centrais de custódia ficariam, sim, abarrotadas de materiais sem relevância concreta sequer mediata, afinal, os motivos para não os descartar seriam inteiramente hipotéticos, contemplando quadras excepcionais.

O art. 158-B detalhou, como jamais antes visto no ordenamento, as etapas da cadeia de custódia. Mas cada material apreendido e a prova pericial a ele correlata têm as suas especificidades, motivo pelo qual o legislador não entrou em miudezas relacionadas ao *modus* de coleta, acondicionamento, transporte etc. – não por acaso o *caput* do art. 158-D preconiza, *v.g.*, que **o recipiente para acondicionamento do vestígio varia de acordo com a natureza do material**, esclarecendo o § 1º do art. 158-C que todos os vestígios coletados no decurso do inquérito e/ou do processo devem ser tratados como descrito nesta Lei, ficando o órgão central de perícia oficial de natureza criminal incumbida de **detalhar a forma de cumprimento**. Mal comparando, da mesma maneira que a compreensão integral das normas penais em branco demandam um olhar para além do tipo penal, idêntico raciocínio se estende à cadeia de custódia, cuja leitura não termina no Código de Processo Penal, prosseguindo pelos protocolos, como o de **perícia forense no crime de tortura**[9] e o **procedimento operacional padrão da perícia criminal**, elaborado pelo Ministério da Justiça[10]. Contestações à validade de laudos periciais podem, e devem, ser apresentadas com lastro nesses protocolos, **instruídas com cópias destes**, porque ao juiz é exigido o conhecimento da Constituição e da legislação federal, mas não do ordenamento local, seja estadual, distrital, municipal ou, ainda, dessas normativas extremamente específicas.

Os vestígios coletados serão encaminhados à central de custódia, inclusive quando necessária a feitura de exames complementares (art. 158-C, cabeça, do CPP). Todos os Institutos de Criminalística hão de ter ao menos uma central, reservada, justamente, à guarda, controle e gestão dos vestígios, vinculada diretamente ao órgão central de perícia oficial de natureza criminal (art. 158-E, cabeça, do CPP). Nas centrais devem ser instalados serviços de protocolo, com local para conferência, recepção, devolução de materiais e documentos, possibilitando a seleção, a classificação e a distribuição de materiais, devendo ser um espaço seguro e apresentar condições ambientais que não interfiram nas características dos vestígios (art. 158-E, § 1º), registrando a entrada e a saída destes, sempre os amarrando à investigação pertinente (art. 158-E, § 2º). O acesso é igualmente controlado, porque todas as pessoas que a eles tiverem contato deverão ser identificadas, consignando-se data e hora (art. 158-E, § 3º), estendendo-se tal procedimento aos casos de tramitação (deslocamento), com indicação da destinação (art. 158-E, § 4º).

Importante registrar que, a depender do caso concreto, **podemos ter diferentes vestígios, cada um desafiando a sua própria cadeia de custódia**, tanto que o art. 158-D, cabeça, prevê distintas formas de acondicionamento, a depender da natureza do material apreendido, enquanto o art. 158-C, § 1º reconhece que cada um tem o seu próprio protocolo, a ser definido pelo órgão de perícia oficial de natureza criminal. Por tudo isso, a ruptura de 1 (uma) cadeia de custódia não necessariamente irradia-se para a outra. Imagine, *v.g.*, que, na apuração de um crime de homicídio, sejam encontrados vestígios sanguíneos e fios de cabelo do suposto infrator, decorrentes da reação da vítima. A coleta e o armazenamento dos fios de cabelo seguiram os passos legais e protocolares, mas a amostra sanguínea não. Eventual confronto genético dos resíduos corporais do indiciado, retirados, *v.g.*, do seu lixo residencial com os vestígios sanguíneos será **ilícito**, porque já rompida a cadeia de custódia **desta** prova, mas nada impede que seja feito, **validamen-**

---

[9] Disponível em: http://www.dhnet.org.br/denunciar/tortura/a_pdf/protocolo_br_tortura.pdf. Acesso em: 02/05/2020.

[10] Disponível em: https://www.justica.gov.br/sua-seguranca/seguranca-publica/analise-e-pesquisa/download/pop/procedimento_operacional_padrao-pericia_criminal.pdf. Acesso em: 02/05/2020.

te, com os tufos capilares adequadamente recolhidos do *locus delicti*. Eventual laudo pericial positivo será **lícito**, afinal, são fontes de provas absolutamente independentes: as irregularidades verificadas na cadeia de custódia relativa à amostra sanguínea não se comunicam aos fios de cabelo.

Conforme já salientado, a normatização da cadeia de custódia, promovida pela Lei nº 13.964/19, é **inédita**, logo, **inexistem dispositivos em sentido contrário**. Quando muito, a depender da espécie de prova, há formalidades específicas a serem observadas em **adição**, mas sem antinomias. **A aplicação subsidiária dos artigos 158-A a 158-F do CPP aos *n* procedimentos probatórios é natural e inevitável**, sem espaço para invocar, em sentido contrário, o princípio da especialidade.

Por conseguinte, **o novel regramento tem potencial para colocar em xeque, ao menos em parte, a Súmula 574 do STJ**, aprovada pela 3ª Seção em 22 de junho de 2016, publicada no *DJe* do dia 27 imediato, segundo a qual *para a configuração do delito de violação de direito autoral e a comprovação de sua materialidade, **é suficiente a perícia realizada por amostragem do produto apreendido, nos aspectos externos do material**, e é desnecessária a identificação dos titulares dos direitos autorais violados ou daqueles que os representem* (grifo nosso).

Considerado o procedimento atinente aos crimes contra a propriedade imaterial, diz o art. 530-B do CPP que *nos casos das infrações previstas nos §§ 1º, 2º e 3º do art. 184 do Código Penal, a autoridade policial procederá à apreensão dos bens ilicitamente produzidos ou reproduzidos, em sua totalidade, juntamente com os equipamentos, suportes e materiais que possibilitaram a sua existência, desde que estes se destinem precipuamente à prática do ilícito*. Nos termos do art. 530-C, *na ocasião da apreensão será lavrado termo, assinado por 2 (duas) ou mais testemunhas, com a descrição de todos os bens apreendidos e informações sobre suas origens, o qual deverá integrar o inquérito policial ou o processo*. Finalmente, o art. 530-D assevera que *subsequente à apreensão, **será** realizada, por perito oficial, ou, na falta deste, por pessoa tecnicamente habilitada, **perícia sobre todos os bens apreendidos** e elaborado o laudo que deverá integrar o inquérito policial ou o processo* (grifo nosso).

O simples confronto entre o enunciado sumular e o disposto no CPP escancara a dissintonia, mostrando-se o primeiro claramente *contra legem*. Se o art. art. 530-D **ordena** a **perícia** em todos os bens apreendidos, como admitir a **amostragem** e o exame apenas **externo**, sem averiguar sequer o conteúdo do material arrecadado? Segundo bem coloca o prof. Gustavo Henrique Righi Ivahy Badaró, *"...o imperativo 'será' e a palavra 'todos' não deixam margem a dúvidas. A perícia é obrigatória e não basta que seja realizada em um ou alguns dos bens apreendidos, devendo ser realizada na totalidade dos produtos. Não há espaço, pois, para interpretar a totalidade como sendo apenas uma amostra..."* (grifo nosso)[11].

Inegavelmente, o STJ, ao editar a Súmula nº 574, incorreu em indesejável, à luz do art. 2º da CRFB/88, decisionismo, olvidando a separação e a independência entre os Poderes da República. **Mas o exagero não está na perícia por amostragem**. Com efeito, como se está diante de um tipo misto alternativo, vender 50 (cinquenta), 100 (cem) ou 1000 (mil) CDs de música contrafeitos importa crime único, logo, para fins de capitulação delitiva

---

[11] Súmula 574 do STJ traz incertezas sobre crime contra direito autoral. *Revista Consultor Jurídico*, 5 jul. 2016. Acesso em: 02/05/2020.

e formação da opinião delitiva, periciar todos os bens arrecadados seria, sim, contraproducente, em desacordo com o princípio da eficiência (art. 37, cabeça, da CRFB/88), norteador da Administração Pública – a investigação é um procedimento **administrativo** –, alongando gratuitamente o inquérito, em prejuízo da duração razoável do processo, compreensiva da persecução penal como um todo, incluindo a fase inquisitorial (art. 5º, LXXVIII, da CRFB/88). Se a conclusão pela perícia por amostragem tem respaldo constitucional, inexiste decisionismo.

Sem embargo, nada justifica a perícia exclusivamente sobre os aspectos externos do material. Ora, ainda que a embalagem indique ser o CD da artista X, como imputar tal conduta sem ao menos conferir se o conteúdo do bem remete à obra desta? Ora, em sendo a perícia por amostragem, conferir o conteúdo desta chancela a eficiência da investigação e em nada compromete a celeridade. A análise apenas externa, consideradas as etapas da cadeia de custódia, significaria **sobrepor a fixação (art. 158-B, III do CPP) ao processamento (art. 158-B, VIII, do CPP)**, pois **bastaria descrevê-los externamente, inclusive com fotografias ou filmagens, sem passar pelo exame pericial em si**. Consigne-se que, **por ser infração penal que, obviamente, deixa vestígios, a incidência dos arts. 158-A a 158-F é inexorável**.

Dessarte, **o Superior Tribunal de Justiça deve revisitar o enunciado de súmula nº 574 para decotar, ao menos, a limitação da perícia aos aspectos externos do material, exigindo o exame do conteúdo**.

Por outro lado, em se tratando de imputações envolvendo tráfico de entorpecentes, lamentavelmente é muito corriqueiro o perito subscritor do laudo prévio e/ou definitivo pontuar haver sido a droga apresentada em recipiente **sem lacre**, não sendo possível, assim, creditá-la, de fato, ao imputado, pois em xeque estão não apenas a autenticidade, mas a integralidade. Se tal ocorrer, a prova se mostra ilícita, por ofensa ao § 1º do art. 158-D do CPP – *todos os recipientes deverão ser selados com lacres, com numeração individualizada, de forma a garantir a inviolabilidade e a idoneidade do vestígio durante o transporte* –, e a prisão em flagrante daí decorrente deve ser relaxada na audiência de custódia – conferir, nesse sentido, v.g. o decidido no procedimento de nº 0244055-15.2021.8.19.0001 pela MM. Juíza Ariadne Villela Lopes, em exercício na Central de Custódia da Capital/RJ.

Cumpre à defesa apontar as formalidades legais inobservadas durante a cadeia de custódia da prova. Configurada a quebra, ilícita é a prova, a ser excluída dos autos, juntamente com as dela derivadas porque não mais fiável (art. 157, *caput* e § 1º, do CPP), segundo bem pontua o STJ[12]. Qualquer assertiva pela higidez da prova seria mera especulação, inclusive a dita presunção de legitimidade dos atos perpetrados pelos agentes da Administração Pública: além de relativa, admitindo prova em sentido contrário, a inidoneidade se extrai

---

[12] RHC 141.981/RR, Rel. Ministro Reynaldo Soares da Fonseca, Quinta Turma, julgado em 23/03/2021, DJe 29/03/2021 – *"...não foi trazido nenhum elemento que demonstre que houve adulteração da prova. Assim, 'não se verifica a alegada 'quebra da cadeia de custódia', pois nenhum elemento veio aos autos a demonstrar que houve adulteração da prova, alteração na ordem cronológica dos diálogos ou mesmo interferência de quem quer que seja, a ponto de invalidar a prova'. (HC 574.131/RS, Rel. Ministro Nefi Cordeiro, Sexta Turma, julgado em 25/08/2020, DJe 04/09/2020)..."*, logo, *a contrario sensu*, comprovada a quebra da cadeia de custódia da prova, porque inobservada qualquer das etapas ditadas no art. 158-A do CPP e segs., tem-se a sua exclusão – o prejuízo é *ipso facto*.

do descumprimento do devido processo legal (art. 5º, LIV, da CRFB/88), de maneira que a prova produzida simplesmente não mais é confiável.

Embora vicissitudes da prova impactem no mérito, desaguando no indeferimento do pedido condenatório, conforme examinado *retro*, estão indevidamente localizadas no capítulo reservado às nulidades – art. 564, III, *b*, do CPP –, creditada como **insanáveis** pelo próprio legislador, *a contrario sensu* do art. 572 do CPP.

9.2. DO IMPEDIMENTO DO JUIZ EM RAZÃO DO CONTATO COM PROVA ILÍCITA

Durante a reforma processual penal de 2008, a Lei nº 11.690, ao reformular o art. 157 do Código de Processo Penal, chegou a inserir o § 4º preconizando que *o juiz que conhecer do conteúdo da prova declarada inadmissível não poderá proferir a sentença ou acórdão*.

Naquela oportunidade, o dispositivo foi vetado pela Presidência da República, sob as seguintes razões: O *objetivo primordial da reforma processual penal consubstanciada, dentre outros, no presente projeto de lei, **é imprimir celeridade e simplicidade ao desfecho do processo e assegurar a prestação jurisdicional em condições adequadas**. O referido dispositivo vai de encontro a tal movimento, **uma vez que pode causar transtornos razoáveis ao andamento processual, ao obrigar que o juiz que fez toda a instrução processual deva ser, eventualmente, substituído por um outro que nem sequer conhece o caso**. Ademais, quando o processo não mais se encontra em primeira instância, a sua redistribuição não atende necessariamente ao que propõe o dispositivo, eis que **mesmo que o magistrado conhecedor da prova inadmissível seja afastado da relatoria da matéria, poderá ter que proferir seu voto em razão da obrigatoriedade da decisão coligada*** (grifo nosso).

Da leitura das razões, vê-se que o veto foi **político**, e não jurídico. O preceito obstado, longe de inconstitucional, não atenderia ao interesse público.

O Poder Legislativo, naquela ocasião, já havia externado o desejo de afastar o juiz exposto à prova ilícita do julgamento da causa, a fim de neutralizar os efeitos inerentes à inescapável dissonância cognitiva. É ingênuo imaginar que, desentranhada dos autos a prova ilícita, as informações capturadas pelo juiz igualmente desaparecerão da sua mente. Não só permanecerão como, voluntariamente ou não, condicionarão a leitura a ser feita do acervo probatório restante. Em razão do conhecimento (espúrio) adquirido, análises conducentes à determinada conclusão tomarão rumo diverso. Depoimentos que, em princípio, passariam despercebidos, ganham relevância maior, enquanto outros, contundentes, seriam minimizados. Embora todos os pronunciamentos jurisdicionais sejam fundamentados (art. 93, IX, da CRFB/88), tal exigência constitucional é insuficiente para assegurar que a ciência e consciência do conteúdo da prova ilícita em nada interferirão no julgamento do mérito. Ainda que não seja mencionada em uma linha sequer da sentença, o juiz já terá sido por ela sugestionado. A interferência na construção da sua convicção é inafastável e imune a controles externos, por se desenvolver no plano estritamente mental (interno). Não são raros os processos decisórios nos quais se chega, primeiro, à conclusão, construindo-se uma fundamentação que a legitime racionalmente, conforme se verifica, por exemplo, em correntes como a do realismo jurídico[13]. Pois foi este o fenômeno que a Lei nº 11.690/08 objetivou evitar por meio da regra inserta no § 5º do art. 157 do CPP.

Os motivos alinhavados no veto foram frágeis. Com efeito, o impedimento do juiz titular ou em exercício, e a consequente necessidade de acionar o tabelar (substituto), delongará, sim, o processo, incluindo, nos juízos únicos, o transporte dos autos de um juízo para outro. Contudo, ponderando o risco de uma prova ilícita impactar no resultado do processo, inclusive por comprometer a imparcialidade do juiz que a ela teve acesso, com a celeridade processual, a balança fatalmente pesará em prol do primeiro, haja vista a indisponibilidade e a magnitude dos interesses em jogo: liberdade e estado de inocência de um lado, direito de punir do outro. Tal ponderação, aliás, extrai-se do próprio texto constitucional, afinal, enquanto a duração razoável do processo emana do Poder Constituinte Derivado – Emenda Constitucional nº 45/2004, que inseriu o inciso LXXVIII no art. 5º da Carta de 1988 – a inadmissibilidade das provas ilícitas e a imparcialidade do juiz povoam o texto constitucional desde a sua origem, haja vista o art. 5º, LVI e LIII, respectivamente (a *ratio essendi* do juiz natural é garantir a imparcialidade do julgamento, reforçada pelo art. 5º, XXXVII, ao vedar os juízos e Tribunais de exceção, pelo art. 93, IX, ao exigir que todas as manifestações judiciais sejam motivadas, e pelo art. 129, I, ao conferir ao Ministério Público a titularidade privativa da ação penal pública, deixando claro que, ao juiz, compete julgar, mantendo-se longe da acusação, a fim de preservar a equidistância).

Por outro lado, o impedimento do juiz componente de órgão colegiado em nada prejudica a colegialidade, pois o julgamento ficará a cargo dos demais integrantes, ainda que em número par – 4 em vez de 5, *v.g.* O fenômeno sequer é estranho ao Código de Processo Penal, que, ao contemplar o empate como resultado definitivo da votação, estabelece o prevalecimento da solução mais benéfica ao acusado – art. 615, § 1º, pertinente ao julgamento da apelação e do recurso em sentido estrito, mas que serve de diretriz para os demais recursos, tanto que o preceito é reproduzido pelos Regimentos Internos do STF e do STJ, e art. 664, parágrafo único, relativo ao *habeas corpus*.

Não por acaso o Parlamento, passada mais de uma década desde então, **insistiu** no preceito, por meio da Lei nº 13.964/19, **reafirmando-o** no § 5º do art. 157 do CPP, a ponto de a redação ser rigorosamente **idêntica** à do (vetado) § 4º. O próprio Executivo curvou-se ao desiderato do Poder Legislativo, não o vetando. Mas, desta vez, a resistência à nova regra partiu do Supremo Tribunal Federal.

Nas ADIs nº 6298, 6299 e 6300, o Min. Dias Toffoli, no exercício da presidência, concedeu liminar, suspendendo, cautelarmente, a eficácia do dispositivo por motivos **diversos** dos invocados nas razões do veto ao então § 4º do art. 157 do CPP, embora também os tenha citado, *obiter dicta* (a título de argumentos de reforço). Disse que *"...que a norma em tela é extremamente* **vaga***, gerando* **inúmeras dúvidas***. O que significa "conhecer do*

---

[13] Lenio Streck, ao trabalhar o "abismo gnosiológico" dialogando com o pensamento de Heidegger e Gadamer, repudia a construção de "pontes" após a realização da "travessia", marco paradoxal do realismo jurídico. Chega-se à decisão, porque o juiz encontrou a justificação (Hermenêutica e Possibilidades Críticas do Direito: Ensaio sobre a Cegueira Positivista. *Revista da Faculdade de Direito da UFMG*, Belo Horizonte, nº 52, p. 142 e 143, p. 127-162, jan./jul. 2008. E eis o problema decorrente do contato com a prova ilícita: o mérito é pensado e compreendido a partir de um fundamento (justificação) espúrio. Mas a convicção já está enraizada na mente do magistrado que, assim, buscará uma argumentação que dê aceitabilidade à sua conclusão.

conteúdo da prova declarada inadmissível"? **Significa apenas travar contato com a prova ou pressupõe que o juiz necessariamente tenha emitido algum juízo de valor sobre o material probatório?** Como se materializaria a demonstração desse "conhecimento"? **O juiz, após "conhecer" do conteúdo da prova, ainda poderá proferir decisões interlocutórias e presidir a instrução, ficando impedido apenas para a sentença, ou ficará impedido desde logo?** A ausência de clareza do preceito é também capaz de gerar situações inusitadas. **Imagine-se o juiz que, ao proferir a sentença, se depare com uma prova ilícita e a declare como tal. Nesse caso, ele interrompe a prolação da sentença e, em seguida, remete os autos ao juiz que o substituirá?** Imagine-se, agora, que a câmara de um **tribunal decida anular um processo por ilicitude da prova e determine o retorno dos autos à origem. Nesse caso, a câmara ficará impedida de julgar nova apelação?** A vagueza do preceito e as inúmeras dúvidas que ele suscita, por si sós, colocam em dúvida sua **constitucionalidade**. Uma das facetas do **princípio da legalidade**, princípio basilar do Estado Democrático de Direito, é que as leis sejam editadas, tanto quanto possível e adequado, com precisão, de modo que sejam aptas a efetivamente orientar a ação individual. Desse modo, promove-se previsibilidade e, consequentemente, segurança jurídica..." (grifo nosso).

Consignou, ainda, que "...O § 5º do art. 157 é também danoso ao princípio do juiz natural, por ser norma de competência que não fornece critérios claros e objetivos para sua aplicação. Como redigido, **o preceito pode resultar na criação de situações em que a produção de prova eventualmente nula sirva como instrumento deletério de interferência na definição do juiz natural (CF, art. 5º, LIII), abrindo brecha para a escolha do magistrado que examinará o processo crime**, vulnerando-se, por via transversa, o postulado constitucional em questão" (grifo nosso). Idêntica preocupação foi externada por Afrânio Silva Jardim e Pierre Souto Maior Coutinho de Amorim[14].

À liminar deferida pelo Min. Dias Toffoli sucedeu a do Min. Luiz Fux, relator, concernente às ADIs acima listadas, além da de nº 6305. Reiterou-se a liminar *ipsis litteris*.

Sem embargo, tamanha resistência ao dispositivo não faz sentido, mesmo porque todos os questionamentos levantados são perfeitamente respondíveis.

Expressões normativas vagas sempre percorreram o ordenamento processual penal e, nem por isso, puseram em xeque o devido processo legal (art. 5º, LIV, da CRFB/88), ensejando declarações de inconstitucionalidade em profusão. **Além da interpretação extensiva, da aplicação analógica e dos princípios gerais de Direito (art. 3º do CPP), a doutrina e a jurisprudência, enquanto fontes do Direito, sempre promoveram, como promovem, essa integração**, inclusive em searas quiçá mais sensíveis.

A própria Lei nº 13.964/19 confiou aos juízes e aos Tribunais esse papel integrativo, reconhecendo **nulos** os pronunciamentos jurisdicionais circunscritos à indicação, reprodução ou paráfrase de ato normativo, sem aclará-los, explicitando a relação com a causa ou questão de mérito acertada, bem como os que limitam a reproduzir conceitos jurídicos indeterminados, sem esclarecer a razão da sua incidência (art. 315, § 2º, I e II, do CPP). Ora, **é por meio dessa atividade intelectiva, somada, obviamente, à doutrinária, que textos normativos vagos ou imprecisos tem o seu sentido definido e delimitado**. *Ordem pública* e *ordem econômica*, enquanto fundamentos da prisão preventiva (art. 312, cabeça, do CPP), *v.g.*, são referenciais normativos que, isoladamente considerados, primam pela

---

14   *Primeiras Impressões sobre a Lei nº 13.964/19* – Aspectos processuais. Ob. cit.

mais absoluta vagueza. Mas nem por isso foram declarados inconstitucionais pelo STF, apesar de serem causas cerceadoras da **liberdade**, haja vista o trabalho hermenêutico integrativo desenvolvido pela doutrina e pela jurisprudência. Não satisfeito, o legislador voltou a se valer de expressão parecida, ao listar *gravíssima questão de ordem pública* como motivo para se determinar a videoconferência (art. 185, § 2º, IV, do CPP), em sacrifício do direito de presença do réu aos atos instrutórios e de julgamento (*day in Court*), expressão da autodefesa, e, por conseguinte, da ampla defesa (art. 5º, LV, da CRFB/88). E, mais uma vez, não se coletam precedentes do STF reputando-o inconstitucional à luz do devido processo legal, exatamente em virtude da integração proporcionada pela doutrina e pela jurisprudência.

Se, em quadras infinitamente mais sensíveis, comprometedoras de garantias individuais extremamente caras e inalienáveis, como são a liberdade e a ampla defesa[15], a vagueza de elementos normativos não foi escusa para declará-los inconstitucionais, tampouco há de ser no caso do art. 157, § 5º do CPP.

Mesmo no âmbito penal, no qual avultam os princípios da legalidade penal estrita e da tipicidade, são identificadas elementares típicas vagas e imprecisas que, todavia, contam (ou contaram) com a validação do Supremo Tribunal Federal. Exemplo emblemático colhe-se do então art. 12, § 2º, III da Lei nº 6368/76, que capitulava como equiparada ao tráfico de entorpecentes a conduta de quem contribuía, **de qualquer forma**, para o incentivo ou difusão do uso indevido ou do tráfico ilícito de substância entorpecente ou que determine dependência física ou psíquica. Heleno Cláudio Fragoso, diante de um tipo penal tão aberto, chegou a consignar: *"Parece-nos perigosa a amplitude da disposição legal, pondo em evidente perigo a função de garantia do tipo"*[16]. Contudo, o preceito tampouco teve a sua constitucionalidade posta em dúvida pelo STF, confiando na atividade hermenêutica integrativa da doutrina e dos Tribunais.

Ora, o mesmo se espera em relação ao art. 157, § 5º do CPP, até porque **o móvel da possível inconstitucionalidade seria o devido processo legal (art. 5º, LIV, da CRFB/88), garantia primordial do acusado contra eventuais arbitrariedades estatais. Invocar-se-ia, assim, direito do réu contra si.** Contrassenso maior, impossível. Rememore-se que provas em tese ilícitas podem ser exploradas pelo réu, a fim de evitar que mal injusto, grave e iminente, consubstanciado na condenação criminal, lhe seja impingido. Vê-se neste atuar elementos nítidos do estado de necessidade, que, não por acaso, é excludente da ilicitude[17]. Em se admitindo o emprego dessas provas *pro reo*, o juiz que delas conhecer permanece hígido para julgar a causa. **A exposição aludida no § 5º do art. 157 do CPP é, portanto, a do magistrado em relação às provas ilicitamente produzidas e/ou utilizadas pela acusação. A fim de espancar qualquer risco de contaminação do convencimento judicial, o juiz que teve contato com esse material probatório torna-se**

---

[15] A ampla defesa é de exercício obrigatório, por mandamento constitucional, competindo ao juiz assegurá-lo **independentemente** da vontade do próprio acusado. Por mais resignado que esteja com a condenação, descabe abdicar da defesa técnica. Se o fizer o juiz tem que lhe nomear defensor, sob pena de nulidade absoluta (art. 564, III, c/c o art. 572, *a contrario sensu*, do CPP).

[16] *Apud* SILVA JÚNIOR, José. *Entorpecentes (Tóxicos)* – Leis Penais e sua Interpretação Jurisprudencial. FRANCO, Alberto Silva; STOCO, Rui. 6. ed. São Paulo, RT, 1997, p. 1.003.

[17] LOPES JR., Aury. *Direito Processual Penal*, ob. cit., p. 612; RANGEL, Paulo. *Direito Processual Penal*, ob. cit., p. 519.

impedido de prosseguir no feito. A *novatio legis* é *in mellius*, logo, o devido processo legal, garantia do acusado, não pode ser invocado para invalidá-la, militando contra os seus interesses, e não a favor. Mal comparando, idêntico ilogismo aconteceria caso o estado de inocência (art. 5º, LVII, da CRFB/88) fosse arguido para obstar a execução provisória da pena privativa de liberdade do acusado preso cautelarmente, impedindo-o de acelerar a concessão das benesses libertárias previstas na Lei de Execução Penal (LEP – Lei nº 7210/84). Tanto o STF não compactua com tal percepção que, nesse último caso, editou as Súmulas 716 e 717, favoráveis à execução provisória, devidamente disciplinada pela Resolução nº 113/2010 do CNJ.

O art. 157, § 5º do CPP encerra, na realidade, hipótese de **impedimento**, que, enquanto tal, merece **interpretação restritiva**. A partir daí, as indagações lançadas pelo Min. Dias Toffoli, e repetidas pelo Min. Luiz Fux, podem ser respondidas.

Se foi o próprio juiz *a quo* quem reconheceu a ilicitude da prova, determinando o desentranhamento dos autos, descabe a incidência do art. 157, § 5º do CPP. A *ratio* do impedimento é *pro reo*, evitando quadros de dissonância cognitiva que lhe sejam daninhos. Se o magistrado, em estrita observância ao art. 5º, LVI, da CRFB/88, glosa a prova, reputando-a ilícita, e determina a sua exclusão dos autos, nada fez para ser declarado impedido. A premissa deflagradora do impedimento versado no art. 157, § 5º do CPP não se faz presente. Diz-se o mesmo do órgão colegiado que, em grau recursal, tenha assentado a ilicitude e consequente imprestabilidade da prova.

Seguindo essa ordem de ideias, **inexiste risco de afastamento do juiz natural, fazendo-o incorrer em impedimento, em virtude da utilização deliberada de prova ilícita pela parte**. Ao reconhecê-la e extirpá-la dos autos, estará o magistrado desempenhando, regularmente, o seu múnus, sem dar azo a impedimento. Ademais, nos termos do art. 256 do CPP, *a suspeição não poderá ser declarada nem reconhecida* ***quando a parte...de propósito der motivo para criá-la*** (grifo nosso) – embora o dispositivo aluda à suspeição, compreende o impedimento, por identidade ontológica (essência) e teleológica (fim) reconhecida pelo próprio legislador, que disponibiliza à arguição das incompatibilidades e impedimentos o mesmo procedimento reservado à exceção de suspeição (art. 112 do CPP). Nem poderia ser diferente, afinal, por detrás do art. 256 do CPP, repousa o postulado *nemo auditur propriam turpitudinem* (ninguém pode se beneficiar da própria torpeza), igualmente presente no princípio do interesse, em matéria de nulidades (art. 565 do CPP).

Enquanto regra de **impedimento**, repita-se, o § 5º do art. 157 do CPP desafia interpretação **restritiva**, logo, **compreende o juiz *a quo* que determinou a produção da prova ilícita ou que recusou a alegação de ilicitude**, comportamentos que, **para além da validação da prova, sinalizam adesão ao seu conteúdo e consequente inclinação condenatória**. A exclusão da prova dar-se-á, evidentemente, a seu contragosto, configurando, a partir desses elementos concretos, **provável dissonância cognitiva merecedora de neutralização**, implementada com o seu **afastamento**. Idêntico raciocínio estende-se para os colegiados que, em sede recursal, tenham validado a prova, tornando impedidos os seus componentes. Registre-se que, sem tal medida, **não se confere plenitude ao art. 5º, LVI, da CRFB/88**, pois a inadmissibilidade das provas ilícitas não se limita aos aspectos formais – figurar, ou não, nos autos –, mas **garantir que não concorra, minimamente, para o resultado do processo**.

Quanto à extensão do impedimento e os seus efeitos, o próprio Código de Processo Penal elucida a questão nos artigos 97, 99 e 101, pertinentes à exceção de suspeição, mas compreensíveis dos impedimentos, por força do art. 112: reconhecido o impedimento, **a condução do processo passa ao juiz tabelar, conforme a linha sucessória estabelecida por cada Tribunal.** Se impedidos estiverem os componentes de determinado Colegiado, considerados os próximos recursos e ações constitucionais impugnativas autônomas, intervirão os demais integrantes, que não participaram do julgamento favorável à licitude da prova, se houver quórum suficiente. Do contrário, desloca-se a competência à Turma ou Câmara sequencial, valendo-se da convocação, se necessário for. Caso a instância superior reconheça a ilicitude da prova e anule o processo a partir da sentença de primeiro grau, determinando a prolação de nova, o *judicium causae* é transferido ao tabelar. **Eis, aliás, o cerne do impedimento: evitar que a ciência de uma prova espúria prejudique a higidez do julgamento.** Por conseguinte, **se a sentença condenatória já tiver sido prolatada, a declaração de impedimento não importará refazimento de toda a instrução, mas a edição de novo** *judicium causae*, **por um magistrado não contaminado pela prova ilícita. A declaração de nulidade fulmina a sentença e os atos subsequentes. Os instrutórios anteriores são válidos.**

Nas ações penais de competência originária dos Tribunais, as deliberações probatórias são tomadas, monocraticamente, pelo relator, logo, em princípio, eventual impedimento apenas o atingiria, sem se irradiar para o Colegiado como um todo. Tal só ocorrerá caso tenha a Câmara ou Turma validado a prova, ulteriormente tida como ilícita pela instância superior, hipótese na qual a competência é transferida para o Colegiado sequencial.

Inexiste chance de o julgamento ficar inviabilizado por falta de quórum. Para isso há recursos como a **convocação**. No Superior Tribunal de Justiça, *v.g.*, a Corte Especial é composta pelos 15 Ministros mais antigos, entre os 33, logo, haveria reposição. A competência do Pleno do STF, por outro lado, voltou a compreender todos os agentes políticos que têm, na Corte Constitucional, o juízo competente por prerrogativa da função (art. 102, I, *b* e *c*, da CRFB/88), considerada a alteração promovida no inciso I do art. 5º do Regimento Interno do STF, em sessão administrativa realizada em 7 de outubro de 2020, retirando das Turmas a competência para processar e julgar os citados agentes políticos, excetuados o Presidente da República, o Vice-Presidente da República, o Presidente do Senado Federal, o Presidente da Câmara dos Deputados, os Ministros do Supremo Tribunal Federal e o Procurador-Geral da República, conforme estabelecia a então Emenda Regimental nº 49, de 3 de junho de 2014. De todo modo, se o Plenário invalida a prova que o relator havia entendido como lícita, basta alterar a relatoria. Como se trata do órgão de cúpula do STF, se, por outro lado, certificar a licitude da prova, por óbvio não haverá de se falar em contaminação.

Todas as objeções aventadas pelos Ministros Dias Toffoli e Luiz Fux **foram rebatidas**, logo, **inexiste mandamento constitucional vulnerado pelo § 5º do art. 157 do CPP**. Hipotética declaração de inconstitucionalidade não encerrará valoração jurídica, mas **política**, incompatível com o art. 2º da CRFB/88, afinal, **pela segunda vez em pouco mais de uma década o Poder Legislativo busca introduzir esse impedimento no ordenamento processual penal**, nada obstante as diferentes legislaturas, irradiando-se, para além da composição, na ideologia e no perfil. Se, ainda assim, o Parlamento insiste na inserção deste impedimento, descabe ao Poder Judiciário impedir a sua concretização. **Reitere-se: a** *ratio legis* **é buscar um** *judicium causae* **imune a qualquer contaminação**

proveniente de prova ilícita, não tendencioso. Longe de melindrar a Constituição, o preceito só reforça a proscrição contida no art. 5º, LVI, da CRFB/88 e a garantia do juiz natural (art. 5º, LIII, da CRFB/88), cuja razão última de ser é assegurar um julgamento imparcial, imune à dissonância cognitiva.

Consigne-se, em fecho, que **o veto presidencial ao então § 4º do art. 157 do CPP foi objeto, à época, de pesadas críticas doutrinárias**, na linha da análise ora feita. O novel § 5º, de redação idêntica, nasce, portanto, com substancial aval técnico[18].

9.3. DO AGENTE DISFARÇADO

O agente policial disfarçado não consubstancia meio específico de formação de prova, nem mereceu regramento próprio pela Lei nº 13.964/19, que, na realidade, o incluiu como elementar típica dos crimes de comércio ilegal e tráfico internacional de armas de fogo, bem como de mercancia de entorpecentes, nos moldes do § 2º do art. 17 – *incorre na mesma pena quem* **vende ou entrega** *arma de fogo, acessório ou munição, sem autorização ou em desacordo com a determinação legal ou regulamentar, a* **agente policial disfarçado***, quando* **presentes elementos probatórios razoáveis de conduta criminal preexistente** (grifo nosso) – e do parágrafo único do art. 18 da Lei nº 10.826/03 – *incorre na mesma pena quem vende ou entrega arma de fogo, acessório ou munição,* **em operação de importação***, sem autorização da autoridade competente, a* **agente policial disfarçado***, quando* **presentes elementos probatórios razoáveis de conduta criminal preexistente** (grifo nosso), além do inciso IV do § 1º do art. 33 da Lei nº 11.343/06 – *vende ou entrega drogas ou matéria-prima, insumo ou produto químico destinado à preparação de drogas, sem autorização ou em desacordo com a determinação legal ou regulamentar, a* **agente policial disfarçado***, quando* **presentes elementos probatórios razoáveis de conduta criminal preexistente** (grifo nosso), respectivamente.

Encerra, na realidade, uma técnica de investigação na qual o policial, sem revelar a sua identidade, faz-se passar por terceira pessoa a fim de validar a suspeita quanto à existência e à autoria de infração penal em curso, capturando, em flagrante, os (pretensos) autores e partícipes. Na dicção de Renee do Ó Souza, Rogério Sanches Cunha e Caroline de Assis e Silva Holmes Lins, o agente disfarçado (ou encoberto) seria *aquele que,* **ocultando sua real identidade***, posiciona-se com aparência de um cidadão comum (não chega a infiltrar-se no grupo criminoso) e, partir disso,* **coleta elementos que indiquem a conduta criminosa preexistente do sujeito ativo***. O agente disfarçado ora em estudo* **não se insere no seio do ambiente criminoso** *e tampouco* **macula a voluntariedade na conduta delitiva do autor dos fatos** (grifo nosso), sendo uma *adequada resposta à atual sofisticação na prática de crimes de tráfico de armas e drogas indica que a atuação estatal de enfrentamento a esta*

---

[18] AVOLIO, Luiz Francisco Torquato. *Provas Ilícitas, Interceptações Telefônicas, Ambientais e Gravações Clandestinas.* 4. ed. São Paulo: RT, 2010, p. 111-112; LOPES JR., Aury Lopes. *Direito Processual Penal*, ob. cit., p. 618-619; GOMES, Luiz Flávio. *O Juiz contaminado, que tomou conhecimento da prova ilícita, deve ser afastado do processo?* Disponível em: https://lfg.jusbrasil.com.br/noticias/62230/o-juiz-contaminado--que-tomou-conhecimento-da-prova-ilicita-deve-ser-afastado-do-processo-luiz-flavio-gomes. Acesso em: 3 maio 2020.

criminalidade deve aperfeiçoar-se de modo a evitar que a dispersão desses produtos ilícitos seja feita por meio de pequenas quantidades[19].

Paulo Rangel, ao aludir ao agente disfarçado ou encoberto, igualmente o avaliza, mas por conta da *"...sua* **passividade** *em relação à decisão criminosa, ou seja, não incita o autor do crime (agente provocador) nem ganha a confiança do suspeito (agente infiltrado)...",* obtendo para o Estado *"...prova válida da prática de um crime, preservando o devido processo legal, a moralidade e a legalidade na realização dos atos administrativos de investigação criminal...".* A **absoluta passividade** do agente encoberto vem bem representada no exemplo apresentado, criado por Manuel Augusto Alves Meireis: o policial que, trajando-se como civil, dirige-se a um bar no qual sabe que há tráfico de entorpecentes, e, quando lá estava, lhe é **ofertada** droga por um traficante, prendendo-o em flagrante[20].

Sob a dogmática **penal** (material), **inexistem ressalvas à atuação do agente disfarçado**, em nada se confundindo com o agente provocador, próprio às hipóteses de flagrante provocado, preparado ou induzido, a consubstanciar crime impossível por absoluta impropriedade do meio, conforme Súmula nº 145 do STF – *não há crime, quando a preparação do flagrante pela polícia torna impossível a sua consumação*. Com efeito, **o agente provocador interfere diretamente no desdobramento causal da conduta, instigando o sujeito ativo que, até então, nada fazia de penalmente ilícito, a delinquir**. Eliminada, mentalmente, a provocação, não se pode afirmar que, ainda assim, haveria crime. Ilustrando: ao investigar o comércio de drogas sintéticas em festas eletrônicas realizadas em Nova Lima, cercanias de Belo Horizonte, policial liga para determinado suspeito, dizendo que organizará uma reunião em sua casa e gostaria de certa quantidade de entorpecentes. O sujeito esclarece que não mais trafica, mas abriria uma exceção, agendando dia, hora e local para a entrega da droga, ocasião em que é preso em flagrante pelo policial. Nesse caso, a custódia é **ilícita**, desafiando **relaxamento**, justamente por consubstanciar **flagrante preparado**, havendo o autor da custódia atuado como agente provocador – sem a intervenção estatal, não se pode afirmar que o capturado incorreria em crime. Criou-se, artificialmente, um cenário propício à prática delitiva, desde a gênese fadada ao fracasso.

No caso do agente disfarçado, ou encoberto, **já existe uma infração penal em curso, logo, o Estado não se imiscui nem contribui para o desdobramento causal da conduta**. O seu atuar, nesse aspecto, é neutro, objetivando, apenas, ratificar as impressões amealhadas quanto à materialidade e à autoria delitivas. Não causa espécie, aliás, que o agente disfarçado venha como elementar dos delitos de tráfico de armas ou de drogas, tipos penais mistos alternativos, de natureza permanente, porquanto, ainda que a venda em si, comprobatória da suspeita policial, haja sido provocada, **antes disso os sujeitos ativos já as traziam, guardavam, tinham em depósito para fins mercantis, ou seja, já estavam em crime**. No tocante a essas últimas condutas, o flagrante, em vez de preparado, seria **esperado**.

Não se trata de *novidade* trazida pela Lei nº 13.964/19, pois tal técnica de investigação, pautada nos fundamentos ora apresentados, sempre foi implementada com relativa frequência, remetendo ao exemplo clássico do policial que, sabedor da existência de "boca de fumo" em determinado trecho da comunidade, para lá se dirige, à paisana, e,

---

[19] *A nova figura do agente disfarçado prevista na Lei nº 13.964/2019*. Disponível em https://meusitejuridico.editorajuspodivm.com.br/2019/12/27/nova-figura-agente-disfarcado-prevista-na-lei-13-9642019/. Acesso em: 13 abril 2020.

[20] RANGEL, Paulo. Ob. cit., p. 156-157.

fingindo-se de usuário, **pede** certa quantidade de droga, que lhe é prontamente entregue, momento no qual se apresenta como policial, prendendo em flagrante o suposto traficante: mesmo havendo sido provocada a exposição à venda, o capturado, à míngua de qualquer instigação, já trazia a droga para fins mercantis, sendo, por essa última conduta, esperado o flagrante, em vez de provocado.

Ocorre que, **sob o ângulo constitucional processual penal**, a figura do agente disfarçado é controvertida, considerada a garantia a não autoincriminação (art. 8º, 2, g da CADH e art. 14, 3, g do PIDCP), estampada, em nível constitucional, no direito ao silêncio (art. 5º, LXIII, da CRFB/88).

Conforme será exaustivamente examinado no item 14.5, compreendidos os tópicos 14.5.1 e 14.5.2, descabe compelir o indiciado, investigado ou suspeito a um procedimento evasivo, dele exigindo uma postura ativa (*fazer*), cujo resultado possa incriminá-lo, como, por exemplo, a tomada de declarações. **Indispensável é a prévia advertência quanto ao silêncio**, garantia fundamental de eficácia **vertical**, oponível ao **Estado**, na pessoa de qualquer dos seus agentes – juiz, promotor, delegado ou policial –, porque, ao fim e ao cabo, são, todos, Estado. Cumpre assegurar não apenas a **voluntariedade**, mas a **consciência** do depoimento a ser fornecido, **quando o inquiridor é o Estado**. Tais lições, bastante aplicadas pelo STJ e pelo STF, são extraídas dos avisos de Miranda (*Miranda's warnings*), pautados na Quinta Emenda Constitucional norte-americana – *no person shall be compelled in any criminal case to be a witness against himself* (ninguém em uma persecução penal pode ser compelida a testemunhar contra si) – de maneira que, caso opte por se manifestar, ao invés de ficar calado, é mandatório que essa escolha ocorra voluntariamente, conscientemente e inteligentemente (*voluntarily, knowingly* e *intelligently*)[21], ou seja, com ciência e consciência. Abdicar, perante o Estado, do exercício de um direito a ele oponível só é um gesto consciente caso o titular **saiba** da sua existência, daí a imprescindibilidade da advertência.

Descabe, em sentido contrário, argumentar que o aviso ao silêncio compete ao juiz, por força do art. 186, cabeça, do CPP, extensível à autoridade policial, cuja inquirição segue, no que for aplicável, o modelo reservado à judicial (art. 6º, V, do CPP). O silêncio é uma garantia constitucional de eficácia **plena**, logo, cumpre aos dispositivos infraconstitucionais a ela se adequarem, e não o inverso. Não por outra razão, ao disciplinar o procedimento investigatório ministerial, o CNMP, por meio da Resolução nº 181, preconizou, no art. 9º, cabeça, com redação dada pela Resolução nº 183, que *o autor do fato investigado* **poderá** *apresentar,* **querendo***, as informações que considerar adequadas, facultado o acompanhamento por defensor* (grifo nosso). Na medida em que **o policial é o Estado**, qualquer abordagem sobre o suspeito, pretenso infrator, precisa ser precedida da advertência quanto ao direito de permanecer calado, sob pena de **ilicitude, e consequente imprestabilidade, da conversa travada informalmente**, o denominado **interrogatório sub-reptício**. Não por acaso o legislador tipificou, como abuso de autoridade, por meio da Lei nº 13.869/19, as condutas de constranger o preso ou o **detento**, incluindo, portanto, o capturado em flagrante, mediante violência, grave ameaça ou redução da sua capacidade de resistência, a produzir prova contra si mesmo (art. 13, III) e a de prosseguir com o interrogatório de pessoa que tenha decidido exercer o direito ao silêncio (art. 15, parágrafo único, I), **tipos**

---

[21] WHITEBREAD, Charles H.; SLOBOGIN, Christopher. *Criminal Procedure* – An Analysis of Cases and Concepts. 4. ed. Nova Iorque: University Textbook Series, Foundation Press, 2000, p. 412-413.

penais que podem perfeitamente ter o policial como sujeito ativo, especialmente o primeiro – na segunda hipótese, haveria de se interpretar *interrogatório* como **inquirição**, desaguando na discussão, à luz da legalidade penal estrita, se tal exegese seria extensiva ou ontológica (compreensiva).

A jurisprudência do STF[22] e do STJ[23] é sólida e longeva quanto à incidência do direito ao silêncio desde a abordagem policial, sob pena de imprestabilidade do diálogo informal que venha a ser travado.

---

[22] Rcl 33.711, Relator Min. Gilmar Mendes, Segunda Turma, julgado em 11/06/2019, DJe-184 divulg 22/08/2019 public 23/08/2019 – *"...3. Reclamante submetido a 'entrevista' durante o cumprimento de mandado de busca e apreensão. Direito ao silêncio e à não autoincriminação.* **Há a violação do direito ao silêncio e à não autoincriminação, estabelecidos nas decisões proferidas nas ADPFs 395 e 444, com a realização de interrogatório forçado, travestido de 'entrevista', formalmente documentado durante o cumprimento de mandado de busca e apreensão, no qual não se oportunizou ao sujeito da diligência o direito à prévia consulta a seu advogado e nem se certificou, no referido auto, o direito ao silêncio e a não produzir provas contra si mesmo, nos termos da legislação e dos precedentes transcritos.** *4. A realização de interrogatório em ambiente intimidatório representa uma diminuição da garantia contra a autoincriminação.* **O fato de o interrogado responder a determinadas perguntas não significa que ele abriu mão do seu direito.** *As provas obtidas através de busca e apreensão realizada com violação à Constituição não devem ser admitidas.* **Precedentes dos casos Miranda v. Arizona e Mapp v. Ohio, julgados pela Suprema Corte dos Estados Unidos.** *Necessidade de consolidação de uma jurisprudência brasileira em favor das pessoas investigadas..."* (grifo nosso, ressaltando que, nas referidas ADPFs, o Pleno do STF, por maioria, assentou a não recepção constitucional da condução coercitiva do imputado para o interrogatório, constante no art. 260 do CPP – ADPF 444, Relator Min. Gilmar Mendes, Tribunal Pleno, julgado em 14/06/2018, DJe-107 divulg 21/05/2019 public 22/05/2019); HC 80949, Relator Min. Sepúlveda Pertence, Primeira Turma, julgado em 30/10/2001, DJ 14/12/2001 – *"... III.* **Gravação clandestina de 'conversa informal' do indiciado com policiais. 3. Ilicitude decorrente** *– quando não da evidência de estar o suspeito, na ocasião, ilegalmente preso ou da falta de prova idônea do seu assentimento à gravação ambiental – de constituir, dita "conversa informal", modalidade de 'interrogatório' sub-reptício, o qual – além de realizar-se sem as formalidades legais do interrogatório no inquérito policial (C.Pr.Pen., art. 6º, V) –, se faz sem que o indiciado seja advertido do seu direito ao silêncio..."* (grifo nosso).

[23] HC 244.977/SC, Rel. Ministro Sebastião Reis Júnior, Sexta Turma, julgado em 25/09/2012, DJe 09/10/2012 – *"1. Segundo o art. 5º, LXIII, da Constituição Federal, o preso será informado de seus direitos, entre os quais o de permanecer calado, sendo-lhe assegurada a assistência da família e de advogado. 2. Apesar de ter sido formalmente consignado no auto de prisão em flagrante que o indiciado exerceu o direito de permanecer calado,* **existe, nos autos da ação penal, gravação realizada entre ele e os policiais que efetuaram sua prisão, momento em que não foi informado da existência desse direito, assegurado na Constituição Federal.** *3. As instâncias ordinárias insistiram na manutenção do elemento de prova nos autos, utilizando, de forma equivocada, precedente do Supremo Tribunal Federal no sentido de que não é considerada ilícita a gravação do diálogo quando um dos interlocutores tem ciência da gravação.* **4. Tal entendimento não se coaduna com a situação dos autos, uma vez que – além de a gravação estar sendo utilizada para sustentar uma acusação – no caso do precedente citado estava em ponderação o sigilo das comunicações, enquanto no caso em questão está em discussão o direito constitucional de o acusado permanecer calado, não se autoincriminar ou não produzir prova contra si mesmo. 5. Admitir tal elemento de prova nos autos redundaria em permitir um falso exercício de um direito constitucionalmente assegurado, situação inconcebível em um Estado Democrático de Direito. 6. Ordem concedida para determinar o desentranhamento da mídia que contém a gravação do diálogo ocorrido entre o paciente e os policiais que efetuaram sua prisão da ação penal instaurada contra ele, pelo crime de tráfico de drogas, na Vara Criminal da comarca de Laguna/SC..."* (grifo nosso); HC 62.908/SE, Rel. Ministra Laurita Vaz, Quinta Turma, julgado em 06/11/2007, DJ 03/12/2007, p. 339 – *"...1. Não existe, na ação penal movida em desfavor do Paciente,* **confissão extrajudicial obtida por meio de depoimento informal, prova sabidamente ilícita.** *No caso, ocorre*

Igualmente **nulo** (e ilícito) é o depoimento prestado por alguém formalmente inquirido como testemunha (ou informante), mas que, materialmente, à época do ato, já figurava como suspeito, **se não for previamente advertido do silêncio**[24], cumprindo, nesta e nas demais hipóteses apreciadas, desentranhar a prova, nos moldes do art. 157, cabeça, do CPP. Caso o juiz *a quo* indefira, impetra-se *habeas corpus* ao Tribunal competente com idêntico fim. Se prolatada sentença condenatória com fundamento na dita prova, cumpre apelar postulando a absolvição por insuficiência probatória. Mesmo a testemunha *stricto sensu* pode invocar o direito ao silêncio, quando exposta a perguntas cujas respostas possam incriminá-la, conforme já assentou o STJ[25], referendado pelo Pleno do STF[26].

---

testemunho indireto..." (grifo nosso); HC 22.371/RJ, Rel. Ministro Paulo Gallotti, Sexta Turma, julgado em 22/10/2002, DJ 31/03/2003, p. 275 – "... *A eventual confissão extrajudicial obtida por meio de depoimento informal, sem a observância do disposto no inciso LXIII, do artigo 5º, da Constituição Federal, constitui prova obtida por meio ilícito*, cuja produção é inadmissível nos termos do inciso LVI, do mencionado preceito..." (grifo nosso).

[24] STF, HC 106876, Relator Min. Gilmar Mendes, Segunda Turma, julgado em 14/06/2011, DJe-125 divulg 30/06/2011 public 01/07/2011, RB v. 23, n. 574, 2011, p. 46-50 – "...2. *Falso testemunho (CPM, art. 346). 3. Negativa em responder às perguntas formuladas. Paciente que, embora rotulado de testemunha, em verdade encontrava-se na condição de investigado*. 4. *Direito constitucional ao silêncio. Atipicidade da conduta...*" (grifo nosso); **STJ**, RHC 30.302/SC, Rel. Ministra Laurita Vaz, Quinta Turma, julgado em 25/02/2014, DJE 12/03/2014 – Recurso ordinário em habeas corpus. *Falsidade ideológica. Recorrente que já vinha sendo investigada pelo Ministério Público, a despeito de tal condição não ter sido oficializada. Privilégio constitucional contra a autoincriminação: direito que tem qualquer investigado ou acusado de não produzir quaisquer provas contra si, mesmo perante a autoridade administrativa, policial ou judiciária. Investigada não comunicada de tais garantias fundamentais em depoimento prestado perante o parquet, em que foi intimada formalmente como testemunha. prova ilícita. Desentranhamento que se impõe... a Recorrente, sem qualquer indicação formal de que vinha sendo investigada pelo cometimento do delito de falsidade ideológica, foi notificada pelo Ministério Público Federal 'para prestar depoimento' (apenso, fl. 97). Da ata do termo de declaração – no qual restou inclusive consignado que, caso não respondesse às perguntas formuladas por Promotores de Justiça, incidiria no crime de falso testemunho –, infere-se que foi obrigada a responder objetivamente sobre condutas que, menos de vinte dias após seu depoimento, ensejaram sua denúncia pelo Parquet Estadual...Conclui-se que nitidamente ela, quando de sua oitiva pelos Promotores, já ostentava a condição de investigada pela suposta prática do delito de falsidade ideológica, ainda que não formalmente...* 8. *'Qualquer pessoa que sofra investigações penais, policiais ou parlamentares, ostentando, ou não, a condição formal de indiciado – ainda que convocada como testemunha (RTJ 163/626 – RTJ 176/805-806) –, possui, dentre as várias prerrogativas que lhe são constitucionalmente asseguradas, o direito de permanecer em silêncio e de não produzir provas contra si própria'* (RTJ 141/512, Relator Ministro Celso de Mello). 9. *Evidenciado nos autos que a Recorrente já ostentava a condição de investigada e que, em nenhum momento, foi advertida sobre seus direitos constitucionalmente garantidos, em especial, o direito de ficar em silêncio e de não produzir provas contra si mesma, resta evidenciada a ilicitude do elemento probatório em que verificado o vício* (grifo nosso).

[25] STJ, HC 326.956/SP, Rel. Ministro Jorge Mussi, Quinta Turma, julgado em 05/11/2015, DJe 13/11/2015 – "...*Falso testemunho. Impossibilidade de obrigar o depoente a dizer a verdade sobre fatos que possam incriminá-lo. Direito ao silêncio e à não autoacusação. Atipicidade da conduta. Trancamento da ação penal. 1. A Constituição Federal assegura a todos os investigados o direito ao silêncio e à não autoincriminação*, motivo pelo qual, **ainda que compromissada em juízo, a testemunha não é obrigada a dizer a verdade sobre fatos que possam ensejar a sua acusação pela prática de algum crime...**" (grifo nosso).

[26] HC 73035, Relator Min. Carlos Velloso, Tribunal Pleno, julgado em 13/11/1996, DJ 19/12/1996 – "...*I. – Não configura o crime de falso testemunho, quando a pessoa, depondo como testemunha, ainda que compromissada, deixa de revelar fatos que possam incriminá-la...*" (grifo nosso).

Por tudo isso, a figura do agente disfarçado é inadmissível sob o ângulo constitucional e convencional, afinal é um policial, ou seja, o Estado, que, **por conta própria**, resolve ocultar a sua identidade e **interagir com o suspeito**, em geral por meio de conversa informal, conduzindo-o à autoincriminação, sem, obviamente, adverti-lo do direito ao silêncio. Violados restam o art. 5º, LXIII, da Carta de 1988 e os arts. 8º, 2, g da CADH e 14, 3, g do PIDCP. Caso houvesse absoluta passividade do agente encoberto, como no exemplo apresentado pelo prof. Paulo Rangel, a licitude da operação estaria preservada. Mas se houver interação mínima entre o agente policial e o imputado, os postulados constitucionais e convencionais acima listados estarão inevitavelmente vulnerados.

Lembre-se de que o Estado e os seus agentes são a reserva moral de toda e qualquer sociedade, espelho para os jurisdicionados. Se institucionalizadas a malícia e a deslealdade como práticas estatais comezinhas, independentemente dos fins, esse será o modelo comportamental transmitido à população: a percepção segundo a qual, a depender dos objetivos, tudo vale. Conforme bem alerta o Supremo Tribunal Federal, citado pelo STJ no RHC 30.302/SC, Rel. Ministra LAURITA VAZ, QUINTA TURMA, julgado em 25/02/2014, *DJe 12/03/2014, advirta-se que a observância de direitos fundamentais não se confunde com fomento à impunidade. É mister essencial do Judiciário garantir que o jus puniendi estatal não seja levado a efeito com máculas ao devido processo legal, para que a observância das garantias individuais tenha eficácia irradiante no seio de toda a sociedade, seja nas relações entre o Estado e cidadãos ou entre particulares* – STF, RE 201.819/RS, 2.ª Turma, Rel. Min. ELLEN GRACIE, Rel. p/ Acórdão: Min. GILMAR MENDES, DJ de 27/10/2006 (grifo nosso). Sem isso, inexiste Estado Democrático **de Direito**.

Tal intelecção conduziria à inconstitucionalidade também da infiltração policial?

Não, por algumas razões.

Diferentemente do agente disfarçado, **a infiltração policial pressupõe inquérito policial instaurado**, logo, **já há procedimento oficializado e indiciados formalizados**, ou, ao menos, **investigados definidos**, tratando-se de meio de formação de provas sujeito à **reserva de jurisdição** – art. 10, cabeça, da Lei nº 12850/13.

Enquanto medida cautelar probatória, a infiltração nasce sob o crivo do juiz natural, com procedimento fixado em **lei**, enquanto a nota distintiva do agente disfarçado é a **informalidade**, inexistindo balizas legais delimitadoras do procedimento, quadra que, para além do silêncio e da não autoincriminação, atenta contra o devido processo legal (art. 5º, LIV, da CRFB/88).

Outrossim, **a materialidade e a autoria delitivas perseguidas pelo agente disfarçado exigem, à sua comprovação, a autoincriminação do suspeito, ou seja, todos os atos perpetrados pelo policial encoberto objetivam levá-lo a produzir provas contra si**. Inexiste outro método, mesmo porque, sem tal indução, **não se chega à prova alguma**, daí aviltar tão acintosamente os postulados constitucionais do silêncio e do *nemo tenetur se detegere*.

No caso da infiltração, o Estado sabe, de antemão, o delito em curso, bem como os autores e partícipes. Insere-se o agente no âmago da organização criminosa não com o escopo deliberado de levar os (pretensos) infratores à autoincriminação, mas de coletar o maior número possível de provas aptas a desmantelá-la. Sua postura, não raro, é de um espectador, registrando todas as informações captadas pelos sentidos. O agente infiltrado não induz os investigados à autoincriminação. Na realidade, insere-se na engrenagem delitiva, aderindo, inclusive, às práticas ilícitas, mas sem incorrer em crime, por estar no estrito cumprimento do dever legal. E, ao integrar essa cadeia, vai colecionando as evidências que estiverem ao seu alcance.

Conforme bem colocam Luiz Flávio Gomes e Marcelo Rodrigues da Silva, em obra referência sobre a Lei nº 12.850/13, a infiltração policial seria *"técnica especial de investigação excepcionalíssima e sigilosa em que, após previa autorização judicial (guardada a devida proporcionalidade com a medida), um ou mais policiais, que sem revelar suas respectivas identidades ou condição de policiais, são **inseridos de maneira dissimulada no bojo da engrenagem delitiva da Organização Criminosa, com vistas a escaneá-la e colher provas ou fontes de provas suficientes a permitir a desarticulação da referida Organização...**"*[27]

Ao invés de estimular as boas práticas, a Lei nº 13.964/19, ao positivar, *a latere*, o agente disfarçado, insufla a malícia no atuar investigatório, desrespeitando os direitos fundamentais ao silêncio e a não autoincriminação. E, ao ignorar a sólida jurisprudência sobre o tema, construída ao longo das últimas três décadas pelo STF e STJ, potencializa a ineficiência na repressão ao crime, instigando comportamentos conducentes a uma enxurrada de provas ilícitas, "trancando-se" inquéritos e processos aos borbotões.

9.4. DA INFILTRAÇÃO POLICIAL VIRTUAL

A infiltração policial, mais do que uma técnica especial de investigação, que poderia sugerir natureza administrativa, é medida **cautelar** probatória, preparatória à ação penal[28], conforme se verá, de matiz **jurisdicional**, afinal, sujeita-se à **reserva de jurisdição**; exige ao seu implemento *fumus comissi delicti*, ou seja, apenas será implementada **se plausível for a pretensão condenatória**, e *periculum in mora*, consubstanciado na **insuficiência dos meios convencionais de obtenção de provas**, potencializando **o risco de perda da prova e consequente não elucidação do injusto**. Surge, assim, como última *ratio*.

A origem da infiltração policial no ordenamento processual penal brasileiro remonta à Lei nº 10.217, de 11 de abril de 2001, que a introduziu como meio de produção de provas na repressão ao crime organizado, ao acrescentar o inciso V e o parágrafo único ao art. 2º da então Lei nº 9.034/95. À época, a única preocupação do legislador foi submetê-la à reserva de jurisdição, assentando-lhe o sigilo enquanto perdurasse, **sem estabelecer a forma por meio da qual seria instrumentalizada** – requisitos; prazo; possibilidade, ou não, de renovações; causas de cessação; modo de concretização eram algumas das (inúmeras) indagações deixadas em aberto. Basicamente, a lei apenas estabeleceu o âmbito de incidência – crimes relacionados à organização criminosa (que, à época, ainda não estava tipificada como crime) –, a exigência de prévia autorização jurisdicional, daí defluindo a natureza cautelar da medida, e o sigilo do procedimento. Embora a doutrina e a jurisprudência sejam fontes do Direito, descabe confiar-lhes tamanha integração, em deferência ao art. 2º da CRFB/88, sob pena de a República transformar-se não em um Estado Democrático de Direito, mas de Juízes. **A falta de normatização colocava em xeque a constitucionalidade da infiltração policial à luz do devido processo legal (art.**

---

[27] *Organizações Criminosas e Técnicas Especiais de Investigação*. Salvador: Juspodivm, 2015, p. 392.
[28] RANGEL, Paulo. Ob. cit., p. 147-148.

5º, LIV, da CRFB/88), comprometendo, indelevelmente, a segurança jurídica, afinal, cada Juízo estipulava o **seu** procedimento e *modus faciendi*.

Em 2006 a infiltração policial foi expandida, tornando-se disponível à repressão dos **crimes previstos na Lei nº 11.343, independentemente** da existência, ou não, de organização criminosa subjacente, mediante circunstanciada autorização jurisdicional, haja vista o art. 53, I. O deserto normativo quanto ao procedimento a ser adotado persistiu, deixando sem respostas as perguntas listadas acima, formuladas desde os acréscimos promovidos, em 2001, à Lei nº 9.034/95. As críticas escudadas no devido processo legal permaneceram. Gerou-se, inclusive, um problema: **em tese, textualmente falando, a infiltração pode ser implementada para elucidar qualquer dos delitos capitulados na Lei nº 11.343/06, perspectiva incompatível com o princípio da proporcionalidade, sob o ângulo da necessidade, afinal, enquanto medida cautelar probatória cunhada para ser a última *ratio*, banalizá-la é inaceitável**. Restringe-se, na realidade, aos tipificados nos artigos 33, cabeça, e § 1º, 34 a 37, por serem os injustos que, no âmbito da Lei nº 11.343/06, receberam tratamento mais severo, haja vista, independentemente da (in)constitucionalidade dos preceitos, o versado nos artigos 44, 56, § 1º e 59. A interpretação literal do dispositivo conduziria à perplexidade de estender a infiltração policial a delitos de **menor** potencial ofensivo, da competência dos Juizados Especiais Criminais – artigos 28, 33, § 3º e 38 – ou de **média** lesividade, suscetíveis de acordo de não deflagração da ação penal (art. 28-A do CPP) ou de suspensão condicional do processo (art. 89 da Lei nº 9099/95) – artigos 33, § 2º e 39, *caput*.

Em 2013, com o advento da Lei nº 12.850, em substituição à Lei nº 9.034/95, finalmente foi positivada a instrumentalização da infiltração policial. Além de confirmá-la como meio de obtenção de prova no combate ao crime organizado e aos delitos a ele conexos (art. 3º, VII), os artigos 10 a 14 esmiuçaram o procedimento a ser observado para a sua concretização. Evidentemente que **tal regramento passou a ser utilizado, por analogia, à infiltração policial prevista no art. 53, I da Lei nº 11.343/06**, lembrando, mais uma vez, que, nesse último caso, mostra-se admissível à apuração dos crimes descritos nos arts. 33, *caput* e § 1º, 34 a 37, **independentemente** de haver, ou não, organização criminosa.

Em 2016 **a infiltração policial teve o seu espectro ampliado, passando a compreender o terrorismo e o tráfico de pessoas, pouco importando a presença, ou não, de organização criminosa**, haja vista, respectivamente, os artigos 16 da Lei nº 13.260, de 16 de março de 2016, e 9º da Lei nº 13.344, de 6 de outubro de 2016, que disponibilizaram, na repressão a esses injustos, os meios de formação de provas delineados na Lei nº 12.850/13.

Considerada a infiltração policial em **ambiente físico**, desafiam-na, portanto, os delitos de organização criminosa (art. 3º, VII, da Lei nº 12.850/13), terrorismo (art. 16 da Lei nº 13.260/16), tráfico de pessoas (art. 9º da Lei nº 13.344/16), e os previstos na Lei nº 11.343/06, notadamente os insertos nos arts. 33, cabeça, e § 1º, 34 a 37, **sem prejuízo, em todos os casos acima relacionados, dos injustos conexos (art. 76 do CPP) e/ou continentes (art. 77 do CPP)**, afinal, a conexão e a continência importam **unidade persecutória** (art. 79 do CPP), não sendo possível dissociá-los do restante da investigação – malgrado a referência à unidade de *processo e julgamento* no art. 79, o preceito há de ser interpretado extensivamente (art. 3º do CPP), pois a investigação é, ao final, encaminhada ao juiz competente, e, como é cediço, conexão e continência são regras de **competência**, projetáveis já no inquérito, seja ele policial ou ministerial.

Feito esse brevíssimo apanhado cronológico, **a natureza cautelar da infiltração policial**, afirmada logo no início do capítulo, **é unívoca**. O *caput* do art. 10 da Lei nº 12.850/13 exige *circunstanciada, motivada e sigilosa autorização judicial*, reafirmando a sua submissão à cláusula reserva de jurisdição, enquanto o § 2º condiciona o deferimento a *indícios de infração penal (fumus comissi delicti)*, *se a prova não puder ser produzida por outros meios disponíveis (periculum in mora)*. **Descabe qualquer interlocução com o *undercover agent* norte-americano**, cuja atuação é genérica e indiscriminada, não vinculada a uma investigação penal previamente delimitada.

A infiltração policial apenas é concebível como **última via**, em vista da sua **extravagância**. À semelhança das interceptações telefônica e ambiental, **não se infiltra para, depois, investigar pelos meios corriqueiros**. Percorre-se caminho inverso: investiga-se ao máximo convencionalmente. Esgotados os instrumentais probatório e investigatório ordinários, recorre-se à infiltração. Esta percepção precisa estar presente na representação policial ou no pedido ministerial relativo à infiltração, sob pena de indeferimento, bem como na decisão judicial implementadora, sob pena de **nulidade absoluta**, a desaguar na ilicitude da prova produzida, direta e derivada (art. 157, cabeça, e § 1º do CPP)[29]. E assim o é porquanto **situada na divisa, bem tênue, entre o constitucional e o inconstitucional, o legal e o ilícito**.

Conforme examinado no capítulo anterior, reservado ao agente disfarçado, a infiltração policial guarda com a garantia a não autoincriminação (art. 8º, 2, g da CADH e art. 14, 3, g do PIDCP) e, a reboque, com o direito ao silêncio (art. 5º, LXIII, da CRFB/88) uma compatibilidade absolutamente no limite. Diferentemente do agente disfarçado, inconstitucional e inconvencional, porque é a partir da admissão de culpa do imputado, induzida pelo Estado, que as suspeitas nutridas pelo policial são confirmadas, a infiltração objetiva reunir provas de fatos delituosos e correspondentes autorias previamente identificadas pelo Estado, tanto que, para ser implementada, mister é o *fumus comissi delicti*. O agente policial insere-se na organização ou grupo criminoso chancelado judicialmente, observado o procedimento previsto em lei, ao contrário do agente disfarçado, que atua ao seu talante, administrativamente, sem quaisquer parâmetros legais, buscando confirmar desconfianças suas acerca de determinada pessoa, que, sob o ponto de vista formal, sequer investigada é – apenas se ratificada a suspeita, após ter sido induzida a incriminar-se pelo policial, procede-se à captura flagrancial, lavrando-se o auto de prisão em flagrante (APF). E, uma vez inserido na estrutura criminosa, o agente infiltrado não

---

[29] Como a infiltração policial exige imprescindibilidade idêntica à verificada na interceptação telefônica, a inteligência da jurisprudência pertinente à última alcança a primeira, sendo mandatório investigar convencionalmente para, depois, se valer desses meios de formação de prova, a saber: STJ, HC 349.945/PE, Rel. Ministro Nefi Cordeiro, Rel. p/ Acórdão Ministro Rogerio Schietti Cruz, Sexta Turma, julgado em 06/12/2016, *DJe* 02/02/2017. O inteiro teor do acórdão sinaliza a unanimidade em torno do tema (o dissenso versou sobre medida cautelar probatória diversa – quebra de sigilo de dados), merecendo destaque o seguinte trecho do voto condutor, **embasado, inclusive, em precedentes da 1ª e da 2ª Turmas do STF**: *"...é farto o entendimento jurisprudencial, em relação à interceptação das conversas telefônicas, de que é necessária diligências preliminares que demonstrem a necessidade e indispensabilidade da medida* (v.g. AgRg no RHC n. 118.621/ES, Rel. Ministro Roberto Barroso, DJe 1/9/2015) *e, no que tange à quebra de sigilo bancário, que haja autorização judicial* (v.g. AgRg no RE n. 243.157/MS, Rel. Ministro Cezar Peluso, DJe 1/2/2008)*..."* (grifo nosso). *Mutatis mutandis*, não há de ser diferente em se tratando da infiltração policial.

vai propriamente conduzir os indiciados à incriminação, mas, basicamente, atuar como espectador, catalogando e produzindo provas da existência e da autoria delitivas, aderindo à cadeia criminosa já em andamento e às suas práticas[30]. **Justamente em virtude da delicada relação mantida com os direitos fundamentais a não produzir prova contra si e ao silêncio, o seu emprego é excepcional, demandando, sempre, o crivo jurisdicional, sem o qual o procedimento será integralmente ilícito, contaminando as provas amealhadas a partir daí, merecedoras de desentranhamento dos autos (art. 157, cabeça e § 1º do CPP)** conforme já decidiu, acertadamente, o Supremo Tribunal Federal[31]. Em reforço, convém lembrar que, durante a infiltração, o agente ingressará em *n* ambientes físicos de uso particular, compartilhando da intimidade dos investigados. **Ante a teoria do órgão, é o Estado, por meio do agente infiltrado, fazendo-se presente no interior de domicílios e na vida privada dos indiciados, relativizando as garantias fundamentais previstas nos incisos X e XI do art. 5º da CRFB/88, daí a imprescindibilidade de prévio pronunciamento jurisdicional.**

A excepcionalidade da infiltração policial decorre, igualmente, em respeito à pessoa do infiltrado, haja vista o risco ao qual se expõe. Inexiste ponderação entre bens jurídicos na qual a vida não se sobreponha, sem preferências, por outro lado, de uma sobre a outra – a da vítima, presente, *v.g.*, o delito de tráfico de pessoas, em detrimento da do policial. Não por acaso o art. 14, I, da Lei nº 12.850/13 confere-lhe o direito de *recusar ou fazer cessar a atuação infiltrada*.

Outrossim, a presunção, relativa, de legitimidade dos atos dos agentes estatais é seriamente testada, afinal, ao longo da infiltração estarão perpetrando uma série de condutas formalmente típicas, apenas não respondendo criminalmente porque escudados em uma excludente da ilicitude (estrito cumprimento do dever legal) – apesar de o parágrafo único do art. 13 da Lei nº 12.850/13 fazer menção à inexigibilidade de conduta diversa – que, uma vez positivada, deixa de ser uma excludente *supralegal* da culpabilidade, tornando-se **legal** –, o fenômeno equaciona-se na antijuridicidade. A **presunção** de legalidade dos seus feitos passa a decorrer de uma excludente, **excepcional** por definição, haja vista a *ratio cognoscendi* inerente a qualquer norma penal incriminadora: o perfazimento do comportamento nela descrito (tipicidade formal) conduz, em regra, à tipicidade material, à ilicitude e à culpabilidade. Aqui, essa lógica é invertida, porque acredita-se estar em estrito cumprimento do dever legal. Tanto isso é verdade que o art. 13, cabeça, da Lei nº 12.850/13 adverte: *O agente que não guardar, em sua atuação,* **a devida proporcionalidade com a finalidade da investigação,** *responderá pelos excessos praticados* (grifo nosso).

Tamanhas extravagâncias explicam os motivos de ser a infiltração policial a via probatória derradeira, impreterivelmente submetida à reserva de jurisdição. **Pois todas essas premissas foram herdadas pela infiltração policial virtual, introduzida no or-

---

[30] SILVA, Eduardo Araújo da. *Crime Organizado – Procedimento Probatório.* São Paulo: Atlas, 2003, p. 91.
[31] HC 147837, Relator Min. Gilmar Mendes, Segunda Turma, julgado em 26/02/2019, *DJe*-138 divulg 25/06/2019 public 26/06/2019 – *"...3. Provas colhidas por agente inicialmente designado para tarefas de inteligência e prevenção genérica. Contudo, no curso da referida atribuição,* **houve atuação de investigação concreta e infiltração de agente em grupo determinado, por meio de atos disfarçados para obtenção da confiança dos investigados. 4. Caraterização de agente infiltrado, que pressupõe prévia autorização judicial, conforme o art. 10 da Lei 12.850/13. 5. Prejuízo demonstrado pela utilização das declarações do agente infiltrado na sentença condenatória...*"* (grifo nosso).

denamento processual penal pátrio em 2017, pela Lei nº 13.441, ao acrescentar à Lei nº 8069/90 – Estatuto da Criança e do Adolescente (ECA) – os arts. 190-A a 190-E, ora expandida à Lei nº 12.850/13, presentes os arts. 10-A a 10-D, além do parágrafo único do art. 11, pela Lei nº 13.964/19.

Comportam a infiltração policial virtual, então, os seguintes crimes: por força do art. 190-A do ECA, **os delitos versados nos arts. 240 a 241-D do próprio ECA**, relacionados à pornografia envolvendo crianças e adolescentes, **invasão de dispositivo informático (art. 154-A do CP), estupro de vulnerável (art. 217-A do CP), induzimento de menor de 14 (quatorze) anos a satisfazer a lascívia alheia (art. 218 do CP), satisfação de lascívia mediante presença de crianças e/ou adolescentes (art. 218-A do CP) e favorecimento da prostituição ou outra forma de exploração sexual de criança, adolescente ou vulnerável (art. 218-B do CP)**; e, em virtude dos acréscimos promovidos pela Lei nº 13.964/19 na Lei nº 12.850/13, **organização criminosa e, por extensão, terrorismo (art. 16 da Lei nº 13.260/16) e tráfico de pessoas (art. 9º da Lei nº 13.344/16)**, sem contar **as infrações penais conexas ou continentes a qualquer dos injustos ora elencados**, em função da unidade persecutória (art. 79, *caput*, do CPP) já comentada.

A infiltração policial virtual, à semelhança da realizada em ambiente físico, também conserva relação delicada com *n* garantias fundamentais, do direito a não autoincriminação (art. 8º, 2, g da CADH e art. 14, 3, g do PIDCP), compreensivo do silêncio (art. 5º, LXIII, da CRFB/88), passando pela intimidade, imagem, vida privada (art. 5º, X, da CRFB/88), chegando ao sigilo da transmissão de dados (art. 5º, XII, da CRFB/88), em vez da inviolabilidade domiciliar (art. 5º, XI, da CRFB/88). Os riscos ao agente infiltrado permanecem, inclusive à vida, por conta das retaliações que poderão lhe ser dirigidas. **Enquanto exceção a tantos direitos fundamentais, o rol acima listado é *numerus clausus*** (taxativo), exigindo interpretação restritiva. Ninguém pode ser despido dos seus bens, materiais ou **imateriais**, sem observância do **devido processo legal (art. 5º, LIV, da CRFB/88)**, logo, **implementar a infiltração policial virtual fora das hipóteses acima será *contra legem***, dando azo a provas ilícitas, a serem desentranhadas dos autos, juntamente com as derivadas (art. 157, cabeça e § 1º do CPP). Invocar, em sentido contrário, o princípio da proporcionalidade, ponderando que se a medida está disponível para delitos de gravidade menor, quanto mais os de maior ofensividade, esvaziaria a cláusula constitucional do *due process*, desaguando em um *vale-tudo processual*, no qual a infiltração policial virtual seria ou não aplicada *arbitrariamente*, sem parâmetros legais pré-definidos, variando ao sabor dos agentes estatais envolvidos e da percepção, estritamente subjetiva, do que seria uma infração penal de reprovabilidade superior. Ademais, mas não menos importante, o princípio da proporcionalidade foi concebido para **tolher** o atuar repressivo estatal, e não para potencializá-lo. A vulneração a direitos individuais apenas se concebe se **adequada**, ou seja, se for o meio para alcançar ou fomentar o objeto legitimamente pretendido, e/ou **necessária**, isto é, de menor ingerência possível, e, mesmo assim, se o custo-benefício (**proporcionalidade em sentido estrito**) compensar, segundo bem leciona o prof. Bernardo Gonçalves Fernandes[32]. Articular o princípio da vedação à proteção deficiente **tampouco** é aceitável, porque **inteiramente desconectado com a realidade normativa pátria, que tem, nas últimas duas décadas,**

---

[32] *Curso de Direito Constitucional*. 12. ed. Salvador: JusPodivm, 2020, p. 277-278.

sido bastante generosa em meios de obtenção de provas, tanto em quantidade quanto em variedade, além do espectro, cada vez mais alargado, a começar pela própria infiltração policial, seja em ambiente físico ou eletrônico, passando pelas interceptações telefônica, telemática, ambiental, quebra de sigilo de dados etc. Se não há infraestrutura nem pessoal, o que é indiscutível, o problema não é legislativo, mas do Poder Executivo. Dessarte, é inadmissível encarar o rol de delitos ensejadores da infiltração policial virtual como exemplificativo[33]. E a ampliação promovida pela Lei nº 13.964/19 tampouco pode ser encarada como meramente processual, ensejadora de incidência imediata (art. 2º do CPP), mas híbrida, processual **material**, por relativizar, sensivelmente, direitos como intimidade, imagem, vida privada e inviolabilidade do sigilo das comunicações e dados digitais (art. 5º, X e XII, da CRFB/88), logo, enquanto *novatio legis in pejus*, **não** retroage, circunscrevendo-se aos delitos **cometidos após** a sua entrada em vigor, *ex vi* do art. 5º, XL, da CRFB/88. Em sentido contrário, reputando de cunho exclusivamente processual normas sobre provas, inclusive no tocante aos métodos de obtenção, ilustrando com a interceptação telefônica, coloca-se, *v.g.*, Paulo Rangel, advogando, por conseguinte, a pronta aplicação, a teor do art. 2º do CPP[34].

Seguindo idêntica ordem de ideias, a infiltração policial virtual contemplada pela Lei nº 13.964/19 na Lei nº 12.850/13 possui natureza **cautelar**, surgindo como **alternativa derradeira, ante a insuficiência dos métodos convencionais de formação de provas**, desde que presente o *fumus comissi delicti*. Nesse sentido, art. 10-A, § 3º – *será admitida a infiltração **se houver indícios de infração penal de que trata o art. 1º desta Lei e se as provas não puderem ser produzidas por outros meios disponíveis*** (grifo nosso). Repetiu-se o regramento relativo à infiltração policial virtual do ECA, presente o art. 190-A, **inciso I**, segundo o qual a medida *será precedida de autorização judicial devidamente circunstanciada e fundamentada*, **e § 3º-A**, que não a admite *se a prova puder ser obtida por outros meios*.

A legitimidade para buscá-la é da autoridade policial ou do Ministério Público, segundo prega o art. 10-A, cabeça, da Lei nº 12.850/13, ao remeter ao *caput* do art. 10, cujo texto, aliás, adverte que, caso o pedido parta do *Parquet*, o juiz, antes de decidi-lo, deve colher a *manifestação técnica do delegado de polícia, quando solicitada no curso de inquérito policial*. Malgrado a titularidade da ação penal pública privativa do Ministério Público, a quem compete a *opinio delicti* (art. 129, I, da CRFB/88), e a independência funcional (art. 127, § 1º da CRFB/88), a oitiva da autoridade policial é necessária para informar a viabilidade **prática** da medida, sob o ângulo não apenas material, mas pessoal, **esclarecendo se há agentes habilitados e disponíveis para tanto**, além de tecer as considerações jurídicas que julgar necessárias, na qualidade de presidente da investigação. Gize-se que **somente agentes POLICIAIS podem ser infiltrados**, *ex vi* dos art. 10, cabeça, e art. 10-A, cabeça, da Lei nº 12.850/13, a ponto de o § 6º do citado art. 10-A aludir à determinação do delegado pela apresentação dos relatórios de infiltração aos *seus agentes*, ou seja, integrantes das **Polícias Federal e Civil**, afinal, a infiltração é técnica especial de **investigação**, meio

---

[33] Nesse sentido, minoritariamente, LEITÃO JÚNIOR, Joaquim Leitão. Infiltração policial na internet da Lei 13.441/17 (dignidade sexual de menores) pode ser usada para outros crimes? *Revista Jus Navigandi*, Teresina, ano 22, n. 5063, 12 maio 2017. Disponível em: https://jus.com.br/artigos/57640. Acesso em: 10 maio 2020.

[34] Ob. cit., p. 554-555.

de formação de provas, inerente à **polícia judiciária** (art. 144, §§ 1º, IV e 4º da CRFB/88), sendo descabido confiá-la, *a contrario sensu*, às polícias rodoviária e ferroviária federais, militares e penais, a quem incumbe o policiamento ostensivo (art. 144, VI e §§ 2º, 3º, 5º e 5º-A da CRFB/88), aos agentes de inteligência da receita federal ou estadual, bem como os da ABIN – Agência Brasileira de Inteligência. Haveria, inclusive, **desvio de função**[35]. Particulares tampouco podem atuar como agentes infiltrados, em virtude do art. 144, §§ 1º, IV e 4º da CRFB/88, reforçado pela Lei nº 13.432, de 11 de abril de 2017, que, ao disciplinar a profissão de detetive particular, **vedou**, no art. 10, IV, a **participação** direta em diligências policiais, nas quais se encaixa a infiltração.

No tocante à legitimidade dos delegados de polícia para buscar tutelas cautelares, como são autoridades apenas administrativas, desvestidas de legitimidade *ad causam*, parte da doutrina contesta a atribuição que o legislador lhes deu para provocar diretamente a jurisdição, via representação, a fim de buscar a decretação de medidas cautelares, sejam probatórias, reais ou pessoais. Advoga-se que a representação seria em verdade dirigida ao Ministério Público, este sim titular privativo da ação penal pública (art. 129, I, da Constituição da República), tornando-se apenas cognoscível pelo juiz, caso o parecer ministerial fosse favorável, pois, para todos os efeitos, seria como se o *Parquet* tivesse encampado a referida postulação[36]. Em sendo negativo o parecer ministerial, o juiz sequer conheceria do pedido. Do contrário, agiria de ofício ainda em sede de inquérito policial, ao arrepio do sistema acusatório, e, não raro, **sem previsão legal**, como se verifica aqui – a infiltração não admite atuação judicial *ex officio*.

Embora sólidos os argumentos, politicamente simpáticos ao Ministério Público, por fortalecer o controle externo sobre a atuação policial (art. 129, VII, da CRFB/88), e ao próprio indiciado/acusado, porque acaba travando a atuação repressiva estatal, **não merecem guarida**.

Inexiste inconstitucionalidade no atuar da autoridade policial, mesmo porque o art. 129, I, da Constituição da República tornou privativo do Ministério Público o exercício da *ação penal pública*, e não a postulação de medidas cautelares. Tampouco resta vulnerado o sistema acusatório, cujo berço constitucional também corresponde ao art. 129, I, da Carta de 1988, porquanto a autoridade policial se alinha ao *Parquet* enquanto órgãos de repressão estatal, logo, a representação pela imposição de medidas cautelares não discrepa do poder de polícia judiciária que lhe foi confiado no art. 144, §§ 1º, IV, e 4º da CRFB/88, robustecido, em nível infraconstitucional, pelo art. 2º, *caput* e § 6º da Lei nº 12.830/13.

Com efeito, as medidas cautelares são, em regra, postuladas por quem possui legitimidade *ad causam*. Mas isto não significa que o legislador, do alto da sua soberania, não possa eventualmente conceder tal legitimidade a quem não seja parte no processo. Não haverá ofensa a qualquer preceito constitucional caso assim o faça, mesmo porque seria uma *legitimatio propter officium*, isto é, uma legitimação decorrente da natureza do ofício desempenhado. E assim o é no tocante à autoridade policial e à sua legitimidade para representar pela decretação das medidas cautelares nas hipóteses previstas em lei,

---

[35] MASSON, Cleber; MARÇAL, Vinícius. *Crime Organizado*. São Paulo: Método, 2015, p. 217-218; RANGEL, Paulo. ob. cit., p. 149-151.

[36] Nesse diapasão, LIMA, Marcellus Polastri. *A Tutela Cautelar*. Rio de Janeiro: Lumen Juris, 2005, p. 276; LIMA, Renato Brasileiro de. *Nova Prisão Cautelar, Doutrina, Jurisprudência e Prática*. Niterói: Impetus, 2011, p. 46/47.

mais uma vez reafirmada, desta feita por meio da Lei nº 13.964/19. Portanto, a exegese favorável ao reconhecimento de uma legitimidade *propter officium* ao delegado de polícia para postular tais medidas cautelares, **avalizada pelos Tribunais Superiores, que não apresentam precedentes em sentido contrário**[37], vai ao encontro do desiderato não só do Poder Legislativo, mas também do Executivo, que jamais apresentou vetos aos dispositivos favoráveis à legitimação da autoridade policial para buscar medidas cautelares. Interpretações limitadoras dessa legitimidade importariam distinguir onde a lei não o fez, em desacordo com o art. 2º da CRFB/88.

Assentada a constitucionalidade da legitimidade da autoridade policial para representar pela imposição de tutelas cautelares, o juiz, antes de decidir, abre vista ao Ministério Público. Não se trata de faculdade. A oitiva é mandatória, em respeito à sua posição de *dominus litis*, conforme revela o art. 10-A, § 2º – *na hipótese de representação do delegado de polícia, o juiz competente, antes de decidir, **ouvirá** o Ministério Público* (grifo nosso) –, afinal, pode, *v.g.*, promover o arquivamento ou oferecer a denúncia, entendendo dispor de justa causa suficiente para tanto, prejudicando o conhecimento da própria representação.

Caso a medida exija apreciação urgente, considerado o risco de perda irreparável e irreversível da prova, se não iniciada prontamente a infiltração, e o órgão ministerial esteja eventualmente ausente – em razão, *v.g.*, de o promotor estar acumulando órgãos de diferentes comarcas – o juiz examina a representação da autoridade policial, sem que se possa arguir ofensa ao sistema acusatório ou ao devido processo legal, pois agirá após ter sido legitimamente provocado por quem de direito.

Por outro lado, se, ouvido o Ministério Público, opinar pelo indeferimento da infiltração policial, o juiz ainda assim pode acolhê-la, **valendo-se do livre convencimento motivado (art. 98, I, da CRFB/88)**, sem mácula ao sistema acusatório, na medida em que agirá após ter sido regularmente provocado pela agência repressiva estatal legitimada (autoridade policial). Firmar o contrário condicionaria, do mesmo jeito, o conhecimento da representação do delegado ao parecer ministerial, pois, por mais frágil que fosse a fundamentação desenvolvida – quadra, lamentavelmente, existente, afinal, como toda e qualquer instituição (Polícia, Magistratura, Defensoria Pública, Procuradorias etc.) ou ente privado, o Ministério Público é composto por bons e maus profissionais (apesar de não ser o ideal, considerado o art. 129, VIII, 2ª parte, da CRFB/88, essa realidade existe e não pode ser ignorada) – não poderia o juiz decidir contrariamente, determinando a infiltração pretendida pela autoridade policial. **Motivação abstrata, deficiente, vazia equivale à ausência de pronunciamento do Ministério Público, nada impedindo ao juiz conhecer da representação e deferi-la, se assim entender.**

Sem embargo, **se circunstanciado estiver o pronunciamento do *Parquet*, desfavorável à infiltração, na linha do exigido no art. 129, VIII, 2ª parte, da CRFB/88, discordando, expressa e concretamente, dos argumentos fáticos e jurídicos apresentados**

---

[37] STJ, HC nº 122359/GO, Relator Ministro Laurita Vaz, Quinta Turma, julgado em 1º/06/10, DJ 28/06/2010, v.u.; HC nº 84262/SP, Relator Ministro Jane Silva, Quinta Turma, julgado em 04/10/2007, DJ 22/10/2007, v.u. (sublinhando que neste precedente admitiu-se, inclusive, que a motivação empregada pelo delegado na representação sirva de *ratio decidendi* do decreto prisional). O STF também alude à viabilidade da representação da autoridade policial pela decretação de tutelas cautelares, como as constritivas da liberdade, sem ressalvas – HC 85156/SP, 2ª T, Relator Ministro Joaquim Barbosa, julgado em 29/03/2005, DJ 21/10/2005, v.u.

pela autoridade policial, questionando, *v.g.*, o *fumus comissi delicti* ou a necessidade da medida, diante de outros meios de prova menos invasivos disponíveis, o juiz *conhece* da representação policial, porque ofertada por ente legítimo, mas *a indefere* em apreço ao art. 5º, LVII, da CRFB/88, enquanto *regra de tratamento*, bem como ao *sistema acusatório*, porquanto **descabe ao juiz imiscuir-se na divergência entre as agências de repressão quanto ao rumo a ser dado à investigação, sob pena de tomar as rédeas para si**, em acintosa ofensa aos arts. 129, I e 144, §§ 1º, IV, e 4º da CRFB/88, além do novel art. 3º-A do CPP (cuja eficácia encontra-se cautelarmente suspensa pelo Min. Luiz Fux nas ADIs 6298, 6299, 6300 e 6305). **Ao juiz criminal é dado dirimir o conflito de interesses entre o Estado e o indivíduo, e não o dissenso entre autoridade policial e *Parquet* acerca dos meios de obtenção de provas necessários e adequados – se, concretamente, não chegam a uma convergência, não é o juiz quem sinalizará o caminho mais adequado.**

Em se tratando da infiltração policial virtual prevista no ECA, a quadra é idêntica, haja vista o art. 190-A, I e II – legitimação da autoridade policial e do Ministério Público, **sem a previsão de atuação *ex officio* do juiz.**

Há dúvidas quanto à natureza cautelar da infiltração policial virtual, à semelhança da realizada em ambiente físico: **se seria, exclusivamente, medida cautelar preparatória à ação penal ou, também, incidental.**

O art. 10, cabeça, da Lei nº 12.850/13, se lido isoladamente, sinaliza ser a **infiltração cautelar não só preparatória, mas também incidental ao processo**, ao asseverar que, no caso de o pedido partir do Ministério Público, o juiz decidirá *após manifestação técnica do delegado de polícia* **quando solicitada no curso de inquérito policial** (grifo nosso), subentendendo, *a contrario sensu*, a admissibilidade de ser buscada também no curso da ação penal, ocasião em que a inquirição da autoridade policial não será necessária. Malgrado o oferecimento da denúncia, a infiltração pode se mostrar necessária à revelação da identidade de outros autores ou partícipes, ou mesmo de novos crimes, conexos ou continentes aos já demandados, ou de possíveis qualificadoras ou causas de aumento de pena, pertinentes aos injustos denunciados, a subsidiar futuro aditamento. Como os autos, sigilosos, tramitam em apartado (art. 12, *caput*, da Lei nº 12.850/13), encerrada a infiltração serão anexados aos da ação penal principal, à semelhança das interceptações telefônica e ambiental (arts. 3º, I e 8º, além do novel art. 8º-A, todos da Lei nº 9296/96, havendo sido o último introduzido pela Lei nº 13.964/19). Outrossim, **os arts. 10, § 5º e 10-A, § 6º**, quando disciplinam os relatórios da infiltração, dizem que serão apresentados, *no curso do inquérito policial*, por determinação do delegado, enquanto o Ministério Público poderá requisitá-los *a qualquer tempo*, subentendendo que a medida pode irradiar-se para o processo, não ficando adstrita à investigação.[38]

Tal ilação, todavia, não resiste à leitura sistemática da Lei nº 12.850/13. O próprio *caput* do art. 10 refere-se à *investigação*, **sem** aludir a processo ou, ao menos, instrução criminal. O art. 11, cabeça, reporta-se a *pessoas investigadas*, sem empregar vocábulos como réu, denunciado ou acusado. O § 1º do art. 12, exige a adoção das medidas necessárias para o *êxito da investigação* (e não do processo). O art. 13, tanto no *caput*, quanto no pa-

---

[38] NUCCI, Guilherme de Souza. *Leis Penais e Processuais Penais Comentadas*. 8. ed. Rio de Janeiro: Forense, 2014, p. 751, vol. 2.

rágrafo único, tampouco faz menção à instrução criminal ou ao processo, restringindo-se à *investigação*. O art. 10-B, parágrafo único, ao restringir o acesso aos autos da infiltração, aponta como objetivo *garantir o sigilo das investigações*. O art. 10-C, parágrafo único, ao preconizar a eventual responsabilização do agente infiltrado, anuncia que responderá pelos excessos praticados por inobservância da *estrita finalidade da investigação*.

Não se ignora que os vocábulos *investigação* e *investigados* podem aludir à infiltração em si e aos seus alvos, independentemente de a persecução já ter, ou não, denúncia ofertada. Porém, o parágrafo único do art. 10-D estampa a sua associação ao inquérito, e não ao processo, ao preceituar que os atos eletrônicos registrados *serão reunidos em autos apartados e apensados ao processo criminal* **juntamente com o inquérito policial** (grifo nosso), explicitando a sua tramitação incidental ao inquérito, mas não à ação penal.

Sobreleva notar que a infiltração, presencial ou virtual, pode durar até 6 (seis) meses, sem prejuízo de eventuais renovações (arts. 10, § 3º e 10-A, § 4º), mostrando-se incompatível se incidental ao processo, cuja instrução há de findar-se em 60 (rito ordinário), 30 (rito sumário), 90 (1ª fase do Júri) ou 120 dias, passíveis de duplicação, se complexa a instrução e/ou procrastinação defensiva (crime organizado), haja vista os artigos 400, 531 e 412 do CPP, e 22 da Lei nº 12.850/13, respectivamente. Na 2ª fase do Júri, por sua vez, é causa de desaforamento a não realização do Plenário depois de transcorridos mais de 6 meses desde a preclusão da pronúncia, comprovado o excesso de serviço (art. 428 do CPP).

Outrossim, o legislador explicita as medidas cautelares incidentais ao processo, quando assim deseja, sem deixar nas entrelinhas, segundo se deflui da própria Lei nº 13.964/19. Com efeito, ao inserir na Lei nº 9.296/96 a captação ambiental, consignou, no art. 8º-A, cabeça, a sua admissibilidade para a *investigação* ou *instrução criminal*, tornando inconteste a natureza de medida cautelar preparatória ou incidental ao processo, tal qual positivado em relação à interceptação telefônica, haja vista o art. 3º. Se assim não procedeu no tocante à infiltração, foi porque quis circunscrevê-la ao inquérito.

Ao pontuar que a autoridade policial pode determinar relatórios ao agente infiltrado no curso do inquérito policial, enquanto ao Ministério Público é dado requisitá-lo a qualquer tempo (art. 10, § 5º e art. 10-A, § 6º), a Lei nº 12.850/13 simplesmente reconhece o óbvio: se ao delegado foi reservada a condução da investigação, uma vez finda, sobrevindo a denúncia, exaure a sua atribuição, não havendo mais o que determinar, diferentemente do Ministério Público, que persiste atuando na persecução, enquanto *dominus litis*, logo, se necessário, requisitará relatórios complementares, até pela aclarar omissões, contradições ou inconsistências eventualmente identificadas no curso da instrução criminal. É esse o sentido da norma.

Finalmente, se a denúncia já foi formalizada contra supostos integrantes de organização criminosa, é porque o Ministério Público logrou reunir justa causa sem precisar recorrer à infiltração policial, evidenciando a sua **prescindibilidade**. O silêncio quanto à sua viabilidade incidentalmente ao processo foi proposital e coerente com o requisito da indispensabilidade, ante a insuficiência dos demais meios de formação de provas convencionais (art. 10, § 2º e art. 10-A, § 3º). Nessas pegadas, e para colocar uma pá de cal em qualquer possibilidade de dissenso, o § 2º do art. 12, alusivo à infiltração policial virtual **e** presencial, ao ordenar que *os autos contendo as informações da operação de infil-*

tração **acompanharão a denúncia** do Ministério Público, quando **serão disponibilizados à defesa**, assegurando-se a preservação da identidade do agente (grifo nosso), **atrela o sigilo, ínsito à efetividade e à eficiência da infiltração, ao oferecimento da denúncia**, circunscrevendo-a, portanto, à fase inquisitorial[39].

Assentada a ausência de previsão legal quanto ao implemento da infiltração policial incidentalmente ao processo, caso ocorra o procedimento será ilícito, contaminando todas as provas reunidas pelo agente infiltrado, inclusive as derivadas. Além do art. 157, cabeça, e § 1º do CPP, assim dispõe, até redundantemente (afinal, provas *contra legem* são imprestáveis), o § 7º do art. 10-A: *É **nula** a prova obtida sem a observância do disposto neste artigo* (grifo nosso).

Cumpre, contudo, registrar a **licitude** da infiltração policial concernente às investigações **paralelas** às ações penais já deflagradas, afinal, o fato de alguns dos supostos integrantes da organização criminosa já terem sido denunciados não impede o prosseguimento dos **inquéritos** (e das infiltrações **a ele** atreladas) atinentes, *v.g.*, a crimes diversos. Conquanto **improvável** – as primeiras denúncias acenderiam o alerta entre os grupos criminosos, que, mais cedo ou mais tarde, saberiam da existência de agentes infiltrados, tornando demasiada e desnecessariamente arriscado o prosseguimento da operação –, é uma hipótese **possível**, a depender da magnitude do objeto da investigação – existem organizações com tantas ramificações que não causa espécie a existência de mais de uma infiltração em andamento. Assim, se, por acidente, no curso da infiltração **regular**, for colhida prova de relevo para outra ação penal em curso, **nada impede o compartilhamento**, em apreço ao **encontro fortuito de prova ou serendipidade**, revelador da boa-fé estatal[40]. Prolatada a sentença, **preclui** a possibilidade de compartilhamento, porquanto o órgão jurisdicional *a quo* terá exaurido a sua jurisdição, cedendo vez à competência recursal dos Tribunais *ad quem*, de cunho **revisional**, sem espaço para conhecer fatos novos, não debatidos em primeiro grau, sob pena de **supressão de instância** – daí o silêncio eloquente do art. 617 do CPP em relação à *mutatio libelli* em sede recursal, ratificado pelo STF no enunciado de Súmula nº 453.

E se a descoberta for compartilhada depois de concluída a instrução criminal, mas antes de prolatada a sentença, em sede de alegações finais?

Como o art. 384 do CPP encontra-se topograficamente situado no título XII, reservado à sentença, compreende-se pela admissibilidade do aditamento, inclusive por iniciativa do próprio juiz – se, **quando conclusos os autos para prolação da sentença, o magistrado vislumbrar fatos novos, pode convolar o julgamento em diligência,**

---

[39] No mesmo sentido, MASSON, Cleber; MARÇAL, Vinícius, ob. cit., p. 215-216; BITENCOURT, Cezar Roberto; BUSATO, Paulo César. *Comentários à Lei de Organização Judiciária*. São Paulo: Saraiva, 2014, p. 162; CUNHA, Rogério Sanches; PINTO, Ronaldo Batista. *Crime Organizado – Comentários à Nova Lei sobre o Crime Organizado* (Lei nº 12.850/13). 3. ed. Salvador: JusPodivm, 2014, p. 101-102; RANGEL, Paulo. ob. cit., p. 144.

[40] STF, HC 167550-AgR, Relator Min. Luiz Fux, Primeira Turma, julgado em 23/08/2019, *DJe*-191 divulg 02/09/2019 public 03/09/2019; Pet 7808, Relator Min. Edson Fachin, Segunda Turma, julgado em 20/11/2018, *DJe*-261 divulg 04/12/2018 public 05/12/2018; STJ, HC 285.201/MT, Rel. Ministro Reynaldo Soares da Fonseca, Quinta Turma, julgado em 03/09/2015, *DJe* 10/09/2015; AgRg no AgInt no AREsp 907.801/SP, Rel. Ministro Nefi Cordeiro, Sexta Turma, julgado em 03/05/2018, *DJe* 15/05/2018.

determinando a remessa ao *Parquet* para fins de aditamento, em busca da verdade material, não sendo outro o entendimento, reiterado, do STF[41] e do STJ[42].

Com efeito, o art. 384, *caput*, do CPP permite o aditamento **espontâneo** da denúncia pelo *Parquet* após o encerramento da instrução criminal, logo, ciente da prova nova compartilhada, oriunda da infiltração policial atinente a outro inquérito, antes ou na fase de alegações finais, não causa espécie que adite a denúncia. Todavia, se, nada obstante a ciência da prova, apresenta as alegações finais **à luz da imputação primeva, reafirmando-a**, é porque não reputou a prova suficiente robusta para modificar a causa de pedir, logo, **a ela deve o juiz se ater quando da prolação da sentença, sem instar o aditamento, sob pena de imiscuir-se na atividade acusatória, privativa do Ministério Público por mandamento constitucional (art. 129, I, da CRFB/88)**. Conforme examinado, o STF e o STJ admitem, todavia, tal provocação, pautados, fundamentalmente, no art. 384, § 1º do CPP, alusivo ao aditamento provocado, com referência expressa ao art. 28 do CPP. Como a eficácia do novel art. 28, fruto da Lei nº 13.964/19, foi cautelarmente suspensa, não se vê perspectiva de mudança imediata. Mas, se o Pleno do STF reputá-lo constitucional, tornando insubsistente a liminar deferida pelo Min. Luiz Fux, o § 1º do art. 384, independentemente da discussão acerca da sua compatibilidade com o sistema acusatório, estará **tacitamente revogado**, porque se o novo art. 28 retira do juiz qualquer interferência no exercício da ação penal, circunscrevendo o procedimento do arquivamento ao âmbito estritamente ministerial, o mesmo se aplica ao aditamento, que igualmente é manifestação do direito de ação – se o *Parquet* não aditou, foi porque não viu motivos para tanto, não cabendo ao Juízo assentar o contrário. O dito princípio da verdade material, além de não ter previsão constitucional nem legal, não passa de uma falácia para (tentar) legitimar a atuação oficiosa do juiz, afinal, para alcançar a dita verdade todos os sujeitos processuais haveriam de ser onipresentes e oniscientes, atributos estranhos à natureza. No processo decide-se com lastro em um juízo de **probabilidade**.

Toda a controvérsia acima apresentada **alcança** a **infiltração policial virtual disciplinada no ECA**, presentes os artigos 190-B, parágrafo único, ao aludir, explicitamente, ao ***delegado de polícia*** responsável pela operação, e 190-E, parágrafo único, de redação idêntica ao art. 10-D, parágrafo único, da Lei nº 13.964/19.

Quanto ao prazo de duração, a infiltração policial virtual, tal qual a presencial, é de até 6 meses, sem prejuízo de eventuais renovações – art. 10-A, § 4º da Lei nº 12.850/13,

---

[41] HC 137637, Relator Min. Luiz Fux, Primeira Turma, julgado em 06/03/2018, *DJe*-080 divulg 24/04/2018 public 25/04/2018 – *"...1. A denúncia pode ser aditada a qualquer tempo **antes** da sentença final – garantido o exercício do devido processo legal, a ampla defesa e o contraditório –, modificando a situação jurídica do acusado, inclusive para fins de alteração da imputação e/ou inclusão de coautores na peça acusatória..."* (grifo nosso).

[42] HC 489.521/RS, Rel. Ministro Felix Fischer, Quinta Turma, julgado em 26/02/2019, *DJe* 06/03/2019 – *"...V – A jurisprudência deste Superior Tribunal de Justiça já firmou o entendimento de que **o Ministério Público pode aditar a denúncia, inclusive para dar aos fatos definição jurídica diversa, desde que antes de proferida sentença**, e se observado o pleno exercício do contraditório e da ampla defesa, como ocorreu na espécie..."* (grifo nosso); HC 224.246/DF, Rel. Ministro Sebastião Reis Júnior, Sexta Turma, julgado em 25/02/2014, *DJe* 10/03/2014 – *"...3. O Superior Tribunal de Justiça já decidiu reiteradas vezes que, no curso do processo, **desde que antes de prolatada a sentença e possibilitado ao réu o exercício do contraditório e da ampla defesa, como ocorreu na espécie, é lícito ao Ministério Público realizar o aditamento da denúncia**, inclusive dando ao fato definição jurídica diversa..."* (grifo nosso).

inserido pela Lei nº 13.964/19, **repetindo** o versado no art. 10, § 3º, atinente à infiltração presencial. Como **o interregno é de *até* 6 meses, máximo legal, estipulá-lo exige fundamentos concretos**[43]. Renovar a infiltração **sucessivas vezes** é possível, **sem a necessidade de buscar novos fatos para tanto**, à semelhança, também, da interceptação telefônica e/ou ambiental. Porém, **é mandatório reunir elementos concretos, consignados nos relatórios do agente infiltrado, indicativos de que os motivos ensejadores da infiltração persistem hígidos**. Em suma: **a renovação não precisa ter *ratio decidendi* diversa da infiltração anterior, admitindo-se a técnica *per relationem* ou *aliunde***, tal qual empregada na interceptação telefônica[44], **mas é imprescindível demonstrar a sua produtividade**, reunindo provas e fatos que robusteçam a plausibilidade da pretensão condenatória e, por conseguinte, a necessidade de dar-lhe prosseguimento. **Anote-se que o lapso inaugural da infiltração pode chegar a 6 (seis) meses. Se nada de relevante houver sido catalogado nesse período, descabe renová-la**, sob pena de **ilicitude do material informativo que, eventualmente, vier a ser ulteriormente colhido, incluindo o acervo derivado**, a desafiar desentranhamento dos autos (art. 157, cabeça, e § 1º do CPP). Intimidade, imagem, vida privada, inviolabilidade domiciliar, no caso da infiltração presencial, ou de dados, se virtual, não podem ficar devassadas indefinidamente, colocando os indiciados em estado de permanente suspeição, nada obstante o art. 5º, LVII, da CRFB/88 assegurar, no mínimo, a presunção de **não** culpabilidade enquanto regra de tratamento. **Inexiste espaço para pronunciamentos renovatórios cujos fundamentos se resumem a um "copia e cola" da motivação primeira**, ainda mais após o decurso de prazo tão dilatado. A técnica de motivação *per relationem* ou *aliunde* **não** avaliza tal prática, porque **repudia a mera sobreposição da *ratio decidendi* primeva à atual**: esta pode abeberar-se naquela de modo **contextualizado**, sem se limitar à simples reprodução. Por tais razões, **é indispensável, ao final de cada ciclo, a apresentação de relatório detalhado de toda a operação ao juiz para, então, decidir pela renovação ou não**[45], segundo explicita o § 5º do art. 10-A, aplicável por analogia à infiltração por meio físico – *findo o prazo previsto no § 4º deste artigo, o relatório circunstanciado, juntamente com todos os atos eletrônicos praticados durante a operação, deverão ser registrados, gravados, armazenados e **apresentados ao juiz competente**, que imediatamente cientificará o Ministério Público* (grifo nosso).

Em se tratando da infiltração virtual contemplada na Lei nº 12.850/13, a Lei nº 13.964/19 **não** delimitou o **número** de renovações, mas fixou um teto **temporal**, de maneira

---

[43] RANGEL, Paulo. Ob. cit., p. 148.
[44] STJ, REsp 1851312/RJ, Rel. Ministro Ribeiro Dantas, Quinta Turma, julgado em 17/12/2019, DJe 19/12/2019 – "...2. *'A utilização da técnica de motivação per relationem, **quando o ato decisório se reporte a outra decisão ou manifestação dos autos e as adote como razão de decidir**, não vulnera o disposto no artigo 93, IX, da Constituição Federal'* (HC 414.455/MG, Rel. Ministro JORGE MUSSI, QUINTA TURMA, julgado em 07/06/2018, DJe 20/06/2018)..." (grifo nosso); HC 516.801/SP, Rel. Ministro Antonio Saldanha Palheiro, Sexta Turma, julgado em 04/02/2020, DJe 10/02/2020 – "...3. *'**É válida a utilização da técnica da fundamentação per relationem, em que o magistrado se utiliza de trechos de decisão anterior** ou de parecer ministerial como razão de decidir, desde que a matéria haja sido abordada pelo órgão julgador, **com a menção a argumentos próprios, como na espécie, uma vez que a instância antecedente, além de fazer remissão a razões elencadas pelo Juízo natural da causa, indicou os motivos** pelos quais considerava necessária a manutenção da prisão preventiva do réu e a insuficiência de sua substituição por medidas cautelares diversas'* (RHC n. 94.488/PA, relator Ministro Rogerio Schietti Cruz, Sexta Turma, julgado em 19/4/2018, DJe 02/05/2018)..." (grifo nosso).
[45] NUCCI, Guilherme de Souza. *Leis Penais e Processuais Penais Comentadas*, ob. cit., p. 753.

que, todas juntas, somadas, **independentemente da quantidade**, não podem exceder **720 (setecentos e vinte) dias**, *ex vi* do art. **10-A, § 4º, de antemão aplicável por analogia à infiltração em ambiente físico, omissa a respeito** – o art. **10, § 3º ocupou-se do prazo de 6 (seis) meses e das renovações, sem, todavia, estipular um limite temporal, incorrendo em lacuna, ora preenchida pelo dito § 4º do art. 10-A**. Garantias fundamentais, como as listadas nos incisos X a XII do art. 5º da CRFB/88, não podem permanecer escancaradas pelo Estado indefinidamente, sob pena de as respectivas *inviolabilidades constitucionais*, de *regras*, tornarem-se *exceções*. **O *dies a quo* inclui o dia no qual o agente começou os trabalhos de infiltração**, nos termos do art. 10 do Código Penal, porque fragilizados direitos materiais, **independentemente de quando efetivamente vier a ser acolhido pela organização criminosa**. Escreve-se isso, porque o agente não cai de paraquedas no âmago desta, devendo, antes, costurar uma rede de contatos que permita tal acesso, daí o ciclo inicial da infiltração ser de até 6 (seis) meses. Como o lapso diz respeito à *infiltração em si*, **descabe eleger como marco inaugural a data da decisão implementadora**, adotando-se solução idêntica à dispensada à interceptação telefônica, ante a identidade de razões[46]. O total de 720 dias – que, obviamente, aproxima-se, mas **não** chega a 2 (dois) anos – refere-se à infiltração **globalmente considerada, independentemente de eventuais paralisações ou interrupções** – os lapsos, **contínuos ou intervalados**, não podem superar este teto. Se a descontinuidade zerasse o cômputo de 720 dias, dando azo a novo, o teto tornar-se-ia uma **caricatura**, promovendo-se **burla à lei**.

A infiltração policial, presencial ou virtual, somente deve ser apreciada pelo juiz se houver infraestrutura e agentes treinados e disponíveis para tanto, daí a necessidade de se ouvir a autoridade policial, mesmo o pedido partindo do Ministério Público. **Tudo isso é necessário a fim de propiciar cumprimento imediato ao deferido. Algum interregno sempre existirá, mas não pode ser demasiado, a fim de não lhe comprometer a cautelaridade** – a imprescindibilidade de *hoje* não necessariamente se fará presente *amanhã*. Essa preocupação já foi revelada, com pertinência, pelo Superior Tribunal de Justiça, no tocante à interceptação telefônica[47], extensível à infiltração, afinal, ambas apenas são implementadas, porquanto insuficientes as técnicas tradicionais de investigação e de produção probatória. **Malgrado inexistam regras especificando o máximo de intervalo entre o acolhimento judicial da medida e a sua execução, sem lhe desnaturar a cautelaridade, a aferição há de ser casuística, tomando-se como diretriz o prazo de duração fixado pelo juiz**. Uma vez findo, é o próprio Juízo reconhecendo a necessidade de revisitar a *ratio decidendi* e certificar-se se ainda persiste. Por conseguinte, se, escoado o inter-

---

[46] STJ, HC 135.771/PE, Rel. Ministro Og Fernandes, Sexta Turma, julgado em 04/08/2011, *DJe* 24/08/2011 – *"...2. Em relação às interceptações telefônicas, o prazo de 15 (quinze) dias, previsto na Lei nº 9.296/96, é contado a partir da efetivação da medida constritiva, ou seja, do dia em que se iniciou a escuta telefônica e não da data da decisão judicial..."* (grifo nosso).

[47] HC 113.477/DF, Rel. Ministra Maria Thereza de Assis Moura, Sexta Turma, julgado em 20/03/2012, *DJe* 16/04/2012 – *"...2. **Conquanto não se possa ter delonga injustificada para o começo efetivo da interceptação telefônica**, cada caso deve ser analisado sempre à luz do princípio da proporcionalidade e, na hipótese em exame, a greve da Polícia Federal consiste em evento idôneo para a demora no início da interceptação, não se violando, pois, o dado princípio. 3. In casu, a letargia de 3 (três) meses para a execução da decisão deveu-se unicamente a ocorrência de greve policial, sendo que, após o início efetivo da medida, data tida como marco inicial para a contagem do prazo, foi observado o lapso quinzenal previsto em lei, inexistindo qualquer ilegalidade na prova obtida..."* (grifo nosso).

regno estipulado, a infiltração não foi ultimada, a *ratio decidendi* caduca, em atenção à sua natureza *rebus sic stantibus*. Se vier a ser efetivada, sê-lo-á **sem fundamentação, ilicitamente,** comprometendo a validade das provas que vierem a ser arrecadadas, inclusas as derivadas (art. 157, cabeça, e § 1º do CPP). Nesses casos, cumpre à autoridade policial ou ao *Parquet* **renovar** o pedido de infiltração policial, trazendo fatos novos ou elementos indicativos da permanência dos fundamentos originais, nos quais o juiz se pautará para deferi-la ou não. Seguindo essa ordem de ideias, chega-se a um referencial temporal objetivo: **não pode exceder 6 (seis) meses**, lapso correspondente ao **teto** de um ciclo inteiro de infiltração, não sendo possível afirmar que, mesmo após a longa inércia, ainda se faça necessária.

Expirado o prazo da infiltração policial, sem renovação ou porque atingido o teto legal, ou revogada, **as provas doravante amealhadas pelo agente infiltrado serão ilícitas, desafiando desentranhamento dos autos, juntamente com as derivadas** (art. 157, cabeça, e § 1º do CPP). A aferição é objetiva: **a legalidade da medida condiciona-se à autorização jurisdicional, logo, cessada esta, ilícita torna-se aquela**, à semelhança do já decidido pelo Supremo Tribunal Federal em relação à interceptação telefônica, em pronunciamento monocrático, irrepreensível, do Min. Teori Zavascki[48]. Evidentemente que se o agente infiltrado ainda não foi informado do término da apuração, permanecerá não respondendo pelos atos criminosos inerentes à organização que vier a praticar, em virtude do estrito cumprimento **putativo** do dever legal, afinal, imagina, justificadamente, que a infiltração ainda esteja em vigor.

Conquanto expressivo, estender a infiltração policial por até 720 (setecentos e vinte) dias **não** viola preceito constitucional algum. Eventuais discordâncias, por si só, não podem conduzir a inconstitucionalidades, sob pena de incorrer em decisionismos que só maculam (ainda mais) a Constituição, notadamente o art. 2º. Os ciclos de, no máximo, **6** (seis) meses, seguidos da imprescindível revisão jurisdicional da *ratio* motivadora da infiltração, **neutralizam o risco de excesso**, ainda mais diante da exigência de comprovação da inaptidão dos demais meios de obtenção de prova. A natureza das infrações penais suscetíveis da medida igualmente recomenda a infiltração como **medida eficiente à elucidação destas**. E a gravidade que lhes é ínsita **compensa** a relativização das garantias versadas no art. 5º, X a XII da CRFB/88. Em suma: o princípio da proporcionalidade, na concepção alemã, ou razoabilidade, sob a ótica norte-americana, encontra-se atendido nos seus três matizes: necessidade, adequação e proporcionalidade em sentido estrito.

Todo o articulado estende-se, na íntegra, à infiltração policial virtual prevista no ECA, incluindo o teto de 720 dias, lá encartado pioneiramente (art. 190-A, III), tanto que, até o advento da Lei nº 13.964/19, era aplicado por analogia à infiltração em ambiente físico, regulada pela Lei nº 12.850/13. À medida em que esta última passa a ter idêntica

---

[48] Rcl 23457, Relator Min. Teori zavascki, julgado em 13/06/2016, publicado em DJe-124 divulg 15/06/2016 public 16/06/2016 – "...13. Cumpre deixar registrado que o *reconhecimento, que aqui se faz, de nulidade da prova colhida indevidamente deve ter seu âmbito compreendido nos seus devidos limites: refere-se apenas às escutas telefônicas captadas após a decisão que determinou o encerramento da interceptação*. Não se está fazendo juízo de valor, nem positivo e nem negativo, sobre o restante do conteúdo interceptado, pois isso extrapolaria o objeto próprio da presente reclamação. Portanto, nada impede que qualquer interessado, pela via processual adequada, conteste a higidez da referida prova..." (grifo nosso).

disposição, embora concernente à infiltração digital, é mais adequado invocá-la por analogia, porque situada no mesmo diploma legal. **Existe, todavia, 1 diferença importante: no ECA, em vez de 6 meses, cada ciclo tem como teto 90 (noventa) dias (art. 190-A, III).** A distinção é compreensível, haja vista a complexidade maior das persecuções referentes às organizações criminosas.

O sigilo da infiltração policial virtual (e da realizada em ambiente físico) é imprescindível não só à sua efetividade, mas à segurança pessoal do agente infiltrado, persistindo até o encerramento da operação, *ex vi* do art. 10-B, *caput*, da Lei nº 12850 – *as informações da operação de infiltração serão encaminhadas diretamente ao juiz responsável pela autorização da medida, que **zelará por seu sigilo*** (grifo nosso). Acrescenta o parágrafo único que ***antes da conclusão da operação****, o acesso aos autos será reservado **ao juiz, ao Ministério Público e ao delegado de polícia responsável pela operação**, com **o objetivo de garantir o sigilo das investigações*** (grifo nosso).

Encerrada a infiltração policial, o sigilo a ela inerente igualmente cessa. Contudo, **o sigilo da investigação persiste oponível aos indiciados (e/ou investigados) e aos defensores enquanto as informações amealhadas estiverem sendo apuradas, em deferência à inquisitoriedade**, pois, do contrário, o inquérito, policial ou ministerial se converteria em um procedimento em contraditório, notabilizado pela ciência e participação ao longo de todo o evolver procedimental. Nessa esteira, o enunciado de Súmula Vinculante nº 14, ao admitir o acesso pelo defensor dos *elementos de prova... **já documentados***, por sinal, positivado no § 11 do art. 7º da Lei nº 8.906/94, com a redação dada pela Lei nº 13.245/16, ao permitir ao delegado o bloqueio do acesso às peças ***relacionadas a diligências em andamento e ainda não documentados nos autos****, quando houver risco de comprometimento da eficiência, da eficácia ou da finalidade das diligências* (grifo nosso). Finda a comprovação (ou não) dos elementos carreados na infiltração, o procedimento a ela correspondente é anexado ao inquérito, a teor do art. 10-D, *caput*: **Concluída a investigação**, *todos os atos eletrônicos praticados durante a operação deverão ser registrados, gravados, armazenados e encaminhados ao juiz e ao Ministério Público, juntamente com relatório circunstanciado* (grifo nosso), que, nos termos do parágrafo único, ***serão reunidos em autos apartados e apensados ao processo criminal juntamente com o inquérito policial****, assegurando-se a preservação da identidade do agente policial infiltrado e a intimidade dos envolvidos* (grifo nosso).

Não por outra razão, **a literalidade do § 2º do art. 12 da Lei nº 12.850/13 prevê o levantamento do sigilo apenas pelo juiz, depois de ofertada a denúncia** – *os autos contendo as informações da operação de infiltração acompanharão a **denúncia** do Ministério Público, **quando serão disponibilizados à defesa**, assegurando-se a preservação da identidade do agente* (grifo nosso). Se o resguardo do sigilo foi confiado ao juiz, consoante o art. 10-B, por razões idênticas também o afastamento. Contudo, **uma vez constatado o exaurimento da infiltração, havendo sido certificadas todas as informações transmitidas pelo agente, a oposição do sigilo às defesas técnicas dos indiciados e investigados não mais se justifica, devendo o juiz franquear-lhes o acesso, sob pena de esvaziar o art. 5º, LXIII, da CRFB/88 e o enunciado de Súmula Vinculante nº 14, independentemente de ainda não ter sido ofertada a denúncia.**

Empreende-se lógica idêntica à dispensada aos acordos de colaboração premiada, cujo sigilo, em regra, também resiste até o oferecimento da denúncia (art. 7º, § 3º da Lei nº 12.850/13). Conforme já tivemos a oportunidade de consignar, *"o sigilo da colaboração premiada justifica-se para que, de posse das informações passadas pelo delator, o Estado possa empreender as diligências necessárias à obtenção de provas que as ratifiquem – se a delação fosse pública ab initio, fatalmente os comparsas do imputado tomariam ciência do seu teor, tratando de destruir as evidências que os incriminassem, pondo em xeque a efetividade da persecução penal. Mutatis mutandis, aplica-se a mesma lógica por detrás do sigilo de outros procedimentos probatórios, como as interceptações telefônica e ambiental.* **Uma vez alcançadas as provas correspondentes ao que foi delatado, franqueia-se a vista, independentemente de se ter ação penal ofertada ou se estar, ainda, na fase inquisitorial.** *Tal orientação, esposada desde a 1ª edição, foi adotada pela Segunda Turma do Supremo Tribunal Federal, à unanimidade, no julgamento, em 13 de dezembro de 2016, da Reclamação nº 24116, da relatoria do Min. Gilmar Mendes, com acórdão publicado no Diário de Justiça de 13 de fevereiro de 2017.*[49] De todo modo, **o levantamento do sigilo antes do recebimento da denúncia compreende os depoimentos do colaborador e as provas que tenham sido carreadas a partir daí**, porquanto o acesso a esse material informativo é imprescindível à construção da defesa".[50]

É bem verdade que a Lei nº 13.964/19 reescreveu o § 3º do art. 7º da Lei nº 12.850/13, **ratificando** a subsistência do sigilo até o **recebimento** da denúncia ou da queixa-crime, enfatizando que, antes disso, está *vedado ao magistrado decidir por sua publicidade em qualquer hipótese* (grifo nosso). A *ratio legis*, todavia, não é impedir a ciência do teor da cooperação pelas defesas dos delatados ainda no inquérito, sob pena de ofensa aos já mencionados art. 5º, LXIII, da CRFB/88 e enunciado de Súmula Vinculante nº 14, que fatalmente conduziriam à sua **inconstitucionalidade**, mas **evitar o vazamento (publicização) das informações**, reforçando **o sigilo da investigação em si** (art. 20, cabeça, do CPP), ou seja, o sigilo **externo**, antônimo de público. Não por outro motivo o § 2º do mesmo art. 7º manteve-se **inalterado**: ao preconizar que *o acesso aos autos será restrito ao juiz, ao Ministério Público e ao delegado de polícia, como forma de garantir o êxito das investigações, assegurando-se ao defensor, no interesse do representado, amplo acesso aos elementos de prova que digam respeito ao exercício do direito de defesa,* **devidamente precedido de autorização judicial, ressalvados os referentes às diligências em andamento** (grifo nosso), deflui-se, *a contrario sensu*, que, encerradas estas, o juiz pode permitir às defesas dos delatados a vista do conteúdo das declarações do colaborador. Em última análise, **seria um contrassenso invocar um dispositivo (art. 7º, § 3º) cuja *mens* visa resguardar os delatados da espetacularização da investigação (mídia opressiva) em

---

[49] Entendemos oportuno transcrever a ementa, porque autoexplicativa: "*Reclamação. 2. Direito Penal. 3. Delação premiada. 'Operação Alba Branca'. Suposta violação à Súmula Vinculante 14. Existente.* **TJ/SP negou acesso à defesa ao depoimento do colaborador..., nos termos da Lei n. 12.850/13. Ocorre que o art. 7º, § 2º, do mesmo diploma legal consagra o 'amplo acesso aos elementos de prova que digam respeito ao exercício do direito de defesa', ressalvados os referentes a diligências em andamento.** *É ônus da defesa requerer o acesso ao juiz que supervisiona as investigações.* **O acesso deve ser garantido caso estejam presentes dois requisitos.** *Um, positivo: o ato de colaboração deve apontar a responsabilidade criminal do requerente (INQ 3.983, Relator Ministro Teori Zavascki, Tribunal Pleno, julgado em 3.3.2016). Outro, negativo:* **o ato de colaboração não deve referir-se à diligência em andamento.** *A defesa do reclamante postulou ao Relator do processo o acesso* **aos atos de colaboração do investigado.** *4. Direito de defesa violado. 5. Reclamação julgada procedente, confirmando a liminar deferida*" (grifo nosso).

[50] SANTOS, Marcos Paulo Dutra. *Colaboração (Delação) Premiada*, ob. cit., p. 185-186.

detrimento dos próprios, afinal, se os defensores não tiverem vista dos depoimentos dos colaboradores, o direito de defesa na fase investigatória (art. 5º, LXIII, da CRFB/88) ficará indelevelmente comprometido, sem a possibilidade de adoção de medidas repressivas ou preventivas, como o *habeas corpus*.

Mutatis mutandis, idêntica exegese alcança a infiltração policial, virtual ou presencial, merecendo o § 2º do art. 12 da Lei nº 12.850/13 interpretação conforme a Constituição, sem redução parcial de texto, a fim de assentar que **os autos da investigação, com as informações coletadas pelo agente infiltrado em anexo, estarão inexoravelmente disponíveis às defesas dos imputados, independentemente de autorização judicial, sem prejuízo de se oportunizar a franquia, em momento anterior, ainda em sede de inquérito, por impreterível determinação jurisdicional, se já exaurida a infiltração, ou seja, depois de certificada a procedência do material informativo por ela trazido.** O art. 10-B, parágrafo único, avaliza a solução, afinal, se *o acesso aos autos será reservado ao juiz, ao Ministério Público e ao delegado de polícia responsável pela operação, com o objetivo de garantir o sigilo das investigações* **antes da conclusão da operação** (grifo nosso), uma vez finda, *a contrario sensu*, as defesas dos imputados poderão tomar ciência de todo o material documentado.

O art. 32 da Lei nº 13.869/19 endossa tal análise, pois quando o Poder Legislativo afirma, e **reafirma**, pois **derrubou** o veto presidencial ao dispositivo, que configura **abuso de autoridade** *negar ao interessado, seu defensor ou advogado acesso aos autos de investigação preliminar, ao termo circunstanciado, ao inquérito ou a qualquer outro procedimento investigatório de infração penal, civil ou administrativa, assim como impedir a obtenção de cópias, ressalvado o acesso a peças relativas a* **diligências em curso**, ou **que indiquem a realização de diligências futuras,** *cujo sigilo seja imprescindível* (grifo nosso), estampa que, finalizada a infiltração policial, virtual ou presencial, com todos os resultados probatórios verificados, inexistem motivos para impedir à defesa a ciência do seu conteúdo, nada obstante a persecução ainda estar na etapa inquisitorial.

As ponderações ora tecidas estendem-se à infiltração policial virtual contemplada no ECA, em virtude dos arts. 190-B, parágrafo único e 190-E, *caput*.

A violação do sigilo enseja a pronta interrupção da infiltração, porque não mais eficiente. Mesmo a fundada suspeita exige a paralisação, preservando-se a incolumidade física do agente infiltrado, tanto que o próprio pode diretamente cessá-la, *ex vi* do art. 14, I, da Lei nº 12.850/13. Não são necessárias provas, bastando meros **indícios**, consoante o § 3º do art. 12. Se a origem da infiltração é jurisdicional, o fim pode se dar administrativamente, por iniciativa, reitere-se, do agente infiltrado, bem como do Ministério Público ou da autoridade policial, comunicando-se ao juiz. Por mais graves que sejam os delitos investigados, o resguardo da segurança pública e da paz social não justifica a assunção do risco de perecimento do agente infiltrado. Inexiste ponderação aceitável sem colocar a vida em primeiríssimo plano, motivo pelo qual irretocáveis, à luz da proporcionalidade em sentido estrito, são os arts. 12, § 3º e 14, I, da Lei nº 12.850/19. Qualquer relação custo-benefício contrapondo a vida a outro bem jurídico só é legítima se priorizar a primeira, afinal, **a repressão ao crime organizado desenvolve-se dentro do Estado Democrático de Direito, não se equiparando, minimamente, a um estado de guerra para aceitar sacrifício desse quilate.**

À míngua de dispositivos especificamente voltados para o tema, **os arts. 12, § 3º e 14, I, da Lei nº 12.850/19 aplicam-se, por analogia, à infiltração policial virtual prevista no ECA**.

Deferida a infiltração policial virtual, a decisão fixa *o **alcance** das tarefas dos policiais, os **nomes** ou **apelidos** das pessoas investigadas e, quando possível, os **dados de conexão ou cadastrais** que permitam a identificação dessas pessoas* (grifo nosso), entendendo-se como **dados de conexão** as *informações referentes a hora, data, início, término, duração, endereço de Protocolo de Internet (IP) utilizado e terminal de origem da conexão*, enquanto os **cadastrais** aludem às *informações referentes ao nome e endereço de assinante ou de usuário registrado ou autenticado para a conexão a quem endereço de IP, identificação de usuário ou código de acesso tenha sido atribuído no momento da conexão* (art. 10-A, *caput* e § 1º). **Reproduziu-se o disposto no art. 190-A, II e § 2º do ECA.**

Se a **regra** é a inviolabilidade da intimidade, da imagem, da vida privada e do sigilo da transmissão de dados (art. 5º, X e XII, da CRFB/88), estabelecer os **limites** e os **fins** da infiltração policial virtual é mandatório em apreço à **legalidade**, evitando **desvios de finalidade**, à semelhança do verificado, *v.g.*, na busca domiciliar, haja vista o art. 243, incisos I e II, que exigem a individualização do imóvel sobre o qual recairá a medida e a indicação dos fins. Distanciando-se dessas balizas, a infiltração policial será **ilícita**, tornando imprestáveis as provas produzidas, incluindo as derivadas, merecedoras, todas, de desentranhamento dos autos (art. 157, *caput* e § 1º do CPP)[51]. Saliente-se, *v.g.*, que, presente uma organização criminosa voltada para o tráfico de entorpecentes, o agente infiltrado que coleta informações sobre os delitos de porte ilegal e comercialização de armas de fogo, de lavagem do proveito oriundo da mercancia de drogas e de roubo de cargas, como forma de financiar a própria traficância, persiste agindo legalmente, pois está apurando infrações perfeitamente **conexas** à organização criminosa (art. 10-A, *caput*)[52].

Sem embargo, caso pretenda se valer da infiltração para reunir provas contra um dos indiciados por delitos de natureza doméstica ou familiar por ele supostamente cometidos, sem a menor conexão com o grupo criminoso, *v.g.* não apenas a estenderá a injustos que **não** a comportam, considerados o tipo penal e a ausência de conexão, agindo *contra legem*, como lhe **desvia a finalidade**. Por conseguinte, o material probatório coligido será ilícito, desafiando desentranhamento dos autos. Mesmo se o delito admitisse a infiltração policial virtual, *v.g.*, estupro de vulnerável (art. 190-A, cabeça, do ECA), por estar completamente **desconectado** com a organização criminosa ensejadora da medida, a ilicitude persistiria, por transbordar os limites objetivos da decisão implementadora da infiltração. Nessas hipóteses, o agente infiltrado, ao se deparar com provas reveladoras de outros crimes, desconexos ao motivador da infiltração, deve catalogá-las e comunicar à autoridade policial, **instaurando-se nova investigação**, sem prejuízo de se buscar **nova** infiltração, caso estejam presentes os requisitos legais[53]. Como esse encontro probatório foi fortuito, coletar essas provas inaugurais é lícito. Porém, **se continuar a fazê-lo, o que era acidental torna-se proposital; o atuar estatal, até então de boa-fé, passa a ser de má-fé, desaguando na ilicitude da prova**. Em suma: compartilhado o contato inaugural

---

[51] RANGEL, Paulo. Ob. cit., p. 157-158.
[52] RANGEL, Paulo. Ob. cit., p. 157.
[53] RANGEL, Paulo. Ob. cit., p. 157.

e aleatório com provas indicativas de delitos completamente diversos e desconexos aos investigados, cumpre formalizar nova investigação, sem a possibilidade de o agente utilizar a infiltração para continuar a alimentá-la de provas. Assim já decidiu o STF em relação à interceptação telefônica, extensível à infiltração policial[54]. Se o fizer, **incorrerá, inclusive, em crime de abuso de autoridade, presente o art. 25 da Lei nº 13.869/19** – *proceder à **obtenção** de prova, em procedimento de investigação ou fiscalização, por **meio manifestamente ilícito*** (grifo nosso).

Assim, o art. 10-A, cabeça, coíbe, na dicção cunhada pelas Cortes norte-americanas, o *fishing expedition*, ou seja, **pescaria probatória**: *"meio de "investigação especulativa indiscriminada, sem objetivo certo ou declarado que, de forma ampla e genérica, 'lança' suas redes com esperança de 'pescar' qualquer prova para subsidiar uma futura acusação ou para tentar justificar uma investigação/ação já iniciada"*[55]. Embora o tema desperte interesse especial em sede de inviolabilidade domiciliar, impedindo a confecção de mandados genéricos de busca, sem individualizar o imóvel objeto da diligência[56], igualmente se faz presente em outras medidas cautelares probatórias invasivas. O Pleno do STF, *v.g.*, já reputou **ilegítima a quebra de sigilo bancário de listagem genérica, com nomes de pessoas não relacionados diretamente com as investigações**, procedimento atentatório a um rosário de garantias constitucionais – do estado de inocência (art. 5º, LVII), transfigurado em um estado de permanente suspeição, passando pelo contraditório e ampla defesa (art. 5º, LV), afinal, os efeitos do pronunciamento seriam sentidos por pessoas

---

[54] HC 129678, Relator Min. Marco Aurélio, Relator(a) p/ Acórdão: Min. Alexandre de Moraes, Primeira Turma, julgado em 13/06/2017, DJe-182 divulg 17/08/2017 public 18/08/2017 – "...*1. O "crime achado", ou seja, **a infração penal desconhecida e, portanto, até aquele momento não investigada, sempre deve ser cuidadosamente analisada para que não se relativize em excesso o inciso XII do art. 5º da Constituição Federal. A prova obtida mediante interceptação telefônica, quando referente a infração penal diversa da investigada, deve ser considerada lícita se presentes os requisitos constitucionais e legais*...*"* (grifo nosso).

[55] SILVA, Viviani Ghizoni; MELO E SILVA, Philipe Benoni; MORAIS DA ROSA, Alexandre. *Fishing Expedition e Encontro Fortuito na Busca e Apreensão*. Florianópolis: EMais, 2019, p. 41.

[56] STF, HC 106566, Relator Min. Gilmar Mendes, Segunda Turma, julgado em 16/12/2014, DJe-053 divulg 18/03/2015 public 19/03/2015 – "...*2. Inviolabilidade de domicílio (art. 5º, IX, CF). Busca e apreensão em estabelecimento empresarial. Estabelecimentos empresariais estão sujeitos à proteção contra o ingresso não consentido. 3. Não verificação das hipóteses que dispensam o consentimento. 4. **Mandado de busca e apreensão perfeitamente delimitado. Diligência estendida para endereço ulterior sem nova autorização judicial. Ilicitude do resultado da diligência. 5. Ordem concedida, para determinar a inutilização das provas***...*"* (grifo nosso); STJ, AgRg no HC 435.934/RJ, Rel. Ministro Sebastião Reis Júnior, Sexta Turma, julgado em 05/11/2019, DJe 20/11/2019 – "...*1. **Configurada a ausência de individualização das medidas de apreensão a serem cumpridas, o que contraria diversos dispositivos legais, dentre eles os arts. 240, 242, 244, 245, 248 e 249 do Código de Processo Penal, além do art. 5º, XI, da Constituição Federal**: a casa é asilo inviolável do indivíduo, ninguém nela podendo penetrar sem consentimento do morador, salvo em caso de flagrante delito ou desastre, ou para prestar socorro, ou, durante o dia, por determinação judicial. Caracterizada a possibilidade concreta e iminente de ofensa ao direito fundamental à inviolabilidade do domicílio. 2. **Indispensável que o mandado de busca e apreensão tenha objetivo certo e pessoa determinada, não se admitindo ordem judicial genérica e indiscriminada de busca e apreensão para a entrada da polícia em qualquer residência**. Constrangimento ilegal evidenciado. 3. Agravo regimental provido. Ordem concedida para reformar o acórdão impugnado e **declarar nula a decisão que decretou a medida de busca e apreensão coletiva, genérica e indiscriminada contra os cidadãos e cidadãs domiciliados nas comunidades atingidas pelo ato coator**...*"* (grifo nosso).

inteiramente estranhas à persecução penal, até chegar à inviolabilidade do sigilo de dados (art. 5º, X e XII), transformando a regra em exceção[57].

Seguindo essa ordem de ideias, **ao deferir a infiltração policial virtual o juiz não pode jamais autorizar o acesso ao espelhamento de dados de aplicativos como *WhatsApp*.**

Conforme acórdão paradigmático da 6ª Turma do STF, da relatoria da Min. Laurita Vaz, "... *2. O espelhamento das mensagens do WhatsApp ocorre em sítio eletrônico disponibilizado pela própria empresa, denominado WhatsApp Web. Na referida plataforma, é gerado um tipo específico de código de barras, conhecido como Código QR (Quick Response), o qual só pode ser lido pelo celular do usuário que pretende usufruir do serviço...3. Para além de permitir o acesso ilimitado a todas as conversas passadas, presentes e futuras, a ferramenta WhatsApp Web foi desenvolvida com o objetivo de possibilitar ao usuário a realização de todos os atos de comunicação a que teria acesso no próprio celular. O emparelhamento entre celular e computador autoriza o usuário, se por algum motivo assim desejar, a conversar dentro do aplicativo do celular e, simultaneamente, no navegador da internet, ocasião em que as conversas são automaticamente atualizadas na plataforma que não esteja sendo utilizada. Tanto no aplicativo, quanto no navegador, **é possível, com total liberdade, o envio de novas mensagens e a exclusão de mensagens antigas (registradas antes do emparelhamento) ou recentes (registradas após), tenham elas sido enviadas pelo usuário, tenham elas sido recebidas de algum contato. 4. Eventual exclusão de mensagem enviada (na opção "Apagar somente para Mim") ou de mensagem recebida (em qualquer caso) não deixa absolutamente nenhum vestígio, seja no aplicativo, seja no computador emparelhado, e, por conseguinte, não pode jamais ser recuperada para efeitos de prova em processo penal**, tendo em vista que a própria empresa disponibilizadora do serviço, em razão da tecnologia de encriptação ponta-a-ponta, não armazena em nenhum servidor o conteúdo das conversas dos usuários. 5. Cumpre assinalar, portanto, que o caso...difere da situação, com legalidade amplamente reconhecida pelo Superior Tribunal de Justiça, em que, a exemplo de conversas mantidas por e-mail, ocorre autorização judicial para a obtenção, sem espelhamento, de conversas já registradas no aplicativo WhatsApp, com o propósito de periciar seu conteúdo. 6. É impossível, tal como sugerido no acórdão impugnado, proceder a uma analogia entre o instituto da interceptação telefônica (art. 1.º, da Lei n.º 9.296/1996) e a medida que foi tomada no presente caso. 7. Primeiro: ao contrário da interceptação telefônica, no âmbito da qual o investigador de polícia atua como mero observador de conversas empreendidas por terceiros, **no espelhamento via WhatsApp Web o investigador de polícia tem a concreta possibilidade de atuar como participante tanto das conversas que vêm a ser realizadas quanto das conversas que já estão registradas no aparelho celular, haja vista ter o poder, conferido pela própria plataforma online, de interagir nos diálogos mediante envio de novas mensagens a qualquer contato presente no celular e exclusão, com total liberdade, e sem deixar vestígios, de qualquer mensagem*

---

[57] Inq 2245 AgR, Relator Min. Joaquim Barbosa, Relator(a) p/ Acórdão: Min. Cármen Lúcia, Tribunal Pleno, julgado em 29/11/2006, DJe-139 divulg 08/11/2007 public 09/11/2007 – "*...1. Requisição de remessa ao Supremo Tribunal Federal de lista **pela qual se identifiquem todas as pessoas que fizeram uso da conta de não residente para fins de remessa de valores ao exterior: impossibilidade**. 2. Configura-se **ilegítima a quebra de sigilo bancário de listagem genérica, com nomes de pessoas não relacionados diretamente com as investigações (art. 5º, inc. X, da Constituição da República)**. 3. Ressalva da possibilidade de o Ministério Público Federal formular pedido específico, sobre pessoas identificadas, definindo e justificando com exatidão a sua pretensão...*" (grifo nosso).

*passada, presente ou, se for o caso, futura. 8. O fato de eventual exclusão de mensagens enviadas (na modalidade "Apagar para mim") ou recebidas (em qualquer caso) não deixar absolutamente nenhum vestígio nem para o usuário nem para o destinatário, e o fato de tais mensagens excluídas, em razão da criptografia end-to-end, não ficarem armazenadas em nenhum servidor, constituem fundamentos suficientes para a conclusão de que a admissão de tal meio de obtenção de prova implicaria indevida presunção absoluta da legitimidade dos atos dos investigadores, dado que exigir contraposição idônea por parte do investigado seria equivalente a demandar-lhe produção de prova diabólica. 9. Segundo: ao contrário da interceptação telefônica, que tem como objeto a escuta de conversas realizadas apenas depois da autorização judicial (ex nunc), o espelhamento via Código QR viabiliza ao investigador de polícia acesso amplo e irrestrito a toda e qualquer comunicação realizada antes da mencionada autorização, operando efeitos retroativos (ex tunc). 10. Terceiro: ao contrário da interceptação telefônica, que é operacionalizada sem a necessidade simultânea de busca pessoal ou domiciliar para apreensão de aparelho telefônico, o espelhamento via Código QR depende da abordagem do indivíduo ou do vasculhamento de sua residência, com apreensão de seu aparelho telefônico por breve período de tempo e posterior devolução desacompanhada de qualquer menção, por parte da Autoridade Policial, à realização da medida constritiva, ou mesmo, porventura – embora não haja nos autos notícia de que isso tenha ocorrido no caso concreto –, acompanhada de afirmação falsa de que nada foi feito...12. Recurso provido, a fim de **declarar a nulidade da decisão judicial que autorizou o espelhamento do WhatsApp via Código QR, bem como das provas e dos atos que dela diretamente dependam ou sejam consequência**, ressalvadas eventuais fontes independentes, revogando, por conseguinte, a prisão preventiva dos Recorrentes, se por outro motivo não estiverem presos..."* – RHC 99.735/SC, julgado em 27/11/2018, DJe 12/12/2018 (grifo nosso).

A eventual interação com os investigados não seria óbice à infiltração policial virtual, mesmo porque lhe é inerente. Contudo, a possibilidade de o agente infiltrado digitalmente apagar os vestígios das mensagens trocadas com os investigados inviabilizaria, completamente, o contraditório vindouro e, por conseguinte, o direito de defesa, **em grande parte concentrado na aferição da legalidade desses métodos ocultos de produção probatória**, segundo examinado no capítulo dedicado à cadeia de custódia. Apontar a presunção de legalidade dos atos dos agentes da Administração Pública como tentativa de legitimar tal procedimento[58] **tornaria absoluta uma presunção relativa**, porque não seria possível fazer prova em sentido contrário, comprometendo o contraditório e a ampla defesa. As vicissitudes inerentes à natureza humana, **inclusive as de caráter**, não podem ser ignoradas, daí a presunção **relativa** de legitimidade dos atos dos agentes da Administração Pública. **A ausência de provas acerca da cronologia dos feitos e da autenticidade do material probatório apresentado conduz à inevitável quebra da cadeia de custódia da prova e consequente inutilização deste, sem prejuízo de o juiz responsável por tal ordem responder pelo delito de abuso de autoridade, consoante o art. 25 da Lei nº 13.869/19.**

A inviabilidade constitucional de tal acesso potencializa-se ainda mais ante a constatação de que, **levantado o sigilo da infiltração, compete à defesa, ao tomar ciência**

---

[58] DALLAGNOL, Deltan Martinazzo; CÂMARA, Juliana de Azevedo Santa Rosa. A Cadeia de Custódia da Prova. In: SALGADO, Daniel de Resende; QUEIROZ, Ronaldo Pinheiro de. *A Prova no Enfrentamento à Macrocriminalidade*. Salvador: JusPodivm, 2015, p. 370-373.

do seu conteúdo, provar as ilicitudes porventura alegadas, tornando **imprescindível a conservação, na íntegra, de todo o percurso probatório**. Assim vem decidindo o Superior Tribunal de Justiça em sede, v.g., de interceptação telefônica[59], sendo a inteligência desses precedentes aplicável à infiltração policial, seja virtual ou presencial.

Técnicas especiais de investigação, como as interceptações telefônica e ambiental e a infiltração policial, são excepcionais, não apenas pelos motivos já apresentados, mas porque **apresentam ao imputado e ao seu defensor um acervo probatório pronto, do qual já foram cientificados o Ministério Público e o juiz**. É ingênuo imaginar que as suas posturas, notadamente psíquicas, em relação ao réu, persistem desinteressadas. Voluntariamente ou não, a culpa, não selada no papel, assim já está na mente ou em vias de o ser. Alegações de ilicitude da prova serão recebidas com extremas resistência e soslaio. Por isso o contraditório diferido não pode ser encarado como um fenômeno normal, corriqueiro. Ao contrário, é **excepcional**.

É ônus das agências de repressão estatal manter incólume a sequência cronológica da infiltração policial virtual: requerimento e decisão inaugurais, as subsequentes, os relatórios, todo o material probatório catalogado. Sem isso, como avaliar se a infiltração, de fato, quando ordenada primitivamente, era a última *ratio*? Como aferir se a *ratio decidendi* original fazia-se presente quando determinada a renovação? Como controlar o prazo de duração, sem o registro de quando começaram os trabalhos de infiltração? E mais: **por ser digital, embora nos relatórios só devam constar as trocas de mensagens penalmente relevantes, à semelhança do verificado na interceptação telefônica, todos os atos eletrônicos hão de estar documentados**, *ex vi* do art. 10-A, § 5º da Lei nº 12.850/13 – "...*o relatório circunstanciado, juntamente com* **todos** *os atos eletrônicos* **praticados durante a operação**, **deverão** *ser registrados, gravados, armazenados e apresentados ao juiz competente, que imediatamente cientificará o Ministério Público...*" (grifo nosso). Em reforço, diz o art. 10-D, cabeça, que *concluída a investigação,* **todos** *os atos eletrônicos praticados durante a operação* **deverão** *ser registrados, gravados, armazenados e encaminhados ao juiz e ao Ministério Público, juntamente com relatório circunstanciado* (grifo nosso).

É natural que o ônus probatório do desacerto da infiltração seja da defesa, mesmo porque, ao questionar, há de apresentar os porquês, consoante art. 261, p.ú. do CPP, relativo à Defensoria Pública, mas extensível aos advogados – *a defesa técnica...será sempre exercida através de manifestação* **fundamentada** (grifo nosso). Mas, para isso, precisa ter

---

[59] HC 468.604/PR, Rel. Ministro Felix Fischer, Quinta Turma, julgado em 25/09/2018, *DJe* 02/10/2018 – "... *IV – Ademais, asseverou que as interceptações telefônicas e suas prorrogações foram deferidas judicialmente, de forma fundamentada, em investigação que apurou inicialmente a prática do crime de homicídio, assentando que, em razão dos elementos de prova obtidos, constatou-se indícios da prática, em tese, do crime de contrabando atribuído ao paciente. V – Conclui-se que* **não há nulidade a ser reconhecida, pois houve descoberta de fatos por meio do encontro fortuito de provas, ou serendipidade, que possibilitou a expedição de mandado de busca e apreensão, culminando com a prisão em flagrante do paciente quando armazenava para venda medicamentos sem registro na ANVISA, CDs e DVDs "piratas", cigarros de origem estrangeira e mercadorias fruto de descaminho.** *Habeas corpus não conhecido...*" (grifo nosso). No inteiro teor do acórdão, colhe-se a seguinte passagem do voto condutor, invocando outro precedente do STJ: "...*deve-se asseverar que 'é ônus da defesa, quando alega violação ao disposto no artigo 2º, inciso II, da Lei 9.296/1996, demonstrar que existiam, de fato, meios investigativos às autoridades para a elucidação dos fatos à época na qual a medida invasiva foi requerida, sob pena de a utilização da interceptação telefônica se tornar absolutamente inviável'* (HC n. 254.976/RN, Quinta Turma, Relator Ministro Jorge Mussi, *DJe* de 31/10/2014)" – grifo nosso.

à sua frente todo o trajeto probatório, todo o seu histórico, sem o qual não terá como trabalhar. E, mais uma vez, a presunção **relativa** de retidão dos atos praticados por agentes da Administração Pública tornar-se-ia **absoluta**, quadra inaceitável porque, bem acima da dita presunção, infraconstitucional, existe outra, constitucional: a de inocência (art. 5º, LVII, da CRFB/88). Se houver tais rachaduras na cadeia de custódia da prova, a infiltração será ilícita e as provas produzidas, inclusas as delas decorrentes, serão inutilizadas. De mais a mais, preconiza o § 7º do art. 10-A a **nulidade** da *prova obtida sem a observância do disposto neste artigo* (grifo nosso), o que só reforça a exigência de manter íntegra e documentada a cronologia da infiltração policial, virtual ou presencial.

Ao definir o **alcance** da infiltração policial, **o juiz igualmente especifica as técnicas de investigação das quais poderá o agente infiltrado poderá se valer, como as interceptações telefônica e ambiental**. Ultrapassados os limites estipulados judicialmente, a prova produzida, bem como as derivadas, serão **ilícitas**, desafiando **inutilização**.

Todo o obtemperado compreende a infiltração policial virtual versada no ECA, por força do art. 190-E.

Deferida a exclusão da prova, compete ao Ministério Público interpor recurso em sentido estrito, com espeque no art. 581, XIII do CPP, porquanto **não se deixa de ter a anulação parcial da atividade probatória estatal** – embora o rol do art. 581 do CPP seja exaustivo, os seus incisos comportam interpretação **ontológica** e **evolutiva**, adequando--o à atual realidade normativa pátria, **compreendendo** pronunciamentos de conteúdo e razão similares aos expressamente contemplados em cada inciso (lembre-se que o desentranhamento da prova, quando ilícita, só foi explicitado no art. 157 do CPP em 2008, por meio da Lei nº 11.690, logo, o silêncio do art. 581 nada ostenta de eloquente, não se mostrando minimamente proposital).

Se indeferida a inutilização, impetra-se *habeas corpus* ao Tribunal, afinal, a prova tida como ilícita pode vir a ser utilizada para condenar o acusado, gerando risco concreto ao seu direito ambulatorial. Se, todavia, a causa de pedir for densa, extrapolando o limite cognitivo mais estreito do *habeas*, interpõe-se a apelação residual do art. 593, II do CPP: a decisão guerreada, ao assentar a licitude da prova, possui força definitiva, e não se encaixa, minimamente, em qualquer dos incisos do art. 581.

Inexiste diferença em relação à infiltração policial digital versada no ECA.

O agente infiltrado é **instrumento** para a formação de provas, logo, a ciência da sua identidade é irrelevante, devendo permanecer incógnita, em deferência à subsistência sua e da família. Cumpre à defesa debruçar-se sobre as peças de informações carreadas e documentadas nos autos, sem perquirir quem as arrecadou, daí o parágrafo único do art. 10-D preconizar que *os atos eletrônicos registrados citados no caput deste artigo serão reunidos em autos apartados e apensados ao processo criminal juntamente com o inquérito policial,* **assegurando-se a preservação da identidade do agente policial infiltrado e a intimidade dos envolvidos** (grifo nosso), regra essa reiterada no art. 12, § 2º e no art. 190-E, parágrafo único, do ECA. Cumpre, todavia, diferençar: enquanto a identidade do agente infiltrado não será franqueada à defesa, salvo se anuir e, mesmo assim, por decisão judicial (art. 14, II a IV da Lei nº 12.850/13), ostentando sigilo **interno** e **externo**, a das eventuais testemunhas e vítimas revestem-se de sigilo **externo**, devendo o processo transcorrer sob segredo de Justiça, imposto pelo juiz competente (art. 5º, LX, da CRFB/88), mas **inoponível** ao réu e ao defensor, em homenagem ao contraditório e à ampla defesa, devendo ser confrontadas ao longo da instrução criminal.

Guilherme de Souza Nucci[60], Cleber Masson e Vinícius Marçal[61], Eduardo Araújo da Silva[62] admitem a oitiva, em Juízo, do agente infiltrado como **testemunha**, enquanto prova policial que é. Renato Brasileiro de Lima também a aceita, excepcionalmente, hipótese na qual deverão ser tomadas todas as cautelas à preservação da sua identidade[63], como inquiri-la à distância, por videoconferência, com empregos de recursos que distorçam a sua voz e não permitam a sua individualização física pelos réus e seus defensores. Nesse sentido se colocam a Convenção da ONU contra o Crime Organizado Transnacional – Convenção de Palermo –, internalizado pelo Decreto nº 5.015/04, presente o art. 24, itens 1 e 2, *b*, e a Lei nº 9.807/99, considerados o art. 7º, IV, segundo o qual a proteção às testemunhas perpassa pela *preservação da **identidade, imagem e dados pessoais*** (grifo nosso), enquanto o 19-A, parágrafo único, introduzido pela Lei nº 12.483/2011, preconiza que, independentemente do rito, os depoimentos das testemunhas sob proteção, incluído o agente infiltrado, haja vista o art. 14, II, da Lei nº 12.850/13, devem ser colhidos antecipadamente, logo após a citação do acusado, salvo impossibilidade de fazê-lo, devidamente justificada. Embora a jurisprudência do Supremo Tribunal Federal seja escassa sobre o tema, a 2ª Turma possui aresto validando a oitiva de testemunha, **diversa do agente infiltrado**, cuja identidade permaneceu oculta ao réu, mas **não** à defesa técnica[64].

Com todas as vênias, mas conceber a oitiva, em sede judicial, do agente infiltrado, equiparando-o a uma testemunha policial como qualquer outra, **distorce**, completamente, a natureza da infiltração policial enquanto meio de **formação de provas**. O agente infiltrado **não é a prova**. A sua missão é ser o **instrumento** de produção de provas. As provas estarão nos relatórios apresentados, daí o juiz fixar o **alcance** da infiltração, esmiuçando as técnicas de investigação das quais poderá se valer. **O agente infiltrado não tem o que dizer em sede judicial,** porque o elucidado estará documentado em gravações ambientais, fotografias, trocas de correspondências eletrônicas e de outras mensagens digitais e afins. **Essas são as provas.** Suas declarações, desacompanhadas destas, apenas demonstram a **ineficiência** da infiltração, **sem valor sequer para subsidiar a denúncia**, à semelhança

---

[60] *Leis Penais e Processuais Penais Comentadas,* ob. cit., p. 751.
[61] Ob. cit., p. 227-228.
[62] *Organizações Criminosas, aspectos penais e processuais da Lei nº 12.850/13.* 2. ed. São Paulo: Atlas, 2015, p. 105-107.
[63] *Legislação Criminal Especial Comentada.* 3. ed. Salvador: JusPodivm, 2015, p. 589-594.
[64] HC 90321, Relator Min. Ellen Gracie, Segunda Turma, julgado em 02/09/2008, DJe-182 divulg 25/09/2008 public 26/09/2008 – "...1. A tese de nulidade do ato do interrogatório do paciente devido ao sigilo das informações acerca da qualificação de uma das testemunhas arroladas na denúncia não deve ser acolhida. 2. No caso concreto, **há indicações claras de que houve a preservação do sigilo quanto à identidade de uma das testemunhas devido ao temor de represálias, sendo que sua qualificação foi anotada fora dos autos com acesso restrito aos juízes de direito, promotores de justiça e advogados constituídos e nomeados**. Fatos imputados ao paciente foram de formação de quadrilha armada, da prática de dois latrocínios e de porte ilegal de armas. 3. **Legitimidade da providência adotada pelo magistrado com base nas medidas de proteção à testemunha (Lei nº 9.807/99). Devido ao incremento da criminalidade violenta e organizada, o legislador passou a instrumentalizar o juiz em medidas e providências tendentes a, simultaneamente, permitir a prática dos atos processuais e assegurar a integridade físico-mental e a vida das pessoas das testemunhas e de coautores ou partícipes que se oferecem para fazer a delação premiada...**".

dos depoimentos prestados pelo colaborador, que tampouco servem para embasá-la (art. 4º, § 16, II da Lei nº 12.850/13, com a redação dada pela Lei nº 12.850/13).

Outrossim, **se o réu e o defensor ignoram a sua identidade, como confrontá-lo? Como contestar a sua presença nos eventos mencionados durante a inquirição? Como questionar as suas declarações?** Ao vedar o anonimato na manifestação do pensamento, o art. 5º, IV, da CRFB/88 vetou toda e qualquer fonte oculta de prova. Mesmo sob ideologia autoritária, de viés fascista, o art. 5º, § 3º do CPP diz que qualquer pessoa do povo pode comunicar um crime à autoridade policial, mas a instauração do inquérito dar-se-á somente depois de **verificada a procedência das informações**, ou seja, depois de reunidos **elementos concretos**, e não **anônimos**. Se assim o é para formalizar uma *investigação*, o que dizer para uma hipotética *condenação criminal*? Depoimentos **anônimos**, como os denominados **"ouvir dizer"**, bem como escritos apócrifos, sem apontar a fonte, são, há muito, defenestrados pelo STF[65] e pelo STJ[66].

O precedente do STF citado acima **tampouco serve de parâmetro**, porque alude à testemunha *stricto sensu*, meio de prova e **não** de formação de provas, como é o agente infiltrado. Outrossim, no *case* examinado pelo STF, **inexistiu sigilo absoluto da sua identidade**, franqueada à defesa técnica, mas não ao imputado. No caso do agente infiltrado, a Lei nº 12.850/13 impõe o sigilo não só externo, mas **interno**, oponível ao réu e ao defensor. O art. 10-D, parágrafo único diz que *os atos eletrônicos registrados...serão reunidos em autos apartados e apensados ao processo criminal juntamente com o inquérito policial, assegurando-se a preservação da identidade do agente policial infiltrado e a intimidade dos envolvidos* (grifo nosso), complementando o parágrafo único do art. 11

---

[65] STF, RE 1193343 AgR, Relator Min. Celso de mello, Segunda Turma, julgado em 29/11/2019, DJe-275 divulg 11/12/2019 public 12/12/2019 – *"...As autoridades públicas não podem iniciar qualquer medida de persecução administrativo-disciplinar (ou mesmo de natureza penal) cujo único suporte informativo apoie-se em peças apócrifas ou em escritos anônimos.* **É por essa razão que escritos anônimos não autorizam, desde que isoladamente considerados, a imediata instauração de 'persecutio criminis'** *ou de procedimentos de caráter administrativo-disciplinar. Nada impede, contudo, que o Poder Público, provocado por delação anônima, adote medidas* **informais** *destinadas a apurar, previamente, em averiguação sumária,* **'com prudência e discrição'***, a possível ocorrência de eventual situação de ilicitude disciplinar e/ou penal, desde que o faça com o objetivo de conferir a verossimilhança dos fatos nela denunciados, em ordem a promover, então,* **em caso positivo***, a formal instauração da concernente persecução, mantendo-se, assim, completa desvinculação desse procedimento estatal em relação às peças apócrifas.* **Reveste-se de legitimidade jurídica a recusa do órgão estatal em não receber peças apócrifas ou 'reclamações ou denúncias anônimas', para efeito de instauração de procedimento de índole administrativo-disciplinar e/ou de caráter penal (Resolução CNJ nº 103/2010, art. 7º, inciso III), quando ausentes as condições mínimas de sua admissibilidade..."* (grifo nosso).

[66] AgRg no REsp 1844571/RS, Rel. Ministro Jorge Mussi, Quinta Turma, julgado em 17/12/2019, DJe 19/12/2019, colhendo-se do teor do voto condutor a seguinte passagem: *"...válido registrar que o acórdão recorrido vai ao encontro do entendimento assente nesta Corte sobre a matéria, no sentido de que* **não se afigura idônea, para fins de submissão do imputado a julgamento perante o júri popular, na forma do art. 413 daquele diploma, a valoração probatória pautada em testemunho indireto ou "por ouvir dizer"***, prestado em juízo por quem não presenciou a conduta delitiva objeto da lide..."* (grifo nosso); HC 466.623/RJ, Rel. Ministro Rogerio Schietti Cruz, Sexta Turma, julgado em 26/11/2019, DJe 03/12/2019 – *"...2. Admite-se a anulação do julgamento do Tribunal do Júri, com fundamento no art. 593, III, d, do CPP, quando a decisão dos jurados for absolutamente divorciada das provas dos autos,* **não sendo suficiente, como na hipótese, a indicação apenas de elementos indiciários e prova judicializada de testemunho de "ouvir dizer", por boatos, sem indicar a fonte...**" (grifo nosso).

que *os órgãos de registro e cadastro público poderão incluir nos bancos de dados próprios, mediante procedimento sigiloso e requisição da autoridade judicial*, **as informações necessárias à efetividade da identidade fictícia criada, nos casos de infiltração de agentes na internet** (grifo nosso). Em reforço, citam-se, ainda, os incisos II a IV do art. 14. Ora, **todas essas cautelas caem por terra se a defesa técnica tiver acesso à identidade do agente infiltrado**, mesmo porque, para bem instruir as suas perguntas, obviamente que compartilhará essa informação com os acusados, a fim de obter dados concretos a serem utilizados quando da inquirição, buscando conduzi-lo a contradições ou imprecisões. Isso é o direito ao confronto – *right to confront* –, consectário lógico do contraditório (art. 5º, LV, da CRFB/88).

Admitir a sua oitiva, em última análise, é uma **deslealdade** com o próprio agente infiltrado, traindo a sua boa-fé e, sobretudo, tornando a infiltração uma técnica especial de investigação nada convidativa, impondo ao agente ônus que irão muito além da infiltração em si.

Sob o aspecto penal, rememore-se que os atos penais formalmente típicos que o agente infiltrado fatalmente perpetrar serão **lícitos**, quando correspondentes aos delitos ensejadores da infiltração policial, incluídos os conexos, de reprovabilidade **idêntica, próxima ou inferior**, traduzindo **estrito cumprimento do dever legal**[67], não havendo a necessidade de se chegar à inexigibilidade de conduta diversa, aludida no parágrafo único do art. 13 da Lei nº 12.850/13 – a questão equaciona-se ainda na juridicidade, sem chegar à culpabilidade. Mas, conforme bem adverte o *caput* do art. 13 da Lei nº 12.850/13, reiterando o art. 10-C e, no ECA, o art. 190-C, cumpre observar a **proporcionalidade**. Se crimes dolosos contra a vida estiverem na iminência de acontecer, as autoridades policiais, ministeriais e judiciária envolvidas **têm** que intervir, **interrompendo a infiltração e adotando as providências necessárias para que o homicídio não seja executado**. Inexiste ponderação **legítima** entre bens jurídicos na qual a primazia não esteja com a vida, ainda mais quando em confronto com valores importantes, mas vagos, abstratos, indeterminados, como são a paz social, saúde pública, ordem financeira etc. Em tempos de paz, é **desproporcional**, logo, **inconstitucional**, o Estado chancelar o sacrifício de uma vida em prol da segurança pública. Como em xeque não está a vida do agente infiltrado em si, não lhe cabe tal decisão, *a contrario sensu* do art. 12, § 3º c/c art. 14, I da Lei nº 12.850/13, **mas lhe compete relatar, imediatamente, o acontecido às autoridades policial, ministerial e judicial responsáveis pela operação**. Na dúvida, resolve-se pela **interrupção** da infiltração, pois, a depender do crime na iminência de ser perpetrado, os efeitos serão irreversíveis (*v.g.* homicídio). Ademais, entre o extravagante – passividade estatal ante o cometimento de um delito – e o ordinário – reação estatal –, privilegia-se, sempre, o último – o anormal jamais prefere ao normal.

Como a escolha pela paralisação da infiltração policial virá da pronta atuação repressiva estatal, **não causa espécie que a decisão parta, até pela exiguidade temporal, do Ministério Público, em conjunto com o delegado de polícia**, embora, na (indesejável) divergência, deva prevalecer a vontade do primeiro, por ser o titular privativo da ação

---

[67] BITENCOURT, Cezar Roberto; BUSATO, Paulo César. *Comentários à Lei de Organização Criminosa*, ob. cit., p. 179.

penal pública (art. 129, I, da CRFB/88)⁶⁸. Contudo, caso optem pelo **prosseguimento** da infiltração policial, tal deliberação **precisa ser de plano comunicada ao juiz competente, submetendo-se ao seu aval, porquanto o crime que vier a ser cometido contará com a chancela deste ÚLTIMO, competindo-lhe, assim, a aferição final acerca da proporcionalidade da medida.** Na hipótese de terem abortado a infiltração, igualmente será o juiz comunicado, mas *pro forma*, ante a preclusão consumativa.

Caso o agente infiltrado desperte suspeitas nos indiciados e venha a ser por estes surpreendido, exigindo-lhe o cometimento de delito mais grave do que os apurados como prova de fidelidade ao grupo criminoso, sob pena de execução sumária, o injusto que vier a cometer (*v.g.* homicídio de um pretenso traidor) estará escudado, no mínimo, na legítima defesa agressiva – atinge terceiro para evitar o próprio homicídio, resguardando-se de agressão injusta e iminente –, podendo, a depender da hipótese, ser, até, atípico, por ausência de vontade, quando, sob coação irresistível, não passar de mero *instrumento* à disposição do autor mediato⁶⁹.

9.5. DA CAPTAÇÃO AMBIENTAL

A captação ambiental de sinais óticos, eletromagnéticos e acústicos ostenta trajetória idêntica à infiltração policial. Adveio com a Lei nº 10.217, de 11 de abril de 2001, que a inseriu na então Lei nº 9.034/95, art. 2º, IV, como meio de formação de provas circunscrito à repressão ao crime organizado e submetido à reserva de jurisdição. A par dessas duas balizas, nada mais foi estabelecido acerca do devido processo legal – requisitos, procedimento, prazo de duração, renovações etc. A Lei nº 12.850/13, em substituição à Lei nº 9.034/95, ratificou a captação ambiental como meio de obtenção de provas no combate às organizações criminosas (art. 3º, II), sem, todavia, instrumentalizá-la. A escassez normativa persistiu.

De todo modo, isso não impediu o Supremo Tribunal Federal de avaliar o seu emprego, aplicando-lhe, por analogia, a disciplina legal reservada à interceptação telefônica. Nessa ordem de ideias, *v.g.*, aproximou a gravação clandestina ambiental à telefônica, entendendo ambas lícitas, porquanto o interlocutor, dispondo da sua intimidade, pode registrar as próprias conversas, independentemente do consentimento do outro, sejam elas travadas por telefone ou pessoalmente⁷⁰.

---

68 MENDRONI, Marcelo Batlouni. *Crime Organizado, Aspectos Gerais e Mecanismos Legais*. 2. ed. São Paulo: Atlas, 2007, p. 56-58.
69 BITENCOURT, Cezar Roberto. *Tratado de Direito Penal – Parte Geral*, ob. cit., p. 562-563.
70 ARE 1240873 AgR, Relator Min. Roberto Barroso, Primeira Turma, julgado em 13/12/2019, DJe-019 divulg 31/01/2020 public 03/02/2020 – "...3. O Plenário do Supremo Tribunal Federal, após assentar a repercussão geral da matéria, reafirmou sua jurisprudência no sentido de ser ***válida a gravação obtida por um dos interlocutores sem o conhecimento do outro*** (RE 583.937-RG, julgado sob a relatoria do Ministro Cezar Peluzo)..." (grifo nosso); HC 141157 AgR, Relator Min. Rosa Weber, Primeira Turma, julgado em 29/11/2019, DJe-274 divulg 10/12/2019 public 11/12/2019 – "...3. No Recurso Extraordinário com Repercussão Geral nº 583.937 a Corte firmou a tese de que: "É lícita a prova consistente em gravação ambiental realizada por um dos interlocutores sem conhecimento do outro", guiada pela premissa de que *"quem revela conversa da qual foi partícipe, como emissor ou receptor, não intercepta, apenas dispõe do que também é seu e, portanto, não subtrai, como se fora terceiro, o sigilo à comunicação (...)".* 4. ***A espontaneidade do interlocutor responsável pela gravação ambiental não é requisito de***

Nelson Rodrigues, com a verve ácida e realista que tão bem o caracterizava, escreveu, certa vez, que, se cada um tivesse acesso à mais profunda intimidade do outro, ninguém levantaria a cabeça para dar bom dia. Pois autorizar o Estado a instalar microcâmeras e microfones no interior de um ambiente, familiar ou profissional, e registrar, sem cortes nem sobreavisos, tudo que lá ocorre, nos moldes do *Big Brother* de George Orwell, conduz a essa devassa, surpreendendo as pessoas completamente desarmadas, nuas e cruas, tais quais são. Taras, gostos, manias, esquisitices, hábitos, falas, pensamentos, tudo, rigorosamente tudo é catalogado pelo Estado, reduzindo a pó a intimidade, a imagem e a vida privada **não apenas dos indiciados, mas de todos que nesses ambientes circulam ou com eles se relacionam**. Apesar de, diferentemente do inciso XII, pertinente ao sigilo das comunicações, o Poder Constituinte não haver aberto exceção alguma no inciso X do art. 5º, quando listou, como direitos fundamentais, a imagem, a intimidade e a vida privada, prevendo, inclusive, a condenação por dano material e moral de quem as ofenda, o Supremo Tribunal Federal tampouco colocou em xeque a constitucionalidade da interceptação ambiental, assentando a inexistência de garantias absolutas e o respeito à proporcionalidade nas hipóteses fixadas pelo legislador. Com efeito, o crime organizado é uma das modalidades delitivas que mais causam inquietação mundial, logo, a relação custo/benefício entre o **drástico caráter invasivo** da interceptação ambiental e a **gravidade** das organizações criminosas torna aceitável, constitucionalmente, o seu emprego, justamente porque **excepcional**[71]. A própria Convenção de Palermo, firmada pelo Brasil e internalizada pelo Decreto nº 5.015/04, recomenda a utilização dessas técnicas de investigação, haja vista, *v.g.*, o art. 20, 1 e o art. 29, 1, *g*. O quadro permaneceu **inalterado** em 2016, quando a captação ambiental foi estendida ao combate ao terrorismo e ao tráfico de pessoas, por serem infrações penais também de gravidade extremada, conservando-se, assim, a proporcionalidade – art. 16 da Lei nº 13.260 e art. 9º da Lei nº 13.344, respectivamente.

Lamentavelmente, não se pode escrever o mesmo em relação à Lei nº 13.964/19. Apesar de, finalmente, ter delineado um procedimento mínimo à captação ambiental, elegendo, acertadamente, como topografia, a Lei nº 9.296/96, que já vinha lhe sendo aplicada por analogia, **positivando, de vez, a sua subsidiariedade à captação ambiental, haja vista o § 5º do art. 8º-A** – *aplicam-se subsidiariamente à captação ambiental as regras previstas na legislação específica para a interceptação telefônica e telemática* –, **ampliou, sobremaneira, o seu campo de incidência, passando a alcançar**, nos termos do art.

---

validade do aludido meio de prova, sendo a atuação voluntária (mas não necessariamente espontânea) do agente suficiente para garantir sua integridade. Precedentes..." (grifo nosso); ARE 1216506 AgR, Relator Min. Cármen Lúcia, Segunda Turma, julgado em 06/09/2019, DJe-209 divulg 24/09/2019 public 25/09/2019 – "...*Licitude de gravação de conversa ambiental realizada com a anuência de um dos interlocutores...*" (grifo nosso).

[71] STF, Inq 2424, Relator Min. Cezar Peluso, Tribunal Pleno, julgado em 26/11/2008, DJe-055 divulg 25/03/2010 public 26/03/2010 – "*...7. PROVA. Criminal. Escuta ambiental. Captação e interceptação de sinais eletromagnéticos, óticos ou acústicos. Meio probatório legalmente admitido. Fatos que configurariam crimes praticados por quadrilha ou bando ou organização criminosa. Autorização judicial circunstanciada. Previsão normativa expressa do procedimento. Preliminar repelida. Inteligência dos arts. 1º e 2º, IV, da Lei nº 9.034/95, com a redação da Lei nº 10.217/95. Para fins de persecução criminal de ilícitos praticados por quadrilha, bando, organização ou associação criminosa de qualquer tipo, são permitidos a captação e a interceptação de sinais eletromagnéticos, óticos e acústicos, bem como seu registro e análise, mediante circunstanciada autorização judicial...*" (grifo nosso).

8º-A, inciso II, *infrações criminais cujas penas máximas sejam superiores a 4 (quatro) anos ou em infrações penais conexas* (grifo nosso). Percebam: **não** são delitos com pena *mínima* acima de 4 (quatro) anos que comportam a captação ambiental – quadra, aliás, mais palatável, porque a resposta penal mínima obrigatoriamente perpassaria pela privação libertária em regime semiaberto, assegurando certa homogeneidade com a violenta invasão à privacidade ínsita à medida –, mas crimes com sanção *máxima* superior a 4 (quatro) anos, independentemente do piso cominado, logo, **delitos como estelionato (art. 171 do CP) e furto qualificado (art. 155, § 4º do CP), conquanto admitam institutos despenalizadores, como a suspensão condicional do processo (art. 89, cabeça, da Lei nº 9.099/95) e/ou o acordo de não persecução penal (art. 28-A, cabeça, do CPP), respectivamente, igualmente estariam suscetíveis à captação ambiental.**

Ora, **se a própria lei reconhece que injustos com penas mínimas de até 1 (um) ano ou aquém de 4 (quatro) anos, desde que, nesse último caso, sem violência nem grave ameaça à pessoa, desafiam acordos – suspensão condicional do processo ou acordo de não deflagração da ação penal –, sem a necessidade, em tese, de sujeitar os sujeitos ativos às agruras de um processo-crime, é porque os identifica como de censurabilidade menor, logo, é desproporcional reservar-lhes, simultaneamente, um dos meios de formação de provas mais invasivos, e, portanto, agressivos, do ordenamento pátrio**, se não for o mais drástico. Na esteira de Jellinek, **disponibiliza-se um canhão para acertar um pardal**.

Considerado o princípio da proporcionalidade, sob a ótica alemã, ou razoabilidade, sob o prisma anglo-saxão, **a novel sistemática dispensada à captação ambiental está em conformidade com o vetor *necessidade***, porquanto apenas será implementada em último caso, se inexistirem outros meios de formação de provas de igual eficácia, menos invasivos (art. 8º-A, I da Lei nº 9.296/96). **O parâmetro *adequação* igualmente está atendido**, porque irrefutável é a eficiência da captação ambiental na elucidação de infrações penais, em virtude de mergulhar, sem peias, na intimidade alheia, surpreendendo os indiciados com as guardas inteiramente baixas. Mas, **à luz da proporcionalidade em sentido estrito**, a **inconstitucionalidade da inovação legislativa avulta**.

Simplesmente a vida privada de *n* indivíduos – reitere-se, não só dos indiciados, mas de todas as pessoas com quem convivem, malgrado serem absolutamente estranhas à persecução penal – pode ser virada e revirada para viabilizar o exercício de uma pretensão punitiva que, não raro, sequer será julgada, por se resolver em um acordo de não deflagração da ação penal ou suspensão condicional do processo, ou, se o for, desaguará em reprimenda não privativa de liberdade ou em regime inicialmente aberto. **A intimidade, imagem e vida privada são a regra (art. 5º, X, da CRFB/88), logo, as exceções contempladas pelo legislador têm que ser afuniladas** – como, aliás, eram, limitando a captação ambiental à repressão ao crime organizado, ao terrorismo e ao tráfico de pessoas. A Lei nº 13.964/19, ao **ampliar sobremaneira as ressalvas**, trivializa o excepcional, mostrando-se inconstitucional à luz do citado art. 5º, X, como também do princípio da dignidade humana (art. 1º, III), afinal, *privacidade* e *intimidade* são **dois** dos valores mais caros **não** a qualquer ser *vivo*, mas, fundamentalmente, aos seres *humanos*, sem os quais se coisificam. Pois, ao banalizar a captação ambiental, a Lei nº 13.964/19 incrementa esse processo de coisificação.

Na defesa da proporcionalidade da opção legislativa, é inadequado traçar qualquer paralelo com a prisão preventiva, admissível para crimes dolosos de idêntica reprovabilidade – pena máxima superior a 4 (quatro) anos, *ex vi* do art. 313, I do CPP, com a redação dada pela Lei nº 12.403/11. Conquanto sejam ambas cautelares, as naturezas são diversas: a captação ambiental é probatória, enquanto a custódia preventiva é pessoal. Por outro lado, o *fumus comissi delicti* exigido para a última é mais robusto, confundindo-se com a própria justa causa para a oferecimento da ação penal, afinal, são imprescindíveis a prova da existência do crime e indícios de autoria (art. 312, cabeça, do CPP). No caso da captação ambiental, embora a pretensão condenatória também deva se mostrar plausível, ainda não está suficiente madura para ensejar a denúncia, ao contrário, **será implementada como tentativa derradeira de se reunir a justa causa para tanto**, por isso que o seu campo de incidência **tem** que ser ainda mais afunilado. Finalmente, enquanto medida constritiva da liberdade, o impacto da prisão preventiva é personalíssimo, não ultrapassando a pessoa do imputado. **Na captação ambiental não se pode assentar o mesmo, afinal, ao registrar todas as cenas ocorridas no interior de um ambiente, a intimidade e a vida privada de *n* pessoas inteiramente estranhas à persecução serão devassadas**, daí a premência de rigoroso estreitamento do campo de incidência.

Obtemperar-se-á a interpretação conforme a Constituição do inciso II do art. 8º-A da Lei nº 9.296/96, sem redução parcial do texto, a fim de assentar a viabilidade da captação ambiental apenas para infrações penais que, **em concreto**, desafiem reprimendas privativas de liberdade em regime fechado ou, ao menos, semiaberto, conquanto disponível para qualquer injusto com pena máxima superior a 4 (quatro) anos, à semelhança do já proposto em relação ao art. 2º, III, da Lei nº 9.296/96, *a contrario sensu* – embora alcance crimes punidos com reclusão, a interceptação telefônica ficaria restrita ao delitos que, *in concreto*, em razão da gravidade, desafiassem penas de prisão em regime fechado, ou, quando muito, semiaberto. Nesse sentido, no tangente à interceptação telefônica, a doutrina dos profs. Tiago Abud da Fonseca[72] e Paulo Rangel[73], cuja inteligência é aplicável, por analogia.

Malgrado concordar com a proposta hermenêutica acima no tocante à interceptação telefônica, mostra-se **insuficiente** para a captação ambiental, **incomparavelmente mais invasiva** e, por isso, carente de interpretação e aplicabilidade ainda mais **restritivas**, afinal, **além de vulnerar a intimidade, a imagem e a vida privada** (art. 5º, X), **ainda atenta contra a inviolabilidade domiciliar** (art. 5º, XI), afinal, **permite ao Estado adentrar, virtualmente, no ambiente residencial e/ou laboral, independentemente do consentimento dos moradores e dos que lá trabalham**, registrando rigorosamente **tudo** que lá acontece. Por conseguinte, os pressupostos de admissibilidade precisam ser **objetivos**, sem espaço para discricionariedades judiciais, o que fatalmente acontecerá, caso se opte pela solução acima. Os direitos fundamentais em jogo são demasiadamente sensíveis para se sujeitar a avaliações subjetivas quanto à existência ou não de homogeneidade na adoção da captação ambiental. **A segurança jurídica e, em última análise, a isonomia precisam, mais do que nunca, ser preservadas, a fim de evitar a perplexidade de, em hipóteses rigorosamente idênticas, 1 indiciado ter a sua vida pessoal completamente desnudada, enquanto o outro a mantém intocada.** A natureza e a magnitude dos bens

---

[72] *Interceptação Telefônica, a Devassa em nome da Lei*. Rio de Janeiro: Editora Espaço Jurídico, 2008, p. 55-56.

[73] Breves Considerações sobre a Lei nº 9.296/96 – Interceptação Telefônica. *Revista Forense*, v. 344, out./dez. 1998, p. 220.

jurídicos envolvidos, confrontadas com o nível de agressividade da iminente ofensa estatal, recusam tamanha oscilação.

Por outro lado, existem limites semânticos à interpretação normativa. Embora o critério literal seja o mais pobre de todos, nada exigindo além da alfabetização, não se pode ignorar o texto, sob pena de legislar. Destarte, por mais tentador que seja transmudar o alcance da captação ambiental, de crimes com penas *máximas* superiores a 4 (quatro) anos para os de reprimenda *mínima* acima de 4 (quatro), descabe fazê-lo. *Teto não vira piso*. E vice-versa.

Pelo fio do exposto, o inciso II do art. 8º-A da Lei nº 9.296/96 deve ser declarado **inconstitucional, restabelecendo-se o alcance da captação ambiental às organizações criminosas, ao terrorismo e ao tráfico de pessoas, em respeito à proporcionalidade** *stricto sensu*. Subsidiariamente, que seja dada ao preceito interpretação conforme a Constituição, sem redução parcial do texto, de sorte a circunscrevê-la à apuração de infrações penais que, pelas circunstâncias absolutamente reprováveis, desafiariam, como reprimenda, a privação libertária em regime inicial fechado ou, quando muito, semiaberto.

Malgrado as opiniões em sentido contrário, como a do prof. Paulo Rangel, já trazida à baila no tópico anterior, segundo as quais as normas sobre prova incidem imediatamente, por terem cunho estritamente processual (art. 2º do CPP), reiteramos o escrito sobre a infiltração policial virtual: a captação ambiental fragiliza, intensamente, as garantias **materiais** encartadas no art. 5º, X e XI, da CRFB/88, logo, ao expandir o seu espectro, a Lei nº 13.964/19 veiculou *novatio legis in pejus* **híbrida**, de viés **processual material, irretroativa**, nos termos do art. 5º, XL, da CRFB/88, mostrando-se disponível apenas para os delitos perpetrados **após** a sua vigência.

Quanto à natureza jurídica, nada mudou: a captação ambiental persiste sendo **medida cautelar probatória**, repousando o *fumus comissi delicti* na referência aos *elementos probatórios razoáveis de autoria e participação* delitivas, versados no inciso II do art. 8º-A da Lei nº 9.296/96, enquanto o *periculum in mora* reside na **insuficiência dos demais meios de formação de provas** e consequente risco de não elucidação do injusto, caso não se recorra à captação ambiental, tal qual verificado em relação à infiltração policial virtual. O inciso I do art. 8º-A é expresso nesse sentido, ao admiti-la quando *a prova não puder ser feita por outros meios disponíveis e igualmente eficazes*.

Descabe, por conseguinte, **começar a investigação por meio da captação ambiental**. Cumpre tentar, antes, os meios de formação de provas convencionais. Se fracassados, recorre-se à citada medida cautelar. Assim o é em relação à interceptação telefônica, logo, com razão ainda maior há de ser na captação ambiental, infinitamente mais drástica (invasiva). Inaugurar a investigação com a captação ambiental, sem a utilizar como última *ratio*, importa ilicitude da prova angariada, bem como das derivadas, desaguando no desentranhamento dos autos (art. 157, cabeça e § 1º do CPP) e consequente absolvição por insuficiência probatória (art. 386, II, V, VI, 2ª parte, ou VII, do CPP), caso inexistam outros elementos informativos capazes, por si só, de sustentar a condenação. **Igualmente imprestável será se lastreada em notícia-crime anônima**, inclusive por ausência de *fumus comissi delicti*, à semelhança do verificado na interceptação telefônica. Seguindo essa ordem de ideias, **mostra-se também inadmissível em sede de VPI, ou seja, nos procedimentos investigatórios preliminares ao próprio inquérito**. Além de ignorar o requisito da imprescindibilidade, tratando-a como via probatória primeira ao invés de derradeira, tampouco há plausibilidade da pretensão acusatória, afinal, se inexiste lastro indiciário mínimo para a sua formalização, menos ainda para implementar a captação ambiental[74].

Debruçando-se sobre os pressupostos de admissibilidade da captação ambiental, a menção, no inciso II do art. 8º-A da Lei nº 9296/96, *a infrações* **criminais** *cujas penas máximas sejam superiores a 4 (quatro) anos* **exclui as contravenções penais**, justamente por não serem **crimes**. Contudo, **sob o ângulo estritamente literal, compreenderia os delitos culposos,** por não os diferençar, sendo vedado ao intérprete fazê-lo, sob pena de legislar – *infração criminal* é gênero, compreensivo dos injustos dolosos e culposos.

Tal constatação só aumenta a perplexidade em torno do inciso II do art. 8º-A da Lei nº 9.296/96. Ainda que seja confirmada a sua constitucionalidade, ao menos submetê-lo à interpretação conforme à Constituição, sem redução parcial do texto, é mandatório para **excluir os crimes culposos**. É o mínimo que se espera em deferência ao princípio da proporcionalidade, haja vista a absoluta falta de homogeneidade em disponibilizar uma medida cautelar probatória tão agressiva na apuração de delitos cuja resposta penal passa ao largo da prisão. *Obiter dictum*, invoca-se, ainda, o devido processo legal (art. 5º,

---

[74] STF, RHC 123949, Relator Min. Marco Aurélio, Primeira Turma, julgado em 06/10/2015, DJe-234 divulg 19/11/2015 public 20/11/2015 – "...*Interceptação telefônica – Dados concretos – Validade.* **Uma vez motivada em elementos concretos, e não em notícia anônima, válida é a interceptação telefônica**..." (grifo nosso); HC 99490, Relator Min. Joaquim Barbosa, Segunda Turma, julgado em 23/11/2010, DJe-020 divulg 31/01/2011 public 01/02/2011 – "*... nada impede a deflagração da persecução penal pela chamada "denúncia anônima",* **desde que esta seja seguida de diligências realizadas para averiguar os fatos nela noticiados** *(86.082, Relator Ministro Ellen Gracie, DJe de 22.08.2008; 90.178, Relator Ministro Cezar Peluso, DJe de 26.03.2010; e HC 95.244, Relator Ministro Dias Toffoli, DJe de 30.04.2010). No caso,* **tanto as interceptações telefônicas**, *quanto as ações penais que se pretende trancar decorreram não da alegada 'notícia anônima',* **mas de investigações levadas a efeito pela autoridade policial**..." (grifo nosso); STJ, REsp 1474788/RS, Rel. Ministro Rogerio Schietti Cruz, Sexta Turma, julgado em 03/09/2019, DJe 09/09/2019 – precedente autoexplicativo, no qual foi **confirmada a absolvição por insuficiência probatória do acusado, em razão de a investigação ter começado pela interceptação telefônica, a partir de uma notícia-crime anônima**. Segundo se extrai do inteiro teor, "*...a) a interceptação das comunicações telefônicas foi a primeira medida adotada para fins de investigação criminal; b) a medida foi autorizada com base apenas em denúncias anônimas, sem a realização, ao que tudo indica, de outras diligências prévias para apurar a veracidade e a plausibilidade dessas informações; c) não houve, na representação pela medida, nenhuma justificativa concreta para demonstrar a imprescindibilidade da interceptação; d) a autoridade policial incluiu, na representação, nomes que nem sequer foram mencionados nas denúncias anônimas; e) eventuais diligências investigativas prévias não foram documentadas nos autos...*". Por conta disso, restou consignado, na ementa, que "*...2. O Supremo Tribunal Federal possui o entendimento de que a notícia anônima de crime pode servir de base válida à investigação e à persecução criminal,* **desde que haja prévia verificação de sua credibilidade em apurações preliminares, o que, no entanto, não ocorreu***. 3. Segundo o disposto no art. 2º, II, da Lei n. 9.296/1996, será admitida a interceptação de comunicações telefônicas se a prova não puder ser feita por outros meios disponíveis,* **o que também não se verificou no caso***. 4.* **Uma vez que a ilicitude das provas obtidas por meio das interceptações telefônicas, bem como de todas as que delas decorreram, constitui fundamento autônomo e suficiente o bastante para ensejar a absolvição dos réus***...*" (grifo nosso). Em idêntico diapasão, HC 444.646/MG, Rel. Ministro Reynaldo Soares da Fonseca, Quinta Turma, julgado em 09/04/2019, DJe 06/05/2019 – "*...2. A denúncia anônima, por si só, não é idônea a autorizar a decretação da quebra de sigilo telefônico,* **ressalvada a hipótese em que a autoridade policial realiza investigações preliminares em busca de indícios que corroborem com as informações***. Na hipótese,* **os trabalhos de campo não foram suficientes para obtenção de elementos probatórios firmes a embasar uma futura ação penal, apontando-se a interceptação telefônica como única medida para elucidação da verdade material***...*" (grifo nosso).

LIV, da CRFB/88): diante da norma extremamente limitadora de direitos, a interpretação há de ser restritiva.

A admissibilidade da captação ambiental encontra-se entrelaçada à **quantidade de pena máxima**, superior a 4 (quatro) anos (art. 8º-A, II, da Lei nº 9.296/96). Seguindo longeva tradição jurisprudencial relativa aos institutos cuja aplicabilidade esteja atrelada ao *quantum* da reprimenda, mínima ou máxima, **computam-se as qualificadoras, porque revestidas de escala penal própria, e as causas de aumento e de diminuição da pena, independentemente se previstas na parte geral ou especial do Código Penal, ou na legislação extravagante**. Varia apenas a aritmética: se o parâmetro for o **teto** cominado em abstrato, **como se dá na captação ambiental, exaspera-se da maior fração, reduzindo-se da menor**, pois **se busca a pena máxima da imputação concretamente formulada**[75]; se o referencial for o **piso, aumenta-se da menor fração e diminui-se da maior, porque se almeja o mínimo correspondente ao tipo penal imputado**[76].

Assim, enquanto o furto simples, pena máxima de 4 (quatro) anos, não comporta a captação ambiental, o circunstanciado pelo repouso noturno, em razão do aumento de um terço, admite (art. 155, § 1º do CP). Por outro lado, o estelionato **tentado** não a desafia, porque, reduzida a pena máxima de 5 (cinco) anos (art. 171 do CP) do mínimo de um terço, mínimo da tentativa, o teto cairia para 3 (três) anos e 4 (quatro) meses.

Desconsideram-se as atenuantes e as agravantes genéricas, porque sem repercussão em abstrato, impactando, tão somente, na pena em concreto.

Considera-se, todavia, **o acréscimo decorrente do concurso de crimes, conforme as regras de cada um**. Se a incidência do instituto estiver condicionada à quantidade de pena mínima, como a suspensão condicional do processo, somam-se os pisos, se o cúmulo for material ou formal imperfeito, ou exaspera-se do mínimo (um sexto), se formal perfeito ou continuação delitiva – Súmulas 723 do STF e 243 do STJ. Se amarrado à quantidade de

---

[75] Ilustrando: a competência do Juizado Especial Criminal compreende, além de todas as contravenções penais, os crimes com pena máxima de, até, 2 (dois) anos, *ex vi* do art. 61 da Lei nº 9099/95. Por conseguinte, se presente causa de aumento de pena, projeta-se a maior fração, a fim de identificar o teto cominado em abstrato à hipótese. Nessa linha, STJ, HC 530.268/SP, Rel. Ministro Nefi Cordeiro, Sexta Turma, julgado em 03/12/2019, DJe 09/12/2019 – "...1. O Superior Tribunal de Justiça tem entendimento pacificado no sentido de que, *para fins de fixação de competência do Juizado Especial, será considerada a soma das penas máximas cominadas aos delitos, em concurso material, com as causas de aumento que lhes sejam imputadas, igualmente em patamar máximo, resultado que, ultrapassado o montante de dois anos, fica afastada a competência do Juizado Especial Criminal*..." (grifo nosso); AgRg no REsp 1752559/SP, Rel. Ministro Joel Ilan Paciornik, Quinta Turma, julgado em 05/09/2019, DJe 16/09/2019 – "...1. Esta Corte tem entendido que '*para fins de fixação de competência do Juizado Especial, será considerada a soma das penas máximas cominadas ao delito com a causa de aumento que lhe seja imputada igualmente em patamar máximo, resultado que, ultrapassado o patamar de 2 (dois) anos, afasta a competência do Juizado Especial Criminal*' (RHC 46.646/SP, Rel. Ministro Reynaldo Soares Da Fonseca, Quinta Turma, DJe 15/04/2016)..." (grifo nosso).

[76] A suspensão condicional do processo, por exemplo, vincula-se à quantidade de pena mínima, até 1 (um) anos, haja vista o art. 89, cabeça, da Lei nº 9099/95. Por conseguinte, o furto qualificado, na modalidade tentada, admite o benefício, pois o piso de 2 (dois) anos deve ser reduzido do máximo de 2/3 (dois terços) atinente à tentativa, aquietando-se em 8 (oito) meses. Nesse sentido, **STJ**, HC 84.608/SP, Rel. Ministro Napoleão Nunes Maia Filho, Quinta Turma, julgado em 17/04/2008, DJe 12/05/2008 – "...1. *Para efeito da suspensão condicional do processo*, **é de ser considerada a causa de diminuição da pena prevista no art. 14, II do CPB (crime tentado), aplicando-se, neste caso, a redução máxima (2/3) a fim de averiguar a pena mínima em abstrato*...*" (grifo nosso).

pena máxima, **como se dá na captação ambiental**, invertem-se os parâmetros: somam-se os tetos ou exaspera-se da maior fração de aumento – metade, se o cúmulo for formal perfeito, ou dois terços, no caso de crime continuado[77]. **Descartam-se, do cômputo, as contravenções penais e os delitos culposos, afinal, não a admitem**. Ilustrando: o furto simples e a lesão corporal doméstica ou familiar não autorizam, por si só, a captação ambiental. Mas, se estiverem em cúmulo material, permitem-na, pois o total da pena máxima em abstrato cominada à imputação em concreto ultrapassaria 4 (quatro) anos, chegando a 7 (sete) – 4 (quatro) do furto somado aos 3 (três) anos da lesão. Escreve-se o mesmo acerca, *v.g.*, da apropriação indébita em cúmulo formal ou continuação, pois, em cima do teto de 4 (quatro) anos, sobreviria o aumento de metade ou de dois terços, respectivamente. Tais constatações somente recrudescem a certeza quanto à inconstitucionalidade do dispositivo, pois, do contrário, imensuráveis serão os abusos.

Não se ignora a doutrina, já citada no capítulo reservado ao acordo de não persecução penal, segundo a qual o acréscimo decorrente do concurso é neutro à aplicabilidade de determinado instituto. Cada injusto deve ser considerado *de per se*. A unidade jurídica impacta, exclusivamente, na pena, tanto que, *v.g.*, as causas extintivas da punibilidade recaem sobre cada um, individualmente (art. 119 do Código Penal). Por esse raciocínio, furtos simples, por terem pena máxima não superior a 4 (quatro) anos, não admitiriam a captação ambiental, nada obstante o concurso material, formal ou o crime continuado. Mas é igualmente certo, segundo já demonstrado, que tal percepção mostra-se vencida na jurisprudência do STF e do STJ. Este último, *v.g.*, reiterando a coerência no trato da matéria, já entendeu que a admissibilidade da prisão preventiva, circunscrita aos crimes dolosos com pena máxima superior a 4 (quatro) anos (art. 313, I, do CPP), leva em conta o aumento decorrente do concurso[78]. A inconstitucionalidade do inciso II do art. 8º-A da

---

[77] STJ, HC 427.204/SP, Rel. Ministro Ribeiro Dantas, Quinta Turma, julgado em 04/09/2018, DJe 14/09/2018 – *"...5. Em relação a ausência de proposta de transação penal, esta Corte Superior de Justiça já se manifestou, para efeito de aplicação do instituto, no sentido de que, **em havendo concurso de crimes (material, formal ou continuidade delitiva), considera-se a soma das penas ou sua exasperação, não podendo superar o patamar de dois anos**..."* (grifo nosso); REsp 1482733/SC, Rel. Ministro Rogerio Schietti Cruz, Sexta Turma, julgado em 17/05/2016, DJe 09/06/2016 – *"...1. **Aplica-se a Súmula n. 83 do STJ quando a orientação deste Superior Tribunal se firmou no mesmo sentido do acórdão recorrido, de que, em caso de crime continuado, deve ser considerada, para fins de proposta de transação penal, a exasperação da pena máxima cominada aos delitos, cujo resultado, se for superior a 2 anos, afasta a possibilidade de aplicação da transação penal**..."* (grifo nosso); **STF**, HC 85427, Relator Min. Ellen Gracie, Segunda Turma, julgado em 29/03/2005, DJ 15/04/2005, LEXSTF v. 27, n. 322, 2005, p. 464-469 – *"...1. Condenado o paciente, em **concurso formal**, pela prática dos crimes de homicídio culposo e lesões corporais culposas no trânsito, **inviável a aplicação da transação penal ao caso**. Precedente..."* (grifo nosso); HC 81470, Relator Min. Celso de Mello, Segunda Turma, julgado em 30/04/2002, DJe-207 divulg 17/10/2013 public 18/10/2013 – *"...**Pretendido reconhecimento do direito à concessão da transação penal** (Lei nº 9.099/95, art. 76) – **Inaplicabilidade desse instituto quando se tratar de ilícitos penais cuja punição 'in abstracto' superar, em virtude da aplicação do princípio do cúmulo material, o limite estabelecido para a configuração de infração penal de menor potencial ofensivo**..."* (grifo nosso).

[78] RHC 80.167/MG, Rel. Ministro Ribeiro Dantas, Quinta Turma, julgado em 28/03/2017, DJe 05/04/2017 – *"...Embora nos termos do artigo 313, inciso I, do CPP, a possibilidade da prisão preventiva seja restrita aos crimes dolosos punidos com pena restritiva de liberdade máxima superior a quatro anos, **a jurisprudência do Superior Tribunal de Justiça firmou entendimento no sentido de que, tratando-se de concurso de crimes, deve ser considerado o somatório das reprimendas previstas nos tipos penais**..."*

Lei nº 9.296/96 é a única forma de restaurar a proporcionalidade que tão bem notabilizava a captação ambiental.

Tal qual a interceptação telefônica, a captação ambiental traduz um mergulho na intimidade alheia, abrindo-se a caixa de Pandora, de onde mui provavelmente sairão novos potenciais infratores, bem como injustos penais. Desde que preenchidos os requisitos legais à imposição da captação ambiental, tais descobertas são **lícitas**, presente a boa-fé estatal. O caráter fortuito, aleatório (serendipidade) da descoberta legitima a prova. Presente a conexão ou continência, como as investigações mostram-se indissociáveis (art. 79 do CPP), a captação ambiental naturalmente os alcança, independentemente de a admitirem ou não – v.g. se, em meio a vários crimes dolosos, com pena máxima superior a 4 (quatro) anos, for descoberta uma contravenção penal conexa, a captação inevitavelmente também a compreenderá. Se desconexas, a revelação tampouco é descartada, servindo de notícia-crime para desencadear nova investigação. A partir daí, contudo, cumpre olvidar a captação em curso, pois, se o Estado dela se valer para alimentar a novel persecução, o encontro, de fortuito, torna-se proposital. A má-fé estatal, em flagrante burla à lei, importará ilicitude da prova doravante compartilhada. Se presentes estiverem os requisitos legais, que as agências de repressão estatal busquem nova captação ambiental; se ausentes, que sejam ultimados outros meios de formação de provas. Inconcebível é continuar a se abeberar na captação ambiental primeva. Essa é a inteligência da parte final do art. 8º-A, II, da Lei nº 9.296/96, ao aludir às infrações penais conexas[79].

---

[79] (grifo nosso); HC 314.123/SC, Rel. Ministro Felix Fischer, Quinta Turma, julgado em 06/08/2015, DJe 25/08/2015 – "...II – O art. 313, inciso I, do Código de Processo Penal, dispõe que será admitida a decretação da prisão preventiva nos crimes dolosos punidos com pena máxima superior a 4 (quatro) anos, **devendo ser considerado, ainda, nos casos de concurso de crimes, o somatório das reprimendas...**" (grifo nosso); HC 275.437/SP, Rel. Ministro Rogerio Schietti Cruz, Sexta Turma, julgado em 10/12/2013, DJe 19/12/2013 – "...não obstante o paciente responda por crimes de receptação e de formação de quadrilha, punidos cada um, respectivamente, com penas máximas de 4 (quatro) e de 3 (três) anos de reclusão, na hipótese de concurso de crimes, **deve ser considerado o quantum resultante da soma ou acréscimo das penas, nas hipóteses de concurso material (art. 69 do Código Penal), formal (art. 70 do Código Penal), ou crime continuado (art. 71 do Código Penal), conforme o caso. Doutrina**..." (grifo nosso). STF, HC 129678, Relator Min. Marco Aurélio, Relator(a) p/ Acórdão: Min. Alexandre de Moraes, Primeira Turma, julgado em 13/06/2017, DJe-182 divulg 17/08/2017 public 18/08/2017 – "...1. O "crime achado", ou seja, **a infração penal desconhecida e, portanto, até aquele momento não investigada, sempre deve ser cuidadosamente analisada para que não se relativize em excesso o inciso XII do art. 5º da Constituição Federal. A prova obtida mediante interceptação telefônica, quando referente a infração penal diversa da investigada, deve ser considerada lícita se presentes os requisitos constitucionais e legais**..." (grifo nosso); HC 167550 AgR, Relator Min. Luiz Fux, Primeira Turma, julgado em 23/08/2019, DJe-191 divulg 02/09/2019 public 03/09/2019; Pet 7808, Relator Min. Edson Fachin, Segunda Turma, julgado em 20/11/2018, DJe-261 divulg 04/12/2018 public 05/12/2018; STJ, HC 285.201/MT, Rel. Ministro Reynaldo Soares da Fonseca, Quinta Turma, julgado em 03/09/2015, DJe 10/09/2015; AgRg no AgInt no AREsp 907.801/SP, Rel. Ministro Nefi Cordeiro, Sexta Turma, julgado em 03/05/2018, DJe 15/05/2018; HC 395.983/DF, Rel. Ministro Nefi Cordeiro, Sexta Turma, julgado em 18/09/2018, DJe 26/09/2018 – "...1. **O chamado fenômeno da serendipidade ou o encontro fortuito de provas – que se caracteriza pela descoberta de outros crimes ou sujeitos ativos em investigação com fim diverso –** não acarreta qualquer nulidade ao inquérito judicial que se sucede no foro competente, quando remetidos os autos tão logo verificados indícios de participação de magistrado... 5. **Não resulta em desvio de finalidade ou falso motivo a constatação de novas infrações ou do envolvimento de terceiras pessoas durante o aprofundamento das investigações, mesmo quando o fato encontrado não guardar conexão com o fato investigado**..." (grifo nosso).

A captação, seja telefônica ou ambiental, é *gênero* do qual são *espécies* a *interceptação*, a *escuta* e a *gravação*. Tanto a interceptação quanto a escuta são realizadas por terceiro, mas, no primeiro caso, **sem** o consentimento de qualquer dos interlocutores ou presentes, enquanto, na segunda, desenvolve-se **com** a anuência de ao menos 1 (um). A gravação, a seu turno, é a implementada pelo próprio interlocutor.

Em se tratando das comunicações telefônicas, como o art. 1º, *caput*, da Lei nº 9.296/96 permitiu ao **juiz** decretar a interceptação, ou seja, a captação por terceiro, **sem** o aval de qualquer dos interlocutores, com razão ainda maior pode determinar a escuta, na qual ao menos 1 (um) **anui**. Observa-se, pura e simplesmente, a **teoria dos poderes implícitos** – quem pode o mais, pode o menos. Já a gravação, porque realizada por um dos interlocutores, traduz prova lícita, **independentemente da autorização dos demais ou da autoridade judiciária competente**, porque nada faz senão dispor da própria intimidade. E o próprio art. 1º, cabeça, da Lei nº 9.296 condicionou à reserva de jurisdição a *interceptação*, ou seja, a implementada por terceiro, liberando, *a contrario sensu*, as gravações, porque perpetradas pelo próprio interlocutor. Nesse sentido, STF[80] e STJ[81].

Este último, partindo dessa premissa, **tem entendido dispensável a autorização jurisdicional mesmo nas hipóteses de escuta**, porque, embora executada por terceiro, conta com a permissão de um dos interlocutores, que, assim, também estaria abdicando, livre e conscientemente, da sua intimidade[82].

Tal orientação, ainda não enfrentada pelo STF, não passa de um sofisma, carecendo de reflexão mais detida. A regra, considerado o art. 5º, XII, da CRFB/88, é o sigilo das comunicações telefônicas, logo, as exceções hão de ser interpretadas restritivamente. O art. 1º, cabeça, da Lei nº 9.296/96 autorizou a *interceptação*, ou seja, a captação por terceiro, sem a anuência de qualquer dos interlocutores. *A contrario sensu*, sequer era para admitir a *escuta*, portanto. Contudo, se o juiz pode o mais (*interceptação*), é natural que possa o menos (*escuta*). Longe de interpretar extensivamente a norma, *in malam partem*, **nela está compreendida a escuta, configurando interpretação ontológica**. Em suma:

---

[80] RE 630944 AgR, Relator Min. Ayres Britto, Segunda Turma, julgado em 25/10/2011, DJe-239 divulg 16/12/2011 public 19/12/2011 – "...1. É **lícita a prova produzida a partir de gravação de conversa telefônica feita por um dos interlocutores**, quando não existir causa legal de sigilo ou de reserva da conversação..." (grifo nosso).

[81] AgRg no AREsp 1301191/SP, Rel. Ministro Ribeiro Dantas, Quinta Turma, julgado em 19/03/2019, DJe 25/03/2019 – "...3. **'Na linha da jurisprudência desta Corte e do col. Supremo Tribunal Federal, 'é lícita a prova produzida a partir de gravação de conversa telefônica feita por um dos interlocutores, quando não existir causa legal de sigilo ou de reserva da conversação' (RE n. 630.944 AgR, Segunda Turma, Relator Ministro Ayres Britto, DJe de 19/12/2011).'** (HC 309.516/SP, Rel. Ministro FELIX FISCHER, QUINTA TURMA, julgado em 10/12/2015, DJe 16/12/2015)..." (grifo nosso).

[82] AgRg no AREsp 754.861/PR, Rel. Ministro Sebastião Reis Júnior, Sexta Turma, julgado em 04/02/2016, DJe 23/02/2016 – "...1. Tanto o Supremo Tribunal Federal quanto o Superior Tribunal de Justiça **admitem ser válida como prova a gravação ou filmagem de conversa feita por um dos interlocutores, mesmo sem autorização judicial**, não havendo falar, na hipótese, em interceptação telefônica, esta, sim, sujeita à reserva de jurisdição (RE n. 583.937 QO-RG/RJ, Ministro Cezar Peluso, **Plenário**, DJe 18/12/2009; APn 644/BA, Ministra Eliana Calmon, **Corte Especial**, DJe 15/2/2012). 2. **As gravações telefônicas, ainda que realizadas com apoio de terceiro, contavam sempre com a ciência e permissão de um dos interlocutores**, entre eles, a própria vítima do crime de estupro. A conduta é, portanto, **lícita**, sendo despicienda, para tanto, a autorização judicial. E, ainda, a situação dos autos não se confunde com a interceptação telefônica, em que a reserva de jurisdição é imprescindível..." (grifo nosso).

a escuta é possível juridicamente, mas **por determinação jurisdicional**. E não há de ser diferente porque, diversamente da gravação, na escuta, tal qual na interceptação, existem **3 (três) personagens: os 2 interlocutores e 1 interceptador**. Por conseguinte, **não pode um interlocutor dispor da intimidade do outro, permitindo a terceiro o acesso às conversas, à margem de autorização jurisdicional expressa**[83].

No caso das captações ambientais, desde a sua introdução no ordenamento, pela Lei nº 10.217/01, ao acrescentar o inciso IV ao art. 2º da então Lei nº 9.034/95, passando pela Lei nº 12.850/13, até chegar à Lei nº 13.964/19, **o juiz sempre pôde, fundamentadamente, ordená-la, presente o gênero, pouco importando ser interceptação ou escuta**, ou seja, realizada por terceiro sem ou com a anuência de ao menos um dos presentes, respectivamente. Portanto, **a interceptação e a escuta ambientais são lícitas, desde que determinadas pelo juiz competente, motivadamente, presentes os requisitos legais**. Quanto às gravações ambientais, assentou-se a prescindibilidade de prévia determinação jurisdicional, repetindo a argumentação concernente às telefônicas: **ao registrar a própria conversa, o interlocutor dispõe da sua privacidade**[84]. Tal orientação foi **positivada** pela Lei nº 13.964/19 no art. 10-A, pois, embora o *caput* prescreva o delito de *realizar captação ambiental de sinais eletromagnéticos, ópticos ou acústicos para investigação ou instrução criminal sem autorização judicial, quando esta for exigida*, o § 1º patenteia que *não há crime se a captação é realizada por um dos interlocutores* (grifo nosso), reputando **lícitas** tais gravações.

A 6ª Turma do STJ, aliás, já sob a égide da Lei nº 13.964/19 invocou o citado dispositivo para assentar a **licitude da gravação ambiental clandestina realizada por colaborador premiado, sob a supervisão das agências de repressão estatal – polícia e Ministério Público** – HC 512.290/RJ, Rel. Ministro Rogerio, julgado em 18/08/2020, *DJe* 25/08/2020: "...8. *O acórdão recorrido está em conformidade com a jurisprudência desta Corte, de que a gravação ambiental realizada por colaborador premiado, um dos interlocutores da conversa, sem o consentimento dos outros, é lícita, ainda que obtida sem autorização judicial, e pode ser validamente utilizada como meio de prova no processo penal. No caso, advogado decidiu colaborar com a Justiça e, munido com equipamentos estatais, registrou a conversa que entabulou com policiais no momento da entrega do dinheiro após a extorsão mediante sequestro...*" (grifo nosso). Extrai-se do inteiro teor do voto condutor do acórdão a seguinte passagem: "...É mister ressaltar, ainda, que a Lei nº 9.296, de 24/7/1996, mesmo com as inovações trazidas pela Lei nº 13.964/19, **não dispôs sobre a necessidade de autorização judicial para a gravação de diálogo por um dos seus comunicadores**..." (grifo nosso), seguida da menção ao art. 10-A.

---

[83] FONSECA, Tiago Abud da. Ob. cit., p. 49.
[84] STF, Inq 2116 QO, Relator Min. Marco Aurélio, Relator(a) p/ Acórdão: Min. Ayres Britto, Tribunal Pleno, julgado em 15/09/2011, *DJe*-042 divulg 28/02/2012 public 29/02/2012 – "...1. *É lícita a prova obtida mediante a gravação ambiental, por um dos interlocutores, de conversa não protegida por sigilo legal. Hipótese não acobertada pela garantia do sigilo das comunicações telefônicas (inciso XII do art. 5º da Constituição Federal). 2. Se qualquer dos interlocutores pode, em depoimento pessoal ou como testemunha, revelar o conteúdo de sua conversa, não há como reconhecer a ilicitude da prova decorrente da gravação ambiental...*" (grifo nosso); STJ, AgRg no HC 549.821/MG, Rel. Ministro Jorge Mussi, Quinta Turma, julgado em 17/12/2019, *DJe* 19/12/2019 – "...5. *Pacificou-se neste Sodalício o entendimento de que a gravação ambiental realizada por um dos interlocutores é válida como prova no processo penal, independentemente de autorização judicial...*" (grifo nosso).

Pareço-nos, todavia, conforme já tivemos a oportunidade de nos manifestar, que o açodamento tem dominado o trato da matéria, carente de reflexão mais acurada, considerada a própria jurisprudência do próprio Supremo Tribunal Federal[85].

Qualquer atividade investigatória e/ou probatória que exija a participação ativa do imputado, como a prestação de declarações, há de ser precedida da advertência quanto ao silêncio (art. 5º, LXIII, da Constituição, expressão da garantia à não autoincriminação), cláusula caríssima a qualquer Estado *Democrático de Direito*, manifestação do postulado *nemo tenetur se detegere*, encartado no art. 8º, 2, g da CADH e no art. 14, 3, g do PIDCP, na esteira da jurisprudência do próprio Supremo Tribunal Federal, quando reputa, por exemplo, imprestável o interrogatório sub-reptício, ou seja, a conversa informal travada entre o imputado e os policiais, sem o prévio aviso do direito ao silêncio[86]. E o Superior Tribunal de Justiça não discrepa dessa percepção, nulificando termos de declarações quando não previamente advertido o depoente do direito ao silêncio, mesmo se formalmente inquirido como testemunha, mas já com status material de suspeito[87].

Dessarte, **em se tratando de gravações telefônicas ou ambientais clandestinas, colhidas por agentes estatais ou mesmo por particulares, mas sob orientação direta destes, propositalmente utilizadas e, sobretudo, conduzidas para incriminar o inter-**

---

[85] SANTOS, Marcos Paulo Dutra. *Colaboração (Delação) Premiada*, ob. cit., p. 94-98.

[86] HC 80949, Relator Ministro Sepúlveda Pertence, Primeira Turma, julgado em 30/10/2001, DJ de 14 de dezembro imediato – "...*3. Ilicitude decorrente – quando não da evidência de estar o suspeito, na ocasião, ilegalmente preso ou da falta de prova idônea do seu assentimento à gravação ambiental – de constituir, dita 'conversa informal', modalidade de "interrogatório" sub-reptício, o qual – além de realizar-se sem as formalidades legais do interrogatório no inquérito policial (C.Pr.Pen., art. 6º, V) –, se faz sem que o indiciado seja advertido do seu direito ao silêncio. 4.* **O privilégio contra a autoincriminação – nemo tenetur se detegere –, erigido em garantia fundamental pela Constituição – além da inconstitucionalidade superveniente da parte final do art. 186 C.Pr.Pen.** *– importou compelir o inquiridor, na polícia ou em juízo, ao dever de advertir o interrogatório do seu direito ao silêncio: a falta da advertência – e da sua documentação formal – faz ilícita a prova que, contra si mesmo, forneça o indiciado ou acusado no interrogatório formal e, com mais razão, em "conversa informal" gravada, clandestinamente ou não...*" – grifo nosso.

[87] RHC 30.302/SC, 5ª T., Relator Ministro Laurita Vaz, julgado em 25/20/2014, DJe 12/03/2014 – "...*7. Nos termos do art. 5.º, inciso LXIII, da Carta Magna 'o preso será informado de seus direitos, entre os quais o de permanecer calado, sendo-lhe assegurada a assistência da família e de advogado'.* **Tal regra deve ser interpretada de forma extensiva, e engloba cláusulas a serem expressamente comunicadas a quaisquer investigados ou acusados, quais sejam: o direito ao silêncio, o direito de não confessar, o direito de não produzir provas materiais ou de ceder seu corpo para produção de prova etc.** *8. "Qualquer pessoa que sofra investigações penais, policiais ou parlamentares, ostentando, ou não, a condição formal de indiciado –* **ainda que convocada como testemunha** *(RTJ 163/626 – RTJ 176/805-806) –, possui, dentre as várias prerrogativas que lhe são constitucionalmente asseguradas, o direito de permanecer em silêncio e de não produzir provas contra si própria' (RTJ 141/512, Relator Ministro Celso de Mello – grifei). 9.* **Evidenciado nos autos que a Recorrente já ostentava a condição de investigada e que, em nenhum momento, foi advertida sobre seus direitos constitucionalmente garantidos, em especial, o direito de ficar em silêncio e de não produzir provas contra si mesma,** *resta evidenciada a ilicitude do elemento probatório em que verificado o vício...*" – grifo nosso. No mesmo sentido, HC 249.330/PR, Relator Ministro Jorge Mussi, Quinta Turma, julgado em 12/02/2015, DJe 25/02/2015 – "...**Direito ao silêncio. Paciente ouvido na qualidade de declarante quando já havia indícios de que estaria envolvido nos crimes investigados. Inexistência de advertência quanto à sua real condição no inquérito policial. Inobservância do direito ao silêncio. Nulidade caracterizada...**" – grifo nosso.

locutor, sem, antes, adverti-lo do silêncio, **ilícitas serão as provas produzidas**, conforme assentou o próprio **Supremo Tribunal Federal**[88].

E mais: no citado RE 593727, Pleno, rel. Min. Cezar Peluso, rel. p/ acórdão Min. Gilmar Mendes, julgado em 14/05/2015, REPERCUSSÃO GERAL – MÉRITO, *DJe* de 8 de setembro imediato, quando estabeleceu o Pleno do STF a legalidade da gravação clandestina, assim o fez em um cenário fático no qual seria utilizada **pelo réu**, ou seja, enquanto manifestação do **direito de defesa**. Aliás, todos os precedentes, até a fixação da tese, chancelaram a constitucionalidade da gravação como forma de **resguardar direito do interlocutor responsável pela sua confecção**. Nesse sentido: RE 402717, 2ª T, rel. Min. Cezar Peluso, julgado em 02 de dezembro de 2008, *DJe* de 13 de fevereiro de 2009 – "... *Conversa telefônica.* ***Gravação clandestina, feita por um dos interlocutores, sem conhecimento do outro. Juntada da transcrição em inquérito policial, onde o interlocutor requerente era investigado ou tido por suspeito. Admissibilidade.*** *Fonte lícita de prova. Inexistência de interceptação, objeto de vedação constitucional.* ***Ausência de causa legal de sigilo ou de reserva da conversação. Meio, ademais, de prova da alegada inocência de quem a gravou.*** *Improvimento ao recurso. Inexistência de ofensa ao art. 5º, incs. X, XII e LVI, da CF. Precedentes...*" – grifo nosso. Quando empregada deliberadamente pelo Estado, objetivando não a preservação do direito do autor da gravação, mas a incriminação do outro interlocutor, sempre foi reputada inadmissível, porque invasiva da intimidade, da vida privada e da confidencialidade das conversas telefônicas – art. 5º, X e XII, da CRFB/88 –, garantias fundamentais naturalmente oponíveis ao Estado. Nesse sentido: HC 80948, 2ª T, rel. Min. Néri da Silveira, julgado em 07 de agosto de 2001, DJ de 19 de dezembro imediato – "...*4.* ***O só fato de a única prova ou referência aos indícios apontados na representação do MPF resultarem de gravação clandestina de conversa telefônica que teria sido concretizada por terceira pessoa, sem qualquer autorização judicial, na linha da jurisprudência do STF, não é elemento invocável a servir de base à propulsão de procedimento criminal legítimo contra um cidadão, que passa a ter a situação de investigado...6. Habeas corpus deferido para determinar o trancamento da investigação penal contra o paciente, baseada em elemento de prova ilícita***" – grifo nosso.

Inexiste quadra similar no ordenamento pátrio, mesmo nos meios de obtenção de prova notabilizados por certa "malícia" estatal, em virtude do caráter sorrateiro. Nas próprias interceptações telefônica e ambiental o Estado não interage com o imputado, restringindo-se a gravar as conversas livremente travadas entre o próprio e terceiros, pinçando os diálogos que possam incriminá-lo (art. 6º, §§ 1º e 2º da Lei nº 9.296/96).

---

[88] HC 91613, Relator Ministro Gilmar Mendes, Segunda Turma, julgado em 15/05/2012, *DJe* 17/09/2012, extraindo-se o precedente a seguinte ressalva: "... *2. Gravação clandestina (Gravação de conversa telefônica por um interlocutor sem o conhecimento do outro). Licitude da prova. Por mais relevantes e graves que sejam os fatos apurados, provas obtidas sem a observância das garantias previstas na ordem constitucional ou em contrariedade ao disposto em normas de procedimento não podem ser admitidas no processo; uma vez juntadas, devem ser excluídas. O presente caso versa sobre a gravação de conversa telefônica por um interlocutor sem o conhecimento de outro, isto é, a denominada 'gravação telefônica' ou 'gravação clandestina'. Entendimento do STF no sentido da licitude da prova,* **desde que não haja causa legal específica de sigilo nem reserva de conversação. Repercussão geral da matéria** *(RE 583.397/ RJ) ...*" – grifo nosso –, como é o silêncio – art. 5º, LXIII, da Carta de 1988 –, garantia fundamental de eficácia sabidamente vertical, porque oponível justamente ao Estado.

Na infiltração (art. 53, I da Lei nº 11.343/06 e arts. 10 a 14 da Lei nº 12.850/13), o agente policial apenas registra o capturado pelos seus sentidos, integrando-se a um universo criminoso **pré-existente**. Na ação controlada (arts. 8º e 9º da Lei nº 12.850/13) e na não atuação policial (arts. 53, II e p.ú. e 60, § 4º, ambos da Lei nº 11.343/06, e art. 4º-B da Lei nº 9.613/98, com a redação dada pela Lei nº 12.683/12, acrescida do § 6º, introduzido ao art. 1º pela Lei nº 13.964/19) por outro lado, o Estado igualmente adota uma postura contemplativa, limitando-se a catalogar as peças de informação penalmente relevantes. Em suma: em **todos** os procedimentos nos quais se exija do Estado interação com o imputado, mandatório é, antes, adverti-lo do direito ao silêncio. E, por vezes, nem a presença deste se mostra suficiente para legitimar o obrar estatal, tanto que, fiel a essa percepção, o Pleno do STF, *v.g.*, reconheceu a não recepção constitucional do art. 260 do CPP, quando a condução coercitiva do indiciado ou do acusado objetivar o interrogatório[89].

Uma das maiores virtudes de qualquer ordenamento jurídico é a coerência, daí os conflitos entre normas serem comumente adjetivados *aparentes*. Longe de fomentá-los, cumpre extirpá-los. **Pois se práticas ofensivas à garantia a não autoincriminação traduzem abuso de autoridade**, *ex vi* do art. 13, III, da Lei nº 13.869/19, por mais que o implemento de gravações ambientais clandestinas pelo Estado diretamente, através dos seus agentes, ou sob a sua coordenação não traduza fato penalmente típico, a exploração dessas provas é inconstitucional e inconvencional.

Nessa esteira, **são inaceitáveis, por exemplo, acordos de colaboração nos quais a premiação esteja condicionada à produção de provas, como registrar as conversas ambientais trocadas com os investigados**. A uma, porque se delegaria ao **particular** atividade de polícia judiciária, confiada, constitucionalmente, às polícias federal e civil (art. 144, §§ 1º, IV e 4º da CRFB/88), ou ao Ministério Público – não por acaso a Lei nº 13.432/17 **vedou** aos detetives particulares, no art. 10, IV, a **participação** direta em diligências policiais. A duas, porque desfiguraria a cooperação como meio de formação de provas – o papel do colaborador é fornecer informações norteadoras da subsequente investigação estatal, sem transferir do Estado-acusação para o particular o ônus probatório. Finalmente, avalizar a colaboração pactuada nesses moldes daria ao Estado salvo-conduto para produzir provas **maliciosamente**, em detrimento da boa-fé objetiva norteadora de **qualquer** relação intersubjetiva, inclusive a processual. Invocando-se, pontualmente, o direito comparado, a doutrina processual penal portuguesa[90], por exemplo, proíbe essa espécie de prova, porquanto **astuciosa**, reveladora de inaceitável má-fé estatal[91], lembrando que, do Estado, há de se esperar ser, sempre, a última reserva ética e moral, servindo de exemplo para os jurisdicionados.

Por tudo isso, no caso de acordos de cooperação pactuados nesse formato, compete ao juiz, a partir de um **juízo de legalidade**, recusar a homologação (art. 4º, § 7º da Lei nº 12.850/13). E, mesmo se a avença vier a ser chancelada, **ilícita** será a colaboração, desaguando na ilicitude das demais provas a partir daí obtidas, em apreço ao art. 157, § 1º do CPP, falecendo justa causa à deflagração da ação penal em face dos delatados. No tocante

---

[89] ADPF 395/DF, Relator Ministro Gilmar Mendes, Pleno, julgamento em 13 e 14/06/2018 (Informativo nº 906).
[90] ANDRADE, Manuel da Costa. *Sobre as Proibições de Prova em Processo Penal*. Coimbra: Almedina, 1992, p. 233-234.
[91] NICOLITT, André Luiz. *Manual de Processo Penal*, ob. cit., p. 717-719.

ao colaborador em si, se a obrigação assumida pelo próprio foi adimplida, alcançando os resultados esperados, fará jus à premiação, afinal, a subsequente invalidade da prova não lhe pode ser creditada, mas sim ao próprio Estado. Ademais, se o acordo foi homologado, precluindo para a acusação, impõe-se a cláusula *ne reformatio in pejus ex officio*, versada no art. 617 do CPP.

A crítica ora desenvolvida não é estranha à doutrina, sendo compartilhada também pelo professor Antônio Pedro Melchior[92] e pelo criminalista Fernando Augusto Fernandes[93], em artigos cuja leitura vivamente recomendamos.

Reitere-se: embora não seja crime a captação ambiental clandestina, nos termos do art. 10-A, § 1º da Lei nº 9.296/96, a prova será **ilícita** quando deliberadamente orquestrada pelo Estado, diretamente ou por interposta pessoa, a fim de conduzir o interlocutor à autoincriminação, presentes, fundamentalmente, os direitos ao silêncio e a não produzir provas contra si. **Os precedentes do Supremo Tribunal Federal favoráveis à constitucionalidade das gravações ambientais e clandestinas têm como substrato fático cenários nos quais quem as utilizou foram o imputado, em sua defesa, ou a vítima ou familiares seus, ou seja, em situações equivalentes (embora não idênticas, tecnicamente falando) às excludentes da ilicitude estado de necessidade** – evitar a imposição de mal injusto e grave, consubstanciado na condenação – e **legítima defesa, própria ou de terceiro**, respectivamente.

Com efeito, no ARE 1240873 AgR, Relator(a): Min. ROBERTO BARROSO, Primeira Turma, julgado em 13/12/2019, PROCESSO ELETRÔNICO *DJe*-019 DIVULG 31-01-2020 PUBLIC 03-02-2020, a gravação ambiental clandestina foi levada a efeito pela **vítima**, que chamou o acusado para uma conversa, na qual rememorou o episódio delitivo, conforme se infere do inteiro teor do julgado. No HC 141157 AgR, Relator(a): Min. ROSA WEBER, Primeira Turma, julgado em 29/11/2019, PROCESSO ELETRÔNICO *DJe*-274 DIVULG 10-12-2019 PUBLIC 11-12-2019, a gravação ambiental foi efetuada pelo Secretário de Assuntos Institucionais de determinada Prefeitura, em conversa com os vereadores que exigiam vantagens para aprovar projetos de interesse da Municipalidade, buscando, assim, resguardar o próprio Poder Público. A quadra de autodefesa basta à licitude da prova, tornando indiferente a intervenção do Estado, pois, segundo se colhe do inteiro teor do acórdão, houve *"...o apoio material do núcleo de inteligência da Polícia Civil, que lhe cedeu e preparou o equipamento..."*. Já no Inq 4011, Relator(a): Min. RICARDO LEWANDOWSKI, Segunda Turma, julgado em 12/06/2018, ACÓRDÃO ELETRÔNICO *DJe*-272 DIVULG 18-12-2018 PUBLIC 19-12-2018 as gravações ambientais clandestinas apresentadas pelo colaborador contra os denunciados **não** foram implementadas em razão do acordo de cooperação. O colaborador delas já dispunha, registrando-as por salvaguarda. No ARE 933530 AgR, Relator(a): Min. CÁRMEN LÚCIA, Segunda Turma, julgado em 01/03/2016, PROCESSO ELETRÔNICO *DJe*-048 DIVULG 14-03-2016 PUBLIC 15-03-2016, por sua vez, as gravações clandestinas foram feitas, segundo se extrai do inteiro teor do acórdão, no *"...**exercício de regular legítima defesa** contra agentes policiais e advogado, que **extorquiam dinheiro da vítima...**"* (grifo nosso).

---

[92] Novas Estratégias e Técnicas Ilícitas de Investigação no Brasil. Disponível em: http://www.justificando.com/2017/08/30/novas-estrategias-e-tecnicas-ilicitas-de-investigacao-no-brasil/.
[93] Gravação de Temer viola o seu direito de não se autoincriminar. Disponível em: www.conjur.com.br/2017-mai-31/fernandes-gravacao-temer-viola-direito-nao-autoincriminar.

No Inq 4506, Relator(a): Min. MARCO AURÉLIO, Relator(a) p/ Acórdão: Min. ROBERTO BARROSO, Primeira Turma, julgado em 17/04/2018, ACÓRDÃO ELETRÔNICO DJe-183 DIVULG 03-09-2018 PUBLIC 04-09-2018, no qual supostamente a premiação ínsita à cooperação estaria condicionada à gravação das conversas ambientais pelo colaborador com os investigados, **a ilicitude da prova foi elidida tão somente porque não haveria provas de que as gravações ocorreram com a ciência prévia e coordenação do Ministério Público**. Na esteira do voto do relator originário, Min. Marco Aurélio, retirado do inteiro teor do acórdão, acompanhado pelos demais pares, *"...quanto à gravação, feita por..., de conversa com o senador..., em 24 de março de 2017, **trata-se de ato praticado pelo próprio executivo da..., cujo resultado foi posteriormente entregue à Procuradoria--Geral da República. Não há respaldo, nos autos, para entender pela participação de membro do Órgão acusador ou autoridade policial, de modo a caracterizar eventual provocação do cometimento do crime de corrupção**. Este, segundo narra o Ministério Público Federal, teria ocorrido em 18 de fevereiro de 2017. Inexiste elemento a conduzir à conclusão de que o então Procurador-Geral da República ...tinha ciência das atividades desenvolvidas por..."* (grifo nosso).

Nesse particular, lamentáveis foram as razões do veto ao § 4º do art. 8º-A da Lei nº 9.296/96, não por acaso derrubadas pelo Congresso Nacional.

Segundo articulado na 1ª edição da obra, diz o texto que *a captação ambiental feita por um dos interlocutores sem o prévio conhecimento da autoridade policial ou do Ministério Público poderá ser utilizada*, **em matéria de defesa**, *quando demonstrada a integridade da gravação* (grifo nosso).

O móvel do veto foi: *A propositura legislativa, ao limitar o uso da prova obtida mediante a captação ambiental apenas pela defesa, contraria o interesse público uma vez que* **uma prova não deve ser considerada lícita ou ilícita unicamente em razão da parte que beneficiará, sob pena de ofensa ao princípio da lealdade, da boa-fé objetiva e da cooperação entre os sujeitos processuais**, *além de se representar um retrocesso legislativo no combate ao crime. Ademais, o dispositivo vai de encontro à jurisprudência do Supremo Tribunal Federal, que admite utilização como prova da infração criminal a captação ambiental feita por um dos interlocutores, sem o prévio conhecimento da autoridade policial ou do Ministério Público, quando demonstrada a integridade da gravação (v. g. Inq-QO 2116, Relator: Min. Marco Aurélio, Relator p/ Acórdão: Min. Ayres Britto, publicado em 29/02/2012, Tribunal Pleno).*

A fragilidade jurídica da justificativa **avulta**, ficando aquém do esperado para uma monografia de final do curso de graduação em Direito, a começar pelo precedente citado do Supremo Tribunal Federal, cujo inteiro teor **não** referenda tal conclusão.

O caso versava sobre a gravação das conversas ambientais por Secretário de Estado, **em resguardo próprio e da Administração Pública**, ante as exigências de propina feitas por Prefeito. Portanto, tais gravações foram produzidas em quadra equivalente à legítima defesa. **Em hipótese alguma consagrou-se, no acórdão, a licitude indiscriminada de toda e qualquer gravação ambiental, consideradas a feitura e a utilização**, tanto que expressamente ressalvou os diálogos acobertados por sigilo legal[94]. **Tampouco avalizou**

---

[94] Inq 2116 QO, Relator Min. MARCO AURÉLIO, Relator(a) p/ Acórdão: Min. AYRES BRITTO, Tribunal Pleno, julgado em 15/09/2011, ACÓRDÃO ELETRÔNICO DJe-042 DIVULG 28-02-2012 PUBLIC 29-02-2012 –

a realização de gravações ambientais deliberadas pelo Estado, seja através dos seus agentes, diretamente, ou por particulares, sob a sua coordenação.

O veto ignorou, ainda, a jurisprudência do Supremo Tribunal Federal construída em torno do art. 5º, LVI, da CRFB/88. Provas obtidas por meios ilícitos são inadmissíveis, daí a Lei nº 11.690/08, ao reformular o art. 157 do CPP, haver preconizado, no *caput*, sem ressalvas, o desentranhamento.

A Corte Constitucional aceita as provas produzidas pelo réu, porque assim agiu para evitar mal injusto e grave, consubstanciado na condenação, vislumbrando, assim, cenário similar ao estado de necessidade, **excludente da ilicitude**[95]. Igualmente admite provas produzidas pela vítima do crime ou por terceiro em prol desta justamente por identificar quadra equivalente à outra **excludente da ilicitude**, legítima defesa, segundo apresentado acima. Em suma: essas provas são aproveitadas porque, em última análise, mostram-se **lícitas**, não guardando a menor relação com a parte, conforme apontado nas razões do veto.

Assentada a ilicitude, a recusa e/ou o desentranhamento são os únicos caminhos **constitucionalmente** possíveis, sem espaço para ponderações[96], até para não subverter

---

*"...1. É lícita a prova obtida mediante a gravação ambiental, por um dos interlocutores, de conversa **não protegida por sigilo legal**. Hipótese não acobertada pela garantia do sigilo das comunicações telefônicas (inciso XII do art. 5º da Constituição Federal). 2. Se qualquer dos interlocutores pode, em depoimento pessoal ou como testemunha, revelar o conteúdo de sua conversa, não há como reconhecer a ilicitude da prova decorrente da gravação ambiental..." (grifo nosso).*

[95] Nesse sentido, estribado nas lições do prof. Afrânio Silva Jardim, RANGEL, Paulo. *Curso de Direito Processual Penal*, ob. cit., p. 519.

[96] HC 93.050, Rel. Min. Celso de Mello, Segunda Turma, julgado em 10/06/2008, DJe 01/08/2008 – *"...A ação persecutória do Estado, qualquer que seja a instância de poder perante a qual se instaure, para revestir-se de legitimidade, não pode apoiar-se em elementos probatórios ilicitamente obtidos, sob pena de ofensa à garantia constitucional do 'due process of law', que tem, no dogma da inadmissibilidade das provas ilícitas, uma de suas mais expressivas projeções concretizadoras no plano do nosso sistema de direito positivo. A 'Exclusionary Rule' consagrada pela jurisprudência da Suprema Corte dos Estados Unidos da América como limitação ao poder do Estado de produzir prova em sede processual penal. – A Constituição da República, em norma revestida de conteúdo vedatório (CF, art. 5º, LVI), desautoriza, por incompatível com os postulados que regem uma sociedade fundada em bases democráticas (CF, art. 1º), qualquer prova cuja obtenção, pelo Poder Público, derive de transgressão a cláusulas de ordem constitucional, repelindo, por isso mesmo, quaisquer elementos probatórios que resultem de violação do direito material (ou, até mesmo, do direito processual), não prevalecendo, em consequência, no ordenamento normativo brasileiro, em matéria de atividade probatória, a fórmula autoritária do 'male captum, bene retentum'. Doutrina. Precedentes. – A circunstância de a administração estatal achar-se investida de poderes excepcionais que lhe permitem exercer a fiscalização em sede tributária não a exonera do dever de observar, para efeito do legítimo desempenho de tais prerrogativas, os limites impostos pela Constituição e pelas leis da República, sob pena de os órgãos governamentais incidirem em frontal desrespeito às garantias constitucionalmente asseguradas aos cidadãos em geral e aos contribuintes em particular. – Os procedimentos dos agentes da administração tributária que contrariem os postulados consagrados pela Constituição da República revelam-se inaceitáveis e não podem ser corroborados pelo Supremo Tribunal Federal, sob pena de inadmissível subversão dos postulados constitucionais que definem, de modo estrito, os limites – inultrapassáveis – que restringem os poderes do Estado em suas relações com os contribuintes e com terceiros. A questão da doutrina dos frutos da árvore envenenada ('fruits of the poisonous tree'): a questão da ilicitude por derivação. – Ninguém pode ser investigado, denunciado ou condenado com base, unicamente, em provas ilícitas, quer se trate de ilicitude originária, quer se cuide de ilicitude por derivação. Qualquer novo dado probatório, ainda que produzido, de modo válido, em momento subsequente, não pode apoiar-se,*

o princípio da proporcionalidade, que não se presta a tal fim, porquanto idealizado para preservar garantias individuais, ao invés de fragilizá-las. Outra não é a *ratio* por detrás da vedação ao excesso (necessidade), da exigência de pertinência (e eficiência) entre o método eleito e os fins colimados (adequação) e da análise do custo/benefício (proporcionalidade *stricto sensu*). À medida em que o Estado dispõe, atualmente, de *n* meios de formação de provas, muitos extremamente invasivos, que transitam no limiar entre o constitucional e o inconstitucional, nada, rigorosamente nada justifica valer-se **também** de métodos ilícitos. E, justamente por ter à sua frente tantas opções lícitas, **vedar as ilícitas, por determinação constitucional, jamais conduzirá a absurdos a justificar o emprego da razoabilidade**, aos que a enxergam dissociada da proporcionalidade[97].

Finalmente, a referência à *cooperação entre os sujeitos processuais* causa imensa perplexidade, tamanha a desconexão com os postulados constitucionais e convencionais norteadores do processo penal pátrio: o direito ao silêncio (art. 5º, LXIII, da CRFB/88) e a garantia a não autoincriminação (art. 8º, 2, g da CADH e art. 14, 3, g do PIDCP) liberam o imputado de qualquer ônus colaborativo.

Diante de todo o articulado, a tão difundida admissibilidade das gravações clandestinas, telefônicas e ambientais, comporta, portanto, essa distinção (*distinguishing*), **reforçada pela restauração do § 4º do art. 8º-A da Lei nº 9.296/96**, ante a derrubada do veto pelo Congresso Nacional: **quando produzida pelo Estado, diretamente ou por interposta pessoa (*v.g.* imputado colaborador), a fim de conduzir o interlocutor à**

---

*não pode ter fundamento causal nem derivar de prova comprometida pela mácula da ilicitude originária. – A exclusão da prova originariamente ilícita – ou daquela afetada pelo vício da ilicitude por derivação – representa um dos meios mais expressivos destinados a conferir efetividade à garantia do 'due process of law' e a tornar mais intensa, pelo banimento da prova ilicitamente obtida, a tutela constitucional que preserva os direitos e prerrogativas que assistem a qualquer acusado em sede processual penal. Doutrina. Precedentes. – A doutrina da ilicitude por derivação (teoria dos 'frutos da árvore envenenada') repudia, por constitucionalmente inadmissíveis, os meios probatórios, que, não obstante produzidos, validamente, em momento ulterior, acham-se afetados, no entanto, pelo vício (gravíssimo) da ilicitude originária, que a eles se transmite, contaminando-os, por efeito de repercussão causal. Hipótese em que os novos dados probatórios somente foram conhecidos, pelo Poder Público, em razão de anterior transgressão praticada, originariamente, pelos agentes estatais, que desrespeitaram a garantia constitucional da inviolabilidade domiciliar. – Revelam-se inadmissíveis, desse modo, em decorrência da ilicitude por derivação, os elementos probatórios a que os órgãos estatais somente tiveram acesso em razão da prova originariamente ilícita, obtida como resultado da transgressão, por agentes públicos, de direitos e garantias constitucionais e legais, cuja eficácia condicionante, no plano do ordenamento positivo brasileiro, traduz significativa limitação de ordem jurídica ao poder do Estado em face dos cidadãos. – Se, no entanto, o órgão da persecução penal demonstrar que obteve, legitimamente, novos elementos de informação a partir de uma fonte autônoma de prova – que não guarde qualquer relação de dependência nem decorra da prova originariamente ilícita, com esta não mantendo vinculação causal –, tais dados probatórios revelar-se-ão plenamente admissíveis, porque não contaminados pela mácula da ilicitude originária... (grifo nosso); HC 80949, Relator Min. Sepúlveda Pertence, Primeira Turma, julgado em 30/10/2001, DJ 14/12/2001 – "... II. Provas ilícitas: sua inadmissibilidade no processo (CF, art. 5º, LVI): considerações gerais. 2. Da explícita proscrição da prova ilícita, sem distinções quanto ao crime objeto do processo (CF, art. 5º, LVI), resulta a prevalência da garantia nela estabelecida sobre o interesse na busca, a qualquer custo, da verdade real no processo: **consequente impertinência de apelar-se ao princípio da proporcionalidade – à luz de teorias estrangeiras inadequadas à ordem constitucional brasileira – para sobrepor, à vedação constitucional da admissão da prova ilícita, considerações sobre a gravidade da infração penal objeto da investigação ou da imputação**..." (grifo nosso).*

[97] PINHEIRO, Bruno. Ob. cit., p. 156-157.

autoincriminação, será inconstitucional e inconvencional, presentes os direitos ao silêncio (art. 5º, LXIII, da CRFB/88) e a não produção de provas contra si (art. 8º, 2, g da CADH e art. 14, 3, *g* do PIDCP).

A parte final do § 4º do art. 8º-A da Lei nº 9.296/96 exige a prova da integridade da gravação, considerada a cadeia de custódia da prova, a fim de preservar-lhe a fiabilidade.

No tocante à escuta ambiental, claramente o *caput* do art. 8º-A da Lei nº 9.296/96 a autorizou, mas **precedida de autorização jurisdicional**, pois a referência à captação, gênero, abarca-a, não sendo possível diferençar onde a lei não o fez. Em reforço, o § 1º do art. 10-A disse não ser crime a captação **realizada** por um dos **interlocutores**. Na escuta, são, no mínimo, **3** os atores envolvidos: os **2** interlocutores, além do interceptor. É este **último** quem capta o diálogo, logo **a presente escusa não o socorre, incorrendo no delito versado no** *caput* **do art. 10-A caso o faça sem autorização judicial**, mesmo porque, tipicamente falando, **a elementar normativa** *captação* **reúne a interceptação e a escuta**. Embora os preceitos penais incriminadores mereçam leitura restritiva, descabe excepcionar onde o legislador não o fez. Por tais razões, a jurisprudência do STJ favorável à **dispensabilidade** de autorização jurisdicional para a escuta **telefônica**[98] não se mostra mais aplicável à escuta ambiental, cujo implemento é possível, mas **sujeita à reserva de jurisdição**.

Como o art. 8º-A, § 5º da Lei nº 9.296/96 positivou a subsidiariedade das normas pertinentes à interceptação telefônica à captação ambiental, o que já se fazia, chegam-se a algumas conclusões:

a) A captação ambiental é medida cautelar **preparatória** ou **incidental** à ação penal, porquanto o próprio *caput* do art. 8º-A projeta-a para a **investigação** ou **instrução criminal**, reiterando o art. 3º da Lei nº 9.296/96. Apresenta cunho **satisfativo**, porque as provas produzidas integram, **definitivamente**, os autos da persecução, à semelhança da interceptação telefônica e da infiltração policial. Apesar da expressa previsão legal, é **inconstitucional** a captação ambiental decretada, originariamente, após a formalização da denúncia. Deflagrada a ação penal, **reuniu-se justa causa independentemente da captação ambiental**, demonstrando a sua prescindibilidade. Em Juízo, espera-se, apenas, ratificar, ou não, os elementos informativos colhidos durante a investigação. Se, até então, não foi necessário recorrer à medida tão invasiva da intimidade e da vida privada, não apenas do denunciado, mas de todos que o cercam, descabe vislumbrar a premência apenas no processo. A devassa seria gratuita, incompatível com o princípio da proporcionalidade, sob o ângulo da **necessidade** – vedação do excesso. Nada obstante, se implementada a captação ambiental no inquérito, o seu prolongamento pelo processo é, excepcionalmente,

---

[98] AgRg no AREsp 754.861/PR, Rel. Ministro Sebastião Reis Júnior, Sexta Turma, julgado em 04/02/2016, DJe 23/02/2016 – "...1. Tanto o Supremo Tribunal Federal quanto o Superior Tribunal de Justiça **admitem ser válida como prova a gravação ou filmagem de conversa feita por um dos interlocutores, mesmo sem autorização judicial**, não havendo falar, na hipótese, em interceptação telefônica, esta, sim, sujeita à reserva de jurisdição (RE n. 583.937 QO-RG/RJ, Ministro Cezar Peluso, **Plenário**, DJe 18/12/2009; APn 644/BA, Ministra Eliana Calmon, **Corte Especial**, DJe 15/2/2012). 2. **As gravações telefônicas, ainda que realizadas com apoio de terceiro, contavam sempre com a ciência e permissão de um dos interlocutores**, entre eles, a própria vítima do crime de estupro. A conduta é, portanto, **lícita**, sendo despicienda, para tanto, a autorização judicial. E, ainda, a situação dos autos não se confunde com a interceptação telefônica, em que a reserva de jurisdição é imprescindível..." (grifo nosso).

possível, porque, malgrado a denúncia formalizada, podem existir outros delitos, conexos aos demandados, carentes de elucidação, a justificar a prorrogação da medida, ou mesmo, eventuais qualificadoras, majorantes ou elementares correlatas ao fato principal, mas ainda não suficientemente indiciadas, objetivando futuro aditamento. Diferentemente da hipótese acima, não se trata de uma captação ambiental que teria, no processo judicial, o seu marco inaugural, mas final, porque inaugurada ainda no inquérito, como há de ser. Em se tratando da interceptação telefônica, STF e STJ admitem, sem sustos, o seu decreto incidentalmente ao processo[99].

b) Por analogia aos §§ 1º e 2º do art. 6º da Lei nº 9.296/96, basta à preservação da cadeia de custódia o armazenamento de **todos** os diálogos capturados em mídia digital ou afim, disponibilizando-os à defesa, limitando as transcrições às conversas de relevo maior à persecução[100].

c) À semelhança da interceptação telefônica, considerado o art. 7º da Lei nº 9.296/96, a autoridade policial poderá requisitar serviços e técnicos especializados às concessionárias de serviço público, não havendo a menor necessidade de a execução ficar a cargo de peritos, ao contrário. Se assim fosse, haveria manifesto **desvio de função**, afinal, registrar conversas, sejam telefônicas ou presenciais, não requer **ciência** alguma. É um trabalho exclusivamente mecânico, exequível, inclusive, por particulares (como são os técnicos das ditas concessionárias), sob a supervisão imediata do delegado, obviamente. Nessa

---

[99] STF, HC 77195, Relator Min. Nelson Jobim, Segunda Turma, julgado em 01/09/1998, DJ 28/03/2003 – "*...Se a defesa tomou conhecimento dos documentos juntados aos autos e os impugnou nas alegações finais, a falta de intimação específica para falar sobre os mesmos, não caracteriza nulidade. As transcrições da escuta telefônica, cuja intimação as alegações finais reclamaram, não influíram na condenação. Ela fundamentou-se em outros elementos probatórios diversos da prova decorrente de escuta telefônica...*" (grifo nosso); STJ, AgRg no REsp 1416858/PB, Rel. Ministro Sebastião Reis Júnior, Sexta Turma, julgado em 02/06/2015, DJe 15/06/2015 – "*...2. Não há nulidade a ser conhecida na juntada tardia das transcrições das interceptações telefônicas, visto que foram incorporadas aos autos antes da abertura de prazo para as alegações finais, possibilitando à defesa o amplo acesso, a fim de refutá-las, antes da prolação da decisão condenatória, o que garantiu o pleno exercício do contraditório, notadamente se não apontado nenhum prejuízo efetivo...*" (grifo nosso).

[100] STF, Rcl 33783 AgR, Relator Min. Roberto Barroso, Primeira Turma, julgado em 29/11/2019, DJe-277 divulg 12/12/2019 public 13/12/2019 – "*...2. O Supremo Tribunal Federal afasta a necessidade de transcrição integral dos diálogos gravados durante quebra de sigilo telefônico, rejeitando alegação de cerceamento de defesa pela não transcrição de partes da interceptação irrelevantes para o embasamento da denúncia...*" (grifo nosso); HC 163967-AgR, Relator Min. Cármen Lúcia, Segunda Turma, julgado em 29/03/2019, DJe-074 divulg 09/04/2019 public 10/04/2019 – "*...Acesso assegurado aos autos de interceptação telefônica. Transcrição apenas dos diálogos interceptados que serviram de fundamento para a acusação em harmonia com a jurisprudência deste Supremo Tribunal...*" (grifo nosso); STJ, RHC 101.255/SP, Rel. Ministro Joel Ilan Paciornik, Quinta Turma, julgado em 04/02/2020, DJe 13/02/2020 – "*...3. 'O entendimento predominante nos Tribunais Superiores é no sentido da **desnecessidade de transcrição integral do conteúdo da quebra do sigilo das comunicações telefônicas, bastando que se confira às partes acesso aos diálogos interceptados**. Precedentes do STJ e do STF' (HC n. 171.453/SP, Ministro Jorge Mussi, Quinta Turma, DJe 19/2/2013)...*" (grifo nosso); RHC 25.315/MG, Rel. Ministro Rogerio Schietti Cruz, Sexta Turma, julgado em 26/04/2016, DJe 02/05/2016 – "*...2. **O Pleno do Supremo Tribunal Federal firmou a orientação de ser prescindível a transcrição integral dos diálogos obtidos por meio de interceptação telefônica, bastando a transcrição do que seja relevante para o esclarecimento dos fatos e disponibilizada às partes cópia integral das interceptações colhidas**, de modo que possam elas exercer plenamente o seu direito constitucional à ampla defesa...*" (grifo nosso).

esteira, se a execução desses serviços pode ser requisitados de profissionais vinculados a entes privados, quanto mais dos agentes de Segurança Pública, como os integrantes de Polícias diversas da Federal e da Civil, mesmo porque **a atividade própria de polícia judiciária consiste na leitura (interpretação) das conversas, que persistirá a cargo das duas últimas**, a teor do art. 144, §§ 1º, IV e 4º da CRFB/88[101].

d) Por analogia ao art. 8º, *caput*, da Lei nº 9.296/96, a captação ambiental deve transcorrer em autos apartados, garantido o sigilo externo **e** interno (oponível ao imputado e ao defensor). Uma vez finda, anexam-se os autos aos do inquérito ou do processo. Como o contraditório e a ampla defesa são, inescapavelmente, diferidos, imprescindível que todas as conversas capturadas sejam conservadas na íntegra. Por conseguinte, tal qual se dá na interceptação telefônica, cabe incidente de inutilização, a requerimento não apenas do Ministério Público, do imputado, mas de qualquer interessado (a) que, desavisadamente, teve a sua intimidade exposta. Aplicando-se, subsidiariamente, o art. 9º, *caput*, tem lugar em qualquer fase da persecução, inclusive na inquisitorial. Embora, nos termos do parágrafo único, o acompanhamento do incidente pelo imputado seja facultativo, **notificá-lo pessoalmente é mandatório**, porque, do contrário, parte da prova será destruída à sua revelia, **importando flagrante quebra da cadeia de custódia, a comprometer a licitude da captação ambiental como um todo**. Como em xeque está a própria autodefesa, não basta notificar a defesa técnica, se houver – lembre-se que o incidente pode ser formalizado ainda no inquérito, inquisitório, momento persecutório no qual a constituição de defensor pelo indiciado, ou a sua nomeação, não é obrigatória. O imputado precisa ser pessoalmente notificado. Se não encontrado, depois de esgotadas as tentativas para tanto, notifica-se por edital, nomeando-se, em seguida, a Defensoria Pública para fins de ciência do incidente e eventual impugnação. Não se ignora que a 6ª Turma do STJ possui precedente reputando **facultativa** a **notificação** da defesa técnica para o incidente de inutilização[102]. Mas, além de contraditório com a sua própria jurisprudência, no sentido da imprestabilidade do material interceptado quando não conservado íntegro – o que fatalmente acontecerá, caso o imputado e o defensor, se houver, não forem notificados do incidente de inutilização das conversas telefônicas, apresentando-lhes um material probatório **parcial** – tal orientação, diante da regulamentação da cadeia de custódia nos arts. 158-A a 158-F do CPP mostra-se *contra legem*, além de vulnerar, evidentemente, o contraditório e a ampla defesa (art. 5º, LV, da CRFB/88). A decisão que encerra o incidente de inutilização, porque definitiva, comporta a apelação subsidiária contemplada no art.

---

[101] STJ, AgRg nos EDcl no RHC 91.508/SP, Rel. Ministro Joel Ilan Paciornik, Quinta Turma, julgado em 06/12/2018, DJe 19/12/2018 – "...3. 'O art. 6º da Lei n. 9.296/1996, **não restringe à polícia civil a atribuição (exclusiva) para a execução da medida restritiva de interceptação telefônica**, ordenada judicialmente' (RHC 78.743/RJ, Rel. Ministro Reynaldo Soares da Fonseca, Quinta Turma, DJe 22/11/2018) 4. A jurisprudência desta Corte é reiterada no sentido de que a decretação da nulidade processual, ainda que absoluta, depende da demonstração do efetivo prejuízo por aplicação do princípio do pas de nullité sans grief. **A defesa não logrou demonstrar qual o prejuízo experimentado em razão da participação de policial militar na degravação das conversas interceptadas**, restringindo-se a sustentar a violação à Resolução n. 59 do Conselho Nacional de Justiça – CNJ..." (grifo nosso).

[102] RHC 74.187/RJ, Rel. Ministro Antonio Saldanha Palheiro, Sexta Turma, julgado em 26/09/2017, DJe 13/10/2017 –"...10. **Desnecessidade de intimação prévia da defesa do investigado para acompanhar o incidente de inutilização das provas obtidas por interceptação telefônica** (art. 9º, parágrafo único), tendo em vista que a jurisprudência tem consolidada orientação de que a referência legal traduz mera **faculdade**..." (grifo nosso).

593, II, do CPP, porquanto inatacável por meio de recurso em sentido estrito, cujo rol é taxativo – art. 581 do CPP.

e) Indeferido o pedido de captação ambiental, cabe ao Ministério Público apelar, com lastro no art. 593, II, do CPP, por se tratar de pronunciamento com força de definitivo, não previsto no elenco, exaustivo, do art. 581 do CPP. Como o sigilo é ínsito à efetividade da medida, não se oportuniza o contraditório em nível recursal, hipótese na qual fatalmente cairia por terra. O apelo será apreciado pelo Tribunal em face das razões apresentadas pela acusação, sem as contrarrazões, sem prejuízo de a legalidade da captação ambiental vir a ser amplamente questionada pelo réu e seu defensor futuramente, no curso da ação penal.

f) Por força do parágrafo único do art. 9º da Lei nº 9.296/96, aplicável subsidiariamente à captação ambiental, incidentalmente ao processo a captação ambiental pode perdurar até as alegações finais, devendo ser anexada aos autos antes da notificação das partes para apresentá-las. Imaginou o legislador que, assim, asseguraria o contraditório e a ampla defesa. Equivocou-se, todavia, porquanto ao réu e ao defensor seriam apresentadas provas, logo, **antes de ofertar as alegações finais, peça de conteúdo argumentativo, e não probatório**, há de lhes ser dada a oportunidade de produzir provas em sentido contrário, caso as indique, incluindo novo interrogatório, se assim requerer. Negar tais pedidos importa grave cerceamento do direito de defesa e do contraditório, dando azo à **nulidade absoluta do processo a partir da anexação dos autos da captação ambiental**. Se, todavia, a defesa técnica não indicou provas a produzir, optando por refutar o apurado na captação ambiental nas próprias alegações finais, inexiste nulidade a ser declarada, por ausência de prejuízo (art. 563 do CPP), bem como em homenagem ao princípio do interesse (art. 565 do CPP), na esteira de precedentes do STJ[103]. O STF possui idêntica percepção, enfatizando, ainda, a falta de prejuízo se a sentença penal condenatória está escudada em fundamentos diversos, capazes, por si só, de sustentá-la[104]. Essa última argumentação, contudo, é temerária, por ignorar a dissonância cognitiva – por mais que o material captado não seja a *ratio decidendi* ou mesmo mal seja mencionado na sentença, pode perfeitamente ter contribuído para a formação da convicção judicial, optando o magistrado por não lhe dar a ênfase necessária, potencializando outros elementos, exatamente para esvaziar discussões acerca da sua higidez, quando controversa. O prejuízo ao réu jaz não na motivação da sentença, mas no dispositivo condenatório.

Tal qual a infiltração policial, são legitimados para buscar a captação ambiental o Ministério Público e a autoridade policial – a controvérsia concernente à legitimidade da

---

[103] AgRg no REsp 1416858/PB, Rel. Ministro Sebastião Reis Júnior, Sexta Turma, julgado em 02/06/2015, DJe 15/06/2015 – "...2. Não há nulidade a ser conhecida na juntada tardia das transcrições das interceptações telefônicas, visto que **foram incorporadas aos autos antes da abertura de prazo para as alegações finais, possibilitando à defesa o amplo acesso, a fim de refutá-las, antes da prolação da decisão condenatória, o que garantiu o pleno exercício do contraditório, notadamente se não apontado nenhum prejuízo efetivo**..." (grifo nosso).

[104] HC 77195, Relator Min. Nelson Jobim, Segunda Turma, julgado em 01/09/1998, DJ 28/03/2003 – "...Se a defesa tomou conhecimento dos documentos juntados aos autos **e os impugnou nas alegações finais**, a falta de intimação específica para falar sobre os mesmos, não caracteriza nulidade. As transcrições da escuta telefônica, cuja intimação as alegações finais reclamaram, **não influíram na condenação**. Ela fundamentou-se em **outros** elementos probatórios diversos da prova decorrente de escuta telefônica..." (grifo nosso).

última foi examinada no tópico anterior, aos qual nos reportamos integralmente, a fim de evitar repetições desnecessárias.

O prazo da captação ambiental é o mesmo reservado à interceptação telefônica, havendo a Lei nº 13.964/19 positivado a jurisprudência favorável a mais de uma renovação, consolidada em relação à interceptação telefônica[105], que servia de referencial à captação ambiental. Nesse sentido, diz o § 3º do art. 8º-A da Lei nº 9.296/96 que *a captação ambiental não poderá exceder o prazo de 15 (quinze) dias*, **renovável** *por decisão judicial por* **iguais períodos**, *se comprovada a* **indispensabilidade** *do meio de prova e quando presente* **atividade criminal permanente, habitual ou continuada** (grifo nosso). Registre-se que, a par da indicação de elementos concretos reveladores da subsistência dos fundamentos ensejadores da captação ambiental, **a renovação exige que se esteja diante de crime permanente, continuação delitiva ou habitualidade criminosa, considerados não propriamente os tipos penais habituais, mas quadros de reiteração delitiva**, daí a referência à *atividade criminosa*, e não simplesmente a *crime*. Trata-se de **requisito específico** à renovação, mas **não** à imposição da captação ambiental, logo, por exclusão, nos demais casos, terá como **teto intransponível**, 15 (quinze) dias. Ilustrando: o roubo a uma agência bancária, circunstanciado pelo concurso de pessoas e emprego de arma de fogo, caso encerre evento único, pode, até, desafiar captação ambiental, mas por 15 (quinze) dias, não renováveis. **Da mesma maneira que as regras sobre interceptação telefônica aplicam-se, subsidiariamente, à captação ambiental, os preceitos concernentes à última igualmente alcançam a primeira, se presente a identidade de razões**. Embora a exigência de *atividade criminal permanente, habitual ou continuada* seja requisito especial à renovação da captação ambiental, mas não da interceptação telefônica, esbarrando, em tese, no princípio da especialidade, afinal, o legislador, se quisesse, poderia tê-la estendido a esta, não se trata de óbice intransponível. O foco da Lei nº 13.964/19 foi a captação ambiental, não se ocupando, minimamente, com a interceptação telefônica, logo, o silêncio eloquente em relação ao art. 5º não soa eloquente. A analogia com o art. 8º-A, § 3º tampouco vulnera o devido processo legal (art. 5º, LIV, da CRFB/88), porque *in bonam partem*, objetivando racionalizar melhor as renovações da interceptação telefônica, conferindo-lhes parâmetros mais objetivos, mesmo porque é incontroverso que o sigilo de conversas telefônicas não pode ficar em aberto indefinidamente, transformação exceção a direito fundamental (art. 5º, XII, da CRFB/88) em regra. Como ambas as cautelares são invasivas da intimidade e da vida privada, existe unidade ontológica e teleológica para a analogia. Assim, **estende-se às renovações das interceptações telefônicas a indicação de** *atividade criminal permanente, habitual ou continuada*, **sem a qual ficam restritas a 15 (quinze) dias**.

---

[105] STF, RHC 138754-AgR, Relator Min. Ricardo Lewandowski, Segunda Turma, julgado em 28/09/2018, *DJe*-212 divulg 03/10/2018 public 04/10/2018 – "... **havendo razão para sucessivas renovações das interceptações telefônicas, não há falar em ilegalidade que justifique a impetração**..." (grifo nosso); STJ, AgRg no AREsp 1389718/RS, Rel. Ministro Reynaldo Soares da Fonseca, Quinta Turma, julgado em 05/12/2019, *DJe* 17/12/2019 – "...1. *A complexidade dos fatos investigados, com grande número de integrantes,* **autoriza a renovação do prazo da interceptação telefônica, por mais de uma vez, porquanto lastreada em decisão fundamentada na sua necessidade, não configurando ofensa ao art. 5º da Lei 9.296/96** (ut, REsp n. 1482076/CE, Rel. Ministro Nefi Cordeiro, Sexta Turma, DJe 10/4/2019)..." (grifo nosso).

Tal qual examinado no item pretérito, alusivo à infiltração policial virtual, para o qual também nos remetemos para não sermos repetitivos, a renovação da captação ambiental, assim como a da interceptação telefônica, comporta fundamentação *per relationem* ou *aliunde*, sem a necessidade de inovar a *ratio decidendi* primitiva[106]. Sem embargo, é imprescindível indicar o que se apurou de concreto ao final do ciclo para que se tenha outro, pois a vida privada não pode ficar escancarada, à disposição do Estado, eternamente, **ainda mais diante de medida cautelar tão invasiva como a captação ambiental**. Mero "copiar e colar" é inaceitável[107].

Como a captação ambiental não deixa de representar uma invasão domiciliar virtual, impõe o § 1º do art. 8º-A que o pedido, e a vindoura decisão, descrevam **circunstanciadamente** *o local e a forma de instalação do dispositivo de captação ambiental* (grifo nosso), **sem espaço, evidentemente, para "mandados em branco"**, autorizando captações ambientais indiscriminadas, em *n* domicílios distintos, prática igualmente estudada no tópico anterior, quando relacionado o *fishing expedition* à infiltração policial, repudiada pelo STF e pelo STJ[108], ao qual nos reportamos para evitar repetições desnecessárias.

---

[106] STF, RHC 130542 AgR, Relator Min. Roberto Barroso, Primeira Turma, julgado em 07/10/2016, *DJe*-228 divulg 25/10/2016 public 26/10/2016 – "...*4. A jurisprudência do Supremo Tribunal Federal entende que 'A técnica da fundamentação per relationem, na qual o magistrado se utiliza de trechos de decisão anterior ou de parecer ministerial como razão de decidir, não configura ofensa ao disposto no art. 93, IX, da CF'* (RHC 116.166, Relator Ministro Gilmar Mendes)..." (grifo nosso).

[107] STJ, AgRg no AREsp 1287959/RS, Rel. Ministro Nefi Cordeiro, Sexta Turma, julgado em 05/09/2019, *DJe* 12/09/2019 – "...*2. O entendimento majoritário desta Corte é no sentido de que, mesmo em casos de fundamentação per relationem, é nula a decisão de simples remessa aos fundamentos de terceiros, exigindo-se acréscimo pessoal pelo magistrado, a indicar o exame do pleito e a clarificar suas razões de convencimento, existente na espécie. 3. A complexidade dos fatos investigados, com grande número de integrantes, autoriza a renovação do prazo da interceptação telefônica, por mais de uma vez, porquanto lastreada em decisão fundamentada na sua necessidade, não configurando ofensa ao art. 5º da Lei 9.296/96...*" (grifo nosso); AgRg no RHC 98.193/RJ, Rel. Ministro Antonio Saldanha Palheiro, Sexta Turma, julgado em 04/12/2018, *DJe* 18/12/2018 – "...*1. A técnica de fundamentação per relationem, ou aliunde, é suficiente para a prorrogação de interceptações telefônicas autorizadas pelo Juízo processante, desde que acrescentem elementos novos, ainda que mínimos, à autorização inicial. 2. No caso em tela, a própria petição inicial demonstra que a decisão de prorrogação faz referência a novos elementos, o que afasta a alegação de fundamentação inidônea das sucessivas prorrogações autorizadas judicialmente...*" (grifo nosso).

[108] STF, HC 106566, Relator Min. Gilmar Mendes, Segunda Turma, julgado em 16/12/2014, *DJe*-053 divulg 18/03/2015 public 19/03/2015 – "...*2. Inviolabilidade de domicílio (art. 5º, IX, CF). Busca e apreensão em estabelecimento empresarial. Estabelecimentos empresariais estão sujeitos à proteção contra o ingresso não consentido. 3. Não verificação das hipóteses que dispensam o consentimento. 4. **Mandado de busca e apreensão perfeitamente delimitado**. Diligência estendida para endereço ulterior sem nova autorização judicial. Ilicitude do resultado da diligência. 5. Ordem concedida, para determinar a inutilização das provas...*" (grifo nosso); STJ, AgRg no HC 435.934/RJ, Rel. Ministro Sebastião Reis Júnior, Sexta Turma, julgado em 05/11/2019, *DJe* 20/11/2019 – "...*1. **Configurada a ausência de individualização das medidas de apreensão a serem cumpridas**, o que contraria diversos dispositivos legais, dentre eles os arts. 240, 242, 244, 245, 248 e 249 do Código de Processo Penal, além do art. 5º, XI, da Constituição Federal: a casa é asilo inviolável do indivíduo, ninguém nela podendo penetrar sem consentimento do morador, salvo em caso de flagrante delito ou desastre, ou para prestar socorro, ou, durante o dia, por determinação judicial. Caracterizada a possibilidade concreta e iminente de ofensa ao direito fundamental à inviolabilidade do domicílio. 2. **Indispensável que o mandado de busca e apreensão tenha objetivo certo e pessoa determinada, não se admitindo ordem judicial genérica e indiscriminada de busca e apreensão para a entrada da polícia em qualquer residência***

Em derradeiro, mas não menos importante, o ingresso domiciliar, por força de mandado, há de ser feito durante o dia, nos termos do art. 5º, XI, da CRFB/88.

Buscando objetivar o conceito de dia, sem dar margem a subjetividades comprometedoras da segurança jurídica, autores como Paulo Rangel defendem a aplicação subsidiária do art. 212 do CPC/15, das 6 às 20h[109]. Outro caminho seria eleger o interregno das 5 às 21h, considerando o art. 22, § 1º, III, da Lei nº 13.869, de 5 de setembro de 2019, que entende não haver crime de abuso de autoridade, caso o ingresso no domicílio, por força de mandado, se dê nesse intervalo.

Ocorre que, **a depender da região do País e da época do ano, a adoção de qualquer desses critérios importará legitimar a entrada no domicílio, em razão de mandado, à noite**, em dissintonia com o art. 5º, XI, da CRFB/88, daí ser mais adequado o implemento de referencial físico-astronômico, **compreendendo o dia o interregno entre os primeiros raios de sol da aurora até os derradeiros ao crepúsculo**, segundo advoga, entre outros, o prof. Bernardo Gonçalves Fernandes[110].

Anote-se que o fato de o ingresso domiciliar por mandado entre 5 e 21h não configurar crime de abuso de autoridade não significa ser lícito. Simplesmente entendeu por bem o legislador não movimentar o Direito Penal, considerados os princípios da fragmentariedade e da intervenção penal mínima. Como, a depender da localidade e da estação do ano, 5h e 21h são marcos limítrofes entre dia e noite, entendeu por bem o legislador não criminalizar a entrada forçada no domicílio, em cumprimento de mandado, durante esse lapso temporal, inclusive em resguardo dos agentes policiais, evitando expô-los à responsabilização penal. Isso não significa, todavia, chancelar o ingresso domiciliar forçado, afinal, 20h, em Porto Alegre, durante o inverno, *v.g.*, é, indiscutivelmente, noite, logo, ainda que não configure crime, a entrada policial nesse horário, escudada em mandado, será ilícita à luz do art. 5º, XI, da CRFB/88, desaguando na ilicitude da prova que vier a ser produzida.

Mutatis mutandis, desenvolve-se raciocínio idêntico ao dispensado para quartos de hotel, motel, pensão, hospedaria e congêneres. A entrada nesses estabelecimentos não configura o crime de invasão de domicílio (art. 150, § 5º, do CP), porquanto, diante de uma norma penal incriminadora, o tratamento dispensado não apenas pelo intérprete, mas também pelo legislador, há de ser irremediavelmente restritivo, em atenção aos postulados da legalidade penal estrita e da tipicidade. Excluir tais bens da **elementar típica** "casa" é razoável, inclusive pragmaticamente, senão ninguém se aventuraria no ramo hoteleiro, tornando-se sujeito ativo potencial do crime previsto no art. 150 do CP.

Sem embargo, casa, **para fins de proteção constitucional (art. 5º, XI, da CRFB/88)**, é a **simbiose entre propriedade privada e núcleo da intimidade, da vida privada**, logo, compreende tais espaços, sejam eles utilizados como efetiva residência ou hospedagem, afinal, enquanto perdurar a estadia, o indivíduo para lá transferiu o centro da sua intimidade. Inexiste contrassenso, porque, aqui, em jogo está uma **garantia fundamental,**

---

*Constrangimento ilegal evidenciado. 3. Agravo regimental provido. Ordem concedida para reformar o acórdão impugnado e **declarar nula a decisão que decretou a medida de busca e apreensão coletiva, genérica e indiscriminada contra os cidadãos e cidadãs domiciliados nas comunidades atingidas pelo ato coator**...*" (grifo nosso).

[109] *Direito processual penal*. 29. ed. Barueri: Atlas, 2021, p. 143.
[110] *Ob. cit.*, p. 596.

a qual se dá **máxima efetividade**. Por conseguinte, **o ingresso no quarto de hotel ou afins, fora das hipóteses do inciso XI do art. 5º da CRFB/88, é constitucionalmente ilícito, desaguando na ilicitude das provas que vierem a ser carreadas**, não sendo outra a percepção do STF[111] e do STJ[112].

A exigência diurna, todavia, não é intransponível, podendo ser afastada pela autoridade judiciária competente quando o ingresso domiciliar estiver atrelado à execução de medida cautelar probatória, cujo sigilo seja imprescindível à sua efetividade, exigindo que a entrada no imóvel seja a mais discreta possível. É, definitivamente, o caso da captação ambiental, cujo implemento exige, previamente, que se adentre no imóvel para instalar os microfones e as microcâmeras. Nesses casos, desde que comprovada pelas agências de repressão estatal – polícia e Ministério Público – que, durante o dia, de segunda-feira a segunda-feira, há expediente no referido imóvel – *v.g.*, escritório de advocacia –, o juiz competente pode autorizar a entrada à noite (se não houvesse movimento nos finais de semana, *v.g.*, o ingresso haveria de ser durante o dia).

Assim já decidiu o Pleno do STF – Inq 2424, Rel. Min. Cezar Peluso, Tribunal Pleno, julgado em 26/11/2008, DJe 26/03/2010: *"...Prova. Criminal. Escuta ambiental e exploração de local. Captação de sinais óticos e acústicos. Escritório de advocacia. Ingresso da autoridade policial, no período noturno, para instalação de equipamento. Medidas autorizadas por decisão judicial. Invasão de domicílio. Não caracterização..."* (grifo nosso).

A inteligência do precedente restringe-se aos estabelecimentos **laborais, não extensiva às residências propriamente ditas**, nas quais os integrantes estão presentes justamente no período noturno, para repouso. Nestas últimas, qualquer ingresso para fins de implantação da aparelhagem ínsita à captação ambiental somente se concebe durante o dia.

Pois é essa a *ratio* por detrás do § 2º do art. 8º-A da Lei nº 9.296/96, ao preconizar que *a instalação do dispositivo de captação ambiental poderá ser realizada, quando necessária, por meio de operação policial disfarçada ou no período noturno,* **exceto na casa, nos termos do inciso XI do** caput *do art. 5º da Constituição Federal*, bastando associar a referência à "casa" à **moradia, e não aos estabelecimentos comerciais/profissionais**. Longe de afrontar ou de colocar em xeque a orientação do Pleno do STF, preocupação

---

[111] RHC 90376, Rel. Min. Celso de Mello, Segunda Turma, julgado em 03/04/2007, DJe 18/05/2007 – *"...Para os fins da proteção jurídica a que se refere o art. 5º, XI, da Constituição da República, o conceito normativo de 'casa' revela-se abrangente e, por estender-se a qualquer aposento de habitação coletiva, desde que ocupado (CP, art. 150, § 4º, II),* **compreende, observada essa específica limitação espacial, os quartos de hotel***..."* (grifo nosso).

[112] AgRg no HC 630.369/MG, Rel. Ministro Reynaldo Soares da Fonseca, Quinta Turma, julgado em 02/02/2021, DJe 04/02/2021 – *"...o conceito em tela comporta as moradias de todo gênero, incluindo as alugadas ou mesmo as sublocadas. O título da posse é, em princípio, irrelevante.* **Abrange as moradias provisórias***, tais como quartos de hotel ou moradias móveis como o trailer ou o barco, a barraca e outros do gênero que sirvam de moradia. Determinante é o reconhecível propósito do possuidor de residir no local, estabelecendo-o como abrigo ('asilo') espacial de sua esfera privada (CANOTILHO, J. J. Gomes... [et al.]. Comentários à Constituição do Brasil. 2. ed. São Paulo: Saraiva Educação, 2018, p. 305)..."* (grifo nosso); HC 659.527/SP, Rel. Ministro Rogerio Schietti Cruz, Sexta Turma, julgado em 19/10/2021, DJe 25/10/2021 – *"...3.* **O quarto de hotel constitui espaço privado que, segundo entendimento do Supremo Tribunal Federal, é qualificado juridicamente como 'casa'** *(desde que ocupado) para fins de tutela constitucional da inviolabilidade domiciliar..."* (grifo nosso).

externa no veto presidencial ao dispositivo[113], o escopo da Lei nº 13.964/19 foi positivá-la. O Congresso Nacional agiu bem ao derrubá-lo.

9.6. DA COLABORAÇÃO (DELAÇÃO) PREMIADA

As alterações promovidas pela Lei nº 13.964/19 na colaboração (delação) premiada versada na Lei nº 12.850/13 vieram muito mais com o intuito de positivar postulados doutrinários e jurisprudenciais do que propriamente inovar. Sem embargo, alterações importantes relacionadas às tratativas do acordo de colaboração foram implementadas.

Preconiza o art. 3º-A da Lei nº 12.850/13, introduzido pela Lei nº 13.964/19, que *o acordo de colaboração premiada é* **negócio jurídico processual** *e meio de obtenção de prova, que pressupõe utilidade e interesse públicos* (grifo nosso). Na linha do decidido pelo Pleno do Supremo Tribunal Federal, quando do julgamento, em 27 de agosto de 2015, do *Habeas Corpus* nº 127.483/PR, da relatoria do Min. Dias Toffoli, com acórdão publicado no Diário de Justiça de 4 de fevereiro de 2016, noticiado no Informativo de Jurisprudência nº 796, enfatizou-se a natureza jurídica **processual** da colaboração premiada, seja como expressão da denominada justiça penal negocial ou negociada, seja como ferramenta probatória.

Considerada a vertente negocial da colaboração premiada, **os artigos 3º-B e 3º-C procuraram detalhar melhor o procedimento concernente às tratativas prévias, conducentes ao acordo**, pois, de fato, a normatização a respeito ainda se mostrava escassa. Poucas haviam sido as balizas fixadas pelo legislador até então. Colhem-se, basicamente, a impossibilidade de o juiz participar das negociações, em deferência ao sistema acusatório, *ex vi* do § 6º do art. 4º; a permanente assistência de um defensor ao imputado, acompanhando-o em todos os atos, *ex vi* do § 15 do art. 4º; e a legitimidade para pactuar não apenas do Ministério Público, mas da autoridade policial, dando-se ciência àquele, *ex vi* dos §§ 2º e 6º do art. 4º. Todos esses dispositivos, aliás, restaram inalterados pela Lei nº 13.964/19.

No tocante à legitimidade conferida aos delegados para conduzir tratativas objetivando acordos de colaboração premiada, a Procuradoria Geral da República formalizou, no Supremo Tribunal Federal, relator Ministro Marco Aurélio, a Ação Direta de Inconstitucionalidade (ADIN) nº 5.508 em face dos §§ 2º e 6º do art. 4º da Lei nº 12.850/13, a fim de declará-la inconstitucional, ou, subsidiariamente, dar-lhe interpretação conforme a Constituição, a fim de assentar a imprescindibilidade da presença do Ministério Público em todas as etapas de tratativas e confecção do acordo. Ponderou não ser a autoridade policial sujeito processual, logo, descaberia celebrar pactos com repercussão direta na demanda. A cooperação premiada teria raiz negocial idêntica à transação penal e à suspensão condicional do processo. Se a iniciativa para propô-las é privativa do *Parquet*,

---

[113] As razões do veto foram: "*A propositura legislativa, gera insegurança jurídica, haja vista que, ao mesmo tempo em que admite a instalação de dispositivo de captação ambiental, esvazia o dispositivo ao retirar do seu alcance a 'casa', nos termos do inciso XI do art. 5º da Lei Maior. Segundo a doutrina e a jurisprudência do Supremo Tribunal Federal, o conceito de 'casa' deve ser entendido como qualquer compartimento habitado, até mesmo um aposento que não seja aberto ao público, utilizado para moradia, profissão ou atividades, nos termos do art. 150, § 4º, do Código Penal (v.g. HC 82788, Relator: Min. Celso de Mello, Segunda Turma, julgado em 12/04/2005)*" – grifo nosso.

enquanto titular privativo da ação penal pública (art. 129, I, da CRFB/88), não haveria de ser diferente no caso da colaboração.

A pretensa inconstitucionalidade sempre soou exagerada, porquanto a previsão de subsequente abertura de vista ao Ministério Público para ciência e pronunciamento, decorrente da titularidade privativa da ação penal pública, basta à constitucionalidade dos mencionados §§ 2º e 6º do art. 4º da Lei nº 12.850/13. A tese veiculada na ADIN parte da premissa segundo a qual inexiste premiação sem acordo. Ocorre que, uma vez alcançados os resultados previstos em lei para a concessão da benesse, esta será deferida pelo juiz, **mesmo se unilateral tiver sido a cooperação**, tornando irrelevante o delegado poder, ou não, representar pelo perdão judicial ou pactuar, nos moldes dos §§ 2º e 6º do art. 4º da Lei nº 12.850/13. A palavra final é do juiz: se entender expressivo o auxílio, pode, **inclusive por meio de provocação do defensor ou de ofício**, conceder, dentro do leque de opções estabelecido em lei, o prêmio mais adequado à espécie, desde a extinção da punibilidade, através do perdão, até a redução da pena.

Por outro lado, segundo apresentamos em estudo próprio sobre o tema[114], descabe aproximar a colaboração à transação penal e à suspensão condicional do processo. As duas últimas incidem no exercício da ação penal, que tem no Ministério Público o seu titular (artigo 129, I, da Constituição), logo é aceitável que a iniciativa da proposta seja sua. A delação premiada, contudo, pode representar perdão judicial, sujeito, conforme indica o adjetivo, à reserva de jurisdição, ou repercutir na quantidade e na espécie de reprimenda a ser aplicada, outro *munus* jurisdicional. Impactando na sentença, a cognoscibilidade pelo Juízo independe de acordo prévio, bem como do desiderato do Ministério Público, sob pena de inaceitável ingerência em atividade própria e exclusiva do Poder Judiciário, em descompasso com o artigo 2º da Constituição, comprometendo a independência, a separação e a harmonia entre os Poderes da República. Nessa linha, aliás, já se colocou a 2ª Turma do STF[115], admitindo a por nós intitulada **colaboração premiada unilateral**.

Ademais a colaboração, embora objetive elucidar a demanda, projetando-se no processo, repercute, de imediato, na investigação, tornando-a mais efetiva e eficiente. E a condução desta é privativa dos delegados por mandamento constitucional – art. 144, §§ 1º, IV e 4º da Lei Maior –, potencializado pelo art. 2º da Lei nº 12.830, de 20 de junho de 2013, notadamente os §§ 1º e 6º, ao assentarem o indiciamento como ato privativo da autoridade policial. O encaminhamento do pacto à chancela jurisdicional não alça a autoridade policial à posição de sujeito processual, mesmo porque encampada pelo imputado e seu defensor, esses, sim, atores do processo, não tendo o delegado qualquer influência na concessão, ou não, do prêmio. Se obtidos os resultados previstos em lei, em decorrência das informações disponibilizadas, o prêmio é consequência legal, restando ao juiz implementá-la. A autoridade policial continua estranha ao processo. Conforme

---

114 SANTOS, Marcos P. D. Colaboração unilateral premiada como consectário lógico das balizas constitucionais do devido processo legal brasileiro. *Revista Brasileira de Direito Processual Penal*, Porto Alegre, vol. 3, n. 1, jan./abr. 2017. Disponível em: https://doi.org/10.22197/rbdp. v3i1.49.

115 Inq 3204, Relator Ministro Gilmar Mendes, julgado em 23/06/2015, *DJe* 03/06/2015, extraindo-se da ementa o seguinte trecho, autoexplicativo: "...*11. Colaboração premiada.* **A delação voluntária de outros implicados, sem formalização de acordo com a acusação, não impede o oferecimento da denúncia. Eventuais benefícios pela colaboração serão avaliados na fase de julgamento...**" – grifo nosso.

já asseverado acima, cientificar o Ministério Público a respeito da avença, colhendo o parecer, basta à preservação do sistema acusatório, respeitando-se a titularidade privativa da ação penal pública, a ele confiada pelo Poder Constituinte Originário, *ex vi* do art. 129, I, mesmo porque o magistrado atuaria a partir da provocação defensiva, e não *ex officio*, embora, se o fizesse, seria *in mellius*, sem embaraços constitucionais ou legais, conforme se extrai, por exemplo, dos arts. 61, *caput*, e 617, *a contrario sensu*, ambos do CPP, autorizando, respectivamente, o reconhecimento oficioso de causas extintivas da punibilidade (e o perdão judicial é uma delas) e a *reformatio in mellius ex officio*, na medida em que vedada, apenas, a *in pejus* de ofício[116].

A referida Ação Direta de Inconstitucionalidade teve o mérito apreciado em 20 de junho de 2018, reputando-se, por maioria, **constitucionais os §§ 2º e 6º do art. 4º da Lei nº 12.850/13**, assentando a legitimidade da autoridade policial para conduzir as tratativas, mesmo porque os benefícios a serem aplicados ao colaborador dependem da análise do caso concreto, ou seja, do quão decisiva foi a cooperação, pelo **Estado-juiz**, competindo-lhe tal eleição[117]. Evidentemente que o delegado **não** pode conduzir acordo algum cujo objeto seja o **não oferecimento da denúncia**. Neste caso, somente o *Parquet* poderá fazê-lo, enquanto titular privativo da ação penal pública (art. 129, I, da CRFB/88).

Os artigos 3º-B e 3º-C ativeram-se à regência dos acordos de colaboração premiada **bilaterais**, o que **não** significa o descarte dos **unilaterais**, reitere-se, avalizados pelo próprio Supremo Tribunal Federal, conforme já citado.

Diz o art. 3º-B, *caput*, que *o* **recebimento** *da proposta para formalização de acordo de colaboração* **demarca o início das negociações** *e constitui também* **marco de confidencialidade**, *configurando violação de sigilo e quebra da confiança e da boa-fé a divulgação de tais tratativas iniciais ou de documento que as formalize, até o levantamento de sigilo por decisão judicial.*

Originariamente, **o sigilo vinculava-se ao acordo em si, depois de já entabulado**, mais precisamente **após** o encaminhamento ao Juízo competente para homologação, *ex vi* do art. 7º, *caput*: *O pedido de homologação do acordo será* **sigilosamente distribuído**, *contendo apenas informações que não possam identificar o colaborador e o seu objeto* (grifo nosso). Previamente à chancela do pacto, o juiz, também **sigilosamente**, ouve o imputado, nos termos do § 7º do art. 4º – essa oitiva, aliás, antes facultativa, tornou-se obrigatória, havendo a Lei nº 13.964/19 substituído o verbo *poder* por *dever*, segundo se esmiuçará mais à frente. O procedimento segue sob sigilo, até o afastamento deste pelo juiz competente, nos moldes dos §§ 2º e 3º do citado art. 7º.

---

[116] SANTOS, Marcos Paulo Dutra. *Colaboração (Delação) Premiada*, ob. cit., p. 155-160, no qual o tema vem tratado **exaustivamente**.

[117] ADI 5508, Relator Min. Marco Aurélio, Tribunal Pleno, julgado em 20/06/2018, *DJe*-241 divulg 04/11/2019 public 05/11/2019 – Delação premiada – Acordo – Cláusulas. O acordo alinhavado com o colaborador, quer mediante atuação do Ministério Público, quer da Polícia, há de observar, sob o ângulo formal e material, as normas legais e constitucionais. Delação premiada – Acordo – Polícia. **O acordo formalizado mediante a atuação da Polícia pressupõe a fase de inquérito policial, cabendo a manifestação, posterior, do Ministério Público**. Delação premiada – Acordo – Benefícios – Homologação. A homologação do acordo faz-se considerados os aspectos formais e a licitude do que contido nas cláusulas que o revelam. Delação premiada – Acordo – Benefício. **Os benefícios sinalizados no acordo ficam submetidos a concretude e eficácia do que versado pelo delator, cabendo a definição final mediante sentença, considerada a atuação do órgão julgador, do Estado-juiz** (grifo nosso).

A Lei nº 13.964/19 **antecipou** o sigilo do procedimento à fase das tratativas, mais precisamente **desde o recebimento da proposta de acordo pelo Ministério Público ou autoridade policial**, ou seja, a partir do **protocolo** na **secretaria do órgão**, pelo servidor responsável (e não necessariamente pelo promotor de justiça ou delegado), pois, a partir deste momento, encontra-se sob **sua** responsabilidade, competindo-lhe zelar pelo sigilo, considerada **a teoria do órgão**. Caso tenha havido algum equívoco no endereçamento, direcionando a órgão sem atribuição, ultima-se o reencaminhamento pertinente, **observado o sigilo**. Seguiu-se o modelo verificado nos acordos de leniência, nos quais o sigilo já se verifica na proposta, exceto se incondizente com as investigações ou com o processo administrativo – art. 86, § 9º da Lei nº 12.529/11.

Causa espécie, de todo modo, a necessidade de uma reforma legislativa para reafirmar o dever de confidencialidade dos envolvidos e glosar o vazamento do conteúdo da proposta de acordo, relembrando consubstanciar violação de sigilo, quebra da confiança e da boa-fé. A investigação é **sigilosa**, haja vista o art. 20, cabeça, do CPP. A publicização dos seus passos permite aos investigados, indiciados ou não, bem como a potenciais suspeitos fugir, destruir evidências que possam incriminá-los etc., colocando em xeque a eficiência, princípio norteador da Administração Pública (art. 37, cabeça, da CRFB/88) e, por conseguinte, dos procedimentos administrativos, como os investigatórios penais. Conquanto o art. 5º, XXXIII, da CRFB/88 garanta a todos o direito à informação junto a repartições públicas de interesse pessoal, coletivo ou geral, ressalva os casos nos quais o sigilo seja imprescindível à segurança da sociedade e do Estado, como é o caso do inquérito. Assim, independentemente do novel art. 3º-B, cabeça, da Lei nº 12.850/13, essas divulgações seletivas já eram *contra legem*. E desleais ao imputado, expondo à sua identidade aos demais indiciados, abrindo campo para futuras represálias não apenas contra si, mas, também, em desfavor dos familiares. Enfim, uma regra como essa **não precisava estar escrita**. Se está, só ratifica, ainda mais, a **espetacularização** que, notadamente na última década, tomou de assalto o processo penal brasileiro.

Protocolada a proposta de acordo, nos termos do art. 3º-B, *caput*, passa-se à análise prévia pelo órgão destinatário, que poderá *sumariamente indeferi-la, com a devida justificativa, cientificando-se o interessado*, nos termos do § 1º. Evidentemente que **a potencial cooperação estará atrelada a um procedimento investigatório em curso, logo, os órgãos ministerial e policial com atribuição para conhecer da proposta são os intervenientes na dita investigação, exceto se o alvo da delação for agente político, até então desconhecido, por crime supostamente cometido em razão da função política**[118] **ora exercida**[119].

---

[118] STF, AP 937-QO, Relator Min. Roberto Barroso, Tribunal Pleno, julgado em 03/05/2018, DJe-265 divulg 10/12/2018 public 11/12/2018 – *"...O foro por prerrogativa de função **aplica-se apenas aos crimes cometidos durante o exercício do cargo e relacionados às funções desempenhadas**..."* (grifo nosso).

[119] STF, Inq 4204 AgR, Relator Ministro Roberto Barroso, Primeira Turma, julgado em 10/09/2018, DJe 19/09/2018 – no precedente, o réu teria migrado do cargo de deputado estadual para o de federal: *"...o Plenário do Supremo Tribunal Federal assentou o entendimento de que o foro especial por prerrogativa de função, de que cuida o § 1º do art. 53 da CF (Deputados federais e Senadores), **só deve ser observado para a prática de crimes cometidos no cargo e em razão do cargo**, motivo por que não parece adequado que o Tribunal continue a conduzir inquéritos para os quais não se considera competente. 2. No caso sob exame, as condutas foram supostamente praticadas quando o investigado exercia mandato de Deputado estadual, cargo que já não mais exerce*, impondo-se, nos termos do

Escreve-se *até então ignorado*, porque, se figurasse na investigação, fatalmente os autos já estariam tramitando perante o Tribunal respectivamente competente *ratione personae*, intervindo, como promotor natural, o Procurador Geral, de Justiça ou da República, a depender do injusto. Com efeito, quando a investigação flui em 1ª instância, por não terem os investigados prerrogativa de foro, cumpre sobrestá-la se reunidos elementos concretos reveladores do envolvimento de agente político detentor de tal prerrogativa, endereçando-a ao Tribunal respectivamente competente, para decidir a inclusão do próprio na investigação e, se positiva, a cisão da persecução, remetendo, ou não, os demais à instância ordinária até então processante. Assim entendeu o Supremo Tribunal Federal[120], a fim de evitar qualquer sorte de burla à garantia do juiz natural, coibindo, por exemplo, a prolação de pronunciamentos cautelares probatórios focados, aparentemente, nos indiciados, cidadãos comuns, mas que objetivariam também os com prerrogativa de foro, sujeitos, todavia, à competência jurisdicional diversa, inclusive atrativa dos demais, *a priori*, em virtude da graduação – art. 78, III, do CPP, chancelado pela Súmula nº 704 do STF[121].

---

[120] precedente estabelecido na AP 937-QO, o declínio de competência para **o Juízo Criminal de Primeiro Grau do Estado de Sergipe, a quem couber por distribuição...**" (grifo nosso).
Rcl 23457 MC-Ref, Relator Min. Teori Zavascki, Tribunal Pleno, julgado em 31/03/2016, DJe-219 divulg 26/09/2017 public 27/09/2017 – "...3. Embora a interceptação telefônica tenha sido aparentemente voltada a pessoas que não ostentavam prerrogativa de foro por função, o conteúdo das conversas – cujo sigilo, ao que consta, foi levantado incontinenti, sem nenhuma das cautelas exigidas em lei – passou por análise que evidentemente não competia ao juízo reclamado. 4. **A existência concreta de indícios de envolvimento de autoridade detentora de foro por prerrogativa de função nos diálogos interceptados impõe a remessa imediata ao Supremo Tribunal Federal, para que, tendo à sua disposição o inteiro teor das investigações promovidas, possa, no exercício de sua competência constitucional, decidir acerca do cabimento ou não do seu desmembramento, bem como sobre a legitimidade ou não dos atos até agora praticados**..." (grifo nosso).

[121] Apesar da unidade de processo e de julgamento inerentes à conexão e à continência, cindindo-se a competência apenas quando entrelaçar as Justiças Comum e Castrense ou a Comum e o Juizado da Infância e da Juventude (art. 79, I e II do CPP), de maneira que, os conexos ou continentes órgãos jurisdicionais de diferentes estaturas, prevalece, para todos os imputados, o mais graduado, o Pleno do STF passou a estabelecer, como regra, o **desmembramento**, permanecendo no Tribunal apenas o(s) imputado(s) com a correspondente prerrogativa de foro, remetendo-se os demais às instâncias respectivamente competentes. Em sendo as regras *ratione personae* excepcionais, a interpretação há de ser restritiva: Inq 4327 AgR-segundo, Pleno, Relator Ministro Edson Fachin, julgado em 19/12/2017, DJe de 09/08/2018 – "...5. **A jurisprudência do Supremo Tribunal Federal passou a adotar como regra o desmembramento dos inquéritos e ações penais originárias no tocante a coinvestigados ou corréus não detentores de foro por prerrogativa de função**, admitindo-se, apenas excepcionalmente, a atração da competência originária quando se verifique que a separação seja apta a causar prejuízo relevante, aferível em cada caso concreto..." (grifo nosso). A reunião dos imputados em único feito reserva-se aos casos de **continência** (art. 77 do CPP), hipóteses nas quais, hoje, se evocam o art. 78, III, do CPP, avalizado pela Súmula nº 704 do STF, porquanto as causas de pedir das múltiplas demandas confundem-se, sendo impossível isolar umas das outras, potencializando o risco de pronunciamentos contraditórios: INQ 4506/DF, Relator Ministro Marco Aurélio, red. p/ o ac. Min. Roberto Barroso, Primeira Turma, julgamento em 17/04/2018, DJe 04/09/2018 (Informativo nº 898, noticiando que o Colegiado "...reafirmou a impossibilidade de desmembramento do inquérito quanto aos envolvidos sem prerrogativa de foro, por se tratar de investigação sobre **fato único**. As condutas estão de tal forma interligadas que não é possível a realização de um julgamento cindido de maneira adequada..."). Adotados, pelo STF, critérios **objetivos** para a definição da competência – em regra, o desmembramento, elegendo-se a reunião apenas nos casos de continência –, preserva-se a garantia do juiz natural (art. 5º, LIII, da CRFB/88), evitando discrepâncias motivadas por razões estritamente subjetivas, de oportunidade e/

Assim, no caso da ressalva acima, **a avaliação acerca da credibilidade e da robustez da proposta de acordo competirá ao Procurador Geral, da República ou de Justiça, e não ao órgão do Ministério Público oficiante em primeira instância, em homenagem ao princípio do promotor natural, afinal, ao primeiro, e não ao último, compete aferir se a virtual colaboração tem potencial para deflagrar eventual investigação em desfavor do mencionado agente político com prerrogativa de foro.** Não se formaliza qualquer comunicação ao Tribunal competente *ratione personae*, porquanto açodada, afinal, em princípio **nada há senão uma notícia-crime, ainda carente de apuração**. Conforme consignado pelo Supremo Tribunal Federal, *a jurisprudência da Corte é no sentido de que **a simples menção ao nome de autoridades detentoras de prerrogativa de foro**, seja em depoimentos prestados por testemunhas ou investigados, seja na captação de diálogos travados por alvos de censura telefônica judicialmente autorizada, **assim como a existência de informações, até então, fluidas e dispersas a seu respeito**, são **insuficientes para o deslocamento da competência para o juízo hierarquicamente superior**. Para que haja a atração da causa para o foro competente, é imprescindível a constatação da existência de indícios da participação ativa e concreta do titular da prerrogativa em ilícitos penais*[122].

E, especificamente em sede de colaboração premiada, dirigida contra agente político com prerrogativa de foro, o próprio Supremo Tribunal Federal assentou ser necessário remeter os autos ao Tribunal competente quando da **homologação** da avença[123], mas não anteriormente, por se estar ainda certificando a seriedade das informações trazidas pelo delator.

Conforme já enfatizado, nada obsta a cooperação unilateral, independentemente de qualquer acordo prévio com o Ministério Público ou a autoridade policial. Alcançados os resultados previstos no *caput* do art. 4º, a premiação será devida, competindo ao juiz decidir qual. Como os benefícios impactam na pena e na punibilidade, cujas aplicação e declaração de extinção são matérias **reserva de jurisdição**, descabe às agências de repressão estatal e ao imputado dizer ao juiz *qual reprimenda* fixar ou se deve *perdoar*, a começar porque o perdão é *judicial*. Se assim fosse, haveria indisfarçável ofensa ao art.

---

ou conveniência, comprometedoras da isonomia e, por conseguinte, da segurança jurídica. Descabe ora cindir a competência, ora mantê-la para todos os imputados, sujeitando réus em idêntica situação processual a juízes naturais diversos, em descompasso com o art. 80 do CPP, que, a partir de um juízo, sim, de oportunidade e de conveniência, autoriza a cisão **procedimental**, mas **não** da competência: "será facultativa a **separação dos processos** quando as infrações tiverem sido praticadas em circunstâncias de tempo ou de lugar diferentes, ou, quando pelo excessivo número de acusados e para não lhes prolongar a prisão provisória, ou por outro motivo relevante, o juiz reputar **conveniente** a separação" (grifo nosso). Objetivando os casos de desmembramento da competência, parâmetros a serem observados pelos demais Tribunais, disparidades recentes, e inadmissíveis, deixam de existir, como a verificada ao se confrontar o "Mensalão" com a "Lava-Jato": embora igualmente complexas, apresentando litisconsórcio passivo multitudinário, os réus do primeiro foram julgados em processo único, formalizado no Supremo, enquanto, no segundo, priorizou-se a cisão.

[122] RHC 135683, Relator Min. Dias Toffoli, Segunda Turma, julgado em 25/10/2016, *DJe*-066 divulg 31/03/2017 public 03/04/2017. Na mesma linha, Inq 2116-QO, Relator Min. Marco Aurélio, Relator(a) p/ Acórdão: Min. Ayres Britto, Tribunal Pleno, julgado em 15/09/2011, *DJe*-042 divulg 28/02/2012 public 29/02/2012 – *"...3. A **presença de indícios de participação de agente titular de prerrogativa de foro em crimes contra a Administração Pública confere ao STF o poder-dever de supervisionar o inquérito**..."* (grifo nosso).

[123] HC 151605/PR, Relator Ministro Gilmar Mendes, julgamento em 20/03/2018 (Informativo nº 895).

2º da CRFB/88. Por conseguinte, **o indeferimento liminar da proposta não impede a colaboração do imputado, inclusive trazendo informações que a embasem, abrindo campo para premiações, caso se materialize ao menos 1 dos objetivos elencados no art. 4º, cabeça, da Lei nº 12.850/13.**

Convém, mas a Lei nº 13.964/19 não foi explícita a respeito, que o juízo de admissibilidade da proposta de acordo seja construído, **conjuntamente**, pelos órgãos policial e ministerial integrantes da investigação, até para evitar descompassos. Se a proposta for apresentada e prontamente refutada pelo delegado, dará ciência ao Ministério Público, nos moldes dos §§ 2º e 6º do art. 4º, que, em apreço à independência funcional (art. 127, § 1º da CRFB/88), não se vincula à recusa, podendo reapreciá-la, na qualidade de *dominus litis* (art. 129, I, da CRFB/88). Se o encaminhamento for ao *Parquet*, rejeitando-a de plano, **nada impede que o potencial colaborador procure a autoridade policial, transmita as suas informações e apresente as provas aptas a endossá-las, desencadeando o delegado diligências com o objetivo de ratificá-las.** Assim o é porque:

a) autoridade policial e Ministério Público travam relação **funcional**, e não hierárquica, a começar em razão de integrarem Poderes distintos, não estando a primeira subordinada ao segundo;

b) o art. 144, §§ 1º, IV e 4º da CRFB/88 confiou o poder de polícia judiciária à autoridade policial, sendo o indiciamento ato privativo seu, a teor do § 6º do art. 2º da Lei nº 12.830/13, logo, ao averiguar, por entender pertinente, a proposta de delação, o delegado está no exercício regular das suas atribuições constitucionais e legais, máxime porque os §§ 2º e 6º do art. 4º da Lei nº 12.850/13 lhe conferem legitimidade *propter officium* para tanto, cuja constitucionalidade já foi declarada pelo STF;

c) a indisponibilidade do direito de punir, somada à obrigatoriedade da ação penal pública, exigem a certificação de toda e qualquer peça de informação noticiada à autoridade policial, segundo explicita o art. 5º, § 3º do CPP, ao preconizar a verificação da procedência das informações trazidas à baila por qualquer do povo, incluindo, por óbvio, qualquer dos indiciados;

d) o art. 6º do CPP preconiza que a autoridade policial ***deverá*** colher **todas** *as provas que servirem para o* **esclarecimento** *do fato e suas circunstâncias* (grifo nosso);

e) haja ou não acordo de colaboração, se as declarações, documentos, laudos e demais provas veiculadas pelo colaborador trouxerem à persecução resultados dignos de premiação, tudo estará **documentado** nos autos e será apreciado pelo juiz competente, podendo configurar, no mínimo, colaboração unilateral;

f) em momento algum o art. 3º-B condiciona o recebimento da proposta de acordo e o seu eventual indeferimento liminar ao Ministério Público, deixando clara a **legitimação concorrente** com a autoridade policial, na esteira dos §§ 2º e 6º do art. 4º da Lei nº 12.850/13.

Queremos crer que tamanhos descompassos serão excepcionais. O Ministério Público possui o **dever constitucional de fundamentar todos os pronunciamentos processuais**, *ex vi* do art. 129, VIII, 2ª parte, da CRFB/88. O delegado igualmente, afinal, as suas funções são de **natureza jurídica**, demandando inescapável motivação, *ex vi* do art. 2º, cabeça, da Lei nº 12.830/13. Assim, se recusada sumariamente a proposta de colaboração, provavelmente se mostrará vazia de conteúdo, despida de seriedade e de fundamentos mínimos.

Mas vicissitudes e distorções são inerentes a toda atividade humana, logo, se isso ocorrer, as alternativas à disposição do potencial colaborador são as testilhadas acima.

De mais a mais, os indeferimentos liminares da proposta de acordo de colaboração são *rebus sic stantibus*. Trazendo o potencial delator informações e provas inéditas em relação à anterior, recusada, nada impede renová-la.

A doutrina pátria diverge acerca do momento adequado para se ter a retratação. Segundo Guilherme de Souza Nucci, teria lugar no período compreendido entre a homologação do acordo de colaboração até imediatamente antes da prolação da sentença. Previamente à chancela judicial existiriam apenas tratativas, não havendo de se falar propriamente de retratação. Em contrapartida, uma vez entregue a prestação jurisdicional, na qual a delação foi valorada, descabe o revolver, afinal o processo é uma marcha para frente e não para trás[124]. Como o § 10 do art. 4º, mantido pela Lei nº 13.964/19, alude à retratação da *proposta*, Rogério Sanches Cunha e Ronaldo Batista Pinto lecionam a necessidade de ser veiculada antes de o Juízo competente homologá-la, pois, depois, passaria a compor o acervo probatório[125]. Renato Brasileiro de Lima chega a conclusão idêntica, mas por caminho diverso, ponderando que, se possível fosse a retratação após a homologação judicial, o Ministério Público poderia celebrar um falso acordo de colaboração premiada, e, depois de obtidas todas as informações relevantes, retratar-se-ia, privando o delator do prêmio[126]. Já Cleber Masson e Vinícius Marçal admitem-na desde a celebração do acordo até a sentença, com uma ressalva: das tratativas até a homologação, a retratação pode ser unilateral; após, só de comum acordo, bilateralmente, para evitar má-fé e deslealdade processual.[127]

Concordamos, de antemão, que, após a prolação da sentença, descabe a retratação. A prestação jurisdicional foi entregue, valorando-se a delação, que possui valor probatório. O processo é um caminhar evolutivo, e não involutivo. Antes desse marco, o colaborador pode retratar-se, **como consectário lógico e indeclinável da autodefesa, que é uma das expressões da ampla defesa – art. 5º, LV, da Constituição da República –, seja antes ou após a homologação do acordo**, independentemente da anuência ou não do Ministério Público.

Não há por que condicionar o exercício dessa faculdade à homologação do acordo, como propõe Nucci. O próprio art. 4º, § 10, da Lei nº 12.850/13 refere-se à retratação da proposta, e não do acordo, permitindo o seu implemento antes da homologação. Além disso, se viável a retração após a chancela judicial, quanto mais antes.

Impedir o delator de retratar-se após a homologação judicial, conforme sustentam Rogério Sanches Cunha, Ronaldo Batista Pinto e Renato Brasileiro de Lima, ou sujeitá-la à anuência do Ministério Público, segundo advogam Cleber Masson e Vinícius Marçal, é flagrantemente **inconstitucional** pelas seguintes razões:

a) a delação, espécie do gênero confissão, é genuína manifestação de autodefesa, sendo-lhe ínsita a retratação, conforme revela o art. 200 do CPP, logo, qualquer tentativa de

---

[124] NUCCI, Guilherme de Souza. *Leis penais e processuais penais comentadas*. 8. ed. Rio de Janeiro: Forense, 2014, p. 738. vol. 2.
[125] CUNHA, Rogério Sanches; PINTO, Ronaldo Batista. *Crime Organizado*, ob. cit., p. 73.
[126] LIMA, Renato Brasileiro de. Ob. cit., p. 556.
[127] MASSON, Cleber; MARÇAL, Vinícius. Ob. cit., p. 137.

tolhê-la, amarrando o imputado às declarações primeiramente prestadas, traduz manifesto cerceamento do direito de defesa, em descompasso com o art. 5º, LV, da Constituição, além de compeli-lo à autoincriminação, em desacordo com o art. 8º, 2, g, da Convenção Americana de Direitos Humanos (CADH) – Pacto de São José da Costa Rica –, inserida no ordenamento pátrio pelo Decreto nº 678/92, e com o art. 14, 3, g do Pacto Internacional de Direitos Civis e Políticos (PIDCP), incluído na ordem normativa pelo Decreto nº 592/92;

b) condicionar a retratação, após a homologação do acordo, ao beneplácito ministerial, não contorna os inconvenientes acima, porquanto é inadmissível que a parte autora – Ministério Público – tenha ingerência nos direitos do réu, ainda mais personalíssimos, como são a autodefesa e a não autoincriminação, em descompasso com a própria isonomia – art. 5º, *caput*, da Constituição –, que tem na paridade de armas um dos seus maiores reflexos no processo;

c) erige-se restrição ao exercício da autodefesa, relativa à retratação, não prevista em lei, porquanto o art. 4º, § 10, da Lei nº 12.850/13 anuncia-a sem peias, como também o faz o art. 200 do CPP, em desacordo com a Constituição, ante o devido processo legal – art. 5º, LIV – e a separação dos poderes – art. 2º –, considerado o caráter legiferante dessa orientação doutrinária.

Não se pode olvidar o princípio da autorresponsabilidade em matéria probatória, segundo o qual as partes responsabilizam-se pelas provas que vierem a produzir ao longo da persecução e pelos desdobramentos daí decorrentes. Qualquer acordo de colaboração só começa a ser entabulado a partir do que o delator tem a dizer, daí o § 7º do art. 4º da Lei nº 12.850/13, mesmo com as modificações promovidas pela Lei nº 13.964/19, continuar a preceituar que **as declarações do colaborador acompanham a proposta de pacto enviada ao Juízo para homologação**. Elas já existem, estão documentadas e não serão desentranhadas, porque fornecidas voluntaria e conscientemente, na presença do advogado ou defensor público, inexistindo ilicitude. Submetem-se, pois, à valoração jurisdicional, pregando o § 10, inalterado pela Lei nº 13.964/19, que hão de ser sopesadas contra todos os imputados, e não apenas contra o colaborador, não sendo outra a percepção do Supremo Tribunal Federal[128], alinhando-se à nossa posição[129]. Reitera-se, pois, o art. 200 do CPP, segundo o qual a retratação desenvolve-se "sem prejuízo do livre convencimento do juiz, fundado no exame das provas em conjunto".[130] *A contrario sensu*, **se as tratativas não evoluem para a proposta de acordo e endereçamento à homologação pelo Juízo competente, desconsideram-se as declarações do imputado e as provas por ele ofertadas**, mesmo porque **não chegaram a integrar a investigação, esbarrando na etapa preliminar**. Se o Estado as refutou, entendendo-as insuficientes para dar azo a um pacto de cooperação, explorá-las seria um contrassenso. Faleceria interesse (utilidade),

---

[128] Inq. 3979, Segunda Turma, Relator Ministro Teoria Zavascki, julgado em 27/09/2016, *DJe* 16/12/2016 – "...*Até mesmo em caso de revogação do acordo, o material probatório colhido em decorrência dele pode ainda assim ser utilizado em face de terceiros*, razão pela qual não ostentam eles, em princípio, interesse jurídico em pleitear sua desconstituição, sem prejuízo, obviamente, de formular, no momento próprio, as contestações que entenderem cabíveis quanto ao seu conteúdo. Precedentes..." – grifo nosso. Na mesma toada, Inq 4483-QO, Pleno, Relator Ministro Edson Fachin, julgado em 21/09/2017, *DJe* 13/06/2018.

[129] SANTOS, Marcos Paulo Dutra. *Colaboração (Delação) Premiada*, ob. cit., p. 197-199.

[130] SILVA, Eduardo Araújo da. *Organizações Criminosas*, ob. cit., p. 68.

sem contar que lealdade e boa-fé não são favores, mas **deveres** de todo e qualquer agente estatal, consectários lógicos do princípio da moralidade administrativa (art. 37, cabeça, da CRFB/88) e do **devido** processo legal (art. 5°, LIV, da CRFB/88). Essa é a *ratio* por detrás do § 6° do art. 3°-B do CPP – *na hipótese de* **não ser celebrado** *o acordo* **por iniciativa do celebrante**, *esse não poderá se valer de nenhuma das informações ou provas apresentadas pelo colaborador, de boa-fé, para qualquer outra finalidade*. Admitir o contrário, em última análise, importaria avalizar que o Estado se beneficiasse da própria torpeza. Rememore-se, todavia, na esteira do já consignado, que, **submetido o acordo, com as declarações do colaborador, à homologação judicial, tal material adere à investigação, não mais desafiando desentranhamento, ainda que o colaborador se retrate**, haja vista o citado § 10 do art. 4°, propositalmente conservado pela Lei n° 13.964/19.

Não obstante a retratação do imputado, as suas declarações, e as provas delas derivadas, são lícitas e passíveis de valoração jurisdicional, de maneira que, se presentes os requisitos legais, o juízo poderá premiar a colaboração, conforme já reiteramos, inclusive com lastro em precedente da Primeira Turma do Supremo Tribunal Federal[131].

Segundo repetido exaustivamente, a premiação da colaboração se sujeita à satisfação das exigências legais, porquanto aplicação da reprimenda e declaração de extinção da punibilidade são matérias sob reserva de jurisdição, não cabendo ao Ministério Público imiscuir-se, sob pena de ter uma ascendência sobre o juízo, incompatível com um processo paritário. A celebração e a homologação do acordo conferem ao imputado uma expectativa mais concreta ao prêmio, não consubstanciando *conditio sine qua non* à sua concessão.

Partindo-se dessa premissa, a retratação não cabe ao Ministério Público. Se os resultados discriminados no acordo de colaboração não forem alcançados, simplesmente opinará ao juízo, nas alegações finais, pela condenação do colaborador, sem a outorga de qualquer benesse, porque ausentes os requisitos legais. A menção às partes, no § 10 do art. 4° da Lei n° 12.850/13, não pode ser potencializada para alcançar o *Parquet*, referindo-se, em verdade, ao delator e seu defensor. Ninguém mais.

O ato de retratar-se é estranho ao Ministério Público também por impeditivo constitucional, pois, diferentemente do lecionado por Rogério Sanches Cunha e Ronaldo Batista Pinto, não pode agir impulsionado por uma vontade livre e consciente[132], afinal o art. 129, VIII, 2ª parte, da Constituição exige a **indicação dos fundamentos jurídicos de suas manifestações processuais**. Se os resultados pretendidos com a cooperação não

---

[131] AI 820480-AgR, Relator Ministro Luiz Fux, julgado em 03/04/2012, DJe 23/04/2012 – "...*Delação premiada. Perdão judicial. Embora não caracterizada objetivamente a delação premiada, até mesmo porque* **a reconhecidamente preciosa colaboração da ré não foi assim tão eficaz, não permitindo a plena identificação dos autores e partícipes dos delitos apurados nestes volumosos autos, restando vários deles ainda nas sombras do anonimato ou de referências vagas, como apelidos e descrição física,** *a autorizar o perdão judicial, incide a causa de redução da pena do art. 14 da Lei n° 9.807/99, sendo irrelevantes a hediondez do crime de tráfico de entorpecentes e a retratação da ré em Juízo, que em nada prejudicou os trabalhos investigatórios...*" – grifo nosso.

[132] CUNHA, Rogério Sanches e PINTO, Ronaldo Batista. *Crime Organizado*, ob. cit., p.73.

forem alcançados, simplesmente inexistirá premiação, não havendo o menor sentido em cogitar-se de retratação pelo Ministério Público[133].

Esse quadro restou inalterado pela Lei nº 13.964/19.

Registra o § 2º do art. 3º-B que *caso não haja indeferimento sumário,* **as partes deverão firmar Termo de Confidencialidade para prosseguimento das tratativas,** *o que* **vinculará** *os órgãos envolvidos na negociação e* **impedirá** *o* **indeferimento posterior sem justa causa** (grifo nosso). As referências à vinculação dos *órgãos* negociantes e ao *indeferimento* ulterior não aludem ao imputado e ao defensor, mas ao Estado (autoridades policial e/ou ministerial), reforçando a **irretratabilidade** das tratativas, depois de firmado o termo de confidencialidade, pelas agências de repressão estatal, afinal, posterior recusa da proposta, **sem motivação**, equivaleria à **desistência pura e simples**, impensável pelas razões apresentadas acima. Em relação ao imputado, a retratação será, sempre, uma possibilidade, decorrência da autodefesa e do postulado à não autoincriminação, inclusiva do direito ao silêncio, lembrando que, ao fim e ao cabo, a colaboração nada mais é do que uma confissão complexa, enquanto tal, retratável (art. 200 do CPP), segundo examinado *retro*. Aliás, **o caráter confessional da cooperação está escancarado no § 3º do novel art. 3º-C** da Lei nº 12.850/13, ao preconizar que no *acordo de colaboração premiada, o colaborador deve narrar* **todos os fatos ilícitos para os quais concorreu e que tenham relação direta com os fatos investigados** (grifo nosso).

Migrando para a vertente probatória da colaboração premiada, que compõe, com a veia negocial, a natureza jurídica do instituto sob o olhar **processual**, único abordado pela Lei nº 13.964/19 no art. 3º-A da Lei nº 12.850/13, **menosprezando o seu aspecto material** – a depender da hipótese, a cooperação funciona, *v.g.*, como causa de extinção da punibilidade, causa de diminuição de pena, substituição da pena privativa de liberdade por restritivas de direitos ou de imposição do regime aberto ou semiaberto etc.[134] –, a colaboração é meio de **obtenção** de prova, logo, **é inexigível do imputado a produção da prova**, ou seja, compete-lhe **confessar** e compartilhar o que sabe sobre os comparsas, os injustos sob investigação, eventuais infrações penais vindouras etc., apresentando os elementos informativos que **porventura** dispuser, mas **jamais de modo exauriente**, afinal, ratificar o relatado pelo imputado é **ônus do Estado**, e não seu. Toda colaboração direciona os próximos passos da investigação, objetivando ratificar as informações passadas. **Usualmente o colaborador alude a outras pessoas, que precisarão ser inquiridas, bem como a documentos, filmagens, gravações, indisponíveis a ele, mas passíveis,** *v.g.*, **de busca e apreensão**. Não por acaso o § 16 do art. 4º da Lei nº 12.850/13, com a redação dada pela Lei nº 13.964/19, assentou a **insuficiência** das declarações do delator para embasar medidas cautelares **reais** ou **pessoais, admitindo-as,** *a contrario sensu*, enquanto *ratio decidendi* das medidas cautelares probatórias. Conforme muito bem coloca Vinicius Gomes de Vasconcellos, a partir do alegado pelo delator "*...pode-se unicamente aventar a possibilidade de início de investigações paralelas, a partir de elementos apresentados pelo delator, de modo semelhante ao regime da* notitia criminis, *ou, dependendo da situação, conforme a urgência do caso,* **a imposição de medidas cautelares probatórias em busca**

---

[133] No mesmo diapasão, reputando incompatível a retratação pelo Ministério Público, SILVA, Eduardo Araújo da. *Organizações Criminosas*, ob. cit., p. 68.

[134] Acerca do tema, SANTOS, Marcos Paulo Dutra. *Colaboração (Delação) Premiada*, ob. cit., p. 111-115.

de elementos para a corroboração da colaboração" (grifo nosso)[135]. O Superior Tribunal de Justiça segue as mesmas pegadas[136].

Partindo dessa premissa, **não merece potencialização a norma do § 4º do art. 3º-C da Lei nº 12.850/13**, segundo a qual *incumbe à defesa instruir a proposta de colaboração e os anexos com os fatos adequadamente descritos, com todas as suas circunstâncias, **indicando as provas e os elementos de corroboração*** (grifo nosso). O imputado e o defensor apresentarão as peças de informação que estiverem ao seu alcance, **nada justificando a recusa da proposta se as informações prestadas dependerem, ainda, de comprovação por meio de medidas de formação de provas a serem providenciadas pelo Estado**, mesmo porque o próprio § 4º do art. 3º-B reconhece que *o acordo de colaboração premiada poderá ser precedido de instrução, quando houver necessidade de identificação ou complementação de seu objeto, dos fatos narrados, sua definição jurídica, relevância, utilidade e interesse público* (grifo nosso). Impreciso, portanto, o Enunciado nº 40 do Conselho Nacional dos Procuradores-Gerais (CNPG), aprovado pelo Grupo Nacional de Coordenadores de Centro de Apoio Criminal (GNCCRIM), segundo o qual *o indeferimento pode se basear em **ausência de lastro probatório** da colaboração ou na sua desnecessidade para investigação* (grifo nosso). A colaboração é **meio** para a obtenção da prova, e **não** a prova em si, logo, declarações desacompanhadas de acervo probatório não são necessariamente imprestáveis (temerárias), pois podem veicular dados perfeitamente constatáveis por outros meios de provas e de produção.

De fato, depoimento dado pelo imputado quando a investigação já está em estágio avançado, sem ineditismo, apenas repetindo o que já está documentado nos autos, é confissão. Nada além. Por outro lado, se trouxer novidades, é imprescindível a apresentação de uma narrativa coesa e séria, a fim de evitar intervenções oportunistas. Se lacunosa e/ou inconsistente, consideradas as provas amealhadas, merece pronta recusa. Mas indeferi--la, para além desses cenários, porque desacompanhada de provas, embora produzíveis, descabe, afinal, a colaboração existe para **nortear** a investigação, **sendo inexigível que se baste em si mesma**. Nesse aspecto peca o Enunciado nº 40. O de nº 39, a seu turno, diz que *a justificativa de indeferimento sumário de acordo de colaboração premiada mencionada neste dispositivo pode ser **sucinta** para não expor a investigação em curso* (grifo nosso). De fato, desde que estribada em elementos concretos, observados os critérios versados no art. 315, § 2º do CPP, aplicáveis, por analogia, aos pronunciamentos do Ministério Público e da autoridade policial, a concisão não só é possível, mas, também, recomendável. Oportuno lembrar o cunho **inquisitório** da investigação, sendo prerrogativa do defensor ter ciência do apurado, mas não daquilo que ainda estiver em averiguação, sob pena de desnaturá-

---

[135] *Colaboração Premiada no Processo Penal*. São Paulo: RT, 2017, p. 229.
[136] HC 509.030/RJ, Rel. Ministro Antonio Saldanha Palheiro, Sexta Turma, julgado em 14/05/2019, DJe 30/05/2019. Colhe-se, do inteiro teor, a seguinte passagem, autoexplicativa: "*...pela sua natureza jurídica de meio de obtenção de prova, **o acordo de colaboração premiada deve contribuir para buscar a prova propriamente dita** (precedentes recentes desta Corte nesse sentido: HC n. 341.790/PR, relator Ministro Félix Fischer, e RHC n. 98.062/PR, relator Ministro Rogerio Schietti Cruz). **A declaração de um agente colaborador se relaciona**, então, com a instauração de investigações, a realização de diligências preliminares e, no máximo, **a possibilidade de decretação de outras medidas cautelares aptas ao alcance de provas, como a busca e apreensão, as quebras de sigilo e as interceptações, mas não a prisão cautelar...*" (grifo nosso).

-la em um procedimento em contraditório, daí a preocupação externada no enunciado quanto à preservação da investigação, sem a expor inteiramente.

As tratativas negociais caminham **paralelamente** à investigação, não havendo motivos para sobrestá-la, mesmo porque lhe são **prévias**, tanto que, se refutada a proposta de acordo, o depoimento do potencial colaborador e os elementos informativos por ele trazidos são desconsiderados, nos moldes do § 6º do art. 3º-B. Daí o § 3º consignar que *o recebimento de proposta de colaboração para* **análise** *ou o* ***Termo de Confidencialidade*** *não implica, por si só, a suspensão da investigação,* **ressalvado** *acordo em contrário quanto à propositura de medidas processuais penais* **cautelares** *e* **assecuratórias***, bem como* **medidas processuais cíveis admitidas pela legislação processual civil em vigor** (grifo nosso).

A segunda parte do dispositivo é confusa, merecendo depuração.

Se, das declarações do colaborador, sobrevier a necessidade de serem buscadas medidas cautelares e assecuratórias, tal se dará incidentalmente à investigação, sem prejuízo da realização de outras diligências. Inexiste, em princípio, óbice à simultaneidade, mesmo porque é corriqueiro desenvolver diferentes linhas de ação no mesmo procedimento investigatório.

Por outro lado, a alusão às tutelas *cautelares* e *assecuratórias* restringe-se às de cunho probatório, **sem incluir as reais e pessoais**, porque o depoimento do imputado não as arrima, por si só, *ex vi* do art. 4º, § 16, I da Lei nº 12.850/13. Buscar também essas medidas apenas será juridicamente viável se houver provas outras, além das alegações do delator.

As medidas processuais cíveis igualmente se mostram disponíveis na repressão às **organizações criminosas e aos delitos conexos e continentes**. A previsão contida na segunda parte do § 3º do art. 3º-B **amplia** a malha repressiva estatal e, por conseguinte, o leque de tutelas limitadoras de direitos dos imputados, logo, a interpretação há de ser **restritiva**, em deferência ao devido processo legal (art. 5º, LIV, da CRFB/88). Por conseguinte, as cautelares contempladas na legislação processual civil **restringem-se às persecuções penais relativas ao crime organizado e às infrações penais a ele conexas ou continentes**. Ante a **expressa** previsão **legal**, o juiz, implementando-as, agirá **escudado na lei**, sem chegar a configurar um poder *geral* de cautela. Tais extensões, aliás, não são inéditas no ordenamento processual penal, ao contrário. A Lei nº 12.403/11, *v.g.*, ao modificar o texto do art. 313, III, do CPP para admitir a prisão preventiva nos casos de descumprimento das medidas protetivas de urgência determinadas, em casos de violência doméstica ou familiar, em prol não apenas das vítimas mulheres, mas também crianças, adolescentes, deficientes, idosos e enfermos, simplesmente estendeu as tutelas previstas nos arts. 22 a 24 da Lei nº 11.340/06, em princípio reservadas às ofendidas do gênero feminino, ao lesados também masculinos, desde que vulneráveis etários, mentais ou físicos, em situação de violência doméstica ou familiar, transcendendo o universo do Juizado da Violência Doméstica ou Familiar contra a Mulher (JVDFM). Como são previsões excepcionais, a intelecção há de ser **afunilada**.

O § 5º do art. 3º-B preconiza que *os termos de recebimento de proposta de colaboração e de confidencialidade serão elaborados pelo celebrante e assinados por ele, pelo colaborador e pelo advogado ou defensor público com* **poderes específicos** (grifo nosso). A proposta de acordo de cooperação deve vir **acompanhada** de procuração com poderes especiais concedida ao defensor, mas, **se vier firmada pelo indiciado e seu patrono, tal exigência estará suprida**, seja Defensoria Pública ou advogado, à semelhança do verificado na queixa-crime (art. 44 do CPP), tornando dispensável a procuração[137]. O art. 3º-C, cabeça, **reitera** esta percepção, **admitindo, expressamente, que a falta de procuração com poderes especiais seja suprida pela assinatura conjunta da proposta pelo imputado e seu defensor** – *a proposta de colaboração premiada deve estar instruída* **com procuração do interessado com poderes específicos** *para iniciar o procedimento de colaboração e suas tratativas, ou* **firmada pessoalmente pela parte que pretende a colaboração e seu advogado ou defensor público** (grifo nosso).

Também de modo repetitivo, considerado o § 15 do art. 4º da Lei nº 12.850/19, inalterado pela Lei nº 13.964/19, o § 1º **reafirma** a imprescindibilidade da defesa técnica ao longo de todo o procedimento pertinente à celebração do acordo de cooperação, asseverando que **nenhuma** *tratativa sobre colaboração premiada deve ser realizada* **sem a presença de advogado constituído ou defensor público** (grifo nosso), salientando no § 2º que *em caso de eventual conflito de interesses, ou de colaborador hipossuficiente, o celebrante deverá solicitar a presença de outro advogado ou a participação de defensor público*.

Uma das contrapartidas à colaboração é o não oferecimento da denúncia pelo Ministério Público, instrumentalizado por meio do arquivamento, haja vista o art. 4º, § 4º da Lei nº 12.850/13. Para tanto, hão de estar presentes **3** pressupostos de admissibilidade, e não mais **2**: além de não ser um dos líderes da organização criminosa (a ideia de uma única liderança é irreal) e do pioneirismo da cooperação, elencados nos incisos I e II, **a delação precisa revelar infração penal até então desconhecida**, ou seja, **não documentada em investigação em curso**. Nos termos do novel § 4º, a delação precisa versar sobre *infração de cuja existência* **não tenha prévio conhecimento** (grifo nosso), entendendo-se configurada a ciência prévia, na forma do § 4º-A, *quando o Ministério Público ou a autoridade policial competente* **tenha instaurado inquérito ou procedimento investigatório para apuração dos fatos apresentados pelo colaborador** (grifo nosso).

De todo modo, o § 4º do art. 4º persiste listando pressupostos de admissibilidade para o não oferecimento da denúncia, **e não requisitos fechados, de aferição substancialmente objetiva**. A lei não esclarece, por exemplo, quantos resultados, entre os enumerados nos incisos do art. 4º, devem ser alcançados para ensejar o arquivamento. Ou a quantidade ou espécie de infrações penais inéditas que justificaria a não deflagração da ação penal. Quem avaliará isso é o(a) promotor(a) à luz do caso concreto, a partir de um juízo estritamente seu, dando-lhe margem de atuação consideravelmente ampla, a desaguar em verdadeira oportunidade regrada, que preferimos adjetivar racional ou motivada, presente a exigência

---

[137] STJ, RHC 82.732/RS, Rel. Ministro Jorge Mussi, Quinta Turma, julgado em 16/05/2017, DJe 24/05/2017 – *"...é indispensável que a procuração contenha uma descrição, ainda que sucinta, dos fatos a serem abordados na queixa-crime. Doutrina. Precedentes do STJ e do STF. 3. No caso dos autos, a procuração ofertada pela querelante confere poderes gerais ao causídico nela mencionado, o que inviabilizaria o prosseguimento da ação penal em tela, já que não é possível aferir quais fatos deveriam ser objeto da inicial. 4. Contudo, o defeito em questão não tem o condão de obstacularizar o andamento do processo em exame,* **uma vez que a autora do feito assinou o pedido de explicações que foi acolhido como queixa-crime juntamente com o profissional da advocacia que a assiste, circunstância que revela que consentiu com os seus termos,** *viabilizando a responsabilidade por eventual denunciação caluniosa..."* (grifo nosso); HC 85.039/SP, Rel. Ministro Felix Fischer, Quinta Turma, julgado em 05/03/2009, DJe 30/03/2009 – *"...II –* **Se a queixa vem subscrita pelas vítimas, além do respectivo advogado, fica suprida a necessidade de outorga de poderes específicos na procuração** *(Precedentes)..."* (grifo nosso).

constitucional de fundamentação dos pronunciamentos ministeriais (art. 129, VIII, 2ª parte, da Carta de 1988)[138]. Trata-se de quadra diversa da transação penal, por exemplo, na qual o art. 76, § 2º, da Lei nº 9.099/95 lista **requisitos objetivos** à sua veiculação – não apresentar condenação definitiva, por crime, a pena privativa de liberdade (inciso I) e não ter sido agraciado com a transação nos últimos cinco anos (inciso II) – que, se presentes, naturalmente conduzem à formulação da proposta, exceto se os requisitos subjetivos – antecedentes, conduta social e personalidade do agente, motivos e circunstâncias do fato –, como um todo, não recomendarem o benefício, o que seria exceção, e não a regra. Na transação penal, preserva-se o princípio da legalidade, porquanto o Ministério Público continua a agir pautado estritamente na lei[139]. Já nas hipóteses dos §§ 4º e 4º-A do art. 4º da Lei nº 12.850/19, a percepção do quão robusta e eficiente foi a cooperação para que a recompensa seja o arquivamento ao invés da denúncia, é inteiramente do(a) promotor(a). Malgrado fundamentada (art. 129, VIII, 2ª parte, da CRFB/88), a aferição é **exclusivamente subjetiva**. A depender da visão pessoal que cada membro do *Parquet* tenha da justiça penal negocial, os prêmios à **idêntica** colaboração podem ser **distintos**: aquele que seja um entusiasta do *plea bargaining* e de um processo penal de resultados não terá dificuldades de cogitar o não oferecimento da denúncia em face do delator, mas o colega com deferência ao postulado da obrigatoriedade da ação penal seguramente pensará em benesses outras, mas nunca a ponto de arquivar. Situações jurídico-penais iguais receberão, sim, tratamento diferenciado, em detrimento da isonomia, daí a Lei nº 13.964/19 ter inserido **1** pressuposto de admissibilidade a mais, de avaliação um pouco mais objetiva, mas incapaz de mudar o quadro. Permitir o não oferecimento da denúncia, nada obstante a presença de justa causa, excepciona o princípio da obrigatoriedade da ação penal pública. E, de quebra, ressalva o da legalidade, pois a valoração confiada ao membro do Ministério Público, não quanto à admissibilidade do arquivamento, mas quanto à pertinência, passa ao largo de parâmetros objetivos[140].

O § 2º do art. 4º da Lei nº 12.850/13, inalterado pela Lei nº 13.964/19, preconiza que, optando o Ministério Público pelo arquivamento, o juiz, discordando, aplica o art. 28 do CPP, remetendo a controvérsia ao Procurador-Geral. Em virtude da liminar concedida pelo Min. Luiz Fux na ADI nº 6305, formalizada pelo CONAMP, suspendendo, cautelarmente, a eficácia do novel art. 28, esse mecanismo externo de controle, mais precisamente judicial, da obrigatoriedade da ação penal pública e, por conseguinte, do Ministério Público, continua em vigor. Mas, **uma vez confirmada pelo Pleno do STF a constitucionalidade do art. 28 do CPP, no formato concebido pela Lei nº 13.964/19, o arquivamento será decidido, autonomamente, pelo membro do Ministério Público e submetido ao crivo da instância revisora, no âmbito do próprio *Parquet*, desjudicializando o procedimento**,

---

[138] Nessa linha, SILVA, Eduardo Araújo da. *Organizações Criminosas*, ob. cit., p. 63; MENDRONI, Marcelo Batlouni. *Comentários à Lei de Combate ao Crime Organizado*. 2. ed. São Paulo: Atlas, 2015, p. 55 – refere-se o autor, apenas, à adoção, pelo legislador, do princípio da oportunidade, o que é um equívoco, pois, diferentemente da vítima, que **não precisa apresentar escusa alguma para o não oferecimento da queixa-crime**, o Ministério Público **tem** que expor, racionalmente, os motivos para haver eleito o arquivamento ao invés da denúncia.

[139] Nesse particular, discordamos de Eduardo Araújo da Silva, que aproxima o não oferecimento da denúncia, previsto na Lei nº 12.850/2013, da transação penal, como exemplos do princípio da oportunidade regrada ou regulada da ação penal pública.

[140] SANTOS, Marcos Paulo Dutra. *Colaboração (Delação) Premiada*, ob. cit., p. 200-205.

nos termos examinados no capítulo dedicado ao arquivamento do inquérito, ao qual nos reportamos a fim de evitar repetições desnecessárias.

No tocante à homologação do acordo de colaboração premiada, descabe ao juiz tecer qualquer análise meritória, em apreço ao sistema acusatório (art. 129, I, da CRFB/88), evitando pré-julgamentos. **Apenas na sentença deve ser avaliada a efetividade da cooperação e o quanto contribuiu para o equacionamento da demanda**, nos exatos termos do § 11 do art. 4º da Lei nº 12.850/19, inalterado pela Lei nº 13.964/19 – *a sentença apreciará os termos do acordo homologado e sua eficácia* (grifo nosso) –, reforçado, desnecessariamente, pelo novel § 7º-A – *o juiz ou o tribunal deve proceder à análise fundamentada do mérito da denúncia, do perdão judicial e das primeiras etapas de aplicação da pena, nos termos do Decreto-Lei nº 2.848, de 7 de dezembro de 1940 (Código Penal) e do Decreto-Lei nº 3.689, de 3 de outubro de 1941 (Código de Processo Penal), antes de conceder os benefícios pactuados, exceto quando o acordo prever o não oferecimento da denúncia na forma dos §§ 4º e 4º-A deste artigo ou já tiver sido proferida sentença* (grifo nosso), lembrando que a colaboração pode ser pactuada ulteriormente à condenação, por réus já sentenciados, *ex vi* do § 5º do art. 4º. Ora, tais considerações, a serem articuladas na sentença, serão sempre motivadas, conforme preconiza o art. 93, IX, da CRFB/88 e reitera o art. 315, § 2º do CPP. E, obviamente, os benefícios apenas incidirão se o pedido condenatório for julgado procedente, não sendo caso de concessão do perdão judicial, o que os tornaria inócuos. A aplicação das benesses, por outro lado, por impactarem na reprimenda, observará o critério trifásico do art. 68 do CP. As redundâncias identificadas no dispositivo avultam, servindo, apenas, para reiterar que **tão somente na sentença, ao emitir o** *judicium causae*, **deve o juiz debruçar-se sobre os atos de colaboração e avaliar o quão decisivos foram ao julgamento do mérito.**

A chancela (ou não) do pacto encerra juízo de mera **legalidade**, conforme já preconizava, originariamente, o § 7º do art. 4º, ao se referir à *regularidade*, à própria *legalidade* e à *voluntariedade*. A Lei nº 13.964/19, ao reformulá-lo, **detalhou-o um pouco mais**.

Regularidade e legalidade, listadas no art. 4º, § 7º, I, amarram-se à **forma** do acordo. Embora sem maior relevo prático, *regularidade* prende-se à observância do *procedimento* – *v.g.*, se as procurações foram concedidas aos advogados com poderes especiais; se, ao longo das tratativas, o colaborador sempre esteve acompanhado pelo defensor etc. –, enquanto a *legalidade* certifica a presença dos **requisitos legais** para o acordo. Embora tenha vindo destacado, sob a epígrafe de *adequação*, no inciso III, **constatar se os resultados materializados em razão da cooperação ou potencialmente alcançáveis condizem com os listados no art. 4º, *caput*, da Lei nº 12.850/13 é, tipicamente, um juízo de legalidade**, por exemplo – aliás, a redação do inciso é péssima, pois, **quando da chancela do acordo, não obrigatoriamente todos os resultados decorrentes da delação precisam ter se concretizado, ainda mais diante da ação penal ainda vindoura** – a identificação dos demais infratores, *v.g.* (art. 4º, I) só estará selada se condenados forem, sob pena de julgá-los antecipadamente. Por outro lado, ao aludir à *adequação dos resultados da colaboração aos resultados mínimos exigidos nos incisos I, II, III, IV e V do caput deste artigo* (grifo nosso), **o inciso III tratou-os como se cumulativos fossem, quando, em verdade, são alternativos**, segundo revela o *caput* do art. 4º – *o juiz poderá, a requerimento das partes, conceder o perdão judicial, reduzir em até 2/3 (dois terços) a pena privativa de liberdade ou substituí-la por restritiva de direitos daquele que tenha colaborado efetiva e voluntariamente com a investigação e com o processo criminal,* **desde que dessa colaboração** *advenha um ou mais dos seguintes resultados* (grifo nosso). Todo parágrafo esmiúça ou excepciona a regra do *caput*. Como, no caso em tela, a intenção foi detalhá-la, herda-lhe as premissas, logo, apesar do lapso gramatical, os requisitos à premiação da cooperação persistem alternativos.

Examinar a constitucionalidade, a convencionalidade e eventual abusividade das cláusulas do pacto é, igualmente, um juízo de legalidade, como a encartada no novel § 7º-B – são **nulas de pleno direito as previsões de renúncia ao direito de impugnar a decisão homologatória**. A propósito, cláusulas que envolvam a abdicação de garantias fundamentais como o contraditório e à ampla defesa, que têm, no duplo grau de jurisdição, se disponível (a depender do Juízo competente processante), uma das suas mais emblemáticas manifestações, são exemplos claros disso, merecedoras de pronto decote.

Conquanto veiculada em separado, no inciso II do § 7º do art. 4º, **garantir que os benefícios reservados ao colaborador sejam os expressamente previstos em lei traduz outro juízo de legalidade. Tomando como parâmetro as benesses listadas no *caput* do art. 4º** – redução de até 2/3 (dois terços) da reprimenda, substituição da pena privativa de liberdade por restritiva de direitos e perdão judicial –, **além das enumeradas no § 5º, se a colaboração for ulterior à sentença** – diminuição de até metade da pena e progressão de regime independentemente dos requisitos objetivos –, exige-se a *adequação dos benefícios pactuados àqueles previstos no caput e nos §§ 4º e 5º deste artigo, sendo* **nulas as cláusulas que violem o critério de definição do regime inicial de cumprimento de pena do art. 33 do Decreto-Lei nº 2.848, de 7 de dezembro de 1940 (Código Penal), as regras de cada um dos regimes previstos no Código Penal e na Lei nº 7.210, de 11 de julho de 1984 (Lei de Execução Penal) e os requisitos de progressão de regime não abrangidos pelo § 5º deste artigo** (grifo nosso).

Sem embargo, o dispositivo precisa ser recebido **com cautela**, em respeito ao próprio devido processo legal.

Conforme já tivemos a oportunidade de alertar, *a delação premiada não recebeu do legislador tratamento sistemático e uniforme. A par da Lei nº 9.807/99, que é o diploma legal geral sobre o assunto, existem outras oito hipóteses específicas de delação premiada*[141]*: crimes hediondos (art. 8º, parágrafo único, da Lei 8.072/90), extorsão mediante sequestro (art. 159, § 4º, do Código Penal, com a redação dada pela Lei nº 9.269/96), crimes contra o sistema financeiro nacional (art. 25, § 2º, da Lei nº 7.492/86, com a redação dada pela Lei nº 9.080, de 19 de julho de 1995), crimes contra a ordem econômica e tributária (art. 16, parágrafo único, da Lei nº 8.137/90, com a redação dada pela Lei nº 9.080/95), além de outra específica, quando atrelados à formação de cartel, quadro que abrange também delitos licitatórios e associação criminosa (arts. 86 e 87 da Lei nº 12.529, de 30 de novembro de 2011), lavagem de capitais (art. 1º, § 5º, da Lei nº 9.613/98, com a redação dada pela Lei nº 12.683/12), entorpecentes (art. 41 da Lei nº 11.343/06) e organização criminosa (art. 4º*

---

[141] Não listamos o art. 60 da Lei nº 12.651, de 25 de maio de 2012 (Código Florestal), porquanto não se trata de delação. Da leitura do *caput* e dos §§ 1º e 2º, depreende-se que a assinatura de termo de compromisso para regularização de imóvel ou posse rural perante o órgão ambiental competente interrompe a prescrição dos crimes previstos nos arts. 38, 39 e 48 da Lei nº 9.605/98 – o prazo tampouco volta a fluir –, extinguindo-se a punibilidade, após a efetiva regularização da propriedade ou da posse. Não se trata, portanto, de um mecanismo de formação de provas, como é a colaboração premiada, e sim de recomposição do dano ambiental.

da Lei nº 12.850/13). Embora a colaboração premiada delineada nesta última tenha sido a única a receber disciplina mais detalhada, merecedora de procedimento próprio, as demais subsistem no ordenamento, em apreço ao princípio da especialidade, conforme maciço, e acertado, entendimento doutrinário[142].[143]

Nada obstante a aplicação do princípio da especialidade, **a depender do caso haverá interseção entre duas ou mais hipóteses de colaboração premiada, relacionadas a infrações penais distintas, cada qual com uma gama própria de benesses.** Imagine, *v.g.*, a cooperação que contribua para desbaratar uma organização criminosa voltada ao roubo de cargas, incluindo o esquema de lavagem de dinheiro por ela montado. A colaboração permitiu, simultaneamente, *apurar as infrações penais anteriores à lavagem, bem como a localização e recuperação dos montantes objetos desta*, alcançando os resultados previstos no § 5º do art. 1º da Lei nº 9613/98, com a redação dada pela Lei nº 12.683/12, ensejando as premiações nele previstas. Igualmente dá azo às recompensas contidas no art. 4º da Lei nº 12.850/13, afinal, permitiu *identificar as infrações penais praticadas pela organização criminosa* (inciso I) e o *resgate total ou parcial do proveito criminoso* (inciso IV). **Em apreço ao devido processo legal e à legalidade penal estrita, antinomias como a presente resolvem-se** *pro reo*, **ou seja, priorizando a delação mais generosa em prêmios.**

E, entre todas as previstas no ordenamento processual penal brasileiro, nenhuma é mais farta em benefícios do que a colaboração contemplada no art. 1º, § 5º da Lei nº 9.613/98. Além do perdão judicial e da substituição da pena privativa de liberdade por restritiva de direitos, a redução da reprimenda é de **um** a dois terços, assegurando-se um mínimo pré-determinado, diferentemente do art. 4º, *caput*, da Lei nº 12.850/13, que estipula a minoração de **até** dois terços. É, ainda, causa de estipulação do regime inicial aberto ou semiaberto, independentemente da quantidade de pena fixada, tudo alternativamente ou **cumulativamente.** Por outro lado, foi emblemática a inclusão da locução *"a qualquer tempo"* no § 5º do art. 1º da Lei nº 9.613/98 pela Lei nº 12.683/12, evidenciando que a delação pode ocorrer, e ser premiada, mesmo após a prolação da sentença condenatória, com ou sem trânsito em julgado[144] – consubstanciando *novatio legis in mellius*, **retroativa** –, quando, *v.g.*, o sentenciado decide não mais suportar, sozinho, a condenação[145], resolvendo "abrir a boca" e entregar todos os demais comparsas, detalhar a trama

---

[142] Por todos, CUNHA, Rogério Sanches e PINTO, Ronaldo Batista (*Crime Organizado*, ob. cit., p. 34-35); BADARÓ, Gustavo Henrique; BOTTINI, Pierpaolo Cruz (*Lavagem de Dinheiro, Aspectos penais e processuais penais*. 2. ed. São Paulo: RT, 2013, p. 167-168, nota 23); MASSON, Cleber; MARÇAL, Vinícius. *Crime Organizado*, ob. cit., p. 107-108. BITENCOURT, Cezar Roberto; BUSATO, Paulo César. *Comentários à Lei de Organização Criminosa: Lei nº 12.850/2013*, ob. cit., p. 121-122, pelo contrário, obtemperam que, como a Lei nº 12.850/2013 disciplinou integral e detalhadamente a colaboração premiada, como jamais havia feito qualquer outro diploma legal, nem mesmo o especificamente reservado ao tema – Lei nº 9.807/1999 –, estaria o instituto circunscrito às organizações criminosas, revogando-se todos os demais dispositivos a respeito –, orientação que, *permissa venia*, destoa do princípio da especialidade.

[143] *Colaboração (Delação) Premiada*, ob. cit., p. 134-135.

[144] Idêntico pensar é comungado por BADARÓ, Gustavo Henrique; BOTTINI, Pierpaolo Cruz Bottini. Ob. cit., p. 171; e LIMA, Renato Brasileiro de. Ob. cit., p. 350.

[145] Eduardo Araujo da Silva (*Organizações Criminosas, Aspectos Penais e Processuais da Lei nº 12.850/13*, ob. cit., p. 66) lembra, oportunamente, que "...segundo a experiência italiana, é nessa fase que é realizada a maioria dos acordos de colaboração premiada, pois o colaborador já tem sua situação processual definida. Muitos condenados por associação do tipo mafioso realizaram acordos permutando a prisão perpétua por penas de prisão até 30 (trinta) anos, com direito a benefícios...".

delituosa e/ou apontar o local onde estariam os objetos, instrumentos e produtos dos injustos – apesar de a disposição topográfica da locução "*a qualquer tempo*" indicar que somente se refere ao perdão judicial e à substituição da reprimenda[146], é desarrazoado que a delação, após a prolação da sentença condenatória, comporte os maiores benefícios, mas não os menores, redução da pena e regime prisional inicial, logo é evidente que também os compreende. O perdão judicial, a propósito, não se mostraria subjetivamente adequado, afinal o acusado esperou ser condenado para, só então, colaborar[147].

Partindo dessas premissas, nos acordos de colaboração premiada concernentes à lavagem de capitais, haja ou não outros injustos, como o próprio crime organizado, **é válido estipular o regime inicial aberto ou semiaberto como contrapartida à colaboração, dissociando-se do art. 33 do Código Penal – o *quantum* penal é desimportante.**, em apreço ao princípio da especialidade e aos postulados constitucionais da legalidade penal estrita e do devido processo legal. E, **quando a cooperação for posterior à condenação, nada impede a fixação do regime aberto ou semiaberto, independentemente das regras de progressão.**

Disse o inciso II do novel § 7º do art. 4º **ser nula a progressão de regime que viole os requisitos não abrangidos pelo § 5º deste artigo**. A redação, mais uma vez, carece de melhor técnica.

Interpretando textualmente o § 5º do art. 4º da Lei nº 12.850/13, parte da doutrina sustenta que, dispensados os requisitos objetivos da progressão de regime, *a contrario sensu* estariam conservados os subjetivos, consistentes no bom comportamento carcerário, *ex vi* do art. 112, § 1º, da Lei nº 7.210/84 (Lei de Execução Penal – LEP)[148], com a redação dada pela Lei nº 12.694/19. O inciso II do reformulado § 7º do art. 4º, se lido literalmente, reforça essa impressão, porque exige que sejam observados os requisitos *não abrangidos pelo § 5º*, ou seja, os subjetivos.

Reiteramos, todavia, que a excessiva literalidade dessa exegese afasta-se da *ratio* da norma. **A progressão de regime, nesse caso, resulta da colaboração do condenado, afastando-se, por completo, das balizas delimitadas no art. 112 da LEP, daí o legislador ter anunciado a dispensa dos requisitos objetivos, que hão de ser lidos como** *requisitos legais*, afinal, se os pressupostos objetivos não são empeço à progressão, tampouco seriam os subjetivos – descartado *o mais*, desconsidera-se *o menos*. **Pontuou-se os primeiros, porque os segundos já estariam naturalmente preenchidos, ante a própria cooperação prestada pelo sentenciado.** Pretender diversamente daria margem, por exemplo, à possibilidade de determinação, pelo Juízo, de exame criminológico, nos termos da Súmula

---

[146] Gustavo Henrique Badaró e Pierpaolo Cruz Bottini (ob. cit., p. 171) entendem que a substituição da pena privativa de liberdade por restritiva de direitos seria o prêmio reservado à delação pós sentença penal condenatória.

[147] SANTOS, Marcos Paulo Dutra. *Colaboração (Delação) Premiada*, ob. cit., p. 142-149. Ao longo da obra são apontados, e dirimidos, todos os demais conflitos aparentes de normas, em capítulo próprio dedicado ao tema (p. 134-153).

[148] Escudados nesse enfoque, MASSON, Cleber; MARÇAL, Vinícius. Ob. cit., p. 117; LIMA, Renato Brasileiro de. Ob. cit., p. 542.

Vinculante n° 26[149] e da Súmula 439 do STJ[150], inserindo elementos estranhos ao acordo de colaboração, inibindo-lhe a celebração, o que, definitivamente, não se coaduna com a *mens* do preceito. Em última análise, submeteríamos norma concessiva de direitos a exegese restritiva, em dissintonia com o princípio da legalidade penal estrita. Dessa forma, dispensa-se, também, os requisitos subjetivos, sendo neutro o comportamento carcerário e vedado o exame criminológico[151]. A rigorosa reforma promovida pela Lei n° 13.964/19 na LEP, notadamente no tangente à progressão de regime, reafirma essa posição, pois **a severidade foi inteiramente dirigida aos requisitos objetivos**. Os subjetivos **não** sofreram incrementos. Por conseguinte, **se a Lei n° 13.964/19 ratificou a dispensa dos vetores objetivos para a progressão, apesar de os ter agravado sensivelmente na LEP, mantendo intocado o § 5° do art. 4° da Lei n° 12.850/13, o que dizer dos subjetivos?** A rigor, **afastados os parâmetros objetivos para a progressão, até a** *per saltum* **torna-se viável, excepcionando a Súmula n° 491 do STJ.**[152]

A parte final do inciso II do § 7° do art. 4° da Lei n° 12.850/13 deve ser lido no sentido de **bloquear prêmios envolvendo progressões de regime à margem do art. 112 da LEP, exceto nos casos do § 5 do art. 4° do dito diploma legal e do art. 1°, § 5° da Lei n° 9.613/98.**

Por outro lado, a vedação à premiação concernente na alteração das regras próprias de cada regime prisional, anunciada no inciso II do novel § 7° do art. 4° mostra-se irretocável, porque, de fato, **inexiste benesse desse naipe em qualquer das hipóteses de cooperação previstas na legislação.**

A contrario sensu, o Juízo pode chancelar acordos de colaboração que reúnam benefícios outros, não previstos expressamente em lei, desde que diversos dos **proscritos** no § 7° do art. 4°?

Se a delação premiada repercute no objeto da condenação – a reprimenda –, **não discrepa da razoabilidade, na espécie proporcionalidade, que atinja, também, os efeitos secundários desta**. E não se invoquem, como impeditivos, os postulados constitucionais da legalidade penal estrita e do devido processo legal, que, enquanto garantias do acusado contra arbitrariedades estatais, não podem ser evocadas em seu desfavor. Tal percepção foi abraçada pelo Supremo Tribunal Federal[153], mas, **a fim de evitar ar-**

---

[149] "Para efeito de progressão de regime no cumprimento de pena por crime hediondo, ou equiparado, o juízo da execução observará a inconstitucionalidade do art. 2° da Lei n. 8.072, de 25 de julho de 1990, sem prejuízo de avaliar se o condenado preenche, ou não, os requisitos objetivos e subjetivos do benefício, podendo determinar, para tal fim, de modo fundamentado, a realização de exame criminológico" (grifo nosso).

[150] "Admite-se o exame criminológico pelas peculiaridades do caso, desde que em decisão motivada".

[151] No mesmo sentido, NUCCI, Guilherme de Souza. *Leis Penais e Processuais Penais Comentadas*. 8. ed. Rio de Janeiro: Forense, 2014, p. 736, vol. 2.

[152] SANTOS, Marcos Paulo Dutra. *Colaboração (Delação) Premiada*, ob. cit., p. 147-148.

[153] Inq 4405 AgR, Relator Ministro Roberto Barroso, Primeira Turma, julgado em 27/02/2018, DJe 05/04/2018 – "...4. A fixação de sanções premiais não expressamente previstas na Lei n° 12.850/2013, mas aceitas de modo livre e consciente pelo investigado não geram invalidade do acordo. **O princípio da legalidade veda a imposição de penas mais graves do que as previstas em lei, por ser garantia instituída em favor do jurisdicionado em face do Estado. Deste modo, não viola o princípio da legalidade a fixação de pena mais favorável, não havendo falar-se em observância da garantia contra o garantido...**" – grifo nosso; HC 127483, Relator Min. Dias Toffoli, Tribunal Pleno, julgado em

bitrariedades jurisdicionais, comprometedoras da isonomia – tratar desigualmente réus cujas colaborações alcançaram resultados muito próximos –, descabe romper inteiramente com os parâmetros legais. **Devem ser veiculados apenas prêmios que sejam variantes, mais benéficos, daqueles previstos em lei**. Ilustrando: na lavagem de capitais, independentemente da quantidade da reprimenda, o regime inicial pode ser, de antemão, o aberto. Nada impediria uma proposta nesses termos, estipulando-se, desde o início, a custódia domiciliar, legalmente possível aos condenados neste regime, haja vista o art. 117 da LEP. **Embora houvesse certa flexibilidade, trabalhar-se-ia dentro da lei**. Mas daí a *criar* um regime domiciliar *diferenciado*, por exemplo, prenhe de condições sem qualquer respaldo legal, seria de uma **seletividade abominável, legiferante**, recusável pelo juiz, na sentença condenatória – em verdade, o ideal é extirpá-la quando da homologação do pacto, a teor do art. 4º, § 7º, II, da Lei nº 12.850/13, com a redação dada pela Lei nº 13.964/19. Também descabe reduzir eventual montante indenizatório (art. 91, I, do Código Penal), porquanto o Ministério Púbico disporia de bens pertencentes à vítima, pouco importando que o lesado seja o próprio Estado, porquanto **inexiste sobreposição** entre o *Parquet* e a Administração Pública *lato sensu*[154], ainda mais diante do novel art. 28, § 2º do CPP – embora provisoriamente com a eficácia suspensa, por força de liminar deferida pelo Min. Luiz Fux na ADI nº 6.305, o preceito, ao preconizar que, *nas ações penais relativas a crimes praticados em detrimento da União, Estados e Municípios, a* **revisão do arquivamento** *do inquérito policial poderá ser* **provocada** *pela* **chefia do órgão a quem couber a sua representação judicial** (grifo nosso), patenteia a dissociação entre o Ministério Público e a Administração Pública, estampando que a representatividade do primeiro, enquanto Estado, não compreende a última. Prova disso, aliás, é a legitimidade do ente público para habilitar-se como assistente de acusação, consideradas, por exemplo, a Comissão de Valores Mobiliários (CVM) e o Banco Central do Brasil (BACEN), nos crimes contra o sistema financeiro nacional, *ex vi* do art. 26, p.ú. da Lei nº 7.492/86, não sendo outro o entendimento do Superior Tribunal de Justiça[155].

27/08/2015, DJe-021 divulg 03/02/2016 public 04/02/2016 – "...*havendo previsão em Convenções firmadas pelo Brasil para que sejam adotadas "as medidas adequadas para encorajar" formas de colaboração premiada (art. 26.1 da Convenção de Palermo) e para "mitigação da pena" (art. 37.2 da Convenção de Mérida), no sentido de abrandamento das consequências do crime, o acordo de colaboração, ao estabelecer as sanções premiais a que fará jus o colaborador, pode* **dispor sobre questões de caráter patrimonial, como o destino de bens adquiridos com o produto da infração pelo agente colaborador**..." (grifo nosso).

[154] O tema é controvertido na doutrina, existindo autores que, reconhecendo a justaposição, entendem falecer interesse na habilitação do ente público lesado como assistente de acusação. Nesse diapasão, dentre outros, MIRABETE, Julio Fabbrini. *Processo Penal*. 4. ed. São Paulo: Atlas, 1995, p. 343; e LOPES JÚNIOR, Aury. *Direito Processual Penal*. 11. ed. São Paulo: Saraiva, 2014, p. 788.

[155] RHC 4.041/RJ, Rel. Ministro Jesus Costa Lima, Quinta Turma, julgado em 16/11/1994, DJ 24/04/1995, p. 10.408, por maioria, merecendo destacar, porque autoexplicativa, o seguinte trecho da ementa: "...*II – O fato de ser o Ministério Público titular da ação penal pública incondicionada e de que está obrigado a recorrer,* **não impede que o Procurador-Geral do Estado seja considerado legitimado para fazê-lo, em se tratando de peculato, onde ofendido é o próprio Estado**. *III – Interesse público a ser protegido com repercussão perante a administração e o bem comum da sociedade, que não se confunde com interesse público geral do Ministério Público*" (grifo nosso); RMS 1.693/SP, 6ª T., Rel. Ministro Costa Leite, julgado em 23/06/1992, DJ 17/08/1992, p. 12509, extraindo-se da ementa que "...*se a administração municipal é diretamente atingida, posicionando-se assim, como sujeito passivo eventual do crime ('parte lesa individuale'), nada impede que o município se habilite como assistente do Ministério Público*..." (grifo nosso).

Seguindo essa mesma ordem de ideias, tampouco se concebe delimitar os bens a serem perdidos em favor da entidade da Administração lesada, quando forem objeto ou proveito do injusto (art. 91, II, b do CP), porquanto serão computados na reparação do dano. Cláusulas nesse sentido **não desafiam homologação**. E se a sentença assim ordenar, **absolutamente nulo será o dispositivo**, sob pena de impor à Administração Pública decréscimo patrimonial **sem previsão legal, à margem dos postulados constitucionais da legalidade e do devido processo legal**. Não tendo se habilitado, no processo, como assistente de acusação, violado terá sido, ainda, o contraditório, porque **se extrapolaria, gratuitamente, os limites subjetivos do pronunciamento jurisdicional, alcançando quem não foi parte**.

Já os efeitos condenatórios versados no art. 92 do Código Penal exigem, nos termos do parágrafo único, declaração expressa na sentença, logo, o juiz, ante o acordo celebrado, ou a pedido da defesa, ou mesmo *ex officio*, nos casos de cooperação unilateral, poderia deixar de explicitá-los. Mas, em hipótese alguma, o silêncio impediria terceiro interessado de buscar a(s) respectiva(s) medida(s) em via própria, porque **estranho ao processo**, não podendo ser alcançado pelos efeitos da tutela jurisdicional. A Administração Pública ou o Poder Legislativo teria, então, autonomia para conduzir o procedimento objetivando a perda do cargo, função pública ou mandato eletivo, ante a independência e a separação entre os Poderes da República (art. 92, I, do CP), dizendo-se o mesmo do Departamento Estadual de Trânsito, vinculado ao Poder Executivo, no tocante à deflagração de procedimento administrativo visando à suspensão do direito de dirigir ou à cassação da carteira, se presentes as hipóteses listadas na Lei nº 9503, de 23 de setembro de 1997 (art. 92, III, do CP). Familiares do sentenciado poderiam buscar, a seu turno, a destituição do poder familiar perante o Juízo competente, inclusive em razão da independência entre as instâncias cível e penal (art. 92, II, do CP)[156].

Outro vetor merecedor de certificação judicial, antes da homologação do pacto, é a *voluntariedade da manifestação de vontade,* **especialmente nos casos em que o colaborador está ou esteve sob efeito de medidas cautelares** (grifo nosso), haja vista o inciso IV do § 7º do art. 4º da Lei nº 12.850/13. Além da voluntariedade, cumpre ao juiz assegurar a **consciência** do colaborador, ou seja, a plena percepção do conteúdo e das consequências **jurídicas** do pacto firmado, correspondente ao *knowing and intelligent factor* verificado no ordenamento estadunidense. Não por acaso a Lei nº 13.964/19 promoveu, no § 7º, uma sútil, mas relevante mudança: ao invés de *poder* ouvir o imputado, sigilosamente, antes de chancelar a avença, o juiz, atualmente, *deve* inquiri-lo – indagá-lo previamente, até para fins de impressão pessoal, **deixou de ser facultativo, tornando-se compulsório**. De todo modo, **a ciência e a consciência jurídicas** do acordo e das suas implicações presumem-se atendidas a partir do momento em que o imputado, ao longo de todo o procedimento negocial, esteve com o defensor, não sendo outra a *mens* dos novéis §§ 1º e 2º do art. 3º-B, além do § 15 do art. 4º. Por conseguinte, caso o juiz não ouça o colaborador a nulidade será **relativa**, exigindo demonstração do prejuízo, diretamente atrelado à (hipotética) debilidade da defesa técnica.

A expressa menção à homologação do acordo de colaboração, mesmo estando o delator sob medidas cautelares constritivas da liberdade, recomendando, apenas, maior rigor na aferição da voluntariedade, **ratifica** a percepção segundo a qual **o status de preso provisório não é embaraço à delação**.

---

[156] SANTOS, Marcos Paulo Dutra. *Colaboração (Delação) Premiada,* ob. cit., p. 112-115.

A **voluntariedade** inerente à delação não se confunde com espontaneidade – se o infrator pudesse escapar da responsabilização penal sem delatar os comparsas e/ou o esquema criminoso, assim o faria. Importa ausência de coercitividade, logo, o fato de o delator encontrar-se cautelarmente preso, por ordem escrita e fundamentada, de juízo competente, não a compromete, mesmo porque nenhuma custódia cautelar pode ter como fundamento a obtenção de colaborações premiais, atrelada à conveniência da instrução criminal, ante as garantias constitucionais ao silêncio, estampada no art. 5º, LXIII, da Carta Maior, e a não autoincriminação (*nemo tenetur se detegere*), revelada no art. 8º, 2, g, da Convenção Americana sobre Direitos Humanos (Pacto de São José da Costa Rica), e no art. 14, 3, g do Pacto de Direitos Civis e Políticos da Organização das Nações Unidas, inseridos no ordenamento pátrio através, respectivamente, dos Decretos de nº 678, de 6 de novembro de 1992 e 592, de 6 de julho do mesmo ano, afinal, ninguém pode ser compelido, corporalmente, a cooperar – **nem nos EUA, berço do instituto, admite-se a coerção física**.

Seguindo essa mesma ordem de ideias, **descabe, nos pactos de colaboração premiada, fixar cláusulas revocatórias da prisão cautelar (preventiva ou temporária) ou substitutivas por outras mais brandas – recolhimento domiciliar, por exemplo (art. 319, V, do CPP), condicionadas ao cumprimento do acordo**. O poder de cautela é do juiz, e não do Ministério Público, logo descabe dispor do que não tem. Lícito ao *Parquet* é comprometer-se a **opinar** pelo afastamento da segregação, mas a decisão final, obviamente, é do Poder Judiciário, mais uma vez em homenagem à separação e à independência entre os Poderes da República – art. 2º da CRFB/88. Se o Juízo entender por bem restituir ao imputado a liberdade, é porque não mais vislumbra presentes os requisitos do art. 312 do CPP e/ou reputa desproporcional a prisão preventiva, até porque há de ser, sempre, a última via – art. 282, I e II e §§ 4º e 6º do CPP. Caso o réu, solto ou sob constrição libertária mais suave, optar por não mais colaborar, ou se se verificar imprecisas as informações prestadas, descabe, em razão disso, restabelecer a prisão, afinal, a retratação é direito seu, previsto no § 10 do art. 4º da Lei nº 12.850/13, decorrência de a colaboração ser uma **opção defensiva** – se é manifestação da ampla defesa, notadamente da autodefesa, o denunciado não pode ser obrigado a prosseguir cooperando, caso não mais o queira. Como está no exercício regular de direito constitucionalmente assegurado, não pode ser evocado em seu desfavor, para ensejar o retorno ao cárcere – a contrapartida à recusa em continuar a auxiliar o Estado é a inviabilização do prêmio ao qual faria jus, e não a volta à prisão. O Supremo Tribunal Federal[157] e o Superior Tribunal de Justiça[158] são firmes nesse sentido.

---

[157] HC 138207, Relator Ministro Edson Fachin, Segunda Turma, julgado em 25/04/2017, *DJe* 28/06/2017, merecendo, pela clareza e exatidão, reproduzir a ementa, autoexplicativa: "Habeas corpus. *Processo penal. Prisão preventiva. Acordo de colaboração premiada. Descumprimento. Causa de imposição de prisão processual. Descabimento. Ordem concedida. 1. A prisão processual desafia a presença de algum dos requisitos previstos no art. 312 do CP. 2. **Inexiste relação necessária entre a celebração e/ou descumprimento de acordo de colaboração premiada e o juízo de adequação de medidas cautelares gravosas**. 3. A teor do art. 316, CPP, **a imposição de nova prisão preventiva desafia a indicação de base empírica idônea e superveniente à realidade ponderada no momento da anterior revogação da medida prisional**. 4. Ordem parcialmente concedida, com confirmação da liminar deferida"* – grifo nosso.

[158] HC 396.658/SP, Rel. Ministro Antonio Saldanha Palheiro, Sexta Turma, julgado em 27/06/2017, *DJe* de 01/08/2017, destacando-se o seguinte trecho da ementa: "...*3. No caso, o decreto de prisão preventiva carece de fundamentação concreta, pois **o descumprimento de acordo de delação premiada ou a frustração na sua realização, isoladamente, não autoriza a imposição da segregação cautelar** (Precedente do Supremo Tribunal Federal)...*" – grifo nosso.

Prisão ou qualquer outra medida cautelar constritiva da liberdade, nesses termos, será ilegal, desafiando **relaxamento**.

A pretender o contrário, retirando dos imputados presos a opção de colaborar e, por conseguinte, de obter determinada benesse, escalonar-se-ia o direito de defesa, cujo exercício não se mostraria mais tão amplo, se comparado aos soltos, em descompasso com a isonomia. Sem embargo, reconhecida a ilegalidade da custódia quando da delação – quer por ausência de motivação idônea (a medida não pode ser implementada para "forçar" acordos de cooperação, por exemplo, o que ofenderia a cláusula nemo tenetur se detegere), quer porque determinada por Juízo incompetente (o que comprometeria a validade da própria avença), quer por excesso de prazo, já existente à época da delação, quer porque contra legem (em descompasso com o art. 313 do CPP) –, a vontade externada pelo delator mostra-se viciada, a justificar a anulação da colaboração, porque ilícita, e das provas dela derivadas, exceto se o delator ratificá--la. Como a segregação foi declarada ilegal, não há como assegurar que, em liberdade, o imputado direcionaria a sua vontade nesse sentido, a não ser, vale repetir, que o próprio a ratifique – o cárcere, inegavelmente, foi um dos vetores levados em conta ao deliberar pela cooperação. Tal orientação impedirá o uso abusivo de prisões cautelares para esse fim. **Em se tratando de revogação da prisão preventiva, porém, descabe o raciocínio, porquanto a desconstituição lastreou-se em um juízo de necessidade, e não de legalidade – ultimada a colaboração, desdobramento lógico, em regra, é a insubsistência da custódia, acompanhada ou não de cautelares diversas, afinal não se pode mais dizer que estaria comprometendo a instrução criminal ou frustrando a aplicação da lei penal**[159].

O juízo de legalidade objetivando a chancela do pacto **não** percorre a **seriedade e a credibilidade das declarações do colaborador**, porquanto **valorativa**. Tais considerações postergam-se para a sentença, mesmo porque, caso entenda irrelevante a cooperação prestada, expondo os motivos para tanto, o Juízo simplesmente nega a premiação.

O § 8º do art. 4º da Lei nº 12.850/13, na sua redação primitiva, autorizava o juiz não apenas a recusar a proposta, mas adequá-la ao caso concreto, dando margem à indesejável proatividade judicial, em desacordo com o sistema acusatório. A Lei nº 13.964/19, ao reformular o § 8º, **retirou do Juízo essa última faculdade**, permitindo-lhe *recusar a homologação da proposta que não atender aos requisitos legais, **devolvendo-a às partes para as adequações necessárias*** (grifo nosso). Agiu bem o legislador, mas uma observação precisa ser feita: no tocante às cláusulas inconstitucionais, inconvencionais, ilegais ou abusivas, o juiz **as decota, chancelando, na sequência, o pacto, sem devolver aos negociantes o acordo para adaptações**. Ilicitudes extirpam-se. Não se ajustam. Se a avença, de maneira geral, observou os requisitos legais, se as vontades dos pactuantes, especialmente a do imputado, mostram-se livres e conscientes, depuradas as ilegalidades, cumpre homologá-la. Se a parte, desgostosa com as supressões, discordar, que recorra, interpondo a apelação subsidiária do art. 593, II do CPP – o pronunciamento que endossa judicialmente o acordo possui força de definitivo, inatacável através de recurso em sentido estrito, dizendo o mesmo da recusa, pronunciamento com força igualmente definitiva,

---

[159] SANTOS, Marcos Paulo Dutra Santos. *Colaboração (Delação) Premiada*, ob. cit., p. 179-182.

insuscetível de recurso em sentido estrito, conforme sempre defendemos na 1ª edição da obra e em livro específico sobre colaboração premiada, também desde a edição inaugural[160].

No mesmo sentido, convergindo com a nossa proposição, STJ – REsp 1.834.215/RS, Rel. Min. Rogerio Schietti Cruz, Sexta Turma, julgado em 27/10/2020, *DJe* 12/11/2020: *"...Analisadas as espécies de recursos elencados no Código de Processo Penal, tem-se que a* **apelação criminal** *é apropriada para confrontar a decisão que* **recusar a homologação da proposta de acordo de colaboração premiada...**" (grifo nosso).

Considerada, estritamente, a relação processual penal, **os colaboradores são acusados**, persistindo no polo passivo, sem migrar para o ativo. Tal transição esbarra no art. 270 do CPP, ao prescrever que corréus, no mesmo processo, não podem intervir como assistentes do Ministério Público. Sendo assim, o contraditório e a ampla defesa exigem que seus pronunciamentos sucedam aos da acusação, mas **sem ordem de preferência em relação aos demais imputados**. Como são todos denunciados, indistintamente, a sequência das manifestações torna-se neutra, pouco importando que sejam anteriores ou posteriores às dos demais réus. Basta que sejam ulteriores às dos acusadores – Ministério Público e assistente de acusação, se houver –, a teor do art. 403, cabeça, do CPP.

Contudo, sob o ângulo dialético, as alegações do delator **aderem** à **tese** acusatória, indicando as provas produzidas a partir delas que ratificam os fatos narrados na denúncia, afinal, quanto mais eficiente houver sido a cooperação, maiores são os benefícios. Conquistá-los em quantidade e em qualidade é o escopo do colaborador, por meio da sua defesa. Se os pronunciamentos dos delatados antecede ao do delator, este, nas suas alegações, explorará as suas fraquezas e inconsistências, apontando em qual medida a cooperação prestada evidencia o acerto da *tese* acusatória, **resgatando-a depois de veiculada a** *antítese* **defensiva**, em insofismável inversão do contraditório, violando, a reboque, a ampla defesa – não se revolve à *tese* depois de ofertada a *antítese*, restando ao juiz anunciar a *síntese*.

Essa foi a percepção, correta, do Pleno do STF ao assentar, por maioria, que as alegações finais dos delatados devem suceder aos dos réus colaboradores, sob pena de nulidade absoluta, caso venham a ser condenados, vencidos os Ministros Marco Aurélio, Edson Fachin, Luiz Fux, Roberto Barroso e Cármen Lúcia, considerado o Habeas Corpus nº 166.373/PR, julgado em 2 de outubro de 2019, da relatoria originária do Min. Edson Fachin, designado redator do acórdão o Min. Alexandre de Moraes, segundo noticiado no Informativo nº 954. Debateu-se no julgamento se, em apreço ao princípio do interesse (art. 565 do CPP), a nulidade socorreria os delatados que não objetaram a sequência de apresentação das alegações finais – se a aquiesceram, não poderiam, depois, insurgir-se contra, inexistindo, assim, nulidade a ser declarada. Embora a inclinação dos Ministros seja nesse sentido, **o prejuízo é** *in re ipsa*, **residindo no título condenatório formalizado em desfavor dos delatados, a partir da indevida inversão do contraditório, resgatando-se, nos debates orais ou escritos, a tese, depois de ofertada a antítese. Como as alegações finais são peça privativa da defesa técnica, o estado de inocência e a liberdade dos delatados não podem ser penalizados por um lapso do defensor, que não lhes pode ser minimamente creditado.**

---

[160] SANTOS, Marcos Paulo Dutra Santos. *Colaboração (Delação) Premiada*, ob. cit., p. 176.

Essas são as premissas inspiradoras do novel § 10-A do art. 4º da Lei nº 12.850/13, ao anunciar que *em* **todas** *as fases do processo, deve-se garantir ao réu delatado a oportunidade de manifestar-se* **após** *o decurso do prazo concedido ao réu que o delatou* (grifo nosso), estampando que **todos** os pronunciamentos dos delatados são posteriores aos do colaborador, não se restringindo às alegações finais, alcançando, *v.g.*, as respostas à acusação, os arrazoados recursais etc.

O registro das **tratativas** e dos **atos de colaboração** *por meios ou recursos de gravação magnética, estenotipia, digital ou técnica similar, inclusive audiovisual, destinados a obter maior fidelidade das informações, garantindo-se a disponibilização de cópia do material ao colaborador*, contemplado no § 13 do art. 4º da Lei nº 12.850/13, tornou-se **mandatório**. A Lei nº 13.964/19 suprimiu a ressalva *sempre que possível*, contida no texto originário, asseverando que tal método **deverá** *ser feito* (grifo nosso). A mudança foi extremamente salutar, pois assegura a transparência do ato, potencializada pela oralidade – por mais detalhadas que sejam as transcrições escritas, jamais alcançarão o nível de fidelidade dos registros audiovisuais, considerada a vivacidade que lhes é ínsita. Evita, por conseguinte, indesejáveis intimidações, afinal, é nítida a posição de inferioridade do imputado frente ao Ministério Público e à autoridade policial. Se está disposto a negociar, é porque a justa causa contra si já está formada. A cooperação é estratégia defensiva de minimização de danos. O imputado já inicia as tratativas sentindo-se inferiorizado e, naturalmente, intimidado. Os registros audiovisuais impedem a amplificação dessas sensações, servindo-lhe de anteparo, afinal, são apenas ele e os agentes de repressão estatal. Inexiste juiz.

Por tais razões, **o emprego dessa tecnologia mostra-se ainda mais necessária do que nas audiências judiciais, presididas por um órgão do qual se espera (e exige) equidistâncias e imparcialidade**. Se as tratativas e os atos de cooperação acontecerem em instalações **aparelhadas com esses recursos tecnológicos**, adotá-los é **impositivo**, sob pena de nulidade absoluta. Inexistem escusas para menosprezá-los. Lançam-se, inclusive, dúvidas quanto à idoneidade do ato, afinal, se é um método que confere mais agilidade e presteza ao ato, espelhando o acontecido em um grau de fidedignidade inatingível pela forma escrita, potencializando a transparência e a oralidade, por que ignorá-lo quando disponível, se a lei **manda** que seja observado? Tais posturas *contra legem* são inaceitáveis, ainda mais quando provenientes do Ministério Público, a quem compete defender a ordem jurídica (art. 127, cabeça, da CRFB/88), e do delegado, que, na qualidade de agente da Administração Pública, possui compromisso inescapável com a legalidade (art. 37, cabeça, da CRFB/88). A eventual anuência do colaborador e do defensor não merece potencialização, em virtude da patente inferioridade exibida na mesa de negociação. Inexiste paridade, pois, ao imputado, resta negociar ou ser denunciado, sem expectativa de obtenção de qualquer benesse ao final do processo, se condenado. O temor de represálias é natural.

Caso tais registros estejam indisponíveis – quadra, aliás, **improvável**, porque a Resolução nº 181 do CNMP preconiza que *a colheita de informações e depoimentos deverá ser feita preferencialmente de forma oral*, **mediante a gravação audiovisual** *com o fim de obter maior fidelidade das informações prestadas* (grifo nosso) –, é forçoso reconhecer a ausência de formalidade essencial ao ato, configurando a nulidade versada no art. 564, IV, do CPP, de natureza relativa, *ex vi* do art. 572 do CPP. Desde que a transcrição escrita das tratativas e dos atos colaborativos esteja detalhada, sana-se o vício, sem prejuízo aparente.

Convém salientar que a norma do art. 4º, § 13 da Lei nº 12.850/13 é **parecida** com a contida no art. 475 do CPP, alusiva ao plenário do Júri. Conquanto a regra seja o emprego dos registros audiovisuais e técnicas similares nas audiências judiciais, *sempre que possível*, nos termos do art. 405, § 1º do CPP – preceito do rito ordinário, aplicável, subsidiariamente, aos demais procedimentos, a teor do art. 394, §§ 2º e 5º do CPP –, na sessão plenária é de adoção obrigatória, pois o art. 475, cabeça, peremptoriamente, diz que **será feita** (grifo nosso). Busca-se, igualmente, assegurar a transparência e a oralidade do ato, replicando, fielmente, o ocorrido durante a audiência, de modo que, mesmo na hipótese do art. 405, § 1º do CPP, se **viável** a tecnologia, utilizá-la não é uma liberalidade, mas dever legal.

Partindo dessa premissa, o Superior Tribunal de Justiça chegou a editar precedentes cominando de **nulidade absoluta** as audiências realizadas sem registros audiovisuais, malgrado estivessem ao alcance do juiz, assentando não lhe ser dado ignorá-los, sob pena de ofensa ao devido processo legal, independentemente de ser ou não a sessão plenária do júri[161]. Com efeito, não há como avaliar condutas *contra legem*, máxime do juiz, de

---

[161] HC 420.673/RJ, Rel. Ministro Reynaldo Soares da Fonseca, Quinta Turma, julgado em 05/04/2018, DJe 12/04/2018 – *"...2. Prescreve o art. 405, § 1º do CPP: sempre que possível, o registro dos depoimentos do investigado, indiciado, ofendido e testemunhas será feito pelos meios ou recursos de gravação magnética, estenotipia, digital ou técnica similar, inclusive audiovisual, destinada a obter maior fidelidade das informações. 3. Assim, tal dispositivo não impõe a obrigatoriedade do sistema técnico de gravação em audiência, pois vigora no processo penal o princípio da instrumentalidade, ou seja, o que importa é se o ato atingiu a sua finalidade. 4. Nessa linha de raciocínio, sendo a teleologia da norma voltada à 'proporcionar celeridade ao trâmite do feito' (RHC 77.616/SP, Rel. Ministro Ribeiro Dantas, Quinta Turma, julgado em 13/06/2017, DJe 23/06/2017)* **avulta evidente que a sua inobservância, eventualmente, pelo magistrado, não implica nulidade insanável, podendo constituir, quando muito, mácula relativa, a depender da prova do prejuízo,** *ex vi do princípio do 'pas de nullité sans grief'. 5. No caso em tela, as oitivas das testemunhas e do acusado (interrogatório) foram reduzidas a termo, bem como todos os réus e seus advogados estiveram presentes em audiência, o que afasta violação aos princípios do contraditório e da ampla defesa.* **Observa-se, aliás, que o v. aresto recorrido deixou anotado, com clareza, a inexistência, no caso dos autos, de 'impugnação oportuna', de forma que, efetivamente, inexiste constrangimento ilegal a ser sanado** *na via eleita. 6. Ademais, repita-se, não se reconhece, no processo penal, nulidade da qual não tenha acarretado prejuízo, conforme disciplina o art. 563 do Código de Processo Penal..."* (grifo nosso); HC 428.511/RJ, Rel. Ministro Ribeiro Dantas, Quinta Turma, julgado em 19/04/2018, DJe 25/04/2018 – *"...6. A partir da entrada em vigor da Lei n. 11.719/2008, a melhor exegese da disposição legal que regula a matéria não comporta outra interpretação, senão a de que o juiz que disponha de meio ou recurso para gravação deverá, obrigatoriamente, utilizá-lo para o registro dos depoimentos de investigado, indiciado, ofendido, testemunha e, inclusive, de réu. Excepcionalmente, ante impedimento fático, poderá o magistrado proceder à colheita dos depoimentos por meio da sistemática tradicional, desde que motivadamente justifique a impossibilidade, sem que isso inquina de ilegalidade o ato. 7. No caso em exame,* **o Juízo de primeiro grau, conquanto tivesse à sua disposição sistema para gravação audiovisual de depoimentos, deixou de utilizá-lo para a colheita dos depoimentos no âmbito da instrução processual penal, o que configura ilegalidade**. *8. Habeas corpus não conhecido.* **Ordem concedida de ofício para anular as audiências de instrução realizadas, sem a utilização de meios ou recursos de gravação audiovisual, assim como os demais atos subsequentes** *ocorridos no âmbito da Ação Penal n. 0030229-37.2016.8.19.0014. Ordem de* **imediato relaxamento da prisão imposta ao paciente, salvo, evidentemente, se por outro motivo estiver preso**, *autorizando a fixação de outras medidas cautelares previstas no art. 319 do CPP, a critério do Juiz de primeiro grau. Ressalva quanto à possibilidade de nova decretação da custódia cautelar, desde que apresentados motivos concretos para tanto..."* (grifo nosso); HC 455.754/RJ, Rel. Ministra Laurita Vaz, Sexta Turma, julgado em 06/08/2019, DJe 19/08/2019 – *"...sendo possível a gravação audiovisual do interrogatório, o texto legal expressamente prioriza sua utilização para o registro dos atos de audiência,* **não sendo facultado ao Magistrado processante optar por outro método de registro, sob pena de violação do postulado do devido processo legal**. *Precedentes... Ordem de habeas corpus concedida para, reconhecida a* **nulidade, anular o feito desde a audiência de instrução e julgamento, tendo em conta a negativa**

quem se espera (e se exige) o zelo à lei, jamais a afronta. Preterir o registro audiovisual em prol do escrito, menos eficiente e mais trabalhoso e moroso, acaba despertando dúvidas quanto à higidez do ato e indagações se haveria algo a ser escamoteado.

Infelizmente, o Superior Tribunal de Justiça **retrocedeu**, passando a enxergar tal nulidade como relativa, a exigir a demonstração do prejuízo (art. 563 do CPP), ainda mais se as partes anuíram o registro escrito do ato ao invés do audiovisual (art. 565 do CPP)[162], orientação essa avalizada em precedente do Supremo Tribunal Federal[163]. Como o STJ parte do pressuposto que, disponível o registro audiovisual, a regra é dele se valer, mostrando-se obrigatório tal qual na sessão plenária do júri, ao encarar tal *error in procedendo* como nulidade relativa, a *ratio* desses julgados alcança, igualmente, o art. 475 do CPP, potencializado pelo art. 564, IV c/c art. 572 do CPP – faleceria formalidade essencial à validade do ato, que, todavia, integra o rol de nulidades sanáveis.

Evidentemente que, pela semelhança, a tendência natural será trasladar essa jurisprudência ao § 13 do art. 4º da Lei nº 12.850/13. Contudo, existe manifesto *distinguishing*: **a ausência de órgão equidistante e imparcial mediando as tratativas e os atos de colaboração; o antagonismo inerente à relação persecutória penal imputado x Estado, presentes a autoridade policial e o Ministério Público; a inferioridade do indiciado em face dos demais pactuantes, delegado e** *Parquet*, **titulares do poder de polícia judiciária e da ação penal, respectivamente, potencializada pela justa causa já formada contra si**

---

judicial de gravação audiovisual das provas orais, bem como determinar que o interrogatório do Paciente seja renovado ao final da instrução criminal, julgando prejudicada a impetração no mais..." (grifo nosso).

[162] HC 462.160/RJ, Rel. Ministro Ribeiro Dantas, Quinta Turma, julgado em 06/11/2018, DJe 13/11/2018 – "*...2. Segundo entendimento pacífico desta Corte Superior, a vigência no campo das nulidades do princípio pas de nullité sans grief impõe a manutenção do ato impugnado que, embora praticado em desacordo com a formalidade legal, atinge a sua finalidade, restando à parte demonstrar a ocorrência de efetivo prejuízo, o que não ocorreu no caso. 3. É firme o entendimento deste Tribunal Superior de que art. 405, § 1º, do Código de Processo Penal, ao prever a possibilidade de registrar o depoimento do investigado, indiciado, ofendido e testemunhas em meio audiovisual, buscou proporcionar celeridade ao trâmite do feito,* **não impondo a obrigatoriedade de utilização de tal mecanismo**, *sobretudo por vigorar no processo penal pátrio o princípio da instrumentalidade. Precedente...*" (grifo nosso); HC 520.233/RJ, Rel. Ministra Laurita Vaz, Sexta Turma, julgado em 15/10/2019, DJe 28/10/2019 – "*...1. É certo que apesar de o art. 405, § 1º, do Código de Processo Penal, não impor a obrigatoriedade do sistema técnico de gravação em audiência, sendo possível o registro audiovisual dos referidos atos,* **o texto legal expressamente prioriza sua utilização, não sendo facultado ao Magistrado processante optar por outro método**. *2. Contudo, jurisprudência do Supremo Tribunal Federal e desta Corte Superior é uníssona no sentido de que,* **tanto nos casos de nulidade relativa quanto nos casos de nulidade absoluta, o reconhecimento de vício que enseje a anulação de ato processual exige a efetiva demonstração de prejuízo**, *devendo a parte prejudicada suscitá-lo na primeira oportunidade de se manifestar nos autos, sob pena de preclusão. 3. No caso, além de não restar demonstrada a ocorrência de prejuízo concreto à Defesa, não houve nenhuma irresignação sobre a alegada nulidade antes da sentença penal condenatória, impondo--se, portanto, o reconhecimento da preclusão...*" (grifo nosso).

[163] HC 158221 AgR, Relator Min. Gilmar Mendes, Segunda Turma, julgado em 12/11/2018, DJe-256 divulg 29/11/2018 public 30/11/2018 – "*...3. Não verificada inobservância às normas do artigo 403, §§ 1º e 3º (cerceamento de defesa, em razão de não ter sido aberto prazo para apresentação de memoriais), e* **do artigo 405, § 1º, do CPP (inidoneidade da fundamentação para não utilização dos métodos de gravação audiovisual)**" (grifo nosso). Do inteiro teor do voto condutor, colhe-se a seguinte passagem: "*...sobre a nulidade da instrução, verifica-se que não há obrigatoriedade, nos termos do art. 405, § 1º, do CPP do registro dos depoimentos em sistema técnico de gravação...*" (grifo nosso).

tornam inafastável o emprego dos registros audiovisuais como única forma de garantir a transparência das tratativas e dos atos de colaboração, afiançando o seu desenrolar sem intimidações de qualquer espécie. Consubstanciam valioso e indispensável instrumental à disposição do Juízo, sem o qual é praticamente impossível averiguar a regularidade do acordo de colaboração, antes de homologá-lo.

A Lei nº 13.964/19 trouxe, ainda, duas causas novas de rescisão do acordo de colaboração premiada: *omissão dolosa sobre os fatos objeto da colaboração* e *não cessação do envolvimento em conduta ilícita relacionada ao objeto da colaboração*, haja vista os §§ 17 e 18 do art. 4º da Lei nº 12.850/13.

A primeira causa rescisória seria consectário do § 14 do art. 4º da Lei nº 12.850/13: se, *nos depoimentos que prestar, o colaborador* **renunciará**, *na presença de seu defensor,* ***ao direito ao silêncio*** *e* **estará sujeito ao compromisso legal de dizer a verdade** (grifo nosso), **aclarar tudo que sabe é dever contratual assumido pelo colaborador**. Uma vez inadimplido, desfaz-se a avença, não chegando, todavia, a configurar o tipo penal previsto no art. 19 da Lei nº 12.850/13, afinal, ao deixar de comunicar dados relevantes sobre o injusto objeto da cooperação, não credita, falsamente, a autoria a terceiro inocente nem informa inverdades.

Todavia, não se pode olvidar o caráter utilitarista inerente à colaboração premiada, vinculada a um processo penal de **resultados**. Se as informações prestadas pelo delator concretizaram alguns dos escopos dignos de premiação, alguns de aferição quase automática – *v.g.* prevenção de novas infrações penais e recuperação total ou parcial do produto ou do proveito do injusto (art. 4º, incisos III e IV, da Lei nº 12.850/13) – o **direito público subjetivo ao benefício já se configurou**, independentemente da subsistência ou não do pacto. Rememore-se: perdão *judicial* e *aplicação da pena* competem, privativamente, ao juiz, sem intromissão do Ministério Público, sob pena de embaralhamento dos Poderes, ao arrepio do art. 2º da Carta Maior. Se alcançados os resultados listados em lei para a recompensa, **esta é devida em respeito aos cânones constitucionais da legalidade e do devido processo legal**, cabendo ao Juízo eleger a mais adequada. A postura do acusado, deixando de revelar tudo que sabe, nada obstante o compromisso assumido, interfere na eleição do prêmio, a ser sopesado à luz do princípio da suficiência da pena, porém sem ensejar a rejeição.

No tocante à segunda causa rescisória, não mais transgredir é o mínimo que se exige de qualquer réu criminal, seja colaborador ou não, mesmo porque inexiste direito público subjetivo à delinquência. De todo modo, a rescisão restringe-se à reiteração em *conduta ilícita relacionada ao **objeto** da colaboração*, ou seja, **o cometimento de novos crimes, desconexos aos ensejadores do acordo, é neutro à subsistência do pacto** – por se estar diante de norma penal limitadora de direitos, a interpretação há de ser **restritiva**. Repercutirá, entretanto, na eleição das benesses, porque os ganhos alcançados pela cooperação fazem nascer o direito à premiação, mas quem a escolhe é o juiz. E um dos critérios à sua disposição é o princípio da suficiência da pena.

De mais a mais, conquanto o § 18 do art. 4º da Lei nº 12.850/13 apresente norma de conteúdo acentuadamente moral, não se pode perder de vista o utilitarismo que permeia a delação, símbolo do processo de resultados. Assim, **se materializados estes, descabe menosprezá-los. O direito à premiação perfaz-se**. A ressocialização do colaborador, impõe-se reconhecer, não é sequer objeto mediato da avença. **O objetivo é elucidar os injustos documentados nos autos da persecução, permitindo o desmantelamento.**

Colhidos os frutos a partir da cooperação ajustada na dita investigação, o prêmio é devido. Futura reincidência específica do colaborador é estranha ao acordado – em relação a ela, reserva-se novo inquérito, seguido, se reunida justa causa, da denúncia –, impactando, apenas, na escolha do benefício pelo juiz, em retribuição à delação prestada.

De qualquer sorte, **a incidência do § 18 do art. 4º da Lei nº 12.850/13 não se satisfaz com a formalização de novos inquéritos ou ações penais, sendo imprescindível que, em relação à novel infração, haja sentença condenatória transitada em julgado**, porque, antes disso, à luz do art. 5º, LVII, da CRFB/88, tem-se nada além de hipóteses de trabalho. Assim preconiza a Súmula 444 do STJ – *é vedada a utilização de inquéritos policiais e ações penais em curso para agravar a pena-base* –, referenciada pelo Pleno do STF, que assim já decidiu em sede de recurso extraordinário, apreciado sob a sistemática da repercussão geral[164]. **Se persecuções em andamento não podem caracterizar sequer circunstância judicial negativa, muito menos servir de vetor de escalonamento dos benefícios reservados ao colaborador.**

Haverá, entretanto, entendimento diverso, no sentido de admitir tal sopesamento, conforme já fez, *v.g.*, o Superior Tribunal de Justiça, no momento de mensurar a dedicação, ou não, do sentenciado por tráfico em atividades delitivas, para fins de (in)deferir a diminuição de pena encartada no § 4º do art. 33 da Lei nº 11.343/06[165], ainda mais porque o § 18 do art. 4º faz menção *envolvimento* nos injustos correlatos à cooperação pactuada. Felizmente, essa **incoerência** do STJ tem sido **glosada** pelo Supremo Tribunal Federal: **se inquéritos e ações penais são indiferentes penais, assim hão de ser tratadas ao longo de todo o critério tráfico de aplicação da pena**, sem dois pesos e duas medidas[166]. Tais

---

[164] RE 591054, Relator Min. Marco Aurélio, Tribunal Pleno, julgado em 17/12/2014, *DJe*-037 divulg 25/02/2015 public 26/02/2015 – "*...Ante o princípio constitucional da não culpabilidade, **inquéritos e processos criminais em curso são neutros na definição dos antecedentes criminais**...*" (grifo nosso).

[165] **STJ**, EREsp 1431091/SP, Rel. Ministro Felix Fischer, Terceira Seção, julgado em 14/12/2016, *DJe* 01/02/2017 – "*...**é possível a utilização de inquéritos policiais e/ou ações penais em curso para formação da convicção de que o Réu se dedica à atividades criminosas**, de modo a afastar o benefício legal previsto no artigo 33, § 4º, da Lei 11.343/06...*" (grifo nosso); AgRg no AREsp 1588252/MG, Rel. Ministro Felix Fischer, Quinta Turma, julgado em 28/04/2020, *DJe* 04/05/2020 – "*...Aplicação da minorante. Atividade criminosa. **Inquérito policiais e ações penais em curso. Fundamento para afastar o privilégio.** EREsp n. 1.431.091/SP...*" (grifo nosso).

[166] RHC 182516 AgR, Relator Min. Ricardo Lewandowski, Segunda Turma, julgado em 15/05/2020, *DJe*-127 divulg 21/05/2020 public 22/05/2020 – "*...A orientação jurisprudencial da Segunda Turma desta Suprema Corte é no sentido de que deve ser idônea a fundamentação para justificar o afastamento da minorante prevista no art. 33, § 4º, da Lei 11.343/2006, **sendo insuficiente, por si só, a utilização de inquéritos policiais ou de ações penais sem trânsito em julgado para comprovar a dedicação do paciente a atividades criminosas**...*" (grifo nosso); HC 177629 AgR, Relator Min. Ricardo Lewandowski, Segunda Turma, julgado em 29/11/2019, *DJe*-270 divulg 06/12/2019 public 09/12/2019 – "*...A orientação jurisprudencial da Segunda Turma desta Suprema Corte é no sentido de que deve ser idônea a fundamentação para justificar o afastamento da minorante prevista no art. 33, § 4º, da Lei 11.343/2006, **sendo insuficiente, por si só, a utilização de inquéritos policiais ou de ações penais sem trânsito em julgado para comprovar a dedicação do paciente a atividades criminosas**...*" (grifo nosso); HC 151431, Relator Min. Gilmar Mendes, Segunda Turma, julgado em 20/03/2018, *DJe*-088 divulg 07/05/2018 public 08/05/2018 – "*...2. Tráfico de entorpecentes. Condenação. **3. Causa de diminuição de pena do § 4º do artigo 33 da Lei 11.343/2006. 4. Não aplicação da minorante em razão de sentença sem trânsito em julgado. 5. Paciente primário. 6. Ausência de provas de que integra organização criminosa ou se dedique à prática de crimes. 7. Decisão contrária à jurisprudência desta Corte.** Constrangimento ilegal configurado. 7.1. O Pleno do STF, ao julgar o RE 591.054, com repercussão geral, de relatoria do Ministro Marco Aurélio, firmou orientação no*

críticas foram, felizmente, absorvidas pelo Superior Tribunal de Justiça, por meio da 3ª Seção, que mudou de orientação, alinhando-se ao STF[167].

Em relação à força probatória das declarações do colaborador, não se pode olvidar que, isoladamente consideradas, consubstancia mera **confissão**, cuja carga é *obiter dictum*, atuando como argumento de reforço, a depender de confronto com as demais provas, *ex vi* do art. 197 do CPP. Como, por si só, não sustenta édito condenatório algum, **inviável**, *ab initio*, **é a pretensão acusatória escudada única e exclusivamente na delação**. Por conseguinte, **falece justa causa para a denúncia, merecedora de pronta recusa, nos moldes do art. 395, III, do CPP, bem como** *fumus comissi delicti* **para o implemento de medidas cautelares constritivas da liberdade ou do patrimônio**. Essa é a lógica por detrás do novel § 16 do art. 4º, ao assentar a **insuficiência** do depoimento do colaborador enquanto *ratio decidendi* não apenas da sentença condenatória (inciso III), mas, também dos provimentos cautelares pessoais ou reais (inciso I) e do recebimento da denúncia ou queixa-crime (inciso II), nas pegadas da jurisprudência do Supremo Tribunal Federal[168].

Quanto aos direitos do delator, o art. 5º, VI da Lei nº 12.850/13 conheceu acertada ampliação. A previsão de cumprimento da **pena** *em estabelecimento penal diverso dos demais corréus ou condenados* foi **estendida** à *prisão cautelar*.

Finalmente, no tocante ao sigilo do acordo de colaboração premiada e o seu levantamento, apesar de, no tópico anterior, concernente à infiltração policial virtual, o tema haver sido tratado, por razões de didática e sistematização reputamos oportuno, excep-

---

sentido de que a existência de inquéritos policiais ou de ações penais sem trânsito em julgado não pode ser considerada como maus antecedentes para fins de dosimetria da pena. 7.2. **Para efeito de aumento da pena, somente podem ser valoradas como maus antecedentes decisões condenatórias irrecorríveis, sendo impossível considerar para tanto investigações preliminares ou processos criminais em andamento, mesmo que estejam em fase recursal, sob pena de violação ao artigo 5º, inciso LIV (presunção de não culpabilidade)**..." (grifo nosso).

[167] AgRg nos EAREsp 1852098/AM, Rel. Ministro Joel Ilan Paciornik, Terceira Seção, julgado em 27/10/2021, DJe 03/11/2021 – "...verifica-se nesta Corte a adesão ao posicionamento advindo do STF, ou seja, **a existência de ações penais em andamento não justifica a conclusão de que o sentenciado se dedica às atividades criminosas para fins de obstar a aplicação do art. 33, §4º, da Lei nº 11.343/06**..." (grifo nosso).

[168] Inq 4074, Relator Ministro Edson Fachin, rel. p/acórdão Min. Dias Toffoli, Segunda Turma julgado em 14/08/2018, DJe de 17/10/2018, segundo se extrai do seguinte trecho da ementa: "...10. **A colaboração premiada, como meio de obtenção de prova, tem aptidão para autorizar a deflagração da investigação preliminar**, visando adquirir coisas materiais, traços ou declarações dotadas de força probatória. Essa, em verdade, constitui sua verdadeira vocação probatória. 11. Todavia, **os depoimentos do colaborador premiado, sem outras provas idôneas de corroboração, não se revestem de densidade suficiente para lastrear um juízo positivo de admissibilidade da acusação, o qual exige a presença do fumus commissi delicti**. 12. O fumus commissi delicti, que se funda em um juízo de probabilidade de condenação, traduz-se, em nosso ordenamento, na prova da existência do crime e na presença de indícios suficientes de autoria. 13. Se "nenhuma sentença condenatória será proferida com fundamento apenas nas declarações de agente colaborador" (art. 4º, § 16, da Lei nº 12.850/13), é lícito concluir que essas declarações, por si sós, não autorizam a formulação de um juízo de probabilidade de condenação e, por via de consequência, não permitem um juízo positivo de admissibilidade da acusação. 14. No caso concreto, faz-se referência a documentos produzidos pelos próprios colaboradores, a exemplo de anotações, registros em agenda eletrônica e planilhas de contabilidade informal. A jurisprudência da Corte é categórica em excluir do conceito de elementos de corroboração documentos elaborados unilateralmente pelo próprio colaborador. Precedentes..." – grifo nosso.

cionalmente, repetir as considerações lá tecidas, para que não haja qualquer ruptura de raciocínio do leitor, que fatalmente ocorreria caso, simplesmente, nos remetêssemos ao dito capítulo.

Em regra, o sigilo perdura até o oferecimento da denúncia (art. 7º, § 3º da Lei nº 12.850/13). Conforme já consignado, *"o sigilo da colaboração premiada justifica-se para que, de posse das informações passadas pelo delator, o Estado possa empreender as diligências necessárias à obtenção de provas que as ratifiquem – se a delação fosse pública ab inito, fatalmente os comparsas do imputado tomariam ciência do seu teor, tratando de destruir as evidências que os incriminassem, pondo em xeque a efetividade da persecução penal. Mutatis mutandis, aplica-se a mesma lógica por detrás do sigilo de outros procedimentos probatórios, como as interceptações telefônica e ambiental.* **Uma vez alcançadas as provas correspondentes ao que foi delatado, franqueia-se a vista, independentemente de se ter ação penal ofertada ou se estar, ainda, na fase inquisitorial. Tal orientação, esposada desde a 1ª edição, foi adotada pela Segunda Turma do Supremo Tribunal Federal, à unanimidade, no julgamento, em 13 de dezembro de 2016, da Reclamação nº 24116, da relatoria do Min. Gilmar Mendes, com acórdão publicado no Diário de Justiça de 13 de fevereiro de 2017.**[169] *De todo modo,* **o levantamento do sigilo antes do recebimento da denúncia compreende os depoimentos do colaborador e as provas que tenham sido carreadas a partir daí,** *porquanto o acesso a esse material informativo é imprescindível à construção da defesa"*[170].

Indiscutivelmente a Lei nº 13.964/19 reescreveu o § 3º do art. 7º da Lei nº 12.850/13, **confirmando** a subsistência do sigilo até o **recebimento** da denúncia ou da queixa-crime, sublinhando que, antes disso, está **vedado** ao magistrado decidir por sua publicidade em **qualquer hipótese** (grifo nosso). A *ratio legis*, todavia, não é impedir a ciência do teor da cooperação pelas defesas dos delatados ainda no inquérito, sob pena de ofensa aos já mencionados art. 5º, LXIII, da CRFB/88 e enunciado de Súmula Vinculante nº 14, que fatalmente conduziriam à sua **inconstitucionalidade**, mas **evitar o vazamento (publicização) das informações**, reforçando **o sigilo da investigação em si** (art. 20, cabeça, do CPP), ou seja, o sigilo **externo**, antônimo de público. Não por outro motivo o § 2º do mesmo art. 7º manteve-se **inalterado**: ao preconizar que *o acesso aos autos será restrito ao juiz, ao Ministério Público e ao delegado de polícia, como forma de garantir o êxito das investigações, assegurando-se ao defensor, no interesse do representado, amplo acesso aos elementos de prova que digam respeito ao exercício do direito de defesa,* **devidamente pre-**

---

[169] Entendemos oportuno transcrever a ementa, porque autoexplicativa: *"Reclamação. 2. Direito Penal. 3. Delação premiada. 'Operação Alba Branca'. Suposta violação à Súmula Vinculante 14. Existente.* **TJ/SP negou acesso à defesa ao depoimento do colaborador..., nos termos da Lei n. 12.850/13. Ocorre que o art. 7º, § 2º, do mesmo diploma legal consagra o "amplo acesso aos elementos de prova que digam respeito ao exercício do direito de defesa", ressalvados os referentes a diligências em andamento.** *É ônus da defesa requerer o acesso ao juiz que supervisiona as investigações.* **O acesso deve ser garantido caso estejam presentes dois requisitos.** *Um, positivo: o ato de colaboração deve apontar a responsabilidade criminal do requerente (INQ 3.983, Relator Ministro Teori Zavascki, Tribunal Pleno, julgado em 3.3.2016). Outro, negativo:* **o ato de colaboração não deve referir-se à diligência em andamento.** *A defesa do reclamante postulou ao Relator do processo o acesso* **aos atos de colaboração do investigado.** *4. Direito de defesa violado. 5. Reclamação julgada procedente, confirmando a liminar deferida"* – grifo nosso.

[170] SANTOS, Marcos Paulo Dutra. *Colaboração (Delação) Premiada*, ob. cit., p. 185-186.

cedido de autorização judicial, ressalvados os referentes às diligências em andamento (grifo nosso), deflui-se, *a contrario sensu*, que, encerradas estas, o juiz pode permitir às defesas dos delatados a vista do conteúdo das declarações do colaborador. Em última análise, **seria um contrassenso invocar um dispositivo (art. 7º, § 3º) cuja** *mens* **visa resguardar os delatados da espetacularização da investigação (mídia opressiva) em detrimento dos próprios, afinal, se os defensores não tiverem vista dos depoimentos dos colaboradores, o direito de defesa na fase investigatória (art. 5º, LXIII, da CRFB/88) ficará indelevelmente comprometido, sem a possibilidade de adoção de medidas repressivas ou preventivas, como o** *habeas corpus*.

9.7. DO *WHISTLEBLOWER* OU "INFORMANTE DO BEM"

Diferentemente do colaborador, que concorreu para o(s) delito(s) em apuração e espera uma contrapartida à cooperação prestada, o *whistleblower*, na expressão anglo-saxã, nada mais é do o terceiro, completamente alheio à infração penal e aos seus autores e/ou partícipes, mas que dela tomou ciência, decidindo compartilhar o seu conhecimento com o Estado, na expectativa de coibir ilícitos, não apenas penais, mas administrativos, e estimular as boas práticas.

A Lei nº 12.846, de 1º agosto de 2013, vulgarmente conhecida como Lei Anticorrupção, mui timidamente introduziu o *whistleblower* ao prever, **mas sem regulamentar**, no inciso VIII do art. 7º, *a existência de mecanismos e procedimentos internos de integridade, auditoria e* **incentivo à denúncia de irregularidades** *e a aplicação efetiva de códigos de ética e de conduta no âmbito da pessoa jurídica* (grifo nosso). Apenas com a Lei nº 13.964/19 sistematizou-se um pouco mais o *whistleblowing*, mas de forma bastante incipiente ainda, sem grandes atrativos aos informantes, motivo pelo qual recebemos o instituto ceticamente, sem entusiasmo maior.

A Lei nº 13.964/19 agiu bem em discipliná-lo na Lei nº 13.608, de 10 de janeiro de 2018, considerada a pertinência temática, afinal, originariamente, regulamenta o "disque-denúncia", que não deixa de ser um valioso canal de atuação dos informantes, incentivando-os com o pagamento de recompensas pelos auxílios prestados nas investigações penais. De todo modo, a espécie e o valor das recompensas, pagáveis até em pecúnia, são incertas e variáveis, segundo preconiza o art. 4º, cabeça – *União, os Estados, o Distrito Federal e os Municípios, no âmbito de suas competências,* **poderão** *estabelecer* **formas de recompensa** *pelo oferecimento de informações que sejam úteis para a prevenção, a repressão ou a apuração de crimes ou ilícitos administrativos* (grifo nosso) –, admitindo o parágrafo único o pagamento em moeda corrente. De todo modo, extrai-se da vagueza da norma – **sem delimitar pressupostos nem requisitos à recompensa** – a ausência de direito público subjetivo a qualquer prêmio, mesmo porque quantificado e ofertado ao alvitre de cada ente federativo.

No tangente ao *whistleblower*, contudo, as alterações trazidas pela Lei nº 13.964/19 permitem leituras que o tornem mais atrativos do que os informes anônimos, veiculados pelo disque-denúncia. Com efeito, nos termos do § 3º do art. 4º-C, *quando as informações disponibilizadas resultarem em recuperação de produto de* **crime contra a administração pública, poderá** *ser fixada* **recompensa em favor do informante em até 5% (cinco por cento) do valor recuperado** (grifo nosso). Textualmente, trata-se de uma liberalidade (*"poderá"*), a ser exercida ou não pelo ente público lesado, a partir de um juízo de oportunidade e conveniência seu. A literalidade da intelecção, todavia, vai de encontro à *mens* da *novatio legis*, cujo escopo foi potencializar os informes, ao invés de desestimulá-los. Na medida em que a norma estipulou 1 (um) pressuposto de admissibilidade, adstrito ao campo de incidência – *crimes contra a Administração Pública* – e 1 (um) requisito – *recuperação do produto (proveito) do delito* –, o preenchimento destes viabiliza a recompensa como direito público subjetivo do denunciante, mostrando-se variável apenas o valor. Sem essa percepção, o *whistleblowing* não decolará no País como ferramenta à elucidação de infrações penais contra a Administração Pública, universo para o qual foi primordialmente idealizado.

Escreve-se *"primordialmente"*, porque, diante da topografia do instituto, situado na Lei nº 13.608/18, que rege os serviços de informação na elucidação de crimes em geral, o espectro do *whistleblowing* **transcende** os delitos contra a Administração Pública, embora seja o terreno de maior incidência. A cabeça do art. 4º-A é categórica ao preconizar que *a União, os Estados, o Distrito Federal e os Municípios e suas autarquias e fundações, empresas públicas e sociedades de economia mista manterão unidade de* **ouvidoria** *ou* **correição**, *para assegurar a qualquer pessoa o direito de relatar informações sobre* **crimes contra a administração pública, ilícitos administrativos** *ou* **quaisquer** *ações ou omissões lesivas ao* **interesse público** (grifo nosso) – a alusão derradeira ao *"interesse público"* torna o *whistleblowing* disponível para aclarar injustos de natureza diversa, mas, definitivamente, não é o seu viés principal.

Conforme bem coloca Vladimir Passos de Freitas, *"...a figura do "informante do bem" está intimamente ligada à luta contra a 'sonegação de impostos, apuração de crimes tributários, de corrupção, de lavagem de dinheiro e contra o consumidor, a saúde e o meio ambiente'. Trata-se da participação de um membro de empresa ou de órgão público que, tomando conhecimento de práticas ilícitas ou antiéticas, leva-as ao conhecimento das pessoas que detenham poder para alterá-las...".* Lembra que a origem etimológica da expressão *whistleblowing "...começou a ser utilizada no século XIX e está ligada ao uso de um apito para comunicar ao público algo negativo, como um crime ou mesmo a violação de uma regra em um jogo. O uso de apito pelos árbitros nos jogos de futebol, certamente, advém deste hábito. Nos anos 1960 a palavra começou a ser usada por jornalistas e, nos anos 1970, ela substituiu, na área jurídica, a palavra delator, de conotação pejorativa..."*[171].

Não se pode romantizar o instituto, escondendo ou minimizando os desconfortos aos quais o *whistleblower*, e os seus familiares, ficam expostos, a começar pelo risco real de retaliações, daí o art. 4º-B, *caput* e parágrafo único, resguardar-lhe *o direito à preservação de sua identidade, a qual apenas será revelada em caso de relevante interesse público ou interesse concreto para a apuração dos fatos* e, mesmo assim, **se houver a sua concordância formal, após ser previamente comunicado da possibilidade de publicização. Arrolá-lo como testemunha condiciona-se a tal anuência**, ainda mais diante do sistema de proteção à testemunha bastante estabelecido no Brasil, frágil e ineficiente. Não se ignora os fundamentos no sentido de compeli-lo a depor, nos termos do art. 218 do CPP, relacionados ao múnus público confiado à testemunha e à busca da "verdade material ou

---

[171] O *whistleblower* (informante do bem) na ordem jurídica brasileira. Disponível em: <https://www.conjur.com.br/2019-nov-03/whistleblower-informante-bem-ordem-juridica-brasileira> Acesso em: 23 maio 2020.

substancial" (como se atingível fosse, quadra só realizável se os atores do processo fossem onipresentes e oniscientes). Os postulados da boa-fé objetiva, ínsita ao processo legal justo (concepção substancial do *due process* – art. 5º, LIV, da CRFB/88), e da dignidade humana (art. 1º, III, da CRFB/88) rechaçam tal proposta, presentes as peculiaridades do *whistleblower*, afinal, trata-se de terceiro que, por acaso, tomou ciência de um crime, decidindo, moralmente, denunciá-lo ao Estado, informando-lhe o que sabe. O informante **não tinha o menor dever legal de comunicar o acontecido às agências estatais**. *Fê-lo porque qui-lo*. Descabe ao Estado explorar a liberalidade do seu gesto, e, eventualmente, a generosidade, se desacompanhada de qualquer recompensa, para amarrá-lo de vez ao processo e às suas personagens, sob a epígrafe de testemunha, ao arrepio da sua vontade. Além de ser uma atitude torpe e desleal, o Estado, assim agindo, coisifica o *whistleblower*, reduzindo a pó o seu desiderato. A intepretação histórica do art. 4º-B igualmente respalda tal conclusão. No projeto de lei original propôs-se o § 2º ao citado artigo, preconizando que ninguém seria condenado apenas com base no depoimento prestado pelo informante, quando mantida em sigilo a sua identidade. O inevitável decote dessa proposta – afinal, informes anônimos nem são prova, porque despidos de concretude, e esbarram na vedação constitucional ao anonimato (art. 5º, IV, da CRFB/88), sem contar que descabe édito condenatório lastreado em prova única, sob pena de restaurar o sistema da prova legal ou tarifada – sinaliza que a *ratio* da lei também foi evitar o embaralhamento dos papéis, não justapondo o *whistleblower* à testemunha.

O *caput* do art. 4º-C, prevendo os riscos a que se submeterão o *whistleblower* e os familiares, diz que, *além das medidas de proteção previstas na Lei nº 9.807, de 13 de julho de 1999, será assegurada ao informante proteção contra ações ou omissões praticadas em retaliação ao exercício do* **direito de relatar***, tais como demissão arbitrária, alteração injustificada de funções ou atribuições, imposição de sanções, de prejuízos remuneratórios ou materiais de qualquer espécie, retirada de benefícios, diretos ou indiretos, ou negativa de fornecimento de referências profissionais positivas* (grifo nosso). Anote-se que o preceito alude ao *"direito de relatar"*, calando-se, eloquentemente, quanto ao *"***dever de testemunhar***"*, justamente porque inexigível do *whistleblower*. Já imaginando danos que lhe possam ser causados, o § 2º do art. 4º-C garante *o ressarcimento em dobro por eventuais danos materiais causados por ações ou omissões praticadas em retaliação, sem prejuízo de danos morais*. E, nos termos do § 1º, *a prática de ações ou omissões de retaliação ao informante configurará falta disciplinar grave e sujeitará o agente à demissão a bem do serviço público*.

Tantas compensações e contracautelas dadas ao *whistleblower* pelas informações relatadas sinalizam o risco ínsito à dita atividade, logo, as contrapartidas financeiras deveriam ter sido anunciadas de modo mais veemente, a partir de critérios mais objetivos e pormenorizados, incrementando a certeza não apenas da recompensa, mas do valor. O parágrafo único do art. 4º-A, contudo, tomou rumo oposto ao se dirigir com desconfiança ao *whistleblower*, como se compartilhar com o Estado o conhecimento fosse dever, e não cortesia. Diz o preceito que, *considerado* **razoável** *o relato pela unidade de ouvidoria ou correição e procedido o encaminhamento para apuração, ao informante serão asseguradas proteção integral contra retaliações e* **isenção de responsabilização civil ou penal** *em relação ao relato, exceto se o informante tiver apresentado, de modo consciente, informações ou provas* **falsas** (grifo nosso).

Ora, se o *whistleblower*, por definição, é um **terceiro**, alheio ao fato delituoso perpetrado, não há motivos para **cogitar** qualquer responsabilidade civil ou penal, a ponto de aludir à *"isenção"*. Por outro lado, é óbvio que veicular informações ou provas falsas é prática criminosa, representativa dos delitos de uso de documento falso, denunciação caluniosa e/ou comunicação falsa de crime, a depender da hipótese. Não precisava a lei ter externado isso. Ao fazê-lo, passa uma mensagem intimidatória ao *whistleblower*, sugerindo que instruam seus relatos com peças de informação sólidas, pois, do contrário, de denunciante pode se tornar denunciado – a depender do nível de (in)consistência da notícia-crime apresentada e da resposta apresentada pelo noticiado, pode vir a responder por, ao menos, 1 dos delitos acima, embora tenha, em seu prol, obviamente, o benefício da dúvida.

Apesar de não ignorar o êxito do *whistleblowing* em países como EUA[172], desaguando em expressiva recuperação de ativos e generosa distribuição de recompensas, reiteramos as dúvidas quanto à efetividade no Brasil, pois os ônus e riscos assumidos pelo informante são imensos para contrapartida tímida e incerta.

---

[172] Dados da *U.S. Securities and Exchange Commission*, equivalente à Comissão de Valores Mobiliários (CVM) dão conta que, desde a instalação do programa *whistleblowing* em 2011, foram distribuídos mais de 400 (quatrocentos) milhões de dólares em recompensas, com resgates (remediações financeiras) superiores a 2 (dois) bilhões de dólares. Disponível em: <https://www.sec.gov/page/whistleblower--100million>. Acesso em: 25 maio 2020.

10
PROCESSAMENTO DO RECURSO ESPECIAL E DO RECURSO EXTRAORDINÁRIO EM MATÉRIA PENAL E PRAZOS

Dispõe o novel art. 638 do CPP que *o recurso extraordinário e o recurso especial serão processados e julgados no Supremo Tribunal Federal e no Superior Tribunal de Justiça na* **forma** *estabelecida por* **leis especiais**, *pela* **lei processual civil** *e pelos* **respectivos regimentos internos** (grifo nosso).

Na realidade, a Lei nº 13.964/19 apenas positivou o que há muito se faz no Superior Tribunal de Justiça e no Supremo Tribunal Federal, considerada, primeiro, a Lei nº 8.038/90 e, depois, o Código de Processo Civil/2015, *ex vi* do art. 1.072, IV, inclusive no tocante ao prazo de interposição – 15 dias (primeiramente, por força do então art. 26, cabeça, da Lei nº 8.038/90; atualmente, em virtude do art. 1.003, § 5º, do CPC/2015) –, haja vista o silêncio do CPP a respeito.

Nada obstante, **a fluência dos prazos continua sujeita ao art. 798 do CPP**, quando os recursos especial e/ou extraordinário versarem sobre matéria penal, incluindo todos os subsequentes, como os agravos contra as decisões de inadmissão. Observa-se, pura e simplesmente, o princípio da especialidade. Por conseguinte, a contagem é **contínua**, descartado o dia da intimação, mas computado o derradeiro, salvo, em ambos os casos, se o *dies a quo* ou *ad quem* coincidir com feriado ou final de semana, hipótese na qual prorroga até o dia útil imediato[1]. Tal orientação já foi estendida à própria reclamação constitucional, quando o conteúdo for penal[2].

Embora a novel redação dada ao art. 638 do CPP permita renovar a discussão, não enxergamos perspectiva de mudança jurisprudencial por três razões.

O dispositivo alude ao **rito** dos recursos especial e extraordinário, e **não** aos prazos, justamente porque o CPP possui regra própria a respeito (art. 798), devendo-se, assim, reitere-se, observar o princípio da especialidade.

Soma-se a isso o art. 15 do CPC/15. Apesar de o silêncio quanto à aplicação subsidiária do CPC/15 ao processo penal não inviabilizar o diálogo entre os processos civil e penal, **tampouco pode ser desprezado, não havendo espaço para a incidência do primeiro em temas expressamente tratados pelo segundo**. E a **contagem** do prazo é um deles. Aliás, o art. 15 do CPC/15 renova a discussão quanto à elaboração de uma teoria geral só

---

[1] STF, ARE 1204092 ED-AgR, Relator Min. Celso de Mello, Segunda Turma, julgado em 29/11/2019, DJe-275 divulg 11/12/2019 public 12/12/2019 – "...*Recurso extraordinário com agravo – Matéria penal – Intempestividade do ARE – Inobservância do prazo para interposição do recurso de agravo em processo criminal* – **Modo de contagem dos prazos processuais penais – Disciplina normativa expressa (CPP, art. 798, "caput") – Inexistência de omissão na legislação processual penal (CPP, art. 3º) – Inaplicabilidade da regra fundada no art. 219, "caput", do Código de Processo Civil de 2015** – *Agravo interno improvido...*" (grifo nosso); ARE 1183595 AgR, Relator Min. Roberto Barroso, Primeira Turma, julgado em 29/11/2019, DJe-278 divulg 13/12/2019 public 16/12/2019 – "*...Direito processual penal.* ***Agravo interno em recurso extraordinário com agravo. Recurso extraordinário intempestivo. Inaplicabildiade em matéria processual penal do art. 219 do CPC/2015***. *1. O acórdão recorrido foi publicado em 26.06.2018 e a petição do recurso foi protocolada no Tribunal de origem somente em 13.08.2019, ou seja, após o término do prazo recursal de 15 (quinze) dias, nos termos do art. 994, VII, c/c os arts. 1.003, § 5º, e 1.029 do Código de Processo Civil, bem como do art. 798 do Código de Processo Penal. 2. A aplicação do novo CPC a instituto de direito processual penal deve ser autorizada apenas em situações excepcionalíssimas, notadamente na existência de lacuna normativa. No caso, mostra-se inaplicável o art. 219 do CPC/2015, tendo em vista que, tratando-se de prazo processual penal, o modo de sua contagem é disciplinado pelo art. 798 do Código de Processo Penal. Precedentes. 3. Agravo interno a que se nega provimento...*" (grifo nosso); STJ, AgRg no AREsp 1568198/SP, Rel. Ministro Ribeiro Dantas, Quinta Turma, julgado em 18/02/2020, DJe 28/02/2020 – "*...Agravo regimental no agravo em recurso especial. Intempestividade do recurso especial e do agravo em recurso especial. Aplicação do art. 219 do CPC/2015 no âmbito do processo penal. Impossibilidade. Agravo não provido. 1.* ***A contagem de prazo em dias úteis, prevista no art. 219 do novo CPC, não se aplica ao agravo em recurso especial, que versa sobre matéria penal, haja vista a existência de legislação própria e específica regulamentando o assunto****. 2. O Código de Processo Penal, em seu art. 798,* caput, *estabelece que os prazos 'serão contínuos e peremptórios, não se interrompendo por férias, domingo ou dia feriado', ou seja, nesse caso a contagem do prazo para a interposição do recurso será feita em dias corridos...*" (grifo nosso); AgInt no REsp 1747748/RS, Rel. Ministro Sebastião Reis Júnior, Sexta Turma, julgado em 17/12/2019, DJe 19/12/2019 – "*...Agravo regimental em recurso especial. Penal. Processo penal. Decisão mantida por seus próprios fundamentos.* ***Intempestividade. Prazo de 15 dias. Contagem em dias corridos. Art. 798 do CP****...*" (grifo nosso).

[2] Rcl 25638 Rcon-QO, Relator Min. Dias Toffoli, Relator p/ Acórdão: Min. Edson Fachin, Tribunal Pleno, julgado em 09/05/2019, DJe-051 divulg 09/03/2020 public 10/03/2020 – "*... 2. Inexistência de lacuna, tendo em vista que o art. 798 do Código de Processo Penal estabelece a continuidade da contagem de prazos processuais, afastando-se, inclusive pelo Princípio da Especialidade, a possibilidade de incidência analógica de regra processual civil que computa tão somente dias úteis para essa finalidade. 3.* ***Questão de ordem resolvida, por maioria, no sentido de que a contagem de prazo no contexto de reclamações, na hipótese do ato impugnado ter sido produzido em processo ou procedimento de natureza penal, submete-se ao art. 798 do CPP****, o que acarreta, por razões de intempestividade, a inviabilidade de admissão do pedido de reconsideração como agravo regimental...*" (grifo nosso).

do processo penal, destacada do processo civil[3], embora prevalente, ainda, a crença pela suficiência de uma teoria geral do processo **una**, apta a agasalhar ambos[4].

Outrossim, caso fossem computados apenas os dias úteis, nos moldes do art. 219 do CPP, haveria sensível prejuízo à duração razoável do processo (art. 5º, LXXVIII, da CRFB/88), especialmente cara ao processo penal, ante a natureza indisponível dos interesses em confronto – liberdade e direito de punir –, bastando pensar nos processos de réus presos cautelarmente.

Nesse sentido, ratificando o prognóstico lançado na 1ª edição da obra, temos o entendimento do STF[5] e o do STJ[6].

Existe uma última questão a ser enfrentada.

O Código de Processo Civil/2015, no art. 1.072, IV, **manteve** o agravo **interno, no âmbito do STF ou STJ**, previsto no art. 39 da Lei nº 8.038/90, para o órgão especial, Seção ou Turma do respectivo Tribunal, conforme o caso, no prazo de **cinco dias**, contra as decisões do Presidente do Tribunal, de Seção, de Turma ou de Relator que causem gravame à parte – v.g. a inadmissão do recurso extraordinário ou do recurso especial pelo Ministro Relator. Há também o agravo, previsto no CPC/15, mas com o prazo de **quinze dias** para interposição (art. 1.042 c/c art. 1.003, § 5º), contra a decisão do **Desembargador** Presidente ou Vice do **Tribunal de origem** que não conhecem dos recursos especial e/ou extraordinário.

Como a Lei nº 8.038/90, aplicava-se aos recursos especial e extraordinário, independentemente de a esfera ser cível ou penal, a deliberada manutenção do art. 39 pelo CPC/2015, presente o art. 1072, IV, mesmo dispondo a respeito do agravo contra o

---

[3] LOPES JR., Aury. *Direito Processual Penal*, ob. cit., p. 56-59, na esteira de outros autores como Rogério Lauria Tucci e Jacinto Nelson de Miranda Coutinho. Na mesma linha, Joaquim Canuto Mendes de Almeida, que já condenava o predomínio de conceitos eminentemente processuais civis na teoria geral do processo, segundo bem revelou Roberto Ferreira Archanjo da Silva (*Por uma teoria do Direito Processual Penal*: organização sistêmica, São Paulo, 2009, p. 87) em sua tese de doutorado em Direito das Relações Sociais, defendida na PUC/SP, sob a orientação do prof. Hermínio Alberto Marques Porto.

[4] Por todos, JARDIM, Afrânio Silva; AMORIM, Pierre Souto Maior Coutinho. *Direito Processual Penal*, ob. cit., p. 73-78.

[5] ARE 1346759 AgR, Rel. Min. Luiz Fux (Presidente), Tribunal Pleno, julgado em 11/11/2021, DJe-239, divulg. 02/12/2021, public. 03/12/2021 – "... *1. O recurso em matéria penal sujeita-se à regra prevista no artigo 798 do Código de Processo Penal, de sorte que 'todos os prazos correrão em cartório e serão contínuos e peremptórios, não se interrompendo por férias, domingo ou dia feriado'. Precedentes: ARE 1.086.135-AgR, Segunda Turma, Rel. Min. Celso de Mello, DJe de 23/1/2018; ARE 1.160.336, Primeira Turma, Rel. Min. Luiz Fux, DJe de 30/11/2018; ARE 1.166.043-AgR, Primeira Turma, Rel. Min. Roberto Barroso, DJe de 10/12/2018...*" (grifo nosso); ARE 1348254 AgR, Rel. Min. Ricardo Lewandowski, Segunda Turma, julgado em 23/11/2021, DJe 1º/12/2021 – "... *I – A contagem dos prazos no processo penal está prevista em regra específica e se dá de forma contínua e peremptória, nos termos do art. 798 do CPP. II – É intempestivo o agravo, em matéria criminal, interposto após o prazo de cinco dias corridos...*" (grifo nosso); HC 193.325, rel. Min. Gilmar Mendes, j. 27/09/21, com publicação no DJ de 29 imediato (pronunciamento monocrático).

[6] AgRg no REsp 1924037/PE, Rel. Ministro Sebastião Reis Júnior, Sexta Turma, julgado em 16/11/2021, DJe 19/11/2021 – "...*Consoante jurisprudência pacífica deste Superior Tribunal de Justiça, nos feitos que tratam de matéria penal ou processual penal, nos tribunais superiores, têm aplicação a Lei nº 8.038/90 e o art. 798 do Código de Processo Penal, que estabelecem o prazo de cinco dias corridos para interposição do agravo regimental* (AgRg no RE no HC n. 310.191/SP, Ministra Maria Thereza de Assis Moura, Corte Especial, DJe 26/9/2018) – grifo nosso.

juízo negativo de admissibilidade do recurso especial e/ou extraordinário exercido pelo Ministro relator no STJ ou no STF, especificando prazo distinto, objetivou restringi-lo ao âmbito penal, em apreço ao princípio da especialidade. Por conseguinte, em matéria penal o agravo contra tal inadmissão dos recursos especial e extraordinário segue o prazo de 5 dias, em vez de 15, mostrando-se intacta a inteligência da Súmula 699 do STF, embora confeccionada em uma realidade normativa bem diversa da atual.

O novel art. 638 do CPP reafirma a jurisprudência do STF[7] e do STJ[8] na medida em que remete não apenas ao CPC, **mas também às leis especiais, notadamente o art. 39 da Lei nº 8038/90, e aos respectivos regimentos internos, que endossam o prazo de 5 dias – art. 258 do RISTJ e art. 317 do RISTF**. Inexiste, também aqui, perspectiva de guinada jurisprudencial, prognóstico esse já confirmado no âmbito do STF[9] e do STJ[10].

---

[7] Rcl 33920 AgR, Relator Min. ROSA WEBER, Primeira Turma, julgado em 29/11/2019, DJe 11/12/2019 – "...1. É intempestivo o agravo interno criminal interposto fora do prazo de cinco dias fixado pelo art. 317 do RISTF e art. 39 da Lei 8.038/1990. 2. Não se aplicam, na hipótese, regras do Código de Processo Civil sobre a fixação e a contagem de prazos processuais. Precedentes..." (grifo nosso); HC 172492-AgR, Relator Min. Gilmar Mendes, Segunda Turma, julgado em 27/03/2020, DJe-085 divulg 06/04/2020 public 07/04/2020 – "...3. Decisão que não admite recurso extraordinário com base no artigo 1.030, I, do CPC, somente pode ser enfrentada por meio do agravo interno. 4. **O prazo para interposição do agravo interno, no âmbito do STJ e do** STF, **é de cinco dias**..." (grifo nosso).

[8] AgRg nos EREsp 1563167/SC, Rel. Ministro Sebastião Reis Júnior, Terceira Seção, julgado em 11/03/2020, DJe 17/03/2020 – "...1. **Em matéria penal ou processual penal, o agravo regimental, cabível contra a decisão monocrática proferida nos Tribunais Superiores, tem disciplina específica nos arts. 39 da Lei n. 8.038/1990, 258 do RISTJ e 798 do Código de Processo Penal, não seguindo as disposições do Código de Processo Civil de 2015, relativamente à alteração do prazo para 15 dias e à contagem em dias úteis**. Precedentes..." (grifo nosso).

[9] ARE 1348254 AgR, Rel. Min. Ricardo Lewandowski, Segunda Turma, julgado em 23/11/2021, DJe 1º/12/2021 – "...I – A contagem dos prazos no processo penal está prevista em regra específica e se dá de forma contínua e peremptória, nos termos do art. 798 do CPP. II – **É intempestivo o agravo, em matéria criminal, interposto após o prazo de cinco dias corridos**..." (grifo nosso).

[10] EDcl no AgRg nos EDcl no MS 25.062/DF, Rel. Ministra Nancy Andrighi, Corte Especial, julgado em 11/11/2021, DJe 19/11/2021 – "...Não há que se falar em omissão ou obscuridade no acórdão que, assentado em inúmeros precedentes, inclusive desta Corte Especial, conclui **que há disciplinas distintas para os mandados de segurança em matéria penal (regido pela Lei nº 12.016/19 e pela Lei nº 8.038/90)** e não penal (regido pela Lei nº 12.016/19 e pelo CPC/15), de modo que, **naqueles**, o **prazo para interposição de agravo regimental é de cinco dias**, contados de forma **contínua** (art. 39 da Lei nº 8.038/90)..." (grifo nosso).

11
AÇÃO PENAL NO CRIME DE ESTELIONATO E SEUS REFLEXOS

11.1. ALCANCE

A Lei nº 13.964/19, ao incluir o § 5º ao art. 171 do Código Penal alterou a natureza da ação penal no crime de estelionato, de pública incondicionada para condicionada à representação, exceto se a vítima for a Administração Pública, direta ou indireta (inciso I), ou vulnerável, seja por razões etárias – criança ou adolescente (inciso II) ou, ainda, maior de 70 (setenta) anos (inciso IV, 1ª parte) – ou mentais – deficiência mental (inciso III) ou incapaz (inciso IV, 2ª parte), hipóteses nas quais é pública incondicionada.

Tais exceções merecem, enquanto tais, interpretação **restritiva**, mesmo porque prejudiciais ao imputado, afinal, dispensam a representação do ofendido para o exercício da ação penal pública, tornando-a incondicionada.

A referência à Administração Pública direta compreende os entes federativos – União, Estados, Distrito Federal e Municípios – e seus respectivos órgãos, segundo se extrai do art. 37, cabeça, da Constituição, bem como do art. 4º, I do Decreto-Lei nº 200/1967. É o Estado, em sentido amplo, atuando por meio de seus órgãos, centralizadamente. Já a Administração Pública Indireta é fruto da descentralização legal, sendo composta por entidades administrativas vinculadas ao correspondente ente federativo. Nos termos do art. 37, XIX, da CRFB/88 e do art. 4º, II, do Decreto-Lei nº 200/67 são as autarquias, empresas públicas, sociedades de economia mista e fundações públicas (estatais)[1]. Aludiu o legislador ao **primeiro setor**, logo, *a contrario sensu*, **se a lesada for concessionária ou permissionária de serviços públicos, integrantes do segundo setor, vale a regra geral: a ação penal será pública condicionada à representação.** O silêncio foi eloquente, porquanto sempre que lhes pretendeu fazer menção, fê-lo expressamente, como no inciso III do parágrafo único do art. 163 do Código Penal, ao qualificar o dano cometido contra empresa concessionária de serviço público. Escreve-se

---

[1] OLIVEIRA, Rafael Carvalho Rezende. *Administração Pública – Concessões e Terceiro Setor*. Rio de Janeiro: Lumen Juris, 2009, p. 35.

o mesmo quanto às entidades públicas não estatais, componentes do **terceiro setor**: a ressalva legal não as abrange, exigindo-se a representação da vítima, por intermédio do responsável legal.

No caso de a vítima ser criança, adolescente ou maior de 70 (setenta) anos, a prova da idade faz-se por meio da apresentação de cópia da certidão de nascimento ou de casamento, ou de qualquer outra identificação civil, como a identidade, passaporte ou carteira nacional de habilitação, nos termos do art. 155, parágrafo único, do CPP – *somente quanto ao estado das pessoas serão observadas as restrições estabelecidas na lei civil*. Por ser reminiscência do sistema da prova legal ou tarifada, o dispositivo vinha sendo relativizado pelo STJ que, escudado no sistema do livre convencimento motivado (art. 93, IX, da CRFB/88), autorizava a prova da idade por qualquer documento revestido de oficialidade, incluindo, até, o boletim de ocorrência e a tomada do depoimento do ofendido, com declaração expressa da idade, pela autoridade policial, conforme se extrai, *v.g.*, dos precedentes atinentes ao delito de corrupção de menor (art. 244-B da Lei nº 8.069/90)[2], aplicáveis, por analogia, à hipótese em comento.

Essa orientação, sob o pretexto de potencializar o sistema da persuasão racional do juiz, atentava contra o devido processo legal, porque, na realidade, **dispensava a produção probatória**. Boletim de ocorrência documenta uma notícia-crime, sem comprovar, minimamente, os fatos nela veiculados. As declarações do ofendido ou do indiciado são meios de prova concernentes ao injusto noticiado, mas nada aclaram quanto à idade dos envolvidos, inexistindo adequação entre a prova invocada e o objeto que se almeja demonstrar. Obviamente que, por força do art. 93, IX da CRFB/88, a prova relativa à idade não fica adstrita a um documento específico, podendo-se se louvar de *n* outros de idêntica oficialidade. Mas, **ao menos identificar a fonte de consulta ao registrar a idade da alegada vítima ou do suposto autor do fato, é mandatório**. A própria Súmula nº 74 do STJ referenda essa conclusão ao anunciar que, *para efeitos penais, o reconhecimento da menoridade do réu requer prova por documento* **hábil** (grifo nosso), como, por exemplo, a Folha de Antecedentes Criminais, afinal, confeccionada pelo mesmo órgão responsável pela identificação civil. Partindo dessa premissa, a Terceira Seção do STJ, primeiramente,

---

[2] AgRg no AREsp 1373991/MG, Rel. Ministro Ribeiro Dantas, Quinta Turma, julgado em 06/11/2018, DJe 14/11/2018 – *"...1. De acordo com a jurisprudência desta Corte, para efeitos penais, 'a certidão de nascimento não é o único documento válido para fins de comprovação da menoridade, sendo apto a demonstrá-la o documento firmado por agente público atestando a idade do inimputável, como a declaração perante a autoridade policial' (AgInt no AREsp 852.726/SC, Rel. Ministro Sebastião Reis Júnior, Sexta Turma, julgado em 17/05/2016, DJe 09/06/2016). 2. No caso,* **a qualificação feita perante a autoridade policial é idônea para a comprovação da menoridade do adolescente envolvido na prática delitiva, autorizando, desse modo, a condenação do réu pela prática do delito previsto no art. 244-B do Estatuto da Criança e do Adolescente...**" (grifo nosso); AgRg no REsp 1619740/MG, Rel. Ministro Rogerio Schietti Cruz, Sexta Turma, julgado em 27/09/2016, DJe 10/10/2016 – *"...2. É assente na jurisprudência deste Superior Tribunal o entendimento de que* **a certidão de nascimento não é o único documento idôneo para comprovar a idade do adolescente corrompido, que também pode ser atestada por outros documentos oficiais, dotados de fé pública, emitidos por órgãos estatais de identificação civil e cuja veracidade somente pode ser afastada mediante prova em contrário.** *3. No caso,* **o próprio adolescente afirmou, em seu depoimento prestado perante a autoridade policial a data do seu nascimento, de modo a não deixar dúvidas de que, no dia dos fatos possuía 17 anos de idade.** *A menoridade foi, portanto, devidamente atestada por meio do inquérito policial, em que consta a qualificação do menor..."* (grifo nosso).

reafirmou o citado enunciado nº 74, explicitando que "... *a menoridade tem a ver com o estado das pessoas e deve ser comprovada por documento público hábil e idôneo, não apenas a certidão de nascimento, mas qualquer outro que tenha fé pública. Cumpre anotar que **não serve a mera declaração do menor perante a autoridade policial. A simples redução a termo de declaração prestada não se reveste das formalidades exigidas para a comprovação do estado das pessoas...*" (grifo nosso)[3]. Depois, em sede de recurso repetitivo, estampou que "*...Para ensejar a aplicação de causa de aumento de pena prevista no art. 40, VI, da Lei n. 11.343/2006 ou a condenação pela prática do crime previsto no art. 244-B da Lei n. 8.069/1990, a qualificação do menor, constante do boletim de ocorrência, **deve trazer dados indicativos de consulta a documento hábil** – como o número do documento de identidade, do CPF ou de outro registro formal, tal como a certidão de nascimento...*" (grifo nosso)[4], não bastando o depoimento fornecido pelo menor à autoridade.

O Supremo Tribunal Federal possui idêntico entendimento, tanto por meio da Primeira[5] quanto da Segunda Turmas[6].

Seguindo idêntica ordem de ideias, a inteligência desses julgados aplica-se, por analogia, à prova da idade, presente a criança, o adolescente ou o maior de 70 (setenta) anos, para fins de estabelecer a natureza da ação penal no delito de estelionato.

Em 2015, por meio da Lei nº 13.228, inseriu-se, no art. 171 do Código Penal, o § 4º, duplicando a escala penal do estelionato quando perpetrado contra "idoso", ou seja, pessoa com idade igual ou superior a 60 (sessenta) anos, *ex vi* do art. 1º da Lei nº 10.741/03. A causa de aumento de pena mereceu, até, epígrafe própria: "estelionato contra idoso".

---

[3] EREsp 1763471/DF, Rel. Ministra Laurita Vaz, Terceira Seção, julgado em 14/08/2019, *DJe* 26/08/2019.

[4] ProAfR no REsp 1619265/MG, Rel. Ministro Rogerio Schietti Cruz, Terceira Seção, julgado em 07/04/2020, *DJe* 18/05/2020.

[5] HC 137435 AgR, Relator Min. Luiz Fux, Primeira Turma, julgado em 17/11/2017, *DJe*-283 divulg 07/12/2017 public 11/12/2017 – "*...1. A menoridade para fins de tipificação do crime previsto no artigo 244-B da Lei nº 8.069/90 pode ser comprovada por outros meios idôneos, não se exigindo seja realizada somente por certidão de nascimento ou carteira de identidade. Precedentes: HC 92.014, Relator Ministro Menezes de Direito, Primeira Turma, DJe 21/11/2008, e HC 121.709, Relator Ministro Ricardo Lewandowski, Segunda Turma, DJe 12/06/2014...*" (grifo nosso). O inteiro teor do acórdão revela que a menoridade da vítima restou provada, porque havia, nos autos, o seu prontuário civil, com a referência à documentação de identificação oficial comprobatória da idade. Cita-se, ainda, o HC 125317, Relator Min. Dias Toffoli, Primeira Turma, julgado em 03/02/2015, *DJe*-052 divulg 17/03/2015 public 18/03/2015 – "*... A inexistência nos autos da ação penal de **prova documental idônea** que dê substrato à acusação concernente ao delito de corrupção de menores acarreta sua atipicidade...*" (grifo nosso).

[6] HC 145688 AgR, Relator Min. Celso de Mello, Segunda Turma, julgado em 04/05/2020, *DJe*-117 divulg 11/05/2020 public 12/05/2020 – "*...O Supremo Tribunal Federal tem entendido revelar-se juridicamente idônea, para fins penais, seja para demonstrar a idade do acusado, seja para comprovar a idade da vítima, **não só a certidão de nascimento, que constitui prova específica, como quaisquer outros documentos oficiais, emanados de órgãos estatais competentes e revestidos, por isso mesmo, de fé pública, à semelhança da cédula de identidade, do certificado de reservista e do título de eleitor**, entre outros...*" (grifo nosso); HC 146044 AgR, Relator Min. Dias Toffoli, Segunda Turma, julgado em 27/03/2018, *DJe*-072 divulg 13/04/2018 public 16/04/2018 – "*...1. A menoridade da vítima foi comprovada nos autos mediante a apresentação de documento de identidade civil à autoridade policial por ocasião da lavratura do boletim de ocorrência. 2. **Consoante pacífica jurisprudência da Corte, para fins de comprovação da menoridade da vítima corrompida (art. 244-B da Lei nº 8.069/90), é juridicamente idônea a apresentação da cédula de identidade, do certificado de reservista ou do título de eleitor*** (v.g. RHC nº 147..041/DF, Relator o Ministro Celso de Mello, DJe de 7/2/18)...*" (grifo nosso).

Em 2021, adveio a Lei nº 14.155, de 27 de maio, alterando o citado § 4º para compreender, além do idoso, o vulnerável, inserindo-o, inclusive, na epígrafe. A majoração, por outro lado, passou a ser de 1/3 (um terço) ao dobro, considerada a "relevância do resultado", ou seja, as consequências do injusto à vítima. Em se tratando de idoso, a *novatio legis* foi *in mellius*, retroagindo, pois se migrou da automática duplicação da pena para o acréscimo mínimo de 1/3, que, à míngua de desdobramentos ao lesado além da normalidade típica, é a fração a ser concretizada.

De todo modo, a ação penal apenas será pública incondicionada se o idoso for maior de 70 (setenta) anos, **em razão da vulnerabilidade ainda maior**. Buscou o legislador, diante da idade mais avançada, resguardar a vítima duplamente: além de dobrar a reprimenda, tornou a ação penal pública incondicionada, potencializando a proteção, não apenas em termos materiais, mas processuais.

Esse aparente descompasso não é estranho à legislação penal. A prescrição, *v.g.*, corre pela metade em relação aos agentes maiores de 70 (setenta) anos à época da sentença (art. 115 do Código Penal), **não se estendendo essa regra aos idosos em geral, ou seja, a partir dos 60 (sessenta) anos, embora tal extensão fosse *in bonam partem*, encontrando na legalidade penal estrita óbice perfeitamente transponível**. Propostas nesse sentido foram sistematicamente refutadas pelo STF e pelo STJ[7].

Mutatis mutandis, interpretação no sentido de restringir a majorante prevista no § 4º do art. 171 do Código Penal aos idosos maiores de 70 (setenta) anos tende a ser, também, rechaçada, embora sustentável, ainda mais agora, figurando ao lado do vulnerável, pressupondo fragilidade maior, mais factível aos septuagenários do que aos sexagenários. Proposição nesse sentido nada teria de absurdo. Causas de aumento de pena merecem interpretação restritiva, ainda mais quando tão expressivas – no caso do § 4º do art. 171 do Código Penal a sanção simplesmente será exasperada de 1/3 ao dobro.

A *ratio* do § 5º, por outro lado, foi potencializar a proteção estatal aos vulneráveis, não condicionando a deflagração da ação penal, e da própria persecução, *ex vi* do art. 5º, § 4º do CPP, à sua iniciativa, em deferência ao postulado hermenêutico constitucional da vedação à proteção insuficiente em sede de garantias fundamentais. Assim, se a lei enxergou como vulnerável o maior de 70 (setenta) anos, e não o idoso de maneira geral, trasladar essa *mens* ao § 4º a fim de circunscrever a majoração aos maiores de 70 (setenta) anos mostra-se uma construção tecnicamente defensável.

Sem embargo, não nos convence, a começar pela inexistência de desproporcionalidade a justificar revisitar o § 4º do art. 171 do Código Penal.

A tutela ao idoso é dever não apenas do Estado, mas de toda a sociedade (art. 230 da CRFB/88), devendo os dispositivos legais alusivos ao tema serem lidos à luz da vedação à proteção deficiente. Há **lógica** nos §§ 4º e 5º do art. 171 do Código Penal, mesmo após

---

[7] STF, HC 89969, Relator Min. Marco Aurélio, Primeira Turma, julgado em 26/06/2007, DJ 05/10/2007, *RT* v. 97, n. 867, 2008, p. 540-551, *RJSP* v. 55, n. 362, 2007, p. 167-183 – "... A completude e o caráter especial da norma do artigo 115 do Código Penal excluem a observação do Estatuto do Idoso – Lei nº 10.741/03 –, no que revela, como faixa etária a ser considerada, a representada por sessenta anos de vida..." (grifo nosso); STJ, AgRg no RHC 116.082/RJ, Rel. Ministro Leopoldo de Arruda Raposo (Desembargador Convocado do TJ/PE), Quinta Turma, julgado em 10/10/2019, DJe 16/10/2019 – "...Este Sodalício já se manifestou no sentido da **inaplicabilidade** da idade prevista no Estatuto do Idoso com a finalidade de alterar o prazo exigido para o reconhecimento da prescrição previsto no art. 115 do Código Penal..." (grifo nosso).

a inserção do vulnerável, visto que o sexagenário, por razões etárias, já ostenta certa fragilidade, que tende a se potencializar a depender da origem socioeconômica e do estilo de vida. Majorou-se, de 1/3 ao dobro, a escala penal do estelionato perpetrado contra idoso, em razão da vulnerabilidade acentuada. Mas, quando maior de 70 (setenta) anos, a debilidade torna-se ainda mais intensa, daí a dispensa da representação.

O idoso a partir dos 60 (sessenta) anos ainda se apresenta bastante vivaz e lúcido, não causando espécie que a persecução penal dependa da sua representação. Uma década depois, todavia, a vivacidade não é mais a mesma, sendo razoável a opção legislativa pela ação penal pública incondicionada. Dessarte, qualquer interpretação que busque rever esses critérios legais não se pautará em baliza constitucional alguma, revelando mera discordância. E, como tal, esbarra no art. 2º da Constituição.

Saliente-se, por outro lado, que o caminho inverso merece igual repúdio: descarta-se qualquer tentativa hermenêutica de tornar pública incondicionada a ação penal concernente ao estelionato contra vítimas idosas, a partir de 60 (sessenta) anos. Além de interpretar extensivamente norma de exceção, seria *in malam partem*, migrando-se da ação penal pública condicionada para incondicionada, em desacordo com os postulados do devido processo legal e da legalidade penal estrita.

A referência aos incapazes, sob pena de tornar ineficaz o inciso IV, parte final, do § 5º do art. 171 do CP, compreende tanto os absolutos quanto os relativos, afinal, ante as modificações promovidas pela Lei nº 13.146/2015 (Estatuto da Pessoa com Deficiência) no Código Civil, a incapacidade absoluta restringe-se aos menores de 16 (dezesseis) anos, já abarcados no inciso II, alusivos às crianças e aos adolescentes. Nessa esteira, alcança, nos termos do art. 4º do Código Civil, os ébrios habituais e os viciados em tóxico (inciso II), aqueles que, por causa transitória ou permanente, não puderem exprimir sua vontade (inciso III) e os pródigos (inciso IV). Apesar de sujeitos à interdição civil, nos moldes do art. 9º, III c/c art. 1.767, I, III e V, ambos do Código Civil, **formalizá-la não é imprescindível à fixação da natureza pública incondicionada da ação penal**.

O Estatuto da Pessoa com Deficiência estabeleceu a presunção de capacidade como regra a fim de evitar que a deficiência se tornasse um fator de segregação social, conforme estampa o art. 1º, *caput – é instituída a Lei Brasileira de Inclusão da Pessoa com Deficiência (Estatuto da Pessoa com Deficiência), destinada a assegurar e a promover, em condições de igualdade, o exercício dos direitos e das liberdades fundamentais por pessoa com deficiência, visando à sua inclusão social e cidadania* (grifo nosso) – e reafirma o art. 4º, cabeça: *toda pessoa com deficiência tem* **direito à igualdade de oportunidades com as demais pessoas e não sofrerá nenhuma espécie de discriminação** (grifo nosso). Em hipótese alguma a presunção de capacidade militará em desfavor do deficiente, ainda mais para fragilizá-la penalmente. Não por acaso preconiza o art. 5º, *caput*, que *a pessoa com deficiência será* **protegida de toda forma de negligência, discriminação, exploração, violência, tortura, crueldade, opressão e tratamento desumano ou degradante** (grifo nosso). Como as incapacidades relativas relacionadas no Código Civil foram inseridas pelo Estatuto da Pessoa com Deficiência, essa *mens* condiciona, indelevelmente, a interpretação a ser dada ao § 5º do art. 171 do CP: desde que o lesado se enquadre em alguma dessas incapacidades relativas, independentemente de haver sido formalizada ou não a interdição, a ação penal pública será incondicionada.

Imagine, *v.g.*, que o agente, valendo-se dos dados qualificativos da vítima, e se aproveitando do estado comatoso desta, comece a praticar uma série de estelionatos em seu desfavor. É certo que o lesado se encontra, ao menos transitoriamente, impedido de expressar a sua vontade, inserindo-se na incapacidade relativa revelada no inciso III do art. 4º do Código Civil, logo, a ação penal pública será incondicionada, independentemente de qualquer interdição civil. Longe de romper com os parâmetros legais, tal conclusão é extraída a partir do inciso IV do § 5º do art. 171 do Código Penal, em nada vulnerando os princípios da legalidade penal estrita e do devido processo legal. A ebriez habitual e a dependência toxicológica, embora sejam causas de incapacidade relativa, sequer ensejam, inescapavelmente, a interdição civil. Tratamentos e redes de apoio tornam tais patologias controláveis. Mas é óbvio que recaídas podem existir, delas tirando proveito o agente para perpetrar estelionatos. Nesses cenários, igualmente descabe discutir o nível de vulnerabilidade da vítima. A ação penal pública será, inarredavelmente, incondicionada, bastando constatar, *v.g.*, ser o lesado frequentador dos Alcoólicos e/ou Narcóticos Anônimos ou apresentar guias anteriores de internação médica. Escreve-se o mesmo quanto à prodigalidade, circunstância que, aliás, potencializa a vulnerabilidade do ofendido, ante a natureza patrimonial do delito de estelionato.

Além de o § 5º do art. 171 do Código Penal não exigir a interdição, sendo descabido diferençar onde a lei não o fez, normas penais e processuais penais não se submetem ao rigor do regramento civil e processual civil. Lembre-se, *v.g.*, que a menção ao representante do ofendido, conferindo-lhe a titularidade do direito de representação (art. 24, cabeça, do CPP) ou a legitimidade para a queixa-crime (art. 30 do CPP), **compreende não só o legal, mas o de fato**, sendo despicienda a formalização da tutela ou da curatela na esfera cível. A interpretação do § 5º do art. 171 do Código Penal segue a mesma lógica.

A incapacidade afere-se na data do fato, quando se fixa a natureza da ação penal. Se, quando do acontecido, a vítima não podia exprimir o seu desiderato, porque provisoriamente impedido, mas por tempo indeterminado (*v.g.* coma), o restabelecimento pleno da higidez física ou mental é indiferente: a natureza da ação penal permanece pública incondicionada. Por outro lado, em se provando a **inexistência da dita incapacidade**, conclui-se ser a ação penal pública condicionada, logo, há de certificar se a representação foi veiculada no prazo decadencial de 6 (seis) meses, contados da ciência da autoria pela vítima (art. 38, *caput*, do CPP). Em vista disso, convém que um dos primeiros passos da investigação seja a pronta oitiva do ofendido, indagando-lhe se deseja ver o pretenso infrator processado e julgado criminalmente – caso a notícia-crime parta dele próprio, tal providência não se mostra mais tão urgente, pois já vale como representação, vez que possui forma livre, nos moldes do art. 39 do CPP (qualquer manifestação unívoca de vontade do lesado equivale à representação)[8].

---

8   STF, RHC 123086, Relator Min. Gilmar Mendes, Segunda Turma, julgado em 09/09/2014, *DJe*-192 divulg 01/10/2014 public 02/10/2014 – "**...Representação feita mediante o comparecimento da vítima à delegacia para registrar a ocorrência**. 4. Jurisprudência desta Corte no sentido de que a representação nos crimes de ação penal pública condicionada prescinde de qualquer formalidade..." (grifo nosso); HC 86058, Relator Min. Sepúlveda pertence, Primeira Turma, julgado em 25/10/2005, DJ 09/02/2007 – "...1. A satisfazer a exigência da representação é suficiente a demonstração inequívoca do interesse na persecução criminal: precedentes. 2.Tratando-se de notícia crime coercitiva, qual a prisão em flagrante, **basta a ausência de oposição expressa ou implícita da vítima ou de seus representantes**..."; RHC 67427, Relator Min. Octavio Gallotti, Primeira Turma, julgado em 07/04/1989, DJ 28/04/1989; STJ, HC 161.663/SP, Rel. Ministro Gurgel de Faria, Quinta Turma, julgado em 17/11/2015, *DJe* 02/12/2015 – "...4. É firme o entendimento desta Corte de que **a representação da vítima ou de seus representantes legais**

Para além do *status* e formalidades jurídicas, cumpre identificar a vulnerabilidade da vítima **factualmente**. A menção à vítima com deficiência mental, como outra hipótese na qual a ação penal será pública incondicionada (art. 171, § 5º, III do CP), bem ilustra essa percepção.

Quid juris, se a vítima do estelionato não podia expressar o desiderato quando da sua ocorrência, mas por causa transitória, a ação penal pública persiste incondicionada ou retoma-se a regra geral, exigindo-se a representação?

Em se tratando de causa provisória, mas por tempo absolutamente indeterminado, como o coma, a ação penal é pública incondicionada à representação, afinal, objetivamente falando, está-se diante de hipótese de incapacidade, que, por força do inciso IV, parte final, do § 5º do art. 171 do CP, torna o estelionato de ação penal pública incondicionada. Descabe condicionar o exercício da ação penal pública a um evento futuro inteiramente incerto – a saída do estado comatoso, por exemplo –, sob pena de colocar em xeque a segurança jurídica.

Contudo, no caso de **incapacidade exclusivamente passageira**, a **ação penal pública é condicionada à representação**, porquanto o ofendido não é vulnerável. Apenas estava, sequer se enquadrando no rol de incapacidades relativas do Código Civil. Se o agente, tomando partido da embriaguez, pontual, da vítima, colhe seus dados e, por meio destes, perpetra vários estelionatos, a ação penal persiste pública condicionada à representação, afinal, objetivamente analisado, o ofendido é **capaz**. Passada a ebriez, recobrará, na íntegra, as faculdades físicas e mentais, não havendo por que retirar dele o direito de representação.

Antes da Lei nº 13.718/2018, que tornou os crimes contra a dignidade sexual de ação penal pública incondicionada, o então art. 225 do Código Penal, com a redação dada pela Lei nº 12.015/2009, estabelecia, como regra, a exigência de representação da vítima, dispensando-a caso fosse menor de 18 (dezoito) anos ou vulnerável. Discutiu-se, então, se a vulnerabilidade reconhecidamente passageira do ofendido, como, *v.g.* a embriaguez, indiscutivelmente apta à tipificação do crime de estupro de vulnerável, por força do § 1º do art. 217-A do CP, teria ou não o condão de tornar o injusto de ação penal pública incondicionada. O Superior Tribunal de Justiça não chegou a um consenso a respeito: enquanto a 5ª Turma respondeu afirmativamente, sob o argumento de não ser possível distinguir onde a lei não o fez – e a vulnerabilidade do lesado seria causa a tornar o delito de ação penal pública incondicionada -[9], a 6ª Turma acenou negativamente, obtemperando que

---

para deflagração de ação penal prescinde de rigor formal, bastando a demonstração inequívoca do interesse em iniciar a persecução penal. Precedente. 5. In casu, **houve a comunicação do ilícito à autoridade policial no dia seguinte aos fatos delituosos, oportunidade em que foram colhidas as declarações das ofendidas e de suas genitoras, inclusive com o reconhecimento fotográfico do agente***, o que demonstra a intenção de representar pelo início da ação penal...*" (grifo nosso); REsp 700.516/BA, Rel. Ministro Gilson Dipp, Quinta Turma, julgado em 15/03/2005, DJ 04/04/2005, p. 348 – "... *Não há forma rígida para a representação, bastando a manifestação de vontade da ofendida para que fosse apurada a responsabilidade do autor...* **Hipótese em que a ofendida dirigiu-se à delegacia de polícia, de forma livre e espontânea, prestando depoimento à autoridade policial, tendo sido inclusive submetida a exame pericial, demonstrando o seu interesse na apuração da responsabilidade criminal**..." (grifo nosso); RHC 16.633/TO, Rel. Ministro Hélio Quaglia Barbosa, Sexta Turma, julgado em 14/06/2005, DJ 01/07/2005, p. 626 – "...*É entendimento firme desta Corte Superior de Justiça,* **a desnecessidade de rigor formal na representação, bastando a espontânea e livre manifestação de vontade da vítima**..." (grifo nosso).

[9] RHC 72.963/MT, Rel. Ministro Felix Fischer, Quinta Turma, julgado em 13/12/2016, *DJe* 15/12/2016.

a vulnerabilidade exigida à dispensa da representação seria a definitiva ou a transitória por tempo indeterminado, pois, a rigor, o lesado *estava* vulnerável quando da ação, mas não *é* vulnerável, logo, não faria sentido subtrair dele o direito de representação, mesmo porque exceções desafiam interpretação restritiva[10].

Tamanha controvérsia, aqui, não se irradia, porque a premissa ao caráter público incondicionado da ação penal por estelionato é a **incapacidade** da vítima. E a inaptidão estritamente transitória e pontual de expressão da vontade não é causa de incapacidade, logo, ausente está o inciso IV, parte final, do § 5º do art. 171 do CP. Impõe-se observar a regra geral: a ação penal pública persiste condicionada à representação.

Finalmente, em se tratando de vítima indígena, diz o parágrafo único do art. 4º do Código Civil, com a redação dada pelo Estatuto da Pessoa com Deficiência, que a capacidade será regulada por legislação especial. Presente o Estatuto do Índio – Lei nº 6.001, de 19 de dezembro de 1973 –, submetem-se à assistência ou à tutela, nos termos do art. 7º, cabeça, *os índios e as comunidades indígenas* **ainda não integrados** *à comunhão nacional* (grifo nosso), entendendo-se como não integrados os **isolados** – *quando vivem em grupos desconhecidos ou de que se possuem poucos e vagos informes através de contatos eventuais com elementos da comunhão nacional* (art. 4º, I) – ou **em vias de integração** – *quando, em contato intermitente ou permanente com grupos estranhos, conservam menor ou maior parte das condições de sua vida nativa, mas aceitam algumas práticas e modos de existência comuns aos demais setores da comunhão nacional, da qual vão necessitando cada vez mais para o próprio sustento* (art. 4º, II). Em relação a estes, o estelionato é de ação penal pública incondicionada, mesmo porque a sujeição a um regime tutelar sinaliza a incapacidade ao menos relativa.

11.2. EFICÁCIA INTERTEMPORAL

Parte da doutrina advoga a natureza processual da representação, logo, inovações têm incidência imediata, nos termos do art. 2º do CPP, mas **irretroativa**. Por conseguinte, no tocante às investigações policiais em andamento, apesar de versarem sobre estelionatos cometidos anteriormente à vigência da Lei nº 13.964/19, a representação torna-se exigível para fins de oferecimento da denúncia. Igualmente se mostra imprescindível à instauração de futuros inquéritos, considerado o art. 5º, § 4º do CPP, mesmo se relativos a estelionatos pretéritos à dita *novatio legis*. Sem embargo, no tocante às ações penais em andamento, deflagradas sem a representação do ofendido, prosseguiriam normalmente, porquanto, quando formalizadas, o injusto era de ação penal pública incondicionada, logo, as condições então exigidas ao regular exercício do direito de ação haviam sido preenchidas, aplicando-se o adágio *tempus regit actum*. Seguindo a mesma ordem de ideias, também fluiriam os inquéritos formalizados sem representação, porque, até o advento da Lei nº 13.964/19, o estelionato era de ação penal pública incondicionada, não incidindo o art. 5º, § 4º do CPP. Nesse sentido, Paulo Rangel, ao escrever sobre a eficácia intertemporal do art. 88 da Lei nº 9099/95, que, à semelhança do novel § 5º do art. 171 do CP, transformou crimes que eram, até então, de ação penal pública incondicionada em condicionada à

---

[10] HC 276.510/RJ, Rel. Ministro Sebastião Reis Júnior, Sexta Turma, julgado em 11/11/2014, DJe 01/12/2014.

representação (lesões corporais leves e culposas)[11]. Idêntico sentir é compartilhado por Rogério Sanches Cunha, acrescentando que, diferentemente do art. 91 da Lei nº 9099/95, a Lei 13.964/19 não exigiu a manifestação de vontade da vítima, transmudando a representação de condição especial de procedibilidade em prosseguibilidade[12].

Tais colocações vão na contramão da jurisprudência remansosa, e acertada, do STF e do STJ.

Normas sobre a natureza da ação penal são de cunho **processual material**, porque, ao dificultarem ou facilitarem o exercício da pretensão punitiva estatal, impactam, frontalmente, no estado de inocência e na liberdade do imputado. Transcendem o universo adjetivo, fazendo-se sentir substancialmente, logo, **submetem-se não ao art. 2º do CPP, mas ao art. 5º, XL, da CRFB/88**. À medida em que o legislador passa a exigir a representação do ofendido, cria um óbice a mais ao oferecimento da denúncia, e, simultaneamente, **embute causa extintiva da punibilidade até então indisponível – a decadência do direito de representação (art. 107, IV, do CP)**, robustecendo a proteção ao indiciado. Univocamente se está diante de *novatio legis in mellius*, enquanto tal **retroativa**, da mesma maneira que, se não mais exigisse a representação, tornando o delito de ação penal pública incondicionada, consubstanciaria *lex gravior*, logo **irretroativa**.

E, em se trabalhando com o art. 5º, XL, da CRFB/88, opor à retroação o ato jurídico perfeito é **inconstitucional**, afinal, após anunciar o respeito a este, ao direito adquirido e à coisa julgada no próprio art. 5º, inciso XXXVI, o Poder Constituinte traz, como exceção, a lei penal, quando benéfica ao réu, no dito inciso XL, incluindo a processual material, como são as regras alusivas à natureza da ação penal.

Os exemplos colhidos da jurisprudência do STJ e do STF são inúmeros.

A Lei nº 13.718/18, ao modificar o art. 225 do Código Penal, tornando os crimes contra a dignidade sexual de ação penal pública incondicionada, dispensando a representação, potencializou a atuação repressiva estatal, em detrimento do estado de inocência e da liberdade do imputado, logo, não retroage, configurando *novatio legis in pejus*. Se fosse inovação estritamente processual, alcançaria, *v.g.*, as investigações em curso, não mais exigindo a representação do ofendido, embora versassem sobre injustos anteriores à vigência do referido diploma legal. Tal tese, todavia, foi rechaçada, corretamente, pelo STJ, que assentou a irretroatividade da nova regra, tanto que, em relação aos delitos precedentes à dita *novatio*, persiste analisando a regularidade da representação ofertada, em pronunciamentos, inclusive, monocráticos[13].

Por outro lado, quando do advento da Lei nº 12.015/09, tornando a ação penal nos delitos contra a dignidade sexual, em regra, de ação penal pública condicionada à representação, haja vista o então art. 225 do Código Penal, dispensada a representação somente se a vítima fosse menor de 18 (dezoito) anos ou vulnerável, compreendeu o STJ, inicialmente, pela insubsistência da Súmula nº 608 do STF, porque o determinante à natureza pública incondicionada da ação penal não mais seria a dinâmica delitiva, relacionada à existência de "violência real", mas a qualidade do ofendido. Por conseguinte,

---

[11] *Direito Processual Penal*, ob. cit., p. 315-318.
[12] *Pacote anticrime*: Lei 13.964/2019 – Comentários às alterações do CP, CPP e LEP. Salvador: Juspodivm, 2020, p. 65.
[13] RHC nº 110.495, Relator Ministro Nefi Cordeiro, Sexta Turma, julgado em 12/06/2019, *DJe* 14/06/2019.

em sendo o lesado maior de 18 (dezoito) anos e não vulnerável, a ação penal pública não mais seria incondicionada, exigindo-se representação[14]. Partindo dessa premissa, o STJ orientou-se pela **retroatividade** da dita regra, reconhecendo que consubstanciaria *novatio legis in mellius*.[15] Embora a orientação pela insubsistência da Súmula nº 608

---

[14] A vulnerabilidade basta à caracterização do injusto versado no art. 217-A, § 1º, do Código Penal, mesmo se passageira – v.g. a ditada pela embriaguez. Como o então parágrafo único do art. 225 do mesmo diploma legal, ao preconizar a natureza pública incondicionada da ação, quando vulnerável fosse a vítima, não distinguia entre a momentânea e a definitiva (ou por tempo indeterminado – v.g. ofendido em estado comatoso), a 5ª Turma do STJ acumulou precedentes entendendo que, em ambos os casos, a ação penal pública seria incondicionada – RHC 72.963/MT, Rel. Ministro Felix Fischer, Quinta Turma, julgado em 13/12/2016, DJe 15/12/2016, extraindo-se da ementa o trecho subsequente: "... *II – Em casos de vulnerabilidade da ofendida, a ação penal é pública incondicionada, nos moldes do parágrafo único do art. 225 do Código Penal.* **Constata-se que o referido artigo não fez qualquer distinção entre a vulnerabilidade temporária ou permanente,** *haja vista que a condição de vulnerável é aferível no momento do cometimento do crime, ocasião em que há a prática dos atos executórios com vistas à consumação do delito...*" (grifo nosso). Sem embargo, a 6ª Turma, acertadamente, dissentiu, restringindo a norma ao último cenário – vulnerabilidade permanente ou por prazo indefinido –, afinal, a vítima **não** *seria* **vulnerável**. Apenas **estaria** – HC 276.510/RJ, Rel. Ministro Sebastião Reis Júnior, Sexta Turma, julgado em 11/11/2014, DJe 01/12/2014, colhendo-se da ementa a seguinte passagem, autoexplicativa: "*... 7. A interpretação que deve ser dada ao referido dispositivo legal é a de que, em relação à vítima possuidora de incapacidade permanente de oferecer resistência à prática dos atos libidinosos, a ação penal seria sempre incondicionada. Mas,* **em se tratando de pessoa incapaz de oferecer resistência apenas na ocasião da ocorrência dos atos libidinosos, a ação penal permanece condicionada à representação da vítima,** *da qual não pode ser retirada a escolha de evitar o strepitus judicii...*" (grifo nosso). Com efeito, em sendo o dito parágrafo único **exceção** à regra geral, maléfica ao imputado, pois tornaria o injusto, de ação penal pública **condicionada** em **incondicionada**, cumpre interpretá-lo **restritivamente**, em consonância com os postulados constitucionais do devido processo legal e da legalidade penal estrita. Recuperadas a higidez mental e a autodeterminação, uma vez cessada a ebriez, por exemplo, o(a) ofendido(a) mostra-se perfeitamente apto(a) para exercer, com ciência e consciência, o direito de representação, optando por expor, ou não, a sua intimidade.

[15] REsp 1227746/RS, Rel. Ministro Gilson Dipp, Quinta Turma, julgado em 02/08/2011, DJe 17/08/2011 – "*...Com o advento da Lei 12.015/2009, que alterou a redação do art. 225 do Código Penal, os delitos de estupro e de atentado violento ao pudor, mesmo com violência real (hipótese da Súmula 608/STF) ou com resultado lesão corporal grave ou morte (antes definidos no art. 223 do Código Penal e hoje definidos no art. 213, §§ 1º e 2º),* **passaram a se proceder mediante ação penal pública condicionada à representação, nos termos da nova redação do art. 225 do Código Penal,** *com exceção apenas para os casos de vítima menor de 18 (dezoito) anos ou pessoa vulnerável (parágrafo único do art. 225 do Código Penal)... III.* **Se a lei nova se apresenta mais favorável ao réu nos casos de estupro qualificado,** *o mesmo deve ocorrer com as hipóteses de violência real, isto é, para as ações penais públicas incondicionadas nos termos da Súmula 608/STF, segundo a qual, "no crime de estupro, praticado mediante violência real, a ação penal é pública incondicionada".* **Tais ações penais deveriam ser suspensas para que as vítimas manifestassem desejo de representar contra o réu...**" (grifo nosso); RHC 39.538/RJ, Rel. Ministro Rogerio Schietti Cruz, Rel. p/ Acórdão Ministra Maria Thereza de Assis Moura, Sexta Turma, julgado em 08/04/2014, DJe 25/04/2014 – "*...1. Com a superveniência da Lei nº 12.015/2009, que deu nova redação ao artigo 225 do Código Penal,* **a ação penal nos delitos de estupro e de atentado violento ao pudor, ainda que praticados com violência real, passou a ser de natureza pública condicionada à representação,** *exceto nas hipóteses em que a vítima for menor de 18 (dezoito) anos ou pessoa vulnerável, em que a ação será pública incondicionada. 3.* **Em atenção ao princípio da retroatividade da lei posterior mais benéfica, ex vi do disposto no art. 5º, inciso XL, da Constituição Federal, de rigor sua aplicação a casos como o presente.** *Com a anulação da ação penal, tem-se por reconhecida a decadência do direito de representação, e a extinção da*

do STF esteja **superada**, porquanto o próprio a **ratificou**[16], acarretando pronta adesão do STJ[17], descartando o entendimento anterior, ressai **inconteste a retroatividade da norma que altera a natureza da ação penal pública, de incondicionada para condicionada à representação.**[18]

Quando do advento da Lei nº 9099/95, entre os *n* comandos despenalizadores trazidos pelo diploma legal, incluiu-se a exigência de representação para os delitos de lesão corporal leve e culposa (art. 88). Contudo, **diferentemente do verificado no novel § 5º do art. 171 do CP**, o art. 90 buscou restringir a retroatividade das inovações legislativas, preconizando a inaplicabilidade aos *"processos penais cuja instrução já estivesse iniciada"*. O Pleno do STF não hesitou, todavia, em reconhecer a **inconstitucionalidade** da citada regrada, determinando que tais inovações alcançassem os processos em andamento, determinando, com espeque no art. 91, a suspensão das ações penais em curso e a notificação da vítima para, em 30 (trinta) dias, contados da notificação, representasse, sob pena de decadência. Assim decidiu o Pleno, *v.g.*, em questão de ordem suscitada no Inquérito nº 1055, da relatoria do Min. Celso de Mello, julgado em 24/4/1996, publicado o acórdão no DJ de 24 de maio imediato. Porquanto autoexplicativa, convém transcrever o seguinte trecho da ementa: *"...A exigência legal de representação do ofendido nas hipóteses de crimes de lesões corporais leves e de lesões culposas* **reveste-se de caráter penalmente benéfico e torna consequentemente extensíveis aos procedimentos penais originários instaurados perante o Supremo Tribunal Federal** *os preceitos inscritos nos arts. 88 e 91 da Lei n. 9.099/95.* ***O âmbito de incidência das normas legais em referência – que consagram inequívoco programa estatal de despenalização, compatível com os fundamentos ético-***

---

punibilidade..." (grifo nosso). A divergência no julgado foi, exclusivamente, quanto à insubsistência da Súmula nº 608 do STF, havendo o relator votado pela sua manutenção.

[16] HC 125360, Relator Min. Marco Aurélio, Relator(a) p/ Acórdão: Min. Alexandre de Moraes, Primeira Turma, julgado em 27/02/2018, *DJe*-065 divulg 05/04/2018 public 06/04/2018 – *"...A ação penal nos crimes contra a liberdade sexual praticados mediante violência real,* **antes ou depois do advento da Lei 12.015/2009,** *tem natureza pública* **incondicionada**..." (grifo nosso); RHC 117978, Relator Min. Dias Toffoli, Segunda Turma, julgado em 05/06/2018, *DJe*-153 divulg 31/07/2018 public 01/08/2018 – *"...Nos termos da Súmula 608 do Supremo Tribunal Federal, no crime de estupro, praticado mediante violência real, a ação é pública* **incondicionada**..." (grifo nosso).

[17] HC 439.240/SP, Rel. Ministro joel ilan paciornik, quinta turma, julgado em 12/03/2019, *DJe* 25/03/2019 – *"...A jurisprudência desta Corte é pacífica no sentido de que nos crimes praticados mediante violência real, a ação penal é pública* **incondicionada***. Inteligência da Súmula n. 608/STF..."* (grifo nosso).

[18] Registre-se que, em vista da Lei nº 13.718, de 24 de setembro de 2018, os crimes contra a liberdade sexual tornaram-se, irrestritamente, de ação penal pública incondicionada, afastando-se a regra geral, então em vigor, segundo a qual seriam de ação penal pública condicionada. A 6ª Turma do STJ, reconhecendo, com razão, o caráter processual **material** da inovação, in pejus, assentou a sua **irretroatividade**, reconhecendo como de ação penal pública **ainda** condicionada à representação o estupro de vulnerável, quando transitória a vulnerabilidade da vítima – REsp 1814770/SP, Rel. Ministro Antonio Saldanha Palheiro, Sexta Turma, julgado em 05/05/2020, *DJe* 01/07/2020, merecendo transcrever o seguinte trecho da ementa: *"... 3. A vulnerabilidade, como condição excepcional que é, geradora de situação desfavorável aos réus, tem de ser interpretada de forma restrita, em observância aos princípios da intervenção mínima do direito penal, da ofensividade, do contraditório e da presunção de inocência. 4.* **Nos casos de vulnerabilidade temporária, em que a vítima recupera suas capacidades físicas e mentais e o pleno discernimento para decidir acerca da persecução penal de seu ofensor, a ação penal dos crimes sexuais cometidos sob a égide da redação conferida ao art. 225 do Código Penal pela Lei n. 12.015/2009 deve ser mantida como pública condicionada à representação...**" (grifo nosso).

-jurídicos que informam os postulados do Direito penal mínimo, subjacentes a Lei n. 9.099/95 – ultrapassa os limites formais e orgânicos dos Juizados Especiais Criminais, projetando-se sobre procedimentos penais instaurados perante outros órgãos judiciários ou tribunais, eis que a ausência de representação do ofendido qualifica-se como causa extintiva da punibilidade, com consequente reflexo sobre a pretensão punitiva do Estado..." (grifo nosso). Posteriormente, o Pleno do STF suspendeu, cautelarmente, a eficácia do citado art. 90 da Lei nº 9.099/95[19], declarando-o, ao fim e ao cabo, inconstitucional ante o art. 5º, XL da CRFB/88[20]. O Superior Tribunal de Justiça seguiu idêntica intelecção[21].

A *novatio* envolvendo a natureza da ação penal no crime de estelionato, de pública incondicionada para condicionada à representação, em nada se distancia dos exemplos anteriores e reiterados sobre os quais se debruçaram o STF e o STJ, logo, basta que lhe seja dispensado tratamento idêntico, **assentando-se a retroatividade, de modo a alcançar as ações penais em curso**. Diante de um sistema pautado no respeito aos precedentes judiciais – e o novel art. 315, § 2º do CPP explicita isso, notadamente no inciso VI –, inexiste outra solução possível, máxime quando em xeque está a eficácia da própria Constituição – *in casu*, do art. 5º, XL.

Infelizmente, a coerência e a integridade judiciais não têm sido observadas pelo STJ, e tampouco pela 1ª Turma do STF.

A 6ª Turma chegou a emitir precedente pela retroatividade da exigência de representação, considerados os processos em andamento, sem trânsito em julgado, determinando a notificação da vítima para representar no prazo de 30 dias, contados da cientificação, sob pena de decadência, aplicando-se, por analogia, o art. 91 da Lei nº 9.099/95 – HC 583.837/SC, Rel. Ministro Sebastião Reis Júnior, julgado em 04/08/2020, *DJe* 12/08/2020.

A 5ª Turma, contudo, compreendeu como marco preclusivo à retroação do §5º do art. 171 do CP o oferecimento da denúncia[22], afinal, ofertada validamente, presentes as condições à época em vigor para o seu regular exercício. Essa orientação foi abraçada pela 3ª Seção[23], com a adesão da 6ª Turma[24].

Idêntica caminhada foi dada pela 1ª Turma do STF[25].

---

[19] ADI 1719 MC, Relator Min. Moreira Alves, Tribunal Pleno, julgado em 03/12/1997, DJ 27/02/1998.
[20] ADI 1719, Relator Min. Joaquim Barbosa, Tribunal Pleno, julgado em 18/06/2007, *DJe* 03/08/2007.
[21] REsp 84.670/SP, Rel. Ministro Vicente Leal, Sexta Turma, julgado em 01/04/1997, DJ 05/05/1997, p. 17136 – "...*Os arts. 88 e 91, do citado Diploma Legal, são normas de direito processual penal e de direito penal, de natureza benigna, porque susceptíveis de causar a extinção da punibilidade pela renúncia ou pela decadência, **aplicando-se, portanto, aos fatos ocorridos antes de sua vigência. Autos baixados em diligência para ensejar-se à vítima oferecimento de representação*...*" (grifo nosso).
[22] AgRg no RHC 146.966/MS, Rel. Ministro Jesuíno Rissato (Desembargador Convocado do TJDFT), Quinta Turma, julgado em 21/09/2021, *DJe* 29/09/2021.
[23] AgRg nos EAREsp 1378944/RJ, Rel. Ministro Rogerio Schietti Cruz, Terceira Seção, julgado em 13/10/2021, *DJe* 19/10/2021.
[24] AgRg no REsp 1943377/SC, Rel. Ministro Rogerio Schietti Cruz, Sexta Turma, julgado em 14/09/2021, *DJe* 21/09/2021.
[25] HC 203398 AgR, Rel. Min. Alexandre de Moraes, Primeira Turma, julgado em 17/08/2021, *DJe* 20/08/2021 – "...*registre-se que, em face da natureza mista (penal/processual) da norma prevista no § 5º do artigo 171 do Código Penal, sua aplicação retroativa será obrigatória em todas as hipóteses onde ainda não tiver sido oferecida a denúncia pelo Ministério Público, independentemente do momento da prática da infração penal, nos termos do artigo 2º, do Código de Processo Penal, por tratar-se de verdadeira 'condição de procedibilidade da ação penal'. 3. Inaplicável a retroatividade do §5º do artigo 171 do Código Penal, **às hipóteses onde o Ministério Público tiver oferecido a denúncia antes da entrada em vigor da Lei***

Registre-se que, como a representação concerne à deflagração da ação penal em si, a exigência de representação no estelionato esbarra nos processos com denúncia **ofertada**, em vez de recebida, diferentemente do ANPP, que, por ser um acordo pré-processual, teria lugar antes do **recebimento** da peça acusatória.

Impressiona, nessa jurisprudência do STJ e da 1ª Turma do STF, o descompasso entre a premissa e a conclusão, pois tais Tribunais, em momento algum, questionam o caráter híbrido das normas sobre representação, como a do § 5º do art. 171 do CP.

Ora, se o novel preceito é processual material, sujeita-se, por mandamento constitucional (art. 5º, XL, da CRFB/88) e legal (art. 2º, p.ú., do CP), à retroação, que, por óbvio, não pode ter em um reles ato jurídico perfeito óbice intransponível, sob pena de se reescrever, *in malam partem*, a Carta de 1988 e o Código Penal.

Desnecessária é a existência de uma regra que preveja a representação atuando, aqui, como condição especial de prosseguibilidade. Essa percepção, jamais contestada na seara processual penal até então, decorre, simplesmente, da retroação da exigência de representação, ditada pela Constituição e pela Lei, a ser observada, ao invés de questionada, pelo Poder Judiciário.

Felizmente, na linha do nosso posicionamento, esposado na 1ª edição da obra, coloca-se, à unanimidade, a 2ª Turma do STF – HC 180421 AgR, Rel. Min. Edson Fachin, Segunda Turma, julgado em 22/06/2021, DJe-240, divulg. 03/12/2021, public. 06/12/2021: *"...3. O § 5º do art. 171 do Código Penal, acrescido pela Lei nº 13.964/19, ao alterar a natureza da ação penal do crime de estelionato de pública incondicionada para pública condicionada à representação como regra, é norma de conteúdo processual-penal ou híbrido, porque, ao mesmo tempo em que cria condição de procedibilidade para ação penal, modifica o exercício do direito de punir do Estado ao introduzir hipótese de extinção de punibilidade, a saber, a decadência (art. 107, inciso IV, do CP). 4. Essa inovação legislativa, ao obstar a aplicação da sanção penal, é norma penal de caráter mais favorável ao réu e, nos termos do art. 5º, inciso XL, da Constituição Federal, deve ser aplicada de forma retroativa a atingir tanto investigações criminais quanto ações penais em curso até o trânsito em julgado. Precedentes do STF. 5. A incidência do art. 5º, inciso XL, da Constituição Federal, como norma constitucional de eficácia plena e aplicabilidade imediata, não está condicionada à atuação do legislador ordinário. 6. A jurisprudência deste Supremo Tribunal Federal é firme no sentido de que a representação da vítima, em crimes de ação penal pública condicionada, dispensa maiores formalidades. Contudo, quando não houver inequívoca manifestação de vontade da vítima no sentido do interesse na persecução criminal, cumpre intimar a pessoa ofendida para oferecer representação, nos moldes do previsto no art. 91 da Lei nº 9.099/95...".*

Presente a retroação do § 5º do art. 171 do Código Penal, englobando as ações penais em andamento, haveria algum marco preclusivo?

À luz do próprio art. 5º, XL, da CRFB/88, somado à legalidade penal estrita e ao devido processo legal, sequer a coisa julgada seria oponível à retroatividade do § 5º do

---

nº 13.964/19; uma vez que, naquele momento a norma processual em vigor definia a ação para o delito de estelionato como pública incondicionada, não exigindo qualquer condição de procedibilidade para a instauração da persecução penal em juízo. 4. A nova legislação não prevê a manifestação da vítima como condição de prosseguibilidade quando já oferecida a denúncia pelo Ministério Público..." (grifo nosso).

art. 171. O art. 2º, parágrafo único do Código Penal é assertivo nesse sentido, referendado pelo art. 66, I, da LEP. O Superior Tribunal de Justiça chegou a adotar esse entendimento, em precedentes da 5ª Turma do STJ[26], alusivo à transação penal, mas aplicável à espécie, por envolver, de todo modo, inovação processual material, bem como da 6ª, da relatoria do então Min. Luiz Vicente Cernicchiaro[27].

Contudo, recuou, fixando como marco preclusivo o trânsito em julgado, haja vista a jurisprudência construída em torno da transação penal, extensível às novas exigências de representação, por serem, ambas, de cunho processual material[28]. Justamente em razão da natureza **processual** material, o advento da coisa julgada anteriormente à *novatio legis in mellius* inviabilizaria a sua aplicação retroativa, mesmo porque não mais existiria processo. Tal orientação, longe de qualquer primor técnico, bem sintetiza a denominada "jurisprudência defensiva": construções hermenêuticas com o objetivo de proteger a própria magistratura e os Tribunais de uma enxurrada de demandas. Com efeito, se possíveis ainda fossem a representação, a transação penal e a suspensão condicional do processo (normas, todas, processuais materiais), mesmo em se tratando de sentenças transitadas em julgado antes da vigência da *lex mitior*, as Cortes nada mais fariam senão julgar revisões criminais ou *habeas corpus*.

O Supremo Tribunal Federal, por meio, inclusive, do seu órgão de cúpula, foi além, fixando, exageradamente, como marco preclusivo, presente a suspensão condicional do processo, a sentença penal condenatória, independentemente do trânsito em julgado, desde que prolatada antes da *novatio legis in mellius*. A entrega da prestação jurisdicional, embora ainda recorrível, inviabilizaria a suspensão condicional do processo, porque importaria um "retroceder processual", ignorando ser o processo uma marcha evolutiva. Vários são os julgados do STF a respeito, sobretudo em relação à suspensão condicional

---

[26] HC 35.545/SP, Rel. Ministro Gilson Dipp, Quinta Turma, julgado em 16/06/2005, DJ 08/08/2005, p. 30 – "*...A transação penal, por ser instituto de direito material, deve ter sua aplicação retroativa determinada sempre que visualizada a possibilidade do réu ser beneficiado, ainda que transitada em julgada a condenação*. Precedente do STJ. Devem ser cassados o acórdão e a sentença, além da própria denúncia, para possibilitar ao paciente a realização de proposta de transação penal, surgindo, nesse novo contexto, a possibilidade de ocorrência de prescrição no caso concreto. Anuladas a denúncia e a sentença condenatória, não se prestam como marco interruptivo da prescrição. Precedentes desta Corte e do STF. Transcorridos mais de 06 anos entre a data dos fatos até a presente data, há que se reconhecer a prescrição da pretensão punitiva pela prática de delito cuja pena máxima cominada é de 02 anos, nos termos do art. 109, inciso V, do Código Penal. Ordem concedida com a declaração, de ofício, da extinção da punibilidade do paciente pela prescrição..." (grifo nosso).

[27] REsp 66.689/AL, Rel. Ministro Luiz Vicente Cernicchiaro, Sexta Turma, julgado em 15/10/1996, DJ 08/09/1997, p. 42.609 – "*...Lei n. 9.099/95 não é mero procedimento processual penal. Constitui – sistema jurídico – resultante do comando do art. 98 da Constituição da República. Reúne também normas penais mais favoráveis do que o Código Penal. Cumpre aplicá-las, por imperativo constitucional. **Mantém-se o julgado. Urge, todavia, abrir oportunidade para eventual aplicação da referida lei. Caso não obtenha o consentimento, aplicar-se-á a sentença condenatória...*" (grifo nosso).

[28] HC 59.267/RS, Rel. Ministro Felix Fischer, Quinta Turma, julgado em 03/04/2007, DJ 10/09/2007, p. 253 – "... Não obstante o entendimento de que a Lei 10.259/01, tal como a Lei 9.099/95, tem aplicação retroativa, alcançando os fatos ocorridos antes de sua vigência em virtude do princípio da retroatividade da lei mais benéfica, previsto no art. 5º, XL da atual Carta Magna, certo é que **a mesma não pode ser aplicada em processos já findos, cuja sentença condenatória tenha transitado em julgado...**" (grifo nosso); RHC 8.711/SP, Rel. Ministro Hamilton Carvalhido, Sexta Turma, julgado em 16/09/1999, DJ 01/10/2001, p. 246; REsp 195.727/PR, Rel. Ministro Vicente Leal, Sexta Turma, julgado em 24/06/1999, DJ 23/08/1999, p. 164.

do processo, cuja inteligência é, em princípio, extensível à espécie, por serem, todas, inovações processuais materiais[29].

Contudo, há campo para **distinção** em relação à representação. Como adviria como condição especial de **prosseguibilidade**, torna-se exigível independentemente de se ter sentença recorrível prolatada, afinal, **o recurso é um prolongamento da ação que, para evoluir, passaria a exigir a representação. Sob essa perspectiva, na esteira dos precedentes do STJ, o marco preclusivo seria o trânsito em julgado, afinal, não se pode dar sequência a um processo findo. Os precedentes da 6ª Turma do STJ e da 2ª Turma do STF, favoráveis à retroação, são nesse sentido.**

Presente a representação como condição especial de prosseguibilidade, em virtude do surgimento de *novatio legis in mellius*, como a instrumentalizar?

Doutrinariamente, sustenta-se que, na medida em que a representação dispensa rigor formal maior, qualquer manifestação de vontade da vítima, documentada nos autos, **unívoca** no sentido de pretender ver o suposto autor do fato processado e julgado criminalmente, já valeria como tal – *v.g.* haver sido o ofendido o noticiante do injusto. Caso inexista tal desiderato, ou não se mostre inequívoco (mesmo porque, até então, a imputação era de ação penal pública incondicionada, não bastando, por exemplo, o termo de depoimento do lesado, se dele não se indagou a disposição pelo processo e julgamento do acusado), aplica-se, por analogia, o art. 91 da Lei nº 9099/95, suspendendo o processo a fim de notificar a vítima para, no prazo de 30 (trinta) dias, contados da intimação, representar, sob pena de decadência. A analogia se justificaria porque, bem ou mal, o art. 91 disciplina a transição de uma imputação de ação penal pública incondicionada para condicionada à representação, em virtude do advento de *lex mitior*, havendo, assim, identidade de razões – *ubi eadem ratio ibi eadem ius*.[30]

O Conselho Nacional dos Procuradores-Gerais dos Ministérios Públicos dos Estados e da União (CNPG) e o Grupo Nacional de Coordenadores de Centro de Apoio Criminal (GNCCRIM) assim se posicionaram, considerado o Enunciado nº 4, relativo ao Pacote "Anticrime": "*Nas investigações e processos em curso, o ofendido ou seu representante legal será intimado para oferecer representação no prazo de 30 dias, sob pena de decadência*" (grifo nosso).

---

[29] HC 74305, Relator Min. Moreira Alves, Tribunal Pleno, julgado em 09/12/1996, DJ 05/05/2000 – "... *Os limites da aplicação retroativa da 'lex mitior', vão além da mera impossibilidade material de sua aplicação ao passado, pois ocorrem, também, ou quando a lei posterior, malgrado retroativa, não tem mais como incidir, à falta de correspondência entre a anterior situação do fato e a hipótese normativa a que subordinada a sua aplicação, ou quando a situação de fato no momento em que essa lei entra em vigor não mais condiz com a natureza jurídica do instituto mais benéfico e, portanto, com a finalidade para a qual foi instituído. – Se já foi prolatada sentença condenatória, ainda que não transitada em julgado, antes da entrada em vigor da Lei 9.099/95, não pode ser essa transação processual aplicada retroativamente, porque a situação em que, nesse momento, se encontra o processo penal já não mais condiz com a finalidade para a qual o benefício foi instituído, benefício esse que, se aplicado retroativamente, nesse momento, teria, até, sua natureza jurídica modificada para a de verdadeira transação penal...*" (grifo nosso). No mesmo sentido, HC 75394, Relator Min. Sydney Sanches, Primeira Turma, julgado em 05/08/1997, DJ 12/09/1997; HC 75298, Relator Min. Octavio Gallotti, Primeira Turma, julgado em 02/09/1997, DJ 10/10/1997; HC 75159, Relator Min. Maurício Corrêa, Segunda Turma, julgado em 23/09/1997, DJ 20/04/2001.

[30] Nesse sentido, *v.g.*, NICOLITT, André Luiz. *Manual de Processo Penal*, ob. cit., p. 352-353.

Os precedentes da 6ª Turma do STJ e da 2ª Turma do STF, favoráveis à retroação, adotaram idêntica percepção.

Em sentido contrário, invocam-se os postulados constitucionais da legalidade penal estrita e do devido processo legal para assentar a impossibilidade de se aplicar analogamente, de modo indiscriminado, o art. 91 da Lei nº 9099/95, desnaturando norma especial e transitória em geral e permanente, afinal, o dispositivo foi concebido para reger, pontualmente, a passagem das lesões corporais leves e culposas, de injustos de ação penal pública incondicionada para condicionada à representação. Finda a transição, o preceito até permanece em vigor, mas com a eficácia exaurida. Disseminá-lo para toda e qualquer outra hipótese de *novatio legis in mellius*, generaliza-o, dando-lhe indevida "sobrevida", afinal, os efeitos já estariam esgotados. A solução legal, embora não ideal, seria ater-se à regra geral do art. 103 do CP e do art. 38 do CPP: se ainda estiver no prazo decadencial de 6 (seis) meses, contados da ciência da autoria delitiva pela vítima, oportuniza-se a representação; do contrário, assenta-se a decadência. Eventual manifestação volitiva anterior do ofendido seria inócua, devendo-se buscar a contemporânea, afinal, até a mutação da natureza da ação, mostrava-se desimportante – basta constatar que, se após a inovação para o caráter público condicionado da ação penal, o lesado expressasse o desejo de ver o feito encerrado, inegavelmente que essa última vontade é que haveria de ser observada, pois esta, sim, reveste-se de relevo, sendo a precedente, indiferente.

O Supremo Tribunal Federal possui aresto nesse sentido, em caso similar ao presente: desclassificação do delito de lesão corporal gravíssima, de ação penal pública incondicionada, para culposa, condicionada à representação, havendo declarado extinta a punibilidade, em razão da decadência, porque, quando do pronunciamento desclassificatório, o lapso temporal decadencial de 6 (seis) meses já tinha escoado[31].

Tal posição foi adotada pela Defensoria Pública de Minas Gerais, considerado o Enunciado nº 6, alusivo à Lei nº 13.964/19: "*O artigo 171, § 5º, do CP, por possuir reflexos de natureza penal, aplica-se aos fatos ocorridos anteriormente à sua vigência, **operando-se a decadência na hipótese de a ação penal ter se iniciado sem a manifestação da vítima e já houver transcorrido o prazo de seis meses contados da data em que o ofendido tomou conhecimento da autoria***" (grifo nosso).

O Superior Tribunal de Justiça até possui precedente, da 6ª Turma, favorável ao aproveitamento de manifestações volitivas anteriores do ofendido, se inequívocas em prol da persecução, como representação, quando, ulteriormente, a imputação se convola em ação penal pública condicionada, e não mais incondicionada. Mas, a conclusão do Colegiado foi pela natureza pública incondicionada da ação penal, logo, a colocação do relator nesse sentido foi meramente *obiter dictum* (argumento de reforço), não merecendo, pois, potencialização[32].

---

[31] HC 83141, Relator Min. Marco Aurélio, Primeira Turma, julgado em 05/08/2003, DJ 26/09/2003.

[32] AgRg no AREsp 1038268/RN, Rel. Ministro Sebastião Reis Júnior, Sexta Turma, julgado em 28/03/2017, DJe 06/04/2017 – "*...2. Ainda que se cogitasse da aplicação retroativa do art. 225 do Código Penal, na redação da Lei n. 12.015/2009, **não há falar em decadência do direito de representação, uma vez que tal ato prescinde de rigor formal, bastando a demonstração inequívoca do interesse da vítima ou de seu representante legal em iniciar a persecução criminal, circunstância fartamente demonstrada no caso, mediante o boletim de ocorrência e o laudo de exame de corpo de delito**, além da informação constante do relatório da autoridade policial que presidiu a investigação...*" (grifo nosso).

Quando o STJ efetivamente se debruçou sobre a instrumentalização da representação como condição especial de prosseguibilidade, a conclusão foi diversa.

Como a vontade da vítima tornou-se relevante apenas após a inovação legislativa, cumpre colhê-la. Esta é a que possui relevo ao prosseguimento, ou não, da ação, e não a anterior. Descarta-se, igualmente, aplicar por analogia o art. 91 da Lei nº 9099/95, pelas razões expostas acima. Em verdade, a partir da entrada em vigor da *novatio legis in mellius* (ou, por identidade de razões, da desclassificação) exsurge o prazo decadencial de 6 (seis) meses, **contados da vigência do novel diploma legal**, para representar, notificando, obviamente, a vítima (mas o lapso temporal já estaria fluindo, repita-se, desde a data em que a lei começou a viger). Escoado o interregno, extingue-se a punibilidade pela decadência. Assim decidiram a 6ª[33] e a 5ª[34] Turmas do STJ quando compartilhavam do entendimento, ora superado, segundo o qual a Lei nº 12.015/09 teria revogado, tacitamente, a Súmula nº 608 do STF, tornando o estupro perpetrado mediante violência real de ação penal pública condicionada à representação, e não mais incondicionada.

São esses os **três** caminhos hermenêuticos possíveis em relação à novel exigência de representação para o delito de estelionato, consideradas as ações penais em andamento.

Sobrelevar expressões volitivas à época em que o delito ainda era de ação penal pública incondicionada à representação não faz o menor sentido, porque, se assim fosse, o desiderato do ofendido, quando já de ação penal pública condicionada fosse a imputação, tornar-se-ia irrelevante, em claríssima subversão de parâmetros. Tem-se que colher o desejo atual, e não o pretérito, porque aquele, e não este, possui relevo penal. Por outro lado, decadência é sanção imposta à vítima pela desídia demonstrada no exercício do direito de representação, não podendo o aparato repressivo estatal permanecer, até a prescrição do injusto, à sua disposição. A decadência busca, em última análise, resguardar a segurança jurídica, logo, não pode o lesado ser penalizado pela pretensa inércia no exercício de um direito que, até então, simplesmente não dispunha. Pensar dessa forma catalisaria a insegurança jurídica, justamente o que a decadência procura neutralizar. Tornando-se o delito, por obra legislativa (ou judiciária, via desclassificação), de ação penal pública condicionada à representação, ao invés de incondicionada, sobrevém o fenômeno da **novação**, fazendo brotar, ao ofendido, o direito de representação, que, por óbvio, não surge natimorto. Novação e caducidade não caminham juntas. E, em se tratando de novação, surge, a reboque, o

---

[33] RHC 39.538/RJ, Rel. Ministro Rogerio Schietti Cruz, Rel. p/ Acórdão Ministra Maria Thereza de Assis Moura, Sexta Turma, julgado em 08/04/2014, DJe 25/04/2014. Colhe-se do voto condutor, da lavra da Min. Maria Thereza de Assis Moura, a seguinte passagem, autoexplicativa: *"...Desta forma, com a modificação legal, que culminou por abrandar o entendimento jurisprudencial, cifrado no enunciado sumular 608/STF, penso que a punibilidade do paciente encontrar-se-ia fulminada, **tendo em conta a decadência do direito de representar, que teria ocorrido seis meses após a entrada em vigor na Lei 12.015/2009**, que alterou a sistemática da ação penal nos crimes contra a liberdade sexual..."* (grifo nosso). Como a representação não foi veiculada, extinguiu-se a punibilidade pela decadência.

[34] REsp 1227746/RS, Rel. Ministro Gilson Dipp, Quinta Turma, julgado em 02/08/2011, DJe 17/08/2011. O voto condutor, do Min. Gilson Dipp, foi expresso ao preconizar que *"...**proceder-se-ia à nova contagem do prazo decadencial de 6 (seis) meses para a representação da ofendida, que passaria a fluir da data da entrada em vigor da lei nova, isto é, em 10/08/2009**, estando alcançado, de qualquer modo, pelos efeitos da decadência..."* (grifo nosso).

prazo decadencial de seis meses, contados não a partir da ciência da autoria delitiva, pois, à época, o direito de representação inexistia, mas sim do seu advento, ou seja, da entrada em vigor da lei que passou a exigi-lo. Por tudo isso, ressai mais acertada a posição do STJ.

11.3. DA ANALOGIA *IN BONAM PARTEM* DO ART. 171, § 5º, DO CÓDIGO PENAL COM O DELITO DE FURTO SIMPLES

Reduzir o Estado Penal é medida mais do que necessária, justamente para concentrar os esforços na elucidação de injustos que efetivamente causam aguda inquietação social. Para tanto, potencializar o poder punitivo estatal na seara cível e administrativa é mandatório, de maneira a evitar que ilícitos civis e administrativos se tornem, também, penais. Nessa perspectiva, ampliar o rol de delitos de ação penal pública condicionada é medida salutar. Mas, considerados os crimes patrimoniais perpetrados sem violência nem grave ameaça à pessoa, causa espécie que a Lei nº 13.964/19 tenha elegido, justamente, o estelionato.

O *modus operandi* do estelionato não é para principiantes. Exige sofisticação intelectual e certa dose, inclusive, de carisma, particularidades que aumentam o grau de censura e a periculosidade do agente. Os danos suportados pelas vítimas não raro transcendem o universo patrimonial, comprometendo, igualmente, os direitos relacionados à personalidade, a começar pelo dissabor moral de ver o nome "negativado" em inúmeros estabelecimentos comerciais, ou envolvidos, indevidamente, em vários outros golpes. Dessarte, entre os injustos contra o patrimônio sem violência nem grave ameaça à pessoa, o estelionato seria o derradeiro a justificar a exigência de representação – não por acaso é o que ostenta, na modalidade simples, a repreenda mais alta: 5 (cinco) anos, em vez dos 4 (quatro) cominados ao furto (art. 155, cabeça, do CP) e à apropriação indébita (art. 168, cabeça, do CP). A inovação legislativa não merece celebração.

Porém, se o legislador optou por torná-lo de ação penal pública condicionada à representação, cumpre ao Poder Judiciário revestir tal escolha de racionalidade, pois é ilógico que delitos de censurabilidade menor, não só sob o ponto de vista formal – escala penal cominada – mas também material, pertencentes à mesma classe, persistam de ação penal pública incondicionada, como o furto, na forma simples.

Submetê-los a um juízo de proporcionalidade (ou de razoabilidade) é admissível, haja vista o debate em torno da natureza da ação penal das vias de fato, travado, com vigor, no STF e no STJ – art. 21 da Lei de Contravenções Penais (LCP), ou seja, Decreto-Lei nº 3.688/41. O art. 17 anuncia, sem exceções, a natureza pública incondicionada das ações penais concernentes às contravenções, incluindo, portanto, as vias de fato. Sem embargo, por ser um *minus* em relação à lesão corporal leve (art. 129, *caput*, do CP), não faria sentido que, em virtude do art. 88 da Lei nº 9099/95, esta exigisse representação da vítima, mas aquela a dispensasse. Por conseguinte, advogou-se, com lastro no princípio da proporcionalidade (ou da razoabilidade), a aplicação, por analogia, do dito preceito às vias de fato, tornando-as, também, de ação penal pública condicionada à representação. Tal discussão, convém consignar, não se irradiou ao universo do Juizado da Violência Doméstica e Familiar contra a Mulher porque, neste, mesmo quando leve a lesão corporal (art. 129, § 9º do CP), a ação penal pública é incondicionada, haja vista a Súmula nº 542 do STJ, prestigiada pelo Pleno do STF[35], inexistindo, assim, contraponto possível[36].

O Supremo Tribunal Federal **conheceu** da controvérsia, mas, pautado no princípio da especialidade, entendeu inaceitável estender às vias de fato a exigência de representação, sob pena de legislar, em afronta ao art. 2º da CRFB/88[37]. O Superior Tribunal de Justiça igualmente tem conhecido do tema, posicionando-se de modo idêntico ao do STF[38]. Partindo deste histórico jurisprudencial, a tentativa de estender a exigência de representação às ações penais pertinentes aos delitos de furto, na modalidade simples, tende a fracassar.

Encontramos, contudo, uma distinção – *distinguishing* – a ensejar a superação dessa jurisprudência, **em se tratando, repita-se, do delito de furto simples**. O estelionato, por apresentar dinâmica mais requintada sob o ângulo intelectual, costuma atrair sujeitos ativos mais elitizados, que, assim, sujeitar-se-iam a tratamento penal mais benéfico, pois, a par das condições genéricas ao exercício da ação penal, mister seria a representação da vítima. É o Estado trazendo obstáculos à formalização da persecução penal, desde o nascedouro, presente o art. 5º, § 4º do CPP, protegendo potenciais infratores oriundos de nichos socioeconômicos mais privilegiados.

No caso do furto, a ação penal pública permaneceria incondicionada. Não se ignora que, em apreço à isonomia material, realidades distintas submetem-se a tratamentos diferenciados, na proporção em que se desigualam. Partindo desse olhar, contata-se, sob o ângulo formal, ser o furto menos grave, porque, embora idênticos os pisos, o teto deste é inferior ao do estelionato – 4 (quatro) anos em vez de 5 (cinco). Em termos mecânicos, o furto se subsome na subtração, não demandando artifício, ardil, fraude ou qualquer outro meio mais sofisticado, denotando menor grau de censura, inclusive no tocante aos seus reflexos, em regra restritos ao patrimônio, diferentemente do estelionato. Por outro lado, se o móvel, ao tornar o estelionato de ação penal pública condicionada à representação, foi enxugar um pouco o demandismo, permitindo ao Estado concentrar os esforços na repressão e esclarecimento de delitos que causam maior melindre social, não haveria injusto mais oportuno para se exigir a representação do que o furto, considerada a sua incidência, infinitamente superior à do estelionato. Condicionar a persecução à representação do ofendido tampouco incentivaria a impunidade, afinal, basta ao lesado externar o desejo de ver o alegado furtador processado e julgado criminalmente. E, sendo de ação penal pública incondicionada ou não, o resultado da persecução depende, em grande parte, da disposição da vítima, afinal, é ela quem detalhará a ação delitiva, pois, em geral, os policiais intervêm em momento posterior à subtração em si. Racionalmente comparados, inexiste diferencial para a persecução penal atinente ao estelionato demandar representação, mas, em relação ao furto simples, não, atentando-se contra o postulado

---

[35] ADI 4424, Relator Min. Marco Aurélio, Tribunal Pleno, julgado em 09/02/2012, *DJe*-148 divulg 31/07/2014 public 01/08/2014.

[36] STJ, AgRg no REsp 1628271/SP, Rel. Ministro Reynaldo Soares da Fonseca, Quinta Turma, julgado em 23/05/2017, *DJe* 31/05/2017 – "...*Seja caso de lesão corporal leve, seja de vias de fato, **se praticado em contexto de violência doméstica ou familiar**, não há falar em necessidade de representação da vítima para a persecução penal (ut, HC 302.387/RS, Rel. Ministro Nefi Cordeiro, Sexta Turma, DJe 1º/8/2016)...*" (grifo nosso).

[37] HC 86058, Relator Min. Sepúlveda Pertence, Primeira Turma, julgado em 25/10/2005, DJ 09/02/2007; HC 80617, Relator Min. Sepúlveda Pertence, Primeira Turma, julgado em 20/03/2001, DJ 04/05/2001.

[38] RHC 47.253/MS, Rel. Ministra Maria Thereza de Assis Moura, Sexta Turma, julgado em 04/12/2014, *DJe* 17/12/2014.

constitucional da isonomia material – art. 5º, cabeça, da CRFB/88. Ao contrário: se, hipoteticamente, fosse o furto simples de ação penal pública condicionada à representação, permanecendo o estelionato de ação penal pública incondicionada, inexistiria igualdade nem proporcionalidade que avalizasse eventual extensão.

Ademais, **diversamente do estelionato, o furto é, por excelência, um injusto estigmatizante, consideradas a raça, o segmento social, a procedência regional e, por conta dos refugiados, também nacional. Ao continuar a tê-lo como de ação penal pública incondicionada, exigindo a representação apenas do estelionato, a Lei nº 13.964/19, ao invés de reduzir, catalisa a seletividade persecutória penal, atentando contra o art. 1º, 1 da CADH, no qual o Brasil se comprometeu a repudiar qualquer discriminação de cunho racial, socioeconômico ou de origem nacional. Não estender a exigência de representação ao furto, na modalidade simples, legitima essa marginalização. Pior: institucionaliza.** Essa é a distinção que justifica, caso o STF e o STJ se mantenham fiéis, em princípio, à especialidade, para aplicar, por analogia, o § 5º do art. 171 do Código Penal ao delito de furto simples.

O enunciado nº 5 da Defensoria Pública de Minas Gerais veicula orientação parecida, ao dizer que *"a condição de procedibilidade inserida no artigo 171, § 5º do CP, deve ser aplicada, em decorrência da regra da proporcionalidade, aos artigos 155, caput, 168, caput, e 180, caput e § 3º, todos do CP"* (grifo nosso).

Aplicar, por analogia, o § 5º do art. 171 do Código Penal ao delito de apropriação indébita é razoável, porque ostenta escala penal menor do que a cominada ao delito de estelionato. O *modus operandi* apresenta grau de reprovabilidade equivalente, tampouco explicando o descompasso de tratamento quanto à natureza da ação, mas, repise-se, **menor** do que o verificado no furto simples, pois a apropriação indébita, considerado o tipo penal básico, já traz, veladamente, uma quebra de confiança – que, no furto, qualifica-o (art. 155, § 4º, II do CP) –, afinal, foi confiada ao sujeito ativo, previamente, a posse ou a detenção do bem apropriado.

A receptação (art. 180, cabeça, do CP), entretanto, é o combustível de várias outras infrações penais, inclusive de maior gravidade. Só há, *v.g.*, o roubador porque, na ponta, existe o receptador. Pior, ainda, quando se torna *modus vivendi* (art. 180, § 3º do CP). Ademais, se exigível fosse a representação, ter-se-ia que apurar a identidade do possuidor ou proprietário dos bens receptados, dificultando, sobremaneira, o exercício da pretensão punitiva. Ilogicamente, frise-se, pois a *ratio* da criminalização é reprimir quem fomenta a prática de uma série de outros injustos, ao adquirir-lhes os produtos (entre outros núcleos típicos). A preocupação transborda a proteção às vítimas dos delitos anteriores. Manter o delito de ação penal pública incondicionada faz todo o sentido.

A separação e a independência entre os Poderes da República é princípio fundamental de qualquer Estado Democrático de Direito (art. 2º CRFB/88). O postulado da proporcionalidade ou da razoabilidade existe para permitir ao Poder Judiciário corrigir **manifestos** desvios de rumo na atuação do Poder Legislativo ou do Executivo, atentatórios ou potencialmente danosos a direitos fundamentais, buscando, ao fim e ao cabo, reafirmar a Constituição. Conservar a natureza pública incondicionada da ação penal concernente ao delito de receptação é opção legislativa racionalmente justificada. Já em relação à apropriação indébita simples, enxergam-se descompassos merecedores de correção. Mas, repita-se, nada comparado ao furto simples, em relação ao qual a analogia com o § 5º do art. 171 do Código Penal é, de fato, mandatória.

12
CAUSAS IMPEDITIVAS DA PRESCRIÇÃO

A Lei nº 13.964/19 ampliou as causas impeditivas da prescrição versadas no art. 116 do Código Penal. O cumprimento de pena no estrangeiro manteve-se no inciso II, optando o legislador, por mera questão de estilo, substituir *"estrangeiro"* por *"exterior"*. Inexistiu, assim, *novatio*.

As novidades vieram nos incisos III e IV, suspendendo-se o curso prescricional na *pendência de embargos de declaração ou de recursos aos Tribunais Superiores, quando inadmissíveis* e *enquanto não cumprido ou não rescindido o acordo de não persecução penal*, respectivamente.

Considerado o novel inciso III do art. 116 do Código Penal, regra de cunho **material**, alcança apenas as infrações penais **cometidas** após a entrada em vigor da Lei nº 13.964/19, a teor do art. 5º, XL, da CRFB/88, além do art. 2º, parágrafo único, do Código Penal. A irretroatividade é indiscutível.

Presente a *ratio* da norma – coibir o abuso do direito de defesa, interpondo-se embargos declaratórios e/ou recursos manifestamente **inadequados**, com o **único** intuito de protelar o trânsito em julgado e, com isso, conquistar a prescrição intercorrente da pretensão punitiva – a referência à **inadmissibilidade** compreende as insurgências **não conhecidas**, logo, *a contrario sensu*, as **conhecidas** e **desprovidas** não suspendem a prescrição, que fluiu normalmente desde a interposição. Com efeito, se a manifestação recursal foi enfrentada, é forçoso convir que preencheu os pressupostos de admissibilidade exigidos por lei, não podendo ser adjetivada abusiva, mesmo quando voltada contra orientação pacífica do STJ e do STF, haja vista, *v.g.* a possibilidade de distinção (*distinguishing*) ou de superação (*overruling*). O Tribunal Superior, caso confirme a sua jurisprudência, adentra no mérito recursal, julgando **improcedente** a pretensão. Mas as hipóteses de distinção ou de superação de entendimento são marcantes na seara penal, seja sob o ângulo material, quanto no adjetivo.

O STJ, *v.g.*, inicialmente entendeu ser o competente para conhecer dos conflitos de competência entre Juizado Especial Criminal e outro órgão de primeira instância, mesmo se vinculados administrativamente ao mesmo Tribunal, porque as decisões do primeiro seriam revistas pelas Turmas Recursais, atrelando-se, assim, a um "Tribunal" diverso, chegando a editar a Súmula nº 348 – *"compete ao Superior Tribunal de Justiça decidir os conflitos de competência entre juizado especial federal e juízo federal, ainda que da mesma seção judiciária"*. Posteriormente, diante da incoerência com a sua Súmula nº 203 – Turmas Recursais **não** se equiparam aos Tribunais, porque compostas por juízes de 1º grau, daí a inadmissibilidade do recurso especial contra acórdãos daquelas, a teor do art. 105, III, da CRFB/88, que os circunscreve às decisões tomadas em única ou última instância destes –, glosada pelo Pleno do STF[1], o STJ cancelou o citado enunciado, em 23 de março de 2010, elaborando, em substituição, a Súmula nº 428, em sentido oposto: *"Compete ao Tribunal Regional Federal decidir os conflitos de competência entre juizado especial federal e juízo federal da mesma seção judiciária"*. O exemplo é emblemático, pois, ao superar o entendimento, o STJ deu, literalmente, uma guinada de 180º, migrando de uma orientação a outra, a ponto de cancelar uma súmula e editar outra, desdizendo a primeira.

A distinção igualmente é comum. Nada obstante a Súmula nº 567 do STJ, segundo a qual *"sistema de vigilância realizado por monitoramento eletrônico ou por existência de segurança no interior de estabelecimento comercial, por si só, não torna impossível a configuração do crime de furto"*, a 2ª Turma do Supremo Tribunal Federal tem aberto uma distinção ao enunciado: se o agente estiver sob monitoração específica, vindo a ser capturado ao sair das suas dependências, caracterizado está o crime impossível[2]. Diante desses exemplos, entre tantos outros, recursos endereçados aos Tribunais Superiores que objetivam superações de entendimento ou distinções **não são abusivos**, ao contrário, **são o combustível para o constante aperfeiçoamento do Direito**, evitando a estagnação. Se desacolhidos, reafirmando o Tribunal a sua jurisprudência, inexiste inadmissibilidade recursal, repita-se, mas **conhecimento e desprovimento**.

Encarar a menção à inadmissibilidade como inclusiva do desprovimento **amplia** o espectro da causa de suspensão da prescrição, incorrendo em inaceitável interpretação extensiva *in malam partem*, em descompasso com os postulados constitucionais da legalidade penal estrita e do devido processo legal – art. 5º, XXXIX e LV da CRFB/88. O rol do art. 116 do Código Penal é **exaustivo**, desafiando leitura **restritiva**. Embaralhar-se--iam conceitos inconfundíveis, rompendo-se com a dogmática processual, conforme se extrai, *v.g.*, dos **regimentos internos do STF e do STJ**, para ficarmos com **1** entre tantos

---

[1] RE 590409, Relator Min. Ricardo Lewandowski, Tribunal Pleno, julgado em 26/08/2009, *DJe*-204 divulg 28/10/2009 public 29/10/2009, *LEXSTF* v. 31, n. 371, 2009, p. 275-288.

[2] RHC 144516, Relator Min. Dias Toffoli, Segunda Turma, julgado em 22/08/2017, *DJe*-021 divulg 05/02/2018 public 06/02/2018 – "...*1. A forma específica mediante a qual os funcionários do estabelecimento vítima exerceram a vigilância direta sobre a conduta do paciente, acompanhando ininterruptamente todo o iter criminis, tornou impossível a consumação do crime, dada a ineficácia absoluta do meio empregado. Tanto isso é verdade que, no momento em que se dirigia para a área externada do estabelecimento comercial sem efetuar o pagamento do produto escolhido, o paciente foi abordado na posse do bem, sendo esse restituído à vítima. 2. De rigor, portanto, diante dessas circunstâncias, a incidência do art. 17 do Código Penal, segundo o qual 'não se pune a tentativa quando, por ineficácia absoluta do meio ou por absoluta impropriedade do objeto, é impossível consumar-se o crime'. 3. Esse entendimento não conduz, automaticamente, à atipicidade de toda e qualquer subtração em estabelecimento comercial que tenha sido monitorada pelo corpo de seguranças ou pelo sistema de vigilância, sendo imprescindível, para se chegar a essa conclusão, a análise individualizada das circunstâncias de cada caso concreto...*" (grifo nosso). De idêntico teor, colecionam-se, ainda, os seguintes precedentes: HC 141730, Relator Min. Dias Toffoli, Segunda Turma, julgado em 16/05/2017, *DJe*-018 divulg 31/01/2018 public 01/02/2018; HC 137290, Relator Min. Ricardo Lewandowski, Relator(a) p/ Acórdão: Min. Dias Toffoli, Segunda Turma, julgado em 07/02/2017, *DJe*-169 divulg 01/08/2017 public 02/08/2017.

exemplos, mas, talvez, o mais emblemático, por partir dos regramentos estabelecidos pelos próprios Tribunais Superiores e, coincidentemente, versarem sobre os recursos extraordinário e especial.

Isso porque, em matéria de revisão criminal, o STF apenas é competente para apreciá-la, quando voltada contra condenações pertinentes a ações penais da competência originária das instâncias inferiores, **se o trânsito em julgado se deu no Supremo, em virtude do julgamento do mérito do recurso extraordinário, consideradas as questões nele enfrentadas. Se inadmitido, não**, *ex vi* do art. 263, parágrafo único, do Regimento Interno. O Pleno do STF é categórico nesse sentido, conforme revela, *v.g.*, o agravo regimental na revisão criminal nº 5484, da relatoria do Min. Edson Fachin, julgado em 23 de agosto de 2019, com acórdão publicado em 9 de setembro imediato, assim ementado: *"...1. **Não se inaugura a competência do Supremo Tribunal Federal em sede de revisão criminal nas hipóteses em que a atuação jurisdicional desta Corte se limita à inadmissão de recurso extraordinário**, na medida em que a decisão que não conhece de irresignação excepcional não opera efeito substitutivo em relação ao provimento condenatório. Precedentes. 2. A jurisprudência desta Corte é no sentido de que o "Supremo Tribunal Federal é competente apenas para processar e julgar revisão criminal quando a condenação tiver sido por ele proferida ou mantida no julgamento de ação penal originária, em recurso criminal ordinário ou em recurso extraordinário com conhecimento do mérito" (RvC 5448 AgR, Relator(a): Min. CÁRMEN LÚCIA, Tribunal Pleno, DJe de 8/4/2016)*, **com o que não se confunde decisão de índole meramente processual que atesta o descabimento de recurso extraordinário...**"(grifo nosso).

Idêntico raciocínio estende-se ao STJ, *ex vi* do art. 240 do respectivo Regimento, logo, se a condenação transitou em julgado em decorrência da apreciação do **mérito** do recurso especial, eventual revisão criminal será lá formalizada, no tangente às matérias lá debatidas, mas, se **não o conheceu**, não é o STJ o competente.

Assim decidiu a 3ª Seção, *v.g.*, na revisão criminal nº 5.233/DF, da relatoria do Min. Reynaldo Soares da Fonseca, em 13 de maio de 2020, com acórdão publicado no dia 25 subsequente, segundo revela o seguinte trecho da ementa, autoexplicativo: *"...a competência desta Corte para processar e julgar Revisão Criminal limita-se às hipóteses de seus próprios julgados, **demandando, ainda, que a questão tenha sido examinada no mérito nesta instância**. Precedentes do STJ. Se a alegação de atipicidade da conduta **não chegou a ser conhecida** em recurso especial julgado nesta Corte, **não é do STJ a competência para reexaminá-la, em sede de revisão criminal**..."* (grifo nosso).

Subsumir-se o desprovimento na menção à inadmissão, para fins de suspensão da prescrição, sob o pretexto de realizar interpretação ontológica do inciso III do art. 116 do CP, importaria, portanto, inaceitável dois pesos, duas medidas.

Seguindo essa mesma ordem de ideias, não se suspende a prescrição se os embargos declaratórios forem **conhecidos**, independentemente de serem providos ou não, lembrando que *omissão, obscuridade, contradição* ou *ambiguidade* (arts. 382 e 619 do CPP), este último ausente nos Juizados Especiais Criminais (art. 83, cabeça, da Lei nº 9.099/95, com a redação dada pelo CPC/15), são **fundamentos** do recurso, logo, se invocados nos embargos, ainda que o Tribunal assente a ausência de qualquer destas questões de mérito, dizendo que a assinalada lacuna, ininteligência, descompasso ou duplo sentido inexiste, terá examinado o **mérito** recursal, **admitindo-os**, mas os **desprovendo**. A esse respeito, convém transcrever a certeira lição do saudoso prof. José Carlos Barbosa Moreira: "...

Não se conhece *destes quando,* ***dos próprios termos do recurso****, transparece que ele não se enquadra em qualquer dos* ***tipos*** *legais, que* ***não é caso*** *de obscuridade, contradição ou omissão no acórdão; v.g., se o embargante pleiteia a reforma, conquanto parcial, do julgado, acoimando-o de* ***errôneo****. Tampouco se conhece deles quando* ***intempestivos****, ou inadmissíveis por outra razão. Os embargos são* ***apreciados no mérito*** *assim quando o órgão judicial diz que* ***não existe*** *a apontada obscuridade, contradição ou omissão, como quando* ***reconhece o defeito e o supre****. Em qualquer dessas hipóteses, o tribunal* ***admitiu*** *(ainda que implicitamente) os embargos,* ***provendo-os ou não****..."* (grifo nosso)[3].

Ilustrando: mostram-se **inadmissíveis** os embargos declaratórios interpostos com escopo meramente revisional, pautados em alegados desacertos do pronunciamento jurisdicional, pois, em vez de aclará-lo, almeja revisitá-lo. Porém, se os declaratórios apontam omissão no acórdão, porque, *v.g.*, não enfrentados todos os argumentos invocados em torno da tipificação da conduta, se o órgão judicial a rechaça, assentando que todos os fundamentos foram analisados, por meio da técnica *per relationem*, bem como porque a rejeição de algumas das ponderações prejudicou, obrigatoriamente, o exame das demais, os declaratórios foram **conhecidos** e **desprovidos**.

Presentes os cânones da boa-fé objetiva e da lealdade processual, espera-se que os Tribunais Superiores, com o objetivo de evitar prescrições intercorrentes iminentes, não comecem a intitular como de **não conhecimento** acórdãos de **desprovimento** recursal, mesmo porque invólucro ou etiqueta não se sobrepõe ao conteúdo. Conquanto esteja consignada, no dispositivo, a inadmissão, **se a causa de pedir e o pedido recursais foram examinados, mas não acolhidos, tem-se o desprovimento**, logo, a prescrição, nesse interregno, fluiu, *a contrario sensu* do art. 116, III, do CP.

Assim já se manifestou a Terceira Seção do STJ, considerados os embargos de divergência no recurso especial nº 331.982/CE, julgados em 12 de novembro de 2003, com acórdão publicado em 15 de dezembro imediato, que foram conhecidos e julgados, mediante a constatação que, malgrado a 6ª Turma tenha, no dispositivo, estampado o não conhecimento do recurso especial, **adentrou no mérito recursal**, viabilizando, assim, a interposição dos embargos de divergência junto à 3ª Seção, por contrariedade ao posicionamento da 5ª Turma. Cumpre reproduzir a seguinte passagem da ementa, pela clareza e didática: *"...A Sexta Turma desta Corte, ao não conhecer do recurso especial,* ***não deixou de apreciar a questão de fundo relativa à configuração do delito de omissão no recolhimento de contribuições previdenciárias, tanto que explicitou o posicionamento da Turma no sentido da necessidade de comprovação do dolo específico de fraudar a Previdência Social****, não conhecendo do apelo raro, diante da impossibilidade de revisão, em sede de recurso especial, da presença ou não desse elemento subjetivo para a caracterização do delito. II – Configurada a divergência nos moldes do Regimento Interno desta Corte se verificado que,* ***a despeito de não ter conhecido do recurso, a Eg. Sexta Turma adentrou na análise da questão de fundo...****"* (grifo nosso).

Caso isso ocorra, cabem embargos de declaração, a fim de suprir contradição – a conclusão pelo não conhecimento não condiz com a fundamentação do acórdão. Porque em xeque a prescrição e a sua fluência, a matéria é de clara repercussão geral, com estofo para chegar até o Supremo Tribunal Federal, via recurso extraordinário, presentes os pos-

---

[3] *Comentários ao Código de Processo Civil*. 10. ed. Rio de Janeiro: Forense, 2002, p. 552-553.

tulados constitucionais da legalidade, do devido processo legal e da persuasão racional, no mínimo – art. 5º, XXXIX e LIV e art. 93, IX, da CRFB/88 –, para fins de prequestionamento. Discussões envolvendo prescrição são de relevância natural, por impactarem no direito de punir e, por contraposição, no *status libertatis*. Recursos extraordinários discutindo, *v.g.*, se o acórdão confirmatório da condenação é marco interruptivo da prescrição ou não, são corriqueiramente conhecidos pelo STF[4], que, por sinal, acena favoravelmente pela interrupção, sob o argumento de que o art. 117, IV do Código Penal não distingue, não competindo ao intérprete, por conseguinte, fazê-lo[5]. A malversação da fundamentação, utilizando-a para camuflar juízos sabidamente meritórios em outros de mera inadmissibilidade, obviamente ofende o postulado constitucional do livre convencimento motivado (art. 93, IX da CRFB/88) e do devido processo legal (art. 5º, LIV, da CRFB/88), ainda mais quando a consequência repercutir no advento, ou não, da prescrição, vulnerando, com intensidade igual ou maior, a legalidade penal estrita (art. 5º, XXXIX, da CRFB/88).

Presente a *mens* do inciso III do art. 116 do Código Penal, os embargos de declaração e/ou os recursos aos Tribunais Superiores interpostos pela acusação **não** têm o condão de suspender a prescrição. Ao longo do seu processamento, o lapso prescricional flui.

Com efeito, se o escopo da inovação foi impedir prescrições intercorrentes em grau recursal, a partir de irresignações meramente protelatórias da defesa, a *ratio legis* **não** alcança os recursos manejados pelo Ministério Público, pelo assistente de acusação ou pelo querelante. Conquanto o texto não distinga, cumpre ao intérprete fazê-lo, **reafirmando a inteligência da regra e, por conseguinte, ela própria**. Outrossim, a legalidade penal estrita e o devido processo legal exigem, do exegeta, **comedimento, não dando à norma penal limitadora de direitos amplitude maior do que a originariamente concebida**. Longe de romper com o art. 2º da CRFB/88, alinha-se à separação e à independência entre os Poderes da República. Finalmente, **é inconcebível admitir que o Estado-acusação dê causa à suspensão da prescrição, beneficiando a si próprio**, na contramão do postulado *non venire contra factum proprium*. Por essas três razões, embargos ou recursos interpostos pela acusação aos Tribunais Superiores **não** suspendem a prescrição.

No mesmo sentido do texto, o enunciado nº 2 da Defensoria Pública do Estado de Minas Gerais acerca da lei "anticrime": "*A suspensão da prescrição prevista no art. 116, III, do Código Penal ocorre apenas quando* **os recursos não forem conhecidos**, *por não preencherem os requisitos de admissibilidade, não se aplicado aos casos em que houver apreciação do mérito recursal e* **quando se tratar de recurso interposto pela acusação**" (grifo nosso).

O *dies a quo* e o *dies ad quem* da suspensão da prescrição **não comportam estipulação apriorística**, porque dependem do resultado do processo, depois de apreciados os recursos. Pretender exaurir as variantes é hercúleo e inglório. A análise é **casuística**.

---

[4] ARE 1255627-AgR, Relator Min. Marco Aurélio, Relator(a) p/ Acórdão: Min. Alexandre de Moraes, Primeira Turma, julgado em 11/05/2020, *DJe*-128 divulg 22/05/2020 public 25/05/2020.

[5] HC 176473/RR, Relator Min. Alexandre de Moraes, Pleno, julgado em 27/04/2020, quando a Corte, por maioria, indeferiu a ordem de habeas corpus e fixou a seguinte tese: "*Nos termos do inciso IV do artigo 117 do Código Penal, o Acórdão condenatório sempre interrompe a prescrição, inclusive quando confirmatório da sentença de 1º grau, seja mantendo, reduzindo ou aumentando a pena anteriormente imposta*", nos termos do voto do Relator, vencidos os Ministros Ricardo Lewandowski, Gilmar Mendes e Celso de Mello. Plenário, Sessão Virtual de 17/04/2020 a 24/04/2020.

Ilustrando: interposto recurso especial pela defesa, é inadmitido pelo Tribunal de origem. Formalizado o agravo, é conhecido, mas desprovido monocraticamente pelo relator, confirmando o STJ o não recebimento. Interposto agravo contra o pronunciamento do relator, a Turma nega provimento. Exaurida a jurisdição do STJ, interpõe-se recurso extraordinário ao STF com o objetivo de garantir que o recurso especial seja admitido, mas o relator não conhece do recurso. Até este momento, tem-se a suspensão da prescrição desde a interposição do recurso especial na origem até a inadmissão monocrática do extraordinário. Mas, interposto o agravo pelo defensor, imagine que o Colegiado dele conheça e dê provimento, admitindo o extraordinário e, de antemão, provendo-o para determinar que o STJ conheça do recurso especial. Simplesmente, a iminente suspensão da prescrição desaparece, sendo forçoso reconhecer que, desde a formalização do recurso especial a prescrição fluiu, assim persistindo até a apreciação do mérito do recurso especial, pois, no frigir dos ovos, concluiu-se pela sua **admissão**.

Suponhamos, entretanto, que o inconformismo defensivo revelado no especial seja desprovido. Interpõe-se novo recurso extraordinário, reiterando as questões de mérito veiculadas naquele. Mas, é inadmitido pelo relator, sob o fundamento de a matéria ser infraconstitucional. Agrava-se, mas o Colegiado confirma a percepção do relator, conhecendo e desprovendo o agravo, assentando a inadmissibilidade do extraordinário. Neste caso, a prescrição quedou-se suspensa da formalização deste até o trânsito em julgado do acórdão que apreciou o agravo, no qual foi ratificada **a inadmissibilidade do extraordinário – concluindo-se pela inadmissibilidade do recurso originário, todos os agravos interpostos objetivando o conhecimento, embora conhecidos e desprovidos, igualmente suspendem a prescrição, pois integraram uma cadeia recursal que, ao fim e ao cabo, foi tida inadmissível.**

Registre-se, por oportuno, que o inciso III do art. 116 do Código Penal pressupõe o **esgotamento** das instâncias recursais **ordinárias**. A suspensão da prescrição é fenômeno exclusivo aos declaratórios, recursos especial e extraordinário, agravos respectivos formalizados pela defesa nos Tribunais **Superiores**, sem compreender, *a contrario sensu*, os graus inferiores de jurisdição.

Reputamos **inconstitucional** o inciso III do art. 116 do Código Penal, incluído pela Lei nº 13.964/19. Mas não à luz da ampla defesa (art. 5º, LV, da CRFB/88), que tem no duplo grau de jurisdição, quando disponível, o seu consectário lógico, a teor do art. 14, 5 do PIDCP e do art. 8º, 2, h da CADH, afinal, não se retirou o direito de recorrer nem o tolheu. Todavia, a perspectiva de suspensão da prescrição, conquanto restrita aos casos de inadmissibilidade, alivia, em parte, a pressão sobre os Tribunais Superiores no tocante ao processamento dos recursos especial e extraordinário, criando, involuntariamente ou não, uma zona de conforto absolutamente indesejável à luz da **duração razoável do processo (art. 5º, LXXVIII, da CRFB/88)**.

A prescrição, enquanto causa extintiva da punibilidade, impõe às agências estatais presteza, evitando respostas penais tardias, que em nada contribuem para a segurança jurídica e a individualização da pena (art. 5º, XLVI, da CRFB/88), não raro incidindo sobre agentes plenamente (re)inseridos à sociedade. Nega-se justiça à vítima e aos familiares, considerada a demora na entrega da prestação jurisdicional, revivendo traumas em prejuízo de um (necessário) olhar prospectivo, sem ficar, permanentemente, remoendo o passado; nega-se justiça ao apenado, pois a reprimenda, para ele, será só retribuição, sem reeducação, porque esta já foi naturalmente alcançada. Ao fim, o processo nada mais foi além de um instrumento de vingança. Um arremedo. O volume de inquéritos e de processos é invencível. A prescrição é **sanção** imposta ao **Estado**, e não aos seus agentes, em virtude da inércia e da ineficiência no exercício da pretensão punitiva. A perspectiva da prescrição impõe às agências estatais o permanente aprimoramento da infraestrutura, investindo em ferramentas que tornem a persecução mais ágil. Exige o constante incremento de pessoal, por meio de novos concursos públicos. Quem lucra com tudo isso, em última análise, são os jurisdicionados. Na medida em que são alargadas as causas de suspensão da prescrição, garante-se a higidez do *ius puniendi*, mas não a **celeridade**, daí a ofensa ao art. 5º, LXXVIII, da CRFB/88, afinal, a acomodação é inerente ao ser humano, daí, *v.g.*, a fixação de prazos para a consecução dos atos processuais.

A duração razoável, aliás, não é só do processo, mas da persecução penal como um todo, a ponto de a extensão gratuita da investigação penal consubstanciar crime de abuso de autoridade, *ex vi* do art. 31 da Lei nº 13.869, de 5 de setembro de 2019. E, em meio as competências do juiz das garantias, tem-se o "trancamento" do inquérito quando não houver fundamento razoável para o seu **prosseguimento**, *ex vi* do art. 3º-B, IX, do CPP, com a redação dada pela Lei nº 13.964/19.

O Superior Tribunal de Justiça e o Supremo Tribunal Federal têm se notabilizado pela rapidez na apreciação dos recursos especial e extraordinário e afins. Em 2015, *v.g.*, o prazo, no STJ, entre a distribuição e o acórdão derradeiro foi de dez meses – se considerada a baixa do processo, um ano e um mês[6]. Falece à presente reforma legislativa proporcionalidade, sob o enfoque da **necessidade**, vulnerando-se, gratuitamente, a duração razoável do processo, quando formalizado nas instâncias superior e extraordinária.

Assinala-se que questionamentos bem similares já foram levados ao Supremo Tribunal Federal, objetivando a inconstitucionalidade da Lei nº 12.234, de 5 de maio de 2010, por haver desconsiderado o interregno entre a data do fato delituoso e o recebimento da peça acusatória, caso ainda não operada a prescrição, para fins de cômputo prescricional, presente a pena fixada em concreto, haja vista a redação dada ao § 1º do art. 110 da CRFB/88. Todavia, o Pleno, por maioria, vencido o Min. Marco Aurélio, reputou constitucional a opção pelo legislador, não traduzindo ofensa à duração razoável do processo nem à proporcionalidade. Trata-se de um juízo estritamente político, cuja discordância, por si só, não legitima a intervenção do Poder Judiciário, em apreço ao art. 2º da CRFB/88[7].

---

[6] Disponível em: https://www.conjur.com.br/2016-out-17/2015-cada-ministro-stj-julgou-media-43--casos-dia#:~:text=Tempo%20de%20tramita%C3%A7%C3%A3o,um%20ano%20e%20um%20m%C3%AAs. Acesso em: 07/06/2020.

[7] HC 122694, Relator Min. Dias Toffoli, Tribunal Pleno, julgado em 10/12/2014, DJe-032 divulg 18/02/2015 public 19/02/2015 – "...1. A Lei nº 12.234/10, ao dar nova redação ao art. 110, § 1º, do Código Penal, não aboliu a prescrição da pretensão punitiva, na modalidade retroativa, fundada na pena aplicada na sentença. Apenas vedou, quanto aos crimes praticados na sua vigência, seu reconhecimento entre a data do fato e a do recebimento da denúncia ou da queixa. 2. Essa vedação é proporcional em sentido amplo e não viola os princípios da dignidade da pessoa humana (art. 1º, III, CF), da humanidade da pena (art. 5º, XLVII e XLIX, CF), da culpabilidade, da individualização da pena (art. 5º, XLVI, CF), da isonomia (art. 5º, II, CF) ou da razoável duração do processo (art. 5º, LXXVIII, CF). 3. ***A Lei nº 12.234/10 se insere na liberdade de conformação do legislador, que tem legitimidade democrática para escolher os meios que reputar adequados para a consecução de determinados objetivos, desde que eles não lhe sejam vedados pela Constituição nem violem a proporcionalidade.*** 4. É constitucional, portanto, o art. 110, § 1º, do Código Penal, com a redação dada pela Lei nº 12.234/10..." (grifo nosso).

Se o STF persistir firme nessa orientação, o inciso III do art. 116 do Código Penal fatalmente terá a sua constitucionalidade confirmada. De todo modo, é salutar que a Corte Constitucional volte a refletir sobre o tema.

No tocante à suspensão da prescrição enquanto não cumprido ou não rescindido o acordo de não persecução penal (art. 116, IV, do Código Penal), repete-se regra idêntica à verificada na suspensão condicional do processo, *ex vi* do art. 89, § 6º, da Lei nº 9.099/95. A opção legislativa é razoável, nada havendo de inconstitucional.

Inexiste previsão similar em relação à transação penal, sendo descabido traçar qualquer analogia, sob pena de **legislar *in malam partem*,** em desconformidade com os postulados constitucionais da legalidade penal estrita e do devido processo legal. Se a Lei nº 13.964/19, ao incluir o inciso IV ao art. 116 do CP, apenas se referiu ao acordo de não persecução penal, nada obstante a nítida semelhança com a transação penal, pois ambas objetivam evitar a deflagração da ação, é forçoso reconhecer o silêncio eloquente no tangente à última. Inexistem causas suspensivas da prescrição implícitas ou subliminares. Todas carecem de previsão legal **expressa**, segundo bem colocou, acertadamente, o STJ[8].

O termo **inicial** da suspensão da prescrição é a data na qual o acordo de não persecução penal foi chancelado judicialmente. Ainda que o juiz não explicite a suspensão na decisão homologatória, decorre automaticamente da lei – art. 116, IV, do Código Penal. Da data da rescisão da avença, a prescrição volta a correr. No caso de cumprimento do pacto, descabe continuar a falar em prescrição, pois a pretensão punitiva estatal estará extinta, restado ao juízo competente declará-la, a teor do art. § 13 do art. 28-A do CPP, lembrando que, na esteira de todo e qualquer pronunciamento declaratório, a eficácia é *ex tunc*, retroagindo à data em que o acordo foi integralmente observado.

---

[8] RHC 80.148/CE, Rel. Ministro Antonio Saldanha Palheiro, Sexta Turma, julgado em 01/10/2019, DJe 04/10/2019 – "...1. *Conforme orientação desta Corte, as causas suspensivas da prescrição demandam expressa previsão legal* (AgRg no REsp n. 1.371.909/SC, relator Ministro Joel Ilan Paciornik, Quinta Turma, julgado em 23/08/2018, DJe de 03/09/2018). 2. *Durante o prazo de cumprimento das condições impostas em acordo de transação penal (art. 76 da Lei n. 9.099/1995) não há, em razão da ausência de previsão legal, a suspensão do curso do prazo prescricional...*" (grifo nosso).

13
EFEITOS PATRIMONIAIS DA SENTENÇA PENAL CONDENATÓRIA E CONSTRIÇÕES CAUTELARES PATRIMONIAIS

Historicamente, o sequestro sempre recaiu sobre os bens que fossem proveito da infração penal, *ex vi* do art. 126 do CPP, que conserva a redação originária de 1941. A única exceção consiste nos crimes atentatórios à Fazenda Pública, nos quais o sequestro incide sobre todos os bens do imputado, independentemente de a proveniência ser lícita ou não, *ex vi* do art. 4º, *caput*, Decreto-lei nº 3.240, de 8 de **maio** de 1941 – "*o sequestro pode recair sobre **todos** os bens do indiciado, e compreender os bens em poder de terceiros desde que estes os tenham adquirido dolosamente, ou com culpa grave*" (grifo nosso) –, fazendo também as vezes de arresto, cujo escopo é garantir-lhe a solvabilidade, quando da liquidação integral (para além da verba indenizatória mínima, ora prevista no art. 387, IV, do CPP, com a redação dada pela Lei nº 11.719/08) e execução da sentença penal condenatória. Como o Código de Processo Penal, de 3 de **outubro** de 1941, disciplinou, inteiramente, as medidas cautelares reais, restringindo o sequestro aos bens que fossem proveito da infração penal, em apreço ao **princípio da anterioridade** sustentou-se a revogação tácita do citado art. 4º do Decreto-lei nº 3.240, afinal, *lex posteriori derogat anteriori*. Contudo, o Superior Tribunal de Justiça, por meio, até, da Corte Especial[1], ratificou a subsis-

---

[1] RCDESP no Inq 561/BA, Rel. Ministra Eliana Calmon, Corte Especial, julgado em 17/06/2009, DJe 27/08/2009 – "*...Mostra-se **prescindível** para a decretação do sequestro regulado pelo Dec. Lei 3.240/41, **o exame em torno da licitude da origem dos bens passíveis de constrição**, sendo necessário apenas que haja indícios veementes de que os bens pertençam a pessoa acusada da prática de crime que tenha causado prejuízo à Administração Pública...*" (grifo nosso).

tência da norma, com lastro no **princípio da especialidade**, porquanto adstrita aos crimes contra a Fazenda Pública[2], aplicando-a normalmente[3].

A Lei nº 12.683, de 9 de julho de 2012, ao alterar a Lei nº 9.613/98, voltada à repressão ao crime de lavagem de capitais, contemplou uma espécie de "fungibilidade" entre o sequestro e o arresto, autorizando a conservação da constrição cautelar dos bens do imputado, mesmo depois de provada a origem lícita, a fim de conservá-lo solvável. Com efeito, o § 2º do art. 4º passou a preconizar que *"o juiz determinará a liberação total ou parcial dos bens, direitos e valores quando comprovada a licitude de sua origem,* **mantendo-se a constrição dos bens, direitos e valores necessários e suficientes à reparação dos danos e ao pagamento de prestações pecuniárias, multas e custas decorrentes da infração penal"* (grifo nosso).

Dias depois, adveio a Lei nº 12.694, de 24 de julho imediato, e, alargando ainda mais a proposta veiculada na Lei nº 12.683, positivou, na qualidade de **regra geral**, o **sequestro pelo equivalente**, ou seja, estendeu-o para bens de proveniência lícita, de valor equiparável ao proveito da infração penal, quando este não for localizado ou estiver no exterior. Para tanto, o efeito da condenação concernente à perda do *produto do crime ou de qualquer bem ou valor que constitua* **proveito** *auferido pelo agente com a prática do fato criminoso,* inserto no inciso II do art. 91 do Código Penal, foi expandido aos *bens ou valores* **equivalentes** *ao produto ou proveito do crime quando estes não forem encontrados ou quando se localizarem no exterior,* segundo preconizado no § 1º, incluso ao art. 91, tornando-os também sequestráveis, na esteira do preconizado no também inserido § 2º: *as medidas assecuratórias previstas na legislação processual poderão abranger bens ou valores* **equivalentes** *do investigado ou acusado para posterior decretação de perda* (grifo nosso).

Conquanto tais bens tenham origem lícita, caso corram risco de deterioração ou, mesmo, de depreciação, o juiz pode, **no curso da persecução penal**, determinar-lhe a alienação antecipada, admitido o arremate por, no mínimo, 80% (oitenta por cento) do estipulado na avaliação judicial, depositando o montante arrecadado em conta vinculada ao Juízo, devolvido ao acusado se vier a ser absolvido – art. 144, cabeça e §§ 2º e 3º do CPP, igualmente com a redação dada pela Lei nº 12.694/12. Procedimento bem similar foi estabelecido para os procedimentos alusivos à lavagem de capitais e delitos conexos ou continentes, considerado o art. 4º-A da Lei nº 9.613/98, acrescentado pela Lei nº 12.683/12, mas permitida a alienação por valor a partir de 75% (setenta e cinco por cento) da avaliação, *ex vi* do § 3º.

Em suma: no curso da ação penal, **sem culpa selada**, o acusado pode ver o seu patrimônio **lícito**, porque não composto por bens que sejam proveito da infração penal que lhe é imputada, dilapidado de um quinto (regra geral) a um quarto (lavagem de

---

[2] REsp 1124658/BA, Rel. Ministro Og Fernandes, Sexta Turma, julgado em 17/12/2009, DJe 22/02/2010 – "...3. O Superior Tribunal de Justiça já se manifestou no sentido de que o sequestro de bens de pessoa indiciada ou já denunciada por crime de que resulta prejuízo para a Fazenda Pública, previsto no Decreto Lei nº 3.240/41, **tem sistemática própria e não foi revogado pelo Código de Processo Penal em seus arts. 125 a 133, continuando, portanto, em pleno vigor, em face do princípio da especialidade...**" (grifo nosso).

[3] AgRg no RMS 60.927/SC, Rel. Ministro Reynaldo Soares da Fonseca, Quinta Turma, julgado em 17/09/2019, DJe 24/09/2019; AgRg no RMS 60.570/MS, Rel. Ministra Laurita Vaz, Sexta Turma, julgado em 18/06/2019, DJe 01/07/2019.

dinheiro), **antecipando-se 1 (um) dos efeitos da sentença penal condenatória**. Mesmo se interpretado restritivamente o art. 5º, LVII, da CRFB/88 como presunção de não culpabilidade, a inconstitucionalidade deste modelo é flagrante, afinal, impõe-se ao réu um decréscimo patrimonial **definitivo** de 20 a 25%, por força de uma condenação criminal **sequer prolatada** ou, ao menos, **não transitada em julgado**. Como *nulla poena sine culpa*, adiantando-se, definitivamente, os efeitos patrimoniais da hipotética represália, antecipa-se, abertamente, a culpa.

O art. 5º, LVII, da CRFB/88 encerra, sim, **regra de julgamento**, sendo, axiologicamente, o vetor primordial por detrás do *in dubio pro reo*, reforçado, ou seja, **coadjuvado** pelo *favor rei* ou *favor libertatis* – na dúvida, observa-se a presunção de inocência, absolvendo-se o réu, na forma do art. 386, II, V, VI, 2ª parte ou VII do CPP. Mas igualmente representa **regra de tratamento**, daí se exigir, *v.g.*, a verificação da procedência das informações, antes de instaurar o inquérito (art. 5º, § 3º do CPP) e a justa causa para o oferecimento da ação penal (art. 395 do CPP), traduzindo crime de abuso de autoridade *dar início ou proceder à persecução penal, civil ou administrativa **sem justa causa fundamentada***, a teor do art. 30 da Lei nº 13.869, de 5 de setembro de 2019. Seguindo essa mesma ordem de ideias, a Lei nº 13.964/19, rendendo-se à jurisprudência do STF, conforme estudamos no capítulo dedicado à colaboração premiada, positivou a insuficiência das declarações do delator para escudar não só a sentença penal condenatória, mas o recebimento da denúncia e a decretação de medidas cautelares pessoais e/ou **reais** (art. 4º, novel § 16 da Lei nº 12.850/13).

Pois a alienação antecipada, nos moldes acima contemplados, coloca o acusado sob o estado de **culpado**, pois, do contrário, como explicar um decréscimo de 20 ou de 25% do seu patrimônio **lícito** por força de uma virtual condenação, não proferida ou, se prolatada, sem trânsito em julgado? À luz desse contexto, contraditório e ampla defesa tornam-se caricaturais, servindo apenas para "legitimar" a inescapável condenação.

Não se ignora o art. 5º, LXXV, da CRFB/88 e o óbvio direito de formalizar ação indenizatória em face do Estado para recompor o patrimônio, caso venha a ser absolvido. Mas tal constatação explicita, com veemência ainda maior, a **inversão** não autorizada pela Lei Maior: ressarcir o decréscimo patrimonial oriundo de um **potencial** título condenatório **não concretizado**. A provisoriedade inerente às tutelas cautelares convive com o art. 5º, LVII, ainda mais quando lido, timidamente, como presunção de não culpabilidade, daí a constitucionalidade do sequestro, do arresto e da hipoteca legal. Mas, ao admitir a alienação antecipada dos bens, a precariedade convola-se em definitividade, afinal, o arrematante do bem o transfere, em definitivo, para o seu patrimônio. Sobrevindo a absolvição, o denunciado buscará o ressarcimento em face do Estado, e não daquele. O *status quo ante* **não** se restaura, denotando que *provisoriedade* e *reversibilidade* não são justapostos.

Tampouco se diga que não haveria alternativas exequíveis. A própria Lei nº 13.964/19 contemplou uma, ao inserir o art. 133-A no Código de Processo Penal, preconizando, no *caput*, que o juiz *pode autorizar, constatado o interesse público*, **a utilização de bem sequestrado, apreendido ou sujeito a qualquer medida assecuratória pelos órgãos de segurança pública** *previstos no art. 144 da Constituição Federal, do sistema prisional, do sistema socioeducativo, da Força Nacional de Segurança Pública e do Instituto Geral de Perícia, para o desempenho de suas atividades* (grifo nosso), reduzindo os riscos de deterioração pelo não uso. Prestigiou-se, acertadamente, a eficiência e o mérito, pois, nos moldes do § 1º, *o órgão de segurança pública participante das ações de investigação ou repressão da* infração penal que ensejou a constrição do bem terá prioridade na sua utilização. Opção justa e equilibrada. Fora das hipóteses anteriores, demonstrado o interesse público, o juiz poderá autorizar o uso do bem pelos demais órgãos públicos, complementa o § 2º. Esclarece o § 3º que *se o bem a que se refere o caput deste artigo for veículo, embarcação ou aeronave, o juiz ordenará à autoridade de trânsito ou ao órgão de registro e controle a expedição de certificado provisório de registro e licenciamento em favor do órgão público beneficiário, o qual estará isento do pagamento de multas, encargos e tributos anteriores à disponibilização do bem para a sua utilização, que deverão ser cobrados de seu responsável.* Alcançado o trânsito em julgado da condenação, *com a decretação de perdimento dos bens*, **ressalvado o direito do lesado ou terceiro de boa-fé**, *o juiz poderá determinar a transferência definitiva da propriedade ao órgão público beneficiário ao qual foi custodiado o bem* (grifo nosso), a teor do § 4º, em vez de levá-los à avaliação e leilão, **excepcionando** a regra geral do art. 133 do CPP, ao qual se reporta o art. 122 do mesmo diploma legal.

Regramento semelhante já se verificava na Lei nº 11.343/06, no tocante aos veículos, embarcações, aeronaves e quaisquer outros meios de transporte e aos maquinários, utensílios, instrumentos e objetos de qualquer natureza utilizados para a prática dos crimes relacionados à mercancia de entorpecentes, haja vista o art. 62, com a redação dada pela Lei nº 13.886, de 17 de outubro de 2019.

Outra opção, *de lege lata*, é o Estado arcar com os custos de conservação, cobrando-os do réu ao final, caso venha a ser condenado, nos termos do art. 804 do CPP.

O que não dá é, sob o pretexto de aliviar o Estado dos encargos de manutenção dos bens **cautelarmente** bloqueados, promover expropriação decorrente de hipotética condenação, antecipando-lhe 1 (um) dos (principais) efeitos, comportando-se como se inexistisse o art. 5º, LVII, da CRFB/88. Oportunizar o contraditório e a ampla defesa incidentalmente ao procedimento de alienação antecipada é consectário lógico e inescapável do inciso LV do art. 5º da CRFB/88, sem apagar, nem atenuar, a clara ofensa ao estado (presunção) de inocência (não culpabilidade). Descabe embaralhar os postulados constitucionais. E, se existem opções ao largo da expropriação, implementá-la, ainda assim, **ofende o princípio da proporcionalidade**, sob o ângulo da **necessidade**.

Embora seja hipótese consideravelmente menos drástica, por recair, ao menos, sobre bens utilizados pela mercancia de entorpecentes, essa tendência foi confirmada pela citada Lei nº 13.886/19, pois o novel art. 61, § 11 da Lei nº 11.343/06 permite que tais bens, móveis ou imóveis, caso não utilizados pelo Estado, sejam alienados antecipadamente, por valor igual ou superior à **metade** do avaliado judicialmente.

Pois a Lei nº 13.964/19, ao incluir o art. 91-A no Código Penal para positivar o **confisco (ou perda) alargado**, exorbitou a violação ao estado (presunção) de inocência (não culpabilidade), atentando, também, contra o devido processo legal, o direito ao silêncio e o postulado a não autoincriminação – respectivamente, art. 5º, LIV e LXIII, da CRFB/88, e art. 14, 3, *g*, do PIDCP e art. 8º, 2, *g*, da CADH.

Apesar de todas as ressalvas constitucionais acima articuladas, o sequestro pelo equivalente (art. 91, §§ 1º e 2º do Código Penal) e/ou a "fungibilidade" entre o sequestro e o arresto, contemplada no art. 4º, § 2º da Lei nº 9.613/98, por mais que recaiam sobre bens de origem lícita, **guardam relação com a imputação delitiva formalizada, porque objetivam reunir montante equivalente ao proveito da infração penal**. O confisco alargado, contudo, importa constrição de bens completamente **desconectados** com o injusto creditado ao imputado. Isso porque, além da apreensão dos bens que sejam objeto ou instrumento do crime, do sequestro daqueles que sejam proveito deste e/ou de montante equivalente aos ganhos auferidos com a prática delitiva, todos passíveis de perda caso, ao final, sobrevenha a condenação (art. 91, II e §§ 1º e 2º, do CP), o confisco alargado permite a indisponibilidade cautelar e ulterior perda **também** *"dos bens correspondentes à diferença entre o valor do patrimônio do condenado e aquele que seja compatível com o seu rendimento lícito"*, *ex vi* do novel art. 91-A, cabeça, do Código Penal.

Ora, se o Estado-juiz, dentro dos limites fixados na causa de pedir, bloqueou os bens correlatos à pretensão acusatória, enquanto *instrumentos, objetos* ou *proveitos* do crime, indisponibilizando os lícitos de valor próximo a estes últimos, se não encontrados, **a invasão estatal sobre o patrimônio do imputado encontra-se exaurida, considerados o pedido condenatório e o fato jurígeno que o embasa**. Impor ainda mais limitações e decréscimos patrimoniais, sob a alegação de descompasso entre os bens amealhados e as fontes de renda lícitas do acusado, atenta contra o **devido processo legal**, porque **não formalizadas outras imputações criminosas que permitam concluir pela origem espúria também desses outros bens**. Nesse aspecto, ter-se-ia um pronunciamento jurisdicional reconhecidamente *ultra petita*.

Conquanto não se possa descolar da realidade – e, em muitos casos, a incompatibilidade entre o patrimônio do imputado e as suas fontes de renda é abissal (causa estranheza, *v.g.* considerados os rendimentos médios dos policiais militares, ver alguns ostentando joias, carros de luxo importados, roupas de grife e imóveis avaliados em milhões de reais) – **a expropriação dar-se-ia intuitivamente, com lastro em indícios, subvertendo a ordem ditada pela Constituição, pois competiria ao imputado provar a licitude dos bens**. O STF e o STJ até admitem, no processo penal, com muitas (e justificadas) críticas doutrinárias, arrimadas no art. 5º, LVII, da CRFB/88, a inversão do ônus da prova, mas **pontualmente**, em relação à **determinada** questão de mérito – *v.g.* sinalizando a prova oral o emprego de arma de fogo de uso permitido durante o roubo, compete ao réu elidir a exasperante, demonstrando estar defeituosa ou sem munição, ou, ainda, ser um simulacro[4], quadra equivalente, consigne-se de passagem, à prova diabólica, de produção praticamente impossível – prova de fato negativo. Mas, *in casu*, **o Estado, autor da pretensão confiscatória,**

---

[4] STF, HC 103910, Relator Min. Luiz Fux, Primeira Turma, julgado em 08/11/2011, *DJe*-230 divulg 02/12/2011 public 05/12/2011 – *"...I – Não se mostra necessária a apreensão e perícia da arma de fogo empregada no roubo para comprovar o seu potencial lesivo, visto que tal qualidade integra a própria natureza do artefato. II – Lesividade do instrumento que se encontra in re ipsa. III – A qualificadora do art. 157, § 2º, I, do Código Penal, pode ser evidenciada por qualquer meio de prova, em especial pela palavra da vítima – reduzida à impossibilidade de resistência pelo agente – ou pelo depoimento de testemunha presencial. IV – Se o acusado alegar o contrário ou sustentar a ausência de potencial lesivo da arma empregada para intimidar a vítima, será dele o ônus de produzir tal prova, nos termos do art. 156 do Código de Processo Penal..."* (grifo nosso); STJ, AgRg no AREsp 1111512/MG, Rel. Ministro Jorge Mussi, Quinta Turma, julgado em 11/12/2018, *DJe* 01/02/2019 – *"...1. Consoante entendimento firmado pela Terceira Seção deste Tribunal Superior, para o reconhecimento da causa de aumento de pena prevista no inciso I do § 2º do art. 157 do Código Penal, bem como da figura qualificada do crime de quadrilha, mostra-se dispensável a apreensão do objeto e a realização de exame pericial para atestar a sua potencialidade lesiva, quando presentes outros elementos probatórios que atestem o seu efetivo emprego na prática delitiva (EREsp 961.863/RS), exatamente como no caso dos autos. 2. **O poder vulnerante integra a própria natureza do artefato, sendo ônus da defesa, caso alegue o contrário, provar tal evidência. Exegese do art. 156 do CP...**"* (grifo nosso).

nada precisaria provar. Apresentada uma tabela, simplificada, indicativa do suposto descompasso entre patrimônio amealhado e fontes lícita e declaradas de receita, o ônus probatório seria transferido, integralmente, ao imputado. Optando pelo silêncio, simplesmente veria seus bens serem confiscados pelo Estado com base em ilações, sem sequer apontar o fato jurígeno conducente à origem espúria. Insurgindo-se contra a expropriação, seria compelido, quiçá, a revelar, *v.g.*, outros ganhos, não declarados, incriminando-se. Admitir um modelo como esse, repita-se, pautado em mera intuição, sepulta a presunção de inocência (ou não culpabilidade) e o devido processo legal, dois dos mais importantes mecanismos de contenção estatal, pavimentando o caminho para futuras arbitrariedades, afinal, em muitos casos, essa discrepância entre rendimentos e patrimônio acumulado **não será tão nítida**, mas o Estado se sentirá tentado a especular, vulgarmente conhecido "pagar para ver", desnaturando o estado de inocência em de suspeição. Permanente. **A própria Constituição da República condiciona o confisco de bens à origem ilícita definida, ou seja, à vinculação à infração penal determinada. Identificada**, *ex vi* do parágrafo único do art. 243, com a redação dada pela Emenda Constitucional nº 81/2014: *Todo e qualquer bem de valor econômico apreendido* **em decorrência do tráfico ilícito de entorpecentes e drogas afins e da exploração de trabalho escravo** *será confiscado e reverterá a fundo especial com destinação específica, na forma da lei* (grifo nosso).

A Lei nº 13.964/19, antevendo tais críticas, preconizou, no § 3º do art. 91-A do CP, que *"a perda prevista neste artigo deverá ser requerida expressamente pelo Ministério Público, por ocasião do oferecimento da denúncia, com indicação da diferença apurada"*. Todavia, a exigência de formulação prévia de pedido, incidental à denúncia, **não apaga o fato de se deduzir pretensão patrimonial desconexa à penal condenatória, afinal, os bens cuja perda se busca não são instrumento, produto nem proveito das infrações penais imputadas ao réu, nem mesmo pelo equivalente**. Seriam frutos de outros crimes, **não identificados**, em relação aos quais **sequer existem inquéritos instaurados**, afinal, se houvesse, nada impediria, *v.g.*, o sequestro, medida cautelar não só incidental, mas também preparatória à ação penal (art. 127 do CPP). A perda patrimonial, longe de traduzir pretensão adesiva à principal, seria **autônoma** à última, calcada na **ilação** de que os bens remanescentes do acusado – desconsiderados os já sequestrados, arrestados e apreendidos, de fato relacionados aos crimes que lhe são imputados – teriam origem criminosa, porque em descompasso com os seus ganhos lícitos. Mas desacompanhada de qualquer outra pretensão punitiva que a respalde. **Descabe despir alguém dos seus bens sem o devido processo legal – art. 5º, LIV, da CRFB/88**.

Conquanto não guarde relação direta com o tema em foco, convém lembrar ser abuso de autoridade *"decretar, em processo judicial,* **a indisponibilidade de ativos financeiros em quantia que extrapole exacerbadamente o valor estimado para a satisfação da dívida da parte** *e, ante a demonstração, pela parte, da excessividade da medida, deixar de corrigi-la"*, *ex vi* do art. 36 da Lei nº 13.869/19, reforçando a ilicitude (e inconstitucionalidade) da imposição de perdas patrimoniais sem o devido processo legal correspondente.

Lado outro, **como impor perda patrimonial a partir de um juízo de mera suspeita? O estado insculpido no art. 5º, LVII, da CRFB/88 é de inocência. Não é de suspeição, nem de culpa**.

Como, na denúncia, bastaria ao *Parquet* indicar a diferença apurada (art. 91-A, § 3º do CP), o Conselho Nacional de Procuradores-Gerais dos Ministérios Públicos dos

Estados e da União (CNPG) e o Grupo Nacional de Coordenadores de Centro de Apoio Criminal (GNCCRIM) aprovaram o Enunciado nº 02, segundo o qual *nos casos de confisco alargado (art. 91-A), para efeito de indicação do valor a ser perdido (parágrafo 3º),* **basta a apresentação de cálculo simplificado,** *baseado nos dados disponíveis no momento do oferecimento da denúncia, sem prejuízo do incremento do quantum decorrente de eventuais provas que venham a ser aviadas aos autos no curso da instrução processual* (grifo nosso). Inverte-se o ônus probatório, competindo ao imputado *"demonstrar a inexistência da incompatibilidade ou a procedência lícita do patrimônio"*, na esteira do § 2º do art. 91-A do CP, em outro duro golpe contra o art. 5º, LVII da CRFB/88 – se a presunção é de inocência (ou não culpabilidade), cumpre à acusação desfazê-la, sendo inconstitucional transferir tal ônus ao acusado, **ainda mais no caso em tela, no qual sequer existem outras imputações criminosos formalizadas, em relação às quais pudessem estar os seus bens residuais minimamente conectados.**

Em verdade, compele-se o acusado à autoincriminação, pois, **no afã de demonstrar a origem idônea dos bens, pode acabar incriminando-se, produzindo provas com potencial de serem interpretadas ou usadas contra si.**

Consigne-se que, sobrevindo o trânsito em julgado da condenação, sela-se a **culpa** do sentenciado **no tocante à imputação delitiva que lhe foi dirigida.** Em relação a qualquer novo fato delituoso descoberto, a presunção persiste sendo de não culpabilidade. O condenado não passa a ficar sob estado de permanente suspeição, como se recebesse uma *capitis diminutio*.

A fragilidade constitucional e dogmática do confisco alargado ressai desde a nomenclatura, afinal, *confisco* nada tem de elogioso ou virtuoso, sendo, inclusive, vedado constitucionalmente em matéria tributária (art. 150, IV da CRFB/88), a fim de tentar arrefecer a inexorável disparidade de armas quando contraposto o Fisco ao contribuinte. Idêntica inferioridade tem o cidadão na relação com o Estado-acusação, no âmbito penal, logo, se, no universo tributário, práticas confiscatórias são repelidas, com razão ainda maior hão de ser defenestradas no âmbito penal.

Existe até o risco de promover o enriquecimento sem causa. Se existem bens em valor superior à possibilidade financeira do sentenciado, presentes as suas fontes de renda lícitas, *intui-se* serem proveito de injusto **não identificado.** Por conseguinte, a perda será determinada em favor de quem? Ilustrando: decretada a perda dos bens, porque incompatíveis com os ganhos lícitos do condenado, em prol do *Estado*, como proceder se, posteriormente, vier o sentenciado a responder a novo processo, por crime cometido contra a *União*, cujo prejuízo corresponde, exatamente, ao valor dos bens perdidos? Estes, que deveriam ter sido revertidos em favor desta, beneficiaram àquele. Os bens remanescentes do acusado seriam reconhecidamente lícitos, condizentes com os seus ganhos, logo, inaceitável arrestá-los ou sequestrá-los pelo equivalente, como forma de ressarcir a União, caso sobrevenha nova condenação, pois não se pode desconsiderar a expropriação anteriormente implementada. Se o destino dado foi equivocado, o imputado, para tal, não concorreu minimamente, não podendo ser onerado, materialmente, mais uma vez, pelo Estado, por conta de equívoco estritamente seu. Tal quadro, além de caracterizar inaceitável *venire contra factum proprium*, não deixa de encerrar velado *bis in idem*.

Finalmente, inexiste espaço para se invocar a proporcionalidade *lato sensu* ou razoabilidade em deferência a um hipotético "direito fundamental à segurança pública", atropelando-se múltiplas garantias fundamentais, sob pena de ignorar tudo já escrito e lecionado a respeito, segundo bem pontuou Winfried Hassemer[5]. Agigantar o Estado, achatando-se o indivíduo é tudo que o postulado da proporcionalidade (ou razoabilidade) mais repudia.

O art. 91-A do Código Penal é, por tudo isso, **inconstitucional**. Nessa esteira, o Enunciado nº 1 da Defensoria Pública do Estado de Minas Gerais: *É inconstitucional o art. 91-A, cabeça, e § 2º do CP, por violar o princípio constitucional da presunção de inocência e da vedação ao confisco (art. 5º, LIV e LVII da CRFB/88), assim como por promover indevida inversão do ônus da prova, disciplinado no art. 156 do CPP.*

Superada a questão pertinente à (in)constitucionalidade do art. 91-A do Código Penal, cumpre fixar-lhe o alcance e impactos.

A perda patrimonial não é efeito inerente a toda e qualquer condenação criminal, mas àquelas correspondentes a infrações penais com reprimenda máxima superior a 6 (seis) anos de **reclusão** – art. 91-A, *caput*, do CP. Reúnem-se, cumulativamente, critérios **quantitativo** e **qualitativo**: teto acima de 6 (seis) anos, desde que cominada pena de reclusão.

A contrario sensu, excluem-se, por óbvio, as contravenções, que não atendem a qualquer dos requisitos. A maioria dos crimes culposos igualmente está descartada, mas persistiria, por exemplo, o homicídio culposo de trânsito qualificado pela condução sob efeito etílico ou de qualquer outra substância psicoativa ensejadora de dependência, considerada a reprimenda de reclusão, de cinco a oito anos.

Nada obstante, também este injusto, como qualquer outro culposo, está fora do alcance do art. 91-A, por total incompatibilidade ontológica e teleológica. O preceito, extremamente limitador de direitos, desafia interpretação restritiva, em deferência aos princípios da legalidade penal estrita e do devido processo legal. E, na essência e nos fins, mirou as condenações por crimes graves, evidentemente dolosos. Incluir os culposos ignoraria a *ratio legis*, desvirtuando, por completo, o sentido da norma. Por exclusão do *caput* do art. 91-A do CP devem ser igualmente descartados os crimes dolosos punidos com detenção.

O art. 91-A do CP compreende, portanto, os crimes dolosos, com pena de reclusão, cujo teto supere 6 (seis) anos.

Partindo dessa toada, e para evitar repetições desnecessárias, reproduz-se a lógica norteadora de vários outros comandos vinculados à quantidade de pena máxima, já examinados na obra, como o acordo de não persecução penal (art. 28-A, cabeça, do CPP) e a captação ambiental (art. 8º-A, II da Lei nº 12.850/13): consideram-se as qualificadoras, porque ostentam escalas penais próprias, e as causas de aumento e de diminuição de pena, independentemente se situadas na parte geral ou especial do Código Penal, ou, ainda, na legislação extravagante, majorando-se da maior fração e reduzindo da menor, porque perseguido o teto, ao invés do piso.

Paulo Rangel, debruçando-se sobre o tema ao tratar das medidas cautelares pessoais, compreende que, conquanto a admissibilidade esteja vinculada ao *quantum* penal máximo em abstrato (*v.g.* viabilidade da prisão preventiva, *ex vi* do art. 313, I, do CPP, ou do arbitramento da fiança pela autoridade policial, *ex vi* do art. 322 do CPP), qualquer projeção em abstrato deve se pautar nas frações mais benéficas ao réu, reduzindo-se do

---

[5] Processo Penal e Direito Fundamental. In: PALMA, Maria Fernanda (coord.). *Jornadas de Direito Processual Penal e Direito Fundamental*. Coimbra: Almedina, 2004, p. 22.

máximo e aumentando do mínimo, justamente porque despida de elementos concretos: quando eleita fração de aumento superior ao piso ou preterido o redutor máximo, cumpre ao juiz justificar, diferentemente de quando majora do mínimo ou reduz do teto. O *favor libertatis* e a legalidade penal estrita são a mola mestra desse pensamento – não ampliar preceitos restritivos de direitos, nem tolher normas concessivas de direitos[6]. A inteligência da proposta irradia-se ao art. 91-A do Código Penal, bem como a várias outras hipóteses normativas alteradas ou introduzidas pela Lei nº 13.964/19, como os ora mencionados acordo de não persecução penal e captação ambiental. Sem embargo, é compreensão **minoritária**, sem penetração no STF e no STJ, por distanciar-se dos parâmetros legais, desvirtuando-os: se a incidência da norma está condicionada à quantidade de pena máxima, cumpre definir, então, o **teto penal** do injusto, se circunstanciado ou, por qualquer razão, minorado, exasperando do máximo e reduzindo do mínimo. Sem isso, distorce-se a lei.

Agravantes e atenuantes genéricas, por outro lado, são neutras, porque só repercutem em concreto.

Quanto ao concurso de crimes, computa-se o acréscimo daí decorrente, somando-se os tetos, se material ou formal imperfeito, ou majorando do máximo, se formal perfeito ou continuação delitiva. Sem embargo, **desconsidera-se o acréscimo concernente às contravenções penais, crimes culposos e, mesmo, os dolosos, se punidos com detenção,** porque são infrações penais que, aprioristicamente, **estão excluídas do art. 91-A do Código Penal** – sopesá-las importaria interpretação extensiva *in malam partem*.

O *quantum* da condenação é irrelevante, bastando que verse sobre crimes dolosos, punidos com reclusão, com pena máxima superior a 6 (seis) anos. A primeira parte do *caput* do art. 91-A do Código Penal é autoexplicativa, ao referir-se à *condenação por infrações* às quais a lei **comine** pena máxima superior a 6 (seis) anos de reclusão.

Conforme estudado *retro*, os bens que sejam proveito da infração penal ensejadora da condenação terão a perda decretada, se condenado o réu, nos moldes do art. 91, II, b do Código Penal. Se não encontrados, outros, de valor equivalente, igualmente podem ser perdidos em prol do Estado, haja vista o § 1º. Portanto, embora a 2ª parte do *caput* do art. 91-A preveja a *perda, como* **produto** *ou* **proveito** *do crime, dos bens correspondentes à diferença entre o valor do patrimônio do condenado e aquele que seja compatível com o seu rendimento lícito,* **não é nem uma coisa nem outra, porque, simplesmente, inexiste imputação delitiva a eles correlata**. Se existe tal diferença, uma das *n* explicações pode ser, sim, a proveniência ilícita. Mas não há como adjetivar tais bens *produto* ou *proveito* de um delito, até então, **ignorado**.

A perda dos bens alcança todos os *de sua titularidade, ou em relação aos quais ele tenha o domínio e o benefício direto ou indireto,* **na data da infração penal ou recebidos posteriormente**, haja vista o inciso I do § 1º do art. 91-A do Código Penal. O legislador seria mais transparente caso aludisse, de vez, ao patrimônio integral do sentenciado, porque, repita-se, o dispositivo mira bens desconexos com o crime ensejador da condenação – em relação a estes, incide o art. 91, II, *b*, e § 1º do CP. A menção aos *"recebidos posteriormente"* ao injusto objeto da sentença penal condenatória só endossa a constatação. Buscou-se camuflar a gritante expropriação.

---

[6] *Direito Processual Penal*, ob. cit., p. 901-904.

Na realidade, as remissões ao *crime* motivador da condenação ou ao seu *produto* ou *proveito*, além de recursos semânticos para escamotear acintoso confisco, buscam viabilizar, no curso do processo, a constrição cautelar também desses bens, via **apreensão**, se entendidos como objeto de **hipotética** infração (art. 240, § 1º, b do CPP), **sequestro**, se compreendidos como **proveito** (art. 127 do CPP), ou, mesmo, **arresto** (compreendido no art. 134 do CPP, apesar de, nominalmente, referir-se à hipoteca legal) a fim de assegurar a solvabilidade do acusado, se vier a ser condenado. Todavia, **os bens listados no art. 91-A do CP não comportam constrição cautelar alguma**.

Conditio sine qua non à concessão de qualquer tutela cautelar é o *fumus boni iuris*, relido, por muitos, no universo penal, para *fumus comissi delicti*. Como, entretanto, bloquear provisoriamente bens alegadamente *objetos* ou *proveitos* de **crime**, ou para assegurar o êxito da vindoura execução do título condenatório penal **se nem imputação formalizada há?** Como cogitar a plausibilidade de pretensão condenatória **ainda não exercida**, porque desconhecidos os delitos alegadamente perpetrados, incluindo o próprio cometimento?

Quando positivada a "fungibilidade" entre o sequestro e o arresto no art. 4º, § 2º da Lei nº 9.613/98, a Lei nº 12.683/12 expressamente admitiu a incidência das medidas assecuratórias. O § 2º do art. 91 do CP fez o mesmo ao estatuir o sequestro pelo equivalente, nos termos da Lei nº 12.694/12, autorizando a constrição cautelar de tais bens. Mas assim o fizeram presente **imputação delitiva definida**, cujo acolhimento produz efeitos patrimoniais relacionados ao delito ensejador da condenação. **O art. 91-A, contudo, não previu qualquer tutela assecuratória concernente aos bens de valor superior aos rendimentos lícitos do condenado**, porque, simplesmente, **inexiste crime correlato que explicaria a alegada origem espúria**. O silêncio do art. 91-A foi **eloquente**, ainda mais se comparado com os dispositivos *supra*. Caso o juiz defira a constrição, mostrar-se-á **ilegal**.

O inciso II do § 1º do art. 91-A do Código Penal ainda prevê a possibilidade de a perda compreender bens *transferidos a terceiros a título gratuito ou mediante contraprestação irrisória, a partir do início da atividade criminal*. Os parágrafos excepcionam ou detalham o comando contido na cabeça do dispositivo. O § 1º objetiva esmiuçá-lo, logo, herda as premissas do *caput*. Destarte, se a norma versa sobre bens pretensamente ilícitos, porque em valor superior aos ganhos lícitos do imputado, porém não adstritos a qualquer infração penal, mesmo porque desconhecida, **qual atividade criminal seria essa?** Definitivamente não é o delito objeto da condenação, porque os bens que hajam sido proveito seu, ou em valor equivalente, já estão compreendidos no art. 91, II, *b*, e § 1º do Código Penal. Todas as objeções à constitucionalidade do art. 91-A potencializam-se aqui, por passarem a atingir não apenas o réu, mas terceiros, tudo em torno da **suspeita** de o bem transacionado pelo sentenciado ser espúrio, porque avaliado acima da sua capacidade financeira.

De todo modo, neste **último** caso, como *a perda prevista neste artigo deverá ser requerida expressamente pelo Ministério Público, por ocasião do oferecimento da denúncia, com indicação da diferença apurada*, a teor do § 3º do art. 91-A, cumpre **citar** o terceiro para defender-se, afinal, o pedido mira, primordialmente, o **seu** patrimônio. Sem isso, o dispositivo atinente à perda é **absolutamente nulo**, por completa inobservância do contraditório e da ampla defesa (art. 5º, LV, da CRFB/88). Descabe estender os efeitos do pronunciamento jurisdicional contra quem não integrou a relação processual, ainda mais quando o pedido for específico, dirigido contra pessoa determinada. A hipótese é de verdadeira *querela nullitatis insanabilis*, aplicando-se, subsidiariamente, o art. 525, § 1º, I e o art. 535, I, ambos do CPC/15.

Apesar de o art. 91-A do CP ter sido omisso acerca da matéria defensiva articulável pelo terceiro, cumpre-lhe provar a boa-fé, em petição simples, dirigida ao Juízo competente. Já o sentenciado buscará demonstrar, nos moldes do § 2º, a *inexistência da incompatibilidade ou a procedência lícita do patrimônio*. Caso seja admitido o sequestro também desses bens, no curso do processo, aplica-se, por analogia, o art. 130 do CPP, podendo tanto o acusado, quanto o terceiro, embargar. Opostos os embargos, apresentada a resposta pelo Ministério Público e produzidas as provas pertinentes, o juiz aprecia a irresignação, liberando os bens se assim entender, **sem a necessidade de aguardar o trânsito em julgado da sentença penal condenatória**, conforme, inadvertidamente, preconiza o parágrafo único do art. 130 do CPP, **não recepcionado pela Constituição pelas seguintes razões**:

a) Falece razoabilidade (ou proporcionalidade *lato sensu*) ao preceito, sob o ângulo da **adequação**, porquanto, se a questão de mérito dos embargos perpassa pela boa-fé do terceiro, quando da aquisição ou recebimento dos bens, ou pela compatibilidade com as fontes de renda lícitas do imputado, **inexiste relação de causa e efeito com a causa criminal em si**, sendo irracional condicionar o julgamento dos embargos ao trânsito em julgado da demanda, na qual as discussões fáticas e jurídicas são completamente diversas e independentes – certificar a existência e a autoria de uma conduta típica, ilícita, culpável e punível.

b) Ante a perplexidade acima, postergar-se, injustificadamente, a solução a ser dada aos embargos, em detrimento da duração razoável do processo (art. 5º, LXXVIII, da CRFB/88) e do próprio acesso à Justiça (art. 5º, XXXV, da CRFB/88), afinal, tem-se uma restrição patrimonial à espera de uma solução definitiva em primeiro grau, até para acionar as instâncias superiores, se necessário for.

c) Embaralham-se o juiz natural e o devido processo legal (art. 5º, LIII e LIV da CRFB/88), pois os embargos opostos contra uma tutela cautelar, acessória ao processo principal, apenas seriam apreciados depois do trânsito em julgado da sentença, olvidando-se que o acessório segue a sorte do principal: extinto este, aquele não mais subsiste. Reconhece-se como competente o juiz processante, nada obstante já haver exaurido a competência e a jurisdição, tornando o processo uma marcha não para frente, mas involutiva. E a perplexidade é ainda maior porque, nos moldes do art. 131, III, do CPP, igualmente não recepcionado pela Constituição, os bens apenas seriam levantados depois do **trânsito em julgado** da sentença absolutória ou extintiva da pretensão punitiva estatal, ou seja, os embargos ficariam em suspenso, mantendo-se o bloqueio dos bens, mesmo se o pedido condenatório fosse julgado **improcedente**, mas ainda pendente de recurso, em uma total subversão do devido processo legal e da presunção de não culpabilidade – art. 5º, LIV e LVII, da CRFB/88, respectivamente.

Tanto isso é verdade que, felizmente, os embargos têm sido decididos incidentalmente ao processo, antes, mesmo, da sentença penal condenatória, reputando o Superior Tribunal de Justiça ser o apelo residual, previsto no art. 593, II do CPP, o recurso adequado, porque voltado contra decisão com força de definitiva, intacável através de recurso em sentido estrito, descartando-se o mandado de segurança, mesmo quando voltado contra decisões de manutenção das constrições patrimoniais, sob o pretexto de existir recurso adequado, revestido de efeito suspensivo – art. 5º, II, da Lei nº 12.016/09, conjugado ao enunciado de Súmula nº 267 do STF[7].

A orientação fixada pelo STJ merece reparos, porque parte de premissas imprecisas. O art. 597 do CPP confere efeito suspensivo à apelação de sentença **condenatória**, ou seja, art. 593, **I** ou **III**, logo, *a contrario sensu*, o apelo residual previsto no inciso II **não** possui efeito suspensivo. Por conseguinte, *a contrario sensu* do art. 5º, II, da Lei nº 12.016/09, regra **posterior** à dita Súmula nº 267 do STF, que restringiu-lhe o amálgama, o mandado de segurança é, sim, via impugnativa adequada, **desde que manifesta a ilegalidade ou a arbitrariedade (abuso) da constrição patrimonial**, em respeito à via cognitiva mais estreita do *mandamus*. A própria 6ª Turma do STJ, em pronunciamentos posteriores ao citado *retro*, tem conhecido de irresignações contra sequestros instrumentalizadas, na origem, por meio de mandado de segurança[8]. A rigor, a própria admissibilidade do apelo residual decorre de uma certa "vista grossa", porque, em se tratando de constrições patrimoniais **cautelares**, ínsita lhes são a provisoriedade e a precariedade, logo, o pronunciamento que as implementa ou mantém não se reveste de definitividade alguma, conforme exige o art. 593, II do CPP, motivo pelo qual a 5ª Turma do STJ equivoca-se ao dirigir olhar tão refratário ao mandado de segurança. Ante a insuficiência normativa, descabe severidade maior na aferição da adequação recursal ou impugnativa, devendo-se priorizar o acesso à Justiça, o contraditório e a ampla defesa, admitindo-se ambas as vias, apelação residual ou mandado de segurança. Falhas legislativas não podem ser arcadas pelas próprias partes.

Nos termos do § 4º do art. 91-A, *na sentença condenatória, o juiz deve declarar o valor da diferença apurada e especificar os bens cuja perda for decretada*. Irresignado, compete ao terceiro ou ao condenado **apelar**, na forma do art. 593, I do CPP. Por se tratar de recurso expressamente revestido de efeito suspensivo (art. 597 do CPP), o mandado de segurança, neste caso, não é opção.

O § 5º do art. 91-A, por outro lado, veicula norma completamente fora de esquadro, porque nada tem a ver com o objeto definido no *caput*. Ao preconizar que **os instrumentos utilizados para a prática de crimes** *por organizações criminosas e milícias deverão ser declarados perdidos em favor da União ou do Estado, dependendo da Justiça onde tramita a ação penal, ainda que não ponham em perigo a segurança das pessoas, a moral ou a ordem pública, nem ofereçam sério risco de ser utilizados para o cometimento de novos crimes*

---

[7] AgRg no RMS 59.605/RS, Rel. Ministro Reynaldo Soares da Fonseca, Quinta Turma, julgado em 26/05/2020, *DJe* 02/06/2020 – "...*1. É inadmissível o manejo do mandado de segurança como meio de impugnar decisão judicial que indefere pedido de restituição de valores apreendidos em ação penal, se tal tipo de decisão pode ser impugnada por meio da apelação prevista no art. 593, II, do CPP, que, de regra, admite o efeito suspensivo. Óbices do art. 5º, II, da Lei 12.016/2009 e do enunciado n. 267 da Súmula/STF...*" (grifo nosso); AgInt no RMS 53.637/PE, Rel. Ministro Rogerio Schietti Cruz, Sexta Turma, julgado em 16/05/2017, *DJe* 24/05/2017 – "...*1. É incabível o conhecimento de mandado de segurança impetrado contra decisão que indefere o pleito de restituição dos bens sequestrados, porquanto é cabível a interposição de apelação, consoante previsto no art. 593, II, do Código de Processo Penal, o que atrai a incidência da Súmula n. 267 do Supremo Tribunal Federal, mormente diante da necessidade de dilação probatória para a apreciação do pedido...*" (grifo nosso).

[8] AgRg no RMS 60.071/RS, Rel. Ministro Nefi Cordeiro, Sexta Turma, julgado em 24/09/2019, *DJe* 01/10/2019; AgRg no RMS 60.870/MS, Rel. Ministra Laurita Vaz, Rel. p/ Acórdão Ministro Sebastião Reis Júnior, Sexta Turma, julgado em 24/09/2019, *DJe* 11/10/2019; AgRg no RMS 60.570/MS, Rel. Ministra Laurita Vaz, Sexta Turma, julgado em 18/06/2019, *DJe* 01/07/2019.

(grifo nosso), o legislador não mais cuida de bens de origem presumidamente ilícita, porque avaliados além da aptidão financeira do sentenciado. Passa a tratar de instrumentos empregados na prática dos ilícitos penais ensejadores da condenação, logo, dialoga com **o art. 91, inciso II, a do CP**, devendo ter sido a regra nele inserida, abrindo-se um § 3º.

A Lei nº 13.964/19 produziu, ainda, alterações pontuais no Código de Processo Penal.

O *caput* do art. 133 do CPP, na sua redação originária, alusiva aos bens sequestrados, proveito da infração penal, preconizava que *transitada em julgado a sentença condenatória, o juiz, de ofício ou a requerimento do interessado, determinará a avaliação e a venda dos bens em leilão público*. A Lei nº 13.964/19 optou por detalhar ainda mais o texto: conquanto a referência ao *interessado* inclua o *Parquet* e a dita alienação aluda aos bens que, por óbvio, tiveram a perda decretada, o legislador resolveu explicitar esses comandos, sem mais os deixar subentendidos: "*Transitada em julgado a sentença condenatória, o juiz, de ofício ou a requerimento do interessado* **ou do Ministério Público**, *determinará a avaliação e a venda dos bens em leilão público* **cujo perdimento tenha sido decretado**" (grifo nosso). O parágrafo único foi desmembrado, replicando a regra originária no § 1º: "*Do dinheiro apurado, será recolhido aos cofres públicos* **o que não couber ao lesado ou a terceiro de boa-fé**". Se o ofendido for particular ou ente da Administração Pública, o montante apurado há de lhe ser restituído em valor equivalente ao prejuízo causado, afinal, refere-se aos ganhos obtidos em razão do crime que o vitimou, compreendendo os danos que lhe foram causados. Cumpre ao juiz notificar o lesado e o ente público, por meio do seu representante legal, estipulando prazo para manifestação e indicação de conta para depósito do numerário devido. **Apenas nos casos de inércia dos ofendidos, apuração de valor residual, ou, ainda, se desconhecidas ou indeterminadas as vítimas,** observa-se a regra contida no novel § 2º: "*O valor apurado deverá ser recolhido ao Fundo Penitenciário Nacional, exceto se houver previsão diversa em lei especial*". O próprio ao art. 91, II, do Código Penal ressalva os direitos do lesado ou de terceiro de boa-fé ao aludir à União, justamente para evitar o enriquecimento sem causa desta.

Idêntico procedimento foi estendido aos bens apreendidos, de relevância probatória, porquanto reúnem os instrumentos utilizados na prática criminosa e os objetos sobre os quais recaiu a ação ou omissão, preservados os direitos da vítima ou de terceiro de boa-fé, que podem formalizar pedido de restituição, na forma do art. 120 do CPP. Originariamente, o art. 122, cabeça, do CPP previa o encaminhamento à avaliação e ao leilão após 90 (noventa) dias do trânsito em julgado da sentença penal condenatória. Esse hiato temporal foi extirpado do novo texto, deflagrando-se o procedimento atinente à alienação, assim que transitar em julgado o édito condenatório, prosseguindo na forma do já comentado art. 133. Eis o novel art. 122: "*Sem prejuízo do disposto no art. 120, as coisas apreendidas serão alienadas nos termos do disposto no art. 133 deste Código*".

Introduziu-se o art. 124-A ao CPP: "*Na hipótese de decretação de perdimento de obras de arte ou de outros bens de relevante valor cultural ou artístico,* **se o crime não tiver vítima determinada**, *poderá haver destinação dos bens a museus públicos*" (grifo nosso). Louvável, e extremamente acertada, a preocupação, constante, com o ressarcimento da vítima, seja ela, repita-se, pessoa física ou ente público ou privado.

14
EXECUÇÃO PENAL

Relatório apresentado pelo Departamento Penitenciário Nacional (DEPEN), a partir da análise de dados oriundos do INFOPEN, um sistema do Ministério da Justiça e Segurança Pública, criado em 2004, que fornece informações/estatísticas do sistema prisional brasileiro, revelou que, **em junho de 2017**, havia um déficit de vagas de 303.112, perfazendo uma taxa de ocupação de 171,62%, sendo certo que, de 2006 a 2017, o crescimento da população privada da liberdade tem sido constante, acumulando percentuais positivos anualmente – embora variáveis, em nenhum ano foi negativo. De 2000 até 2017 a taxa de aprisionamento teve um salto de mais de 150% em todo o país. Os presos entre 18, quando se chega à imputabilidade penal, e 29 anos de idade correspondem a 54% da população carcerária. Os presos de cor/etnia preta e parda totalizam 63,6%. Considerado o grau de escolaridade, 51,3% possuem o ensino fundamental incompleto, 13,1% só o fundamental completo e 14,9% o médio incompleto. Apenas 0,5% ostenta ensino superior completo. Entre os homens, os crimes mais recorrentes são roubo (31,88%), tráfico (29,26%) e furto (14,15%); entre as mulheres, tráfico, disparado, com 64,68%, seguido, à distância, pelo roubo (15,72%). Pouco mais de 10% dos custodiados frequentam atividades educacionais, em virtude da falta de infraestrutura das unidades prisionais.

Todos esses números, oficiais, disponibilizados pelo próprio governo federal[1], só reafirmam o estado de coisas inconstitucional do sistema penitenciário brasileiro, declarado pelo Pleno do STF, em 9 de setembro de 2015, na Arguição de Descumprimento de Preceito Federal (ADPF) nº 347, da relatoria do Min. Marco Aurélio. A Secretaria de Controle Externo da Defesa Nacional e da Segurança Pública do Tribunal de Contas da União (TCU) estima que **o Brasil precisa investir R$ 1,1 bilhão por ano, durante os próximos 18 anos, se quiser acabar com a superlotação nos presídios, valor que inclui apenas a construção de novas unidades e reformas nas que estão em más condições.** Se **contar a compra de equipamentos e o custeio da estrutura ampliada, o montante chega a R$ 5,3 bilhões por ano — ou R$ 95,4 bilhões em 18 anos —,** a ser suportado pela União e pelos estados. Mas, entre 2016 e 2017, apesar

---

[1] Disponível em: http://depen.gov.br/DEPEN/depen/sisdepen/infopen/relatorios-sinteticos/infopen-jun-2017-rev-12072019-0721.pdf. Acesso em: 19 dez. 2021.

de os estados haverem recebido um bilhão de reais para a criação de novas vagas nos presídios, nenhuma foi criada, conforme esclareceu o secretário Egbert Buarque – https://www12.senado.leg.br/radio/1/conexao-senado/auditoria-do-tcu-aponta-que-nao-foram-criadas-vagas-no-sistema-prisional-nos-ultimos-dois-anos.

O perfil do preso brasileiro revela, por si só, que a solução à criminalidade passa pela inclusão social, traduzida em investimentos maciços em saúde e educação, reduzindo a vulnerabilidade dos jovens e a consequente cooptação para o mundo do crime. O encarceramento, ante a realidade prisional brasileira, enfatiza, apenas, o caráter retributivo da pena, sem preocupações com a *re*inserção social – como muitos sempre ficaram à margem da sociedade, sequer se pode falar em *re*ssocialização... Em verdade, o aprisionamento incrementa a estagnação, afinal, são poucas as unidades prisionais aparelhadas com postos de estudo e de trabalho, fomentando uma mão de obra cada vez mais barata, à disposição do crime organizado, que, *supostamente*, foi o principal alvo da Lei nº 13.964/19. Na realidade, promove-se a dessocialização. E a política de construção de novas unidades prisionais estimula, veladamente, respostas cautelares e penais privativas de liberdade, ao invés de buscar alternativas ao cárcere.

Em meio a tamanho caos no sistema prisional, a Lei nº 13.964/19, ainda assim, aposta no encarceramento em massa como ferramenta "anticrime", ignorando a história recente brasileira, que já se valeu, **sem êxito**, dessa estratégia. Exemplo emblemático disso é a Lei nº 8072/90, que, ao listar os crimes hediondos, além do tráfico de entorpecentes, do terrorismo e da tortura, concretizando o art. 5º, XLIII, da CRFB/88, fixou, originalmente, no art. 2º, § 1º, o regime integral fechado, permitindo, apenas, o livramento condicional, após o cumprimento de dois terços da reprimenda, vedando-o ao reincidente específico em crimes da mesma natureza. Ante o novo formato dado à execução penal, a superlotação carcerária tende a crescer exponencialmente, promovendo a dessocialização dos internos. Longe de fragilizar, encorpará, ainda mais, o crime organizado, entregando-lhe, de mão beijada, farto material humano.

Acredita-se, puerilmente, que o rigor do castigo inibirá a delinquência, quando, na realidade, uma das travas à criminalidade – não a única, nem a mais importante – é a certeza da punição, segundo já preconizava, desde 1764, Cesare Bonesana, Marquês de Beccaria: *"A perspectiva de um castigo moderado, mas* **inevitável**, *causará sempre uma impressão* **mais forte** *do que o vago temor de um suplício terrível, em relação ao qual se apresenta alguma esperança de* **impunidade**"[2] (grifo nosso). Embora a citação seja previsível, própria à graduação, em tempos de *fake news* e de menoscabo ao conhecimento, às artes e à ciência, algumas obviedades precisam ser rememoradas. E essa é uma delas: o sujeito, ao roubar ou traficar, objetiva satisfazer as suas carências, sejam elas quais forem. À medida em que vê conhecidos fazendo o mesmo, com sucesso – leia-se: sem detenções –, os freios inibitórios arrefecem e a ousadia aumenta. Se, todavia, a maioria fracassasse – porque capturada –, maior seria a hesitação, porque alto o risco.

Qualquer política séria de segurança pública, a par de maciços incrementos na saúde e na educação, passa por investimentos na polícia, potencializando a qualificação e os ganhos dos profissionais envolvidos, além da infraestrutura, afinal, a ela foi con-

---

[2] *Dos delitos e das penas*. São Paulo: Martin Claret, 2006, p. 49.

fiado tal múnus (art. 144 da CRFB/88). Atacar a reprimenda significa focar na ponta do problema, e não na origem. E, aumentando o encarceramento, potencializa-se a **coisificação** do preso, afinal, a liberdade é bem inerente à dignidade humana, a ponto de se ter, universalmente, uma ação impugnativa exclusivamente voltada à sua tutela, o *habeas corpus*, prevista, no Brasil, no art. 5º, LXVIII, da CRFB/88. O encarceramento conduz, ou, ao menos, deveria conduzir à reflexão sobre os nossos (mal)feitos, mas, igualmente, fragiliza o espírito, a criatividade, o crescimento. A depender do grau de censura verificado no agir ensejador da prisão, é inevitável. Mas, não raro, é possível conciliar a punição à dimensão humana do sentenciado, sem objetificação, até porque, de uma "coisa" não se pode esperar, nem exigir, em retorno, humanidade. Ao invés de romper o círculo vicioso para iniciar outro, virtuoso, a Lei nº 13.964/19 não apenas o manteve, mas o robusteceu. Que a história nos desminta, mas, revisitando o passado, com olhos no presente, o futuro não soa alvissareiro. E o Pacote, ora adjetivado "anticrime", poderá, ao fim e ao cabo, mostrar-se "pró-crime".

14.1. PROGRESSÃO DE REGIME E LIVRAMENTO CONDICIONAL, INCLUSIVE QUANTO AOS CRIMES DE NATUREZA HEDIONDA

Até o advento da Lei nº 13.694/19, trabalhava-se com as seguintes frações para a progressão de regime:

a) em regra, UM SEXTO, independentemente da primariedade ou reincidência (então art. 112, *caput*, da LEP);

b) DOIS QUINTOS, quando hediondo o crime e primário o sentenciado (então art. 2º, § 2º da Lei nº 8072/90), sendo irrelevantes os antecedentes, pois a fração de três quintos vinculava-se, estritamente, à reincidência;

c) TRÊS QUINTOS, se hediondo o delito e reincidente o condenado, ainda que por injustos de natureza diversa (então art. 2º, § 2º da Lei nº 8072/90);

d) UM OITAVO, consideradas as **mulheres** gestantes, mães ou responsáveis por crianças ou pessoas com deficiência, desde que o crime ensejador da condenação tenha sido **sem violência nem grave ameaça à pessoa, não haja sido cometido contra o próprio filho ou dependente, não integrem organização criminosa e sejam primárias, com bom comportamento carcerário atestado pelo diretor do estabelecimento**, nos moldes do art. 112, § 3º da LEP, com redação dada pela Lei nº 13.769/18, **inalterado pela Lei nº 13.964/19, independentemente da natureza eventualmente hedionda da imputação ensejadora da condenação,** conforme já teve a oportunidade de consignar o STJ, na mesma linha aqui proposta na 1ª edição da obra[3].

Inovando, a Lei nº 13.964/19 descarta a utilização de **frações** para fins de progressão de regime, condicionando-a aos seguintes **percentuais** de cumprimento da pena, que, diferentemente da 1ª edição, dividiremos em categorias, a fim de facilitar a assimilação:

a) crimes SEM violência à pessoa ou grave ameaça: 16% ao apenado **primário**, independentemente de ser portador de bons ou maus antecedentes, *ex vi* do art. 112, I, da

---

[3] HC 653.556/SP, Rel. Ministro Rogerio Schietti Cruz, Sexta Turma, julgado em 22/06/2021, *DJe* 28/06/2021.

LEP; **20% ao reincidente em crime cometido SEM violência à pessoa ou grave ameaça,** *ex vi* do art. 112, II, da LEP.

Obs. 1: Os sentenciados por crimes sem violência nem grave ameaça à pessoa, antes da Lei nº 13.964/19, sujeitavam-se à fração de UM SEXTO, equivalente a **16,66%**, em vez dos atuais 16%, logo, a *novatio legis,* nesse particular, foi *in mellius*, RETROATIVA (art. 5º, XL, da CRFB/88), afinal, é de cunho penal, encurtando o tempo exigido para a progressão, com impacto direto no *status libertatis*. Anote-se que são desconsideradas as frações de dia no cumprimento das penas privativas de liberdade (art. 11 do CP), mas **não** as matemáticas exigidas à concessão dos benefícios penais: 16% é menor do que 16,66%, a ele não se equiparando.

Obs. 2: No tocante ao reincidente em crime sem violência ou grave ameaça à pessoa, o percentual de 20%, equivalente a UM QUINTO, é maior do que a fração de UM SEXTO até então praticada, logo, encerra *novatio legis in pejus*, IRRETROATIVA, alcançando os delitos perpetrados a partir do dia 23 de janeiro de 2020.

b) crimes com violência à pessoa ou grave ameaça: 25% ao primário (art. 112, III, da LEP), independentemente dos antecedentes; 30% ao reincidente em crime cometido **COM violência à pessoa ou grave ameaça** (art. 112, IV, da LEP).

Obs. 1: Em ambos os casos houve *novatio in pejus*, IRRETROATIVA, afinal, os percentuais de 25 e 30% superam a fração geral de um sexto.

Obs. 2: O percentual de 30% restringe-se ao reincidente em **crime com violência à pessoa ou grave ameaça**, ou seja, **específico**, logo, *a contrario sensu*, se a condenação anterior, ensejadora da reincidência, foi por crime **sem** violência à pessoa ou grave ameaça, o percentual é de 25%. Tal proposição, veiculada na 1ª edição do livro, foi encartada pelo STJ – AgRg no HC 675.062/SP, Rel. Ministro Sebastião Reis Júnior, Sexta Turma, julgado em 03/08/2021, *DJe* 09/08/2021: "...*como a situação atual do agravado (**sentenciado pelo delito de roubo circunstanciado**, tendo sido reconhecida sua reincidência devido a **condenação definitiva anterior pela prática de tráfico de drogas**) não se ajusta expressamente a nenhuma das hipóteses da nova redação do referido art. 112, não há como aplicar de forma extensiva e prejudicial ao ora agravado o percentual de 30%. Ante a omissão legislativa e o uso da analogia* in bonam partem, *é aplicável o percentual de 25%, previsto no inciso III. Precedente da Terceira Seção...*" (grifo nosso).

c) crimes hediondos ou "equiparados" (opta-se pela nomenclatura *constitucionalmente hediondos*, pois a própria Constituição, no art. 5º, XLIII, da CRFB/88, ocupou-se de listar o tráfico, o terrorismo e a tortura, *além* dos hediondos fixados por lei): **40% ao primário, independentemente dos antecedentes (art. 112, V, da LEP); 60% ao reincidente em crime hediondo ou equiparado (art. 112, VII, da LEP).**

Obs. 1: Tais percentuais, em fração, correspondem às de 2/5 e 3/5 contidas no então § 2º do art. 2º da Lei nº 8.072/90, logo, em geral, inexistiu *novatio*.

Obs. 2: Sob a égide do então art. 2º, § 2º, da Lei nº 8.072/90, a fração de TRÊS QUINTOS, se hediondo o delito ensejador da condenação, era reservada ao condenado reincidente, mesmo que o crime anterior não estivesse sob o emblema da hediondez. Ponderou-se que, quando a lei quis pontuar a reincidência específica, fê-lo expressamente, *v.g.*, art. 83, V, do Código Penal e art. 44, p.ú., da Lei nº 11.343/06, logo, *a contrario sensu*, concluiu-se ter aludido à genérica, conforme entendimento, pacificado, do STJ, prestigiado pelo STF[4].

Em sentido contrário, autores como Rodrigo Duque Estrada Roig advogavam que tal alusão mirava, apenas, a reincidência específica, também em delitos de natureza hedionda. No trato normativo dispensado aos crimes hediondos, ao tráfico, ao terrorismo e à tortura, a diferenciação das frações sempre teve como norte a reincidência **específica**. Assim se verifica, *v.g.*, em relação ao livramento condicional, considerados o art. 83, V, do CP e o art. 44, p.ú., da Lei n° 11.343/06, vedado nesses casos. Como o preceito veiculado no art. 2°, § 2°, insere-se no universo dos delitos de natureza hedionda, haja vista a topografia – Lei n° 8.072/90 –, a referência à reincidência, se genérica ou específica, resolver-se-ia em favor da última, mesmo porque, diante de norma penal limitadora de direitos, a interpretação haveria de ser restritiva, privilegiando-se, na dúvida, a liberdade (princípio do *favor rei* ou *favor libertatis*)[5].

Malgrado a robustez argumentativa ora desenvolvida, justamente em razão de o legislador ter rompido com tamanha linearidade, referindo-se, no § 2° do art. 2° da Lei n° 8.072/90, genericamente, à reincidência, sem mencionar a específica, somos forçados a reconhecer a aplicabilidade da fração de três quintos ao apenado por crime hediondo, reincidente em geral, sob pena de diferençar onde o legislador não o fez, aderindo à percepção do STJ e do STF.

Sem embargo, a Lei n° 13.964/19 **deu uma guinada de 180° no trato da matéria**. Isso porque, ao **manter** a fração de TRÊS QUINTOS (60%) para a progressão, em se tratando de condenado por crime hediondo, reincidente, o art. 112, VII, da LEP categoricamente alude ao *reincidente na prática de crime hediondo ou equiparado*, logo, *a contrario sensu*, aos sentenciados por crimes **hediondos**, reincidentes em **delitos de natureza diversa**, resta, por exclusão, o percentual de 40% (dois quintos) – embora o art. 112, V, da LEP exija a primariedade, inexiste outro percentual no qual o condenado por delito hediondo, mas reincidente em crime diverso, possa se encaixar. **Pura e simples deferência aos princípios da legalidade e do devido processo legal – art. 5°, XXXIX e LIV, da CRFB/88**. A menção à primariedade no inciso V do art. 112 da LEP circunscreve-se, então, aos delitos de natureza hedionda, ou seja, **primário em injustos desta espécie**.

Lacunas legislativas desse naipe não são estranhas à execução penal. Exemplo clássico é o livramento condicional: enquanto a fração de um terço é reservada ao condenado não reincidente em crime doloso, com bons antecedentes, a fração de metade recai sobre os sentenciados reincidentes em crimes dolosos (art. 83, I e II, do CP), deixando no limbo os apenados **primários**, mas de **maus antecedentes**. Como reincidência e maus antecedentes são grandezas distintas, sendo impraticável interpretar extensivamente aquela

---

[4] STJ, AgRg no HC 521.434/SP, Rel. Ministro Sebastião Reis Júnior, Sexta Turma, julgado em 1°/10/2019, DJe 08/10/2019 – "...Firmou-se nesta Superior Corte de Justiça entendimento no sentido de que, nos termos da legislação de regência, **mostra-se irrelevante que a reincidência seja específica em crime hediondo para a aplicação da fração de 3/5 na progressão de regime, pois não deve haver distinção entre as condenações anteriores** (se por crime comum ou por delito hediondo..." (grifo nosso); AgRg no HC 494.404/MS, Ministro Reynaldo Soares da Fonseca, Quinta Turma, DJe 20/05/2019; STF, RHC 176131 AgR, Relator Min. Gilmar Mendes, Segunda Turma, julgado em 05/11/2019, DJe 25/11/2019 – "...*Apenado condenado por crime hediondo após a condenação por crime comum*. **Reincidência não específica. Aplica-se-lhe a fração de 3/5 (três quintos) para progressão de regime**..." (grifo nosso).

[5] *Execução penal* : teoria crítica. 2. ed. São Paulo: Saraiva, 2016, p. 329-330.

para compreender estes, porque *in malam partem*, em desacordo com os postulados constitucionais da legalidade e do devido processo legal, convencionou-se submetê-los à fração menor – um terço[6] –, embora, no STF, havia se entendido, em priscas eras, que, ausentes os bons antecedentes, o apenado teria que observar metade da reprimenda para fazer jus ao livramento condicional[7]. *Mutatis mutandis*, fenômeno parecido ora se verifica.

Tais proposições, veiculadas na edição anterior desta obra, também foram sufragadas pelo **STJ**, inclusive em sede de recurso repetitivo – REsp 1910240/MG, Rel. Ministro Rogerio Schietti Cruz, Terceira Seção, julgado em 26/05/2021, DJe 31/05/2021 –, no qual se fixou a seguinte tese: *É reconhecida a retroatividade do patamar estabelecido no art. 112, V, da Lei nº 13.964/19, àqueles apenados que, embora tenham cometido crime hediondo ou equiparado sem resultado morte, não sejam reincidentes em delito de natureza semelhante.*

No mesmo sentido, **STF**, inclusive por intermédio do **Pleno**: ARE 1321504 AgR--segundo, Rel. Min. Edson Fachin, Segunda Turma, julgado em 04/11/2021, DJe-231, divulg. 22/11/2021, public. 23/11/2021 – "*...**Este Supremo Tribunal Federal, ao analisar o ARE 1.327.963-RG (Tema 1.169), da Relatoria do Min. Gilmar Mendes, Tribunal Pleno**, cujo acórdão ainda consta pendente de publicação, reconheceu a existência de repercussão geral da questão aqui debatida, fixando-se a seguinte tese: 'Tendo em vista a legalidade e a taxatividade da norma penal (art. 5º, XXXIX, CF), a alteração promovida pela Lei nº 13.964/19 no art. 112 da LEP não autoriza a incidência do percentual de 60% (inc. VII) aos condenados reincidentes não específicos para o fim de progressão de regime.* Diante da

---

[6] STJ, HC 25.176/RJ, Rel. Ministro José Arnaldo da Fonseca, Quinta Turma, julgado em 09/03/2004, DJ 05/04/2004, p. 283 – "...*O livramento condicional, no caso de ser tecnicamente primário o réu, embora portador de maus antecedentes, tem o prazo de cumprimento de pena regido pelo art. 83, I, do Código Penal, ante a impossibilidade de se equipará-lo ao reincidente. Precedentes do STJ...*" (grifo nosso); HC 26.140/RJ, Rel. Ministro Paulo Medina, Sexta Turma, julgado em 18/11/2003, DJ 09/12/2003, p. 349 – "...*Ao condenado primário, portador de maus antecedentes, aplica-se o disposto no artigo 83, inciso I, do Código Penal. Precedentes...*" (grifo nosso); HC 102.278/RJ, Rel. Ministra Jane Silva (Desembargadora Convocada do TJ/MG), Sexta Turma, julgado em 03/04/2008, DJe 22/04/2008 – "...*1 – No caso de paciente primário, de maus antecedentes, como o Código não contemplou tal hipótese, ao tratar do prazo para concessão do livramento condicional, não se admite a interpretação em prejuízo do réu, devendo ser aplicado o prazo de um terço. 2 – **O paciente primário com maus antecedentes não pode ser equiparado ao reincidente, em seu prejuízo**. Precedentes...*" (grifo nosso).

[7] Nesta linha, Informativo nº 140 do STF, que noticia o seguinte julgado da 1ª Turma, *in litteris*: ***Para efeito de livramento condicional, aplica-se, por analogia, ao condenado primário e possuidor de maus antecedentes, o requisito temporal previsto no art. 83, II, do CP – que exige do condenado reincidente, o cumprimento de mais da metade da pena –, à falta de previsão específica***. Com esse entendimento, a Turma indeferiu habeas corpus impetrado em favor de paciente que, primário e possuidor de maus antecedentes, pretendia ser beneficiado com livramento condicional baseado no art. 83, I, do CP, que prevê a concessão do referido benefício a condenado, não reincidente e possuidor de bons antecedentes, que tenha cumprido mais de um terço da pena. Precedente citado: RHC 66.222-RJ (RTJ 127/556) e HC 73.002-RJ (DJU de 26.4.96). **HC 78.410-RJ, Relator Ministro Moreira Alves, 2.3.99** (grifo nosso). Ainda neste sentido, RHC 66222, Relator Min. Aldir Passarinho, Segunda Turma, julgado em 03/05/1988, DJ 14/10/1988, que restou assim ementado: "*Livramento condicional. Pena com mais da metade cumprida. Requisitos atendidos. Aplicação, no caso, do inc. II, do art. 83 do CP, **embora não seja o caso do inc. I, do art. 83 do Código Penal, eis que não possui o paciente bons antecedentes, mas ao contrário, eram eles maus, cabe aplicar-se, por analogia, a regra do inc. II, do mesmo artigo**, e, verificando-se que o réu já cumpriu mais da metade da pena que lhe fora imposta, e atende aos demais requisitos para obter o livramento condicional (inc. III do art. 38) e este de lhe ser concedido, devendo o juiz da execução fixar as condições, na conformidade do disposto no art. 85 do Código Penal*" (grifo nosso).

omissão legislativa, **impõe-se a analogia** in bonam partem, **para aplicação, inclusive retroativa, do inciso V do artigo 112 (lapso temporal de 40%) ao condenado por crime hediondo ou equiparado sem resultado morte reincidente não específico'"** (grifo nosso).

d) crimes hediondos ou equiparados com resultado morte: 50% aos primários (art. 112, VI, *a*, da LEP); 70% aos reincidentes em crime hediondo ou equiparado com resultado morte (art. 112, VIII, da LEP).

Obs. 1: Tais percentuais superam as frações de 2/5 e 3/5 insertas no então § 2º do art. 2º da Lei nº 8.072/90, logo, em regra, a *novatio legis* foi *in pejus*, irretroativa, alcançando os injustos cometidos após a entrada em vigor da Lei nº 13.964/19.

Obs. 2: Se a reincidência também for por delito hediondo, **sem** resultado morte, **não deixa de ser, de toda sorte, reincidente em crime hediondo, logo, o percentual será de 60% (art. 112, VII, da LEP)**, em vez de 70% (art. 112, VIII, da LEP), sem inovar em relação ao então § 2º do art. 2º da Lei nº 8.072/90.

Obs. 3: Se a reincidência for **genérica**, descartados estão os percentuais de 70% e 60%, voltados ao reincidente específico em crime hediondo, com ou sem morte, respectivamente (art. 112, VIII e VII, da LEP), restando, residualmente, o percentual de 50% (art. 112, VI, a, da LEP), afinal, a condenação foi por delito hediondo com morte. Esse percentual de 50% é inferior à fração de 3/5 então prevista no § 2º do art. 2º da Lei nº 8.072/90, logo, **retroage**, consubstanciando *novatio legis in mellius*.

Nossa proposição, apresentada na 1ª edição, foi endossada pelo STJ – AgRg no REsp 1932143/MG, Rel. Ministro Joel Ilan Paciornik, Quinta Turma, julgado em 14/09/2021, DJe 20/09/2021: "*...o recorrido foi **sentenciado por crime hediondo com resultado morte**, tendo sido reconhecida **sua reincidência devido à condenação definitiva anterior pela prática de crimes comuns**. Entretanto, diante da inexistência de previsão a disciplinar a progressão de regime para a hipótese dos autos, uma vez que os percentuais de 60% e 70% foram destinados aos reincidentes específicos, a nova lei deve ser interpretada mediante a analogia* in bonam partem, **aplicando-se, para o condenado por crime hediondo, com resultado morte, que seja reincidente genérico, o percentual de 50%, previsto no inciso VI do art. 112 da Lei de Execução Penal**..." (grifo nosso). Idêntica intelecção se extrai da 6ª Turma do STJ – AgRg no HC 657.798/SP, Rel. Ministro Olindo Menezes (Desembargador Convocado do TRF 1ª Região), Sexta Turma, julgado em 24/08/2021, DJe 31/08/2021.

Já há pronunciamentos monocráticos no STF no mesmo sentido: RHC 196.811/SC, rel. Min. Rosa Weber, j. 25/05/21, publicado no DJ de 27 imediato; HC 205.411/MS, rel. Min. Alexandre de Moraes, j. 19/08/21, publicado no DJ de 20 subsequente.

e) comando, individual ou coletivo, de organização criminosa estruturada para a prática de crime hediondo ou equiparado: 50% (art. 112, VI, *b*, da LEP).

Obs. 1: Traduz *novatio legis in pejus*, irretroativa, pois, como a organização criminosa não figurava, a qualquer título, na Lei nº 8.072/90, até o advento da Lei nº 13.964/19, desafia a fração geral de um sexto.

Obs. 2: Organizações criminosas voltadas ao cometimento de crimes hediondos ou equiparados, constituídas ou que se irradiem sob a égide da Lei nº 13.964/19, são **hediondas (art. 1º, parágrafo único, V, da Lei nº 8.072/90)**, logo, se não reincidente em crime hediondo o apenado, o percentual para a progressão de regime será de **40% (art. 112, V, da LEP)**, mas, se reconhecido o comando individual, **50% (art. 112, VI, *a*, da LEP)**. Se reincidente específico em crime hediondo, **60% (art. 112, VII, da LEP)**.

CRÍTICA: Se reincidente em crime hediondo, e condenado por integrar organização criminosa voltada à prática de injustos de natureza também hedionda ou equiparada, sendo, portanto, reincidente específico, **sem exercer comando algum, individual ou coletivo,** progride em **60%**; o **líder** da mesma organização, reincidente genérico, progride em **50%**. Disfunção total, logo, em apreço à legalidade penal estrita, observada a proporcionalidade, cumpre estender ao primeiro o mesmo percentual de **50%**, do contrário afasta-se do Direito Penal do fato, prestigiando a conduta de maior desvalor.

Obs. 3: O comando, individual ou coletivo, da organização criminosa é circunstância judicial negativa, nos termos do **§ 3º do art. 2º da Lei nº 12.850/13**, logo, **precisa ter sido reconhecida na sentença penal condenatória transitada em julgado para justificar o percentual de 50%**. Embora o STJ entenda que as condições pessoais do apenado, para fins de eleição dos percentuais e frações concernentes aos benefícios previstos na LEP, são aferíveis pelo Juízo das Execuções, como a reincidência[8], *in casu* corresponde à circunstância **intrínseca** ao **fato** ensejador da condenação, não desafiando revolvimento pelo Juízo das Execuções.

f) constituição de milícia privada: 50% (art. 112, VI, *c*, da LEP).

Obs. 1: Trata-se de *novatio legis in pejus*, irretroativa, pois, como jamais teve, nem tem, natureza hedionda, a fração era de 1/6 até a Lei nº 13.964/19.

Obs. 2: Ante o percentual diferenciado e a ausência de hediondez, **independentemente da primariedade ou da reincidência**, o percentual para a progressão será de 50%, em apreço ao princípio da especialidade.

CRÍTICA: Analisando os percentuais destinados à progressão de regime, constata-se que o sentenciado pela prática de crime de constituição de milícia privada há de cumprir 50% da pena para progredir de regime (art. 112, VI, *c*, da LEP). Contudo, como **tal crime não é hediondo**, a fração para o livramento condicional persiste sendo de 1/3 (33,3%), se primário, mesmo se portador de maus antecedentes, conforme examinado, ou metade, se reincidente em crime doloso. Em suma: o direito mais expressivo, livramento condicional, é conquistado **(bem) antes, se primário, ou em tempo igual, se reincidente,** ao reservado à progressão de regime, em total afronta à cláusula constitucional concernente à individualização da pena (art. 5º, XLVI, da CRFB/88).

Permitir o livramento condicional antes da progressão de regime ao sentenciado primário, ou dentro do mesmo interregno, se reincidente, em nada propicia uma reinserção (ou inserção, afinal, muitos apenados sempre viveram à margem da sociedade) social gradativa e individualizada. A individualização da pena começa, sim, pelo legislador. Mas isso não significa carta branca para fazer o que bem quiser. **É inconcebível o livramento condicional ser conquistado em lapso temporal menor ou igual à (primeira) progres-**

---

[8] AgRg no HC 676.203/SP, Rel. Ministro Jesuíno Rissato (Desembargador Convocado do Tjdft), Quinta Turma, julgado em 14/09/2021, *DJe* 22/09/2021 – *"...Assente na jurisprudência desta eg. Corte Superior que 'As **condições pessoais** do apenado, tal como a reincidência, ainda que não sejam reconhecidas na condenação, devem ser observadas pelo Juízo das Execuções para concessão de benefícios, já que tal proceder encontra-se na sua esfera de competências, definida no art. 66 da LEP, descabendo falar-se em reformatio in pejus ou em violação da coisa julgada material, mas em individualização da pena relativa à apreciação de institutos próprios da execução penal (AgRg no HC n. 511.766/MG, Rel. Ministro Antonio Saldanha Palheiro, Sexta Turma, julgado em 18/6/2019, Dje 27/6/2019)' (AgRg nos Edcl no HC n. 668.301/SP, Quinta Turma, Rel. Min. Reynaldo Soares da Fonseca, Dje de 14/6/2021)"* (grifo nosso).

são de regime. Rompe-se com a racionalidade e a proporcionalidade informativas da individualização da pena, pautada na (res)socialização gradativa do apenado, como se a liberdade individual fosse um joguete nas mãos do legislador. O controle de constitucionalidade, aqui, torna-se mandatório, conforme, aliás, tem feito o STF com assiduidade, exibindo às escancaras os desatinos do legislador.

Primeiramente, foi declarado inconstitucional o regime integral fechado para condenados por crimes hediondos, tráfico, terrorismo e tortura, contemplado na redação primitiva do art. 2º, § 1º, da Lei nº 8.072/90, por atentar contra a individualização da pena (art. 5º, XLVI, da CRFB/88), **bloqueando qualquer processo gradual de reinserção social**. Independentemente do mérito, todos os condenados eram colocados no mesmo saco, submetidos à **idêntica** execução penal: aguardar, no regime fechado, o tempo necessário para o livramento condicional. Olvida-se que a individualização da reprimenda começa pelo legislador, mas prossegue por meio do juiz, no tocante à aplicação e à execução da reprimenda[9].

Imaginando o legislador que a inconstitucionalidade residisse, apenas, na impossibilidade de progredir de regime, em 2007, por meio da Lei nº 11.464, alterou o § 1º do art. 2º da Lei nº 8.072/90 para retirar a previsão de cumprimento da pena em regime integral fechado para estabelecer a obrigatoriedade do **inicial** fechado. Todavia, **considerados os delitos de natureza hedionda e a escala penal reservada a alguns, constatou-se que a inafastabilidade do regime inicial fechado conduziria, no caso concreto, a *n* desproporções entre a reprimenda aplicada e o regime inaugural, rompendo com a proporcionalidade bastante presente no art. 33 do Código Penal – até 4 anos, possibilidade de se arbitrar o regime aberto, acima de 4 até 8, regime semiaberto, e, além desse patamar, regime fechado**. Reconhecendo a racionalidade desse sistema, acertadamente gradativo, constatou o STF a ocorrência de perplexidades, *v.g.*, a reprimenda de 1 ano e 8 meses para o tráfico, presente o redutor inserto no § 4º do art. 33 da Lei nº 11.343/06, mas, nada obstante o *quantum* diminuto, o regime inicial haveria de ser, irremediavelmente, o fechado. Ou uma reprimenda aquietada em 6 anos e, nada obstante as circunstâncias judiciais militarem, torrencialmente, a favor do sentenciado, o juiz ficaria compelido a impor o regime fechado em vez do semiaberto. Tamanhos descompasso e **irracionalidade** motivaram o Pleno do Supremo Tribunal Federal a declarar, por maioria, inconstitucional a obrigatoriedade do regime inicial fechado encartada no § 1º do art. 2º da Lei nº 8.072/90, ao argumento de que impediria o juiz de eleger o regime adequado ao montante penal fixado, em detrimento do postulado da individualização da resposta penal – art. 5º, XLVI, da CRFB/88[10].

---

[9] HC 82959, Relator Min. Marco Aurélio, Tribunal Pleno, julgado em 23/02/2006, DJ 1º/09/2006 – Pena – Regime de Cumprimento – Progressão – Razão de ser. A progressão no regime de cumprimento da pena, nas espécies fechado, semiaberto e aberto, tem como razão maior a ressocialização do preso que, mais dia ou menos dia, voltará ao convívio social. Pena – Crimes hediondos – Regime de cumprimento – Progressão – Óbice – Artigo 2º, § 1º, da Lei nº 8.072/90 – Inconstitucionalidade – Evolução jurisprudencial. Conflita com a garantia da individualização da pena – artigo 5º, inciso XLVI, da Constituição Federal – a imposição, mediante norma, do cumprimento da pena em regime integralmente fechado. Nova inteligência do princípio da individualização da pena, em evolução jurisprudencial, assentada a inconstitucionalidade do artigo 2º, § 1º, da Lei nº 8.072/90.

[10] HC 111840, Relator Min. Dias Toffoli, Tribunal Pleno, julgado em 27/06/2012, DJe-249, divulg. 16/12/2013, public. 17/12/2013 – Habeas corpus. Penal. Tráfico de entorpecentes. Crime praticado

Os votos vencidos obtemperaram que o Poder Judiciário estaria invadindo a seara de atuação privativa do Poder Legislativo, a quem compete fixar, em abstrato, os critérios para a estipulação do regime fechado. Se assim não fosse, o próprio art. 33 do Código Penal perderia a sua força cogente, podendo o juiz estipular o regime que entendesse o mais apropriado para o caso concreto, fazendo tábula rasa qualquer critério objetivo estipulado em lei.

A advertência acima, apesar de relevante, não é insuperável. A individualização da resposta penal, de fato, foi a *ratio decidendi* da declaração de inconstitucionalidade da inafastabilidade do regime inicial fechado para os injustos de cunho hediondo. Mas, nas entrelinhas, a proporcionalidade, enquanto critério hermenêutico constitucional, pesou, acertadamente. É inadmissível conceber um devido processo legal substancial, enquanto sinônimo de processo justo, em que inevitavelmente o juiz há de fixar ao condenado o regime mais gravoso previsto em lei, apesar da ínfima pena aplicada e de todas as circunstâncias judiciais do art. 59 do CP, que também norteiam a escolha do regime (art. 33, § 3º, do CP), serem favoráveis ao apenado. São distorções legislativas que não podem passar incólumes pelo controle de constitucionalidade do STF – o regime indelevelmente fechado, nessas condições, é, simultaneamente, excessivo e inadequado, ao arrepio do binômio necessidade/adequação fundamento do princípio da proporcionalidade. Longe de mera discordância com a opção do legislador, a declaração de inconstitucionalidade implementada pelo STF apenas suprimiu uma irracionalidade positivada pelo próprio.

Por idênticos motivos, malgrado as mesmas objeções acima, o STF igualmente declarou inconstitucional a vedação apriorística à substituição da pena privativa de liberdade por restritiva de direitos aos delitos previstos nos artigos 33, cabeça, e § 1º, 34 a 37 da Lei nº 11.343/06, conforme preconizado no art. 44, *caput*. Com efeito, tolher o juiz de implementar reprimenda limitadora de direitos a condenações que sequer chegam a 4 anos – *v.g.* 1 ano e 8 meses, presente o art. 33, *caput*, e § 4º; ou 2 anos, considerado o

---

durante a vigência da Lei nº 11.464/07. Pena inferior a 8 anos de reclusão. Obrigatoriedade de imposição do regime inicial fechado. **Declaração incidental de inconstitucionalidade do § 1º do art. 2º da Lei nº 8.072/90. Ofensa à garantia constitucional da individualização da pena (inciso XLVI do art. 5º da CF/88). Fundamentação necessária (CP, art. 33, § 3º, c/c o art. 59). Possibilidade de fixação, no caso em exame, do regime semiaberto para o início de cumprimento da pena privativa de liberdade. Ordem concedida.** 1. Verifica-se que o delito foi praticado em 10/10/09, já na vigência da Lei nº 11.464/07, a qual instituiu a obrigatoriedade da imposição do regime inicialmente fechado aos crimes hediondos e assemelhados. 2. Se a Constituição Federal menciona que a lei regulará a individualização da pena, é natural que ela exista. Do mesmo modo, os critérios para a fixação do regime prisional inicial devem-se harmonizar com as garantias constitucionais, sendo necessário exigir-se sempre a fundamentação do regime imposto, ainda que se trate de crime hediondo ou equiparado. 3. Na situação em análise, em que o paciente, condenado a cumprir pena de seis anos de reclusão, ostenta circunstâncias subjetivas favoráveis, o regime prisional, à luz do art. 33, § 2º, alínea b, deve ser o semiaberto. 4. Tais circunstâncias não elidem a possibilidade de o magistrado, em eventual apreciação das condições subjetivas desfavoráveis, vir a estabelecer regime prisional mais severo, desde que o faça em razão de elementos concretos e individualizados, aptos a demonstrar a necessidade de maior rigor da medida privativa de liberdade do indivíduo, nos termos do § 3º do art. 33, c/c o art. 59, do Código Penal. 5. Ordem concedida tão somente para remover o óbice constante do § 1º do art. 2º da Lei nº 8.072/90, com a redação dada pela Lei nº 11.464/07, o qual determina que "[a] pena por crime previsto neste artigo será cumprida inicialmente em regime fechado". Declaração incidental de inconstitucionalidade, com efeito ex nunc, da obrigatoriedade de fixação do regime fechado para início do cumprimento de pena decorrente da condenação por crime hediondo ou equiparado (grifo nosso).

art. 37; ou 3, ante o art. 35 –, sem violência nem grave ameaça à pessoa, igualmente viola o postulado constitucional da individualização da pena, e a racionalidade e a proporcionalidade que o cercam, tão bem encarnadas no art. 44 do Código Penal e nos critérios lá fixados para a substituição[11].

Finalmente, embora, formalmente, a hediondez do tráfico irradie-se às hipóteses do § 4º do art. 33 da Lei nº 11.343/06, por inexistirem autonomamente, mas só se atreladas ao *caput* ou ao § 1º, curvando-se à acessoriedade (acessório segue o principal), percepção essa encartada pelo STJ no enunciado de Súmula nº 512, concluiu o Pleno do STF, igualmente pautado na proporcionalidade e na racionalidade que alicerçam a individualização da pena (art. 5º, XLVI, da CRFB/88), ser inaceitável submeter condenados por crime não por acaso adjetivado, sugestivamente, de tráfico *privilegiado*, a um regramento diferenciado pela severidade da execução penal, considerados os lapsos temporais a maior exigidos para a progressão de regime e livramento condicional. **A reprovabilidade menor da conduta,**

---

[11] HC 97.256, Relator Min. Ayres Britto, Tribunal Pleno, julgado em 1º/09/2010, *DJe* 16/12/2010, RT v. 100, n. 909, 2011, p. 279-333 – Habeas corpus. *Tráfico de drogas. Art. 44 da Lei nº 11.343/2006: Impossibilidade de conversão da pena privativa de liberdade em pena restritiva de direitos. Declaração incidental de inconstitucionalidade. Ofensa à garantia constitucional da individualização da pena (inciso XLVI do art. 5º da CF/88). Ordem parcialmente concedida. 1. O processo de individualização da pena é um caminhar no rumo da personalização da resposta punitiva do Estado, desenvolvendo-se em três momentos individuados e complementares: o legislativo, o judicial e o executivo. Logo, a lei comum não tem a força de subtrair do juiz sentenciante o poder-dever de impor ao delinquente a sanção criminal que a ele, juiz, afigurar-se como expressão de um concreto balanceamento ou de uma empírica ponderação de circunstâncias objetivas com protagonizações subjetivas do fato-tipo. Implicando essa ponderação em concreto a opção jurídico--positiva pela prevalência do razoável sobre o racional; ditada pelo permanente esforço do julgador para conciliar segurança jurídica e justiça material. 2. No momento sentencial da dosimetria da pena, o juiz sentenciante se movimenta com ineliminável discricionariedade entre aplicar a pena de privação ou de restrição da liberdade do condenado e uma outra que já não tenha por objeto esse bem jurídico maior da liberdade física do sentenciado. Pelo que é vedado subtrair da instância julgadora a possibilidade de se movimentar com certa discricionariedade nos quadrantes da alternatividade sancionatória. 3. As penas restritivas de direitos são, em essência, uma alternativa aos efeitos certamente traumáticos, estigmatizantes e onerosos do cárcere. Não é à toa que todas elas são comumente chamadas de penas alternativas, pois essa é mesmo a sua natureza: constituir-se num substitutivo ao encarceramento e suas sequelas. E o fato é que a pena privativa de liberdade corporal não é a única a cumprir a função retributivo-ressocializadora ou restritivo-preventiva da sanção penal. As demais penas também são vocacionadas para esse geminado papel da retribuição-prevenção-ressocialização, e ninguém melhor do que o juiz natural da causa para saber, no caso concreto, qual o tipo alternativo de reprimenda é suficiente para castigar e, ao mesmo tempo, recuperar socialmente o apenado, prevenindo comportamentos do gênero. 4. No plano dos tratados e convenções internacionais, aprovados e promulgados pelo Estado brasileiro, é conferido tratamento diferenciado ao tráfico ilícito de entorpecentes que se caracterize pelo seu menor potencial ofensivo. Tratamento diferenciado, esse, para possibilitar alternativas ao encarceramento. É o caso da Convenção Contra o Tráfico Ilícito de Entorpecentes e de Substâncias Psicotrópicas, incorporada ao direito interno pelo Decreto nº 154, de 26 de junho de 1991. Norma supralegal de hierarquia intermediária, portanto, que autoriza cada Estado soberano a adotar norma comum interna que viabilize a aplicação da pena substitutiva (a restritiva de direitos) no aludido crime de tráfico ilícito de entorpecentes. 5. Ordem parcialmente concedida tão-somente para remover o óbice da parte final do art. 44 da Lei nº 11.343/2006, assim como da expressão análoga "vedada a conversão em penas restritivas de direitos", constante do § 4º do art. 33 do mesmo diploma legal. Declaração incidental de inconstitucionalidade, com efeito ex nunc, da proibição de substituição da pena privativa de liberdade pela pena restritiva de direitos; determinando-se ao Juízo da execução penal que faça a avaliação das condições objetivas e subjetivas da convolação em causa, na concreta situação do paciente* (grifo nosso).

personificada na causa de diminuição da pena e, por conseguinte, na reprimenda fixada em concreto, destoa da propalada hediondez. Por conseguinte, o Pleno do STF deu interpretação conforme a Constituição ao art. 2º da Lei nº 8.072/90 para excluir o tráfico, quando presente a causa especial de diminuição da pena do § 4º do art. 33 da Lei nº 11.343/06[12], orientação a qual o STJ aderiu, cancelando a então Súmula nº 512, **ora positivada pela Lei nº 13.964/19 no § 5º do art. 112 da LEP.**

Diante da presente retrospectiva jurisprudencial da Corte Constitucional, primando pelo resguardo da racionalidade e da proporcionalidade norteadoras da individualização da pena (art. 5º, XLVI, da CRFB/88), **soa inescapável a inconstitucionalidade da alínea c do inciso VI do art. 112 da LEP, estendendo aos condenados por tal crime os percentuais de 25 ou de 30%, quer sejam primários ou reincidentes, respectivamente (art. 112, III e IV, da LEP).** Apesar de o art. 288-A do Código Penal, com a redação dada pela Lei nº 12.720/12, não exibir qualquer elementar vinculada, expressamente, à violência ou à grave ameaça contra a pessoa – *constituir, organizar, integrar, manter ou custear organização paramilitar, milícia particular, grupo ou esquadrão com a finalidade de praticar qualquer dos crimes previstos neste Código* – , a permitir a defesa dos percentuais de 16 e 20% dos incisos I e II do art. 112 da LEP, o *modus operandi* inarredavelmente passa por atos de violência ou grave ameaça à pessoa, senão diretamente perpetrados, ordenados por todos que a organizam, integram, mantêm ou custeiam, conforme revelam elementares como *paramilitar, milícia particular* ou *esquadrão*, daí a exclusão desses percentuais.

No mais, a Lei nº 13.964/19 trouxe, simplesmente, **10** variantes para a progressão de regime, sem contar a reservada à sentenciada gestante, mãe ou responsável por criança ou dependente, totalizando **11** hipóteses possíveis de progressão, quadra que, ao invés de agilizar o processo de execução penal, naturalmente lento, até pela falta de infraestrutura e de pessoal, tende a emperrá-lo ainda mais, especialmente nas execuções penais que demandarem cálculo diferenciado para fins de progressão de regime e livramento condicional. A tecnologia será imprescindível, recrudescendo os gastos. Mas, infelizmente, para alguns segmentos, em se tratando de segregar penalmente, o aumento das despesas não é embaraço. Já para potencializar garantias fundamentais processuais – *v.g.*, juiz das garantias, novo formato do arquivamento etc. – invoca-se, seletivamente, a dita "interpretação econômica do Direito" para emperrar esses saltos sabidamente qualitativos em termos de Administração da Justiça.

Ao final do exame dos novos percentuais para fins de progressão de regime, identifica-se uma perplexidade.

O Superior Tribunal de Justiça e o Supremo Tribunal Federal, com razão, interpretaram, restritivamente, os casos de reincidência específica listados no art. 112 da LEP,

---

[12] HC 118.533, Relator Min. Cármen Lúcia, Tribunal Pleno, julgado em 23/06/2016, DJe 19/09/2016 – Habeas corpus. *Constitucional, penal e processual penal. Tráfico de entorpecentes. Aplicação da Lei n. 8.072/90 ao tráfico de entorpecentes privilegiado: inviabilidade. Hediondez não caracterizada. Ordem concedida. 1. O tráfico de entorpecentes privilegiado (art. 33, § 4º, da Lei nº 11.313/06) não se harmoniza com a hediondez do tráfico de entorpecentes definido no caput e § 1º do art. 33 da Lei de Tóxicos. 2.* ***O tratamento penal dirigido ao delito cometido sob o manto do privilégio apresenta contornos mais benignos, menos gravosos, notadamente porque são relevados o envolvimento ocasional do agente com o delito, a não reincidência, a ausência de maus antecedentes e a inexistência de vínculo com organização criminosa. 3. Há evidente constrangimento ilegal ao se estipular ao tráfico de entorpecentes privilegiado os rigores da Lei nº 8.072/90. 4. Ordem concedida*** (grifo nosso).

considerados os incisos IV, VII e VIII. Ocorre que a redação dada ao inciso II igualmente contempla caso de reincidência específica, ao reservar o percentual de 20% "se o apenado for reincidente **em crime cometido sem violência à pessoa ou grave ameaça**", logo, *a contrario sensu*, à semelhança da intelecção desenvolvida em relação aos citados incisos IV, VII e VIII, se a reincidência advier de condenação por crime perpetrado **com** violência à pessoa ou grave ameaça, o percentual seria de 16%, por versar o título condenatório em execução sobre injusto **sem** violência à pessoa ou grave ameaça.

Eis, então, outra disfunção: se o delito configurador da reincidência for **menos** grave, porque **sem** violência à pessoa nem grave ameaça, 20%; se **mais** grave, 16%. Tamanho descompasso carece de correção. E dois são os caminhos:

I) Sob uma ótica mais punitiva, ponderar que, **se o art. 112, II, da LEP apresenta o percentual de 20% para a reincidência menos reprovável**, atrelada a injusto sem violência nem grave ameaça à pessoa, **compreende** a de **maior censura** – delitos **com** violência ou grave ameaça à pessoa, ponderando não se tratar de interpretação extensiva da norma, mas ontológica (compreensiva).

II) Sob uma lente mais garantista, lacunas legislativas não se resolvem *in malam partem*, considerados o devido processo legal, a legalidade penal estrita e a taxatividade. E todo texto impõe limites à sua interpretação. Não se enxerga "Z" se o preceito versa sobre "A". Pois o percentual de 20% foi expressamente reservado ao reincidente em "crime cometido **sem** violência à pessoa ou grave ameaça", ou seja, reincidente **específica** nessa modalidade delitiva, logo, se o delito anterior tiver sido **com** violência ou grave ameaça à pessoa, textualmente não se encaixará na moldura legal, restando o percentual geral de **16%**. Como tal discrepância não pode persistir, em apreço à proporcionalidade, a ser resolvida *pro reo*, para ambos os casos se tem o percentual de 16%, tornando irrelevante a reincidência. É a nossa posição.

Atenta-se, igualmente, à importância conferida à reincidência pela Lei n° 13.964/19.

Em claríssima potencialização do Direito Penal do autor, a reincidência, que já impactava enormemente na execução da pena, ganhou relevo ainda maior. Ser o sentenciado primário ou reincidente dá azo a diferenças sensíveis, seja em relação à progressão de regime, seja no tocante ao livramento condicional.

Nos termos do art. 63 do Código Penal, *verifica-se a reincidência quando o agente comete novo **crime**, depois de transitar em julgado a sentença que, no País ou no estrangeiro, o tenha condenado por **crime** anterior*, logo, *a contrario sensu*, a condenação anterior por contravenção penal não importa reincidência. Tal percepção há de ser estendida aos éditos condenatórios em razão da posse ou do porte de entorpecentes para uso próprio, por consubstanciar um *minus* em relação às contravenções, afinal, diferentemente destas, **não desafiam pena privativa de liberdade em hipótese alguma**, haja vista o art. 28 da Lei n° 11.343/06. Se o *plus* não conduz à reincidência, tampouco o *minus*. Aplica-se, pura e simplesmente, o princípio da proporcionalidade. Nesse sentido, pacificamente, Superior Tribunal de Justiça[13].

---

[13] AgRg nos EDcl no REsp 1774124/SP, Rel. Ministro Reynaldo Soares da Fonseca, Quinta Turma, julgado em 12/03/2019, DJe 25/03/2019 – *"...as condenações anteriores por contravenções penais não são aptas a gerar reincidência, tendo em vista o que dispõe o art. 63 do Código Penal, que apenas se refere a crimes anteriores. E, se as contravenções penais, puníveis com pena de prisão simples, não geram reincidência, mostra-se desproporcional o delito do art. 28 da Lei n° 11.343/06 configurar*

Outra marca bastante pronunciada da reforma diz respeito ao *modus operandi*, porquanto nitidamente mais gravoso o tratamento penal, quando o delito envolve violência ou grave ameaça à pessoa. Justamente por trazer soluções mais rigorosas ao *status libertatis* do sentenciado, a interpretação há de ser **restritiva**, considerado o princípio da legalidade penal estrita. Sendo assim, e, também, em deferência, mais uma vez, à proporcionalidade, os delitos de lesão corporal leve e ameaça, por serem infrações de **menor** potencial ofensivo, da competência do Juizado Especial Criminal, **não atraem os percentuais a maior estabelecidos para a progressão de regime**, afinal, **não encerram violência física nem ameaça suficientemente robustas para justificar a oneração da execução penal**. Para todos os efeitos, na (mui) improvável hipótese de vir a ser imposta pena privativa de liberdade, os percentuais relativos à progressão serão de 16 e 20% (art. 112, I e II, da LEP), quer seja primário ou reincidente.

O tema, aliás, **sequer é inédito**, pois tal debate foi travado no tangente à viabilidade, ou não, da substituição da privação libertária por restritiva de direitos, em princípio vedada aos crimes com violência ou grave ameaça à pessoa (art. 44, I, do Código Penal), convencionando-se, na esteira de precedentes do STF e do STJ, pelo **afastamento** dessa restrição nos delitos de ameaça e de lesão corporal leve, em virtude da menor ofensividade[14].

Quando insertas no âmbito do Juizado da Violência Doméstica e Familiar contra a Mulher, a ameaça e a lesão corporal leve, que, inclusive, muda de capitulação, tornando-se qualificada (art. 129, § 9º, do Código Penal), adquirem ofensividade maior, em razão da inaplicabilidade da Lei nº 9.099/95 e, por conseguinte, dos institutos despenalizadores (art. 41 da Lei nº 11.340/06), sem desafiar transação penal nem suspensão condicional do processo – Súmula nº 536 do STJ, em consonância com o decidido pelo Pleno do STF[15]. Esse tratamento diferenciado, mais severo, foi repetido pela Lei nº 13.964/19 ao excluir do acordo de "não persecução penal" a violência doméstica ou familiar (art. 28-A, § 2º, IV, do CPP). Dessarte, a ponderação tecida *retro* perde a razão de ser, concluindo-se, *v.g.*, pela impossibilidade de substituir a reprimenda privativa de liberdade por restritiva de direitos, consoante jurisprudência, pacificada, do STF[16], alinhada à Súmula nº 588 do STJ. Por extensão, os percentuais para fins de progressão de regime são os vinculados à violência ou grave ameaça à pessoa: 25%, se primário, 30%, se reincidente.

Particularmente, reputamos esse entendimento assistemático, obtuso, sem visão do todo, subversivo da lógica, da racionalidade e da proporcionalidade norteadoras da

---

reincidência, tendo em vista que nem é punível com pena privativa de liberdade...(grifo nosso); AgRg no REsp 1778346/SP, Rel. Ministro Sebastião Reis Júnior, Sexta Turma, julgado em 23/04/2019, *DJe 03/05/2019 – "...se contravenções penais, puníveis com prisão simples, não têm o condão de gerar reincidência (art. 63 do Código Penal), também o crime de posse de drogas para consumo próprio, sob pena de ofensa ao princípio da proporcionalidade, não deve gerar tal efeito, haja vista ser punível com medidas muito mais brandas, como advertência sobre os efeitos das drogas, prestação de serviços à comunidade e medida educativa de comparecimento a programa ou curso educativo. Precedentes de ambas as Turmas da Terceira Seção desta Corte Superior (HC nº 469.705/ MS, Ministra Laurita Vaz, Sexta Turma, DJe 1º/2/2019)"* (grifo nosso).

14   STF, HC 83768, Relator Min. Nelson Jobim, Segunda Turma, julgado em 30/03/2004, *DJ* 30/04/2004; STJ, HC 87.644/RS, Rel. Ministro Nilson Naves, Sexta Turma, julgado em 04/12/2007, *DJe* 30/06/2008.
15   ADC 19, Relator Min. Marco Aurélio, Tribunal Pleno, julgado em 09/02/2012, *DJe* 29/04/2014.
16   HC 131219, Relator Min. Rosa Weber, Primeira Turma, julgado em 10/05/2016, *DJe* 13/06/2016; HC 114703, Relator Min. Gilmar Mendes, Segunda Turma, julgado em 16/04/2013, *DJe* 02/05/2013.

aplicação e da execução da pena, a começar pela inadmissibilidade da substituição da pena privativa de liberdade por restritiva de direitos.

A escala penal cominada à ameaça e à lesão corporal leve, mesmo na forma qualificada pela relação doméstica ou familiar, escancara a reduzida lesividade dessas condutas. Na ameaça, o espectro punitivo é de 1 a 6 meses de detenção **ou** multa. Mesmo proibida a fixação única da última, por força do art. 17 da Lei nº 11.340/06, o piso é de **1** mês. Na lesão corporal leve doméstica é de **3** meses. Trabalha-se com o mínimo, porque, para se cogitar a substituição, é mandatória a não reincidência em crime doloso (art. 44, II, do CP). E os requisitos subjetivos versados no inciso III do art. 44 são cópia insculpida em mármore de Carrara das circunstâncias judiciais do art. 59 do CP. Assim, dificilmente a reprimenda aplicada distar-se-á do piso. Fixada essa premissa, o regime inicial é o aberto, mas, vedada *ab initio* a substituição, sobraria, como alternativa à privação libertária, o *sursis* da pena, cujo prazo mínimo de duração é de 2 anos (art. 77, cabeça, do CP).

Em suma: a suspensão condicional da execução da pena dar-se-ia por tempo **24** ou **8** vezes superior à reprimenda aplicada. O que veio para ser um benefício, transforma-se em um fardo, não sendo raro os que preferem a pena privativa de liberdade, a ser cumprida, provavelmente, em regime domiciliar, diante da inexistência ou insuficiência de casas de albergado. **É inaceitável, sob o ponto de vista lógico, que o *sursis* da pena seja alternativa pior do que a pena privativa de liberdade, tanto que, para evitar tamanha perplexidade, o art. 77, III, do CP coloca-o como opção, subsidiária, à substituição da reprimenda privativa de liberdade por restritivas de direitos.**

Seguindo idêntica ordem de ideias, como condenações a penas tão diminutas podem submeter-se a percentuais diferenciados para fins de progressão de regime, presente a violência ou a grave ameaça à pessoa? No tocante à lesão corporal do art. 129, § 9º, do CP, a sua extensão leve, por exemplo, é unívoca, porque, se grave ou gravíssima, capitulada estaria no § 10. Enfim...

A inescapável pressão sobre o sistema carcerário, que atingirá níveis insuportáveis com a Lei nº 13.964/19, talvez motive o STJ e o STF a rever determinados posicionamentos, conforme sinaliza a Súmula Vinculante nº 56, ao estimular alternativas diversas da prisão domiciliar, com expressa menção às penas restritivas de direitos, de cunho (res)socializador maior, quando ausentes vagas no regime prisional adequado.

Como desdobramento dessa última percepção, em torno da Súmula Vinculante nº 56, não se ignora que, diante das elementares listadas no art. 157, *caput*, do Código Penal, violência ou grave ameaça à pessoa, o roubo inevitavelmente chamaria os percentuais de 25 ou 30% para a progressão de regime. O Superior Tribunal de Justiça, *v.g.*, possui precedentes invocando-os para descartar a substituição da pena privativa de liberdade por restritiva de direitos[17].

Sem embargo, se, por um lado, o roubo perpetrado por meio de **palavras de ordem**, como *passa a bolsa*, intimida a vítima, daí se descartar o furto, por outro não encerra, sob o ponto de vista técnico, ameaça alguma, ante a ausência de promessa de mal injusto e grave, balizas definidoras da ameaça, presente o art. 147, *caput*, do Código Penal. Não

---

[17] HC 311.331/MS, Rel. Ministro Leopoldo de Arruda Raposo (Desembargador Convocado do TJ/PE), Quinta Turma, julgado em 24/03/2015, *DJe* 08/04/2015; AgRg no AREsp 521.133/BA, Rel. Ministro Moura Ribeiro, Quinta Turma, julgado em 07/08/2014, *DJe* 14/08/2014.

se contesta, nesses casos, a tipificação da conduta como roubo, haja vista a intimidação dirigida à vítima. Mas daí a catapultar uma *ordem* ao *status* de grave ameaça é um salto triplo carpado hermenêutico. **Partindo dessa premissa, para os condenados por *esses roubos, perpetrados por meio de palavras de ordem*, aplicar-se-iam os percentuais de 16 e de 20%, porquanto ausentes a violência e a grave ameaça.**

Além de atender à legalidade penal estrita, tal interpretação privilegia a individualização da pena, afinal, não se pode equiparar o sentenciado por um roubo cometido nessas condições a outro, igualmente simples, no qual a vítima foi efetivamente agredida ou ameaçada de morte. De mais a mais, é outra exegese que minimiza o brutal encarceramento que inescapavelmente advirá com a Lei nº 13.964/19. Essa orientação já tem sido aplicada para, superada a restrição contida no art. 44, I, do CP, proporcionar reprimendas restritivas de direitos, de cunho inclusive social maior, como a prestação de serviços comunitários, em atenção aos anseios externados na Súmula Vinculante nº 56 por soluções distintas da privação libertária[18].

Quanto ao livramento condicional, continua-se a trabalhar com **frações**, sendo elas, incluídas as **vedações**, as seguintes:

a) 1/3, considerada a **não reincidência em crime doloso**, logo, a condenação pretérita por delito culposo, contravenção penal (porte ou posse de entorpecente para uso próprio incluso) ou mesmo por crime doloso, não mais caracterizadora da reincidência, traduzindo, apenas, maus antecedentes, dão azo à citada fração (art. 83, I, do CP), conforme examinado ao longo deste tópico;

b) 1/2, ante a reincidência em crime doloso (art. 83, II, do CP);

c) 2/3, em se tratando de crime hediondo ou equiparado, **vedado** ao reincidente específico em delito hediondo ou equiparado (art. 83, V, do CP), considerado o gênero, e não a espécie – não precisa envolver o mesmo tipo penal, bastando que integre a classe dos hediondos ou equiparados[19];

d) 2/3, presentes os crimes previstos nos arts. 33, *caput* e § 1º, 34 a 37 da Lei nº 11.343/06, independentemente de serem hediondos ou não[20], conforme o art. 44, p.ú., **vedado** ao reincidente específico em qualquer dos citados tipos penais[21];

e) vedado ao sentenciado por crime hediondo ou equiparado, **com** resultado morte, independentemente da primariedade ou da reincidência (art. 112, VI, *a*, e VIII da LEP), **sem direito tampouco à saída temporária** (art. 122, § 2º, da LEP), inovações *in pejus* introduzidas pela Lei nº 13.964/19, logo, irretroativas, alcançando delitos cometidos após a sua entrada em vigor.

---

[18] TJ/RJ, Embargos Infringentes ou de Nulidade, Processo 0013785-06.2011.8.19.0045, Rel. Desembargador Luiz Noronha Dantas, Sexta Câmara Criminal, julgado em 02/02/2017; Apelação, Processo 0513183-51.2015.8.19.0001, rel. Desembargador Paulo de Tarso Neves, Sexta Câmara Criminal, julgado em 30/11/2016; Apelação, Processo 0001017-15.2013.8.19.0001, rel. Desembargador Fernando Antônio de Almeida, Sexta Câmara Criminal, julgado em 28/09/2016.

[19] HC 693.831/SP, Rel. Ministro Jesuíno Rissato (Desembargador Convocado do TJDFT), Quinta Turma, julgado em 19/10/2021, *DJe* 28/10/2021.

[20] AgRg no HC 649.000/SP, Rel. Ministro Olindo Menezes (Desembargador Convocado do TRF 1ª Região), Sexta Turma, julgado em 04/05/2021, *DJe* 10/05/2021.

[21] HC 372.365/RJ, Rel. Ministro Felix Fischer, Quinta Turma, julgado em 19/10/2017, *DJe* 25/10/2017.

A hediondez, ou não, da imputação ensejadora da condenação repercute, qualitativamente, na execução penal, seja no percentual a ser observado para fins de progressão de regime, seja na fração, ou na própria viabilidade jurídica, do livramento condicional. Por tudo isso, cumpre examinar os impactos da Lei nº 13.964/19 na Lei nº 8.072/90.

14.2. PACOTE "ANTICRIME" E CRIMES HEDIONDOS/ESTATUTO DO DESARMAMENTO

A Lei nº 8.072, de 25 de julho de 1990, contemplava, na redação originária do art. 1º, cabeça, como hediondos, os crimes de **latrocínio qualificado pelo resultado morte** (art. 157, § 3º, *in fine*), **extorsão mediante sequestro e na forma qualificada** (art. 159, *caput* e seus §§ 1º, 2º e 3º), **estupro** (art. 213, *caput* e sua combinação com o então art. 223, *caput* e parágrafo único), o então **atentado violento ao pudor** (art. 214 e sua combinação com o então art. 223, *caput* e parágrafo único), a **epidemia com resultado morte** (art. 267, § 1º), **envenenamento de água potável ou de substância alimentícia ou medicinal, qualificado pela morte** (art. 270, combinado com o art. 285), todos do Código Penal (Decreto-Lei nº 2.848, de 7 de dezembro de 1940), e **genocídio** (arts. 1º, 2º e 3º da Lei nº 2.889, de 1º de outubro de 1956), tentados ou consumados, além do tráfico, terrorismo e tortura, constitucionalmente hediondos, porque já constantes no art. 5º, XLIII, da CRFB/88 – não nos agrada o adjetivo *equiparado*, embora positivado pela Lei nº 13.964/19, haja vista a redação dada aos incisos V, VI, a, VII e VIII do art. 112 da LEP, porque passa a ideia de serem um *minus* em relação aos demais, quando, em verdade, é o contrário, afinal, são delitos que o Poder Constituinte Originário fez questão de nomear diretamente, deixando a definição dos demais ao legislador.

Pois, agora, o rol de crimes hediondos, se contados apenas os incisos e alíneas, espraia-se por **mais** de 18 tipos penais, afinal, muitos aludem a mais de uma figura delitiva, *v.g.* os incisos I e I-A. Nota-se, claramente, a **banalização** do elenco, como se o art. 5º, XLIII, da CRFB/88 tivesse conferido carta branca ao legislador para rotular hediondo o injusto que bem quisesse, sem a mínima racionalidade e proporcionalidade, quando, na realidade, foi justamente o contrário. Em sendo o art. 5º, XLIII, da CRFB/88 um preceito constitucional proibitivo por excelência, haja vista a vedação à fiança, graça e anistia, a definição dos demais delitos hediondos haveria de ser feita *cum grano salis*, criteriosamente, tendo como contraponto, para fins de proporcionalidade, os próprios injustos referidos pelo Poder Constituinte originário – tráfico, terrorismo e tortura –, descartados, de plano, os crimes de reprovabilidade menor. Diante de uma Constituição abertamente preocupada com as liberdades individuais, que tem na dignidade humana um dos seus fundamentos (art. 1º, III), a permissão dada ao Poder Legislativo para eleger os delitos hediondos **não foi absoluta, nem irrestrita, mostrando-se inconstitucional a vulgarização**. Sob esse olhar hão de ser analisadas as alterações e acréscimos promovidas pela Lei nº 13.964/19 no elenco dos delitos hediondos.

O **inciso I do art. 1º da Lei nº 8.072/90**, em relação à redação imediatamente anterior, ditada pela Lei nº 13.142/15, foi modificado para incluir, nas referências ao homicídio qualificado, o inciso VIII, introduzido no § 2º do art. 121 do CP pela Lei nº 13.964/19. O então veto presidencial ao citado inciso VIII, havia tornado **inócua** a alteração, **conservando o *status quo*,** SEM *novatio*, portanto. Contudo, ante a derrubada do veto pelo Congresso Nacional, restaura-se a sua natureza hedionda, traduzindo *lex* *gravior*, irretroativa, compreensiva dos homicídios com emprego de arma de fogo de uso restrito ou proibido, perpetrados posteriormente à vigência da Lei nº 13.964/19 – o tema será aprofundado no Capítulo 15.

O **inciso II do art. 2º** da Lei nº 8072/90, manteve o latrocínio qualificado pelo resultado morte, mas **inseriu também o qualificado pela lesão corporal grave, trazendo todo o § 3º do art. 157 do CP**. Não satisfeito, introduziu, também, os **roubos circunstanciados pela restrição de liberdade da vítima** (art. 157, § 2º, V), pelo **emprego de arma de fogo permitido** (art. 157, § 2º-A, I), bem como de **uso proibido ou restrito** (art. 157, § 2º-B).

Promoveu-se nítida ***novatio legis in pejus***, IRRETROATIVA, nos termos do art. 5º, XL, da CRFB/88, abrindo campo para uma enxurrada de futuros cálculos diferenciados, seja quanto à progressão de regime, como em relação ao livramento condicional, incidentais às execuções que reúnam múltiplos títulos condenatórios, alguns por roubos cometidos anteriormente à Lei nº 13.964/19, outros por infrações posteriores. Projeta-se inevitável morosidade no processamento das vindouras execuções penais, em detrimento da duração razoável do processo (art. 5º, LXXVIII, da CRFB/88). Os órgãos jurisdicionais competentes para a execução e todas as agências de apoio terão que incrementar a infraestrutura e o pessoal para fazer frente à atual realidade, sob pena de tornar ainda mais morosa a execução penal, implodindo, de vez, o sistema carcerário. Desdobramentos ou criação de novos órgãos jurisdicionais, abertura de concursos para serventuários mostram-se inevitáveis, logo, se tais razões seriam suficientes para a inconstitucionalidade do juiz das garantias e do arquivamento da investigação pelo próprio Ministério Público, na dicção do Min. Luiz Fux, ao deferir a cautelar suspendendo a eficácia dos dispositivos correlatos a esses temas, a inconstitucionalidade do inciso II do art. 1º da Lei nº 8.072/90 igualmente se mostraria inexorável, lembrando que o roubo é, após o tráfico, o delito que mais encarcera.

Como não pactuamos com tal ponto de vista, segundo ficou claro ao assentarmos a plena constitucionalidade do juiz das garantias, **inexiste ofensa à Constituição** no inciso II do art. 1º da Lei nº 8.072/90 em si, mesmo porque, se o Poder Constituinte, no art. 5º, XLIII, elegeu, de antemão, o tráfico, terrorismo e tortura crimes constitucionalmente hediondos, **proporcionalidade** existe ao alçar tais roubos a esse patamar. Alegar inconstitucionalidades por discordar, subjetivamente, das opções do legislador deságua em inaceitável decisionismo, despido de fundamentação racional, sem a qual não se pode falar em sopesamentos corretos ou equivocados, conforme adverte Robert Alexy[22].

Partindo dessa premissa, vê-se que as espécies de roubos catalogadas hediondas apresentam escalas penais expressivas, maiores, inclusive, do que a do tráfico de entorpecentes, *v.g.*, exibindo reprovabilidade compatível com a hediondez[23].

Seguindo idêntica ordem de ideias, replica-se o mesmo em relação ao **inciso III do art. 1º da Lei nº 8.072/90**, ao estabelecer como hedionda *a extorsão qualificada pela restrição da liberdade da vítima, ocorrência de lesão corporal ou morte (art. 158, § 3º)*, alterando o texto anterior, segundo o qual seria hedionda *a extorsão qualificada pela morte (art. 158, § 2º)*. Sem embargo, problemas de ordem intertemporal surgem aqui.

---

[22] *Teoria dos Direitos Fundamentais*. Trad. Virgílio Afonso da Silva. São Paulo: Malheiros Editores, 2008, p. 164-165.

[23] As considerações sobre as inovações implementadas no roubo pela Lei nº 13.964/2019 desafiam item próprio, ao qual nos reportamos.

A extorsão qualificada pela morte, quando não precedida da restrição libertária à vítima (art. 158, § 2º do CP), **não mais é hedionda**, porque o novel inciso III do art. 1º da Lei nº 8.072/90 expressamente a suprimiu. Por conseguinte, **retroage**, consubstanciando *novatio legis in mellius*, a ensejar, nas execuções penais em curso, **a revisão das frações para a progressão de regime, de dois ou três quintos para um sexto, bem como para o livramento condicional, de dois terços para um terço ou metade, afastada a vedação ao reincidente específico**. Embora o texto do citado inciso III não interligue a extorsão qualificada pela restrição da liberdade da vítima à ocorrência de lesão corporal ou morte, limitando-se a lançá-las, como se aludisse às três formas qualificadas, hipótese na qual se poderia sustentar a subsistência da hediondez também no caso do § 2º do art. 158 do CP, **a referência, no final do inciso III, ao § 3º do art. 158 do CP desautoriza tal intelecção**, sob pena de interpretação extensiva *in malam partem*, em desacordo com o **princípio da legalidade**.

Por outro lado, a extorsão versada no art. 158, § 3º do CP, que não constava no rol de crimes hediondos, passa a nele figurar, encerrando *novatio legis in pejus*, IRRETROATIVA, nos termos do art. 5º, XL, da CRFB/88. Futuras execuções penais que reúnam títulos condenatórios por tal crime, sendo uns cometidos **antes** da entrada em vigor da Lei nº 13.964/19, outros, **após**, desafiarão cálculo diferenciado, seja para a progressão de regime, seja para o livramento condicional.

Sob a égide anterior à Lei nº 13.964/19 discutia-se se a (então) referência à extorsão qualificada pela morte (art. 158, § 2º, do CP) no inciso III do art. 1º da Lei nº 8.072/90 abarcaria a qualificada pela restrição da liberdade da vítima, com resultado morte (art. 158, § 3º, do CP). Como esse tipo penal derivado adveio posteriormente ao rol estampado na Lei nº 8.072/90, por meio da Lei nº 11.923, de 17 de abril de 2009, alguns autores obtemperaram não ter havido silêncio eloquente do legislador, mas omissão involuntária, afinal, a extorsão qualificada pela morte, envolvesse ou não sequestro, sempre foi hedionda, logo, a *inteligência* do dispositivo **compreenderia** o art. 158, § 3º, do CP. Não se *estenderia* o alcance do então inciso III do art. 1º da Lei nº 8.072/90. Apenas se reconheceria que, nele, estaria abrigado o art. 158, § 3º, do CP, quando acompanhado do resultado morte. Preservar-se-ia o postulado constitucional da legalidade (art. 5º, XXXIX, da CRFB/88), porque não se faria interpretação extensiva *in malam partem* de norma penal limitadora de direitos, mas **ontológica (compreensiva)**[24]. Partindo dessa percepção, **a *novatio legis in pejus* ficaria restrita à inclusão da extorsão qualificada pela restrição da liberdade do ofendido em si ou quando esta viesse acompanhada do resultado lesão corporal, porque, quando seguida de morte, já seria hedionda**.

Tal orientação, todavia, jamais foi a dominante, por esbarrar na **taxatividade** do art. 1º da Lei nº 8.072/90. Involuntário ou não o lapso do legislador, fato é que o art. 158, § 3º, do CP – o vulgarmente conhecido "sequestro relâmpago" –, mesmo quando acompanhado do resultado morte, **não constava da lista de crimes hediondos**. Qualquer inclusão olvidaria o caráter *numerus clausus* do rol, em detrimento do princípio da legalidade penal estrita[25]. Dessarte, a inserção do art. 158, § 3º, do CP traduz, sim, *novatio legis in pejus*.

---

[24] GOMES, Luiz Flávio; CUNHA, Rogério Sanches. *Sequestro relâmpago com morte*: é crime hediondo. Disponível em http://www.lfg.com.br. Acesso em: 30 jan. 2020.

[25] NUCCI, Guilherme de Souza. *Manual de Direito Penal*. 5. ed. São Paulo: RT, 2009, p. 720; BITENCOURT, Cezar Roberto. *Tratado de Direito Penal*. 12. ed. São Paulo: Saraiva, 2016, p. 143-144. v. 3; LIMA, BRA-

Segundo advertido *retro*, a extorsão qualificada pela morte, cujo *modus operandi* não restrinja nem prive a liberdade do ofendido, **não mais é hediondo**. Por conseguinte, não nos espantaria se a controvérsia acima persistisse, mas, agora, deslocada para o art. 158, § 2º, do CP, quando qualificada pelo resultado morte. O embate argumentativo seria o mesmo, mas reafirmamos: a menção expressa ao § 3º do art. 158 ao final do inciso III do art. 1º da Lei nº 8.072/90 não deixa margem a dúvidas quanto à exclusão do § 2º, do art. 158, mesmo quando qualificado pelo resultado morte.

Consigne-se que o novel inciso III do art. 1º, da Lei nº 8.072/90 reforça o seu caráter de *novatio legis in pejus* por ter impactado, também, no espectro da prisão temporária, **ampliando-o**. O rol da prisão temporária é, reconhecidamente, taxativo. Mas tal exaustividade é oponível ao intérprete, não ao legislador, que, do alto da sua soberania, pode, perfeitamente, ampliá-lo. Assim, ao contemplar o prazo de 30 dias de prisão temporária, prorrogáveis por igual período, nos moldes do art. 2º, § 4º, da Lei nº 8.072/90, entende-se, majoritariamente, ter a lei potencializado o seu raio para além dos delitos versados no art. 1º, III, da Lei nº 7.960/89, compreendendo, também, o tráfico, terrorismo, tortura e os hediondos. Por meio dessa orientação, disponibiliza-se, *v.g.*, a prisão temporária ao estupro de vulnerável (art. 217-A do CP), ausente na Lei nº 7.960/89, mas presente no art. 1º, VI, da Lei nº 8.072/90, conforme jurisprudência remansosa do STJ[26].

Partindo dessa premissa, discutia-se se a extorsão versada no § 3º do art. 158 do Código Penal comportaria prisão temporária, porque não constava nem no art. 1º, III, *d*, da Lei nº 7.960/89, nem no então art. 1º, III da Lei nº 8.072/90. Ante a exaustividade dessas listas, concluía-se, majoritariamente, pela **inadmissibilidade**, em deferência ao devido processo legal – preceitos restritivos de direitos merecem interpretação restritiva. **A reforma ora promovida na Lei nº 8.072/90, para incluir o art. 158, § 3º do CP no inciso III do art. 1º, põe uma pá de cal nessa discussão, viabilizando a prisão temporária.** Por outro lado, embora a extorsão qualificada pela morte (art. 158, § 2º do CP) persista desafiando prisão temporária (art. 1º, III, *d*, da Lei nº 7.960/89), como não mais é hedionda, o prazo será de (até) 5 dias, prorrogáveis por igual período, nos termos do art. 2º, cabeça, da Lei nº 7.960/89, e não mais de 30 dias, nos moldes do § 4º do art. 2º da Lei nº 8.072/90.

A Lei nº 13.964/19 acrescentou, no art. 1º, cabeça, da Lei nº 8.072/90, o inciso IX, tornando hediondo *o furto qualificado pelo emprego de explosivo ou de artefato análogo que cause perigo comum (art. 155, § 4º-A)*. Trata-se de outra *novatio legis in pejus*, IRRETROATIVA, nos termos do art. 5º, XL, da CRFB/88. Por conseguinte, execuções penais que agreguem *n* títulos condenatórios atinentes a tal furto exigirão cálculo diferenciado, tanto para fins de progressão de regime, quanto de livramento condicional, a depender da data do ocorrido, se **antes** ou **após** a entrada em vigor da Lei nº 13.964/19.

Conforme alertamos, o art. 5º, XLIII, da CRFB/88 não autorizou o legislador a transformar em hediondo qualquer crime. Quadras extravagantes não desafiam vulgarização, máxime quando restritivas de direitos. Segundo leciona Antonio García-Pablos de Molina, "...o princípio da proporcionalidade **rechaça** o estabelecimento de cominações *legais* (proporcionalidade em abstrato) e a *imposição* de penas (proporcionalidade em concreto) que

---

SILEIRO, Renato. Ob. cit., p. 43-44; FRANCO, Alberto Silva; LIRA, Rafael; FELIX, Yuri. *Crimes Hediondos*. 7. ed. São Paulo: RT, 2011, p. 518-519.

[26] HC 526.241/SP, Rel. Ministro Ribeiro Dantas, Quinta Turma, julgado em 19/09/2019, *DJe* 24/09/2019; RHC 69.591/MG, Rel. Ministro Nefi Cordeiro, Sexta Turma, julgado em 19/05/2016, *DJe* 01/06/2016.

*careçam de relação valorativa com o fato cometido...tendo, em consequência, um **duplo destinatário**: o poder **legislativo** (que tem de fixar reprimendas proporcionais, em abstrato, à gravidade do crime) e o juiz (consideradas as penas aplicadas ao autor do fato)...*" (grifo nosso)[27]. E, na esteira das lições de Santiago Mir Puig[28], Alberto Silva Franco, Rafael Lira e Yuri Felix[29] rememoram que, em um "*...Estado Democrático de Direito, o exercício do poder punitivo deve subordinar-se, também no estágio **legislativo**, a três outros **inafastáveis** limites: 'a exclusiva proteção de bens jurídicos, o princípio da proporcionalidade e o princípio da culpabilidade'. Não teria caráter democrático o Direito Penal que fizesse uso da pena para amparar valores puramente **morais**...a necessidade de proporcionalidade seria ainda exigível 'um Direito Penal democrático deve ajustar a gravidade das penas à transcendência que, para a sociedade, têm os fatos a que se refere. **Exigir proporção entre delitos e penas não é, com efeito, mais do que pedir que a dureza da pena não exceda a gravidade que, para a sociedade, possui o fato castigado**'*" (grifo nosso).

Sendo assim, o furto qualificado pelo emprego de explosivo ou de artefato análogo que causa perigo comum **não destila reprovabilidade suficiente para catapultá-lo ao status de crime hediondo**. A pena cominada **é idêntica à do roubo simples**, 4 a 10 anos de reclusão e multa, **nada obstante a ausência de violência ou grave ameaça à pessoa**, dado suficiente para colocar em xeque a constitucionalidade até dessa escala penal. Mas, superada essa observação, é certo que **o roubo simples não é hediondo, apesar, repita--se, de envolver violência ou grave ameaça à pessoa. Tampouco o são os crimes de perigo comum, versados nos arts. 250 a 259 do Código Penal, inclusos o incêndio e a explosão (arts. 250 e 251). Inexiste, assim, proporcionalidade para que um FURTO, mesmo qualificado pelo uso de explosivo, seja hediondo**, a justificar percentuais maiores para a progressão de regime, além da fração de dois terços para o livramento condicional – isso se não for prontamente descartado, em abstrato, se reincidente em outro delito de natureza hedionda. E ainda comportaria, em tese, **prisão temporária**, nos moldes do art. 2º, § 4º da Lei nº 8.072/90. Tal crime sequer desperta aguda inquietação social a justificar exasperação penal – o roubo, mesmo na modalidade simples, causa incômodo social infinitamente maior, justamente por envolver violência ou grave ameaça direta à vítima, vulnerando não apenas o patrimônio, mas a incolumidade física. Ou seja: mesmo sob o ângulo irracional do populismo penal, soa inexplicável atribuir natureza hedionda ao furto. Vê-se que a Lei nº 13.964/19, nesse particular, atendeu aos anseios de um segmento microscópico, mas privilegiadíssimo – o dos banqueiros, afinal, esses furtos visam, primordialmente, aos caixas eletrônicos instalados em agências bancárias. Implementa-se, assim, mais uma política criminal seletiva socioeconomicamente, em desacordo com o art. 1º, 1, da CADH, no qual o Brasil comprometeu-se a repudiar qualquer sorte de discriminação, dentre as quais a socioeconômica.

A objeção ao controle de constitucionalidade pauta-se no art. 2º da CRFB/88: ao controlar o mérito do ato legislativo, o Poder Judiciário imiscuir-se-ia na atuação do Legislativo, em prejuízo da independência e da harmonia entre os Poderes da República. A preocupação procede, mas, repise-se, não importa licença absoluta ao legislador para criar normas ao bel prazer, despida de critérios mínimos de racionalidade e de proporcio-

---

27   *Introducción al Derecho Penal*. 4. ed. Madrid: Ramon Areces, 2006, p. 579-580.
28   *Introducción a las bases del Derecho Penal*. Barcelona: Bosch, 1976, p. 151-155.
29   Ob. cit., p. 517-518.

nalidade. E essa espécie de controle **tem sido admitida pelo Supremo Tribunal Federal e pelo Superior Tribunal de Justiça.**

A Corte Especial do Superior Tribunal de Justiça aplicou a presente intelecção, por exemplo, para declarar inconstitucional, por ofensa ao primado da proporcionalidade, o preceito secundário reservado ao crime previsto no art. 273, § 1º-B, do Código Penal – ter em depósito, para fins mercantis, produtos terapêuticos ou medicinais de origem ignorada –, admitindo, inclusive, excepcional combinação de leis, não gratuitamente, mas para preencher a lacuna deixada pela inconstitucionalidade do dito preceito secundário.

Na Arguição de Inconstitucionalidade no *Habeas Corpus* nº 239.363/PR, da relatoria do Min. Sebastião Reis Júnior, julgada em 26/02/2015, com publicação do acórdão no *DJe* 10/04/2015, assentou-se, vencido o Min. Og Fernandes, que: "...*1. A intervenção estatal por meio do Direito Penal deve ser sempre guiada pelo princípio da proporcionalidade, incumbindo também ao legislador o dever de observar esse princípio como proibição de excesso e como proibição de proteção insuficiente. 2. É viável a fiscalização judicial da constitucionalidade dessa atividade legislativa, examinando, como diz o Ministro Gilmar Mendes, se o legislador considerou suficientemente os fatos e prognoses e se utilizou de sua margem de ação de forma adequada para a proteção suficiente dos bens jurídicos fundamentais. 3. Em atenção ao princípio constitucional da proporcionalidade e razoabilidade das leis restritivas de direitos (CF, art. 5º, LIV), é imprescindível a atuação do Judiciário para corrigir o exagero e ajustar a pena cominada à conduta inscrita no art. 273, § 1º-B, do Código Penal. 4. O crime de ter em depósito, para venda, produto destinado a fins terapêuticos ou medicinais de procedência ignorada é de perigo abstrato e independe da prova da ocorrência de efetivo risco para quem quer que seja. E a indispensabilidade do dano concreto à saúde do pretenso usuário do produto evidencia ainda mais a falta de harmonia entre o delito e a pena abstratamente cominada (de 10 a 15 anos de reclusão) se comparado, por exemplo, com o crime de tráfico ilícito de drogas – notoriamente mais grave e cujo bem jurídico também é a saúde pública. 5. A ausência de relevância penal da conduta, a desproporção da pena em ponderação com o dano ou perigo de dano à saúde pública decorrente da ação e a inexistência de consequência calamitosa do agir convergem para que se conclua pela falta de razoabilidade da pena prevista na lei. A restrição da liberdade individual não pode ser excessiva, mas compatível e proporcional à ofensa causada pelo comportamento humano criminoso*" (grifo nosso). Por conseguinte, a depender da proveniência do produto, aquiesceu-se a aplicação da pena cominada ao tráfico de entorpecentes ou ao delito de contrabando, sem incidir, no primeiro caso, a causa especial de diminuição de pena do § 4º do art. 33 da Lei nº 11.343/06[30].

O fenômeno tampouco é estranho à jurisprudência do **Pleno** do Supremo Tribunal Federal, **inclusive em relação ao citado art. 273, § 1º-B, do Código Penal, sujeitando-o,**

---

[30] RvCr 3.064/PR, Rel. Ministro Nefi Cordeiro, Terceira Seção, julgado em 22/02/2017, DJe 02/03/2017 – "...*1. Declarada a inconstitucionalidade do preceito secundário previsto no art. 273, § 1º-B, do Código Penal pela Corte Especial do Superior Tribunal de Justiça, no julgamento da Arguição de Inconstitucionalidade no Habeas Corpus n.º 239.363/PR,* **as Turmas que compõem a 3ª Seção deste Sodalício passaram a determinar a aplicação da pena prevista no crime de contrabando ou no crime de tráfico de drogas, do art. 33 da Lei de Drogas***. 2. Nos termos da jurisprudência desta Corte Superior, não é cabível, por ausência de previsão legal, a aplicação da minorante prevista no § 4º do art. 33 da Lei nº 11.343/06 nos crimes previstos no art. 273, § 1º-B, do CP,* **mesmo nas hipóteses em que se tenha utilizado o preceito secundário do crime de tráfico de drogas***...*" (grifo nosso).

no RE nº 979.962/RS, rel. Min. Luís Roberto Barroso, j. em 24/03/21, com acórdão publicado no DJ de 14 de junho imediato, a controle de constitucionalidade, à luz do princípio da proporcionalidade, a fim de declarar *"inconstitucional a aplicação do preceito secundário do art. 273 do Código Penal à hipótese prevista no seu § 1º-B, I, que versa sobre a importação de medicamento sem registro no órgão de vigilância sanitária. Para esta situação específica, fica repristinado o preceito secundário do art. 273, na sua redação originária"* – reclusão, de 1 a 3 anos.

Presente o parágrafo único do art. 1º da Lei nº 8.072/90, o **genocídio**, listado no inciso I, persistiu hediondo, **sem alterações**.

Curiosamente, o inciso V do citado parágrafo único contemplou uma espécie de **hediondez por extensão**, reservada *ao crime de organização criminosa*, **quando direcionado à prática de crime hediondo ou equiparado**. Trata-se, por óbvio, de outra *novatio legis in pejus*, IRRETROATIVA.

A referida hediondez **não** alcança o § 1º do art. 2º da Lei nº 12.850/13, porque *quem impede ou, de qualquer forma, embaraça a investigação de infração penal que envolva organização criminosa* não a compõe. Tornou-se hedionda a organização criminosa, e não a conduta de favorecê-la, embaraçando a investigação, sob pena de interpretação extensiva *in malam partem*, contrária às cláusulas constitucionais do devido processo legal e da legalidade penal estrita. Submete-se ao regramento hediondo, na forma do art. 2º, caput, da Lei nº 12.850/13, quem promove, constitui, financia ou integra, pessoalmente, organização criminosa, **desde que** voltada à prática de crimes **hediondos** ou **equiparados**, lembrando que, por ser um tipo penal misto alternativo, o perfazimento de mais de uma das condutas relacionadas na cabeça do art. 2º da Lei nº 12.850/13 encerra crime único.

A **organização criminosa** dedicada ao tráfico de entorpecentes tornou-se hedionda, por força do art. 1º, parágrafo único, V, da Lei nº 8.072/90, logo, por exclusão, foi reforçada a natureza **não hedionda** da associação para o tráfico, prevista no então art. 14 da Lei nº 6.368/76, reproduzida, integralmente, no art. 35 da Lei nº 11.343/06, conforme longeva e duradoura jurisprudência do STF[31] e do STJ[32]. Consigne-se que, quando do julgamento do HC 118533, Relator(a): Min. CÁRMEN LÚCIA, Tribunal Pleno, julgado em 23/06/2016, PROCESSO ELETRÔNICO *DJe*-199 DIVULG 16-09-2016 PUBLIC 19-09-2016, no qual o Plenário assentou a não hediondez do tráfico "privilegiado", rememorou que, na Lei nº 11343/06, haveria outros delitos despidos desse emblema, com referência expressa à associação. Em seu voto-vista, o Min. Edson Fachin, aderindo ao caráter não hediondo do tráfico, quando presente a causa de diminuição de pena do § 4º do art. 33, assim se colocou, **grifando**: *"...cumpre assinalar que o crime de associação para o tráfico,* **que reclama liame subjetivo estável e habitual direcionado à consecução da traficância,** *não é equiparado a hediondo..."*.

---

[31] HC 83017, Relator Min. Carlos Britto, Primeira Turma, julgado em 02/09/2003, DJ 23/04/2004; HC 83656, Relator Min. Nelson Jobim, Segunda Turma, julgado em 20/04/2004, DJ 28/05/2004.

[32] HC 429.672/SP, Rel. Ministro Antonio Saldanha Palheiro, Sexta Turma, julgado em 27/02/2018, *DJe* 08/03/2018 – "*...A jurisprudência* **pacífica** *do Superior Tribunal de Justiça reconhece que o crime de associação para o tráfico de entorpecentes (art. 35 da Lei n. 11.343/2006) não figura no rol de delitos hediondos ou a eles equiparados, tendo em vista que não se encontra expressamente previsto no rol taxativo do art. 2º da Lei n. 8.072/1990...*" (grifo nosso); HC 417.782/SP, Rel. Ministro Reynaldo Soares da Fonseca, Quinta Turma, julgado em 20/02/2018, *DJe* 27/02/2018.

A *contrario sensu*, **não é hedionda** a organização criminosa dirigida ao cometimento de **crimes de natureza diversa, tampouco desafiando prisão temporária**, por não figurar no rol taxativo do art. 1º, III, da Lei nº 7.960/89 – a par da controvérsia acerca da (in)subsistência da alínea *l*, concernente ao crime previsto no art. 288 do Código Penal, são delitos **diversos**, situados em diplomas legais **distintos**, de sorte que qualquer tentativa de inserção da organização criminosa na mencionada alínea é descabida, por traduzir interpretação extensiva *in malam partem*. Ainda *a contrario sensu*, e pelos mesmos motivos ora alinhavados, tampouco é hedionda a **associação criminosa** prevista no art. 288 do CP, ainda que dirigida ao cometimento de crimes hediondos ou equiparados, pois o inciso V do parágrafo único do art. 1º da Lei nº 8.072/90 pontuou as **organizações criminosas**.

A Lei nº 13.964/19 dispensou atenção especial ao Estatuto do Desarmamento (Lei nº 10.826, de 22 de dezembro de 2003). Restringiu o *caput* do art. 16 ao porte e à posse de armas de **uso restrito**, mantida a escala penal de 3 a 6 anos de reclusão, e multa, e desmembrou o então parágrafo único, inserindo o § 2º para **qualificar** o porte ou a posse, se a arma for de **uso proibido**, submetendo-o à pena de 4 a 12 anos de reclusão, **sem cominação cumulativa de multa**.

Em suma: se a arma for de uso proibido, a novel escala penal privativa de liberdade NÃO retroage, alcançando apenas o porte e a posse cometidas sob a vigência da Lei nº 13.964/19. Sem embargo, em relação aos anteriores, **desconsidera-se a cominação cumulativa da multa, a ser DECOTADA das sentenças condenatórias já prolatadas, seja pelos Tribunais, em grau recursal, seja pelo próprio Juízo das Execuções, em sede de execução provisória ou definitiva da pena, nos moldes do art. 66, I da LEP**.

Em relação ao art. 17 da Lei nº 10.826/03, atinente ao comércio ilegal de arma de fogo, a escala penal passou de 4 a 8 anos de reclusão, e multa, para 6 a 12, e multa, **sem retroação**, porque *in pejus*. Também fracionou o parágrafo único para, no § 2º, incluir mais um tipo penal derivado, logo, igualmente **irretroativa**: *incorre na mesma pena quem vende ou entrega arma de fogo, acessório ou munição, sem autorização ou em desacordo com a determinação legal ou regulamentar, a agente policial disfarçado, quando presentes elementos probatórios razoáveis de conduta criminal preexistente*.

Reforma parecida, igualmente *in pejus*, logo, **IRRETROATIVA**, foi implementada no art. 18, concernente ao tráfico internacional de arma de fogo: a reprimenda literalmente **duplicou**, saltando para 8 a 16 anos de reclusão, e multa. Inseriu-se um parágrafo único para acrescentar o seguinte tipo penal: *Incorre na mesma pena quem vende ou entrega arma de fogo, acessório ou munição, em operação de importação, sem autorização da autoridade competente, a agente policial disfarçado, quando presentes elementos probatórios razoáveis de conduta criminal preexistente*.[33]

Conectada a essas três alterações promovidas na Lei nº 10.826/03, a Lei nº 13.964/19 alterou a Lei nº 8.072/90 para, no parágrafo único do art. 1º, **manter**, como hediondo, **o porte ou posse de arma de fogo de uso proibido, retirando do rol a de uso permitido**

---

[33] As novas escalas penais reservadas aos crimes de porte ou posse de arma de uso proibido, comércio ilegal e tráfico internacional de armas serão apreciadas, à luz do princípio da proporcionalidade, em capítulo estritamente dedicado às inovações materiais no Estatuto do Desarmamento, enquanto a figura do agente disfarçado será analisada em confronto com a infiltração policial, em capítulo atinente à última, aos quais nos remetemos.

(inciso II), bem como **incluir o comércio ilegal e o tráfico internacional de armas de fogo** (incisos III e IV). Reparos, entretanto, precisam ser feitos.

Disse o art. 1º, parágrafo único, da Lei nº 8.072/90 ser hediondo, nos termos do inciso II, *o crime de posse ou porte ilegal de **arma de fogo de uso proibido**, previsto no art. 16 da Lei nº 10.826, de 22 de dezembro de 2003*. Ocorre que o citado preceito é demasiadamente genérico, **circunscrevendo-se ao § 2º do art. 16**, por ser o dispositivo que, efetivamente, cuida da **arma de fogo de uso proibido**, ao preconizar, rememorando, que *se as condutas descritas no caput e no § 1º deste artigo envolverem **arma de fogo de uso proibido**, a pena é de reclusão, de 4 (quatro) a 12 (doze) anos* (grifo nosso). A contrario sensu, em deferência aos princípios da legalidade penal estrita e da tipicidade, de observância ainda mais mandatória quando mais severo for o preceito penal incriminador, afinal, *o zelo às franquias constitucionais é proporcional ao rigor do castigo*, chegam-se às seguintes conclusões:

a) Como a Lei nº 10.826/03 e o Decreto nº 10.030, de 30 de setembro de 2019 distinguem, claramente, arma de fogo, explosivo, munição e acessório[34], a posse ou porte dos **dois** últimos, **munição e acessório**, quando de **uso proibido**, tornou-se **ATÍPICA**, porque **não** se enquadra no citado § 2º do art. 16, alusivo, estritamente, à **arma de fogo**, nem tampouco no art. 14, referente às munições e acessórios de **uso permitido**, logo, ficaram no limbo – pretender diversamente atentaria contra os princípios constitucionais da tipicidade e da legalidade penal estrita (art. 5º, XXXIX, da CRFB/88), afinal, ou a munição e/ou o acessório é de uso proibido ou restrito, sendo descabido sustentar que a menção a este compreenderia aquele, embaralhando-os. Trata-se de verdadeira *abolitio criminis*, retroativa (art. 5º, XL, da CRFB/88), cognoscível, de ofício, em sede de execução penal, a teor do art. 66, I, da LEP.

b) Quanto aos **explosivos**, porque distintos das armas de fogo de uso proibido, a posse ou o porte não tem tipificação no § 2º do art. 16, mas no § 1º, III, logo, **não** tem natureza hedionda, traduzindo *novatio legis in mellius*, **retroativa** (art. 5º, XL, da CRFB/88), a ser observada pelo Juízo das Execuções, nos moldes do art. 66, I, da LEP. **Escreve-se o mesmo quanto ao porte ou à posse de arma de fogo, de uso permitido ou restrito, com numeração, marca ou qualquer outro sinal de identificação raspado, suprimido ou adulterado** (art. 16, § 1º, IV). O Superior Tribunal de Justiça, sob a égide da Lei nº 13.497/17, havia entendido que a menção ao art. 16 da Lei nº 10.826/03 como hediondo englobava tanto as figuras do *caput*, como as equiparadas do parágrafo único[35], daí a

---

[34] O anexo II! do Decreto nº 10.030/2019 apresenta o seguinte glossário: ***Arma de fogo*** *– arma que arremessa projéteis empregando a força expansiva dos gases, gerados pela combustão de um propelente confinado em uma câmara, normalmente solidária a um cano, que tem a função de dar continuidade à combustão do propelente, além de direção e estabilidade ao projétil –;* ***Acessório de arma de fogo*** *– artefato que, acoplado a uma arma, possibilita a melhoria do desempenho do atirador, a modificação de um efeito secundário do tiro ou a modificação do aspecto visual da arma –;* ***Explosivo*** *– tipo de matéria que, quando iniciada, sofre decomposição muito rápida, com grande liberação de calor e desenvolvimento súbito de pressão.*

[35] AgRg no HC 460.910/PR, Rel. Ministro Jorge Mussi, Quinta Turma, julgado em 21/11/2019, DJe 28/11/2019 – *"...2. No caso dos autos, o crime foi praticado após a edição da Lei nº 13.497/2017 que **não restringiu a natureza hedionda do crime de posse ou porte ilegal de arma de fogo de uso restrito**, do que se depreende que tal natureza se estende a todas as condutas narradas no art. 16 da Lei n. 10.826/2003, aplicando-se à progressão de regime a fração de 3/5, porque hediondo o crime e reincidente o paciente. 3. 'Ao ser qualificado como hediondo o art. 16 da Lei n. 10.826/2003, também as condutas equiparadas, e assim previstas no mesmo artigo, devem receber igual tratamento. Praticado*

novatio in mellius. Todavia, o cenário trazido pela Lei nº 13.964/19 é substancialmente distinto, pois, embora o inciso II do parágrafo único do art. 2º da Lei nº 8.072/90 persista aludindo ao art. 16, a expressa indicação à **posse ou ao porte de arma de fogo de uso proibido** fatalmente remete ao § 2º, até pelo tratamento diferenciadíssimo dispensado pelo legislador, alçando essa modalidade ao status de qualificadora, **tratada em separado das demais figuras delitivas**, cuja pena máxima é o **dobro** da cominada aos tipos penais básico e equiparados – doze anos em vez de seis. Gize-se que, por ser uma orientação bastante recente do Superior Tribunal de Justiça, tem sido **desavisadamente** aplicada **mesmo sob a vigência da Lei nº 13.964/19**, sem que os acórdãos não tecessem uma linha sequer a respeito dos impactos gerados pela mudança legislativa[36].

c) A conduta de *modificar as características de arma de fogo, de forma a torná-la equivalente a arma de fogo de uso proibido ou restrito ou para fins de dificultar ou de qualquer modo induzir a erro autoridade policial, perito ou juiz* (art. 16, § 1º, II da Lei nº 10.826/03 **não se enquadra no § 2º, não sendo, portanto, hedionda, mesmo quando a arma de fogo é transformada em outra equivalente a de uso proibido**, pois, **objetivamente**, é de USO PERMITIDO, **adulterada** para outra de utilização vedada – ante a drasticidade do regime hediondo, limitador da liberdade, ainda mais diante da escala penal contemplada no § 2º do art. 16, a interpretação há de ser **restritiva**, sem campo para equiparações *in malam partem* (arma de uso proibido há de ser tida como a genuína, sem compreender a **modificada**, sob pena de iguala-la à original). Em sentido contrário, obtempera-se ser irrelevante a origem desde que, à época do fato, já ostentasse as características das de uso proibido, pois, materialmente falando, assim haveria de ser considerada. De todo modo, uma coisa é unívoca: caso a conduta se dê na modalidade tentada, admissível à luz do núcleo típico – *modificar* –, bastando, por exemplo, que o agente tenha sido capturado durante o processo, sem finalizar a adulteração da arma de fogo de uso permitido, com apetrechos que a tornariam de uso proibido, **o artefato arrecadado ainda não se mostrará de uso proibido, elidindo, de vez, o § 2º do art. 16, e, por conseguinte, a hediondez da conduta**. Presente **idêntico** núcleo típico, **a transição da tentativa para a consumação não enseja capitulações em normas incriminadoras distintas, porquanto idêntica a conduta, reforçando a nossa percepção pelo enquadramento no art. 16, § 1º, II, em vez do § 2º, descartando, em definitivo, a hediondez**.

d) O porte ou a posse de arma de **uso restrito** NÃO mais é hediondo, logo, **retroage**, consubstanciando *lex mitior* (art. 5º, XL, da CRFB/88), ensejando, assim, a fração

---

o crime equiparado do parágrafo único do art. 16 da Lei n. 10.826/2003 após a publicação da Lei n. 13.497/2017, que inseriu a qualificação de hediondez, incide esse tratamento mais gravoso ao fato do processo' (HC 526.916/SP, Rel. Ministro Nefi Cordeiro, Sexta Turma, julgado em 01/10/2019, DJe 08/10/2019)..." (grifo nosso).

[36] AgRg no REsp 1806651/RO, Rel. Ministro Joel Ilan Paciornik, Quinta Turma, julgado em 13/04/2020, DJe 16/04/2020 – "...penal. Agravo regimental no recurso especial. Posse irregular de arma de fogo de uso restrito. Crime hediondo. **Lei n. 13.497/2017 que altera a Lei n. 8.072/1990. Art. 16,** caput *e incisos abrangidos pela alteração. Agravo regimental desprovido...*" (grifo nosso); HC 554.485/SP, Rel. Ministro Ribeiro Dantas, Quinta Turma, julgado em 11/02/2020, DJe 14/02/2020 – "...*Habeas corpus. Pleito de alteração do cálculo da pena para fins de benefícios da execução penal. Porte de arma de fogo com numeração suprimida. Crime hediondo.* **Nova redação da Lei n. 8.072/1990. Alteração legislativa trazida pela Lei n. 13.497/2017 que abrange o caput e os parágrafos do art. 16 da Lei n. 10.826/2003.** *Writ não conhecido...*" (grifo nosso).

de UM TERÇO ou METADE para fins de livramento condicional, afastada a vedação para o reincidente (não mais) específico em delitos dessa natureza. Quanto à progressão de regime, depende: I) se **primário**, por ser um crime de perigo, sem violência ou grave ameaça à pessoa, igualmente retroagirá o percentual de 16%, contido no novel art. 112, I, da LEP, menor do que UM SEXTO; II) se **reincidente**, e o delito foi anterior à entrada em vigor da Lei nº 13.964/19, valerá a fração de UM SEXTO, aplicável tanto ao primário quanto ao reincidente. Inexiste combinação de leis nesse último caso, mesmo porque não se pretende aglutinar comandos distintos, mas, simplesmente, verificar as consequências decorrentes da retirada do rótulo "hediondez" do porte de arma de uso restrito. A partir do momento em que volta a ser um crime "ordinário", verifica-se a ultratividade ou a retroatividade das frações/percentuais concernentes à progressão de regime para os injustos integrantes da sua "nova" classe.

O inciso III do parágrafo único do art. 1º, da Lei nº 8.072/90, por outro lado, refere-se como hediondo *ao crime de* **comércio ilegal de armas de fogo**, *previsto no art. 17 da Lei nº 10.826, de 22 de dezembro de 2003*. A expressa menção ao dispositivo legal, somado à reprodução do *nomen iuris* dado ao tipo penal, compreenderia, em princípio, a mercancia de acessórios e de munições, também prevista na norma penal incriminadora, evitando diferençar onde a lei não o fez. Sem embargo, **confrontando o inciso III ao inciso IV, a distinção soa, sim, inevitável**.

Com efeito, no inciso IV do parágrafo único do art. 1º, a Lei nº 8072/90 preconiza ser hediondo *o crime de tráfico internacional de* **arma de fogo**, **acessório** *ou* **munição**, *previsto no art. 18 da Lei nº 10.826, de 22 de dezembro de 2003*, especificando as **três** mercadorias listadas na norma penal incriminadora. Se o inciso III, em contrapartida, só se referiu às armas de fogo, o silêncio quanto ao acessório e à munição não pode ser encarado como involuntário, mas **eloquente**, logo, **o comércio ilegal de** *acessórios* **e de** *munições* **não é hediondo**.

Em relação aos tipos penais equiparados do § 2º do art. 17 e do parágrafo único do art. 18, superada a discussão sobre a (in)constitucionalidade desses preceitos, veiculada no capítulo reservado à figura do agente disfarçado, não deixa de reproduzir atos mercantis, internos ou internacionais, logo, são hediondos, **salvo, no caso de comércio ilegal (art. 17, § 2º), se o objeto for acessório ou munição**, resvalando na controvérsia acima.

Encerradas as reflexões sobre as inovações implementadas na Lei nº 8072/90, volve-se à LEP para reparar um equívoco topográfico. Anuncia o § 5º do art. 112 da LEP, cuja norma estaria infinitamente mais bem situada em um dos parágrafos do art. 2º da Lei nº 8072/90, como exceção ao tráfico, que *não se considera hediondo ou equiparado*, **para os fins deste artigo**, *o crime de tráfico de drogas previsto no* **§ 4º do art. 33 da Lei nº 11.343**, *de 23 de agosto de 2006*.

A imprecisão técnica do dispositivo salta aos olhos.

Embora seja certo preciosismo técnico, cumpre registrar que o § 4º do art. 33 da Lei nº 11.343/06 não capitula tráfico algum, trazendo, na realidade, causa de diminuição de pena.

Outrossim, o artigo 112 da LEP versa sobre *progressão de regime*, logo, pelo texto, o tráfico vulgarmente conhecido como "privilegiado" apenas não teria natureza hedionda para fins de *progressão de regime*, quando, na realidade, **mostra-se DE TODO despido de hediondez**, conforme assentado pelo Pleno do Supremo Tribunal Federal – HC 118533, Relator(a): Min. CÁRMEN LÚCIA, Tribunal Pleno, julgado em 23/06/2016,

PROCESSO ELETRÔNICO *DJe*-199 DIVULG 16-09-2016 PUBLIC 19-09-2016. Por ser autoexplicativa, convém transcrever a ementa: *HABEAS CORPUS. CONSTITUCIONAL, PENAL E PROCESSUAL PENAL. TRÁFICO DE ENTORPECENTES. APLICAÇÃO DA LEI N. 8.072/90 AO TRÁFICO DE ENTORPECENTES PRIVILEGIADO: INVIABILIDADE. HEDIONDEZ NÃO CARACTERIZADA. ORDEM CONCEDIDA. 1. O tráfico de entorpecentes privilegiado (art. 33, § 4º, da Lei n. 11.313/2006) não se harmoniza com a hediondez do tráfico de entorpecentes definido no caput e § 1º do art. 33 da Lei de Tóxicos. 2.* O tratamento penal dirigido ao delito cometido sob o manto do privilégio apresenta contornos mais benignos, menos gravosos, notadamente porque são relevados o envolvimento ocasional do agente com o delito, a não reincidência, a ausência de maus antecedentes e a inexistência de vínculo com organização criminosa. *3. Há evidente constrangimento ilegal ao se estipular ao tráfico de entorpecentes privilegiado os rigores da Lei n. 8.072/90. 4. Ordem concedida.* (grifo nosso). Não restam dúvidas que a Lei nº 13.964/19 objetivou, aqui, alinhar-se à Corte Constitucional, bem como ao Superior Tribunal de Justiça – que **cancelou** o enunciado de Súmula nº 512, também **elidindo** o caráter hediondo do tráfico "privilegiado" –, ao invés de afrontá-los. Mas fê-lo mal gramaticalmente. A não hediondez do tráfico dito "privilegiado" importa, *v.g.*, livramento condicional em UM TERÇO ou METADE, a teor do art. 83, I ou II do CP, e não em dois terços.

Em fecho, mas não menos importante, cumpre indagar: em qual momento processual deve ser debatida a hediondez, ou não, de determinada figura delitiva?

A discussão é própria ao processo de conhecimento, mas **não** exclusiva. Se veiculada no bojo da ação penal, a conclusão final, transitada em julgado, **vincula** o juiz da execução. Se, todavia, nada foi debatido, a hediondez ou não da imputação será assentada no curso da execução penal, incidentalmente à discussão acerca do percentual adequado para fins de progressão de regime e da fração pertinente para o livramento condicional.

14.3. QUESTÕES RESIDUAIS SOBRE A PROGRESSÃO DE REGIME E O LIVRAMENTO CONDICIONAL

A par dos percentuais para fins de progressão de regime, o deferimento condiciona-se à *boa conduta carcerária, comprovada pelo diretor do estabelecimento, respeitadas as normas que vedam a progressão*, segundo o § 1º do art. 112 da LEP, **repetindo** a regra contida na parte final do *caput* do presente artigo.

Aglutinando, no atual § 2º do art. 112 da LEP, as regras contidas nos primevos §§ 1º e 2º do citado artigo, *a decisão do juiz que determinar a progressão de regime será sempre* **motivada** *e* **precedida** *de manifestação do Ministério Público e do defensor, procedimento que também será adotado na concessão de livramento condicional, indulto e comutação de penas, respeitados os prazos previstos nas normas vigentes.*

O art. 112 da LEP, na sua redação originária, condicionava a concessão da progressão ao exame criminológico, *quando necessário*, haja vista o então parágrafo único. Suprimida essa previsão na reforma promovida pela Lei nº 10.792, em 2003, ponderou-se, com acerto, que, continuar a exigi-la, traduziria constrangimento ilegal, retomando requisito **não mais previsto em lei**, em descompasso com os postulados da legalidade penal estrita e do devido processo legal. Contudo, prevaleceu a orientação segundo a qual a Lei nº 10.792/03 teria, apenas, eliminado o exame criminológico enquanto exigência obrigatória, nada impedindo ao juiz das execuções determiná-lo, fundamentadamente, **não com lastro na** gravidade em abstrato da imputação ensejadora do édito condenatório em execução, na reincidência por si só, nem na longa repreenda a ser cumprida[37], mas com arrimo nas peculiaridades do caso concreto, **ignorando que o exame jamais foi compulsório, mas ordenado, pelo juiz,** *"quando necessário"*. Nesse sentido, a Súmula Vinculante nº 26, parte final, e a Súmula 439 do STJ.

Tais enunciados, todavia, merecem revisão, objetivando o **cancelamento**, porquanto o objetivo da Lei nº 13.964/19 foi aumentar substancialmente o lapso temporal necessário à progressão, notadamente quando do cometimento de delitos graves, não fazendo sentido exigir, ainda, o laudo criminológico, mesmo excepcionalmente. O longo tempo de segregação até a progressão, somado ao bom comportamento carcerário, são requisitos mais do que suficientes. O silêncio a respeito do exame nos §§ 1º e 2º do art. 112 da LEP foi proposital, pois, se quisesse restaurá-lo, em sintonia com o espírito punitivo que notabiliza a reforma no âmbito da execução penal, tê-lo-ia feito sem pestanejar. **A eloquência do silêncio verificada na Lei nº 10.792/03 foi reafirmada pela Lei 13.964/19.**

Sem embargo, o Superior Tribunal de Justiça e o Supremo Tribunal Federal continuam a aplicar a Súmula 439[38] e o enunciado de Súmula Vinculante nº 26[39], respectivamente.

O § 6º do art. 112 da LEP, por outro lado, ao preconizar que *o cometimento de falta grave durante a execução da pena privativa de liberdade* **interrompe** *o prazo para a obtenção da progressão no regime de cumprimento da pena, caso em que o* **reinício da contagem do requisito objetivo terá como base a pena remanescente**, positiva a Súmula 534 do STJ, lembrando que o *dies a quo* da recontagem, nos termos do próprio enunciado, é o dia do **cometimento** da falta grave. O Supremo Tribunal Federal possui jurisprudência firme em sentido idêntico[40]. A inovação legislativa neutraliza a longeva crítica doutrinária dirigida ao STJ e ao STF, pautada no devido processo legal e na legalidade penal estrita, segundo a qual falecia previsão legal à dita recontagem. Sem embargo, **a discussão ora desloca-se para a eficácia intertemporal da dita novidade legislativa, pois, partindo da premissa de que inexistiria, até então, previsão legal, a presente** *novatio legis* **seria** ***in pejus*, logo, irretroativa.** Como tal premissa é minoritária à luz da jurisprudência do STF e do STJ, as chances de acolhimento da referida tese, com a qual concordamos

---

[37] AgRg no HC 696.604/ES, Rel. Ministro Sebastião Reis Júnior, Sexta Turma, julgado em 19/10/2021, DJe 22/10/2021 – *"...2. É assente o entendimento nesta Corte, segundo o qual, a gravidade abstrata do crime não justifica diferenciado tratamento à progressão prisional, uma vez que fatores relacionados ao delito são determinantes da pena aplicada, mas não justificam diferenciado tratamento à negativa da progressão de regime ou do livramento condicional, de modo que respectivo indeferimento somente poderá fundar-se em fatos ocorridos no curso da própria execução (HC nº 519.301/SP, Ministro Nefi Cordeiro, Terceira Seção, DJe 13/12/2019). 3. Sem razão o regimental, pois a decisão recorrida está de acordo com o entendimento jurisprudencial desta Corte Superior, **uma vez que a gravidade abstrata, a longa pena a cumprir e a reincidência não constituem fundamentos idôneos a justificar a necessidade de realização de exame criminológico**. Precedentes..."* (grifo nosso).

[38] HC 696.541/SP, Rel. Ministro Jesuíno Rissato (Desembargador Convocado do TJDFT), Quinta Turma, julgado em 09/11/2021, DJe 17/11/2021; AgRg no HC 696.100/SP, Rel. Ministro Sebastião Reis Júnior, Sexta Turma, julgado em 14/10/2021, DJe 19/10/2021.

[39] HC 186305 AgR, Relator(a): Cármen Lúcia, Segunda Turma, julgado em 29/06/2020, Processo Eletrônico, DJe 06/07/2020.

[40] RHC 116203, Relator Min. Dias Toffoli, Primeira Turma, julgado em 02/04/2013, DJe 08/05/2013; HC 97135, Relator Min. Ellen Gracie, Segunda Turma, julgado em 12/04/2011, DJe 24/05/2011.

integralmente, diga-se de passagem, são ínfimas, pois perpassaria, primeiro, pela revisão dessa orientação, quadra bastante improvável.

Como o novel § 6º do art. 112 da LEP pontuou a recontagem para fins de **progressão de regime**, a Súmula nº 535 do STJ, segundo a qual *a prática de falta grave não interrompe o prazo para fim de comutação de pena ou indulto*, persiste **intacta**. Idêntica percepção alcança a Súmula 441 do STJ – *a falta grave não interrompe o prazo para obtenção de livramento condicional* –, apesar da modificação operada no art. 83, III do Código Penal pela Lei nº 13.964/19.

Com efeito, ao reformar o inciso III do art. 83 do Código Penal, a Lei nº 13.964/19 manteve, como requisitos subjetivos ao livramento condicional, o *bom comportamento durante a execução da pena*, o *bom desempenho no trabalho que lhe foi atribuído* e a *aptidão para prover a própria subsistência mediante trabalho honesto*, mas introduziu outro requisito, **objetivo** – *não cometimento de falta grave nos últimos doze meses*.

A inovação, objetivamente analisada, encerra *novatio legis in pejus*, logo, irretroativa, por ter introduzido um requisito a mais para o livramento condicional, dificultando-lhe a concessão. Por conseguinte, tal exigência alcança apenas as execuções penais pertinentes a delitos cometidos **após** a entrada em vigor da Lei nº 13.964/19.

Sem embargo, **o impacto prático desse novo requisito será pequeno e, à luz da segurança jurídica, até mesmo salutar, servindo de importante referencial temporal mesmo em relação às execuções penais em curso.**

Explica-se.

Sob a égide anterior à Lei nº 13.964/19, inexistiam balizas objetivas para a aferição do bom comportamento carcerário, não bastando a certidão emitida pela direção do estabelecimento prisional. Cumulativamente, sempre se analisou o histórico disciplinar do apenado, entendendo-se que, se a falta grave não importa recontagem do prazo (Súmula nº 441 do STJ), constitui, por outro lado, valioso sinalizador do mérito, ou não, do sentenciado ao livramento condicional. A partir daí, a advertência doutrinária sempre foi no sentido de evitar **a perpetuação dos efeitos das faltas graves**, ou seja, invocá-las, eternamente, como óbice ao livramento. Se **descabe eternizar o *plus*, isto é, as penas, quanto mais o *minus*, ou seja, as sanções disciplinares**, a teor do art. 5º, XLVII, b da CRFB/88[41]. Mero exercício do princípio da proporcionalidade.

Tal percepção é compartilhada, *em tese*, pelo STJ, à unanimidade[42], mas sem a preocupação de objetivar o lapso temporal necessário à depuração da falta grave. A

---

[41] ROIG, Rodrigo Duque Estrada. Ob. cit., p. 417.

[42] AgRg no REsp 1834964/RS, Rel. Ministro Joel Ilan Paciornik, Quinta Turma, julgado em 21/11/2019, DJe 29/11/2019 – *"...Esta **Corte Superior tem se manifestado no sentido de que faltas graves antigas e já reabilitadas não configuram fundamento idôneo para indeferir o pedido de progressão de regime. Por aplicação da mesma** ratio decidendi, **também não devem ser consideradas como motivo bastante para o indeferimento do livramento condicional** (HC 508.784/SP, Rel. Ministro Reynaldo soares da Fonseca, Quinta Turma, DJe 22/8/2019)..."* (grifo nosso); AgRg no HC 513.650/SP, Rel. Ministro Nefi Cordeiro, Sexta Turma, julgado em 05/09/2019, DJe 12/09/2019 – *"...Não há falar em desconsideração total do histórico carcerário do preso, mas sim em sua análise em consonância com os **princípios da razoabilidade, proporcionalidade e individualização da pena**, que regem não só a condenação, como a execução criminal. 2. **Considerando-se a data da última falta praticada, imperioso notar que há decurso considerável de tempo a se concluir pela reabilitação do apenado, dada a natureza progressiva do cumprimento de pena**..."* (grifo nosso).

compreensão quanto a ser, ou não, jurássica a falta grave, a ter sido, ou não, reabilitada, é, inteiramente, **casuística, refutando o STJ a adoção de qualquer critério objetivo, porque atentatório ao então inciso III do art. 83 do Código Penal**. Por conseguinte, ora **admite** o livramento, mesmo **antes** de alcançado o marco temporal construído para a reabilitação da falta grave[43], ora o **inadmite**, apesar de **decorrido** o interregno para a depuração[44].

A discricionariedade judicial não se confunde, por óbvio, com arbitrariedade, considerado o princípio do livre convencimento motivado (art. 93, IX, da CRFB/88). Todavia, quando ilimitada, viola, involuntariamente, a isonomia, pois permite que situações jurídicas rigorosamente idênticas recebam tratamento diferenciado. Quando em jogo a liberdade individual, tal perplexidade só aumenta, daí a existência de princípios como os da legalidade penal estrita e da tipicidade (art. 5º, XXXIX, da CRFB/88), além do devido processo legal (art. 5º, LIV, da CRFB/88), que surgem com o escopo claro de abalizar, objetivamente, o atuar jurisdicional, reduzindo tais discrepâncias.

Atento a isso, em São Paulo, a Secretaria de Administração Penitenciária editou, em 29 de junho de 2010, a Resolução SAP – 144, instituindo o Regimento Interno Padrão das Unidades Prisionais do Estado de São Paulo[45], estabelecendo, no art. 89, III, **o prazo de 12 meses para a reabilitação das faltas graves**. Enquanto manifestação do **poder regulamentar**, tal preceito **não** possui o menor efeito vinculante no tangente à aferição do satisfatório comportamento carcerário, para fins de livramento condicional, afinal, matérias afetas aos Direitos Penal e Processual Penal são da competência legislativa privativa da União (art. 22, I da CRFB/88), nada impedindo a concessão do benefício antes desse interregno. Sem embargo, à luz da proporcionalidade, não deixa de ser um *referencial*, frequentemente utilizado pelo Tribunal de Justiça paulista[46]. No Rio de Janeiro, os juízes da execução penal, a fim de uniformizar o entendimento sobre o tema, aprovaram, em

---

[43] AgInt no REsp 1580988/RS, Rel. Ministro Sebastião Reis Júnior, Sexta Turma, julgado em 05/05/2016, DJe 19/05/2016 – *"...2. O fato de a Corte de origem ter colocado limite temporal quando da análise do requisito do comportamento satisfatório durante a execução da pena, por si só, é suficiente para caracterizar a violação do art. 83, III, do Código Penal. 3. Na progressão de regime, a interrupção do prazo é sanção obrigatória àquele que comete falta grave. Esta, entretanto, não impede peremptoriamente a concessão do livramento condicional. Pode o magistrado, dentro de seu livre convencimento motivado, entender ter havido comportamento satisfatório durante a execução da pena e conceder o benefício, apesar da falta grave. E, nessa análise para fins de livramento condicional, não é aferida apenas a existência de falta grave, como ocorre no caso da progressão, mas é levado em consideração todo o contexto da execução da pena. Inexiste, assim, dupla punição pela mesma falta grave..."* (grifo nosso).

[44] HC 400.744/SC, Rel. Ministro Reynaldo Soares Da Fonseca, Quinta Turma, julgado em 12/09/2017, DJe 20/09/2017 – *"...conforme já decidido por esta Superior Corte de Justiça em hipótese similar à dos autos, a prática de faltas graves 'é indicativa da ausência de cumprimento do requisito subjetivo da progressão de regime. A circunstância de o paciente já haver se reabilitado, pela passagem do tempo, desde o cometimento das sobreditas faltas, não impede que se invoque o histórico de infrações praticadas no curso da execução penal, como indicativo de mau comportamento carcerário'* (HC n. 347.194/SP, Rel. Min. Felix Fischer, julgado em 28/06/2016)..." (grifo nosso).

[45] Disponível em: http://sindespe.org.br/portal/wp-content/uploads/2016/05/regimento-interno.pdf. Acesso em: 3 fev. 2020.

[46] TJSP, Embargos Infringentes e de Nulidade 0003289-26.2019.8.26.0502, Relator Newton Neves, Décima Sexta Câmara de Direito Criminal, julgado em 29/01/2020, data de registro 29/01/2020; Agravo de Execução Penal 0003709-04.2019.8.26.0996, Relator Amaro Thomé, Segunda Câmara de Direito Criminal, julgado em 27/01/2020, data de registro 28/01/2020.

17 de abril de 2007, o enunciado 07, segundo o qual *para fins de concessão de benefício, ressalvadas as regras próprias do indulto e da comutação,* **a falta praticada por apenado caduca em 01 (um) ano** (grifo nosso)[47], construindo um vetor que tem sido utilizado pelo Tribunal de Justiça fluminense na caracterização do bom comportamento carcerário, a par da ficha disciplinar do sentenciado[48]. No Paraná, o Estatuto Penitenciário, aprovado pelo Decreto Estadual nº 1.276, de 31 de outubro de 1995, igualmente preceitua, no parágrafo único do art. 83, que *a não reabilitação,* **qualquer que seja a natureza da falta, decorridos doze meses do cumprimento da última sanção imposta**, *ensejará ao preso ou internado o* **retorno à condição de primário***, para os fins previstos neste Estatuto* (grifo nosso)[49], apresentando norte, não vinculante, que igualmente tem sido utilizado pelo Tribunal de Justiça paranaense na verificação do comportamento carcerário satisfatório[50].

Anote-se que o lapso temporal de 12 meses sem faltas graves tem sido corriqueiramente empregado nos decretos de indulto e de comutação como exigência à concessão dos benefícios, assentando, *a contrario sensu*, a **neutralidade** dos incidentes disciplinares **anteriores** ao mencionado prazo.

Por tudo isso, a Lei nº 13.964/19 simplesmente destacou a **inexistência de faltas graves nos últimos 12 meses** do *status* de parâmetro **informal** do bom comportamento carcerário – **sem efeito vinculante, porque não previsto, até então, em lei federal, não passando de construção jurisprudencial, pautada, em alguns estados, pelo disposto na legislação penitenciária, sem impacto, por óbvio, no Direito Penal e Processual Penal, nos quais se insere a execução penal, cuja disciplina normativa compete, privativamente, à União (art. 22, I, da CRFB/88)** – para a condição de requisito, objetivo, do livramento condicional.

Considerados os crimes cometidos sob a vigência da Lei nº 13.964/19, *conditio sine qua non* à aquisição do livramento condicional passa a ser a ausência de faltas graves nos últimos 12 meses, enquanto, em relação aos perpetrados anteriormente, por falta de previsão legal, nada impede a concessão do benefício **antes** desse interregno, daí a *novatio legis* haver sido *in pejus*.

Mas não de todo, porquanto é unívoco que **as faltas graves cometidas após 12 meses se submetem à depuração imediata, RETROAGINDO**, nesse particular, o novel art. 83, III, b do Código Penal, ao inserir **lapso temporal objetivo à reabilitação disciplinar**, antes inexistente na legislação. Por conseguinte, presentes as execuções penais em andamento e as vindouras, pertinentes a delitos perpetrados antes da Lei nº 13.964/19,

---

[47] Disponível em: http://www.tjrj.jus.br/c/document_library/get_file?uuid=8c02c4ca-c0eb-46f5-89de-496ed3130f6a&groupId=10136. Acesso em: 3 fev. 2020.
[48] TJRJ, 0150328-70.2019.8.19.0001, Agravo de execução penal, Des. Katya Maria de Paula Menezes Monnerat, julgado em 03/12/2019, Primeira Câmara Criminal; Agravo de Execução Penal 0229159-06.2017.8.19.0001, Des. Maria Angélica Guimarães Guerra Guedes, Sétima Câmara Criminal, julgado em 12/11/2019; Agravo de Execução Penal 0247753-97.2019.8.19.0001, Des. Gilmar Augusto Teixeira, Oitava Câmara Criminal, julgado em 27/11/2019.
[49] Disponível em: http://www.depen.pr.gov.br/arquivos/File/Estatuto_Penitenciario__1.pdf. Acesso em: 3 fev. 2020.
[50] TJPR, 0002577-39.2019.8.16.0009, Curitiba, Rel. Desembargador Jorge Wagih Massad, Quinta C.Criminal, julgado em 17/10/2019; 0014871-02.2019.8.16.0017, Maringá, Rel. Desembargador João Domingos Küster Puppim, Terceira C.Criminal, Julgado em 28/10/2019; 0001225-46.2019.8.16.0009, Curitiba, Rel. Desembargador Luiz Osório Moraes Panza, Quinta C.Criminal, Julgado em 04/07/2019.

o livramento condicional pode ser concedido **anteriormente** ao decurso de 12 meses sem faltas graves, mas, uma vez implementado esse lapso temporal, é **mandatório reconhecer o bom comportamento carcerário**, porque, **por lei** (art. 83, III, b do Código Penal), tais faltas graves estarão **depuradas**, sem a possibilidade de invocá-las para negar o livramento condicional. Aos princípios da **proporcionalidade** e da **temporariedade dos antecedentes** (art. 5º, XLVII, b da CRFB/88), comumente evocados, soma-se, doravante, a **legalidade penal estrita**.

A contagem da depuração, por outro lado, dá-se, nos termos do novel art. 83, III, b do Código Penal, do **cometimento** da falta grave, e **não** da imposição (e, muito menos, do cumprimento) da sanção disciplinar correlata, afinal, o *status libertatis* do apenado não pode ficar a mercê do Estado e da (esperada) lentidão, desde a instauração do procedimento administrativo disciplinar (PAD) até a homologação pelo Juízo das Execuções, morosidade essa que pode se arrastar por até 3 anos – simples observância da cláusula *non venire contra factum proprium*.

Como o incidente disciplinar envolvendo falta grave impacta, diretamente, no processo de execução penal, e, por conseguinte, na liberdade do sentenciado, a sua apuração não se submete ao bel prazer estatal, sujeitando-se à prescrição, por analogia. À míngua de parâmetros que permitam escalonar os prazos prescricionais, vale o menor previsto em lei para as penas privativas de liberdade, 3 anos, por analogia ao art. 109, VI, do Código Penal, observadas as causas de redução do art. 115 do CP[51]. Se não homologado o PAD pelo Juízo das Execuções nesse interregno, prescrita está a falta grave, cancelando-se a punição eventualmente aplicada pelo diretor do estabelecimento prisional[52]. Descarta-se o lapso de 2 anos, contemplado no art. 114, I do CP e no art. 30 da Lei nº 11.343/06, porque restrito aos injustos sem privação libertária, ponderando-se, minoritariamente, em sentido contrário, que, em deferência ao princípio da legalidade, deveria ser o observado, por ser o menor previsto em lei, afinal, no silêncio legal, cumpre eleger, sempre, a solução mais favorável ao imputado.

Embora seja sólida a jurisprudência do STF e do STJ que atrela o exercício do poder disciplinar estatal concernente à apuração de falta grave ao prazo prescricional, o novel art. 83, III, b do Código Penal dá margem à seguinte reflexão: se, para fins de livramento condicional, maior benefício previsto no processo de execução, a par do indulto, o **cometimento** de falta grave deixa de ser empeço à sua concessão após 12 (doze) meses, é razoável eleger tal interregno como verdadeiro lapso "prescricional" do poder disciplinar, afinal, se tal incidente torna-se um indiferente à outorga de uma das mais importantes benesses contempladas na legislação pertinente à execução penal, o que dizer para os demais incidentes? A tese é sedutora, perfeitamente defensável, mas, contrariamente, há outra igualmente forte: o princípio da especialidade. Superdimensionar-se-ia o art. 83, III, b do Código Penal, embora seja uma regra especificamente voltada para o livramento condicional, a fim de tolher, temporalmente, a pretensão disciplinar estatal, que vai muito

---

51 STJ, MS 12.557/DF, Rel. Ministro Nefi Cordeiro, Terceira Seção, julgado em 24/06/2015, *DJe* 01/07/2015.
52 STF, HC 114422, Relator Min. Gilmar Mendes, Segunda Turma, julgado em 06/05/2014, *DJe* 27/05/2014; HC 92000, Relator Min. Ricardo Lewandowski, Primeira Turma, julgado em 13/11/2007, *DJe* 30/11/2007, *LEXSTF* v. 30, n. 353, 2008, p. 447-451, *RMP* n. 36, 2010, p. 237-240; STJ, HC 329.802/SP, Rel. Ministro Reynaldo Soares da Fonseca, Quinta Turma, julgado em 02/08/2016, *DJe* 10/08/2016; RHC 51.678/SP, Rel. Ministro Nefi Cordeiro, Sexta Turma, julgado em 14/06/2016, *DJe* 22/06/2016.

além do livramento condicional, afinal, a falta grave dá azo, por exemplo, a perda de até um terço dos dias remidos e à regressão de regime, não sendo, pura e simplesmente, um óbice à conquista dos direitos previstos no Código Penal e na LEP.

Em busca, sempre, da **linearidade sistêmica**, além da racionalidade e da proporcionalidade, descabem dois pesos e duas medidas. Escoados 12 (doze) meses da **prática** da falta grave, nos exatos termos do novel art. 83, III, b do Código Penal, **não soa razoável encará-la como neutra para a (re)colocação do sentenciado na sociedade, mas admitir que possa vir a ser elucidada em até 3 (três) anos para todo o resto**. O descompasso avulta. Para além do livramento condicional, o lapso de 12 (doze) meses passa a ser o interregno exigido à apuração da dita falta grave, incluída a homologação do PAD pelo juiz das execuções. Sem embargo, **inaplicável passa a ser o art. 115 do CP**, porquanto, ante a existência de norma própria, distinta das estritamente prescricionais, tal interlocução perdeu o sentido.

O bom comportamento carcerário, passa, portanto, a ser aferível a partir da transcrição da ficha disciplinar do sentenciado, sendo **irrelevante** o registro de faltas leves ou médias, de relevo **exclusivamente penitenciário**, nos termos do art. 24, I da CRFB/88 c/c art. 49 da LEP, objetivando direcionar o exercício do poder *administrativo disciplinar* do diretor do estabelecimento prisional (art. 47 da LEP), **sem projeção no processo de execução penal**, de regramento inarredavelmente **federal** (art. 22, I, da CRFB/88). Assim, faltas leves e médias **não** abalizam pronunciamento **jurisdicional** algum em sede de execução penal, *v.g.*, regressão de regime e (in)deferimento do livramento condicional[53].

Depuradas as faltas graves, a contar da última **praticada**, E conquistado o lapso temporal para o livramento condicional, este se **perfaz** como direito público subjetivo do apenado, restando ao Juízo da Execuções reconhecê-lo, percepção que confere ao pronunciamento jurisdicional carga notadamente **declaratória**. O olhar é **retrospectivo**. Se, em virtude do retardo **estatal**, o benefício não é deferido a tempo, envolvendo-se o sentenciado, posteriormente, em falta grave, tal incidente é **neutro**, pois, do contrário, **o Estado invocaria a própria ineficiência em desfavor do apenado, sem que, sobre ela, tivesse qualquer ingerência**, em total desatenção ao postulado *non venire contra factum proprium*. Assim o é, por exemplo, nos casos de indulto e comutação, mostrando-se irrelevantes as faltas graves posteriores à aquisição do tempo exigido à sua concessão.[54]

Se assim não for, a falta grave, ocorrida, *v.g.*, um ano **após** o preenchimento do requisito temporal para o livramento condicional teria o condão de negá-lo. Aliás, não raro tais faltas graves nada mais são do que uma reação do condenado à violência estatal, mantendo-o preso além do tempo fixado em lei, porque, em face do devido processo legal, já deveria estar em livramento condicional – colocar-se na pele do outro é, por sinal, excelente técnica para compreender determinados comportamentos humanos...

---

[53] STJ, HC 51.102/RS, Rel. Ministro Gilson Dipp, Quinta Turma, julgado em 12/09/2006, DJ 09/10/2006, p. 321 – *"...Se a hipótese dos autos não configura falta grave, resta caracterizado constrangimento ilegal decorrente da perda de benefícios pelo paciente. Deve ser cassado o acórdão recorrido e restabelecida a decisão monocrática que classificou a falta cometida pelo acusado como média, determinando o seu retorno ao regime semiaberto, bem como afastando o óbice da falta grave na análise acerca da possibilidade de concessão de livramento condicional ao réu..."* (grifo nosso).
[54] STJ, HC 321.457/SC, Rel. Ministro Reynaldo Soares da Fonseca, Quinta Turma, julgado em 20/08/2015, DJe 28/08/2015.

O **livramento condicional**, bem como os demais benefícios previstos na LEP, não são favores, mas **DIREITOS**, inerentes ao **devido** processo legal.

Finalmente, mas não menos importante, rememore-se que o **principal não se curva ao acessório**. O **primeiro** e **principal** referencial temporal, para fins de livramento condicional, é a fração insculpida em lei para a obtenção do benefício, porque recai sobre a **pena** aplicada. Caso sinalize tempo inferior a 12 meses para a conquista do livramento condicional, **neste** interregno é que não poderá haver faltas graves, pois, do contrário, dilataríamos a fração prevista em lei, em desacordo com a legalidade.

A lesão corporal gravíssima, *v.g.*, possui reprimenda de 2 a 8 anos de reclusão. Se aplicada a sanção no piso, 2 anos, porque primário e de bons antecedentes o sentenciado, a fração para o livramento condicional será de UM TERÇO, ou seja, **8 meses**. Ora, se, nesse hiato, o apenado faz jus ao livramento condicional, descabe postergá-lo por mais 4 meses a fim de verificar a prática, ou não, de faltas graves, pois o condenado seria, na realidade, tratado como se reincidente fosse, afinal, 1 ano equivale à **metade** da reprimenda, fração reservada aos reincidentes em crimes dolosos. Um requisito claramente acessório sobrepor-se-ia ao principal.

Além de subverter a legalidade penal estrita e a proporcionalidade, tal pensamento atentaria contra a individualização da pena (art. 5º, XLVI, da CRFB/88), concretizada a partir do momento em que inexistem lapsos temporais universais para a aquisição dos direitos previstos na LEP, mas **variáveis** conforme a gravidade da condenação, considerada a incidência da fração prevista em lei à reprimenda **aplicada**. Assim, os *12 meses sem faltas graves*, previstos na alínea b do inciso III do art. 83 do Código Penal, hão de ser encarados como **teto**, passíveis de **redução proporcional ao tempo correspondente à fração exigida para o livramento condicional** – no exemplo acima, em vez de **12**, seriam **8** meses sem faltas graves.

Infelizmente, essa não tem sido a percepção do STJ, que simplesmente **esvaziou** a inovação legislativa, ponderando que a inocorrência de faltas graves nos últimos 12 meses (art. 83, III, *b*, do CP) seria um requisito **objetivo** à concessão do livramento condicional, sem prejuízo da análise **subjetiva** dessas intercorrências disciplinares, **independentemente da data em que foram cometidas**, a fim de avaliar a pertinência da benesse[55].

---

[55] AgRg no REsp 1961829/MG, Rel. Ministro Reynaldo Soares Da Fonseca, Quinta Turma, julgado em 16/11/2021, DJe 19/11/2021 – *"...O requisito previsto no art. 83, III, b, do Código Penal, inserido pela Lei nº 13.964/19, consistente no fato de o sentenciado não ter cometido falta grave nos últimos 12 meses, é pressuposto objetivo para a concessão do livramento condicional, e não limita a valoração do requisito subjetivo necessário ao deferimento do benefício, inclusive quanto a fatos ocorridos antes da entrada em vigor da Lei Anticrime. A norma anterior já previa a necessidade de comportamento satisfatório durante a execução da pena para o deferimento do livramento condicional. E não se pode negar que a prática de falta disciplinar de natureza grave acarreta comportamento insatisfatório do reeducando. Precedentes (HC 612.296/MG, Rel. Ministro Sebastião Reis Júnior, Sexta Turma, julgado em 20/10/2020, DJe 26/10/2020) 4. No presente caso, urge consignar que **a infração disciplinar grave foi praticada em 6/11/2019, ou seja, em data recente, não sendo tão antiga a ponto de ser desconsiderada, em 4/3/2021**, quando o Magistrado indeferiu a benesse do art. 83 do CP, de modo a macular o preenchimento do requisito de ordem subjetiva..."* (grifo nosso). *In casu*, invocou-se episódio disciplinar de mais de 1 ano para negar o livramento condicional, logo, a maior objetividade pretendida na Lei nº 13.964/19 na delimitação temporal dos efeitos das faltas graves desidratou-se por completo, persistindo o casuísmo, nada salutar à segurança jurídica e à isonomia. Ainda nesse sentido: AgRg no HC 669.429/SP, Rel. Ministra Laurita

Essa percepção do STJ absorveu a preocupação externada nas razões apresentadas pela Presidência da República para vetar o § 7º do art. 112 da LEP. Com efeito, o citado preceito, similar ao art. 83, III, *b*, do CP, mas voltado à progressão de regime, preconiza que "o bom comportamento é readquirido após 1 (um) ano da ocorrência do fato, ou antes, após o cumprimento do requisito temporal exigível para a obtenção do direito".

As premissas são idênticas: não perpetuar os efeitos das faltas graves em desfavor dos apenados, estendendo-lhes o postulado constitucional da temporariedade a partir de parâmetros objetivos – 12 meses sem novos incidentes disciplinares graves –, sem prejuízo de depuração em menor tempo se alcançado o tempo exigido à progressão de regime.

Da leitura das razões do veto colhe-se o seguinte temor: *A propositura legislativa, ao dispor que o bom comportamento, para fins de progressão de regime, é readquirido após um ano da ocorrência do fato, ou antes, após o cumprimento do requisito temporal exigível para a obtenção do direito,* **contraria o interesse público,** *tendo em vista que a concessão da progressão de regime depende da satisfação de requisitos não apenas objetivos, mas,* **sobretudo de aspectos subjetivos, consistindo este em bom comportamento carcerário, a ser comprovado, a partir da análise de todo o período da execução da pena,** *pelo diretor do estabelecimento prisional. Assim, eventual pretensão de objetivação do requisito vai de encontro à própria natureza do instituto, já preconcebida pela Lei nº 7.210, de 1984, além de poder gerar a percepção de impunidade com relação às faltas e ocasionar, em alguns casos, o cometimento de injustiças em relação à concessão de benesses aos custodiados* (grifo nosso).

A par do erro técnico crasso na referência ao diretor do estabelecimento prisional, por ser a progressão de regime matéria reserva de jurisdição, vê-se que as inquietações compartilhadas pela Presidência da República foram endossadas pelo STJ, que, tendo como referencial o livramento condicional, já sedimentou ser o escoamento do prazo de 1 ano sem faltas graves requisito objetivo, sem prejuízo da análise de todo o histórico disciplinar do sentenciando, sem delimitação temporal, enquanto requisito subjetivo à benesse.

Nada obstante a derrubada do citado veto presidencial pelo Congresso Nacional, restaurando o § 7º do art. 112 da LEP, ante a identidade de razões, tudo indica o traslado pelo STJ dessa orientação, concernente ao livramento condicional, à progressão de regime, já iniciada, por sinal[56], postura que agride a *mens legis* e, a reboque, a separação e a independência entre os Poderes da República – art. 2º da CRFB/88.

14.4. DA SAÍDA TEMPORÁRIA

O regime semiaberto distingue-se do fechado em razão da saída temporária, primeira ferramenta de efetivo reingresso do sentenciado ao convívio social. O regime fechado notabiliza-se pela privação libertária integral. O trabalho desenvolve-se no interior do presídio (art. 33, § 2º do CP). O labor externo até é possível, mas a título excepcional. Exige autorização expressa do diretor do estabelecimento prisional, traduzindo, portanto, incidente administrativo, após o cumprimento de um sexto da pena (art. 37, cabeça, da

---

Vaz, Sexta Turma, julgado em 24/08/2021, *DJe* 02/09/2021; AgRg no HC 639.495/SP, Rel. Ministro Ribeiro Dantas, Quinta Turma, julgado em 10/08/2021, *DJe* 17/08/2021.

[56] AgRg no HC 698.331/RJ, Rel. Ministro Reynaldo Soares da Fonseca, Quinta Turma, julgado em 09/11/2021, *DJe* 12/11/2021.

LEP), circunscrito a serviços ou obras públicas (art. 33, § 3º do CP), realizadas por órgãos da administração direta ou indireta, ou entidades privadas, desde que tomadas as cautelas contra a fuga e em favor da disciplina, sem exceder 10% da mão de obra empregada (art. 36, *caput* e § 1º da LEP).

Na saída temporária é que começa, de fato, a reinserção do sentenciado à sociedade, cercando-se o legislador de cuidados maiores, como, *v.g.*, tê-la **jurisdicionalizado**, submetendo-a, diferentemente do trabalho externo ora examinado, à reserva de jurisdição – compete ao juiz das execuções deferi-la (art. 123, cabeça, da LEP). A saída temporária é gênero, tripartindo-se na **visita periódica ao lar** (art. 122, I, da LEP), cuja *ratio* é a conservação dos vínculos familiares e socioafetivos do condenado, em sintonia com a dignidade humana, fundamento da República (art. 1º, III, da CRFB/88), encarnado, especificamente aqui, nas garantias à **integridade moral** do preso e à **assistência familiar** (art. 5º, XLIX e LXIII, da CRFB/88); no **aprimoramento acadêmico e/ou profissionalizante** (art. 122, II, da LEP) ou em **qualquer atividade que concorra para (res)socialização do preso** (art. 122, III, da LEP), não apenas a laborativa, mas também filantrópicas, religiosas, culturais, conforme, acertadamente, vem entendendo o STJ[57].

Arrefece-se a segregação, mas parcialmente, afinal, cumpre ao sentenciado reapresentar-se ao cabo do horário fixado pelo juiz para a saída temporária. E, por meio de decisão fundamentada em elementos concretos, o juiz das execuções pode deferir a saída temporária acompanhada da monitoração eletrônica, **observada a proporcionalidade**, haja vista o art. 146-D, I, da LEP, *a contrario sensu* – se o monitoramento é revogável quando desnecessário ou inadequado, a sua imposição pauta-se, igualmente, no binômio necessidade/adequação, à semelhança das medidas cautelares constritivas da liberdade disponíveis no processo de conhecimento (art. 282, I e II, do CPP), sendo unívoca a sua natureza **cautelar** (instrumental), tanto que sujeito à reserva de jurisdição (art. 146-B da LEP), e não simplesmente disciplinar. Enquanto a imposição do monitoramento se mostra razoável ao apenado que, embora satisfaça os requisitos legais, apresenta um histórico disciplinar conturbado, nada o justifica ao sentenciado de comportamento impecável, sem qualquer falta. O STJ tem comungado idêntica percepção[58].

---

[57] HC 175.674/RJ, Rel. Ministro Gilson Dipp, Quinta Turma, julgado em 10/05/2011, DJe 27/05/2011 – *Criminal. Habeas corpus. Estupro seguido de morte. Progressão de regime. Benefício de saída temporária. Visitação a agente religioso. Peculiaridade do caso. Atividade que concorre para o retorno ao convívio social. Ordem concedida. I. Hipótese em que o paciente pleiteia o deferimento de visitação a agente religioso que o aconselhou por cerca de cinco anos no cárcere... a visitação do paciente ao seu conselheiro consiste em atividade que concorre para o retorno ao convívio social, nos termos do inciso III, do mesmo artigo. IV. Situação peculiar em que o agente religioso prestou auxílio espiritual ao paciente por período de cerca de cinco anos, com habitualidade, o que demonstra a seriedade de seu trabalho. V.* **O fortalecimento dos ensinamentos morais ao paciente, oportunizado tanto pela possibilidade de convivência no lar do conselheiro, quando pela recompensa advinda de um benefício obtido pela demonstração de interesse em acolher uma vida ética e digna, devem ser, de fato, considerados como uma atividade que contribuirá para seu retorno ao convívio social.** *VI. Ordem concedida, nos termos do voto do relator* (grifo nosso).

[58] HC 351.273/CE, Rel. Ministro Nefi Cordeiro, Sexta Turma, julgado em 02/02/2017, DJe 09/02/2017 – *Penal e processual. Habeas corpus substitutivo de recurso. Não conhecimento. Execução. Monitoramento eletrônico mediante uso de tornozeleira. Pedido de retirada do equipamento por desnecessidade. Indeferimento pelo juízo das execuções sem fundamento concreto. Histórico favorável. Recomendação do MPF e do MPE pela retirada do equipamento. Constrangimento ilegal evidenciado. HC não conhecido.*

A saída temporária desenvolve a autodisciplina do preso, servindo de importante instrumento de transição para o regime aberto e, por fim, o livramento condicional, lembrando que, ante a recorrente falta de vagas no primeiro, o caminho natural é a custódia domiciliar, ou mesmo, nos termos da Súmula Vinculante nº 56, medidas outras potencializadoras da res(socialização), como a substituição por medidas restritivas de direitos, incrementando, significativamente, a liberdade[59].

---

*Ordem concedida de ofício... 2. Ainda que o monitoramento eletrônico, com a colocação de tornozeleiras, se constitua em alternativa tecnológica ao cárcere, a necessidade de sua manutenção deve ser aferida periodicamente, podendo ser dispensada a cautela em casos desnecessários. Inteligência do art. 146-D da LEP: a monitoração eletrônica poderá ser revogada quando se tornar desnecessária ou inadequada. 3. **A simples afirmação de que o monitoramento é medida mais acertada à fiscalização do trabalho externo com prisão domiciliar deferido ao apenado em cumprimento de pena de reclusão no regime semiaberto, sem maiores esclarecimentos acerca do caso concreto, não constitui fundamento idôneo para justificar o indeferimento do pleito, sobretudo quando o apenado apresenta histórico favorável**, com manifestação dos Ministérios Público Federal e Estadual pela retirada do equipamento. 4. **Assim como tem a jurisprudência exigido motivação concreta para a incidência de cautelares durante o processo criminal, a fixação de medidas de controle em fase de execução da pena igual motivação exigem**, de modo que a incidência genérica – sempre e sem exame da necessidade da medida gravosa – de tornozeleiras eletrônicas não pode ser admitida. 5. Habeas corpus não conhecido, mas concedida a ordem de ofício para determinar seja sustada a exigência de monitoramento eletrônico, ressalvada nova e justificada decisão determinadora dessa ou de outras medidas paralelas de controle da execução penal* (grifo nosso).

[59] STF, RE 641320, Relator Min. Gilmar Mendes, Tribunal Pleno, julgado em 11/05/2016, DJe 01/08/2016 – *"...4. Havendo déficit de vagas, deverão ser determinados: (i) a saída antecipada de sentenciado no regime com falta de vagas; (ii) a liberdade eletronicamente monitorada ao sentenciado que sai antecipadamente ou é posto em prisão domiciliar por falta de vagas; (iii) **o cumprimento de penas restritivas de direito e/ou estudo ao sentenciado que progride ao regime aberto. Até que sejam estruturadas as medidas alternativas propostas, poderá ser deferida a prisão domiciliar ao sentenciado**..."* (grifo nosso); **STJ**, REsp 1710674/MG, Rel. Ministro Reynaldo Soares da Fonseca, Terceira Seção, julgado em 22/08/2018, DJe 03/09/2018 – **Recurso especial. Proposta de julgamento sob o rito dos recursos repetitivos.** *Execução penal. Determinação de cumprimento de pena em prisão domiciliar, quando inexistente vaga no regime de cumprimento de pena adequado ao executado ou estabelecimento prisional compatível com o previsto em lei. Inexistência de violação do art. 117 da Lei de Execuções Penais. Aplicação do novo entendimento estabelecido pelo supremo tribunal federal no julgamento do RE 641.320/RS. 1. Recurso representativo de controvérsia, para atender ao disposto no art. 1.036 e seguintes do CPC/2015 e na Resolução STJ n. 8/2008. 2. Delimitação da controvérsia: (im)possibilidade de concessão da prisão domiciliar, como primeira opção, sem prévia observância dos parâmetros traçados no RE 641.320/RS". 3. TESE: A inexistência de estabelecimento penal adequado ao regime prisional determinado para o cumprimento da pena não autoriza a concessão imediata do benefício da prisão domiciliar, porquanto, nos termos da Súmula Vinculante n° 56, é imprescindível que a adoção de tal medida seja precedida das providências estabelecidas no julgamento do RE n° 641.320/RS, quais sejam: (i) saída antecipada de outro sentenciado no regime com falta de vagas, abrindo-se, assim, vagas para os reeducandos que acabaram de progredir; (ii) a liberdade eletronicamente monitorada ao sentenciado que sai antecipadamente ou é posto em prisão domiciliar por falta de vagas; e (iii) cumprimento de penas restritivas de direitos e/ou estudo aos sentenciados em regime aberto... 7. Caso Concreto: Situação em que o reeducando cumpria pena em regime semiaberto e obtivera, do Tribunal de Justiça, o direito de cumpri-la em prisão domiciliar, nas condições a serem fixadas pelo Juízo da execução. Entretanto, **após a afetação do presente recurso especial, obteve progressão de regime para o aberto e, atualmente, cumpre pena em prisão domiciliar na qual deve permanecer nos domingos (com permissão para comparecimento a eventual culto religioso matutino) e feriados, assim como nos dias úteis no horário compreendido entre as 19 horas até as 6 horas do dia seguinte, além de cumprir outras restrições.** 8. Recurso especial do Ministério Público do*

Por outro lado, nos termos do art. 123 da LEP, a saída temporária há de ser concedida aos condenados com comportamento adequado (inciso I), cumprido, no mínimo, um sexto da pena, se primário, ou um quarto, se reincidente (inciso II), presente a compatibilidade do benefício com os objetivos da pena (inciso III). Os requisitos são, portanto, **cumulativos**.

Na esteira do já comentado acerca da progressão de regime e do livramento condicional, a avaliação do *comportamento adequado* tem como diretriz a transcrição da ficha disciplinar do apenado (TFD), que não deve ostentar faltas disciplinares graves nos últimos 12 (doze) meses, interregno findo o qual estão depuradas – se assim o é para o livramento condicional, benefício maior, haja vista o art. 83, III, b, do Código Penal, com redação dada pela Lei nº 13.964/19, ainda mais para fins de saída temporária. Sem embargo, a análise da *compatibilidade do benefício com os objetivos da pena* permite ao juiz avaliar o histórico da execução como um todo, a fim de aferir se a saída temporária se alinha ao princípio da suficiência da pena. Imagine, *v.g.*, o apenado, primário, recém-ingresso no regime semiaberto, mas que possui no seu histórico disciplinar, imaculado nos últimos doze meses, episódios de liderança de rebeliões em presídios datadas de, aproximadamente, 1 (um) ano, que lhe custaram, inclusive, a inserção, por alguns meses, em regime disciplinar diferenciado. Evidentemente que tal circunstância recomenda cautela maior na concessão do benefício, diferentemente de outro preso cuja TFD registra apenas uma falta grave, já depurada, por xingamento ao agente. São situações completamente díspares, merecedoras de tratamento diferenciado.

Contudo, nessa aferição é **irrelevante** o registro de faltas leves ou médias, de relevo **exclusivamente penitenciário**, nos termos do art. 24, I da CRFB/88 c/c art. 49 da LEP, servindo, exclusivamente, de diretriz ao exercício do poder *administrativo disciplinar* do diretor do estabelecimento prisional (art. 47 da LEP), **sem projeção no *processo* de execução penal**, de regramento inarredavelmente **federal** (art. 22, I, da CRFB/88). Assim, faltas leves e médias **não** abalizam pronunciamento **jurisdicional** algum em sede de execução penal, *v.g.*, de (in)deferimento da saída temporária[60].

Em apreço aos postulados constitucionais do devido processo legal e da legalidade penal estrita, o inciso II do art. 123 da LEP exige, para a saída temporária, o cumprimento de 1/6 (um sexto) da *pena*, se primário, ou 1/4 (um quarto), se reincidente, presente, portanto, a **reprimenda total aplicada**. Por conseguinte, o lapso temporal geral de 1/6 (um sexto), até então exigido na LEP para progredir do regime fechado para o semiaberto, servia, também, para a saída temporária, conforme prega a Súmula nº 40 do STJ – *para obtenção dos benefícios de **saída temporária e trabalho externo**,*

Estado de Minas Gerais provido, em parte, apenas para determinar ao Juízo da Execução que examine a possibilidade e conveniência de, no caso concreto e observadas as características subjetivas do réu, bem como seu comportamento ao longo do cumprimento da pena, além de todos os requisitos legais, **converter o restante da pena a ser cumprida pelo executado, no regime aberto, em pena restritiva de direitos ou estudo**, em atenção ao entendimento exarado no RE 641.320/RS..." (grifo nosso).

[60] STJ, HC 51.102/RS, Rel. Ministro Gilson Dipp, Quinta Turma, julgado em 12/09/2006, DJ 09/10/2006, p. 321 – "...***Se a hipótese dos autos não configura falta grave, resta caracterizado constrangimento ilegal decorrente da perda de benefícios pelo paciente***. Deve ser cassado o acórdão recorrido e restabelecida a decisão monocrática que classificou a falta cometida pelo acusado como média, determinando o seu retorno ao regime semiaberto, bem como afastando o óbice da falta grave na análise acerca da possibilidade de concessão de livramento condicional ao réu..." (grifo nosso).

considera-se o tempo de cumprimento da pena no regime fechado (grifo nosso). Em suma: se primário o sentenciado, a progressão ao regime semiaberto trazia, a reboque, o direito à saída temporária.

Como tal ocorria após o cumprimento de apenas um sexto da reprimenda, muitos julgados do STJ[61] e do STF[62] mostraram-se refratários ao pronto deferimento da saída temporária, sem, antes, analisar **a reprovabilidade em concreto da imputação ensejadora da condenação e a quantidade de pena residual**, para, só então, decidir pela suficiência, ou não, da medida.

Compreensível é a orientação jurisprudencial, afinal, o réu condenado por ser um dos líderes de uma organização criminosa voltada ao tráfico de entorpecentes não pode se equiparar ao mero "mula" (transportador) ou "vapor" (vendedor) de drogas, ocupando posto absolutamente fungível, integrante da base piramidal do tráfico. **O que não se concebe é o indeferimento do benefício escudado exclusivamente em afirmações vagas a respeito da gravidade em abstrato do crime ou do longo tempo de pena a cumprir.** Se assim fosse, o Poder Judiciário, por vias transversas, legislaria através de *fórmulas de julgamento*, retrocedendo à época do Direito Formular Romano, criando óbices à saída temporária não previstos na LEP – *v.g.*, condenados por homicídio, roubo, tráfico de entorpecentes ou delitos tão ou mais graves, ou que recebessem reprimendas elevadas não fariam jus sumariamente ao benefício, não obstante a inexistência de qualquer vedação legal neste sentido, ao arrepio do **princípio do livre convencimento motivado do juiz** (art. 93, IX, da CRFB/88), **igualando sentenciados independentemente do mérito de cada um, ao arrepio do postulado constitucional da individualização da pena** (art. 5º, XLVI, da CRFB/88). Indispensável é a leitura, pelos atores do processo de execução penal, destacadamente o juiz, da sentença e do acórdão condenatórios, com especial atenção à dinâmica fática para, a partir daí, mensurar o rigor na análise dos pedidos de saída temporária.

---

[61] AgRg no HC 331.628/RJ, Rel. Ministro Sebastião Reis Júnior, Sexta Turma, julgado em 19/11/2015, DJe 09/12/2015, colhendo-se, do inteiro teor do acórdão, a seguinte passagem: *"...imprescindível uma análise que leva em conta a natureza dos crimes pelos quais o paciente restou condenado e o tempo de pena que já cumpriu e tem a cumprir. Isso porque, estando submetido a um processo de ressocialização mais demorado em razão da gravidade dos crimes cometidos, entende-se que um benefício dessa ordem – onde não ficará sujeito à vigilância nos dias em que estiver fora do estabelecimento prisional – requer maior cautela..."* (grifo nosso).

[62] HC 104870, Relator Min. Luiz Fux, Primeira Turma, julgado em 04/10/2011, DJe 26/10/2011 – *"... como o benefício das visitas livres não constitui um direito absoluto do preso, mas estrita faculdade outorgada ao magistrado, exigente de componentes subjetivos a serem aferidos pelo juiz, não deve ser concedido indiscriminadamente, **possibilitando uma inusitada oportunidade de fuga livre para condenados com larga pena a cumprir, principalmente quando foi autor de crime ou crimes de maior gravidade**." (Julio Fabbrini Mirabete, Execução Penal. Comentários à Lei nº 7.210, de 11-7-1984, 11ª edição)..."* (grifo nosso); HC 112521, Relator Min. Cármen Lúcia, Segunda Turma, julgado em 30/10/2012, DJe 03/06/2013 – *"...2. O indeferimento da saída extramuros do Paciente mostra-se suficientemente fundamentado, não havendo, portanto, como se reconhecer o constrangimento, notadamente porque o Paciente foi condenado a uma pena de 41 anos de reclusão, **por crimes praticados com violência ou grave ameaça contra a pessoa, ainda lhe restando mais de trinta anos por cumprir**, circunstâncias incompatíveis com os objetivos da pena e a concessão prematura dos benefícios, em consonância com o que estabelece o art. 123, inciso III, da Lei de Execução Penal..."* (grifo nosso).

O Superior Tribunal de Justiça possui precedentes nesse sentido[63], que **tendem a se solidificar após o advento da Lei nº 13.964/19**, porquanto o móvel do entendimento anterior era a perspectiva de saída temporária após o adimplemento de apenas um sexto da pena. Ante os percentuais ora em vigor para a progressão de regime, esse discurso perde a razão de ser. Basta imaginar que, se primário o condenado, a evolução ao semiaberto virá, nos delitos com violência ou grave ameaça à pessoa, após o cumprimento de 25% da reprimenda, ou seja, **um quarto**, e, se reincidente, depois de adimplido 30% (art. 112, III e IV, da LEP). De fato, o STJ tem glosado indeferimentos de saída temporárias pautados apenas na quantidade de reprimenda a cumprir e na gravidade em abstrato do crime motivador da condenação[64]. Em contrapartida, endossa recusas calcadas na análise do histórico disciplinar do apenado, independentemente da data do cometimento das faltas graves[65].

Aliás, a Lei nº 13.964/19 reviu os interregnos da progressão de regime, **elevando-os consideravelmente**, **sem** modificar os estabelecidos no inciso II do art. 123 da LEP. O problema, ao ver do legislador, não residia no intervalo temporal exigido para a saída temporária, e sim para a progressão de regime. **Doravante, então, descabe indeferir pedidos de saída temporária, alusivos a injustos cometidos sob a égide do Pacote "Anticrime", quando já alcançado o tempo necessário ao deferimento do benefício, sob o pretexto de ser grave o delito motivador da condenação ou ainda existir reprimenda substancial a cumprir.** Argumentação nesse sentido será legiferante, imiscuindo-se nas escolhas do Poder Legislativo, em detrimento do art. 2º da CRFB/88.

Ademais, **sem** descuidar dos **fatos** motivadores da condenação, e **não** do tipo penal em si – comando abstrato, a comportar *n* variantes fáticas – a (in)suficiência da saída temporária deve ser encarada, **primordialmente**, sob o ângulo da **performance do apenado ao longo do processo de execução penal em si**. Se as respostas dadas são positivas, sem máculas disciplinares e com pleno engajamento no estudo e no trabalho, *v.g.*, descabe revolver o édito condenatório, sob pena de eternizá-lo, reduzindo a pena, considerada a execução, a mera concretização de vingança. Debruçar sobre a execução penal um olhar apenas retrospectivo reduz a reprimenda ao espectro retributivo, desprezado o ressocializador. É a punição pela punição, **opção descartada pela Constituição na medida em que proscreveu toda e qualquer reprimenda de viés exclusivamente punitivo, como a de**

---

[63] HC 279.896/RJ, Rel. Ministro Moura Ribeiro, Quinta Turma, julgado em 05/12/2013, *DJe* 11/12/2013 – ... Preenchidos os requisitos exigidos pela Lei de Execução Penal para o benefício de saída temporária e de trabalho extramuros, ***a decisão lastreada na gravidade do delito praticado pelo apenado e na longa pena a descontar apresenta motivação inidônea, violando o art. 123***, *da Lei nº 7.210/84*... (grifo nosso); HC 276.772/RJ, Rel. Ministro Marco Aurélio Bellizze, Quinta Turma, julgado em 08/10/2013, *DJe* 14/10/2013 – ... Para a concessão das saídas temporárias, a Lei de Execução Penal exige: o comportamento adequado do condenado, o cumprimento de 1/6 da pena, se for primário, e de 1/4, se reincidente, bem como a compatibilidade do benefício com os objetivos da reprimenda. Aqui, ***o pleito de autorização de visitas periódicas ao lar foi negado pelo Tribunal a quo com base em elementos abstratos quanto à sanção penal, a gravidade dos delitos e a longa pena a cumprir.*** 3. Acórdão que identificou bom comportamento do paciente, bem como sua iminência de progredir para o regime aberto... Ordem concedida, de ofício, para restabelecer a autoridade da decisão de fls. 73/74 (grifo nosso).

[64] HC 551.780/RJ, Rel. Ministro Reynaldo Soares da Fonseca, Quinta Turma, julgado em 04/02/2020, *DJe* 12/02/2020.

[65] AgRg no AREsp 1893400/SC, Rel. Ministro Reynaldo Soares da Fonseca, Quinta Turma, julgado em 16/11/2021, *DJe* 19/11/2021.

morte, a perpétua, a de banimento e as cruéis (art. 5º, XLVII, a, b, d e e). Concorde-se ou não ideologicamente, essa é a realidade **constitucional** a qual todos temos que nos curvar, enquanto membros de um Estado **Democrático de Direito**.

Uma curiosidade: a progressão do regime fechado para o semiaberto **não** importará aquisição, automática, do lapso temporal imprescindível à saída temporária nos crimes **sem** violência ou grave ameaça à pessoa, porque, se primário, a progressão dá-se com 16%, **antes**, portanto, de completado 1/6 de cumprimento da reprimenda, enquanto, se reincidente, **após** cumpridos 20% (1/5), sem alcançar o 1/4 necessário à saída temporária (art. 112, I e II, com a redação dada pela Lei nº 13.964/19, x art. 123, II, ambos da LEP).

Finalmente, a Lei nº 13.964/19 desmembrou o parágrafo único do art. 122 da LEP para, no § 2º, **vedar a saída temporária aos sentenciados por crime hediondo com resultado morte**, inserindo *novatio legis in pejus*, logo, **irretroativa** (art. 5º, XL, da CRFB/88). Como o dispositivo não distingue entre o resultado morte a título **doloso** ou **preterdoloso**, compreende ambos, porquanto descabe diferençar onde a lei não o fez, apesar de se estar diante de norma penal limitadora de direitos. A propósito, sequer seria lógico abarcar os delitos preterdolosos, excluindo os dolosos.

A execução da reprimenda privativa de liberdade, atinente aos condenados por delitos hediondos com resultado morte, não se mostra nada alvissareira. Se **primário (ou reincidente genérico)**, progredirá ao regime semiaberto após o cumprimento de 50% da pena, sem direito à saída temporária, havendo de cumprir metade da pena restante para, então, chegar ao regime aberto, vedado o livramento condicional (art. 112, VI, a LEP). Imaginando uma condenação por homicídio qualificado, no piso, 12 anos, o sentenciado cumprirá 6 anos no regime fechado, mais 3 anos no semiaberto, considerado o residual de 6 a cumprir, logo, dos 12 anos impostos, serão 9 de efetivo cárcere até ingressar no regime aberto (**75%**), quando se recolocará, parcialmente, na sociedade. Se condenado por delito hediondo com resultado morte, reincidente em delito do **mesmo naipe**, ou seja, morta a vítima, serão 70% da sanção em regime fechado até a progressão ao semiaberto, havendo de cumprir mais 70% do residual para, enfim, chegar ao regime aberto (art. 112, VIII, da LEP), proibido o livramento condicional. Presente a condenação por homicídio qualificado, 12 anos, acrescidos de um sexto em virtude da reincidência, totalizando 14 anos, seriam quase 10 anos no regime fechado, mais, aproximadamente, 3 anos no regime semiaberto até ingressar no regime aberto. Dos 14 anos de reprimenda, em torno de 13 seriam efetivamente encarcerado (aproximadamente, **92-93%**), sendo mínimo o período de efetiva reinserção social. Finalmente, se condenado por delito hediondo com resultado morte, reincidente em crime igualmente hediondo, mas **sem** resultado morte, são 60% da reprimenda no regime fechado, até avançar para o semiaberto, seguido de mais 60% da pena residual até evoluir para o aberto (art. 112, VII, da LEP), vedadas, igualmente, a saída temporária (art. 122, § 2º da LEP) e o livramento condicional (art. 83, V, do Código Penal). Reproduzido o cenário imediatamente anterior, homicídio qualificado, condenação a 14 anos, tem-se um pouco de mais de 8 anos até o regime semiaberto, seguido de mais de 3 anos até o regime aberto, ou seja, quase 12 anos dos 14 seriam passados preso (aproximadamente, **85-86% da reprimenda**).

A opção do legislador pelo encarceramento foi clara. **Retirada a saída temporária do regime semiaberto, a privação libertária persiste integral, tal qual verificado no regime fechado**. Progredir deste para aquele em nada arrefece o aprisionamento, estagnando o processo de (res)socialização, nada obstante o cumprimento de parte substancial da reprimenda

– ao menos metade, podendo chegar a 70%, a depender do teor da condenação. A remição, seja pelo trabalho e/ou estudo, persiste disponível, esteja o condenado no regime fechado ou semiaberto. Muda-se, apenas, a natureza do estabelecimento prisional, migrando-se de um presídio para colônia agrícola ou industrial, ou unidade similar (art. 33, § 1º, b do Código Penal). De todo modo, como **a progressão de regime resta preservada**, embora **ínfimo** o tempo no aberto, inexistiria ofensa à individualização da pena (art. 5º, XLVI, da CRFB/88). E, circunscrita a restrição a um rol **diminuto** de crimes, de natureza **gravíssima** – hediondos **com** resultado morte –, a escolha legislativa guardaria **racionalidade** e **proporcionalidade**, inexistindo motivos para tê-la inconstitucional, sob pena de o Poder Judiciário imiscuir-se no mérito do ato legislativo, em desacordo com o art. 2º da CRFB/88.

Apesar de as conclusões acima serem sedutoras, mesmo porque de fácil assimilação, entendemos, sim, necessário submeter o novel § 2º do art. 122 da LEP à **intepretação conforme a Constituição, sem redução parcial do texto**, a fim de excluir da vedação liminar da saída temporária os sentenciados por crimes hediondos com resultado morte **primários (ou reincidentes genéricos)** ou reincidentes por delitos hediondos **sem** decesso.

A matéria-prima do Direito Penal é humana, e, justamente por conta disso, extremamente variável. O comportamento descrito no tipo penal comporta inúmeras nuances. Não por outra razão, a par dos tipos derivados e das causas especiais de aumento e de diminuição de pena, o juiz tem a sua disposição, quando da dosimetria da reprimenda, **8** diferentes vetores (art. 59 do CP), além das agravantes e atenuantes genéricas, que, não por acaso, compõem a primeira e a segunda fases da aplicação da pena, a teor do art. 68 do CP. Tome-se, *v.g..*, o homicídio qualificado: sob a vedação contida no § 2º do art. 122 da LEP encontram-se tanto a mulher assassina do marido por ciúme, sopesado como motivação fútil pelo Conselho de Sentença (art. 121, § 2º, II, do CP)[66], bem como o "matador de aluguel", presente a qualificadora da paga (art. 121, § 2º, I, do CP). Com todas as vênias, mas descabe comparar a mulher que, de inopino, mata o esposo por suspeita de traição, havendo o Conselho de Sentença entendido fútil o móvel do crime, àquele que extrai do extermínio de vidas alheias o *modus vivendi*. Pois **ambos** não fariam jus à saída temporária, havendo de cumprir, se primários, 75% da pena aplicada, privados, integralmente, da liberdade, à espera do regime aberto, sem direito ao livramento condicional. Presente

---

[66] Embora discordemos dessa posição, o Superior Tribunal de Justiça tem entendido que a avaliação do ciúme como qualificadora ou não do homicídio é matéria reserva de jurisdição do Conselho de Sentença, não competindo ao juiz decotá-lo quando da pronúncia – HC 296.167/MS, Rel. Ministro Reynaldo Soares da Fonseca, Quinta Turma, julgado em 14/02/2017, DJe 17/02/2017: *"...3. Crime motivado por ciúmes. Qualificadora do motivo fútil. Sentimento que, por si só, não revela futilidade. Exame que cabe ao conselho de sentença. 4. Habeas corpus não conhecido... 3. Quanto ao pleito de decote da qualificadora do motivo fútil, por considerar que ciúmes, por si só, não autoriza a incidência da referida qualificadora, importante registrar, de plano, que a exclusão de qualificadoras constantes na pronúncia somente pode ocorrer quando manifestamente improcedente, sob pena de usurpação da competência do Tribunal do Júri, juiz natural para julgar os crimes dolosos contra a vida. Dessa forma, embora os ciúmes não caracterizem, por si só, a motivação fútil, tem-se que cabe ao Conselho de Sentença avaliar se o contexto trazido nos autos autoriza a qualificação dos ciúmes como motivo fútil..."*; AgRg no REsp 1743740/MG, Rel. Ministro Antonio Saldanha Palheiro, Sexta Turma, julgado em 04/09/2018, DJe 13/09/2018 – *"...2. Com efeito, a qualificadora do motivo fútil foi indevidamente decotada da sentença de pronúncia, pois o Tribunal de origem não demonstrou sua manifesta improcedência. Para justificar a exclusão da majorante, foi realizado indevido juízo de valor, com interpretação que cabia exclusivamente ao Tribunal do Júri"* (grifo nosso).

o delito de latrocínio, as variantes igualmente são inúmeras. Incorrem no mesmo tipo penal o usuário de drogas, endividado com traficantes, que, a seu mando, perpetra um roubo a fim de quitar as dívidas, mas, por nervosismo e inaptidão com revólver, dispara-o acidentalmente contra a vítima, matando-a; bem como aquele que, após desapossar o lesado dos seus bens e subjugá-lo inteiramente, executa-o, nada obstante a ausência de qualquer resistência. Embora infinitamente mais censurável a segunda conduta, para ambos se dispensaria idêntico tratamento em sede de execução: 75% da reprimenda encarcerados, sem saída temporária nem livramento condicional, no aguardo do regime aberto. *Permissa venia*, mas **tamanha uniformidade de tratamento destoa de um processo de execução penal que, por mandamento constitucional (art. 5º, XLVI), há de ser individualizado**. E a saída temporária é, justamente, o fiel da balança, o instrumento que garantiria tal diferenciação, mesmo porque o deferimento, ou não, leva em conta a **performance disciplinar** do preso, presentes o estudo e/ou trabalho, mas, também, a **dinâmica fática delitiva encartada no título condenatório ora em execução**, não se dando, jamais, automaticamente. Proibindo-a, prévia e indistintamente, a qualquer condenado por crime hediondo com resultado morte, o Poder Legislativo intromete-se na atuação do Poder Judiciário, tolhendo-o, em afronta não apenas ao art. 2º da CRFB/88, mas também ao **livre convencimento motivado** (art. 98, I, da CRFB/88), afinal, por mais que o histórico do(a) apenado(a) recomendasse o benefício, apresentando a mecânica delitiva reprovabilidade normal ao tipo, a saída temporária não poderia ser concedida.

Por outro lado, a perspectiva de privação libertária integral correspondente a, aproximadamente, 75 a 85% da pena total aplicada, quer seja primário (ou reincidente genérico), quer seja reincidente em crime hediondo, **sem** resultado morte, resta cumprir, em regime aberto, 25 a 15%, significa **mínima atenção com a reeducação social, privilegiando, estritamente, a retribuição ao mal causado**. Embora o Poder Legislativo, do alto da sua soberania, tenha um amplo cardápio à disposição, essa opção, dele, não consta, porque **o art. 5º, XLVII, da Carta de 1988 eliminou toda e qualquer sanção exclusivamente retributiva, inábil a proporcionar qualquer reinserção social, daí a vedação à pena capital, perpétua e à de banimento, anunciando o princípio da humanização das reprimendas, o que explica a proscrição, também, das cruéis**.

O Pacto de São José da Costa Rica, firmado pelo Brasil e introduzido no ordenamento pátrio pelo Decreto nº 678/92, tomou idêntico sentido. O art. 4º, 3 impede o restabelecimento da reprimenda capital pelos Países que a tiverem abolido, enquanto o art. 5º, 6 preconiza que *as penas privativas da liberdade devem ter por finalidade* **essencial** *a reforma e a* **readaptação social** *dos condenados*, logo, mostra-se **inconvencional** qualquer reforma legislativa que potencialize o caráter retributivo das sanções corporais em detrimento do ressocializante. E, como é cediço, toda e qualquer lei infraconstitucional há de ajustar-se aos parâmetros fixados pelas Convenções Internacionais de Direitos Humanos assinadas pelo País, pois, ainda que tenham sido anteriores à vigência do § 3º do art. 5º da CRFB/88, incluído pela Emenda Constitucional nº 45/2004, o § 2º do mesmo artigo confere-lhes, na feliz expressão cunhada pelo Min. Gilmar Mendes, *supralegalidade*, pairando **acima da legislação ordinária**, conforme bem reconheceu o Pleno do STF[67].

---

[67] RE 349703, Relator Min. Carlos Britto, Relator(a) p/ Acórdão: Min. Gilmar Mendes, Tribunal Pleno, julgado em 03/12/2008, DJe 05/06/2009 – *"...Desde a adesão do Brasil, sem qualquer reserva, ao Pacto Internacional dos Direitos Civis e Políticos (art. 11) e à Convenção Americana sobre Direitos Humanos –*

Quando do estudo do juiz das garantias, comentamos que **o respeito à vítima é um dos referenciais hermenêuticos mais caros ao garantismo**. Rememorando Luigi Ferrajoli, "*...se a publicidade da acusação importa sua obrigatoriedade pelos órgãos públicos competentes, não implica de modo algum a sua titularidade exclusiva, sendo perfeitamente compatíveis com o modelo teórico acusatório formas autônomas, livres e subsidiárias de ação popular: aptas a complementar a ação do Ministério Público em defesa dos direitos e dos interesses, individuais ou coletivos, ofendidos pelo crime; a solicitar, e, se necessário, remediar a inércia culpável dos órgãos públicos; a permitir a participação e o controle popular sobre o exercício da ação penal e indiretamente sobre toda a função jurisdicional...a ação penal deve, em suma, ser um dever para os órgãos do Ministério Público e um direito para os cidadãos...*"[68].

Na medida em que condenados por crimes hediondos com resultado morte hão de cumprir de 50 a 70% em regime fechado até a progressão ao regime semiaberto, **construiu-se uma *resposta penal* quantitativa e qualitativamente proporcional ao mal experimentado pela vítima e seus familiares**. A dor da perda é eterna, irreparável e incurável. Mas se a tomássemos como parâmetro penal, a reação condizente haveria de ser a execução do autor do fato ou o aprisionamento perpétuo, respostas, repita-se, **constitucionalmente proscritas**, porque a Constituição, reforçada pela CADH, recusou-se a tratar as penas como instrumentos apenas retributivos, mas também reeducadores. E, se assim estabeleceu a Carta de 1988, e reiterou a CADH, cumpre aos Poderes da República respeitá-las. Sendo assim, proibir, abstrata e liminarmente, a saída temporária, compromete esse último escopo, **não permitindo ajustar a execução penal ao mérito de cada apenado, considerados, ainda, os fatos ensejadores da condenação**.

Por conseguinte, **suprime-se a ressocialização gradual do sentenciado**, saltando da segregação integral (sem a saída temporária, o regime semiaberto equivale ao fechado) para o regime aberto, mui provavelmente a ser cumprido em custódia domiciliar. E, diante do exíguo tempo destinado ao regime aberto, inexistirá estímulo para a reeducação, afinal, o condenado sabe que a liberdade apenas virá depois de 75 a 85% de cumprimento da reprimenda. O ânimo para remir a reprimenda pelo estudo e/ou pelo trabalho esvaia-se diante da longínqua contrapartida. O cárcere passará a ser o seu *habitat* e, mui provavelmente, será cooptado pelo crime organizado. A homicida passional e/ou o usuário de drogas, condenado por latrocínio produzido por disparo eventual, que, nada obstante os delitos perpetrados, ostentam considerável potencial ressocializante, tornam-se mão de obra barata à disposição da delinquência profissional. Os efeitos dessa opção legislativa dão uma imediata, e ilusória, sensação de segurança, quando, em verdade, formam o caldo propício ao fomento da criminalidade organizada. Encontra-se bastante difundida, no Brasil, a expressão *gentileza gera gentileza*. Com efeito, colhe-se o que se planta. Logo, *violência*, legal ou não, institucionalizada ou não, só *gera mais violência*.

Pacto de São José da Costa Rica (art. 7º, 7), ambos no ano de 1992, não há mais base legal para prisão civil do depositário infiel, pois o caráter especial desses diplomas internacionais sobre direitos humanos lhes reserva lugar específico no ordenamento jurídico, estando abaixo da Constituição, porém acima da legislação interna. **O status normativo supralegal dos tratados internacionais de direitos humanos subscritos pelo Brasil torna inaplicável a legislação infraconstitucional com ele conflitante, seja ela anterior ou posterior ao ato de adesão...**" (grifo nosso).

[68] FERRAJOLI, Luigi. *Direito e Razão*, ob. cit., p. 456/457.

Por tudo isso, também à luz do princípio da humanização das penas, a ressaltar não apenas o viés retributivo, mas, também ressocializador das reprimendas (art. 5º, XLVII, da CRFB/88), mostra-se inconstitucional o § 2º do art. 122 da LEP no tocante aos sentenciados por crimes hediondos com resultado morte primários (ou reincidentes genéricos) ou reincidentes em delitos hediondos, mas **sem** morte.

Bloquear a saída temporária sob o pretexto de evitar evasões, resguardando, assim, a efetividade e a eficiência do processo de execução da pena, e, a reboque, a própria segurança pública, ainda mais diante da presumida periculosidade desses sentenciados, considerada a natureza do crime creditado – hediondo, com resultado morte – faria todo o sentido **se** os índices de fuga fossem altos. Mas, ao contrário, são **muito pequenos**.

Ilustrando: em **2015**, dos presos em regime semiaberto liberados para passar as festividades de final de ano ao lado dos familiares, **95,8%** retornaram aos respectivos estabelecimentos prisionais. O índice de evasão foi de 4,2%, enquanto no ano anterior, **2014**, no mesmo período, quedou-se em 4,6%, ou seja, **95,4%** dos condenados volveram à prisão[69]. Pará apresentou a maior taxa de fuga – 16,8% –, porém, para os festejos do Círio de Nazaré, o percentual de evasão caiu para 7% em 2019, conforme informou o sítio eletrônico da Agência oficial do Governo do Pará[70].

Em São Paulo, por outro lado, a Secretaria de Administração Penitenciária informa que, entre janeiro de 2015 a novembro de 2019, a taxa de evasão foi de 3,8%, sublinhando que, nesse período, houve **um aumento de 17,82% dos presos agraciados pela saída temporária**, com **aumento no percentual de retorno à prisão**, de 95,89% para 96,16%[71].

Dados do Departamento Penitenciário Nacional (DEPEN), atualizado em 19 de março de 2020, extraídos de levantamento realizado de janeiro a junho de 2019, sinaliza uma população carcerária total de 752.777, dos quais 125.686 encontram-se em regime semiaberto, logo, imaginando que todos estivessem gozando da saída temporária, teríamos, hipoteticamente, em torno de 5.027 foragidos. O número, isoladamente considerado, impressiona, mas bloquear a saída temporária significaria penalizar os, aproximadamente, 120.658 presos que cumpriram, regularmente, o benefício. **Estatisticamente falando, portanto, a saída temporária mostra-se extremamente exitosa, em nada comprometendo a efetividade e a eficiência da execução penal**. Embora os números apresentados não especifiquem a performance dos condenados por crimes hediondos, com resultado morte, sinalizam, indiscutivelmente, o sucesso da saída temporária, não havendo motivos para vedá-la aprioristicamente. E o Direito, como

---

[69] Os dados foram levantados pelo sítio eletrônico G1 junto às secretarias estaduais de administração penitenciária, excetuadas as de Minas Gerais, que não disponibilizou os números, e as de Mato Grosso, Alagoas e Sergipe, porque não oportunizada a saída temporária nesse período. Disponível em: https://www.conjur.com.br/2016-jan-12/mil-presos-nao-retornaram-prisao-saida-temporaria. Acesso em: 29 mar. 2020.

[70] Disponível em: https://www.conjur.com.br/2016-jan-12/mil-presos-nao-retornaram-prisao-saida--temporaria. Acesso em: 29 mar. 2020.

[71] Os números foram divulgados pela Secretaria Penitenciária do Estado de São Paulo, a pedido do sítio eletrônico AGORA. Disponível em: https://agora.folha.uol.com.br/sao-paulo/2020/01/em-4-anos--mais-de-244-mil-presos-nao-voltaram-apos-as-saidinhas.shtml. Acesso em: 29 mar. 2020.

ciência, não pode abrir mão da estatística, sob pena de serem implementadas reformas intuitivas e populistas, sem a menor cientificidade.

Por conseguinte, sob o ângulo tanto da *necessidade* quanto da *adequação* **falece proporcionalidade** ao § 2º do art. 122 da LEP, impondo-se um ônus **excessivo** aos sentenciados por crimes hediondos com morte, primários e/ou reincidentes em delitos hediondos, sem resultado morte, **à mingua de elementos concretos que justifiquem tal mudança.**

A proibição apriorística à saída temporária justifica-se, todavia, em desfavor do condenado por **crime hediondo com morte, reincidente** em delito de idênticas natureza e consequência – **hediondo com resultado morte.** Tal circunstância evidencia, **concretamente**, o menoscabo à vida humana e, por conseguinte, ao Estado Democrático de Direito, inexistindo irracionalidade ou desproporção na vedação à saída temporária e consequente perspectiva de longa privação libertária integral (em torno de 92 a 93% da pena). O reduzidíssimo potencial ressocializante, extraído dos seus próprios feitos, e não de construções intuitivas ou especulativas, justifica o encarceramento e o caráter primordialmente retributivo da pena.

Caso o STF reafirme a constitucionalidade, sem peias, do § 2º do art. 122 da LEP, **o trabalho externo contemplado nos arts. 36 e 37 da LEP, a rigor reservado aos condenados em regime fechado, torna-se disponível aos sentenciados por crimes hediondos, com resultado morte, que estiverem no regime semiaberto, afinal, sem a saída temporária, este equipara-se àquele, pavimentando a analogia, seja pela identidade de razões (***ubi eadem ratio, ibi eadem jus***), seja porque *in bonam partem*.**

Como o trabalho externo é um incidente administrativo, deferido pelo diretor do estabelecimento prisional (art. 37, cabeça, da LEP), **não lhe compete tal iniciativa**, afinal, por lei, reserva-se aos condenados em regime fechado (art. 36, cabeça, da LEP). **Cumpre ao juiz das execuções, de ofício ou provocado pelo Ministério Público ou pela defesa, por meio de mera petição, oficiar às direções das colônias agrícolas, industriais e congêneres, próprias ao regime semiaberto, autorizando a disponibilidade do trabalho externo também a esse segmento.**

Tal iniciativa é de suma valia para reduzir os impactos do hiperencarceramento gerado pela Lei nº 13.964/19.

Finalmente, mas não menos importante, vê-se que, ao reestruturar o art. 112 da LEP, a Lei nº 13.964/19 aludiu, ao longo dos incisos V a VIII, sempre a delitos hediondos **ou** equiparados, enquanto, no § 2º do art. 122, fez menção à prática de crime **hediondo** com resultado morte. Por conseguinte, em apreço à legalidade penal estrita e ao devido processo legal, **crimes equiparados a hediondo, com resultado morte, como a tortura, não foram compreendidos pela vedação legal, que, enquanto norma proibitiva, exige interpretação restritiva.** Como a Lei nº 13.964/19 sempre pontuou os delitos equiparados, destacando-os dos hediondos, o silêncio verificado no § 2º do art. 122 foi eloquente, não podendo ser encarado como involuntário, sob pena, repita-se, de interpretar extensiva *in malam partem.*

Em sentido contrário, obviamente, obtemperar-se-á que a referência aos injustos hediondos compreenderia os equiparados, desenvolvendo-se interpretação ontológica da norma, sem ruptura, assim, com a legalidade penal estrita, argumentação que oculta velada ampliação *in malam partem.*

14.5. (IN)CONSTITUCIONALIDADE DA IDENTIFICAÇÃO DO PERFIL GENÉTICO NA LEP E NA LEI Nº 12.037/09 PRESENTES AS GARANTIAS A NÃO AUTOINCRIMINAÇÃO, À INTIMIDADE E À INVIOLABILIDADE CORPORAL

A Lei nº 12.654, de 28 de maio de 2012, introduziu a coleta de material biológico para a obtenção do perfil genético, seja como efeito da condenação criminal, inserindo, na LEP, o art. 9º-A, seja para fins de identificação criminal, alterando a Lei nº 12.037/09. A Lei nº 13.964/19 consolidou tais mudanças, a serem analisadas, primeiramente, sob o ângulo da garantia à não autoincriminação, bastante conhecida na expressão latina *nemo tenetur se detegere*, segundo a qual, em tradução literal, **ninguém é obrigado a se descobrir**.

Deflui do **art. 8º, parágrafo 02, alínea g, da Convenção Americana de Direitos Humanos (CADH)**, introduzida no ordenamento pátrio pelo Decreto 678/92, e do **art. 14, parágrafo 03, alínea g, do Pacto Internacional sobre Direitos Civis e Políticos (PIDCP)**, inserido na ordem normativa pelo Decreto 592/92, uníssonos em anunciar o direito *de não ser obrigado a depor contra si mesmo, nem a confessar-se culpado*. Trata-se de gênero que possui, no direito ao silêncio, versado no art. 5º, LXIII, da CRFB/88, uma das suas manifestações.

Tal garantia possui na **dignidade humana** (art. 1º, III, da CRFB/88) a sua razão de ser, presente a ideia segundo a qual o imputado há de ser pensado e encarado como um sujeito de direitos da persecução penal, e não como seu objeto. Compeli-lo a submeter-se a procedimentos probatórios cujos resultados possam incriminá-lo, independentemente da sua vontade, importaria coisificá-lo, em desacordo com o primeiro de 4 (quatro) vetores que formam o "núcleo essencial" do postulado da dignidade humana, **a não instrumentalização**, segundo bem desenvolve Bernardo Gonçalves Fernandes: *"o ser humano não pode ser instrumentalizado (coisificado), ou seja, não pode ser tratado como um meio para a obtenção de determinado fim (Kant)"*[72]. Vulnerar a cláusula *nemo tenetur se detegere* atenta contra o próprio devido processo legal substancial, enquanto sinônimo de processo justo (art. 5º, LIV, da CRFB/88), mesmo porque é, ainda, claríssima expressão de **autodefesa**, versada no art. 5º, LV, da Carta de 1988, vertente da ampla defesa, ao lado da defesa técnica.

Diferentemente de outros países, a Suprema Corte Norte-Americana tem emprestado à garantia alcance **diminuto**, optando por uma interpretação literal e restritiva da Emenda nº 05 da Constituição dos EUA, bem como da Emenda nº 14, presente o devido processo legal. E não há dúvidas de que essa visão mais estreita do postulado *nemo tenetur se detegere* guiou a Lei nº 13. 964/19.

Diz a Carta Política norte-americana que *no person shall be compelled in any criminal case to be a witness against himself*, ou seja, ninguém pode ser obrigado, em qualquer processo criminal, a servir de **testemunha contra si mesmo**. Partindo do texto constitucional, a Suprema Corte tem **reduzido** o alcance dessa garantia à prova oral, ou seja, ninguém pode ser compelido a prestar **declarações** que possam incriminá-lo, espécie de **prova evasiva**, a exigir do imputado uma postura **ativa**, ou seja, um **fazer**. Em *Miranda v. Arizona* o direito a não autoincriminação foi mais bem esmiuçado, estampando a Corte, por apertada maioria (5x4), a imprestabilidade de qualquer depoimento ao Estado não

---

[72] Ob. Cit., p. 351.

precedido dos avisos (*warnings*) ao **silêncio** (com a advertência de que as suas declarações poderão ser utilizadas contra si) e à **assistência de um defensor**, direitos esses que o imputado pode deixar de exercer, desde que *voluntarily, knowingly* e *intelligently*, ou seja, **ciente** e **consciente, juridicamente,** das consequências[73].

A contrario sensu, as demais provas, evasivas ou invasivas, cuja produção exige um comportamento do imputado, ativo ou passivo, podem ser carreadas independentemente da sua vontade e do potencial incriminatório.

Maria Elizabeth Queijo, em obra referência sobre o assunto no País[74], cita alguns valiosos precedentes da Suprema Corte Norte-Americana: I) em *Holt v. US.*, julgado em 1910, o acusado foi compelido a desenhar uma blusa, assentando a inaplicabilidade da garantia a não autoincriminação em relação à identificação datiloscópica, fotográfica ou indicação de medidas, fornecer dados para a identificação por escrito ou verbalmente, ficar parado perante o Tribunal, assumir uma postura ou caminhar, ou ainda fazer determinado gesto, visando ao reconhecimento; II) em *Breithaupt v. Abram* (1957) endossou a constitucionalidade da coleta sanguínea de pessoa inconsciente, em decorrência de acidente automobilístico, estendendo essa orientação, por **5x4**, mesmo quando houver expressa oposição do imputado (*Schmerber v. California*, 1966, no qual a extração ocorreu contra a vontade do acusado para provar a embriaguez), reafirmando, em julgados posteriores, que o direito a não autoincriminação restringe-se ao "conteúdo do pensamento" (*contents of his mind*). Conclui a autora que exames de sangue, reconhecimentos, fornecimento de material grafotécnico estão fora da esfera de proteção, por serem práticas "**não comunicativas**".

Julio B. J. Maier, escudado na experiência jurisprudencial norte-americana, compartilha dessa intelecção, ao lecionar que o postulado *nemo tenetur se detegere* ampara os imputados enquanto "sujeitos ou órgãos de provas", ou seja, cujos relatos aclaram determinada questão de mérito, "incorporando ao procedimento um conhecimento certo ou provável sobre um objeto de prova", **não os beneficiando quando sejam o "objeto" da prova – extração de mostra sanguínea ou de pele ou reconhecimento pessoal**, por exemplo –, hipóteses nas quais admite o emprego da força, desde que sem colocar em risco a vida ou a saúde do imputado. A depender da natureza do exame, dispensa-se, igualmente, o uso da força, porque inexequível – *v.g.* não há como obrigar o imputado a escrever um texto, objetivando o confronto grafotécnico[75].

De todo modo, a Suprema Corte Norte-Americana admite que tais recusas possam ser exploradas em desfavor do imputado, conforme decidido em *South Dakota v. Neville* (1983)[76].

Na Alemanha, o § 81a do Código de Processo Penal Alemão autoriza intervenções corporais invasivas, *v.g.* coleta sanguínea, por determinação jurisdicional, caso inexista o consentimento do imputado, desde que implementada por médico, sem risco concreto à saúde ou à vida do acusado. A ingerência corporal há de ser determinada para fim específico, sem prejuízo de aproveitamento em outros procedimentos criminais pendentes.

---

[73] WHITEBREAD, Charles H.; SLOBOGIN, Christopher. Ob.cit., p. 412-413.

[74] *O Direito de não Produzir Prova contra si mesmo* – O princípio *nemo tenetur se detegere* e suas decorrências no processo penal. São Paulo: Saraiva, 2003, p. 302-305.

[75] *Derecho Procesal Penal*. Fundamentos. 2. ed. Buenos Aires: Editores del Puerto, 2002, p. 675. t. II.

[76] South Dakota v. Neville. *Oyez*, www.oyez.org/cases/1982/81-1453. Acesso em: 2 abr. 2020.

Produzida a prova, o material colhido há de ser prontamente destruído, lembrando que o § 81 e autoriza a sua utilização na definição do perfil genético para fins probatórios, voltados à elucidação do acontecido, notadamente da autoria. Em casos excepcionalíssimos, nos quais haja risco de perda da prova em razão da demora, a coleta pode ser determinada pelo Ministério Público[77]. Admite-se a execução forçada, mesmo porque prevalece a compreensão, nada obstante as críticas doutrinárias, segundo a qual não se exige do imputado um comportamento ativo, mas passivo – **tolerar que se faça** –, tratando-o, sim, como **objeto da prova**[78].

Na Espanha, como o art. 15 da Constituição preconiza que *toda pessoa tem direito à vida e à integridade física e moral, sem que, em qualquer caso, possa ser submetida à tortura, nem a tratamento cruel, desumano ou degradante*, o Tribunal Constitucional tem entendido compulsórios os exames de sangue (sentenças de nº 103/85 e 65/86, na esteira da decisão nº 8.278/78 da Comissão Europeia de Direitos Humanos) e outras intervenções corporais sem severo conteúdo invasivo, porque não atentatórios à dignidade humana do indiciado, desde que por determinação jurisdicional, fundada em lei, indicada a proporcionalidade entre o grau invasivo da medida probatória imposta e a relevância do crime em apuração. Seria desproporcional, por exemplo, extrair fios de cabelo de potencial **usuário** de droga, na ótica do Tribunal Constitucional, conforme sentença nº 207/96. O critério diferenciador do superficial do invasivo, na dicção do citado Tribunal Constitucional, guarda relação com o recato e o pudor do imputado. Seria degradante, *v.g.*, compelir o suspeito a despir-se e efetuar flexões até cair pacote de droga portada no reto ou na vagina, segundo decidiu o Tribunal Supremo nas sentenças de 26 de junho de 1998 e 17 de fevereiro de 1999. Releva-se, contudo, o exame ginecológico objetivando identificar sinais de aborto na mulher, ou a revista nas cavidades corporais dos presos, sem o emprego de força física. Eventual recusa não importa confissão ficta, mas pode ser interpretada em desfavor do acusado, e, a depender da hipótese, configurar crime de desobediência[79].

Em Portugal, preceitua o art. 172º do Código de Processo Penal, nº 1, que *se alguém pretender eximir-se ou obstar a qualquer exame devido ou a facultar coisa que deva ser examinada*, **pode ser compelido por decisão da autoridade judiciária competente** (grifo nosso), quadra extensiva aos meios invasivos de obtenção de prova, porquanto complementa o nº 3 que *os exames susceptíveis de ofender o pudor das pessoas devem respeitar a dignidade e, na medida do possível, o pudor de quem a eles se submeter. Ao exame só assistem quem a ele proceder e a autoridade judiciária competente, podendo o examinando fazer-se acompanhar de pessoa da sua confiança, se não houver perigo na demora, e devendo ser informado de que possui essa faculdade.* Por conseguinte, o Tribunal da Relação do Porto, em acórdão de 10 de julho de 2013, consignou que: *I. As intervenções corporais como modo de obtenção de prova, como seja a recolha de saliva através de zaragatoa bucal, podem ser obtidas por via compulsiva, para determinação do perfil de ADN e posterior comparação com vestígios recolhidos no local do crime. II. Mostram-se aceitáveis e legitimadas se estiverem legalmente previstas (i), perseguirem uma finalidade legítima (ii), mostrarem-se proporcionais entre a restrição dos direito fundamentais em causa (integridade pessoal; intimidade,*

---

[77] Disponível em: https://www.gesetze-im-internet.de/englisch_stpo/englisch_stpo.html. Acesso em: 2 abr. 2020.
[78] QUEIJO, Maria Elizabeth. Ob. cit., p. 283.
[79] QUEIJO, Maria Elizabeth. Ob. cit., p. 286-288.

autodeterminação informativa) e os fins perseguidos (iii), revelando-se idóneas (a), necessárias (b) e na justa medida (c). III. Para o efeito essas intervenções corporais devem ser judicialmente determinadas (iv) e estar devidamente motivadas (v), não sendo admissíveis quando corresponderem, na sua execução, a tratamentos desumanos ou degradantes (vi), optando-se, neste casos e em sua substituição, por qualquer outra mostra de fluído orgânico que possa ser devidamente recolhida para determinação do ADN (vii). Em acórdão de 11 de outubro de 2017, o mesmo Tribunal reiterou o entendimento, ao assentar: *Prova proibida. Zaragatoa bucal. Não constitui prova proibida a prova emergente da recolha de saliva para identificação de ADN, através de zaragatoa bucal, mesmo contra a vontade do visado, ordenada por autoridade judicial nos termos do artº 172º1 CPP.*[80]

André Luiz Nicolitt e Carlos Ribeiro Wehrs, em belíssima e obrigatória obra sobre intervenções corporais, trazem a colação o acórdão nº 155/2007 do Tribunal Constitucional, cujo substrato fático diz respeito à investigação de dois homicídios qualificados na qual, apesar da recusa dos suspeitos, foram recolhidas zaragatoas bucais com o escopo de identificação do perfil genético para comparação com os vestígios biológicos encontrados no local do crime. Os pareceres dos profs. Manuel da Costa Andrade e José Joaquim Gomes Canotilho não vislumbraram qualquer óbice à prova à luz da garantia a não autoincriminação, mas sim do devido processo legal e da legalidade penal estrita, por ausência de lei específica autorizando-a e prescrevendo o respectivo regime, sendo inconstitucional interpretar as normas sobre provas periciais ora existentes para compreender, também, a coleta de material biológico par análise do DNA. Sem embargo, o Tribunal Constitucional entendeu que a ordem normativa em vigor em Portugal respaldaria o dito exame, compatível com o direito a não autoincriminação, restrito às declarações dos suspeitos, que não podem ser forçados a prestá-las. Citou-se, nesse sentido, precedente do Tribunal Europeu dos Direitos Humanos (TEDH), em sentença proferida em 17 de dezembro de 1996, caso *Sauders v. Reino Unido*.[81]

Na Itália tem-se cenário normativo e jurisprudencial similar. Dispõe o art. 13, inciso 2º, da Constituição peninsular que ninguém pode ser detido, inspecionado ou submetido a qualquer espécie de restrição à liberdade pessoal sem ordem judicial, indicada a razão para tanto, **em conformidade com a lei**. Por conta disso, a Corte Constitucional, na sentença nº 238, de 1996, declarou a inconstitucionalidade do então art. 224 do CPP, inciso 2º, em virtude da sua vagueza e generalidade, ao preconizar que o juiz poderia adotar todos os provimentos necessários à execução das operações periciais, conclamando a premência de lei específica, que pormenorizasse as hipóteses e a forma por meio da qual seriam implementadas tais medidas – o caso concreto versava sobre coleta sanguínea compulsória, contra vontade do imputado, para aclarar determinado crime. A inconstitucionalidade apontada decorreria da ofensa aos postulados constitucionais da legalidade penal estrita e do devido processo legal, e **não do** *nemo tenetur se detegere*[82].

Tal detalhamento adveio, apenas, em 2009, por meio da Lei nº 85, de 30 de junho de 2009, ao inserir o art. 224-bis, admitindo a execução forçada da perícia, quando ausente o

---

[80] Disponível em http://www.pgdlisboa.pt/leis/lei_mostra_articulado.php?ficha=101&artigo_id=&nid=199&pagina=2&tabela=leis&nversao=&so_miolo=. Acesso em: 2 abr. 2020.

[81] *Intervenções corporais no Processo Penal e a nova identificação criminal*. Rio de Janeiro: Elsevier, 2014, p. 52-66.

[82] QUEIJO, Maria Elizabeth. Ob. cit., p. 272-273.

consentimento do imputado ou suspeito, por determinação jurisdicional, inclusive oficiosa, a fim de obtenção do perfil genético para ulterior emprego probatório. À semelhança das demais ordens normativas europeias brevemente citadas, a determinação há de ser **pontual**, especificando, circunstanciadamente, o crime a que se destina; os motivos pelos quais tal medida é indispensável à elucidação do fato; a advertência quanto ao direito de ser acompanhada por um defensor ou outra pessoa confiança; designação da data designada para o exame, alertando a condução coercitiva no caso de ausência injustificada. Em hipótese alguma o procedimento será levado a cabo caso represente um risco à vida ou a saúde do imputado, nem tampouco será implementado ao arrepio de proibições legais, respeitadas a dignidade humana e o pudor do acusado. Por conseguinte, há de ser eleito o método menos invasivo possível, admitida a coerção física pelo tempo necessário à realização do exame, cominando de nulidade a prova se, durante a confecção, não estiver o acusado assistido por defensor[83].

O debate jurisprudencial, desde então, tem sido travado, fundamentalmente, no sentido de afiançar que os pronunciamentos jurisdicionais estejam devida e concretamente fundamentados, controlando, ainda, os limites dessas intervenções corporais, seja para não banalizá-las, seja para coibir excessos. Nesse sentido, destaca-se a sentença nº 28.538, de 1º de julho de 2019, da Corte de Cassação, seção I penal[84].

Trazendo a experiência do direito comparado, é forçoso convir que inexiste qualquer inconstitucionalidade, à luz dos postulados do silêncio e da não autoincriminação, na extração, à mingua da vontade do imputado ou do condenado, de material biológico para definição do seu perfil genético, objetivando a posterior exploração probatória. O art. 5º, LXIII, da CRFB/88 enfatiza o direito ao **silêncio**, enquanto a CADH e o PIDCP focam no direito de não ser obrigado a **depor** contra si mesmo nem a **declarar-se culpado**, permitindo circunscrever a garantia às manifestações verbais, tal qual decidiu a Suprema Corte norte-americana. E, ainda que se pense em alargar tal garantia aos comportamentos ativos – fazer –, no caso da coleta de material biológico exige-se do imputado uma postura passiva – tolerar que se faça –, logo, eventual, coerção também encontra respaldo na jurisprudência constitucional de países de origem romano-continental como o nosso – Alemanha, Espanha, Portugal e Itália. Por tais razões, Eugênio Pacelli não enxerga qualquer incompatibilidade entre a extração, coercitiva, de material biológico para definição do perfil genético e a garantia *nemo tenetur se detegere*, conferindo-lhe dimensão restritiva idêntica à verificada nos EUA. Segundo o autor, intervenções corporais, desde que **previstas em lei** e **não vexatórias**, como o etilômetro e o exame grafotécnico, podem ser implementadas mesmo contra a vontade do imputado, porque não demandam dele comportamento ativo algum. Eventual recusa não pode ser vencida fisicamente, porém serve de elemento de convicção à disposição do juiz, enquanto argumento de reforço de hipotética condenação (*obiter dictum*), e não, apenas, *ratio decidendi*, porquanto não libera a acusação do ônus de provar a sua pretensão, invocando, por analogia, o art. 232

---

[83] Disponível em: https://www.altalex.com/documents/news/2014/07/15/mezzi-di-prova. Acesso em: 2 abr. 2020.

[84] Disponível em: ttps://www.altalex.com/documents/news/2019/07/22/prelievo-coattivo. Acesso em: 2 abr. 2020.

do Código Civil – *a recusa à perícia médica ordenada pelo juiz poderá suprir a prova que se pretendia obter com o exame.*[85]

A experiência verificada no direito comparado, com a devida vênia, mostra-se **constitucionalmente, convencionalmente** e **legalmente** inaplicável à realidade normativa brasileira, conforme **remansosa** jurisprudência do STF e do STJ, aliada à grande parte da doutrina pátria, aliás.

O art. 1º, III, da CRFB/88 alçou a dignidade humana ao *status* de um dos **fundamentos** da República, salientando a cabeça do art. 5º que todos são iguais perante a lei. Por óbvio inexistem direitos absolutos. A própria vida foi relativizada, admitindo-se a pena capital em tempos de guerra (art. 5º, XLII, a da CRFB/88). A liberdade idem, ao admitir a reprimenda privativa de liberdade (art. 5º, XLVI, a da Carta de 1988) e as prisões cautelares (art. 5º, LXI, da CRFB/88). Mas, quando em xeque a *dignidade humana*, trata-se de baliza fundamental intransponível, insuscetível de qualquer sorte de modulação. Inexistem níveis de dignidade. E, enquanto fundamento, ou seja, pilar do Estado Democrático de Direito, não há como reduzi-lo, sob pena de colapsar o último. Da mesma maneira que uma marretada na viga mestre de um edifício o coloca abaixo, mitigar a dignidade humana desmoronaria o Estado Democrático de Direito, pois significaria reportar-se a uma pessoa como se um **ente inanimado** fosse, desconsiderando, por completo, o seu desiderato, a sua ciência e consciência, os seus sentimentos, os atributos que a afastam da condição de **coisa**, tornando-a um **indivíduo**.

O direito ao **silêncio**, estatuído no art. 5º, LXIII, da CRFB/88, é uma das inúmeras garantias que têm, na dignidade humana, o seu fundamento e inspiração. Se o imputado, já formalizado ou em potencial, tivesse o dever de falar, ainda que isso o incriminasse, simplesmente a sua **vontade** seria reduzida a zero, desconsiderando-se o próprio **instinto** de autopreservação, verificado em **qualquer** ser vivo, humano ou não. Não por acaso *nemo tenetur se detegere* significa o direito de não ser obrigado a se **descobrir**, ou seja, a se **desproteger**. Justamente por isso é expressão, também, de **autodefesa**, vertente da **ampla defesa**, versada no art. 5º, LV, da CRFB/88, que em hipótese alguma pode lhe ser usurpada, ainda mais coercitivamente, contra a sua vontade.

A referência ao silêncio, enquanto garantia fundamental, não deve, nem pode, ser tomada literalmente, circunscrevendo-a às manifestações verbais. Há de se ater ao núcleo dessa garantia, à sua *ratio essendi*, consubstanciada no direito a **não** autoincriminação, mesmo porque são as normas **limitadoras** de direitos que desafiam interpretação restritiva, e não as concessivas, ainda mais ao veicularem direitos fundamentais. Se ninguém será privado da liberdade ou de seus bens sem o devido processo legal (art. 5º, LIV, da CRFB/88), será inconstitucional qualquer coerção não estampada, expressamente, em lei, daí os preceitos restritivos, e não os concessivos de direitos, estarem submetidos a uma intelecção afunilada.

Idêntica leitura há de ser extraída dos preceitos convencionais versados no art. 8º, 2, g da CADH e no art. 14, 3, g do PIDCP, tampouco os limitando aos pronunciamentos verbais – não ser compelido a *depor* contra si nem a *confessar* **transcende** a prova oral, aglutinando **qualquer procedimento probatório atentatório à sua dignidade humana, forçando-o a exibir um pensamento ou a permitir uma violação corporal contra a**

---

[85] Ob. cit., p. 389-393 e 401.

sua vontade, afinal, quando de somenos importância se tornam o estado mental e/ou a disponibilidade sobre a própria intimidade, nada mais resta de humano na pessoa, coisificando-a por inteiro.

Obviamente que se o imputado adere, **voluntariamente**, ao procedimento probatório, a prova a ser produzida se mostrará absolutamente lícita, mesmo se o resultado lhe for contrário. **Em não havendo sido compelido** a um *fazer*, inexiste ilicitude a ser declarada, devendo responder pelas consequências dos seus atos, consectário lógico da **autorresponsabilidade**, um dos princípios reitores das provas no processo penal. É o que ocorre, por exemplo, quando se concede, espontaneamente, entrevista jornalística, mesmo porque a advertência quanto ao silêncio é um dever do Poder Público, futuro (ou presente) *ex adversa* do acusado[86], ou quando, voluntariamente, o réu fornece seus padrões vocais para futura perícia[87].

Escreve-se o mesmo quanto a escritos redigidos, de próprio punho, voluntariamente, pelo acusado, apreendidos objetivando o confronto grafotécnico, porque **o atuar estatal não recai sobre o réu em si, mas sobre os documentos firmados**[88].

Idêntico sentir alcança a obtenção de resíduos corporais deixados pelo imputado, incluindo o vasculhamento do lixo, porquanto **não mais atrelados ao seu corpo, fugindo à sua esfera de disponibilidade**. Em vez de dirigir as suas ações contra o imputado, **o Estado as direciona aos materiais por ele expelidos, apreendendo-os e periciando-os**, independentemente de estar preso ou não, *desde que* **a custódia não tenha sido imposta especificamente para tal fim**. Neste último caso, haveria claríssima ofensa ao postulado *nemo tenetur se detegere*, pois a segregação seria imposta com o objetivo deliberado de colocar o imputado em uma situação na qual é impossível a plena ingerência sobre os seus resíduos corporais, viabilizando a coleta de material apto a incriminá-lo. *Mutatis mutandis*, a quadra seria idêntica à prisão preventiva implementada com o objetivo de conquistar acordos de colaboração, cuja inadmissibilidade já foi apontada pelo STF[89] e

---

[86] STF, HC 99558, Relator Min. Gilmar Mendes, Segunda Turma, julgado em 14/12/2010, DJe 07/02/2011 – "...2. Alegação de ilicitude da prova, consistente em entrevista concedida pelo paciente ao jornal..., na qual narra o modus operandi de dois homicídios perpetrados no Estado do Espírito Santo, na medida em que não teria sido advertido do direito de permanecer calado. 3. **Entrevista concedida de forma espontânea. 5. Constrangimento ilegal não caracterizado.** 4. Ordem denegada" (grifo nosso).

[87] STJ, HC 217.971/RS, Rel. Ministra Laurita Vaz, Quinta Turma, julgado em 03/10/2013, DJe 11/10/2013 – "...3. Não há falar em nulidade pelo fato de o agente consentir na perícia de sua voz, sendo certo que tal procedimento não viola a garantia constitucional de não autoincriminação, porque o réu não foi obrigado a produzir a prova e, sim, **dispôs-se a colaborar**..." (grifo nosso).

[88] STJ, HC 126.909/RJ, Rel. Ministro Felix Fischer, Quinta Turma, julgado em 27/04/2009, DJe 01/06/2009 – "...Penal e processual penal. Habeas corpus. Art. 171, § 3º, do Código Penal. Condenação. Apontada nulidade. Suposta prova ilícita. Exame grafotécnico. Recusa em fornecer material. Utilização de outros documentos. possibilidade. Art. 174, incisos II e III do Código de Processo Penal... não procede a alegação de nulidade, baseada apenas na recusa do acusado em fornecer material para exame grafotécnico, **se a prova técnica foi elaborada a partir de escrito constante de petição formulada de próprio punho, pelo paciente, nos autos da respectiva ação penal, cuja origem e autenticidade não foram impugnados pelo firmatário**..." (grifo nosso).

[89] HC 138207, Relator Min. Edson Fachin, Segunda Turma, julgado em 25/04/2017, DJe 28/06/2017 – "... **Prisão preventiva. Acordo de colaboração premiada. Descumprimento. Causa de imposição de prisão processual. Descabimento. Ordem concedida**. 1. A prisão processual desafia a presença de algum dos requisitos previstos no art. 312 do CP. 2. Inexiste relação necessária entre a celebração e/ou

pelo STJ[90]. Mas, se a prisão ostenta fundamento diverso, idôneo, o STJ não vê problemas na arrecadação dos resíduos corporais do custodiado para ulterior perícia, pois nenhuma coerção foi dirigida contra a sua pessoa para tal fim[91]. O STF, por meio de pronunciamentos **monocráticos**, tem perfilhado idêntico sentir, inclusive confirmou o precedente citado acima do STJ[92].

André Luiz Nicolitt e Carlos Ribeiro Wehrs não admitem tal proceder em relação aos réus presos, pois o Estado se valeria da situação de força por ele imposta para colher resíduos corporais inevitavelmente deixados pelo segregado – fios de cabelo, impressões digitais, saliva nos copos e talheres – com potencial para incriminá-lo. Embora o móvel da prisão tenha sido diverso, e legítimo, seria, na sequência, utilizada pelo Estado como instrumento facilitador de produção de provas contra o imputado[93].

A quadra é, de fato, incomparável à busca e apreensão determinada na residência ou no trabalho do investigado, **solto**, objetivando arrecadar bens de uso pessoal para identificação de resíduos biológicos seus e consequente perícia, pois, nesse cenário, teria plena disponibilidade sobre estes – se não os descartou ou os higienizou adequadamente foi porque não quis ou para isso não atentou, sem a concorrência de qualquer intervenção estatal.

Todavia, no caso do custodiado, haveria deslealdade e malícia estatais, afinal, uma prisão decretada para fins outros, legítimos e legais, seria, no seu decorrer, **desvirtuada**, servindo de poderoso **instrumento de formação de provas contra o segregado**, porque colocado em um ambiente e sujeito a uma disciplina tal que simplesmente tolhem a gestão sobre seus resíduos corporais, valendo-se as agências estatais dessa situação para colher o maior número possível de elementos biológicos capazes de referendar a pretensão punitiva estatal, uma vez periciados. O Estado e os seus agentes são a **reserva ética** de toda e qualquer sociedade. Na medida em que começam a se valer dos mesmos artifícios utilizados

---

descumprimento de acordo de colaboração premiada e o juízo de adequação de medidas cautelares gravosas. 3. A teor do art. 316, CPP, a imposição de nova prisão preventiva desafia a indicação de base empírica idônea e superveniente à realidade ponderada no momento da anterior revogação da medida prisional. 4. Ordem parcialmente concedida, com confirmação da liminar deferida..." (grifo nosso).

[90] HC 479.227/MG, Rel. Ministro Nefi Cordeiro, Sexta Turma, julgado em 12/03/2019, DJe 18/03/2019 – "... **Não é lícita a prisão, preventiva ou temporária, por descumprimento do acordo de colaboração premiada, extraindo-se, por esse motivo, efetiva situação de ilegalidade**. Precedentes..." (grifo nosso).

[91] HC 354.068/MG, Rel. Ministro Reynaldo Soares da Fonseca, Quinta Turma, julgado em 13/03/2018, DJe 21/03/2018 – "...Exame de DNA em material descartado (copo e colher de plástico, utilizados e dispensados pelo paciente). Violação da intimidade. Não ocorrência. Objeto examinado (saliva) fora do corpo íntimo. Parte desintegrada do corpo humano. Violação ao direito da não autoincriminação (nemo tenetur se detegere). Inexistência. Doutrina e precedente do STF...5. No caso, entretanto, não há que falar em violação à intimidade já que **o investigado, no momento em que dispensou o copo e a colher de plástico por ele utilizados em uma refeição, deixou de ter o controle sobre o que outrora lhe pertencia (saliva que estava em seu corpo)**. 6. Também inexiste violação do direito à não autoincriminação, pois, **embora o investigado, no primeiro momento, tenha se recusado a ceder o material genético para análise, o exame do DNA foi realizado sem violência moral ou física, utilizando-se de material descartado pelo paciente, o que afasta o apontado constrangimento ilegal**. Precedentes..." (grifo nosso).

[92] HC 155364, Relator Min. Alexandre de Moraes, julgado em 05/02/2019, DJe 11/02/2019. No mesmo sentido, também monocraticamente, HC 134027, Relator Min. Edson Fachin, julgado em 13/04/2016, publicado em DJe 18/04/2016.

[93] Intervenções corporais no Processo Penal e a nova identificação criminal, ob. cit., p. 75.

pela criminalidade, embaralham-se os parâmetros, deixando o processo de ser *devido*. A jurisdição possui inegável finalidade pedagógica, que jamais pode ser olvidada. Todo provimento jurisdicional transmite regras ideais de conduta, veiculando um *dever ser*. Avaliar práticas probatórias astuciosas é um convite para a edição de novas, fulminando a boa-fé norteadora de qualquer relação intersubjetiva. E, de quebra, deixam os réus presos, em relação aos soltos, infinitamente mais vulneráveis a determinadas incursões probatórias do Estado, em total disparidade de armas, em descompasso com o princípio da **isonomia**, afinal, são todos acusados criminais, detentores dos mesmos direitos e garantias, sem escalonamentos ou graduações.

Ontologicamente falando, inexiste diferença entre a hipótese ora em comento e a postura estatal de valer-se da assinatura aposta pelo réu na ata de audiência para futuro exame grafotécnico. Ou aproveitar os padrões vocais seus, registrados por meio audiovisual durante o interrogatório, objetivando a perícia de confronto de voz, consideradas as conversas telefônicas interceptadas. Tais registros mostram-se, igualmente, inescapáveis, afinal, o acusado precisa consignar o seu comparecimento à audiência, bem como tem o direito de apresentar a sua versão. E, por serem o direito de presença e o interrogatório manifestações de **autodefesa**, em hipótese alguma podem ser explorados em desfavor do imputado – uma das mais sacrossantas garantias do réu se voltaria contra ele, incorrendo em inaceitável ilogismo. Anote-se, por oportuno, que esse último cenário – utilização, contra o denunciado, dos padrões vocais colhidos durante o interrogatório – já foi enfrentado e **glosado** pelo STJ – RHC 82.748/PI, Rel. Ministro FELIX FISCHER, QUINTA TURMA, julgado em 12/12/2017, *DJe* 01/02/2018, admitindo-se tal emprego apenas com a **sua ciência e anuência consciente**, porquanto *"...IV – A concordância do recorrente quanto à gravação do interrogatório em meio audiovisual, bem como eventuais respostas às perguntas formuladas, não configuram, por óbvio, autorização prévia para que o material registrado na mídia eletrônica, notadamente o seu padrão vocal, seja utilizado para elaboração de exame pericial destinado a identificar suposto autor dos crimes imputados, mediante comparação de sua voz com aquela atribuída a um dos interlocutores das ligações telefônicas interceptadas. V – Vale dizer, conquanto não tenha sido coagido a participar do ato ou à responder às perguntas eventualmente formuladas, a ausência de consciência do recorrente de que o ato poderia ser utilizado para posterior exame pericial impede que o material obtido pela gravação de sua voz (padrão vocal) seja encaminhado para perícia sem sua anuência expressa, sob pena de afronta ao princípio da não autoincriminação. VI – A participação do acusado na produção de prova que possa ser utilizada em seu desfavor pressupõe consciência e voluntariedade. Ausentes qualquer delas, a prova obtida será ilegal. Precedentes. Recurso ordinário provido para determinar que a utilização do padrão vocal do recorrente, obtido durante a gravação em meio audiovisual de sua qualificação e de seu interrogatório judicial, seja condicionada à expressa anuência do recorrente e, subsidiariamente, para que eventual laudo já elaborado seja desentranhado dos autos, não podendo ser utilizado para a formação do convencimento do julgador, salvo expressa concordância do recorrente".*

As ponderações acertadamente alinhavadas pelo STJ neste precedente aplicam-se, *ipsis litteris*, à coleta de resíduos corporais do preso, aproveitando-se o Estado da falta de ingerência sobre estes. Contudo, o próprio STJ, conforme já demonstrado acima, insiste em não enxergar qualquer ofensa ao postulado *nemo tenetur se detegere*, por não ter sido o imputado diretamente compelido a submeter-se a procedimento probatório capaz de incriminá-lo. À defesa, em situações como a presente, resta requerer ao juiz competente a não realização da prova, ou, se já produzida, o seu desentranhamento. Negado o pedido, impetra-se *habeas corpus* à instância superior, reiterando a pretensão, haja vista a iminente exploração da prova contra o acusado, podendo culminar na sua condenação, residindo, aí, o risco concreto à sua liberdade, lembrando que, diferentemente do art. 647 do CPP, que condiciona a impetração à imediatidade da ameaça de segregação, o art. 5º, LXVIII, da CRFB/88 é **bem menos restritivo – o risco à liberdade, desde que real, já viabiliza o habeas corpus, não se exigindo a iminência.**

Cumpre tecer uma ressalva: na hipótese de **os resíduos corporais do preso serem amealhados pelo Estado** por conta de um título prisional que venha a ser ulteriormente **relaxado, se a ilegalidade da custódia for contemporânea à produção da prova, impende reconhecer a ilicitude desta por derivação** (art. 157, § 1º do CPP, reforçado pelo princípio da causalidade, em matéria de nulidades, versado no art. 573, § 1º, do CPP), afinal, se a prova foi carreada pelo Estado aproveitando-se da segregação do acusado, em sendo esta ilícita, aquela também o é – se solto estivesse, não se pode afiançar que a prova seria, ainda assim, produzida.

De todo modo, vê-se, claramente, que o STJ e o STF chancelam a **licitude** das provas produzidas em desfavor do imputado **caso** o próprio, **voluntariamente**, aquiesça, ou se recaírem sobre resíduos corporais seus, **sem compelir o acusado a fornecê-los.**

A *contrario sensu*, provas **evasivas**, que demandem do acusado uma atitude **ativa**, são **ilícitas se coercitivas**. E a recusa do réu não pode ser interpretada em seu desfavor, nem tampouco consubstancia o crime de desobediência, por ser gesto de **autodefesa**, arrimado na **garantia a não autoincriminação**. Nesse sentido, coloca-se, *v.g.*, a negativa à realização do exame de dosagem alcóolica, inclusive por meio de etilômetro, consistente em um fazer (soprar o medidor)[94], a fim de verificar eventual embriaguez, bem como ao **fornecimento** de padrões gráficos, lançados do próprio punho, objetivando o exame grafotécnico[95].

Idêntica percepção alcança as provas **invasivas**: intervenções corporais que pressupõem **penetração no organismo humano**, por instrumentos ou substâncias, em **cavidades** naturais ou não, como os exames de sangue em geral, ginecológicos e os de identificação dentária, os de endoscopia e do reto[96]. Tais procedimentos são **descabidos** quando coercitivos, desaguando em provas **ilícitas**. A voluntariedade do imputado igualmente

---

[94] STF, HC 93916, Relator Min. Cármen Lúcia, Primeira Turma, julgado em 10/06/2008, *DJe* 27/06/2008; STJ, REsp 1111566/DF, Rel. Ministro Marco Aurélio Bellizze, Rel. p/ Acórdão Ministro Adilson Vieira Macabu (Desembargador Convocado do TJ/RJ), Terceira Seção, julgado em 28/03/2012, *DJe* 04/09/2012 – "...1. *O entendimento adotado pelo Excelso Pretório, e encampado pela doutrina, reconhece que o indivíduo não pode ser compelido a colaborar com os referidos testes do 'bafômetro' ou do exame de sangue, em respeito ao princípio segundo o qual ninguém é obrigado a se autoincriminar (nemo tenetur se detegere). Em todas essas situações prevaleceu, para o STF, o direito fundamental sobre a necessidade da persecução estatal...*" (grifo nosso).

[95] STF, HC 77135, Relator Min. Ilmar Galvão, Primeira Turma, julgado em 08/09/1998, DJ 06/11/1998 – "... *Diante do princípio nemo tenetur se detegere, que informa o nosso direito de punir, é fora de dúvida que o dispositivo do inciso IV do art. 174 do Código de Processo Penal há de ser interpretado no sentido de não poder ser o indiciado compelido a fornecer padrões gráficos do próprio punho, para os exames periciais, cabendo apenas ser intimado para fazê-lo a seu alvedrio...*" (grifo nosso).

[96] QUEIJO, Maria Elizabeth. Ob. cit., p. 245.

se mostra **imprescindível**, e a sua recusa tampouco pode ser interpretada em seu desfavor ou configurar crime de desobediência. Assim já decidiram o STF e o STJ acerca da amostra sanguínea compulsória do condutor para verificar aparente ebriez[97]. Com efeito, obrigar alguém a esticar o braço para coleta sanguínea, ou a abrir a boca, introduzindo uma espécie de cotonete para extração de saliva (zaragatoa bucal), ou, ainda, a afastar as pernas para exame ginecológico em busca de sinais de aborto, não podem ser encarados como procedimentos triviais, ao contrário, apresentam carga altamente vexatória, transformando o(a) imputado(a) em um joguete à disposição dos órgãos de repressão estatal. Não por outra razão as provas invasivas incluem a revista interna nas cavidades corporais humanas – vaginal, anal, peniana, bucal, nasal, auricular. Quando o Plenário Virtual do STF reconheceu, à unanimidade, repercussão geral ao Recurso Extraordinário nº 973.837/MG, em 24 de junho de 2016, publicado em 11 de outubro seguinte no Diário de Justiça eletrônico, interposto pela combativa Defensoria Pública mineira, no qual se discute a constitucionalidade do art. 9º-A da LEP, ora em análise, o relator, Min. Gilmar Mendes, destacou o precedente Van der Velden contra Holanda, do Tribunal Europeu dos Direitos Humanos, de nº 29514/05, julgado em 7.12.2006, no qual o método de colheita do material – **esfregação de cotonete na parte interna da bochecha** – foi tido como **invasivo** à privacidade[98].

Digna de nota é a linearidade do Supremo Tribunal Federal no trato da matéria, conforme se extrai do decidido pelo Pleno na Reclamação nº 2040, da relatoria do Min. Néri da Silveira, em 21 de fevereiro de 2002, publicado no Diário de Justiça de 27 de junho de 2003. A cantora Gloria de Los Ángeles Treviño Ruiz, mais conhecida como Gloria Trevi, encontrava-se presa no Brasil, por força do processo de extradição nº 783, deflagrado pelo Governo do México, por conta de pretensos crimes de abuso sexual e corrupção de menores. Durante o cárcere, engravidou, alegando ter sido estuprada, notícia que colocava sob suspeita simplesmente 61 policiais federais responsáveis pela custódia, que, prontamente, dispuseram-se a fornecer material genérico para exame de DNA. Gloria, todavia, recusou-se, mas a perícia acabou sendo realizada com lastro no líquido amniótico retirado por ocasião do parto. O Pleno, por maioria, avalizou tal procedimento, por ter sido a perícia realizada sobre a placenta eliminada, logo, a parturiente, em si, não foi alvo de intervenção corporal alguma. Como o procedimento probatório objetivava apurar crime do qual figurava como vítima, e não como autora, tampouco se colocou em xeque a garantia a não autoincriminação. Finalmente, embora a presunção constitucional seja de

---

[97] STF, HC 93916, Relator Min. Cármen Lúcia, Primeira Turma, julgado em 10/06/2008, *DJe* 27/06/2008 – "... **1. Não se pode presumir que a embriaguez de quem não se submete a exame de dosagem alcoólica: a Constituição da República impede que se extraia qualquer conclusão desfavorável àquele que, suspeito ou acusado de praticar alguma infração penal, exerce o direito de não produzir prova contra si mesmo**: Precedentes..." (grifo nosso); STJ, REsp 1111566/DF, Rel. Ministro Marco Aurélio Bellizze, Rel. p/ Acórdão Ministro Adilson Vieira Macabu (Desembargador Convocado do TJ/RJ), Terceira Seção, julgado em 28/03/2012, *DJe* 04/09/2012 – "...*1. O entendimento adotado pelo Excelso Pretório, e encampado pela doutrina, reconhece que o indivíduo não pode ser compelido a colaborar com os referidos testes do 'bafômetro' ou do **exame de sangue**, em respeito ao princípio segundo o qual ninguém é obrigado a se autoincriminar (nemo tenetur se detegere). Em todas essas situações prevaleceu, para o STF, o direito fundamental sobre a necessidade da persecução estatal...*" (grifo nosso).

[98] Mas, na linha de precedentes seus e das demais Cortes Constitucionais europeias, o Tribunal Europeu dos Direitos Humanos avaliou que a adoção da medida em relação a **condenados** era uma intromissão proporcional, tendo em vista **o objetivo de prevenir e investigar crimes**.

inocência, a intimidade da cantora não poderia se sobrepor à dignidade das dezenas de suspeitos, que, por meio do laudo pericial a partir do DNA, reafirmariam, de vez, o não envolvimento na alegada violência sexual. O princípio da proporcionalidade não poderia ter sido aplicado de maneira diversa.

A contrario sensu do julgado, fica claro que a resposta do STF teria sido negativa caso a intervenção recaísse, coercitivamente, sobre o organismo físico ou cavidades corporais do imputado, presente o postulado *nemo tenetur se detegere*, consectário da dignidade humana.

A revista íntima em visitantes é outro procedimento **invasivo**, de escopo declaradamente probatório, que tem sido glosado pelo Supremo Tribunal Federal à luz da **dignidade humana**. Quando do julgamento do agravo regimental na suspensão de liminar nº 1153/SC, o Pleno do STF, em sessão virtual realizada de 19 a 26 de abril de 2019, com acórdão publicado no *DJe* de 16 de maio imediato, **manteve** a decisão da Terceira Câmara de Direito Público do Tribunal de Justiça de Santa Catarina, que **determinou a suspensão imediata de revista íntima nos estabelecimentos prisionais catarinenses**, assim ementada: REVISTA PESSOAL (ÍNTIMA) EM VISITANTES NAS UNIDADES PRISIONAIS CATARINENSES. TESE DA PRECEDÊNCIA DA SEGURANÇA PÚBLICA SOBRE A INTIMIDADE E A PRIVACIDADE DOS PARTICULARES SUPERADA. EXISTÊNCIA DE OUTROS MEIOS, ALÉM DE INDENES, MAIS EFICIENTES PARA A GARANTIA DESSE PROPÓSITO. DESRESPEITO À DIGNIDADE DA PESSOA HUMANA PATENTE. PREVALÊNCIA DESTE VALOR SOBRE QUALQUER OUTRO, PORQUANTO CONFIGURA FUNDAMENTO AXIOLÓGICO DO ESTADO DEMOCRÁTICO DE DIREITO.

O Min. Dias Toffoli, no exercício da Presidência, assentou que o acórdão do TJ/SC está *fundamentado no princípio da dignidade da pessoa humana e nas medidas necessárias para efetivação do direito à integridade corporal*. Rememorando manifestação da Min. Cármen Lúcia no mesmo incidente, quando Presidente da Corte estava, *cumpre reconhecer o dever de o Estado implementar as medidas necessárias para que as revistas íntimas em presídios deixem de ser realizadas de forma vexatória e degradante aos visitantes, dotando--se de efetividade o princípio constitucional da dignidade da pessoa humana*. Apontou que a Resolução nº 05/2014 do Conselho Nacional de Política Criminal e Penitenciária veda, no art. 2º, revistas íntimas degradantes, compreendendo o *desnudamento parcial ou total*, **qualquer conduta que implique a introdução de objetos nas cavidades corporais da pessoa revistada**, *uso de cães ou animais farejadores, ainda que treinados para esse fim e agachamento ou saltos*" (grifo nosso). Arrematou ser o tema de repercussão geral, assentada pelo STF no ARE 959.620/RS-RG, da relatoria do Min. Edson Fachin, julgado em 1º/6/2018.

Aliás, o julgamento já se iniciou no STF, havendo o relator, Min. Edson Fachin, na esteira da orientação acima, fixado a seguinte tese em sede de repercussão geral, em 28 de outubro de 2020: "É **inadmissível** a prática vexatória da revista íntima em visitas sociais nos estabelecimentos de segregação compulsória, **vedados** sob qualquer forma ou modo o desnudamento de visitantes e a abominável inspeção de suas cavidades corporais, e a prova a partir dela obtida é ilícita, **não cabendo como escusa a ausência de equipamentos eletrônicos e radioscópicos**" (grifo nosso). Os Mins. Roberto Barroso e Rosa Weber acompanharam-no na íntegra, divergindo o Min. Alexandre de Moraes, que assentou a sua constitucionalidade, desde que excepcional e motivada caso a caso. Lamentavelmente, na contramão da sua manifestação anterior, quando estava no exercício da presidência do STF, o Min. Dias Toffoli, em 28 de junho de 2021, recuou, aderindo à divergência aberta pelo Min. Alexandre de Moraes. O julgamento encontra-se sobrestado, com pedido de vista do Min. Nunes Marques.

A linearidade do STF no trato da matéria **não** tem sido identificada no Superior Tribunal de Justiça.

É bem verdade que, no RHC 35.801/SP, da relatoria do Min. Jorge Mussi, julgado em 8 de outubro de 2013, cujo acórdão foi publicado no *DJe* do dia 16 imediato, a 5ª Turma reputou lícita a submissão da ré à radiografia, ante a fundada suspeita de ingestão de cápsulas de cocaína para fins de transporte (foram, no total, 66), seguida da administração de laxante para expulsá-las do organismo. Além de a radiografia não ser uma intervenção corporal invasiva, mas evasiva, sujeitando a pessoa a uma postura passiva, o objetivo maior foi salvaguardar a vida, bem jurídico de estatura superior a qualquer outro, logo, plenamente atendida a proporcionalidade. **Não se relativizou o direito de não ser obrigado a fazer prova contra si com lastro em um discurso genérico e abstrato de defesa da segurança pública**, ao contrário, fê-lo **em prol da própria acusada**. Aduziu-se, ainda, a descoberta inevitável (*inevitable discovery*), pois a droga seria, inexoravelmente, expelida. Vários outros julgados do STJ, de substrato fático idêntico ou similar ao acima narrado, têm seguido a mesma intelecção: HC 247.763/DF, Rel. Ministra Marilza Maynard (Desembargadora convocada do TJ/SE), QUINTA TURMA, julgado em 20/11/2012, *DJe* 23/11/2012; HC 159.108/SP, Rel. Ministra Laurita Vaz, QUINTA TURMA, julgado em 11/10/2011, *DJe* 19/10/2011; HC 149.146/SP, Rel. Ministro Og Fernandes, SEXTA TURMA, julgado em 05/04/2011, *DJe* 19/04/2011. Sem embargo, apenas *a contrario sensu* conclui-se que, ausente tal distinção (*distinguishing*), a prova, porque produzida invasivamente, contra a vontade do imputado, seria ilícita. Inexistem precedentes do STJ assertivos nesse sentido. Ao contrário.

No caso da revista íntima em visitantes nos presídios, o STJ tem assentado a sua constitucionalidade, inadmitindo, apenas, a vulgarização, exigindo a reunião de elementos concretos prévios que a justifiquem, *v.g.* estar portando entorpecentes para o interior do estabelecimento prisional, não bastando informes anônimos. Invoca a prevalência do resguardo da segurança pública sobre a intimidade[99]. No ARE 959.620/RS-RG, da relatoria do Min. Edson Fachin, essa percepção do STJ foi acolhida pelo Min. Alexandre de Moraes, que, divergindo do relator, propôs a seguinte tese em sede de repercussão geral: "A revista íntima para ingresso em estabelecimentos prisionais será **excepcional, devidamente motivada para cada caso específico** e dependerá da concordância do visitante, somente podendo ser realizada de acordo com protocolos preestabelecidos e por pessoas do mesmo gênero, obrigatoriamente médicos na hipótese de exames **invasivos**. O excesso ou abuso da realização da revista íntima acarretarão responsabilidade do agente público ou médico e ilicitude de eventual prova obtida. **Caso não haja concordância do visitante, a autoridade administrativa poderá impedir a realização da visita**" (grifo

---

99 EDcl no AgInt no REsp 1696793/RS, Rel. Ministro Joel Ilan Paciornik, Quinta Turma, julgado em 18/10/2018, *DJe* 07/11/2018 – *"...2. **A Quinta Turma desta Corte entende que não viola o princípio da dignidade humana a revista íntima, desde que haja fundada suspeita de que o visitante esteja portando drogas**, o que não se verificou na hipótese. Precedentes..."* (grifo nosso); HC 335.568/SP, Rel. Ministro Sebastião Reis Júnior, Sexta Turma, julgado em 16/08/2016, *DJe* 01/09/2016 – *"...A revista íntima não excedeu os limites do objetivo do ato, **tendo sido realizada por pessoa do mesmo sexo**, ressaltando, ainda, que foram encontrados entorpecentes no corpo de denunciada..."* (grifo nosso).

nosso). Os Min. Roberto Barroso e Rosa Weber alinharam-se ao relator, Min. Edson Fachin, enquanto o Min. Dias Toffoli, contrariamente às suas manifestações anteriores, aderiu à tese proposta pelo Min. Alexandre de Moraes.

Finalmente, no tocante às provas **evasivas**, que demandam do imputado uma postura **passiva** (tolerar que se faça), traduzem intervenções corporais apenas as que importam **retirada, mesmo ínfima, de pelos ou fluidos do corpo**, ou as que **impactam, minimamente, no seu funcionamento**, como a radiografia, ou seja, há de ter **ingerência sobre o corpo vivo**[100].

Por conseguinte, **mostra-se inquestionável a constitucionalidade da busca pessoal versada no art. 240 do CPP**, por consubstanciar mero registro superficial, objetivando arrecadar **bens portados pelo revistado**, e não examinar o corpo. Obviamente existe certa interferência na intimidade alheia, mas não a ponto de tornar inconstitucional a medida em si, mas de servir de baliza quando do seu implemento, a fim de evitar excessos – daí o art. 249 do CPP preconizar, por exemplo, que a busca em mulher deve ser promovida por outra mulher, caso não gere prejuízo ou retardamento da diligência. Escreve-se o mesmo quanto ao **reconhecimento pessoal** (art. 226 do CPP), incluindo o emprego de **fotografias do acusado**. Em momento algum o réu é submetido a um fazer ou a um procedimento invasivo, mas evasivo, impositivo de uma atitude passiva: *permitir uma fotografia sua e/ou a identificação por terceiro*, **em conformidade com o devido processo legal**. Tais medidas nada têm de vexatório, respeitando a dignidade humana do acusado, em perfeito alinho à proporcionalidade.

Cumpre, todavia, uma advertência: no tocante à identificação pessoal do réu, impõe o inciso II do art. 226 do CPP que o imputado seja colocado ao lado de outras com quem guarde alguma semelhança física, *se possível*. Tal ressalva vinha sendo **indevidamente** potencializada pelo STF e pelo STJ, encarando tal formalidade como mera **faculdade** da autoridade, seja a policial ou judicial[101].

---

[100] NICOLITT, André Luiz; WEHRS, Carlos Ribeiro. *Intervenções Corporais no Processo Penal e a Nova Identificação Criminal*, ob. cit., p. 19 e 26-27.

[101] STF, RHC 125.026 AgR, Relatora Ministra Rosa Weber, Primeira Turma, DJe 13/08/2015 – "...4. **Consoante jurisprudência deste Supremo Tribunal Federal, o art. 226 do Código de Processo Penal 'não exige, mas recomenda a colocação de outras pessoas junto ao acusado**, devendo tal procedimento ser observado sempre que possível' (RHC 119.439/PR, Relator Ministro Gilmar Mendes, 2ª Turma, DJe 05/09/2014)..." (grifo nosso); HC 163566, Relator Min. Marco Aurélio, Primeira Turma, julgado em 26/11/2019, DJe 06/12/2019 – "...Reconhecimento – Artigo 226, inciso II, do Código de Processo Penal – Formalidades. As formalidades definidas no artigo 226, inciso II, do Código de Processo Penal não caracterizam providências de natureza obrigatória, mas **facultativas**, razão pela qual a nulidade decorrente de eventual inobservância exige a demonstração do prejuízo..." (grifo nosso); RHC 161466 AgR, Relator Min. Cármen Lúcia, Segunda Turma, julgado em 05/04/2019, DJe 03/05/2019; STJ, HC 413.013/SP, Rel. Ministro Ribeiro Dantas, Quinta Turma, julgado em 21/11/2017, DJe 27/11/2017 – "...as disposições insculpidas no art. 226 do CPP configuram mera **recomendação** legal, e não uma exigência, porquanto não se comina a sanção da nulidade quando praticado o reconhecimento pessoal de modo diverso..."; AgRg no AREsp 1534916/SP, Rel. Ministra Laurita Vaz, Sexta Turma, julgado em 06/02/2020, DJe 21/02/2020 – "... 2. Segundo a jurisprudência desta Corte Superior 'as disposições insculpidas no art. 226 do CPP, configuram uma **recomendação** legal, e não uma exigência absoluta, não se cuidando, portanto, de nulidade quando praticado o ato processual (reconhecimento pessoal) de modo diverso' (AgRg no AREsp 1.291.275/RJ, Rel. Ministro Reynaldo Soares da Fonseca, DJe 11/10/2018)"... (grifo nosso).

Qualquer atividade probatória busca elucidar as questões de mérito, devendo ser conduzida **imparcialmente**, sem pré-juízos nem pré-conceitos. Na medida em que se põe o denunciado – não raro, preso, com o uniforme do presídio –, **sozinho**, em uma sala de reconhecimento, a vítima e/ou as testemunhas são naturalmente **induzidas** a identificá-lo pessoalmente. A falta de alternativas tende a transformar a (eventual) dúvida em (hipotética) certeza. Algo do gênero: *se não há outros e este tem traços do infrator, é porque deve ter sido ele mesmo*. Ao invés de desvendar os fatos narrados na denúncia, busca-se, apenas, **ratificar** a tese nela veiculada, tomando-a como "verdade" preconcebida carente, apenas, de um aval. O prejuízo, com a devida vênia, não precisa ser demonstrado, por ser ínsito à forma *contra legem* por meio da qual o ato foi realizado, materializado na sentença penal condenatória.

Por outro lado, embora a intepretação gramatical seja a mais pobre de todas, é a pedra inaugural de qualquer atividade hermenêutica. Lendo-se "A" não se pode interpretar "Z" e vice-versa, ainda mais em processo penal, em desfavor do acusado, desvirtuando o procedimento que, assim, deixa de ser *devido*. Lendo o inciso II do art. 226 do CPP, **se é possível alinhar o acusado a outros com parecida semelhança física, fazê-lo não é uma recomendação, é cogente**. Em momento algum a lei trata a formalidade como uma reles faculdade, tanto que diz: *a pessoa, cujo reconhecimento se pretender, **será** colocada, se possível, ao lado de outras* (grifo nosso). Em suma: em sendo viável a identificação nesses moldes, **tem** que implementá-la. Curiosamente, no tocante ao registro audiovisual dos depoimentos colhidos em audiência, o art. 405, § 1º do CPP prega dever ser tal método utilizado *sempre que possível*. Embora o STJ não dispense a demonstração do prejuízo, já sinalizou, em mais de uma oportunidade, que "*...apesar de o art. 405, § 1º, do Código de Processo Penal, não impor a obrigatoriedade do sistema técnico de gravação em audiência, **sendo possível o registro audiovisual dos referidos atos**, o texto legal expressamente **prioriza** sua utilização, **não sendo facultado ao Magistrado processante optar por outro método...**"[102]. Ora, se assim o é para o registro audiovisual, com razão ainda maior em se tratando do art. 226, II, do CPP, ainda mais em grandes comarcas, com considerável número de réus presos: estando o identificando igualmente segregado, basta requisitar à carceragem do fórum que o apresente com, ao menos, um para fins de reconhecimento, respeitado o livre arbítrio do dublê, recrutando apenas quem não se oponha a sê-lo.

Felizmente, o Superior Tribunal de Justiça deu uma guinada de 180º no trato da matéria, passando a encarar a formalidade não apenas do inciso II do art. 226 do CPP, mas todas as versadas no citado dispositivo, bem como a do art. 228 do CPP, extensivas à identificação fotográfica, por força do art. 227, como de observância mandatória, sob pena de se ter reconhecimentos pessoais e fotográficos ilícitos. A **6ª TURMA**, em sessão realizada no dia 28 de outubro de 2020, ao julgar o *Habeas*

---

[102] HC 520.233/RJ, Rel. Ministra Laurita Vaz, Sexta Turma, julgado em 15/10/2019, *DJe* 28/10/2019. No mesmo sentido, HC 455.754/RJ, Rel. Ministra Laurita Vaz, Sexta Turma, julgado em 06/08/2019, *DJe* 19/08/2019; HC 428.511/RJ, Rel. Ministro Ribeiro Dantas, Quinta Turma, julgado em 19/04/2018, *DJe* 25/04/2018 – "*...o juiz que disponha de meio ou recurso para gravação deverá, **obrigatoriamente**, utilizá-lo para o registro dos depoimentos de investigado, indiciado, ofendido, testemunha e, inclusive, de réu. Excepcionalmente, ante impedimento fático, poderá o magistrado proceder à colheita dos depoimentos por meio da sistemática tradicional, **desde que motivadamente justifique a impossibilidade, sem que isso inquina de ilegalidade o ato**...*" (grifo nosso).

Corpus n° 598.886/SC, da relatoria do Min. Rogerio Schietti Cruz, decidiu que o reconhecimento fotográfico (e o pessoal) não pode servir como prova da autoria delitiva, **quando inobservadas as formalidades do art. 226 do CPP, mostrando-se o reconhecimento, operado em sede policial, imprestável, nos termos do art. 564, IV, do CPP, a contaminar o ultimado em Juízo, pouco importando se pessoal e positivo**. A 5ª TURMA adotou idêntica orientação – HC 650865/RJ, 5ª Turma, Rel. Min. Reynaldo Soares da Fonseca, j. 03/05/2021.

Partindo dessas considerações, o acusado preso, por meio do defensor, pode **e** deve **recusar-se** a submeter-se ao reconhecimento pessoal **se** não alinhado a outros custodiados, **se** disponíveis na carceragem do fórum, pois, nesses casos, inexistem escusas para a realização do ato em descompasso com o art. 226, II, do CPP. Não incorrerá o imputado em eventual crime de desobediência, por ser um gesto de autodefesa, pautado no devido processo insculpido em lei. E, se realizada a identificação coercitivamente, será **nula**, gerando prova **ilícita**, merecedora de futuro desentranhamento dos autos, medida a ser buscada pela defesa em *habeas corpus* ao Tribunal competente. Se estiver solto o réu, o próprio pode disponibilizar parentes e/ou amigos para servirem como dublês, ou buscar terceiros ou presos da carceragem que se disponham a tanto.

Existem, ainda, provas **evasivas**, que igualmente exigem do imputado um procedimento **passivo** (tolerar que se faça), mas que envolvem **registros ou inspeções corporais** como impressões dos pés e palmares, radiografias e retirada de cabelos e pelos. Tais procedimentos poderiam ser implementados coercitivamente, contra a vontade do imputado, presente o postulado à não autoincriminação?

André Luiz Nicolitt e Carlos Ribeiro Wehrs acenam **negativamente**. Relembram que, historicamente, no âmbito processual penal, o Estado sempre desempenhou um papel opressor, não raro protagonizando enormes barbaridades – a inquisição, a imposição da escravidão, o nazismo, o fascismo, o totalitarismo stalinista. A inclinação a abusos e ofensas a direitos fundamentais é, praticamente, incontrolável, logo, como admitir relativizações envolvendo o corpo, um dos últimos territórios indevassáveis? A excessiva seletividade socioeconômica, e, não raro, racial, da Justiça Penal brasileira só reforça tal preocupação. Por outro lado, ainda que branda a intervenção corporal, seria a pessoa reduzida, sim, à condição de *coisa* a serviço da busca da verdade, nada obstante ser, ela própria, inalcançável, porque, para tanto, os atores da persecução haveriam de ser onipresentes e oniscientes. O processo penal, por outro lado, não nasceu para catalisar o poder punitivo estatal, mas para contê-lo. Juiz natural, devido processo legal, contraditório e ampla defesa, inadmissibilidade das provas obtidas por meios ilícitos, presunção de inocência (art. 5°, LIII a LVII, da CRFB/88) impõem ao Estado uma "regra de conduta" a ser observada, logo, longe de facilitar, dificultam o exercício do *jus puniendi* justamente para frear arbitrariedades estatais que, fatalmente, seriam cometidas, afinal, sem essas garantias o poder punitivo seria mais facilmente exercido. A forma por meio da qual se encara essas garantias define o espírito do operador do Direito, se democrático ou autoritário. Para além do postulado a não autoincriminação, admitir intervenções corporais não consentidas não deixa de ser uma forma de tortura.

Partindo dessas premissas, seria, de todo, **inconstitucional** o art. 9°-A da LEP, enquanto a Lei n° 12.037/09 se mostraria constitucional, desde que restrita a coleta de material biológico para fins, apenas, de **identificação criminal**, sem utilização probatória[103]. Paulo Rangel possui idêntica percepção[104].

Em sentido contrário, coloca-se Maria Elizabeth Queijo[105], logo, **a coleta de material biológico pode ser implementada contra a vontade do imputado, por meio evasivo, desde que não imponha qualquer comportamento ativo (*fazer*), ainda que perpasse por intervenções corporais brandas, limitadas a registros ou inspeções – retirada de fios de cabelo e pelos, radiografia, impressões digitais**. Sob esse olhar seriam interpretados o art. 9º-A da LEP e a Lei nº 12.037/09, **excluídas, na esteira da jurisprudência do STF e do STJ, as intervenções corporais invasivas e as provas evasivas que exigissem uma postura ativa do réu.**

Depois de muito refletir, a razão assiste com a primeira posição.

Conforme esposado longamente, **STF e STJ rechaçam a coercitividade em procedimentos probatórios evasivos que demandam do réu uma postura ativa, bem como os corporais invasivos**. Com efeito, admiti-los submeteria o imputado a embaraços incompatíveis com a dignidade humana. Ademais, considerado o estado de inocência (ou, em uma visão mais estreita, presunção de não culpabilidade), versado no art. 5º, LVII, da CRFB/88, compete à acusação desfazê-lo, sendo **seu** o ônus probatório. Por conseguinte, o denunciado não pode ser compelido a cooperar, mesmo porque *colaboração* e *obrigatoriedade* têm significados inconciliáveis entre si. A não autoincriminação já é expressão de **autodefesa**, oponível à pretensão punitiva, logo, relativizá-la desaguaria em disparidade de armas.

Sem embargo, em se tratando de práticas probatórias evasivas, que requerem um comportamento passivo do acusado, não se vislumbra o próprio **produzindo** prova contra si, daí nada de inconstitucional existir na busca pessoal contemplada no art. 244 do CPP, nem tampouco na diligência de reconhecimento (art. 226 do CPP).

Contudo, em se tratando de registros ou inspeções corporais, mesmo sendo absolutamente superficiais, **tem-se em xeque o corpo humano, indevassável, expressão das mais sensíveis da nossa intimidade, que, na esteira da jurisprudência do STF e do STJ, jamais foi alvo de relativizações contra o acusado, exceto quando necessário à preservação da própria vida** – no caso Gloria Trevi, a própria figurava como vítima, e não como autora do fato. Aos olhos de muitos, a coleta de fios de cabelo ou de pelos, radiografias, podem não impactar na intimidade nem no funcionamento corporal, mas **não há como objetivar a sensação de constrangimento**, porquanto personalíssima. Depilação gera desconforto e repulsa em muitos. Outros detestam manipulação capilar, mesmo que não altere a estética. A ciência, mais precisamente a Física médica, ensina que os exames que dependem de radiação ionizante produzem efeitos biológicos cumulativos ao longo da vida, alterando o DNA celular ou até mesmo ocasionando a morte da célula, tais como a radiografia e a tomografia computadorizada, motivo pelo qual existem protocolos a serem seguidos, sob pena de causas reflexos daninhos ao organismo humano. Por tudo isso, **tais intervenções corporais tampouco podem ser impingidas aos réus e condenados, contra a sua vontade**. Fazê-lo importa coisificação.

---

[103] *Intervenções Corporais no Processo Penal e a Nova Identificação Criminal*, ob. cit., p. 77-119.
[104] Ob. cit., p. 180-182.
[105] Ob. cit., p. 363.

Outra não é a orientação do legislador sobre o tema, absolutamente alinhado ao STF e ao STJ, conforme revela a nova Lei de Abuso de Autoridade – Lei nº 13.869, de 5 de setembro de 2019. Com efeito, o art. 13 criminalizou a conduta de *constranger o preso ou o detento, mediante violência, grave ameaça ou redução de sua capacidade de resistência, a exibir-se ou ter seu corpo ou parte dele exibido à curiosidade pública* (inciso I), *submeter-se à situação vexatória ou a constrangimento não autorizado em lei* (inciso II) e *produzir prova contra si mesmo ou contra terceiro* (inciso III).

O inciso III chegou a ser vetado pela Presidência da República, seguindo parecer do então Ministro da Justiça, sob a seguinte justificativa, *in litteris*: "*A propositura legislativa gera insegurança jurídica, pois o princípio da não produção de prova contra si mesmo não é absoluto como nos casos em que se demanda apenas uma cooperação meramente passiva do investigado. Neste sentido, o dispositivo proposto contraria o sistema jurídico nacional ao criminalizar condutas legítimas,* **como a identificação criminal por datiloscopia, biometria e submissão obrigatória de perfil genético (DNA) de condenados, nos termos da Lei nº 12.037, de 2009*"* (grifo nosso).

A referência à identificação criminal foi desnecessária, porque autorizada pela própria CRFB/88, haja vista o art. 5º, LVIII, dizendo-se o mesmo acerca da biometria, mesmo porque mal seriam intervenções corporais. A alusão à coleta de material biológico para definição do perfil genético, por outro lado, foi pertinente, **mas não impressionou o Parlamento, que derrubou o veto presidencial. Assim o fazendo, o Poder Legislativo reforçou a proteção constitucional à inviolabilidade corporal, reforçada pelo postulado a não autoincriminação, não admitindo qualquer intervenção sobre o corpo do imputado com fins probatórios cujo resultado possa incriminá-lo.**

Note-se que o tipo penal atrelou o **constrangimento** à violência, à grave ameaça ou à **redução da capacidade de resistência**, com o objetivo de compelir o preso ou o detento a produzir prova contra si, **refutando qualquer sorte de coerção**. Assim, mesmo que **não** haja violência nem grave ameaça, qualquer técnica que reduza a sua capacidade de resistência está **proscrita**, sob pena de o agente incorrer em **abuso de autoridade**, nos moldes do art. 13, III, da Lei nº 13.869/19. A posição do Poder Legislativo ficou bem clara, competindo ao Poder Judiciário respeitá-la, sob pena de ofensa à independência e separação entre os Poderes da República (art. 2º da CRFB/88).

Antinomias obviamente existem entre a Lei nº 13.869/19 e a Lei nº 13.964/19, apesar do exíguo interregno entre ambas, concernentes ao postulado *nemo tenetur se detegere*. Mas não se pode perder de vista que, enquanto a primeira foi inteiramente impulsionada pelo Poder Legislativo, com o escopo de conter excessos dos órgãos de repressão estatal na elucidação de crimes, a segunda partiu, fundamentalmente, do Executivo Federal, com o apoio de segmentos do Ministério Público e do Poder Judiciário, objetivando relativizar *n* garantias constitucionais processuais, motivo pelo qual, no Parlamento, o seu viés excessivamente punitivo foi, parcialmente, esvaziado. Por tudo isso, e ante os descompassos entre esses dois importantíssimos diplomas legais, resolve-se em prol, óbvio, das garantias fundamentais. Uma vez **criminalizada** a conduta de **obrigar o preso ou detento a fazer prova contra si**, o direito a não autoincriminação sai reforçado, inclusive em prol do imputado solto, oponível, também, às intervenções corporais evasivas, mesmo que demandem do examinado uma postura estritamente passiva.

A Lei nº 12.037/09 persiste, então, constitucional, desde que a coleta de material biológico seja, estritamente, para fins de identificação criminal, enquanto o art. 9º-A é inconstitucional à luz do postulado *nemo tenetur se detegere*. No mesmo sentido colocam-se Maria Thereza Rocha de Assis Moura e Mohamed Ale Hasan Mahmoud[106]. Marcellus Polastri, que compartilha idêntica posição, cita, em reforço, o art. XII da Declaração Universal dos Direitos Humanos (DUDH), segundo o qual **ninguém será sujeito à interferência em sua vida privada**, *em sua família, em seu lar ou em sua correspondência, nem a ataque à sua honra e reputação. Todo ser humano tem direito à proteção da lei contra tais interferências ou ataques* (grifo nosso)[107].

Anote-se, especificamente em relação ao art. 9º-A da LEP, que a 6ª Turma do STJ enfrentou o tema, entendendo pela **constitucionalidade** do dispositivo – HC 536.114/MG, Rel. Ministro NEFI CORDEIRO, julgado em 04/02/2020, *DJe* 10/02/2020. Mas o precedente, lamentavelmente, não é minimamente paradigmático, pois enfatizou bastante o fato de a matéria já haver sido formalizada no Supremo Tribunal Federal, em recurso extraordinário com repercussão geral reconhecida (RE 973837 RG, Relator(a): Min. GILMAR MENDES, julgado em 23/06/2016, PROCESSO ELETRÔNICO *DJe*-217 DIVULG 10-10-2016 PUBLIC 11-10– 2016), optando o relator por não acionar o § 5º do art. 1035 do CPC, sem suspender, assim, os processos e recursos atinentes ao tema. Embora reconhecendo a questão de imensa complexidade, e relevantes os argumentos veiculados pela defesa – no *case* em comento, a Defensoria Pública de Minas Gerais –, a 6ª Turma basicamente se limitou a verificar se os requisitos legais à coleta do material biológico faziam-se presentes, sendo a resposta positiva, por se tratar de homicídio qualificado, entre outros delitos. O relator até citou alguns precedentes do STJ, mas cujas inteligências eram **inaplicáveis** à hipótese sob julgamento: no RHC 69.127/DF, Rel. Ministro FELIX FISCHER, QUINTA TURMA, julgado em 27/09/2016, *DJe* 26/10/2016 o exame de DNA foi realizado com a **aquiescência** do imputado, enquanto no RHC 82.748/PI, Rel. Ministro FELIX FISCHER, QUINTA TURMA, julgado em 12/12/2017, *DJe* 01/02/2018, a *ratio decidendi* do acórdão foi a ilicitude da prova produzida a partir dos padrões vocais do réu, disponibilizado, por registro audiovisual, durante o interrogatório, **sem a sua ciência e anuência consciente**[108]. Nenhum desses precedentes voltou-se à constitucionalidade do art. 9º-A da LEP em si, aludindo ao dispositivo apenas como exemplo de fornecimento de

---

[106] A Lei 12.654/12 e os Direitos Humanos. *Revista Brasileira de Ciências Criminais*, ano 20, vol. 98, São Paulo: RT (IBCCRIM) set.-out./2012, p. 345/346.

[107] *Prova Penal*. 4. ed. Salvador: Jus Podivm, 2018, p. 118-120.

[108] Porquanto autoexplicativa, vale transcrever parte da ementa do precedente: *"...IV – A concordância do recorrente quanto à gravação do interrogatório em meio audiovisual, bem como eventuais respostas às perguntas formuladas, não configuram, por óbvio, autorização prévia para que o material registrado na mídia eletrônica, notadamente o seu padrão vocal, seja utilizado para elaboração de exame pericial destinado a identificar suposto autor dos crimes imputados, mediante comparação de sua voz com aquela atribuída a um dos interlocutores das ligações telefônicas interceptadas. V – Vale dizer, conquanto não tenha sido coagido a participar do ato ou à responder às perguntas eventualmente formuladas, a ausência de consciência do recorrente de que o ato poderia ser utilizado para posterior exame pericial impede que o material obtido pela gravação de sua voz (padrão vocal) seja encaminhado para perícia sem sua anuência expressa, sob pena de afronta ao princípio da não autoincriminação. VI – A participação do acusado na produção de prova que possa ser utilizada em seu desfavor pressupõe consciência e voluntariedade. Ausentes qualquer delas, a prova obtida será ilegal. Precedentes. Recurso ordinário provido para determinar que a utilização do padrão vocal do recorrente, obtido durante a gravação em meio audiovisual de sua qualificação e de seu interrogatório judicial, seja condicionada à expressa anuência do recorrente e, subsidiariamente,*

material biológico para definição do perfil genético previsto em lei. O único argumento de relevância maior utilizado pela 6ª Turma, reproduzindo a fala do Órgão Especial do Tribunal de Justiça de Minas Gerais, ao reputar constitucional o preceito, foi no sentido de *não comprometer o princípio constitucional da presunção de inocência, ou o da não autoincriminação, ou outro princípio inscrito na Constituição, pois* **o agente já teve reconhecida a culpabilidade, em decisão transitada em julgado** (grifo nosso), ponderação imprecisa, porque, por óbvio, o material biológico não serviria como prova em relação à imputação já com culpa selada, mas mirando outras, em relação às quais, por força do art. 5º, LVII, da CRFB/88, o sentenciado seria, ainda, mero indiciado ou réu, tendo, a seu favor, o estado (ou presunção) de inocência (ou de não culpabilidade). Lendo atentamente o precedente, vê-se que o STJ optou por não se estender sobre o tema, no aguardo do pronunciamento do STF, por ser a matéria de índole inteiramente constitucional.

Existem, entretanto, outras inconstitucionalidades no art. 9º-A da LEP e na Lei nº 12.037/09.

14.5.1. Art. 9º-A da LEP: outras impropriedades inconstitucionais e considerações

Considerado o atual art. 9º-A da LEP, cujo *caput* idealizado pela Lei nº 13.964/19 foi restaurado pelo Congresso Nacional ao derrubar o veto presidencial, os condenados por crimes praticados dolosamente, com violência de natureza grave contra pessoa, bem como por crime contra a vida, contra a liberdade sexual ou por crime sexual contra vulnerável, serão submetidos, obrigatoriamente, à identificação do perfil genético, mediante extração de DNA, importando a recusa injustificada falta grave, nos termos do § 8º, reiterado no inciso VIII do art. 50 da LEP.

Por consubstanciar **efeito** da condenação[109], automático, à semelhança dos versados no art. 91 do Código Penal, **revestido de coercitividade, até então ausente**, tem-se, **nesse particular**, *novatio legis in pejus*, **irretroativa**, nos moldes do art. 5º, XL, da CRFB/88, alcançando apenas os títulos condenatórios relativos a injustos cometidos **antes** da entrada em vigor da Lei nº 13.964/19, lembrando que os reflexos são de cunho **pessoal**, envolvendo, embora branda, **intervenção corporal**.

Ressalte-se, a título comparativo, que a verba indenizatória mínima, contemplada no art. 387, IV, do CPP, por força da Lei nº 11.719/06, teve a sua **irretroatividade** reconhecida pelo STJ, justamente por ter, em desfavor do réu, potencializado os efeitos patrimoniais da condenação, que, originariamente, limitavam-se ao *an debeatur* (dever de indenizar), *ex vi* do art. 91, I, do CP, passando a impor, também, um *quantum*, apesar de mínimo[110]. O que dizer, então, quando maximizados os impactos na **pessoa** do sentenciado?

---

para que eventual laudo já elaborado seja desentranhado dos autos, não podendo ser utilizado para a formação do convencimento do julgador, salvo expressa concordância do recorrente" (grifo nosso).

[109] CARVALHO, Luis Gustavo Grandinetti Catanho de. *Processo Penal e Constituição, Princípios Constitucionais do Processo Penal*. 6. ed. São Paulo: Saraiva, 2014, p. 100.

[110] REsp 1449981/AL, Rel. Ministra Laurita Vaz, Sexta Turma, julgado em 12/11/2019, DJe 16/12/2019 – *"... 5. A regra do art. 387, inciso IV, do Código de Processo Penal, que dispõe sobre a fixação, na sentença condenatória, de valor mínimo para reparação civil dos danos causados ao ofendido, **não se aplica a delitos praticados antes da entrada em vigor da Lei n.º 11.719/2008**, que deu nova redação ao*

Por conseguinte, deve-se ter atenção redobrada para não interpretar, equivocadamente, o novel § 4º do art. 9º-A da LEP. Ao preceituar que o condenado "...*que não tiver sido submetido à identificação do perfil genético por ocasião do ingresso no estabelecimento prisional deverá ser submetido ao procedimento durante o cumprimento da pena...*", busca o dispositivo apenas sinalizar que, em regra, a coleta do material biológico deve ocorrer quando do ingresso no estabelecimento prisional, quadra, todavia, aplicável apenas ao condenado que respondeu ao feito em liberdade, vindo a ser preso por força do trânsito em julgado da condenação. Se, contudo, já estava custodiado cautelarmente, a extração deve aguardar a preclusão máxima do édito condenatório, sendo implementada durante o cumprimento da pena. O preceito, reitere-se, é inaplicável aos sentenciados por injustos cometidos anteriormente à entrada em vigor da Lei nº 13.964/19, curvando-se, como há de ser, ao art. 5º, XL, da CRFB/88.

Enquanto **efeito** da condenação, a submissão do sentenciado à coleta de material biológico para a identificação do perfil genético torna-se exequível **após o trânsito em julgado**, ou seja, depois de esgotadas as vias recursais não apenas nas instâncias ordinárias, mas, também, nas superiores, ou, antes disso, se operada a preclusão temporal (não interposição do recurso adequado no prazo legal), na linha do decidido pelo Pleno do STF por ocasião do julgamento das Ações Declaratórias de Constitucionalidade nº 43, 44 e 54, realizado em 7 de novembro de 2019. Quando vigorava a orientação favorável à execução provisória do título condenatório, depois de encerradas as instâncias ordinárias, inexistiam óbices à extração do DNA do preso, afinal, o acessório segue o principal.

Contudo, se provido o recurso defensivo na instância superior para tornar insubsistente a condenação, o material biológico tirado e os dados genéticos obtidos tinham que ser prontamente excluídos, inclusive as provas derivadas, sob pena de **convalidar** *pro societate* **o efeito de um pronunciamento jurisdicional condenatório cassado, anulado ou desclassificado para tipo penal diverso, despido desse efeito** (*v.g.*, desclassificação para delito não hediondo ou sem violência grave contra a vítima). O *status quo ante* do imputado carece de restauro integral, tal qual se verifica quando se julga procedente o pleito revisional criminal, haja vista o art. 627 do CPP, aplicável por analogia *in bonam partem*. Ainda que se contraponha o adágio *tempus regit actum* para afastar a ilicitude da prova e das derivadas (art. 157, cabeça e § 1º do CPP), ponderando que, quando da coleta do material e confecção do exame, o título condenatório então em vigor os avalizava, **o princípio da causalidade versado no art. 573, § 1º do CPP poda tal intelecção** – insubsistente o ato, todos os demais que dele sejam consequência também o são. De mais

---

dispositivo. 6. Recurso especial conhecido em parte e, nessa extensão, parcialmente provido, apenas para afastar a reparação de danos, com extensão dos efeitos aos corréus, nos termos do art. 580 do Código de Processo Penal..." (grifo nosso); AgInt no HC 404.550/PR, Rel. Ministro Felix Fischer, Quinta Turma, julgado em 21/06/2018, DJe 28/06/2018 – *"...V – No que se refere à fixação de valor mínimo a título de reparação de danos, esta Corte adotou o entendimento de que* **a regra do art. 387, inciso IV, do Código de Processo Penal é norma híbrida, de direito processual e material, razão pela que não se aplica a delitos praticados antes da entrada em vigor da Lei n.º 11.719/2008, que deu nova redação ao dispositivo.** *VI – Na hipótese, conclui-se pela efetiva violação ao artigo 387, IV, do Código de Processo Penal e, portanto, pela necessidade de afastamento da condenação dos recorrentes ao pagamento de indenização a título de valor mínimo de reparação de danos supostamente causados pela conduta típica, uma vez que os crimes ocorreram anteriormente à vigência da Lei n.º 11.719/2008. Precedentes. Agravo regimental parcialmente provido, para afastar a reparação civil fixada no acórdão condenatório..."* (grifo nosso).

a mais, estava-se em um cenário provisório, *rebus sic stantibus*. Da precariedade não se extrai, por óbvio, definitividade.

A orientação fixada pelo Pleno do STF impede essas idas e vindas probatórias, conferindo estabilidade às persecuções penais vindouras.

Ciente da drasticidade da inovação, por conferir coercitividade, até então inexistente, à coleta do material biológico do sentenciado, o legislador, em relação à redação anterior do *caput*, dada pela Lei n° 12.654/12, **excluiu os crimes hediondos elencados no art. 1° da Lei n° 8.072/90**, reservando-a a delitos especialmente reprováveis. Nesse aspecto, a novidade legislativa foi *in mellius*, retroagindo, **salvo se, nada obstante a hediondez, o delito se encaixar em uma das classes anunciadas no novel *caput* do art. 9°-A da LEP.**

Por ser uma regra limitadora de direitos, a interpretação há de ser **restritiva**, em deferência à legalidade penal estrita e ao devido processo legal. Por conseguinte, **excluem-se**: a) as contravenções penais; b) os delitos culposos; c) os **dolosos** praticados **com ameaça** (*v.g.*, roubo mediante emissão de palavra de ordem ou com arma branca) ou mediante violência geradora de lesões **leves** (*v.g.* roubo mediante "trombada", sem maiores consequências físicas), porque, nos termos da cabeça do art. 9°-A, a violência contra a pessoa há de ter **natureza grave**, acarretando a morte da vítima ou causando-lhe lesões graves ou gravíssimas, nos termos dos §§ 1° e 2° do art. 129 do CP.

Ainda na dicção do *caput* do art. 9°-A da LEP, parte final, ditada pela Lei n° 13.964/19, a técnica para a extração do material deve ser **adequada e indolor**, apostando na orientação segundo a qual inexiste ofensa à garantia a não autoincriminação se a intervenção corporal **não** for invasiva, demandando do sentenciado mera postura passiva – *v.g.*, retirada de um fio de cabelo para exame de DNA. Essa questão acabou de ser exaustivamente tratada, logo, reportamo-nos à análise feita.

De todo modo, ainda que se tome esse posicionamento como acertado, invocando-se a proporcionalidade, a que se contraporia à intimidade e ao postulado *nemo tenetur se detegere* para justificar a intervenção corporal? A premissa é a colisão de direitos. Mas quais estariam em conflito com os ora apresentados? Se negativa a resposta, inexiste proporcionalidade, logo, a coleta de material biológico mostra-se **inconstitucional**.

A experiência de Países de origem romano-germânica como o nossa – *v.g.* Itália, Espanha e Portugal – é pela admissibilidade de intervenções corporais evasivas coercitivas – retirada de fios de cabelo e de pelos, por exemplo –, desde que não exijam a contribuição ativa do imputado, e sim passiva. Porém, sempre, **pontualmente**, ou seja, ponderando, **à luz do caso concreto**, a partir de **critérios insculpidos em lei**, se os fins do procedimento probatório justificam relativizar a inviolabilidade corporal e o direito a não autoincriminação do imputado. Se a regra é o respeito à inviolabilidade corporal e ao direito a não autoincriminação, as exceções hão de ser diminutas e muito bem delimitadas por lei, sem espaço para ampliações genéricas, em abstrato. O Código de Processo Penal alemão, no § 81g, (1), contempla a extração de material biológico para definição do perfil genético com escopos prospectivos, mas **tão somente quando a dinâmica do crime que lhe foi creditado apresentar mecânica sugestiva do cometimento de novas infrações de igual porte ou quando, da habitualidade delitiva, defluir o risco de reiteração**[111].

---

[111] Disponível em: https://www.gesetze-im-internet.de/englisch_stpo/englisch_stpo.html. Acesso em: 2 abr. 2020.

No caso do art. 9º-A, cabeça, da LEP, antes da derrubada do veto presidencial pelo Parlamento, a intervenção corporal mostrou-se **vulgarizada**, incidindo, **abstrata e automaticamente**, em desfavor de todo e qualquer sentenciado por crime **hediondo**, pouco importando o substrato fático ensejador da condenação e/ou as condições pessoais do agente[112]. A retomada do *caput* do art. 9º-A da LEP, tal qual idealizado pela Lei nº 13.964/19, aplaca tais críticas, por apresentar rol bem mais afunilado do que o anterior, apenas com injustos de alta reprovabilidade, facilitando, inegavelmente, eventual ponderação de interesses (proporcionalidade *stricto sensu*) em prol da constitucionalidade da dita coleta compulsória de material biológico do sentenciado, enquanto efeito da condenação. Essa crítica, presente na 1ª edição da obra, quando em vigor estava o referido veto presidencial, desfez-se.

A Lei Geral de Proteção de Dados Pessoais (LGPD), de nº 13.709, de 14 de agosto de 2018, reforça, ainda mais, a extravagância do art. 9º-A da LEP.

Presente o direito fundamental à intimidade, à imagem e à vida privada (art. 5º, X, da CRFB/88), preconiza, no art. 2º, que a disciplina da proteção de dados pessoais tem como fundamentos, entre outros, o **respeito à privacidade** (inciso I) e à **inviolabilidade da intimidade**, da honra e da **imagem** (inciso IV). Lista ainda, como vetores, a autodeterminação informativa (inciso II); a liberdade de expressão, de informação, de comunicação e de opinião (inciso III); o desenvolvimento econômico e tecnológico e a inovação (inciso V); a livre iniciativa, a livre concorrência e a defesa do consumidor (inciso VI) e os direitos humanos, o livre desenvolvimento da personalidade, a dignidade e o exercício da cidadania pelas pessoas naturais (inciso VII).

O perfil genético, a seu turno, integra os dados pessoais **sensíveis**, ou seja, concernentes à *origem racial ou étnica, convicção religiosa, opinião política, filiação a sindicato ou a organização de caráter religioso, filosófico ou político, dado referente à saúde ou à vida sexual, dado genético ou biométrico, quando vinculado a uma pessoa natural*, haja vista o art. 5º, II. A adjetivação não poderia ser mais autoexplicativa – justamente porque **sensível**, o acesso é, por óbvio, **excepcional**. Embora o art. 4º, III, d estabeleça a **inaplicabilidade da lei ao tratamento de dados pessoais realizado para fins exclusivos de** *atividades de investigação e repressão de infrações penais*, os seus mandamentos só reforçam a **extravagância** da medida, o que não poderia ser diferente, uma vez que a regra é a tutela à intimidade e à vida privada (art. 5º, X, da CRFB/88).

Isso não significa dar carta branca ao legislador para autorizar, ao seu bel prazer, o acesso ao perfil genético do indivíduo. Se tal intimidade mereceu intensa proteção constitucional e infra, qualquer violação se submete ao devido processo legal (art. 5º, LIV, da CRFB/88), a partir de um juízo de proporcionalidade meticuloso.

O art. 9º-A, cabeça, da LEP, tal qual se apresenta hoje, reduz, conforme já sublinhado, a tensão com o princípio da proporcionalidade. Mas, ainda assim, a sua aplicação irrestrita geraria perplexidades.

Sem pensar muito, imagine, por exemplo, os sentenciados por crime de homicídio privilegiado ou, mesmo, qualificado-privilegiado, que, textualmente, estão compreendidos no *caput* do art. 9º-A da LEP: as circunstâncias do fato não permitem intuir, minimamente,

---

[112] Esse último referencial, aliás, é bastante discutível, por resgatar o Direito Penal do autor, olvidando sê-lo do **fato**.

o risco de reiteração – estar sob o domínio de forte emoção, logo em seguida à injusta provocação do ofendido, ou resguardar relevante valor social ou material, sinalizam justamente o contrário, isto é, um ato absolutamente isolado.

Por tudo isso, mesmo se assentada a constitucionalidade do art. 9º-A, *caput*, da LEP, **a sua aplicação não pode ocorrer automaticamente, pelo diretor do estabelecimento prisional**, mas após prévia determinação do Juízo das Execuções Penais, sujeitando-se à **reserva de jurisdição,** caso entenda, ante a natureza e as peculiaridades do crime ensejador da condenação, ser pertinente submeter o sentenciado à coleta do material biológico. **A mera submissão do delito objeto do título condenatório ao *caput* do art. 9º-A não bastaria,** sendo mister **a indicação de elementos concretos que justificassem a medida** – ausentes no caso, *v.g.*, do homicídio privilegiado referido acima.

Mesmo entendendo constitucionalmente viável a identificação genética para fins probatórios, Eugênio Pacelli entende que referendar um cadastro nacional de condenados em crimes graves importa *"transcendência exponencial da Segurança Pública, incompatível com o Estado Democrático de Direito e as liberdades públicas"*, pois *"em tema de direitos e garantias individuais, como sói ocorrer nos modelos de Estado de Direito, a delegação ao Congresso Nacional (nos termos da lei) não pode ser entendida como cheque em branco. A norma de proteção já se põe ao nível constitucional exatamente para submeter os poderes públicos ao respeito e observância de suas determinações"*[113].

Mesmo em países sabidamente simpáticos ao emprego do exame de DNA como ferramenta probatória à disposição da acusação, a criação de um banco de dados genéticos para uso indiscriminado, sem pressupostos e fins restritos, devidamente esmiuçados em lei, tem sido alvo de intensa controvérsia, inclusive na Suprema Corte. A rigor, nos termos do art. 9º-A da LEP, a amostra de DNA do sentenciado pode ser utilizada pelo Estado para a elucidação de todo e qualquer crime, permitindo uma verdadeira "tentativa e erro", ou seja, verificar, **mesmo sem qualquer lastro concreto que atrele o condenado ao injusto sob investigação**, se os vestígios coletados da cena do crime ou da vítima coincidiriam, geneticamente, como os seus.

Em 2009, Alonzo Jay King Jr. foi preso por agressão no condado de Wicomico, Maryland, com recolhimento da sua amostra de DNA, inserida no banco de dados forense, e, posteriormente, comparada com as evidências biológicas atinentes a um estupro, ocorrido em 2003, retiradas da cena do crime, sem que houvesse qualquer elemento concreto que o associasse ao injusto. O resultado foi positivo, vindo a ser condenado à prisão perpétua, em primeiro grau, com base nessa única prova, pois nada mais foi produzido em seu desfavor. A Corte de Apelação de Maryland, pautada na Quarta Emenda Constitucional, garantidora das inviolabilidades pessoal e domiciliar, cassou a condenação. O Estado de Maryland recorreu, então, à Suprema Corte em 2013, questionando-lhe se a Quarta Emenda permitiria a coleta e a análise de DNA de pessoas presas, mas não condenadas. Por apertada maioria, 5x4, respondeu-se positivamente, equiparando *Justice* Anthony M. Kennedy a retirada de amostras de DNA às impressões digitais e fotográficas, procedimento submetido à reserva policial, mesmo porque não tão invasivo quanto a busca domiciliar. E a utilização do material biológico, confrontando-o a outros, pertinentes a delitos diversos, atende ao legítimo interesse do Estado de delinear o seu histórico

---

[113] Ob. cit., p. 398-399.

criminal, a fim de dimensionar o real risco à segurança pública, inclusive para avaliar a conveniência de ser colocado, ou não, em liberdade e sob quais condições. O dissenso, liderado por *Justice Antonin Scalia*, trouxe argumentos que transcenderam a (im)possibilidade de coletar DNA de indivíduos capturados, mas não sentenciados, alertando que **admitir a utilização desse material genético, coletado por força de determinado crime, para tentar elucidar outros desconectados ao imputado equivaleria a um mandado genérico de violação à intimidade, similar aos verificados no Reino Unido.** Dados sensíveis da pessoa seriam empregados a esmo, praticamente um "pagar para ver" (*"cold hit" searches*), corroendo a presunção de inocência[114].

A par da controvérsia sobre a viabilidade da intervenção corporal em si, longamente esmiuçada, as advertências do *Justice Scalia* convergem com o arcabouço normativo e jurisprudencial português, italiano, espanhol e, mesmo, o alemão, pois **o uso potencial e irrestrito dos dados genéticos do sentenciado para todo e qualquer crime, independentemente de quaisquer sinais concretos reveladores de prévia conexão, banaliza o acesso a mais profunda, e sensível, intimidade alheia – a carga genética. Pois é isso que o art. 9º-A da LEP, mesmo após a derrubada do veto presidencial pelo Parlamento, propicia, em desacordo com a proporcionalidade, sob o enfoque da necessidade.**

Convém lembrar que a intimidade e a vida privada são garantias fundamentais de estatura idêntica à inviolabilidade domiciliar, sendo-lhe, inclusive, imediatamente anterior – art. 5º, X e XI da CRFB/88. É igualmente certo que ambas são afastáveis por pronunciamento jurisdicional devidamente **circunstanciado**, indicando as razões pelas quais, **no caso concreto**, não mereçam prevalecer. Pois se o ingresso no imóvel exige decisão **pontual e específica**, é ainda mais inconcebível manter em aberto o acesso à carga genética de uma pessoa, independentemente do injusto e da existência de elementos concretos que a ele se conectem. A inviolabilidade da intimidade e da vida privada, para certa classe de sentenciados, ficaria suspensa indefinidamente. Convém lembrar que, em 5 de novembro de 2019, a Sexta Turma do Superior Tribunal de Justiça, por unanimidade, proveu o agravo regimental no HC nº 435.934 – RJ (2018/0026930-7), da relatoria do Min. Sebastião Reis Júnior, cujo acórdão foi publicado no *DJe* do dia 20 seguinte, transitado em julgado em 18 de dezembro imediato, assim ementado: *AGRAVO REGIMENTAL EM HABEAS CORPUS. APURAÇÃO DE CRIMES PRATICADOS EM COMUNIDADES DE FAVELAS. BUSCA E APREENSÃO EM RESIDÊNCIAS. DECLARAÇÃO DE NULIDADE DA DECISÃO QUE DECRETOU A MEDIDA DE BUSCA E APREENSÃO COLETIVA, GENÉRICA E INDISCRIMINADA CONTRA OS CIDADÃOS E CIDADÃS DOMICILIADOS NAS COMUNIDADES ATINGIDAS PELO ATO COATOR. 1. Configurada a ausência de individualização das medidas de apreensão a serem cumpridas, o que contraria diversos dispositivos legais, dentre eles os arts. 240, 242, 244, 245, 248 e 249 do Código de Processo Penal, além do art. 5º, XI, da Constituição Federal: a casa é asilo inviolável do indivíduo, ninguém nela podendo penetrar sem consentimento do morador, salvo em caso de flagrante delito ou desastre, ou para prestar socorro, ou, durante o dia, por determinação judicial. Caracterizada a possibilidade concreta e iminente de ofensa ao direito fundamental à inviolabilidade do domicílio. 2.* **Indispensável que o mandado de busca e apreensão**

---

[114] Disponível em: https://www.oyez.org/cases/2012/12-207. Acesso em: 2 abr. 2020.

tenha objetivo certo e pessoa determinada, não se admitindo ordem judicial genérica e indiscriminada de busca e apreensão para a entrada da polícia em qualquer residência. Constrangimento ilegal evidenciado. 3. Agravo regimental provido. Ordem concedida para reformar o acórdão impugnado e **declarar nula a decisão que decretou a medida de busca e apreensão coletiva, genérica e indiscriminada contra os cidadãos e cidadãs domiciliados nas comunidades atingidas pelo ato coator** (grifo nosso).

Se assim o é quando em xeque a inviolabilidade domiciliar, ainda mais quando na berlinda estiver o corpo humano e a sua carga genética, também indevassáveis, ao menos em princípio.

Sob o ângulo também da **adequação** falece proporcionalidade à extração de material biológico do sentenciado para definição do perfil genético.

Embora tenha um dos maiores banco de dados genéticos do mundo, se não for o maior, o Reino Unido não tem, no DNA, uma ferramenta absolutamente efetiva na resolução de crimes. De acordo com o *Biometrics Commissioner*, a sua utilização foi decisiva à elucidação de apenas **0,3%** de todos os crimes registrados na Inglaterra e no País de Gales entre 2015 e 2016, percentual esse que permanece **inalterado** desde a criação do banco de dados em **1995**. Mesmo em delitos nos quais há uma crença de efetividade maior dos exames de DNA, tais expectativas quedam-se frustradas. Nos estupros, por exemplo, apenas **0,6%** dos casos são equacionados a partir do exame de DNA. Nos roubos domésticos, 1,4%, e, nos homicídios, 8,4%. Porém, mesmo nas persecuções nos quais o exame de DNA foi utilizado com sucesso, o (pretenso) autor do fato já havia sido identificado por meios probatórios diversos, empregando-se o DNA apenas para avalizar a suspeita, persuadindo-a a formalizar, logo, um acordo com a acusação[115].

Efeitos semelhantes ao verificado no Reino Unido foram identificados em toda a Europa, bem como nos EUA, comprobatórios da baixa eficiência, sem contar o aumento na margem de erro, motivado, segundo alguns especialistas, pelo excessivo número de amostras à espera de análise, dificultando as correspondências e, por conseguinte, elevando o risco de imprecisões e de falsos positivos.[116]

A citada reportagem menciona um estudo realizado em sete estados norte-americanos, entre 1994 e 2005, no qual o índice de reincidência nos primeiros cinco anos após a soltura, entre condenados por crimes violentos que haviam fornecido material biológico para definição do perfil genético era 17% menor em relação aos sentenciados que não o fizeram, enquanto, entre os condenados por crimes patrimoniais, o percentual era 6% menor. Na Dinamarca, a reincidência no primeiro ano caiu 43%. A autora do estudo, Jennifer Doleac, professora de economia da Universidade Texas A&M, sustenta que a ciência, pelo condenado, de que o Estado teria os seus dados genéticos armazenados o

---

[115] AMANKWAA, Aaron Opoku; McCARTNEY, Carole. The effectiveness of the UK national DNA database. Forensic Science International, Synergy, volume 1, 2019, p. 45-55. Disponível em: https://www.sciencedirect.com/science/article/pii/S2589871X19300713#bib59. Acesso em: 6 abr. 2020.

[116] SCHWARTZ, Oscar. Do DNA Databases Make Would-Be Criminals Think Twice? Reportagem de 23 de setembro de 2019. Disponível em: https://undark.org/2019/09/23/dna-database-deter-crime/. Acesso em: 6 abr. 2020. No mesmo sentido, WESSEL, Lindzi. Scientists concerned over US plans to collect DNA data from immigrants. Reportagem da prestigiada revista *Nature*, de 7 de outubro de 2019. Acesso em: 7 abr. 2020.

inibiria de cometer novos crimes, pois, por meio dessa ferramenta, teria chances maiores de ser descoberto[117].

Demonstrada a pouca efetividade do exame de DNA na solução de crimes, inexistem motivos para submeter condenados à extração de material biológico. Falece **adequação**, ainda mais diante de tantos meios de obtenção de prova à disposição das agências repressoras estatais, de comprovada eficiência: captações telefônica e ambiental; infiltração policial, incluída a virtual; ação controlada, acordos de colaboração, inclusive após a condenação; quebra de sigilo de dados. **Se houvesse forte nexo causal entre o exame de DNA e o volume de casos por ele aclarados, a coleta de material biológico teria utilidade, satisfazendo a proporcionalidade ao menos sob o ângulo da adequação. Mas nem isso**.

Se em nações notabilizados pela **eficiência** da segurança pública, como o Reino Unido, que desfruta de agências mundialmente renomadas, como a *Scotland Yard*, o exame de DNA não possui protagonismo algum na elucidação de casos há mais de duas décadas, como esperar resultados diversos no Brasil? Tampouco se pode apostar no efeito inibitório que a coleta de material biológico exercerá sobre os sentenciados, pois o estudo acima foi construído em bases metodológicas fragilíssimas, afinal, a diferença nos percentuais de reincidência entre os grupos investigados é multifatorial. Base familiar, qualidade e estrutura do estabelecimento prisional, as circunstâncias dos crimes ensejadores das condenações são apenas alguns componentes, infinitamente mais importantes do que o utilizado na pesquisa, que, por si só, explicariam esse descompasso. Quanto à Dinamarca, a diversidade em relação ao Brasil é tão abissal sob tantos ângulos que não serve minimamente de parâmetro.

Além de pouco eficiente, ainda há o risco de manipulação do exame de DNA, seja pela falha na cadeia de custódia da prova, **sistematizada no Brasil apenas com o advento da Lei nº 13.964/19**, sinalizando um longo caminho a percorrer em busca da excelência nessa área, haja vista, para ficarmos em um único exemplo, as inúmeras cenas de crime desfeitas quando da chegada dos peritos, seja pela possibilidade de fraude no próprio DNA, segundo adverte Aury Lopes Jr., pautado em reportagem do prestigiado periódico *The New York Times*, segundo a qual cientistas israelenses divulgaram em artigo ser viável, com relativa facilidade, introduzir em amostras de sangue ou de saliva o código genético de qualquer pessoa a cujo perfil de DNA se tenha acesso[118].

Hygino de Carvalho Hércules relembra que a identificação por meio de DNA "... *está baseada na comparação de dois registros feitos do mesmo indivíduo. Por isso,* **de nada adianta colher dados minuciosos de uma pessoa que se quer identificar se não há um primeiro registro**" (grifo nosso)[119]. Em suma: a invasão à intimidade alheia é demasiada para pouco, ou quase nenhum, retorno.

Dessarte, o art. 9º-A da LEP também se mostra **desproporcional** à luz da **adequação**.

O estado (ou presunção) de inocência (ou de não culpabilidade) igualmente sofre um duro golpe, porquanto a criação de um banco de dados genéticos para utilização pros-

---

[117] SCHWARTZ, Oscar. Do DNA Databases Make Would-Be Criminals Think Twice?, ob. cit.
[118] Direito Processual Penal, ob. cit, p. 649-650. A matéria, intitulada *DNA Evidence can be Fabricated, Scientists Show*, de Andrew Pollack, publicada em 17 de agosto de 2009. Disponível em: https://www.nytimes.com/2009/08/18/science/18dna.html. Acesso em: 6 abr. 2020.
[119] *Medicina Legal, texto e atlas*. São Paulo: Atheneu, 2008, p. 35.

pectiva reveste os sentenciados listados no art. 9º-A, cabeça, da LEP, em um **permanente**, na feliz expressão de Eugênio Pacelli, **"estado de suspeição"**. Embora o autor admita a utilidade do cadastro, efetividade essa que, conforme escrito, duvidamos, *"a elevação prévia do processo de estigmatização do culpado poderia concretizar o alarme a que se referia Rui Barbosa em seus famosos Discursos: prendam os suspeitos de sempre (Novos discursos e conferências*, São Paulo, Saraiva, 1933, p. 75)"[120].

O art. 5º, LVII, da CRFB/88 veicula regra de **tratamento** e de **julgamento**. A última tem a sua expressão maior no art. 386 do CPP, pois, ao preconizar que, na dúvida, absolve-se (incisos II, V, VI, 2ª parte, e VII), é o legislador sinalizando como *julgar*, presente o estado de inocência. A primeira, por outro lado, **encontra amparo na própria Lei nº 13.964/19**, em inúmeras passagens, como, por exemplo, ao anunciar o desvalor probatório das declarações do colaborador, isoladamente consideradas. Se o estado é de inocência, **assim há de ser tratado o delatado**, motivo pelo qual o dito pelo delator não basta à condenação, como nunca bastou, mas tampouco à imposição das medidas cautelares reais ou pessoais e ao recebimento da denúncia ou queixa, adições trazidas pelo Pacote "Anticrime" ao § 16 do art. 4º da Lei nº 12.850/13.

Partindo dessa premissa, a condenação transitada em julgado cessa o estado de inocência **no tocante ao delito que a ensejou**, mantendo-se hígida em relação a todas as demais imputações em curso. E, mais ainda, quanto às (ainda) desconhecidas e às (hipotéticas) vindouras, afinal, a persecução penal é retrospectiva, e não prospectiva. A coleta de material biológico para a formação de um banco de dados genéticos ignora tudo isso, e, também por isso, é **inconstitucional**.

Por outro lado, a construção de um banco de dados genéticos dos condenados por crimes violentos e hediondos como ferramenta para a elucidação de crimes futuros ou, ainda, ignorados, é **institucionalizar a aposta na reincidência ao invés da recuperação social do condenado**, quadra inaceitável à luz da Constituição. Segundo já exposto, anunciada a individualização da pena e proscritas as sanções de exclusivo viés punitivo (capital, perpétua e banimento), o art. 5º, XLVI e XLVII, a, b e d emitem uma mensagem translúcida: a reprimenda há de buscar a ressocialização, e não apenas o castigo. O art. 9º-A, cabeça, da LEP distancia-se do comando constitucional, mostrando-se, também por isso, **inconstitucional**.

Finalmente, **a coleta de material biológico dos sentenciados por delitos violentos e sexuais acirra a seletividade do sistema penal brasileiro, em desacordo com o art. 5º, cabeça, da CRFB/88, além do art. 1º, 1, da CADH**, na qual o Brasil se comprometeu a repudiar qualquer prática discriminatória de cunho socioeconômico, racial ou de procedência nacional ou regional, justamente os vetores que notabilizam essa seletividade[121]. Pretos, pobres e prostitutas serão as fontes que alimentarão, geneticamente, esse banco de dados.

No Reino Unido, por exemplo, em 2008, 27% da população afrodescendente já tinha os seus dados genéticos catalogados para fins penais, enquanto, da branca, eram apenas

---

[120] Ob. cit., p. 399.
[121] OLIVEIRA, Eugênio Pacelli de. Ob. cit., p. 398.

6%. E, entre todos os registros genéticos, 77% eram de afrodescendentes[122]. Idêntico fenômeno ocorre nos EUA, envolvendo a população de origem afro-americana e latina[123]. Por todas essas razões, inconstitucional é o art. 9º-A, cabeça, da LEP.

Diz o § 1º que a *identificação do perfil genético será armazenada em banco de dados sigiloso, conforme regulamento a ser expedido pelo Poder Executivo*, enquanto o § 1º-A, introduzido pela Lei nº 13.964/19, reproduz o óbvio. E, pior, superficial e genericamente: que *a regulamentação deverá fazer constar garantias mínimas de proteção de dados genéticos, observando as melhores práticas da genética forense*. Quais garantias? Qual seria a extensão desse sigilo? Quais seriam as melhores práticas da genética forense? Com base em quais parâmetros? Em quais agências certificadoras?

O Decreto nº 7.950, de 12 de março de 2013, modificado pelo de nº 9.817, de 3 de junho de 2019, deixa todas as indagações acima **sem resposta**. O art. 1º, *caput*, anuncia, *no âmbito do Ministério da Justiça e Segurança Pública, o Banco Nacional de Perfis Genéticos e a Rede Integrada de Bancos de Perfis Genéticos*, com o escopo de, nos termos do § 1º, *armazenar dados de perfis genéticos coletados para subsidiar ações destinadas à apuração de crimes*, **sem, todavia, especificar quais**, sugerindo, assim, **uso indiscriminado**, vulgarizando uma ferramenta que, se constitucionalmente admissível, haveria de ser excepcional, por invadir dados sensíveis da intimidade humana – simplesmente a **identidade genética**.

Nessa toada, quando o § 2º do art. 9º-A da LEP preceitua que *a autoridade policial, federal ou estadual, poderá requerer ao juiz competente, no caso de inquérito instaurado, o acesso ao banco de dados de identificação do perfil genético*, tal vale, textualmente, para **qualquer injusto**, lembrando que, na qualidade de titular privativo da ação penal pública (art. 129, I, da CRFB/88), **o Ministério Público possui também legitimidade para formular tal pedido, incidentalmente não apenas à investigação, mas ao processo em curso**. A ausência de parâmetros normativos limitadores do acesso impressiona, lembrando que ninguém pode ser despido dos seus **bens** – e a intimidade genética é do mais relevantes e sensíveis – sem o devido processo **legal** (art. 5º, LIV, da CRFB/88). No formato atual, competiria ao Judiciário nacional fixar tais limites, fazendo, em mais uma dentre tantas, as vezes do legislador, em total afronta ao art. 2º da CRFB/88. A lei fixou *as hipóteses de extração do DNA dos sentenciados*, mas *não delimitou os fins*, dizendo, apenas, que é para o combate à criminalidade. Pensando-se na aplicação do princípio da proporcionalidade, **como o juiz pode aplicá-lo se o legislador especificou a origem, calando-se quanto à ponta?** Para além da (in)constitucionalidade da coleta do material biológico, **a insuficiência de regras sobre a forma e a extensão da manipulação e do emprego desses dados genéticos torna-o inconstitucional à luz do** *due process of law*, pois, do contrário, **em apreço a uma pseudo proporcionalidade, cada juiz determinaria, segundo as suas convicções pessoais e visão de mundo, o maior ou menor acesso a esses dados, gerando incertezas em uma seara que exige a mais absoluta segurança jurídica**, porque em xeque a mais profunda e visceral intimidade do ser humano, a sua carga genética.

De todo modo, caso o STF se anime a referendar a constitucionalidade desse procedimento probatório, confiando no bom senso dos juízes para, fincados na proporcio-

---

[122] SCHWARTZ, Oscar. Ob. cit.
[123] WESSEL, Lindzi. Ob. cit.

nalidade, impor balizas delimitadoras do uso do DNA na repressão à criminalidade, **tal utilização deve se restringir à mesma classe de injustos autorizadores da coleta do material biológico (art. 9º-A, *caput*, da LEP) – embora não se exija a justaposição na espécie (tipo penal), torna-se mandatória no gênero.**

Tal percepção descarta, de plano, os delitos de ação penal de iniciativa privada, que, atualmente, são, todos, de ofensividade menor ou média, **prejudicando** a discussão quanto à hipotética legitimidade do querelante de, também, postular ao juiz o acesso a esse material, por ser *dominus litis* à semelhança do Ministério Público.

Tampouco possui legitimidade para buscá-lo a vítima, presentes crimes de ação penal pública, na qualidade de assistentes de acusação, haja vista a **extravagância** desse meio de prova, a extrapolar, em muito, a faculdade que lhes foi confiada no art. 271, cabeça, do CPP[124], regra originária de 1941, quando sequer se imaginava utilizar o DNA como ferramenta probatória. Invoca-se, em reforço, o princípio da **especialidade**.

O § 2º do art. 9º-A da LEP aludiu, apenas, à autoridade policial. Enquanto regra limitadora de direitos, a interpretação há de ser restritiva. Inclui-se o Ministério Público porque a alusão à autoridade policial aglutina as agências repressivas estatais como um todo, não encerrando interpretação *extensiva*, mas *compreensiva* (ontológica) da norma. Mas, daí a englobar, também, o particular, impraticável, porque *ampliativa*, em conflito com a legalidade penal estrita e o devido processo legal.

Como a exploração do material genético, em tese, é para fins **técnicos**, a gestão **deveria** ser **independente**, imune à ingerência política, justamente por lidar com dados extremamente sensíveis a todo e qualquer ser humano. Contudo, o § 4º do art. 1º do Decreto nº 7.950/13 preconizou que *o Banco Nacional de Perfis Genéticos será instituído na unidade de perícia oficial do Ministério da Justiça e Segurança Pública e será administrado por* **perito criminal federal habilitado** *e com* **experiência comprovada em genética**, **designado pelo Ministro de Estado da Justiça e Segurança Pública**. O gestor é nomeado e responde diretamente ao Ministro de Justiça, logo, é previsível, por exemplo, a oscilação do sigilo desses dados, variável conforme a política criminal estabelecida por cada Governo Federal. Impressiona a falta de requisitos objetivos para o preenchimento do cargo diretivo, bastando, além de ser perito federal concursado, que tenha *experiência comprovada em genética*. Como mensurar isso? Considerado o comprovado risco de alteração dos dados genéticos, por exemplo, a direção haveria de ser confiada a experts de alto gabarito, com vasta e longeva formação na área. Mas, ante a indigência normativa, qualquer perito federal que tenha feito algum curso de genética pode, em tese, ser nomeado para o cargo.

O risco de manipulação política desses dados recrudesce sobremaneira quando se constata que o Comitê Gestor fica, igualmente, na mão do Ministro da Justiça e do Governo Federal, afinal, 5 dos 11 provêm desse Ministério, enquanto 1 advém do da Mulher, da Família e dos Direitos Humanos, formando o Executivo Federal, de antemão, a maioria. Os 5 restantes são apontados pelos Estados e pelo Distrito Federal, sendo 1 de cada região do País – sul, sudeste, norte, nordeste e centro-oeste. Na ausência de entendimento, implementa-se o rodízio. O coordenador geral provém, igualmente, de indicação do Ministro da Justiça (art. 2º, cabeça e §§ 1º a 4º do Decreto nº 7950/13).

---

[124] Art. 271. *Ao assistente será permitido propor meios de prova...*

Avulta a falta de controle externo mais efetivo, pois, nos moldes do § 5º do art. 2º do Decreto nº 7950/13, serão **convidados** a participar das reuniões do Comitê Gestor, **sem** direito a voto, 1 membro da Defensoria Pública, 1 do Ministério Público, 1 da OAB e 1 da Comissão Nacional de Ética e Pesquisa. Em suma: são meros observadores. E, embora mandatório o convite, justamente por ser um *convite* a presença nos encontros é facultativa. Outros especialistas e representantes de outros órgãos e entidades, públicas ou privadas, *podem* ser convidados a acompanhar as reuniões – trata-se de mera **faculdade**, sem obrigatoriedade (art. 3º).

A vagueza quanto às diretivas a serem adotadas na preservação do material genético igualmente impressiona, escancarando o quão negligente é a normatização do tema. Uma rápida leitura nas atribuições do Comitê Gestor (art. 5º) e do próprio Ministério da Justiça (art. 6º) demonstra o alegado. Ao **primeiro** foi confiado *promover a padronização de procedimentos e técnicas de coleta, de análise de material genético, e de inclusão, armazenamento e manutenção dos perfis genéticos nos bancos de dados que compõem a Rede Integrada de Perfis Genéticos*, **sem detalhar, minimamente, quais seriam e os critérios**; *definir medidas e padrões que assegurem o respeito aos direitos e garantias individuais nos procedimentos de coleta, de análise e de inclusão, armazenamento e manutenção dos perfis genéticos nos bancos de dados*, **sem apontar em quais estudos e fontes deveriam ser buscadas tais medidas e padrões**; *definir medidas de segurança para garantir a confiabilidade e o sigilo dos dados*, **sem especificar quais protocolos e de quais entes deveriam ser seguidos**; *definir os requisitos técnicos para a realização das auditorias no Banco Nacional de Perfis Genéticos e na Rede Integrada de Banco de Perfis Genéticos*, **sem especificar pesquisas e estudos científicos, nem referências bibliográficas aptas a abalizar a eleição desses requisitos, nem tampouco a frequência dessas auditorias** (diz o art. 9º apenas que deve ser periódica); e *elaborar seu regimento interno*. Ao Ministério da Justiça competiria adotar as providências necessárias *à preservação do sigilo da identificação e dos dados de perfis genéticos administrados no seu âmbito e à inclusão, no convênio celebrado com as unidades federadas, de cláusulas que atendam ao disposto* acima, ou seja, **não foi listada linha mestra alguma sobre como assegurar o sigilo dos dados genéticos**. Inexistem regras procedimentais mínimas a serem observadas.

E, do art. 10 até o final do Decreto, tem-se um emaranhado de regras sobre a estrutura do Comitê Gestor, das Comissões, em suma, sobre os órgãos, mas **nada relacionado à tutela do sigilo e à forma de gerência dos dados genéticos**. Tamanhas generalidade e maleabilidade normativas em matéria tão sensível são, constitucionalmente, inaceitáveis, mais uma vez, à luz do devido processo legal.

Consoante o § 5º, cujo veto foi derrubado pelo Parlamento, *a amostra biológica coletada só poderia ser utilizada para o único e exclusivo fim de permitir a identificação pelo perfil genético*, **não estando autorizadas as práticas de fenotipagem genética ou de busca familiar**. Segue, assim, o exemplo alemão, que, apesar de admitir também a coleta de material biológico objetivando a elucidação de futuros crimes, praticados ou descobertos, deixou claro no § 81g (2) do Código de Processo Penal que *informações além das necessárias para estabelecer o perfil de DNA ou o sexo do acusado* **não podem ser apuradas**, sendo **inadmissíveis testes nesse sentido**.

O § 5º, aliás, apenas busca alinhar o art. 9º-A da LEP ao § 1º do art. 5º-A da Lei nº 12.037/09, segundo as quais as informações genéticas contidas nos bancos de dados de perfis genéticos ***não* *poderão revelar* *traços somáticos ou comportamentais das pessoas, exceto determinação genética de gênero***, *consoante **as normas constitucionais e internacionais sobre os direitos humanos, genoma humano e dados genéticos*** (grifo nosso), reconhecendo o próprio legislador que passos além desses limites seriam **inconstitucionais e inconvencionais**, a fim de evitar, conforme bem anota Luis Gustavo Grandinetti Castanho de Carvalho, "*...excesso de invasão no patrimônio genético das pessoas, que possa, inclusive, servir de base para políticas de **discriminação social, ou até racial...***" (grifo nosso)¹²⁵, retrocedendo a Cesare Lombroso. Os efeitos colaterais seriam devastadores, caso se permitisse o acesso a tais informações.

Marina Virmond, Anny Robert, Priscila Brito e Thiago Massuda explicam que "*... **a fenotipagem forense pelo DNA permite a previsão individual de características externamente visíveis** (CEVs) a partir de análises com SNPs...*", sigla correspondente à expressão inglesa *Single Nucleotide Polymorphisms* – polimorfismos de nucleotídeo único –, ou seja, "*...alterações (substituições, deleções ou inserções) em um único nucleotídeo na sequência de DNA...*" que "*...podem ocorrer no nosso genoma em **regiões codificadoras ou com função regulatória**, porém, na maioria das vezes se encontram em espaços intergênicos, sem função determinada ainda...*", apresentando como vantagens "*...taxa de mutação muito baixa; produtos de amplificação pequenos, o que potencializa a análise de amostras degradadas; **capacidade de previsão de origem biogeográfica**; e **provimento de informações fenotípicas**...*". Esclarecem que "*...O fenótipo pode ser definido como **as características morfológicas, fisiológicas e comportamentais detectáveis em um organismo**, como produto da composição genética do mesmo e da influência de fatores ambientais. Assim, **as proteínas que o genótipo codifica determinam, em conjunto com o ambiente, as CEVs de um indivíduo**...*", arrematando que, atualmente, "*...as CEVs associadas à **pigmentação** (cor dos olhos, da **pele** e do cabelo) são as melhores representantes da aplicação prática da fenotipagem forense pelo DNA...*" (grifo nosso). Embora, enquanto cientistas, sejam entusiastas do método, entendendo que "*...permite inferir apenas características que não necessitam de confidencialidade, ou seja, a cor dos olhos, pele e cabelo pode ser observada por qualquer pessoa...*", olvidando o risco de fomento de práticas discriminatórias, reconhecem, como óbices, o art. 5º, X, da CRFB/88 e, sobretudo, a Lei nº 12.654/12 e a redação dada ao § 1º do art. 5º-A da Lei nº 12.037/09, pois "*...as leis e princípios que regem os direitos do cidadão brasileiro **não permitem o conhecimento e divulgação de suas características físicas através de seu DNA**. Segundo a lei 12.654/2012 "...**informações genéticas contidas nos bancos de dados de perfis genéticos não poderão revelar traços somáticos ou comportamentais das pessoas, exceto determinação genética de gênero**...*". Anote-se que "*...com os estudos mais aprofundados de associação do genoma e sequenciamento de larga escala **podemos obter mais informações a respeito de outras características fenotípicas (peso, altura, formato de face, entre outros), as quais podem complementar as análises já descritas e permitir a formação de um perfil ainda mais completo**...*" e, por óbvio, invasivo¹²⁶.

---

[125] Processo Penal e Constituição, Princípios Constitucionais do Processo Penal. 6. ed. São Paulo: Saraiva, 2014, p. 103.
[126] Fenotipagem forense pelo DNA através de SNPs. Revista Brasileira de Criminalística, v. 5, n. 2, p. 37-39 e 44, 2016. Disponível em: file:///C:/Users/Marcos/Downloads/Fenotipagem_forense_pelo_DNA_atraves_de_SNPs.pdf. Acesso em: 10 abr. 2020.

Embora otimistas, os autores não deixam de colocar em dúvida a eficiência desse tipo de exame no Brasil, porquanto "...*A população brasileira descende principalmente de ameríndios, africanos e europeus, porém o casamento entre estes indivíduos de origens étnicas diferentes deu origem a uma grande variação genética, tornando a população do Brasil altamente heterogênea.* **Com relação ao uso de DNA para determinação de características fenotípicas na população brasileira, os estudos ainda são muito iniciais.** *Grupos de diferentes regiões do país tem buscado relacionar SNPs previamente descritos e associados com a pigmentação do cabelo, pele e olhos na população brasileira e, embora alguns desses marcadores tenham se mostrado tão eficiente aqui como em outros lugares,* **outros já não possuem alto poder preditivo em uma população tão miscigenada**. *Assim, ainda* **há muito o que pesquisar e investir para podermos utilizar testes preditivos de fenótipo. Acrescenta-se também o fato de que ainda será necessário investimento em capacitação dos peritos e em equipamentos necessários*...*" (grifo nosso), ponderações que robustecem as ressalvas quanto ao acesso e ao emprego do DNA codificante à luz da proporcionalidade sob o ângulo da adequação. Arrematam, admitindo, segundo enfatizado tantas vezes por nós, **a carência de normas regulamentando a forma por meio da qual tais exames seriam feitos**.[127]

Diante dessa realidade, indaga-se: **Por que atentar sobremaneira contra a dignidade humana do sentenciado ou do imputado a fim de implementar um procedimento probatório de eficiência pífia no Reino Unido, pioneiro e referência na sua utilização, além de contar com uma infraestrutura e potencial financeiro bem superiores ao nosso? E, pior, ciente que, no Brasil, as dificuldades são ainda maiores ante os múltiplos fenótipos, frutos de rica miscigenação, que se afastam completamente do padrão "europeu" nos quais esses exames têm se pautado até então?** Será que ainda não nos livramos do complexo de "vira-lata" tão bem destacado por Nelson Rodrigues, que nos compele a imitar tudo que venha do exterior, notadamente EUA e Europa, sem, antes, avaliar se tais experiência realmente se adequam à nossa realidade? Ou será que nos animamos a fazê-lo porque os destinatários desses experimentos serão, ao fim e ao cabo, a "clientela" da Justiça Penal – preto, pobre e prostituta –, sem chegar às classes mais abastadas, até em razão da natureza dos injustos que autorizam tal meio de prova – hediondos e dolosos com violência grave contra a pessoa? Que dúvidas que formaríamos um banco de dados genéticos extremamente estigmatizado, associando a criminalidade a afro-brasileiros e pardos? Discriminação racial, de procedência regional e socioeconômica maior, impossível.

Escudado nas lições de Emílio de Oliveira e Silva[128], Grandinetti adverte que o **§ 1º do art. 5º-A da Lei nº 12.037/09 só permite a coleta do DNA não codificante**, ou seja, aquele que **não** traz informações sobre doenças hereditárias, características físicas ou a orientação sexual, mas, quando da extração do material biológico, **este é inseparável do DNA codificante, exatamente o que cataloga todos os dados acima, servindo de base para a fenotipagem**. Destacar um do outro se faz posteriormente[129].

---

[127] Ob. cit., p. 44-45.
[128] *Identificação Genética para Fins Criminais*. Belo Horizonte: Del Rey, 2013.
[129] *Processo Penal e Constituição, Princípios Constitucionais do Processo Penal*, ob. cit., p. 103.

Não por acaso, o DNA não codificante, embora corresponda a 98%[130] a 99%[131] da sequência do genoma, foi adjetivado "DNA lixo" no meio científico, visão essa que tem sido revista porque, embora pouco se saiba sobre o próprio, atua na regulação do DNA codificante, responsável pela síntese das proteínas, ativando ou desativando determinado gene para que esta seja feita da forma mais adequada, evitando anomalias – doenças e más formações, por exemplo[132]. Mas, justamente porque não tão invasivo assim, o § 1º do art. 5º da Lei nº 12.037/09 restringiu o acesso a este, tal qual o § 5º do art. 9º-A da LEP, felizmente restaurado pelo Parlamento.

A repressão à criminalidade, como qualquer política de Estado, exige dos seus operadores uma visão do todo, ou seja, um olhar holístico justamente para mensurar os prós e contras de qualquer escolha. A gestão há de ser integral, porquanto inexistem compartimentos sociais estanques. Todos estão interligados. O decidido na segurança pública reflete na educação, na saúde e vice-versa. O acesso e, pior, o uso do DNA codificante pelo Estado na fenotipagem genética pode, em tese, ser útil no equacionamento de certos crimes – embora, segundo estatisticamente demonstrado, seja ínfima a eficiência do DNA enquanto meio de prova, e, no Brasil, de exequibilidade ainda mais complexa, considerada a intensa, e salutar, miscigenação –, mas, em contrapartida, subsidiará estudos e gestões de forte conotação discriminatória, particularmente perversas em vista do racismo estrutural arraigado no Brasil.

Mesmo admitindo a coleta de material biológico para definição do perfil genético, relativizando os direitos a não autoincriminação, à intimidade e à inviolabilidade corporal, há limites intransponíveis à invasão estatal, estipulados pela própria proporcionalidade, sob o ângulo da necessidade. O DNA codificante veicula a mais íntima **essência** de uma pessoa, reunindo traços externos e internos seus. **Franquear tal acesso aniquilaria o que lhe resta de digno, aviltando o inciso III do art. 1º da CRFB/88. E com potencial gigantesco de alimentar discursos e práticas discriminatórias, nada obstante o Brasil tenha se comprometido a combatê-las internacionalmente – art. 1º, 1, da CADH. Por tais razões, tal acesso é inconstitucional, inconvencional e ilegal, considerados o § 5º do art. 9º-A da LEP e o § 1º do art. 5º-A da Lei nº 12.037/09.**

De mais a mais, **a falta de regras, admitida pela própria comunidade científica, sobre o procedimento a ser adotado após a extração do material biológico, quando disponíveis estão o DNA não codificante e, também, o codificante, deveria ter sido preenchida, mas não foi, pelo Decreto nº 7.950/13, quadra que só potencializa a inconstitucionalidade desse meio de prova à luz do art. 5º, LIV, da CRFB/88.**

---

[130] MARGULIES, Elliott. ADN no CODIFICANTE. *National Human Genome Research Institute*. Disponível em: https://www.genome.gov/es/genetics-glossary/ADN-no-codificante. Acesso em: 10 abr. 2020. Em idêntico sentido, a reportagem "O DNA social pode mudar nosso DNA individual", de Marília Marasciulo, de 21 de fevereiro de 2020, com uma entrevista do cientista francês Joël de Rosnay, publicada na *Revista Galileu* (disponível em: https://revistagalileu.globo.com/Ciencia/noticia/2020/02/o-dna-social-pode-mudar-nosso-dna-individual-diz-especialista-em-epigenetica.html. Acesso em: 10 abr. 2020).

[131] What is noncoding DNA? *Genetics Home Reference*, da U.S. National Library of Medicine. Disponível em: https://ghr.nlm.nih.gov/primer/basics/noncodingdna. Acesso em: 11 abr. 2020.

[132] GLOSS, Brian S.; DINGER, Marcel E. Realizing the significance of noncoding functionality in clinical genomics. *Experimental & Molecular Medicine* n. 50, Article nº 97, publicado em 7 de agosto de 2018. Disponível em: https://www.nature.com/articles/s12276-018-0087-0. Acesso em: 11 abr. 2020.

Seguindo a experiência alemã, segundo a qual a amostra biológica deve ser destruída imediatamente após a confecção do laudo – § 81g(2) do Código de Processo Penal –, o § 6º do art. 9º-A da LEP dispõe que *"uma vez identificado o perfil genético, **a amostra biológica recolhida nos termos do caput deste artigo deverá ser correta e imediatamente descartada**, de maneira a impedir a sua utilização para qualquer outro fim"*, opção compreensível, a fim de não expor, além do devido, o patrimônio genético e, por conseguinte, a intimidade do sentenciado.

Contudo, tal solução importa, potencialmente, **quebra da cadeia de custódia do material biológico ensejador do exame, em prejuízo do contraditório e da ampla defesa** – não seria possível, por exemplo, o refazimento do laudo a título de contraprova. O preceito encartado no § 6º encerra imensa contradição interna, afinal, um dos temas de maior destaque da Lei nº 13.964/19 foi, justamente, a disciplina da cadeia de custódia da prova, presentes os arts. 158-A a 158-F do CPP. Nessa toada, apesar de derrubado pelo Congresso Nacional, acertado foi o veto presidencial, cujas razões externam essa preocupação: *A proposta legislativa, ao prever o descarte imediato da amostra biológica, uma vez identificado o perfil genético, contraria o interesse público tendo em vista que **a medida pode impactar diretamente no exercício do direito da defesa, que pode solicitar a refeitura do teste, para fins probatórios**. Ademais, as melhores práticas e recomendações internacionais dizem que após a obtenção de uma coincidência (**match**) a amostra do indivíduo deve ser novamente testada para confirmação do resultado. Trata-se de procedimento de controle de qualidade com o objetivo de evitar erros* (grifo nosso).

De todo modo, é igualmente certo que a amostra biológica não pode permanecer indefinidamente à disposição do Estado. Ante a omissão do art. 9º-A da LEP a respeito, cumpre acionar o art. 7º do Decreto nº 7.950/13, segundo o qual *o perfil genético do identificado criminalmente será **excluído** do banco de dados **no término do prazo estabelecido em lei para prescrição do delito**, ou em data anterior definida em decisão judicial*. Cumpre, então, diferençar.

Ao declarar extinta a pretensão executória estatal, seja pelo cumprimento da pena ou em virtude de qualquer outra causa extintiva da punibilidade, o juiz das execuções determinará a destruição da amostra biológica e do perfil genético do condenado, **exceto se houver outras persecuções penais em curso**, afinal, o acessório segue o principal: insubsistente a pena, cessam, igualmente, os seus efeitos, mesmo porque o art. 5º, XLVII, *b*, da CRFB/88 **veda** as reprimendas de *caráter* perpétuo, ou seja, a eternização de um título condenatório. Ademais, tal qual a reprimenda privativa de liberdade, o perfil genético também é um gravame **corporal** (pessoal), colhido a partir do material biológico do sentenciado, **extraído do seu corpo**, revelador da sua identidade genética, que persistiria acessível pelo Estado, nada obstante a extinção da punibilidade. Esse é o cenário no qual se aplicará a parte final do art. 7º do Decreto nº 7.950/13, no tocante à exclusão da amostra e dos dados genéticos por decisão judicial, antes da prescrição do delito.

Conforme já ressaltado, negritado e sublinhado, caso existam outras persecuções penais em andamento contra o sentenciado, **descabe** ao juiz das execuções determinar a exclusão das amostras biológicas e do perfil genético, pois podem vir a subsidiá-las. Tal juízo de valor, aliás, sequer lhe compete, e sim aos órgãos de repressão estatal responsáveis pelas ditas investigações ou processos. Nesse caso, a exclusão se dará, nos termos da primeira parte do art. 7º do Decreto nº 7.950/13, apenas após o advento da prescrição concernente a **estes novos delitos**, por decisão do juiz competente para apreciá-los. Cumpre, assim, ao juiz das execuções, antes de formalizar a extinção da pretensão executória estatal, extrair a Folha de Antecedentes Criminais do sentenciado (FAC) a fim de certificar a existência, ou não, de outros inquéritos ou ações penais em curso. Se inexistentes, determina, como consequência do término da pena, a exclusão dos dados genéticos; se presentes, mantém, mas **oficia aos Juízos competentes comunicando a extinção do título condenatório motivador da amostra biológica e do perfil genético, e que, doravante, a conservação, ou não, desse material sujeita-se à sua competência** – *v.g.*, segundo já apontado, se os delitos em apuração **não** corresponderem aos listados no art. 9º-A, *caput*, da LEP, descabe, em apreço à proporcionalidade, a utilização desse material, que deve, assim, ser excluído, porém, apenas os juízes atrelados a tais persecuções disporão de subsídios fáticos para fazer tal avaliação, daí lhes competir a destruição, ou não, desse acervo genético. Evidentemente que, se durante a execução penal, sobrevierem outras persecuções, encerradas antes do término do cumprimento da reprimenda, a competência para a exclusão do DNA decorrente do título condenatório persiste com o Juiz das Execuções.

Caso o material biológico e o perfil genético extraídos sejam conservados, nada obstante a extinção da pretensão executória, em virtude de outra persecução penal em andamento, atinente a delito de ofensividade equivalente **a prescrição do crime é, na realidade, umas das hipóteses de exclusão, o limite temporal máximo, nada impedindo a antecipação. Basta que advenha pronunciamento jurisdicional definitivo, fazendo coisa julgada material, como,** *v.g.*, **absolvição ou extinção da pretensão punitiva estatal, haja vista a vedação à revisão criminal** *pro societate* **(art. 626, p.ú. do CPP). Não por outra razão o inciso I do art. 7º-A da Lei nº 12.037/09, modificado pela Lei nº 13.964/19, admite a exclusão dos perfis genéticos do imputado quando sobrevier a absolvição, referência exemplificativa, porque extensível, reitere-se, às extinções da punibilidade, porquanto revestidas de idêntica imutabilidade.**

Se o pronunciamento extintivo da persecução for meramente **terminativo,** fazendo, quando muito, coisa julgada formal – decisões de não recebimento da denúncia, de extinção do processo sem julgamento do mérito ou, ainda, de arquivamento, que, nos moldes do novel art. 28 do CPP, sequer faria coisa julgada, porque inteiramente da lavra do Ministério Público – **a eliminação do perfil genético, à luz do art. 7º do Decreto nº 7950/13, ficaria condicionado ao advento da prescrição, haja vista a possibilidade de retomada da persecução penal, lembrando que, nessa contagem, leva-se em conta o art. 115 do Código Penal, computando-se pela metade o lapso prescricional se o imputado for menor de 21 anos à época do acontecido ou tiver idade superior a 70.**

Contudo, tal solução é **inconstitucional**, pois **submete o ex-indiciado ou acusado a um permanente estado de suspeição**, não o tratando, sequer, como não culpado, conforme exige o art. 5º, LVII, da CRFB/88. **Se o estado, ou, ao menos, a presunção é de inocência ou não culpabilidade, descabe manter a sua intimidade genética devassada sob o pretexto de superveniência de provas materialmente novas, a demandar o exame dos dados genéticos**. Falece, inclusive, proporcionalidade, sob o enfoque da necessidade, a tal intelecção. Retomar investigações arquivadas ou processos com pronunciamentos terminativos é raríssimo, não justificando, por conseguinte, prolongar a invasão à privacidade genética alheia.

Cumpre, a propósito, sanar uma antinomia.

Não se ignora que a Lei nº 13.964/19 alterou as hipóteses de exclusão dos perfis genéticos dos bancos de dados, considerada a novada redação dada ao art. 7º-A da Lei nº 12.037/09. A par do inciso I, ora estudado, o inciso II permite a eliminação, *no caso de condenação do acusado, após decorridos 20 anos do cumprimento da pena, mediante requerimento*.

Por versar sobre condenação, e não havendo o art. 9º-A da LEP se manifestado a respeito, é factível, por analogia, entender que a destruição do perfil genético de sentenciados não se daria quando extinta a pretensão executória, conforme por nós defendido, mas após o decurso de 20 anos da extinção da punibilidade. O art. 7º do Decreto nº 7950/13 estaria, tacitamente, ab-rogado, em apreço ao princípio da anterioridade, não se contemplando poder regulamentar *contra legem*. A proporcionalidade estaria preservada, pois os casos de coleta de material biológico, na Lei nº 12.037/09, obedeceria aos mesmos parâmetros fixados no art. 9º-A, cabeça, da LEP.

Discordamos, todavia, dessa intelecção, a começar porque o inciso II do art. 7º-A da Lei nº 12.037/09, com a redação dada pela Lei nº 13.964/19, é **inconstitucional**.

A coleta de material biológico, a fim de definir o perfil genético do imputado, é medida cautelar probatória, sujeita à reserva de jurisdição, a ser decretada apenas quando **imprescindível à persecução**, pois, ao contemplá-la no parágrafo único do art. 5º – *na hipótese do inciso IV do art. 3º, a identificação criminal poderá incluir a coleta de material biológico para a obtenção do perfil genético* (grifo nosso) –, a lei remete ao inciso IV do art. 3º, segundo a qual cabe a identificação criminal quando *for essencial às investigações policiais, segundo despacho da autoridade judiciária competente* (grifo nosso). Cobra-se, aqui, **indispensabilidade** idêntica à exigida, *v.g.*, às interceptações telefônica e ambiental. A obtenção do DNA não é a primeira via probatória. É a **derradeira**, motivo pelo qual é razoável que se restrinja aos injustos hediondos e dolosos, cometidos com violência grave contra a pessoa. Sendo assim, os dados genéticos existem para subsidiar a respectiva persecução, presente(s) o(s) crime(s) que constituam o seu objeto, persistindo disponíveis enquanto **efeito** da condenação criminal até o encerramento da execução penal.

Prolongar essa disponibilidade até 20 anos depois do cumprimento da pena, prazo prescricional máximo previsto na legislação penal, afronta **o art. 5º, LVII, da CRFB/88, pois o estado de inocência se desfez em relação ao injusto ensejador da condenação transitada em julgado e cumprida, mantendo-se quanto a qualquer outro hipotético ou potencial, sob pena de colocá-lo em um "estado de suspeição vintenário"**. Ofende-se a **dignidade humana** (art. 1º, III, da CRFB/88), presente o **direito ao esquecimento**. O menoscabo é tamanho que tal exclusão sequer pode, em tese, ser implementada de ofício pelo juiz, mas *a requerimento*, olvidando que, se a dignidade humana é fundamento do Estado Democrático **de Direito** (art. 1º, III, da CRFB/88), qualquer afronta identificada pelo juiz há de ser pelo próprio dissipada, prontamente. Atenta-se contra **a proporcionalidade, sob o ângulo da necessidade, pois um *efeito* da condenação perduraria por mais 20 anos após o cumprimento da *pena*, sobrepondo o acessório ao principal**. Contraria-se a proporcionalidade **também sob o enfoque da adequação**, pois, **se não há novos crimes identificados, como mensurar a relação de causa e efeito entre a gravidade/dinâmica delitivas e a utilidade (eficiência) do DNA para equacioná-los? A intimidade genética persistiria devassada com base em meras conjecturas abstratas.**

Convém rememorar, na esteira de autores como André Luiz Nicolitt e Carlos Ribeiro Wehrs[133], que **o princípio da proporcionalidade não foi concebido para achatar garantias individuais, mas para resguardá-las de arbitrariedades e irracionalidades estatais**. Daí a *adequação* – exigindo que as medidas adotadas pelo Poder Público se mostrem **capazes** de alcançar os objetivos colimados –, a *necessidade* – demandando o emprego dos meios **menos gravosos** possíveis na concretização dos escopos almejados – e a *proporcionalidade* em sentido estrito, **inadmitindo que o ônus imposto seja superior aos benefícios** quando o Estado interfere na esfera dos direitos fundamentais[134]. Assim, com razão Winfried Hassemer ao alertar que um hipotético "direito fundamental à segurança pública" como forma de atropelar *n* garantias fundamentais é a negação de tudo que já se escreveu e ensinou sobre o aludido princípio no âmbito do Direito Constitucional[135].

Mesmo se afirmada a constitucionalidade do inciso II do art. 7º-A da Lei nº 12.037/09, a sua incidência ao art. 9º-A da LEP continua tormentosa, presente o princípio da **especialidade**. A exclusão do perfil genético após 20 anos do cumprimento da pena é desdobramento da coleta do material biológico ordenada, nos termos da Lei nº 12.037/09, pelo juiz competente, em desfavor do indiciado, e não enquanto **efeito** de uma condenação criminal, hipótese versada em **outro** dispositivo, pertencente a **outro** diploma legal – art. 9º-A da LEP.

É bem verdade que o art. 7º do Decreto nº 7950/13 atendia tanto à Lei nº 12.037/09, quanto ao art. 9º-A da LEP, mesmo porque convergia com o então art. 7º-A, que igualmente pregava a eliminação dos dados genéticos no término do prazo prescricional do crime. O novel art. 7º-A, ao preconizar a destruição apenas no caso de absolvição (inciso I) ou, no caso de condenação, após o decurso de 20 anos do cumprimento da pena (inciso II), indiscutivelmente revogou, tacitamente, o art. 7º do Decreto nº 7950/13, que, todavia, continua aplicável ao art. 9º-A da LEP, que persiste **sem** esclarecer quando se dará a exclusão do perfil genético do sentenciado. Houve, portanto, derrogação (revogação parcial), e não ab-rogação, do art. 7º do Decreto nº 7.950/13, que persiste aplicável ao art. 9º-A da LEP. À míngua de preceito legal sobre o tema, tal complementação não transborda os limites do poder regulamentar. Finalmente, mas não menos importante: eventual aplicação analógica do inciso II do art. 7º-A da Lei nº 12.037/09 mostra-se inadmissível à luz da legalidade penal estrita, por ser *in malam partem*, considerada a drasticidade da nova regra.

O § 7º do art. 9º-A da LEP preconiza que *a* **coleta** *da amostra biológica e a* **elaboração** *do respectivo laudo serão realizadas por perito oficial* (grifo nosso), mas, na esteira das razões do veto, derrubado pelo Parlamento, de fato a intervenção do perito oficial é indispensável à elaboração do laudo, mas a coleta pode ser feita por terceiro, sob a sua supervisão. Se assim ocorrer, inexistirá nulidade a ser declarada.

Descabe aos juízes das execuções nomear peritos, nos termos do § 1º do art. 159 do CPP. **A complexidade do exame demanda muito mais do que *idoneidade e diploma***

---

[133] *Intervenções Corporais no Processo Penal e a nova Identificação Criminal*, ob. cit., p. 107.
[134] BARROSO, Luís Roberto. *Interpretação e Aplicação da Constituição*. São Paulo: Saraiva, 1996, p. 219-220.
[135] Processo Penal e Direito Fundamental. In: PALMA, Maria Fernanda (coord.). *Jornadas de Direito Processual Penal e Direito Fundamental*. Coimbra: Almedina, 2004, p. 22.

de curso superior, preferencialmente na área específica, **requisitos à nomeação de peritos**. **Somente peritos oficiais têm expertise para tanto**, por conta, inclusive, da Lei nº 12.030, de 17 de setembro de 2009, que os disciplina, afinal, nos termos do art. 5º, *são peritos de natureza criminal os peritos criminais, peritos médico-legistas e peritos odontolegistas **com formação superior específica** detalhada em regulamento, de acordo com a necessidade de cada órgão e **por área de atuação profissional*** (grifo nosso) aprovados em concurso público, *com **formação acadêmica específica*** (art. 2º). Portanto, **descabe ao magistrado nomear peritos para a confecção dessa espécie de laudo, mostrando-se inaplicável o art. 159, § 1º do CPP**. Igualmente se invoca, **por analogia**, o art. 5º-A, § 3º da Lei nº 12.037/09, segundo o qual *as informações obtidas a partir da coincidência de perfis genéticos deverão ser consignados em laudo pericial firmado por **perito oficial devidamente habilitado*** (grifo nosso) – se assim o é no universo da Lei nº 12.037/09, não há de ser diferente no âmbito do art. 9º-A da LEP, considerada a identidade de razões (*ubi eadem ratio ibi eadem ius* – aplica-se a mesma disposição de direito onde houver idêntica razão).

Rememore-se, finalmente, que a Lei nº 13.964/19 incluiu o § 8º ao art. 9º-A da LEP a fim de tipificar como falta grave a *recusa do condenado em submeter-se ao procedimento de identificação do perfil genético*, reiterando o preceito no inciso VIII do art. 50.

O rol de faltas graves, versado no art. 50 da LEP, acrescido do cometimento de crime doloso no *caput* do art. 52, é **taxativo** (*numerus clausus*), **não desafiando analogia, nem interpretação extensiva**. Por conseguinte, embora a coleta de material biológico, para fins de definição do perfil genético, exista desde 2012, por força da Lei nº 12.654, ao inserir o art. 9º-A na LEP, a recusa do sentenciado era **atípica**. Embora a *obediência ao servidor* seja dever do preso, cuja inobservância caracteriza, em tese, falta grave (art. 50, VI, c/c art. 39, II, ambos da LEP), a exaustividade desse elenco demanda interpretação **restritiva**, não havendo como compreender nessa epígrafe a negativa de retirada de material biológico. Exegese nessa linha seria **ampliativa**, em descompasso com os postulados constitucionais da legalidade penal estrita e do devido processo legal – art. 5º, XXXIX e LIV, da CRFB/88. Se assim não fosse, desnecessária seria a inovação legislativa ora em comento.

Por se tratar de *novatio legis in pejus*, unívoca é a eficácia **irretroativa** (art. 5º, XL, da CRFB/88), alcançando apenas os condenados por **crimes** perpetrados **após** a entrada em vigor da Lei nº 13.964/19. Malgrado a coleta figurar como efeito dessas condenações transitadas em julgado desde 2012, o Pacote "Anticrime" **reforçou a eficácia deste efeito, agravando, por conseguinte, o próprio édito condenatório**, pois, antes, o descumprimento desse efeito **não** impactava no **processo de execução**, não interferindo na **quantidade**, nem na **qualidade** da **reprimenda** a ser cumprida. Na medida em que a negativa passa a ser falta grave, **onera-se a condenação como um todo significativamente**, abrindo campo para, *v.g.*, a **perda de até um terço dos dias remidos** e para a **regressão de regime**, ou seja, para **privações libertárias mais longas e intensas**, endurecendo a **resposta penal como um todo**. O marco da irretroatividade, portanto, **não é a data da recusa na extração do material biológico**, mas do **delito** ensejador da **condenação**, por ter sido robustecido efeito **desta**.

Tipificar como falta grave a posse de aparelho celular (art. 50, VII, da LEP), *v.g.*, **criou mais uma** regra de conduta a ser observada no âmbito do processo de execução, logo, o parâmetro irretroativo não seria, por óbvio, o delito ensejador da condenação, mas a data do cometimento da novel indisciplina, se antes ou após a vigência da Lei nº 11.466/07.

Já no caso da coleta de material biológico para definição do perfil genético, está-se diante de **efeito do título condenatório**, ou seja, é **anterior à execução da pena em si**, daí o marco intertemporal ser a data do **injusto** motivador da condenação, e não a data da recusa em si. **Antes da execução penal em si, agravou-se um dos efeitos da condenação, revestindo-o de coercitividade até então inexistente** – se é certo que o sentenciado não pode ser forçado, fisicamente, a submeter-se à extração de material biológico, o descumprimento desse **efeito** da sentença (ou acórdão) penal condenatória traz-lhe **penalidades corporais**, como, reitere-se, a regressão de regime ou a recontagem do prazo para fins de progressão, a perda de até um terço dos dias resgatados pelo trabalho e/ou estudo, com impactos diretos no **quantum** e na **forma** de cumprimento da **pena privativa de liberdade**.

Se vier a ser declarada a inconstitucionalidade da coleta de material biológico em si para a definição do perfil genético, arrasta-se, por óbvio, o § 8º do art. 9º-A e o inciso VIII do art. 50 da LEP – se inconstitucional a regra de conduta, insubsistente é a sanção. Por conta disso, a problemática e as críticas em torno da constitucionalidade desse meio de prova alcançam a capitulação, como falta grave, da recusa em submeter-se à dita intervenção corporal. Nesse sentido, Enunciado nº 25 da Defensoria Pública de Minas Gerais: *O artigo 50, VIII, da LEP, é inconstitucional porque viola o artigo 5º, inciso LXIII, da CRFB/88.*

De todo modo, ainda que firmada a constitucionalidade da coleta de material biológico para definição do perfil genético, **alçar a negativa do sentenciado ao status de falta grave é inconstitucional por atentar contra a proporcionalidade, sob o ângulo da necessidade, sendo manifesto o excesso legislativo**, ainda mais diante da jurisprudência do STJ e dos pronunciamentos monocráticos que vêm sendo tomados no âmbito do STF.

Segundo ambos os Tribunais, é constitucional a extração, pelo Estado, de resíduos corporais, incluindo digitais, deixados pelo preso na cela, nos talheres, nas roupas de cama e vestes utilizadas, porque, a rigor, não teria sido compelido a submeter-se a qualquer procedimento probatório com resultado potencialmente adverso. Partindo dessa premissa, **a negativa em sujeitar-se à coleta de material biológico é inócua**, porque idêntico resultado pode ser alcançado sem a sua "cooperação". Se falece lesividade à conduta, capitulá-la como falta grave é desproporcional, traduzindo **abuso do poder de legislar**, relembrando que **o princípio da proporcionalidade fixa balizas ao exercício legiferante** – o Poder Legislativo, como qualquer outro dos Poderes da República, pode muito, mas não tudo.

No Direito Penal essa percepção fica muito clara ante o postulado da intervenção mínima, aplicável, por analogia, à execução penal, quando da tipificação das faltas graves, cuja natureza é, eminentemente, **material** processual: embora traduzam incidentes disciplinares ao processo de execução (daí o adjetivo *processual*), impactam, fundamentalmente, na **pena**, notadamente no **tempo** e no **modo** de cumprimento, motivo pelo qual a feição substancial prefere à adjetiva, antecedendo-a. Não por acaso o rol é exaustivo, estendendo-lhes princípios próprios ao Direito Penal, como os da tipicidade e da legalidade penal estrita.

A rigor, por essa intelecção, a própria previsão de coleta de material biológico do condenado mostra-se inconstitucional, afinal, por que submetê-lo à intervenção corporal, ainda que não invasiva, se os resíduos corporais podem ser obtidos de maneira diversa, sem qualquer participação do sentenciado?

Superada a questão prévia relativa à constitucionalidade da tipificação como falta grave da recusa do sentenciado à extração de material biológico seu, **caso a técnica adotada não seja adequada e indolor, ou seja, evasiva, sem adentrar no vaso físico nem nas cavidades corporais, exigindo dele uma postura estritamente passiva**, a subsequente negativa é **lícita**, revelando **autodefesa**. Descabe, por exemplo, coletar saliva mediante a introdução de uma espécie de "cotonete" na boca, porque desnecessariamente invasivo, presente a cavidade bucal. Eventual recusa seria um **indiferente disciplinar**, reação legítima à tentativa de coisificação. Não se pode asseverar o mesmo, contudo, da negativa de retirada de um fio de cabelo para ulterior exame de DNA, porque nada teria de vexatório.

14.5.2. Impactos da Lei nº 13.964/19 sobre a Lei nº 12.037/19: outras impropriedades inconstitucionais e considerações

Toda a controvérsia constitucional, convencional e legal concernente à coleta de material biológico do sentenciado para definição do perfil genético, exaurida nas duas subseções anteriores, estende-se àquela determinada em desfavor do imputado, nos moldes da Lei nº 12.037/09. A fim de evitar repetições desnecessárias, a elas nos remetemos, limitando-nos a contextualizar as discussões ao diploma legal ora em comento.

A rigor, a Lei nº 12.037/09 veio disciplinar a identificação criminal tão somente, atendo-se ao art. 5º, LVIII, da CRFB/88, segundo estampado na própria ementa – *dispõe sobre* **identificação criminal do civilmente identificado, regulamentando o art. 5º, inciso VIII, da Constituição Federal** (grifo nosso) –, sucedendo a Lei nº 10.054, de 7 de dezembro de 2000, que, até então, regia o tema, ab-rogada pelo art. 9º. O processo de identificação criminal inclui, em regra, o datiloscópico e o fotográfico (art. 5º, cabeça), determinável pela própria autoridade policial, nas hipóteses do *caput* do art. 3º, I a III e V e VI, ou seja, quando, pelos motivos discriminados nesses incisos, houvesse dúvidas concretas acerca da idoneidade da identificação civil apresentada. A identificação, nesses casos, surge como medida de investigação, de natureza administrativa, justamente porque ordenável pelo delegado.

Excepcionalmente, pode compreender a coleta de material biológico para a obtenção de perfil genético, cenário no qual, por exigir intervenção corporal, somente o juiz pode determiná-la, transmudando-se em medida cautelar probatória, sujeita à reserva de jurisdição (art. 5º, parágrafo único). Enquanto tal, carece, além de *fumus comissi delicti*, de *periculum in mora*, sinalizado no inciso IV do art. 3º, ou seja, apenas quando *essencial às investigações policiais*. Nos termos do mesmo dispositivo, o juiz a implementa mediante representação do delegado, ouvidos, previamente, o Ministério Público e a defesa. Apesar da previsão de atuação *ex officio*, tal contraria o sistema acusatório (art. 129, I, da CRFB/88), mostrando-se tacitamente revogado pelo art. 3º-A do CPP, caso o Pleno do STF confirme a sua constitucionalidade (o que é extremamente provável, porque absolutamente alinhado ao citado inciso I do art. 129 da Carta de 1988, não guardando relação alguma com o juiz de garantias), ao reafirmar a estrutura acusatória do processo penal pátrio, *vedada a iniciativa do juiz na fase de investigação e a substituição da atuação probatória do órgão de acusação*. Ainda que o pronunciamento judicial esteja pautado em cognição sumária, veiculando valoração *rebus sic stantibus*, voltada, em princípio, apenas ao estabelecimento da identificação criminal, se nem as agências de repressão estatal vislumbraram a necessidade de intervenção corporal, descabe ao Juízo fazê-lo de ofício[136].

Segundo Paulo Rangel, por consubstanciar regra limitadora de direitos, presente a inviolabilidade corporal, a medida só pode ser implementada incidentalmente ao inquérito, sendo descabido o emprego para, segundo exemplo do próprio autor, comprovar fatos ligados ao acusado, como um sangue coletado pela perícia no local do crime para confronto com o material genético do réu[137]. Concordamos quanto à inviabilidade de exploração **probatória** dos dados genéticos do imputado, mas, quanto ao momento persecutório em si para determiná-la, desde que visando, exclusivamente, à identificação criminal, não causa espécie que seja, também, incidentalmente ao processo, a pedido do Ministério Público – se o delegado possui legitimidade *propter officium* (em razão do ofício que lhe foi confiado pelo art. 144, §§ 1º, IV e 4º da CRFB/88) para provocar a jurisdição, com razão ainda maior o *Parquet*, titular privativo da ação penal pública (art. 129, I, da CRFB/88). Ademais, lacunas ou imprecisões sobre a identidade do denunciado podem ser supridas ou retificadas a qualquer tempo, *ex vi* do art. 259 do CPP – a *impossibilidade de **identificação** do acusado com o seu verdadeiro nome ou outros qualificativos não retardará a **ação penal**, quando certa a identidade **física**. A qualquer tempo, no curso do processo, do julgamento ou da execução da sentença,* se for descoberta a sua qualificação, far-se-á a retificação, por termo, nos autos, sem prejuízo da validade dos atos precedentes (grifo nosso), afinal, perpetrados contra quem, em tese, foi, de fato, o suposto autor do fato, respeitando-se, assim, a intranscendência da ação penal e as garantias constitucionais do contraditório e da ampla defesa. Dessarte, a identidade criminal pode ser perfeitamente buscada também incidentalmente ao processo. **O art. 7º-C, § 4º da Lei nº 12.037/09, inserto pela Lei nº 13.964/19, avaliza essa orientação**, afinal, tais dados podem ser coletados independentemente, até, da identificação criminal.

Diante do postulado a não autoincriminação, a coleta de material biológico para definição do perfil genético deve restringir-se à identificação criminal, sem escopo probatório algum, sob pena de compelir o imputado a produzir prova contra si. Assim pensam, *v.g.*, Paulo Rangel[138], André Luiz Nicolitt e Carlos Ribeiro Wehrs[139]. Contudo, a Lei nº 12.037/09 objetivou, veladamente, utilizar tais dados para fins instrutórios, porquanto, "...*analisado sob qualquer ponto de vista, o método datiloscópico de identificação **supera** todos os processos anteriores e todas as **tentativas feitas até hoje**. Há, inclusive, programas de computação desenvolvidos para fazer o confronto de impressões digitais. Nos EUA existe um banco de dados com esse fim – Automated Fingerprint Identification Systems (AFIS). Esse método **satisfaz plenamente** os requisitos da unicidade, imutabilidade, praticabilidade e classificabilidade...*"[140]. Se assim o é, não faria sentido contemplar a identificação criminal

---

[136] Nesse sentido, dentre outros, Paulo Rangel (ob. cit., p. 177), Renato Brasileiro de Lima (ob. cit., p. 122-123) e Aury Lopes Jr. ob. cit., p. 646).
[137] Ob. cit., p. 181-182.
[138] Ob. cit., p. 181.
[139] *Intervenções Corporais no Processo Penal e a nova Identificação Criminal*, ob. cit., p. 136-137.
[140] HÉRCULES, Hygino de Carvalho. Ob. cit., p. 32-33.

também por meio da análise dos dados genéticos do imputado. O método datiloscópico seria mais do que suficiente.

Se dúvidas ainda poderiam existir quanto à *mens legis*, cessaram em vista do art. 7º-C, introduzido pela Lei nº 13.964/19 à Lei nº 12.037/09. Além do *caput* autorizar a criação, no Ministério da Justiça, do Banco Nacional Multibiométrico e de Impressões Digitais, o § 2º explicita, com todas as letras, que a sua finalidade é *subsidiar* ***investigações criminais federais, estaduais ou distritais***, podendo a autoridade policial e o Ministério Público, nos moldes do § 11, requerer ao juiz competente, **no caso de inquérito ou ação penal instaurada**, o acesso a tais dados.

Repetem-se aqui, então, os mesmos questionamentos, já examinados, quanto à constitucionalidade, convencionalidade e legalidade do art. 9º-A da LEP:

a) Ofensa à garantia a não autoincriminação (art. 8º, 2, g da CADH e art. 14, 3, g do PIDCP), personificada, na Constituição, no direito ao silêncio (art. 5º, LXIII, da Carta de 1988), submetendo o imputado a um processo de coisificação, afinal, a sua vontade de nada valeria, desprezando-se a sua dimensão enquanto sujeito de direitos, em descompasso com a dignidade humana (art. 1º, III, da CRFB/88). Objeta-se, em sentido contrário, a ausência de qualquer prática vexatória, bastando que seja evasiva, dele exigindo uma postura passiva (tolerar que se faça), como a retirada de um fio de cabelo[141].

b) Violação à proporcionalidade, sob o ângulo da necessidade, porquanto, por menos invasiva que seja a intervenção corporal, há tantos outros meios de formação de provas disponíveis ao Estado, de constitucionalidade afirmada e reafirmada – interceptações telefônica e ambiental, ação controlada e não atuação policial, infiltração policial, presencial ou virtual, cooperação do imputado – que nada justifica a intromissão estatal corporal, ainda mais podendo tal material biológico ser obtido de maneiras nada invasivas – coleta de resíduos no lixo do imputado, ou, se preso, segundo permitem o STJ e o STF, dos talheres, vestes e roupas de cama usadas. A depender do crime investigado e dos vestígios arrecadados, até as impressões digitais, despidas de qualquer viés invasivo, serviriam para tal fim.

Rememore-se que a proporcionalidade foi construída para robustecer as garantias fundamentais, e não para fragilizá-las, sendo descabido invocá-la para referendar o achatamento de liberdades individuais em prol do agigantamento do Estado Penal. De todo modo, vê-se que tal emprego é extravagante, sujeito à intelecção **restritiva**. Pela constitucionalidade da Lei nº 12.037/09, mas herdando as objeções ora apresentadas, invoca-se o § 1º do art. 5º-A, que **proibiu** a revelação, a partir das informações genéticas obtidas, de traços somáticos ou comportamentais, circunscrevendo à determinação genética de gênero, impedindo, assim, excessos.

c) Vulneração à proporcionalidade, sob o prisma da adequação, porque a ínfima eficiência desse meio de prova, identificada no próprio Reino Unido, referência na utilização dessa ferramenta probatória, não permite traçar uma relação de causa e efeito conducente à conclusão de ser o exame de DNA a melhor forma de elucidação de crimes, mesmo que sejam de uma categoria específica, como os contra a dignidade sexual. A contrapartida é mínima para avaliar a relativização de direitos fundamentais à intimidade, à vida privada, à inviolabilidade corporal e a não autoincriminação. Outrossim, a

---

[141] OLIVEIRA, Eugênio Pacelli de. Ob. cit., p. 397.

miscigenação verificada no Brasil e o método utilizado na elaboração do laudo, pautado no confronto de dois registros do mesmo indivíduo, exige a criação de um amplo banco de dados genéticos e consequente coleta em massa de material biológico da população, mas, quanto mais numeroso o acervo, mais difícil o gerenciamento e maiores as chances de falsos positivos ou negativos. Incorreríamos em testes empíricos infindáveis de tentativa e erro. A diversidade genética brasileira, diferentemente da europeia ou norte-americana, nas quais a mistura de raças é infinitamente menor, torna esse recurso probatório inadequado à nossa realidade. Cumpre ter independência e altivez para entender isso, sob pena de reviver (ou endossar) o complexo de vira-lata tão bem identificado por Nelson Rodrigues, conforme salientando anteriormente. As dificuldades e os riscos não compensam.

d) Atentado à igualdade (art. 5°, cabeça, da CRFB/88), porque, como o material biológico para definição do perfil genético é extraído dos indiciados, que advêm, invariavelmente, do mesmo grupo social – preto(a), pobre e prostituta(o) –, formar-se-ia um banco de dados não representativo da miscigenação brasileira, mas de camadas específicas da população, estigmatizando-as, dando azo à discriminação de cunho social, econômico, racial e de procedência regional, que o Brasil se comprometeu a repudiar no art. 1°, 1 da CADH. Mais uma vez os malefícios superam, em muito, os benefícios.

e) Fragilização do devido processo legal (art. 5°, LIV, da CRFB/88) em diferentes vertentes. Diferentemente do art. 9°-A da LEP, a Lei n° 12.037/09, mesmo depois das mudanças promovidas pela Lei n° 13.964/19, não estabeleceu qualquer pressuposto de admissibilidade objetivo à determinação da coleta de material biológico, tornando-a, em tese, viável para *qualquer infração penal*, desde que *essencial à investigação*. Tamanhas generalidade e vagueza, quando em jogo estão a inviolabilidade corporal e a intimidade genética, são inaceitáveis, permitindo que situações jurídico-penais rigorosamente **idênticas** sejam tratadas **distintamente**, agonizando a isonomia e a segurança jurídica.

A relevância do patrimônio genético (e **biométrico**) encontra reconhecimento na própria ordem jurídica pátria, pois a Lei n° 13.709/19, que dispõe sobre a proteção de dados pessoais, adjetivou-os, propositalmente, de **sensíveis** (art. 5°, II), exigindo, como regra, para a sua exploração, o consentimento do titular (art. 11, I), entendido como *manifestação livre, informada e inequívoca* de vontade (art. 5°, XII), não bastando apenas a voluntariedade, mas a **ciência e consciência**. Embora o § 1° do art. 11 admita o seu aproveitamento para fins diversos, estabelecidos em lei específica, como os penais, **submete-se aos princípios versados no art. 6°, dentre os quais a adequação (inciso II), necessidade (inciso III), transparência (inciso VI) e segurança (inciso VII)**. Como, na dicção de Emílio de Oliveira e Silva[142], o DNA codificante, que traz os dados de revelação proscrita pelo § **1° do art. 5°-A da Lei n° 12.037/09 é indissociável** do não codificante **quando da extração**, seria imprescindível um conjunto de normas que disciplinasse a coleta, a conservação e a utilização desse material biológico, a fim de coibir invasões à privacidade além dos limites fixados em lei. Mas tampouco existem normativas nesse sentido, nem mesmo no Decreto n° 7.950/13.

Como, então, assegurar *a* **compatibilidade** *do tratamento com as finalidades informadas ao titular, de acordo com o* **contexto** *do tratamento* (adequação), *a limitação do tratamento ao* **mínimo necessário** *para a realização de suas finalidades, com abrangência*

---

[142] *Identificação Genética para Fins Criminais*. Belo Horizonte: Del Rey, 2013.

dos dados pertinentes, proporcionais e não excessivos em relação às finalidades do tratamento de dados (necessidade), *a garantia, aos titulares, de informações* **claras, precisas** *e facilmente acessíveis sobre a realização do tratamento e os respectivos agentes de tratamento* (transparência) *e a utilização de medidas técnicas e administrativas aptas a* **proteger** *os dados pessoais de acessos não autorizados e de situações acidentais ou ilícitas de destruição, perda, alteração, comunicação ou difusão* (segurança), segundo preconizam os incisos II, III, VI e VII do art. 6º da LGPD? Por mais que a lei não se aplique quando o objetivo da exploração dos dados for subsidiar atividades de investigação e de repressão de infrações penais (art. 4º, III, d), fica claro que, justamente por se estar na seara **penal**, vetores como **adequação, necessidade e transparência**, com normas claras estabelecendo pressupostos de admissibilidade, requisitos e procedimento são inalienáveis, em apreço ao devido processo legal (art. 5º, LIV, da CRFB/88), mesmo porque a presunção é, no mínimo, de não culpabilidade. Se tais exigência fazem-se presente no âmbito civil, quanto mais no criminal.

Ainda que, por analogia ao art. 9º-A da LEP, **se restrinja o alcance da Lei nº 12.037/09 aos delitos hediondos e dolosos com violência grave contra a pessoa** – solução que atende à proporcionalidade, mas, repita-se, que decorre de construção hermenêutica, suscetível de resistência por segmentos da magistratura nacional, sofrendo oscilações até que o STJ, e, sobretudo, o STF uniformizem o entendimento, por ser a matéria de cunho constitucional – as indagações acima ficam sem resposta, pois tais lacunas, que deveriam ter sido preenchidas pelo Decreto nº 7.950/13, lamentavelmente não o foram. Descabe **invadir o patrimônio genético de uma pessoa à mingua de um procedimento legal bem delimitado**.

A criação do Banco Nacional Multibiométrico e de Impressões Digitais, implementada pela Lei nº 13.964/19 ao introduzir o art. 7º-C da Lei nº 12.037/09, tampouco ocupou esse vazio normativo, a começar porque o § 1º confiou ao Executivo Federal a regulamentação da formação, gestão e acesso, sendo provável a edição de decreto similar ao de nº 7.950/13, que, em termos procedimentais, é um nada.

O escopo do Banco, nos termos do § 2º, é armazenar *dados de registros biométricos, de impressões digitais e, quando possível,* **de íris, face e voz,** *para subsidiar investigações criminais federais, estaduais ou distritais* (grifo nosso), sem esclarecer, contudo, a **forma** por meio da qual se dará o armazenamento. Outrossim, existe total descompasso com o § 1º do art. 5º-A: traços *somáticos* encerram **os aspectos físicos do corpo humano**, logo, **a proibição de revelá-los compreende a íris, face e voz, e demais registros atrelados à aparência física**. Como tal limitação atende à proporcionalidade, sob o ângulo da necessidade, a fim de coibir invasões gratuitas, logo, abusivas, à intimidade, incluído o patrimônio genético, a par da referência às impressões digitais e da espécie de registro biométrico, o § 2º mostra-se **inconstitucional** – se firmada a constitucionalidade, é forçoso reconhecer a **revogação tácita do § 1º do art. 5º-A pelo § 2º do art. 7º-C**, presente a anterioridade.

Tal controvérsia irradia-se aos §§ 3º e 4º, que, explicitando a finalidade probatória da medida, preceituam que o Banco será integrado pelos *registros biométricos, de impressões digitais, de íris, face e voz*, independentemente de haverem sido colhidos por força da identificação criminal ou não, nada impedindo, assim, que a extração seja determinada pelo juiz incidentalmente à própria ação penal. **Mais uma vez foi dado ao juiz poderes para determinar a intervenção corporal, sem, todavia, aclarar** *como*: **pressupostos, requisitos, forma de coleta persistem imprecisos**, em descompasso com o **devido processo legal**, por exigir do Poder Judiciário **considerável atividade integrativa**.

De todo modo, por analogia ao art. 9º-A da LEP, tais medidas estariam restritas aos delitos enumerados no *caput*. E, mesmo assim, se a coleta desse material biológico for absolutamente necessária ao desvendamento do delito em apuração, adotando-se, na extração, método adequado e indolor, ou seja, evasivo, demandando do réu uma postura passiva (tolerar que se faça), como permitir a retirada de fio de cabelo para exame de DNA.

O § 5º do art. 7º-C flexibiliza, em demasia, o compartilhamento de dados ao anunciar que *poderão integrar o Banco Nacional Multibiométrico e de Impressões Digitais, ou com ele interoperar,* **os dados de registros constantes em quaisquer bancos de dados geridos por órgãos dos Poderes Executivo, Legislativo e Judiciário das esferas federal, estadual e distrital, inclusive pelo Tribunal Superior Eleitoral e pelos Institutos de Identificação Civil.** O dispositivo é flagrantemente **inconstitucional**, pois tal repartição pode ser implementada **administrativamente**, por meio de acordos ou convênios (§ 7º), sem estabelecer a lei limites, critérios nem fins para tanto, tornando tábula rasa a intimidade humana naquilo que, talvez, lhe seja mais caro: o patrimônio genético. A disponibilização desses dados dar-se-ia à margem de qualquer devido processo legal prévio, **encarando todos os cidadãos brasileiros como potenciais criminosos**, de maneira que, **se** *alguém, algum dia,* **vier a cometer um injusto, os seus dados genéticos estarão disponíveis para consulta e confronto**, tudo para alimentar uma ferramenta probatória que, repita-se, é de eficiência pífia na elucidação de delitos mundo afora, a começar no Reino Unido, referência na adoção dessas práticas. Intimidade, imagem, vida privada, devido processo legal, estado de inocência são alguns dos postulados constitucionais que caem por terra. A proporcionalidade idem, pois, para além da necessidade e da adequação, o compartilhamento integral dos dados entre órgãos dos diferentes Poderes da República das três esferas – federal, estadual e distrital –, além dos institutos de identificação, **sem foco concreto e específico**, inviabiliza qualquer ponderação de interesses, considerada a proporcionalidade em sentido estrito. **Ignora-se, solenemente, os princípios sobre proteção de dados versados no art. 6º da LGPD, incorrendo no seguinte paradoxo: justamente no terreno mais sensível e perigoso, o penal, tanto que não contemplado expressamente pela Lei nº 13.709/19 (art. 4º, III, d), mais frouxa se torna a tutela do patrimônio genético.**

Registre-se que o Supremo Tribunal Federal admite, sim, compartilhamento de dados sigilosos, reveladores da intimidade e da vida privada, como os financeiros e bancários, mas, sempre, para fins **específicos e pontuais, considerada a notícia de crime, pretensamente cometido por pessoa determinada**[143], e não para criar um Banco Nacional de dados genéticos de todo e qualquer cidadão brasileiro, a fim de ser utilizado para fins penais (art. 7º-C, §§ 2º a 4º e 11 da Lei nº 12.037/09). **O risco, sempre presente, de vazamento ou manipulação desses dados, além do volume considerável de falsos positivos ou negativos,**

---

[143] RE 1.055.941/SP, Pleno, Relator Ministro Dias Toffoli, julgado em 04/12/2019, noticiado no Informativo nº 962, havendo sido fixada a seguinte tese, em repercussão geral, do Tema nº 990: *1. É constitucional o compartilhamento dos relatórios de inteligência financeira da UIF e da íntegra do procedimento fiscalizatório da Receita Federal do Brasil (RFB), que **define o lançamento do tributo**, com os órgãos de persecução penal para fins criminais, **sem a obrigatoriedade de prévia autorização judicial**, devendo ser resguardado o sigilo das informações em procedimentos formalmente instaurados e sujeitos a posterior controle jurisdicional. 2. O compartilhamento pela UIF e pela RFB, referente ao item anterior, deve ser feito unicamente por meio de comunicações formais, com garantia de sigilo, certificação do destinatário e estabelecimento de instrumentos efetivos de apuração e correção de eventuais desvios* (grifo nosso).

pode conduzir, perfeitamente, a incriminações, deliberadas ou acidentais, de inocentes. Repita-se: trata-se de perigo demasiado para diminuto, ou nenhum, benefício.

A fim de escamotear os exageros, o § 6º preconiza que, *no caso de bancos de dados de identificação de natureza civil, administrativa ou eleitoral, a integração ou o compartilhamento dos registros do Banco Nacional Multibiométrico e de Impressões Digitais* **será limitado às impressões digitais** e às **informações necessárias para identificação do seu titular** (grifo nosso), mas, **diante (mais uma vez) da falta de vetores normativos que esclareçam** *quais informações seriam necessárias*, novos excessos podem vir a ser cometidos. De toda sorte, a referência expressa às impressões digitais sinaliza a necessidade de interpretação restritiva, restringindo as *informações* adicionais à qualificação e aos dados cadastrais.

Quanto às hipóteses de exclusão dos perfis genéticos dos bancos de dados, listadas no art. 7º-A, remetemo-nos aos comentários tecidos na subseção anterior, quando examinado, exaustivamente, o dispositivo, a fim de evitar repetições desnecessárias, salientando que o compartilhamento amplo e disseminado previsto nos §§ 5º e 7º do art. 7º-C dificultará, sobremaneira, a efetiva retirada dessas informações do Banco de Dados.

Finalmente, em se entendendo **constitucional**, sem ressalvas, a determinação jurisdicional de coleta de material biológico, nos termos da Lei nº 12.037/09, com a redação dada pela Lei nº 13.964/19, **a recusa do imputado não enseja execução forçada da medida**, porém sujeita o agente às penas do art. 359 do Código Penal, pois continuaria a exercer direito (à inviolabilidade corporal) do qual foi, pontualmente, suspenso por ordem jurisdicional.

14.6. DO REGIME DISCIPLINAR DIFERENCIADO

Pautando-se na disposição topográfica do regime disciplinar diferenciado (RDD), introduzido na LEP pela Lei nº 10792, de 1º de dezembro de 2003, a doutrina, em geral, enxerga-o como modalidade de **sanção disciplinar**[144], *ex vi* do art. 53, V[145], na esteira de precedentes do STF[146] e do STJ[147]. Ante o rigor extremo, a inserção do preso no RDD exige representação *circunstanciada, elaborada pelo diretor do estabelecimento ou outra autoridade administrativa* (art. 54, § 1º) ao juiz competente (em regra, o da execução penal, pouco importando se definitiva ou provisória, mas, em se tratando de preso cautelar, ainda não sentenciado, será o juiz do processo de conhecimento ao qual esteja atrelado o título prisional, hipótese rara, mas juridicamente viável, porque o art. 52, ao aludir ao preso provisório, não distingue entre o sentenciado ou não), que decidirá, fundamentadamente (art. 54, *caput*, reiterando o mandamento constitucional contido no art. 93, IX, da CRFB/88), após oitiva do Ministério Público e da defesa técnica, no prazo máximo de 15 (quinze) dias (art. 54, § 2º). O dispositivo alude a *requerimento* em vez de representação, não primando pela técnica. As *partes* requerem, o que é ínsito à legitimidade *ad causam* que ostentam. O diretor

---

[144] Apenas a título ilustrativo, ROIG, Rodrigo Duque Estrada. Ob. cit., p. 240.
[145] *Art. 53. Constituem sanções disciplinares: ... V – inclusão no regime disciplinar diferenciado.*
[146] HC 96328, Relator Min. Cezar Peluso, Segunda Turma, julgado em 02/03/2010, *DJe* 09/04/2010 – *"...O regime disciplinar diferenciado é sanção disciplinar, e sua aplicação depende de prévia instauração de procedimento administrativo para apuração dos fatos imputados ao custodiado..."* (grifo nosso).
[147] HC 89.935/BA, Rel. Ministra Maria Thereza de Assis Moura, Sexta Turma, julgado em 06/05/2008, *DJe* 26/05/2008 – *...O Regime Disciplinar Diferenciado é* **sanção disciplinar** *que depende de decisão fundamentada do juiz das execuções criminais e determinada no curso do processo de execução penal...* (grifo nosso).

do estabelecimento penal e demais autoridades administrativas *representam*, afinal **não são partes**. A faculdade confiada ao diretor do estabelecimento penal decorre do próprio ofício que desempenha (*legitimatio propter officium*), afinal, mais do que ninguém, sabe, por estar na linha de frente, o que é preciso fazer para manter a ordem da unidade que administra. Assim, mesmo havendo oposição do Ministério Público, titular da pretensão executória estatal, à representação, se o juiz identificar elementos concretos sinalizando a premência de inserção do preso no RDD, poderá acolhê-la. Como houve provocação, não se trata de atuação oficiosa do juiz, em desacordo com o sistema acusatório. As exigências de **jurisdicionalização** do processo de execução penal foram atendidas.

Caso seja aplicada pela autoridade administrativa a repriminda disciplinar do isolamento, a ser comunicada ao juiz da execução (art. 58, p.ú., da LEP), não pode exceder trinta dias, salvo se sobrevier o RDD (art. 58, *caput*). Como a lei trata, subliminarmente, **o RDD como um prolongamento do isolamento**, até porque uma das condições é o recolhimento em cela individual (art. 52, II, da LEP), apesar de terem raízes diversas – o RDD é incidente jurisdicional, enquanto o isolamento é exclusivamente administrativo (disciplinar), imposto pela direção da unidade prisional –, nada impede a "detração", ou seja, **computar do prazo estabelecido para o RDD o tempo de isolamento, afinal, o nível de privação libertária é idêntico**. *Mutatis mutandis*, é o que ocorre no caso do art. 42 do Código Penal: embora de naturezas diversas, **pena** x custódia **cautelar** (quando não iniciada **administrativamente**, presente o flagrante), desconta-se **daquela** o tempo de duração **desta**. Presente a identidade de razões, nada impede, porque *in bonam partem*, aplicar, por analogia, o art. 42 do CP à relação isolamento x RDD. Aliás, como este passou a ter o prazo máximo de **até** 2 anos, considerada a nova redação dada pela Lei nº 13.964/19 ao inciso I do art. 52 da LEP (e não mais de 360 dias), **sem piso definido em abstrato**, o juiz pode, perfeitamente, entender que o período de isolamento, considerado o caso concreto, já seria mais do que suficiente, indeferindo, porque desnecessário, o RDD.

Apesar de o RDD integrar o rol de sanções disciplinares (art. 53, V, da LEP), estabelecendo o *caput* do art. 58, até em razão disso, nítida solução de continuidade com o isolamento, é difícil enxergá-lo como simples punição disciplinar.

A topografia e o *nomen juris* de um instituto não obrigatoriamente definem a sua natureza jurídica. O rótulo não prepondera sobre o conteúdo. O critério literal não prevalece sobre o ontológico, nem tampouco sobre o teleológico. **Encaramos o RDD como medida cautelar constritiva da liberdade, expressão do poder de cautela do juiz, quer no processo de execução, definitiva ou provisória, quer no processo de conhecimento, se recair sobre presos cautelares ainda não sentenciados. Se o RDD fosse, de fato, mera sanção disciplinar, não decorreria, originariamente, de pronunciamento jurisdicional, mas administrativo, fruto do poder disciplinar do diretor do estabelecimento prisional (art. 47 da LEP).**

A tutela cautelar notabiliza-se pela provisoriedade, exigindo, à sua decretação, a urgência, haja vista o risco de perecimento do bem da vida objeto do processo, atual ou vindouro (*periculum in mora*), e a plausibilidade da pretensão (*fumus boni iuris*), adotando-se as medidas imprescindíveis à preservação do bem, assegurando que o processo não se esvazie. Pois todos estes elementos fazem-se presentes no RDD, senão vejamos:

a) possui tempo máximo de duração de até 2 (dois) anos, e não mais de 360 (trezentos e sessenta) dias, *ex vi* do art. 52, I, da LEP, com a redação dada pela Lei nº 13.964/19, defluindo daí a **provisoriedade**;

b) a falta grave, por si só, não o enseja, sendo mister que ocasione *subversão da ordem ou disciplina internas* (art. 52, *caput*), **pondo em xeque a efetividade da execução penal do preso e/ou dos demais internos, ou a higidez do título prisional cautelar que guarnece o processo de conhecimento ainda em curso, em se tratando de acusado não sentenciado** (*periculum in mora*);

c) se fosse única e exclusivamente modalidade de sanção disciplinar, **pressuposto lógico e inescapável à sua imposição seria o cometimento de falta grave**, o que não se verifica, por exemplo, no § 1º do art. 52, que lista **outras situações de risco à execução ou à idoneidade do título prisional provisório** (*periculum in mora*), reforçando-lhe a natureza cautelar, tanto que Rodrigo Duque Estrada Roig, em obra de leitura obrigatória sobre execução penal, embora fiel à natureza de sanção disciplinar do RDD, classifica-o em **punitivo**, quando imposto em resposta ao cometimento de crime doloso ou de fato gerador de subversão da ordem ou disciplina interna (art. 52, cabeça, da LEP) e **cautelar**, justamente nas hipóteses versadas no § 1º do art. 52[148];

d) o poder disciplinar é **administrativo**, e não jurisdicional, *ex vi* do art. 47 da LEP, claríssimo ao anunciar que *será exercido pela autoridade administrativa conforme as disposições regulamentares* (grifo nosso), logo, o RDD não pode ser encarado como sanção disciplinar, porquanto o máximo que o diretor do estabelecimento faz é **representar** pela sua decretação ao juiz competente, que avaliará a sua real necessidade para a efetividade da execução penal em curso ou do título prisional cautelar que assegura a ação penal condenatória em andamento, sendo-lhe manifesta a **instrumentalidade** – o RDD, por ser medida jurisdicional **desde a origem**, não pode ser reduzido à simples reprimenda disciplinar, traduzindo exercício do **poder de cautela do juiz**, e não de correição, próprio às autoridades administrativas.

Encará-lo, nos casos do § 1º do art. 52 da LEP, como uma sanção disciplinar cautelar, soa um contrassenso, afinal, inexistiu vulneração a uma regra de conduta a justificar a imposição de uma sanção. O RDD, se vier, cumprirá uma missão estritamente cautelar. E, mesmo no *caput* do art. 52 da LEP, essa percepção persiste, pois o cometimento, em si, de crime doloso já ensejará, naturalmente, uma sanção, não só penal, delito que é, mas administrativa, por consubstanciar, também, falta grave. O RDD, todavia, apenas advirá se, a par de tudo isso, houver subversão da ordem ou disciplina interna, deixando claro que os seus fins transcendem a punição, objetivando assegurar a efetividade das execuções penais em curso, não apenas do infrator, mas dos demais internos, destilando preocupação não punitiva, mas cautelar.

Partindo da premissa de que se trata de medida **cautelar**, **não há empeço à postulação do RDD diretamente pelo Ministério Público**, a fim de assegurar a satisfação da sua pretensão punitiva, no caso de preso provisório, ou executória, em se tratando de condenado definitivo, bastando, obviamente, que o pedido esteja pautado em elementos concretos devidamente apurados e documentados[149]. Nada impede, *v.g.*, que, ao tomar ciência do PAD instaurado para apurar falta grave, o *Parquet* vislumbre situação de risco a justificar a inserção do interno no RDD, nos moldes do art. 52, *caput*, da LEP, malgrado a ausência de representação neste sentido pela autoridade administrativa. Basta constatar

---

[148] Ob. cit., p. 241-242. No mesmo sentido, ISHIDA, Válter Kenji. *Prática Jurídica de Execução Penal*. 3. ed. São Paulo: Atlas, 2015, p. 243.
[149] Sem discrepar quanto à legitimidade do Ministério Público, ISHIDA, Válter Kenji. Ob. cit., p. 244.

que, se indeferida a representação da autoridade administrativa pela inserção do preso no RDD, contra esta decisão do juiz da execução caberá agravo, nos moldes do art. 197 da LEP, interposto pelo...Ministério Público!

Não se pode perder **nunca** de vista que o polo ativo da relação processual penal executória é preenchido pelo Ministério Público, e não pelo diretor do estabelecimento penal. **É o *Parquet* o legitimado ativo *ad causam* da execução penal, enquanto encarnação do Estado,** inclusive se a condenação provier de ação penal exclusivamente privada, porquanto a disponibilidade que o querelante tem sobre ela esvai-se após o trânsito em julgado, *ex vi* do § 2º do art. 106 do CP – *não é admissível o perdão depois que passa em julgado a sentença condenatória* (grifo nosso). Opera-se o fenômeno da sucessão processual: sai o querelante, titular da pretensão **punitiva** ao longo do processo **de conhecimento**, ingressa o Estado, materializado no Ministério Público, **único** titular da pretensão **executória**. A ideia, aliás, de sucessão é adequada, porque a sentença penal condenatória é autoexecutória: o juízo da condenação determina, independentemente de qualquer provocação, a carta de execução de sentença (ou guia de recolhimento), uma vez alcançado o trânsito em julgado (art. 2º, § 1º da Resolução nº 113 do CNJ – *estando preso o executado, a guia de recolhimento definitiva ou de internação será expedida ao juízo competente no prazo máximo de cinco dias, a contar do trânsito em julgado da sentença ou acórdão, ou do cumprimento do mandado de prisão ou de internação* –, formalizando-se a execução da sentença assim que recebida e tombada a citada carta (ou guia), nos moldes do § 3º do art. 2º da mesma Resolução, com a redação dada pela de nº 180, de 3 de outubro de 2013 – *recebida a guia de recolhimento, que deverá conter, além do regime inicial fixado na sentença, informação sobre eventual detração modificativa do regime de cumprimento da pena, deferida pelo juízo do processo de conhecimento, nos lindes do art. 387, § 2º, do Código de Processo Penal, acrescentado pela Lei 12.736/12, o estabelecimento penal onde está preso o executado promoverá a sua imediata transferência à unidade penal adequada, salvo se por outro motivo ele estiver preso, assegurado o controle judicial posterior.* Existe uma solução de continuidade imediata entre a fase cognitiva e a executória, impulsionada oficialmente, sem depender da iniciativa das partes.

A admissibilidade do RDD ao preso provisório não atenta contra o art. 5º, LVII, da CRFB/88. Uma vez introduzido no sistema carcerário, o custodiado submete-se à disciplina única, válida para todos os detentos. Caso se coloque em uma das situações ensejadoras do RDD – art. 52, *caput* e § 1º, I e II da LEP – colocará em xeque, no mínimo, a **suficiência** do **seu** título prisional cautelar, que carecerá, portanto, de medidas de reforço, recorrendo-se, **em último caso**, ao regime disciplinar diferenciado – e há de ser a derradeira opção **mesmo**, porque, em sendo implementado o RDD, será transferido, mui provavelmente, para circunscrição judiciária diversa da processante, empregando-se, doravante, a videoconferência, em prejuízo da autodefesa, que perpassa pelo direito de presença a todos os atos instrutórios (*day in court*), sem contar o possível retardamento do desfecho da instrução, em detrimento da duração razoável do processo (art. 5º, LXXVIII, da CRFB/88). Tanto o STF, quanto o STJ não têm questionado a constitucionalidade dessa previsão[150].

---

[150] STF, HC 103716, Relator Min. Marco Aurélio, Relator(a) p/ Acórdão: Min. Luiz Fux, Primeira Turma, julgado em 02/08/2011, *DJe* 04/11/2011 – *"...a **prisão preventiva** foi satisfatoriamente fundamentada na garantia da ordem pública, porquanto o paciente é "portador de vasta e perigosa antecedência infracional, ocupante de elevado status na hierarquia da facção criminosa que se intitula Primeiro Comando da Capital (PCC), da qual é ocupante malgrado **custodiado em unidade prisional de regime disciplinar diferen-***

Anuncia o *caput* do art. 52 da LEP que *a prática de fato previsto como crime doloso constitui falta grave e, quando ocasionar subversão da ordem ou disciplina internas, sujeitará o preso provisório, ou condenado,* **nacional ou estrangeiro**, **sem prejuízo da sanção penal**, *ao regime disciplinar diferenciado* (grifo nosso). Em relação ao texto primitivo, a Lei nº 13.964/19 apenas explicitou a menção aos presos *nacionais* e *estrangeiros*, tornando indubitável a disponibilidade do RDD aos últimos.

Escreve-se isso, porque Renato Marcão advogava, à luz do texto primitivo do art. 52 da LEP, que, como apenas o § 1º aludia ao detento estrangeiro, as outras hipóteses de RDD não o alcançariam, sob pena de interpretar extensivamente preceito limitador de direitos. O silêncio verificado no *caput* e no § 2º (atual inciso II do § 1º) teria sido eloquente[151]. O novel texto encerra a discussão, porque tanto o *caput* quanto o § 1º do novel art. 52, que absorveu o então § 2º, aludem ao preso estrangeiro. De todo modo, não vislumbramos proposital o silêncio do *caput* e do então § 2º do art. 52 da LEP em relação ao estrangeiro, e sim exemplificativa a menção a ele no § 1º. Não faria sentido incluí-lo no RDD no caso do § 1º e excluí-lo dos demais, por ausência de especificidades que justificassem o tratamento diferenciado. Aliás, a redação ampla e genérica da cabeça e do (revogado) § 2º do art. 52 da LEP naturalmente **compreendia** o estrangeiro, porquanto, independentemente da procedência nacional, todos são iguais perante a lei, em **direitos** e em **deveres** – art. 5º, cabeça, da Carta de 1988. Não se trata de interpretação extensivamente a norma, mas, sim, ontologicamente[152].

Não é qualquer falta grave que permite a internação do preso no RDD. Há de ser o cometimento de crime doloso, tanto que o dispositivo legal o prevê sem prejuízo da sanção penal. O referido delito tem que acarretar, ainda, a subversão da ordem ou disciplina internas[153]. **Sem a presença cumulativa destes dois requisitos descabe o RDD com lastro no** ***caput*** **do art. 52**, sem prejuízo de ser buscado com arrimo no inciso I do § 1º. Enquanto medida cautelar constritiva da liberdade, ou mesmo sob a ótica de sanção disciplinar, a sua decretação exige dados concretos, sendo **imprescindível o PAD**

---

ciado..." (grifo nosso); HC 93391, Relator Min. Cezar Peluso, Segunda Turma, julgado em 15/04/2008, *DJe* 09/05/2008; STJ, HC 332.212/RS, Rel. Ministro Reynaldo Soares da Fonseca, Quinta Turma, julgado em 05/04/2016, *DJe* 13/04/2016 – "...6. ***O fato de estar o paciente submetido à prisão provisória não inviabiliza sua inclusão em Regime Disciplinar Diferenciado – RDD***, conforme estabelece a Lei de Execuções Penais – LEP, em seu art. 52, caput, e parágrafos. **Precedente desta Corte**..." (grifo nosso); HC 92.714/RJ, Rel. Ministro Napoleão Nunes Maia Filho, Quinta Turma, julgado em 06/12/2007, *DJe* 10/03/2008 – "...*1. É sempre preferível que a pessoa* **processada** *ou condenada seja custodiada em presídio no local em que reside, inclusive para facilitar o exercício do seu direito à assistência familiar, mas, se a sua permanência em presídio local se evidencia impraticável ou inconveniente, em razão da periculosidade do agente ou de outras circunstâncias que implicam na sua submissão ao Regime Disciplinar Diferenciado (RDD), previsto na Lei 10.792/03, é mister pôr em ressalto a preponderância ao interesse social da segurança e da própria eficácia da segregação individual. 2.* ***A precariedade das condições do presídio em que se achava recolhido o paciente (Bangu I, no Rio de Janeiro), atestada por confiável e seguro relatório da OAB/RJ, não justifica a não submissão do paciente ao Regime Disciplinar Diferenciado (RDD) que lhe foi aplicado***, *de sorte que o seu deslocamento para o Presídio Federal de Campo Grande/ MT, acha-se plenamente amparado no art. 86, § 3º da Lei de Execução Penal. Precedente desta Corte: HC 32.886/SP, Relator Ministro José Arnaldo da Fonseca, DJU 28/06/2004, p. 371*..." (grifo nosso).

[151] MARCÃO, Renato. *Lei de Execução Penal Anotada e Interpretada*. 2. ed. Rio de Janeiro: Lumen Juris, 2006, p. 120.

[152] No mesmo sentido, BRITO, Alexis Couto de. *Execução Penal*. 3. ed. São Paulo: RT, 2013, p. 174; CUNHA, Rogério Sanches. *Execução Penal para Concursos*. Salvador: JusPodivm, 2015, p. 72.

[153] MARCÃO, Renato. Ob. cit., p. 119.

comprobatório não só do crime doloso, mas da balbúrdia interna por ele gerada, não sendo outra a compreensão do STF[154], a ponto de o STJ haver editado o enunciado de Súmula nº 533, concernente à apuração das faltas graves: *Para o* **reconhecimento da prática de falta disciplinar** *no âmbito da execução penal, é* ***imprescindível*** *a instauração de procedimento administrativo pelo diretor do estabelecimento prisional, assegurado o direito de defesa, a ser realizado por advogado constituído ou defensor público nomeado* (grifo nosso). Em reforço, é salutar encaminhar ao juízo também a **investigação penal**, ainda mais diante da criação das **Polícias Penais** no § 5º-A do art. 144 da CRFB/88, por força da Emenda nº 104, de 4 de dezembro de 2019.

Analisado o art. 5º, LVII da CRFB/88 como **presunção de inocência** ou mesmo **estado de inocência** – se ninguém pode **ser** considerado culpado de um crime antes do trânsito em julgado da condenação é porque **é** inocente –, a falta grave, quando personificada na prática de crime doloso, configura-se somente depois do trânsito em julgado da correspondente sentença penal condenatória.

Ocorre que, na linha do STF e do STJ, **não ser considerado culpado tampouco significa ser inocente**. A presunção encartada no art. 5º, LVII da CRFB/88 não é de inocência, e sim de **não culpabilidade**, sendo possível, sim, a imposição de ônus à liberdade do imputado, **desde que não importem reconhecimento expresso e antecipado de culpa**. Se assim não fosse, seria demasiadamente tormentosa a constitucionalidade, por exemplo, das medidas cautelares constritivas da liberdade, afinal, como restringir ou privar o direito ambulatorial de um inocente. O poder disciplinar no interior dos presídios igualmente restaria inviabilizado, pondo em risco a manutenção da ordem e da disciplina internas, daí a adoção da presunção de **não culpabilidade**.

A configuração da falta grave consubstanciada no cometimento de crime doloso não exige, portanto, o trânsito em julgado da condenação criminal correspondente, nada impedindo a restauração do *status quo ante* se sobrevier resultado diverso – *v.g.*, arquivamento, absolvição, extinção da pretensão punitiva estatal etc. O tema, que repercute em outros incidentes do processo de execução penal, como a regressão de regime (art. 118, I da LEP), está **pacificado** no STF[155] e no STJ[156], havendo o último editado o

---

[154] STF, RE 969367 AgR, Relator Min. Celso de Mello, Segunda Turma, julgado em 18/11/2016, DJe 02/12/2016 – *"...Falta grave – **Impossibilidade de reconhecimento apenas em audiência de justificação – Imprescindibilidade de instauração do procedimento administrativo disciplinar** (LEP, art. 59), em que se assegure o direito a ampla defesa – Precedentes..."* (grifo nosso); HC 96328, Relator Min. Cezar Peluso, Segunda Turma, julgado em 02/03/2010, DJe 09/04/2010 – *"...O regime disciplinar diferenciado é sanção disciplinar, e **sua aplicação depende de prévia instauração de procedimento administrativo para apuração dos fatos imputados ao custodiado**..."* (grifo nosso).

[155] HC 97218, Relator Min. Ellen Gracie, Segunda Turma, julgado em 12/05/2009, DJe 29/05/2009, RMP n. 42, 2011, p. 207-211; HC 93782, Relator Min. Ricardo Lewandowski, Primeira Turma, julgado em 16/09/2008, DJe 17/10/2008; HC 110881, Relator Min. Marco Aurélio, Relator p/ Acórdão: Min. Rosa Weber, Primeira Turma, julgado em 20/11/2012, DJe 08/08/2013 – *"...2. O art. 118, I, da Lei 7.210/1984 prevê a regressão de regime se o apenado 'praticar fato definido como crime doloso ou falta grave'. 3. **Para caracterização do fato, não exige a lei o trânsito em julgado da condenação criminal em relação ao crime praticado**. Precedentes..."* (grifo nosso).

[156] AgRg no AREsp 469.065/AC, Rel. Ministro Jorge Mussi, Quinta Turma, julgado em 16/10/2014, DJe 28/10/2014, esclarecendo a ementa que *...O Superior Tribunal de Justiça, no julgamento do REsp n.1.336.561/RS* **pacificou o entendimento no sentido da desnecessidade do trânsito em julgado da sentença penal condenatória para o reconhecimento da prática de falta grave**... (grifo nosso);

enunciado de Súmula nº 526: *O reconhecimento de falta grave decorrente do cometimento de fato definido como crime doloso no cumprimento da pena **prescinde** do trânsito em julgado de sentença penal condenatória no processo penal instaurado para apuração do fato* (grifo nosso).

O § 1º do art. 52, genuinamente, também preconizava o RDD para *abrigar presos provisórios ou condenados, nacionais ou estrangeiros, que apresentem **alto risco para a ordem e a segurança do estabelecimento penal ou da sociedade***, regra essa **mantida** pela Lei nº 13.964/19, mas transferida para o inciso I do citado § 1º. O então § 2º, que ainda reservava o RDD ao *preso provisório ou o condenado sob o qual **recaiam fundadas suspeitas de envolvimento ou participação, a qualquer título, em organizações criminosas**, quadrilha ou bando* foi convertido no inciso II do dito § 2º, substituindo as referências à quadrilha ou bando por ***associação criminosa ou milícia privada***, enfatizando que tal inserção pode ocorrer ***independentemente da prática de falta grave*** (grifos nossos).

As dúvidas quanto à constitucionalidade desses preceitos permanecem. Comecemos, então, pelo inciso I do § 1º do art. 52 da LEP.

Avulta, de antemão, a vagueza e abstração da expressão *alto risco para a ordem e a segurança*, incompatíveis com o devido processo legal substancial (art. 5º, LIV, CRFB/88), a exigir parâmetros objetivos para o cerceamento da liberdade individual.

A duas, porque, se o condenado ou acusado encontra-se **segregado** e, **ainda assim, representa um perigo à ordem e à segurança**, trata-se de um problema a ser sanado pelo Poder Executivo. Não compete ao Estado, diante deste cenário, simplesmente transferir as suas deficiências ao preso, onerando-lhe ainda mais a liberdade. Finalmente, interpretando-se literalmente a norma, o RDD, no caso de presos definitivos, condenados por crimes de gravidade maior, tornar-se-ia uma espécie de **pena acessória**, ao arrepio do **princípio da legalidade penal estrita**.

As ponderações acima[157], se não são fortes o bastante para conduzir à inconstitucionalidade do inciso I do § 1º do art. 52 da LEP, ensejam, ao menos, submetê-lo à **interpretação conforme a Constituição, mais precisamente à luz do art. 5º, incisos LIV e XXXIX – devido processo legal e legalidade penal estrita**. A gênese do inciso I do § 1º do art. 52 da LEP reporta-se à ordem pública, fundamento que também norteia as medidas cautelares constritivas da liberdade do processo de conhecimento, *v.g.*, a prisão preventiva, *ex vi* do art. 312, cabeça, do CPP. Em sendo o RDD também espécie de cautelar aflitiva, até porque a hipótese em tela não pressupõe o cometimento de falta grave, despindo-o do caráter de sanção disciplinar, urge que se dispense raciocínio similar ao construído pelo STF e pelo STJ à ordem pública como fundamento cautelar da prisão preventiva e das demais medidas constritivas da liberdade. Assim, **não bastam à sua imposição, por si só, a gravidade da infração penal, abstrata nem concreta, a que responde, no caso de preso provisório, ou a que foi definitivamente condenado, nem tampouco a mera referência à reincidência, aos maus antecedentes, à credibilidade do Poder Judiciário junto à opinião pública e/ou o clamor social**. A *ratio decidendi* do RDD repousa na indicação de dados concretos de que, mesmo depois de preso, o

---

HC 276.214/RS, Rel. Ministra Marilza Maynard (Desembargadora Convocada do TJ/SE), Sexta Turma, julgado em 04/09/2014, *DJe* 23/09/2014.

[157] Na mesma toada, BRITO, Alexis Couto de. Ob. cit., p. 174-175 e 178-179.

acusado ou sentenciado continua a perpetrar atos que desestabilizam o presídio e/ou a sociedade, como organizar ou participar de rebeliões, evasões ou comandar ações criminosas desenvolvidas fora da prisão.

Considerado o art. 315, § 2º, I do CPP, preceito topograficamente localizado no capítulo do CPP destinado às medidas cautelares constritivas da liberdade, mas válido para todo e qualquer pronunciamento jurisdicional, é **desmotivada** a decisão *limitada à indicação, reprodução ou paráfrase de ato normativo, sem explicar sua relação com a causa ou a questão decidida*. Tal dispositivo, introduzido pela própria Lei nº 13.964/19, apenas positiva a remansosa jurisprudência do STJ e do STF construída sobre o assunto, especialmente em se tratando de cautelares pessoais[158]. Igual inteligência norteia a imposição do RDD, por ser medida com sensível impacto no *status libertatis*, agravando sobremaneira as condições da privação libertária. Por conseguinte, **os fatos realçados na decisão implementadora do RDD precisam estar bem definidos e circunstanciados**, indicadas as **provas**.

Conforme bem coloca Luís Carlos Valois, debruçando-se sobre a redação originária do art. 52, cabeça, e os então §§ 1º e 2º, *"qualquer punição, inclusive e principalmente o encaminhamento de preso a RDD, deve estar vinculada a um **fato concreto, devidamente individualizadas as condutas dos presos envolvidos**"* (grifo nosso), sob pena de ofensa ao princípio da culpabilidade, afinal, *"não pode haver pena sem culpa"*[159]

Descabe o *ouvir dizer* ou *notícias vindas do serviço de inteligência reservado da Polícia* segundo as quais, mesmo preso, o imputado ou o sentenciado estaria perpetrando atos atentatórios à ordem ou à segurança da unidade prisional na qual se encontra ou à sociedade. O art. 5º, IV, da CRFB/88 veda o anonimato na manifestação

---

[158] STF, HC 136296, Relator Min. Rosa Weber, Primeira Turma, julgado em 13/09/2016, *DJe* 24/10/2016 – *"...3. **A motivação genérica e abstrata, sem elementos concretos ou base empírica idônea a amparar o decreto prisional, esbarra na jurisprudência consolidada deste Supremo Tribunal Federal**, que não lhe reconhece validade. Precedentes..."* (grifo nosso); STJ, HC 415.915/MS, Rel. Ministro Rogerio Schietti Cruz, Sexta Turma, julgado em 14/11/2017, *DJe* 21/11/2017 – *"Habeas corpus. Tráfico de drogas. Prisão preventiva. Art. 312 do CP. Periculum libertatis. Fundamentação insuficiente. Aditamento do tribunal ao decreto constritivo. Vedação em habeas corpus. Ordem concedida. 1. A jurisprudência desta Corte Superior é firme em assinalar que a determinação de segregar cautelarmente o réu deve efetivar-se apenas se indicada, em dados concretos dos autos, a necessidade da cautela (periculum libertatis), à luz do disposto no art. 312 do CP. 2. Assim, a prisão provisória se mostra legítima e compatível com a presunção de inocência somente se adotada, em caráter excepcional, mediante decisão suficientemente motivada. 3. O Juízo de primeira instância apontou genericamente a presença dos vetores contidos no art. 312 do Código de Processo Penal, sem indicar motivação suficiente para justificar a necessidade de colocar os pacientes cautelarmente privados de sua liberdade, **uma vez que se limitou a fazer mera referência à gravidade abstrata e à repercussão social do crime previsto no art. 33 da Lei n. 11.343/2006**, o que não se coaduna com a excepcionalidade da medida extrema, que não equivale à antecipação do cumprimento da pena. 4. Os argumentos trazidos no julgamento do habeas corpus original pelo Tribunal a quo, tendentes a justificar a prisão provisória, não se prestam a suprir a deficiente fundamentação adotada em primeiro grau, sob pena de, em ação concebida para a tutela da liberdade humana, legitimar-se o vício do ato constritivo ao direito de locomoção dos pacientes. 5. Ordem concedida para, confirmada a liminar, permitir aos pacientes aguardar em liberdade, até o esgotamento das vias ordinárias em segundo grau, se por outro motivo não estiverem presos, sem prejuízo da possibilidade de nova decretação da prisão preventiva ou de imposição de medida alternativa, nos termos do art. 319 do CPP, caso concretamente demonstrada sua necessidade cautelar* (grifo nosso).

[159] *Processo de Execução Penal e o Estado de Coisas Inconstitucional*. Belo Horizonte: D'Plácido, 2019, p. 112.

do pensamento. Informes como os exemplificados acima remetem a fontes **ocultas** de prova, atentatórias ao citado preceito constitucional e inadmissíveis também em nível infraconstitucional, afinal, mesmo para instaurar o inquérito o delegado, de posse de notícia-crime anônima, apenas poderá fazê-lo **depois** de **verificar a procedência da informação (VPI)**, se reunidos elementos concretos para tanto, *ex vi* do art. 5º, § 3º, do CPP[160]. Se esses informes anônimos não permitem **iniciar**, oficialmente, uma investigação, muito menos a colocação no RDD. Registre-se que essas conclusões persistem irretocáveis mesmo se encarado o regime disciplinar diferenciado, nestas hipóteses, como manifestação do poder de cautela, porquanto inexistem prestações jurisdicionais vazias. Todas partem de um substrato fático definido, em torno do qual desenvolvem-se o contraditório e a ampla defesa. Sem isso, o devido processo legal nem caricatura chega a ser.

Registre-se que instaurar procedimento investigatório de cunho penal à falta de qualquer indício da prática de crime é, inclusive, abuso de autoridade, nos moldes do art. 27 da Lei nº 13.869/19, quadra na qual se encaixa a notícia-crime anônima, o que só reforça a sua imprestabilidade. E o *ouvir dizer* nada mais é do que uma fonte ignorada, desconhecida, **anônima** de prova, inadmissível também em países como EUA, haja vista o *Hearsay Rule*, e Portugal, considerado o art. 129º, nº 1 – *"Se o depoimento resultar do que se ouviu dizer a pessoas determinadas, o juiz pode chamar estas a depor. Se o não fizer, o depoimento produzido não pode, naquela parte, servir como meio de prova, salvo se a inquirição das pessoas indicadas não for possível por morte, anomalia psíquica superveniente ou impossibilidade de serem encontradas"* (grifo nosso) – e 3 – **Não pode, em caso algum, servir como meio de prova o depoimento de quem recusar ou não estiver em condições de indicar a pessoa ou a fonte através das quais tomou conhecimento dos factos** (grifo nosso) – do Código de Processo Penal. O STJ **pacificou** a sua jurisprudência quanto à **imprestabilidade** do "ouvir

---

[160] STF, RE 1193343 AgR, Relator Min. Celso de Mello, Segunda Turma, julgado em 29/11/2019, DJe 12/12/2019 – *"...As autoridades públicas não podem iniciar qualquer medida de persecução administrativo-disciplinar (ou mesmo de natureza penal) cujo único suporte informativo apoie-se em peças apócrifas ou em escritos anônimos.* **É por essa razão que escritos anônimos não autorizam, desde que isoladamente considerados, a imediata instauração de 'persecutio criminis'** *ou de procedimentos de caráter administrativo-disciplinar. Nada impede, contudo, que o Poder Público, provocado por delação anônima, adote medidas* **informais** *destinadas a apurar, previamente, em averiguação sumária, 'com prudência e discrição', a possível ocorrência de eventual situação de ilicitude disciplinar e/ou penal, desde que o faça com o objetivo de conferir a verossimilhança dos fatos nela denunciados, em ordem a promover, então,* **em caso positivo***, a formal instauração da concernente persecução, mantendo-se, assim, completa desvinculação desse procedimento estatal em relação às peças apócrifas.* **Reveste-se de legitimidade jurídica a recusa do órgão estatal em não receber peças apócrifas ou 'reclamações ou denúncias anônimas', para efeito de instauração de procedimento de índole administrativo-disciplinar e/ou de caráter penal (Resolução CNJ nº 103/2010, art. 7º, inciso III), quando ausentes as condições mínimas de sua admissibilidade...**" (grifo nosso); STJ, AgRg no AREsp 1287096/GO, Rel. Ministro Antonio Saldanha Palheiro, Sexta Turma, julgado em 20/08/2019, DJe 03/09/2019 – *"**A jurisprudência deste Tribunal Superior, em consonância com o entendimento sufragado pelo Supremo Tribunal Federal, firmou-se no sentido de que 'denúncia anônima' (notitia criminis inqualificada) não é, por si só, meio idôneo à instauração de inquérito policial, prestando-se, no entanto, a embasar procedimentos investigatórios preliminares em busca de indícios que corroborem as informações prestadas***, os quais tornam legítima a persecução criminal..."* (grifo nosso).

dizer" enquanto meio de prova, inclusive no Júri, mesmo porque sequer prova é[161], avalizado pelo Pleno do STF[162].

Como descabem dois pesos e duas medidas, tal percepção igualmente norteia a inserção, ou não, do preso no RDD.

Tampouco são provas matérias jornalísticas, que, na realidade, nada fazem a não ser noticiar um fato. Da **comunicação** à **prova** o caminho é longo, sendo atos inconfundíveis. Mal comparando, equivaleria a confundir notícia-crime com prova. O desvalor probatório das notícias veiculadas em periódicos também já foi assentada pelo STJ[163], endossado pelo Pleno do STF[164], mesmo porque, repita-se, sequer provas são, logo, **não são fundamento para inserir o preso no RDD**.

Outrossim, os fatos apontados como escusa para o implemento do RDD precisam ser **contemporâneos**. O olhar sobre o preso há de ser **atual**, e não retrospectivo. Quais atitudes do **presente** sinalizam o risco à sociedade ou à segurança do estabelecimento penal? Esta há de ser a indagação, mesmo porque toda tutela **cautelar** guia-se pela cláusula *rebus sic stantibus*, segundo estampou a própria Lei nº 13.964/19 ao incluir o § 2º ao art. 312 do CPP, ao exigir que a prisão preventiva esteja lastreada na *"existência concreta de fatos novos ou contemporâneos"*. Se assim o é para as prisões cautelares, presente o processo de conhe-

---

[161] AgRg no REsp 1802617/RS, Rel. Ministro Jorge Mussi, Quinta Turma, julgado em 14/05/2019, DJe 20/05/2019 – *"...Testemunho indireto ou por 'ouvir dizer'. Extrema fragilidade. Insuficiência para amparar a inclusão da qualificadora à pronúncia. Acórdão em sintonia com a jurisprudência do Superior Tribunal de Justiça. 1. O acórdão recorrido está em sintonia com a jurisprudência desta Corte Superior, no sentido de que não se afigura idônea, para fins de envio de relevante questão a julgamento perante o Júri Popular, a valoração probatória pautada apenas em testemunho indireto ou 'por ouvir dizer', prestado em juízo por quem não presenciou a conduta delitiva objeto da lide. Precedentes..."* (grifo nosso); HC 466.623/RJ, Rel. Ministro Rogerio Schietti Cruz, Sexta Turma, julgado em 26/11/2019, DJe 03/12/2019 – *"...Admite-se a anulação do julgamento do Tribunal do Júri, com fundamento no art. 593, III, d, do CPP, quando **a decisão dos jurados for absolutamente divorciada das provas dos autos, não sendo suficiente, como na hipótese, a indicação apenas de elementos indiciários e prova judicializada de testemunho de "ouvir dizer", por boatos, sem indicar a fonte**..."* (grifo nosso).

[162] AP 447, Relator Min. Carlos Britto, Tribunal Pleno, julgado em 18/02/2009, DJe 29/05/2009 – *"...A mera subordinação hierárquica dos secretários municipais não pode significar a automática responsabilização criminal do Prefeito. Noutros termos: **não se pode presumir a responsabilidade criminal do Prefeito, simplesmente com apoio na indicação de terceiros – por um 'ouvir dizer' das testemunhas –; sabido que o nosso sistema jurídico penal não admite a culpa por presunção**..."* (grifo nosso).

[163] RHC 95.304/RJ, Rel. Ministro Reynaldo Soares da Fonseca, Quinta Turma, julgado em 17/04/2018, DJe 25/04/2018 – *"...2. A materialidade do delito não é certa. Tem-se apenas matéria jornalística afirmando que "atribui-se ao ... a autoria dos dossiês contra... que seriam baseados em informações fiscais sigilosas e distorcidas". Ou seja, não se sabe se existem mencionados dossiês, não se sabe quem os produziu e não se sabe o que consta neles. Nesse contexto, **tem-se prematura instauração de inquérito policial para apurar divulgação de informação falsa que nem sequer se sabe se foi divulgada nem se é falsa. O que se tem é uma informação jornalística e nada mais**...6. Recurso em habeas corpus provido, para trancar o inquérito policial n. 0096474-35.2017.8.19.0001, por ausência de justa causa, sem prejuízo de seu desarquivamento, nos termos do art. 18 do CPP"* (grifo nosso).

[164] Pet 2805 AgR, Relator Min. Nelson Jobim, Tribunal Pleno, julgado em 13/11/2002, DJ 27/02/2004 – *"...2. Para autorizar-se a quebra dos sigilos bancário, fiscal e telefônico, medida excepcional, é necessário que haja indícios suficientes da prática de um delito. **A pretensão do agravante se ampara em meras matérias jornalísticas, não suficientes para caracterizar-se como indícios**...É necessário que a acusação tenha plausibilidade e verossimilhança para ensejar a quebra dos sigilos bancários, fiscal e telefônico. 3. **Declaração constante de matéria jornalística não pode ser acolhida como fundamento para instauração de um procedimento criminal**..."* (grifo nosso).

cimento, assim há de ser para o RDD, considerada a execução penal, por serem, ambas, medidas cautelares pessoais. A analogia, mais do que mandatória, é necessária, mesmo porque *in bonam partem*. O Superior Tribunal de Justiça possui precedentes nesse sentido[165].

Invocar a gravidade em concreto dos fatos motivadores da prisão para fins de inclusão no RDD ofenderia o princípio da legalidade penal estrita, dando-lhe a feição de **pena acessória ou complementar**, sem prévia cominação legal (art. 5º, XXXIX, da CRFB/88 e art. 1º, cabeça, do CP). Revisitar um episódio já julgado empresta à execução penal um olhar estritamente retrospectivo (punitivo), olvidando o viés ressocializador, a exigir uma visão prospectiva. Em se tratando de preso cautelar, atentar-se-ia, ainda, contra o devido processo legal (art. 5º, LIV, da CRFB/88), afinal, a reprovabilidade maior da conduta, fundamento da prisão provisória, seria também invocada para motivar o RDD, superdimensionando, duas vezes, fato único, em claro *bis in idem*.

Faltas graves pretéritas tampouco são argumento para impor ou prolongar o RDD. Não se resgata o que já se exauriu. Se as indisciplinas geraram procedimentos administrativos disciplinares e respectivas sanções, com impacto direto na execução penal, o *processo* (em sentido lato) concernente a elas está findo. Invocá-lo objetivando a implementação ou a prorrogação do RDD importaria duplicidade punitiva (*bis in idem*), perpetuando-lhes os efeitos, em descompasso com o art. 5º, XLVII, b da CRFB/88 – não eternizar a pena engloba a condenação como um todo, incluindo os incidentes disciplinares ao longo da execução. Ao invés do presente (contemporaneidade), olhar-se-ia para o passado, negando a natureza cautelar do RDD.

Idêntica percepção alcança o inciso II do § 1º do art. 52 da LEP. Em verdade, essa hipótese é desnecessária, porque variante da anterior: **se o preso continua envolvido em organização ou associação criminosa, ou em milícia privada, ressai evidente o risco à ordem pública ou à segurança do estabelecimento onde se encontra**. Assim, para fins de mera sistematização normativa, cumpre pontuar: a) se houver efetivo cometimento de um desses delitos pelo preso, ou qualquer outro doloso, subvertendo a ordem interna da unidade prisional, o RDD pauta-se no *caput* do art. 52 da LEP; b) se houver *fundadas suspeitas de envolvimento ou participação* em outros crimes dolosos, ainda não denunciados, gerando risco à ordem pública ou à disciplina carcerária, o RDD é implementado com lastro no inciso I do § 1º do art. 52; c) se o cenário retratado na letra "b" advier do

---

[165] HC 339.764/SP, Rel. Ministro Nefi Cordeiro, Rel. p/ Acórdão Ministra Maria Thereza de Assis Moura, Sexta Turma, julgado em 30/06/2016, DJe 01/08/2016 – *"EXECUÇÃO PENAL. HABEAS CORPUS. REGIME DISCIPLINAR DIFERENCIADO. REQUERIMENTO. **EXTEMPORANEIDADE. FINALIDADE DO INSTITUTO. DESCARACTERIZAÇÃO.** CONSTRANGIMENTO ILEGAL. OCORRÊNCIA. WRIT NÃO CONHECIDO. ORDEM CONCEDIDA DE OFÍCIO. 1. O Regime Disciplinar Diferenciado consiste em um sistema de disciplina carcerária especial, dotado de regras mais rígidas do que os demais regimes de cumprimento de pena, sendo aplicável como sanção disciplinar ou dada a **imprescindibilidade cautelar**. 2. In casu, vislumbra-se o alegado constrangimento ilegal, uma vez que **a inclusão do paciente no Regime Disciplinar Diferenciado foi requerida quase um ano após as últimas interceptações telefônicas, as quais apontavam sua possível participação em uma organização criminosa, descaracterizando a finalidade do instituto, dada a evidente serôdia entre os fatos e a pretensão**. 3. Writ não conhecido. Ordem concedida de ofício para determinar a exclusão do paciente do Regime Disciplinar Diferenciado, ressalvando-se a possibilidade de aplicação da medida caso surjam fatos recentes que se subsumam às hipóteses descritas no artigo 52 da Lei de Execução Penal"* (grifo nosso). Na mesma esteira, HC 307.660/SP, Rel. Ministra Maria Thereza de Assis Moura, Sexta Turma, julgado em 07/04/2015, DJe 13/04/2015; HC 301.707/RJ, Rel. Ministra Maria Thereza de Assis Moura, Sexta Turma, julgado em 17/03/2015, DJe 24/03/2015.

pretenso vínculo com organização ou associação criminosa, ou milícia privada, invoca-se o inciso II do § 2º do art. 52. Independentemente do cenário, a *ratio* é idêntica: alegado cometimento de atos capazes de abalar a paz social ou desestruturar a disciplina interna da unidade prisional, colocando em xeque a efetividade das execuções da pena lá abrigadas.

Por conseguinte, informes anônimos, notícias de jornal, a gravidade do injusto ensejador da condenação e as faltas graves pretéritas **não** justificam a inserção ou o prolongamento do RDD. Imprescindível é a reunião de **provas concretas** dos laços do preso com determinada milícia privada, organização ou associação criminosa, **especificando os atos por ele pretensamente perpetrados reveladores não apenas desse vínculo, mas do nível de poder de comando exercido dentro do grupo criminoso**, afinal, o RDD, enquanto medida cautelar extremada, **reserva-se aos ocupantes de postos diretivos**, e não aos integrantes da base da pirâmide organizacional, meros "comandados". **Nessa suposta liderança reside o risco à paz social ou à ordem interna do presídio, comprometedora da eficácia da execução penal não apenas do preso, mas dos demais internos**.

Todas as hipóteses elencadas no inciso II do § 1º do art. 52 da LEP – milícia privada, organização ou associação criminosa – são **crimes dolosos**, cujo cometimento configura falta grave, nos moldes da cabeça do art. 52. Por conseguinte, ao preconizar, no inciso II, que o RDD pode ser implementado *independentemente da prática de falta grave*, a Lei nº 13.964/19 abre espaço para cogitar a medida **mesmo inexistindo justa causa para iniciar uma investigação penal ou mesmo um PAD, bastando a** *notícia* **de envolvimento ou participação nos delitos listados acima**. Tal intelecção, todavia, seria inconstitucional por todas as razões expendidas em relação ao inciso I, somadas ao art. 5º, LVII, da CRFB/88: como a premissa para a imposição do RDD, nos termos do inciso II, perpassa pela prática de **novo** injusto (integrar milícia privada, organização ou associação criminosa), a presunção, em relação a este, é de inocência (ou não culpabilidade), **não podendo ser desfeita por mero informe anônimo ou matéria jornalística**. Se tais não servem para fundamentar o início da persecução penal, presente a fase investigatória, muito menos para submeter o preso ao RDD. Admitir o contrário significaria privá-lo, ainda mais, da liberdade **à míngua do devido processo legal**, afinal, bastaria a mera **suspeita**. Por tudo isso, **a existência de investigação penal em curso para apurar os delitos de organização ou associação criminosa ou milícia privada envolvendo o segregado é pressuposto ao acionamento do inciso II do § 1º do art. 52 da LEP**. A desnecessidade de se ter, de antemão, identificada a falta grave – fatalmente presente **se** o preso fosse denunciado como incurso em um desses tipos penais, considerado o *caput* do art. 52 da LEP – atrela-se à **dispensabilidade de justa causa para a deflagração da ação penal**, mas **não à instauração de inquérito correlato a um desses injustos**. Sem isso, tem-se, em sede de execução penal, um "vale tudo" processual concernente ao RDD, lembrando que, quanto mais dura a medida privativa de liberdade, mais rigoroso há de ser o devido processo legal para o seu implemento. Consigne-se que condicionar a incidência do inciso II do § 1º do art. 52 da LEP indelevelmente à deflagração da ação penal seria demasiado, afinal, se cabem constrições e privações libertárias cautelares no inquérito, se necessárias e adequadas, não há de ser diferente em relação ao RDD, que igualmente é medida cautelar pessoal. Inexistem diferenças a justificar tratamento diferenciado.

Todas as observações ora tecidas aplicam-se aos presos provisórios, denunciados por um desses tipos penais, ou seja, **descabe invocar o delito, já motivador da custódia cautelar, para impor, ainda, o RDD, como se adendo fosse**. Mister é demonstrar que, malgrado a segregação, **voltou** a atuar, ativamente, no dito grupo criminoso, **inaugurando novo ciclo associativo**, carecedor de nova investigação.

E tal investigação é necessária porque é a partir dela que serão carreadas medidas aptas a reunir **provas** que embasem a imposição do RDD, não se recorrendo à mera (e inadmissível) capacidade intuitiva. Interceptações ambientais, telefônicas, infiltração policial são alguns dos meios de formação de provas disponíveis para tanto, objetivando demonstrar **a suposta participação em associação ou organização criminosa, ou milícia privada, bem como os atos e/ou comandos ordenados pelo detento para abalar a estabilidade interna do presídio, orquestrando planos de fuga ou levantes, ou mesmo para concatenar ações delitivas fora do estabelecimento penal. Por isso, reitere-se, que tampouco é suficiente que a sua posição dentro do grupo seja** *a qualquer título*, mas **relevante, com poder de direção** – não é proporcional, sob o ângulo da necessidade, por exemplo, imaginar que um *mula* (transportador) **ou** *vapor* (vendedor) **do tráfico seja merecedor do RDD...** É esta a interpretação conforme a Constituição a ser feita sobre o inciso II do § 1º do art. 52 da LEP, a fim de preservar a instrumentalidade do RDD.

Em complemento ao inciso II do § 1º do art. 52 da LEP, o § 3º, incluído pela Lei nº 13.964/19, preconiza que *existindo indícios de que o preso exerce* **liderança** *em organização criminosa, associação criminosa ou milícia privada, ou que tenha atuação criminosa em 2 (dois) ou mais Estados da Federação,* **o regime disciplinar diferenciado será obrigatoriamente cumprido em estabelecimento prisional federal** (grifo nosso). O texto, se interpretado literalmente, *a contrario sensu*, permitiria, em tese, o RDD a qualquer preso integrante de milícia privada ou organização ou associação criminosa, independentemente do posto ocupado, exegese, todavia, despida de racionalidade, bem como de proporcionalidade, pois, conforme exaustivamente exposto, banalizaria o extravagante, expondo às agruras do RDD vulneráveis, despidos de periculosidade maior, que nada mais são do que mão de obra barata, de facílima reposição, à disposição do crime organizado. Enquanto normas limitadoras da liberdade, a interpretação há de ser, sempre, restritiva.

Assim, o § 3º do art. 52 da LEP destina-se às *cabeças* dos ditos grupos criminosos, mesmo porque a capacidade dos presídios federais de segurança máxima é reduzida, sendo mandatório respeitar a respectiva lotação. Não se banaliza o extravagante. A Lei nº 11.671, de 8 de maio de 2008, que disciplina o tema, é assertiva quanto a isso. O *caput* do art. 11 exige que o limite máximo não seja ultrapassado, devendo, inclusive, manter-se aquém, segundo anuncia o § 1º, de sorte a assegurar, sempre, a existência de vagas em casos de emergência. Chega a ser critério de julgamento dos conflitos de competência, quando, *v.g.*, houver dissenso entre o Juízo da execução de origem e o federal, cuja circunscrição compreenda o estabelecimento de segurança máxima, quanto ao envio ou conservação do preso neste *ex vi* do § 2º do citado art. 11.

Obviamente que, em superorganizações, inexiste **1** líder. Mas tampouco se tem um comando extremamente pulverizado. Aos **mentores** do grupo criminoso, a reboque do RDD, se imposto, virá a transferência para o presídio federal de segurança máxima. Aos **diretores, coordenadores, gerentes**, igualmente sujeitos ao RDD, **não se disponibiliza, em princípio, o cumprimento em presídio federal de segurança máxima**, salvo se por **outras** razões, versadas no *caput* do art. 3º da Lei nº 11.671/08, cujo conteúdo original foi mantido pela Lei nº 13.964/19, for necessário e adequado – *v.g.*, quando a vida do preso estiver irremediavelmente ameaçada, pouco importando a unidade prisional estadual na qual esteja, que é uma das causas para tal transferência. Portanto, aos ocupantes de postos diretivos, mas que não chegam a ser os líderes da organização (*v.g.* gerente de uma "boca de fumo"), se submetidos ao RDD, o cumprimento **pode** ser em presídio federal de segurança máxima, ou seja, é **possível**, mas **não obrigatório**; caso exerça a liderança (ou uma das, por ser, *v.g.* o "dono do morro"), é **mandatório**.

Durante o cumprimento do RDD em presídio federal de segurança máxima, cumpre garantir *alta segurança interna e externa, principalmente no que diz respeito à necessidade de se evitar contato do preso com membros de sua organização criminosa, associação criminosa ou milícia privada, ou de grupos rivais*, adverte, até redundantemente, o § 5º do art. 52 da LEP.

As considerações tecidas sobre os requisitos para a inserção do preso, definitivo ou provisório, no RDD **convergem** com as balizas **teóricas** construídas pelo Superior Tribunal de Justiça. Todavia, quando da análise do caso concreto, constata-se que muitos desses referenciais são olvidados ou mal aplicados.

Os primeiros julgados do STJ sobre o regime disciplinar diferenciado primaram pela excessiva textualidade, aplicando literalmente os então §§ 1º e 2º do art. 52 da LEP (atuais incisos I e II do § 1º do art. 52).

Ilustra-se com o REsp 662.637/MT, Rel. Ministro JOSÉ ARNALDO DA FONSECA, QUINTA TURMA, julgado em 07/04/2005, DJ 09/05/2005, p. 467. Conforme consta no relatório, *o Juiz Federal da 2ª Vara da Seção Judiciária do Estado de Mato Grosso, por entender que o* **réu já havia sido condenado e se tratava de membro integrante de organização criminosa**, *o que representaria alto risco para a ordem e segurança dos estabelecimentos prisionais, determinou a inclusão do recorrido no Regime Disciplinar Diferenciado – RDD, junto à Unidade Prisional Pascoal Ramos* (grifo nosso), **sem indicar qualquer dado concreto que efetivamente justificasse a medida**. O TRF da 1ª Região, em sede de habeas corpus, identificou o vício e desconstituiu o RDD, alegando que *o fato de o detento, como na hipótese em exame, ter integrado organização criminosa, para praticar determinados delitos, que lhe renderam condenação, por si só, não autoriza sua inclusão do aludido regime diferenciado, que é pena por infração disciplinar carcerária* (grifo nosso). Aduziu, ainda, que *no caso em análise, não há comprovação de ter o condenado praticado falta grave. Ao contrário, pois, segundo atestou o Diretor da Unidade Prisional Regional Pascoal Ramos, em Mato Grosso, o paciente, oriundo do Departamento de Polícia Federal, em 13 de maio de 2003, à época, com prisão temporária decretada em seu desfavor,* **não registra nenhuma nota que desabone sua conduta** (grifo nosso). Interposto recurso especial, a 5ª Turma do STJ, na esteira do voto do relator, obtemperou, na literalidade do art. 52 da LEP, que *a Lei nº 10.792/2003...não estabelece que seus efeitos sejam aplicados* **exclusivamente** *aos casos de cometimento de crime, ou de falta grave dentro do cárcere* (grifo nosso), concluindo que o ***Tribunal de origem***, *ao desconstituir a decisão que determinou a inclusão do paciente no Regime Disciplinar Diferenciado-RDD, ao fundamento de não haver comprovação da prática de falta grave,* **violou o art. 52, § 2º, da Lei de Execuções Penais** (grifo nosso) – atual inciso II do § 1º do art. 52.

A 6ª Turma do STJ também acumula precedentes neste sentido, entendendo que ***afora*** *a hipótese da falta grave que ocasiona subversão da ordem ou da disciplina internas,* **também se aplica aos presos provisórios e condenados, nacionais ou estrangeiros, "que apresentem alto risco para a ordem e a segurança do estabelecimento penal ou da sociedade"** (grifo nosso), conforme externado no HC 44.049/SP, Rel. Ministro HÉLIO QUAGLIA BARBOSA, Rel. p/ Acórdão Ministro HAMILTON CARVALHIDO, SEXTA

TURMA, julgado em 12/06/2006, DJ 19/12/2007, p. 1232, valendo-se, lamentavelmente, de abstrações.

A expressiva mudança na composição das turmas com competência criminal oxigenou o trato da matéria, depurando-o tecnicamente na linha desse trabalho. Mas, as vicissitudes encontradas nos primeiros pronunciamentos sobre o regime disciplinar diferenciado ainda reverberam.

No HC 265.937/SP, Rel. Ministra LAURITA VAZ, QUINTA TURMA, julgado em 11/02/2014, DJe 28/02/2014, assentou-se que ...*o art. 52 da Lei de Execuções Penais prevê o cabimento do Regime Disciplinar Diferenciado em **três** situações distintas. Ao contrário do caráter repressivo da primeira hipótese (caput), o **"alto risco" e as "fundadas suspeitas" a que fazem referência os parágrafos 1.º e 2.º do art. 52 ilustram a preocupação do legislador em prevenir condutas que, porventura, possam acarretar subversão da ordem ou disciplina internas**.4. A indeterminação da linguagem utilizada nesses casos, agregada ao considerável grau de intervenção na liberdade individual ínsito à aplicação do instituto, são fatores que, à luz do postulado da proporcionalidade e do dever constitucional de fundamentação, obrigam maior prudência e cautela por parte dos magistrados, para que decisões flagrantemente ilegais, baseadas mais em seus anseios pessoais de justiça do que na intencionalidade normativa do direito, não sejam proferidas. Por outro lado, **não é qualquer suspeita de participação em grupos criminosos que conduz à conclusão inarredável, como se automática fosse, de que há ameaça à subversão da ordem ou à disciplina interna, devendo o magistrado fundamentar a decisão com base em dados concretos presentes nos autos**. Mas o fato é que **a lei, em nenhum momento, estabelece como requisito, nessas duas últimas hipóteses, qualquer demonstração de atos previamente praticados pelo apenado no estabelecimento criminal**. Por conseguinte, **qualquer interpretação que porventura condicione, também nas hipóteses em apreço, a aplicação da medida a atos pretéritos de indisciplina recairá em notória argumentação contra legem**. 5. No particular, a inserção do Paciente em Regime Disciplinar Diferenciado restou devidamente fundamentada, já que **o próprio se declarou membro da organização criminosa conhecida como Primeiro Comando da Capital (PCC), tendo sido encontrada em seu poder, ainda, uma cartilha contendo instruções do grupo**. Mais do que isso, **a Corte de origem salientou que o Paciente é o encarregado de exercer a função de "disciplina" no pavilhão, posição hierárquica importante que lhe concede a tarefa de impor e cobrar dos demais integrantes as incumbências criminosas atribuídas, e que lhe possibilita ter informações privilegiadas sobre todas as ações praticadas na região, presídio, pavilhão ou raio subordinado**, tudo isso a desvendar o preenchimento do requisito previsto no art. 52, § 2.º da Lei n.º 7.210/1984, não havendo se falar em desproporcionalidade da medida (grifo nosso).

Vê-se que o acórdão do STJ alinha-se, dogmaticamente, às nossas proposições – ao reconhecer, por exemplo, a vagueza dos então §§ 1º e 2º do art. 52 da LEP (atuais incisos I e II do § 1º do art. 52) de maneira que a inserção do preso no RDD, nestas 02 (duas) hipóteses, demanda dados concretos, até para evitar excessos, em detrimento da proporcionalidade. Por outro lado, ao obtemperar que tais preceitos *a preocupação do legislador em prevenir condutas que, porventura, possam acarretar subversão da ordem ou disciplina internas* claramente empresta ao RDD uma missão instrumental (cautelar).

Todavia, recai em demasiada literalidade ao consignar que *a lei, em **nenhum** momento, estabelece como requisito, nessas duas últimas hipóteses,* **qualquer demonstração de atos** *previamente praticados pelo apenado no estabelecimento criminal*, abrindo campo para interpretações enviesadas no sentido de encarar o RDD numa espécie de **apêndice da condenação criminal ou do título prisional cautelar**, se ainda não sentenciado, só com lastro na gravidade, ainda que concreta, da imputação, ferindo mortalmente os postulados do devido processo legal e da legalidade penal estrita.

Por outro lado, há de se ter muito rigor com o que há de se entender como dado concreto para fins de imposição do RDD, especialmente para **não** se contentar com o malfadado critério da *verdade sabida*, o conhecido *ouvir dizer* ou *todo mundo sabe*, defenestrado tanto pelo STJ quanto pelo STF, segundo já examinado, mas, por vezes, aceito, porque veiculado veladamente. No *case* em análise, o STJ satisfez-se com a confissão do condenado de ser membro da facção criminosa PCC – Primeiro Comando da Capital – e com o **rumor** de ser o *encarregado de exercer a função de "disciplina" no pavilhão, posição hierárquica importante que lhe concede a tarefa de impor e cobrar dos demais integrantes as incumbências criminosas atribuídas, e que lhe possibilita ter informações privilegiadas sobre todas as ações praticadas na região, presídio, pavilhão ou raio subordinado*.

O fato de o presidiário declarar-se membro de uma organização criminosa é ínsito, lamentavelmente, ao universo carcerário, que não tolera neutralidade – todo réu ou sentenciado inserido no sistema prisional é compelido a adotar um grupo criminoso, do contrário a sua convivência no presídio será muito difícil, pondo em risco a sua própria subsistência. Da outra banda, se o preso comprovadamente exercesse a função de "disciplina", fatalmente teria sido aberta, no mínimo, uma sindicância administrativa, **o que tampouco foi feito**. Ademais, se o preso tivesse, dentro da referida facção, toda a importância realçada no acórdão, seguramente seus líderes teriam ordenado a contratação de advogado, não precisando ocupar a já tão exacerbada de serviço Defensoria Pública do Estado de São Paulo, cujas excelência e combatividade são notórias. Dessarte, a sua inclusão no RDD pautou-se, sim, no famigerado *ouviu dizer* ou *todo mundo sabe*.

De todo modo, *dogmaticamente*, as advertências e preocupações aqui alinhavadas são, felizmente, compartilhadas pelo STJ (apesar de alguns deslizes quando da aplicação prática dessas diretrizes teóricas), bem como pelo STF. Emblemático, nesse diapasão, é o HC 96328, Relator(a): Min. CEZAR PELUSO, Segunda Turma, julgado em 02/03/2010, DJe-062 DIVULG 08-04-2010 PUBLIC 09-04-2010 EMENT VOL-02396-01 PP-00167 RTJ VOL-00217– PP-00340, assim ementado: *AÇÃO PENAL. Condenação. Execução. Prisão.* **Regime disciplinar diferenciado. Sanção disciplinar. Imposição. Repercussão no alcance dos benefícios de execução penal. Indispensabilidade de procedimento administrativo prévio. Não instauração. Violação ao devido processo legal.** *Ordem concedida de ofício para que a sanção já cumprida não produza efeitos na apreciação de benefícios na execução penal.* **O regime disciplinar diferenciado é sanção disciplinar, e sua aplicação depende de prévia instauração de procedimento administrativo para apuração dos fatos imputados ao custodiado** (grifo nosso).

No caso em tela o RDD foi determinado com arrimo no art. 52, então §§ 1º e 2º da LEP (atuais incisos I e II do § 1º do art. 52), sem a instauração prévia de PAD ou de qualquer outra sindicância, ao argumento de que o preso teria entrado em contato com comparsas, fora do presídio, para que estes sequestrassem autoridades administrativas penitenciárias, que seriam libertadas se liberados alguns líderes de determina facção criminosa. Não obstante a gravidade da imputação, **não foi instaurado qualquer procedimento pela autoridade administrativa**, sob a justificativa de que *"não haveria como* *documentar informações dessa espécie", colhidas por relatos de presos que correriam risco de vida em vista de depoimento informal.*

Obtemperou o Min. Cezar Peluso, contudo, que *a instauração necessária de procedimento administrativo não significava colher formalmente depoimentos de presos, mas garantir o pleno exercício da defesa:' ... era preciso cientificar o sentenciado quanto às acusações que justificariam a inclusão em regime disciplinar diferenciado, ouvir sua versão, produzir provas (as quais seriam meramente documentais, se o caso) e permitir a apresentação de defesa escrita na esfera administrativa...' É certo que não se podem olvidar as dificuldades inerentes à instauração de procedimento administrativo em estabelecimentos penitenciários direito de defesa...Cumpre ressaltar que o Plenário da Corte...teve a oportunidade de* **repelir**, *mais de uma vez, o* **critério da verdade sabida como fundamento para aplicação de sanções disciplinares administrativas...Os mesmos fundamentos dessa decisão devem ser aplicadas aqui, com maior razão, diante do nítido reflexo da medida impugnada na liberdade de locomoção da pessoa**...(grifo nosso).

O julgado foi inteiramente construído partindo da premissa de ser o RDD espécie de sanção disciplinar. Mas nada muda caso seja entendido como medida cautelar constritiva da liberdade, o que, repita-se, é mais adequado, máxime nos casos dos incisos I e II do § 1º do art. 52 da LEP, porquanto qualquer constrição ou privação libertária cautelar exige, à sua imposição, dados que concretamente justifiquem a sua necessidade (instrumentalidade) ao resguardo da efetividade da execução penal ou do título prisional cautelar, o que obrigatoriamente perpassa pela instauração prévia de PAD ou de qualquer sindicância preliminar, sob pena de negação do devido processo legal, independentemente de consubstanciar ou não falta grave.

O cumprimento do regime disciplinar diferenciado obedece aos seguintes parâmetros, revelados no *caput* do art. 52 da LEP e sensivelmente agravados pela Lei nº 13.964/19:

a) duração máxima de **até** 2 (dois) anos, em vez dos 360 dias anteriormente previstos, sem prejuízo de repetição da sanção grave por nova falta grave da mesma espécie (inciso I);

b) recolhimento em cela individual (inciso II), reproduzindo o texto anterior;

c) visitas quinzenais, e não mais semanais, de 2 (duas) pessoas por vez, a serem realizadas em instalações equipadas para impedir o contato físico e a passagem de objetos, por pessoa da família (compreendidas as uniões estável e homoafetivas), ou, no caso de terceiro, autorizado judicialmente, com duração de 2 (duas) horas (inciso III). Além disso, o § 6º do art. 52 preconiza que serão gravadas em sistema de áudio ou de áudio e vídeo e, com autorização judicial, fiscalizada por agente penitenciário. Aduz o § 7º que, após os primeiros 6 (seis) meses de regime disciplinar diferenciado, o preso que não receber visita poderá, após prévio agendamento, ter contato telefônico, gravado, com uma pessoa da família, 2 (duas) vezes por mês, por 10 (dez) minutos;

d) saída da cela para banho de sol diário, por 2 (duas) horas, em grupos de até 4 (quatro) presos, desde que não haja contato com detentos do mesmo grupo criminoso (inciso IV);

e) entrevistas sempre monitoradas, exceto aquelas com seu defensor, em instalações equipadas para impedir o contato físico e a passagem de objetos, salvo expressa autorização judicial em contrário (inciso V);

f) fiscalização do conteúdo da correspondência (inciso VI);

g) participação em audiências judiciais preferencialmente por videoconferência, garantindo-se a participação do defensor no mesmo ambiente do preso (inciso VII).

Para melhor sistematização, analisaremos cada nuance do RDD isoladamente, delimitando-as, para, depois, ao final, examinar a constitucionalidade da novel forma de cumprimento, globalmente considerada.

O **teto** de duração do RDD, antes de 360 dias, foi estendido para **até** 2 (dois) anos. A contagem é material, nos moldes do art. 10 do CP, incluindo-se o dia inaugural, por envolver privação libertária. Como 2 (dois) anos são o máximo, **a sua eleição exige motivação concreta, devendo o juiz listar inúmeras circunstâncias negativas, objetivas e subjetivas, que apontem a premência de se impor ao detento o maior lapso temporal previsto em lei.** Caso o RDD seja aplicado vinculado ao prazo máximo, sem qualquer explicação, cabem às partes, sobretudo ao Ministério Público, embargar de declaração, a fim de suprir esta omissão. Caso não o faça, limitando-se a tomar ciência da decisão, cumpre a defesa, sobrevindo a preclusão ao *Parquet*, agravar, na forma do art. 197 da LEP, ou até mesmo impetrar HC, postulando o redimensionamento do prazo do RDD para o mínimo legal, 01 (um) dia – como o art. 52, I não fixou o piso, há de ser o menor previsto em lei, equivalente a 1 (um) dia, na medida em que não se computam frações de dia. E a escolha de qualquer outra fração, como 1/6 (um sexto), dar-se-ia intuitivamente, sem base normativa alguma, em afronta ao princípio da legalidade penal estrita, afinal, ante o silêncio da lei, por que não 1/8, 1/9, 1/10 e assim por diante? Estipular, a esmo, determinada fração importaria legislar, estabelecendo restrições não previstas em lei, ao arrepio da separação entre os Poderes da República (art. 2º da CRFB/88).

Em sendo o pedido recursal, ou veiculado em *habeas corpus* – admissível como **alternativa constitucional** ao agravo em execução, porque, além de a decisão vergastada impactar, diretamente, no *status libertatis*, a cognição a ser desenvolvida é estritamente jurídica, sem demandar dilação ou revolvimento probatório algum[166] – dirigido à **reade-**

---

[166] STJ, HC 255.405/SP, Rel. Ministro Campos Marques (Desembargador Convocado do TJ/PR), Quinta Turma, julgado em 13/11/2012, *DJe* 20/11/2012 – "...1. *Cristalizou-se na jurisprudência desta Corte que, apesar de existir recurso próprio, a ação de habeas corpus pode substituir o agravo em execução desde que para a sua apreciação não seja necessário o revolvimento de provas e que a controvérsia se limite à matéria de direito...*" (grifo nosso). Com efeito, a impetração apenas não será conhecida caso veicule pretensão cujo exame extrapole o limite cognitivo estreito do *habeas*. Saliente-se que, diferentemente de recursos como o especial e o ordinário em habeas corpus, o agravo em execução possui raiz exclusivamente **infraconstitucional** (art. 197 da LEP), logo, não pode preterir o *habeas* que, para além de uma ação **constitucional** impugnativa autônoma, é uma garantia fundamental (art. 5º, LXVIII, da CRFB/88). Finalmente, existem pronunciamentos que desafiam mais de uma via impugnativa adequada, a depender da argumentação invocada. A oposição do sigilo do inquérito ao defensor, *v.g.*, comporta reclamação ao STF, por ofensa à S.V. 14 (art. 102, I, l, da CRFB/88), mandado de segurança, por violação à prerrogativa de vista dos autos (art. 5º, LXIX, da CRFB/88) ou habeas corpus (art. 5º, LXVIII, da CRFB/88), porque, sem a devida assistência jurídica, o indiciado preso assim permanecerá, enquanto o solto a qualquer momento poderá ser detido, sem a oportunidade de oferecer resistência jurídica efetiva (STF, HC 90232, Relator Min. Sepúlveda Pertence, Primeira Turma, julgado em 18/12/2006, DJ 02/03/2007, *LEXSTF* v. 29, n. 340, 2007, p. 469-480 – "*...Do plexo de direitos dos quais é titular o indiciado – interessado primário no procedimento administrativo do inquérito policial –, é corolário e instrumento a prerrogativa do advogado de acesso aos autos respectivos, explicitamente outorgada pelo Estatuto da Advocacia (L. 8906/94, art. 7º, XIV), da qual – ao contrário do que previu as hipóteses assemelhadas – não se excluíram os inquéritos que correm em sigilo: a irrestrita amplitude do preceito legal resolve em favor da prerrogativa do defensor o eventual conflito dela com os interesses do*

quação da duração do RDD para o mínimo legal, 1 dia, à míngua de fundamentação para a estipulação do período máximo, **não compete ao Tribunal simplesmente anular a decisão, por ausência de motivação, porque permitiria a prolação de nova, idêntica à anterior, mas, agora, devidamente motivada, desconstituindo a preclusão já operada para a acusação, em nítida *reformatio in pejus ex officio*, vedada pelo art. 617 do CPP – a impugnação exclusivamente defensiva, no frigir dos ovos, serviria para sanar *pro societate* o vício do provimento, sem trazer qualquer ganho ao preso.** Caso o pronunciamento esteja **motivado**, questionando-se ao Tribunal a ausência de proporcionalidade, este tem plena liberdade para confirmá-lo ou reformá-lo, estipulando o prazo de duração que entender mais consentâneo com o binômio necessidade/adequação.

O Superior Tribunal de Justiça tem aplicado essa percepção, reiteradamente, em relação à perda dos dias remidos, limitada a **até** um terço (art. 127 da LEP). Por ser o **teto**, o juiz das execuções, ao elegê-lo, há de apontar fundamentos concretos para tanto, afinal, na ausência de um mínimo pré-estabelecido, nada impediria subtrair apenas 1 dia remido. Contudo, em vez de reformar as decisões, limitando a perda ao mínimo legal, 1 dia, a 5ª e a 6ª Turmas têm anulado os pronunciamentos, exigindo novo, devidamente fundamentado, **sem sequer vislumbrar eventual ofensa ao art. 617 do CPP, nos moldes advertidos acima**[167]. Mas, verdade seja dita, assim o fazem porque os pedidos encaminha-

---

*sigilo das investigações, de modo a fazer impertinente o apelo ao princípio da proporcionalidade. 3. A oponibilidade ao defensor constituído esvaziaria uma garantia constitucional do indiciado (CF, art. 5º, LXIII), que lhe assegura, quando preso, e pelo menos lhe faculta, quando solto, a assistência técnica do advogado, que este não lhe poderá prestar se lhe é sonegado o acesso aos autos do inquérito sobre o objeto do qual haja o investigado de prestar declarações. 4. O direito do indiciado, por seu advogado, tem por objeto as informações já introduzidas nos autos do inquérito, não as relativas à decretação e às vicissitudes da execução de diligências em curso (cf. L. 9296, atinente às interceptações telefônicas, de possível extensão a outras diligências); dispõe, em consequência a autoridade policial de meios legítimos para obviar inconvenientes que o conhecimento pelo indiciado e seu defensor dos autos do inquérito policial possa acarretar à eficácia do procedimento investigatório. 5. **Habeas corpus de ofício deferido, para que aos advogados constituídos pelo paciente se faculte a consulta aos autos do inquérito policial e a obtenção de cópias pertinentes, com as ressalvas mencionadas**" (grifo nosso). Embora sejam todas constitucionais, o habeas não surge como via substitutiva às demais, mas **alternativa**.*

[167] HC 511.442/RS, Rel. Ministro Leopoldo de Arruda Raposo (Desembargador Convocado do TJ/PE), Quinta Turma, julgado em 01/10/2019, DJe 09/10/2019 – "...V – A determinação de perda de até 1/3 (um terço) dos dias remidos em decorrência da homologação da falta grave no curso da execução penal decorre de previsão expressa do art. 127 da Lei de Execução Penal. In casu, **não foi apresentado qualquer fundamento para determinar a perda de 1/3 (um terço) dos dias remidos, estando a r. decisão do d. Juízo de primeiro grau, mantida pelo eg. Tribunal de origem, em desacordo com a jurisprudência desta Corte Superior, segundo a qual a perda máxima dos dias remidos exige motivação concreta e idônea**. Ante o exposto, não conheço do habeas corpus. Concedo, contudo, **a ordem, de ofício, para determinar que o d. Juízo da Vara de Execuções faça nova análise acerca da perda dos dias remidos, de modo fundamentado, com esteio na atual redação do art. 127 da Lei de Execução Penal**, conferida pela Lei n. 12.433/2011..." (grifo nosso); HC 479.931/RS, Rel. Ministra Laurita Vaz, Sexta Turma, julgado em 30/05/2019, DJe 11/06/2019 – "...*o Juízo das Execuções Criminais determinou a perda de 1/3 (um terço) dos dias remidos sem declinar motivação material – ou seja, baseada em elementos concretos dos autos –, ao eleger o patamar máximo previsto em lei*. Por sua vez, o Tribunal de origem limitou-se consignar que a penalidade trata-se de medida impositiva. Portanto, **as instâncias ordinárias não observaram o dever constitucional de fundamentar**.3. Ordem de habeas corpus parcialmente concedida tão somente para ratificar o provimento liminar em que foi determinado ao Juiz das Execuções Penais que **escolhesse o patamar para a perda dos dias remidos de modo fundamentado, à luz da disciplina do art. 127 da Lei de Execução Penal**..." (grifo nosso).

dos têm sido de anulação, logo, a rigor, o STJ tem dado exatamente o que a defesa pediu, fragilizando ulterior alegação de *reformatio in pejus ex offício*... **O Superior Tribunal de Justiça ainda não foi instado a se manifestar sobre o tema sob a ótica aqui sustentada**, sendo salutar que a acolhesse, em homenagem, inclusive, ao fim pedagógico da jurisdição, contribuindo para o aprimoramento das prestações jurisdicionais incidentais à execução penal – na medida em que os juízes verificassem perdas dos dias remidos reduzidas a 1 dia por ausência de fundamentação, não embargadas de declaração pelo Ministério Público, o cuidado na apreciação do tema seria redobrado, com significativo acréscimo qualitativo. Do jeito que está, contudo, é muito conveniente aos magistrados, pois, ainda que não motivem adequadamente, se anulado o pronunciamento, terão uma nova chance de fazê-lo. **Todas essas considerações compreendem a fixação do prazo de duração do RDD.**

Antes da reforma promovida pela Lei nº 13.964/19, a prorrogação do RDD apenas tinha previsão no inciso I do *caput* do art. 52, motivada por nova falta grave da mesma espécie, quadra inalterada pelo Pacote "Anticrime". As demais hipóteses de RDD, contempladas nos então §§ 1º e 2º, atuais incisos I e II do art. 52, eram silentes a respeito. Mas o Superior Tribunal de Justiça, valendo-se do inciso I do art. 52, endossava sucessivas renovações, **independentemente de fato novo**, se *a ratio decidendi* do RDD imposto **nos termos dos antigos §§ 1º e 2º persistisse**.

Precedente bem ilustrativo foi o HC 44.049/SP, Rel. Ministro HÉLIO QUAGLIA BARBOSA, Rel. p/ Acórdão Ministro HAMILTON CARVALHIDO, SEXTA TURMA, julgado em 12/06/2006, DJ 19/12/2007, p. 1232, que restou ementado da seguinte maneira: *1. É constitucional o artigo 52 da Lei nº 7.210/84, com a redação determinada pela Lei nº 10.792/2003. 2. O regime diferenciado, afora a hipótese da falta grave que ocasiona subversão da ordem ou da disciplina internas, também se aplica aos presos provisórios e condenados, nacionais ou estrangeiros, "que apresentem alto risco para a ordem e a segurança do estabelecimento penal ou da sociedade". 3. A limitação de 360 dias, cuidada no inciso I do artigo 52 da Lei nº 7.210/84, é, enquanto prazo do regime diferenciado, específica da falta grave, não se aplicando à resposta executória prevista no parágrafo primeiro do mesmo diploma legal, pois que há de perdurar pelo tempo da situação que a autoriza,.. 4. Em obséquio das exigências garantistas do direito penal, o reexame da necessidade do regime diferenciado deve ser periódico, a ser realizado em prazo não superior a 360 dias. 5. Ordem denegada* (grifo nosso). Desde então, permanece inalterado o entendimento do STJ, admitindo sucessivas prorrogações do RDD, quando fulcrado nos §§ 1º e 2º do art. 52 da LEP (ora incisos I e II do § 1º do art. 52), desde que demonstrada, em concreto, a persistência do *periculum in mora*[168], inclusive com pronunciamentos da 3ª Seção[169].

---

[168] RHC 44.417/MS, Rel. Ministro Moura Ribeiro, Quinta Turma, julgado em 25/02/2014, DJe 07/03/2014, lendo-se que *a **prorrogação** da permanência do condenado em regime disciplinar diferenciado foi justificada **por sua alta periculosidade** e **influência em organizações criminosas**, motivos suficientes para justificar a medida excepcional e descaracterizar o constrangimento ilegal aduzido* (grifo nosso).

[169] CC 130.808/RJ, Rel. Ministro Sebastião Reis Júnior, Terceira Seção, julgado em 09/04/2014, DJe 21/05/2014, sublinhando que, neste precedente, o STJ chancelou a renovação da custódia do preso em presídio federal de segurança máxima, **em regime disciplinar diferenciado**, ao argumento de que *persistindo as razões e fundamentos que ensejaram a transferência do preso para o presídio federal de segurança máxima, como afirmado pelo Juízo suscitante*, **notadamente em razão da periculosidade concreta do apenado, que desempenha função de liderança em facção criminosa**, *a renovação da*

Escorado nesses precedentes, **a Lei nº 13.964/19 positivou a prorrogabilidade do RDD quando determinado nos termos do § 1º, inciso I ou II do art. 52 da LEP**. Admite o § 4º renovações sucessivas, por períodos de 1 (um) ano, caso existam indícios de que o preso *continua apresentando alto risco para a ordem e a segurança do estabelecimento penal de origem ou da sociedade* (inciso I) ou *mantém os vínculos com organização criminosa, associação criminosa ou milícia privada, considerados também o perfil criminal e a função desempenhada por ele no grupo criminoso, a operação duradoura do grupo, a superveniência de novos processos criminais e os resultados do tratamento penitenciário* (inciso II). Como as causas renovatórias são **idênticas** aos fundamentos ensejadores da sua colocação em regime disciplinar diferenciado, abre-se campo para, nas pegadas da jurisprudência acima do STJ, sustentar a **desnecessidade de eventos novos**, bastando indicar a persistência da *ratio decidendi* da decisão que o inseriu no RDD.

Há, assim, **2 (duas) hipóteses distintas de renovação do RDD**.

Se implementado na forma do art. 52, *caput* (prática de crime doloso subversivo da ordem ou disciplina interna), o teto de duração é de 2 (dois) anos, sem prejuízo de implemento de **novo** RDD em virtude de **nova falta grave de mesma espécie cometida**, igualmente por mais **até** 2 anos. Ou seja, a rigor, **inexiste prorrogação ou renovação**, porque não há uma solução de continuidade. Trata-se de **novo** RDD, decorrente de **novo** PAD ou investigação penal, para apurar **novo** crime doloso. Como a novel falta grave há de ser da *mesma espécie*, **inevitavelmente encerra delito doloso**, por ser o abarcado na cabeça do art. 52 da LEP.

Ainda sob a égide do texto primitivo do art. 52, cabeça, da LEP – que, nesse particular, permaneceu inalterado pela Lei nº 13.964/19 –, assim decidiu a 3ª Seção do STJ – CC 40.326/RJ, Rel. Ministro PAULO GALLOTTI, Rel. p/ Acórdão Ministro PAULO MEDINA, julgado em 14/02/2005, DJ 30/03/2005, p. 131. Estabeleceu o voto condutor, favorável à imposição de RDDs sucessivos em desfavor do mesmo preso, que *a melhor exegese a ser levada a efeito quanto ao art. 52, I, in fine, da Lei de Execução Penal, no que concerne a possibilidade de se repetir a sanção..., no caso de falta grave, é aquela, na qual, a reprimenda estender-se-á na mesma proporção em que vierem as referidas faltas a serem cometidas. Relata-se que o apenado ... durante o lapso temporal em que permaneceu no Estabelecimento Prisional de "Bangu I", foi **protagonista de uma série de distorções internas, desde motins à morte de outros inclusos*** (grifo). Em suma: referendando o ora proposto, exaurido o prazo do RDD arrimado em crime doloso subversor da ordem ou disciplina interna, impingir ao preso novo exige o cometimento de *"nova falta grave de mesma espécie"*, isto é, novo delito doloso.

Já na hipótese do inciso I ou II do § 1º do art. 52, **uma vez constatada que a *ratio decidendi* motivadora do RDD resiste, caberiam *n* prorrogações, de 1 ano cada, *ex vi* do § 4º, cujas causas de alargamento temporal do regime disciplinar diferenciado remetem àquelas**, independentemente de fatos novos. Tal intelecção, ainda sob a vigência do então § 1º do art. 52, bem como do revogado § 2º, ora inciso II do § 1º, já vinha sendo praticada, torrencialmente, pelo Superior Tribunal de Justiça[170].

---

[170] *permanência é providência indeclinável, como medida excepcional e adequada para resguardar a ordem pública (CC n. 120.929/RJ, Ministro Marco Aurélio Bellizze, Terceira Seção, DJe 16/08/2012)* – grifo nosso.
HC 332.212/RS, Rel. Ministro Reynaldo Soares da Fonseca, Quinta Turma, julgado em 05/04/2016, *DJe* 13/04/2016 – *"...2. Na hipótese dos autos, a prorrogação da permanência do condenado em regime disci-*

Os fundamentos empregados pelo STJ são comuns aos invocados nas renovações das medidas cautelares probatórias, como a interceptação telefônica (art. 5º da Lei nº 9296/96), segundo os quais basta sinalizar que a *ratio decidendi* da medida persiste, sem a necessidade de aduzir fatos novos. Com efeito, não se pode estabelecer, aprioristicamente, um teto para o encerramento de diligências probatórias. Enquanto provas estiverem sendo descobertas, há de prosseguir, daí as prorrogações. Tal lógica, todavia, é **inaplicável** ao RDD, considerado o caráter *rebus sic stantibus* que o informa. Uma vez implementado, com prazo de duração determinado, subentende-se ser suficiente à neutralização do *periculum in libertatis*. Novo período de RDD carece de **fatos novos**, pois, do contrário, não se demonstrará que a realidade motivadora do seu implemento persiste, estendendo-o **sem fundamentação**. Tamanha segregação corporal não pode irradiar-se indefinidamente, ao arrepio da dignidade humana, que é um dos alicerces do Estado Democrático de Direito (art. 1º, III, da CRFB/88). A expectativa é que o Estado, durante o interregno do RDD, elimine o foco de risco à disciplina interna do estabelecimento penal ou à ordem pública ou o pretenso enlace do preso à organização ou associação criminosa ou milícia privada. Para tanto, tem à sua disposição, *v.g.*, as recém-criadas polícias penais, em níveis federal, estadual e distrital, justamente com o escopo de zelar pela *segurança dos estabelecimentos penais* (art. 144, VI e § 5º-A da CRFB/88). Prolongar o RDD, sem a identificação de novas intercorrências, significa curvar-se à ineficiência estatal, permitindo que o próprio Estado a invoque contra o preso, olvidando o *non venire contra factum proprium*. No julgamento do CC 130.808/RJ, Rel. Ministro SEBASTIÃO REIS JÚNIOR, TERCEIRA SEÇÃO, julgado em 09/04/2014, *DJe* 21/05/2014, a Min. Maria Thereza de Assis Moura votou, vencida, contrariamente à viabilidade de se prorrogar o RDD à míngua de novos fatos, porquanto *...o regime disciplinar diferenciado representa sobrepena cruel e degradante, que avilta o ser humano e fere a sua dignidade,* **infligindo-lhe castigo físico e moral, na medida em que impõe ao preso isolamento celular absoluto de vinte e duas horas diárias durante um ano, prorrogável até 1/6 da pena.** (Notas sobre a inconstitucionalidade da Lei 10.792/2003, que criou o Regime Disciplinar Diferenciado na Execução Penal. In: *Crítica à Execução Penal*. 2. ed. Rio de Janeiro: Lumen Juris, 2007, p. 289)... *Por mais que, in casu, tenha-se uma situação tida como grave, é* **indispensável** *que o julgador não se deixe obnubilar, guiando-se sempre pelo corrimão da legalidade, vetor de segurança jurídica...Ademais, no balanceamento dos interesses em jogo, por mais que a segurança pública seja um valor muito caro, é imprescindível fazer preponderar o eixo estrutural do Estado Democrático de Direito – a dignidade da pessoa humana...seria imprescindível que fosse alinhado fundamento novo* e, não, uma nova roupagem dos fundamentos constantes dos

---

plinar diferenciado foi justificada por **sua alta periculosidade e influência em organizações criminosas, motivos suficientes para justificar a medida excepcional e descaracterizar o constrangimento ilegal aduzido** (RHC 44.417/MS, Rel. Ministro Moura Ribeiro, Quinta Turma, julgado em 25/02/2014, DJe 07/03/2014). Na mesma linha de entendimento: HC 320.259/SP, Rel. Ministro Felix Fischer, Quinta Turma, julgado em 17/09/2015, DJe 24/09/2015; HC 92.714/RJ, Rel. Ministro Napoleão Nunes Maia Filho, Quinta Turma, julgado em 06/12/2007, DJe 10/03/2008" (grifo nosso); CC 130.808/RJ, Rel. Ministro Sebastião Reis Júnior, Terceira Seção, julgado em 09/04/2014, DJe 21/05/2014 – *"...1.* **Persistindo as razões e fundamentos que ensejaram a transferência do preso para o presídio federal de segurança máxima, como afirmado pelo Juízo suscitante, notadamente em razão da periculosidade concreta do apenado, que desempenha função de liderança em facção criminosa, a renovação da permanência é providência indeclinável***, como medida excepcional e adequada para resguardar a ordem pública (CC n. 120.929/RJ, Ministro Marco Aurélio Bellizze, Terceira Seção, DJe 16/8/2012)..."* (grifo nosso).

prévios requerimentos, de modo a justificar a excepcional providência enunciada no § 1.º do art. 10 da Lei 11.671/08 (grifo nosso).

O novel prazo máximo de duração do RDD, de 360 dias para 2 (dois) anos, torna a prorrogação aceitável apenas se escudada em acontecimentos novos. O rigor há de ser ainda maior, sendo o **primeiro** dos motivos pelos quais **a orientação então reinante no STJ carece de revisão**.

A segunda razão para tanto extrai-se da redação do próprio § 4º do art. 52 da LEP, ao condicionar o prolongamento do RDD a existência de **indícios**, que, por óbvio, não podem se resumir a notícias anônimas (ouvir dizer), matérias jornalísticas ou indisciplinas pretéritas. Precisam ser reunidos **fatos** reveladores de **novos** comportamentos desafiadores da disciplina interna do presídio ou atentatórios à paz social (inciso I) ou de articulação com grupos criminosos (inciso II). Sem isso, inexistem indícios, mas mera intuição.

A premência de motivos **contemporâneos** à pretendida prorrogação do RDD avulta quando o inciso II do § 4º do art. 52 da LEP lista, como critérios de aferição da permanência, ou não, do vínculo do preso ao crime organizado, os *resultados do tratamento penitenciário*. Ora, se tais *resultados* hão de ser analisados significa que o olhar sobre o preso há de ser **presente**, e não retrospectivo, levando-se em conta os feitos **atuais**, ao invés dos pretéritos, afinal, por estes é que o detento se encontra no regime disciplinar diferenciado, logo, invocá-los, mais uma vez, é, claríssimo, *bis in idem*. As referências ao *perfil criminal*, à *função desempenhada no grupo criminoso* e à *operação duradoura* deste **não podem ser potencializadas**, sob pena de **perpetuar os malfeitos do passado**, em relação aos quais já foi devidamente apenado, criminal e/ou disciplinarmente, em descompasso com a **temporariedade dos antecedentes** e o **direito ao esquecimento**, encartados na vedação constitucional à perpetuação das punições (art. 5º, XLVII, b da CRFB/88). O regime disciplinar diferenciado não pode ser um apêndice dessas sanções, **atuando como pena acessória**, natureza jurídica que, definitivamente, não possui, ainda mais nas hipóteses versadas no § 1º do art. 52 da LEP. A *superveniência de novos processos criminais*, seguindo essa ordem de ideias, é relevante **se** por **fatos ocorridos na vigência do RDD**, pois, do contrário, nada apontam para a insuficiência do prazo estipulado para a sua duração, que, repita-se, pode chegar, originariamente, a substanciais 2 anos.

Dessarte, à semelhança do RDD implementado nos termos da cabeça do art. 52 da LEP, também o previsto no § 1º exige, ao seu prolongamento, **novos fatos concretos, verificados durante o regime disciplinar diferenciado cuja prorrogação se cogita**.

Originariamente, o interregno do regime disciplinar diferenciado, computadas as novas decretações e prorrogações, não poderia exceder um sexto do **total** da reprimenda em execução, conforme preconizava o inciso I do art. 52, cabeça, da LEP. Pois a Lei nº 13.964/19 **não só o eliminou**, como admitiu prorrogações sucessivas de 1 ano cada, sem limites (art. 52, § 4º). Em tese, portanto, **o preso pode cumprir a pena integralmente em regime disciplinar diferenciado**.

A par da duvidosíssima constitucionalidade dessa inovação legislativa, a ser examinada como arremate do capítulo, cumpre diferençar a distensão prevista no inciso I do art. 52 da estampada no § 4º. A primeira decorre de *"nova falta grave de mesma espécie"*, ou seja, novo crime doloso subversivo da ordem presidiária, dando azo à *"repetição da sanção"*, isto é, novo RDD, distinto do anterior, e, justamente por isso, com prazo de duração de **até** (mais) 2 (dois) anos. Já a segunda é um **prolongamento** do RDD em vigor, por haverem sido reunidos indícios concretos de que os motivos que o determinaram permanecem, daí cada prorrogação durar 1 (um) ano. Malgrado não haja sido utilizada a preposição "*até*", o que poderia sugerir a existência de prazo único, tal interregno há de ser encarado como **máximo**, nada impedindo que o juiz fixe período inferior. É, inclusive, recomendável que o faça em atenção à provisoriedade inerente às tutelas cautelares, a exigir avaliação constante da real necessidade, ainda mais quando tão agressivas à liberdade, como é o regime disciplinar diferenciado.

O RDD igualmente se notabiliza pelo isolamento (art. 52, II, da LEP), sensivelmente potencializado pela Lei nº 13.964/19, na medida em que diminuiu não apenas a frequência das visitas, de semanais para **quinzenais**, como o número de pessoas por vez, restritas a **2 (duas)**, **suprimindo** a referência às crianças, *ex vi* do art. 52, III. A redação primitiva limitava a visita a 2 (duas) pessoas "*sem contar as crianças*", deixando-as fora dessa limitação numérica. A retirada dessa menção dá margem ao entendimento segundo o qual os presos em RDD não podem mais receber a visita dos filhos, se crianças, ou seja, menores abaixo de 12 (doze) anos (art. 2º, cabeça, da Lei nº 8069/90) – **se adolescentes, sim, sujeitos ao limite de 2 (duas) pessoas**. Cita-se, ainda, a Lei nº 11.671, de 8 de maio de 2008, também modificada pela Lei nº 13.964/19, cujo novel art. 3º, ao disciplinar a forma de cumprimento da pena nos presídios federais de segurança máxima, expressamente permite, no § 1º, II, a visita de crianças, logo, o silêncio a respeito verificado no inciso III do art. 52 teria sido, sim, eloquente, inadmitindo crianças. Contudo, tal ilação, fruto da interpretação **isolada** da Lei nº 13.964/19 e seus impactos na LEP e na Lei nº 11.671/08, não resiste à visão holística do ordenamento.

A sentença penal condenatória **pode** repercutir no poder familiar (bem como na tutela e na curatela), assentando a incapacidade de o condenado exercê-lo **tão somente** se versar sobre crimes dolosos sujeitos à pena de reclusão cometidos contra outrem igualmente titular do mesmo poder familiar, contra filho, filha ou outro descendente ou contra tutelado ou curatelado e **se consignado, expressamente, na sentença**, *ex vi* do art. 92, inciso II, com a redação dada pela Lei nº 13.715, de 24 de setembro de 2018, e parágrafo único, do Código Penal. A Lei nº 13.715/18 igualmente alterou a Lei nº 8069/90 – Estatuto da Criança e do Adolescente (ECA) – para alinhá-la ao Código Penal. Assim, o § 2º do art. 23 passou a estabelecer que *a condenação criminal do pai ou da mãe* **não implicará a destituição do poder familiar**, *exceto na hipótese de condenação por crime doloso sujeito à pena de reclusão contra outrem igualmente titular do mesmo poder familiar ou contra filho, filha ou outro descendente* (grifo nosso).

A par das hipóteses listadas acima, a criança não pode ser privada do convívio com os pais em razão de estarem presos, cautelarmente ou por força de condenação definitiva. A Lei nº 12.962, de 8 de abril de 2014, promoveu alterações no ECA justamente com o propósito de *assegurar a* **convivência** *da criança e do adolescente com os* **pais privados de liberdade**, conforme explicita a ementa. Nessa toada, incluiu, no art. 19, o § 4º para anunciar, categoricamente, que *será* **garantida** *a convivência da criança e do adolescente com a* **mãe ou o pai privado de liberdade**, *por meio de* **visitas periódicas promovidas pelo responsável** *ou, nas hipóteses de acolhimento institucional, pela entidade responsável, independentemente de autorização judicial* (grifo nosso).

Tais dispositivos legais alinham-se aos **compromissos internacionais**, em matéria de direitos humanos, **assumidos pelo Brasil junto à ONU**, presentes as *Regras Mínimas das Nações Unidas para o Tratamento de Reclusos (Regras de Nelson Mandela)* e as *Regras das*

Nações Unidas para o tratamento de mulheres presas e medidas não privativas de liberdade para mulheres infratoras (Regras de Bangkok), que encerram diretrizes hermenêuticas de observância **obrigatória** pela magistratura nacional, porquanto reforçam postulados constitucionais, como a dignidade humana (art. 1º, III), legalidade penal estrita (art. 5º, XXXIX), proibição de penas cruéis (art. 5º, XLVII), devido processo legal (art. 5º, LIV) e estado de inocência (art. 5º, LVII). Embora não internalizadas por decreto, inviabilizando a aplicação do § 3º do art. 5º, veiculam direitos e garantias ínsitas ao regime e aos princípios adotados pela Carta de 1988, logo, atraem, no mínimo, o § 2º do art. 5º. O Supremo Tribunal Federal há muito as adota como fonte normativa, procurando dar concretude aos preceitos nelas contidos[171].

Destarte, a Regra Mandela nº 43, 3, preceitua que *as sanções disciplinares ou medidas restritivas* **não devem incluir a proibição de contato com a família**. *O contato familiar só pode ser restringido durante um* **período limitado de tempo** *e enquanto for* **estritamente necessário para a manutenção da segurança e da ordem** – não pode ser encarado como

---

[171] RE 580252, Relator Min. Teori Zavascki, Relator p/ Acórdão: Min. Gilmar Mendes, Tribunal Pleno, julgado em 16/02/2017, DJe 11/09/2017 – *"...Recurso extraordinário representativo da controvérsia. Repercussão Geral. Constitucional. Responsabilidade civil do Estado. Art. 37, § 6º. 2. Violação a direitos fundamentais causadora de danos pessoais a detentos em estabelecimentos carcerários. Indenização. Cabimento. O dever de ressarcir danos, inclusive morais, efetivamente causados por ato de agentes estatais ou pela inadequação dos serviços públicos decorre diretamente do art. 37, § 6º, da Constituição, disposição normativa autoaplicável. Ocorrendo o dano e estabelecido o nexo causal com a atuação da Administração ou de seus agentes, nasce a responsabilidade civil do Estado... 5.* **A garantia mínima de segurança pessoal, física e psíquica, dos detentos, constitui dever estatal que possui amplo lastro não apenas no ordenamento nacional** *(Constituição Federal, art. 5º, XLVII, 'e'; XLVIII; XLIX; Lei 7.210/84 (LEP), arts. 10; 11; 12; 40; 85; 87; 88; Lei 9.455/97 – crime de tortura; Lei 12.874/13 – Sistema Nacional de Prevenção e Combate à Tortura),* **como, também, em fontes normativas internacionais adotadas pelo Brasil** *(Pacto Internacional de Direitos Civis e Políticos das Nações Unidas, de 1966, arts. 2; 7; 10; e 14; Convenção Americana de Direitos Humanos, de 1969, arts. 5º; 11; 25;* **Princípios e Boas Práticas para a Proteção de Pessoas Privadas de Liberdade nas Américas – Resolução 01/08, aprovada em 13 de março de 2008, pela Comissão Interamericana de Direitos Humanos;** *Convenção da ONU contra Tortura e Outros Tratamentos ou Penas Cruéis, Desumanos ou Degradantes, de 1984; e* **Regras Mínimas para o Tratamento de Prisioneiros – adotadas no 1º Congresso das Nações Unidas para a Prevenção ao Crime e Tratamento de Delinquentes, de 1955)..."* (grifo nosso); HC 143641, Relator Min. Ricardo Lewandowski, Segunda Turma, julgado em 20/02/2018, DJe 09/10/2018 – *"...X –* **Incidência de amplo regramento internacional relativo a Direitos Humanos, em especial das Regras de Bangkok***, segundo as quais deve ser priorizada solução judicial que facilite a utilização de alternativas penais ao encarceramento, principalmente para as hipóteses em que ainda não haja decisão condenatória transitada em julgado. XI – Cuidados com a mulher presa que se direcionam não só a ela, mas igualmente aos seus filhos, os quais sofrem injustamente as consequências da prisão, em flagrante contrariedade ao art. 227 da Constituição, cujo teor determina que se dê prioridade absoluta à concretização dos direitos destes... XIV – Ordem concedida para determinar a substituição da prisão preventiva pela domiciliar – sem prejuízo da aplicação concomitante das medidas alternativas previstas no art. 319 do CPP – de todas as mulheres presas, gestantes, puérperas ou mães de crianças e deficientes, nos termos do art. 2º do ECA e da Convenção sobre Direitos das Pessoas com Deficiência (Decreto Legislativo 186/2008 e Lei 13.146/2015), relacionadas neste processo pelo DEPEN e outras autoridades estaduais, enquanto perdurar tal condição, excetuados os casos de crimes praticados por elas mediante violência ou grave ameaça, contra seus descendentes ou, ainda, em situações excepcionalíssimas, as quais deverão ser devidamente fundamentadas pelos juízes que denegarem o benefício. XV – Extensão da ordem de ofício a todas as demais mulheres presas, gestantes, puérperas ou mães de crianças e de pessoas com deficiência, bem assim às adolescentes sujeitas a medidas socioeducativas em idêntica situação no território nacional, observadas as restrições acima"* (grifo nosso).

"limitado" um interregno que pode chegar a 2 (dois) anos, suscetível de prorrogações sucessivas e ilimitadas, não sendo tampouco aceitável imaginar que **a circulação, pontual, quinzenal e por duas horas, de crianças represente um risco à segurança ou à ordem dos estabelecimentos prisionais.**

Em relação às detentas, a Regra de Bangkok nº 26 anuncia que *será **incentivado** e facilitado por **todos os meios razoáveis** o contato das mulheres presas com seus familiares, **incluindo seus filhos/as**, quem detêm a guarda de seus filhos/as e seus representantes legais. Quando possível, serão adotadas medidas para amenizar os problemas das mulheres presas em instituições distantes de seus locais de residência* (grifo nosso). A de nº 28, em complemento, diz: *Visitas que envolvam crianças devem ser realizadas em um ambiente propício a uma experiência positiva, incluindo no que se refere ao comportamento dos funcionários/as, e **deverá permitir o contato direto entre mães e filhos/as**. Onde possível, deverão ser incentivadas visitas que permitam uma permanência prolongada dos/as filhos/as*. Coerentemente, a de nº 23, específica para a hipótese em comento, preceitua, peremptoriamente, que as *sanções disciplinares para mulheres presas **não devem incluir proibição de contato com a família, especialmente com crianças*** (grifo nosso).

O convívio com os filhos não é um direito apenas do preso. É direito de **ambos**. E, como é dever do **Estado** (e da sociedade e da família) assegurar à criança e aos adolescentes, com **absoluta prioridade**, o direito à **convivência familiar** (art. 227, cabeça, da Constituição da República), qualquer questão jurídica envolvendo-as há de adotar a solução que melhor atenda ao seu bem-estar. **Se é certo que a exposição ao ambiente presidiário é, de todo, inconveniente, privá-los do contato com o pai ou com a mãe é perverso.** A par das hipóteses versadas no inciso II do art. 92 do CP e no § 2º do art. 23 do ECA, os malfeitos motivadores da inserção no RDD não os tornam maus pais, não merecedores das visitas dos filhos. Se assim fosse, a destituição ou a suspensão do poder familiar seria efeito da condenação para todo e qualquer crime de gravidade maior. Mas não o são, tanto que o art. 19, § 4º do ECA **exige** que o convívio com os pais, presos, seja **preservado**. Como a matéria versa sobre direito das crianças e dos adolescentes, o **princípio da especialidade** determina a preponderância dos artigos 19, § 4º e 23, § 2º do ECA sobre o art. 52, III, da LEP, de sorte que o silêncio relacionado aos infantes, se comparado com a redação anterior, **não é proibitivo da visita**, mas conclusivo de que o **limite numérico de 2 (duas) pessoas não os atinge**, figurando como **não numerários**.

Se assim não for, o RDD importaria suspensão do poder familiar, atingindo, frontalmente, as crianças e o direito de conservar contato com os pais. A ação penal, bem como a execução, são **intranscedentes**, não podendo ultrapassar a pessoa do suposto infrator, mesmo porque a responsabilização penal é **pessoal**.

Não se pode olvidar que a visitação é um **direito** dos filhos, representados pelo responsável. Caso entendam, em comum acordo familiar, não o exercer, não serão compelidos a tanto. Mas, se o responsável, ante a vontade externada pela criança e após detida reflexão, optar por levá-la para visitar o pai ou a mãe segregada, o exercício desse direito não pode ser aprioristicamente negado. A vontade da criança de rever o pai ou a mãe precisa ser levada em conta. **Descabe ignorá-la com lastro em vedações para além das fixadas no art. 92, I do CP e art. 23, § 2º do ECA, construídas interpretativamente, em afronta à legalidade penal estrita e ao devido processo legal.**

A destituição do poder familiar enquanto efeito da condenação decorre de crimes dirigidos, diretamente, contra a criança e o adolescente. A prática de outros delitos, por mais graves que sejam, não permite concluir, minimamente, que o sentenciado(a) seja péssimo(a) pai ou mãe, de quem deva a prole permanecer afastada. A péssima relação conservada com a sociedade não necessariamente se repete no seio familiar e vice-versa – não raro o sujeito goza de uma reputação social irrepreensível, mas, no âmbito familiar, a postura é a pior possível.

Imagine um preso colocado no regime disciplinar diferenciado por ter idealizado e liderado uma tentativa de fuga em massa da prisão. Ou por ter agredido um agente penitenciário, desencadeando sensível balbúrdia. Ou porque manter vínculo com um grupo criminoso voltado para o roubo de cargas. O desvalor dessas ações não permite proibir o filho, criança ou adolescente, de visitá-lo, porque nenhum desses comportamentos o vulnerou. Bloquear, em abstrato, a convivência significaria intuir malefícios ao menor, embora não haja a menor relação causal entre os feitos que o levaram ao RDD e o risco à higidez física e psíquica do menor. **Falece a essa construção proporcionalidade, sob o ângulo da adequação.** Garantir o contato entre ambos pode, inclusive, ser benéfico a ambos: ao infante para, diante das consequências das (más) escolhas do pai ou da mãe, não as repetir; ao detento porque a convivência familiar é, sempre, um alento, e um convite à (res)socialização, não por acaso é direito **constitucionalmente assegurado (art. 5º, LXIII)**, além da previsão no art. 41, X da LEP.

Em se tratando de preso provisório, pior ainda, porque sequer culpa selada existe no processo ensejador da custódia e, por via reflexa, do RDD. Além dos preceitos acima, vulnerado seria o art. 5º, LVII, da CRFB/88, mesmo se pensado, restritivamente, como presunção de não culpabilidade.

Invocando os preceitos constitucionais listados até aqui, somados às Regras de Mandela e de Bangkok, realiza-se a seguinte interpretação conforme a Constituição, sem redução parcial do texto: **o silêncio verificando em relação às crianças no inciso III do art. 52 significa que a limitação numérica a 2 (duas) pessoas não alcança as crianças, filhos do(a) preso(a) em regime disciplinar diferenciado, mesmo porque, enquanto norma limitadora de direitos, a interpretação é restritiva. Tal lacuna, aliás, permite colocar fora desse teto também os adolescentes, sanando grave erro verificado na redação anterior, que excluía apenas as crianças, nada obstante o direito ao convívio paterno e/ou materno ser comum a ambos.** Qualquer intelecção distinta, pautada na leitura isolada e literal do novel inciso III do art. 52 da LEP, se comparado ao texto primitivo e ao art. 3º, § 1º, II da Lei nº 11.671/08, será **inconstitucional**.

Seguindo essa mesma ordem de ideias, o impedimento do contato físico do preso em regime disciplinar diferenciado com os 2 (dois) visitantes, também preconizado no inciso III do art. 52 da LEP, **não se estende aos filhos crianças e adolescentes**. Descabe presumir que utilizaria os próprios rebentos para ordenar a prática de novas infrações penais ou transmitir instruções para a organização ou associação criminosa ou milícia privada por ele integrada. Se assim agisse, incorreria no delito versado no art. 244-B, cabeça, da Lei nº 8069/90, por tornar a prole, no mínimo, partícipe de seus crimes ou por inseri-la no grupo criminoso do qual faz parte, tornando-a o canal de interlocução externa. **Ter-se-ia a projeção de uma responsabilização penal prospectiva, incompatível com o art. 5º, LVII, da CRFB/88, mesmo se interpretada, restritivamente, como presunção de não culpabilidade**. A depender do fundamento que o levou ao RDD, **a proporcionalidade, sob o enfoque da adequação, também restará aviltada**, afinal, **o cometimento de crime doloso, subversivo da ordem interna, ou qualquer outro ato** atentatório à disciplina do estabelecimento prisional (art. 52, cabeça e § 1º, I, 1ª parte) não guarda o menor nexo causal com o perigo de ordens criminosas serem passadas para fora do presídio. Inexiste base empírica para ilação desse quilate. E, mesmo que fosse esse o motivo do RDD (art. 52, § 1º, incisos I, *in fine*, e II, da LEP), é demasiado exercício imaginativo antever que o preso seria capaz de utilizar os próprios filhos como seu porta-voz. A gravidade da conclusão não pode ser fruto de mera capacidade intuitiva. Obviamente que, se reunidos indícios concretos nesse sentido, e não meramente especulativos (ouvir dizer e afins), instaurar-se-á inquérito para apurar o delito de corrupção de menores pelo preso, implementando-se a cautelar prevista no art. 319, III, do CPP, de sorte a proibir qualquer espécie de contato com os filhos doravante. Essa medida, aliás, poderá ser decretada tanto pelo juiz competente para a novel persecução, como pelo juiz das execuções (nesse último caso, mediante representação do diretor do estabelecimento prisional ou requerimento ministerial).

No tocante à visita íntima, a impossibilidade de contato físico a inviabiliza completamente, de sorte que, nos moldes desenhados pela Lei nº 13.964/19, **o regime disciplinar diferenciado é incompatível com a visita íntima**. Além disso, todas as conversas serão gravadas em sistema de áudio ou de áudio e vídeo, com a possibilidade, ainda, de ser fiscalizada pelo agente penitenciário, se houver determinação judicial nesse sentido (art. 52, III e § 6º da LEP). Essa regra, contudo, conflita, aparentemente, com o inciso V do art. 52, pois embora preceitue que as entrevistas serão sempre monitoradas, em instalações equipadas para impedir o contato físico e a passagem de objetos, **ressalva** expressa autorização **judicial** em sentido contrário.

Sob um olhar estritamente gramatical e acrítico, partindo da premissa de que tais disposições sejam constitucionais, a antinomia é dirimida entendendo-se que, **enquanto as visitas terão, obrigatoriamente, que respeitar o distanciamento físico com o detento (art. 52, § 6º), as entrevistas podem excepcioná-lo por determinação jurisdicional (art. 52, V).**

Todavia, tais preceitos também precisam ser submetidos a uma leitura constitucional.

Da mesma maneira que foi respeitado, corretamente, o sigilo profissional entre o defensor e o acusado (art. 52, IV), as conversas mantidas, durante as visitas, entre o preso e os seus familiares igualmente deveriam ter a confidencialidade preservada, ao invés de serem submetidas, por força do art. 52, § 6º, a verdadeiras **interceptações, implementadas administrativamente**. Aliás, **idêntico** fenômeno ocorre no caso do *§ 7º – após os primeiros 6 (seis) meses de regime disciplinar diferenciado, o preso que não receber a visita de que trata o inciso III do caput deste artigo poderá, após prévio agendamento, ter contato telefônico, **que será gravado**, com uma pessoa da família, 2 (duas) vezes por mês e por 10 (dez) minutos* (grifo nosso).

Interceptação, porque realizada pelo Estado, **impositivamente**, aos interlocutores, **independentemente de consentimento**. Escuda-se na **suspeita** de que o preso possa, por meio dos seus parentes, transmitir orientações à sua facção criminosa ou ordens para a prática de novos injustos. Coloca-se não apenas o preso, mas as suas visitas, **estranhas** ao RDD, sob **estado de suspeição**, apesar de **o art. 5º, LVII, da CRFB/88 estatuir o contrário**, não apenas em prol dos familiares, mas do próprio detento, afinal a culpa está selada em relação ao injusto sentenciado em definitivo – sobrevindo qualquer nova imputação, penal ou disciplinar, a presunção é de inocência. Tamanha invasão estatal torna a visita protocolar, sem a troca de afeto imprescindível à conservação do vínculo familiar, nada obstante o art. 5º, LXIII dizer ser garantia fundamental do preso não só a visita em si, mas a **assistência** familiar. Como assistir alguém sem contato físico algum e sem poder conversar nada de mais íntimo, porque gravada a conversa? Vulgariza-se a invasão à intimidade, garantia fundamental versada no art. 5º, X, da CRFB/88, à margem de pressupostos ou de requisitos legais mínimos para tanto, ao arrepio do art. 5º, LIV, da Carta de 1988.

No caso do § 7º do art. 52 da LEP há, a propósito, escancarada **interceptação telefônica SEM autorização jurisdicional prévia**, em total afronta ao art. 5º, XII, da CRFB/88, lembrando que a interceptação ambiental igualmente se sujeita à **reserva de jurisdição**, não bastando a legal, o que compromete, ainda mais, a constitucionalidade do § 6º. Em suma: a Lei nº 13.964/19 disponibilizou a um **poder de polícia**, cujo viés é **preventivo**, as interceptações telefônica e ambiental, gravíssimos instrumentos invasivos da intimidade, de natureza penal (repressiva).

Dessarte, o inciso III e os §§ 6º e 7º do art. 52 da LEP, ao vedarem, **em abstrato**, qualquer contato físico do preso com os familiares, e, ainda, determinarem a gravação em áudio e vídeo das conversas, ambientais e telefônicas, mostram-se **inconstitucionais**, viabilizando, inclusive, a visita íntima. Em havendo incidentes de ordem penal e/ou disciplinar, o diretor do estabelecimento, no exercício do poder disciplinar (art. 47 da LEP), pode suspender ou restringir a visitação, nos termos do art. 41, parágrafo único, do mesmo diploma legal, mas agindo a partir de fato **concretamente** verificado, e não com lastro em ilações legislativas que colocam o preso e os seus visitantes em estado de permanente suspeição, incompatíveis com o postulado constitucional do estado de inocência.

A imprestabilidade das interceptações ambiental e telefônica, cuja imposição, repita-se, submete-se à reserva de jurisdição, além da legal, **foi reconhecida, curiosamente, pelo própria Lei nº 13.964/19**, nas mudanças promovidas na Lei nº 11.671/08, pertinente à execução da pena nos presídios federais de segurança máxima. Com efeito, prega o recém-incluso § 3º do art. 3º que *as gravações das visitas* **não** *poderão ser utilizadas como meio de prova de infrações penais* **pretéritas** *ao ingresso do preso no estabelecimento* (grifo nosso). Ora, em verdade **não se prestam à demonstração de crime algum**, pelas razões ora expendidas, pouco importando a data do cometimento do injusto. E mais: sequer podem ser utilizadas para subsidiar procedimentos disciplinares voltados à apuração de faltas graves, porquanto os reflexos transcendem a esfera administrativa, **atingindo a penal**, na medida em que impactam no **processo de execução da pena**, presentes a qualidade e a quantidade de reprimenda a ser cumprida (enseja, *v.g.*, a perda de até um terço dos dias remidos). De mais a mais, na maioria dos casos sequer teriam **utilidade**, pois os parentes do réu, listados no art. 206 do CPP, podem **recusar-se a depor**, inviabilizando a eventual confirmação em Juízo do teor da conversa – **o emprego da prova apenas seria válido se ambos os interlocutores estivessem em conluio**[172].

O único cenário no qual se poderia discutir a admissibilidade das gravações seria se sinalizadoras de **flagrante**, por ser causa de exclusão da inviolabilidade domiciliar, *ex vi* do art. 5º, XI, da CRFB/88, além de excepcionar a exigência de mandado judicial para o implemento de buscas pessoais, *ex vi* do art. 244 do CPP. Outrossim, como os interlocu-

---

[172] NICOLITT, André Luiz. *Manual de Processo Penal*, ob. cit., p. 917-918.

tores teriam ciência prévia da utilização dos mecanismos de interceptação, o que viessem a conversar seria por sua conta e risco.

Universalizar a interceptação das conversas ambientais e telefônicas dos presos importa despi-los de toda e qualquer privacidade, **extensível ao seu interlocutor**. Por conseguinte, **ainda que se entenda constitucional a *interceptação em si*, a adoção da medida precisa ser pontual, precedida de elementos (fatos) concretos**, à semelhança da revista íntima (partindo-se da premissa, extremamente controvertida, de que seja constitucional). Sem isso, **a interceptação conducente ao flagrante será ilícita, contaminando, por derivação, a higidez deste, nos termos do art. 157, § 1º do CPP** (teoria dos frutos da árvore envenenada). Sem questionar a constitucionalidade da revista íntima em si, assim se coloca o STJ, exigindo, em deferência à dignidade humana e à intimidade e privacidade (art. 1º, III, e art. 5º, X, da CRFB/88), que **não** se dê **automaticamente**, como **padrão**, mas **excepcionalmente**, com base em elementos concretos, para além de informes anônimos[173].

Partindo da premissa de constitucionalidade dessas *interceptações em si*, **apenas podem ser empregadas para fins exclusivamente disciplinares**, *v.g.* arrimar decisões administrativas de suspensão ou restrição de visitas, **sem impacto no processo de execução da pena**, e de **prevenção geral**, objetivando **evitar o cometimento de novas infrações penais**, sem as utilizar para incriminar os interlocutores.

Obtemperar a licitude das gravações à luz do encontro fortuito de provas é inadequado, porque, **desde a origem, o emprego dessas interceptações não cumpre finalidade exclusivamente administrativa, desaguando, acidentalmente, na coleta de peças de informação de relevo penal. Tais mecanismos foram idealizados pela Lei nº 13.964/19 também com propósito de repressão criminal**. Mas pretender validar procedimentos tão invasivos da intimidade e da vida privada, como são as interceptações telefônica e ambiental, **à margem da cláusula constitucional de reserva de jurisdição**, é um salto demasiadamente largo. Anunciá-las aos interlocutores de antemão, afastando o sigilo

---

[173] REsp 1695349/RS, Rel. Ministro Rogerio Schietti Cruz, Sexta Turma, julgado em 08/10/2019, DJe 14/10/2019 – *"...1. A acusada foi submetida à realização de revista íntima com base, tão somente, em uma denúncia anônima feita ao presídio no dia dos fatos informando que ela tentaria entrar no presídio com drogas, sem a realização, ao que tudo indica, de outras diligências prévias para apurar a veracidade e a plausibilidade dessa informação. 2. No caso, houve apenas 'denúncia anônima' acerca de eventual traficância praticada pela ré, incapaz, portanto, de configurar, por si só, fundadas suspeitas a autorizar a realização de revista íntima. 3. Se não havia fundadas suspeitas para a realização de revista na acusada, não há como se admitir que a mera constatação de situação de flagrância – localização, no interior da vagina, de substância entorpecente (45,2 gramas de maconha) –, posterior à revista, justifique a medida, sob pena de esvaziar-se o direito constitucional à intimidade, à honra e à imagem do indivíduo. 4. Em que pese eventual boa-fé dos agentes penitenciários, não havia elementos objetivos e racionais que justificassem a realização de revista íntima. Eis a razão pela qual são ilícitas as provas obtidas por meio da medida invasiva, bem como todas as que delas decorreram (por força da Teoria dos Frutos da Árvore Envenenada), o que impõe a absolvição dos acusados, por ausência de provas acerca da materialidade do delito..."*; EDcl no AgInt no REsp 1696793/RS, Rel. Ministro Joel Ilan Paciornik, Quinta Turma, julgado em 18/10/2018, DJe 07/11/2018 – *"...2. A Quinta Turma desta Corte entende que não viola o princípio da dignidade humana a revista íntima, **desde que haja fundada suspeita de que a visitante esteja portando drogas**, o que não se verificou na hipótese. Precedentes..."* (grifo nosso).

que as notabiliza, não invalida o alegado, porque **a intimidade e a vida privada já estão tolhidas. Assuntos de intimidade mais sensível não serão conversados.**

A quadra resta inalterada no tocante à proibição à visita íntima.

As psicólogas Kay Francis Leal Vieira, Renata Pires Mendes da Nóbrega, Maria Valdênia Soares Arruda e Priscila Monique de Melo Veiga lecionam que "*...apesar das relações sexuais, durante muito tempo, terem sido compreendidas como algo exclusivamente ligado à reprodução, sabe-se que, atualmente, deixou de ser uma mera necessidade biológica de perpetuação da espécie, para se tornar, também,* **uma necessidade psicológica***, profundamente influenciada pelos padrões sociais e culturais. Obedece a uma necessidade* **fisiológica e emocional do indivíduo** *e se manifesta de forma diferenciada nas diferentes fases do desenvolvimento humano*[174].

Se o preso possui direito à assistência familiar, justamente para conservar os laços, inclusive afetivos, a prática sexual é uma das mais importantes formas de tentar manter vivo o relacionamento, evitando que se esvaia de vez, afinal, o distanciamento, inevitável, já é um enorme óbice. Não permitir o contato sexual entre os parceiros iguala a relação à amical, afinal, o diferencial é a troca carnal. Penaliza-se o próprio cônjuge ou companheiro do preso, nada obstante a responsabilidade penal ser pessoal. Argumentação em sentido contrário resvala em falso moralismo, sem chancela científica. O sexo, sem hipocrisias puritanas, é uma necessidade fisiológica e emocional, logo, negá-lo igualmente desconsidera a dimensão humana não apenas do detento, mas do seu parceiro.

Ainda que se entenda, em princípio, constitucionais a vedação à aproximação física e os registros das conversas em áudio e vídeo, o art. 52, III e § 6º merecem, ao menos, interpretação conforme a Constituição, sem redução parcial de texto.

A lógica dessas proibições de contato físico, incluindo a visita íntima, conforme já escrito, foi impedir o vazamento, por meio dos familiares, de ordens para o cometimento de novos crimes ou de instruções para grupos criminosos. Contudo, tal ilação apenas é proporcional, à luz da adequação, se a *ratio decidendi* do RDD for o *alto risco para a ordem ou segurança da* **sociedade** ou *fundadas suspeitas de envolvimento ou participação em* **organização ou associação criminosa, ou milícia privada** (art. 52, § 1º, incisos I, parte final, e II). Se os motivos conducentes ao RDD forem estritamente disciplinares, **inexiste base empírica para tal temor, tornando desproporcional a restrição**. Por conseguinte, da mesma maneira que, nas entrevistas (nas quais o risco de transmissão externa de orientações ou comandos igualmente se faz presente), a proibição de contato físico pode ser afastada por ordem jurisdicional, tal ressalva, prevista na parte final do inciso V do art. 52, aplica-se, por analogia, à visitação. **Embora o inciso III do art. 52, reforçado pelo § 6º, exija o distanciamento físico sem mitigações, diferentemente do verificado no inciso V, permitindo sustentar o silêncio eloquente do legislador, tamanha rigidez textual esbarra na proporcionalidade, sob o enfoque da adequação.**

Dessarte, se o juiz determinar a submissão do preso ao RDD por razões exclusivamente disciplinares, relacionadas à ordem interna do estabelecimento prisional, é desproporcional a proibição de contato físico com os familiares, incluída a visita íntima, devendo

---

[174] Representação Social das Relações Sexuais: um Estudo Transgeracional entre Mulheres. *Psicologia: Ciência e Profissão*, vol. 36, nº 2, Brasília, abril/junho, 2016. Disponível em: http://www.scielo.br/scielo.php?script=sci_arttext&pid=S1414-98932016000200329. Acesso em: 20 abr. 2020.

o magistrado, na mesma decisão, afastá-la. Caso não o faça, a defesa pode embargar de declaração ou, posteriormente, a qualquer momento, requerer o afastamento da vedação. Sem ordem jurisdicional, todavia, descabe à administração penitenciária ressalvar, por ser matéria reserva de jurisdição.

E se o detento estiver em regime disciplinar diferenciado justamente em razão de indícios concretos de que, mesmo segregado, estaria envolvido em crimes perpetrados fora do presídio ou ainda conectado a determinado grupo criminoso (art. 52, § 1º, incisos I, primeira parte, e II)?

Nesses casos, **o distanciamento físico dos familiares é adequado, consentâneo com a proporcionalidade, pois as próprias razões do regime disciplinar diferenciado embutem, concretamente, o risco de vazamento de novas ordens ou instruções criminosas**. Se é desarrazoado conjecturar que se valha dos próprios filhos, haja vista o natural instinto de proteção paterna ou materna, especialmente quando menores, porque vulneráveis – e qualquer intelecção deve se pautar no **ordinário** (regra), e não no extraordinário (exceção) –, não se pode afirmar o mesmo quanto aos demais familiares, inclusive os filhos, se maiores.

Durante o RDD, o conteúdo da correspondência do preso persistirá sob **fiscalização** (art. 52, VI, da LEP).

O sigilo epistolar é garantia fundamental, inserta no art. 5º, XII, da CRFB/88. Embora a ressalva constante do inciso não lhe diga respeito, descabe dar-lhe contornos absolutos, ainda mais em relação aos presos, não porque teriam recebido uma *capitis diminutio* do Estado (**a dignidade humana é insuscetível de escalonamentos**[175]), mas em razão do regime disciplinar ao qual estão submetidos, cuja exequibilidade perpassa, inevitavelmente, pela relativização de direitos, a começar pela liberdade, passando, obviamente, pela intimidade, vida privada até chegar ao sigilo epistolar. O art. 41, XV, da LEP assegura ao preso o *contato com o mundo exterior por meio de correspondência escrita*, mas tal direito, nos temos do parágrafo único, pode ser **suspenso ou restringido** mediante ato **motivado do diretor do estabelecimento** (grifo nosso). O Supremo Tribunal Federal, por meio da 1ª Turma, assentou a recepção constitucional do dispositivo, ao reconhecer como prova lícita a correspondência do preso interceptada pelo diretor do presídio, admitindo a sua utilização para incriminá-lo – HC 70814, Relator(a): Min. CELSO DE MELLO, Primeira Turma, julgado em 01/03/1994, DJ 24-06-1994 PP-16649 EMENT VOL-01750-02 PP-00317 RTJ VOL-00176-01 PP-01136. Compulsando o inteiro teor do acórdão, a circunstância de a correspondência haver sido remetida a outro preso, que cumpria pena em regime aberto,

---

[175] Embora haja um "consenso sobreposto", na dicção do prof. Bernardo Gonçalves Fernandes (ob. cit., p. 351-352), sobre a aplicação da dignidade da pessoa humana, a sua concretização não tem primado pela linearidade, porque suscetível a diferentes interpretações, a depender da ideologia, dos valores e da visão de mundo do intérprete. Em última análise, agoniza a isonomia, porque situações jurídicas rigorosamente idênticas submetem-se a tratamentos diferenciados, nada obstante a *ratio decidendi*, em abstrato, ser a dignidade humana. Cumpre, assim, traçar balizas mínimas ao citado princípio, que, segundo o autor, seriam 4 (quatro) aspectos: **não instrumentalização** – descabe coisificar o ser humano –, **autonomia existencial** – direito à autogestão da própria vida, desde que não converta em práticas ilícitas –, **mínimo existencial**, concernente aos direitos fundamentais sociais mínimos, sem os quais as liberdades privadas e públicas sequer podem ser exercidas a contento, justificando, inclusive, afastar, em determinadas hipóteses, a "reserva do possível", e o **direito ao reconhecimento**, sem o qual a cidadania torna-se uma caricatura, haja vista as várias minorias e as etiquetações.

foi *neutra* à solução da controvérsia. A referência à existência de outros elementos probatórios aptos a sustentar o édito condenatório foi mencionada apenas *ilustrativamente*. O fato de o próprio signatário ter, no processo-crime originário, aquiescido o emprego da correspondência, foi mero argumento de reforço – *obiter dictum* –, e não a razão determinante para assentar a licitude da prova. A *ratio decidendi* do julgado, conducente à licitude da correspondência apreendida e aberta pela direção do presídio, foi o art. 41, XV e parágrafo único, da LEP, mostrando-se absolutamente fiel ao teor da decisão o seguinte extrato da ementa: *A administração penitenciária, com fundamento em razões de segurança pública, de disciplina prisional ou de preservação da ordem jurídica, pode, sempre excepcionalmente, e desde que respeitada a norma inscrita no art. 41, parágrafo único, da Lei n. 7.210/84, proceder a interceptação da correspondência remetida pelos sentenciados, eis que a cláusula tutelar da inviolabilidade do sigilo epistolar não pode constituir instrumento de salvaguarda de práticas ilícitas* (grifo nosso). Embora o julgado tenha explicitado a relativização do sigilo da correspondência **enviada** pelo preso, por ser *este* o substrato fático, a inteligência compreende também as correspondências a ele **destinadas**, afinal, por ser um ato de comunicação bilateral, qualquer violação não vulnera a intimidade apenas do remetente, mas, também, do destinatário, não raro contendo dados sensíveis da sua vida privada. Descabe distinguir (*distinguishing*).

Isso **não** significa, todavia, que **a inclusão do preso no regime disciplinar diferenciado seja, *ipso facto*, motivo bastante para admitir a vasculha sobre toda e qualquer correspondência na qual figure como remetente ou destinatário**. Conforme estampa o parágrafo único do art. 41 da LEP e reitera o Supremo Tribunal Federal, a interceptação é **excepcional** e, sempre, **motivada**. Jamais automática. Sob tais balizas há de se desenvolver a *fiscalização do conteúdo da correspondência* prevista no inciso VI do art. 52 da LEP. Importante lembrar que, nos termos do art. 5º, XII, da CRFB/88, diferentemente dos demais sigilos lá listados, de eficácia **contida**, o da correspondência encerra garantia constitucional de eficácia **plena**, extensível, portanto, aos presos, daí a relativização, embora possível, exigir **fundamentação**.

Se o RDD houver sido fixado em razão das ligações externas mantidas pelo detido, proporcionando-lhe comandar novas ações delitivas ou passar orientações aos seus asseclas (art. 52, § 1º, I, parte final, e II da LEP), o controle sobre a sua correspondência estará devidamente justificado, mostrando-se proporcional. Contudo, se estiver em regime disciplinar diferenciado por atos de subversão da ordem interna da unidade carcerária (art. 52, cabeça e § 1º, I, 1ª parte), devassar a sua correspondência será **inconstitucional** por violação, **sem motivação**, do art. 5º, XII, da CRFB/88, **ofendendo a proporcionalidade sob ambas as matizes, necessidade e adequação**. A prova porventura obtida será **ilícita**.

O banho de sol, longe de ser uma frivolidade, é crucial à saúde física e mental, a começar porque imprescindível à produção da vitamina D, sem a qual o cálcio dos alimentos, vital aos ossos, não é absorvido. Dentre outros benefícios, ajuda, ainda, na síntese de serotonina, substância existente no cérebro, importantíssima na regulação do humor[176]. Por conseguinte, foi **mantido** no inciso IV do art. 52 da LEP como direito

---

[176] MEAD, M. Nathaniel. Benefits of Sunlight: A Bright Spot for Human Health. *Environ Health Perspect*, v. 116, n. 4, p. A160-A167. Disponível em: https://www.ncbi.nlm.nih.gov/pmc/articles/PMC2290997/. Acesso em: 19 abr. 2020.

do preso, **sem ressalvas**. As saídas são em grupo de 4 ou menos, pois não pode reunir integrantes da mesma facção.

A menção à videoconferência no inciso VII do art. 52 da LEP é, topograficamente, inoportuna e inadequada, por ser **ato inerente ao processo de conhecimento, e não à execução penal ou à disciplina dos presos**, fugindo, completamente, do objeto da Lei nº 7.210/84. Aliás, não é estranha à jurisprudência do STF a glosa aos desacertos topográficos cometidos pelo legislador. Assim fez o Pleno quando, por maioria, declarou inconstitucional a prerrogativa de foro prevista para as ações de improbidade administrativa (art. 84, § 2º do CPP). Embora a *ratio* da inconstitucionalidade tenha sido a inadmissibilidade de o legislador ordinário estabelecer competências *ratio personae* além das fixadas pelo Poder Constituinte, **anotou-se a inadequação topográfica do preceito**, afinal, em tendo natureza **civil** a ação de improbidade administrativa (art. 37, § 4º da CRFB/88), descabe ao Código de Processo Penal dispor sobre – ADIs nº 2797/DF e 2860/DF, rel. Min. Sepúlveda Pertence, j. 15/9/2005, com publicação no DJ do dia 26 imediato.

Tal observação, malgrado não ensejar a inconstitucionalidade do inciso VII do art. 52 da LEP, explicita a necessidade de interpretá-lo à luz do art. 185, § 2º do CPP, próprio ao tema, e, por isso, preponderante ao primeiro, em deferência ao princípio da **especialidade**.

A videoconferência, nos termos do dito § 2º do art. 185 do CPP, é **excepcional**, pois importa inegável decréscimo à **ampla defesa**, garantia fundamental (art. 5º, LV, da CRFB/88) que é a síntese entre a defesa técnica e a autodefesa, que, por sua vez, tem no direito de presença (*day in court*), uma das suas mais expressivas manifestações, conforme se extrai do art. 14, 3, d do PIDCP, internalizado pelo Decreto nº 592/92, e do art. 8º, 2, d da CADH, introduzida no ordenamento pelo Decreto nº 678/92. Por conseguinte, **automatizar a videoconferência pelo fato de o preso estar em regime disciplinar diferenciado, como se, *ipso facto*, fosse razão suficiente, esbarra na Constituição e nas Convenções Internacionais de Direitos Humanos firmadas pelo Brasil**, diplomas norteadores da intepretação da legislação infraconstitucional.

O Pleno do Supremo Tribunal Federal, no RE 602543 QO-RG, Relator(a): Min. CEZAR PELUSO, julgado em 19/11/2009, **REPERCUSSÃO GERAL** – MÉRITO *DJe*-035 DIVULG 25-02-2010 PUBLIC 26-02-2010 EMENT VOL-02391-10 PP-02166 LEXSTF v. 32, n. 376, 2010, p. 440-446, reafirmou a sua orientação segundo a qual é válida a coleta da prova, por carta precatória, na ausência de réu preso, se **não houver pedido defensivo de requisição para comparecimento ao ato**, logo, *a contrario sensu*, **incorre em *error in procedendo* o juiz que realiza o ato instrutório, na ausência do imputado preso**, caso o próprio e/ou o defensor postulem a sua presença. Como a autodefesa é personalíssima, dela não podendo dispor a defesa técnica, a 2ª Turma do STF chegou a preconizar, sem, todavia, persistir nesse entendimento, **a nulidade absoluta da instrução sem a presença do réu preso, mesmo com o consentimento do defensor** – HC 111728, Relator(a): Min. CÁRMEN LÚCIA, Segunda Turma, julgado em 19/02/2013, PROCESSO ELETRÔNICO *DJe*-161 DIVULG 16-08-2013 PUBLIC 19-08-2013 –, merecendo destacar, porque autoexplicativa, o seguinte trecho da ementa: "...1. *A ausência dos réus presos em outra comarca à audiência para oitiva de vítima e testemunhas da acusação constitui* **nulidade absoluta,** *independentemente da aquiescência do Defensor e da matéria não ter sido tratada em alegações finais*..." (grifo nosso). É bem verdade que o Supremo Tribunal Federal, atualmente, tem condicionado a anulação da instrução em razão da ausência do acusado preso à demonstração do prejuízo[177]. Porém, se há nulidade, ainda que relativa, inexistiu acerto, mas, sim, **desacerto**. E vicissitudes não podem ser reverberadas.

Conforme realçou o Min. Celso Mello no HC 86.634/RJ, julgado em 18 de dezembro de 2006 pela 2ª Turma, do qual foi o relator e autor do voto condutor, publicado no DJ de 23 de fevereiro de 2007: *"O acusado, embora preso, tem o direito de comparecer, de assistir e de presenciar, sob pena de nulidade absoluta, os atos processuais, notadamente aqueles que se produzem na fase de instrução do processo penal, que se realiza, sempre, sob a égide do contraditório. São irrelevantes, para esse efeito, as alegações do Poder Público concernentes à dificuldade ou inconveniência de proceder à remoção de acusados presos a outros pontos do Estado ou do País, eis que razões de mera conveniência administrativa não têm – nem podem ter – precedência sobre as inafastáveis exigências de cumprimento e respeito ao que determina a Constituição... O direito de audiência, de um lado, e o direito de presença do réu, de outro, esteja ele preso ou não, traduzem prerrogativas jurídicas essenciais que derivam da garantia constitucional do "due process of law" e que asseguram, por isso mesmo, ao acusado, o direito de comparecer aos atos processuais a serem realizados perante o juízo processante, ainda que situado este em local diverso daquele em que esteja custodiado o réu.* Pacto Internacional sobre Direitos Civis e Políticos/ONU (Artigo 14, n. 3, "d") e Convenção Americana de Direitos Humanos/OEA (Artigo 8º, § 2º, "d" e "f")...*Essa prerrogativa processual reveste-se de caráter fundamental, pois* **compõe o próprio estatuto constitucional do direito de defesa**, *enquanto complexo de princípios e de normas que amparam qualquer acusado em sede de persecução criminal, mesmo que se trate de réu processado por suposta prática de crimes hediondos ou de delitos a estes equiparados..."* (grifo nosso). Embora, desde então, tenham havido divergências quanto aos efeitos decorrentes da inobservância desses mandamentos, prevalecendo a posição segundo a qual a nulidade seria relativa ao invés de absoluta, **em momento algum a Corte Constitucional os coloca em xeque, deixando claro que a regra há de ser a presença do réu preso aos atos instrutórios**[178]. Não por acaso a Lei nº 11.900/09, ao introduzir a videoconferência no ordenamento pátrio, considerado o § 2º do art. 185 do CPP, teve o cuidado de, em respeito à orientação do STF, apresentá-la como alternativa **excepcional**.

Partindo dessa percepção, **o inciso VII do art. 52 da LEP encerra mera recomendação, assim devendo ser encarado o advérbio** *preferencialmente* **nele contido, a ser, ou não, observada se presente 1 dos requisitos elencados no § 2º do art. 185 do CPP**, lembrando que, ante a unidade da instrução e de julgamento, concentradas em uma (ou, eventualmente, mais) audiência(s), *ex vi* dos artigos 400, cabeça, e § 1º, 402 e 404, cabeça, do CPP, a videoconferência não se resumirá ao interrogatório, compreendendo a

---

[177] HC 130328, Relator Min. Dias Toffoli, Segunda Turma, julgado em 02/02/2016, *DJe* 16/05/2016 – "...a audiência de inquirição de testemunhas de acusação foi realizada **sem a presença da paciente**, porém com a presença de seu defensor, de modo que inexiste o alegado cerceamento do seu direito de defesa, uma vez que não configurado o prejuízo apontado. Precedentes..." (grifo nosso). No mesmo sentido: HC 120.759/SE, Segunda Turma, Relator Ministro Teori Zavascki, *DJe* 13/11/2014; HC 121.907/AM, Primeira Turma, Relator Ministro Dias Toffoli, *DJe* 28/10/2014; HC 119.732/SP, Primeira Turma, Relator Ministro Rosa Weber, *DJe* 23/06/14; RHC 118.992/RJ-ED, Segunda Turma, Relator Ministro Gilmar Mendes, *DJe* 28/03/2014.

[178] HC 130328, Relator Min. Dias Toffoli, Segunda Turma, julgado em 02/02/2016, *DJe*-098 divulg 13/05/2016 public 16/05/2016.

instrução como um todo, segundo explicita o § 4º do art. 185, daí a necessidade de o juiz ser bastante criterioso ao determiná-la, não a banalizando.

Caso o preso esteja em RDD por motivos relacionados à tentativa de fuga do presídio, independentemente de exitosa ou fracassada, a realização da instrução por meio de videoconferência mostra-se razoável, presente o inciso I do § 2º do art. 185. Diz-se o mesmo se o móvel for o vínculo ainda mantido com determinada facção criminosa, na qual ocupa posição de destaque, ainda exercida ativamente, embora à distância, afinal, não se pode ignorar a possibilidade de eventual tentativa de resgate quando do deslocamento até a sede do juízo instrutor (art. 185, § 2º, I do CPP). Porém, se a razão de ter sido colocado em regime disciplinar diferenciado houver sido o cometimento de crime doloso, subversivo da disciplina interna, mas sem intuito de evasão, desses elementos, isoladamente considerados, não se extrai a premência da videoconferência. Em suma: **há de ser identificada a pertinência entre a *ratio decidendi* do RDD e um dos motivos ensejadores da videoconferência. Sem a devida correlação, a videoconferência até pode ser determinada, mas por razões alheias ao RDD. Este, por si só, não a sustenta.**

Examinadas as características componentes do regime disciplinar diferenciado, é forçoso reconhecer que a Lei nº 13.964/19 agravou-o substancialmente, encerrando *novatio legis in pejus*, logo, **irretroativa** (art. 5º, XL, da CRFB/88), com gravames consideráveis em *n* direitos materiais, notadamente a liberdade e a intimidade. Longe de serem estritamente processuais, as inovações foram **processuais materiais**, daí a inaplicabilidade do art. 2º do CPP.

Como a premissa do RDD são incidentes no curso da execução penal (ou do processo de conhecimento, no caso dos presos provisórios), a data destes determinará em quais moldes o regime disciplinar diferenciado será aplicado. Se, *v.g.* a falta grave ou o fato que o ensejou ocorreu **antes** da entrada em vigor da Lei nº 13.964/19, o cumprimento obedecerá ao formato primitivo; se lhe for posterior, segue o modelo atual.

Resta, enfim, refletir se o regime disciplinar diferenciado, tal qual se apresenta hoje, por força da Lei nº 13.964/19, é, ou não, constitucional. A ideia de um regime disciplinar diferenciado, por si só, é de **induvidosa** constitucionalidade. A Regra de Mandela nº 36 é assertiva nesse sentido, ao anunciar que *a ordem e a disciplina devem ser mantidas com firmeza*. Mas, adverte, *sem impor mais restrições do que as necessárias para a manutenção da segurança e da boa organização da vida comunitária*. Pois é justamente nesse último aspecto, isto é, na **forma** de cumprimento do RDD, em que pairam sérias dúvidas acerca da sua constitucionalidade.

A boa compreensão do tema exige uma abordagem epistemológica, voltada para a psiquiatria e a psicologia.

Patrícia Constantino, Simone Gonçalves de Assis e Liana Wernersbach Pinto, do Departamento de Estudos de Violência e Saúde Jorge Careli, vinculado à Escola Nacional de Saúde Pública, da Fundação Oswaldo Cruz, em artigo intitulado **O impacto da prisão na saúde mental dos presos do estado do Rio de Janeiro, Brasil**[179], noticiam que o encarceramento em si, **desconsiderado o regime disciplinar diferenciado**, contribui para transtornos mentais em percentual bem superior à média: "...*São encontradas esti-*

---

[179] Publicado em *Ciência e Saúde Coletiva,* de março de 2016. Disponível em: http://www.scielo.br/pdf/csc/v21n7/1413-8123-csc-21-07-2089.pdf. Acesso em: 19 abr. 2020.

*mativas entre **10 e 15%** para a **doença mental grave** entre os presos em comparação com o constatado na população geral, que é de **2%** ... **Mais da metade de todos os detentos dos Estados Unidos**....*", país cuja política penitenciária claramente inspirou o legislador ao remodelar o RDD, *"...teve **problemas de saúde mental: 56% dos presos estaduais, 45% dos presos federais, e 64% dos reclusos em cadeias locais**..."* (grifo nosso). Citando pesquisa realizada em Chicago, informam que, se comparados à população local, *"...**os presos...apresentavam taxas de transtornos mentais três a quatro vezes superiores, com prevalências ainda mais altas entre as mulheres presas (excetuando-se a esquizofrenia)**, indicando um diferencial de gênero. Os transtornos mentais mais encontrados foram **sintomas depressivos, abuso de substâncias psicoativas e transtorno de estresse pós-traumático**. Aproximadamente 81% das mulheres presas em Chicago apresentaram ao menos um transtorno psiquiátrico ao longo da vida..."* (grifo nosso). Na França, **40% dos presos**, de ambos os sexos, apresentaram transtornos mentais. Na Nova Zelândia, após pesquisa envolvendo toda a população carcerária do País, apontou elevados índices de patologias mentais, sobretudo, *"...abuso de drogas, psicoses, transtornos afetivos, transtorno obsessivo compulsivo e estresse pós-traumático..."*. Declaram, ainda, que *"... estudo realizado na Inglaterra e na Escócia aponta que **apenas 1 entre 10 presos não apresenta transtorno mental**, com dados impactantes para as doenças investigadas: psicoses – 10% dos homens e 14% das mulheres; neuroses – 59% dos homens e 76% das mulheres; alcoolismo – 58% dos homens e 36% das mulheres; tentativa de suicídio – 2% na última semana, e em ¼ das mulheres no último ano. Em Honduras, encontraram uma taxa global de transtornos mentais de **43,7%**...No Brasil, dados do Estado de São Paulo em 2006 indicam prevalência significativa de transtornos mentais na população prisional, especialmente entre as mulheres. **O estudo aponta que 61,7% dos presos tiveram ao menos uma ocorrência de transtorno mental ao longo da vida e cerca de 25% daqueles que estavam em regime fechado preenchiam critérios diagnósticos para pelo menos um transtorno mental no ano anterior ao estudo**. Cerca de 11,2% dos detentos homens e 25,5% das mulheres apresentavam transtornos mentais graves. Os autores fizeram uma projeção desses números para o Brasil, calculando em cerca de 60 mil os prisioneiros com transtornos mentais grave..."* (grifo nosso). Outra pesquisa, conduzida na Paraíba, registrou que *"...**22,9% dos homens e 33,1% das mulheres presas**...utilizando escala de rastreamento, apresentam depressão de moderada a grave; em estágio grave estão **10,5% dos homens e 17,2% das mulheres**...."*. Neste último estudo, em virtude da adaptabilidade humana, aqueles com menos tempo de encarceramento apresentavam distúrbios mais graves, enquanto os mais familiarizados igualmente exibiam transtornos, porém mais leves. Em 2013 as autoras realizaram um estudo com 1573 presidiários do Rio de Janeiro: 35,8% dos homens apresentaram quadros de estresse, associados ao tempo de ergástulo e ao vínculo familiar, enquanto, nas mulheres, o percentual foi de 57,9%, potencializado pelos enlaces familiares. Por outro lado, 7,5% da população carcerária feminina e 6,3% da masculina apresentaram depressão grave.

Em tempos pandêmicos, decorrentes do Covid-19, o isolamento social foi medida adotada globalmente. Pois, apesar de não chegar nem próximo ao regime disciplinar diferenciado, o isolamento, mesmo no recanto do lar, e **não em uma prisão**, gera danos à saúde mental. Em artigo intitulado **Desafios do Isolamento**, de Christina Queiroz, publicado em 6 de abril de 2020, na Revista Pesquisa Fabesp[180], relata que *"...estudos indicam que o isolamento social crônico traz consequências negativas até mesmo para pessoas saudáveis, conforme mostra o livro Social isolation and loneliness in older adults: Opportunities for the health care system, recém-publicado pela National Academies of Sciences, Engineering, and Medicine, as Academias Nacionais de Ciências dos Estados Unidos.* **Um dos problemas é o aumento de 29% no risco de desenvolver doença coronária.** *O levantamento evidencia que entre pessoas acima de 60 anos o isolamento social de longo prazo eleva em 50% o risco de desenvolver demência, enquanto a solidão entre pacientes com problemas cardiovasculares expande em até quatro vezes o risco de morte.* Artigo de Oliver Hammig, pesquisador do Instituto de Epidemiologia, Bioestatística e Prevenção da Universidade de Zurique, publicado em agosto de 2019 na revista PLOS ONE, identificou que ***pessoas socialmente isoladas, independentemente da idade, apresentam comportamentos pouco saudáveis em relação à alimentação e atividade física...*** (grifo nosso). Segundo o médico psiquiatra Mario Rodrigues Louzã, coordenador do Programa de Esquizofrenia e do Ambulatório de Transtorno do Déficit de Atenção com Hiperatividade (TDAH) em adultos do Instituto de Psiquiatria do Hospital das Clínicas da Faculdade de Medicina da Universidade de São Paulo (IPq-USP), prossegue a matéria, a *"...privação, quando* **crônica,** *ocasiona o* ***aumento da produção de hormônios ligados ao estresse...****"* (grifo nosso).

Ora, se o isolamento decorrente do cumprimento **ordinário** da prisão, definitiva ou provisória, gera os **malefícios à saúde física e mental descritos acima**, sendo certo que **mesmo o distanciamento social impacta negativamente**, nada obstante não importar privação libertária, mas refúgio em casa, no ambiente mais íntimo e familiar possível, o que dizer do regime disciplinar diferenciado, nos moldes estipulados pela Lei nº 13.964/19, a impingir **22 horas de isolamento diário**, visitas restritas a **2 familiares**, **quinzenalmente**, por **2 (duas) horas**, **sem contato físico**, sem a menor privacidade, porque **gravados os diálogos travados**, ao longo de **até 2 (dois) anos**, suscetíveis de prorrogações **sucessivas** e **ilimitadas**, podendo compreender, em tese, a **pena na íntegra**? Responder *sim* à indagação é inexorável, sob pena de desaguar em intolerável negacionismo à ciência e, por conseguinte, à razão, alternativa essa **constitucionalmente** indisponível não apenas à magistratura, mas, também, ao Ministério Público, cujos pronunciamentos hão de estar fundamentados **racionalmente**, *ex vi* do art. 93, IX e do art. 129, VIII, 2ª parte, da Carta de 1988, respectivamente.

As Regras de Mandela atinentes às restrições, disciplina e sanções, pautadas na psicologia e na psiquiatria, são assertivas nesse sentido. A de nº 43, 1 preconiza que *em* **nenhuma circunstância devem as restrições ou sanções disciplinares implicar** tortura, punições ou outra forma de **tratamentos cruéis**, desumanos ou degradantes. As seguintes práticas, em particular, devem ser **proibidas**: (a) confinamento solitário indefinido; (b) confinamento solitário prolongado. A de nº 44 esclarece que *o confinamento solitário se refere ao confinamento do recluso por* **22 horas ou mais, por dia, sem contato humano significativo.** *O confinamento solitário prolongado refere-se* **ao confinamento solitário por mais de 15 dias consecutivos** (grifo nosso). Pois o regime disciplinar diferenciado é a síntese **infinitamente piorada** de ambos: 22 horas de isolamento, por, até, 2 anos, sempre prejuízo de seguidas e limitadas renovações.

---

[180] Disponível em: https://revistapesquisa.fapesp.br/2020/04/06/desafios-do-isolamento/. Acesso em: 19 abr. 2020.

A de nº 45, 1 adverte que o *confinamento solitário deve ser somente utilizado em casos excecionais, como último recurso e durante o **menor** tempo possível* (grifo nosso), complementando, no item 2, que *a imposição do confinamento solitário deve ser proibida no caso de **o recluso ser portador de uma deficiência mental ou física e sempre que essas condições possam ser agravadas por esta medida**. A **proibição** do uso do confinamento solitário e de medidas similares nos casos que envolvem **mulheres** e crianças, como referido nos padrões e normas da Organização das Nações Unidas sobre prevenção do crime e justiça penal, continuam a ser aplicáveis* (grifo nosso).

Tais regras alinham-se à Constituição da República, presente a dignidade humana como fundamento do Estado Democrático de Direito (art. 1º, III), que traz como um dos seus consectários lógicos a vedação às penas cruéis (art. 5º, XLVII, e). E, na medida em que igualmente proibidas estão as reprimendas com viés exclusivamente retributivo, casos da capital e da perpétua (art. 5º, XLVII, "a" e "b"), nenhuma sanção pode prescindir do viés ressocializador. A Constituição da República (felizmente) passou ao largo do utilitarismo, concorde-se ou não, sendo descabido, sob pena de distorcê-la, interpretá-la com esse viés. Pois o atual formato do RDD rompe com todos esses preceitos constitucionais, **buscando positivar o Direito Penal do Inimigo naquilo que tem de mais extremado, verdadeiro descarte humano, sem o menor respaldo constitucional**. Nenhum preso, por piores que tenham sido os seus (mal)feitos, por maior que haja sido o menoscabo com o contrato social (e contra todos que a ele aderiram), perde a sua dimensão humana. Reconhecemos que as atrocidades perpetradas por alguns nos fazem até duvidar da sua existência, tamanhas a maldade e a perversidade exaladas. Encará-los como *monstros* é, do ponto de vista emocional, legítimo e compreensível, sobretudo sob o ângulo da vítima. Mas, racional e cientificamente falando, mesmo porque ao Estado não são dados tais arroubos passionais, o que temos à nossa frente, ao fim e ao cabo, é um ser humano. Cumpre tratá-lo, portanto, com rigor maior. Mas sem submetê-lo a qualquer processo de coisificação, porquanto incompatível com a Constituição.

Descabe qualquer contraponto com a superlotação e a indigência dos presídios pátrios como tentativa de minimizar, ou mesmo, ignorar o rigor excessivo do regime disciplinar diferenciado, porquanto se invocaria uma série de **ilegalidades**, que, reunidas, formam um **estado de coisas inconstitucional**, assim declarado pelo STF[181], para **legitimar** um regime disciplinar contrário à dignidade humana. Contrassenso maior, impossível. Reitere-se: por mais que o preso não tenha respeitado a dignidade humana das vítimas, não perde a sua, logo, se o Estado a avilta da mesma forma, a ele se iguala, distanciando-se do status de reserva ética última da sociedade. A vingança não é uma possibilidade em um Estado Democrático de Direito guiado pelo respeito à dignidade humana (art. 1º, III da CRFB/88), daí a vedação às penas de morte, perpétuas e cruéis (art. 5º, XLVII, a, b, e, da CRFB/88), que nada trazem além de castigo. As escolhas do Estado dizem aos jurisdicionados como proceder, logo, precisam ser irradiadas virtudes, para deflagrar um ciclo *virtuoso*. A vingança, se institucionalizada, desencadeia o ódio, iniciando uma cadeia *viciosa* – e, lamentavelmente, exemplos não faltam no Brasil do século XXI, notadamente do final da segunda década para cá. Pois são justamente momentos como esse que pedem a intervenção do Poder Judiciário para, no exercício pedagógico da jurisdição, ignorar

---

[181] ADPF 347 MC, Relator Min. Marco Aurélio, Tribunal Pleno, julgado em 09/09/2015, *DJe* 19/02/2016.

a "voz das ruas" (historicamente, a *violência* sempre exerceu sobre as massas enorme sedução, vide os coliseus apinhados, assistindo seres humanos digladiando-se entre si ou contra animais até a morte, a exaltação das guerras, os enforcamentos, decapitações e afins em praças públicas lotadas etc.) e, contramajoritariamente, fazer valer a Constituição, aplicando o *direito*, sem chancelar o *torto*.

Por tudo isso, **são inconstitucionais a duração de até 2 anos do regime disciplinar diferenciado (art. 52, I) e as sucessivas e ilimitadas renovações por até 1 ano (art. 52, § 4º)**. Tal intelecção não importa expurgo do art. 52, I e § 4º, mas a premência de interpretá-los conforme a Constituição, com redução parcial do texto. Dois são os caminhos hermenêuticos possíveis:

I) Decotar do inciso I do art. 52 da LEP o prazo máximo de 2 (dois) anos, restando aplicar, por analogia, o interregno de 30 (trinta) dias, por analogia ao art. 58 da LEP, sem prejuízo de renovações por igual período, nos moldes do § 4º, permitindo ao juiz acompanhar de perto a evolução do regime disciplinar diferenciado, submetendo-o a avaliações mensais acerca da sua necessidade e adequação. Diante de requisitos tão vagos à imposição do RDD, especialmente nos casos do § 1º do art. 52, o permanente controle jurisdicional é, em resguardo ao devido processo legal, não só recomendável, mas mandatório;

II) Entendendo-se inexequível a solução acima, por conta da exiguidade do lapso temporal de 30 (trinta) dias, conjugado ao volume de agências envolvidas na colocação do preso em regime disciplinar diferenciado, a duração **máxima** de 2 (dois) anos prevista no art. 52, I da LEP seria o *teto* do RDD, inclusive nas hipóteses do § 1º, de sorte que, mesmo computadas as prorrogações do § 4º, o regime disciplinar diferenciado não pode exceder 2 anos, tempo mais do que razoável para que o Estado adote medidas que visem neutralizar novas ações potencialmente orquestráveis pelo preso, afinal, inexistem punições eternas, considerado o art. 5º, XLVII, b, da CRFB/88, nem cautelares definitivas, porquanto notabilizadas, justamente, pela provisoriedade.

14.7. DA EXECUÇÃO DA PENA NOS PRESÍDIOS FEDERAIS DE SEGURANÇA MÁXIMA

A execução da pena nos presídios federais de segurança máxima é disciplinada pela Lei nº 11.671, de 8 de maio de 2008. Os impactos da Lei nº 13.964/19 fizeram-se sentir na **competência** do juízo federal cuja circunscrição compreenda o presídio federal de segurança máxima (art. 2º, parágrafo único), na **forma** de cumprimento da prisão nesses estabelecimentos (art. 3º), no **período de permanência** (art. 10) e na **composição** do órgão jurisdicional competente para tomar as decisões listadas no art. 11-A. Os comentários seguirão essa sequência.

A competência para conduzir a execução e apreciar todos os seus incidentes é do juízo federal da seção ou subseção judiciária onde estiver localizado o presídio que abriga o condenado, *ex vi* do art. 2º, *caput – a atividade jurisdicional de execução penal nos estabelecimentos penais federais será desenvolvida pelo juízo federal da seção ou subseção judiciária em que estiver localizado o estabelecimento penal federal de segurança máxima ao qual for recolhido o preso –*, reiterando o § 1º do art. 4º que *a execução penal da pena privativa de liberdade, no período em que durar a transferência, ficará a cargo do juízo federal competente*. Em razão disso, prega o art. 6º que *admitida a transferência do preso* condenado, *o juízo de origem deverá encaminhar ao juízo federal os autos da execução penal* (grifo nosso).

A mesma disciplina legal estende-se à execução provisória da pena, de maneira que, **se a guia de recolhimento provisória já tiver sido autuada no Juízo das Execuções, será remetida ao juízo federal competente; se, quando da sentença condenatória, o réu já estiver em presídio federal de segurança máxima, o juízo da condenação imediatamente endereça ao juízo federal competente a carta de execução de sentença provisória**.

Em se tratando de presos cautelares, **ainda não sentenciados**, as questões referentes ao título prisional – relaxamento, revogação, substituição por outras medidas cautelares – são da competência do juízo do processo de conhecimento, daí dispor o § 2º do art. 4º que *apenas a fiscalização da prisão provisória será deprecada*, *mediante carta precatória, pelo juízo de origem ao juízo federal competente*, *mantendo aquele juízo a competência para o processo e para os respectivos incidentes* (grifo nosso), reforçando o art. 7º que *admitida a transferência do preso provisório*, **será suficiente a carta precatória remetida pelo juízo de origem**, *devidamente instruída, para que o juízo federal competente dê início à fiscalização da prisão no estabelecimento penal federal de segurança máxima* (grifo nosso), mesmo porque inexiste execução ainda e os autos do feito principal obviamente estão tramitando no juízo do processo de conhecimento.

Além dessas hipóteses, a Lei nº 13.964/19 acrescentou outra, no recém-incluso parágrafo único do art. 2º: *o juízo federal de execução penal* será competente para **as ações de natureza penal que tenham por objeto fatos ou incidentes relacionados à execução da pena ou infrações penais ocorridas no estabelecimento penal federal**.

Sabe-se, pela capilaridade e quantidade de órgãos jurisdicionais, que os delitos são, em regra, da competência em razão da matéria da Justiça Estadual. A competência penal da Justiça Federal é excepcional, circunscrita ao art. 109 da CRFB/88, logo, sujeita à interpretação restritiva – não se amplia o extravagante.

Partindo dessa premissa, quando o inciso IV do art. 109 anuncia que são da competência da Justiça Federal os crimes cometidos contra bens, serviços e interesse da União, das suas autarquias e/ou empresas públicas, é imprescindível que o *modus operandi* atinja, **diretamente**, uma dessas vertentes, não bastando que a ofensa seja reflexa[182].

---

[182] STJ, CC 145.787/SP, Rel. Ministro Reynaldo Soares da Fonseca, Terceira Seção, julgado em 11/05/2016, DJe 17/05/2016 – "...*1.* **O mero fato de a União ser competente para explorar, diretamente ou mediante concessão, autorização ou permissão os serviços de transporte aéreo, ferroviário, aquaviário e rodoviário não necessariamente induz a competência da Justiça Federal para o julgamento de delitos envolvendo tais serviços**. Precedentes: CC 45.652/SP, Rel. Ministro NILSON NAVES, Terceira Seção, julgado em 22/09/2004, DJ 24/11/2004, p. 227 e RHC 50.054/SP, Rel. Ministro NEFI CORDEIRO, Sexta Turma, julgado em 04/11/2014, DJe 14/11/2014. 2. O delito descrito no art. 261 do CP (atentado contra a segurança de transporte marítimo, fluvial ou aéreo) constitui um tipo misto alternativo composto por duas condutas diferentes: "expor a perigo embarcação ou aeronave, própria ou alheia" e "praticar qualquer ato tendente a impedir ou dificultar navegação marítima, fluvial ou aérea". O objeto material do delito é a embarcação ou aeronave, e **seu objeto jurídico é a incolumidade pública, voltada, especificamente, para a segurança dos meios de transporte**. 3. A despeito do interesse estadual genérico em garantir a segurança dos usuários de transportes públicos e de terceiros por eles eventualmente afetados, não é qualquer delito, doloso ou culposo, envolvendo o transporte marítimo, fluvial ou aéreo que atrairá a competência da Justiça Federal, pois **esta Corte vem entendendo ser necessária lesão ou ofensa direta a bens, serviços ou interesses da União para que se caracterize a competência da Justiça Federal para julgamento do delito, não bastando, para tanto, ofensa meramente reflexa ou indireta**..."

Dessarte, nos casos em que a execução da pena ou a fiscalização da prisão provisória foi confiada à Justiça Federal, transferindo-se o preso para o estabelecimento penal federal de segurança máxima, todos os crimes que busquem frustrá-la ou afrontá-la serão da **sua** competência, porquanto dirigidos, **diretamente**, contra serviços, bens e/ou interesses da União, alinhando-se ao art. 109, IV da CRFB/88. Não por acaso o dispositivo alude às ações penais que tenham por objeto *fatos ou incidentes* **relacionados** *à* ***execução da pena* ou *infrações penais* *ocorridas no estabelecimento penal federal*, colocando em xeque, **diretamente**, a efetividade da execução ou a ordem interna, ambas confiadas à União. Irrelevante à fixação da competência da Justiça Federal é o crime haver sido consumado ou tentado, pois o último não descaracteriza a investida contra bem, serviço ou interesse da União, razão bastante para atrair o art. 109, IV, da CRFB/88[183].

Ressalte-se, ainda, que quando a lei fixa a competência do *juízo federal de execução penal* refere-se **a um dos órgãos integrantes da seção judiciária federal onde se situa o estabelecimento prisional**, respeitando-se a **repartição da competência em razão da matéria**. Imagine, *v.g.* que o preso assassine um agente penitenciário ou outro interno, mas, na referida seção, **haja vários órgãos jurisdicionais: o processo e julgamento deste homicídio caberá ao juízo federal com competência própria do Júri, ainda que diverso do juiz da execução.**

Por outro lado, ao fixar a competência **territorial** do *juízo federal de execução penal*, **excepciona-se** a teoria do resultado, que, em regra, define a competência *ratione loci* (art. 70, *caput*, do CPP) em prol da **teoria da atividade**, porquanto determinante não é o local da consumação, mas o da conduta delitiva (*locus delicti*) – a unidade prisional na qual está o agente segregado. Importante lembrar que, no âmbito dos Juizados Especiais Criminais, o critério do resultado já havia sido preterido em prol do da atividade, haja vista o art. 63 da Lei nº 9099/95. Assim, se a **ação ou omissão teve como** *locus* **o estabelecimento penal federal**, a competência será de um dos órgãos integrantes da seção ou subseção na qual está a dita unidade prisional, sendo **irrelevante** que a consumação ocorra fora das suas dependências. Ilustrando: ao lograr enviar uma correspondência-bomba a um desafeto, o preso inicia a execução do homicídio, **burlando o sistema de segurança do presídio**

(grifo nosso); RHC 50.054/SP, Rel. Ministro Nefi Cordeiro, Sexta Turma, julgado em 04/11/2014, DJe 14/11/2014 – *"...1. O bem jurídico tutelado pelo crime de perigo de desastre ferroviário é a* **incolumidade pública**, *consubstanciada na segurança dos meios de comunicação e transporte. Indiretamente, também se tutelam a vida e a integridade física das pessoas vítimas do desastre.*

2. **Ausente especificada ofensa direta a bens, serviços e interesses da União, não se dá hipótese de competência da Justiça Federal** *para persecução do crime previsto no art. 260, IV, § 2º, c/c art. 263, ambos do Código Penal, a teor do art. 109, IV, da Constituição Federal..."* (grifo nosso).

[183] RHC 47.366/RS, Rel. Ministro Joel Ilan Paciornik, Quinta Turma, julgado em 04/10/2016, DJe 17/10/2016 – *"...4.* **Tendo sido a infração penal praticada em detrimento de interesse da entidade autárquica está configurada a competência da Justiça Federal**, *conforme dispõe o art. 109, IV, da Constituição Federal. A interrupção do iter crimins do estelionato, que não se consumou por circunstâncias alheias à* **vontade dos agentes, não tem o condão de retirar o interesse do INSS**, *que experimentaria o prejuízo financeiro. Situação fática que ultrapassa a mera falsificação do documento, uma vez que a denúncia relata que a documentação chegou a ser apresentada perante o INSS. Precedentes..."* (grifo nosso); HC 96.082/SP, Rel. Ministra Laurita Vaz, Quinta Turma, julgado em 23/09/2008, DJe 28/10/2008 – *"...3. Compete à Justiça Federal o processo e julgamento de crimes em que a conduta do acusado é praticada em detrimento de bens, serviços ou interesses da União ou de suas entidades autárquicas ou empresas públicas,* **sendo irrelevante a existência de efetivo prejuízo**..." (grifo nosso).

federal, logo, apesar de a vítima ser particular e de o potencial resultado se operar fora do presídio, o *modus operandi* vulnerou, diretamente, o serviço prestado pela União, a justificar a competência da Justiça Federal[184]. E, territorialmente, como o envio da carta partiu do presídio, será competente um dos órgãos da seção ou subseção na qual está localizado, considerado o critério da atividade positivado no parágrafo único do art. 2º da Lei nº 11.671/08, preponderante sobre o do resultado (art. 70 do CPP), em apreço ao princípio da especialidade[185].

E se o preso em estabelecimento penal federal de segurança máxima for investigado ou denunciado por ter ordenado, do interior da unidade prisional, a prática de determinado crime?

A violação aos sistemas de segurança do presídio foi clara, atentando contra serviços da União. **Em razão da matéria, o delito persiste sendo da competência da Justiça Federal**, nos termos do art. 109, IV, da CRFB/88. Impende reconhecer, todavia, que, **além da consumação, toda a *atividade* delitiva, considerado o núcleo típico, desenvolveu-se fora das dependências do presídio**, logo, a competência territorial será a do Juízo **federal** do **local onde se deu o injusto**, e **não** a do lugar da sede da unidade

---

[184] *Mutatis mutandis*, desenvolve-se raciocínio idêntico ao furto mediante fraude eletrônica (via internet), de valores existentes em conta corrente gerenciada pela Caixa Econômica Federal: embora a vítima seja o correntista (particular), é certo que os serviços de vigilância e segurança eletrônicas de uma empresa pública federal foram violados, daí a competência da Justiça Federal – *v.g.*, STJ, RHC 84.622/PR, Rel. Ministro Ribeiro Dantas, Quinta Turma, julgado em 17/08/2017, DJe 28/08/2017.

[185] Em se tratando de Tribunal do Júri, admite-se, de todo modo, fixar a competência do juízo do local do injusto à do lugar da consumação, quando as testemunhas-chaves estiverem no primeiro, em vez do segundo, a fim de resguardar a oralidade, assegurando que a ação penal será formalizada na circunscrição judiciária na qual se concentra a prova oral, evitando a expedição de cartas precatórias – *v.g.*, STJ, CC 151.836/GO, Rel. Ministro Reynaldo Soares da Fonseca, Terceira Seção, julgado em 14/06/2017, DJe 26/06/2017 – *"...1. A regra geral descrita no caput do art. 70 do CPP estabelece que a competência para o julgamento do delito é determinada pelo lugar em que se consuma a infração, seja dizer, onde ocorre o resultado, no caso de delitos naturalísticos (teoria do resultado). 2. Entretanto, em situações excepcionais, a jurisprudência desta Corte tem admitido a fixação da competência para o julgamento do delito no local onde tiveram início os atos executórios, em nome da facilidade para a coleta de provas e para a instrução do processo, tendo em conta os princípios que atendem à finalidade maior do processo que é a busca da verdade real. 3. Com base nesse raciocínio, **esta Corte tem entendido possível a flexibilização da teoria do resultado ao definir-se a competência para o conhecimento e julgamento do crime de homicídio, admitindo que, excepcionalmente, seja ela fixada não com base no lugar onde ocorreu a morte da vítima, mas, sim, no local que mais facilite a coleta de provas** e melhor sirva para a formação da verdade real. Precedentes..."* (grifo nosso); RHC 103.972/SP, Rel. Ministro Felix Fischer, Quinta Turma, julgado em 27/11/2018, DJe 03/12/2018: *"...I – **Como regra, a fixação da competência territorial segue a teoria do resultado**, sendo determinante o lugar da consumação da infração, ou do último ato executório, nas hipóteses de tentativa (art. 70 do CPP), tendo como critério subsidiário o domicílio do réu (CPP, art. 72). **Em hipóteses excepcionais se admite a fixação da competência do local de atos de execução para a facilitação de coleta de provas**, a fim de se prestigiar a busca da verdade real. II – In casu, **embora o resultado morte tenha ocorrido em São José do Rio Preto/SP, infere-se dos autos que os atos executórios tiveram início em Jales/SP, local onde a vítima nasceu, e onde supostamente lhe foi aplicado o medicamento que deu causa à sua morte. Os genitores da vítima e a maioria das testemunhas arroladas residem em Jales/SP. III – A prática dos atos executórios, e a facilidade na colheita das provas para a adequada apuração dos fatos, autoriza, no caso concreto, a flexibilização da teoria do resultado a fim de definir-se a competência para o julgamento do crime contra a vida na comarca de Jales/SP**, com o objetivo da busca da verdade real..."* (grifo nosso).

prisional. Descabe buscar elidir a competência da Justiça Federal conjecturando, *v.g.*, a possibilidade de descumprimento do comando ou a inevitabilidade da ação delitiva, que ocorreria independentemente deste. A competência jurisdicional é determinada à luz do **acontecido, objetivamente analisado**, sem comportar divagações teóricas. Como muito bem colocou a 3ª Seção do STJ, por meio do voto-condutor do Min. Ribeiro Dantas, o que repercute sobre a definição da competência não é a intenção do autor do delito, mas sim o **fato objetivo em si**[186].

Uma última advertência: o parágrafo único do art. 2º, ao apresentar a competência do juízo **federal**, remete, no final do texto, às *infrações penais*. Tal referência há de ser entendida como *crimes*, porquanto **as contravenções estão expressamente excluídas da competência da Justiça Federal** (art. 109, IV da CRFB/88 e Súmula nº 38 do STJ), **mesmo se conexas ou continentes a crime federal**, excepcionando a Súmula nº 122 da dita Corte Superior[187].

No tocante à forma de cumprimento da pena, ou da prisão provisória, nos presídios federais de segurança máxima, convém relembrar, preliminarmente, que **não se confunde com o regime disciplinar diferenciado**. Inexiste justaposição, exceto no caso versado no § 3º do art. 52 da LEP: *"existindo indícios de que o preso exerça liderança em organização criminosa, associação criminosa ou milícia privada, ou que tenha atuação criminosa em 2 (dois) ou mais Estados da Federação, **o regime disciplinar diferenciado será obrigatoriamente cumprido em estabelecimento prisional federal"* (grifo nosso), **observada a forma de cumprimento reservada àquele (art. 52, I a VII e §§ 5º a 7º) e não a este**.

Confrontado o art. 3º da Lei nº 11.671/08 ao art. 52 da LEP, nota-se que o legislador teve a preocupação, pueril, de evitar a repetição de palavras, gerando, por conseguinte, certos descompassos que podem conduzir o intérprete mais literal a visualizar diferenças, na realidade, inexistentes. Partindo desta advertência, as **convergências** entre o formato de cumprimento da pena, ou da prisão provisória, nos presídios federais de segurança máxima e no regime disciplinar diferenciado são:

a) o recolhimento em cela individual (art. 3º, § 1º, I x art. 52, II);

b) banho de sol diário, **por 2 (duas) horas** – embora o art. 3º, § 1º, III, aluda a **até** 2 horas, sugerindo a possibilidade de se estipular interregno menor, diferentemente do art.

---

[186] CC 165.117/RS, Rel. Ministro Ribeiro Dantas, Terceira Seção, julgado em 23/10/2019, *DJe* 30/10/2019.

[187] STJ, CC 120.406/RJ, Rel. Ministra Alderita Ramos de Oliveira (Desembargadora Convocada do TJ/PE), Terceira Seção, julgado em 12/12/2012, *DJe* 01/02/2013 – *"...1. Apesar da existência de conexão entre o crime de contrabando e contravenção penal, **mostra-se inviável a reunião de julgamentos das infrações penais perante o mesmo Juízo, uma vez que a Constituição Federal expressamente excluiu, em seu art. 109, IV, a competência da Justiça Federal para o julgamento das contravenções penais**, ainda que praticadas em detrimento de bens, serviços ou interesse da União. Súmula nº 38/STJ. Precedentes..."* (grifo nosso). Particularmente, reputamos incongruente o posicionamento do STJ, porquanto o art. 109, IV da CRFB/88 limitou-se a fixar a **in**competência **em razão da matéria** da Justiça Federal para processar e julgar as contravenções, nada impedindo que delas conheça quando conexas ou continentes a crime federal. A competência, nesse último caso, decorrerá da conexão ou continência, e não *ratione materiae*, logo, em nada afrontaria a Constituição. Do contrário, o STJ deveria cancelar a Súmula nº 122, afinal, todo crime só é da competência da Justiça Estadual porque **excluído** do rol do art. 109 da Carta de 1988, à semelhança das contravenções. Em se admitindo, todavia, que os crimes estaduais sejam julgados pela Justiça Federal, se conexos ou continentes a outro, federal, idêntica conclusão alcançaria as contravenções.

52, IV, **descabe, em apreço à proporcionalidade, dispensar severidade maior a regime diverso do disciplinar diferenciado**. Conforme salientado quando do estudo do RDD, aos qual nos reportamos para evitar repetições desnecessárias, não se trata de frivolidade;

c) proibição de contato físico entre o preso e os seus visitantes, incluído o encontro íntimo. Apesar de o art. 52, III e § 6º ser mais assertivo a respeito, o art. 3º, § 1º, II, ao estabelecer que a visita se dará *por meio virtual ou no parlatório...separados por vidro e comunicação por meio de interfone, com filmagem e gravações* (grifo nosso), reedita idêntica vedação. Os comentários acerca da constitucionalidade dessas limitações, tecidos no item anterior, sobre RDD, replicam-se aqui, integralmente;

d) **interceptação** dos meios de comunicação, implementada pelo Estado, administrativamente, haja vista o art. 3º, § 1º, IV, ao anunciar o *monitoramento de todos os meios de comunicação, inclusive de correspondência escrita* (grifo nosso), à semelhança do verificado no art. 52, V e VI e §§ 6º e 7º. Remete-nos, então, à análise constitucional feita no tópico precedente, concernente ao RDD, momento em que articulamos também com o § 3º do art. 3º da Lei nº 11.671/08 – *as gravações das visitas não poderão ser utilizadas como meio de prova de infrações penais pretéritas ao ingresso do preso no estabelecimento*.

As diferenças, noutro giro, são:

a) malgrado as visitas estarem limitadas a **2** (duas), incluídos os adolescentes, tal qual no RDD, **alcançam, expressamente, as crianças, não as submetendo à restrição numérica**. Ademais, enquanto, no RDD, **terceiro**, não integrante da família, **só pode visitar o preso por meio de autorização judicial**, nos presídios federais de segurança máxima **está disponível a todos, inclusive amigos, sem carecer de prévia determinação jurisdicional**. Quanto à frequência da visitação, **quinzenal no RDD**, o art. 3º, II, da Lei nº 11.671/08 permite que seja *em dias determinados*, sem a especificar. Como é ilógico tratar com rigor maior qualquer regime diverso do disciplinar diferenciado – o *minus* não se sobrepõe ao *plus* –, pressupõe-se a periodicidade **semanal**, em dias previamente apontados pela direção do estabelecimento;

b) as formalidades inerentes ao banho de sol, traçadas no art. 52, VI, da LEP – *grupos de até 4 (quatro) presos, desde que não haja contato com outros do mesmo grupo criminoso* – não foram reeditadas no inciso III do § 1º do art. 3º, logo, nada impede que seja disponibilizado à coletividade carcerária de uma vez só.

O § 2º do art. 3º, à semelhança do regime disciplinar diferenciado, estatui que *os estabelecimentos penais federais de segurança máxima deverão dispor de monitoramento de áudio e vídeo no parlatório e nas áreas comuns, para fins de preservação da ordem interna e da segurança pública*. A fim de assegurar aos presos um mínimo de intimidade, **veda seu uso nas celas** e no **atendimento advocatício**, sob pena de configurar o crime de violação de sigilo funcional, ressalta o § 5º. Contudo, a parte final do § 2º do art. 3º admite a monitoração se houver *expressa autorização judicial*, editando ressalva sequer prevista no RDD, considerado o novel art. 52 da LEP.

Monitorar por áudio e vídeo também o interior das celas **extrapola** os limites do poder de polícia, inexistindo proporcionalidade na medida em que o recolhimento é **individual**. Consubstancia manifesta **interceptação ambiental**, daí estar condicionada à **prévia autorização jurisdicional**, tendo lugar apenas incidentalmente à investigação penal em andamento em desfavor do preso, como meio de formação de provas indispensável à elucidação do fato delituoso objeto da persecução. Há de ser decretada não pelo juiz federal correspondente ao presídio no qual o imputado está, mas pelo juiz competente para conhecer da investigação em curso. A interceptação ambiental apresenta tamanho nível invasivo que fica circunscrita ao âmbito penal, sem escopo exclusivamente disciplinar, mesmo em se tratando de hipotética falta grave, **a não ser que corresponda a crime doloso e, mesmo assim, de gravidade maior, observados os parâmetros do novel art. 8º-A da Lei nº 9296/96, também acrescido pela Lei nº 13.964/19**. Eventual risco de evasão é neutralizável por meios infinitamente menos gravosos, como revistas diárias na cela, nas ausências do presidiário, aproveitando-se do fato de serem individuais. Interceptações ambientais não se prestam para isso.

Em relação ao *atendimento advocatício*, o monitoramento só é aceitável igualmente para fins **penais**, objetivando subsidiar investigação na qual o defensor e o preso figurem como indiciados, supostamente em conluio. O art. 7º, II da Lei nº 8906/94, com a redação dada pela Lei nº 11.767/08, assegura aos advogados *a **inviolabilidade** de seu **escritório** **ou local de trabalho**, bem como de seus instrumentos de trabalho, **de sua correspondência escrita, eletrônica, telefônica e telemática**, desde que relativas ao exercício da advocacia*, porém, nos termos do § 6º, se *presentes indícios de autoria e materialidade da prática de crime por parte de advogado, **a autoridade judiciária competente poderá decretar a quebra da inviolabilidade de que trata o inciso II do caput deste artigo***, respeitado o sigilo de dados atinentes aos clientes, em virtude da cláusula de confidencialidade, exceto, esclarece o § 7º, quanto aos que estiverem *formalmente investigados como seus partícipes ou coautores pela prática do mesmo crime que deu causa à quebra da inviolabilidade* (grifo nosso). Somente **nestes termos** a ressalva contida na parte final do § 2º do art. 3º é exequível.

Segundo salientado há pouco, essas ressalvas não constam do art. 52 da LEP. Longe de serem estritamente processuais, repercutem, negativamente, em uma série de direitos fundamentais de cunho material, como intimidade e vida privada. Estendê-las ao RDD esbarra no devido processo legal (art. 5º, LIV, da CRFB/88), por encerrar interpretação extensiva *in malam partem*.

Finalmente, diz o § 4º do art. 3º que *os diretores dos estabelecimentos penais federais de segurança máxima ou o Diretor do Sistema Penitenciário Federal poderão suspender e restringir o direito de visitas previsto no inciso II do § 1º deste artigo por meio de ato fundamentado*, reproduzindo regra já contida na LEP (art. 41, X e parágrafo único), aplicável subsidiariamente à Lei nº 11.671/08. Nesse particular, desnecessária foi a inovação legislativa.

A Lei nº 13.964/19, embora tenha feito algumas mudanças gramaticais no *caput* do art. 3º da Lei nº 11.671/09, manteve inalterados os requisitos de ingresso em presídio penal federal de segurança máxima: *interesse da segurança pública ou do próprio preso*.

Por conseguinte, o Decreto nº 6877, de 18 de junho de 2009, ao listar os **pressupostos de admissibilidade** para a inserção do preso em presídios federais de segurança máxima, ou seja, **características que o detento deve ter para que o pleito de transferência seja apreciado, persiste em vigor**.

Prega o art. 3º que *para a inclusão ou transferência, o preso deverá possuir*, **ao menos, uma das seguintes características**: *I – ter desempenhado **função de liderança ou participado de forma relevante em organização criminosa**; II – ter praticado **crime que coloque em risco a sua integridade física no ambiente prisional de origem**; III – estar **submetido** *ao Regime Disciplinar Diferenciado – RDD; IV – ser membro de quadrilha ou bando, envolvido na prática reiterada de crimes com violência ou grave ameaça; V – ser réu colaborador ou delator premiado, desde que essa condição represente risco à sua integridade física no ambiente prisional de origem; ou VI – estar envolvido em incidentes de fuga, de violência ou de grave indisciplina no sistema prisional de origem* (grifo nosso).

O fato de o detento enquadrar-se em um destes incisos não torna líquida e certa a sua inclusão em um presídio federal de segurança máxima. Permite, apenas, que o pedido de transferência seja apreciado. A presença de um destes pressupostos torna admissível a postulação, o que não significa que a transferência seja necessária – tal premência é ditada pelos requisitos acima referidos – interesse do próprio detento ou da segurança pública.

Com efeito, caso bastasse a presença de um dos incisos para a transferência, condenações por crime organizado (inciso I) ou por associação criminosa que tivesse por objeto injustos com violência ou grave ameaça (inciso IV) teriam como **pena acessória** a inserção do apenado em presídio federal de segurança máxima, ou o réu que estivesse cautelarmente preso por conta de uma destas imputações **obrigatoriamente teria que lá permanecer segregado**. Outrossim, **todo regime disciplinar diferenciado (RDD) haveria de ser cumprido nestas unidades prisionais especiais** (inciso III), **hipótese restrita ao art. 52, § 3º da LEP**. A custódia em presídio federal de segurança máxima seria um **apêndice** destes títulos condenatórios ou cautelares, ou do RDD. O que nasceu para ser excepcional, banalizar-se-ia.

Os pressupostos de admissibilidade restantes, por outro lado, **confundem-se com os próprios requisitos para a inserção no presídio federal de segurança máxima**, encartados no art. 3º, cabeça, da Lei nº 11671/08. Isso porque os incisos II e V do art. 3º do Decreto nº 6877/09 – respectivamente, *ter praticado crime que coloque em risco a sua integridade física no ambiente prisional de origem* ou *ser réu colaborador ou delator premiado, desde que essa condição represente risco à sua integridade física no ambiente prisional de origem* – evidenciam **risco concreto à segurança do preso**, ao passo que o incio VI – *estar envolvido em incidentes de fuga, de violência ou de grave indisciplina no sistema prisional de origem* – sinaliza que a permanência do preso na referida unidade prisional traduz **risco concreto à efetividade e à higidez da execução penal ou do título prisional cautelar seu e/ou do dos demais internos**. Dessarte, manipular esses pressupostos de admissibilidade significa aferir a própria necessidade ou não da transferência para presídio federal de segurança máxima.

O rol é exaustivo, *numerus clausus*, **o que não significa que os seus incisos não comportem interpretação ontológica**. O inciso III do art. 3º, por exemplo, tem a sua *ratio essendi* no risco à integridade física do preso, caso permaneça na unidade prisional onde se encontra. Esta situação de risco, contudo, não se resume ao crime que porventura tenha cometido. Pode decorrer, ainda, da sua qualidade de ex-agente de segurança pública (*v.g.*, ex-policial), de eventual desavença com internos pertencentes a outras facções criminosa, ou mesmo em razão de ter optado pela neutralidade, recusando-se a associar-se a qualquer segmento criminoso dentro do estabelecimento prisional. **Todas estas variantes estão reunidas no prefalado inciso III do art. 3º. O que não se concebe é construir hipóteses além das listadas no citado artigo**.

Outrossim, **não se pode olvidar que a inclusão em presídio federal de segurança máxima é ontologicamente admissível apenas aos apenados que estiverem em regime fechado ou presos cautelarmente, haja vista que as prisões temporária e preventiva importam privação libertária em condição equivalente ao regime fechado. O nível de privação libertária nos presídios federais de segurança máxima é **incompatível** com os regimes semiaberto e aberto, conforme estampa o novel § 1º do art. 3º da Lei nº 11.671/08, ao dizer que a inclusão *será em regime fechado*. O apenado seria submetido a condições mais gravosas do que as inerentes ao seu regime prisional[188], tanto que o art. 11 do Decreto nº 6877/09 preceitua no *caput* que *na hipótese de obtenção de liberdade ou progressão de regime de preso custodiado em estabelecimento penal federal, caberá ao Departamento Penitenciário Nacional providenciar o seu retorno ao local de origem ou a sua transferência ao estabelecimento penal indicado para cumprimento do novo regime* (grifo nosso).

Não obstante, mostra-se admissível a transferência desde que **concomitante à regressão ao regime fechado, ainda que cautelarmente**. Contudo, se a regressão definitiva não for ultimada ao cabo do prazo de permanência do apenado em presídio federal de segurança máxima (elevado de 360 dias para até 3 anos, ante a novel redação dada ao § 1º do art. 10 pela Lei nº 13.964/19), descabe a renovação.[189]

Essa orientação do STJ carece de melhor reflexão. Ante a precariedade de todo e qualquer pronunciamento cautelar, cumular a regressão **provisória** ao regime fechado com a inserção em presídio federal de segurança máxima, que não deixa de ser um regime de exceção, *inaudita altera parte*, potencializa o menoscabo ao contraditório e a ampla defesa no processo de execução penal, sem os quais inexiste processo justo. A solução mostra-se, ainda, desproporcional, porquanto, se o condenado estava no regime semiaberto ou aberto, insuficiente se mostrava *aquele* regime, e não o fechado, para o qual regrediu. Ordenar a

---

[188] **STJ**, HC 110.569/MS, Rel. Ministro Felix Fischer, Quinta Turma, julgado em 04/06/2009, DJe 14/09/2009, merecendo transcrição os seguintes trechos da ementa: ... *Constitui constrangimento ilegal submeter o apenado a regime mais rigoroso do que aquele para o qual obteve a regressão*... *O que é inadmissível é impor ao apenado, regredido ao regime semiaberto, o cumprimento da pena em regime fechado, por falta de vagas em estabelecimento adequado (Precedentes)... Na espécie,* **o paciente***, condenado ao cumprimento da reprimenda em regime aberto,* **regrediu ao regime semiaberto***, mas, em virtude da ausência de vagas em estabelecimento adequado,* **foi recolhido à Presídio de Segurança Máxima***. Ordem concedida* (grifo nosso).

[189] **STJ**, HC 161.452/RJ, Rel. Ministra Laurita Vaz, Quinta Turma, julgado em 28/08/2012, DJe 05/09/2012, conforme se lê no seguinte extrato da ementa: *...1.* **Evidenciada a prática de falta grave, é perfeitamente cabível a regressão cautelar do regime prisional pelo Juiz das Execuções***, sem a exigência da oitiva prévia do condenado, necessária apenas na regressão definitiva. Precedentes do Superior Tribunal de Justiça. 2. A inserção do apenado em Estabelecimento Penal Federal de Segurança Máxima é medida de exceção que possui formalidades a serem obedecidas, inclusive quanto ao tempo de permanência nesses presídios, que poder ser prorrogado apenas excepcionalmente, em decisão fundamentada. 3. A permanência provisória do Paciente em Presídio Federal* **há mais de dois anos, sem a instauração sequer de processo de regressão definitiva para o regime fechado***, configura constrangimento ilegal suficiente para* **ensejar sua imediata remoção do regime prisional diferenciado**... (grifo nosso); HC 167.747/RJ, Rel. Ministro Napoleão Nunes Maia Filho, Quinta Turma, julgado em 05/05/2011, DJe 12/05/2011, merecendo destacar o seguinte trecho da ementa: ... *não há sequer notícia de que a regressão,* **determinada em caráter cautelar e de urgência***, tenha sido definitivamente decidida pelo Juízo. Como já enfatizado em caso semelhante,* **o condenado que regride cautelarmente de regime prisional não pode ficar aguardando indefinidamente a decisão final do Juízo***, porquanto o poder competente tem que instaurar e decidir em prazo curto e razoável o procedimento de regressão (HC 169.012/RJ, de minha relatoria, DJe 18.10.2010). Concede-se a ordem para* **determinar o retorno do paciente a um dos estabelecimentos penais do Rio de Janeiro***, a critério do Juízo da Vara de Execuções Penais da Capital Carioca* (grifo nosso).

transferência direta do condenado para o presídio federal de segurança máxima significa **intuir**, ou, pior, **antecipar** a insuficiência do regime fechado.

Igualmente se concebe a transferência se o apenado tiver sido preso por outro fato delituoso, porquanto se encontra **preso** cautelarmente, sem prejuízo da ulterior regressão de regime[190]. Sem embargo, como só é factível a transferência para presídio federal de segurança máxima em razão **deste título prisional cautelar, a competência para deflagrar a transferência é do juízo do processo de conhecimento, e não o da execução penal.**[191]

Este entendimento jurisprudencial igualmente se revela precipitado pelos mesmos motivos alinhavados *retro*. Se o apenado estava em regime semiaberto ou aberto e comete nova infração penal, o único dado concreto que se pode extrair é a insuficiência **deste**. Uma vez cautelarmente preso, e segregado em condições equivalentes ao regime fechado, há de se aguardar advento de novo **fato** indicativo da necessidade de transferi-lo para um presídio federal de segurança máxima. Afirmar de antemão a insuficiência da prisão preventiva, nos moldes em que ordinariamente se desenvolve, nada mais é do que especular, tornando corriqueiro o excepcional.

A premissa da transferência para o presídio federal de segurança máxima é a comprovada debilidade do regime fechado, inerente à prisão cautelar ou à execução penal em andamento. Destarte, é imprescindível que o fato ensejador do deslocamento do preso ocorra quando está neste regime prisional, pois só assim se pode concretamente concluir pela sua insuficiência.

---

[190] STJ, HC 244.061/RJ, Rel. Ministra Laurita Vaz, Quinta Turma, julgado em 17/10/2013, *DJe* 29/10/2013, merecendo transcrever o seguinte trecho da ementa: ... *Transferência e inclusão em presídio federal de segurança máxima devidamente fundamentada no interesse da segurança pública. Há indicação de elementos concretos os quais demostraram que,* **mesmo cumprindo prisão em albergue domiciliar, com monitoramento eletrônico, o Paciente** – *que já havia sido expulso dos quadros da Polícia Militar, em virtude de graves violações da ética* – **agia como membro de organização criminosa atuante no Estado do Rio de Janeiro e colaborava com um dos líderes do narcotráfico...** *No caso, a* **prisão do Paciente "decorre da preventiva em que fora convolado o flagrante",** *sem prejuízo das providências a serem adotadas para a regressão de regime, em virtude da* **falta grave** *praticada enquanto cumpria pena no regime* **aberto**...(grifo nosso).

[191] Nos precedentes sobre o tema, a inserção do preso em presídio federal de segurança máxima foi determinada pelo juízo da execução, e não do processo de conhecimento. Contudo, o **STJ** esquivou-se de enfrentar a alegação de nulidade por incompetência absoluta do juízo, sob o pretexto de que haveria supressão de instância, eis que a questão não havia sido posta nas instâncias inferiores. Trata-se de opção política do STJ, porquanto é **manifesta, nestes casos, a incompetência absoluta da VEP para determinar a referida transferência**. E, como é cediço, as hipóteses de incompetência absoluta são cognoscíveis de ofício, máxime em favor do réu. A título de exemplo, RHC 38.085/RJ, Rel. Ministra Laurita Vaz, Quinta Turma, julgado em 25/02/2014, *DJe* 12/03/2014 – ... *O Tribunal de origem não se manifestou especificamente sobre as alegações de falta de intimação de alguns advogados do Recorrente e de* **incompetência do Juízo das Execuções para determinar a transferência, por, supostamente, ser o título que justificaria a prisão meramente cautelar, decorrente de processo em curso,** *razão pela qual, nesses pontos,* **não pode ser analisado o writ, sob pena de supressão de instância**... (grifo nosso) – e HC 244.061/RJ, Rel. Ministra Laurita Vaz, Quinta Turma, julgado em 17/10/2013, *DJe* 29/10/2013 – ... *na impetração originária* **nada se alegou sobre a incompetência do juiz da Vara de Execuções Penais para determinar a transferência do Paciente para estabelecimento prisional federal de segurança máxima,** *razão pela qual, no ponto,* **não pode ser analisado o writ, sob pena de supressão de instância** (grifo nosso).

Os **requisitos da transferência** perpassam, nos termos do art. 3°, pelo *interesse da segurança pública ou do próprio preso*, condenado ou provisório (grifo nosso). Embora as hipóteses legais sejam vagas, **a motivação para a transferência há de se escudar em dados concretos**, não bastando argumentação abstrata e especulativa[192].

Tomando-se como fundamento o *interesse da segurança pública*, é imprescindível a indicação do **risco que a presença do preso naquela unidade prisional representa à efetividade da execução da sua pena e/ou da dos demais internos ou à higidez do próprio título prisional cautelar seu e/ou dos demais custodiados**, haja vista, *v.g.*, a possibilidade de evasões, rebeliões, etc[193].

Inclui-se, ainda neste fundamento, a **constatação de que, mesmo preso, continua a comandar ações criminosas debeladas fora do presídio, sinalizando que a unidade prisional onde se encontra é insuficiente para resguardar a ordem pública**.[194]

---

[192] STJ, HC 167.747/RJ, Rel. Ministro Napoleão Nunes Maia Filho, Quinta Turma, julgado em 05/05/2011, DJe 12/05/2011, tendo restado consignado na ementa que *...o fato de possuir diversas condenações e de existirem notícias de que faria parte de facção criminosa, o que se revelou mais uma hipótese do que uma realidade concreta e comprovada, é insuficiente para respaldar medida dessa natureza, que está reservada a situações caracterizadas como de **natureza excepcional**...* (grifo nosso).

[193] STJ, CC 124.362/RJ, Rel. Ministra Marilza Maynard (Desembargadora Convocada do TJ/SE), Terceira Seção, julgado em 11/06/2014, DJe 19/08/2014, porquanto ... *persistindo as razões e fundamentos que ensejaram a transferência do preso para o presídio federal de segurança máxima, como afirmado pelo Juízo suscitante, notadamente em razão da periculosidade concreta do apenado que desempenha função de liderança em organização criminosa, bem como **por ter participado de rebeliões e motins, inclusive com assassinatos de outros presos de forma cruel**, dentre outros motivos, a renovação da permanência é providência indeclinável, como medida excepcional e adequada para resguardar a ordem pública*" (CC 120.929/RJ, Terceira Seção, Relator Ministro Marco Aurélio Bellizze, DJe de 16.8.2012)...(grifo nosso); **STF**, HC 115539, Relator Min. Luiz Fux, Primeira Turma, julgado em 03/09/2013, DJe 17/09/2013, sublinhando que, no caso concreto, a transferência, chancelada pela Corte Constitucional, teve como fundamentos: *a) **histórico de rebeliões que provocaram 40 mortes em Rondônia**, a partir de 2003; b) **julgamento do Brasil e do Estado de Rondônia pela Corte Interamericana de Direitos Humanos**; c) **interdição de presídio**; d) periculosidade do paciente, condenado a 49 anos de reclusão; e e) **liderança subversiva exercida pelo agente e consequente desestabilização do sistema prisional*** (grifo nosso).

[194] STJ, RHC 38.085/RJ, Rel. Ministra Laurita Vaz, Quinta Turma, julgado em 25/02/2014, DJe 12/03/2014, porquanto ... *há elementos concretos que justificam a prorrogação da medida procedida Juiz Estadual, **pois o Recorrente – ex-Policial Militar expulso da corporação por graves violações – estava envolvido "em várias articulações criminosas realizadas no Estado do Rio de Janeiro, através da organização criminosa denominada 'A.D.A'**, salientando-se, ademais, que, durante o tempo em que esteve custodiado no Estado do Rio de Janeiro, o apenado era responsável pelo repasse de informações sensíveis (operações policiais, escalas de serviço, etc) sobre o Batalhão da Polícia Militar da área (32° BPM) e até mesmo ameaças a policiais e Autoridades que atuam contra o tráfico de drogas na Cidade.*" 6. *Recurso parcialmente conhecido e, nessa extensão, desprovido*...(grifo nosso); AgRg no CC 132.519/RJ, Rel. Ministro MOURA RIBEIRO, TERCEIRA SEÇÃO, julgado em 14/05/2014, DJe 07/08/2014, pois se trata de ...*detento que é conhecido por **compor organização criminosa atuante no estado do Rio de Janeiro, conhecida como 'Liga da Justiça'**, abre ensejo à sua segregação na Penitenciária de Segurança Máxima Federal de Rondônia-RO*... (grifo nosso); STF, HC 112650, Relator Min. Rosa Weber, Primeira Turma, julgado em 11/03/2014, DJe 30/10/2014, lendo-se em determinado trecho da ementa que ... *os presídios federais são destinados a isolar **presos de elevada periculosidade, especialmente aqueles extremamente violentos ou líderes de grupos criminosos**. 2. Considerado o contexto no qual se insere o sistema carcerário brasileiro, com graves indisciplinas, fugas, rebeliões e **prática de crimes por reclusos**, o regime prisional em vigor nos presídios federais, embora rigoroso, constitui remédio amargo, mas necessário e válido*... (grifo nosso).

Obviamente que tais requisitos abrem campo inclusive para a imposição do regime disciplinar diferenciado, logo, os comentários relativos ao § 1º do art. 52 da LEP alcançam-nos na íntegra, porque tão vagos e imprecisos quanto.

Fazemos, todavia, uma advertência, comum não apenas à inserção em presídio federal de segurança máxima como em regime disciplinar diferenciado: se um sujeito está preso, seja a título definitivo ou cautelar, subentende-se que a sociedade esteja resguardada, porque o seu contato com o mundo exterior, consubstanciado na *visita do cônjuge, da companheira, de parentes e amigos em dias determinados* e/ou por *meio de correspondência escrita, da leitura e de outros meios de informação que não comprometam a moral e os bons costumes* podem ser **suspensos ou restringidos mediante ato motivado do diretor do estabelecimento**, *ex vi* do art. 41, X e XV e p.ú. da LEP. E, desde a Lei nº 11466/07, constitui **falta grave** ter *em sua posse, utilizar ou fornecer* **aparelho telefônico, de rádio ou similar, que permita a comunicação com outros presos ou com o ambiente externo**, *ex vi* do inciso VII do art. 50 da LEP. Diante deste cenário, se, ainda assim, ações criminosas são comandadas de dentro do presídio é porque há uma brutal rede de corrupção envolvendo agentes penitenciários, policiais, diretores de presídio e outras autoridades, além de **poucos** péssimos advogados, que direcionam sacrossantas prerrogativas da classe à vil missão de serem "pombos correios" do crime organizado. Por conseguinte, **limitar-se a transferir estes presos a presídios federais de segurança máxima e/ou inseri-los em RDD não resolve o problema, ao contrário, é mero paliativo, e, no fundo, um estímulo à manutenção do** *status quo*. Cuida-se dos sintomas, sem atacar a doença. A par das respostas disciplinares, cumpre instaurar investigação penal para apurar os delitos cometidos fora do estabelecimento, sob a sua ordem, a fim de apurar quem efetivamente permitiu o vazamento, respondendo como partícipes desses injustos, sem prejuízo dos demais porventura perpetrados. Sem isso, legitima-se a falência das unidades prisionais estatais, sobretudo para abrigar os (pretensos) líderes do crime organizado.

A raiz da crise carcerária é, portanto, **institucional**, está no âmago do próprio Estado, alimentada pela corrupção e ineficiência endêmicas que corroem tantos agentes e agências integrantes do sistema penitenciário nacional. Contudo, opta pelo caminho *mais fácil, menos traumático*, em vez de cortar a própria carne. Assim há de ser encarado o art. 11-B da Lei nº 11.671/08 e a autorização concedida aos Estados e ao Distrito Federal para *construir estabelecimentos penais de segurança máxima, ou adaptar os já existentes*, como se o câncer estivesse nos edifícios, e não naqueles que os ocupam e os operam. O preceito, introduzido pela Lei nº 13.964/19 – formalmente constitucional por versar sobre direito penitenciário, da competência concorrente da União com os Estados e o Distrito Federal (art. 24, I, da CRFB/88) – é um convite ao encarceramento dos grupos socioeconomicamente e racialmente mais vulneráveis. Em vez de o Estado olhar para as favelas e periferias, deveria focar em si, pois, sem uma profunda depuração interna, aliada a outras políticas públicas estruturais, saúde e educação acima de tudo, inexiste segurança pública séria. Só populismo. Da pior estirpe.

Adotando-se como parâmetro *o interesse do próprio preso*, **a transferência para o presídio federal de segurança máxima dá-se quando estiver jurado de morte ou com a sua integridade física ameaçada pelos demais internos**, seja em virtude da natureza do crime que ensejou-lhe a condenação ou pelo qual está cautelarmente preso (*v.g.*, crime contra a dignidade sexual de criança, delito que desperta ojeriza dentro da própria população carcerária), seja em razão de qualquer outro incidente ou desavença verificada dentro do próprio presídio, seja porque negou filiar-se à facção criminosa, passando pela qualidade de ex-agente de segurança pública.

Quanto ao período de permanência no presídio federal de segurança máxima, dispõe o art. 10, *caput*, da Lei nº 11671/08 que a inclusão do preso em presídio federal de segurança máxima será por prazo determinado, esclarecendo o § 1º, alterado pela Lei nº 13.964/19, que *o período de permanência será de até 3 (três) anos, renovável por iguais períodos, quando solicitado motivadamente pelo juízo de origem, observados os requisitos da transferência, e se persistirem os motivos que a determinaram* (grifo nosso).

Elevou-se o teto de 360 (trezentos e sessenta) dias para 3 (três) anos, positivando a jurisprudência do STF e do STJ no sentido de se admitir sucessivas renovações, ilimitadamente[195], bastando que persistam os motivos ensejadores da transferência inaugural, **sem a necessidade de serem indicados novos fatos ou incidentes**[196] – o texto originário

---

[195] **STJ**, AgRg no CC 169.736/RJ, Rel. Ministro Reynaldo Soares da Fonseca, Terceira Seção, julgado em 12/02/2020, DJe 17/02/2020 – no caso concreto, a estada em presídio federal de segurança máxima havia sido determinada pela **13ª vez**; RHC 44.915/PR, Rel. Ministro FELIX FISCHER, Quinta Turma, julgado em 03/02/2015, DJe 10/02/2015 – *"...A Lei n. 11.671/2008 **não estabeleceu qualquer limite temporal para a renovação de permanência do preso em estabelecimento penal federal de segurança máxima...**"* (grifo nosso).

[196] **STF**, HC 112650, Relator Min. Rosa Weber, Primeira Turma, julgado em 11/03/2014, DJe 30/10/2014, conforme se deflui do seguinte extrato da ementa: ... *Em caso de necessidade, é possível, em princípio, que **a permanência no presídio federal**, embora excepcional, **se prolongue significativamente, quer por fato novo OU pela persistência das razões ensejadoras da transferência inicial**...* (grifo nosso); HC 106039, Relator Min. Ayres Britto, Segunda Turma, julgado em 27/03/2012, DJe 08/06/2012, segundo se extrai do seguinte trecho da ementa: *"... **as instâncias precedentes demonstraram a concreta necessidade de manutenção do paciente no Presídio Federal de Segurança Máxima**. Renovação da medida que atende à finalidade do art. 3º da Lei 11.671/2008 (combinado com o § 1º do art. 10), dado que "serão recolhidos em estabelecimentos penais federais de segurança máxima aqueles cuja medida se justifique no interesse da segurança pública ou do próprio preso, condenado ou provisório". Réu de "altíssima periculosidade" que permanecia no comando do crime organizado no período em que esteve custodiado no Presídio Estadual de Mato Grosso, aliciando, inclusive, agentes prisionais...*"(grifo nosso); **STJ**, AgRg no CC 158.867/PE, Rel. Ministro Rogerio Schietti Cruz, Terceira Seção, julgado em 14/08/2019, DJe 21/08/2019 – *"...1. Para a **prorrogação** do prazo de permanência no sistema federal de segurança máxima, **não é imprescindível a ocorrência de fato novo**. Esta Corte Superior entende que, na hipótese de **persistência dos motivos que ensejaram a transferência inicial do preso, é possível manter a providência excepcional em decisão fundamentada...**"* (grifo nosso); CC 130.713/RJ, Rel. Ministro Marco Aurélio Bellizze, Terceira Seção, julgado em 11/12/2013, DJe 03/02/2014, porquanto *... está suficientemente demonstrada a permanência das razões e fundamentos que ensejaram a transferência do apenado...no presídio federal de segurança máxima, mormente em razão de sua acentuada periculosidade, pois **desempenha função de liderança em uma das mais violentas organizações criminosas do país**, conhecida como "Comando Vermelho", sendo **responsável direto, juntamente com outros criminosos, por rebeliões e motins em presídios no Estado do Rio de Janeiro, motivo pelo qual a renovação da permanência é providência indeclinável**, como medida excepcional e adequada para resguardar a ordem pública* (grifo nosso); CC 127.913/RJ, Rel. Ministra Regina Helena Costa, Terceira Seção, julgado em 11/12/2013, DJe 03/02/2014, pois ... *O Juízo de Direito da Vara de Execuções Penais do Rio de Janeiro/RJ, de forma motivada, demonstrou, com base em elementos concretos, **a persistência dos motivos de interesse da segurança pública objetivamente indicados no art. 3º do Decreto n. 6877/2009**, que determinaram a transferência do Reeducando ao estabelecimento penal federal de segurança máxima, **a justificar a renovação da permanência do no Presídio Federal de Mossoró/RN**, nos termos previstos no § 1º do art. 10, da Lei n. 11.671/2008. VI – **Persistindo os motivos de interesse da segurança pública que determinaram a transferência do**

não era tão claro a respeito, limitando-se a permitir a renovação, se presentes os requisitos da transferência.

Como o preso tem o direito à assistência da família (art. 5º, LXIII, da CRFB/88), **a regra é a segregação em unidade prisional próxima ao núcleo social, familiar e amical**, facilitando a visitação prevista no art. 41, X da LEP. Por tal razão, dispõe o art. 86, *caput*, da LEP que *as penas privativas de liberdade aplicadas pela Justiça de uma Unidade Federativa **podem ser executadas em outra unidade**, em estabelecimento local ou da União* (grifo nosso). Qualquer exceção, embora possível, há de estar motivada em **fatos**[197], como a ausência de vagas[198]. Nesse diapasão, a alocação e a manutenção do preso em presídio federal de segurança máxima hão de ser, sempre, a última *ratio*.

A Lei nº 13.964/19, dessa vez no art. 10, § 1º da Lei nº 11.671/08, novamente estipulou o **teto**, mas **não** o **mínimo**, logo, repetimos o alerta feito em relação ao prazo de duração do RDD (art. 52, I, da LEP), resumidamente: a eleição do interregno máximo de 3 (três) anos há de estar calcada em **fatos** de **extrema gravidade**, pois, do contrário, caberá à defesa impetrar *habeas corpus* postulando o retorno do preso à origem, pois, na ausência de fundamentação quanto ao **tempo** de estada no presídio federal de segurança máxima, vale o mínimo previsto em lei, **1 dia**, a teor do art. 10 do Código Penal, inevitavelmente já esgotado. Não nos impressionaremos, todavia, que o Superior Tribunal de Justiça, tal qual já faz em relação à extensão da perda dos dias remidos, se restrinja a anular a decisão, no tocante ao prazo de duração, determinando novo pronunciamento, fundamentado, mas conservando o detento no presídio federal de segurança máxima. O tema foi exaurido no tópico anterior, atinente ao RDD, ao qual nos remetemos para evitar repetições.

De toda sorte, ante a possibilidade de inserção do preso em presídio federal de segurança máxima por até **3** (três) anos, a renovação *por iguais períodos* (ou seja, por mais **até 3 anos**) torna-se ainda mais excepcional, motivo pelo qual **descabe eternizar a ratio decidendi** inaugural da transferência, sendo imprescindível indicar **fatos novos** indicativos da sua persistência.

A premência é ainda maior porque, na dicção do Superior Tribunal de Justiça, enquanto o preso estiver em presídio federal de segurança máxima, **descabe, porque**

---

preso para o estabelecimento penal federal de segurança máxima, a renovação da permanência é providência que se impõe... (grifo nosso).

[197] **STF**, HC 152720, Relator Min. Gilmar Mendes, Segunda Turma, julgado em 10/04/2018, *DJe* 17/05/2018 – "*...O direito do preso à assistência da família (art. 5º, LXIII, da CF) e ao recolhimento "em local próximo ao seu meio social e familiar" (art. 103 da LEP). **Apenas razões excepcionalíssimas e devidamente fundamentadas autorizariam uma transferência para outra unidade da federação**...*" (grifo nosso); STJ, AgRg no CC 137.281/MT, Rel. Ministro Nefi Cordeiro, Terceira Seção, julgado em 23/09/2015, *DJe* 02/10/2015 – "*...2. O direito que o preso tem de cumprir pena em local próximo à residência, onde possa ser assistido pela família, é relativo, pois a transferência pode ser negada **desde que a recusa esteja fundamentada**...*" (grifo nosso).

[198] **STJ**, AgRg no CC 143.256/RO, Rel. Ministro Rogerio Schietti Cruz, Terceira Seção, julgado em 08/06/2016, *DJe* 17/06/2016 – "*...3. A despeito de otimizar a ressocialização do preso e de humanizar o cumprimento da reprimenda, pela maior proximidade do preso aos seus familiares, **a transferência de presídio depende da existência de vaga**...*" (grifo nosso); CC 167.064/SC, Rel. Ministro Joel Ilan Paciornik, Terceira Seção, julgado em 28/08/2019, *DJe* 06/09/2019 – "*...4. O cumprimento da execução penal deve levar em conta não apenas as conveniências pessoais e familiares do preso, **mas também os da Administração Pública**, sendo condicionada à transferência legal, com prévia consulta de existência de vagas e anuência do Juízo consultado...*" (grifo nosso).

incompatível, a progressão ao regime semiaberto. Os fundamentos conducentes à colocação ou manutenção do preso em unidade prisional federal denotam, por si só, a ausência dos requisitos subjetivos à progressão. Em outras palavras: **renovar o período de permanência nestes presídios especiais importa, a reboque, descartar a progressão ao regime semiaberto, por não atender ao princípio da suficiência da pena**[199], exceto quando a razão da transferência for a proteção da integridade física e psíquica do próprio detento, hipótese na qual inexiste incompatibilidade.

Dessarte, **se os fatos pretéritos cometidos pelo preso servirem de escusa para mantê-lo em presídio federal de segurança máxima, indefinidamente, lá cumprirá integralmente a pena, negando-lhe, a reboque, a progressão de regime**[200]. Abre-se campo, em última análise, para que a pena seja integralmente cumprida em regime fechado, na contramão do princípio da **individualização da pena** (art. 5º, XLVI, da CRFB/88)[201].

É bem verdade que se chega a esse resultado não por força de um preceito abstrato, como o encartado, originariamente, no art. 2º, § 1º da Lei nº 8072/90, ao prescrever o cumprimento da pena inteiramente em regime fechado para os condenados por crimes hediondos, tráfico de entorpecentes, terrorismo e tortura, mas sim a partir da aferição, em concreto, dos requisitos para a progressão de regime.

---

[199] EDcl no RHC 75.366/RO, Rel. Ministro Antonio Saldanha Palheiro, Sexta Turma, julgado em 13/11/2018, DJe 04/12/2018 – *"...não obstante o Superior Tribunal de Justiça possua posicionamento de que a existência de falta grave antiga não constitui fundamento idôneo para o indeferimento do benefício de progressão de regime, entende esta Corte que "a concessão do benefício da progressão de regime ao apenado em presídio federal de segurança máxima fica condicionada à ausência dos motivos que justificaram a transferência originária para esse sistema" (AgRg no CC n. 131.887/RJ, relator Min. Sebastião Reis Júnior, Terceira Seção, DJe de 3/4/2014), o que não ocorre na hipótese..."* (grifo nosso); CC 124.362/RJ, Rel. Ministra Marilza Maynard (Desembargadora Convocada do TJ/SE), Terceira Seção, julgado em 11/06/2014, DJe 19/08/2014, obtemperando-se que ... *"A concessão do benefício da progressão de regime ao apenado em presídio federal de segurança máxima fica condicionada à ausência dos motivos que justificaram a transferência originária para esse sistema ou, ainda, à superação de eventual conflito de competência suscitado. Tal entendimento jurisprudencial deriva da interpretação sistemática dos dispositivos legais que norteiam o ingresso no Sistema Penitenciário Federal, os quais **demonstram a absoluta incompatibilidade entre os motivos que autorizam a inclusão do preso e os benefícios liberatórios da execução** (CC n. 125.871/RJ, Ministro Marco Aurélio Bellizze, Terceira Seção, DJe 7/6/2013)"* (AgRg no CC 131.887/RJ, Terceira Seção, Relator Ministro Sebastião Reis Júnior, DJe de 3.4.2014) – grifo nosso

[200] A dita incompatibilidade tida como insuperável pelo STJ **sequer é chancelada pelo Decreto nº 6877/09**, haja vista o *caput* do art. 10, que expressamente autoriza a progressão de regime durante este período, afinal *na hipótese de obtenção de liberdade ou progressão de regime de preso custodiado em estabelecimento penal federal, caberá ao Departamento Penitenciário Nacional **providenciar o seu retorno ao local de origem ou a sua transferência ao estabelecimento penal indicado para cumprimento do novo regime*** (grifo nosso).

[201] HC 82959, Relator Min. Marco Aurélio, Tribunal Pleno, julgado em 23/02/2006, DJ 01/09/2006 – *PENA – REGIME DE CUMPRIMENTO – PROGRESSÃO – RAZÃO DE SER. A progressão no regime de cumprimento da pena, nas espécies fechado, semiaberto e aberto, tem como razão maior a ressocialização do preso que, mais dia ou menos dia, voltará ao convívio social. PENA – CRIMES HEDIONDOS – REGIME DE CUMPRIMENTO – PROGRESSÃO – ÓBICE – ARTIGO 2º, § 1º, DA LEI Nº 8.072/90 – INCONSTITUCIONALIDADE – EVOLUÇÃO JURISPRUDENCIAL. Conflita com a garantia da individualização da pena – artigo 5º, inciso XLVI, da Constituição Federal – a imposição, mediante norma, do cumprimento da pena em regime integralmente fechado. Nova inteligência do princípio da individualização da pena, em evolução jurisprudencial, assentada a inconstitucionalidade do artigo 2º, § 1º, da Lei nº 8.072/90.*

Ocorre que o novel § 1º do art. 10 da Lei nº 11.671/08, nos passos, diga-se de passagem, da jurisprudência do STF e do STJ, passou a admitir, expressamente, o prolongamento ilimitado da custódia em presídio federal de segurança máxima e o STJ, nessa esteira, a partir de um raciocínio **apriorístico**, descarta, de plano, a progressão de regime. E, tudo isso, **sem a necessidade de apontamento de fatos novos**. Eis o busílis: a *ratio decidendi* determinante da inserção do preso no presídio federal eternizar-se-ia, inviabilizando, por arrastamento, a progressão de regime.

Considerado este panorama, tem-se, sim, por construção jurisprudencial, o restauro, velado, do regime integral fechado. É premente revisitar esse entendimento, **ainda mais diante de um interregno em presídio federal de segurança máxima que pode começar já em 3 (três) anos**.

A preocupação ora externada tem sido compartilhada por alguns Ministros do Superior Tribunal de Justiça. No Conflito de Competência nº 124.362/RJ, Rel. Ministra MARILZA MAYNARD (DESEMBARGADORA CONVOCADA DO TJ/SE), TERCEIRA SEÇÃO, julgado em 11/06/2014, *DJe* 19/08/2014, a Min. Maria Thereza de Assis Moura, **vencida**, obtemperou que a renovação da permanência em presídio federal de segurança máxima exige **fatos novos**, *não sendo suficiente uma **nova roupagem dos fundamentos constantes dos prévios requerimentos*** (grifo nosso), sob pena de o detento lá permanecer indefinidamente – no caso concreto, ordenou-se a **segunda renovação**. E no CC 130.713/RJ, Rel. Ministro MARCO AURÉLIO BELLIZZE, TERCEIRA SEÇÃO, julgado em 11/12/2013, *DJe* 03/02/2014, em que a Min. Maria Thereza de Assis Moura igualmente votou **vencida**, determinou-se a **quarta renovação!** O próprio Min. Marco Aurélio Bellizze reconheceu, no voto condutor do CC 129.648/ES, TERCEIRA SEÇÃO, julgado em 09/10/2013, *DJe* 17/10/2013, de sua relatoria, que os fatos ensejadores da transferência originária para presídio federal de segurança máxima não podem legitimar a permanência *ad eternum* do preso nestes estabelecimentos. Consignou o Min. que *conquanto em um primeiro momento tenha se verificado a necessidade de inclusão do detento em estabelecimento penal federal, **notadamente em razão do suposto plano para tomada do presídio de origem**, verifica-se que, **passados quase 4 (quatro) anos desde a sua inclusão no referido sistema (em dezembro de 2009), não se mostra possível utilizar-se dos mesmos fundamentos originários para manter o apenado no presídio federal**. 5. Após o transcurso de todo esse tempo, é possível concluir que a atuação maléfica que se desenvolvia no interior do presídio de origem, que motivou a transferência originária, já se neutralizou, perdendo força, ainda, o argumento de deficiências estruturais do Estado, mormente por ter superado o prazo dado pela própria Secretaria de Justiça do Espírito Santo para a conclusão das medidas de estruturação do sistema carcerário local, por ocasião do primeiro pedido de renovação do prazo de permanência* (grifo nosso).

Todavia, **persiste firme a orientação no sentido da desnecessidade de fatos novos para se prolongar o encarceramento em presídio federal de segurança máxima**[202]. Basta consignar que o Superior Tribunal de Justiça tem entendido, pacificamente, que,

---

[202] **STJ**, AgRg no CC 158.867/PE, Rel. Ministro Rogerio Schietti Cruz, Terceira Seção, julgado em 14/08/2019, *DJe* 21/08/2019 – *"...1. **Para a prorrogação do prazo de permanência no sistema federal de segurança máxima, não é imprescindível a ocorrência de fato novo**. Esta Corte Superior entende que, na hipótese de persistência dos motivos que ensejaram a transferência inicial do preso, é possível manter a providência excepcional em decisão fundamentada..."* (grifo nosso); AgRg no CC 156.359/AM, Rel. Ministro Joel

diante de conflito de competência instaurado entre o juízo federal e o da execução penal de origem acerca do retorno, ou não, do preso, **prevalece, desde que fundamentada, a ótica do último, por ter mais ciência e consciência da realidade local**[203]. Mesmo que o juiz federal, no exercício da competência que lhe foi conferida pelos artigos 2º, cabeça, 4º, § 1º e 6º da Lei nº 11.671/08, defira a progressão ao regime semiaberto, com o aval do órgão do Ministério Público Federal lá oficiante, determinando a volta do preso à origem, porque fulminada a premissa para permanecer no presídio federal de segurança máxima, o STJ avaliza a instauração de conflito de competência, a pedido do Ministério Público local (art. 115, II do CPP) ou por iniciativa do juízo da execução penal de origem (art. 115, III, do CPP), por divergência da decisão concessiva da progressão, admitindo revê-la, apesar de preclusa para o Ministério Público Federal[204]. E, no julgamento desses

---

Ilan Paciornik, Terceira Seção, julgado em 25/04/2018, DJe 11/05/2018; AgRg no CC 159.016/RJ, Rel. Ministro Felix Fischer, Terceira Seção, julgado em 22/08/2018, DJe 29/08/2018.

[203] CC 168.595/RJ, Rel. Ministra Laurita Vaz, Terceira Seção, julgado em 11/03/2020, DJe 23/03/2020 – *"Conflito positivo de competência. Execução penal. Controvérsia relativa à **competência para decidir sobre a necessidade, ou não, de renovação da permanência do apenado no presídio federal de segurança máxima**. Alta periculosidade do apenado e risco para a segurança pública. Gravidade dos fatos apresentados pelo juízo de origem: juízo de valor que não cabe ao magistrado federal. Conflito conhecido para declarar a competência do juízo de direito da vara de execuções penais do Rio de Janeiro/ RJ, ora suscitante... 3. Hipótese em que o Juízo Suscitante, após requerimento da Secretaria de Estado de Segurança Pública do Rio de Janeiro e parecer favorável do Ministério Público estadual, assinalou que a **alta periculosidade do Apenado denota justo receio de abalo à segurança pública, mormente porque ocuparia posição de liderança e influência no grupo criminoso conhecido por "Liga da Justiça", sendo certo que as atividades da organização criminosa permanecem inalteradas. 4. A jurisprudência desta Corte Superior considera que, em casos como o presente, ao Juízo Federal não compete realizar juízo de valor sobre as razões de fato emanadas pelo Juízo solicitante, sendo-lhe atribuído pelo art. 4.º da Lei n.º 11.671/2008, tão somente, o exame da regularidade formal da solicitação...*" (grifo nosso); AgRg no CC 169.736/RJ, Rel. Ministro Reynaldo Soares da Fonseca, Terceira Seção, julgado em 12/02/2020, DJe 17/02/2020 – *"...4. Prevalece, no Superior Tribunal de Justiça, o entendimento no sentido de que, **acaso devidamente motivado pelo Juízo estadual o pedido de manutenção do preso em presídio federal, não cabe ao Magistrado Federal exercer juízo de valor sobre a fundamentação apresentada, mas apenas aferir a legalidade da medida**. Ressalva do ponto de vista do Relator... 6. Situação em que a manutenção da segregação provisória do detento em presídio federal de segurança máxima é recomendável **diante de elementos concretos que evidenciam seu papel chave na organização criminosa dedicada ao tráfico internacional de drogas conhecida como "Comando Vermelho", assim como a necessidade de dificultar o fluxo de informações entre os membros da organização criminosa**. De se reconhecer, assim, a competência do Juízo Federal da Seção de Execução Penal de Catanduvas – SJ/PR, ora suscitado, para manter o réu detido no sistema prisional federal...*" (grifo nosso). O caso em comento envolve a **13ª renovação consecutiva** da custódia em presídio federal de segurança máxima.

[204] AgRg no CC 140.561/RJ, Rel. Ministro Felix Fischer, Terceira Seção, julgado em 25/11/2015, DJe 04/12/2015 –"*...I – **O conflito de competência é via adequada para dirimir a divergência instaurada entre Juízos conflitantes acerca da viabilidade da progressão de regime de apenado recolhido em penitenciária federal**, porquanto, em que pese o art. 10, § 5º, da Lei nº 11.671/2008 tratar de renovação de transferência de apenado,* "*o deferimento da progressão de regime pelo Juízo Federal, determinando o retorno do apenado ao Estado de origem, revela, implicitamente, uma recusa ao pedido de renovação*" *(CC n. 125.871/RJ, Terceira Seção, Relator Ministro Marco Aurélio Belizze, DJe de 7/6/2013). II – Outrossim, o entendimento firmado neste Superior Tribunal de Justiça é no sentido de que a progressão de regime do apenado recolhido em presídio federal de segurança máxima está condicionada, excepcionalmente, à inexistência de motivos que justifiquem a sua permanência em tal ergástulo, ou mesmo à resolução de conflito de competência suscitado (precedentes). III – Na hipótese, a renovação do período de*

conflitos, voltados à revisão da progressão, **o STJ sobreleva as razões esposadas pelo órgão de origem da execução penal ao analisar o acerto ou desacerto da decisão, em vista da maior familiaridade com a realidade penitenciária local**[205].

Os poucos pronunciamentos do Supremo Tribunal Federal a respeito têm chancelado a jurisprudência do STJ, merecendo destaque o HC nº 131649, Relator(a): Min. CÁRMEN LÚCIA, Relator(a) p/ Acórdão: Min. DIAS TOFFOLI, Segunda Turma, julgado em 06/09/2016, PROCESSO ELETRÔNICO *DJe*-169 DIVULG 01-08-2017 PUBLIC 02-08-2017, no qual foi mantido o acórdão da 3ª Seção do STJ que cassou a progressão de regime deferida pelo Juízo Federal, ante a irresignação do Juiz Estadual de origem. O redator do acórdão, Min. Dias Toffoli, apontou que *"...a transferência do paciente para a penitenciária federal em questão derivou do fato de, mesmo recolhido em presídio do Rio de Janeiro, comandar tanto o tráfico de drogas no Complexo Cantagalo/Pavão quanto assaltos a turistas na Zona Sul do Rio de Janeiro..."*, logo, a renovação estaria devidamente fundamentada. Em voto-vista, acrescentou o Min. Gilmar Mendes que *"...a progressão de regime prisional não é uma porta para burlar a possibilidade de o Juízo de origem suscitar conflito, em face de decisões contrárias do Juízo federal. Relembro que **a inclusão e a renovação da permanência do preso no sistema federal é decida pelo Juízo federal, após provocação do Juízo de origem – arts. 4º e 10, § 1º. Entretanto o Juiz federal não é soberano em sua decisão. Além da via recursal, a decisão de negativa de inclusão ou de renovação pode ser "impugnada" pelo Juízo de origem, por meio do conflito de competência*** (grifo nosso).

Ora, como o juízo das execuções de origem **não mais acompanha o cumprimento da pena, porque confiada a execução ao juiz federal**, é óbvio que **a sua oposição não terá por base a performance disciplinar atual do preso**, mas sim **a *ratio decidendi* ensejadora da transferência inaugural**, perpetuando-a. O juiz federal, bem como os demais órgãos envolvidos, diretamente, na execução da pena no presídio de segurança máxima, dispõem de muito mais elementos para aferir a postura disciplinar do preso e,

---

*permanência do reeducando no presídio federal está devidamente fundamentada e encontra suporte no § 1º do art. 10 da Lei nº 11.671/2008. Isso porque **o reeducando é atuante no tráfico de drogas desde a década de oitenta e integrante da cúpula da facção criminosa "Comado Vermelho", com atuação nas comunidades de São Gonçalo e Niterói, no Rio de Janeiro, mantendo sobre seu domínio diversos pontos de distribuição de drogas, sendo que seu afastamento dos limites territoriais do Estado em referência dificulta sobremaneira a articulação dos integrantes da mencionada organização criminosa** Conflito de competência **conhecido** para declarar competente o Juízo Federal da 3ª Vara da Seção Judiciária de Rondônia, **com o afastamento, por ora e excepcionalmente, do benefício de progressão de regime deferido...*** (grifo nosso).

[205] CC 137.110/RJ, Rel. Ministro Ericson Maranho (Desembargador Convocado do TJ/SP), Terceira Seção, julgado em 22/04/2015, DJe 17/09/2015 – *"...A **decisão** do Juízo **Estadual**, com base em elementos concretos, **demonstra que permanecem hígidos os motivos que ensejaram a transferência do interessado para o presídio de segurança máxima, nos termos dos arts. 3º e 10, § 1º, da Lei n. 11.671/2008, sendo a solução a melhor forma de se manter a ordem pública, o interesse da coletividade e a segurança da população. Cabe destacar que o interessado é um dos líderes do Comando Vermelho, facção criminosa do Estado do Rio de Janeiro, sendo o seu retorno àquele Estado, consoante bem ressaltado, é um facilitador da comunicação com a referida organização criminosa**. Conflito conhecido para declarar competente para processar e julgar todos os incidentes da execução o Juízo Federal Corregedor da Penitenciária Federal em Mossoró – SJ/RN, o suscitado, devendo o interessado permanecer no Presídio Federal, **afastada, temporariamente, a progressão de regime concedida em virtude da sua incompatibilidade com o pedido de manutenção em presídio de segurança máxima...***" (grifo nosso).

por conseguinte, o seu mérito, daí os artigos 2º, 4º, § 1º e 6º da Lei nº 11.671/08 terem-lhe reservado a competência para dirimir todos os incidentes do processo de execução penal, incluindo eventual progressão de regime. Os ilícitos anteriores conduziram o preso à condenação e à segregação em presídio federal de segurança máxima. Doravante, o olhar há de ser para o presente, mirando o futuro. Reavivar, constantemente, o passado, eternizando-o, só enfatiza o aspecto retributivo da pena, esquecendo da reeducação. Ao fim e ao cabo, institucionaliza-se a vingança.

No precedente acima do STF, a Min. Cármen Lúcia, relatora originária, vencida, destacou, em seu voto, o seguinte trecho da lúcida manifestação da Min. Maria Thereza de Assis Moura, igualmente vencida, no STJ: *"...E chamo a atenção de Vossas Excelências para o fato de que este problema ocorre precipuamente com os presos do Estado do Rio de Janeiro. A decisão do Juízo da Vara de Execuções do Rio de Janeiro sempre diz a mesma coisa: o apenado faz parte do Comando Vermelho e, por isso, não pode retornar ao Estado, precisa cumprir a pena no sistema federal... Porém, o que tem ocorrido são prorrogações sucessivas, que extrapolam o prazo legal. E, em assim sendo, o direito do preso à progressão do regime fica tolhido, pois o sistema federal não se coaduna com o regime semiaberto... Aos olhos do Juízo de origem, sempre haverá periculosidade/necessidade do preso se submeter ao regime federal e o Juízo Federal não poderá conceder a progressão porque não tem autoridade para devolver o preso à origem..."*(grifo nosso). E, no caso específico da progressão de regime deferida em nível federal, há um óbice a mais, muito bem apontado pela Min. Cármen Lúcia, que transcende os limites desta abordagem, mas que não pode deixar de ser citada: deferida a progressão de regime pelo órgão **então competente**, preclusa para o órgão ministerial **com atribuição à época** – *tempus regit actum* –, revê-la importaria *reformatio in pejus ex officio*, em afronta ao art. 617 do CPP[206].

Ao invés de renovações pautadas em **provas** confirmatórias da subsistência da *ratio decidendi* original, contenta-se com **informes oriundos dos serviços de inteligência da polícia, material jornalístico, verdades sabidas e afins**, invocados sob a roupagem de "elementos concretos", para distender a custódia nos presídios federais de segurança máxima, indefinidamente – no AgRg no CC 169.736/RJ, Rel. Ministro REYNALDO SOARES DA FONSECA, TERCEIRA SEÇÃO, julgado em 12/02/2020, *DJe* 17/02/2020, *v.g.*, houve **13** prorrogações consecutivas.

Diante de todo o articulado, é necessário submeter o atual § 1º do art. 10 da Lei nº 11.671/08 à interpretação conforme a Constituição, a fim de **objetivar** o **devido processo legal (art. 5º, LIV, da CRFB/88)** pertinente à colocação dos presos em presídio de segurança máxima e, sobretudo, à renovação, à luz da **proporcionalidade, sob o enfoque da necessidade**, a fim de coibir prorrogações sem fundamentação adequada, em afronta ao **art. 93, IX, da CRFB/88**, que acabam por inviabilizar a fruição do direito versado no **art. 5º, LXIII, da CRFB/88** (assistência à família), expressão da dignidade humana (**art. 1º, III, da CRFB/88**).

---

[206] O tema não foi debatido pela 2ª Turma do STF neste precedente. Porém, registramos que a argumentação em sentido contrário invoca, resumidamente, a independência funcional do Ministério Público – o promotor, titular ou em exercício em um órgão, não se vincula ao entendimento de outro, *ex vi* do art. 127, § 1º da CRFB/88. Pondera-se, ainda, que a unidade e a indivisibilidade do *Parquet* se projetam processualmente, não podendo ser invocadas para tolher a atuação processual e o atuar independente dos seus integrantes. E, mesmo que assim não fosse, ficariam circunscritas ao órgão, e não ao Ministério Público, instituição, como um todo.

O ponto de partida é um paralelo entre a prisão temporária e a introdução e permanência do detento em presídio federal de segurança máxima. Ambas encerram **privações libertárias, excepcionais, por tempo determinado**. E a transferência para unidade penal federal não deixa de ser, à semelhança da prisão temporária, **manifestação do poder de cautela do juiz**, afinal, tal se faz para assegurar a efetividade da execução.

Da mesma forma que a prisão temporária desafia uma única prorrogação, igualmente em caso de *extrema e comprovada necessidade* (art. 2º, *caput*, da Lei nº 7960/89 e art. 2º, § 4º da Lei nº 8072/90, renumerado pela Lei nº 11464/07), desde que os fundamentos que lhe deram azo continuem, admitindo-se novo decreto prisional, se escudado em novos fatos, o mesmo se aplicaria à renovação da custódia em presídio federal de segurança máxima: concebe-se renovação única, se persistir a motivação inaugural, contemplando-se nova se sobrevier novos episódios ou incidentes protagonizados pelo preso, indicativos da necessidade da permanência em penitenciária federal. Não é possível crer que, no prazo máximo de **06** (seis) anos – inserção por até 3 anos e renovação por *igual período*, isto é, mais 3 anos – o Estado de origem não consiga reestruturar minimamente o seu complexo prisional, de maneira a ter condições de receber o detento de volta. A jurisprudência ora praticada é um convite à acomodação das autoridades e dos agentes estaduais de segurança pública, em desacordo com o princípio da eficiência, norteador da Administração Pública (art. 37, cabeça, da CRFB/88). Por que aprimorar o sistema carcerário local se os presos de "periculosidade maior" serão enviados aos presídios federais e lá permanecerão indefinidamente?

Em apreço à proporcionalidade, sob o ângulo da necessidade (proibição do excesso), ao direito do preso à assistência familiar (art. 5º, LXIII, da CRFB/88), ao princípio da persuasão racional (art. 93, IX, da CRFB/88) e ao devido processo penal (art. 5º, LIV, da CRFB/88), o novel § 1º do art. 10 da Lei nº 11.671/08 merece ser submetido à interpretação conforme a Constituição, sem redução parcial do texto, para **estabelecer, como prazo máximo de estada em presídio federal de segurança máxima, 3 anos, passível de 1 renovação por igual período (até mais 3 anos), sem a ocorrência de fatos novos, bastando indicar, por meio de** *provas concretas* (e não periódicos, notícias anônimas, **ouvir dizer e afins**) que a *ratio decidendi* inaugural persiste, sem prejuízo de nova inserção, renovável, 1 vez, por igual período, se identificado **novo** incidente disciplinar e/ou penal de gravidade exacerbada, devidamente **documentado** em procedimento administrativo disciplinar, inquérito policial ou ministerial ou ação penal, lembrando que **a eleição do prazo máximo de 3 (três) anos há de ser proporcional à reprovabilidade do fato motivador do ingresso na unidade prisional de segurança máxima**.

Em reforço à crítica acima podem ser invocados os §§ 8º e 9º do art. 2º da Lei nº 12.850/13, incluídos pela Lei nº 13.964/19.

Finalmente, o art. 11-A da Lei nº 11.671/08, incluído pela Lei nº 13.964/19, preceitua que *as decisões relativas à* **transferência** *ou à* **prorrogação** *da permanência do preso em estabelecimento penal federal de segurança máxima, à* **concessão ou à denegação de benefícios prisionais** *ou à imposição de sanções ao preso federal poderão ser tomadas por órgão colegiado de juízes, na forma das normas de organização interna dos tribunais* (grifo nosso). A organização desses órgãos colegiados de primeira instância pode ser implementada tanto no âmbito federal, quanto estadual, pelo respectivo Tribunal. As considerações desenvolvidas no capítulo IV acerca das Varas Colegiadas aplicam-se, aqui, integralmente, logo, a elas nos reportamos para evitar repetições gratuitas e cansativas.

14.8. DAS INOVAÇÕES PERTINENTES À EXECUÇÃO DA PENA NA LEI Nº 12.850/13

A Lei nº 13.964/19 incluiu o § 8º ao art. 2º da Lei nº 12.850/13 a fim de estipular que *as lideranças de organizações criminosas armadas ou que tenham armas à disposição deverão iniciar o cumprimento da pena em estabelecimentos penais de segurança máxima* (grifo nosso).

Trata-se, obviamente, de *lex gravior*, logo, **irretroativa**, alcançando apenas as organizações criminosas constituídas ou ainda em operação quando da entrada em vigor da Lei nº 13. 964/19, *ex vi* do art. 5º, XL, da CRFB/88. Isso **não** significa que os sentenciados por tais delitos não possam iniciar o cumprimento da reprimenda em regime fechado, em presídios de segurança máxima, se cometidos anteriormente à vigência da lei. O juiz apenas não poderá invocar, para tanto, o § 8º do art. 2º da Lei nº 12.850/13, buscando fundamentos em diplomas legais diversos, como o Código Penal, presente o art. 33, § 3º, e a Lei nº 11.671/08, se for o caso.

A real extensão do dispositivo se extrai conjugando o novel § 8º aos §§ 2º e 3º do art. 2º da Lei nº 12.850/13, ou seja, **recai sobre as condenações por organização criminosa circunstanciada pelo emprego de arma de fogo, desde que o sentenciado exerça posição de comando**. Hão de estar presentes, cumulativamente, a causa de aumento de pena versada no § 2º e a agravante genérica descrita no § 3º. Evidentemente que, em organizações criminosas, são inúmeros os postos de direção, daí o citado § 3º aludir não apenas à liderança individual, mas à coletiva – por sinal, mais recorrente. Embora não devessem existir redundâncias na lei, vez ou outra aparecem. E uma delas está no § 8º: a referências às *organizações criminosas armadas* ou que *tenham armas à disposição* desaguam, de todo modo, na majorante do § 2º, não fazendo sentido diferençar as hipóteses. Longe de excepcionar o *caput* ou o § 2º do art. 2º, o § 8º apenas o complementa. Detalhe importante: em razão de haver **liderado** organização criminosa armada, o condenado iniciará a reprimenda em estabelecimento pena de segurança máxima, **não necessariamente federal**. Para tanto, é imprescindível que, **já preso**, **continue** a exercer tal comando. Assim se dirime a antinomia entre o § 8º do art. 2º da Lei nº 12.850/13 e o § 3º do art. 52 da LEP: o primeiro refere-se à liderança **pretérita**, **ensejadora da condenação**, enquanto o segundo alude à **presente**, resistente à segregação.

A constitucionalidade do dispositivo é bastante duvidosa, porquanto, **ao determinar, como efeito da condenação, o recolhimento em estabelecimento penal de segurança máxima, impõe, obrigatoriamente, o regime inicial fechado**, malgrado o delito comportar, considerada a escala penal de 3 a 8 anos de reclusão, até o regime inicialmente **aberto**, percepção que resta inalterada mesmo com a incidência da agravante decorrente do poder de comando dentro da organização e da causa de aumento atinente ao emprego de arma – além de as agravantes genéricas não terem quantitativo previamente definido em lei, ficando a cargo do juiz, a majorante concernente à organização armada especifica o teto (metade), mas não o piso, correspondente, assim, a **1** dia, na medida em que se descartam as frações de dia (art. 10 do CP), logo, nada impede que o magistrado eleja frações que, ao fim e ao cabo, resultarão em reprimenda final de até 4 anos.

Convém lembrar que a obrigatoriedade do regime inicial fechado já foi declarada inconstitucional pelo Pleno do STF, presente o § 1º do art. 2º da Lei nº 8072/90, com lastro no princípio da individualização da pena (art. 5º, XLVI, da CRFB/88)[207], orientação essa que vem sendo reafirmada pela Corte Constitucional[208]. No tocante, especificamente, às organizações criminosas, consigne-se que a Lei nº 12.850/13 foi editada **posteriormente** ao decidido pelo Plenário – o pronunciamento deu-se em junho de 2012, enquanto o diploma legal foi publicado em agosto imediato, com prazo de *vacatio legis* de 45 (quarenta e cinco) dias –, **sem reproduzir a inafastabilidade do regime inicial fechado aos condenados como integrantes de organizações criminosas, contida na então Lei nº 9034/95, art. 10**. Em suma: **alinhando-se à Corte Constitucional, o próprio Poder Legislativo reconheceu que a imposição inexorável, em abstrato, do regime inicial fechado seria inconstitucional**. Em última análise, **vulnera-se a separação e a independência entre os Poderes da República (art. 2º da CRFB/88), pois, ao descer em minúcias normativas sobre a aplicação da pena, o Poder Legislativo acaba se imiscuindo na atuação do Poder Judiciário**.

Em defesa da constitucionalidade do preceito, **invoca-se o próprio princípio da individualização da pena (art. 5º, XLVI, da CRFB/88), que começa no Poder Legislativo, ao cominar as reprimendas e fixar os critérios de estipulação**, passando para o Poder Judiciário no tangente à aplicação e à execução. Por conseguinte, da mesma forma que, *v.g.*, condenações até 4 anos comportam o regime aberto; acima de 4, sem ultrapassar 8, o semiaberto e, doravante, o fechado, **obrigatoriamente**, haja vista o art. 33 do Código Penal, a criação de **outras** hipóteses nas quais o regime fechado fosse mandatório não representaria invasão do Legislativo na esfera de atuação do Judiciário. Tampouco se vincularia, em abstrato, a obrigatoriedade do regime inicial fechado a um tipo penal, à semelhança do verificado no § 1º do art. 2º da Lei nº 8.072/90, mas a um **fato delitivo específico**, conferindo **concretude ao preceito**: não basta a condenação versar sobre organização criminosa – há de ser armada, sendo o apenado um dos seus líderes. As circunstâncias descritas em lei naturalmente exigem o regime inicial fechado, convergindo, ao invés de romper, com o postulado da individualização da pena, considerada a **suficiência**.

---

[207] HC 111840, Relator Min. Dias Toffoli, Tribunal Pleno, julgado em 27/06/2012, DJe 17/12/2013 – *"...2. Se a Constituição Federal menciona que a lei regulará a individualização da pena, é natural que ela exista. Do mesmo modo, os critérios para a fixação do regime prisional inicial devem-se harmonizar com as garantias constitucionais, sendo necessário exigir-se sempre a fundamentação do regime imposto, ainda que se trate de crime hediondo ou equiparado. 3. Na situação em análise, em que o paciente, condenado a cumprir pena de seis (6) anos de reclusão, ostenta circunstâncias subjetivas favoráveis, o regime prisional, à luz do art. 33, § 2º, alínea b, deve ser o semiaberto. 4. Tais circunstâncias não elidem a possibilidade de o magistrado, em eventual apreciação das condições subjetivas desfavoráveis, vir a estabelecer regime prisional mais severo, desde que o faça em razão de elementos concretos e individualizados, aptos a demonstrar a necessidade de maior rigor da medida privativa de liberdade do indivíduo, nos termos do § 3º do art. 33, c/c o art. 59, do Código Penal. 5. Ordem concedida tão somente para remover o óbice constante do § 1º do art. 2º da Lei nº 8.072/90, com a redação dada pela Lei nº 11.464/07, o qual determina que "[a] pena por crime previsto neste artigo será cumprida inicialmente em regime fechado". **Declaração incidental de inconstitucionalidade, com efeito ex nunc, da obrigatoriedade de fixação do regime fechado para início do cumprimento de pena decorrente da condenação por crime hediondo ou equiparado** (grifo nosso).*

[208] HC 156608, Relator Min. Marco Aurélio, Primeira Turma, julgado em 12/11/2019, DJe 29/11/2019 – *"... PENA – REGIME DE CUMPRIMENTO – ARTIGO 2º, § 2º, DA LEI Nº 8.072/1990. **Mostra-se conflitante com a Constituição Federal a imposição do regime inicial fechado fundamentada exclusivamente no artigo 2º, § 1º, da Lei nº 8.072/1990** – Precedente do Pleno: habeas corpus nº 111.840, relator ministro Dias Toffoli..."* (grifo nosso).

Pois foi justamente este o erro do legislador: intrometer-se em uma valoração que não lhe diz respeito, mas sim ao juiz. A liderança, singular ou compartilhada, de organização criminosa armada é circunstância **concreta** suficiente à estipulação, em regra, do regime inicial fechado. Não precisava normatizar. Ao fazê-lo, o Poder Legislativo, em claro sinal de desconfiança, antecipa-se ao Poder Judiciário, postura inaceitável à luz do art. 2º da CRFB/88. Diante de um delito cuja escala penal, a rigor, admite o regime inicial aberto ou semiaberto, a necessidade e a adequação do regime submetem-se à exclusiva valoração jurisdicional, sendo esta a *ratio* determinante à inconstitucionalidade do § 8º do art. 2º da Lei nº 12.850/13, sem prejuízo das demais listadas acima.

O § 9º do art. 2º da Lei nº 12.850/13, por sua vez, preconiza que *o condenado expressamente em sentença por integrar organização criminosa ou por crime praticado por meio de organização criminosa não poderá progredir de regime de cumprimento de pena ou obter livramento condicional ou outros benefícios prisionais se houver elementos probatórios que indiquem a manutenção do vínculo associativo* (grifo nosso). Ora, a conservação, mesmo na prisão, do vínculo associativo é causa de inserção no regime disciplinar diferenciado (art. 52, § 1º, II da LEP), bem como de prorrogação, enquanto persistirem os enlaces (art. 52, § 4º, II da LEP), a ser cumprido em presídio federal de segurança máxima (art. 52, § 3º da LEP) cenário que, por si só, é subjetivamente incompatível com a progressão de regime e/ou com o livramento condicional, cuja concessão não atenderia à suficiência da pena. **Esses dispositivos da LEP naturalmente descartam o mérito do apenado à progressão de regime e/ou ao livramento condicional, ao menos enquanto perdurar o vínculo, tornando redundante o § 9º.**

De todo modo, **o preceito reforça a necessidade de a manutenção do vínculo associativo ser PROVADA, não bastando informes de inteligência, pautados em fontes anônimas, notícias de jornal, verdades sabidas e afins,** conforme já bastante frisado nos dois capítulos anteriores. O texto é expresso ao exigir *elementos probatórios*, ou seja, **provas**, percepção extensível à colocação e/ou prorrogação do regime disciplinar diferenciado e/ou à custódia em presídio federal de segurança máxima. **Não se enxerga na norma, por conseguinte, a restauração, apriorística, do regime integralmente fechado, o que fatalmente conduziria à sua inconstitucionalidade**[209]. **O bloqueio à progressão de regime, bem como ao livramento condicional condiciona-se a elementos concretos, sinalizadores da sua insuficiência: o prolongamento do vínculo associativo, mesmo durante o cumprimento da reprimenda.**

No tocante à eficácia intertemporal, trata-se de outra *novatio legis in pejus*, logo, irretroativa (art. 5º, XL, da CRFB/88), circunscrita às organizações formadas ou em ainda em operação quando da entrada em vigor da Lei nº 13.964/19. Mas o efeito prático dessa constatação, tal qual a do § 8º, é mínimo, pois a *manutenção do vínculo associativo*, devidamente provada, indica a falta de mérito para progredir de regime, bem como para obter o livramento condicional, por sinal, **independentemente do crime ensejador da condenação**.

Essa última observação, a propósito, destaca a impropriedade semântica também notada no § 9º do art. 2º. Como qualquer parágrafo, surge ou para excepcionar a regra geral do *caput*, ou para detalhá-la, herdando, portanto, as suas premissas. Por conseguinte,

---

[209] **STF**, HC 82959, Relator Min. Marco Aurélio, Tribunal Pleno, julgado em 23/02/2006, DJ 01/09/2006.

a *ratio* da norma pressupõe a condenação do réu pelo delito de integrar organização criminosa (art. 2º, cabeça, da Lei nº 12.850/13), **sem prejuízo de outras infrações penais, se houver**. Assim há de ser entendida a referência à condenação *por integrar organização criminosa* **ou** *por crime praticado por meio de organização criminosa* – em sendo a última delito autônomo, o seu reconhecimento, na sentença, importará concurso com os demais injustos perpetrados. Condenações por crimes quaisquer, diversos do previsto no art. 2º, cabeça, da Lei nº 12.850/13, **não** dão azo à incidência do § 9º, porque **não assentada a participação do réu em organização criminosa**.

14.9. DO TEMPO MÁXIMO DE CUMPRIMENTO DAS PENAS PRIVATIVAS DE LIBERDADE

O tempo de cumprimento das penas privativas de liberdade, que, antes da Lei nº 13.964/19, não poderia exceder 30 (trinta) anos, foi estendido para **40 (quarenta)**, inclusive nos casos de soma ou unificação de reprimendas, *ex vi* do novel art. 75, *caput*, e § 1º do Código Penal. Aumenta-se, com isso, a pressão sobre o sistema carcerário nacional, apesar do estado de coisas inconstitucional declarado pelo Supremo Tribunal Federal[210]. A opção do legislador abraça uma política criminal que tem no encarceramento uma das suas apostas, nada obstante *n* estudos, experiências extraídas da história e do Direito Comparado demonstrarem que a privação libertária não contribui para a (res)socialização dos sentenciados, nem inibe práticas delitivas. Por outro lado, discordâncias técnicas e políticas não tornam as escolhas legislativas inconstitucionais, lembrando que a individualização da pena começa, justamente, no Poder Legislativo, irradiando-se ao Poder Judiciário no tocante à *aplicação* e à *execução* da pena, mas, sempre, a partir das diretrizes fixadas pelo primeiro. Questioná-las amiúde põe em xeque o art. 2º da CRFB/88.

Indaga-se, então: a opção legislativa foi constitucional?

Dialogar com o Estatuto de Roma, internalizado pelo Decreto nº 4.388, de 25 de setembro de 2002, **não** satisfaz. Nada obstante a elevadíssima gravidade dos delitos sujeitos à competência do Tribunal Penal Internacional (art. 5º, 1), o art. 77, 1, a contempla, como teto prisional, 30 (trinta) anos, logo, ao admitir até 40 (quarenta) anos de privação libertária, teria a Lei nº 13.964/19 rompido com o princípio da proporcionalidade *stricto sensu*. Ocorre que o próprio Estatuto de Roma, no item seguinte, **autoriza a prisão perpétua, vedada pela Constituição de 1988 (art. 5º, XLVII, b)**, obviamente prevalente, *"se o elevado grau de ilicitude do fato e as condições pessoais do condenado a justificarem"*. Ante tal previsão convencional, inexiste parâmetro para qualquer juízo de proporcionalidade, afinal, se, pelo Estatuto de Roma, é possível o ergástulo perpétuo, quanto mais o limitado a 40 (quarenta) anos.

A interpretação histórica do processo legislativo que desaguou na Lei nº 13.964/19 tampouco permite concluir, por si só, pela inconstitucionalidade do novel art. 75 do Código Penal, embora traga reflexões importantes. A proposta legislativa partiu do Min. Alexandre de Moraes, ponderando que o limite de 30 (trinta) anos teve, como base, a expectativa de vida do brasileiro no início da década de 40 (quarenta) do século passado. Uma vez alargada, seria natural distender o tempo máximo de privação libertária.

---

[210] ADPF 347 MC, Relator Min. Marco Aurélio, Tribunal Pleno, julgado em 09/09/2015, *DJe* 19/02/2016.

Falece razoabilidade à justificativa. Considerada a *necessidade*, 30 (anos) de segregação é um "decote de vida" substancial na existência de qualquer um, morra aos 50 (cinquenta) ou aos 100 (cem) anos. Adicionar 10 (dez) não torna os 30 (trinta) anteriores insuficientes. Com um gravame: toma como parâmetro a esperança de vida **média** do brasileiro, que não corresponde à dos segmentos mais atingidos pela Justiça Penal – preto, pobre e prostituta[211] –, ainda mais quando encarcerado[212]. Desconsidera, ainda, as discrepâncias regionais, impulsionadas pela desigualdade socioeconômica[213]. Presente a *adequação*, a falta de razoabilidade só recrudesce, pois a explicação para o incremento do limite máximo de privação libertária passa ao largo dos vetores realmente importantes, ou seja, demonstrar em qual medida a inovação tornará mais efetiva a proteção aos bens jurídicos, alinhando-se ao princípio da suficiência da pena e aos seus fins[214]. Nada obstante, críticas à justificativa ao novel art. 75 do Código Penal não tornam o preceito, por si só, inconstitucional. A norma não pertence a quem a concebeu, logo, tampouco se vincula aos motivos eleitos pelo legislador. A lei é de domínio público, ostentando a sua própria *mens*, não se bastando na *mens legislatoris*. As razões para o aumento da duração máxima das reprimendas privativas de liberdade são diversas e multifatoriais, passando, sim, por ideologias punitivistas, alimentadas pelo populismo penal. Mas, até aí, o juízo é exclusivamente político, incapaz de conduzir à inconstitucionalidade da regra.

Finalmente, potencializar o art. 113 do ADCT, segundo o *qual a proposição legislativa que crie ou altere despesa obrigatória ou renúncia de receita deverá ser acompanhada da estimativa do seu impacto orçamentário e financeiro*, para justificar a inconstitucionalidade do novo art. 75 do Código Penal, não convence. Houve, sim, incoerência do Min. Luiz Fux, pois, ao lançar mão desse fundamento para suspender a eficácia dos artigos sobre o juiz das garantias, bem como do novo formato do arquivamento do inquérito, presente a ADI 6.305, extensível às de nº 6.298, 6.299 e 6.300, deveria tê-lo estendido para sustar, também, o dito art. 75, mesmo porque, entre as três inovações, essa última, inegavelmente, é a mais custosa. De todo modo, é um fundamento carente de validação pelo Plenário do STF, articulado em um pronunciamento monocrático, precário, pautado em cognição sumária, impassível de ser sobrelevado. E, tecnicamente, frágil, conforme já demonstrado no capítulo dedicado ao juiz das garantias. Um equívoco não pode conduzir a outro.

---

[211] O último relatório anual das desigualdades sociais, do núcleo de estudos de população, da Universidade de Campinas (UNICAMP), publicado em 2011, informa ser de 67 anos a esperança de vida entre os negros, enquanto, entre os brancos, é de 73. Por outro lado, apesar da maioria preta e parda, somente 7,9% das pessoas com mais de 60 (sessenta) anos são pretas. Pardos representam 35,3%, enquanto brancos, 55,1%, segundo dados do IBGE. Dados extraídos do sítio eletrônico https://www.metropoles.com/materias-especiais/populacao-negra-enfrenta-desafios-para-garantir-longevidade. Acesso em: 9 jun. 2020.

[212] Disponível em: https://canalcienciascriminais.jusbrasil.com.br/artigos/185174319/o-carcere-e-o-envelhecimento-do-preso. Acesso em: 9 jun. 2020.

[213] Em 2009, segundo levantamento do IBGE, enquanto, no Distrito Federal, a esperança de vida era de 75,6 anos, em Alagoas, restringia-se a 67,2. Disponível em: https://mundoeducacao.uol.com.br/geografia/expectativa-vida-no-brasil.htm. Acesso em: 9 jun. 2020.

[214] YAROCHEWSKY, Leonardo Isaac; MAGALHÃES, Luiza Luz Soares Neuenschwander. Pena máxima de 40 anos do pacote anticrime deve ser vetada pelo presidente. Disponível em: https://www.conjur.com.br/2019-dez-20/opiniao-pena-maxima-40-anos-pacote-anticrime-vetada. Acesso em: 9 jun. 2020.

O teto de 40 (quarenta) anos, sob o qual o condenado pode permanecer preso, é, por si só, em abstrato, **constitucional**.

Contudo, a constitucionalidade da norma não se mensura, apenas, abstratamente, como se a lei fosse uma hipótese ou fórmula laboratorial. Em sendo o Direito fato, valor e norma, conforme a Teoria Tridimensional do Direito de Miguel Reale, é imprescindível projetar a última no cenário fático para o qual foi idealizada para, então, verificar se malferirá cânones constitucionais. O princípio da proporcionalidade, ou da razoabilidade, parte dessa avaliação, bem como a modulação dos efeitos do pronunciamento declaratório de inconstitucionalidade, para ficarmos em 2 (dois) exemplos. Por outro lado, quando implementada reforma legislativa infraconstitucional, desencadeando comandos contrários à orientação do Supremo Tribunal Federal, embora seja um movimento politicamente legítimo, revelador, não raro, de "ativismo congressual" ou "superação legislativa" ou ainda, na expressão norte-americana, *override* (o Poder Legislativo tentando suplantar entendimento jurisprudencial), é certo que, sob pena de fragilizar o papel do Supremo como guardião último da Carta (art. 102, *caput*), tais inovações precisam ser recebidas e examinadas com cautela. Na dicção do Pleno do STF, "*...a legislação infraconstitucional que colida frontalmente com a jurisprudência (leis in your face) nasce com* **presunção iuris tantum de inconstitucionalidade***, de forma que caberá ao legislador ordinário o ônus de demonstrar, argumentativamente, que a correção do precedente faz-se necessária, ou, ainda, comprovar, lançando mão de novos argumentos, que as premissas fáticas e axiológicas sobre as quais se fundou o posicionamento jurisprudencial não mais subsistem,* **em exemplo acadêmico de mutação constitucional pela via legislativa***. Nesse caso, a novel* **legislação se submete a um escrutínio de constitucionalidade mais rigoroso, nomeadamente quando o precedente superado se amparar em cláusulas pétreas***...*"[215] (grifo nosso).

Exemplo disso, na seara processual penal, foi a perpetuação da prerrogativa de foro, pertinente aos crimes relativos aos atos administrativos do agente, inserida no § 1º do art. 84 do CPP pela Lei nº 10.628/2002, apesar de o Pleno do STF ter, anteriormente, cancelado o enunciado de Súmula nº 394, que a contemplava, reputando-a inconstitucional à luz da isonomia – se a razão (função política) que motivava o juízo diferenciado não mais subsistia, por haver voltado o imputado a estar cidadão comum, prolongá-lo atentaria contra a igualdade. O Plenário, na ADI nº 2.797, declarou inconstitucional o preceito, não apenas com lastro no art. 5º, cabeça, da CRFB/88, mas, também, com fulcro na harmonia e independência entre os Poderes (art. 2º da CRFB/88), destacando que "*...quando, ao vício de inconstitucionalidade formal, a lei interpretativa da Constituição acresça o de opor-se ao entendimento da jurisprudência constitucional do Supremo Tribunal – guarda da Constituição –, às razões dogmáticas acentuadas se impõem ao Tribunal razões de alta política institucional para repelir a usurpação pelo legislador de sua missão de intérprete final da Lei Fundamental:* **admitir pudesse a lei ordinária inverter a leitura pelo Supremo Tribunal da Constituição seria dizer que a interpretação constitucional da Corte estaria sujeita ao referendo do legislador, ou seja, que a Constituição – como entendida pelo órgão que ela própria erigiu em guarda da sua supremacia –, só constituiria o correto entendimento da Lei Suprema na medida da inteligência que lhe desse outro órgão**

---

[215] ADI 5105, Relator Min. Luiz Fux, Tribunal Pleno, julgado em 01/10/2015, *DJe* 16/03/2016.

constituído, o legislador ordinário, ao contrário, submetido aos seus ditames" (grifo nosso). A tentativa de superação legislativa aqui exemplificada foi, de fato, tosca, perseguindo objetivos obscuros e inconfessáveis. Mas não somos refratários a esses diálogos institucionais (constitucionais), expressão democrática que em nada arranha o art. 2º da CRFB/88, sendo, na realidade, instrumento para o constante aprimoramento da ordem jurídica pátria à luz da Constituição, cuja intepretação sujeita-se a constantes transformações, a depender do contexto histórico-social ou fático axiológico[216]. Sem embargo, como adverte o prof. Bruno Pinheiro, essa reação do Poder Legislativo, *"... a depender do viés que se analise, pode ser vista como algo positivo ou negativo à própria evolução da jurisdição constitucional e, em última instância, para a própria democracia",* presente, sobremaneira, a relação harmônica entre os Poderes da República.[217]

Partindo dessa premissa, o Pleno do STF, segundo dito acima, reconheceu o estado de coisas inconstitucional do sistema carcerário nacional[218]. Não satisfeito, editou o enunciado de Súmula Vinculante nº 56, segundo o qual a falta de estabelecimento penal adequado não autoriza a manutenção do condenado em regime prisional mais gravoso, devendo-se observar, nessas hipóteses, os parâmetros fixados no Recurso Extraordinário nº 641.320/RS. Neste julgamento, determinou-se que *"...4. havendo déficit de vagas, deverão ser determinados: (i) a saída antecipada de sentenciado no regime com falta de vagas; (ii) a liberdade eletronicamente monitorada ao sentenciado que sai antecipadamente ou é posto em prisão domiciliar por falta de vagas; (iii)* **o cumprimento de penas restritivas de direito e/ou estudo ao sentenciado que progride ao regime aberto**. *Até que sejam estruturadas as medidas alternativas propostas, poderá ser deferida a prisão domiciliar ao sentenciado"* (grifo nosso), buscando-se, assim, alternativas à prisão. Mas o Supremo ainda fez um "apelo ao legislador": *"...A legislação sobre execução penal atende aos direitos fundamentais dos sentenciados. No entanto,* **o plano legislativo está tão distante da realidade que sua concretização é absolutamente inviável**. *Apelo ao legislador para que avalie a possibilidade de reformular a execução penal e a legislação correlata, para: (i) reformular a legislação de execução penal,* **adequando-a à realidade, sem abrir mão de parâmetros rígidos de respeito aos direitos fundamentais**; *(ii) compatibilizar os estabelecimentos penais à atual realidade; (iii) impedir o contingenciamento do FUNPEN; (iv) facilitar a construção de unidades funcionalmente adequadas – pequenas, capilarizadas; (v) permitir o aproveitamento da mão-de-obra dos presos nas obras de civis em estabelecimentos penais; (vi) limitar o número máximo de presos por habitante, em cada unidade da federação, e* **revisar a escala penal**, *especialmente para o tráfico de pequenas quantidades de droga,* **para permitir o planejamento da gestão da massa carcerária** *e a destinação dos recursos necessários e suficientes para tanto, sob pena de responsabilidade dos administradores públicos; (vii)* **fomentar o trabalho e estudo do preso, mediante envolvimento de entidades que recebem recursos públicos, notadamente os serviços sociais autônomos**; *(viii) destinar as verbas decorrentes da prestação pecuniária para criação de postos de trabalho e estudo no sistema prisional..."* (grifo nosso).[219]

Nada obstante a eloquência e a univocidade do pronunciamento do Supremo Tribunal Federal, premido pelo estado de coisas inconstitucional do sistema carcerário,

---

[216] FERNANDES, Bernardo Gonçalves. Ob. cit., p. 2.022-2.032.
[217] PINHEIRO, Bruno. *Hermenêutica constitucional*. Belo Horizonte: D'Plácido, 2019. p. 210.
[218] ADPF 347-MC, Relator Min. Marco Aurélio, Tribunal Pleno, julgado em 09/09/2015, *DJe*-031 19/02/2016.
[219] RE 641320, Relator Min. Gilmar Mendes, Tribunal Pleno, julgado em 11/05/2016, *DJe*-159 01/08/2016.

a Lei nº 13.964/19 prorroga o teto de aprisionamento por mais 10 (dez) anos, como se o anterior, de 30 (trinta) anos, fosse, reconhecidamente, insuficiente. Repreenda privativa de liberdade desta duração há muito abandonou o viés ressocializador, contentando-se com o retributivo. E três décadas de ergástulo, definitivamente, não são uma punição irrisória. Assim, diante de um *cenário fático caótico do sistema carcerário*, qualificado pelo Supremo como *inconstitucional*, havendo sido exarado um *comando* em busca de *alternativas ao encarceramento*, a Lei nº 13.964/19 não poderia, jamais, ter, *neste momento*, alargado o período máximo de cumprimento das penas privativas de liberdade. Embora o *quantum* de 40 (quarenta) anos, isoladamente considerado, não seja constitucional, *no contexto atual é*, até que o sistema carcerário nacional deixe de ser um *estado de coisas inconstitucional*, atentatório a um rosário de garantias fundamentais.

A perspectiva de privação libertária por 40 (quarenta) anos, consideradas as condições insalubres dos presídios brasileiros e a esperança de vida dos principais destinatários das políticas públicas criminais de encarceramento – preto, pobre e prostituta –, bem menor do que a média nacional, ainda mais diminuta em razão do aprisionamento, convertem-na, para além das reprimendas cruéis, já constitucionalmente proscritas, em, veladas, prisões perpétuas, porque, de lá, sairão para o funeral, em descompasso com o art. 5º, XLVII, "b" e "e" da CRFB/88. Cogitar pena capital é, tecnicamente, impreciso, porque despida de efeitos consumativos. É óbvio que, a depender da idade do sentenciado, tal fenômeno é inescapável. Mas causa perplexidade constatar que o mesmo pode, perfeitamente, acontecer com um jovem condenado aos 18 (dezoito), 20 (vinte) anos de idade, afinal, ante o estado de coisas inconstitucional no qual se submeterá, é crível que não resista 40 (quarenta) anos. A mera perspectiva disso já é intolerável à luz da ordem constitucional pátria, fundada na dignidade humana (art. 1º, III, da CRFB/88).

Essa linha argumentativa não é estranha à doutrina nem a à jurisprudência do Supremo Tribunal Federal, afinal, o mundo é dinâmico e, nessa toada, **(in)constitucionalidades circunstanciais** são factíveis.

Esse dinamismo foi muito bem apontado por Alonso Freire, Carlos Eduardo Frazão, Rodrigo de Bittencourt Mudrovitsch e Victor Santos Rufino em valioso artigo sobre a inconstitucionalidade circunstancial. Apontam os autores que *"**uma lei pode ser inconstitucional em razão de sua incompatibilidade com a realidade vivida em determinado momento**, o que faz com que ela não se amolde ou passe a não mais se amoldar às exigências constitucionais, ainda que momentaneamente. Isso significa que, **superada a situação, uma norma pré-existente poderá retomar sua compatibilidade com a Constituição**, mas também que uma norma aprovada durante o estado de excepcionalidade poderá passar a ser compatível com ela. O fenômeno da inconstitucionalidade circunstancial enfatiza não só ideia de que a Constituição está em vigor, mas também a de que ela está atenta às circunstâncias em seu entorno. Uma vez unidas essas duas ideias, é possível afirmar que a Constituição não é só transformada de acordo com as necessidades de seu tempo, mas também pela situação excepcional vivida por seus destinatários. É em razão dessa relevante plasticidade temporal e circunstancial que podemos falar de uma genuína 'Constituição* *viva*'''" (grifo nosso)²²⁰. Embora a construção dos autores tenha mirado outras áreas do Direito, aplica-se à perfeição aqui.

O *estado de coisas inconstitucional* do sistema carcerário há de ser tido como passageiro. Jamais permanente, conforme assentou o STF. Por outro lado, a possibilidade de a pena privativa de liberdade poder se estender por, até, 40 (quarenta) anos, abstratamente, não ofende parâmetro constitucional nem convencional algum. Qualquer glosa encerra juízo meramente político. Porém, no *cenário atual*, em vista da *realidade prisional* e da *expectativa de vida dos segmentos mais vulneráveis às políticas de encarceramento*, representa, sim, aprisionamento, no mínimo, tendente à perpetuação – a expectativa é que o condenado faleça no cárcere. Óbvio que se está diante de um prognóstico. Mas admiti-lo, por si só, já é constitucionalmente inaceitável. Assim, **o novel art. 75, cabeça, e § 1º do Código Penal é, circunstancialmente, inconstitucional, até que o sistema carcerário nacional se alinhe às exigências inerentes à dignidade humana, abandonando o estado de coisas inconstitucional que o caracteriza.**

Registre-se que o Pleno do STF, pautado em inteligência similar, assentou a não recepção constitucional do art. 68 do CPP à luz do art. 134 da CRFB/88, dizendo que a representação judicial dos hipossuficientes é múnus constitucional da Defensoria Pública. Porém, até que todas as unidades federativas estruturem as respectivas Defensorias, com órgãos ativos em todas as circunscrições judiciárias – *v.g.* Rio de Janeiro – a norma persiste eficaz onde não houver defensor(a) público(a), prolongando a legitimidade ativa *ad causam* extraordinária do Ministério Público para formalizar a ação civil *ex delicto* em prol das vítimas hipossuficientes²²¹. Aqui, em vez da *inconstitucionalidade circunstancial*, tem uma norma *constitucional*, mas cuja aplicação, hoje, mostra-se *inconstitucional*. Findo o *estado de coisas inconstitucional* do sistema prisional, superada estará a *inconstitucionalidade circunstancial*, resgatando a plena aplicabilidade.

Promoveu-se evidente *novatio legis in pejus*, logo, irretroativa (art. 5º, XL, da CRFB/88), tendo como marco temporal a data do **cometimento do injusto**: se anterior à Lei nº 13.964/19, o teto persiste em 30 (trinta) anos; se ulterior, 40 (quarenta). O Supremo

---

[220] O fenômeno da inconstitucionalidade circunstancial. Disponível em: https://www.jota.info/opiniao--e-analise/artigos/o-fenomeno-da-inconstitucionalidade-circunstancial-25042020#_ftn4. Acesso em: 10 jun. 2020.

[221] RE 135328, Relator Min. Marco Aurélio, Tribunal Pleno, julgado em 29/06/1994, DJ 20/04/2001 – *LEGITIMIDADE – AÇÃO "EX DELICTO" – MINISTÉRIO PÚBLICO – DEFENSORIA PÚBLICA – ARTIGO 68 DO CÓDIGO DE PROCESSO PENAL – CARTA DA REPÚBLICA DE 1988. A teor do disposto no artigo 134 da Constituição Federal, cabe à Defensoria Pública, instituição essencial à função jurisdicional do Estado, a orientação e a defesa, em todos os graus, dos necessitados, na forma do artigo 5º, LXXIV, da Carta, estando restrita a atuação do Ministério Público, no campo dos interesses sociais e individuais, àqueles indisponíveis (parte final do artigo 127 da Constituição Federal). INCONSTITUCIONALIDADE PROGRESSIVA – VIABILIZAÇÃO DO EXERCÍCIO DE DIREITO ASSEGURADO CONSTITUCIONALMENTE – ASSISTÊNCIA JURÍDICA E JUDICIÁRIA DOS NECESSITADOS – SUBSISTÊNCIA TEMPORÁRIA DA LEGITIMAÇÃO DO MINISTÉRIO PÚBLICO. Ao Estado, no que assegurado constitucionalmente certo direito, cumpre viabilizar o respectivo exercício. Enquanto não criada por lei, organizada – e, portanto, preenchidos os cargos próprios, na unidade da Federação – a Defensoria Pública, permanece em vigor o artigo 68 do Código de Processo Penal, estando o Ministério Público legitimado para a ação de ressarcimento nele prevista. Irrelevância de a assistência vir sendo prestada por órgão da Procuradoria Geral do Estado, em face de não lhe competir, constitucionalmente, a defesa daqueles que não possam demandar, contratando diretamente profissional da advocacia, sem prejuízo do próprio sustento.*

Tribunal Federal já teve a oportunidade de assim se manifestar em sede de extradição, autorizando-a, desde que respeitado pelo Estado estrangeiro, o teto de 30 (trinta) anos de efetiva privação libertária, por se tratar de injustos cometidos anteriormente à Lei nº 13.964/19[222].

Definir a aplicação intertemporal torna-se mais tormentoso quando, no bojo da mesma execução, houver o somatório ou a unificação de penas pertinentes a injustos perpetrados **antes** e **após** a vigência da Lei nº 13.964/19. Oportuno relembrar que a unificação das reprimendas se opera quando o juiz das execuções reconhece o cúmulo formal perfeito (art. 70, cabeça, 1ª parte, do CP) ou a continuação (art. 71, cabeça, do CP) entre as infrações penais deflagradoras de diferentes éditos condenatórios, *ex vi* do art. 66, III, a da LEP. Embora improvável, a disparidade temporal entre os injustos é **possível**, viabilizando o questionamento acima. Exemplificando: continuidade delitiva iniciada antes da entrada em vigor da Lei nº 13.964/19, findando-se na sua vigência, ou vários crimes, cometidos no mesmo contexto espacial, com idêntica mecânica, mas alguns perpetrados nas últimas horas do dia 22 de janeiro, outros nos primeiros minutos do dia 23, quando terminada a *vacatio legis*.

A solução mais óbvia, e esperada, é aplicar à hipótese a inteligência do enunciado de súmula nº 711 do STF, segundo o qual *a lei penal mais grave aplica-se ao crime continuado ou ao crime permanente, se a sua vigência é anterior à cessação da continuidade ou da permanência*. A conclusão construída pela Corte Constitucional em relação aos delitos permanentes era inescapável, afinal, se trata de injusto **único**, cujo *iter* findou-se já sob a égide da lei mais gravosa, sendo ela, portanto, a aplicável. Mas é justamente a *ratio* elaborada à continuação delitiva que guarda identidade com o caso vertente, permitindo tomá-la por empréstimo.

Como é cediço, a continuidade importa unidade jurídica apenas para fins de aplicação da pena, **subsistindo cada delito autonomamente**, tanto que as causas extintivas da punibilidade incidem sobre cada um deles, separadamente (art. 119 do Código Penal). A prescrição da reprimenda em concreto, *v.g.*, é aferível **descartando-se** o acréscimo decorrente da continuação, a teor do enunciado de Súmula nº 497 do STF, observado, sem discrepância, pelo STJ[223]. Pois apesar de a execução unificar as penas de diferentes infrações, algumas anteriores, outras posteriores à lei penal mais gravosa, esta última aplicar-se-á a ambas, regendo a execução como um todo.

Mutatis mutandis, o novel art. 75 do Código Penal desemboca no mesmo contexto, afinal, tem-se **1** execução, a reunir, via somatório ou unificação, reprimendas vinculadas a injustos prévios e ulteriores à Lei nº 13.964/19, logo, entre o teto de 30 (trinta) ou de 40 (quarenta) anos, prevalece o último para todos. Qualquer solução intermediária desaguaria em uma **terceira** via, sendo vedado ao intérprete legislar.

---

[222] Ext 1.599, Rel. Min. Celso De Mello, Segunda Turma, julgado em 29/05/2020, *DJe* 05/06.2020); Ext 1.641, Rel. Min. Roberto Barroso, Primeira Turma, julgado em 23/08/2021, *DJe* 1º/09/2021; Ext 1.652, Rel. Min. Rosa Weber, j. em 16/10/2021, *DJe* 09/11/2021.

[223] HC 478.748/PR, Rel. Ministro Reynaldo Soares da Fonseca, Quinta Turma, julgado em 24/09/2019, *DJe* 04/10/2019 – *"...No caso de concurso de crimes, a extinção da punibilidade incidirá sobre a pena de cada um, isoladamente (art. 119, do Código Penal). Também quando se tratar de crime continuado, a prescrição regula-se pela pena imposta na sentença, não se computando o acréscimo decorrente da continuação (Súmula n. 497/STF)..."* (grifo nosso).

Registre-se, todavia, que da mesma forma que inexiste consenso acadêmico em torno da Súmula 711 do STF, tampouco haverá aqui. E com razão, pois permite que lei penal mais gravosa, genuinamente reservada para determinado injusto, porque cometido já na sua vigência, alcance outros, perpetrados anteriormente. A continuação delitiva, cuja lógica é inteiramente *pro reo* – em vez de incidir tantas reprimendas quantos forem os crimes, aplica-se uma apenas –, transforma-se em um canal **retroativo** *in malam partem*, em descompasso não apenas com o inciso XL do art. 5º da CRFB/88 (irretroatividade da *lex gravior*), mas, também, o inciso XXXIX (legalidade penal estrita), por traduzir orientação despida de qualquer base legal[224].

Idêntica perplexidade se verifica aqui, porquanto, desde que houvesse **1** injusto cometido sob a vigência da Lei nº 13.964/19, tal seria o bastante para fixar, como teto de privação libertária efetiva, 40 (quarenta) anos em vez de 30 (trinta), por mais que todos os demais delitos lhe fossem anteriores. A retroação de *lex gravior* soa clara, em descompasso com os mesmos postulados constitucionais acima listados. Mas com um gravame a mais: a depender do caso concreto, **a proporcionalidade, sob o ângulo da necessidade, será seriamente atingida, porquanto basta 1 delito perpetrado sob a égide da Lei nº 13.964/19 para todos os demais, a ela precedentes, se submeterem ao novel limite máximo de 40 (quarenta) anos, em vez de 30 (trinta).**

Longe de propor qualquer exegese legiferante, há de se cumprir a Constituição. E o comando inserto no inciso XL do art. 5º é unívoco: presente lei penal mais gravosa, irretroatividade em relação aos fatos anteriores, aplicando-a aos posteriores. Por conseguinte, da mesma maneira que o teto de 40 anos **compreende** os injustos a ele contemporâneos, **não abarca** os pretéritos. Basta, então, eleger um ponto ótimo. E, para tanto, recorre-se à lógica matemática.

A diferença entre o teto atual e o antigo é de 10 anos, logo, **considerada a reprimenda global a cumprir, separa-se o total correspondente aos injustos anteriores daquele inerente aos perpetrados sob a vigência da Lei nº 13.964/19, escalonando o acréscimo de até 10 anos por ela trazido proporcionalmente ao peso que essas últimas reprimendas têm na sanção integral, obtida após o somatório ou a unificação.**

Se todos os títulos condenatórios proferidos contra o réu versarem sobre fatos anteriores à Lei nº 13.964/19, valerá, obviamente, o teto de 30 (trinta) anos, mas, se alusivos somente a injustos posteriores, 40 (quarenta) anos. Esse interregno de 10 (dez) anos é que desafia escalonamento quando a execução reunir ambos. Quanto maior for o impacto dos delitos precedentes ao novel art. 75 do CP sobre a pena final, chega-se a um limite de privação libertária mais próximo dos 30 (trinta) anos. Em compensação, quanto maior for o "aporte" das infrações ulteriores sobre a reprimenda total, obtém-se um teto mais próximo dos 40 (quarenta) anos. Imagine, *v.g.*, uma reprimenda total de 120 (cento e vinte) anos, dos quais 60 (sessenta) decorrem de infrações anteriores à Lei nº 13.964/19, e o restante de ilícitos posteriores. Estabelecer, para todas, indistintamente, o novel teto de 40 (quarenta) anos seria desproporcional. Mas, ao mesmo tempo, não se pode olvidar que metade da reprimenda deriva de atos já sob a vigência da *lex gravior*.

---

[224] Apenas a título ilustrativo, BITENCOURT, Cezar Roberto. Tratado de Direito Penal. Parte Geral. 22. ed. São Paulo: Saraiva, 2016, p. 800-801. v. 2. Ensina o emérito penalista que o crime continuado, desde a sua origem, foi uma construção *pro reo*, desenvolvida pelos glosadores e pós-glosadores com o escopo de permitir que furtadores escapassem da pena de morte, aplicável quando da terceira subtração.

A *carga justificante* do acréscimo de 10 (dez) anos seria de **metade**, logo, em vez de se fixar 40 (quarenta) anos como teto, estipular-se-ia 35. Respeita-se a irretroatividade da *novatio legis in pejus*, consubstanciada na adição de 10 anos sobre o limite máximo de cumprimento da pena privativa de liberdade, proporcionalmente ao peso que os injustos anteriores e posteriores tiveram na sanção total.

No caso da continuação delitiva, na qual o aumento é proporcional ao número de infrações[225] (duas, um sexto, três, um quinto, e assim, sucessivamente), cabe, igualmente, verificar a "contribuição" de cada injusto para o *quantum* final arbitrado judicialmente. Se, em continuidade, houve 2 injustos apenas, um anterior e outro ulterior à Lei nº 13.964/19, importando majoração de um sexto, cada um teve, sobre a reprimenda derradeira, uma contribuição de 1/12, chegando, junto, à exasperação de um sexto, logo, projetado o acréscimo de 10 anos gerado pelo novel art. 75, 120 meses, o limite máximo de privação libertária seria de 30 anos e 10 meses.

Por outro lado, se houver número suficiente de crimes, cometidos sob a vigência da Lei nº 13.964/19, que, isoladamente considerados, ensejam a fração máxima de aumento por força da continuação delitiva, o teto será de 40 anos, porquanto os delitos anteriores não tiveram *carga* alguma na pena final obtida.

A solução ora proposta sofrerá, inevitavelmente, críticas, reputando-a legiferante. Mas, em verdade, é a forma encontrada para concretizar, o mais fielmente possível, o comando contido no art. 5º, XL, da CRFB/88. E o princípio da proporcionalidade é critério hermenêutico constitucional, frequentemente utilizado não apenas pelo STF, mas pelo STJ, haja vista, *v.g.*, o enunciado de Súmula nº 415 editado pelo último: ante o silêncio do art. 366 do CPP, com a redação dada pela Lei nº 9271/96, acerca do **teto** de duração da suspensão da prescrição, em apreço à segurança jurídica, para evitar que, por vias transversas, delitos prescritíveis permanecessem com o *jus puniendi* em aberto indefinidamente, limitou-se o tempo de suspensão **proporcionalmente** à tabela do art. 109 do CP, ou seja, o interregno seria o mesmo reservado à prescrição, findo o qual voltaria a fluir. Tal orientação, tal qual a ora construída, mostra-se igualmente escudada em valores constitucionais, inspirada na proporcionalidade, e não deixa de receber críticas, também sob o pretexto de legislar[226]. Aguardemos como se colocarão os Tribunais.

---

[225] STJ, HC 442.316/SP, Rel. Ministro Jorge Mussi, Quinta Turma, julgado em 26/11/2019, *DJe* 05/12/2019 – *"...1. Pacificou-se neste Sodalício o entendimento de que a fração de aumento em razão da prática de crime continuado deve ser fixada de acordo com o número de delitos cometidos*, aplicando-se 1/6 pela prática de 2 infrações; 1/5 para 3 infrações; 1/4 para 4 infrações; 1/3 para 5 infrações; 1/2 para 6 infrações; e 2/3 para 7 ou mais infrações..." (grifo nosso); HC 283.720/RN, Rel. Ministra Maria Thereza de Assis Moura, Sexta Turma, julgado em 12/08/2014, *DJe* 26/08/2014.

[226] **STF**, RE 460971, Relator Min. Sepúlveda Pertence, Primeira Turma, julgado em 13/02/2007, DJ 30/03/2007, RMDPPP v. 3, n. 17, 2007, p. 108-113 LEXSTF v. 29, n. 346, 2007, p. 515-522 – *"...II. Citação por edital e revelia: suspensão do processo e do curso do prazo prescricional, por tempo indeterminado – C.Pr.Penal, art. 366, com a redação da L. 9.271/96. 1. Conforme assentou o Supremo Tribunal Federal, no julgamento da Ext. 1042, 19.12.06, Pertence, a Constituição Federal não proíbe a suspensão da prescrição, por prazo indeterminado, na hipótese do art. 366 do C.Pr.Penal. 2. A indeterminação do prazo da suspensão não constitui, a rigor, hipótese de imprescritibilidade: não impede a retomada do curso da prescrição, apenas a condiciona a um evento futuro e incerto, situação substancialmente diversa da imprescritibilidade. 3. Ademais, a Constituição Federal se limita, no art. 5º, XLII e XLIV, a excluir os crimes que enumera da incidência material das regras da prescrição, sem proibir, em tese, que a legislação ordinária criasse outras hipóteses. 4. Não cabe, nem mesmo sujeitar o*

A novel redação dada ao art. 75 do Código Penal **não** interfere na inteligência da Súmula 715 do STF, de sorte que o teto atual de 40 (quarenta) anos **tampouco é considerado para a concessão de benefícios, como o livramento condicional ou a progressão de regime, valendo, para tanto, o total da reprimenda aplicada**. As razões para tanto percorrem a individualização da pena, presente, notadamente, o princípio da suficiência, e a própria isonomia, pois condenados à reprimenda de 40 (quarenta) anos se igualariam a outros com reprimendas destacadamente superiores, afinal, para todos valeria esse último *quantum* como referencial à conquista das benesses libertárias previstas na LEP.

Persiste, contudo, a advertência: a depender da quantidade de pena, o condenado a cumprirá integralmente em regime fechado, em descompasso com o postulado da individualização da pena (art. 5º, XLVI, da CRFB/88). Tal constatação, aliás, motivou os Ministros Marco Aurélio e Luiz Fux, da 1ª Turma, a votarem, **vencidos**, pela **superação** do enunciado, permitindo a adoção do limite máximo, então de 30 (trinta) anos, como parâmetro para a concessão dos benefícios previstos na LEP[227].

É forçoso reconhecer que tal alerta **encorpa** após a Lei nº 13.964/19, pois os novos percentuais para a progressão, substancialmente mais elevados do que as frações predecessoras, não mais torna a resposta penal *insuficiente* se projetados não sobre a reprimenda integral, mas sobre o limite máximo de privação libertária, ainda mais depois da adição de 10 (dez) anos. Revigora-se, portanto, a discussão, pois os parâmetros normativos que estimularam a Súmula nº 715 do STF foram significativamente modificados. E superar esse enunciado é uma das ferramentas hermenêuticas para aplacar, em parte, o maciço encarceramento que a Lei nº 13.964/19 proporcionará.

14.10. DA EXECUÇÃO DA PENA DE MULTA

O inadimplemento injustificado da pena de multa importava conversão em detenção, na ordem de 1 dia para cada dia-multa, havendo, como teto, 1 ano. Quitada a multa a qualquer tempo, a conversão tornava-se insubsistente. Assim dispunha, originariamente, o art. 51 do Código Penal, considerados o *caput* e os §§ 1º e 2º, reiterado pelo art. 182 da LEP.

Em 1º de abril de 1996 adveio a Lei nº 9.268, decotando os parágrafos do art. 51, cujo *caput* passou a prescrever que *transitada em julgado a sentença condenatória, a multa será considerada dívida de valor, aplicando-se-lhes as normas da legislação relativa à dívida ativa da Fazenda Pública, inclusive no que concerne às causas interruptivas e suspensivas da prescrição*. Desde então, o não pagamento da multa deixou de ensejar conversão em prisão, ab-rogando-se o art. 182 da LEP.

A Lei nº 13.964/19, em relação ao texto anterior, **não promoveu supressões nem modificações**, limitando-se a acrescentar que a execução dar-se-á *perante o juiz da execução penal*. **O escopo do legislador, aqui, foi, simplesmente, positivar o decidido pelo Pleno do Supremo Tribunal Federal na ADI nº 3150/DF**, da relatoria do Min. Marco

---

período de suspensão de que trata o art. 366 do C.Pr.Penal ao tempo da prescrição em abstrato, pois, 'do contrário, o que se teria, nessa hipótese, seria uma causa de interrupção, e não de suspensão'..." (grifo nosso).

[227] HC 112.182/RJ, Relator Ministro Marco Aurélio, redator do acórdão Min. Luís Roberto Barroso, julgado em 03/04/2018, *DJe* 01/06/2018. O julgamento também foi noticiado no Informativo nº 896 do STF.

Aurélio, redator do acórdão, Min. Luís Roberto Barroso, cujo mérito foi julgado em 13 de dezembro de 2018, publicado o acórdão no *DJe* de 6 de agosto de 2019.

O Procurador Geral da República, por meio da citada ação direta de inconstitucionalidade, objetivou submeter o art. 51 do Código Penal, com a redação então dada pela Lei nº 9.268/96, à interpretação conforme a Constituição para assentar a legitimidade ativa do Ministério Público para promover a execução da pena de multa perante o Juízo das Execuções. O eixo argumentativo central foi o art. 129, I, da Carta de 1988: a titularidade privativa da ação penal pública confiada ao *Parquet* englobaria igualmente a execução, sendo, portanto, intransferível a legitimação ativa *ad causam* executória para a Fazenda Pública.

Colocou-se em xeque a Súmula nº 521 do STJ, aprovada pela 3ª Seção em 25 de março de 2015, publicada no *DJe* de 6 de abril imediato, segundo a qual *a legitimidade para a execução* **fiscal** *de multa* **pendente de pagamento** *imposta em sentença condenatória é* **exclusiva** *da Procuradoria da Fazenda Pública* (grifo nosso). A multa, ao ser considerada dívida de valor, passaria a ter caráter extrapenal, a justificar a legitimação ativa *ad causam* exclusiva da Fazenda, por meio da sua Procuradoria, para executá-la. Seguindo essa intelecção, o STJ concluiu pela viabilidade de se declarar extinta a pretensão executória estatal quando, em meio as penas impostas, apenas a multa estivesse pendente de quitação, considerada, justamente, a natureza extrapenal, de dívida de valor. Em sede de **recurso repetitivo**, tema nº 931, a 3ª Seção do STJ fixou a seguinte tese: ***Nos casos em que haja condenação a pena privativa de liberdade e multa, cumprida a primeira (ou a restritiva de direitos que eventualmente a tenha substituído), o inadimplemento da sanção pecuniária não obsta o reconhecimento da extinção da punibilidade***[228].

Segundo essa percepção, prestigiada, no Supremo Tribunal Federal, pelos Ministros Marco Aurélio e Luiz Edson Fachin, o juízo das Execuções Penais, nos moldes do art. 50, *caput*, do Código Penal e do art. 164, *caput*, da LEP, notifica o apenado para, espontaneamente, pagar a multa. Se não o fizer, o juiz da Execução Penal determina a extração de peças, encaminhando-as à Fazenda, por meio da procuradoria correspondente, para que formalize a execução fiscal, perante o Juízo revestido de competência fazendária, nos termos da Lei nº 6830/80 – Lei de Execuções Fiscais (LEF). Na medida em que serão aplicáveis à execução da pena de multa **as normas relativas à dívida ativa da Fazenda Pública**, quadra inalterada pela Lei nº 13.964/19, os mecanismos de coerção para garantir-

---

[228] REsp 1519777/SP, Rel. Ministro Rogerio Schietti Cruz, Terceira Seção, julgado em 26/08/2015, *DJe* 10/09/2015 – RECURSO ESPECIAL. PROCESSAMENTO SOB O RITO DO ART. 543-C DO CÓDIGO DE PROCESSO CIVIL. RECURSO REPRESENTATIVO DE CONTROVÉRSIA. CUMPRIMENTO DA PENA PRIVATIVA DE LIBERDADE OU DE RESTRITIVA DE DIREITOS SUBSTITUTIVA. INADIMPLEMENTO DA PENA DE MULTA. EXTINÇÃO DA PUNIBILIDADE. POSSIBILIDADE. RECURSO PROVIDO. 1. Recurso Especial processado sob o regime previsto no art. 543-C, § 2º, do CPC, c/c o art. 3º do CPP, e na Resolução n. 8/2008 do STJ. 2. Extinta pelo seu cumprimento a pena privativa de liberdade ou a restritiva de direitos que a substituir, o inadimplemento da pena de multa não obsta a extinção da punibilidade do apenado, porquanto, após a nova redação dada ao art. 51 do Código Penal pela Lei n. 9.268/1996, a pena pecuniária passou a ser considerada dívida de valor e, portanto, possui caráter extrapenal, de modo que sua execução é de competência exclusiva da Procuradoria da Fazenda Pública. 3. Recurso especial representativo da controvérsia provido, para declarar extinta a punibilidade do recorrente, assentando-se, sob o rito do art. 543-C do CPC a seguinte TESE: Nos casos em que haja condenação a pena privativa de liberdade e multa, cumprida a primeira (ou a restritiva de direitos que eventualmente a tenha substituído), o inadimplemento da sanção pecuniária não obsta o reconhecimento da extinção da punibilidade.

-lhe o pagamento, à disposição do juiz da execução penal, teriam sido, inclusive, **tacitamente revogados**, observando, doravante, os previstos na LEF, segundo anotou o Min. Edson Fachin: *"...Como cediço, consoante previsão do art. 2°, § 1°, da Lei de Introdução às normas do Direito Brasileiro, "A lei posterior revoga a anterior quando expressamente o declare, quando seja com ela incompatível ou quando regule inteiramente a matéria de que tratava a lei anterior" (grifei). Com a entrada em vigor da nova redação do art. 51 do CP que expressamente determina a aplicação das normas da legislação relativa à dívida ativa da Fazenda Pública, assim como partindo das premissas anteriormente aqui já lançadas, notadamente no que diz respeito à abertura de atuação da Procuradoria da Fazenda Nacional quando do não pagamento espontâneo da pena de multa pelo executado no prazo legal,* **entendo incompatível a permanência das regras de cobrança forçada dispostas nos arts. 164 e seguintes da Lei de Execução Penal, uma vez que manteriam na ambiência do Juízo da Execução Criminal a cobrança da pena de multa não paga espontaneamente, com a consequente penhora de bens.** *Consoante já delineado, quando não paga espontaneamente na seara da execução criminal, incide a nova redação do art. 51 do CP, de modo que a cobrança será deslocada para o Juízo de Execuções Fiscais. Desse modo, a normativa de 1996 revogou tacitamente os arts. 164 a 166 da LEP, tendo em vista a incompatibilidade da nova redação do art. 51 do CP com a previsão de cobrança forçada por meio de penhora de bens no âmbito da execução penal* (grifo nosso)[229].

A argumentação da Procuradoria Geral da República potencializa, sobremaneira, o art. 129, I da CRFB/88, enquanto a percepção do Superior Tribunal de Justiça, endossada, no Supremo Tribunal Federal, pelos Ministros Marco Aurélio e Luiz Edson Fachin, minimizam o assento constitucional da multa enquanto sanção penal, sobrelevando o caráter de dívida de valor ditado pelo art. 51 do Código Penal. A solução dada pelo Pleno do STF encontrou interessante ponto de equilíbrio entre as duas visões, por meio do voto do Min. Luís Roberto Barroso, vencidos os Ministros Marco Aurélio e Luiz Edson Fachin, ausentes os Ministros Gilmar Mendes e Celso de Mello, **embora tenha deixado lacunosos alguns pontos e obscuros outros**.

A multa é sanção penal por mandamento **constitucional**, haja vista o art. 5°, XLVI, c, da Carta de 1988. Tratá-la como dívida de valor cumpre finalidade única: impedir a conversão em prisão.

Em momento algum o texto do art. 51 do Código Penal, com a redação então dada pela Lei n° 9268/96, retirou a competência do Juízo das Execuções para executar a multa, nem a legitimidade ativa *ad causam* do Ministério Público para buscá-la, malgrado ser a sentença penal condenatória autoexecutável, haja vista os artigos 164 a 170 da LEP, além dos artigos 49, 50 e 52 do Código Penal, que se mantiveram intocados pela Lei n° 9.268/96. A Lei n° 13.964/19 apenas explicitou isso.

Com efeito, o próprio juiz da execução notifica pessoalmente o apenado para que, no prazo de 10 (dez) dias, *ex vi* do *caput* do art. 164 da LEP[230] c/c art. 50, *caput*, primeira

---

[229] Nesse sentido, NUNES, Adeildo. Da Execução Penal. 2. ed. Rio de Janeiro: Forense, 2012, p. 215-216; COSTA, Álvaro Mayrink da. *Execução Penal*. Rio de Janeiro: GZ Editora, 2016, p. 181-182; BRITO, Alexis Couto de. Ob. cit., p. 307.

[230] Art. 164. Extraída certidão da sentença condenatória com trânsito em julgado, que valerá como título executivo **judicial**, o Ministério Público requererá, em autos apartados, a citação do condenado para, no **prazo de 10 (dez) dias**, pagar o valor da multa ou nomear bens à penhora (grifo nosso). Embora o *caput*

parte, do CP[231], pague integralmente a multa ou requeira o parcelamento, o que pode ser feito nos termos do art. 169 da LEP[232]c/c art. 50, *caput*, segunda parte, do CP[233].

O inadimplemento da multa, justamente em virtude da natureza de sanção **penal**, permite ao juiz da execução penal, nos termos do § 1º do art. 50 do Código Penal, ordenar a cobrança da multa *mediante desconto no vencimento ou salário do condenado quando: a) aplicada isoladamente; b) aplicada cumulativamente com pena restritiva de direitos; c) concedida a suspensão condicional da pena* (grifo nosso). Em complemento, diz o art. 168 da LEP que *o limite máximo do desconto mensal será o da quarta parte da remuneração e o mínimo o de um décimo* (inciso I), a depender do decidido pelo Juízo das execuções (inciso II), notificando-se o responsável pelo desconto *a recolher mensalmente, até o dia fixado pelo Juiz, a importância determinada* (inciso III). Não pode, todavia, incidir sobre *os recursos indispensáveis ao sustento do condenado e de sua família, ex vi* do § 2º do mencionado art. 50 do CP. Idêntico procedimento será observado quando a multa houver sido aplicada cumulativamente à pena privativa de liberdade, inclusive após o cumprimento desta, *ex vi* do art. 170, cabeça e § 1º da LEP.

Nota-se, portanto, que, à luz da ordem normativa pátria, a execução da pena de multa jamais foi subtraída da competência do Juízo das Execuções, com a intervenção do Ministério Público. **A Lei nº 13.964/19 apenas patenteou isso**. A única, mas substancial diferença, entre o modelo primitivo e o implementado pela Lei nº 9268/96, **ratificado** pela citada Lei nº 13.964/19, é que, por mais que persista o inadimplemento, descabe convertê-la em prisão.

Conclui-se, portanto, pela inexistência de usurpação da legitimação ativa *ad causam* do Ministério Público para a execução penal, preservando-se o art. 129, I, da CRFB/88. Contudo, não se pode perder de vista o art. 49, *caput*, do Código Penal: como a multa destina-se ao fundo penitenciário **nacional**, não deixa de encerrar um **crédito** em prol da União. Se o *Parquet*, no âmbito do Juízo da Execução Penal quedou-se, injustificadamente, inerte, é inegável a legitimação ativa *ad causam* da União, por meio da Procuradoria da Fazenda Nacional, deflagrar a execução fiscal perante o Juízo com competência fazendária.

---

do art. 164 aluda à citação, tecnicamente há a **notificação** do apenado para que adimpla a multa, porquanto a execução penal não pode ser encarada como um processo autônomo, ao contrário, é uma continuação do processo de conhecimento, tanto que é o juízo da condenação quem inicia a fase executória – e não a acusação, por intermédio do Ministério Público ou do querelante –, seja expedindo carta de execução de sentença à Vara de Execuções Penais, seja ele próprio deflagrando-a, caso tenha competência cumulativa para tanto. Tampouco é premente o processamento em autos apartados, afinal existem apenas dois caminhos: quitação da multa pelo sentenciado, à vista ou parcelada, ou inscrição na dívida ativa, para ulterior execução pela Fazenda Pública.

[231] Art. 50 – *A multa deve ser paga **dentro de 10 (dez) dias** depois de **transitada em julgado a sentença*** (grifo nosso).

[232] Art. 169. *Até o término do prazo a que se refere o artigo 164 desta Lei, **poderá o condenado requerer ao Juiz o pagamento da multa em prestações mensais, iguais e sucessivas**. § 1º O Juiz, antes de decidir, poderá determinar diligências para verificar a real situação econômica do condenado e, ouvido o Ministério Público, fixará o número de prestações. § 2º Se o condenado for impontual ou se melhorar de situação econômica, o Juiz, de ofício ou a requerimento do Ministério Público, revogará o benefício executando-se a multa, na forma prevista neste Capítulo, ou prosseguindo-se na execução já iniciada* (grifo nosso).

[233] Art. 50 – ... *A requerimento do condenado e conforme as circunstâncias,* **o juiz pode permitir que o pagamento se realize em parcelas mensais** (grifo nosso).

Conforme muito bem lembrado pelo relator do voto condutor, Min. Luís Roberto Barroso, o Poder Constituinte excepcionou a regra contida no inciso I do art. 129 ao estabelecer, como garantia fundamental, a ação penal de iniciativa privada, subsidiária da pública (art. 5º, LIX). Como a multa é crédito à disposição da União, se o Ministério Público não buscar satisfazê-lo, nada impede que a Fazenda Nacional o faça, subsidiariamente, formalizando, perante o Juízo **com competência fazendária**, a ação de execução fiscal. Três, portanto, foram as teses fixadas na ADI: *1. A Lei nº 9.268/1996, ao considerar a multa penal como dívida de valor, não retirou dela o caráter de sanção criminal, que lhe é inerente por força do art. 5º, XLVI, c, da Constituição Federal; 2. Como consequência, a legitimação prioritária para a execução da multa penal é do Ministério Público perante a Vara de Execuções Penais; 3. Por ser também dívida de valor em face do Poder Público, a multa pode ser subsidiariamente cobrada pela Fazenda Pública, na Vara de Execução Fiscal, se o Ministério Público não houver atuado em prazo razoável (90 dias)*, contados do dia seguinte ao da notificação pessoal para tanto (se físicos os autos, do dia subsequente ao do protocolo na secretaria do *Parquet*; se eletrônicos, depois de aberta a notificação pelo próprio ou, tacitamente, nos moldes do § 3º do art. 5º da Lei nº 11.419/06). Inexplicável, apenas, foi a eleição do interregno de 90 (noventa) dias, anunciado sem menção à fonte normativa – considerado o diálogo estabelecido com a ação penal privada subsidiária da pública, seria mais coerente apontar 6 (seis) meses, na esteira dos art. 38, cabeça, do CPP.

É, portanto, grave equívoco assentar que o Pleno do Supremo Tribunal Federal teria reconhecido a legitimação exclusiva do Ministério Público para executar a pena de multa. Era este o pedido veiculado na ADI, não por acaso julgado **parcialmente** procedente, assentando a legitimidade **preferencial** do *Parquet*, **sem excluir a subsidiária fazendária**. E assim há de ser interpretado o novel art. 51 do Código Penal, com a redação dada pela Lei nº 13.964/19.

Outras questões, todavia, ficaram nebulosas ou omissas.

A primeira delas pode ser resumida em uma indagação: qual procedimento executório, afinal, há de ser adotado perante o Juízo das Execuções Penais, o previsto no Código Penal e na LEP ou o delineado na LEF?

O Min. Luís Roberto Barroso, cujo voto foi o **condutor**, deixou claro que o rito a ser seguido é o ditado pelo Código Penal e pela LEP, na linha, aliás, das fontes doutrinárias que arrimaram o seu pronunciamento. Com efeito, "...*Coerentemente com o perfil institucional do Ministério Público,* **a Lei de Execução Penal (Lei nº 7.210/1984) disciplina de modo expresso e analítico a cobrança da pena de multa, nos arts. 164 a 170**. *E a atribuição de tal procedimento à iniciativa do Ministério Público encontra-se taxativamente prevista no art. 164, caput...* **A Lei de Execução Penal prevê, ainda, a penhora de bens (art. 164, §§ 1º e 2º), o desconto em folha (art. 168) e o parcelamento da multa em prestações (art. 169). Tudo na Vara de Execução Penal, "em autos apartados" (art. 164, caput)**... *Além da natureza essencial de pena, o que por si só já justificaria a atuação prioritária do Ministério Público,* **os arts. 164 a 170 da LEP não foram revogados pela Lei nº 9.268/1996 ou por qualquer outro diploma normativo**. *De modo que* **permanece em vigor previsão legal expressa a conferir titularidade ao Ministério Público para a cobrança da multa**. *A linha adotada neste voto conta com o apoio doutrinário de inúmeros autores que incluem, além dos já citados Damásio Evangelista de Jesus, Júlio Fabbrini Mirabete e Guilherme de Souza Nucci, também Celso Delmanto e Cezar Roberto Bittencourt...*" (grifo nosso).

O Ministro Alexandre de Moraes, em seu voto, igualmente reconheceu a legitimidade do Ministério Público para executar a multa, bem como a competência do Juízo das Execuções para processá-la. Porém, sublinhou que "*...a previsão de aplicação da 'legislação relativa à dívida ativa da Fazenda Pública, inclusive no que concerne às causas interruptivas e suspensivas da prescrição' (art. 51 do Código Penal), deve ser interpretada no sentido de que a reforma trazida pela Lei n. 9.268/1996* **visou tão somente à definição de um rito procedimental especial para a execução da pena de multa**. *Nada alterou, nem poderia fazê-lo, quanto à legitimação da parte autora para esse fim, tampouco quanto ao Órgão jurisdicional competente para processar e julgar a demanda*" (grifo nosso). Em conclusão, disse que "*...a execução da pena de multa criminal insere-se no âmbito das funções institucionais do Ministério Público, sendo competente para processá-la e julgá-la o Juízo da Vara das Execuções Criminais,* **observado, no que couber, o rito procedimental das execuções fiscais**" (grifo nosso).

O Min. Luiz Fux, em seu voto, embora tenha dito acompanhar na íntegra o voto do Min. Luís Roberto Barroso, oscilou entre as colocações deste e as do Min. Alexandre de Moraes, sem deixar unívoco qual rito haveria de ser observado. Primeiro, referiu-se, expressamente, à LEP como diploma reitor, a saber: "*...se* **o art. 164 da Lei de Execução Penal diz que o Ministério Público requererá a citação do condenado para pagar multa**, *significa dizer que o Ministério Público tem legitimatio ad causam para executar a multa conforme está no art. 164 da Lei de Execução Penal, que tem como fundamento primário a própria Constituição Federal. Então, a constitucionalidade da legitimidade do Ministério Público para execução da pena pecuniária é inequívoca,* **inclusive os parágrafos desdobram essa execução em possibilidade de o Ministério Público avaliar os bens indicáveis à penhora, tudo na vara de execução**" (grifo nosso). Mas, depois, disse que a execução da pena de multa, impulsionada pelo Ministério Público, seria fiscal: "*...A nova lei, na impossibilidade de converter o não pagamento da pena de multa em detenção, estabeleceu que dívida de valor.* **E para tornar essa efetivação da pena de multa, submeteu-a ao procedimento de execução fiscal, que é um procedimento instituído pró Poder Público**, *todos nós sabemos disso. E se há alguma dúvida sobre se essa foi a ratio legis, nós vamos, aqui, na própria exposição de motivos. A exposição de motivos é clara, ela estabeleceu isso; a exposição de motivos diz o seguinte: 'Essa modificação veio com a finalidade de facilitar a cobrança da multa criminal, afastando obstáculos que presentemente têm conduzido à prescrição essa modalidade de sanção consectariamente, uma vez demonstrada a natureza penal da multa, sobre diversos ângulos, corolário dessa constatação se traduz na conclusão de subsistência válida do art. 164, que permite ao Ministério Público, como legitimado consagrado,* **promover uma execução fiscal na vara de execução penal**'"(grifo nosso). Concluiu que até poderia haver uma heterodoxia, contemplar uma execução fiscal no âmbito da Vara de Execuções Penais (VEP), esclarecendo que esta "*...nunca foi uma vara vocacionada para execução e penhora de bens de uma quantia líquida e certa, mas agora o é...*", mas, ao arrematar, volta a invocar a LEP em vez da LEF, "*...por força da Constituição e* **por força do art. 164 da LEP, que é a Lei de Execuções Penais, que está em pleno vigor**..." (grifo nosso).

Diante dessas incertezas, o Enunciado nº 01 do Conselho Nacional de Procuradores-Gerais dos Ministérios Públicos dos Estados e da União (CNPG) e do Grupo Nacional de Coordenadores de Centro de Apoio Criminal (GNCCRIM), ao se debruçar sobre o art. 51 do Código Penal, com a redação dada pela Lei nº 13.964/19, preconizou que *cabe preferencialmente ao membro do Ministério Público com atribuição para execução penal ingressar com a ação para a execução da pena de multa perante o juízo das execuções penais, sob o rito da Lei 6.830/80* (grifo nosso).

Tal ilação, todavia, encontra-se **equivocada**, sem correlação com a inteligência do decidido pelo STF na ADI 3.150/DF.

O voto condutor foi o do Min. Luís Roberto Barroso, acolhido pela maioria, sem ressalvas. O dissenso foi em sentido inverso, convergindo com a Súmula nº 521 do STJ, segundo a qual, se não paga a pena de multa voluntariamente pelo apenado, o caminho seria a execução fiscal, deflagrada pela Fazenda, por meio da sua procuradoria, intelecção que tem, como uma das suas consequências, **a revogação tácita dos arts. 164 a 170 da LEP, em prol da incidência da LEF**. Ora, se assim o é, ao firmar a legitimação do *Parquet* e a competência do Juízo das Execuções para executar a pena de multa, se inadimplida, é porque **persistem em pleno vigor os citados dispositivos, sendo o procedimento executivo ditado pela LEP e pelo CP** – e o Min. Luís Roberto Barroso foi assertivo neste aspecto. A LEF, na realidade, possui incidência apenas **subsidiária**. O próprio Min. Luiz Fux aludiu à LEP e ao CP, enquanto o Min. Alexandre de Moraes, no arremate do seu pronunciamento, previu a incidência da Lei nº 6.830/80, *no que couber*.

Descabe embaralhar, portanto, os procedimentos e as legitimidades. A execução **penal** dá-se no Juízo da **Execução Penal**, pelo *Parquet*, na forma do **Código Penal e da LEP**, observada a LEF, no que for aplicável. Caso o Ministério Público não impulsione a execução da pena de multa em 90 (noventa) dias, contados do dia **seguinte** ao da notificação – o prazo é estritamente processual, porque versa sobre legitimação, competência e procedimento a ser adotado, submetendo-se ao art. 798, § 1º do CPP – o juiz da VEP (ou VEC) oficia à **Fazenda Pública**, com toda a documentação pertinente para, por meio da sua procuradoria, ajuíze a ação de execução **fiscal** perante o órgão jurisdicional revestido de competência **fazendária**.

A legitimidade ativa *ad causam* para formalizar, subsidiariamente, a ação de execução **fiscal** é da **União**, por meio da **Procuradoria da Fazenda Nacional**, porquanto cobrará crédito **seu**, na medida em que multa se destina ao Fundo Penitenciário **Nacional** (FUNPEN). A Lei Complementar nº 79, de 7 de janeiro de 1994, responsável pela sua criação, diz, no inciso V do art. 2º, que são **recursos** do FUNPEN as *multas decorrentes de sentenças penais condenatórias com trânsito em julgado* (grifo nosso). Embora a Lei nº 13.500, de 26 de outubro de 2017, tenha, no art. 3º-A, *caput*, da Lei Complementar nº 79/94, previsto o repasse obrigatório aos fundos dos Estados, do Distrito Federal e, até, dos Municípios (visando, nesse último caso, ao *financiamento de programas destinados à reinserção social de presos, internados e egressos, ou de programas de alternativas penais*, ex vi do § 3º do art. 3º-A), independentemente de convênio ou de qualquer outro instrumento congênere, **não abrange toda a dotação orçamentária do FUNPEN, cuja gestão compete ao Departamento Penitenciário Nacional (DEPEN)**, ou seja, à União, com a *finalidade de proporcionar recursos e meios para financiar a apoiar as atividades e os programas de modernização e aprimoramento do sistema penitenciário nacional* (art. 1º). Trata-se, portanto, de verba pública **federal**, administrada pela **União**, logo, a competência será da **Justiça Federal** (art. 109, I, da CRFB/88)[234], mais precisamente do órgão investido de competência fazendária.

Por outro lado, **a União, por meio da Procuradoria da Fazenda Nacional, ao cobrar o crédito advindo da multa, caso o Ministério Público não o faça, sequer precisa inscrevê-lo na dívida ativa, prejudicando a própria incidência da LEF**. O art. 51 do Código Penal, desde a redação dada pela Lei nº 9268/96, não exige tal inscrição, quadra inalterada pela Lei nº 13.964/19. E, se a União já tem à sua disposição um crédito decorrente de um título executivo judicial – sentença penal condenatória transitada em julgado –, não faz sentido transformá-lo em extrajudicial, como é a dívida ativa.

Outra não é a percepção da doutrina[235] e do STJ[236]. A hipótese é de **cumprimento da sentença**, versada no CPC/15 a partir do art. 513 e segs. O art. 515, aliás, estabelece, sem deixar margem a dúvidas, de que *são títulos executivos judiciais,* ***cujoa cumprimento dar-se-á de acordo com os artigos previstos neste Título,*** *...VI. a sentença* **penal condenatória** *transitada em julgado* (grifo nosso).

Sem embargo, caso **queira**, a União pode optar por inscrevê-la na dívida ativa, executando-a em conformidade com a LEF. Segundo consignou o Min. Luís Roberto Barroso, *"...Seria natural* ***concluir que a cobrança subsidiária a cargo da advocacia da Fazenda Pública se fizesse no Juízo cível competente, sem a necessidade de inscrição do débito em dívida ativa da União. Afinal, tratando-se de sentença penal condenatória acobertada pela coisa julgada, a hipótese ensejaria mero cumprimento de sentença, na forma do art. 515, VI, c/c o art. 516, III, do novo CPC.*** *Contudo, se o próprio credor (poder público interessado em suprir o Fundo Penitenciário Nacional) entende que a cobrança pela via da execução fiscal se revela mais eficiente, não vejo razão para negar a inscrição do débito em dívida ativa, com a aplicação do rito da Lei 6.830/1980..."* (grifo nosso). Esclarece que haveria outras hipóteses nesse sentido. A multa por litigância de má-fé, por descumprimento dos deveres encartados nos incisos IV e VI do art. 77 do CPC/15, embora decorra de pronunciamento jurisdicional, será inscrita como dívida ativa da União ou do Estado, uma vez preclusa a decisão implementadora (art. 77, § 3º do CPC/15). Idêntico fenômeno se dá quando cassada a gratuidade de justiça, se identificada a má-fé (art. 100, parágrafo único, do CPC/15). Não haveria motivos para diferenciação no caso da pena de multa,

---

[234] STJ, REsp 1134003/MG, Rel. Ministro Felix Fischer, Quinta Turma, julgado em 20/05/2010, DJe 28/06/2010 – *"...A Terceira Seção desta Corte, no julgamento do CAT – 92/SP, publicado em 07/05/2008, entendeu que 'compete à* **Procuradoria da Fazenda Nacional** *executar a pena de multa imposta em sentença condenatória criminal quando o réu, intimado para o pagamento, não o faz espontaneamente'. (Informativo – STJ n.º 0266)..."* (grifo nosso).

[235] BITENCOURT, Cezar Roberto. Tratado de Direito Penal, ob. cit., p. 770-771.

[236] REsp 1126631/PR, Rel. Ministro Herman Benjamin, Segunda Turma, julgado em 20/10/2009, DJe 13/11/2009. Compulsando o inteiro teor do acórdão, convém transcrever a seguinte passagem, extraída do voto condutor do relator: *"...Deve-se ter em mente que* ***o termo de inscrição em dívida ativa, bem como a certidão que dele se extrai, dá origem ao título executivo extrajudicial porque a lei atribui ao Poder Público a possibilidade de constituí-lo unilateralmente*** *– isto é, independentemente de pronunciamento jurisdicional. Nas hipóteses em que* ***o crédito decorre precisamente da sentença judicial, torna-se desnecessário o procedimento de inscrição em dívida ativa porque o Poder Judiciário já atuou na lide, tornando incontroversa a existência da dívida.*** *Dito de outro modo, quando a existência do débito é certificado no âmbito do Poder Judiciário, o Estado-Administração não necessita praticar atos para constituir um título representativo de crédito ou a eles atribuir exequibilidade. Tais características resultam automaticamente da prestação jurisdicional realizada..."* (grifo nosso).

ainda mais explicitando o art. 51 do CP que deve ser considerada dívida de valor. Em suma: **a União opta por executá-la nos moldes de cumprimento de sentença ou da LEF, inscrevendo-a na dívida ativa.**

Em se tratando da execução penal da multa formalizada pelo Ministério Público, reitere-se, obedece aos arts. 49 e 50 do Código Penal e aos arts. 164 a 170 da LEP, observada, **no que for aplicável**, a LEF, tão somente porque assim dispôs, expressamente, desde a redação dada pela Lei nº 9.268/96, e mantida pela Lei nº 13.964/19, o art. 51 do CP: *Transitada em julgado a sentença condenatória, a multa será executada perante o juiz da execução penal e será considerada dívida de valor, **aplicáveis as normas relativas à dívida ativa da Fazenda Pública, inclusive no que concerne às causas interruptivas e suspensivas da prescrição*** (grifo nosso).

Outra questão absolutamente olvidada no julgamento da ADI 3150/DF alude à penhorabilidade dos **vencimentos** do apenado para quitação da pena de multa, expressamente contemplada no § 1º do art. 50 do Código Penal, mas limitada à escala de 1/10 (mínimo) a 1/4 (máximo), por determinação jurisdicional. Na Lei nº 6830/80 inexiste disposição em sentido contrário, porquanto o art. 30 admite que a execução compreenda a **totalidade** *dos bens e das **rendas**, de qualquer origem ou natureza, do sujeito passivo...excetuados unicamente os bens e rendas que **a lei declara absolutamente impenhoráveis*** (grifo nosso).

Quando da vigência do Código de Processo Civil de 1973 (Lei nº 5.869), a eficácia do § 1º do art. 50 do CP, regra de **1984**, colidia, em tese, com o disposto no art. 649, IV, que anunciava como **absolutamente impenhoráveis os salários, subsídios, vencimentos e afins**, na esteira da redação da pela Lei nº 11.382, de 06 de dezembro de **2006**, ressalvado, nos termos do então § 2º, o pagamento de prestação alimentícia. Contudo, a Corte Especial do STJ já havia relativizado essa proibição, admitindo-se a penhora, mesmo não tendo o crédito cobrado natureza alimentar, desde que garantido ao devedor valor suficiente à subsistência digna sua e de seus dependentes[237].

Essa antinomia **cessa** com o atual CPC, fruto da Lei nº 13105, de 16 de março de 2015: malgrado a impenhorabilidade seja a regra, assim preconizada no inciso IV do art. 833, o § 2º admite elidi-la não apenas na hipótese de alimentos, mas também quando os ganhos do executado extrapolarem 50 (cinquenta) salários mínimos mensais, restrito o desconto a 50% (cinquenta por cento) deste montante, *ex vi* do § 3º do art. 529, ao qual o citado § 2º se reporta. Mesmo se os rendimentos ficarem aquém desse patamar a impenhorabilidade pode ser relativizada para a satisfação do crédito, preservado o montante

---

[237] **STJ**, EREsp 1582475/MG, Rel. Ministro Benedito Gonçalves, Corte Especial, julgado em 03/10/2018, REP*DJe* 19/03/2019, *DJe* 16/10/2018 – *"...5. Só se revela necessária, adequada, proporcional e justificada a impenhorabilidade daquela parte do patrimônio do devedor que seja efetivamente necessária à manutenção de sua dignidade e da de seus dependentes. 6. **A regra geral da impenhorabilidade de salários, vencimentos, proventos etc. (art. 649, IV, do CPC/73; art. 833, IV, do CPC/2015), pode ser excepcionada quando for preservado percentual de tais verbas capaz de dar guarida à dignidade do devedor e de sua família**..."* (grifo nosso); EREsp 1518169/DF, Rel. Ministro Humberto Martins, Rel. p/ Acórdão Ministra Nancy Andrighi, Corte Especial, julgado em 03/10/2018, *DJe* 27/02/2019 – *"...4. Em situações excepcionais, **admite-se a relativização da regra de impenhorabilidade das verbas salariais prevista no art. 649, IV, do CPC/73, a fim de alcançar parte da remuneração do devedor para a satisfação do crédito não alimentar, preservando-se o suficiente para garantir a sua subsistência digna e a de sua família**. Precedentes..."* (grifo nosso).

necessário ao devedor para arcar com as despesas imprescindíveis a existência digna sua e de seus dependentes[238].

Dessarte, **se os rendimentos do apenado superam 50 (cinquenta) salários mínimos, é porque possui condição financeira privilegiada, dispondo o juiz da execução penal de poderes para ordenar o pagamento mediante desconto nos vencimentos, subsídios ou na folha salarial**[239]. Caso os ganhos fiquem aquém desse montante, ainda assim pode ser determinado o desconto, desde que em valor que não comprometa a subsistência sua e a dos seus dependentes, *ex vi* do § 2º do art. 50 do CP. Sem embargo, em vez de recair sobre até metade deste valor, conforme autoriza o CPC/15, incide sobre o *mínimo* de **um décimo** até o *máximo* de **um quarto dos ganhos líquidos**, *ex vi* do art. 168, I, da LEP, que, em apreço ao **princípios da tipicidade e da legalidade pena estrita**, prevalece sobre a lei processual civil, afinal, a multa é **sanção penal**. Aliás, pela mesma ordem de ideias, **extingue-se em razão da morte do apenado**, enquanto causa extintiva da pretensão executória estatal (art. 107, I, do Código Penal), afinal, enquanto **reprimenda**, não pode transcender a pessoa do condenado. Descabe cobrá-la do espólio, mostrando-se inaplicável, nesse particular, o art. 30 da LEF.

No tocante à prescrição, outro tema não enfrentado na ADI nº 3150, gize-se que o art. 51 do Código Penal remete, nos termos da redação dada pela Lei nº 9368/96, às *normas da legislação relativa à dívida ativa da Fazenda Pública, inclusive* **no que concerne às causas interruptivas e suspensivas da prescrição**, quadra inalterada pela Lei nº 13.964/19, logo, *a contrario sensu*, **o prazo prescricional da multa em si continua a ser o estipulado nos incisos do art. 114**, até porque a redação também foi dada pela Lei nº 9268/96, computado pela metade nos casos do art. 115 (menor de 21 anos à época do acontecido ou maior de 70, quando da sentença), ambos do CP[240].

Registre-se que, nos termos do art. 114, I, **o interregno prescricional é de 2 anos não apenas quando a multa for a única cominada, mas, também, a única aplicada**, preferindo ao inciso II, segundo o qual a prescrição da multa segue o lapso prescricional

---

[238] **STJ**, AgInt no REsp 1815052/SP, Rel. Ministro Marco Aurélio Bellizze, Terceira Turma, julgado em 16/03/2020, DJe 20/03/2020 – *"...Consoante o STJ, "não há que se falar na flexibilização da impenhorabilidade com base, unicamente, no disposto no art. 833, IV, § 2º, do CPC/2015, porque a própria evolução jurisprudencial não impede que tal mitigação ocorra nas hipóteses em que os vencimentos, subsídios, soldos, etc. sejam inferiores a 50 (cinquenta) salários mínimos. O que a nova regra processual dispõe é que,* ***em regra, haverá a mitigação da impenhorabilidade na hipótese de as importâncias excederem o patamar de 50 (cinquenta) salários mínimos, o que não significa dizer que, na hipótese de não excederem, não poderá ser ponderada a regra da impenhorabilidade****" (EDcl nos EREsp 1.518.169/DF, Rel. Ministra Nancy Andrigui,* **Corte Especial**, *julgado em 21/5/2019, DJe 24/5/2019)..." (grifo nosso).*

[239] Na dicção do inciso II do art. 168 da LEP, *o desconto será feito mediante ordem do juiz da execução a quem de direito, que, na forma do inciso III, será intimado a recolher mensalmente, até o dia fixado pelo juiz, a importância determinada.*

[240] **STJ**, AgRg nos EDcl nos EDv no AgRg nos EDcl nos EAREsp 770.540/DF, Rel. Ministro Joel Ilan Paciornik, Terceira Seção, julgado em 14/06/2017, DJe 27/06/2017 – *"...2.* **Segundo o art. 114, inciso I, do Código Penal, a pena imposta ao agravante – pena de multa –, prescreve em 2 (dois) anos**. *3. Na hipótese, considerando a pena imposta no patamar de 10 dias-multa, com trânsito em julgado para a acusação em 5/6/2015,* **verifica-se a ocorrência da prescrição da pretensão executória, tendo em vista que, após a data do trânsito em julgado para a acusação transcorreu lapso temporal superior a 2 anos**. *Agravo regimental prejudicado. De ofício, reconhecida a prescrição da pretensão executória para declarar a extinção da punibilidade..."* (grifo nosso).

da pena privativa de liberdade quando for **alternativa** ou cumulativamente **cominada** ou **cumulativamente aplicada**. Como o artigo contemplou à pena de multa já **aplicada** dois prazos prescricionais distintos, cumpre diferençar: quando cumulativa à reprimenda privativa de liberdade, vincula-se ao prazo prescricional desta (inciso II), quanto **alternativa**, a prescrição será de **2 (dois) anos**, a teor do inciso I. Exemplo corriqueiro se extrai do art. 7º da Lei nº 8137/90 (crimes contra as relações de consumo): embora a escala penal de 2 a 5 anos de detenção **ou** multa, se imposta apenas a primeira, a prescrição opera-se em 2 anos[241]. Outro exemplo: no crime de ameaça, a escala penal é de 1 a 6 meses de detenção, ou multa, logo, optando-se pela última, a prescrição da pretensão executória dá-se em 2 (dois) anos em vez de 3 (três)[242].

A 1ª Turma do Supremo Tribunal Federal, todavia, possui precedente no sentido de o regramento do art. 114 do CP se circunscrever à prescrição da pretensão **punitiva** estatal da pena de multa, **não se aplicando à pretensão executória**, que, por expressa disposição do art. 51 do CP, passa a ser arguível na esfera fazendária, à luz da legislação[243]. Citando o ilustre doutrinador Damásio Evangelista de Jesus, o relator, Min. Luiz Fux, disse, no voto-condutor, que *"...inexiste prescrição da pretensão executória penal da multa, uma vez que, transitado em julgado a sentença condenatória, o seu valor deve ser inscrito como dívida ativa da Fazenda Pública, deixando a execução de apresentar natureza penal..."* (grifo nosso).

Tal orientação, **isolada**, não merece potencialização. Como deixou claro o Pleno do STF na ADI nº 3150/DF, a multa é sanção **penal** por determinação **constitucional**. Assim, **o prazo prescricional previsto no art. 114 do CP, bem como as causas de contagem pela metade, listadas no art. 115, são inafastáveis, em resguardo da legalidade penal estrita**, mesmo porque o art. 51 do CP previu a incidência das *normas relativas à dívida ativa da Fazenda Pública, inclusive no que concerne às causas interruptivas e suspensivas da prescrição* (grifo nosso), **sem** incluir o prazo prescricional em si, não sendo outra a posição doutrinária[244] e da 3ª Seção do STJ, segundo já apresentado, em manifestação posterior ao julgado em comento[245], segundo já apresentado. Finalmente, a premissa dessa

---

[241] **STJ**, REsp 405.968/PR, Rel. Ministra Laurita Vaz, Quinta Turma, julgado em 18/11/2003, DJ 15/12/2003, p. 354; REsp 431.719/PB, 6ª Turma, Relator Ministro Paulo Medina, DJ de 29/09/2003.

[242] **STJ**, AgRg nos EDcl nos EDv no AgRg nos EDcl nos EAREsp 770.540/DF, Rel. Ministro Joel Ilan Paciornik, Terceira Seção, julgado em 14/06/2017, *DJe* 27/06/2017.

[243] HC 115405 AgR, Relator Min. Luiz Fux, Primeira Turma, julgado em 13/11/2012, *DJe* 17/12/2012 – ... *Não obstante a higidez do fundamento do ato impugnado, e apenas ad argumentandum tantum,* **é consensual que a pena de multa pode ser alcançada pela prescrição da pretensão punitiva, nos termos do art. 114, I e II, do Código Penal, tanto a pena cominada in abstracto quanto a concretamente fixada na sentença ainda não transitada em julgado**, *ao passo que* **a prescrição da pretensão executória da pena de multa, vale dizer, da pena resultante de sentença transitada em julgado, há de ser questionada junto à autoridade fiscal à luz do Código Tributário Nacional, por expressa disposição do art. 51 do Código Penal**. *5. Ainda a título argumentativo, não há falar em competência do Juízo da Execução Penal para decidir a respeito da pena de multa convertida em dívida de valor. Destarte,* **independentemente da origem penal da sanção, a multa restou convolada em obrigação de natureza fiscal e, por essa razão, a competência para passou a ser da autoridade fiscal, por força da Lei n. 9.268/96,** *que deu nova redação ao art. 51 do Código Penal...*

[244] BITENCOURT, Cezar Roberto. Ob. cit., p. 771.

[245] AgRg nos EDcl nos EDv no AgRg nos EDcl nos EAREsp 770.540/DF, Rel. Ministro Joel Ilan Paciornik, Terceira Seção, julgado em 14/06/2017, *DJe* 27/06/2017.

orientação foi a multa enquanto dívida de valor, ensejadora de execução estritamente fiscal, **superada** ante o pronunciamento do Supremo Tribunal Federal na citada ADI, com a adesão do próprio relator do precedente da 1ª Turma ora mencionado, Min. Luiz Fux.

Se a execução penal se opera na VEP (ou VEC), em conformidade com o CP e a LEP, hão de ser aplicadas as normas lá previstas sobre prescrição, incidindo a LEF, e as causas suspensivas e interruptivas da prescrição, **somente naquilo que for aplicável**, como, *v.g.*, art. 40: O *Juiz suspenderá o curso da execução, enquanto não for localizado o devedor ou encontrados bens sobre os quais possa recair a penhora, e, nesses casos,* **não correrá o prazo de prescrição** (grifo nosso). Porém, *decorrido o prazo máximo de 1 (um) ano, sem que seja localizado o devedor ou encontrados bens penhoráveis, o Juiz ordenará o arquivamento dos autos,* nos termos do § 2º, arrematando o § 4º que, *se da decisão que ordenar o arquivamento tiver decorrido o prazo prescricional...*segundo o art. 114 do CP..., *o juiz, depois de ouvida a Fazenda Pública....*na realidade, o *Parquet,... poderá, de ofício, reconhecer a prescrição intercorrente e decretá-la de imediato...*(grifo nosso).

Seguindo essa mesma ordem de ideias, **como a pena de multa possui prazo prescricional próprio, ditado pelo art. 114 do CP, descabe qualquer diálogo com o art. 174 do Código Tributário Nacional** (Lei nº 5.172/66), segundo o qual *a ação para a cobrança do crédito tributário prescreve* **em cinco anos**, *contados* **da data da sua constituição definitiva** (grifo nosso). E mais: como decorre de **título jurisdicional transitado em julgado, autoexecutável**, não carecendo de inscrição na dívida ativa, igualmente prejudicada está a causa suspensiva da prescrição prevista no § 3º do art. 2º da LEF, segundo a qual *a inscrição, que se constitui no ato de controle administrativo da legalidade, será feita pelo órgão competente para apurar a liquidez e certeza do crédito e* **suspenderá a prescrição, para todos os efeitos de direito, por 180 dias, ou até a distribuição da execução fiscal, se esta ocorrer antes de findo aquele prazo**, pois, do contrário, **o credor invocaria, em detrimento do sentenciado, causa suspensiva da prescrição gratuitamente, afinal, a sentença penal condenatória transitada em julgado já reveste o crédito de certeza e de liquidez**. Descabe, à luz da legalidade penal estrita, conferir ao Estado direito potestativo sobre a incidência, ou não, de causa suspensiva da prescrição. O único marco interruptivo da prescrição de fato aplicável ao longo da execução da pena de multa, por incidência da legislação tributária, seria o *despacho do juiz que ordenar a citação em execução fiscal...* (na realidade, **penal**), *ex vi* do inciso I do art. 174 do CTN, com a redação dada pela Lei Complementar nº 118/05, c/c art. 8º, § 2º da LEF.

Por coerência científica, todavia, caso o apenado parcele o pagamento da multa, na esteira da 2ª parte do art. 50 do **Código Penal** e do art. 169 da **LEP**, a quitação da primeira prestação, equivalente ao início de cumprimento da pena, **não** interrompe a prescrição nos termos do **art. 117, V do Código Penal**, porque aplicáveis as causas de suspensão e de interrupção da prescrição contempladas na LEF.

Outra questão que precisa ser rememorada diz respeito ao bem de família. Diz o art. 164, § 2º da LEP que *a nomeação de bens à penhora e a posterior execução seguirão* **o que dispuser a lei processual civil**. O art. 30 da LEF igualmente exclui da execução os bens absolutamente impenhoráveis. Pois a Lei nº 8.009/90, ao dispor sobre a impenhorabilidade do bem de família, diz, no *caput* do art. 3º, ser oponível *em* **qualquer** *processo de execução civil, fiscal, previdenciária, trabalhista ou de* **outra natureza**, salvo se, nos termos do inciso VI, tiver sido adquirido *com produto de crime ou para* **execução de sentença penal con-**

denatória *a ressarcimento, indenização ou perdimento de bens*, sem aludir, portanto, **a pena de multa**. Como as exceções exigem interpretação restritiva, ainda mais em Direito Penal, **impenhorável é o bem de família para fins de execução da pena de multa**.

Finalmente, como a multa destina-se ao Fundo Penitenciário **Nacional**, traduzindo **dívida de valor, a legitimação ativa** *ad causam* **para deflagrar a execução fiscal é da Procuradoria da Fazenda Nacional, e não do Ministério Público**, malgrado a sua natureza de reprimenda penal, inexistindo motivos para descartar a já mencionada Súmula nº 521 do STJ, afinal, de fato, *a legitimidade para a execução fiscal de multa pendente de pagamento imposta em sentença condenatória é **exclusiva** da Procuradoria da Fazenda Pública* (grifo nosso). E a competência para conhecer da execução fiscal é, por conseguinte, da Justiça Federal Comum, *ex vi* do art. 109, I da CRFB/88.

Seguindo essa ordem de ideias, discute-se a subsistência, ou não, da tese fixada pela 3ª Seção do STJ no REsp 1519777/SP, Rel. Ministro ROGERIO SCHIETTI CRUZ, julgado em 26/08/2015, *DJe* 10/09/2015, segundo a qual *nos casos em que haja condenação a pena privativa de liberdade e multa, cumprida a primeira (ou a restritiva de direitos que eventualmente a tenha substituído), o inadimplemento da sanção pecuniária não obsta o reconhecimento da extinção da punibilidade*.

Ante o reconhecimento expresso pelo STF de que a multa não perdeu, em momento algum, a natureza de sanção penal, não podendo ser tratada, exclusivamente, como dívida de valor, **a 6ª Turma do Superior Tribunal de Justiça reviu a orientação outrora fixada, não mais admitindo formalizar a extinção da pretensão executória estatal antes do pagamento da multa**, atendo-se, *a contrario sensu*, ao disposto no art. 202 da LEP[246] – *cumprida ou extinta a pena, não constarão da folha corrida, atestados ou certidões fornecidas por autoridade policial ou por auxiliares da Justiça, qualquer notícia ou referência à condenação, salvo para instruir processo pela prática de nova infração penal ou outros casos expressos em lei* (grifo nosso). A pendência do pagamento de multa volta a impedir, portanto, a obtenção, pelo condenado, de certidões criminais negativas disponibilizadas pelos cartórios distribuidores – por mais que todas as penas aplicadas tenham sido cumpridas, enquanto inadimplida a multa, o título condenatório permanecerá mencionado nas ditas certidões.

Inexistem razões, contudo, para revisitar a referida tese. Se as reprimendas mais graves, porque privativas ou limitadoras da liberdade, já foram cumpridas, **o juiz da execução penal deve declarar extinta a punibilidade, oficiando aos cartórios distribuidores para os fins do art. 202 da LEP**. Nada obstante o cumprimento da pena principal, privativa ou limitadora da liberdade, a multa, de cunho acessório, impediria o restauro do *status dignitatis* do apenado, cuja condenação persistiria noticiada nas certidões dos cartórios distribuidores criminais, dificultando sobremaneira a sua (re)inserção social, a começar pela busca de emprego. É desproporcional, sob o ângulo da necessidade, que o acessório se sobreponha ao principal, bem como que uma reprimenda estritamente patrimonial, no

---

[246] AgRg no REsp 1855046/SP, Rel. Ministro Nefi Cordeiro, Sexta Turma, julgado em 10/03/2020, *DJe* 16/03/2020 – *"...Como consequência, por ser uma sanção criminal, a legitimação prioritária para a execução da multa penal é do Ministério Público perante a Vara de Execuções Penais" (CC 165.809/PR, Ministro Antônio Saldanha Palheiro, Terceira Seção, DJe 23/8/2019), razão pela qual, **diante de seu caráter penal, não há falar em extinção da punibilidade da pena de multa nos casos de não pagamento...*" (grifo nosso).

conteúdo e nos seus desdobramentos imediatos, por desaguar, quando muito, em execução fiscal, atinja o condenado naquilo que mais imaterial, indisponível e personalíssimo: a sua liberdade. Vários julgados do próprio STJ enfatizam justamente esse aspecto ao admitirem a extinção da punibilidade, mesmo quando ainda não paga a multa[247].

Outrossim, se a multa restou inadimplida, nada obstante os mecanismos de execução forçada à disposição do Juízo da Execução Penal já listados, é porque reconhecidamente insolvente é o sentenciado. Considerando que, entre 80 a 90% dos réus criminais em todo o País são patrocinados pela Defensoria Pública e parcela significativa é condenada por crimes com pena de **multa** cominada cumulativamente (*v.g.* furto e roubo), simplesmente **a maioria, mesmo depois de satisfeita a reprimenda aflitiva, persistiria sob o estigma de "condenados criminais", pois tais éditos condenatórios continuariam acessíveis ao público**. E mais: **os dados genéticos do sentenciado, se colhidos, continuariam acessíveis, afinal, a rigor, a pena não teria sido cumprida na íntegra** – a exclusão apenas se contempla após decorridos 20 (vinte) anos do cumprimento da reprimenda (art. 7º-A, II da Lei nº 12.037/09, com a redação dada pela Lei nº 13.964/19) – **deixando devassada, indefinidamente, a sua intimidade genética**. Em meio à imensidão de condenados criminais, seriam penalizados, justamente, os mais vulneráveis, em razão da própria pobreza, quadra **inaceitável** em um Estado Democrático de Direito que tem na dignidade humana um dos seus fundamentos (art. 1º, III, da CRFB/88), com compromissos de repúdio a qualquer discriminação socioeconômica assumidos internacionalmente – art. 1º, 1 da CADH.

Rodrigo Duque Estrada Roig, nessa toada, pontua, com precisão, que *"...os recentes Decretos de Indulto passaram a permitir a extinção da multa aplicada cumulativamente com pena privativa de liberdade que já tenha sido cumprida, além de prever que a inadimplência da pena de multa, cumulada com pena privativa de liberdade, não impede a concessão do indulto ou da comutação"*[248].

Registre-se que essa problemática não foi minimamente tangenciada pelo Pleno do STF, logo, **inexiste empeço para que o STJ continue a aplicar o entendimento por ele próprio construído**. Examinado o inteiro teor do julgado exarado na ADI, todas as referências feitas pela Corte Constitucional à relevância da pena de multa e à importância de ser satisfeita direcionaram-se à criminalidade econômica e à atentatória à Administração Pública – do naipe de delitos apurados em operações midiáticas, como Mensalão, Lava-Jato e afins –, comum a uma "casta privilegiada" de réus criminais, para a qual as questões ora ventiladas são estranhas, mesmo porque não refletem, minimamente, o real perfil dos sentenciados criminais do País, compostos por pobres, pretos e prostitutas. O Min. Luís Roberto Barroso deixou isso muito claro em seu voto: *"...Em matéria de **criminalidade econômica**, a pena de multa há de desempenhar papel **proeminente**. Mais até*

---

[247] **STJ**, AgRg no REsp 1561313/SP, Rel. Ministro Reynaldo Soares da Fonseca, Quinta Turma, julgado em 27/04/2017, DJe 05/05/2017 – *"Agravo regimental no recurso especial. Pendência de pagamento da pena de multa. Artigo 51 do Código Penal. Fazenda Pública. Extinção de punibilidade. Possibilidade. matéria pacificada. EREsp n. 845.902/RS e REsp 1519777/SP admitidos como representativos de controvérsia... I –* **Não é razoável que o réu, cumprida a pena carcerária, fique impossibilitado de obter sua reabilitação, após o prazo legal, enquanto não comprovar o pagamento da multa, na esfera cível. Inviável manter o Processo de Execução perante a Vara das Execuções Penais indefinidamente aguardando referida cobrança judicial...***"* (grifo nosso).

[248] Ob. cit., p. 463-464.

do que a pena de prisão – que, nas condições atuais, é relativamente breve e não é capaz de promover a ressocialização –, cabe à multa o papel retributivo e preventivo geral da pena, desestimulando, no próprio infrator ou em infratores potenciais, a conduta estigmatizada pela legislação penal. Por essa razão, sustentei no julgamento da **Ação Penal 470** *que a multa deveria ser fixada com seriedade, em parâmetros razoáveis, e que seu pagamento fosse efetivamente exigido..."* (grifo nosso), alusivo ao Mensalão.

Antecipando-se a qualquer dúvida que porventura surja, inexistem, juridicamente, outras soluções possíveis. A insolvência do apenado não autoriza isentá-lo do pagamento de multa, por absoluta ausência de previsão legal, não sendo viável invocar a gratuidade de justiça, fosse à luz das hipóteses então listadas no art. 3º da Lei nº 1060/50, seja em face do § 1º do art. 98 do CPC/15 (que ab-rogou expressamente o primeiro, *ex vi* do art. 1072, III) – o § 4º do citado art. 98 prevê, inclusive, que o beneficiário da gratuidade de Justiça deverá pagar as multas *processuais* eventualmente impostas (**o que dizer, então, da multa enquanto sanção penal...**). Nesse sentido, Superior Tribunal de Justiça, sem divergências.[249] A solução, segundo comentado *retro*, é o parcelamento. Se tampouco se mostrar viável financeiramente, convém reconhecer que a execução da multa, de todo modo, está fadada ao fracasso, pois **a ausência de bens implicará suspensão da execução e do prazo prescricional por 01 (um) ano, seguido do arquivamento até advir a prescrição**, *ex vi* do art. 40, *caput* e §§ 1º, 2º, 4º e 5º, da Lei nº 6830/80 – Lei de Execução Fiscal (LEF) – exceto se vierem a ser descobertos bens do apenado antes de ultimado o lapso prescricional, *ex vi* do § 3º[250]. Como bem se vê, **o ganho que o Estado deixaria de auferir com a multa – incerto e pequeno**, porque a quantificação leva em conta a situação econômica do apenado (art. 60, cabeça, do CP), logo, em sendo pobre, como é a esmagadora maioria dos réus, o valor fixado não será expressivo – **é mui inferior aos gravames suportados pelo apenado, seja pela não incidência do art. 202 da LEP, seja pela manutenção do seu perfil genético**. Ponderados os interesses, a resposta é unívoca: cumpridas as demais reprimendas, faltante a multa, o juiz das execuções formaliza a extinção da pretensão executória.

---

[249] REsp 683.122/RS, Rel. Ministro Og Fernandes, Sexta Turma, julgado em 24/11/2009, DJe 03/05/2010 – ... *não há previsão legal que permita ao julgador isentar o réu da pena de multa*, imposta cumulativamente à pena privativa de liberdade, **em razão da alegada pobreza do mesmo**...(grifo nosso); HC 297.447/RS, Rel. Ministro Jorge Mussi, Quinta Turma, julgado em 06/11/2014, DJe 13/11/2014 – ... *não seria viável a isenção da pena de multa imposta ao acusado sob o argumento de que não teria condições econômico-financeiras de efetuar o seu pagamento*, uma vez que esta Corte firmou o entendimento de que **tal pleito carece de autorização legal**, motivo pelo qual não pode ser acolhido pelo julgador...(grifo nosso).

[250] Art. 40 – O Juiz **suspenderá** o curso da execução, **enquanto não for localizado o devedor ou encontrados bens sobre os quais possa recair a penhora**, e, nesses casos, não correrá o prazo de prescrição. § 1º Suspenso o curso da execução, será aberta vista dos autos ao representante judicial da Fazenda Pública. § 2º **Decorrido o prazo máximo de 1 (um) ano, sem que seja localizado o devedor ou encontrados bens penhoráveis, o Juiz ordenará o arquivamento dos autos**. § 3º – Encontrados que sejam, a qualquer tempo, o devedor ou os bens, serão desarquivados os autos para prosseguimento da execução. § 4º **Se da decisão que ordenar o arquivamento tiver decorrido o prazo prescricional, o juiz, depois de ouvida a Fazenda Pública, poderá, de ofício, reconhecer a prescrição** intercorrente e decretá-la de imediato.(Incluído pela Lei nº 11.051, de 2004) § 5º **A manifestação prévia da Fazenda Pública** prevista no § 4º deste artigo **será dispensada no caso de cobranças judiciais cujo valor seja inferior ao mínimo fixado por ato do Ministro de Estado da Fazenda**.(Incluído pela Lei nº 11.960, de 2009) – grifo nosso.

Anote-se que os benefícios penais e processuais penais são passíveis de concessão, dispensada a contrapartida financeira, quando demonstrada a hipossuficiência do imputado. Exemplos: reparação do dano para fins de livramento condicional (art. 83, IV, do CP), suspensão condicional do processo (art. 89, § 1º, I, da Lei nº 9.099/95), inclusive no universo dos crimes ambientais, tal qual a transação penal (arts. 27 e 28, I, da Lei nº 9.605/98) etc. *Mutatis mutandis*, não há de ser diferente no tocante à execução da pena de multa, quando justificado o inadimplemento por razões econômicas, para fins de incidência do art. 202 da LEP.

Felizmente, a 3ª Seção do STJ, revendo a sua orientação, fixou, em sede de recurso repetitivo, a seguinte tese, na esteira das considerações aqui tecidas desde a 1ª edição: *Na hipótese de condenação concomitante a pena privativa de liberdade e multa,* **o inadimplemento da sanção pecuniária, pelo condenado que comprovar impossibilidade de fazê-lo, não obsta o reconhecimento da extinção da punibilidade** (grifo nosso) – REsp 1785383/SP, Rel. Ministro Rogerio Schietti Cruz, Terceira Seção, julgado em 24/11/2021, *DJe* 30/11/2021.

15

IMPACTOS DA LEI Nº 13.964/19 NA PARTE ESPECIAL DO CÓDIGO PENAL E NA LEGÍTIMA DEFESA

15.1. DO CRIME DE ROUBO E DO HOMICÍDIO

Bruno Gilaberte, ao se debruçar sobre a *ratio* da causa de aumento de pena atinente ao *emprego de arma*, considerada a redação originária do então inciso I do § 2º do art. 157 do Código Penal, esclarece que, na doutrina, o tema sempre desafiou duas acepções: subjetiva, relacionada à maior intimidação da vítima (*v.g.* Nelson Hungria, Magalhães Noronha) ou objetiva (*v.g.* Heleno Claudio Fragoso, Cezar Roberto Bitencourt, Guilherme de Souza Nucci), concernente à potencialidade lesiva, pois o agente, utilizando-a, transcende o âmbito estritamente patrimonial, incrementando risco real e imediato à incolumidade física e à própria vida do ofendido, posição a qual se filia[1]. Weber Martins Batista, por sua vez, entende que ambas explicam a majorante, mas, ao adicionar, nas palavras do próprio, "*...a maior temibilidade do agente que, ao lançar mão do instrumento vulnerante, demonstra estar disposto a praticar violência para obter o bem...*"[2], acaba, involuntariamente, realçando o aspecto objetivo.

Com efeito, ao utilizar uma arma para o cometimento do roubo, **o sujeito ativo, livre e conscientemente, incrementa o risco, objetivamente considerado, de causar na vítima lesões graves ou mesmo a morte**, colocando-se na antessala de um potencial latrocínio, daí a majoração. A maior intimidação imposta à vítima não convence, mesmo porque a **grave ameaça** já é elementar típica do roubo **simples** – art. 157, cabeça, do CP –, logo, haveria *bis in idem*.

---

[1] *Direito Penal III – Dos crimes contra a vida aos crimes contra o respeito aos mortos*. Rio de Janeiro: Editora Rio; IOB Thomson, 2006, p. 466-467.

[2] *O furto e o roubo no Direito e no Processo Penal, doutrina e jurisprudência*. Rio de Janeiro: Forense, 1997, p. 245.

Embora a concepção subjetivista tenha prevalecido inicialmente no STJ, a ponto de haver sido editada a Súmula nº 174, entendendo-se circunstanciado o roubo quando perpetrado por meio de arma de brinquedo, a 3ª Seção, rendendo-se à corrente objetiva, cancelou o citado enunciado, reconhecendo que a razão de ser (*ratio essendi*) da majorante é o risco iminente à **pessoa** do ofendido, criado, livre e conscientemente, pelo agente de vir a produzir lesões corporais graves ou, mesmo, a morte. Igualmente foram invocados os postulados da legalidade penal estrita e da tipicidade (art. 5º, XXXIX, da CRFB/88 e art. 1º do Código Penal), afinal, arma de brinquedo é, com o perdão da redundância, **brinquedo**, e não arma. Extraem-se do voto condutor, da lavra do então Min. José Arnaldo da Fonseca, os seguintes trechos, autoexplicativos, que bem elucidam a orientação hodierna do STJ: "*...sustenta-se que o aumento especial de pena em razão do uso de arma de brinquedo (consagrado na Súmula 174) viola o princípio da legalidade (art. 5º, inciso XXXIX, da Constituição Federal e art. 1º, do Código Penal). É que a lei (art. 157, § 2º, inciso I, do CP) fala em arma e não em simulacro de arma, ou coisa parecida. Logo, se se tratar de um artefato que imita uma arma, a qualificadora não pode ser reconhecida... Por outro lado, o entendimento consubstanciado no enunciado nº 174-STJ também ofende o princípio do ne bis in idem, pois a intimidação da vítima mediante o emprego da arma de brinquedo já configura a "grave ameaça" que é elemento típico do roubo simples (art. 157, caput, ou § 1º, do CP)...*". Considerando ser objetiva a *ratio* da majorante, o relator ainda trouxe à baila o princípio da proporcionalidade, salientando, nas lições do saudoso prof. Luiz Flávio Gomes, que "*...'Considerando que a arma de brinquedo* **'não denota maior risco à vítima ou periculosidade maior na conduta do agente'** *nada acrescenta de peculiar relevância ao conteúdo do injusto, de tal modo a justificar qualquer agravamento especial da pena. Sendo assim, e comparando-se a arma de brinquedo com a verdadeira, o agravamento da pena em relação àquela resulta flagrantemente desproporcional'...*" (grifo nosso)[3].

Assim agindo, o Superior Tribunal de Justiça alinhou-se à jurisprudência do Supremo Tribunal Federal que, há muito, glosava tal entendimento, adotando a corrente objetiva em torno da *ratio* da causa de aumento de pena[4].

Imprescindível, então, que a arma tenha potencialidade lesiva à pessoa do ofendido. Ausente a eficácia vulnerante, descabe a majoração. Partindo desta premissa, discutiu-se se a alusão à arma compreenderia, além da própria, especificamente desenhada para atos de ataque e de defesa, também a imprópria. O debate, evidentemente, mostrou-se estranho às armas de fogo, naturalmente projetadas como instrumentos de ofensa ou

---

[3] REsp 213.054/SP, Rel. Ministro José Arnaldo da Fonseca, Terceira Seção, julgado em 24/10/2002, DJ 11/11/2002, p. 148.

[4] HC 69515, Relator Min. Sepúlveda Pertence, Primeira Turma, julgado em 01/12/1992, DJ 12/03/1993– "*...A corrente jurisprudencial que entende configurado o "emprego de arma" – causa especial do aumento da pena do roubo –, na utilização da arma de brinquedo,* **a melhor doutrina tem oposto crítica demolidora; ainda, porém, que se aceite a discutível orientação***, nem ela permite divisar a referida causa de exacerbação da pena, que e puramente objetiva, na circunstancia de o agente simular estar armado, mediante gesto que aparente portar o revolver sob a camisa...*" (grifo nosso); HC 70534, Relator Min. Marco Aurélio, Segunda Turma, julgado em 14/09/1993, DJ 01/10/1993– "*...Constatado, mediante exame pericial da arma utilizada no roubo,* **a impossibilidade de produzir disparos, descabe a observância da causa de aumento do inciso I do par. 2. do artigo 157 do Código Penal. O quadro é semelhante àquele revelado pelo emprego de arma de brinquedo...*" (grifo nosso).

de defesa pessoal. Mas impactou no espectro das armas brancas: englobariam apenas as próprias (*v.g.* punhais, adagas, espadas etc.) ou, também, as impróprias?

Em apreço aos postulados da tipicidade e da legalidade penal estrita, é corriqueira a argumentação favorável à interpretação **restritiva** da causa de aumento de pena, de maneira que a referência à *arma* alcançaria, exclusivamente, a *propriamente dita*, descartando-se as impróprias, porque **não idealizados como instrumento de ataque ou de defesa**. Do contrário, proceder-se-ia à interpretação extensiva *in malam partem*. Contudo, **tais ponderações não foram agasalhadas pela doutrina dominante[5], nem tampouco pelos Tribunais, por 2 (duas) razões: a referência à *arma* compreende tanto a própria quanto à imprópria, sendo descabido diferençar onde o legislador não o fez, sob pena de legislar. Ademais, se a *ratio* da majorante é o risco de gerar lesões corporais graves ou gravíssimas na vítima, ou mesmo a morte, o crucial é a lesividade do instrumento utilizado, pouco importando ser arma imprópria ou própria**. Enxadas, serras elétricas, facões são utensílios destinados a afazeres rurais ou domésticos, mas de inegável potencial ofensivo. Tacos de beisebol foram projetados para práticas esportivas, porém, se utilizados contra alguém, podem causar fraturas e hematomas consideráveis, levando-o à morte. Por conseguinte, o sujeito ativo que decide roubar empregando tais artefatos, e tantos outros (*v.g.* caco de vidro, pedaços de pau, barras de ferro, machados, lâminas), incluindo **animais**, responderá por tal delito na modalidade circunstanciada[6]. **Cumpre diferençar o potencial ofensivo de cada meio empregado para o roubo, mas não para afastar a causa de aumento de pena, e sim quando da**

---

[5] GILABERTE, Bruno. Ob. cit., p. 466; BITENCOURT, Cezar Roberto. *Tratado de Direito Penal*, vol. 3, ob. cit., p. 115; BATISTA, Weber Martins. *O furto e o roubo no Direito e no Processo Penal*, ob. cit., p. 245/247.

[6] **STF**, RHC 120297, Relator Min. Dias Toffoli, Primeira Turma, julgado em 22/04/2014, DJe-106 03/06/2014 – "*...A utilização de facas (armas branca ou impróprias) tem **inegável potencial lesivo**, visto que essa qualidade integra a própria natureza do artefato, reduzindo a possibilidade de resistência da vítima...*" (grifo nosso); HC 110746, Relator Min. Cármen Lúcia, Segunda Turma, julgado em 13/11/2012, DJe-242 11/12/2012; STJ, AgRg no REsp 1588171/MG, Rel. Ministro Rogerio Schietti Cruz, Sexta Turma, julgado em 04/05/2017, DJe 11/05/2017 – "*...As instâncias de origem salientaram que **são considerados armas impróprias quaisquer artefatos capazes de causar dano à integridade física do ser humano vitimado, como um pedaço de madeira ou uma garrafa de vidro, ou a arma em comento***, a qual, conforme bem destacado no acórdão impugnado, é apta a produzir lesão à integridade física da vítima – o que ocorreu...*" (grifo nosso); HC 367.477/RS, Rel. Ministro Felix Fischer, Quinta Turma, julgado em 17/11/2016, DJe 07/12/2016 – "*...Conquanto a faca não seja considerada arma própria, destinando-se ao uso doméstico, ela se enquadra no conceito de arma, especificamente no de arma branca (art. 3º, inciso XI, do Decreto n. 3.665/2000), uma vez que pode ser utilizada como instrumento de ataque ou defesa, com finalidade diversa para a qual foi produzida. Sendo assim, resta inequívoco que o uso de faca no crime de roubo autoriza a incidência da majorante relativa ao emprego de arma prevista no art. 157, § 2º, I, do Código Penal, pois gera maior potencialidade lesiva à vítima, diminuindo consideravelmente a sua capacidade de resistência em razão do maior risco a que fica exposta. III – Ademais, em respeito aos ditames de individualização da pena e aos critérios de proporcionalidade e razoabilidade, não deve ser tratado de modo idêntico agente que se utiliza de arma branca ou imprópria para a prática do delito de roubo e aquele que faz uso, por exemplo, de revólver, pistola ou fuzil com a mesma finalidade.* **Se a locução 'emprego de arma' – causa especial de majoração da pena no crime de roubo –, abrange tanto as armas impróprias (faca, chave de fenda, pedaço de pau, de vidro, emprego de animais, por exemplo), cujo porte não é proibido, quanto as armas de fogo** *– conduta que constitui crime autônomo e grave –, nada mais razoável e lógico que a censura penal incidente sobre roubos com armas impróprias e próprias tenha tratamento distinto, se não na quantidade de pena, pelo menos na qualidade da resposta penal...*" (grifo nosso).

estipulação do regime prisional inaugural, conforme já advertiu, inúmeras vezes, o Superior Tribunal de Justiça[7], desde, evidentemente, que não haja outros vetores a recrudescer a censurabilidade da conduta e a fixação de regime prisional mais gravoso.

Despido o objeto de eficácia vulnerante **inconteste**, elide-se a causa de aumento de pena – *v.g.* uma esferográfica, em tese, pode ser utilizada para perfurar o glóbulo ocular da vítima, levando-a, até, ao óbito, mas é um cenário improvável, a exigir do agente habilidades letais muito acima da média, logo, não há como tipificá-la como arma[8]. Pensa-se o Direito à luz do corriqueiro, e não do extraordinário.

A Lei nº 13.654, de 23 de abril de 2018, ao reformular o art. 157 do Código Penal, readequou a causa de aumento pertinente ao uso de arma de fogo, colocando-a no inciso I do recém-criado § 2º-A, atrelada à fração de aumento única (dois terços), revogando o então inciso I do § 2º. Por conseguinte, **suprimiu a majorante alusiva à utilização de arma branca, própria ou imprópria**, promovendo *novatio legis in mellius*, retroativa (art. 5º, XL, da CRFB/88), a alcançar, evidentemente, as execuções penais em andamento (art. 66, I, da LEP, em conformidade com o art. 2º, parágrafo único, do CP)[9].

A reforma legislativa não foi bem recebida pelas agências de repressão estatal, a ponto de o Órgão Especial do TJDF tê-la declarado inconstitucional, por ofensa ao art. 91 do Regimento Interno do Senado Federal. Por óbvio, o acórdão foi cassado pelo Pleno do STF, que fixou a seguinte tese, autoexplicativa: *Em respeito ao princípio da separação dos poderes, previsto no art. 2º da Constituição Federal, quando não caracterizado o desrespeito às normas constitucionais pertinentes ao processo legislativo, é* **defeso** *ao Poder Judiciário exercer o controle jurisdicional em relação à interpretação do sentido e do alcance de* **normas**

---

[7] HC 158.507/SP, Rel. Ministro Marco Aurélio Bellizze, Quinta Turma, julgado em 20/10/2011, DJe 01/02/2012 – "...*em respeito aos ditames de individualização da pena e aos critérios de proporcionalidade e razoabilidade,* **não deve ser tratado de modo idêntico agente que se utiliza de arma branca ou imprópria para a prática do delito de roubo e aquele que faz uso, por exemplo, de revólver, pistola ou fuzil com a mesma finalidade, sendo certo que a diferença entre as condutas deverá ser feita, justamente, no estabelecimento do regime prisional**..." (grifo nosso); HC 367.477/RS, Rel. Ministro Felix Fischer, Quinta Turma, julgado em 17/11/2016, DJe 07/12/2016 – "...*se durante a fixação da pena a fração de exasperação é a mesma para o roubo praticado com arma branca e para o cometido com emprego de arma de fogo – aspecto quantitativo –,* **justamente no estabelecimento do regime prisional é que a diferenciação entre ambas as condutas deverá ser feita – aspecto qualitativo** (HC n. 297.425/SP, Quinta Turma, Relator Ministro Marco Aurélio Bellizze, DJe de 27/8/2014)..." (grifo nosso).

[8] STJ, HC 260.986/SP, Rel. Ministra Maria Thereza de Assis Moura, Sexta Turma, julgado em 19/03/2013, DJe 26/03/2013 – "...*A utilização de arma inidônea, como forma de intimidar a vítima do delito de roubo, caracteriza a elementar grave ameaça, porém, não permite o reconhecimento da majorante de pena, o qual está vinculado ao potencial lesivo do instrumento, pericialmente comprovado como ausente no caso, dada a sua ineficácia como instrumento cortante.* **Constatado pela perícia que a arma não estava guarnecida de lâmina, verifica-se, no caso, a ausência da potencialidade lesividade do instrumento**..." (grifo nosso).

[9] STF, ARE 1234080 AgR, Relator Min. Alexandre de Moraes, Primeira Turma, julgado em 11/05/2020, DJe-125 21/05/2020 – "...4. **Esta SUPREMA CORTE vem chancelando a aplicação pelas instâncias jurisdicionais ordinárias do preceito federal ora em exame aos casos em que indicada a incidência da novatio legis in mellius, para os fins de exclusão da causa de aumento de pena constante do art. 157, § 2º, I, do Código Penal, revogado pela Lei 13.654/2018**. Precedentes..." (grifo nosso).

meramente regimentais das Casas Legislativas, por se tratar de matéria interna corporis – RE 1297884, Rel. Min. Dias Toffoli, Tribunal Pleno, julgado em 14/06/2021, *DJ* 04/08/2021.

O Superior Tribunal de Justiça tem entendido, com razão, que, embora o emprego de arma branca não circunstancie o roubo, pode ser sopesado como circunstância judicial negativa, **presentes as peculiaridades do caso concreto** – art. 59 do Código Penal. A majoração na primeira fase não é **compulsória**, devendo o juiz indicar os motivos para tanto, relacionados à espécie do artefato e à forma de utilização – *v.g.*, descabe equiparar uma lâmina a um facão; a exibição acintosa de uma faca à efetiva utilização, encostando-a na jugular do ofendido[10]. Sem tal contextualização, o emprego de arma branca continuaria a atuar, **disfarçadamente**, como causa de aumento de pena.

Nada obstante o trânsito em julgado operado para a acusação, ou, mesmo, para as partes, encontrando-se o título condenatório em execução, o Superior Tribunal de Justiça não tem enxergado como *reformatio in pejus ex officio* (art. 617 do CPP) ou revisão criminal *pro societate* (art. 626, parágrafo único, do CPP) a postura do Tribunal ou do Juízo das Execuções que, em vez de decotar o acréscimo decorrente da majorante referente ao emprego de arma branca, própria ou imprópria, opta por redimensionar a reprimenda, sopesando-a como circunstância judicial negativa, **desde que não agrave a condenação, presentes não só a quantidade da resposta penal, mas a qualidade (regime prisional inicial, por exemplo)**[11]. Conquanto inexista

---

[10] AgRg no REsp 1809566/SC, Rel. Ministro Nefi Cordeiro, Sexta Turma, julgado em 04/02/2020, DJe 10/02/2020 – *"...1. Nos termos da jurisprudência desta Corte, o emprego de arma branca, embora não configure mais causa de aumento do crime de roubo, poderá ser utilizado para majoração da pena-base, quando as circunstâncias do caso concreto assim justificarem (HC 436314/SC, Rel. Ministro Felix Fischer, Quinta Turma, julgado em 16/08/2018, DJe 21/08/2018). 2. A exasperação da pena-base com base no emprego de faca, conquanto possível,* **não constitui imperativo legal, uma vez não verificada maior reprovabilidade na conduta delitiva***..."* (grifo nosso); AgRg no REsp 1800099/DF, Rel. Ministro Rogerio Schietti Cruz, Sexta Turma, julgado em 26/11/2019, DJe 02/12/2019 – *"...Com o advento da Lei n. 13.654/2018, o emprego de arma branca não faz mais incidir nenhuma das majorantes do roubo, mas,* **a depender das circunstâncias concretas do delito***, pode ser utilizado para exasperar a pena na primeira fase da dosimetria, por se tratar de um plus em relação à simples ameaça..."* (grifo nosso); AgRg no AREsp 1562966/BA, Rel. Ministro Joel Ilan Paciornik, Quinta Turma, julgado em 19/11/2019, DJe 26/11/2019 – *"...Embora o emprego de arma branca no delito de roubo não configure causa de aumento de pena, tal circunstância poderá ser valorada para aumento da pena-base, no entanto,* **em razão da discricionariedade do Tribunal de origem ao aplicar a novatio legis in mellius, não cabe a esta Corte Superior a transposição valorativa para a primeira fase da dosimetria da pena***..."* (grifo nosso); AgRg no REsp 1832805/PR, Rel. Ministro Sebastião Reis Júnior, Sexta Turma, julgado em 10/03/2020, DJe 16/03/2020 – *"...Não se desconhece o entendimento jurisprudencial no sentido de que o emprego de arma branca, embora não configure mais causa de aumento do crime de roubo, poderá ser utilizado para majoração da pena-base, quando as circunstâncias do caso concreto assim justificarem (HC n. 436.314/SC, Ministro Felix Fischer, Quinta Turma, julgado em 16/8/2018, DJe 21/8/2018). Todavia,* **tal possibilidade se insere no âmbito da discricionariedade do órgão ad quem responsável pelo julgamento da apelação na qual se aplica a novatio legis in mellius, não cabendo a esta Corte Superior, na via do recurso especial – o qual não possui efeito amplo devolutivo –, compelir a que se proceda a essa transposição valorativa do emprego de arma branca no roubo para a primeira fase da dosimetria da pena***..."* (grifo nosso).

[11] HC 544.130/DF, Rel. Ministro Joel Ilan Paciornik, Quinta Turma, julgado em 06/02/2020, DJe 14/02/2020 – *"...Com a revogação do inciso I do § 2º do art. 157 do Código Penal – CP pela Lei n. 13.654/18,* **o Juízo da Execução Penal pode considerar o emprego de arma branca na primeira fase da dosimetria da**

pronunciado do Colegiado, o Supremo Tribunal Federal coleciona vários pronunciamentos monocráticos em sentido idêntico[12].

Tamanho consenso revela, prontamente, o inconformismo político com a reforma promovida pela Lei nº 13.654/18, passando a clara mensagem que o roubo com utilização de arma branca, seja própria ou imprópria, haveria de ser, sim, majorado, por ser circunstância de significativo relevo penal. Sem embargo, essa orientação fixada nos Tribunais Superiores mostra-se **inconstitucional** e **ilegal** pelos seguintes motivos:

a) Presente *lex mitior*, a retroação existe para **beneficiar** o réu, trazer-lhe um **ganho penal**. Assim se coloca, expressamente, o art. 5º, XL, da CRFB/88. No plano convencional internacional, atinente aos direitos humanos, verifica-se o mesmo no art. 15, 1, parte final, do PIDCP e no art. 9º da CADH. E, na órbita infraconstitucional, igual disposição é encontrada no art. 2º, parágrafo único, do Código Penal e no art. 66, I, da LEP, ambos referindo-se a **favorecer**. Ora, permitir aos Tribunais ou ao juiz da execução simplesmente **transferir** de topografia o emprego de arma branca, da terceira para a primeira fase da aplicação da pena (art. 68 do CP), **mantendo-se o acréscimo penal nela representado**, a título de circunstância judicial negativa, **quando já prolatada a sentença**, importa descumprir os comandos constitucional, convencionais e legais acima listados. O decote da causa de aumento de pena atinente ao emprego de arma branca, **sem a redução da reprimenda**, não traz benesse alguma ao imputado, porque **o regime prisional vincula-se à quantidade, e não à qualidade, da pena**. Tampouco é diferencial objetivo para a progressão de regime ou livramento condicional. E, aos olhos da sociedade, leiga em Direito, o estigma de "roubador" já está selado. O real benefício reside na diminuição da pena, **excluindo o acréscimo atinente à majoração**, reforçado pelas razões apresentadas nas letras "b" e "c" subsequentes. Subsidiariamente, mesmo se aceita a revisão da reprimenda, cumpre reduzi-la, readequando o emprego de arma branca ao seu novo *status*, de circunstância judicial negativa, claríssimo *minus* em relação à majorante.

b) Não causa espécie a emissão de juízos concernentes ao mérito do édito condenatório, transitado em julgado, pelo Juízo das Execuções. Assim o faz quando, por exemplo, soma ou unifica as penas provenientes de diferentes sentenças, assentando o cúmulo material, formal perfeito ou imperfeito, ou a continuação delitiva. Tais questões são, em regra, inerentes ao processo de conhecimento. Mas, se as demandas ensejaram processos diferentes, cumpre ao juiz da execução fazer tal valoração (art. 66, III, a da LEP), a teor do art. 82 do CPP, *in fine*. Trata-se de competência **originária sua**, por haver o tema surgido apenas no processo de execução. E sem potencial daninho ao sentenciado, ao contrário:

---

pena e deslocar o concurso de pessoas para a terceira, desde que não seja agravada a situação do sentenciado..." (grifo nosso); AgRg no REsp 1821125/MG, Rel. Ministra LAURITA VAZ, SEXTA TURMA, julgado em 12/11/2019, DJe 03/12/2019 – "...*3. Segundo a jurisprudência desta Corte "[...] é possível nova ponderação das circunstâncias que conduza à revaloração sem que se incorra em reformatio in pejus, desde que a situação final do réu não seja agravada, conforme ocorreu na hipótese, em que a pena final se restou inalterada [...]"* (HC 489.528/MG, Rel. Ministro Felix Fischer, Quinta Turma, julgado em 26/02/2019, DJe 01/03/2019)..." (grifo nosso).

[12] RHC 181413, Relator Min. Gilmar Mendes, julgado em 25/05/2020, DJe-131 28/05/2020; ARE 1232778, Relator Min. Ricardo Lewandowski, julgado em 16/04/2020, DJe-093 20/04/2020; RHC 182955, Relator Min. Alexandre de Moraes, julgado em 26/03/2020, DJe-076 30/03/2020; RHC 182747, Relator Min. Luiz Fux, julgado em 24/03/2020, DJe-072 26/03/2020; RHC 182572, Relator Min. Roberto Barroso, julgado em 20/03/2020, DJe-072 26/03/2020.

ou somam-se as sanções ou aplica-se apenas uma, exasperada em virtude do número de injustos, se reconhecido o cúmulo formal perfeito ou a continuidade delitiva. No caso de *novatio legis in mellius*, a quadra é **diversa**. Compete-lhe aplicá-la, **presentes os termos da prestação jurisdicional transitada em julgado**, ou seja, **decotar** os acréscimos penais não mais em vigor e, a partir daí, realizar os ajustes necessários ao novo *quantum*, **observada a inteligência do julgado em execução**. Ilustrando: roubo circunstanciado pelo então emprego de arma branca, reprimenda básica no piso, 4 (quatro) anos, exasperada de um terço em razão da dita majorante, com fixação do regime inicial semiaberto, por ser o mais benéfico, ante a reprimenda final fixada. Cumpre ao juiz da execução expurgar a exasperação de um terço, restando 4 (quatro) anos de reclusão. Como a sentença privilegiou o regime mais brando previsto em lei, considerada a quantidade de pena até então obtida, o regime deve ser readequado ao aberto, em estrita fidelidade à *mens* do julgado em execução. O juiz da Vara de Execuções Penais **não possui competência revisional**. Ao **revisitar** o critério trifásico do art. 68 do Código Penal para **inovar**, reconhecendo o emprego de arma branca como circunstância judicial **negativa**, relacionada, entre os 8 (oito) vetores judiciais do art. 59 do CP, às *circunstâncias* do injusto (ou à *culpabilidade*, caso não se enxergue nessa previsão legal *bis in idem*, por já consubstanciar elemento integrante do conceito de infração penal), presente a dinâmica delitiva, o juiz das Execuções Penais **extrapola a sua competência**, comportando-se como manifesto órgão revisor, **em afronta à garantia do juiz natural (art. 5º, LIII, da CRFB/88)**.

c) Transferida a análise acima para o âmbito recursal, não se ignora que o Superior Tribunal de Justiça, evocando o efeito devolutivo amplo da apelação, tem jurisprudência remansosa no sentido de que *"...'o efeito devolutivo da apelação autoriza o Tribunal local, **quando instado a se manifestar sobre a dosimetria da pena e fixação do regime prisional, a realizar nova ponderação dos fatos e circunstâncias em que se deu a conduta criminosa, mesmo em se tratando de recurso exclusivamente defensivo**, sem que se incorra em reformatio in pejus, **desde que não seja agravada a situação do réu**"* (HC 417.219/SC, Rel. Ministro REYNALDO SOARES DA FONSECA, QUINTA TURMA, julgado em 07/11/2017, DJe 13/11/2017)'..."(grifo nosso)[13]. A Primeira Turma do STF possui precedentes, por maioria, no mesmo diapasão, vencido o Min. Marco Aurélio[14]. Sob essa ótica, não causa espécie o Tribunal, revisitando a reprimenda, deslocar o emprego de arma branca, tomado na sentença vergastada como majorante, para a primeira fase, como circunstância judicial negativa. A superficialidade da argumentação, contudo, é nítida, tanto que gera inconsistências e oscilações tanto no STJ como no STF. A competência recursal é **revisional**, sem espaço para ineditismos, sob pena de **supressão de instância**, em **detrimento do contraditório e da ampla defesa (art. 5º, LV, da CRFB/88)**. Conquanto amplo o efeito

---

[13] HC 461.650/SP, Rel. Ministra Laurita Vaz, Sexta Turma, julgado em 05/02/2019, DJe 22/02/2019
[14] RHC 167162 AgR, Relator Min. Roberto Barroso, Primeira Turma, julgado em 04/10/2019, DJe-231 24/10/2019 – *"...'Ainda que em recurso exclusivo da defesa, **o efeito devolutivo da apelação autoriza o Tribunal a rever os critérios de individualização definidos na sentença penal condenatória para manter ou reduzir a pena**, limitado tão-somente pelo teor da acusação e pela prova produzida' (HC 106.113-AgR, Relª. Minª. Cármen Lúcia) ..."* (grifo nosso); HC 141114, Relator Min. Marco Aurélio, Relator p/ Acórdão: Min. Roberto Barroso, Primeira Turma, julgado em 06/11/2018, DJe-019 01/02/2019 – *"...A jurisprudência desta Corte já decidiu que inexiste reformatio in pejus quando o Tribunal de Segundo Grau, ao apreciar recurso exclusivo da defesa, mantém ou reduz a pena aplicada em primeiro grau, **com fundamentos diversos daqueles utilizados pela sentença recorrida**..."* (grifo nosso).

devolutivo da apelação, compete ao órgão jurisdicional *ad quem* **reexaminar** o acertado, confirmando-o ou modificando-o. Inovando, viola a garantia ao **duplo** grau de jurisdição (art. 8º, 2, *g*, da CADH e art. 14, 5 do PIDCP). Podem os Tribunais, sem sobra de dúvidas, **ante as circunstâncias judiciais analisadas**, rever o quantitativo da pena básica, bem como excluí-las ou rearranjá-las, pois, assim agindo, reexaminam o decidido. Porém, **invocar, como circunstância judicial negativa, fato não sopesado na sentença, embora documentado nos autos, descabe**. A Segunda Turma do STF é generosa em precedentes nessa linha[15], **inclusive em situações análogas à vertente**, como ao assentar que, ante a declaração de inconstitucionalidade do regime obrigatoriamente inicial fechado para os delitos de natureza hedionda, **de eficácia também retroativa**, *"...não poderiam o Tribunal Regional Federal e o Superior Tribunal de Justiça, em recursos exclusivos da defesa, manter o regime mais gravoso com base nas circunstâncias e na gravidade do crime, **por se tratar de fundamentos inovadores**..."* (grifo nosso)[16]. A própria Sexta Turma adota esse entendimento, **em se tratando de** *habeas corpus*, compreendendo que *"...'não é dado ao Tribunal inovar na motivação e suplementar, em termos de fundamentos, o ato atacado'* (RHC 66.433/MG, Rel. Ministro SEBASTIÃO REIS JÚNIOR, SEXTA TURMA, julgado em 26/04/2016, DJe 09/05/2016)..." (grifo nosso)[17], na esteira de precedentes da Segunda Turma do STF[18]. Ora, descabem dois pesos e duas medidas. Nada obstante a raiz constitucional do *habeas corpus*, garantia fundamental (art. 5º, LXVIII, da CRFB/88), é ação impugnativa autônoma **exclusivamente defensiva**. Se inadmissíveis são inovações em desfavor do acusado, incidentais à impetração, por que seriam aceitáveis em grau de apelo, quando igualmente **exclusivo do réu**, havendo dispositivo legal expresso vedando inovações e *reformatio in pejus ex officio* (art. 617 do CPP)? Inexistem motivos para o tratamento diferenciado, mesmo porque, embora, em tese, o efeito devolutivo da apelação seja amplo, na realidade, **à semelhança do** *habeas corpus*, transfere-se ao Tribunal o que tiver sido atacado no recurso (art. 599 do CPP). Partindo dessa intelecção, se a sentença

---

[15] RHC 136346, Relator Min. Gilmar Mendes, Segunda Turma, julgado em 18/10/2016, DJe-237 08/11/2016 – *"...Recurso ordinário em habeas corpus. 2. Tráfico ilícito de drogas (art. 33, caput, da Lei 11.343/2006). 3. Apelação exclusiva da defesa. Dosimetria da pena. Configuração de reformatio in pejus, nos termos do art. 617 do CP. A pena fixada não é o único efeito que baliza a condenação, devendo ser consideradas outras circunstâncias, além da quantidade final de pena imposta, para verificação de existência de reformatio in pejus. Exame qualitativo. 4. **O reconhecimento de circunstâncias desfavoráveis não previstas na sentença gera reformatio in pejus, ainda que a pena definitiva seja igual ou inferior à anteriormente fixada. Interpretação sistemática do art. 617 do CP.** 5. Recurso provido, em parte, para determinar ao Juízo da Vara das Execuções a redução da pena imposta ao recorrente, com a aplicação da causa de diminuição do art. 33, § 4º, da Lei 11.343/2006, no patamar máximo de 2/3, e, considerada a nova pena, o reexame do regime inicial e dos requisitos para a substituição da pena privativa de liberdade por restritivas de direitos..."* (grifo nosso); HC 111674, Relator Min. Teori Zavascki, Segunda Turma, julgado em 12/11/2013, DJe-231 25/11/2013 – *"...Esta Corte possui entendimento consagrado no sentido de que configura constrangimento ilegal a imposição da fração mínima de redução (§ 4º do art. 33 da Lei 11.343/2006) sem a devida motivação, **não sendo permitido ao Tribunal de segunda instância, em recurso exclusivo da defesa, o acréscimo de fundamentos não utilizados na sentença condenatória, sob pena de incorrer-se em reformatio in pejus**. Precedentes..."* (grifo nosso).

[16] HC 125781, Relator Min. Dias Toffoli, Segunda Turma, julgado em 24/03/2015, DJe-078 28/04/2015.

[17] HC 461.650/SP, Rel. Ministra Laurita Vaz, Sexta Turma, julgado em 05/02/2019, DJe 22/02/2019.

[18] HC 111674, Relator Min. Teori Zavascki, Segunda Turma, julgado em 12/11/2013, DJe-231 25/11/2013 – *"...Em sede de habeas corpus, **não cabe à instância superior incrementar novos fundamentos objetivando suprir eventual vício de fundamentação da decisão originária**. Precedentes..."* (grifo nosso).

guerreada projetou a utilização da arma branca na 3ª fase, descabe ao Tribunal, *sponte propria*, deslocá-lo para a 1ª etapa, pois **traria, como circunstância judicial negativa, fato não decidido, nem DEBATIDO, em primeiro grau, à luz do art. 59 do Código Penal**. Dessarte, uma vez preclusa à acusação a aplicação da pena privativa de liberdade, seja porque o apelo foi interposto exclusivamente pela defesa, seja porque a irresignação ministerial não a objetivou, limitando-se a questionar, por exemplo, o regime prisional inicial, compete ao Tribunal restringir à incidência da *lex mitior*, nos moldes descritos no item "b": decotar a majoração correspondente ao emprego de arma branca.

A Lei nº 13.964/19, ao reintroduzir a utilização da arma branca, **própria ou imprópria**, como exasperante do roubo, incluindo o inciso VII ao § 2º do art. 157 do Código Penal, encerra *lex gravior*, **irretroativa**, compreendendo apenas os injustos cometidos após o início da sua vigência, segundo já assentado pelo Superior Tribunal de Justiça[19]. Por conseguinte, a divergência acima apresentada perdurará, ainda, por muito tempo.

No tocante ao emprego de arma de fogo, a Lei nº 13.654/18 promoveu *novatio in pejus*, ampliando a fração de aumento, até então de um terço à metade, conforme dispunha o outrora inciso I do § 2º do art. 157 do Código Penal, para a majoração única de **dois terços**, considerado o novel § 2º-A, inciso I. A pena mínima cominada ao roubo circunstanciado pelo uso de arma de fogo saltou de 5 (cinco) anos e 4 (quatro) meses para 6 (seis) anos e 8 (oito) meses, **superior à prevista para o homicídio simples, 6 (seis) anos**.

Embora tais escolhas digam muito sobre a sociedade brasileira como um todo – afinal, os membros do Poder Legislativo, de onde partem as leis, e o Presidente da República, incumbido de vetá-las, são eleitos pelo povo – e o seu exacerbado materialismo, dando à tutela patrimonial vigor maior do que a dispensada à pessoa – e os exemplos são inúmeros, haja vista, *v.g.* o furto simples, punido com reclusão, de 1 a 4 anos (art. 155, cabeça, do CP), escala penal praticamente igual à lesão corporal **grave** (art. 129, § 1º do CP), geradora, *v.g.*, de **debilidade permanente** de membro, sentido ou função –, descabe ao Poder Judiciário controlá-las, sob pena de ofensa ao art. 2º da CRFB/88. Apesar da claríssima inversão de valores, dissociada da própria Constituição, porquanto o art. 5º, *caput*, anuncia a vida antes do direito à propriedade, ambos são invioláveis por mandamento constitucional. Opções axiologicamente equivocadas não são, por si só, inconstitucionais.

No caso concreto, todavia, exageros vários podem se materializar, cumprindo ao Poder Judiciário, com espeque nos postulados constitucionais da individualização da pena (art. 5º, XLVI, da CRFB/88) e da proporcionalidade, dentro da legalidade penal estrita e do devido processo legal (art. 5º, XXXIX e LIV, da CRFB/88), evitá-los. Ilustrando: não

---

[19] AgRg no HC 574.339/SP, Rel. Ministra Laurita Vaz, Sexta Turma, julgado em 26/05/2020, DJe 03/06/2020 – "... *Embora o emprego de arma branca tenha deixado de configurar causa de aumento de pena entre a vigência da Lei n. 13.654/2018 e o advento da Lei n. 13.964/2019, a jurisprudência desta Corte é firme no sentido de ser possível a utilização dessa circunstância para efeito de exasperar a pena-base.*" (AgRg no HC 563.219/SP, Rel. Ministro Reynaldo Soares Da Fonseca, Quinta Turma, julgado em 10/03/2020, DJe 18/03/2020)..." (grifo nosso); AgRg no HC 558.027/SP, Rel. Ministro Reynaldo Soares da Fonseca, Quinta Turma, julgado em 12/05/2020, DJe 18/05/2020 – "...*o concurso de pessoas justifica apenas o aumento da pena em 1/3 e, conforme defendido na impetração, o emprego de arma branca efetivamente não pode justificar a aplicada fração de 3/8, máxime porque a revogação do art. 157, § 2º, I, do CP, após o cometimento do delito, representa lei nova mais favorável ao réu,* **e deve prevalecer a despeito da posterior inserção do art. 157, § 2º, VII, do CP, que tornou a prever o emprego de arma branca como majorante** *(Lei n. 13.964/2019)...*" (grifo nosso).

raro roubos são circunstanciados não só pelo emprego de arma de fogo, mas pelo concurso de pessoas, permitindo, em tese, a incidência de 2 (duas) majorações sobre o piso de 4 anos – dois terços, atinentes ao uso de arma de fogo, e um terço à metade, alusivo ao concurso de pessoas –, desaguando em uma reprimenda mínima de **8 anos, 10 meses e 20 dias**, inevitavelmente em regime inicial fechado e, neste caso, **bem superior ao piso dispensado ao homicídio simples**, 6 (seis) anos. A não ser que a dinâmica delitiva tenha sido extremamente ruidosa – *v.g.* excessiva inferioridade numérica da vítima em relação aos algozes, havendo sido submetida a terror psicológico e a humilhações muito acima do normal previsto para o tipo penal – e/ou os sentenciados apresentem condenações definitivas recentes, reveladoras de reincidência específica em injustos de gravidade igual ou maior – caso se reputem constitucionais esses vetores –, **recomenda-se observar o parágrafo único do art. 68 do Código Penal**, segundo o qual *no concurso de causa de aumento ou de diminuição previstas na parte especial,* **pode o juiz limitar-se a um só aumento ou a uma só diminuição**, *prevalecendo, todavia, a que mais aumente ou diminua* (grifo nosso). Óbvio que o órgão jurisdicional pode aplicar os aumentos cumulativamente. Mas desde que, concretamente, sinalize o porquê da insuficiência de apenas **1**. Igualmente pode considerá-la na primeira fase, se houver elementos concretos para tanto, como circunstância judicial negativa. Sem isso, conserva-se a exasperação maior, decotando-se a menor, **garantindo-se o mínimo de proporcionalidade, sob a ótica da necessidade, à aplicação da reprimenda, consideradas a reprovabilidade da conduta e, se entendida como constitucional tal avaliação, os antecedentes dos sentenciados, permitindo, inclusive, eleger entre o regime inicial fechado ou semiaberto, dando-se concretude ao primado da individualização da pena**. Nada justifica, *v.g.*, impor a denunciados menores de 21 (vinte e um) anos, sem anotações na folha de antecedentes, uma pena *mínima* quase 3 anos superior à cominada ao *homicídio simples*, por haverem, em fração de segundos, abordado a vítima, subtraindo-lhe a bolsa e/ou o aparelho celular, por meio de exibição, na cintura de um dos agentes, da arma de fogo portada. Para tal conduta, o **mínimo** já é de 6 (seis) anos e 8 (oito) meses, *quantum* que, em hipótese alguma, pode ser entendido como irrelevante ou insuficiente. Felizmente, os Tribunais têm tido essa percepção[20], inclusive o Superior Tribunal de Justiça[21].

---

[20] **TJ/RJ**, Apelação nº 0012992-19.2018.8.19.0014, 1ª Câmara Criminal, rel. Des. Marcus Henrique Pinto Basílio, julgado em 9/6/2020 – *"...o juiz reconheceu a presença de duas causas de aumento pena, tendo aplicado ambas de forma cumulativa,* **deixando, porém, de apresentar fundamentação concreta, porquanto apenas se referiu a presença das mesmas, o que, por si só, a meu sentir, já justificaria a reforma do processo dosimétrico respectivo.** *Além da falta de fundamentação,* **adoto como regra que um único aumento é recomendado pelo parágrafo único do artigo 68 do Código Penal, até porque seria dispensável a existência do parágrafo único se o aumento em cascata não fosse excepcional.** *Considerando que o aumento de 2/3 pelo emprego de arma foi o maior adotado, deve este ser mantido, decotado, porém, aquele de 1/3 em razão do concurso de duas ou mais pessoas..."* (grifo nosso).

[21] HC 472.771/SC, Rel. Ministro Reynaldo Soares da Fonseca, Quinta Turma, julgado em 04/12/2018, *DJe* 13/12/2018 – *"...- A jurisprudência deste Superior Tribunal de Justiça e a do Supremo Tribunal Federal são no sentido de que o art. 68, Parágrafo Único, do Código Penal, não exige que o juiz aplique uma única causa de aumento da parte especial do Código Penal quando estiver diante de concurso de majorantes,* **mas que sempre justifique a escolha da fração imposta**. *– Assim, não há ilegalidade flagrante, em tese, na cumulação de causas de aumento da parte especial do Código Penal,* **sendo razoável a interpretação da lei no sentido de que eventual afastamento da dupla cumulação deverá ser feito apenas no caso de** *sobreposição do campo de aplicação ou* **excessividade do resultado** *(ARE 896.843/MT, Relator Ministro*

Apesar do considerável endurecimento do tratamento penal dispensado ao roubo com arma de fogo, promovido pela Lei nº 13.654/18, a Lei nº 13.964/19, não satisfeita, incluiu, no art. 157 do Código Penal, o § 2º-B, tornando **qualificado** o roubo perpetrado com arma de uso restrito ou proibido, **duplicando** a escala penal, de 4 a 10 anos para **8 a 20**, implementando inovação flagrantemente **inconstitucional**.

Segundo já escrito nesta obra, em algumas passagens, a individualização da reprimenda começa pelo legislador, ao fixar os parâmetros mínimo e máximo em abstrato, transferindo-se ao juiz no tocante à aplicação e à execução. A cominação de escalas penais obedece à discricionariedade regrada, ditada pela racionalidade e pela proporcionalidade, considerado, sobretudo, o vetor *necessidade* – excessos, quando em jogo a privação libertária, são inadmissíveis.

A reprimenda precisa espelhar, desde a projeção em abstrato, a reprovabilidade da conduta criminalizada, presente a natureza dos bens jurídicos vulnerados. O roubo com emprego de arma de fogo justifica maior exasperação porque, além da ofensa patrimonial, o sujeito ativo, ao se valer de instrumento de elevada **letalidade**, cria uma situação de risco concreto não só à integridade física, mas à vida do ofendido, rumando a um iminente latrocínio. Por tais razões, a reprimenda a ser aplicada sujeita-se a uma fração única de aumento de dois terços, **começando** em 6 (seis) anos e 8 (oito) meses, piso nada desprezível. Ao contrário.

O roubo perpetrado por meio de arma de fogo de uso restrito ou proibido persiste atentando contra os **mesmos** bens jurídicos listados acima, em **igual** intensidade. Inexiste adição. Presente a objetividade jurídica do roubo com arma de fogo, a qualidade desta – se de uso permitido, restrito ou proibido – lhe é absolutamente estranha. **Ausentes** vetores a mais de incremento da culpabilidade, **acréscimos penais** rompem com o postulado da individualização da pena, impondo privação libertária a maior sem motivação racional. Gratuitamente. Em manifesto excesso, incompatível com o primado da proporcionalidade.

Gilmar Mendes, Segunda Turma, DJe 23/09/2015). – Contudo, na hipótese ora analisada, **as instâncias ordinárias não fundamentaram, concretamente, o cúmulo de causas de aumento, com remissão a peculiaridades do caso em comento***, pois o modus operandi do delito, como narrado, confunde-se com a mera descrição típica das majorantes reconhecidas, não refletindo especial gravidade. – Assim,* **respeitada a proporcionalidade da pena** *no caso concreto,* **e a intenção da Lei n. 13.654/2018, afasta-se a majorante do art. 157, § 2.º, inciso II ('A pena aumenta-se de 1/3 (um terço) até metade se há o concurso de duas ou mais pessoas'), aplicando-se apenas a do art. 157, § 2.º-A, inciso I ('A pena aumenta-se de 2/3 (dois terços)' se a violência ou ameaça é exercida com emprego de arma de fogo'), ambas do Código Penal** *(grifo nosso). Cite-se, ainda, o AgRg no HC 512.001/SP, Rel. Ministro Nefi Cordeiro, Sexta Turma, julgado em 15/08/2019, DJe 29/08/2019. Restou consignado, na ementa, que "...a teor do art. 68, parágrafo único, do Código Penal, a aplicação das causas majorantes e minorantes se dá sem compensação, umas sobre as outras, não sendo admissível a pretendida tese de incidência de única majorante dentre as aplicáveis. 2. Tendo sido o crime de roubo praticado com o efetivo emprego de arma de fogo e ainda mediante concurso de cinco agentes, correta foi a incidência separada e cumulativa das duas causas de aumento...". A leitura isolada e apressada pode sugerir divergência entre as Turmas. Mas o aparente descompasso* **inexiste**, *bastando reproduzir, do inteiro teor do acórdão, o seguinte trecho: "...é assente a jurisprudência deste STJ e também do STF, segundo a qual, a teor do art. 68, parágrafo único, do Código Penal, é possível,* **de forma concretamente fundamentada***, aplicar cumulativamente as causas de aumento de pena em concurso, não estando obrigado o julgador somente a fazer incidir a causa que aumente mais a pena, excluindo as demais..." (grifo nosso). Na hipótese vertente, entendeu-se pertinente aplicar a causa de aumento de pena relativa ao concurso de pessoas, em virtude da destacada superioridade numérica dos agentes em relação ao ofendido –* **5** *no total.*

A perplexidade é ainda maior ao verificar que **essas ponderações foram as razões do veto ao inciso VIII do § 2º do art. 121 do Código Penal**, ao também qualificar o homicídio, quando cometido com arma de fogo de uso restrito ou proibido: *"A propositura legislativa, ao prever como qualificadora do crime de homicídio o emprego de arma de fogo de uso restrito ou proibido, sem qualquer ressalva,* **viola o princípio da proporcionalidade entre o tipo penal descrito e a pena cominada,** *além de gerar insegurança jurídica,* **notadamente aos agentes de segurança pública,** *tendo em vista que esses servidores poderão ser severamente processados ou condenados criminalmente por utilizarem suas armas, que são de uso restrito, no exercício de suas funções para defesa pessoal ou de terceiros ou, ainda, em situações extremas para a garantia da ordem pública, a exemplo de conflito armado contra facções criminosas"* (grifo nosso).

Ora, a espécie de arma de fogo, se de uso restrito ou proibido, potencializa a censura ao porte ou à posse desta, porque, a par da falta de autorização legal ou regulamentar, o sujeito ativo tem em seu poder um artefato **indisponível** ao público em geral, tornando a burla ao controle e à fiscalização dos armamentos no País ainda mais intensa. Porém, em relação ao homicídio, essa particularidade é irrelevante, porque a objetividade jurídica não mais é a incolumidade pública, mas a vida. E a arma de fogo, **seja ela qual for**, é um instrumento de ataque e/ou de defesa pessoal especialmente concebido para ceifá-la. A sua utilização para a prática de homicídio é trivial. E, justamente porque despida de extravagância maior, não o qualifica. *Mutatis mutandis*, se o roubo com arma de fogo já é circunstanciado, por aumentar significativamente o risco à vida da vítima, inexistem motivos para ser ainda mais apenado quando o artefato for de uso restrito ou proibido.

Ao não replicar o veto lançado ao inciso VIII do § 2º do art. 121 ao § 2º-B do art. 157, a Presidência da República rompe não só com a coerência, mas com a impessoalidade (art. 37, cabeça, da CRFB/88), aplicando, **seletivamente**, o princípio da proporcionalidade em prol de categoria profissional específica: os agentes de segurança pública, afinal, diferentemente do homicídio, roubos não costumam tê-los como sujeitos ativos. Vetos obedecem a juízos técnicos, objetivando controle prévio de constitucionalidade, ou políticos. Mas estes últimos devem buscar os interesses da nação, globalmente considerados, e **não** de um segmento profissional específico, como se o Presidente da República fosse o representante de uma classe, e não o mandatário do povo brasileiro.

Felizmente, o Congresso Nacional, compartilhando de idêntica perplexidade, **derrubou** o referido veto, sanando esse descompasso. De qualquer sorte, as objeções listadas *retro* em relação à exasperação da reprimenda no roubo, considerada a qualidade da arma de fogo, se de uso restrito ou proibido, aplicam-se à qualificadora contida no inciso VIII do § 2º do art. 121 do Código Penal, com uma perplexidade em particular: **a arma de fogo, diferentemente de outros meios, não tende a impingir ao ofendido morte cruel, tampouco gera perigo comum, logo, não ostenta reprovabilidade que justifique figurar ao lado, *v.g.*, da versada no inciso III do § 2º do art. 121. O** *modus operandi* **e as consequências se inserem na normalidade típica**. E, caso se vislumbre grau maior de censura ante o risco colateral a terceiro ("bala perdida"), a arma de fogo em si haveria de qualificá-lo, e não pelo fato de, simplesmente, ser de uso proibido ou restrito. Trata-se de opção legislativa irracional.

No caso do roubo, por se tratar de delito patrimonial, a escolha legislativa expõe, visceralmente, a **desproporcionalidade** do § 2º-B do art. 157, ainda mais se comparado às escalas penais cominadas a outros injustos infinitamente mais reprováveis, para não escrever repugnantes: 8 a 20 anos, escala penal cominada ao roubo com arma de usos restrito ou proibido, **supera** à do homicídio simples, 6 a 20 anos (art. 121, cabeça); à da lesão corporal gravíssima (art. 129, § 2º), 2 a 8 anos, notabilizada, dentre outros resultados, pela enfermidade incurável, perda de membro e deformidade permanente, ou seja, **o teto a ela cominado equivale ao mínimo reservado ao roubo com emprego de arma de uso restrito ou proibido, embora não lhe gere sequela física alguma**, incluindo a qualificada pelo resultado morte, mesmo se circunstanciada pela relação doméstica ou familiar (art. 129, §§ 3º e 11), porque a escala penal, de 4 a 12 anos, elevada de 1/3, continuaria a ter mínimo e máximo em abstrato bem aquém (5 anos e 4 meses a 16 anos de reclusão). **Ultrapassa ainda, amplamente, as escalas penais dos delitos de estupro, não apenas na forma simples, mas, também, qualificada pela idade da vítima ou por causar-lhe lesões graves ou gravíssimas** (art. 213, *caput* e § 1º), 6 a 10 e 8 a 12 anos, respectivamente. Logra extrapolar, até, as reprimendas reservadas ao **estupro de vulnerável** (art. 217-A, *caput*), de 8 a 15 anos, **rivalizando** às aplicáveis à **forma qualificada pelas lesões graves ou gravíssimas** (art. 217-A, § 3º), de 10 a 20 anos. Voltando a atenção para os crimes previstos na legislação especial, o § 2º-B do art. 157 supera, amplamente, a escala penal cominada às **organizações criminosas**, mesmo nas formas circunstanciadas, **inclusive pelo emprego de arma de fogo, cujo aumento é de *até* metade** (art. 2º, cabeça e §§ 2º e 4º da Lei nº 12.850/13).

Os exemplos elencados acima envolvem injustos atentatórios a bens jurídicos de relevância superior ao patrimônio – vida, dignidade sexual, integridade física, não raro violados cumulativamente, consideradas as formas qualificadas pelo resultado –, cuja criminalização obedece a ações afirmativas de raiz constitucional – como a proteção à família, às crianças e aos adolescentes (art. 226, § 8º, e art. 227, *caput*, da CRFB/88) – ou aos compromissos internacionais assumidos pelo Brasil, como a Convenção de Palermo contra o Crime Organizado, internalizada pelo Decreto nº 5.015, de 12 de março de 2004. E, ainda assim, o roubo com arma de fogo de uso restrito ou proibido ostenta escala penal notadamente superior. A qual título? Por qual motivo, se a arma de fogo em si, quanto utilizada, já exaspera a pena do roubo de DOIS TERÇOS, fração **única**?

Rememore-se que, no crime organizado, a utilização de arma de fogo, **independentemente de ser de uso permitido, restrito ou proibido**, enseja majoração de **até** metade (art. 2º, § 2º da Lei nº 12.850/13), escrevendo o mesmo sobre a associação criminosa (art. 288, parágrafo único, do CP). No tráfico de entorpecentes, dá azo à exasperação de um sexto a dois terços (art. 40, IV da Lei nº 11.343/06). Pois, no caso do roubo, já se afastando um pouco dessa sistemática, optou-se pela elevação **única** de dois terços (art. 157, § 2º-A, I do CP), quando utilizada arma de fogo. Mas, ao menos, não se distanciou das frações de aumento que lhe são tradicionalmente reservadas. Ao impor a duplicação da escala penal do roubo, quando perpetrado com arma de fogo de uso restrito ou proibido, **o legislador cinde essa linearidade, sem motivo racional algum para tanto**, olvidando que o Direito reclama um olhar holístico e integrado, pois não é, ou, ao menos, não deve ser uma colcha de retalhos.

Por último, mas não menos importante, ao contrário, **positivou-se uma incoerência interna no trato normativo ao próprio delito de roubo**. Repise-se: a *ratio essendi* da majorante atinente ao uso de arma de fogo é o incremento do **risco** à incolumidade física da vítima, inclusive de óbito. **Pois quando se transborda o risco, gerando lesões corporais graves ou gravíssimas ao ofendido, a pena é de 7 a 18 anos de reclusão (art.**

157, § 3º, I do CP, com a redação dada pela Lei nº 13.654/18, que já havia aumentado a escala penal, anteriormente de 7 a 15 anos), MENOR do que a cominada ao roubo com arma de fogo de uso restrito ou proibido, de 8 a 20 anos. Em suma: comina-se reprimenda maior à ofensa patrimonial que acarreta risco à pessoa da vítima do que a atentatória, também, à sua incolumidade física, lesionando-a gravemente. Tamanha ininteligência, ainda mais em matéria penal, desafia pronto controle de constitucionalidade.

Rememorando o item 14.2, a Corte Especial do Superior Tribunal de Justiça aplicou a presente intelecção para declarar inconstitucional, por ofensa ao primado da proporcionalidade, o preceito secundário reservado ao crime previsto no art. 273, § 1º-B do Código Penal – ter em depósito, para fins mercantis, produtos terapêuticos ou medicinais de origem ignorada –, admitindo, inclusive, excepcional combinação de leis, não gratuitamente, mas para preencher a lacuna deixada pela inconstitucionalidade do dito preceito secundário.

Na Arguição de Inconstitucionalidade no Habeas Corpus nº 239.363/PR, da relatoria do Min. Sebastião Reis Júnior, julgada em 26/02/2015, com publicação do acórdão no *DJe* 10/04/2015, assentou-se, vencido o Min. OG Fernandes, que: *"...1. **A intervenção estatal por meio do Direito Penal deve ser sempre guiada pelo princípio da proporcionalidade**, incumbindo também ao legislador o dever de observar esse princípio como **proibição de excesso** e como **proibição de proteção insuficiente**. 2. É viável a fiscalização judicial da constitucionalidade dessa atividade legislativa, examinando, como diz o Ministro Gilmar Mendes, se o legislador considerou suficientemente os fatos e prognoses e se utilizou de sua margem de ação de forma adequada para a proteção suficiente dos bens jurídicos fundamentais. 3. Em atenção ao princípio constitucional da proporcionalidade e razoabilidade das leis restritivas de direitos (CF, art. 5º, LIV), **é imprescindível a atuação do Judiciário para corrigir o exagero e ajustar a pena cominada à conduta inscrita no art. 273, § 1º-B, do Código Penal**. 4. O crime de ter em depósito, para venda, produto destinado a fins terapêuticos ou medicinais de procedência ignorada **é de perigo abstrato e independe da prova da ocorrência de efetivo risco para quem quer que seja**. E a indispensabilidade do dano concreto à saúde do pretenso usuário do produto evidencia ainda mais a falta de harmonia entre o delito e a pena abstratamente cominada (de 10 a 15 anos de reclusão) se comparado, por exemplo, com o crime de tráfico ilícito de drogas – notoriamente mais grave e cujo bem jurídico também é a saúde pública. 5. **A ausência de relevância penal da conduta, a desproporção da pena em ponderação com o dano ou perigo de dano à saúde pública decorrente da ação e a inexistência de consequência calamitosa do agir convergem para que se conclua pela falta de razoabilidade da pena prevista na lei**. A restrição da liberdade individual não pode ser excessiva, mas **compatível e proporcional à ofensa causada pelo comportamento humano criminoso*** (grifo nosso). Por conseguinte, a depender da proveniência do produto, aquiesceu-se a aplicação da pena cominada ao tráfico de entorpecentes ou ao delito de contrabando, sem incidir, no primeiro caso, a causa especial de diminuição de pena do § 4º do art. 33 da Lei nº 11.343/06[22].

---

[22] RvCr 3.064/PR, Rel. Ministro Nefi Cordeiro, Terceira Seção, julgado em 22/02/2017, DJe 02/03/2017 – *"...1. Declarada a inconstitucionalidade do preceito secundário previsto no art. 273, § 1º-B, do Código Penal pela Corte Especial do Superior Tribunal de Justiça, no julgamento da Arguição de Inconstitucionalidade no Habeas Corpus n.º 239.363/PR, **as Turmas que compõem a 3ª Seção deste Sodalício passaram a determinar a aplicação da pena prevista no crime de contrabando ou no crime de tráfico de drogas, do art. 33 da Lei de Drogas**. 2. Nos termos da jurisprudência desta Corte Superior, não é cabível, por*

O fenômeno tampouco é estranho à jurisprudência do **Pleno** do Supremo Tribunal Federal, **inclusive em relação ao citado art. 273, § 1º-B, do Código Penal, sujeitando-o, no RE nº 979.962/RS, rel. Min. Luís Roberto Barroso, j.** em 24/03/21, com acórdão publicado no *DJ* de 14 de junho imediato, a controle de constitucionalidade, à luz do princípio da proporcionalidade, a fim de declarar *"inconstitucional a aplicação do preceito secundário do art. 273 do Código Penal à hipótese prevista no seu § 1º-B, I, que versa sobre a importação de medicamento sem registro no órgão de vigilância sanitária. Para esta situação específica, fica repristinado o preceito secundário do art. 273, na sua redação originária"* – reclusão, de 1 a 3 anos.

Outro exemplo: o art. 8º da Lei nº 8072/90 cominou a reprimenda de 3 a 6 anos de reclusão ao crime previsto no art. 288 do Código Penal, antigo bando ou quadrilha, atual associação criminosa, quando tiver por objeto crimes hediondos, tortura, terrorismo ou tráfico. O advento dessa regra, em 1990, chocou com o então art. 14 da Lei nº 6.368, de 1976, ora art. 35 da Lei nº 11.343/06, que reservava à associação para o tráfico a pena de 3 a 10 anos. Assim, se apenas duas pessoas se reunissem para traficar, o teto penal corresponderia a 10 anos de reclusão; se fossem mais de duas, quadra infinitamente mais reprovável, o máximo de pena seria 6 anos. Tamanha desproporção, extraída da interpretação **literal** desses preceitos, conjugada ao princípio da **especialidade**, foi **corrigida** pelo Supremo Tribunal Federal, que, ainda sob a égide da Lei nº 6.368/76, **confirmou** o tipo previsto no então art. 14, cabeça, mas, tendo como preceito secundário, o disposto no art. 8º, cabeça, da Lei nº 8.072/90[23], por traduzir *lex mitior*, retroativa (art. 5º, XL, da CRFB/88). **Desconsiderou-se o princípio da especialidade em prol da anterioridade, potencializada pela proporcionalidade,** conquanto evocada veladamente, pois, no final das contas, a solução desenvolvida pelo STF passou, inexoravelmente, pela combinação de leis: o preceito primário do então art. 14 da Lei nº 6.368/76 com o secundário do art. 8º, *caput*, da Lei nº 8.072/90.

O Supremo Tribunal Federal admite o controle de constitucionalidade das leis penais com amparo no princípio da proporcionalidade. No *Habeas Corpus* nº 104.410, da relatoria do Min. Gilmar Mendes, julgado em 6/3/2012, com acórdão publicado no *DJe* de 27 de imediato, a Segunda Turma assentou que *"...Podem ser distinguidos 3 (três) níveis ou graus de intensidade do controle de constitucionalidade de leis penais, consoante as diretrizes elaboradas pela doutrina e jurisprudência constitucional alemã: a) controle de evidência (Evidenzkontrolle); b) controle de sustentabilidade ou justificabilidade (Vertretbarkeitskontrolle); c) controle material de intensidade (intensivierten inhaltlichen Kontroll). O Tribunal deve sempre levar em conta que a Constituição confere ao legislador amplas margens de ação para eleger os bens jurídicos penais e avaliar as medidas adequadas e necessárias para a efetiva proteção desses bens. Porém, **uma vez que se ateste que as medidas legislativas adotadas***

---

ausência de previsão legal, a aplicação da minorante prevista no § 4° do art. 33 da Lei n° 11.343/06 nos crimes previstos no art. 273, § 1°-B, do CP, **mesmo nas hipóteses em que se tenha utilizado o preceito secundário do crime de tráfico de drogas...**" (grifo nosso).

23   HC 83017, Relator Min. Carlos Britto, Primeira Turma, julgado em 02/09/2003, DJ 23/04/2004 – *"... Também encontra amparo remansoso na jurisprudência deste excelso Tribunal a argumentação do impetrante no sentido da derrogação do art. 14 da Lei n° 6.368/76, que, embora ainda em vigor, teve sua pena alterada pelo art. 8°, caput, da Lei n° 8.072/90, passando ao limite máximo de seis anos (HCs 68.793 e 72.862)..."* – grifo nosso.

transbordam os limites impostos pela Constituição – o que poderá ser verificado com base no princípio da proporcionalidade como proibição de excesso (Übermassverbot) e como proibição de proteção deficiente (Untermassverbot) –, deverá o Tribunal exercer um rígido controle sobre a atividade legislativa, declarando a inconstitucionalidade de leis penais transgressoras de princípios constitucionais..." (grifo nosso).

Já no *Habeas Corpus* nº 111.844, julgado em 24/04/2012 também pela 2ª Turma, com acórdão publicado no *DJe* de 1º/2/2013, da relatoria do Min. Celso de Mello, colhe-se a seguinte advertência: "*...O Poder Público, especialmente em sede penal, não pode agir imoderadamente, pois a atividade estatal, ainda mais em tema de liberdade individual, acha-se essencialmente condicionada pelo princípio da razoabilidade, que traduz limitação material à ação normativa do Poder Legislativo...*" (grifo nosso).

Dessarte, o § 2º-B do art. 157 do Código Penal é inconstitucional, incidindo sobre o roubo com arma de fogo, mesmo de uso proibido ou restrito, o aumento de dois terços, contido no inciso I do § 2º-A.

E, quanto ao inciso VIII do § 2º do art. 121 do Código Penal, a inconstitucionalidade igualmente se impõe, restabelecendo a modalidade **simples** do homicídio, mesmo quando perpetrado com arma de fogo de uso restrito ou proibido.

Registre-se, *obiter dictum*, que essas escolhas do legislador só aumentam a pressão sobre o sistema carcerário nacional, potencializando o estado de coisas inconstitucional, em manifesta afronta ao enunciado de Súmula Vinculante nº 56, cuja *ratio* reside em buscar alternativas à segregação.

Superada a temática sobre a constitucionalidade desses preceitos, duas considerações derradeiras sobre o art. 157, § 2º-B, do CP:

a) Consubstancia *novatio legis in pejus*, recaindo apenas sobre os roubos perpetrados **após** o início da vigência da Lei nº 13.964/19, a teor do art. 5º, XL, da CRFB/88 e do art. 2º, *caput*, do Código Penal.

b) Não se ignora o entendimento torrencial do STF e do STJ segundo o qual a palavra da vítima quanto ao emprego de arma de fogo, ou mesmo branca, basta à incidência da majorante, tornando-se prescindíveis a apreensão e a comprovação da eficácia vulnerante[24].

---

[24] **STF**, HC 163566, Relator Min. Marco Aurélio, Primeira Turma, julgado em 26/11/2019, DJe-268 06/12/2019 – "*...Roubo – Arma de fogo – Perícia. A caracterização da causa de aumento prevista no artigo 157, § 2º, inciso I, do Código Penal – redação anterior à Lei nº 13.654/2018 – **prescinde da apreensão e perícia da arma de fogo utilizada**...*" (grifo nosso); HC 125769, Relator Min. DIAS TOFFOLI, Segunda Turma, julgado em 24/03/2015, DJe-078 DIVULG 27-04-2015 PUBLIC 28-04-2015 – "*...Para o reconhecimento da causa de aumento de pena do art. 157, §, 2º, I, do Código Penal, **é desnecessária a apreensão da arma de fogo e sua submissão a perícia, sendo suficiente a demonstração do seu emprego por outro meio de prova**...*" (grifo nosso); **STJ**, EREsp 961.863/RS, Rel. Ministro Celso Limongi (Desembargador Convocado do TJ/SP), Rel. p/ Acórdão Ministro Gilson Dipp, Terceira Seção, julgado em 13/12/2010, DJe 06/04/2011 – "*...Para a caracterização da majorante prevista no art. 157, § 2º, inciso I, do Código Penal, **prescinde-se da apreensão e realização de perícia em arma utilizada na prática do crime de roubo, se por outros meios de prova restar evidenciado o seu emprego**. Precedentes do STF...Os depoimentos do condutor, da vítima, das testemunhas, bem como qualquer meio de captação de imagem, por exemplo, são suficientes para comprovar a utilização de arma na prática delituosa de roubo, sendo desnecessária a apreensão e a realização de perícia para a prova do seu potencial de lesividade e incidência da majorante... Cabe ao imputado demonstrar que a arma é desprovida de potencial lesivo, como na hipótese de utilização de arma de brinquedo, arma defeituosa ou arma incapaz de produzir lesão...*" (grifo nosso). Esta orientação, firmada pela 3ª Seção, mantém-se, haja vista, *v.g.*, HC 481.016/SP, Rel. Ministro Reynaldo Soares da Fonseca,

O STJ chega a colecionar precedente no qual reputa dispensável a perícia **mesmo quando arrecadada a arma**[25], hipótese, com todas as vênias, inaceitável. Se o artefato está **sob a custódia do Estado, justamente quem imputa ao acusado o cometimento do roubo com arma, cumpre ao primeiro, e não ao segundo, provar a eficácia vulnerante do artefato, ainda mais estando à SUA disposição**. Não se desincumbindo a acusação desse ônus, embora de facílima satisfação, a majorante desafia afastamento, sob pena de avaliar a ineficiência e o despreparo estatais, em detrimento do acusado, que sequer teve ingerência sobre a prova, porque sob a guarda do Estado. O extravio ou deterioração do artefato não pode ser invocada em desfavor do acusado. A perda da prova pela acusação não pode reverberar contra o réu. E, em verdade, persiste razoável a dúvida quanto à **potencialidade lesiva do instrumento, afinal, a vítima e as testemunhas podem atestar-lhe o emprego, mas não a ofensividade**. E, na dúvida, em homenagem ao art. 5º, LVII, da CRFB/88, elide-se a majorante – se a presunção constitucional é de inocência (ou não culpabilidade), cumpre à acusação desfazê-la como linha de princípio; se não logra fazê-lo, a dúvida beneficia, sempre, o réu, ainda mais quando a prova a ser produzida está à disposição, integral, da acusação, em atenção ao postulado *non venire contra factum proprium*. O citado precedente da 5ª Turma do STJ, aparentemente **isolado**, desmerece aval.

Com efeito, a arrecadação e a perícia da arma, seja branca ou de fogo, não são mandatórias, desde que haja outras provas conclusivas **não** do seu emprego, mas da **potencialidade lesiva**, razão da exasperação, como, por exemplo, prova oral ou microfilmagem certificando o disparo da arma durante o roubo. Sem isso, remanescerá a dúvida se seria um simulacro ou se estaria defeituosa ou sem munição, cenários nos quais a majorante não subsiste, devendo a dúvida resolver-se em prol do réu. Embora o STF e o STJ tenham precedentes abraçando essa intelecção[26], vimos que, ao menos por ora, encontra-se superada.

Sem embargo, no caso da qualificadora versada no § 2º-B do art. 157 do Código Penal, **a prova oral, em regra, não bastará à sua incidência, pois, por mais que o lesado e as testemunham informem ter havido o emprego de arma de fogo, não possuem conhecimento técnico, nem normativo, para afiançar se seria de uso restrito ou proi-

---

Quinta Turma, julgado em 07/02/2019, *DJe* 14/02/2019; HC 408.631/SP, Rel. Ministra Maria Thereza de Assis Moura, Sexta Turma, julgado em 08/02/2018, *DJe* 26/02/2018.

[25] AgRg no REsp 1695539/SP, Rel. Ministro Joel Ilan Paciornik, Quinta Turma, julgado em 12/12/2017, *DJe* 01/02/2018 – *"Agravo regimental no recurso especial. Roubo majorado. Emprego de arma de fogo* **apreendida e não periciada**. *Afastamento da majorante. Desnecessidade de comprovação da potencialidade lesiva. Suficiência de provas..."* (grifo nosso).

[26] STF, HC 96865, Relator Min. Ellen Gracie, Relator p/ Acórdão: Min. Eros Grau, Segunda Turma, julgado em 31/03/2009, *DJe*-148 07/08/2009, RB v. 21, n. 550, 2009, p. 32-35, RF v. 106, n. 407, 2010, p. 480-485 – *"...1. A aplicação da causa de aumento de pena prevista no artigo 157, § 2º, inciso I, do CP,* **pressupõe a potencialidade lesiva da arma de fogo, que somente pode ser comprovada através do exame pericial**. *Precedente. 2.* **A intimidação e o temor provocados na vítima pelo uso da arma compõem o próprio núcleo do tipo penal [violência ou grave ameaça], não se prestando a qualificar o crime**... (grifo nosso); STJ, HC 109.862/SP, Rel. Ministro Paulo Gallotti, Sexta Turma, julgado em 05/05/2009, *DJe* 25/05/2009 – *"...1. A Sexta Turma desta Corte firmou a compreensão de que, para a caracterização da majorante prevista no artigo 157, § 2º, I, do Código Penal,* **faz-se necessário que a arma de fogo seja apreendida e periciada**, *entendimento que foi confirmado na sessão realizada no dia 10 de março de 2009. (Informativo nº 386/STJ). 2. Em se tratando de arma branca, para a incidência da qualificadora, dentro desse raciocínio, também são imprescindíveis sua apreensão e a realização de exame pericial..."* (grifo nosso).

bido. A regra, nesses casos, passa a ser a apreensão e a perícia, traduzindo importante *distinguishing* (distinção) à jurisprudência fixada pelo STF e pelo STJ, ainda mais depois do considerável alargamento das armas de uso permitido, promovido pelo Executivo Federal, **incluindo carabinas e rifles**, haja vista a Portaria nº 1.222, de 12 de agosto de 2019. Assim, só para ilustrar, caso o lesado diga ter sido roubado pelo imputado empunhando um fuzil, tal afirmação é insuficiente à configuração da qualificadora, pois a carabina nada mais é do que um fuzil de cano curto, que, a depender do modelo – que, definitivamente, a vítima não aclarará –, é de uso **permitido**.

Não se pretende, com isso, restaurar o sistema da prova legal ou tarifada, mesmo porque incompatível com o art. 93, IX da CRFB/88, mas, simplesmente, reconhecer a insuficiência das declarações da vítima e das demais testemunhas quanto à qualidade da arma de fogo utilizada – se de uso permitido, proibido ou restrito.

15.2. DA CONCUSSÃO

A Lei nº 13.964/19 limitou-se a elevar de 8 para 12 anos o teto cominado ao delito de concussão, conservado o piso de 2 (dois) anos, viabilizando ao delito previsto no art. 316 do Código Penal o acordo de não deflagração da ação penal, bem como a eventual substituição da pena privativa de liberdade por restritiva de direitos. Como a pena máxima em abstrato foi aumentada, encerra *novatio legis in pejus*, irretroativa (art. 5º, XL, da CRFB/88), recaindo sobre os injustos perpetrados posteriormente ao início da vigência da Lei "Anticrime".

15.3. DA LEGÍTIMA DEFESA

Apesar do imenso estardalhaço em torno das alegadas mudanças que a Lei nº 13.964/19 poderia ter causado na legítima defesa, o parágrafo único incluído no art. 25 do Código Penal reproduz o óbvio: desde que observados os requisitos previstos no *caput*, delimitadores da legítima defesa, assim agirá *"o agente de segurança pública que repele agressão ou risco de agressão à vítima mantida refém durante a prática de crimes"*, em clássica hipótese de legítima defesa de terceiro.

Evidentemente que nenhum policial possui licença para matar, mesmo porque não se está em estado de guerra. Ações letais são **excepcionais**, admitindo-as **se escudas em legítima defesa própria ou de terceiros**. O fenômeno povoa o Código de Processo Penal desde o seu advento, considerado o "auto de resistência" previsto no art. 292 do CPP, renomeado, a depender do resultado, para "lesão corporal ou homicídio decorrente de oposição à intervenção policial". Nesse particular, a mudança legislativa sequer pode ser encarada como inovação.

16
LAVAGEM DE CAPITAIS – OBSERVAÇÕES FINAIS

Ao longo da obra foram várias as menções à Lei nº 9.613/98, logo, a abordagem, aqui, será breve, estritamente complementar.

A Lei nº 13.964/19 disponibilizou à repressão do crime de lavagem de capitais a ação controlada e a infiltração, haja vista o § 6º incluído ao art. 1º da Lei nº 9.613/98, **observado o procedimento insculpido na Lei nº 12.850/13** para esses métodos ocultos de produção de provas.

Ampliou-se, assim, os mecanismos de não atuação policial, embora não fossem inéditos, considerado o art. 4º-B, inserido pela Lei nº 12.683/12, segundo o qual *a ordem de prisão de pessoas ou as medidas assecuratórias de bens, direitos ou valores poderão ser suspensas pelo juiz, ouvido o Ministério Público,* ***quando a sua execução imediata puder comprometer as investigações*** (grifo nosso).

17

ESTATUTO DO DESARMAMENTO – CONSIDERAÇÕES COMPLEMENTARES

Quando do estudo do agente disfarçado e da execução penal, as inovações promovidas na Lei nº 10.826/03 foram devidamente analisadas, restando comentar o novel art. 20 e o recém-incluso art. 34-A.

Considerado o art. 20, a Lei nº 13.964/19 bifurcou-o, mantendo a regra do *caput* originário no inciso I, **inserindo, no inciso II, a reincidência específica como causa de aumento de pena, em fração única de metade**. A expressão "em crimes dessa natureza" engloba os listados na cabeça do art. 20, ou seja, os tipificados nos artigos 14 a 18, incluindo os tipos penais equiparados e o qualificado, concernente ao § 2º do art. 16. Trata-se de *lex gravior*, incidindo sobre os injustos cometidos após a entrada em vigor da Lei nº 13.964/19, haja vista o art. 5º, XL, da CRFB/88.

Como a constitucionalidade da reincidência foi reafirmada pelo Pleno do STF, afastando a alegação de *bis in idem*, sob esse ângulo o inciso II do novel art. 20 tende a ser declarado constitucional[1]. Porém, ante os postulados da proporcionalidade, sob o ângulo da necessidade, da individualização da pena, da legalidade penal estrita e do devido processo legal substancial, é nítido o excesso legislativo, **conducente à inconstitucionalidade do dispositivo**.

A reincidência é, naturalmente, agravante genérica, com repercussão na 2ª fase da aplicação da pena, presente o critério trifásico do art. 68 do CP. Descabe alçá-la ao status de exasperante, ainda mais atrelando-a à expressiva majoração de metade da pena. O Direito Penal é do **fato**, e não do **autor**, logo, a reprimenda deve refletir a reprovabilidade ínsita à conduta, sem se pautar na pessoa do réu, ainda mais para majorar a reprimenda de **metade**. Condena-se e apena-se o réu pelos seus malfeitos, e não pelo seu passado, sob pena de total ruptura com o princípio da individualização da pena (art. 5º, XLVI, da CRFB/88). Não por outra razão as causas de aumento de pena vinculam-se à **ação ou omissão delitiva**, e não à pessoa do sujeito ativo, cujas nuances

---

[1] HC 93.815, Relator Min. Gilmar Mendes, Tribunal Pleno, julgado em 04/04/2013, *DJe*-083 06/05/2013 – *"...O aumento pela reincidência está de acordo com o princípio da individualização da pena. Maior reprovabilidade ao agente que reitera na prática delitiva..."* (grifo nosso).

são averiguadas na primeira e na segunda fases, presentes as circunstâncias judiciais a ele pertinentes (art. 59 do CP) e as agravantes genéricas, como a reincidência. A própria nomenclatura é autoexplicativa: *v.g. roubo* circunstanciado pelo *concurso de pessoas ou pelo emprego de arma de fogo; furto* circunstanciado pelo *repouso noturno; lesão corporal grave ou gravíssima* circunstanciada pelo *contexto doméstico ou familiar; tráfico de entorpecentes* majorado pelo caráter *transnacional* ou por *aliciar crianças e adolescentes* etc. Descabe conceber, por exemplo, um *porte ilegal de arma de fogo* circunstanciado pela *reincidência específica*, por ser vetor **a ele inteiramente estranho, que não lhe pertence**. Rompe-se com a legalidade penal estrita e com a racionalidade que, obrigatoriamente, a informa.

A ininteligência da inovação legislativa é tamanha que a reincidência específica foi projetada como causa de aumento de pena para **crimes de mero perigo**, atentatórios à incolumidade pública, sem vítimas determinadas nem determináveis, de reprovabilidade, portanto, infinitamente **menor** a tantos outros delitos, em relação aos quais a reincidência, mesmo específica, persistirá, acertadamente, como agravante **genérica**. E, por ser um *minus* em relação às majorantes, convencionou-se que a sua exasperação não pode, em regra, exceder um sexto, justamente para não fazer as vezes de causa de aumento de pena, cujas frações começam, em geral, neste patamar. A reincidência específica, abstratamente considerada, não justifica extrapolar este teto[2] – que, aliás, deveria ser inferior, justamente por estarem as agravantes genéricas **aquém** das exasperantes. Ante este cenário, contemplar a reincidência específica como causa de aumento de pena, na fração única de **metade**, é absolutamente **desproporcional**.

O art. 63 do Código Penal sequer distingue a reincidência genérica da específica, admitindo o art. 67, sem ressalvas, a compensação com atenuantes **genéricas** vinculadas aos motivos determinantes do injusto e à personalidade do agente, compreendida, na última,

---

[2] HC 515.516/SP, Rel. Ministro Felix Fischer, Quinta Turma, julgado em 05/05/2020, DJe 15/05/2020 – "... III – Quanto ao aumento operado pela reincidência, como é cediço, o Código Penal não estabelece limites mínimo e máximo de aumento ou diminuição da pena em razão de circunstâncias agravantes ou atenuantes, cabendo ao magistrado fixar o patamar necessário dentro de parâmetros razoáveis e proporcionais. Nesse contexto, **predomina nesta Corte o entendimento de que o aumento da pena em patamar superior a 1/6, em virtude da incidência de circunstância agravante, demanda fundamentação concreta e específica para justificar o incremento em maior extensão**. Precedentes. IV – Ademais, resulta imperativo considerar o entendimento firmado no julgamento do HC n. 365.963/SP (de minha relatoria, DJe de 23/11/2017), oportunidade em que **a Terceira Seção desta Corte pacificou entendimento no sentido de que a reincidência, seja ela específica ou não, deve ser compensada integralmente com a atenuante da confissão, demonstrando, assim, que não foi ofertado maior desvalor à conduta do réu que ostente outra condenação pelo mesmo delito**. Referido julgamento assentou-se na premissa de que o réu, mesmo ostentando condenação anterior por delito idêntico, não merece maior reprovabilidade na sua conduta, haja vista que, após a reforma da Parte Geral do Código Penal, operada em 11/7/1984, **não há mais distinção entre os efeitos da reincidência genérica e específica, sendo inadmissível que o aplicador da lei assim o proceda, sob pena de ofensa aos princípios da legalidade e da proporcionalidade**. Nesse contexto, alinhado à jurisprudência que se firmou no âmbito da Terceira Seção, **extrai-se que a reincidência específica, justamente por não possuir maior desvalor no confronto com a atenuante da confissão espontânea, também não pode ensejar maior incremento da pena quando incidir, de forma isolada, na segunda fase da dosimetria**. V – Na hipótese em foco, o Tribunal de origem manteve a fração de aumento decorrente da reincidência em 1/3 (um terço), apenas pelo fato de ser específica, para o incremento superior a 1/6 (um sexto), **sem expedir nenhuma outra motivação a justificar o recrudescimento do aumento**..." (grifo nosso).

a **confissão**, segundo pacífica e reiterada jurisprudência do Superior Tribunal de Justiça[3], sendo certo que, ao ver do STF, a reincidência, mesmo a específica, tampouco teria relevo maior sobre as demais atenuantes genéricas preponderantes, como a menoridade de 21 (vinte e um) anos, desafiando compensação integral, porque de **idêntica estatura**[4] – a única resistência verificada na Corte Constitucional é encarar a **confissão** como atenuante prevalente, vinculada à personalidade do agente, apta a compensar com a reincidência[5].

Não se ignora a discussão atinente aos antecedentes serem, ou não, fenômeno **único**, de modo que, depurado o *plus*, a reincidência, ante o decurso do quinquídio versado no art. 64, I, do Código Penal, os antecedentes tampouco subsistiriam. Assim entendia a 2ª Turma do STF[6], enquanto a 1ª Turma sustentava que a depuração da reincidência não alcançaria os maus antecedentes, salvo se **antigas** as condenações, presente o direito ao esquecimento[7]. O Plenário, ao debater o tema, no Recurso Extraordinário nº 593818, da relatoria do Min. Luís Roberto Barroso, agasalhou essa última posição, na sessão do dia 18 de agosto de 2020, com acórdão publicado em 23 de novembro imediato, vencidos os Ministros Ricardo Lewandowski, Marco Aurélio, Gilmar Mendes e Dias Toffoli, entendendo não ser possível embaralhar os maus antecedentes à reincidência, logo, embora depurada esta, ante o decurso do quinquídio versado no art. 64, I, do CP, aqueles persistiriam. Eis a tese estipulada: *"Não se aplica para o reconhecimento dos maus antecedentes o prazo quinquenal de prescrição da reincidência, previsto no art. 64, I, do Código Penal"*. O Superior Tribunal de Justiça filia-se ao entendimento da 1ª Turma do STF, inclusive no tocante à desconsideração dos títulos condenatórios antigos, evitando eternizá-los[8].

---

[3] AgInt no HC 579.265/SP, Rel. Ministro Reynaldo Soares da Fonseca, Quinta Turma, julgado em 26/05/2020, *DJe* 02/06/2020 – *"...A Terceira Seção desta Corte, no julgamento do Recurso Especial n. 1.341.370/MT, examinado sob a sistemática dos recursos repetitivos (Tema 585),* **pacificou o entendimento de que a reincidência e a confissão são circunstâncias igualmente preponderantes, não havendo óbice à compensação integral entre ambas***. E, no julgamento do HC n. 365.963/SP, tal possibilidade foi* **estendida à reincidência específica***. Precedentes..."* (grifo nosso).

[4] RHC 141511, Relator Min. Gilmar Mendes, julgado em 23/05/2018, publicado em *DJe*-102 25/05/2018 – pronunciamento monocrático.

[5] HC 105543, Relator Min. Roberto Barroso, Primeira Turma, julgado em 29/04/2014, *DJe*-100 27/05/2014 – *"...Compensação da agravante da reincidência com a atenuante da confissão espontânea.* **Impossibilidade***..."* (grifo nosso); RHC 120677, Relator Min. Ricardo Lewandowski, Segunda Turma, julgado em 18/03/2014, *DJe*-065 02/04/2014 – *"...a agravante da reincidência* **prepondera** *sobre a atenuante da confissão espontânea, razão pela qual é* **inviável** *a compensação pleiteada..."* (grifo nosso).

[6] HC 172375 AgR, Relator Min. Celso de Mello, Segunda Turma, julgado em 04/05/2020, *DJe*-121 15/05/2020 – *"...***Não se revela legítimo, considerada a jurisprudência firmada por esta Suprema Corte, considerar como maus antecedentes condenações criminais cujas penas, cotejadas com infrações posteriores, extinguiram-se há mais de cinco (05) anos, pois, com o decurso desse quinquênio (CP, art. 64, I), não há como reconhecer nem como admitir que continuem a subsistir, residualmente, contra o réu, os efeitos negativos resultantes de sentenças condenatórias anteriores***, a significar, portanto, que se mostrará ilegal qualquer valoração desfavorável ao acusado, que repercuta, de modo gravoso, na operação de dosimetria penal. Precedentes. Doutrina..."* (grifo nosso).

[7] HC 152144 AgR, Relator Min. Rosa Weber, Primeira Turma, julgado em 11/05/2020, *DJe*-125 21/05/2020 – *"...A Primeira Turma desta Suprema Corte, nos autos do RE 1.242.441-AgR/PR, Relator Ministro Alexandre de Moraes, DJe 19.12.2019, assentou que 'a condenação alcançada pelo período depurador de 5 anos afasta os efeitos da reincidência,* **mas não impede a configuração de maus antecedentes**'*..."* (grifo nosso).

[8] AgRg no AREsp 1483975/SP, Rel. Ministra Laurita Vaz, Sexta Turma, julgado em 26/05/2020, *DJe* 02/06/2020 – *"...1. O acórdão proferido pelo Tribunal a quo está em conformidade com a posição das*

A *contrario sensu* do debate em curso, conclui-se pelo consenso em torno da **unicidade da reincidência, a ser pensada como fenômeno único**, porquanto, **a lei penal não dista a genérica da específica**. A prevalecer, na Lei nº 10.826/03, a reincidência específica como causa de aumento de pena, em tese, caso o sentenciado apresente duas condenações pretéritas, ambas reveladoras da reincidência, a genérica teria projeção na 2ª fase, enquanto a específica, na 3ª. O **mesmo** fenômeno, reincidência, agravaria a reprimenda **duas** vezes, em ostensivo *bis in idem*, incompatível com os postulados constitucionais da legalidade penal estrita e do devido processo legal substancial – art. 5º, XXXIX e LIV, da CRFB/88.

Tem-se, portanto, outro excesso do Poder Legislativo, em matéria penal, a merecer pronta intervenção do Supremo Tribunal Federal, em resguardo dos primados da individualização da pena, proporcionalidade, legalidade penal estrita e devido processo legal substancial. Cumpre assegurar a organicidade e a lógica do Direito Penal, especificamente da aplicação da pena. E o STF tem se incumbido dessa missão com primor ultimamente: primeiro, ao declarar inconstitucional o regime **obrigatoriamente** inicial fechado para os delitos de natureza hedionda, independentemente da quantidade de pena (art. 2º, § 1º, da Lei nº 8.072/90, com a redação dada pela Lei nº 11.464/07), o que geraria desproporções infindáveis entre a **qualidade** e a **quantidade** da reprimenda[9]; depois, ao declarar inconstitucional, pelos mesmos motivos, o art. 44 da Lei nº 11.343/06, ao vedar, aprioristicamente, a substituição da pena privativa de liberdade por restritiva de direitos aos delitos previstos nos arts. 33, cabeça, e § 1º, 34 a 37, nada obstante as escalas penais módicas e a ausência de violência ou grave ameaça à pessoa, desaguando, também, em **descompassos** entre o *quantum* e a **qualidade** da sanção[10]; bem como ao excluir a hediondez do tráfico "privilegiado" (art. 33, § 4º, da Lei nº 11.343/06), afinal, é uma modalidade delitiva suscetível de tantas benesses que a epígrafe hedionda lhe é, do ponto de vista axiológico e ontológico, incompatível[11]. **Vê-se, na *ratio decidendi* de todos esses julgados, o princípio da proporcionalidade como vetor norteador.**

Costuma-se associar a reincidência à coculpabilidade do Estado, considerado o fracasso no processo de ressocialização do apenado, a começar pelo estado de coisas inconstitucional do próprio sistema prisional. Precisá-la, todavia, é tarefa inglória, porque não se pode menosprezar o livre arbítrio do acusado. A delinquência é um dos caminhos. Mas não é o único. Embora seja uma tese plenamente viável juridicamente, é de dificílima

---

Turmas que compõem a Terceira Seção do Superior Tribunal de Justiça, as quais **têm firme orientação de que o período depurador previsto no art. 64, inciso I, do Código Penal, afasta a configuração da agravante da reincidência, mas não constitui óbice à avaliação negativa da circunstância judicial dos antecedentes**. Precedentes. 2. Na Sexta Turma, **há julgados no sentido de que os maus antecedentes, quando os registros da folha de antecedentes forem muito antigos, podem sofrer relativização, admitindo-se o afastamento de sua análise desfavorável, em aplicação à teoria do direito ao esquecimento** (REsp 1.707.948/RJ, Rel. Ministro Rogerio Schietti Cruz, DJe 16/04/2018)..." grifo nosso.

[9] HC 111840, Relator Min. Dias Toffoli, Tribunal Pleno, julgado em 27/06/2012, DJe-249 17/12/2013.
[10] HC 97256, Relator Min. Ayres Britto, Tribunal Pleno, julgado em 01/09/2010, DJe-247 16/12/2010, RT v. 100, n. 909, 2011, p. 279-333.
[11] HC 118533, Relator Min. Cármen Lúcia, Tribunal Pleno, julgado em 23/06/2016, DJe-199 19/09/2016.

demonstração em concreto. Idêntica resistência vê-se no STF[12] e no STJ[13]. Contudo, a política armamentista desenfreada liderada pela Presidência da República, concomitante ao advento da Lei nº 13.964/19, convidando os jurisdicionados a se armarem, potencializa a ilogicidade do inciso II do art. 20 da Lei nº 10.826/03. Muitos desavisados e incautos, espelhados no "exemplo" dado pelo mandatário maior da nação, cujos atos e discursos possuem carga simbólica brutal, vão se armar. Mas o farão inadequadamente, incorrendo em porte ilegal de arma de fogo, não raro gerador de reincidência específica – lembrando que a majorante compreende, também, o porte de arma de uso **permitido**, haja vista a referência, no *caput* do art. 20, ao art. 14. Embora seja um argumento circunstancial, e, justamente por isso, apenas de reforço – *obiter dictum* –, ressai nítida, nessa conjuntura, a **coculpabilidade do Estado, tornando ainda mais desproporcional a reincidência específica como causa de aumento de pena.**

Dessarte, o inciso II do art. 20 da Lei nº 10.826/03 é **inconstitucional**.

Finalmente, a Lei nº 13.964/19 criou, no art. 34-A da Lei nº 10.826/03, o Banco Nacional de Perfis Balísticos, voltado ao armazenamento de dados relativos à coleta de registros balísticos, conforme anuncia o *caput*. Se concretizado – nos moldes do § 6º, *a formação, a gestão e o acesso ao Banco Nacional de Perfis Balísticos serão regulamentados em ato do Poder Executivo federal* – será de suma valia à elucidação de crimes perpetrados por meio de arma de fogo.

Objetiva *cadastrar armas de fogo e armazenar características de classe e individualizadoras de projéteis e de estojos de munição deflagrados por arma de fogo* (art. 34-A, § 1º), sendo constituído *pelos registros de elementos de munição deflagrados por armas de fogo relacionados a crimes, para subsidiar ações destinadas às apurações criminais federais, estaduais e distritais* (art. 34-A, § 2º), viabilizando, por exemplo, confrontos balísticos. A gestão ficará a cargo da *unidade oficial de perícia criminal* (art. 34-A, § 3º). Os dados lá armazenados *terão caráter sigiloso, e aquele que permitir ou promover sua utilização para fins diversos dos previstos nesta Lei ou em decisão judicial responderá civil, penal e administrativamente* (art. 34-A, § 4º), podendo incorrer, *v.g.*, no delito previsto no art. 153, § 1º-A, do Código Penal – **Divulgar**, *sem justa causa, informações* **sigilosas** *ou reservadas, assim definidas em lei,* **contidas** *ou não nos sistemas de informações ou* **banco de dados da Administração Pública** (grifo nosso). Nos termos do § 5º, tais dados são de comercialização **proibida**.

---

[12] HC 132461, Relator Min. Gilmar Mendes, julgado em 28/10/2016, publicado em *DJe*-236 07/11/2016; ARE 954305, Relator Min. Gilmar mendes, julgado em 28/04/2016, publicado em *DJe*-088 03/05/2016 – pronunciamentos monocráticos.

[13] HC 116.972/MS, Rel. Ministro Jorge Mussi, Quinta Turma, julgado em 19/08/2010, *DJe* 13/09/2010 – "...2. ***Impossível acolher-se a teoria da Co-Culpabilidade para mitigar a reprovação da conduta do agente no caso****, pois além de essa matéria não ter sido analisada pelo Tribunal de origem, o que impediria a sua apreciação diretamente por esta Corte Superior de Justiça, diante das circunstâncias em que se deram os ilícitos, não há como se eximir o acusado parcialmente das suas consequências, tampouco como concluir que teria sido levado a delinquir por uma suposta ausência de um direito não concretizado pelo Estado ou porque teria menor âmbito de autodeterminação em razão de eventuais condições sociais desfavoráveis. 3.* **Inviável infirmar a conclusão de personalidade voltada para a prática de ilícitos, assim comprovada diante da reincidência do paciente e do cometimento de crime de furto, anteriormente à prática dos delitos objetos do presente writ, indicativos de que seu envolvimento com o ilícito não é esporádico, a ensejar maior apenação na primeira etapa da dosimetria***..." (grifo nosso).

18
FUNDO NACIONAL DE SEGURANÇA PÚBLICA E SEUS RECURSOS

O Fundo Nacional de Segurança Pública, disciplinado pela Lei nº 13.756, de 12 de dezembro de 2018, de natureza contábil, *instituído pela Lei nº 10.201, de 14 de fevereiro de 2001, tem por objetivo garantir recursos para apoiar projetos, atividades e ações nas áreas de segurança pública e de prevenção à violência, observadas as diretrizes do Plano Nacional de Segurança Pública e Defesa Social*, competindo a gestão ao Ministério da Justiça e da Segurança Pública, segundo preconiza o art. 2º, *caput* e parágrafo único.

A Lei nº 13.964/19 potencializou os recursos do Fundo, ao incluir, no art. 3º, como novas fontes de receita, a par das já existentes, os aportes provenientes de convênios, contratos ou acordos firmados com entidades públicas ou privadas, nacionais, internacionais ou estrangeira (inciso V), dos confiscos ou das alienações dos bens perdidos em favor da União Federal (inciso VI), das fianças quebradas ou perdidas (inciso VII), observando-se, nessas duas últimas hipóteses, o disposto na lei processual penal, bem como dos rendimentos, de qualquer natureza, auferidos como remuneração, em virtude da aplicação do patrimônio do Fundo Nacional de Segurança Pública (inciso VIII).

À luz dos princípios da anterioridade – *lex posteriori derogat anteriori* – e da especialidade, o novel art. 3º, VII, da Lei nº 13.756/18, incluído pela Lei nº 13.964/19, se sobreporia ao regramento geral dos arts. 343 e 344 do CPP, que elegiam o Fundo Penitenciário Nacional (FUNPEN) como destinatário da verba decorrente da quebra ou perda da fiança, fixando o Fundo Nacional de Segurança Pública (FNSP) como novo beneficiário dessa receita.

Entretanto, no Recurso Extraordinário nº 641.320, da relatoria do Min. Gilmar Mendes, julgado em 11/05/2016, com acórdão publicado no *DJe* de 1º de agosto imediato, cujos termos desaguaram na Súmula Vinculante nº 56, o Pleno do STF, debruçando-se sobre o estado de coisas inconstitucional do sistema prisional, realizou interpretação conforme a Constituição para **excluir qualquer interpretação que permita o contingenciamento do Fundo Penitenciário Nacional (FUNPEN), criado pela Lei Complementar nº 79/94**. Por conseguinte, **as verbas especificamente destinadas ao FUNPEN não são alcançadas pelas inovações trazidas pela Lei nº 13.964/19, privilegiando-se o decidido pelo Pleno do STF, com força vinculante.**

Esvazia-se, por conseguinte, o inciso VII, pertinentes às fianças perdidas e quebradas, porquanto os arts. 344 e 345 do CPP, com a redação dada pela Lei nº 12.403/11, apontam o FUNPEN como destinatário destes valores. Sem isso, o sistema prisional pátrio não abandonará o estado de coisas inconstitucional, conforme afirmado na 1ª edição da obra.

19
PROCESSO DECISÓRIO

Conquanto citado diversas vezes ao longo da obra, convém tratar o processo decisório versado no art. 315, § 2º do CPP em separado.

A Lei nº 13.964/19 reproduziu, no novel § 2º do art. 315, o preceito contido no § 1º do art. 489 do CPC/15. Embora indesejável a topografia, reservada à prisão preventiva, a norma insculpida tem cunho geral, versando sobre qualquer pronunciamento jurisdicional, a ponto de aludir, explicitamente, às decisões interlocutórias, sentenças e acórdãos. Notabiliza-se pelo viés pedagógico, anunciando, didaticamente, a lacuna (inciso IV) ou precariedade (incisos I a III, V e VI) da fundamentação nas decisões que:

a) inciso I – limitam-se *à indicação, à reprodução ou à paráfrase de ato normativo, sem explicar sua relação com a causa ou a questão decidida* (grifo nosso), *v.g.*, prende-se preventivamente a fim de resguardar a *conveniência da instrução criminal e a fiel aplicação da lei penal* sem esclarecer, com apontamentos concretos, em qual medida estariam ameaçadas pela liberdade do réu;

b) inciso II – empregam *conceitos jurídicos indeterminados, sem explicar o motivo concreto de sua incidência no caso, v.g.* assentar conclusões, com lastro em *regras de experiência*, sem especificar quais seriam e a pertinência com o caso concreto;

c) inciso III – invocam *motivos que se prestariam a justificar qualquer outra decisão, v.g.*, eleger o regime inicial fechado por haver sido o crime de roubo perpetrado com arma de fogo de uso permitido, sem indicar qualquer especificidade concreta reveladora da insuficiência do regime inicial semiaberto[1];

d) inciso IV – não enfrentam *todos os argumentos deduzidos no processo capazes de, em tese, infirmar a conclusão adotada pelo julgador, v.g.* arguida a atipicidade da conduta, com arrimo no princípio da insignificância e na impossibilidade absoluta do meio, o juiz condena o acusado, refutando apenas o primeiro. Gize-se que o órgão

---

[1] AgRg no HC 506.390/RJ, Rel. Ministro Nefi Cordeiro, Sexta Turma, julgado em 05/11/2019, DJe 11/11/2019 – "...1. *Nos termos da jurisprudência desta Corte Superior, exige-se fundamentação concreta para a fixação de regime inicial mais gravoso do que a pena aplicada permite, nos termos do disposto nas Súmulas 440 do STJ, 718 e 719 do STF.* 2. **Evidencia-se ilegalidade no acórdão que redimensiona a pena do paciente para o patamar não superior a 8 anos, mas mantém o regime inicial fechado com fundamento unicamente na gravidade abstrata do delito**..." (grifo nosso).

jurisdicional não está obrigado a rebater cada fundamento em separado. Retrucada a tese principal, os argumentos de reforço à própria restam, não raro, prejudicados. Ilustrando: assentada a ilicitude da prova e, por conseguinte, a sua inadmissibilidade *pro societate*, não amparada pelo princípio da proporcionalidade, a argumentação contrária, pautada na vedação à proteção insuficiente, está rebatida, não precisando o juiz abrir um parágrafo da sua sentença só para retorqui-la.

e) inciso V – restringem-se *a invocar precedente ou enunciado de súmula, sem identificar seus fundamentos determinantes nem demonstrar que o caso sob julgamento se ajusta àqueles fundamentos*, v.g., aplicar, automaticamente, a Súmula nº 582 do STJ (*consuma-se o crime de roubo com a inversão da posse do bem mediante emprego de violência ou grave ameaça, ainda que por breve tempo e em seguida à perseguição imediata ao agente e recuperação da coisa roubada, sendo prescindível a posse mansa e pacífica ou desvigiada*), sem dizer o porquê de compreender a distinção articulada pela defesa, consubstanciada, por exemplo, no fato de haver sido o agente capturado com a *res furtiva*, ainda no *locus delicti*.

f) inciso VI – deixarem *de seguir enunciado de súmula, jurisprudência ou precedente invocado pela parte, sem demonstrar a existência de distinção no caso em julgamento ou a superação do entendimento*, v.g., desclassifica a imputação de roubo, da modalidade consumada para a tentada, sem indicar a distinção à Súmula nº 582 do STJ, como, por exemplo, obtemperar que o autor da captura acompanhou desde o nascedouro a subtração, logrando capturar prontamente o roubador, com a *res furtiva*, cenário que, segundo alguns precedentes do STF, justificaria o reconhecimento da tentativa[2].

A técnica argumentativa *per relationem* ou *aliunde* é compatível com o art. 315, § 2º do CPP. Apresentadas a tese pelo autor (ou recorrente) e a antítese pelo réu (ou recorrido), cumpre ao juiz confeccionar a síntese, trazendo os argumentos em razão dos quais acolhe uma ou outra, integral ou parcialmente. Nada impede que, pontualmente, de maneira contextualizada, reproduza os fundamentos desenvolvidos por uma das partes para refutar o ponto de vista antagônico. Inconcebível é simplesmente justapor a síntese à tese ou à antítese, ou, ainda, ao parecer do órgão ministerial oficiante no Tribunal, tornando caricaturais o contraditório e a dialética processual, ao arrepio do dever constitucional de fundamentar, encartado no art. 93, IX, da CRFB/88. Ilustrando: descabe pronunciamento do gênero "provejo o apelo do Ministério Público, adotando, como razões de decidir, o judicioso parecer do douto Procurador de Justiça"[3]. Por outro lado, nada impede que o

---

[2] HC 104.593, Relator Min. Luiz Fux, Primeira Turma, julgado em 08/11/2011, DJe-230 05/12/2011, RB v. 24, n. 579, 2012, p. 53-56 – *"...Ainda que o agente tenha se apossado da res, subtraída sob a ameaça de arma de brinquedo, é de se reconhecer o crime tentado, e não o consumado,* **considerada a particularidade de ter sido ele a todo tempo monitorado por policiais que se encontravam no cenário do crime.** *Hipótese em que o paciente subtraiu um passe de ônibus, o qual, com a ação dos policiais, foi restituído imediatamente à vítima. Ordem concedida."* (HC 88.259/SP, Relator Min. Eros Grau, Segunda Turma, Julgamento em 2/5/2006, DJ 26/5/2006). 3. *In casu, os pacientes, em união de desígnios e mediante violência física, subtraíram da vítima a quantia de R$ 20,00 (vinte reais), sendo imediatamente perseguidos e presos em flagrante pela Polícia Militar, que passava pelo local durante o ato delituoso..."* (grifo nosso); HC 88259, Relator Min. Eros Grau, Segunda Turma, julgado em 02/05/2006, DJ 26/05/2006.

[3] STJ, HC 216.659/SP, Rel. Ministro Sebastião Reis Júnior, Terceira Seção, julgado em 08/06/2016, DJe 01/07/2016 – *"...2. Os Tribunais Superiores possuem entendimento de que a utilização da técnica de motivação per relationem, quando o ato decisório se reporte a outra decisão ou manifestação dos autos e as adote como razão de decidir, não vulnera o disposto no artigo 93, IX, da Constituição Federal (HC 298.319/SP, Ministro Gurgel de Faria, Quinta Turma, DJe 15/2/2016). 3.* **Hipótese em que, da mera leitura**

Juízo, **paralelamente à fundamentação por ele trazida**, reporte-se a trechos de manifestações anteriores suas ou das partes, como "ainda em relação à almejada insignificância, conforme bem articulou o Ministério Público nas contrarrazões de apelação, 'a *res furtiva* foi avaliada montante superior ao salário mínimo, razão suficiente ao afastamento da atipicidade material'". Nesse sentido, colocam-se o STF[4] e o STJ[5].

Pronunciamento jurisdicional despido de argumentos próprios, que se restringe a reproduzir outras manifestações, é absolutamente **nulo**, desafiando **refazimento**, porque, a rigor, **a jurisdição não foi prestada**. Em apreço ao princípio da causalidade (art. 573, § 1º, do CPP), os atos dele decorrentes igualmente se mostram insubsistentes, logo, medidas cautelares constritivas da liberdade hão de ser relaxadas, as provas decorrentes de comandos cautelares proferidos nesses moldes serão ilícitas, desafiando desentranhamento, e bens bloqueados serão levantados, por exemplo.

---

do acórdão impugnado, se vislumbra a total carência de fundamentação, uma vez que não há a mínima menção a qualquer das questões tratadas no recurso de apelação ou a qualquer peculiaridade dos autos, sendo certo que os referidos parágrafos, pela abstração, servem ao exame de qualquer julgado..." (grifo nosso); HC 258.671/SP, Rel. Ministro Nefi Cordeiro, Rel. p/ Acórdão Ministra Maria Thereza de Assis Moura, Sexta Turma, julgado em 05/04/2016, DJe 15/04/2016 – "...2. A teor do artigo 93, inciso IX, da Constituição Federal, as decisões do Poder Judiciário devem ser motivadas, a ponto de conter o substrato da causa e as particularidades defendidas pelas partes, de modo a viabilizar, de um lado, o exercício do duplo grau de jurisdição, e, de outro, o controle político do cumprimento da função judicante. 3. Na espécie, *existe manifesta ilegalidade pois, a pretexto de apreciar o recurso de apelação da defesa, o acórdão vergastado apenas se constituiu em tábula rasa, somente concluindo nos termos dos argumentos da decisão condenatória, sem sequer destacar o contexto da pretensão recursal*, ex vi do princípio do tantum devolutum quantum appellatum..." (grifo nosso); HC 247.368/SP, Rel. Ministro Nefi Cordeiro, Rel. p/ Acórdão Ministra Maria Thereza de Assis Moura, Sexta Turma, julgado em 03/12/2015, DJe 26/02/2016 – "...1. A teor do artigo 93, inciso IX, da Constituição Federal, as decisões do Poder Judiciário devem ser motivadas, a ponto de conter o substrato da causa e as particularidades defendidas pelas partes.2. Na espécie, *cinge-se o acórdão do Tribunal de origem, ao negar o recurso de apelação da defesa, a singela referência à sentença e ao parecer da Procuradoria de Justiça, sem qualquer transcrição de trechos que pudessem decidir, com percuciência, os temas suscitados nas razões recursais*..." (grifo nosso).

[4] RHC 182161 AgR, Relator Min. Luiz Fux, Primeira Turma, julgado em 22/05/2020, DJe 08/06/2020; HC 176077 AgR, Relator Min. Celso de Mello, Segunda Turma, julgado em 06/12/2019, DJe 18/12/2019.

[5] HC 573.453/DF, Rel. Ministro Antonio Saldanha Palheiro, Sexta Turma, julgado em 19/05/2020, DJe 25/05/2020 – "...3. É válida a utilização da técnica da fundamentação per relationem, em que o magistrado se utiliza de trechos de decisão anterior ou de parecer ministerial como razão de decidir, **desde que a matéria haja sido abordada pelo órgão julgador, com a menção a argumentos próprios**, como na espécie, uma vez que a instância antecedente, além de fazer remissão a razões elencadas pelo Juízo natural da causa, indicou os motivos pelos quais considerava necessária a manutenção da prisão preventiva do réu e a insuficiência de sua substituição por medidas cautelares diversas (RHC 94.488/PA, relator Ministro ROGERIO SCHIETTI CRUZ, SEXTA TURMA, julgado em 19/4/2018, DJe 2/5/2018)..." (grifo nosso); AgRg no AREsp 1581691/RS, Rel. Ministro Reynaldo Soares da Fonseca, Quinta Turma, julgado em 13/04/2020, DJe 15/04/2020 – "...1. Esta Corte Superior possui firme entendimento de ser **válida a utilização da técnica da fundamentação per relationem, em que o magistrado emprega trechos de decisão anterior ou de parecer ministerial como razão de decidir, desde que a matéria tenha sido abordada pelo órgão julgador, com a menção a argumentos próprios**, o que não foi realizado no presente caso. 2. No presente caso, não houve, ainda que de modo sucinto, pela Corte de origem, apreciação da matéria impugnada pela defesa, por argumentos próprios, **apenas a transcrição isolada da sentença condenatória. Assim, verifica-se a ausência de fundamentação do acórdão combatido**..." (grifo nosso).

No caso, especificamente, do art. 315, § 2º, do CPP, **a omissão versada no inciso IV não importa nulidade absoluta da decisão, porque, na realidade, desafia complementação**, podendo desaguar em conclusões diversas das inicialmente obtidas. Se, por exemplo, o juiz complementar a sentença, **confirmando** o dispositivo condenatório, não se interrompe, novamente, a prescrição, nos moldes do art. 117, IV, do Código Penal, sob pena de *bis in idem*. Contudo, se, ao fazê-lo, redireciona para a absolvição, o marco interruptivo prescricional anterior, atrelado à condenação primeva, deixa de existir, hipótese na qual a última causa de interrupção da prescrição persiste sendo o recebimento da denúncia ou da queixa (art. 117, I, do Código Penal).

As demais hipóteses, contudo, encerram *error in judicando*, ensejando a reforma da decisão, e não a anulação, afinal, **existe motivação, porém frágil**. Como o Tribunal, em grau recursal, atua investido de competência revisional, assentada a debilidade argumentativa do pronunciamento guerreado, cumpre reformá-lo. Caso o mantivesse, trazendo fundamentos inéditos, **inovaria**, em claríssima supressão de instância, afinal, os argumentos apresentados não foram objeto de debate em primeiro grau nem em sede recursal[6].

---

[6] STJ, HC 355.196/SP, Rel. Ministra Maria Thereza de Assis Moura, Sexta Turma, julgado em 09/08/2016, DJe 24/08/2016 – "...5. De mais a mais, **não é dado ao Tribunal estadual agregar fundamentos não presentes na decisão do Juízo singular, sob pena de incidir em indevida inovação**..." (grifo nosso); RHC 25.042/PI, Rel. Ministro Jorge Mussi, Quinta Turma, julgado em 19/03/2009, DJe 06/04/2009 – "...3. Não pode a Corte impetrada inovar nos fundamentos que determinam a prisão do recorrente, **ausentes na decisão de primeira instância**..." (grifo nosso).

REFERÊNCIAS BIBLIOGRÁFICAS

ALEXY, Robert. *Teoria dos direitos fundamentais*. Tradução Virgílio Afonso da Silva. São Paulo: Malheiros, 2008.

AMANKWAA, Aaron Opoku; McCARTNEY, Carole. The effectiveness of the UK national DNA database. *Forensic Science International*, Synergy, v. 1, p. 45-55, 2019. Disponível em: https://www.sciencedirect.com/science/article/pii/S2589871X19300713#bib59. Acesso em: 6 abr. 2020.

ANDRADE, Manuel da Costa. *Sobre as proibições de prova em processo penal*. Coimbra: Almedina, 1992.

ANDRADE, Manuel da Costa; CANOTILHO, José Joaquim Gomes. *Intervenções corporais no processo penal e a nova identificação criminal*. Rio de Janeiro: Elsevier, 2014.

ARAS, Vladimir. *Acordos de colaboração premiada e acordos de leniência*. Disponível em: https://blogdovladimir.wordpress.com/2015/05/12/acordos-de-colaboracao-premiada-e-acordos-de-leniencia/. Acesso em: 4 ago. 2020.

ARRUDA, José Acácio; PARREIRA, Kleber Simônio. *A prova judicial de ADN*. Belo Horizonte: Del Rey, 2000.

AVOLIO, Luiz Francisco Torquato. *Provas ilícitas, interceptações telefônicas, ambientais e gravações clandestinas*. 4. ed. São Paulo: RT, 2010.

BADARÓ, Gustavo Henrique Righi Ivahy. *As reformas no processo penal – As novas Leis de 2008 e os Projetos de Reforma*. In: MOURA, Maria Thereza Rocha de Assis (coord.). São Paulo: RT, 2008.

BADARÓ, Gustavo Henrique Righi Ivahy. Súmula 574 do STJ traz incertezas sobre crime contra direito autoral. *Revista Consultor Jurídico*, 5 jul. 2016. Acesso em: 2 maio 2020.

BADARÓ, Gustavo Henrique; BOTTINI, Pierpaolo Cruz. *Lavagem de dinheiro, aspectos penais e processuais penais*. 2. ed. São Paulo: RT, 2013.

BANDEIRA DE MELLO, Celso Antônio. *Curso de direito administrativo*. 16. ed. São Paulo: Malheiros, 2003.

BARBOSA MOREIRA, José Carlos. *Comentários ao Código de Processo Civil*. 10. ed. Rio de Janeiro: Forense, 2002. v. V.

BARBOSA MOREIRA, José Carlos. Eficácia da sentença e autoridade da coisa julgada. *Temas de direito processual*. Terceira Série. São Paulo: Saraiva, 1984.

BARBOSA MOREIRA, José Carlos. *Temas de direito processual*. Terceira série. São Paulo: Saraiva, 1984.

BARROSO, Luís Roberto. *Interpretação e aplicação da Constituição*. São Paulo: Saraiva, 1996.

BATISTA, Weber Martins. *Direito penal e processual penal*. 2. ed. Rio de Janeiro: Forense, 1987.

BATISTA, Weber Martins. *Juizados Especiais Cíveis e Criminais e suspensão condicional do processo penal*. Rio de Janeiro: Forense, 1998.

BATISTA, Weber Martins. *O furto e o roubo no direito e no processo penal*: doutrina e jurisprudência. Rio de Janeiro: Forense, 1997.

BATISTA, Weber Martins; FUX, Luiz. *Juizados Especiais Cíveis e Criminais e suspensão condicional do processo penal*. Rio de Janeiro: Forense, 1998.

BECCARIA, Cesare. *Dos delitos e das penas*. São Paulo: Martin Claret, 2006.

BETTIOL, Guiseppe; BETTIOL, Rodolfo. *Instituições de processo penal*. São Paulo: Saraiva, 2008.

BITENCOURT, Cezar Roberto. *Juizados Especiais Criminais e alternativas à pena de prisão*. 3. ed. Porto Alegre: Livraria do Advogado, 1997.

BITENCOURT, Cezar Roberto. *Tratado de direito penal*: parte especial. 10. ed. São Paulo: Saraiva, 2016. v. 4.

BITENCOURT, Cezar Roberto. *Tratado de direito penal*. 12. ed. São Paulo: Saraiva, 2016. v. 3.

BITENCOURT, Cezar Roberto. *Tratado de direito penal*: parte especial (crimes contra a pessoa). 16. ed. São Paulo: Saraiva, 2016. v. II.

BITENCOURT, Cezar Roberto. *Tratado de direito penal*. Parte geral. 22. ed. São Paulo: Saraiva, 2016.

BITENCOURT, Cezar Roberto; BUSATO, Paulo César. *Comentários à Lei de Organização Criminosa*. São Paulo: Saraiva, 2014.

BRITO, Alexis Couto de. *Execução penal*. 3. ed. São Paulo: RT, 2013.

CABRAL, Rodrigo Leite Ferreira. *Manual do acordo de não persecução penal*. Salvador: JusPodivm, 2020.

CALABRICH, Bruno; FISCHER, Douglas; PELELLA, Eduardo (coord.). *Garantismo penal integral*: questões penais e processuais, criminalidade moderna e aplicação do modelo garantista no Brasil. Salvador: JusPodivm, 2010.

CÂMARA, Alexandre Freitas. *Lições de direito processual civil*. 5. ed. Rio de Janeiro: Lumen Juris, 2001. v. I.

CAMPOS, Walfredo Cunha. *Curso completo de processo penal*. Salvador: JusPodivm, 2018.

CARVALHO, Luis Gustavo Grandinetti Catanho de. *Processo penal e Constituição*: princípios constitucionais do processo penal. 6. ed. São Paulo: Saraiva, 2014.

CASTRO, Carolina Soares Castelliano Lucena de; NETTO, Fábio Prudente. *Comentários sobre a exigência da confissão no acordo de não persecução penal*. Disponível em: https://www.conjur.com.br/2020-fev-15/opiniao-exigencia-confissao-acordo-nao-persecucao-penal. Acesso em: 25 fev. 2020.

CHOUKR, Fauzi Hassan. *Código de Processo Penal*: comentários consolidados e crítica jurisprudencial. Rio de Janeiro: Lumen Juris, 2005.

CINTRA, Antonio Carlos de Araújo; GRINOVER, Ada Pellegrini; DINAMARCO, Cândido Rangel. *Teoria geral do processo*. 10. ed. São Paulo, Malheiros, 1994.

CONSTANTINO, Patrícia; ASSIS, Simone Gonçalves de; PINTO, Liana Wernersbach. O impacto da prisão na saúde mental dos presos do estado do Rio de Janeiro, Brasil. *Ciência e Saúde Coletiva*, mar. 2016. Disponível em: http://www.scielo.br/pdf/csc/v21n7/1413-8123-csc-21-07-2089.pdf. Acesso em: 19 abr. 2020.

CORDERO, Franco. *Guida alla procedura penale*. Torino: UTET, 1986.

COSTA, Álvaro Mayrink da. *Execução penal*. Rio de Janeiro: GZ Editora, 2016.

CUNHA, Rogério Sanches. *Execução penal para concursos*. Salvador: JusPodivm, 2015.

CUNHA, Rogério Sanches. *Pacote anticrime*: Lei 13.964/2019 – Comentários às alterações do CP, CPP e LEP. Salvador: JusPodivm, 2020.

CUNHA, Rogério Sanches; PINTO, Ronaldo Batista. *Crime organizado*: comentários à nova Lei sobre o Crime Organizado (Lei nº 12.850/13). 3. ed. Salvador: JusPodivm, 2014.

DALLAGNOL, Deltan Martinazzo; CÂMARA, Juliana de Azevedo Santa Rosa. A cadeia de custódia da prova. In: SALGADO, Daniel de Resende; QUEIROZ, Ronaldo Pinheiro de. *A Prova no Enfrentamento à Macrocriminalidade*. Salvador: JusPodivm, 2015.

DEMERCIAN, Pedro Henrique; MALULY, Jorge Assaf. *Teoria e prática dos Juizados Especiais Criminais*. Rio de Janeiro: Aide, 1997.

DERVIEUX, Valérie. Il processo penale in Francia. In: DELMAS-MARTY, Mireille; CHIAVARIO, Mario (org.). *Procedure penali d'Europa*. 2. ed. Padova: Cedam, 2001.

DERVIEUX, Valérie. *Procedure Penali D'Europa*. 2. ed. Padova: Cedam, 2001.

DINAMARCO, Cândido Rangel. *Instituições de direito processual civil*. 2. ed. São Paulo: Malheiros, 2002.

DINO, Nicolao. A colaboração premiada na improbidade administrativa: possibilidade e repercussão probatória. In: DINO, Nicolao et al. *A prova no enfrentamento à macrocriminalidade*. Salvador: JusPodivm, 2015.

FERNANDES, Bernardo Gonçalves. *Curso de direito constitucional*. 12. ed. Salvador: JusPodivm, 2020.

FERNANDES, Fernando Augusto. *Gravação de Temer viola o seu direito de não se autoincriminar*. Disponível em: www.conjur.com.br/2017-mai-31/fernandes-gravacao-temer-viola-direito-nao--autoincriminar.

FERRAJOLI, Luigi. *Direito e razão*: teoria do garantismo penal. Trad. Ana Paula Zomer, Fauzi Hassan Choukr, Juarez Tavares e Luiz Flávio Gomes, com a colaboração de Alice Bianchini, Evandro Fernandes de Pontes, José Antonio Siqueira Pontes e Lauren Paoletti Stefanini. São Paulo: RT, 2002.

FERRAZ, Tércio Sampaio. Sigilo de dados: o direito à privacidade e os limites à função fiscalizadora do Estado. *Cadernos de Direito Constitucional e Ciência Política*, São Paulo, n. 1, p. 77-82, 1992.

FERRAZ, Tércio Sampaio. Sigilo de dados: o direito à privacidade e os limites à função fiscalizadora do Estado. *Revista da Faculdade de Direito da Universidade de São Paulo*, v. 88, 1993.

FESTINGER, Leon. *Teoria da dissonância cognitiva*. Tradução Eduardo Almeida. Rio de Janeiro: Zahar, 1975.

FISCHER, Douglas. O que é garantismo penal (integral)? In: CALABRICH, Bruno; FISCHER, Douglas; PELELLA, Eduardo (coord.). *Garantismo penal integral*: questões penais e processuais, criminalidade moderna e aplicação do modelo garantista no Brasil. Salvador: JusPodivm, 2010.

FONSECA, Tiago Abud da. *Interceptação telefônica, a devassa em nome da lei*. Rio de Janeiro: Espaço Jurídico, 2008.

FONTELES, Cláudio Lemos. Decisão da Câmara Institucional – Considerações. *Ministério Público Federal*: visão do biênio 2003/2005. Brasília: Escola Superior do Ministério Público da União/Fundação Procurador Pedro Jorge de Melo e Silva, 2006.

FRANCO, Alberto Silva; LIRA, Rafael; FELIX, Yuri. *Crimes hediondos*. 7. ed. São Paulo: RT, 2011.

FREIRE, Alonso; FRAZÃO, Carlos Eduardo; MUDROVITSCH, Rodrigo de Bittencourt; RUFINO, Victor Santos. *O fenômeno da inconstitucionalidade circunstancial*. Disponível em: https://www.jota.info/opiniao-e-analise/artigos/o-fenomeno-da-inconstitucionalidade-circunstancial-25042020#_ftn4. Acesso em: 10 jun. 2020.

FREITAS, André Guilherme Tavares de (org.). *Estudos sobre as Novas Leis de Violência Doméstica contra a Mulher e de Tóxicos (Lei nº 11.340/06 e 11.343/06)*. Rio de Janeiro: Lumen Juris, 2007.

FREITAS, Vladimir Passos de. *O whistleblower (informante do bem) na ordem jurídica brasileira*. Disponível em: https://www.conjur.com.br/2019-nov-03/whistleblower-informante-bem-ordem-juridica--brasileira. Acesso em: 23 maio 2020.

GAGLIARDI, Pedro. *Teoria da dissonância cognitiva*. Rio de Janeiro: Zahar, 1975.

GENETICS, Home Reference. *What is noncoding DNA?* U.S. National Library of Medicine. Disponível em: https://ghr.nlm.nih.gov/primer/basics/noncodingdna. Acesso em: 11 abr. 2020.

GILABERTE, Bruno. *Direito penal III – Dos crimes contra a vida aos crimes contra o respeito aos mortos*. Rio de Janeiro: IOB Thomson, 2006.

GLOSS, Brian S.; DINGER, Marcel E. Realizing the significance of noncoding functionality in clinical genomics. *Experimental & Molecular Medicine* n. 50, Article n. 97, 7 ago. 2018. Disponível em: https://www.nature.com/articles/s12276-018-0087-0. Acesso em: 11 abr. 2020.

GOMES, Abel Fernandes. Juiz das garantias: inconsistência científica; mera ideologia – como se só juiz já não fosse garantia. *Revista CEJ*, Brasília, ano XIV, n. 51, p. 98-105, out./dez. 2010.

GOMES, Luiz Flávio. *O juiz contaminado, que tomou conhecimento da prova ilícita, deve ser afastado do processo?* Disponível em: https://lfg.jusbrasil.com.br/noticias/62230/o-juiz-contaminado-que-

-tomou-conhecimento-da-prova-ilicita-deve-ser-afastado-do-processo-luiz-flavio-gomes. Acesso em: 3 maio 2020.

GOMES, Luiz Flávio. *Organização criminosa*: um ou dois conceitos? Disponível em: https://lfg.jusbrasil.com.br/noticias/100689747/artigo-prof-luiz-flavio-gomes-organizacao-criminosa-um-ou-dois-conceitos. Acesso em: 20 jan. 2020.

GOMES, Luiz Flávio; CUNHA, Rogério Sanches. *Sequestro relâmpago com morte*: é crime hediondo. Disponível em http://www.lfg.com.br. Acesso em: 30 jan. 2020.

GOMES, Luiz Flávio; CUNHA, Rogério Sanches; PINTO, Ronaldo Batista. *Comentários às Reformas do Código de Processo Penal e da Lei de Trânsito*. São Paulo: RT, 2008.

GOMES, Luiz Flávio; SILVA, Marcelo Rodrigues da. *Organizações criminosas e técnicas especiais de investigação*. Salvador: JusPodivm, 2015.

GONÇALVES, Manuel Lopes Maia. *Código de Processo Penal anotado e comentado*. 12. ed. Coimbra: Almedina, 2001.

GRINOVER, Ada Pellegrini; GOMES FILHO, Antonio Magalhães; FERNANDES, Antonio Scarance; GOMES, Luiz Flávio. *Juizados Especiais Criminais*. 4. ed. São Paulo, RT, 2002.

GRINOVER, Ada Pellegrini; GOMES FILHO, Antonio Magalhães; FERNANDES, Antonio Scarance. *Recursos no processo penal*. 2. ed. São Paulo: RT, 1997.

HART, H. L. A. *O conceito de direito*. São Paulo: WMF Martins Fontes, 2009.

HASSEMER, Winfried. Processo penal e direito fundamental. In: PALMA, Maria Fernanda (coord.). *Jornadas de Direito Processual Penal e Direito Fundamental*. Coimbra: Almedina, 2004.

HÉRCULES, Hygino de Carvalho. *Medicina legal*: texto e atlas. São Paulo: Atheneu, 2008.

ISHIDA, Válter Kenji. *Prática jurídica de execução penal*. 3. ed. São Paulo: Atlas, 2015.

JARDIM, Afrânio Silva. Arquivamento e desarquivamento do inquérito policial. *Tributo a Afrânio Silva Jardim*: escritos e estudos. Rio de Janeiro: Lumen Juris, 2011.

JARDIM, Afrânio Silva. *Direito processual penal*. 6. ed. Rio de Janeiro: Forense, 1997.

JARDIM, Afrânio Silva; AMORIM, Pierre Souto Maior Coutinho de. *Direito processual penal*: estudos e pareceres. 14. ed. Salvador: JusPodivm, 2016.

JARDIM, Afrânio Silva; AMORIM, Pierre Souto Maior Coutinho de. Primeiras impressões sobre a Lei nº 13.964/19 – Aspectos processuais. *Empório do Direito*. Disponível em: https://emporiododireito.com.br/leitura/primeiras-impressoes-sobre-a-lei-n-13-964-19-aspectos-processuais. Acesso em: 19 jan. 2020.

JESUS, Damásio E. de. *Lei dos Juizados Especiais anotada*. 7. ed. São Paulo: Saraiva, 2002.

JUY-BIRMANN, Rodolphe. Il processo penale in Germania. In: DELMAS-MARTY, Mireille; CHIAVARIO, Mario (org.). *Procedure penali d'Europa*. 2. ed. Padova: Cedam, 2001.

KARAM, Maria Lúcia. Arquivamento e desarquivamento do inquérito policial. In: BASTOS, Marcelo Lessa; AMORIM, Pierre Souto Maior de (coord.). *Tributo a Afrânio Silva Jardim*: escritos e estudos. Rio de Janeiro: Lumen Juris, 2011.

LEITÃO JÚNIOR, Joaquim. Infiltração policial na internet da Lei 13.441/17 (dignidade sexual de menores) pode ser usada para outros crimes? *Revista Jus Navigandi*, Teresina, ano 22, n. 5063, 12 maio 2017. Disponível em: https://jus.com.br/artigos/57640. Acesso em: 10 maio 2020.

LIEBMAN, Enrico Tullio. *Eficácia e autoridade da sentença*. Tradução Alfredo Buzaid e Benvindo Aires. 3. ed. Rio de Janeiro: Forense, 1984.

LIMA, Marcellus Polastri. *A tutela cautelar*. Rio de Janeiro: Lumen Juris, 2005.

LIMA, Marcellus Polastri. *Da prisão e da liberdade provisória (e demais medidas cautelares substitutivas da prisão) na Reforma de 2011 do Código de Processo Penal*. Rio de Janeiro: Lumen Juris, 2011.

LIMA, Marcellus Polastri. *Manual de processo penal*. Rio de Janeiro: Lumen Juris, 2007.

LIMA, Marcellus Polastri. *Novas Leis Criminais Especiais* – Lei dos Juizados Especiais Criminais e Crimes de Trânsito no Código de Trânsito Brasileiro. Rio de Janeiro: Lumen Juris, 2001. v. I.

LIMA, Marcellus Polastri. Primeiras observações sobre medidas cautelares previstas na Lei "Maria da Penha". In: FREITAS, André Guilherme Tavares de. *Estudos sobre as novas Leis de Violência Doméstica contra a Mulher e de Tóxicos (Lei nº 11.340/06 e 11.343/06)*. Rio de Janeiro, Lumen Juris, 2007.

LIMA, Marcellus Polastri. *Prova penal*. 4. ed. Salvador: JusPodivm, 2018.

LIMA, Renato Brasileiro de. *Legislação criminal especial comentada*. 3. ed. Salvador: JusPodivm, 2015.

LIMA, Renato Brasileiro de. *Nova prisão cautelar, doutrina, jurisprudência e prática*. Niterói: Impetus, 2011.

LOPES JR., Aury. *Direito processual penal*. 11. ed. São Paulo: Saraiva, 2014.

LOPES JR., Aury. *O novo regime jurídico da prisão processual, liberdade provisória e medidas cautelares diversas*. 2. ed. Rio de Janeiro: Lumen Juris, 2011.

LOPES JR., Aury; ROSA, Alexandre Morais da. *Juiz das garantias e direito intertemporal*: onde a decisão do STF resvala. Conjur, 17 jan. 2020. Disponível em: https://www.conjur.com.br/2020-jan-17/limite-penal-juiz-garantias-direito-intertemporal-onde-stf-resvala. Acesso: 20 jan. 2020.

LOPES, Maurício Ribeiro. *Comentários à Lei dos Juizados Especiais Cíveis e Criminais*. 3. ed. São Paulo: RT, 2000.

MAHMOUD, Mohamad Ale Hasan; MOURA, Maria Thereza Rocha de Assis. A Lei 12.654/2012 e os direitos humanos. *Revista Brasileira de Ciências Criminais*, São Paulo: RT (IBCCRIM), 2012.

MAIER, Julio B. J. *Derecho procesal penal*. Fundamentos. 2. ed. Buenos Aires: Editores del Puerto, 2002. t. II.

MARASCIULO, Marília. O DNA social pode mudar nosso DNA individual. *Revista Galileu*, 21 fev. 2020. Disponível em: https://revistagalileu.globo.com/Ciencia/noticia/2020/02/o-dna-social-pode-mudar-nosso-dna-individual-diz-especialista-em-epigenetica.html. Acesso em: 10 abr. 2020.

MARCÃO, Renato. *Lei de Execução Penal anotada e interpretada*. 2. ed. Rio de Janeiro: Lumen Juris, 2006.

MARGULIES, Elliott. ADN no codificante. *National Human Genome Research Institute*. Disponível em: https://www.genome.gov/es/genetics-glossary/ADN-no-codificante. Acesso em: 10 abr. 2020.

MASSON, Cleber; MARÇAL, Vinícius. *Crime organizado*. São Paulo: Método, 2015.

MEAD, M. Nathaniel. Benefits of sunlight: a bright spot for human health. *Environ Health Perspect*, v. 116, n. 4, p. A160-A167. Disponível em: https://www.ncbi.nlm.nih.gov/pmc/articles/PMC2290997/. Acesso em: 19 abr. 2020.

MELCHIOR, Antônio Pedro. *Novas estratégias e técnicas ilícitas de investigação no Brasil*. Disponível em: http://www.justificando.com/2017/08/30/novas-estrategias-e-tecnicas-ilicitas-de-investigacao-no-brasil/.

MELLO, Celso Antônio Bandeira de. *Curso de direito administrativo*. 16. ed. São Paulo: Malheiros, 2003.

MENDRONI, Marcelo Batlouni. *Comentários à Lei de Combate ao Crime Organizado*. 2. ed. São Paulo: Atlas, 2015.

MENDRONI, Marcelo Batlouni. *Crime organizado, aspectos gerais e mecanismos legais*. 2. ed. São Paulo: Atlas, 2007.

MIRABETE, Julio Fabbrini. *Juizados Especiais Criminais*. 5. ed. São Paulo: Atlas, 2002.

MIRABETE, Julio Fabbrini. *Processo penal*. 4. ed. São Paulo: Atlas, 1995.

MIR PUIG, Santiago. *Introducción a las bases del derecho penal*. Barcelona: Bosch, 1976.

MOLINA, Antonio García-Pablos de. *Introducción al derecho penal*. 4. ed. Madrid: Ramon Areces, 2006.

MOREIRA, Rômulo de Andrade. *Acordo de não persecução penal*. Disponível em: https://emporiododireito.com.br/leitura/o-acordo-de-nao-persecucao-penal. Acesso em: 24 fev. 2020.

MOREIRA, Rômulo de Andrade. *A nova Lei de Organização Criminosa*: Lei nº 12.850/2013. Disponível em: https://revistas.unifacs.br/index.php/redu/article/view/2799/2039. Acesso em: 20 jan. 2020.

MOREIRA, Rômulo de Andrade. *Curso temático de direito processual penal*. 2. ed. Salvador: JusPodivm, 2009.

MOREIRA, Rômulo de Andrade. *Juizados Especiais Criminais*. 2. ed. Salvador: JusPodivm, 2009.

MOREIRA, Rômulo de Andrade. *O art. 28 do CPP e a independência funcional dos membros do Ministério Público*. Disponível em: https://www.migalhas.com.br/depeso/83819/o-art-28-do-cpp-e-a--independencia-funcional-dos-membros-do-ministerio-publico. Acesso em: 17 fev. 2020.

MOURA, Maria Thereza Rocha de Assis; MAHMOUD, Mohamed Ale Hasan. A Lei 12.654/12 e os direitos humanos. *Revista Brasileira de Ciências Criminais*, São Paulo, ano 20, v. 98, set./out. 2012.

MUNIZ, Gina Ribeiro Gonçalves; NEWTON, Eduardo Januário; ROCHA, Jorge Bheron. *Suspensão da liminar em HC no caso da Boate Kiss é terraplanismo penal*. Disponível em: https://www.conjur.com.br/2021-dez-17/opiniao-suspensao-liminar-hc-boate-kiss. Acesso em: 19 dez. 2021.

NICOLITT, André Luiz. *Juizados Especiais Criminais*: temas controvertidos. Rio de Janeiro: Lumen Juris, 2002.

NICOLITT, André Luiz. *Manual de processo penal*. 7. ed. Belo Horizonte, Editora D'Plácido, 2018.

NICOLITT, André Luiz; WEHRS, Carlos Ribeiro. *Intervenções corporais no processo penal e a nova identificação criminal*. Rio de Janeiro: Elsevier, 2014.

NOGUEIRA, Fernando. *Lei dos Juizados Especiais Criminais*. 3. ed. Rio de Janeiro: Lumen Juris, 2003.

NUCCI, Guilherme de Souza. *Código de Processo Penal comentado*. 8. ed. São Paulo: RT, 2008.

NUCCI, Guilherme de Souza. *Leis penais e processuais penais comentadas*. 8. ed. Rio de Janeiro: Forense, 2014. v. 2.

NUCCI, Guilherme de Souza. *Manual de direito penal*. 5. ed. São Paulo: RT, 2009.

NUCCI, Guilherme de Souza. *Prisão e liberdade*: as reformas processuais penais introduzidas pela Lei nº 12403, de 04 de maio de 2011. São Paulo: RT, 2011.

NUNES, Adeildo. *Da execução penal*. 2. ed. Rio de Janeiro: Forense, 2012.

OLIVEIRA E SILVA, Emílio de. *Identificação genética para fins criminais*. Belo Horizonte: Del Rey, 2013.

OLIVEIRA, Eugênio Pacelli de. *Curso de processo penal*. 19. ed. São Paulo: Atlas, 2015.

OLIVEIRA, Rafael Carvalho Rezende. A consensualidade no direito público sancionador e os acordos nas ações de improbidade administrativa. *Revista Forense*, Rio de Janeiro, v. 427, jan./jul. 2018.

OLIVEIRA, Rafael Carvalho Rezende. *Administração pública*: concessões e Terceiro Setor. Rio de Janeiro: Lumen Juris, 2009.

PALMA, Maria Fernanda (coord.). *Jornadas de direito processual penal e direito fundamental*. Coimbra: Almedina, 2004.

PASCOLATI JUNIOR, Ulisses Augusto. *Juízo das garantias não é novidade, ao menos em São Paulo*. Conjur. Disponível em: https://www.conjur.com.br/2019-dez-30/pascolati-junior-juizo-garantias--nao-novidade-sp. Acesso em: 5 jan. 2020.

PERRODET, Antoinette. Il processo penale in Italia. *Procedure Penali D'Europa*. Mireille Delmas-Marty e Mario Chiavario (org.). 2. ed. Padova: Cedam, 2001.

PERRODET, Antoinette. *Procedure Penali D'Europa*. 2. ed. Padova: CEDAM, 2001.

PESSI, Diego; SOUZA, Leonardo Giardin de. *Bandidolatria e democídio*: ensaios sobre o garantismo penal e a criminalidade no Brasil. 3. ed. Porto Alegre: SV Editora, 2018.

PINHEIRO, Bruno. *Hermenêutica constitucional*. Belo Horizonte: D'Plácido, 2019.

PINHO, Humberto Dalla Bernardina de. *A introdução do instituto da transação penal no direito brasileiro e as questões daí decorrentes*. Rio de Janeiro: Lumen Juris, 1998.

POLLACK, Andrew. *DNA evidence can be fabricated*, Scientists Show. 17 ago. 2009. Disponível em: https://www.nytimes.com/2009/08/18/science/18dna.html. Acesso em: 6 abr. 2020.

PORTO, Hermínio Alberto Marques. *Júri, procedimentos*: aspectos do julgamento, questionários. 11. ed. São Paulo: Saraiva, 2005.

PRADO, Geraldo. *Elementos para uma análise crítica da transação penal*. Rio de Janeiro: Lumen Juris, 2003.

PRADO, Geraldo. *Prova penal e sistema de controles epistêmicos*: a quebra da cadeia de custódia das provas obtidas por métodos ocultos. São Paulo: Marcial Pons, 2014.

PRADO, Geraldo. *Sistema acusatório*: a conformidade constitucional das leis processuais penais. 2. ed. Rio de Janeiro: Lumen Juris, 2001.

PRADO, Geraldo; CARVALHO, Luis Gustavo Grandinetti Castanho de. *Lei dos Juizados Especiais Criminais*. 3. ed. Rio de Janeiro: Lumen Juris, 2003.

PRADO, Geraldo; MALAN, Diogo (orgs.). *Processo penal e democracia*. Estudos em homenagem aos 20 anos da Constituição da República de 1988. Rio de Janeiro: Lumen Juris, 2009.

PUIG, Santiago Mir. *Introducción a las bases del derecho penal*. Barcelona: Bosch, 1976.

QUEIJO, Maria Elizabeth. *O direito de não produzir prova contra si mesmo*: o princípio *nemo tenetur se detegere* e suas decorrências no processo penal. São Paulo: Saraiva, 2003.

QUEIROZ, Christina. Desafios do Isolamento. *Revista Pesquisa Fabesp*, 6 abr. 2020. Disponível em: https://revistapesquisa.fapesp.br/2020/04/06/desafios-do-isolamento/. Acesso em: 19 abr. 2020.

RANGEL, Paulo. Breves considerações sobre a Lei nº 9.296/96 – Interceptação telefônica. *Revista Forense*, v. 344, out./dez. 1998.

RANGEL, Paulo. *Direito processual penal*. 7. ed. Rio de Janeiro: Lumen Juris, 2003.

RANGEL, Paulo. *Direito processual penal*. 27. ed. São Paulo: Atlas, 2019.

RANGEL, Paulo. *Direito processual penal*. 29. ed. Barueri: Atlas, 2021.

ROCHA, Jorge Bheron; STRECK, Lenio Luiz; MUNIZ, Gina Ribeiro Gonçalves. *Preventiva após pedido de absolvição ou impronúncia é ranço inquisitório*. Disponível em: https://www.conjur.com.br/2021--fev-16/opiniao-preventiva-pedido-absolvicao-ranco-inquisitorio. Acesso em: 20 dez. 2021.

ROIG, Rodrigo Duque Estrada. *Execução penal*: teoria crítica. 2. ed. São Paulo: Saraiva, 2016.

ROSA, Alexandre Morais da. Dissonância cognitiva no interrogatório malicioso: não era pergunta, era cilada. *Revista Eletrônica Consultor Jurídico (Conjur)*, 17 de fev. 2017.

ROXIN, Claus. *Derecho procesal penal*. Tradução da 25ª edição alemã de Gabriela E. Córdoba e Daniel R. Pastor, revisada por Julio B. Julgado em Maier. Buenos Aires: Editores Del Porto, 2000.

SANTOS, Marcos Paulo Dutra. Ações constitucionais impugnativas no processo penal. In: ALVES, Leonardo Barreto Moreira; ARAÚJO, Fábio Roque (coords.). *O projeto do Novo Código de Processo Penal*. Salvador: JusPodivm, 2012.

SANTOS, Marcos Paulo Dutra. *Colaboração (delação) premiada*. 3. ed. Salvador: JusPodivm, 2020.

SANTOS, Marcos Paulo Dutra. Colaboração unilateral premiada como consectário lógico das balizas constitucionais do devido processo legal brasileiro. *Revista Brasileira de Direito Processual Penal*, v. 3, n. 1, jan./abr. 2017.

SANTOS, Marcos Paulo Dutra. *O novo processo penal cautelar à luz da Lei nº 12.403/11*. Salvador: JusPodivm, 2011.

SANTOS, Marcos Paulo Dutra. *Reflexões sobre a transação penal*: novas propostas. 2002. Dissertação (Mestrado em Direito Processual) – Universidade Estadual do Rio de Janeiro, Rio de Janeiro, 2002.

SANTOS, Marcos Paulo Dutra. *Transação penal*. Rio de Janeiro: Lumen Juris, 2006.

SCHREIBER, Simone. A publicidade opressiva dos julgamentos criminais: reflexões sobre a colisão da liberdade de expressão e o direito a um julgamento justo, sob a perspectiva da Constituição Federal de 1988. In: PRADO, Geraldo; MALAN, Diogo (org.). *Processo penal e democracia*. Estudos em homenagem aos 20 anos da Constituição da República de 1988. Rio de Janeiro: Lumen Juris, 2009.

SCHÜNEMAN, Bernd. O juiz como um terceiro manipulado no processo penal? Uma confirmação empírica dos efeitos perseverança e correspondência comportamental. *Revista Liberdades*, São Paulo, n. 11, p. 30-50, set./dez. 2012.

SCHWARTZ, Oscar. *Do DNA databases make would-be criminals think twice?* Reportagem de 23 set. 2019. Disponível em: https://undark.org/2019/09/23/dna-database-deter-crime/. Acesso em: 6 abr. 2020.

SILVA, Eduardo Araújo da. *Crime organizado*: procedimento probatório. São Paulo: Atlas, 2003.

SILVA, Eduardo Araújo da. *Organizações criminosas*: aspectos penais e processuais da Lei nº 12.850/13. 2. ed. São Paulo: Atlas, 2015.

SILVA, Franklyn Roger Alves. *Investigação criminal direta pela defesa*. Salvador: JusPodivm, 2020.

SILVA JÚNIOR, José. Entorpecentes (Tóxicos). In: FRANCO, Alberto Silva; STOCO, Rui. *Leis penais e sua interpretação jurisprudencial*. 6. ed. São Paulo, RT, 1997.

SILVA, Roberto Ferreira Archanjo da. *Por uma teoria do direito processual penal*: organização sistêmica. 2009. Tese (Doutorado em Direito das Relações Sociais) – Pontifícia Universidade Católica de São Paulo, São Paulo, 2009.

SILVA, Viviani Ghizoni; MELO E SILVA, Philipe Benoni; MORAIS DA ROSA, Alexandre. *Fishing expedition e encontro fortuito na busca e apreensão*. Florianópolis: EMais, 2019.

SOUZA, Renee do Ó; CUNHA, Rogério Sanches; LINS, Caroline de Assis e Silva Holmes. *A nova figura do agente disfarçado prevista na Lei nº 13.964/2019*. Disponível em: https://meusitejuridico.editorajuspodivm.com.br/2019/12/27/nova-figura-agente-disfarcado-prevista-na-lei-13-9642019/. Acesso em: 13 abr. 2020.

STRECK, Lenio Luiz. Hermenêutica e possibilidades críticas do direito: ensaio sobre a cegueira positivista. *Revista da Faculdade de Direito da UFMG*, Belo Horizonte, n. 52, p. 127-162, jan./jul. 2008.

STRECK, Lenio Luiz. *Jurisdição, fundamentação e dever de coerência e integridade no novo CPC*. Disponível em: https://www.conjur.com.br/2016-abr-23/observatorio-constitucional-jurisdicao-fundamentacao-dever-coerencia-integridade-cpc. Acesso em: 21 fev. 2020.

TAFFARELLO, Rogério Fernando. *Juiz das garantias*: um notável e (atrasado) avanço democrático para o Brasil. Disponível em: https://politica.estadao.com.br/blogs/fausto-macedo/juiz-das-garantias-um-notavel-e-atrasado-avanco-democratico-para-o-brasil/. Acesso em: 31 dez. 2019.

TARUFFO, Michele. *A prova*. Tradução João Gabriel Couto. São Paulo: Marcial Pons, 2014.

TAVARES, Juarez; PRADO, Geraldo. *O direito penal e o processo penal no Estado de Direito*: análise de casos. Florianópolis: Empório do Direito, 2016.

TÁVORA, Nestor; ALENCAR, Rosmar Rodrigues. *Curso de direito processual penal*. 3. ed. Salvador: JusPodivm, 2009.

TORNAGHI, Hélio. *Instituições de processo penal*. São Paulo: Saraiva, v. 2.

TOURINHO FILHO, Fernando da Costa. *Comentários à Lei dos Juizados Especiais Criminais*. São Paulo: Saraiva, 2000.

TOURINHO FILHO, Fernando da Costa. *Manual de processo penal*. 11. ed. São Paulo: Saraiva, 2009.

TOURINHO FILHO, Fernando da Costa. *Processo penal*. 25. ed. São Paulo: Saraiva, 2003. v. IV.

TOURINHO FILHO, Fernando da Costa. *Processo penal*. 26. ed. São Paulo: Saraiva, 2004.

VALOIS, Luís Carlos. *Processo de execução penal e o estado de coisas inconstitucional*. Belo Horizonte: D'Plácido, 2019.

VASCONCELLOS, Vinicius Gomes de. *Colaboração premiada no processo penal*. São Paulo: RT, 2017.

VIEIRA, Kay Francis Leal; NÓBREGA, Renata Pires Mendes da; ARRUDA, Maria Valdênia Soares; VEIGA, Priscila Monique de Melo. Representação social das relações sexuais: um estudo transgeracional entre mulheres. *Psicologia: Ciência e Profissão*, Brasília, v. 36, n. 2, abr./jun. 2016. Disponível em: http://www.scielo.br/scielo.php?script=sci_arttext&pid=S1414-98932016000200329. Acesso em: 20 abr. 2020.

VIRMOND, Marina; ROBERT, Anny; BRITO, Priscila; MASSUDA, Thiago. Fenotipagem forense pelo DNA através de SNPs. *Revista Brasileira de Criminalística*, v. 5, n. 2, 2016. Disponível em: file:///C:/Users/Marcos/Downloads/Fenotipagem_forense_pelo_DNA_atraves_de_SNPs.pdf. Acesso em: 10 abr. 2020.

WESSEL, Lindzi. Scientists concerned over US plans to collect DNA data from immigrants. *Nature*, 7 out. 2019.

WHITEBREAD, Charles H.; SLOBOGIN, Christopher. *Criminal procedure*: an analysis of cases and concepts. 4. ed. New York: University Textbook Series, Foundation Press, 2000.

YAROCHEWSKY, Leonardo Isaac; MAGALHÃES, Luiza Luz Soares Neuenschwander. *Pena máxima de 40 anos do pacote anticrime deve ser vetada pelo presidente*. Disponível em: https://www.conjur.com.br/2019-dez-20/opiniao-pena-maxima-40-anos-pacote-anticrime-vetada. Acesso em: 9 jun. 2020.